Barbara Friebertshäuser I Antje Langer I Annedore Prengel (Hrsg.)
Handbuch Qualitative Forschungsmethoden
in der Erziehungswissenschaft

Barbara Friebertshäuser | Antje Langer |
Annedore Prengel (Hrsg.)

Handbuch Qualitative Forschungsmethoden in der Erziehungswissenschaft

Unter Mitarbeit von
Heike Boller und Sophia Richter

4., durchgesehene Auflage

Bibliografische Information der Deutschen Nationalbibliothek

Die Deutsche Nationalbibliothek verzeichnet diese Publikation in der Deutschen Nationalbibliografie; detaillierte bibliografische Daten sind im Internet über http://dnb.d-nb.de abrufbar.

1. Auflage 1997
2. Auflage 2003 (Studienausgabe)
3., vollständig überarbeitete Auflage 2010 (Neuausgabe)
4., durchgesehene Auflage 2013

Das Werk einschließlich aller seiner Teile ist urheberrechtlich geschützt. Jede Verwertung außerhalb der engen Grenzen des Urheberrechtsgesetzes ist ohne Zustimmung des Verlags unzulässig und strafbar. Das gilt insbesondere für Vervielfältigungen, Übersetzungen, Mikroverfilmungen und die Einspeicherung und Verarbeitung in elektronischen Systemen.

© 1997, 2010 Juventa Verlag · Weinheim und München
© 2013 Beltz Juventa · Weinheim und Basel
www.beltz.de · www.juventa.de
Druck und Bindung: Beltz Druckpartner GmbH & Co. KG, Hemsbach
Printed in Germany

ISBN 978-3-7799-0799-2

Für Jürgen Zinnecker

Vorwort

Qualitative Forschungsmethoden sind in der Erziehungswissenschaft in Forschung, Lehre, Ausbildung und beruflicher Praxis unverzichtbar. Zahlreiche empirische Forschungsprojekte arbeiten mit Methoden der qualitativen Sozialforschung, Studierende lernen qualitative methodische Zugänge im Studium kennen und auch in der pädagogischen Praxis finden sich vermehrt qualitative (Forschungs-)Ansätze. Qualitative Forschung in der Erziehungswissenschaft greift auf historische Traditionen und aktuelle Forschungskonzepte in der eigenen sowie in benachbarten Disziplinen zurück und ist in einem internationalen und interdisziplinären Forschungszusammenhang zu verorten.

Zentral für dieses Handbuch-Projekt sind folgende Einsichten: Erziehungswissenschaftler/-innen benötigen Analyseinstrumente, um Deutungs- und Handlungsmuster der Akteure in schulischen und außerschulischen Arbeitsfeldern, komplexe soziale Lebenszusammenhänge, biographische Lebensverläufe, institutionelle Rahmenbedingungen, Interaktions-, Sozialisations-, Lern-, Erziehungs- und Bildungsprozesse systematisch erfassen, beschreiben und interpretieren zu können. Dabei gilt es, sowohl der Einzigartigkeit jeder Person und jedes pädagogischen Feldes gerecht zu werden, als auch deren Typik, strukturelle Regelmäßigkeiten und historische Voraussetzungen herauszuarbeiten. Die eigenen theoretischen und empirischen Analyseinstrumente sind stets kritisch zu reflektieren, um die Grenzen der jeweiligen Welterfassung und Deutungen mit auszuloten und langfristig zu erweitern. Diesen Themen widmet sich die erziehungswissenschaftliche Forschung, um für Disziplin und Profession relevante Erkenntnisse zu ermitteln und diesem weiten Aufgabenfeld trägt das vorliegende Handbuch Rechnung. Es stellt ein breites Spektrum qualitativer Forschungszugänge, -methoden und -verfahren sowie grundlegende Debatten zu methodischen, theoretischen und methodologischen Fragen, Traditionen und Anwendungsmöglichkeiten in der Erziehungswissenschaft in Beiträgen von 83 Autorinnen und Autoren vor.

Die Konzeption dieses Handbuchs entstand aus dem Bedarf an einem Werk, das für Forschung, Lehre, Studium und Praxis umfassend und detailliert in die qualitativen Methoden der Erziehungswissenschaft einführt, die verschiedenen Forschungsmethodologien, -zugänge und -verfahren vorstellt und dabei auch konkrete und praktisch nutzbare Hilfen und Hinweise gibt. Die erste Ausgabe des Handbuchs „Qualitative Forschungsmethoden in der Erziehungswissenschaft" erschien, angeregt durch den damaligen Verleger des Juventa Verlags, Lothar Schweim, 1997. Eine zweite Auflage wurde 2003 als Studienausgabe herausgebracht. Wir freuen uns nun, zwölf Jahre nach der Erstausgabe eine dritte, völlig überarbeitete Auflage als Neuausgabe vorlegen zu können.

Mit der Konzentration auf qualitative erziehungswissenschaftliche Forschung entwickelt das vorliegende Handbuch ein eigenes Profil und orientiert sich dabei an folgenden Zielen: Es möchte qualitative Forschungsmethoden in der Erziehungswissenschaft dem gegenwärtigen Entwicklungsstand gemäß darstellen, sie theoretisch verorten und methodologisch begründen, Zugänge und Verfahren vorstellen sowie Anwendungen in verschiedenen pädagogischen Forschungs- und Arbeitsfeldern zeigen. Dabei sollen die Beiträge ihre Themen auf einführende und verständliche Weise präsentieren. Das Handbuch wendet sich an einen breiten Kreis von Leserinnen und Lesern: an Studierende, Lehrende und Forschende in der Erziehungswissenschaft, an Praktikerinnen und Praktiker in pädagogischen Arbeitsfeldern sowie an Interessierte aus anderen Disziplinen. Es möchte innerhalb der Disziplin Erziehungswissenschaft und bei den Praktikerinnen und Praktikern in den pädagogischen Arbeitsfeldern für die Auseinandersetzung mit Forschungsmethoden werben, zur ständigen Weiterentwicklung methodischer Standards im Fach beitragen und zukünftige Forschungen anregen.

Die Neuausgabe des Handbuchs „Qualitative Forschungsmethoden in der Erziehungswissenschaft" umfasst sieben Teile.

Die Beiträge des *ersten* Teils erörtern die Bedeutung qualitativen Forschens für die Erziehungswissenschaft, zeichnen historische Entwicklungen nach und führen in die theoretischen Grundlagen ein. Auch methodologische Fragen, Forschungsstrategien und -ebenen sowie zentrale Probleme qualitativer Forschung werden präsentiert.

Der *zweite* Teil stellt die wichtigsten Forschungskonzeptionen qualitativer erziehungswissenschaftlicher Forschung vor: Die qualitative Inhaltsanalyse, die Dokumentarische Methode, die Objektive Hermeneutik, die Tiefenhermeneutik, die ethnographische Feldforschung, die biographische Forschung mit dem narrativen Interview, die Hermeneutische Forschung, die Dokumentenanalyse, Ansätze der Diskurs- und Argumentationsanalyse sowie die Grounded Theory.

Im *dritten* Teil werden Einführungen in Strategien für Erhebung und Auswertung gegeben. Sie reichen von der Interpretation autobiographischer Texte über Interviewverfahren und Instrumente der Auswertungs bis zu Transkriptionsregeln.

Da in den letzten Jahren zunehmend visuelles Material in die Qualitative Forschung einbezogen wird, widmen sich die Aufsätze des *vierten* Teils eigens dem forschenden Umgang mit visuellen Quellen und Medien, mit Bildern, Fotos, Videos, Filmen. Dabei wird u. a. eine umfassende Einführung in die erziehungswissenschaftliche Bildinterpretation gegeben. Andere Texte dieses Kapitels stellen den Nutzen von Visualisierungen als Forschungsmethoden vor.

In verschiedenen erziehungswissenschaftlichen Arbeitsfeldern wurden qualitative Forschungsansätze fruchtbar gemacht und dabei gegenstandsangemessen ausdifferenziert. Im *fünften* Teil werden die in der Historischen Sozialisationsforschung-, in der Kindheits-, Schul- und Unterrichtsforschung sowie in der Erwachsenenbildung entwickelten qualitativen Forschungszugänge vorgestellt. Dazu gehört auch ein an der Schnittstelle von Erziehungswissenschaft und Psychoanalyse angesiedeltes mehrperspektivisches Forschungskonzept, das quantitativ und qualitativ gewonnene Befunde kombiniert, um individuelle kindliche Entwicklungen und kollektive Lebenslagen zu untersuchen. Für qualitative Forschung in weiteren erziehungswissenschaftlichen Feldern sei an dieser Stelle exemplarisch auf einige einschlägige Publikationen verwiesen: für die Jugendforschung[1], die Sozialpädagogik[2], die Sonderpädagogik[3], die Handlungs- und Evaluationsforschung[4].

Das *sechste* Kapitel geht darauf ein, dass in pädagogischen Praxisfeldern und Ausbildungsgängen zahlreiche Varianten qualitativer Forschungsansätze entwickelt und angewandt werden. Dabei spielen neben Fallstudien auch die Aktions- und Selbstevaluationsforschung sowie Konzepte des Forschenden Lernens eine Rolle. Praxisforschung wird begründet als forschende Tätigkeit von Praktikerinnen und Praktikern, mit dem Ziel, ihre pädagogische Arbeit zu fundieren.

Schließlich versammelt der *siebte* Teil nützliche Hinweise zur Frage ethischer Prinzipien in der erziehungswissenschaftlichen empirischen For-

---

1 Krüger, Heinz-Hermann/Cathleen Grunert (Hg.) 2002: Handbuch Kindheits- und Jugendforschung. Wiesbaden.
2 Schweppe, Cornelia (Hg.) 2003: Qualitative Forschung in der Sozialpädagogik. Wiesbaden.
3 Werning, Rolf 2007: Das systemisch-konstruktivistische Paradigma. In: Walter, Jürgen/Franz B. Wember (Hg.): Sonderpädagogik des Lernens. Handbuch Sonderpädagogik Bd. 2. Göttingen u. a. S. 128-142.
Werning, Rolf/Helmut Reiser 2002: Störungsbegriff und Klassifikation von Lernbeeinträchtigungen und Verhaltensstörungen aus konstruktivistischer Sicht. In: Schröder, Ulrich/Manfred Wittrock u. a. (Hg.): Lernbeeinträchtigung und Verhaltensstörung. Konvergenzen in Theorie und Praxis. Stuttgart u. a.
4 Prengel, Annedore/Friederike Heinzel/Ursula Carle 2008: Methoden der Handlungs-, Praxis- und Evaluationsforschung. In: Helsper, Werner/Jeanette Böhme (Hg.): Handbuch der Schulforschung. Wiesbaden. S. 181-197.
Prell, Siegfried 2001: Evaluation und Selbstevaluation in pädagogischen Feldern. In: Roth, Leo (Hg.): Pädagogik. Handbuch für Studium und Praxis. München. S. 991-1003.
Kuckartz, Udo/Thorsten Dresing/Stefan Rädiker/Claus Stefer 2007: Qualitative Evaluation. Der Einstieg in die Praxis. Wiesbaden.
Joint Committee on Standards for Educational Evaluation James R. Sanders (Hg.) 2000: Handbuch der Evaluationsstandards. Opladen.
Heiner, Maja (Hg.) 1998: Experimentierende Evaluation. Ansätze zur Entwicklung lernender Organisationen. Weinheim und München.
Müller-Kohlenberg, Hildegard/Klaus Münstermann (Hg.) 2000: Qualität von Humandienstleistungen. Evaluation und Qualitätsmanagement in Sozialer Arbeit und Gesundheitswesen. Opladen.

schung, zur systematischen Literaturrecherche und zur Beantragung von Forschungsmitteln.

In den Artikeln finden sich Verweise auf andere Beiträge innerhalb des Buches, sie sind in Klammern gesetzt und mit (→ Name der Autorin oder des Autors) kennzeichnet. Der Anhang enthält ein Sach- und Personenregister sowie ein Verzeichnis der Autorinnen und Autoren.

Möglich geworden ist dieses Publikationsprojekt durch das Engagement der vielen Kolleginnen und Kollegen, die mit ihren Beiträgen das Handbuch zu einem Spiegel der lebendigen empirischen Forschung in der Erziehungswissenschaft machen. Insbesondere bei den Autorinnen und Autoren bedanken wir uns herzlich für ihre aktualisierten und neuen Beiträge sowie für ihre geduldige und produktive Auseinandersetzung mit unseren Rückmeldungen. Unser Dank gilt auch dem Juventa Verlag. Dort möchten wir uns bei der die Neuausgabe umsichtig betreuenden Lektorin Christiane Engel-Haas und den Mitarbeiterinnen und Mitarbeitern für die sorgfältige und teilweise schwierige Umsetzung der Texte und Abbildungen ins Buchformat herzlich bedanken. Für die Neuausgabe war es sehr produktiv, das Herausgeberinnenteam zu erweitern. Wir freuen uns, dass wir mit Antje Langer nun zu dritt die Editionsarbeiten bewältigt haben. Das Handbuch konnte darüber hinaus nur unter der Mitarbeit von Heike Boller und Sophia Richter fertig gestellt werden. Wir danken beiden für ihre Sorgfalt, ihr außerordentliches Engagement und ihre wertvollen Beiträge, die entscheidend zum Gelingen des Gesamtprojektes beigetragen haben. Außerem danken wir allen weiteren Helferinnen auf dem Weg zu diesem Buch.

Wir widmen das Handbuch Jürgen Zinnecker, der mit seinem Lebenswerk seit den 1970er Jahren die qualitative Forschung in der Erziehungswissenschaft durch seine wegweisenden Beiträge inspiriert und durch reflexive Diskussionen bereichert hat.

Wir wünschen allen Leserinnen und Lesern, dass dieses Handbuch für sie ein nützliches Nachschlagewerk in vielen Fragen der Forschung, Lehre und Praxis wird. Über Rückmeldungen und auch kritische Stellungnahmen unserer Leserinnen und Leser würden wir uns freuen.

Frankfurt und Potsdam im Januar 2009
Barbara Friebertshäuser, Antje Langer und Annedore Prengel

Inhalt

Annedore Prengel, Barbara Friebertshäuser und Antje Langer
Perspektiven qualitativer Forschung in der Erziehungswissenschaft –
eine Einführung 17

1. Historische und methodologische Grundlagen

Hedda Bennewitz
Entwicklungslinien und Situation des qualitativen Forschungsansatzes
in der Erziehungswissenschaft 43

Heinz-Hermann Krüger und Ulrike Deppe
Erziehungswissenschaftliche Biographieforschung 61

Winfried Marotzki und Sandra Tiefel
Qualitative Bildungsforschung 73

Heinz-Elmar Tenorth
Arbeit an der Theorie: Kritik, Analyse, Konstruktion 89

Helga Kelle
Die Komplexität der Wirklichkeit als Problem qualitativer Forschung 101

Werner Helsper, Merle Hummrich und Rolf-Torsten Kramer
Qualitative Mehrebenenanalyse. Fritz Schütze zum 65. Geburtstag 119

Harald Uhlendorff und Annedore Prengel
Forschungsperspektiven quantitativer Methoden im Verhältnis
zu qualitativen Methoden 137

Agi Schründer-Lenzen
Triangulation – ein Konzept zur Qualitätssicherung von Forschung 149

Reinhard Fatke
Fallstudien in der Erziehungswissenschaft 159

Eckard König und Annette Bentler
Konzepte und Arbeitsschritte im qualitativen Forschungsprozess 173

Hans Oswald
Was heißt qualitativ forschen? Warnungen, Fehlerquellen,
Möglichkeiten 183

2. Forschungstraditionen und Forschungsverfahren

Ralf Bohnsack
Gruppendiskussionsverfahren und dokumentarische Methode 205

Gisela Jakob
Biographische Forschung mit dem narrativen Interview 219

Christian Rittelmeyer
Methoden hermeneutischer Forschung 235

Detlef Garz
Objektive Hermeneutik 249

Regina Klein
Tiefenhermeneutische Analyse 263

Dirk Hülst
Grounded Theory 281

Barbara Friebertshäuser und Argyro Panagiotopoulou
Ethnographische Feldforschung 301

Philipp Mayring und Eva Brunner
Qualitative Inhaltsanalyse 323

Antje Langer und Daniel Wrana
Diskursforschung und Diskursanalyse 335

Lothar Wigger
Argumentationsanalyse als erziehungswissenschaftliche
Forschungsmethode 351

Edith Glaser
Dokumentenanalyse und Quellenkritik 365

3. Strategien für Erhebung und Auswertung

Barbara Friebertshäuser, Sophia Richter und Heike Boller
Theorie und Empirie im Forschungsprozess und die
„Ethnographische Collage" als Auswertungsstrategie 379

Charlotte Heinritz
Autobiographien als erziehungswissenschaftliche Quellentexte 397

Theodor Schulze
Zur Interpretation autobiographischer Texte in der
erziehungswissenschaftlichen Biographieforschung 413

Barbara Friebertshäuser und Antje Langer
Interviewformen und Interviewpraxis 437

Michael Meuser und Ulrike Nagel
Experteninterviews – wissenssoziologische Voraussetzungen
und methodische Durchführung 457

Christiane Schmidt
Auswertungstechniken für Leitfadeninterviews 473

Heiko Grunenberg und Udo Kuckartz
Deskriptive Statistik in der qualitativen Sozialforschung 487

Udo Kuckartz und Heiko Grunenberg
Qualitative Daten computergestützt auswerten:
Methoden, Techniken, Software 501

Antje Langer
Transkribieren – Grundlagen und Regeln 515

4. Visuelles als Gegenstand und Instrument der Forschung

Theodor Schulze
Bildinterpretation in der Erziehungswissenschaft.
Im Gedenken an Klaus Mollenhauer 529

Imbke Behnken und Jürgen Zinnecker
Narrative Landkarten. Ein Verfahren zur Rekonstruktion aktueller
und biographisch erinnerter Lebensräume 547

Eva Marsal
Subjektive Theorien: Ein empirisch-konstruktivistisches
Paradigma mit Dialog-Konsens-Methodik 563

Burkhard Schäffer und Manuela Pietraß
Qualitative Medienforschung in der Erziehungswissenschaft 575

Alexander Geimer und Yvonne Ehrenspeck
Qualitative Filmanalyse in den Sozial- und Erziehungswissenschaften ... 589

Matthias Herrle, Jochen Kade und Sigrid Nolda
Erziehungswissenschaftliche Videographie 599

Burkhard Fuhs
Digitale Fotografie und qualitative Forschung 621

5. Gegenstände und Felder erziehungswissenschaftlicher Forschung

Benjamin Jörissen und Christoph Wulf
Qualitative Methoden in der Ritualforschung 639

Marianne Leuzinger-Bohleber und Ariane Garlichs
Theoriegeleitete Fallstudien im Spannungsfeld qualitativer
und quantitativer Forschung. Zum Dialog zwischen Psychoanalyse
und Erziehungswissenschaft 653

Jutta Ecarius
Historische Sozialisationsforschung: Theoretische Bezüge,
qualitative Verfahrensweisen und empirische Ergebnisse 673

Dorle Klika
Methodische Zugänge der historischen Kindheitsforschung 687

Friederike Heinzel
Zugänge zur kindlichen Perspektive –
Methoden der Kindheitsforschung 707

Monika Witzke und Hildegard Macha
Methoden zur Untersuchung von Interaktionen
in der Familienforschung 723

Jeanette Böhme
Schul- und Unterrichtsforschung 733

Sigrid Nolda
Interaktionsanalysen in der Erwachsenenbildung 745

Jochen Kade und Dieter Nittel
Biographieforschung – Zugänge zum Lernen Erwachsener 757

Gabriele Abels und Julia Lepperhoff
Frauen-, Geschlechter- und Intersektionalitätsforschung.
Methodologische Entwicklungen und offene Fragen 771

6. Forschendes Handeln in Praxisfeldern

Annedore Prengel
Praxisforschung in professioneller Pädagogik 785

Herbert Altrichter, Waltraud Aichner,
Katharina Soukup-Altrichter und Heike Welte
PraktikerInnen als ForscherInnen.
Forschung und Entwicklung durch Aktionsforschung 803

Wiltrud Döpp
Das Lehrer-Forscher-Modell an der Laborschule Bielefeld 819

Ursula Carle
Pädagogische Diagnostik als forschende Tätigkeit 831

Klaus Kraimer
Narratives als Erkenntnisquelle 845

Andreas Hanses
Biographie als Gegenstand von Forschung und Diagnose
in der Sozialen Arbeit 857

Dietlind Fischer und Dorit Bosse
Das Tagebuch als Lern- und Forschungsinstrument 871

Petra Grell
Forschende Lernwerkstatt 887

Wolfgang Nitsch und Ingo Scheller
Forschendes Lernen mit Mitteln des szenischen Spiels
als Medium und Methode qualitativer Forschung 897

Sabine Reh, Ute Geiling und Friederike Heinzel
Fallarbeit in der Lehrerbildung...911

7. Hinweise zur Forschungstätigkeit

Ingrid Miethe
Forschungsethik..927

Christian Ritzi
Literaturrecherche im Internet...939

Hannelore Faulstich-Wieland und Carola Zimmermann
Forschungsmittel beantragen – Hinweise und Kriterien..........................947

Sachregister..959
Personenregister...968
Die Autorinnen und Autoren...992

Annedore Prengel, Barbara Friebertshäuser und
Antje Langer

Perspektiven qualitativer Forschung in der Erziehungswissenschaft – eine Einführung

Erziehungswissenschaft nähert sich mit ihren Forschungsmethoden der sozialen Welt der Erziehungs-, Bildungs- und Sozialisationsprozesse, um sie angemessen zu analysieren. Ihre Ziele können sowohl Beschreibung, Verstehen und Erklärung, als auch Evaluation und Qualitätsentwicklung sein; im Dialog mit der pädagogischen Praxis wirkt die erziehungswissenschaftliche Forschung somit an der Professionalisierung mit. Die Frage danach, was dabei als *angemessen* zu verstehen sei, wird trotz der weitgehend konsensfähigen Kennzeichnung von Wissenschaft als systematischer, methodisch begründeter, reflektierter und überprüfbarer Tätigkeit (vgl. Tenorth/ Lüders 1994, S. 519) unterschiedlich beantwortet. Im Rahmen dessen, was als Qualitative Forschung in der Erziehungswissenschaft gefasst wird, finden sich eine Fülle unterschiedlicher Methoden, so dass zu klären ist, was sie verbindet und wovon sie zu unterscheiden sind.

In dieser Einführung werden wir, um die Charakteristika Qualitativer Forschung in der Erziehungswissenschaft herauszuarbeiten, ihre Traditionslinien nachzeichnen und ihre Erkenntnisreichweite reflektieren.

1. Traditionslinien Qualitativer Forschung in der Erziehungswissenschaft

Als sich Anfang der 1960er Jahre Erziehungswissenschaft verstärkt empirischen Verfahren zuwandte, bezeichnete man das als „realistische Wende"[1] (Roth 1963). Empirische pädagogische Forschung steht jedoch in einer weiter zurückreichenden, wechselhaften Tradition, die für die Gegenwart relevante Anknüpfungspunkte bietet.

Ernst Christian Trapp, der 1779 als erster deutscher Pädagogik-Professor an die Universität Halle berufen wurde, stellte bereits in seinem 1780 erschienenen Buch „Versuch einer Pädagogik" die Bedeutung „anthropologischer Beobachtungen und daraus fließender zuverlässiger Erfahrungen" für die

---

[1] Angeregt wurde dieser Begriff durch Heinrich Roths Antrittsvorlesung 1962 in Göttingen zum Thema „Die realistische Wende in der pädagogischen Forschung".

Erziehung heraus. „Denn man muß die menschliche Natur erst kennen, ehe man Menschen erziehen kann. Kennt man sie nicht, so läuft man Gefahr, alles verkehrt zu machen (...). Der unterscheidende Charakter der menschlichen Natur ist die Unbestimmtheit, oder die Nichteinschränkung auf einen besonderen Trieb, oder auf eine bestimmte Fähigkeit und Fertigkeit. Dieser negative Vorzug des Menschen ist die Quelle aller [seiner] (...) Vollkommenheiten." (Trapp 1780/1977, S. 22) Einen Anknüpfungspunkt sehen wir in der Offenheit Trapps für die Beschaffenheit der zu Erziehenden, für ihre „Unbestimmbarkeit" und in seiner Forderung nach Beobachtung und Kenntnis des Menschen als Voraussetzung für das pädagogische Handeln (vgl. Roth 1994, S. 40; Schmitt 2007a).

Aus dem gleichen Geist der Aufklärung wurde 1799 in Paris eine „Société des Observateurs de L'homme" (Gesellschaft der Beobachter des Menschen) gegründet (vgl. Moravia 1989). Man strebte an, den Menschen zu beobachten, zu beschreiben und sein Verhalten systematisch zu entschlüsseln. Dabei arbeiteten verschiedene Wissenschaften eng zusammen.[2] Aus diesem Forschungszusammenhang erwuchs auch das Werk des Arztes Jean-Marc Gaspard Itard, der ab 1801 acht Jahre lang seine gemeinsam mit der Haushälterin und Erzieherin Mme Guérin durchgeführten Erziehungsversuche mit einem „Wilden Kind", dem „Wolfsjungen", dem er den Namen „Victor" gab, dokumentierte, darüber Vorträge vor der Gesellschaft der Beobachter des Menschen hielt und Berichte schrieb (Itard 1801/1972). Aufbauend auf diese frühen Arbeiten Itards, seines Schülers Séguin und gegründet auf eigene Beobachtungen, Experimente und Forschungsarbeiten entwickelte zu Beginn des 20. Jahrhunderts Maria Montessori ihre wegweisenden Arbeiten zum Unterricht von Behinderten, zur Vorschulerziehung und zur Grundschulpädagogik (vgl. Kramer 1995; Oerter 1996). – Relevante Anknüpfungspunkte sehen wir in der Interdisziplinarität des Ansatzes und der Entwicklung einer wissenschaftlichen Pädagogik, die auf exakte Beobachtung, ausführliche Beschreibung, selbstkritische Reflexion und pädagogische Experimente setzt.

Einige weitere Richtungen früher empirischer Forschung in der Pädagogik entwickelten sich zu Beginn des 20. Jahrhunderts. Dabei steht der Zweig der „experimentellen Pädagogik" in Zusammenhang mit der entstehenden empirisch-psychologischen Forschung, die an die frühen Arbeiten von Wilhelm Wundt (1873/74) anknüpfte. Zu den führenden Vertretern früher pädagogischer Forschung gehören Ernst Meumann und Wilhelm August Lay, die auch Methoden der experimentellen Psychologie für pädagogische Fra-

---

2 Das forschungsbezogene Programm der „Société des Observateurs de L'homme" dokumentieren die Auszüge aus den Protokollen der Sitzungen und Veröffentlichungen der Mitglieder der Gesellschaft (vgl. Moravia 1989, S. 209 ff.). Zur Vorgeschichte der empirischen Sozialforschung insgesamt und den interessanten Bezügen zur amerikanischen und französischen Entwicklung siehe auch Maus 1962.

gestellungen nutzbar machten[3] (vgl. den Überblick bei Benner 1978, S. 135 ff.). – Anknüpfen lässt sich an die Möglichkeiten experimenteller Designs für praxisbezogene Fragestellungen.

Enge Bezüge zu pädagogischen Fragestellungen findet man auch bei der von Peter Petersen, gemeinsam mit seiner Frau Else Müller-Petersen und zahlreichen MitarbeiterInnen, in der Zeit zwischen 1927/28 und 1950 entwickelten pädagogischen Tatsachenforschung. Das eigene Schulreformprojekt in Jena, dessen Ideen Petersen 1927 im Großen Jenaplan veröffentlichte, wurde durch die pädagogische Tatsachenforschung forschend begleitet (Petersen 1965; Merkens 1975). – Interessant erscheinen uns die im Rahmen der pädagogischen Tatsachenforschung entwickelten methodischen Ansätze in mehrfacher Hinsicht. Zum einen wurden hilfreiche Instrumentarien zur systematischen Erfassung, Beschreibung und Analyse pädagogischer Situationen entwickelt, die auf teilnehmender Beobachtung basieren (vgl. Müller-Petersen 1965, S. 470 ff.). Zum anderen wurde die Erforschung pädagogischer Situationen in der Jenaer Universitätsschule für die Lehrerausbildung genutzt, um eine forschende Haltung gegenüber der Erziehungspraxis auszubilden und so die „erzieherische Sensibilität" zu verbessern (vgl. Wulf 1983, S. 71; Kleinespel 1997).

Die Geschichte der Versuchsschulen lässt sich auch als Geschichte von Ansätzen rekonstruieren, in denen – mehr oder weniger systematisch – auf Einzelschulen bezogene Fallstudien erarbeitet wurden. Präzise, teilweise langzeitliche Unterrichtsbeobachtungsprotokolle (Riemann 1798; Schmitt 2007b), Praxisberichte und Schulporträts mit deskriptiven und bewertenden Textteilen liegen über die philanthropischen Musterschulen, die Pestalozzischen „Normalschulen", die Jenaer Universitätsübungsschule oder über zahlreiche reformpädagogische Versuchsschulen der Weimarer Republik vor (vgl. Schmitt 1993). Auch Dokumentationen und Analysen sozialpädagogischer und sozialtherapeutischer Experimente sind frühe Beispiele für pädagogische Kasuistik und Forschung (vgl. Dudek 1990; Kamp 1995). – Bedeutende Anknüpfungspunkte sehen wir in der Auseinandersetzung mit dem Spannungsverhältnis zwischen Einzelexperiment und Typologie, Theorie und Praxis, Tradition und Innovation – Ambivalenzen, denen sich keine pädagogische Einrichtung entziehen kann und in die qualitative erziehungswissenschaftliche Forschung stets eingebunden ist (vgl. auch Hörster 1992).

Auch auf die frühen empirischen Studien von Frauen aus dem Kontext der Frauenbewegung um die Jahrhundertwende sei hier hingewiesen. Bearbeitet wurden Themen der frühen sozialen Arbeit, da sie seit den letzten Jahrzehn-

---

3 Wilhelm August Lay veröffentlichte bereits 1896 einen „Führer durch den Rechtschreibeunterricht" und 1898 eine Abhandlung über den „Rechenunterricht der Unterstufe", in denen durch gezielte Experimente neue Methoden überprüft und auf dieser Grundlage weiterentwickelt wurden.

ten des 19. Jahrhunderts einer der wenigen Bereiche war, in denen Frauen öffentlich und maßgeblich wirksam werden konnten. Darunter finden sich Arbeiten zur sozialen Lage der Arbeiterinnen, der Hausfrauen, der Heimarbeiterinnen, Dienstboten und Prostituierten, die immer auch auf Notstände aufmerksam zu machen versuchten; viele dieser Arbeiten gerieten in Vergessenheit. Erinnert sei hier an Alice Salomon, Marie Baum, Mathilde Vaerting (vgl. Hering 1997; Meyer-Renschhausen 1996; Kraul 1987).
– Anschließen lässt sich an die Fokussierung der Forschung auf gesellschaftliche Problemfelder und die notwendige Einbeziehung der Kategorie Geschlecht in die Analysen.

Die hier sichtbar gemachten Bezüge zur Vorgeschichte qualitativer erziehungswissenschaftlicher Forschung können exemplarisch verdeutlichen, dass qualitative Forschung aus langen Erfahrungen in interdisziplinären Zusammenhängen schöpfen kann.[4] Wir schließen den historischen Rückblick, indem wir in den folgenden Abschnitten auf einige für das Verständnis qualitativer erziehungswissenschaftlicher Forschung bedeutende Positionen in Debatten der zweiten Hälfte des 20. Jahrhunderts verweisen:

Dass in den 60er und 70er Jahren des 20. Jahrhunderts die Erziehungswissenschaft verstärkt empirische Forschungsmethoden aufgriff, erweiterte im Fach den Einfluss sozialwissenschaftlicher Methoden und Fragestellungen. Quantitative empirische Verfahren sind zu einem wichtigen Bestandteil von Forschung, Lehre, Ausbildung und beruflicher Praxis geworden (vgl. Ingenkamp u. a. 1992). Seit Mitte der 70er Jahre hat sich parallel dazu auch die qualitative Forschung weiterentwickelt und etabliert. Durch diesen Prozess, der zum Teil auch als „Alltagswende" bezeichnet wird (Lenzen 1980), rücken die Adressat/-innen pädagogischer Maßnahmen mit ihren subjektiven Deutungsmustern, Handlungsorientierungen und ihren soziokulturellen Lebenswelten stärker in den Blick der Forschung. „Verstehen" bildet den Kern des neuen Paradigmas einer erziehungswissenschaftlichen Forschung, die sich aus Traditionen des Symbolischen Interaktionismus, der Phänomenologie, der Ethnomethodologie und der Ethnologie heraus entwickelt, auch hermeneutische Traditionen wiederbelebt und frühe Forschungsansätze wiederentdeckt.[5] In vielen Projekten findet sich eine Kombination von

---

4 Weitere Überblicke über historische Traditionslinien und aktuelle Tendenzen qualitativer Forschung in der Erziehungswissenschaft finden sich bei Oppolzer 1966; Benner 1978; Thiersch/Ruprecht/Herrmann 1978; Wulf 1983; Merkens 1989; Roth 1994; Tenorth/Lüders 1994; Schulze 1995; Marotzki 1995; Krüger 1995, um hier nur einige Autoren zu nennen. Mit Methodenfragen der Erziehungswissenschaft befassen sich zudem die Arbeiten von Mollenhauer/Rittelmeyer 1977; König/Zedler 1982, Haft/Kordes (Hg.) 1995, Ingenkamp u. a. 1992.
Für Forschungsansätze in der DDR vergleiche den Überblicksartikel von Marlies Hempel (1997).
5 Siehe dazu auch die Beiträge und zahlreichen Literaturhinweise in diesem Handbuch, die ebenfalls diese Entwicklung dokumentieren.

quantitativen und qualitativen Zugängen zum Forschungsgegenstand. Alte Polarisierungen lösen sich auf, sowohl quantitative wie qualitative Verfahren erweisen sich als unverzichtbare Bestandteile methodischer Standards gegenwärtiger Erziehungswissenschaft.

Maßgeblich für uns ist die schon in den 1970er Jahren von Wolfgang Klafki in seinem kritisch-konstruktiven Entwurf begründete Notwendigkeit der Integration der geisteswissenschaftlich-hermeneutischen, empirischen und kritischen Denkweisen innerhalb der Erziehungswissenschaft im Interesse umfassender Erkenntnis. Klafki spricht davon, „daß empirische Forschungen sozusagen von zwei Seiten her immer von Voraussetzungen und Konsequenzen umklammert werden, die wissenschaftlich nur mit Hilfe von hermeneutischen, interpretierenden Methoden aufgeklärt werden können" (Klafki 1976, S. 35). Zur kritisch-konstruktiven Erziehungswissenschaft gehören u. a. drei Elemente: erstens die Aufklärung über die Verflechtung pädagogischer Probleme in historische, politische, gesellschaftliche und wirtschaftliche Zusammenhänge im Sinne einer ideologiekritischen Forschung; zweitens die Entwicklung von Folgerungen für die pädagogische Praxis, indem Handlungsalternativen theoretisch und praktisch „durchgespielt" werden; sie können zu neuen Hypothesen für weitere Forschungen und zu wissenschaftlich aufgeklärten Entscheidungen führen; drittens das Engagement für eine kritisch-emanzipatorische, demokratische Entwicklung der Gesellschaft als Bedingung für die Entwicklung der Individuen zu Selbstbestimmungs-, Mitbestimmungs- und Solidaritätsfähigkeit.[6] Das demokratische Motiv kritisch-konstruktiver Erziehungswissenschaft steht in der Tradition der Sozialwissenschaften, deren grundlegendes ethisch motiviertes, an Menschenwürde orientiertes Credo René König im ersten Band seines Handbuchs zur empirischen Sozialforschung wie folgt formuliert: „Wenn wir die Geschichte der empirischen Sozialforschung übersehen, werden wir mit Leichtigkeit erkennen können, wie hinter allem wissenschaftlichen Bemühen die oberste Wertentscheidung steht, den Menschen nicht verkommen zu lassen" (König 1967, S. 17; vgl. auch Maus 1962).

Die Wissenschaftstheorie lehrt, den eigenen wissenschaftlichen Erkenntnisprozess im Kontext von Forschung als Teil eines historischen Prozesses der Auseinandersetzung mit der Welt auf der Suche nach Verstehen und Erklären zu betrachten, der stets der methodologischen und theoretischen Reflexion bedarf, da dieser eingebettet in wissenschaftliche Postulate und Paradigmen verläuft. Kuhn verweist in seinem Buch über „Die Struktur wissenschaftlicher Revolutionen" (1970) darauf, dass der Erkenntnisfortschritt in der Wissenschaft oftmals durch einen Paradigmenwechsel hervorgerufen wird, in dem die bis dahin gültigen Weltbilder und Deutungen durch neue

---

Für Forschungsansätze in der DDR vergleichenden Überblicksartikel von Marlies Hempel (1997).
6 Siehe dazu auch Klafki 1996.

ersetzt werden, wodurch sich die Sicht der Welt verändert, was man als eine wissenschaftliche Revolution betrachten kann. Irritierende Befunde oder kritische Diskussionen über die Grenzen bisheriger wissenschaftlicher Erkenntnisse begleiten diesen Prozess. Die Vorstellung einer schrittweisen Annäherung der Wissenschaft an eine absolute Wahrheit wird durch einen Theorienpluralismus „Anything goes" (Feyerabend 1991) radikal in Frage gestellt. Indem Wissenschaft die Komplexität der Wirklichkeit in ihren Untersuchungsgegenständen reduzieren muss, um sie erforschen zu können, konstruiert sie diese zugleich. Wissenschaft wird somit als ein fortlaufender Kommunikationsprozess gedacht, der sich nur über eine wechselseitige Reflexivität und die Selbstreflexion der Beteiligten kontrollieren lässt (→ Kelle). Angesichts der Zunahme an widerstreitenden Erkenntnissen fragt Lyotard nach der Legitimität universaler Geltungsansprüche des Wissens in einer pluralen Welt mit ihren vielfältigen Deutungsmustern und formuliert damit die Herausforderungen der Postmoderne (vgl. Lyotard 1994). Herbert Tschamler betont einen zentralen Gedanken der „Kritischen Theorie"[7]: „Wissenschaft ist das methodisch gewonnene, systematische, durch die Sprache vermittelte Wissen über die Wirklichkeit. Dabei werden die Interdependenzen dessen, der Wissenschaft betreibt, des Wissenschaftlers, mit einbezogen" (1983, S. 19). Dieser letzte Gesichtspunkt verweist auf prägende persönliche, historische, wissenschaftspolitische und gegebenenfalls ideologische Kontexte, in denen sich Forschende und Forschungsrichtungen stets bewegen.

Empirische Forschung, als ein Instrument der systematischen und methodisch gesicherten Gewinnung von Erkenntnissen, wird somit von ihren eigenen Befunden und den wissenschaftstheoretischen Debatten herausgefordert. So kann Forschung lediglich ihr methodisches Vorgehen offenlegen, um intersubjektiv nachvollziehbar, aber vor allem nachprüfbar zu sein und sich reflexiv zu den verschiedenen Denktraditionen ins Verhältnis setzen. Zugleich sollte sich die empirische Forschung der Begrenztheit und Abhängigkeit ihrer eigenen Erkenntnisinstrumente (auch von gesellschaftlichen, sozialen, historischen Gegebenheiten und paradigmatischen Traditionen) bewusst sein, um auch Neues zu wagen, scheinbare Gewissheiten zu hinterfragen und den Horizont der Erkenntnisse zu erweitern. Pierre Bourdieu fordert dazu auf, das wissenschaftliche Feld selbst zum Gegenstand einer reflexiven Analyse zu machen, um die Verzerrungen, die „Bias" (Voreinstellungen), die kollektiven und unbewussten „Vor-Urteile", die bereits in den Fragestellungen, den Kategorien und dem jeweiligen Wissenschaftsverständnis der Forscherin oder des Forschers liegen, aufzuklären (vgl. Bourdieu 1993, S. 366): „Sobald wir die soziale Welt beobachten, unterliegt unsere Wahrnehmung dieser Welt einem Bias, der damit zusammenhängt, daß wir, um sie zu untersuchen, zu beschreiben, über sie zu reden, mehr oder

---

7 Vgl. die umfassende Auseinandersetzung mit Perspektiven ‚kritischer' Sozialforschung bei Bonss 1982.

weniger vollständig aus ihr heraustreten müssen. Der theoretizistische oder intellektualistische Bias besteht darin, daß man vergißt, in die von uns konstruierte Theorie der sozialen Welt auch den Tatbestand eingehen zu lassen, daß diese Welt das Produkt eines theoretischen Blicks ist, eines ‚schauenden Auges' (theorein)" (Bourdieu/Wacquant 1996, S. 100).

Wissenschaft entwickelt im historischen Prozess stets neue Formen, um sich der Komplexität der sozialen Welt zu nähern, sie analytisch zu rekonstruieren, um zum Verstehen und zum Erklären zu gelangen. Forschende bewegen sich im Horizont ihrer Forschungsrichtungen und im Rahmen historischer, sozialer, gesellschaftlicher und ideologischer Kontexte, die ihr Denken und wissenschaftliches Handeln prägen. Dabei müssen die verwendeten Analyseinstrumente (Begriffe, Konzepte, Methoden, Kategorien usw.) stets kritisch reflektiert werden, um zu erkennen, was in den Blick gerät und was ausgeblendet bleibt, um den Rahmen der Erkenntnis zu erweitern (vgl. Friebertshäuser 2009).

2. Zur Erkenntnisreichweite Qualitativer Forschung im Spektrum pluraler Forschungsmethoden

Der Geistes- und Naturwissenschaftler Gottfried Wilhelm Leibniz (1646-1716) erkannte vor 300 Jahren, dass ein und derselbe Gegenstand „von verschiedenen Seiten betrachtet, immer wieder anders und gleichsam perspektivisch vervielfältigt erscheint; so geschieht es auch, daß es (…) ebensoviele verschiedene Welten gibt, die gleichwohl nichts anderes sind als die perspektivischen Ansichten des einzigen Universums, je nach den verschiedenen Gesichtspunkten (…)" (Leibniz 1714/1979, S. 26). Er führte nach König (1989) die – in Kunst und Kunsttheorie schon seit der Renaissance bedeutsame – Frage der Perspektive in die Philosophie ein. Je nach Standpunkt und Gesichtspunkt ergeben sich spezifische Erkenntnismöglichkeiten, aber auch spezifische Erkenntnisbegrenzungen. Der Philosoph und Soziologe Karl Mannheim (1893-1947) zeichnet 200 Jahre später zu diesem Thema ein anschauliches Bild: „Die Landschaft als Landschaft – dies ist das Beispiel, an dem der Perspektivismus am klarsten exemplifizierbar ist – kann sich für ein menschliches Bewusstsein nur perspektivisch konstituieren, und dennoch löst sich die Landschaft nicht in die verschiedenen von ihr möglichen Bilder auf, weil ein jedes dieser Bilder sich an etwas orientiert (weshalb nicht ein jedes willkürliches Bild möglich ist) …" (Mannheim 1925/1964, S. 357)

Perspektvitätstheorien können dazu beitragen, die spezifische Perspektive qualitativer Forschung im Spektrum pluraler Forschungsmethoden zu klären. Sie analysieren die Wechselwirkungen zwischen erkundenden Personen und zu erkundendem Weltausschnitt, ohne eine der beiden Seiten zu vernachlässigen. Perspektivitätstheorien entgehen damit der problematischen Annahme eines naiven Empirismus, unmittelbare Welterkenntnis als solche sei möglich, ebenso wie der problematischen Annahme eines radikalen Konstruktivismus, dass Welt ausschließlich auf Konstruktion beruhe. Sie zeigen, dass äußerst zahlreiche Ansichten eines jeden Gegenstandes empirisch möglich sind und dass es unsinnig wäre, wenn eine oder wenige allein Gültigkeit beanspruchen wollte(n) (vgl. Münnix 2004). Was Ulrich Herrmann über den perspektivischen Charakter der Biographie sagt, gilt für alle Untersuchungseinheiten, wie z. B. Lebensabschnitte, Gruppenprozesse, Unterrichtsstunden oder Beratungsgespräche: ihre Beschreibung ist „notwendigerweise die perspektivische Komposition von *Elementen* aus einem unendlich fakten- und facettenreichen Lebenszusammenhang, der *als solcher* nicht zur Darstellung gelangen kann" (Herrmann 1987, S. 306). Im Hinblick auf die Forschungsmethoden ist dieser Zusammenhang, wie Leo Roth unmissverständlich präzisiert hat, folgenreich. „Einzelne Forschungsmethoden oder auch deren Verbund können immer nur Aspekte des komplexen Gegenstandsbereichs erfassen. Damit ergibt sich, dass einige Teilgebiete aufgrund vorhandener Forschungsmethoden und -instrumente mehr, andere weniger erforscht werden und ein Bild des Gegenstandsbereichs zeichnen, wie er de facto nicht zu sein braucht; er ist in seinen Teilbereichen nur unterschiedlich erforscht. Insofern konstituieren die Forschungsmethoden gleichzeitig den Gegenstand, den sie erforschen, und zwar in ihrem jeweiligen Zuschnitt." (Roth 1991, S. 32) Einige für die Analyse von Forschungsmethoden wesentliche perspektivitätstheoretische Einsichten seien im Folgenden vorgestellt.

In unterschiedlichen historischen Epochen sowie in natur-, sozial- und geisteswissenschaftlichen Disziplinen finden sich Theoreme der Perspektivität. Dazu gehören so berühmte Ansätze wie die Erfindung der Zentralperspektive in der Renaissance, wie Leibniz' Monadologie (1720/1994), wie Nietzsches psychologische Reflexionen (vgl. zusammenfassend Seidmann 1976) und, in unserer Zeit, Merleau-Pontys Leibtheorie[8] (1966), Meads Sozialphilosophie (1969) Panofskys Kunsttheorie (1964), Kosellecks Geschichtstheorie (1977 a/b) und Graumanns psychologische Phänomenologie (1960). Der Philosoph G. König hat im Handbuch der philosophischen Grundbegriffe einen exzellenten Überblick über die abendländischen Perspektivitätstheorien[9] gegeben (König 1989).

In der Erziehungswissenschaft wird Perspektivität unter anderem in pädagogisch-psychologischen, schulpädagogischen und sozialpädagogischen Dis-

---

8 Vgl. auch die bildungsphilosophische Rezeption bei Meyer-Drawe 1984 und Lippitz 1993.
9 Über perspektivisches Denken in nichteuropäischen Kulturen wissen wir vergleichsweise wenig. Die globale Existenz der *„Goldenen Regel"* („Was Du nicht willst, das man Dir tu, das füg auch keinem andern zu"), die als Beispiel des Anspruchs der Perspektivenübernahme interpretiert werden kann, ist jedoch schon in den 1920er Jahren nachgewiesen worden. Als Maxime der Anerkennung der Perspektive des Anderen findet sie sich variantenreich in vielen Kulturen der Welt (Wimmer 1980; Hertzler 1934).

kussionszusammenhängen verwendet[10]. Obwohl Perspektivität für die methodologische Debatte in der Forschung ein häufig gebrauchter Begriff ist, wird meist auf eine tiefergehende perspektivitätstheoretische Begründung verzichtet. So setzt zum Beispiel Uwe Flick (1992) die systematische Perspektiventriangulation an die Stelle des Gütekriteriums der Validität.

Eine grundlegende Studie zur Theorie der Perspektivität legte 1960 der Psychologe Carl F. Graumann vor. Darin belegt er anhand einer eigentümlichen Verbindung aus optischen, psychologischen und erkenntnistheoretischen Analysen akribisch, „daß kognitive Situationen perspektivischer Struktur sind" (ebd., S. 1). Aus der Vielzahl der Komponenten, mit denen sich die perspektivische Struktur kognitiver Situationen u. a. nach Graumann bestimmen lässt, seien, um den Rahmen dieser Einführung nicht zu sprengen, fünf zentrale Elemente ausgewählt, anhand deren die Erkenntnisreichweite qualitativer erziehungswissenschaftlicher Forschung im Folgenden präzisiert wird: Größendimension, Standort und Blickrichtung, motivationaler Grundzug, Horizont und Dynamik. In diesem Zusammenhang werden Sozialität und Historizität als konstitutiv für Perspektivenbildung erläutert.

a) Größendimension

Die Größendimension bildet eine zentrale Perspektivitätsdimension: Wir nehmen jeweils völlig Verschiedenes wahr, je nachdem auf welche Größendimension wir unser Augenmerk einstellen, von extrem kleinen Einheiten wie Elementarteilchen bis hin zu extrem großen Einheiten wie Galaxien. Eindrucksvoll demonstrieren Philip und Phylis Morrison in ihrem Fotoband „ZEHN^{HOCH}" (1995) wie sich die Welt aus 42 verschiedenen Größendimensionen wahrnehmen lässt. Es zeigt sich, dass ein und derselbe Gegenstand sich in seinen verschiedenen Größendimensionen völlig unterschiedlich darstellt. So ist die von Morrison fotografierte Hand aus der Sicht des bloßen Auges kompakt, aus der Sicht einer extrem vergrößernden Blasenkammeraufnahme besteht sie aus unzähligen schwingenden Teilchen, während ihre Existenz dem Blick aus großer Höhe völlig entgeht[11].

---

10 Dazu gehören zum Beispiel Forschungen zur kindlichen Fähigkeit der Perspektivenübernahme im Entwicklungsprozess (Edelstein/Keller 1982; Geulen 1982; Meyer-Drawe 1984; Zeil-Fahlbusch 1983), zur mehrperspektivischen Didaktik (Giel/Hiller/Krämer 1974; Duncker 1995; Breit 1991) und zur multiperspektivischen Fallarbeit (Müller 1993; Schütze 1994).

11 Der Philosoph Jean François Lyotard zeigte in seiner Ausstellung „Les Immatériaux" (1985) im Pariser Centre Pompidou ein Exponat, das ebenfalls geeignet ist, die Bedeutung der Größendimension für Erkenntnisprozesse zu illustrieren. Er präsentiert eine Sicht auf ein Stück Papier durch stark vergrößernde Optik. Flaches glattes Papier wird hier zum wilden Gestrüpp. Wie sehr wir lebenspraktisch gewöhnt sind, auch in mehreren Perspektiven zugleich zu denken, zeigt unser Verständnis von der Erde. Niemand zweifelt an ihrer kugelförmigen Gestalt, die vom Weltraum aus als

Hier wird deutlich, dass physikalisch-optische Beobachtungen grundsätzlich auf das Phänomen der perspektivischen Bedingtheit von Erkenntnis verweisen. Der Sozialwissenschaftler George Herbert Mead nennt das Wissen um Perspektivität „ein unerwartetes Geschenk der Physik an die Philosophie" (Mead 1969, S. 215). Die naturwissenschaftlichen Verweise können dazu anregen, in den Sozialwissenschaften Mikro- und Makroperspektiven von der Dimension zum Beispiel des einzelnen Kindes über die Dimension der interpersonellen Interaktion, der sozialen Gruppierungen, der Regionen, der Teilkulturen, Kulturen, historischen Epochen bis hin zur globalen Dimension aller Kinder der Welt und zu universell-überhistorischen Dimensionen der ganzen Menschheit in ihren je spezifischen Erkenntnisreichweiten auszuloten.

Daraus folgt: Ereignisse in pädagogischen (und anderen) Feldern sind nicht als entweder einmalig oder regelhaft, besonders oder allgemein zu interpretieren, sondern es kommt darauf an, im Rahmen welcher Größendimension soziale Ereignisse analysiert werden. Fragt man auf der individuellen Ebene nach den einzigartigen Strukturen des Falles, so können die unwiederholbaren Einmaligkeiten des Falles als betont hervortreten und somit sichtbar werden. Fragt man auf der kollektiven Ebene danach, was dieser Fall mit einer Gruppe aus mehreren Fällen gemeinsam hat, so können die Gemeinsamkeiten dieser Gruppierung[12] hervortreten. Fragt man auf der universellen Ebene danach, welche Strukturen des Falles für alle Menschen gültig sind, so können allgemein menschliche Phänomene in den Vordergrund rücken. Jede der drei Motivationen, Individuelles, Kollektives oder Universelles wissen zu wollen, wird im Rahmen einer jeweils anderen Größendimension ermöglicht und alle können „wahr" sein. Hilfreich ist hier, wie bereits Kurt Lewin den scheinbaren Widerspruch zwischen Regelhaftigkeit und individuellen Differenzen aufgelöst hat: Nicht verschiedene Gesetzmäßigkeiten bestimmen die einzelnen Menschen, vielmehr ergeben sich aufgrund der gleichen Gesetze bei verschiedenen Individuen und in verschiedenen Situationen notwendig sehr verschiedene Erfahrungen (vgl. Lewin 1963, S. 102). Für Forschungskonzepte ist wichtig, dass präzise angegeben wird, auf welche Größendimension[13] man sich jeweils bezieht und dass man nicht den Fehler macht, von einer Ebene auf die andere zu schließen (Welz 1974). In Untersuchungen mit großer Reichweite auf der gesellschaftlichen Makroebene werden in der Regel quantitative Methoden eingesetzt, auch einige

---

vollendet sichtbar beschrieben wird (Kelly 1989), obwohl die uns unmittelbar zugängliche Oberfläche mit Bergen und Tälern keineswegs der Kugelform entspricht.
12 Der Begriff der Gruppierung oder auch der Kollektivität lässt sich auf Geschlechtszugehörigkeit, Schichtzugehörigkeit, ethnische Zugehörigkeit usw. beziehen.
13 Aussagen auf der Ebene des Allgemeinen könnten aber auch als Beiträge zu einer riesigen Einzelfallstudie über den im Kosmos bisher einzigen bekannten „Fall Menschheit" gelesen werden (vgl. Vollmer 1981). Zur Problematik der Begriffe „Ebene" und „Verallgemeinerung" vgl. auch Terhart 1980.

qualitative Forschungsmethoden arbeiten an Zugängen auf dieser Ebene (→ Garz, → Bohnsack).

Qualitative erziehungswissenschaftliche Forschung zeichnet sich dadurch aus, dass sie ihre Erhebungen zumeist in der Mikroperspektive ansiedelt und pädagogisch relevante Einzelfälle in den Blick nimmt. Die Einzelfälle werden vor Beginn beziehungsweise auch noch während der Erhebungen so ausgewählt, dass begründete Aussagen zu pädagogisch relevanten Strukturen mit begrenzter Reichweite (Kelle 2007) möglich werden. In einigen wenigen Ansätzen qualitativer Forschung werden Erkenntnisse mit recht großer gesellschaftlicher oder sogar mit universeller Reichweite angestrebt. Der Blick aus der Nähe der Mikroebene ist geeignet, vielfältige Elemente und komplexe Strukturen von Einzelfällen, auch im Sinne von eingegrenzten Feldern in ihrem Zusammenspiel sichtbar zu machen. In qualitativ orientierten Forschungsvorhaben ist es (wie in jedem Forschungsvorhaben) unerlässlich, die Größendimension, in der gültige Aussagen angestrebt werden, zu umreißen und eine Forschungsmethode einzusetzen, die zur gewählten Größendimension passt.

b) Standort und Gerichtetheit

Neben der Größendimension sind Standort und Blickrichtung maßgeblich für Erkenntnisperspektiven. Klassisches Beispiel für diese Dimension von Perspektivität ist die Wahrnehmung in der Landschaft. Gottfried Wilhelm Leibniz (1646-1716) postuliert im berühmten 57. Paragraphen seiner Monadologie: wie ein und dieselbe Stadt „von verschiedenen Seiten betrachtet, immer wieder anders und gleichsam perspektivisch vervielfältigt erscheint; so geschieht es auch, daß es (...) ebenso viele verschiedene Welten gibt, die gleichwohl nichts anderes sind als die perspektivischen Ansichten des einzigen Universums, je nach den verschiedenen Gesichtspunkten (...)" (Leibniz 1714/1979, S. 26)[14]. Standort und Blickrichtung konstituieren die „Hinsicht" auf den Gegenstand. Sie bedingen die in dieser Hinsicht mögliche „Ansicht" (Graumann 1960, S. 131) und lassen andere Ansichten nicht zu. Auf diese Weise werden Forschungsgegenstände durch die Bildung von Ausschnitten konstituiert. Intersektionalitätstheoretische Ansätze bemühen sich darum, mehrere Sichtachsen zu kombinieren, die Verwobenheit verschiedener Differenzkategorien in einer integrativen Perspektive in den Blick zu nehmen und so etwas von der Komplexität sozialer Welten, zum Beispiel die Kumulation von Ungleichheits- und Unterdrückungsverhältnissen, zu erhellen (Klinger/Knapp/Sauer 2007).

Zu den Erhebungen qualitativer erziehungswissenschaftlicher Forschung, zur komplexen Beschaffenheit von Einzelfällen und zu Strukturen mit begrenzter Reichweite auf der Mikroebene gehört es also, erziehungswissen-

---

14 Vgl. dazu auch Karl Mannheim, der den Perspektivismus am Beispiel einer Landschaft veranschaulicht (Mannheim 1925/1964, S. 357).

schaftlich oder pädagogisch relevante Kategorien und Themen für die Untersuchungen auszuwählen und so zu den jeweils „ausgeschnittenen" Sichtachsen auf ihre Forschungsgegenstände zu kommen. Wegen der Fülle möglicher Standpunkte, Blickrichtungen und Ansichten müssen in Forschungsvorhaben die Themen und Kategorien jeweils begründet eingegrenzt werden.

c) Motivationaler Grundzug

Die perspektivische Struktur von Erkenntnis ist nicht darauf beschränkt, dass von bestimmten Positionen aus Ausschnitte von Welt in ein Gesichtsfeld kommen. Die perspektivische Ansicht ist auch in sich geformt. Anknüpfend an Leibniz hat um die Mitte des 18. Jahrhunderts Johann Martin Chladenius (1710-1759) in seiner Lehre vom „Sehe-Punckt" darauf hingewiesen, dass neben den eben genannten räumlichen Strukturen auch innere Zustände des Schauenden das, was er sieht, beeinflussen: „Diejenigen Umstände unserer Seele, Leibes und unserer ganzen Person, welche machen oder Ursache sind, daß wir uns eine Sache so und nicht anders vorstellen, wollen wir den Sehe-Punckt nennen. Wie nämlich der Ort unseres Auges, und insbesondere die Entfernung von einem Vorwurfe, die Ursach ist, daß wir ein solch Bild, und kein anderes von der Sache bekommen, also gibt es bey allen unseren Vorstellungen einen Grund, warum wir die Sache so und nicht anders erkennen: und dieses ist der Sehe-Punckt von derselben Sache" (1742/1969, S. 187) „Der Sehepunckt ist der innerliche und äußerliche Zustand eines Zuschauers, insoferne daraus eine gewisse und besondere Art, die vorkommenden Dinge anzuschauen und zu betrachten flüsset" (Chladenius 1752/1985, S. 100). Voraussetzungen des Blicks, bedingt durch prägende Erfahrungen, Bedürfnisse und erkenntnisleitende Interessen führen dazu, dass wir das, was wir sehen, durch unsere Motive prägen. Graumann (1960, S. 141 ff.) nennt darum den motivational geprägten Ausschnitt „Relief". Indem Strukturen des Motivs und des Ausschnitts zusammenspielen, treten wichtige Elemente als erhabene hervor, unwichtige Elemente verblassen und verflachen, sodass ein „Betontheitsrelief" entsteht. Der Blick ist also niemals neutral, nie offen im Sinne einer Tabula rasa.

Jeder Blick ist vorgeformt und gibt damit seinerseits dem Wahrgenommenen Form oder, andersherum gedacht, bestimmte Aspekte des Ausschnitts können sich im Blick verankern (vgl. Meyer-Drawe 1984).

Mit der Formulierung von Fragestellungen werden in Forschungsvorhaben die Forschungsmotive, die erkenntnisleitenden „Betontheitsreliefs" präzisiert. Qualitative erziehungswissenschaftliche Forschung zeichnet sich durch typische Erkenntnisinteressen aus, dazu gehört vor allem die Suche nach dem Wissen, den Handlungsweisen und des Sinndeutungsmustern lokaler Akteure im Erziehungs- und Bildungswesen und den zugrundeliegenden unbewussten Motiven und unbewussten regelhaften Strukturen. Um die Sichtweisen der Akteure zu verstehen, setzen Forschende ihr durch ihre kul-

turellen, sozialen und biographischen Erfahrungen entstandenes bewusstes und unbewusstes Wissen ein. Dabei nutzen einige qualitative Forschungskonzepte, wie zum Beispiel die Tiefenhermeneutik, intersubjektive Resonanzen systematisch für den Erkenntnisprozess: die „Gegenübertragung" der Forschenden[15] mit ihren Emotionen, Assoziationen und prägenden Motiven wird erhoben, um Hypothesen zu den Erlebnisweisen und unbewussten Deutungen der Akteure zu gewinnen.

d) Horizontalität und Dynamik, Sozialität und Historizität

Die drei bisher dargelegten Strukturmomente beschreiben Perspektiven noch als statisch: Wenn Forschende, im Bild der Landschaft bleibend, einen Standort innehaben, eröffnet sich von hier aus in einer bestimmten Größendimension und Blickrichtung ein ausschnitthafter, motivational geprägter Anblick des Forschungsgegenstandes. Begrenzt wird der Anblick durch den Horizont. Grundsätzlich lässt sich sagen, „daß vom vorgegenständlich grundhaften Gewahren bis zum wissenschaftlichen Vorgehen das Kriterium der Hinsicht auf in Horizont-Struktur gegebenes aufweisbar ist" (Graumann 1960, S. 179). „Je weiter der Horizont des uns möglichen ‚denkenden' Verhaltens ist, desto mehr Hinsichten sind auf ein Problem eröffnet" (Graumann 1960, S. 131). Der Horizont ist in seiner Doppelfunktion von Eingrenzung und Über-sich-hinaus-verweisen notwendiges Korrelat jedes Blickfeldes. Durch Bewegung verschieben sich gleichzeitig sowohl der Anblick als auch der Horizont. Wir können uns weiterbewegen, neue Standorte aufsuchen und uns so neue Horizonte erschließen. Die Vielfalt der zugänglichen Anblicke innerhalb horizontaler Begrenzungen und die Möglichkeit, Standpunkte und damit auch Horizonte zu verschieben, verweisen also auf das mit Horizontalität verknüpfte Strukturmoment von Perspektivität: die Tatsache, dass wir unsere Perspektiven zeitlich unaufhörlich gleitend verändern. In der Dynamik der Veränderung von Perspektiven sind langsamere und schnellere Bewegungen möglich: von Beharrlichkeit oder gar fast erstarrender Trägheit über langsame Veränderungen bis hin zu schnellen Wechseln. „Alles was wir anblicken, begrenzt unseren Blick, verweist aber zugleich als Anblick (Aspekt) auf das Übergreifende, dessen Anblick es ist, und das als ganzes originärer Anschauung nicht gegeben ist. ... Der Einzelanblick, auf den angewiesen wir gerichtet sind, erweist sich als prinzipiell ungenügend, er verweist auf weiteres zu Erblickendes, ist Motiv der sich im kontinuierlichen ‚Durchgehen' erfüllenden Wahrnehmung. Diese motivationale Gerichtetheit ‚durch' Aspekte auf Ganze ist die Dynamik unseres Gewahrens schlechthin" (Graumann 1960, S. 178). Weil

---

15 Der Ethnologe und Psychoanalytiker Georges Devereux (1908-1985) war mit seinem Werk *Angst und Methode in den Verhaltenswissenschaften* (1973) ein Pionier der „Gegenübertragungsanalyse".
Supervision und Coaching kann Forschende darin unterstützen, ihre Erkenntnismotive zu analysieren und weiterzuentwickeln, vgl. Klinkhammer 2004.

wir nie alles wissen können – das wäre die Gottesperspektive, denn nur Gottes Auge sähe alles (König 1989, S. 371) – haben wir stets Grund zur Neugierde und lebensweltliches und wissenschaftliches Erkennen kommen nie an ein Ende, immer neue Perspektiven können sich auftun und unseren Wissensdurst wecken. Für Erkenntnissituationen ist wesentlich, dass grundsätzlich die weltanschaulichen, theoretischen, politischen und interessegeleiteten Positionen sowie die erfahrungsgeprägten Einstellungen, auch den Horizont, in dem Forschungen angelegt und interpretiert werden, bestimmen. Dabei geht es darum, einen möglichst weiten Horizont zu eröffnen, um perspektivische Schranken zu verschieben.

Das Gleiten der Perspektiven der Weltwahrnehmung ist historisch bedingt und verändert die Welt- und Menschenbilder, die theoretischen Horizonte im historischen Prozess. Jeweils kulturell gültige perspektivengebundene Wissensformen sind wirkmächtig. Die Epistemologie untersucht die historische Dynamik von Epistemen als Teil gesellschaftlicher Hierarchien und Machtkämpfe. Soziale Bewegungen bringen neue politisch und wissenschaftlich relevante Sichtweisen hervor und eröffnen so neue Perspektiven mit neuen Erkenntnisreichweiten. Rita Casale und Barbara Rendtorff (2008) haben in einem Band zur Frauen- und Geschlechterforschung Beiträge versammelt, die die Bedeutung von in Bewegung begriffenen „Epistemen", vom Gleiten der Perspektiven am Beispiel des „epistemischen Dings" (Reinberger 2001), das wir „Gender" nennen, analysieren. Die wissenschaftshistorischen Studien von Lorraine Daston und Peter Galison (2007) zum Prinzip der „Objektivität" belegen materialreich, wie die Vorstellungen von Objektivität selbst stets im Wandel begriffen waren. In seinen wissenschaftshistorischen Studien untersucht Kuhn (1970) die wissenschaftliche Perspektivengebundenheit im Rahmen seiner Paradigmentheorie.

Elisabeth Zeil-Fahlbusch hat in ihrer philosophischen Studie zur Erkenntnistheorie Piagets die sich scheinbar widersprechenden intellektuellen Bestrebungen, die Anerkennung perspektivischer Begrenztheit und das Bemühen um dezentrierende Perspektivenüberwindung zueinander in Beziehung gesetzt. Perspektivisch gebundenes Denken und dezentrierendes Denken sind nach Zeil-Fahlbusch unauflöslich dialektisch verflochten. Wir möchten sie wegen der Relevanz ihrer Einsichten für wissenschaftliche Erkenntnisansprüche in einem längeren Zitat zu Wort kommen lassen:

> „Die einseitige Ausrichtung auf die Dezentrierung scheint einerseits die Möglichkeiten des dezentrierten Denkens zu überschätzen und andererseits das Moment des Allgemeinen, das in der Perspektivität selbst liegt, sofern sie Bedingung des Verstehens anderer Perspektiven ist, zu unterschätzen. Ich gehe von der Behauptung aus, daß sich weder die Perspektiven in einer vollständig dezentrierten Struktur auflösen lassen, noch daß in der unaufhebbaren jeweiligen Perspektivität auf das Bemühen um Dezentrierung verzichtet werden kann. Beide Pole sind stets in einem Verhältnis des Mehr oder Weniger involviert und Vermittlungen sind

immer neu zu leisten. Die Spannung zwischen dem jeweiligen besonderen Standpunkt, seinem Sinn und seiner Geschichte, und dem des anderen, bzw. zu dem, was beide verbinden kann, macht die Dialektik menschlichen Handelns und Denkens aus. Jedes Subjekt-Gegenstandsverhältnis, sofern die Sicht auf den Gegenstand an die Perspektive des Subjekts gebunden bleibt und ihn zugleich selbst treffen soll, wie jedes intersubjektive Verhältnis, sofern Intersubjektivität zugleich Identität und Differenz meint, hat in ihr seinen Ort. Eine einseitige Betonung von Perspektivität sähe sich zurecht mit dem Vorwurf des Subjektivismus und Individualismus konfrontiert; ihre Folge wäre die Auflösung der Welt in eine Unzahl von Einzelperspektiven. Wie sowohl objektive Wahrnehmung und Erkenntnis als auch intersubjektive Wahrnehmung und Kommunikation möglich sein sollten, wäre kaum noch verstehbar ... Die Annahme einer Dialektik von Perspektivität und Dezentrierung würde für die Vorstellung von Wahrheit nicht nur bedeuten, daß sie ein offener, unabschließbarer Prozeß ist – was die genetische Erkenntnistheorie in einer bestimmten Interpretation noch mit zu beinhalten schien –, sondern auch, daß Wahrheit uneindeutig ist. Erkenntnis und Entscheidung wären also untrennbar. Und sie würde für die Vorstellung von Humanität bedeuten, daß diese an die konkrete Kommunikation in Geschichte und Gegenwart gebunden bleibt – wenn wir auch zugleich an allgemeine Suppositionen eines ‚vernünftigen' Menschseins und menschlichen Miteinanders in einer gemeinsamen Lebenswelt festhalten müssen." (Zeil-Fahlbusch 1983, S. 14f.)

Das Bemühen um Erkenntnisse im Horizont von Sozialität und Historizität lässt sich analysieren als – ausgehend von einer schon vorhandenen Perspektive – Übergang zu einer neuen und schließlich vielen weiteren Perspektiven, die eine pädagogische Situation in immer neuen Facetten aufscheinen lassen und auch ein dezentrierendes Weitergehen zu neuen Horizonten provozieren.

Dynamisch verändern sich nicht nur Perspektiven der Scientific Communities. „Soziokulturelle Lebenswelten sind nicht beständig" (Fuchs 2007, S. 19; vgl. auch Göhlich u. a. 2006; Prengel 2007), auch sie sind von Transitionen bestimmt. Das gilt auch für jene traditionalen Lebenszusammenhänge, für die kaum merkliche, langsame Dynamiken angenommen werden. Daraus folgt: Nicht nur der forschende Blick ist in Bewegung, auch die soziale Welt mit ihren kulturellen Deutungen, Praktiken und Regeln, die er zu erforschen sucht, verändert sich unablässig. Der akteursinduzierte soziale Wandel der heterogenen Handlungsmuster (Kelle 2007, S. 199) stellt eine Bedingung des Forschens dar.

Zwischen Forschenden und ihren zu erforschenden Akteuren in der Welt des Sozialen konstituieren sich also Beziehungen, die von der Veränderlichkeit und Heterogenität beider Seiten bestimmt sind. Daraus ergibt sich die Frage, wie diese Dynamiken im Forschungsprozess bewältigt werden können. Wissenschaftliche Überprüfbarkeit wird in empirischen Erhebungen nach Graumann angesichts des permanenten Flusses perspektivischer Bewegungen in der Zeit hergestellt durch *Innehalten*. Die Bewegung der perspektivischen Veränderung in der Zeit wird – wie bei einer Fotografie – angehalten und auf eine Hinsicht fixiert, „eingestellt" (Graumann 1960, S. 92). Die zeit-räumlichen Koordinaten einer bestimmten perspektivischen Einstellung werden so genau protokolliert, dass auch andere die gewählte Perspektive mit ihrem gewählten Untersuchungszeitraum nachvollziehen können.

In qualitativ-empirischen Forschungsvorhaben finden sich historische Studien, Langzeitstudien, biographisch-rekonstruktive Studien, auf längere oder auch sehr kurze Zeiteinheiten gerichtete Beobachtungsstudien und die charakteristischen auf Übergangsprozesse fokussierenden Studien, die der zeitlichen Dynamik entsprechen. Eine Reihe der für qualitative Forschung charakteristischen Ansätze zeichnen sich dadurch aus, dass – im Sinne ihres Prinzips der Offenheit – die Bereitschaft zur permanenten Dezentrierung während des Forschungsprozesses hinzukommt, sie muss nachvollziehbar dokumentiert werden. Die Metapher des Horizonts kann für den theoretischen Horizont stehen, der qualitative Studien rahmt.

In perspektivitätstheoretischer Sicht lässt sich qualitative erziehungswissenschaftliche Forschung charakterisieren als in der Mikroperspektive angesiedelter komplexe Aspekte von Einzelfällen analysierender an Akteursperspektiven orientierter offener iterativ-zirkulärer Forschungsprozess.

Den Ertrag der perspektivitätstheoretischen Analyse im Hinblick auf das Spektrum pluraler wissenschaftlicher Zugänge zusammenfassend, lässt sich festhalten: Die grundlegende, von Gelehrten, PhilosophInnen, Natur- und SozialwissenschaftlerInnen immer wieder variierte und von dem Psychologen Carl F. Graumann präzise untersuchte Einsicht, dass kognitive Situationen perspektivengebunden sind, gilt auch für Forschung. Forschung ist stets perspektivisch begrenzt und strukturiert. Weil Wirklichkeit das Fassungsvermögen der Medien, in denen Wissen transportiert wird, des menschlichen Geistes und der Gedächtnishilfen in Gestalt von Büchern und Datenbanken übersteigt. Jede wissenschaftliche Aussage und Handlung beruht auf einer Auswahl aus der nicht fassbaren Fülle möglicher Aspekte. Weil räumliche, zeitliche und das heißt auch personelle Ressourcen immer, auch in Forschungsvorhaben, limitiert sind, ist auch die Menge der möglichen Weltausschnitte, die untersucht werden können, von dieser Begrenztheit abhängig. Perspektiven sind Teil historisch veränderlicher kulturell bedingter Erkenntnisweisen.

Die Realität von pädagogisch relevanten Forschungsgegenständen, zum Beispiel von „Kindheit heute", „Mädchen", „Jungen", „Jugendsubkulturen", „Behinderungen", „Unterricht", „Lebenslauf" ist als solche – „pur" – nicht zu haben. Wir können ihrer nicht habhaft werden, weil wir immer nur in begrenzten Größendimensionen, von bestimmten Standpunkten aus, mit spezifischen Motiven, in limitierten Zeiträumen und von unserer Kultur geprägt forschen können. Andererseits können im Lichte der Perspektivitätstheorie „idealistische" Vorstellungen von der ausschließlichen Konstruiertheit wissenschaftlicher Erkenntnisse – im Sinne von vollständiger Realitätsunabhängigkeit, Fiktionalität oder purer Subjektivität – keine Plausibilität beanspruchen. Unsere Perspektive ermöglicht und begrenzt zugleich unsere Erkenntnisse und weist immer schon über sie hinaus. Jenseits perspektivischer Begrenztheit und ohne das Bemühen um – freilich immer begrenzt bleibende – Entgrenzung ist keine Erkenntnis möglich.

Forschungsmethoden sind perspektivisch ausgerichtete Instrumente, um Wissen in ausgewählten Perspektiven zu erschließen. Die Präzisierung von Forschungsmethoden lässt sich auch beschreiben als genaue Darstellung der Perspektive(n), die in einem Forschungsvorhaben eingenommen und mit der fokussiert wird. Darum haben die Forschenden stets genau zu klären, von welchem Ort aus, mit welcher Fragestellung, mit welchen Instrumenten und in welchem theoretischen Horizont sie welche sozialen, räumlichen, zeitlichen Aspekte eines Gegenstandes erkunden. Die zu erforschenden Einheiten können dabei für die eigene Forschungsfrage relevante Ausschnitte der Welt in ausgewählten Zeiteinheiten sein: eine Szene, eine Unterrichtsstunde, eine Kinderbiographie, Gruppierungen von konkreten Kleingruppen oder ganze Subkulturen bis hin zu großen Ausschnitten – zum Beispiel die Schulanfänger/-innen eines Jahrgangs eines Landes –, schließlich können sogar globale Dimensionen in den Blick genommen werden. Ob große Zahl oder Einzelfall, Vogel- oder Froschperspektive, quantitative oder qualitative Forschung: Jedes Erkenntnisinteresse erfordert passende Instrumente und führt spezifische Begrenzungen mit sich.

Jeder methodische und theoretische Zugang innerhalb des Spektrums qualitativer Forschungsansätze eröffnet stets spezifische, einerseits Weltsichten erschließende, andererseits zugleich Weltsichten verdeckende Ausblicke. Das gilt auch für Forschungsprozesse selbst, in denen eine Annäherung an die Perspektiven der Erforschten methodisch hergestellt wird und anschließend in Phasen der Distanzierung das so gewonnene Material unter einer wissenschaftlichen Perspektive betrachtet und analysiert wird. Dieses Wechselspiel zwischen Nähe und Distanz und damit das Spannungsverhältnis zwischen unterschiedlichen Perspektiven fördert den Erkenntnisprozess.

Aus der aufgeklärten Bewusstheit für die unhintergehbare Begrenztheit eines jeden Forschungszugangs, also auch des eigenen, geht als ebenso unhintergehbare Schlussfolgerung die Anerkennung anderer Forschungszugänge hervor. Die perspektivitätstheoretische Analyse begründet die Wertschätzung wissenschaftlicher Pluralität. Erkenntnispotentiale und Erkenntnisgrenzen einer jeden Forschungsmethode sind umstritten und können in intellektuellen Auseinandersetzungen präzisiert werden. Dabei finden konjunkturell-dynamische Kämpfe sowohl um Anerkennung als auch um Ressourcen statt.

In Pädagogik und Erziehungswissenschaft findet sich ein breites Spektrum pluraler Erkenntnismodi, sie bilden ein perspektivisches Kontinuum, das von den Adressat/-innen, über die Praktiker/-innen bis zu den theoretisch, den qualitativ und den quantitativ forschenden Wissenschaftler/-innen reicht und sich wie folgt zusammenfassend darstellen lässt: *Wissenschaftliche Forschung* spielt sich in vier Erkenntnismodi ab, sie umfasst *qualitative* und *quantitative* Zugänge sowie deren *Kombination*; hinzukommen *theoretische* Zugänge, die an Bedeutung gewinnen, weil die wachsende Fülle empirischer Daten gesichtet, analysiert und in Zusammenhänge gestellt werden muss. Implizit-informelle und systematische Erkenntnisweisen der professionell tätigen Experten in schulischen und außerschulischen Feldern lassen sich als *Praxisforschung* charakterisieren. Erkenntnisweisen der Kooperation zwischen professionell praktizierenden und wissenschaftlich forschenden Personen bilden den Bereich der *Handlungsforschung*. Hier sind auch jene Forschungsvorhaben zuzuordnen, in denen Praktiker/-innen ihre eigene Praxis mit wissenschaftlichen Methoden und mit dem Ziel wissenschaftliche Erkenntnisstände zu erneuern untersuchen (*Eigenforschung*) (vgl. dazu Kapitel 6). Alle der Optimierung von Bildung verpflichteten Erkundungsanstrengungen dienen letztlich gemeinsam dem Ziel, *Erkenntnisprozesse der Adressaten von Erziehung* zu fördern. Darum sollten auch die Erkenntnisperspektiven der kindlichen, jugendlichen und erwachsenen Akteure, die Zielgruppen von Pädagogik sind, im Spektrum der für Erziehungswissenschaft relevanten Erkenntnisprozesse nicht ausgeblendet werden (→ Prengel).

Gegenwärtig lässt sich in der empirischen Forschung eine Dominanz und Magie der großen Zahlen feststellen: quantitative Forschungsvorhaben, die repräsentative Befunde und verallgemeinerbare Ergebnisse versprechen, werden vielerorts favorisiert. Für die Erziehungswissenschaft, die mit Menschen arbeitet, ist es unerlässlich, Gesetzmäßigkeiten, Daten und Fakten quantitativ zu erheben, um große Zusammenhänge und Strukturen zu kennen, in denen sie agiert. Aber ebenso unerlässlich ist das qualitativ zu gewinnende Wissen.

Qualitative Forschung sucht die Annäherung an komplexe Einzelfälle, sie interessiert sich für das Zusammenspiel von Makro-, Meso- und Mikroebene. Sie widmet sich den subjektiven und biographisch entstandenen Wirklichkeiten der Adressaten und Akteure pädagogischer Arbeit, den sozialen Interaktionen, den Konstruktionen von Sinn und Bedeutung im Leben von Einzelnen, den Gruppenprozessen und kollektiven Mustern. Es geht ihr darum Denken, Fühlen, Handeln oder Nicht-Handeln von Menschen zu verstehen. Um die Einzigartigkeit eines Menschen zu erfassen, genügt es nicht, ihn als Funktions- oder Symptomträger, Repräsentanten eines Phänomens oder Teil eines bereits klassifizierten Mechanismus zu betrachten, denn Menschen geben ihrem Leben Sinn und Bedeutung, sie verhalten sich eigenwillig und spontan, lassen sich nicht in vorgestanzte Schablonen pressen, fordern stets wieder unsere Fähigkeit zur Neuinterpretation und Neubetrachtung heraus. Menschen verändern sich, ihr Leben, ihre Welten, darin liegt eine Herausforderung für jede Forschung, die damit nie an ihr Ende gelangt, sondern stets wieder aufgerufen ist, ihre eigenen Konstrukte und Ergebnisse kritisch zu hinterfragen und über das Entdecken von Forschungslücken und blinden Flecken zu neuen Forschungsfragen zu gelangen. Von diesem Bemühen zeugt dieses Handbuch. Es präsentiert eine Auswahl qualitativer Forschungsansätze in der Erziehungswissenschaft, die sich um das Rekonstruieren und Verstehen des Anderen in seiner Welt sowie der Welt als Sinnzusammenhang bemühen.

Literatur

Benner, Dietrich 1978: Hauptströmungen der Erziehungswissenschaft. Eine Systematik traditioneller und moderner Theorien. München.
Bonss, Wolfgang 1982: Die Einübung des Tatsachenblicks. Zur Struktur und Veränderung empirischer Sozialforschung. Frankfurt/M.
Bourdieu, Pierre 1993: Narzißtische Reflexivität und wissenschaftliche Reflexivität. In: Berg, Eberhard/Martin Fuchs (Hg.): Kultur, soziale Praxis, Text. Die Krise der ethnographischen Repräsentation. Frankfurt/M.
Bourdieu, Pierre/Loic J. D. Wacquant 1996: Reflexive Anthropologie. Frankfurt/M.
Breit, Gotthard 1991: Mit den Augen des anderen sehen – Eine neue Methode zur Fallanalyse. Schwalbach/Ts.
Casale, Rita/Barbara Rendtorff (Hg.) 2008: Was kommt nach der Genderforschung? Zur Zukunft der feministischen Theoriebildung. Tagungsband der Sektion Frauen- und Geschlechterforschung in der Deutschen Gesellschaft für Erziehungswissenschaft. Bielefeld.
Chladenius, Johann M. 1742/1969: Einleitung zur richtigen Auslegung vernünftiger Reden und Schriften, hrsg. von Lutz Geldsetzer. S. 187f. Zitiert nach Gert König 1989. S. 366.
Chladenius, Johann M. 1752/1985: Allgemeine Geschichtswissenschaft, hrsg. von Reinhart Koselleck. S. 100f. Zitiert nach Gert König 1989. S. 366.
Daston, Lorraine/Peter Gallison 2007: Objektivität. Frankfurt/M.
Devereux, Georges 1973: Angst und Methode in den Verhaltenswissenschaften. München.
Dudek, Peter 1990: Jugend als Objekt der Wissenschaften. Geschichte der Jugendforschung in Deutschland und Österreich. Opladen.
Duncker, Ludwig 1995: Mit anderen Augen sehen lernen. Zur Aktualität des Prinzips Mehrperspektivität. In: Die Deutsche Schule 4/1995. S. 421-432.
Edelstein, Wolfgang/Monika Keller (Hg.) 1982: Perspektivität und Interpretation. Beiträge zur Entwicklung sozialen Verstehens. Frankfurt/M.
Feyerabend, Paul K. 1975/1991: Wider den Methodenzwang. Frankfurt/M.
Flick, Uwe 1992: Entzauberung der Intuition. Systematische Perspektiven-Triangulation als Strategie der Geltungsbegründung qualitativer Daten und Interpretationen. In: Hoffmeyer-Zlotnik, Jürgen H. P. (Hg.): Analyse verbaler Daten: Über den Umgang mit qualitativen Daten. Opladen. S. 12-55.
Flick, Uwe/Ernst von Kardorff/Heiner Keupp/Lutz von Rosenstiel/Stephan Wolff (Hg.) 1991: Handbuch qualitative Sozialforschung. Grundlagen, Konzepte, Methoden und Anwendungen. München.

Friebertshäuser, Barbara 2009: Verstehen als methodische Herausforderung für eine reflexive empirische Forschung. In: Friebertshäuser, Barbara/Markus Rieger-Ladich/Lothar Wigger (Hg.): Reflexive Erziehungswissenschaft. Forschungsperspektiven im Anschluss an Pierre Bourdieu. Wiesbaden. S. 229-249.
Friebertshäuser, Barbara 2009: Qualitative Methoden. In: Andresen, Sabine u. a. (Hg.): Handwörterbuch Erziehungswissenschaft. Weinheim und Basel. S. 698-712.
Fuchs, Martin 2007: Diversity und Differenz. Konzeptionelle Überlegungen. In: Gertraude Krell/Barbara Riedmüller/Barbara Sieben/Dagmar Vinz (Hg.): Diversity Studies. Grundlagen und disziplinäre Ansätze. Frankfurt/M./New York. S. 17-34.
Geulen, Dieter (Hg.) 1982: Perspektivenübernahme und soziales Handeln. Frankfurt/M.
Giel, Klaus/Gotthilf Hiller/Hermann Krämer (Hg.) 1974: Stücke zu einem mehrperspektivischen Unterricht. Stuttgart.
Göhlich, Michael u. a. (Hg.) 2006: Transkulturalität und Pädagogik. Interdisziplinäre Annäherung an ein kulturwissenschaftliches Konzept und seine pädagogische Relevanz. Weinheim und München. S. 155-168.
Graumann, Carl F. 1960: Grundlagen einer Phänomenologie und Psychologie der Perspektivität. Berlin.
Haft, Henning/Hagen Kordes (Hg.) 1984/1995: Methoden der Erziehungs- und Bildungsforschung. Enzyklopädie Erziehungswissenschaft hrsg. von Dieter Lenzen. Band 2. Stuttgart/Dresden.
Hempel, Marlies 1997: Pädagogische Frauenforschung und methodologische Grundlagen der Erforschung pädagogischer Probleme in der DDR. In: Friebertshäuser, Barbara/Annedore Prengel (Hg.): Qualitative Forschungsmethoden in der Erziehungswissenschaft. Weinheim und München. S. 144-156.
Hering, Sabine 1997: Die Anfänge der Frauenforschung in der Sozialpädagogik. In: Friebertshäuser, Barbara/Gisela Jakob/Renate Klees-Möller (Hg.) 1997: Sozialpädagogik im Blick der Frauenforschung. Weinheim. S. 31-43.
Herrmann, Ulrich 1987: Biographische Konstruktionen und das gelebte Leben. Prolegomena zu einer Biographie und Lebenslaufforschung. In: Zeitschrift für Pädagogik 33. S. 303-323.
Hertzler, Joyce O. 1934: On Golden Rules. In: International Journal of Ethics 44/1934. S. 118-436.
Hörster, Reinhard 1992: Zur Rationalität des sozialpädagogischen Feldes in dem Erziehungsexperiment Siegfried Bernfelds. In: Ders./Burkhard Müller (Hg.): Jugend, Erziehung und Psychoanalyse. Zur Sozialpädagogik Siegfried Bernfelds. Neuwied/Kriftel/Berlin. S. 143-162.
Hopf, Christel/Elmar Weingarten (Hg.) 1984: Qualitative Sozialforschung. Stuttgart.
Ingenkamp, Karlheinz/Reinhold S. Jäger/Hanns Petillon/Bernhard Wolf (Hg.) 1992: Empirische Pädagogik 1970-1990. Bd 1. Weinheim.
Itard, Jean Marc Gaspard 1801: De l'éducation d'un homme sauvage ou des premiers développemens physique et moraux du jeune sauvage de l'Aveyron. Paris. (deutsche Übersetzung in: Malson, Lucien (Hg.) 1972: Die wilden Kinder. Frankfurt/M.)
Kamp, Johannes-Martin 1995: Kinderrepubliken. Geschichte, Praxis und Theorie radikaler Selbstregierung in Kinder- und Jugendheimen. Opladen.

Kelle, Udo 2007: Die Integration qualitativer und quantitativer Methoden in der empirischen Sozialforschung. Theoretische Grundlagen und methodologische Konzepte. Wiesbaden.

Kelly, Kevin (Hg.) 1989: Der Heimatplanet. Frankfurt/M.

Klafki, Wolfgang 1976: Aspekte kritisch-konstruktiver Erziehungswissenschaft. Gesammelte Beiträge zur Theorie-Praxis-Diskussion. Weinheim/Basel.

Klafki, Wolfgang 1985/1996: Neue Studien zur Bildungstheorie und Didaktik. Zeitgemäße Allgemeinbildung und kritisch-konstruktive Didaktik. Weinheim/ Basel.

Kleinespel, Karin 1997: Schulpädagogik als Experiment. Zur Theorie und Praxis der Universitäts-Versuchsschulen in Jena, Chicago und Bielefeld. Weinheim/ Basel.

Klinger, Cornelia/Gudrun-Axeli Knapp/Birgit Sauer (Hg.) 2007: Achsen der Ungleichheit. Zum Verhältnis von Klasse, Geschlecht und Ethnizität. Frankfurt/M./ New York.

Klinkhammer, Monika 2004: Supervision und Coaching für Wissenschaftlerinnen. Dissertation. Wiesbaden.

König, Eckard/Peter Zedler (Hg.) 1982: Erziehungswissenschaftliche Forschung: Positionen, Perspektiven, Probleme. Paderborn/München.

König, Eckard/Peter Zedler (Hg.) 1995: Bilanz qualitativer Forschung. Band I: Grundlagen qualitativer Forschung; Band II: Methoden. Weinheim.

König, Gert 1989: Perspektive, Perspektivismus, perspektivisch. In: Ritter, Joachim/Karlfried Gründer (Hg.): Historisches Wörterbuch der Philosophie. Basel. S. 363-375.

König, René 1967: Handbuch der empirischen Sozialforschung. Stuttgart.

Koselleck, Reinhart 1977a: Standortbildung und Zeitlichkeit. Ein Beitrag zur historiographischen Erschließung der geschichtlichen Welt. In: Koselleck, Reinhart/Wolfgang J. Mommsen/Jörn Rüsen (Hg.): Objektivität und Parteilichkeit. S. 17-46.

Koselleck, Reinhart 1977b: Über die Theoriebedürftigkeit der Geschichtswissenschaft. In: Schieder, Theodor/Kurt Gräulig (Hg.): Theorieprobleme der Geschichtswissenschaften. S. 37-59.

Kramer, Rita 1995: Maria Montessori. Biographie. Frankfurt/M.

Kraul, Margret 1987: Geschlechtscharakter und Pädagogik – Mathilde Vaerting, Professorin für Erziehungswissenschaft (Jena 1923-1933). In: Zeitschrift für Pädagogik. Heft 33. S. 475-489.

Krüger, Heinz-Hermann 1995: Erziehungswissenschaftliche Forschung: Hochschulen, außeruniversitäre Forschungseinrichtungen, Praxisforschung. In: Ders./ Thomas Rauschenbach (Hg.): Einführung in die Arbeitsfelder der Erziehungswissenschaft. Opladen. S. 287-301.

Kuhn, Thomas S. 1970: Über die Struktur wissenschaftlicher Revolutionen. Frankfurt/M.

Leibniz, Gottfried Wilhelm 1714/1979: Monadologie. Neu übersetzt, eingeleitet und erläutert von Hermann Glockner. Stuttgart.

Lenzen, Dieter (Hg.) 1980: Pädagogik und Alltag. Methoden und Ergebnisse alltagsorientierter Forschung in der Erziehungswissenschaft. Stuttgart.

Lewin, Kurt 1963: Feldtheorie in den Sozialwissenschaften. Bern.

Lippitz, Wilfried 1993: Phänomenologische Studien in der Pädagogik. Weinheim.

Lyotard, Jean-François 1994: „Beantwortung der Frage: Was ist postmodern?" In: Welsch, Wolfgang (Hg.): Wege aus der Moderne. Schlüsseltexte der Postmoderne-Diskussion. Berlin. S. 193-203.
Mannheim, Karl 1964: Wissenssoziologie. Neuwied.
Marotzki, Winfried 1995: Forschungsmethoden der erziehungswissenschaftlichen Biographieforschung. In: Krüger, Heinz-Hermann/Winfried Marotzki (Hg.): Erziehungswissenschaftliche Biographieforschung. Opladen.
Maus, Heinz 1962: Zur Vorgeschichte der empirischen Sozialforschung. In: König, René (Hg.): Handbuch der empirischen Sozialforschung. Bd. 1. Stuttgart. S. 18-37.
Mead, George Herbert 1969: Philosophie der Sozialität. Aufsätze zur Erkenntnisanthropologie. Frankfurt/M.
Merkens, Hans 1975: Die pädagogische Tatsachenforschung Else und Peter Petersens als Beispiel empirischer Unterrichtsforschung. In: Zeitschrift für Pädagogik 21. 1975. S. 835-842.
Merkens, Hans 1989: Forschungsmethode. In: Lenzen, Dieter (Hg.): Pädagogische Grundbegriffe. Band 1. Reinbek. S. 614-632.
Merleau-Ponty, Maurice 1966: Phänomenologie der Wahrnehmung. Berlin.
Meyer-Drawe, Käte 1984: Leiblichkeit und Sozialität. München.
Meyer-Renschhausen, Elisabeth 1996: Frauen in den Anfängen der Empirischen Sozialforschung. In: Kleinau, Elke/Claudia Opitz (Hg.): Geschichte der Mädchen und Frauenbildung. Band 2: Vom Vormärz bis zur Gegenwart. Frankfurt/M./New York.
Mollenhauer, Klaus/Christian Rittelmeyer 1977: Methoden der Erziehungswissenschaft. München.
Moravia, Sergio 1970/1989: Beobachtende Vernunft. Philosophie und Anthropologie in der Aufklärung. Frankfurt/M.
Morrison, Philip/Phylis Morrison u.a. 1995: Zehn Hoch. Dimensionen zwischen Quarks und Galaxien. Frankfurt/M.
Müller, Burkhard 1993: Sozialpädagogisches Können. Ein Lehrbuch zur mulitiperspektivischen Fallarbeit. Freiburg.
Müller-Petersen, Else 1965: Analyse von Frontalunterrichtsaufnahmen und Synthese ihrer pädagogischen Bestandteile. In: Petersen, Peter/Else Petersen: Die Pädagogische Tatsachenforschung. Paderborn.
Münnix, Gabriele 2004: Zum Ethos der Pluralität. Postmoderne und Multiperspektivität als Programm. Münster.
Oerter, Rolf 1996: Montessori aus der Sicht der heutigen Entwicklungspsychologie. In: Harth-Peter, Waltraud (Hg.): „Kinder sind anders". Maria Montessoris Bild vom Kinde auf dem Prüfstand. Würzburg. S. 183-201.
Oppolzer, Siegfried (Hg.) 1966: Denkformen und Forschungsmethoden der Erziehungswissenschaft. Band 1: Hermeneutik, Phänomenologie, Dialektik, Methodenkritik. München.
Panofsky, Erwin 1964: Die Perspektive als „symbolische Form". In: Ders.: Aufsätze zu Grundfragen der Kunstwissenschaft. Berlin. S. 99-167.
Petersen, Peter 1965: Von der Lehrprobe zur Pädagogischen Tatsachenforschung. In: Petersen, Peter/Else Petersen: Die Pädagogische Tatsachenforschung. Paderborn.
Prengel, Annedore 2007: Im Schwebezustand: Schulen und transgressive Lebenswelten. Ansätze in Forschung und Lehre. In: Schweizer Zeitschrift für Bildungswissenschaften. 3/2007. 29 Jahrgang. S. 363-378.

Rheinberger, Hans-Jörg 2001: Experimentalsysteme und epistemische Dinge. Eine Geschichte der Proteinsynthese im Reagenzglas. Göttingen.
Riemann, Carl 1798: Beschreibung der Reckahnschen Schule. Berlin/Stettin.
Roth, Heinrich 1963: „Die realistische Wendung in der pädagogischen Forschung" Antrittsvorlesung 1962. In: Die Deutsche Schule 55. 1963. S. 109-119.
Roth, Leo 1991: Forschungsmethoden der Erziehungswissenschaft. In: Ders. (Hg.): Pädagogik: Handbuch für Studium und Praxis. München. S. 32-67.
Schmitt, Hanno 1993: Versuchsschulen als Instrumente schulpädagogischer Innovation vom 18. Jahrhundert bis zur Gegenwart. In: Historische Kommission der Deutschen Gesellschaft für Erziehungswissenschaft (Hg.): Jahrbuch für Historische Bildungsforschung. Band 1. Weinheim und München. S. 153-179.
Schmitt, Hanno 2007a: Ernst Christian Trapp (1745-1818) als erster Pädagogikprofessor in Halle. In: Ders. (Hg.): Vernunft und Menschlichkeit. Studien zur philanthropischen Erziehungsbewegung. Bad Heilbrunn. S. 103-115.
Schmitt, Hanno 2007b: Volksaufklärung an der Rochowschen Musterschule in Reckahn. In: Ders. (Hg.): Vernunft und Menschlichkeit. Studien zur philanthropischen Erziehungsbewegung. Bad Heilbrunn. S. 171-181.
Schütze, Fritz 1994: Ethnographie und sozialwissenschaftliche Methoden der Feldforschung. Eine mögliche methodische Orientierung der Ausbildung und Praxis der Sozialen Arbeit. In: Groddeck, Norbert/Michael Schumann (Hg.): Modernisierung Sozialer Arbeit durch Methodenentwicklung und -reflexion. Freiburg. S. 189-297.
Schulze, Theodor 1995: Erziehungswissenschaftliche Biographieforschung. Anfänge – Fortschritte – Ausblicke. In: Krüger, Heinz-Hermann/Winfried Marotzki (Hg.): Erziehungswissenschaftliche Biographieforschung. Opladen.
Seidmann, Peter 1976: Die perspektivische Psychologie Nietzsches. Zürich.
Trapp, Ernst Christian 1780/1977: Versuch einer Pädagogik. Berlin.
Tenorth, Heinz-Elmar/Christian Lüders 1994: Methoden erziehungswissenschaftlicher Forschung. In: Lenzen, Dieter (Hg.): Erziehungswissenschaft. Ein Grundkurs. Reinbek. S. 519 ff.
Terhart, Ewald 1980: Erfahrungswissen und wissenschaftliches Wissen über Unterricht. In: Thiemann, Friedrich (Hg.): Konturen des Alltäglichen – Interpretationen zum Unterricht. Königstein.
Thiersch, Hans/Horst Ruprecht/Ulrich Herrmann 1978: Die Entwicklung der Erziehungswissenschaft. Grundfragen der Erziehungswissenschaft. Band 2. München.
Tschamler, Herbert 1983: Wissenschaftstheorie. Eine Einführung für Pädagogen. Bad Heilbrunn.
Vollmer, Gerhard 1981: Kann es von einmaligen Ereignissen eine Wissenschaft geben? In: Redliches Denken. Festschrift für Gerd-Günther Grau zum 60. Geburtstag. Hrsg. von Friedrich Wilhelm Korff. Stuttgart. S. 180-194.
Welz, Rainer 1974: Probleme der Mehrebenenanalyse. In: Soziale Welt 2/1974. S. 169-185.
Wimmer, Reiner 1980: Universalisierung in der Ethik. Frankfurt/M.
Wulf, Christoph 1977/1983: Theorien und Konzepte der Erziehungswissenschaft. München.
Wundt, Wilhelm (1873/74): Grundzüge der physiologischen Psychologie. Leipzig.
Zeil-Fahlbusch, Elisabeth 1983: Perspektivität und Dezentrierung. Philosophische Überlegungen zur genetischen Erkenntnistheorie Jean Piagets. Würzburg.

Teil 1
Historische und methodologische Grundlagen

Teil I

Hedda Bennewitz

Entwicklungslinien und Situation des qualitativen Forschungsansatzes in der Erziehungswissenschaft

Qualitative Methoden gewinnen in der erziehungswissenschaftlichen Forschung an Bedeutung. So ist in den letzten zehn Jahren eine Zunahme qualitativer Forschungsprojekte mit unterschiedlichsten Forschungsdesigns zu beobachten, wobei die Ausdifferenzierung empirischer Forschungsmethoden ihren Niederschlag in allen erziehungswissenschaftlichen Teildisziplinen findet.[1] Der folgende Beitrag wird überblicksartig theoretische Traditionen (1), Gegenstandsannahmen (2), forschungsmethodische Grundlagen (3) und Forschungsmethoden (4) beschreiben, um daran anschließend aktuelle erziehungswissenschaftliche Diskurse zu Problemlagen und Perspektiven qualitativer Forschung aufzugreifen (5).

1. Theorietraditionen

Erziehungswissenschaftliche Forschung ist breit gefächert. Ihre Traditionen reichen in eine Zeit zurück, in der wissenschaftliche Disziplinen und forschungsmethodische Ansätze weitaus weniger ausdifferenziert waren als sie es heute sind (vgl. Krüger 2000, Marotzki/Nohl/Ortlepp 2006, König/Zedler 2007). Qualitative erziehungswissenschaftliche Forschungsarbeiten finden ihre Wurzeln sowohl in den Theorietraditionen der empirischen Sozialforschung, als auch in der „Pädagogischen Tatsachenforschung" (Petersen/Petersen 1965), der pädagogischen Kasuistik (vgl. → Fatke, Binneberg 1985, oder den frühen entwicklungspsychologischen Forschungsarbeiten von Bühler (1929) oder Bernfeld (1931/1978). Auch die geisteswissenschaftliche Hermeneutik Diltheys (1924) gilt, ebenso wie die soziologischen Arbeiten der in den 1920er Jahren entstandenen „Frankfurter Schule" (vgl. Wiggershaus 1987) und der „Chicago School" (vgl. Bulmer 1984) als besonders einflussreich. Während sich in den USA eine durchgängige Traditionslinie bedeutsamer soziologischer Theorie- und Forschungsprogramme nachzeichnen

---

1 Eine Analyse erziehungswissenschaftlicher Forschungsarbeiten in der Datenbank SOFIS des GESIS-IZ Sozialwissenschaften (Bonn) ergibt für den Zeitraum 1997-2006, dass die Anzahl empirischer Arbeiten in der Tendenz steigt, die Relation zwischen empirischen und theoretischen Arbeiten jedoch eher konstant bleibt. Das Verhältnis zwischen qualitativ und quantitativ ausgerichteten Arbeiten ist dabei relativ ausgewogen. Eine eindeutige Zunahme gibt es hingegen bei Forschungsarbeiten, die sich sowohl qualitativer als auch quantitativer Methoden bedienen.

lässt, die sich mit Namen wie Georg Herbert Mead (Symbolischer Interaktionismus) und Harold Garfinkel (Ethnomethodologie) verbinden, sehen sich die führenden Vertreter der „Kritischen Theorie" der Frankfurter Schule wie Adorno und Horkheimer, aber auch der Österreicher Alfred Schütz (phänomenologische Lebensweltanalyse) und Karl Mannheim (Wissenssoziologie) mit der nationalsozialistischen Machtübernahme gezwungen Deutschland bzw. Europa zu verlassen (vgl. zum Überblick Flick/Kardorff/Steinke 2000). Die Perspektiven sowohl einer verstehenden als auch kritischen Soziologie und Sozialforschung werden in Deutschland erst in den 1960er Jahren wieder aufgenommen. Dort gipfeln die Auseinandersetzungen um die angemessene Erfassung sozialer Realität im so genannten „Positivismusstreit", der zwischen Vertretern des Kritischen Rationalismus und der Kritischen Theorie geführt wird (vgl. Adorno 1962; Popper 1962; Adorno u.a. 1969). Im Anschluss hat insbesondere Habermas eine philosophisch fundierte Position kritischer Sozialforschung gegenüber einer positivistischen Wissenschaftstradition begründet. Die Soziologen Berger und Luckmann haben mit ihren wissenssoziologischen Arbeiten über „Die gesellschaftliche Konstruktion der Wirklichkeit" (1969) eine wissenstheoretische Fundierung vorgelegt, die qualitativ angelegte sozial- und erziehungswissenschaftliche Forschungsprogramme nachhaltig beeinflusst. In der „Arbeitsgruppe Bielefelder Soziologen" (1973) beschreibt Wilson diese forschungstheoretischen Perspektiven als „interpretatives Paradigma" und fundiert den Begriff der interpretativen Sozialforschung, die sich fortan verpflichtet sieht, die Perspektiven der Handelnden und damit die Interpretationsleistungen der Subjekte nachzuvollziehen und ihre Sinn- und Bedeutungszuschreibungen zu rekonstruieren. Diese Theorielinien werden ab den späten 1970er Jahren auch aus der Perspektive einer feministischen Wissenschaftskritik neu belebt (vgl. Mies 1978; Hausen/Novotny 1986; List/Studer 1989). Mit der Zunahme einflussreicher Theorieprogramme und Positionen korrespondieren methodologische und methodische Ausdifferenzierungen.[2]

2. Untersuchungsbereiche und Gegenstandsannahmen

Typischerweise beschreiben und analysieren qualitativ arbeitende Forscherinnen und Forscher soziale Kontexte unterschiedlicher Akteursgruppen, biographische oder episodische Verläufe, Arbeitsabläufe oder institutionelle Kontexte und Bedingungen. Sie untersuchen Interaktions-, Sozialisations- und Bildungsprozesse ebenso wie subjektive Sichtweisen, (latente) Sinnstrukturen oder Handlungs- und Deutungsmuster.

---

[2] Als einflussreiche theoretische Positionen gelten u.a. handlungs-, kommunikations- und systemtheoretische Konzepte (Habermas 1981; Luhmann 1984), kulturanalytische Ansätze (Foucault 1971, 1988; Bourdieu 1982; Certeau 1988) und neuerdings auch praxistheoretische Überlegungen (Hörning 2001; Reckwitz 2000, 2003).

Die verschiedenen Forschungsfelder wie z.B. die Kindheits- und Jugendforschung, Schul- und Unterrichtsforschung, Bildungs-, Sozialisations- oder Biographieforschung verfügen in der Regel über eigene, dem jeweiligen Untersuchungsgegenstand angepasste bzw. angemessene Forschungsprogrammatiken. Insofern versammeln sich unter dem Begriff der qualitativen Forschung Ansätze, die sich in ihrem Gegenstandsverständnis und ihrem methodischen Vorgehen deutlich unterscheiden. Für einen vertieften Einblick in einzelne erziehungswissenschaftlichen Forschungsschwerpunkte sei verwiesen auf das „Handbuch Schulforschung" (Helsper/Böhme 2007), das „Handbuch Kindheits- und Jugendforschung" (Krüger/Grunert 2002), das „Handbuch erziehungswissenschaftliche Biographieforschung" (Krüger/Marotzki 2006), zur Situation der Weiterbildungs- und Erwachsenenbildungsforschung auf Tippelt (2006) und zum Bereich Sozialpädagogischer Forschung auf Schweppe (2003).

Die vielfältigen Untersuchungsansätze eint – bei aller Verschiedenheit – eine gemeinsame Grundannahme. Das wesentliche Verbindungsstück liegt in der Auffassung, dass soziale Wirklichkeit nicht einfach ‚positiv' gegeben ist. Soziale Systeme bestehen nicht unabhängig von Individuen und deren Sicht- und Handlungsweisen als vorgefertigte, an sich existierende Größen. Sie gewinnen ihre Bedeutsamkeit erst durch Interpretationsleistungen der Handelnden. Die soziale Welt wird als eine durch interaktives Handeln konstituierte Welt verstanden, die für den Einzelnen aber auch für Kollektive sinnhaft strukturiert ist. Soziale Wirklichkeit stellt sich somit als Ergebnis von sozial sinnhaften Interaktionsprozessen dar. Das heißt nicht, dass die soziale Wirklichkeit jederzeit beliebig zur Disposition steht und ständig neu zu konstruieren ist. Vielmehr haben sich bestimmte Elemente zu Traditionen, Institutionen, Strukturen verdichtet, die den Einzelnen wie auch sozialen Gruppen ‚starr' entgegentreten, obwohl sie sozial erzeugt und prinzipiell änderbar sind (vgl. Terhart 1997, S. 29). In der Konsequenz sind gesellschaftliche Tatsachen über die „Wirklichkeitskonzeption der Handelnden" (Hoffmann-Riem 1980, S. 343) zu erschließen.

Bezogen auf den Forschungsprozess ist also festzuhalten, dass die Kategorie der Sinnhaftigkeit für das Verständnis von sozialem Handeln wesentlich wird. Wenn die soziale Wirklichkeit als sinnhaft strukturierte, immer schon gedeutete verstanden wird, liegt es auf der Hand diese Deutungen, Wahrnehmungen und Sichtweisen selbst zum Gegenstand der Forschung zu machen. Sozialwissenschaftliche Forschung rekonstruiert die sozialen Konstruktionen, die von Handelnden selbst sinnhaft gebildet werden, und produziert somit Wissensbestände, die als „Konstruktionen zweiter Ordnung" (Schütz 1960) gelten.[3]

---

3 Vgl. auch zur Methodologie rekonstruktiver Sozialforschung bei Bohnsack (2003, 2007b).

3. Forschungsmethodische Grundlagen

Grundsätzlich lassen sich zwei empirische Strategien wissenschaftlicher Erkenntnisbildung innerhalb der Sozial- und Erziehungswissenschaften unterscheiden. Während das Erkenntnisinteresse empirisch-quantitativer Forschung darauf zielt als Hypothesen formulierte Annahmen über Zusammenhänge, Bedingungen und Abhängigkeiten von messbaren Variablen an der Realität zu prüfen, zählen qualitative Forschungsmethoden zu den hypothesen- und theoriegenerierenden Verfahren. Beide Modelle werden trotz ihrer unterschiedlichen Reichweiten und methodischen Grundannahmen als empirisch, d. h. auf Erfahrung bezogen (griechisch: *empeiría*) bezeichnet, da sie auf einer wissenschaftlich-systematischen Erhebung und Interpretation von Daten und Informationen über soziale Realitäten beruhen. Die Frage welcher methodische Zugriff angemessen ist, kann nur im Zusammenhang mit dem jeweiligen Forschungsinteresse, den Fragestellungen und dem Untersuchungsgegenstand bestimmt werden. Entscheidend für die Wahl einer Forschungsstrategie ist also das Passungsverhältnis von Forschungsdesign und zu bearbeitender Problemstellung.[4]

In forschungspraktischer Hinsicht wird ab 1967 im noch heute einflussreichen Konzept der „Grounded Theory" von Glaser/Strauss (1998) begründet, wie Theorien erfahrungsbasiert, also empirisch fundiert aus dem Datenmaterial heraus gewonnen werden können (vgl. Glaser 1992; Strauss 1994; Strauss/Corbin 1996; → Hülst).[5] Basierend auf dem Symbolischen

---

4 Im Folgenden werde ich mich auf die Beschreibung qualitativer Forschungsansätze beschränken. Zur systematischen Gegenüberstellung der beiden empirischen Strategien seien die Arbeiten von Seipel/Riecker (2003) und Witt (2001) empfohlen.

5 Unabhängig von der Entwicklung und Ausdifferenzierung theoretischer Positionen entstanden aber bereits seit den 1920er Jahren nachhaltig einflussreiche empirische Studien. Diese wurden mit fortschrittlichem Methodeneinsatz und hohem Aufwand durchgeführt und gelten als wichtige Bezugspunkte und Vorläufer qualitativer Forschungsarbeiten. Dazu zählen u. a. die „Argonauten des westlichen Pazifik" (1921/1979) von Bronislaw Malinowski, in der der Sozialanthropologe auf der Grundlage eines dreijährigen ‚Forschungsaufenthalts' eine komplexe, auf teilnehmender Beobachtung basierende, ethnologische Feldforschung vorlegte. Auch die 1927 im Theorie- und Forschungszusammenhang der Chicago School entstandene Studie „Polish Peasant" von Thomas und Znaniecki schließt bereits Formen der Befragung, Beobachtung und Dokumentensammlung, aber auch autobiographische Zeugnisse (life records) ein. „Die Arbeitslosen von Marienthal" (1933/1975) von Marie Jahoda, Paul Felix Lazarsfeld und Hans Zeisel und auch „Lebenswelt des Großstadtkindes" von Martha Muchow (1935/1998) gehören zu den Klassikern qualitativer Forschung. Die 1967 erschienenen „Studies in Ethnomethodology" von Garfinkel und die von ihm inszenierten Krisenexperimente (breaching experiments), in denen Regeln der alltäglichen Interaktion gezielt verletzt wurden, gehören ebenso zu wegweisenden Studien wie die kulturanalytischen Forschungsarbeiten von Clifford Geertz und das von ihm in Form der „Dichten Beschreibung" (1983) erforschte Ritual des balinesischen Hahnenkampfes. Zu den ethnomethodologischen Klassikern zählen sicher auch die Arbeiten von Erving Goffman, wie „Asylums" (1961, deutsch 1973) oder „Learning to Labor" (deutsch: Spaß am Widerstand) von Paul E. Willis (1977).

Interaktionismus von Mead (vgl. 1987) beschreibt die Grounded Theory einen Forschungsstil, in dem Theorien nicht abstrakt, sondern in enger Nähe zu sozialer Realität und in möglichst intensiver Auseinandersetzung mit dem konkreten Forschungsfeld zu entwickeln sind. Glaser/Strauss betonen, dass sich erst im Zusammenspiel von Fragestellung bzw. Erkenntnisinteresse und Untersuchungsgegenstand Möglichkeiten der Datenerhebung als passend erweisen und ableiten lassen.

Die jeweiligen theoretischen Ausgangspositionen haben Konsequenzen hinsichtlich der Anlage und Durchführung von Forschungsprojekten. Unabhängig vom jeweils konkreten Design (z. B. Fallstudie, Vergleichsstudie, Prozessanalyse, Längsschnittstudie) und dem je gewählten Methodeneinsatz kann, in Abgrenzung zu quantitativen Forschungsdesigns, eine typische Forschungsstrategie beschrieben werden.[6] Diese lässt sich über die Zirkularität und die grundsätzlich entwicklungsoffene Anlage des Forschungsprozesses charakterisieren. Die Offenheit der Forschungsperspektive ist für die qualitative Forschung ein zentrales Bestimmungselement.[7] Der Forschungsprozess ist idealerweise so angelegt, dass dem Forschungsgegenstand möglichst unvoreingenommen begegnet werden kann und im Prozess auftretende Aspekte und Fragen integriert werden können. Dieser Anspruch erzeugt mit unter Irritationen, wenn Offenheit mit Beliebigkeit oder Theoriefeindlichkeit verwechselt wird. Eine Vielzahl qualitativ arbeitender Forscher und Forscherinnen versucht es zu vermeiden, dem Gegenstandsbereich vorab formulierte Theoriemodelle ‚überzustülpen'. Diese möglichst unvoreingenommene Hinwendung zum Forschungsfeld kann gelingen, wenn die komplexen Problem- und Gegenstandsfelder möglichst objektiv, präzise und umfangreich erfasst werden können.[8] Dieses Vorgehen wird als gegenstandsangemessen, gegenstandsbezogen oder auch ‚grounded' bezeichnet. Damit ist gemeint, dass Hypothesen, Erkenntnisse und Theorien nicht vorab formuliert werden, sondern erst nach der Auseinandersetzung mit den empirischen Daten.

Eine wesentliche Besonderheit qualitativer Forschung ist mit der Art und Weise der Datenerhebung und insofern auch mit Prozessen der Erkenntnisgewinnung verbunden. Die Datengewinnung wird als kommunikativer Prozess zwischen den Forschenden und den ‚Beforschten' verstanden, der eng mit der Person des Forschenden verknüpft ist. Insofern gilt es, diesen Ein-

---

6 Zur Forschungslogik qualitativer Sozialforschung sei hier umfassend auf Schütze (2005) verwiesen.
7 Dies trifft nicht auf alle realisierten Forschungsprojekte und Ansätze zu. Vereinzelt werden vorgegebene Kategorien untersucht und Hypothesen zum Ausgangspunkt gemacht. Zur Frage der Offenlegung theoretischer Vorannahmen im Forschungsprozess und zum Umgang mit Hypothesen im Bereich der empirischen Sozialforschung vgl. auch Meinefeld (2000).
8 Dies führt nicht selten zur Produktion von ‚Datenfriedhöfen'. Damit ist gemeint, dass im Forschungsprozess oft mehr Daten erhoben werden, als – häufig aus Kapazitätsgründen – ausgewertet werden können.

fluss bewusst zu machen, zu reflektieren und wenn möglich in den Prozess der Erkenntnisgewinnung einzubeziehen. Ethnographisch Forschende begeben sich beispielsweise über längere Zeiträume direkt in das Forschungsfeld, d. h. in den Alltag von anderen Personen hinein. Die damit einhergehenden Spannungen zwischen Feldaufenthalt (‚going native') und Distanzierung werden insbesondere in ethnomethodologischen Diskursen als Strategien der Befremdung theoretisch begründet (vgl. Hirschauer/Amann 1997) und methodisch ausgewiesen (vgl. Girtler 1992; Emerson/Fretz/Shaw 1995).

Qualitative Forschung bedarf einer zirkulären Forschungsstrategie. Das heißt, dass in qualitativ angelegten Projekten eine bestimmte Aufeinanderfolge von Forschungsschritten idealerweise mehrmals durchlaufen wird; zumindest wenn es die zeitlichen, personellen und finanziellen Ressourcen erlauben. Grundsätzlich ist ein Forschungsprozess durch Fragestellungen angeleitet. Zu Beginn der Forschungstätigkeit bestehen theoretische und methodische Vorverständnisse, auf deren Basis erste Entscheidungen über die Wahl der zu befragenden oder zu beobachtenden Personen/Personengruppen, über Dauer, Durchführung und den Einsatz von Erhebungs- und Auswertungsmethoden gefällt werden (siehe Abbildung). Es folgt die erste Erhebungsphase. Nach Auswertung der ersten erhobenen Daten werden weitere Schritte geplant und umgesetzt. Die Erhebungs- und Auswertungsphasen laufen idealiter so lange im Wechsel, bis keine grundlegend neuen Erkenntnisse, die zur Erhellung des Untersuchungsfeldes beitragen, gewonnen werden können.

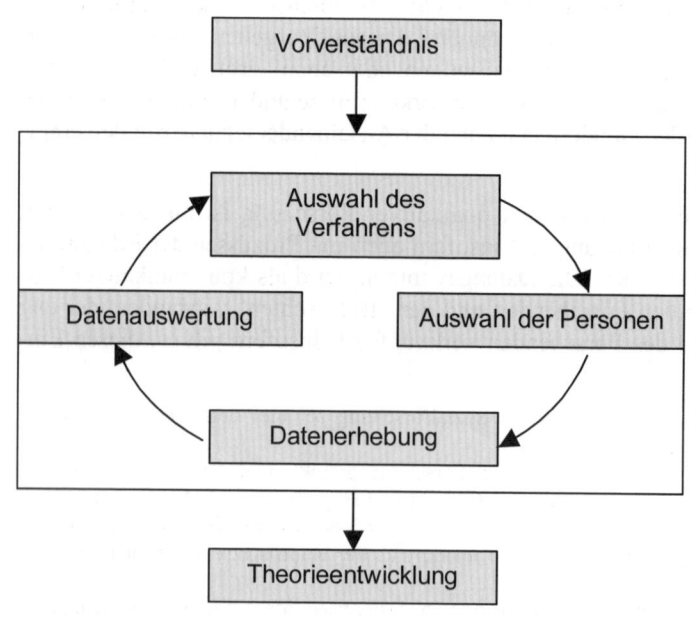

Abb. 1: Vgl. Witt 2001

Nach jeder Teilphase werden also Entscheidungen über weitere zu beobachtende Situationen oder zu befragende Personen getroffen, die dann den Fortgang des Vorhabens bestimmen. Dabei können sowohl neue theoretische Perspektiven als auch neue Fragestellungen und Hypothesen erzeugt werden und in den Forschungsprozess Eingang finden. Sie zielen darauf, das bestehende Vorverständnis sukzessive zu erweitern und zu präzisieren. Da nicht alle Entwicklungen innerhalb dieser zirkulären, explorativen Strategie vorhersehbar sind, kann der Forschungsprozess als entwicklungsoffen bezeichnet werden (vgl. Roth 2004).

Festzuhalten bleibt, dass die qualitative Forschungsstrategie auf eine Passung zwischen Fragestellung/Erkenntnisinteresse, Untersuchungsgegenstand, Forscher/in, Forschungsmethode und wissenschaftstheoretischer Rahmung zielt. Zu den Gütekriterien qualitativer Forschung zählen die Transparenz über den Forschungsprozess, die Begründung des gewählten theoretischen Bezugsrahmens und das methodisch kontrollierte Fremdverstehen (vgl. Helsper/Herwartz-Emden/Terhart 2001; Bohnsack 2005; Bohnsack/ Krüger 2005; Flick 2005).

4. Methoden in der qualitativen erziehungswissenschaftlichen Forschung

Als Methode bezeichnet man einzelne Verfahren der Erhebung und Auswertung empirischer Daten. Qualitative Forschung setzt eine Vielfalt von Methoden, die auf unterschiedlichen Wissenschaftstraditionen wie Hermeneutik, Verstehender Soziologie, Phänomenologie, Wissenssoziologie, Symbolischem Interaktionismus oder der Ethnomethodologie beruhen, ein. Das Zusammenspiel und der Einsatz von Methoden wird im Forschungsdesign festgeschrieben. Dabei steht die Wahl für eine oder mehrere Erhebungs- und Auswertungsmethoden in engem Zusammenhang von Forschungsfrage und Untersuchungsgegenstand. Wichtig ist, dass die Forschungsmethode am Gegenstand der Untersuchung auszurichten ist und nicht umgekehrt.

Erhebungsmethoden in der qualitativen Sozialforschung zielen in der Regel darauf ab Daten zu produzieren, die für die Auswertung zu einem Text verschriftlicht werden können (vgl. Garz/Kraimer 1994). Dazu zählen insbesondere Transkripte von Audio- und Videoaufnahmen und Beobachtungsmitschriften, Aufnahmen von Einzelinterviews, Gruppendiskussionen, etc. sowie Feldnotizen, die zu Protokollen verdichtet werden. Auch Formen der Bild- und Symbolanalyse verzichten in der Regel nicht auf Textproduktion (Bohnsack 2007c). Eine Ausnahme stellen hier die videographischen Arbeiten von Mohn/Amann (2006) und Mohn/Hebenstreit-Müller (2007) dar. Die Wahl der Erhebungsmethode ist im Einzelnen von der Fragestellung der Untersuchung, noch stärker aber vom Forschungsgegenstand selbst abhängig. Wenn etwa in ethnographisch-kulturanalytischen Untersuchungen nach Handlungspraktiken von Schülerinnen und Schülern im Schulunterricht gefragt wird, so ist schwerpunktmäßig die Methode der teilnehmenden Beobachtung zu wählen (vgl. Breidenstein 2006). Ebenso würde es sich bei Studien verhalten, die Arbeitsabläufe von Sozialarbeiterinnen untersuchen möchten. Interessieren sich die Forscher/innen demgegenüber für zurückliegende biographische Verläufe, werden sie auf die Methoden des narrativen Interviews (vgl. Schütze 1983) und/oder der Dokumentenanalyse zurückgreifen.

Während die erziehungswissenschaftliche qualitative Forschung im deutschsprachigen Raum zunächst die Erhebungsmethode des Interviews bevorzugte, haben in den letzten zehn Jahren ethnographische Studien, die auf der Erhebungsmethode der teilnehmenden Beobachtung in Kombination mit weiteren methodischen Zugängen wie beispielsweise Interviews und Videos setzen, eine große Konjunktur erfahren. Die Methode der teilnehmenden Beobachtung (vgl. Goffman 1989; Hammersley/Atkinson 1995; Beer 2003; Hünersdorf u. a. 2008; → Friebertshäuser/Panagiotopoulou) hat sich seit den einflussreichen Arbeiten von Geertz (1983) stetig ausdifferenziert. Ebenso verhält es sich mit den qualitativen Interviewverfahren. Zu nennen sind hier u. a. die Form des biographisch-narrativen Interviews (vgl. Schütze 1976, 1983, 1987), das problemzentrierte Interview (vgl. Witzel 1985), ethnographische Interviews (vgl. Schlehe 2003), Experteninterviews (vgl. Meuser/Nagel 1991) oder auch das Verfahren der Gruppendiskussion (vgl. Bohnsack/Przyborski/ Schäffer 2006; siehe auch der Überblick über Interviewformen → Friebertshäuser/Langer). Die schnell fortschreitenden technischen Entwicklungen im audio-visuellen Bereich haben dazu geführt, dass auch die Videographie/ Videoanalyse mittlerweile zu den bevorzugten Erhebungsmethoden zu zählen ist (vgl. Wagner-Willi 2004; → Herrle/Kade/Nolda).

Auswertungsmethoden beschreiben Verfahren, mit denen die erhobenen Daten analysiert und interpretiert werden können. Die Auswertung und Interpretation qualitativer Daten zielt im Sinne eines hermeneutischen Verstehensprozesses darauf ab, Sinnstrukturen oder Funktionen und Regelmäßigkeiten (z. T. auch Regeln) des Geäußerten oder Beobachteten aus dem Material herauszuarbeiten. Zur Anwendung kommen hier insbesondere Methoden wie die Qualitative Inhaltsanalyse (Mayring 2000) und Kodierverfahren[9] (Glaser/Strauss 1998), Theoriebezogene Analysen (→ Friebertshäuser/Richter/Boller), Diskursanalysen (Keller 2001), Konversationsanalysen (Kallmeyer/Schütze 1976; Bergmann 1991; Deppermann 2001), tiefenhermeneutische Verfahren (Lorenzer 1981; Heinzel 1997; → Klein) oder auch fallrekonstruktive Verfahren (Oevermann u. a. 1979; Oevermann 1981, 2004; Kraimer 2000; Fabel-Lamla/Tiefel 2003).

---

9 Um größere Datenmengen möglichst effektiv bearbeiten zu können, werden seit den 1990er Jahren computer-gestützter Auswertungsprogramme wie MAXqda entwickelt und eingesetzt (Kuckartz 2007; Kuckartz/Grunenberg/Dresing 2007; → Kuckartz/ Grunenberg).

5. Stand und Perspektiven

Aktuell weisen sich forschungsbezogene Diskurse durch mehrere Trends aus, die ich kurz benennen möchte. Es sind in forschungspraktischer Hinsicht Entwicklungslinien festzustellen, die auf einer Erweiterung und Weiterentwicklung bestehender Methodenrepertoires, auf der Verknüpfung qualitativer und quantitativer Forschungsansätze und auch auf einer zunehmenden Öffnung gegenüber internationalen Diskursen beruhen. Diese Prozesse korrespondieren mit der Ausdifferenzierung von Fragestellungen und Untersuchungsgegenständen einerseits und Fragen nach Qualitätskriterien empirischer Forschung andererseits (vgl. Bohnsack/Krüger 2005; Flick 2005; Gogolin/Krüger/Lenzen/Rauschenbach 2005). Im Zuge der zunehmenden Etablierung empirischer Forschung rücken auch Fragen der Lehrbarkeit und praktischen Anwendung im Rahmen erziehungswissenschaftlicher Studiengänge in den Fokus hochschuldidaktischer Diskurse. Schließlich ist festzustellen, dass die empirische Bildungsforschung eine nicht folgenlose Konjunktur erfahren hat, die Auswirkungen auf die Verhältnisbestimmung von Erziehungswissenschaft und Bildungsforschung nach sich zieht (vgl. Tillmann/Vollstädt 2001; Zedler 2002; Poenitsch 2004; Merkens 2006; Rothland 2006).

Das Feld qualitativer erziehungs- bzw. sozialwissenschaftlicher Forschung wird zunehmend breiter und die vielfältigen Aktivitäten zeugen davon, dass Forschungsansätze, die sich dem interpretativen Paradigma verpflichtet sehen zum etablierten Methodenrepertoire zu zählen sind (vgl. Hitzler 2007).[10] Damit wird die Forschungslandschaft, einschließlich ihrer theoretischen Grundlegungen, methodischen Diskurse und praktischen Umsetzung prinzipiell auch unübersichtlicher. Orientierung bieten eine Reihe von neuen Zeitschriften und Online-Journalen, deren Existenz die Lebendigkeit qualitativer Forschungstätigkeiten zum Ausdruck bringt.[11] Insbesondere das „Forum qualitative Sozialforschung", das seit 1999 forschungsrelevante Beiträge online zur Verfügung stellt, soll an dieser Stelle genannt werden, denn es bietet in einer für den deutschen Sprachraum einzigartigen Weise ein Forum für internationale und interdisziplinäre Vernetzung und Weiterentwicklung qualitativer Forschungsansätze.

Ein weiteres Indiz für die Etablierung findet sich an Hochschulen mit institutionalisierten Zusammenschlüssen qualitativ arbeitender Forscherinnen und Forscher. So etwa mit dem Bremer Institut für angewandte Biographie-

---

10 Dies gilt insbesondere für die soziologische und erziehungswissenschaftliche Forschung. Innerhalb der Psychologie kann von einer Etablierung sicher nicht gesprochen werden (vgl. Groeben 2006).
11 Wie etwa die seit 2000 bestehende „Zeitschrift für Bildungs-, Beratungs- und Sozialforschung" (ZBBS, seit 2008 ZQF, Zeitschrift für qualitative Forschung) und „Sozialer Sinn. Zeitschrift für hermeneutische Sozialforschung". Zu nennen ist in diesem Zusammenhang auch die seit 2004 bestehende Online-Zeitschrift „bildungsforschung".

und Lebensweltforschung (IBL), mit dem Institut für Qualitative Forschung an der Freien Universität Berlin oder mit dem Zentrum für Schul- und Bildungsforschung (ZSB) an der Universität Halle, in dem sowohl qualitativ als auch quantitativ ausgerichtete erziehungswissenschaftliche Forschungsprojekte angesiedelt sind. Die vom Sozialwissenschaftlichen Forschungsinformationssystem (SOFIS) erhobenen Daten über bestehende Forschungsprojekte verweisen auf eine deutliche Zunahme von Forschungsdesigns, die auf eine Verknüpfung von qualitativen und quantitativen Daten setzen. Entsprechend dieser Entwicklungen wird unter den Stichworten der Triangulation oder der Qualitativen Mehrebenenanalyse diskutiert, wie verschiedene Methoden, Datensorten und Theorieansätze sinnvoll verknüpft werden können (vgl. Flick 2004; Pfaff 2005; → Helsper/Hummrich/Kramer; → Schründer-Lenzen). Die Kooperation von Forscherinnen und Forschern mit unterschiedlichem methodischem Know-how innerhalb eines Forschungsverbundes zählt hier sicherlich zu einem der viel versprechenden Ansätze. Diese könnten im Zusammenhang mit kontrovers diskutierten Fragen nach Geltungsbegründungen und Gütekriterien qualitativer Forschung einen wesentlichen Beitrag zu einer innerdisziplinären Verständigung hinsichtlich entsprechender Standards leisten (vgl. Gogolin/Krüger/Lenzen/Rauschenbach 2005). Eine kritische Begleitung und Diskussion dieser Prozesse ist vor allem aufgrund der besonderen politischen Einmischung in erziehungswissenschaftliche Themengebiete und der Zuweisungsmodalitäten von Forschungsressourcen als erforderlich anzusehen (vgl. zum Verhältnis von Bildungsforschung und Bildungspolitik Döbert/Kopp/Martini/Weiß 2003; Stamm 2005).

Für die Ausbildungssituation an den Universitäten stellt sich im Zuge der wachsenden Bedeutung empirisch gewonnener Erkenntnisse auch die Frage, wie Forschungsmethoden nachhaltig gelehrt werden können bzw. wie mit Hilfe von hochschuldidaktischen Konzepten eine ‚forschende Haltung' gegenüber erziehungswissenschaftlichen Problem- und Fragestellungen eingeübt werden kann (vgl. Flick/Bauer 2000; Feindt 2007). Konjunktur erfahren in diesem Zusammenhang Forschungswerkstätten, die sich zumeist an fallanalytischen Arbeitsweisen orientieren (vgl. Reim/Riemann 1997; Nittel 1999; Bräu 2007; Dausien 2007).

Aktuell ist innerhalb der Erziehungswissenschaften auch das Verhältnis zur empirischen Bildungsforschung neu zu fassen (vgl. Merkens 2006; Terhart 2006). Für die Frage nach der Entwicklung qualitativer Methoden innerhalb der Erziehungswissenschaften ist dies insofern relevant, als in der öffentlichen Meinung erziehungswissenschaftliche Forschung verengt als Bildungssystem- bzw. Lehr-Lernforschung wahrgenommen wird (vgl. Mandl/ Kopp 2005; Merkens 2006; für das Verhältnis von Schulpädagogik und Bildungsforschung Tillmann 2005). Da ein Großteil der öffentlichkeitswirksamen empirischen Lehr-Lernforschung auf Methodentraditionen der pädagogischen Psychologie beruhen, gelangen Ansätze einer sich qualitativ verstehenden Bildungsforschung (vgl. Garz/Blömer 2002; Nohl 2006) weit weniger in den Vordergrund. Zugleich kommen (alte) Grabenkämpfe zwischen stärker qualitativ bzw. quantitativ arbeitenden Forscherinnen und Forschern wieder zum Vorschein. Dabei geht es nicht nur um die Frage nach der methodisch angemessenen Erfassung sozialer Realität, sondern auch um den Gegenstand der Untersuchung selbst. Es steht zu befürchten, dass sich mit dem Erstarken der empirischen Bildungsforschung die erziehungswissenschaftliche Forschungslandschaft in mehrfacher Hinsicht verändern wird und ein kritischer Bildungsbegriff obsolet werden könnte. Zugespitzt formuliert Gruschka, dass „mit der forcierten Förderung einer Monokultur der Forschung vielleicht endgültig das zum Verschwinden gebracht werden könnte, was man als den genuinen Beitrag der Pädagogik, der bildenden Vermittlung und deren Erforschung bezeichnen kann. Die heute protegierte empirische Bildungsforschung der pädagogischen Psychologie kann ohne den Rückgriff auf Bildung sowohl im emphatischen als auch im rekonstruktiven Sinne auskommen" (2004, S. 9).

In einer erziehungswissenschaftlichen Forschungslandschaft, die sich zunehmend als empirisch versteht, stellt sich die Frage, in welcher Art und Weise sich empirische Arbeiten weiter entwickeln werden. Als viel versprechend erweisen sich Argumentationslinien rekonstruktiver Sozialforschung (vgl. Bohnsack 2007b). In diesem Diskussionszusammenhang wird die Einteilung bzw. Gegenüberstellung empirischer Forschungsansätze in qualitativ bzw. quantitativ von Hericks (2005) als wenig produktiv kritisiert, wenn lediglich Datenformate unterschieden werden, ungeachtet der jeweiligen Forschungslogiken und Geltungsbegründungen. Charakteristisch sei eben nicht die Abwesenheit von Zählbarem, sondern das „Interesse an komplexen und konkreten praktischen Konstellationen – einschließlich der praktischen Problemlagen, auf die diese sozialen Praxen sozusagen eine Antwort darstellen" (ebd., S. 2).

Literatur

Adorno, Theodor W. 1962: Die Logik der Sozialwissenschaften. In: Kölner Zeitschrift für Soziologie und Sozialpsychologie (KZfSS), Heft 2, Jg. 14. S. 249-263.
Adorno, Theodor W./Hans Albert/Ralf Dahrendorf/Jürgen Habermas/Harald J. Pilot/Karl R. Popper (Hg.) 1969: Der Positivismusstreit in der deutschen Soziologie. Neuwied/Berlin.
Beer, Bettina (Hg.) 2003: Methoden und Techniken der Feldforschung. Berlin.
Berger, Peter L./Thomas Luckmann 1969: Die gesellschaftliche Konstruktion der Wirklichkeit. Eine Theorie der Wissenssoziologie. Frankfurt/M. (engl. Original: The Social Construction of Reality: A Treatise its the Sociology of Knowledge 1966)
Bergmann, Jörg R. 1991: Konversationsanalyse. In: Flick, Uwe u. a. (Hg.): Handbuch Qualitative Sozialforschung. Grundlagen, Konzepte, Methoden und Anwendungen. München. S. 213-218.
Bernfeld, Siegfried 1931/1978: Trieb und Tradition im Jugendalter. Kulturpsychologische Studien an Tagebüchern. Reprint Frankfurt/M.

Binneberg, Karl 1985: Grundlagen der pädagogischen Kasuistik. Überlegungen zur Logik der kasuistischen Forschung. In: Zeitschrift für Pädagogik. H. 6. S. 773-788.

Bohnsack, Ralf (Hg.) 2003: Hauptbegriffe qualitativer Sozialforschung. Ein Wörterbuch. Opladen.

Bohnsack, Ralf 2005: Standards nicht-standardisierter Forschung in den Erziehungs- und Sozialwissenschaften. In: Zeitschrift für Erziehungswissenschaft (ZfE). Beiheft Nr. 4. S. 63-81.

Bohnsack, Ralf (Hg.) 2007 a: Die dokumentarische Methode und ihre Forschungspraxis. Grundlagen qualitativer Sozialforschung. Wiesbaden.

Bohnsack, Ralf 2007 b: Rekonstruktive Sozialforschung. Einführung in qualitative Methoden. Opladen.

Bohnsack, Ralf 2007 c: Zum Verhältnis von Bild- und Textinterpretation in der qualitativen Sozialforschung. In: Friebertshäuser, Barbara/Heide von Felden/Burkhard Schäffer (Hg.): Bild und Text – Methoden und Methodologien visueller Sozialforschung in der Erziehungswissenschaft. Opladen/Farmington Hills.

Bohnsack, Ralf/Heinz-Hermann Krüger (Hg.) 2005: Qualität qualitativer Forschung. In: Zeitschrift für qualitative Bildungs-, Beratungs- und Sozialforschung (ZBBS). H. 2. S. 185-190.

Bohnsack, Ralf/Aglaja Przyborski/Burkhard Schäffer (Hg.) 2006: Das Gruppendiskussionsverfahren in der Forschungspraxis. Opladen.

Bourdieu, Pierre 1982: Die feinen Unterschiede. Kritik der gesellschaftlichen Urteilskraft. Frankfurt/M.

Bräu, Karin 2007: Lern-, Studien- und Forschungswerkstätten in der Lehrerausbildung als Orte zur Entwicklung und Erprobung innovativer Lehr-Lern-Arrangements und zur Anbahnung forschenden Lernens. (unveröffentlichtes Manuskript)

Breidenstein, Georg 2006: Teilnahme am Unterricht. Ethnographische Studien zum Schülerjob. Wiesbaden.

Bühler, Charlotte 1929: Das Seelenleben des Jugendlichen. Versuch einer Analyse und Theorie der psychischen Pubertät. Jena.

Bulmer, Martin 1984: The Chicago School of Sociology. Institutionalization, Diversity and the Rise of Sociological Research. Chicago.

Certeau, Michel de 1988: Kunst des Handelns. Berlin.

Dausien, Bettina 2007: Reflexivität, Vertrauen, Professionalität. Was Studierende in einer gemeinsamen Praxis qualitativer Forschung lernen können. Diskussionsbeitrag zur FQS-Debatte „Lehren und Lernen der Methoden qualitativer Sozialforschung". In: Forum Qualitative Sozialforschung, 8(1). Verfügbar über: http://qualitative-research.net/fqs/deb/07-1-D4Dausien-d.htm

Dilthey, Wilhelm 1924: Die Entstehung der Hermeneutik (1900). In: Ders.: Die geistige Welt. Einleitung in die Philosophie des Lebens. Leipzig und Berlin. S. 317-331. (Wilhelm Diltheys Gesammelte Schriften V. Band).

Döbert, Hans/Botho von Kopp/Renate Martini/Manfred Weiß (Hg.) 2003: Bildung vor neuen Herausforderungen. Historische Bezüge – Rechtliche Aspekte – Steuerungsfragen – Internationale Perspektiven. Neuwied.

Emerson, Robert M./Rachel I. Fretz/Linda L. Shaw 1995: Writing ethnographic fieldnotes. Chicago.

Fabel-Lamla, Melanie/Sandra Tiefel 2003: Fallrekonstruktion in Forschung und Praxis – Einführung in den Themenschwerpunkt. In: Zeitschrift für qualitative Bildungs-, Beratungs- und Sozialforschung (ZBBS). H. 2. S. 189-198.

Feindt, Andreas 2007: Studentische Forschung im Lehramtsstudium. Eine fallrekonstruktive Untersuchung studienbiografischer Verläufe und studentischer Forschungspraxen. Opladen.
Flick, Uwe 2004: Triangulation. Eine Einführung. Wiesbaden.
Flick, Uwe 2005: Standards, Kriterien, Strategien. Zur Diskussion über Qualität qualitativer Sozialforschung. In: Zeitschrift für qualitative Bildungs-, Beratungs- und Sozialforschung (ZBBS), H. 2. S. 191-210.
Flick, Uwe/Martin Bauer 2000: Qualitative Forschung lehren. In: Flick, Uwe/Ernst von Kardorff/Ines Steinke (Hg.) 2000: Qualitative Forschung. Ein Handbuch. Reinbek. S. 600-614.
Flick, Uwe/Ernst von Kardorff/Ines Steinke (Hg.) 2000: Qualitative Forschung. Ein Handbuch. Reinbek.
Foucault, Michel 1966/1971: Die Ordnung der Dinge. Frankfurt/M.
Foucault, Michel 1969/1988: Archäologie des Wissens. Frankfurt/M.
Garfinkel, Harold 1967: Studies in ethnomethodology. Englewood Cliffs.
Garz, Detlev/Ursula Blömer 2002: Qualitative Bildungsforschung. In: Tippelt, Rudolf (Hg.): Handbuch Bildungsforschung. S. 441-457.
Garz, Detlef/Klaus Kraimer (Hg.) 1994: Die Welt als Text. Theorie, Kritik und Praxis der objektiven Hermeneutik. Frankfurt/M.
Geertz, Clifford 1983: Dichte Beschreibung. Beiträge zum Verstehen kultureller Systeme. Frankfurt/M.
Girtler, Roland 1992: Methoden der qualitativen Sozialforschung. Anleitung zur Feldarbeit. Wien.
Glaser, Barney G. 1992: Emergence vs. forcing. Basics of grounded theory. Mill Valley.
Glaser, Barney G./Anselm L. Strauss 1998: Grounded Theory. Strategien qualitativer Forschung (engl. Original: The Discovery of Grounded Theory. Strategies for Qualitative Research 1967)
Goffman, Erving 1973: Asyle. Über die soziale Situation psychiatrischer Patienten und anderer Insassen. Frankfurt/M. (engl. Original: Asylums. Essays on the Social Situation of Mental Patients and other Inmates. Chicago 1961)
Goffman, Erving 1989: On Fieldwork. In: Journal of Contemporary Ethnography (18). S. 123-132.
Gogolin, Ingrid/Heinz-Hermann Krüger/Dieter Lenzen/Thomas Rauschenbach (Hg.) 2005: Standards und Standardisierungen in der Erziehungswissenschaft. 4. Beiheft der Zeitschrift für Erziehungswissenschaft. Wiesbaden.
Groeben, Norbert 2006: Gibt es Wege aus der selbstverschuldeten Irrelevanz des qualitativen Offstreams? In: Forum Qualitative Sozialforschung, (Online-Journal), 7(4), Art. 34. Verfügbar über: http://www.qualitative-research.net/fqs-texte/4-06/06-4-34-d.htm.
Gruschka, Andreas 2004: Empirische Bildungsforschung – das muss keineswegs, aber es kann die Erforschung von Bildungsprozessen bedeuten. Oder: Was lässt sich zukünftig von der forschenden Pädagogik erwarten? In: Pädagogische Korrespondenz 32. S. 5-35.
Habermas, Jürgen 1981: Theorie des Kommunikativen Handelns. Band 2. Frankfurt/M.
Hammersley, Martyn/Paul Atkinson 1995: Ethnography. Principles and Practice. London/New York.
Hausen, Karin/Helga Novotny (Hg.) 1986: Wie männlich ist die Wissenschaft. Frankfurt/M.

Heinzel, Friederike 1997: Wiederholte Gesprächsinteraktion und tiefenhermeneutische Analyse. In: Friebertshäuser, Barbara/Annedore Prengel (Hg.): Handbuch Qualitative Forschungsmethoden in der Erziehungswissenschaft. Weinheim und München S. 468-480

Helsper, Werner/Jeanette Böhme (Hg.) 2007: Handbuch der Schulforschung. Wiesbaden.

Helsper, Werner/Leonie Herwartz-Emden/Ewald Terhart 2001: Qualität qualitativer Forschung. Ein Tagungsbericht. In: Zeitschrift für Pädagogik (ZfPaed). H. 2. S. 251-270.

Hericks, Uwe 2005: Und ich glaub die Schüler ertragen den Unterricht – Unterrichtskonzepte von Lehrerinnen und Lehrern in der Berufseingangsphase. Vortragsmanuskript: Forschungskolloquium an der Universität Oldenburg, 4.2.2005.

Hirschauer, Stefan/Klaus Amann (Hg.) 1997: Die Befremdung der eigenen Kultur. Zur ethnographischen Herausforderung soziologischer Empirie. Frankfurt/M.

Hitzler, Ronald 2007: Wohin des Wegs? Ein Kommentar zu neueren Entwicklungen in der deutschsprachigen „qualitativen" Sozialforschung. In: Forum Qualitative Sozialforschung, 8 (3), Art. 4. Verfügbar über: http://www.qualitative-research.net/fqs-texte/3-07/07-3-4-d.htm.

Hörning, Karl H. 2001: Experten des Alltags: die Wiederentdeckung des praktischen Wissens. Weilerswist.

Hoffmann-Riem, Christa 1980: Die Sozialforschung einer interpretativen Soziologie. Der Datengewinn. In: Kölner Zeitschrift für Soziologie und Sozialpsychologie. 32/2. S. 339-372.

Hünersdorf, Bettina/Christoph Maeder/Burkhard Müller (Hg.) 2008: Ethnographie und Erziehungswissenschaft. Methodische Reflexionen und empirische Annäherungen. Weinheim und München.

Jahoda, Marie/Paul F. Lazarsfeld/Hans Zeisel 1933/1975: Die Arbeitslosen von Marienthal. Ein soziographischer Versuch. Frankfurt/M.

Kallmeyer, Werner/Fritz Schütze 1976: Konversationsanalyse. In: Studium Linguistik. H. 1. S. 1-28.

Keller, Reiner 2001: Handbuch Sozialwissenschaftliche Diskursanalyse. Band 1: Theorien und Methoden. Opladen.

König, Eckard/Peter Zedler 2007: Theorien der Erziehungswissenschaft. Einführung in Grundlagen, Methoden und praktische Konsequenzen. Weinheim/Basel.

Kraimer, Klaus (Hg.) 2000: Die Fallrekonstruktion. Sinnverstehen in der sozialwissenschaftlichen Forschung. Frankfurt/M.

Krüger, Heinz-Hermann 2000: Stichwort: Qualitative Forschung in der Erziehungswissenschaft. In: Zeitschrift für Erziehungswissenschaft (ZfE), 3. Jg., H. 3. S. 323-342.

Krüger, Heinz-Hermann/Cathleen Grunert (Hg.) 2002: Handbuch Kindheits- und Jugendforschung. Opladen.

Krüger, Heinz-Hermann/Winfried Marotzki (Hg.) 2006: Handbuch erziehungswissenschaftliche Biographieforschung. Opladen.

Kuckartz, Udo 2007: Einführung in die computergestützte Analyse qualitativer Daten. Wiesbaden.

Kuckartz, Udo/Heiko Grunenberg/Thorsten Dresing (Hg.) 2007: Qualitative Datenanalyse: computergestützt. Methodische Hintergründe und Beispiele aus der Forschungspraxis. Wiesbaden.

List, Elisabeth/Herlinde Studer (Hg.) 1989: Denkverhältnisse. Feminismus und Kritik. Frankfurt/M.

Lorenzer, Alfred 1981: Möglichkeiten qualitativer Inhaltsanalyse: Tiefenhermeneutische Interpretation zwischen Ideologiekritik und Psychoanalyse. In: Das Argument 126/81. S. 170-180.

Luhmann, Niklas 1984: Soziale Systeme: Grundriss einer allgemeinen Theorie. Frankfurt/M.

Malinowski, Bronislaw 1921/1979: Argonauten des westlichen Pazifik: Ein Bericht über Unternehmungen und Abenteuer der Eingeborenen in den Inselwelten von Melanesisch-Neuguinea. Band 1. Frankfurt/M.

Mandl, Heinz/Birgitta Kopp (Hg.) 2005: Impulse für die Bildungsforschung. Stand und Perspektiven. Dokumentation eines Expertengesprächs. Standpunkte. Berlin.

Marotzki, Winfried/Arnd-Michael Nohl/Wolfgang Ortlepp 2006: Einführung in die Erziehungswissenschaft. Wiesbaden.

Mayring, Philipp 2000: Qualitative Inhaltsanalyse. Grundlagen und Techniken. Weinheim und München.

Mead, George Herbert 1987: Gesammelte Aufsätze. 2 Bände. Frankfurt/M.

Meinefeld, Werner 2000: Hypothesen und Vorwissen in der qualitativen Sozialforschung. In: Flick, Uwe/Ernst von Kardorff/Ines Steinke (Hg.): Qualitative Forschung. Ein Handbuch. Reinbek. S. 265-275.

Merkens, Hans (Hg.) 2006: Erziehungswissenschaft und Bildungsforschung. Wiesbaden.

Mies, Maria 1978: Methodische Postulate zur Frauenforschung – dargestellt am Beispiel der Gewalt gegen Frauen. In: Beiträge zur feministischen Theorie und Praxis. 1(1). S. 41-63.

Mohn, Elisabeth/Klaus Amann 2006: Lernkörper. Ethnographische Studien zum Schülerjob. Göttingen. (DVD).

Mohn, Elisabeth/Sabine Hebenstreit-Müller 2007: Kindern auf der Spur. Kita-Pädagogik als Blickschule. Kamera-ethnographische Studien des Pestalozzi-Fröbel-Hauses. Göttingen. (DVD und Monographie).

Muchow, Martha/Hans H. Muchow 1935/1998: Die Lebenswelt des Großstadtkindes. Neuausgabe mit biographischem Kalender und Bibliographie Martha Muchow. Herausgegeben und eingeleitet von Jürgen Zinnecker. Weinheim und München.

Nittel, Dieter 1999: Umwege – Schleichwege – Königswege? Forschungsdidaktische Anmerkungen über die Arbeitsweise von Forschungswerkstätten. In: Homfeldt, Hans-Günther/Jörgen Schulze-Krüdener/Michael-Sebastian Honig (Hg.): Qualitativ-empirische Forschung in der Sozialen Arbeit. Impulse zur Entwicklung der Trierer Werkstatt für professionsbezogene Forschung. Trier. S. 97-133.

Nohl, Arnd-Michael 2006: Qualitative Bildungsforschung als theoretisches und empirisches Projekt. In: Pongratz, Ludwig/Michael Wimmer/Wolfgang Nieke (Hg.): Bildungsphilosophie und Bildungsforschung. Bielefeld. S. 156-179.

Oevermann, Ulrich 1981: Fallrekonstruktionen und Strukturgeneralisierung als Beitrag der objektiven Hermeneutik zur soziologisch-strukturtheoretischen Analyse. Unveröff. Manuskript. Frankfurt/M.

Oevermann, Ulrich 2004: Objektivität des Protokolls und Subjektivität als Forschungsgegenstand. In: Zeitschrift für qualitative Bildungs-, Beratungs- und Sozialforschung (ZBBS). 5. Jg. H. 2. S. 311-336.

Oevermann, Ulrich/Tilman Allert/Elisabeth Konau/Jürgen Krambek 1979: Die Methodologie einer ‚objektiven Hermeneutik' und ihre allgemeine forschungslogische Bedeutung für die Sozialwissenschaften. In: Soeffner, Hans Georg (Hg.):

Interpretative Verfahren in den Sozial- und Textwissenschaften. Stuttgart. S. 352-434.

Petersen, Peter/Else Petersen (besorgt von T. Rutt) 1965: Die pädagogische Tatsachenforschung. Paderborn.

Pfaff, Nicolle 2005: Triangulation standardisierter und nicht standardisierter Forschungsmethoden – Eine Studie aus der Jugendforschung. In: Zeitschrift für qualitative Bildungs-, Beratungs- und Sozialforschung (ZBBS). 6. Jg. H. 2. S. 249-268.

Poenitsch, Andreas 2004: Ermessene Reflexivität? Zum Verhältnis von Bildungstheorie und Bildungsforschung. In: Vierteljahrsschrift für wissenschaftliche Pädagogik. (2004) 4. S. 442-455.

Popper, Karl R. 1962: Die Logik der Sozialwissenschaften. In: Kölner Zeitschrift für Soziologie und Sozialpsychologie (KZfSS), Heft 2, Jg. 14. S. 233-248.

Reckwitz, Andreas 2000: Die Transformation der Kulturtheorien. Zur Entwicklung eines Theorieprogramms. Weilerswist.

Reckwitz, Andreas 2003: Grundelemente einer Theorie sozialer Praktiken. Eine sozialtheoretische Perspektive. In: Zeitschrift für Soziologie 32:4. S. 282-301.

Reim, Thomas/Gerhard Riemann 1997: Die Forschungswerkstatt – Erfahrungen aus der Arbeit mit Studentinnen. In: Jakob, Gisela/Hansjürgen v. Wensierski (Hg.): Rekonstruktive Sozialpädagogik. München.

Roth, Wolff-Michael 2004: „Tappen im Dunkeln." Der Umgang mit Unsicherheiten und Unwägbarkeiten während des Forschungsprozesses. In: Zeitschrift für qualitative Bildungs-, Beratungs- und Sozialforschung (ZBBS). H. 2. S. 155-178.

Rothland, Martin 2006: Erziehungswissenschaft zwischen realer Macht und praktischer Folgenlosigkeit. Zur Normalität einer wissenschaftlichen Disziplin. In: Die Deutsche Schule 98 (DDS). H. 4. S. 510-514.

Schlehe, Judith 2003: Formen qualitativer ethnografischer Interviews. In: Beer, Bettina (Hg.): Methoden und Techniken der Feldforschung. Berlin. S. 71-94.

Schütz, Alfred 1960: Der sinnhafte Aufbau der sozialen Welt. Eine Einleitung in die verstehende Soziologie. Wien. (erstmals 1932).

Schütze, Fritz 1976: Zur Hervorlockung und Analyse von Erzählungen thematisch relevanter Geschichten im Rahmen soziologischer Feldforschung. In: Arbeitsgruppe Bielefelder Soziologen (Hg.): Kommunikative Sozialforschung. München. S. 159-260.

Schütze, Fritz 1983: Biographieforschung und narratives Interview. In: Neue Praxis, Jg. 3. S. 283-293.

Schütze, Fritz 1987: Das narrative Interview in Interaktionsfeldstudien. Erzähltheoretische Grundlagen. Teil 1: Merkmale von Alltagserzählungen und was wir mit ihrer Hilfe erkennen können. Studienbrief. Hagen.

Schütze, Fritz 2005: Eine sehr persönliche generalisierte Sicht auf qualitative Sozialforschung. In: Zeitschrift für qualitative Bildungs-, Beratungs- und Sozialforschung (ZBBS). 6. Jg., Heft 2. S. 211-248.

Schweppe, Cornelia (Hg.) 2003: Qualitative Forschung in der Sozialpädagogik. Opladen.

Seipel, Christian/Peter Rieker 2003: Integrative Sozialforschung. Konzepte und Methoden der qualitativen und quantitativen empirischen Forschung. Weinheim und München.

Stamm, Margrit 2005: Erziehungswissenschaft und Bildungspolitik. Perspektiven eines schwierigen Verhältnisses. In: Die Deutsche Schule 97 (DDS), S. 421-431.

Strauss, Anselm L. 1994: Grundlagen qualitativer Sozialforschung. Datenanalyse und Theoriebildung in der empirischen soziologischen Forschung. München.
Terhart, Ewald 1997: Entwicklung und Situation des qualitativen Forschungsansatzes in der Erziehungswissenschaft. In: Friebertshäuser, Barbara/Annedore Prengel (Hg.): Handbuch Qualitative Forschungsmethoden in der Erziehungswissenschaft. Weinheim und München. S. 27-42.
Terhart, Ewald 2006: Bildungsphilosophie und empirische Bildungsforschung – (k)ein Missverhältnis? In: Pongratz, Ludwig/Michael Wimmer/Wolfgang Nieke (Hg.): Bildungsphilosophie und Bildungsforschung. Bielefeld. S. 9-36.
Thomas, William I./Florian Znaniecki 1927: The Polish peasant in Europe and America. 2 Bände. New York.
Tillmann, Klaus-Jürgen 2005: Schulpädagogik und Bildungsforschung. Aktuelle Trends und langfristige Entwicklungen. In: Die Deutsche Schule 97 (DDS). H. 4. S. 408-420.
Tillmann, Klaus-Jürgen/Witlof Vollstädt (Hg.) 2001: Politikberatung durch Bildungsforschung. Das Beispiel: Schulentwicklung in Hamburg. Opladen.
Tippelt, Rudolf 2006: Weiterbildungs- und Erwachsenenbildungsforschung als wichtiges Segment der Erziehungswissenschaft und Bildungsforschung. In: Merkens, Hans (Hg.): Erziehungswissenschaft und Bildungsforschung. Wiesbaden. S. 109-127.
Wagner-Willi, Monika 2004: Videointerpretation als mehrdimensionale Mikroanalyse am Beispiel schulischer Alltagsszenen. In: Zeitschrift für qualitative Bildungs-, Beratungs- und Sozialforschung (ZBBS), 5. Jg., H. 1. S. 49-66.
Wiggershaus, Rolf 1987: Die Frankfurter Schule. München.
Willis, Paul E. 1977: Spaß am Widerstand. Gegenkultur in der Arbeiterschule. Frankfurt. (engl. Original: Learning to labour. How working class kids get working class jobs. 1977)
Wilson, Thomas P. 1973: Theorien der Interaktion und Modelle soziologischer Erklärung. In: Arbeitsgruppe Bielefelder Soziologen: Alltagswissen, Interaktion und gesellschaftliche Wirklichkeit. Reinbek. S. 54-79.
Witt, Harald 2001: Forschungsstrategien bei quantitativer und qualitativer Sozialforschung. In: Forum Qualitative Sozialforschung (Online-Journal), 2(1). Verfügbar über: http://www.qualitative-research.net/fqs-texte/1-01/1-01witt-d.
Witzel, Andreas 1985: Das problemzentrierte Interview. In: Jüttemann, Gerd (Hg.): Qualitative Forschung in der Psychologie. Grundlagen, Verfahrensweisen, Anwendungsfelder. Weinheim. S. 227-255.
Zedler, Peter 2002: Erziehungswissenschaftliche Bildungsforschung. In: Tippelt, Rudolf (Hg.): Handbuch Bildungsforschung. Opladen. S. 21-39.

Heinz-Hermann Krüger und Ulrike Deppe

Erziehungswissenschaftliche Biographieforschung

Im Kontext des breiten Spektrums von Konzepten und Methoden der qualitativen Forschung stellt die Biographieforschung gegenwärtig ein zentrales Forschungsgebiet dar. Bei der Biographieforschung handelt es sich um einen Arbeitsbereich, der vor allem von einem empirischen Interesse und von einem spezifischen Datenmaterial her begründet ist. Sie umfasst die Wege der Erhebung und Auswertung von lebensgeschichtlichen Dokumenten, von erzählten bzw. berichteten Darstellungen der Lebensführung (Fuchs-Heinritz 1984). In diesem Forschungsfeld geht es jedoch nicht nur um den instrumentellen Einsatz von biographischen Verfahren. Vielmehr versucht die Biographieforschung insbesondere in den letzten Jahren als Forschungsfeld mit theoriegenerierender Kraft Anschluss an grundlegende erziehungs- und sozialwissenschaftliche Diskurse zu finden (Krüger/von Wensierski 1995; Fischer/Kohli 1987; Krüger/Marotzki 2006).

Am Arbeitsfeld der Biographieforschung sind verschiedene Wissenschaftsdisziplinen mit unterschiedlichem Gewicht sowie differenten Zielsetzungen und Erkenntnisinteressen beteiligt. Neben der Erziehungswissenschaft sind etwa die Soziologie, die Psychologie vor allem in ihren psychoanalytischen Varianten und die neuere Entwicklungspsychologie sowie die Oral-History-Forschung in der Geschichtswissenschaft und die volkskundliche Erzählforschung an diesem Arbeitsbereich beteiligt. Der Fokus der folgenden Ausführungen liegt auf der erziehungswissenschaftlichen Biographieforschung. Seit der Orientierung der historischen Pädagogik in den 1980er Jahren auf eine historische Sozialisationsforschung gibt es vielfältige Berührungspunkte zur sozialgeschichtlichen Autobiographieforschung und zur Oral-History-Forschung. Die erziehungswissenschaftliche Biographieforschung hat jedoch ein eigenständiges Erkenntnisinteresse an Biographisierungsprozessen. Sie ist bemüht, Lebensgeschichten unter dem Fokus von Lern- und Bildungsgeschichten, auch im Rahmen gesellschaftlicher und sozialhistorischer Kontexte, zu rekonstruieren (Marotzki 2006; Schulze 2006).

1. Zur Geschichte der erziehungswissenschaftlichen Biographieforschung

Die Anfänge der wissenschaftlichen Beschäftigung mit Biographien sind im 18. Jahrhundert zu lokalisieren. Neben der Historiographie, der Literaturwissenschaft und der Philosophie war auch die Pädagogik an der Begründung der Biographieforschung beteiligt. Rousseau mit seinem biographischen Erziehungsroman „Emile" (1762) sowie die Hallenser Pädagogen Trapp und Niemeyer können als Begründer und Vordenker einer empirisch orientierten und lebensgeschichtlich-biographische Ansätze einbeziehenden Pädagogik im 18. Jahrhundert gelten (Herrmann 1991, S. 44-47).

Nach dem 19. Jahrhundert, das infolge Herbarts und Humboldts eher bildungsphilosophisch und unterrichtstheoretisch geprägt war (ebd.), erlebte die Biographieforschung in Pädagogik und Psychologie im deutschsprachigen Raum in den 1920er Jahren eine neue Blütezeit. Anders als in den USA, wo die Biographieforschung im Umkreis der Studien der Chicago-Schule einen enormen Aufschwung erlebte (Fischer-Rosenthal 1995), spielte sie jedoch in der deutschen Soziologie keine Rolle. In Anlehnung an die geisteswissenschaftliche Theorie von Dilthey (1910) wurde von Misch (1910/1949) eine erste umfassendere Darstellung einer „Geschichte der Autobiographie" (1900) vorgelegt (Schulze 1991, S. 157). In der Pädagogischen Psychologie und der Entwicklungspsychologie waren es Clara und William Stern sowie Karl und Charlotte Bühler (Bühler 1932, 1934), die eine biographische Methode für die Psychologie und Pädagogik entwickelten. Wichtige Anstöße für eine biographisch orientierte Jugendforschung gingen auch von dem Pädagogen und Psychoanalytiker Siegfried Bernfeld aus sowie von einigen deutschen Jugendpädagogen, wie z.B. Dehn und Dinse (Dudek 1990, S. 288-320). Im deutschsprachigen Raum fand die Blütezeit der Biographieforschung durch den Nationalsozialismus jedoch ein jähes Ende.

In der Nachkriegszeit spielte die Biographieforschung insgesamt kaum eine Rolle in Westdeutschland. Vertreter der Jugendpädagogik, wie Roessler (1957) und Bertlein (1960), knüpften schließlich an die Traditionen biographischer Forschung der 1920er Jahre an. In den 1960er Jahren erschienen dann noch einige methodologisch-programmatische Beiträge zur pädagogischen Biographieforschung (Henningsen 1962, S. 461; Gamm 1967). Erst in den späten 1960er Jahren kam es in mehreren Disziplinen zugleich und zeitgleich auch in Ländern der westlichen Hemisphäre zu einer Renaissance der Biographieforschung. Vermutlich ist die Ursache des neu erwachenden Interesses am Gegenstand Biographie im Prozess eines weitreichenden Individualisierungsschubs der modernen Gesellschaft zu suchen.

In der Erziehungswissenschaft wurde vor allem in dem von Baacke und Schulze (1993) im Jahre 1979 erstmals herausgegebenen Sammelband „Aus Geschichten lernen" der programmatische Bezugsrahmen für die Ausarbeitung einer biographischen und narrativen Orientierung in der Pädagogik formuliert und zugleich daran erinnert, dass Lebensgeschichten zuerst einmal Lerngeschichten sind. Außerdem kam es auch aufgrund der Weiterentwicklung der historischen Pädagogik hin zur historischen Sozialisationsforschung zu einer Wiederbelebung und in den letzten Jahrzehnten zu einer deutlichen Konsolidierung der erziehungswissenschaftlichen Biographieforschung.

2. Theoretische Bezugspunkte, methodologische Perspektiven und Forschungsmethoden

In den vergangenen zwanzig Jahren lassen sich auf dem Gebiet der erziehungswissenschaftlichen Biographieforschung zahlreiche Weiterentwicklungen in den Bereichen der theoriebildenden Konzepte, der Methodologie und den angewandten Forschungsmethoden verzeichnen.

Seit dem Zuwachs des Interesses an der Erforschung der Biographie existieren zahlreiche Ansätze wie handlungs- und systemtheoretische oder individuen- und strukturzentrierte unter dem Dach der interdisziplinären Biographie- und Lebenslaufforschung (Fuchs-Heinritz 2005, S. 187). Ihre Ursprünge lassen sich auf die Theorietraditionen der geisteswissenschaftlichen Hermeneutik, der kritischen Theorie, des symbolischen Interaktionismus, der Phänomenologie oder der Psychoanalyse zurückführen. Für die Anfangszeit der Biographieforschung, die das Individuum und seine Handlungsmöglichkeiten ins Zentrum der Analyse rückt, waren die Arbeiten von Schütze, Oevermann, Kohli, Fuchs-Heinritz und Bertaux, die sich auf das „interpretative Paradigma" stützten, entscheidend (Sackmann 2007, S. 51). Damit stellten sie sich jedoch gegen die damals gängige Perspektive, die dem Akteur eine untergeordnete Rolle bei der Konstruktion sozialer Realität zuwiesen (ebd., S. 63 f.). Bereits Ende der 1980er Jahre formulierten vor allem Fischer und Kohli (1987) Theorievorschläge, die darauf abzielen, Biographieforschung jenseits der traditionellen Unterscheidungen in Mikro- und Makrotheorie zu verorten sowie handlungs- und strukturtheoretische Ansätze zu verknüpfen. Die Aktualität dieses Anliegens zeigt sich darin, dass es auch bis heute in der Forschungspraxis kaum gelingt, den Blick auf individuelle Biographieverläufe mit einer Perspektive auf die gesamtgesellschaftlichen Rahmenbedingungen zu verbinden, um so eine ganzheitliche Sicht auf die soziale Welt zu erreichen (für die gesamte qualitative Forschung Bohnsack/Marotzki 1998). So ist die erziehungswissenschaftliche Biographieforschung stärker durch qualitative Verfahren geprägt, während bspw. in der Soziologie zwischen Lebenslauf- und Biographieforschung unterschieden wird, die in ihren theoretischen Konzepten und Forschungslogiken zwischen den Polen strukturell-quantitativ und individuell-qualitativ liegen (Sackmann 2007). Je nach Erkenntnisinteresse, -gegenstand und wissenschaftlicher Disziplin variieren also die Theorietraditionen, mit denen ein Zugang zu Biographien gesucht wird. In der erziehungswissenschaftlichen Biographieforschung wurde bezüglich der Verarbeitung gesellschaftlicher Umbrüche und Modernisierungskonsequenzen ein Zugang mithilfe gesellschaftstheoretischer Ansätze aus dem Kontext der Theorien zur reflexiven Modernisierung (etwa Beck 1986) und identitätstheoretischer Ansätze (etwa Heitmeyer/Olk 1990; Krüger 2002) gesucht. Im Zusammenhang von Bildungs- und Biographisierungsprozessen haben vor allem Marotzki (1990) und Koller (1999) bildungstheoretische Ansätze für die erziehungswissenschaftliche Biographieforschung elaboriert. Sozialkonstruktivistische

Überlegungen, die wiederum an die sozialphänomenologisch-gestalttheoretische Biographieforschung von Rosenthal und Fischer anknüpft (z. B. Fischer-Rosenthal/Rosenthal 1997) verweisen ebenfalls auf die Verbindung von Individuum und sozialer Welt (Jost 2005, S. 219). Zugleich gab es auch Versuche, z. B. mit dem Konzept der Biographizität, das die Eigenlogik und Selbstreferentialität betont (Alheit/Dausien 2000; vgl. auch Schimank 1988 und Nassehi 1994), systemtheoretische Ideen und konstruktivistische Perspektiven mit der Biographieforschung zu verbinden (Jost 2005).

Die Narrationsstrukturanalyse nach Schütze (1983), die objektive Hermeneutik von Oevermann (1979) und die dokumentarische Methode nach Bohnsack (2007) haben eine theoretische und methodologische Fundierung und zählen zugleich zu den wichtigsten qualitativen Verfahren in der erziehungs- und sozialwissenschaftlichen Biographieforschung. Während es bei der Narrationsstrukturanalyse um die Rekonstruktion der Prozessstrukturen als faktische Ablaufstrukturen des Lebenslaufes geht (Schütze 1983, S. 284), zielt die objektive Hermeneutik auf die Rekonstruktion latenter, also dem Individuum nicht verfügbarer, objektiver Sinnstrukturen (Oevermann u. a. 1979, S. 383). Die dokumentarische Methode rekonstruiert dagegen das zwar reflexiv dem Akteur nicht verfügbare, aber gewusste und handlungsleitende Wissen sowie die Handlungspraxis in der Lebenswelt (Bohnsack 2007). Die objektive Hermeneutik und die Narrationsstrukturanalyse wurden speziell für die Auswertung von Interviews entwickelt. Die dokumentarische Methode der Interpretation wurde von Bohnsack (2007) zuerst am Verfahren der Gruppendiskussion elaboriert und später von Bohnsack (2007) und Nohl (2006b) auf die Interpretation von Interviews übertragen. Die Auswertung von Interviews mit der dokumentarischen Methode bezieht sich dabei auf zentrale erzähltheoretische Grundlagen Schützes (Bohnsack 2007, S. 91 ff.). Gemeinsam ist allen diesen Methoden, dass es sich um sequenzanalytische Textinterpretationsverfahren handelt, die im Kontext produktiver Forschungserfahrungen entstanden. Im Zuge dessen wurden genaue Regeln für sequentielle Fallanalysen sowie der Anspruch eines sensiblen Umgangs mit biographischem Material formuliert. Insbesondere das narrationsstrukturelle Verfahren und die dokumentarische Methode folgen darüber hinaus in allen Forschungsschritten konsequent den Kriterien einer qualitativen Methodologie, in dem sie über eine am „theoretical sampling" orientierte Fallauswahl und über kontrastive Fallinterpretationen allmählich zu einer „theoretischen Sättigung", zur Verallgemeinerung von Einzelfällen und zu einer Typologie von biographischen Mustern gelangen. Der Vorteil dieser drei Verfahren liegt in ihrer Eignung, den traditionellen Hiatus von Bildungstheorie einerseits und empirischer Bildungsforschung andererseits zu überwinden. Die methodologischen Ansätze zeichnen sich zudem dadurch aus, dass sie bei der Biographieanalyse nicht bei der Rekonstruktion des subjektiven Sinns der Befragten stehen bleiben, sondern orientiert an einer phänomenologischen bzw. strukturalen Interpretationsperspektive, jene objektiven Bedingungen mit berücksichtigen, in die biographische Handlungsmöglichkeiten eingebunden sind.

Neben diesen zentralen Ansätzen der Biographieforschung, die der qualitativen Forschung zugerechnet werden können, existieren noch weitere Forschungsmethoden bzw. -strategien, wie z. B. die Tiefenhermeneutik (→ Klein), die Ethnographie bzw. die Grounded Theory, die qualitative Inhaltsanalyse, textstrukturelle Ansätze oder der Deutungsmusteransatz, um sich den Lebensgeschichten der Akteure zu nähern (Marotzki 2006, S. 115 ff.). Des Weiteren existieren sogenannte nicht-reaktive Verfahren, die sich mit bereits vorliegenden biographischen Materialien beschäftigen, bspw. Autobiographien, Briefe, Fotografien, Tagebücher, Würdigungen, Gedenkreden oder Akten (Schulze 2002, S. 27), die mit der Dokumenten- oder Fotoanalyse ausgewertet werden können. Einen guten Überblick bieten dazu Marotzki (2006) sowie Jakob und weitere Aufsätze in diesem Band.

3. Aktueller Stand der erziehungswissenschaftlichen Biographieforschung

Die Zahl der Studien, die durch ihren Untersuchungsgegenstand und teilweise auch wegen entsprechender Zugangsweisen dem Bereich der erziehungswissenschaftlichen Biographieforschung zugerechnet werden können, hat seit den 1990er Jahren deutlich zugenommen. Seitdem lässt sich in der erziehungswissenschaftlichen Biographieforschung auch von einer Konsolidierung sprechen, die auch auf der Ebene der wissenschaftlichen Institutionen ihren Niederschlag fand, wie z. B. in der Gründung einer Kommission für Biographieforschung in der Deutschen Gesellschaft für Erziehungswissenschaft. Auf forschungspraktischer Ebene hat sich die Anwendung von qualitativen Methoden bewährt, was auch die wachsende Nachfrage nach Methodenworkshops (z. B. des Zentrums für Qualitative Bildungs-, Beratungs- und Sozialforschung an der Otto-von-Guericke-Universität Magdeburg) dokumentiert.

Bei einer systematischen Betrachtung des Forschungsstands lassen sich drei Richtungen von Studien und Projekten unterscheiden: biographische Untersuchungen aus dem Umfeld der historischen Erziehungs- und Sozialisationsforschung, Arbeiten aus dem Kontext der pädagogisch orientierten Kindheits-, Jugend-, Schul- und Hochschulsozialisationsforschung und Studien, die sich mit biographischen Problemstellungen in verschiedenen erziehungswissenschaftlichen Teildisziplinen und Fachrichtungen beschäftigen. Daneben gab es einige methodische und theoretische Beiträge auf dem Gebiet der Biographieforschung (z. B. Koller 1999; Garz 2000; Alheit/ Brandt 2006), die aber häufiger, z. B. bei den Themen Biographie und Migration (King/Koller 2006) oder Biographieforschung und Erwachsenenbildung (Alheit/Dausien 2006), gegenstands- und disziplinenbezogen blieben (von Felden 2008, S. 13). Insbesondere auf dem Gebiet der Forschung zum lebenslangen Lernen gab es Versuche, an die in den 1980er Jahren entwickelten biographischen Erziehungstheorien (z. B. Loch 1979; Baacke 1993;

Schulze 1993) anzuknüpfen und eine biographische Lerntheorie zu entwickeln (zusammenfassend von Felden 2008, S. 13 f.).

Der folgende Überblick über den Stand der erziehungswissenschaftlichen Biographieforschung kann durch die Ausdifferenzierung und Vielzahl der Arbeiten nur ein exemplarischer und nur auf die Entwicklungen der vergangenen Jahre auf diesem Gebiet bezogen sein.

Die historisch orientierten Arbeiten, die auf die Rekonstruktion vergangener Sozialisationsbedingungen, Erziehungspraktiken, Bildungseinrichtungen oder Verlaufsformen des Erwachsenwerdens zielen, nehmen einen breiten Raum ein. Zum einen werden Autobiographien als Quelle zur Geschichte der Erziehung und Sozialisation genutzt (z.B. Garz/Lee 2003; Lohfeld 2003; Schreiber 2005; Bartmann 2006). Daneben gibt es inzwischen auch einige historische Regionalstudien, die sich gestützt auf archivarische Quellenbestände und Oral-History-Interviews mit der Geschichte der Kindheit in den ersten Jahrzehnten des 20. Jahrhunderts (z.B. Behnken/Zinnecker 2004) beschäftigt haben. In den letzten Jahren wurde zudem versucht, die Biographik für die Wissenschaftsgeschichte der Pädagogik zu erschließen (z.B. Priem 2000; Klika 2000).

Einen weiteren Schwerpunkt im Rahmen der erziehungswissenschaftlichen Biographieforschung machen Untersuchungen aus dem Kontext der sozialwissenschaftlich orientierten pädagogischen Kindheits-, Jugend- und Hochschulsozialisationsforschung aus. Dazu gehören Studien, die sich mit Übergangsphasen, z.B. von der Grund- in die weiterführende Schule (Helsper u.a. 2006), dem Verlauf und den Schwierigkeiten oder Erfolgen von Bildungsbiographien in Schule bzw. Hochschule (Kramer 2002; Wiezorek 2005; Helsper u.a. 2006), sowie den Wechselwirkung mit außerschulischen Bildungsorten auseinandersetzen (z.B. Krüger u.a. 2008).

Schwerpunkte in der sozialpädagogischen Forschung liegen durch Schützes (1996) entscheidende Anregungen für biographisch orientierte Studien im Bereich der Profession und Organisation (Cloos 2004; Hanses 2004; Tiefel 2004; zusammenfassend von Wensierski 2006). In der Erwachsenenbildung lassen sich insbesondere zum Thema lebenslanges Lernen biographische Studien (z.B. Schlüter 1999; Wagner 2004; Kade/Seitter 2007) und theoretische Arbeiten (z.B. Alheit/Dausien 2006) konstatieren. Im Bereich der biographisch orientierten Schulforschung lassen sich inzwischen mehrere Richtungen differenzieren: so die Forschung zu Lehrenden (Reh 2003; Fabel-Lamla 2004; Hoff 2006; zusammenfassend Reh/Schelle 2006) und die Lernenden- und Schulkulturforschung (Kramer 2002; Wiezorek 2005; Helsper u.a. 2006; zusammenfassend Helsper/Bertram 2006).

Daneben haben sich unter verschiedenen Problemstellungen mehrere Themenbereiche in Verbindung mit der erziehungswissenschaftlichen Biographieforschung entwickelt. Schwerpunktmäßig kristallisierten sich die biographisch orientierte erziehungswissenschaftliche Migrations- (z.B. Hummrich 2002; Bukow/Ottersbach/Tuider 2006), Geschlechter- (z. B. Flaake 2001; Keddi 2002) und Generationenforschung (z. B. Ecarius 2002; Schäffer 2003; Nohl 2006a) heraus. Diese Bereiche werden neuerdings unter dem Aspekt der Bildungsungleichheit in biographischen Untersuchungen auch zusammengeführt (z. B. King 2008).

4. Bilanz und Perspektiven der erziehungswissenschaftlichen Biographieforschung

Bilanzierend lässt sich zum aktuellen Entwicklungsstand der erziehungswissenschaftlichen Biographieforschung zunächst einmal feststellen, dass gegenwärtig eher empirische Zugänge und Konkretisierungen dominieren. Allerdings hat die Steigerung der Quantität der durchgeführten biographischen Projekte nicht durchgängig eine Verbesserung der methodischen Qualität der Untersuchungen zur Folge gehabt. So finden sich inzwischen zwar kaum noch Studien, die sich mit dem Stichwort Vermischung quantitativer und qualitativer Forschungslogiken charakterisieren lassen. Einige Arbeiten weisen immer noch eher oberflächliche Auswertungsverfahren auf, ohne methodologisch oder in forschungsstrategischer Hinsicht begründet zu sein.

Auch fehlen im Bereich der qualitativen erziehungswissenschaftlichen Forschung bisher weitgehend Sekundäranalysen von Material, das andere Forscher bereits erhoben haben. Es gibt in der qualitativen erziehungswissenschaftlichen Forschung bislang keine umfassenden Archivierungs- und Dokumentationssysteme, durch die erst die infrastrukturellen und technischen Voraussetzungen für systematisch aufeinander aufbauende Forschung hergestellt werden könnten (Krüger 2000) und kaum formale Regeln in der „scientific community", die eine Reanalyse der hochsensiblen qualitativen Daten ermöglichen würden.

Methodisch und empirisch mangelt es nicht nur in der erziehungswissenschaftlichen Biographieforschung bislang an echten qualitativen Längsschnittstudien. Bei den bisherigen Längsschnittstudien handelt es sich mehrheitlich um kohortenvergleichende Generationsstudien, die zwar ebenfalls wichtig sind, jedoch nicht die Rekonstruktion von veränderten Sichtweisen der Akteurinnen und Akteure insbesondere vor und nach biographischen Transformationsphasen und institutionellen Übergängen ermöglichen.

Weiterhin sind textinterpretative Verfahren in der erziehungs- und sozialwissenschaftlichen Biographieforschung sehr dominant, wohingegen die Elaboration der bildhermeneutischen Auswertungsmethoden für biographische Materialien wie Fotografien, Bilder und Filme noch an den Anfängen steht.

Zuletzt bleibt angesichts der zunehmenden Internationalisierung von Lebenslagen der Bedarf nach kulturvergleichender Biographieforschung in der

Erziehungswissenschaft zu betonen. Finanzierungsprobleme, sprachlich-kulturelle Verständigungsschwierigkeiten und eine noch wenig ausgearbeitete Methodik erweisen sich dabei als Hemmnisse, weshalb eine institutionelle und personelle Vernetzung sowie die Bereitstellung entsprechender finanzieller Ressourcen auf internationaler Ebene notwendig wären.

Literatur

Alheit, Peter/Morten Brandt 2006: Autobiographie und ästhetische Erfahrung. Entstehung und Wandel des Selbst in der Moderne. Frankfurt/M./New York.

Alheit, Peter/Bettina Dausien 2000: Die biographische Konstruktion der Wirklichkeit. Überlegungen zur Biographizität des Sozialen. In: Hoerning, Erika M. (Hg.): Biographische Sozialisation. Stuttgart. S. 257-283.

Alheit, Peter/Bettina Dausien 2006: Biographieforschung in der Erwachsenenbildung. In: Krüger, Heinz-Hermann/Winfried Marotzki (Hg.): Handbuch erziehungswissenschaftliche Biographieforschung. Wiesbaden. S. 431-458.

Baacke, Dieter 1993: Ausschnitt und Ganzes – theoretische und methodologische Probleme bei der Erschließung von Geschichten. In: Ders./Theodor Schulze (Hg.): Aus Geschichten lernen. Weinheim und München. S. 87-125.

Baacke, Dieter/Theodor Schulze (Hg.) 1993: Aus Geschichten lernen. Weinheim/München.

Bartmann, Sylke 2006: Flüchten oder bleiben? Rekonstruktion biographischer Verläufe und Ressourcen von Emigranten im Nationalsozialismus. Wiesbaden.

Beck, Ulrich 1986: Risikogesellschaft. Auf dem Weg in eine andere Moderne. Frankfurt/M.

Behnken, Imbke/Jürgen Zinnecker 2004: Kindheit als soziale und kulturelle Institution in der Europäischen Moderne – Fallstudien in der Tradition der Elias'schen Zivilisationstheorie. In: Fichtner, Bernd u. a. (Hg.): Kinder und Jugendliche im Blick qualitativer Forschung. Oberhausen. S. 129-148.

Bertlein, Hans 1960: Das Selbstverständnis der Jugend heute. Hannover u. a.

Bock, Karin 2000: Politische Sozialisation in der Drei-Generationen-Familie. Opladen.

Bohnsack, Ralf 2007: Rekonstruktive Sozialforschung. Einführung in qualitative Methoden. Opladen/Farmington Hills.

Bohnsack, Ralf/Winfried Marotzki 1998: Einleitung. In: Dies. (Hg.): Biographieforschung und Kulturanalyse. Transdisziplinäre Zugänge qualitativer Forschung. Opladen. S. 7-18.

Bühler, Charlotte (Hg.) 1932: Jugendtagebuch und Lebenslauf. Jena.

Bühler, Charlotte 1934: Drei Generationen im Jugendtagebuch. Jena.

Bukow, Wolf-Dietrich/Markus Ottersbach/Elisabeth Tuider (Hg.) 2006: Biographische Konstruktionen im multikulturellen Bildungsprozess: individuelle Standortsicherung im globalisierten Alltag. Wiesbaden.

Cloos, Peter 2004: Biografie und Habitus: Ethnografie sozialpädagogischer Organisationskulturen. Kassel.

Dausien, Bettina 2002: Biographie und/oder Sozialisation? Überlegungen zur paradigmatischen Bedeutung von Biographie in der Sozialisationsforschung. In: Kraul, Margret/Winfried Marotzki (Hg.): Biographische Arbeit. Perspektiven erziehungswissenschaftlicher Biographieforschung. Opladen. S. 65-91.

Dilthey, Wilhelm 1910: Der Aufbau der geschichtlichen Welt in den Geisteswissenschaften. In: Dilthey, Wilhelm 1961: Gesammelte Schriften. Bd. 7. Stuttgart/ Göttingen. S. 79-291.

Dudek, Peter 1990: Jugend als Objekt der Wissenschaften. Opladen.

Ecarius, Jutta 2002: Familienerziehung im historischen Wandel. Eine qualitative Studie über Erziehung und Erziehungserfahrungen von drei Generationen. Opladen.

Fabel-Lamla, Melanie 2004: Professionalisierungspfade ostdeutscher Lehrer. Wiesbaden.

Felden, Heide von 2008: Einleitung. Traditionslinien, Konzepte und Stand der theoretischen und methodischen Diskussion in der erziehungswissenschaftlichen Biographieforschung. In: Dies. (Hg.): Perspektiven erziehungswissenschaftlicher Biographieforschung. Wiesbaden. S. 7-26.

Fischer, Wolfram/Martin Kohli 1987: Biographieforschung. In: Voges, Wolfgang (Hg.): Methoden der Biographie- und Lebenslaufforschung. Opladen. S. 25-50.

Fischer-Rosenthal, Wolfram 1995: William I. Thomas & Florian Znaniecki: „The Polish Peasant in Europe and America". In: Flick, Uwe u. a. (Hg.): Handbuch Qualitative Sozialforschung. Weinheim. S. 115-118.

Fischer-Rosenthal, Wolfram/Gabriele Rosenthal 1997: Narrationsanalyse biographischer Selbstrepräsentationen. In: Hitzler, Ronald/Anne Honer (Hg.): Sozialwissenschaftliche Hermeneutik. Opladen. S. 133-164.

Flaake, Karin 2001: Körper, Sexualität, Geschlecht. Studien zur Adoleszenz junger Frauen. Gießen.

Fuchs-Heinritz 1984: Biographische Forschung. Eine Einführung in Praxis und Methode. Opladen.

Fuchs-Heinritz, Werner 1993: Methoden und Ergebnisse der qualitativ orientierten Jugendforschung. In: Krüger, Heinz-Hermann (Hg.): Handbuch der Jugendforschung. Opladen. S. 249-275.

Fuchs-Heinritz, Werner 2005: Biographische Forschung. Eine Einführung in Praxis und Methoden. Wiesbaden.

Gamm, Hans-Jochen 1967: Zur Frage einer pädagogischen Kasuistik. In: Bildung und Erziehung 20. H. 4. S. 321-329.

Garz, Detlef 2000: Biographische Erziehungswissenschaft. Lebenslauf, Entwicklung und Erziehung. Eine Hinführung. Opladen.

Garz, Detlef/Hyo-Seon Lee 2003: „Mein Leben in Deutschland vor und nach dem 30. Januar 1933". In: Fritz Bauer Institut (Hg.): Jahrbuch 2003 zur Geschichte und Wirkung des Holocaust. Frankfurt/M. S. 333-357.

Hanses, Andreas (Hg.) 2004: Biographie und soziale Arbeit: institutionelle und biographische Konstruktionen von Wirklichkeit. Balltmannsweiler.

Heitmeyer, Wilhelm/Thomas Olk (Hg.) 1990: Individualisierung von Jugend. Weinheim und München.

Helsper, Werner/Mechthild Bertram 2006: Biographieforschung und SchülerInnenforschung. In: Krüger, Heinz-Hermann/Winfried Marotzki (Hg.): Handbuch erziehungswissenschaftliche Biographieforschung. Wiesbaden. S. 273-294.

Helsper, Werner/Rolf-Torsten Kramer 2006: Zwischenbericht: Erfolg und Versagen in der Schulkarriere – Eine qualitative Längsschnittstudie zur biographischen Verarbeitung schulischer Selektionsereignisse. Halle.

Henningsen, Jürgen 1962: Autobiographie und Erziehungswissenschaft. Eine methodologische Erörterung. In: Neue Sammlung 2. H. 6. S. 450-461.

Herrmann, Ulrich 1991: „Innenansichten" Erinnerte Lebensgeschichte und geschichtliche Lebenserinnerung, oder: Pädagogische Reflexion und ihr „Sitz im Leben"! In: Berg, Christa (Hg.): Kinderwelten. Frankfurt. S. 41-67.
Herzberg, Heidrun 2004: Biographie und Lernhabitus. Eine Studie im Rostocker Werftarbeitermilieu. Frankfurt/M./New York.
Hoff, Walburga 2006: Schulleitung als Bewährung. Opladen.
Hummrich, Merle 2002: Bildungserfolg und Migration. Biographien junger Frauen in der Einwanderungsgesellschaft. Opladen.
Jost, Gerhard 2005: Radikaler Konstruktivismus – ein Potenzial für die Biographieforschung? In: Völter, Bettina u. a. (Hg): Biographieforschung im Diskurs. Wiesbaden. S. 213-227.
Kade, Jochen/Wolfgang Seitter (Hg.) 2007: Umgang mit Wissen. Recherchen zur Empirie des Pädagogischen. 2. Bd. Wiesbaden.
Keddi, Barbara 2002: Projekt Liebe. Lebensthemen und biografisches Handeln junger Frauen in Paarbeziehungen. Opladen.
King, Vera 2008: Jenseits von Herkunft und Geschlechterungleichheiten? Biographische Vermittlungen von class, gender, ethnicity in Bildungs- und Identitätsbildungsprozessen. In: Klinger, Cornelia/Gudrun Axeli-Knapp (Hg.): Über Kreuzungen. Ungleichheit, Fremdheit, Differenz. Münster. S. 87-111.
King, Vera/Hans-Christoph Koller (Hg.) 2006: Adoleszenz, Migration, Bildung. Bildungsprozesse Jugendlicher und junger Erwachsener mit Migrationshintergrund. Wiesbaden.
Klika, Dorle 2000: Herman Nohl. Sein „pädagogischer Bezug" in Theorie, Biographie und Handlungspraxis. Köln.
Koller, Hans-Christoph 1999: Bildung und Widerstreit. Zur Struktur biographischer Bildungsprozesse in der (Post-)Moderne. München.
Kramer, Rolf-Torsten 2002: Schulkultur und Schülerbiographien. Opladen.
Krüger, Heinz-Hermann 1994: Allgemeine Pädagogik auf dem Rückzug? In: Krüger, Heinz-Hermann/Thomas Rauschenbach (Hg.): Erziehungswissenschaft. Weinheim und München. S. 115-130.
Krüger, Heinz-Hermann 2000: Stichwort: Qualitative Forschung in der Erziehungswissenschaft. In: Zeitschrift für Erziehungswissenschaft 3. H. 3. S. 323-342.
Krüger, Heinz-Hermann 2002: Einführung in Theorien und Methoden der Erziehungswissenschaft. Opladen.
Krüger, Heinz-Hermann/Winfried Marotzki (Hg.) 2006: Handbuch erziehungswissenschaftliche Biographieforschung. Wiesbaden.
Krüger, Heinz-Hermann/Sina-Mareen Köhler/Nicolle Pfaff/Maren Zschach 2008: Kinder und ihre Peers. Freundschaftsbeziehungen und schulische Bildungsbiographien. Opladen/Farmington Hills.
Krüger, Heinz-Hermann/Hans-Jürgen von Wensierski 1995: Biographieforschung. In: König, Eckard/Peter Zedler (Hg.): Bilanz qualitativer Forschung. Bd. 2. Weinheim. S. 183-224.
Loch, Werner 1979: Lebenslauf und Erziehung. Essen.
Lohfeld, Wiebke 2003: Im Dazwischen. Portrait der jüdischen und deutschen Ärztin Paula Tobias (1886-1970). Opladen.
Marotzki, Winfried 1990: Entwurf einer strukturalen Bildungstheorie. Weinheim.
Marotzki, Winfried 2006: Bildungstheorie und Allgemeine Biographieforschung. In: Krüger, Heinz-Hermann/Winfried Marotzki (Hg.): Handbuch erziehungswissenschaftliche Biographieforschung. Wiesbaden. S. 59-70.
Misch, Georg 1910/1949: Geschichte der Autobiographie. 4 Bde. Frankfurt/M.

Nassehi, Armin 1994: Die Form der Biographie. Theoretische Überlegungen zur Biographieforschung in methodologischer Absicht. In: BIOS Zeitschrift für Biographieforschung und Oral History 7. H. 1. S. 46-63.

Nohl, Arnd-Michael 2006a: Bildung und Spontaneität. Phasen von Wandlungsprozessen in drei Lebensaltern – Pragmatistische Reflexionen und empirische Rekonstruktionen. Opladen.

Nohl, Arnd-Michael 2006b: Interview und Dokumentarische Methode. Wiesbaden.

Oevermann, Ulrich/Tilman Allert/Elisabeth Konau/Jürgen Krambek 1979: Die Methodologie einer „objektiven Hermeneutik" und ihre allgemeine forschungslogische Bedeutung in den Sozialwissenschaften. In: Soeffner, Hans-Georg (Hg.): Interpretative Verfahren in den Sozial- und Textwissenschaften. Stuttgart. S. 352-433.

Priem, Karin 2000: Bildung im Dialog. Eduard Sprangers Korrespondenz mit Frauen und sein Profil als Wissenschaftler. Köln.

Reh, Sabine 2003: Berufsbiographische Texte ostdeutscher Lehrer und Lehrerinnen als „Bekenntnisse". Interpretation und methodische Überlegungen zur erziehungswissenschaftlichen Biographieforschung. Bad Heilbrunn.

Reh, Sabine/Carla Schelle 2006: Biographieforschung in der Schulpädagogik. Aspekte biographisch orientierter Lehrerforschung. In: Krüger, Heinz-Hermann/ Winfried Marotzki (Hg.): Handbuch erziehungswissenschaftliche Biographieforschung. Wiesbaden. S. 391-412.

Roessler, Wilhelm 1957: Jugend im Erziehungsfeld. Düsseldorf.

Rousseau, Jean-Jacques 1971: Emile 1762. Hg. von Ludwig Schmidts. Paderborn.

Sackmann, Reinhold 2007: Lebenslaufanalyse und Biografieforschung. Eine Einführung. Wiesbaden.

Schäffer, Burkhard 2003: Generationen – Medien – Bildung. Medienpraxiskulturen im Generationenvergleich. Opladen.

Schimank, Uwe 1988: Biographie als Autopoiesis – Eine systemtheoretische Rekonstruktion von Individualität. In: Brose, Hanns-Georg/Bruno Hildenbrand (Hg.): Vom Ende des Individuums zur Individualität ohne Ende. Opladen. S. 55-72.

Schlüter, Anne 1999: Bildungserfolge. Eine Analyse der Wahrnehmungs- und Deutungsmuster und der Mechanismen für Mobilität in Bildungsbiographien. Opladen.

Schreiber, Birgit 2005: Versteckt: Jüdische Kinder im nationalsozialistischen Deutschland und ihr Leben danach. Interpretationen biographischer Interviews. Frankfurt/M./New York.

Schütze, Fritz 1983: Biographieforschung und narratives Interview. In: Neue Praxis. S. 283-293.

Schütze, Fritz 1996: Organisationszwänge und hoheitsstaatliche Rahmenbedingungen im Sozialwesen. In. Combe, Arno/Werner Helsper (Hg.): Pädagogische Professionalität. Frankfurt/M. S. 183-275.

Schulze, Theodor 1991: Pädagogische Dimensionen der Biographieforschung. In: Hoerning, Erika M. u. a. (Hg.): Biographieforschung und Erwachsenenbildung. Bad Heilbrunn. S. 135-181.

Schulze, Theodor 1993: Biographisch orientierte Pädagogik. In: Baacke, Dieter/Theodor Schulze (Hg.): Aus Geschichten lernen. Weinheim und München. S. 13-40.

Schulze, Theodor 2002: Biographieforschung und Allgemeine Erziehungswissenschaft. In: Kraul, Magret/Winfried Marotzki (Hg.): Biographische Arbeit. Perspektiven erziehungswissenschaftlicher Biographieforschung. Opladen. S. 22-48.

Schulze, Theodor 2006: Biographieforschung in der Erziehungswissenschaft. In: Krüger, Heinz-Hermann/Winfried Marotzki (Hg.): Handbuch erziehungswissenschaftliche Biographieforschung. Wiesbaden. S. 35-58.

Tiefel, Sandra 2004: Reflexion als zentrale Kompetenz professionellen Beratungshandelns in der Moderne. Opladen.

Wagner, Karin 2004: Biographische Prozessstrukturen, Generationslagerungen und lebenslanges Lernen/Nichtlernen: eine biographieanalytische Studie auf der Grundlage autobiographisch-narrativer Interviews mit Männern der Alterskohorte 1930 bis 1939. Frankfurt/M.

Wensierski, Hans-Jürgen von 2006: Biographische Forschung in der Sozialpädagogik. In: Krüger, Heinz-Hermann/Winfried Marotzki (Hg.): Handbuch erziehungswissenschaftliche Biographieforschung. Wiesbaden. S. 459-482.

Wiezorek, Christine 2005: Schule, Biographie und Anerkennung. Wiesbaden.

Winfried Marotzki und Sandra Tiefel

Qualitative Bildungsforschung

Qualitative Bildungsforschung fokussiert auf die Beschaffenheit, die Struktur und das Bedingungsgefüge konkreter Bildungsprozesse (vgl. auch Garz/Blömer 2002) und grenzt sich damit von quantitativer Bildungsforschung ab, die sich eher auf Verteilungs- und Häufigkeitsanalysen konzentriert. Qualitative Bildungsforschung stellt mittlerweile einen Kernbereich qualitativer erziehungswissenschaftlicher Forschung dar, in dem über Interviews, Diskurs- und Gruppendiskussionen sowie ethnographische Zugänge Erkenntnisse über Lern- und Bildungsprozesse in einer dynamischen Moderne generiert werden. Zum Zwecke einer Systematisierung dieser Forschungsrichtung erscheint es uns sinnvoll, die Vielzahl von erziehungswissenschaftlichen Forschungen in solche Zugänge zu unterscheiden, die Lern- und Bildungsprozesse eher aus subjekttheoretischer Perspektive thematisieren und empirisch analysieren, und solchen Zugängen, die Lern- und Bildungsprozesse eher aus gemeinschaftstheoretischer Perspektive in den Blick nehmen. Wir versuchen im Folgenden den Forschungsstand in Bezug auf erziehungswissenschaftliche Teildisziplinen wie auch im Hinblick auf forschungsmethodische Ansätze zu rekonstruieren. Wir beanspruchen damit keine Vollständigkeit, wohl aber, einigen Trends der letzten Jahrzehnte gerecht zu werden.

1. Bildung und Biographie

Der Bildungsbegriff ist in erziehungswissenschaftlicher Perspektive schon seit dem 18. Jahrhundert stark mit lebensgeschichtlich-biographischen Prozessen verknüpft (vgl. z.B. Dilthey 1910). Bildung bezieht sich dabei i.d.R. auf grundlegende Haltungen und Orientierungen, die der Mensch zu sich, seiner Lebensgeschichte und zu der ihn umgebenden materiellen, sozialen und geistigen Umwelt einnimmt (vgl. z.B. Alheit 1995; Marotzki 1990b). Biographieforschung zur Rekonstruktion von Lern- und Bildungsprozessen hat ihre Wurzeln aber erst in den 20er Jahren des 19. Jahrhunderts und gewann im Zuge gesellschaftlicher Individualisierungsprozesse erst Anfang der 1970er Jahre wieder an Bedeutung. Ohne die Geschichte und (inter-) disziplinäre Verortungen der Biographieforschung nachzeichnen zu wollen (→ Krüger), lässt sich erziehungswissenschaftliche Biographieforschung zusammenfassend durch ihr spezifisches Erkenntnisinteresse definieren: Sie zielt darauf, über die Analyse lebensgeschichtlicher Dokumente (Tagebücher, narrative Interviews etc.) die individuellen wie interaktiven und kollektiven Prozesse der Sinn- und Zusammenhangsbildung durch das Subjekt im Lebensverlauf nachzuzeichnen, um auf diese Weise Aussagen über die Beschaffenheit und Struktur von Bildungsprozessen machen zu können (vgl. z. B. Bohnsack/Marotzki 1998, S. 8; Krüger 1997, 2001, S. 206).

1.1 Bildungsforschung in der Allgemeinen Pädagogik

Für Studien, die in der *Allgemeinen Pädagogik* verortetet sind und sich dem Bildungsgehalt in Lebensgeschichten im Sinne der Transformationen von Welt-Selbstverhältnissen systematisch zuwenden, sollen hier zunächst stellvertretend für andere die von Rainer Kokemohr und Winfried Marotzki herausgegebenen Tagungsbände „Biographien in komplexen Institutionen" (Kokemohr/Marotzki 1989, 1990) kurz beleuchtet werden. Folgt man der Differenzierung Arndt-Michael Nohls, nach der sich qualitative Bildungsforschung aktuell in reflexions-, sprach- und handlungstheoretische Ansätze differenzieren lässt (vgl. Nohl 2006b), finden sich in den genannten Tagungsbänden mit den Aufsätzen von Winfried Marotzki und Hans-Christoph Koller zwei zentrale Grundlegungen für die weitere theoretische Ausarbeitung auf der Basis biographieanalytischer Bildungsforschung.

Marotzki (1990a) entwickelt in Anlehnung an seine Habilitation zur „Strukturalen Bildungstheorie" (Marotzki 1990b) explizit mit der zu Beginn des Aufsatzes aufgestellten „Reflexivitätsthese" (Marotzki 1990a, S. 134 f.) eine Heuristik zur Analyse biographischer Materialien, die Bildung als Reflexivwerden von Lernprozessen fasst und die Veränderung von Selbst-Weltverhältnissen in den Fokus der Aufmerksamkeit biographischer Analysen rückt. Mit seiner Adaption der Narrationsanalyse nach Fritz Schütze verfügt er neben dieser theoretischen Grundlegung der Transformation von Selbst-Weltbildern im lebensgeschichtlichen Prozess der reflexiven Sinn- und Zusammenhangsbildung auch über ein methodisches Instrumentarium, in dem über die Rekonstruktion der Prozessstrukturen (vgl. Schütze 1981, 1983) auf Wandlungs- bzw. Bildungsprozesse geschlossen werden kann. Weitere biographische Bildungsstudien konnten diese reflexionstheoretischen Überlegungen spezifizieren, so dass inzwischen theoretische Differenzierungen zwischen biographischen Lern- und Bildungsprozessen deutlich herausgearbeitet werden konnten (vgl. z. B. Ecarius 1996, 1999; von Felden 2008, S. 109 f.), Barrieren ebenso wie Ressourcen für die Transformation von Selbst-Weltbezügen deutlicher zu Tage treten (vgl. z. B. von Felden 2003; Bartmann 2006) und biographische Reflexionsmodi konkretisiert werden konnten (vgl. Tiefel 2004; Stojanov 2006).

Hans-Christoph Koller (1990) setzt dagegen in seiner Analyse eines Interviews, das allen Aufsätzen des Tagungsbandes zugrunde liegt, in Anlehnung an Jacques Lacan auf die Rekonstruktion rhetorischer Muster. Die hier grundgelegte sprachtheoretische Analyse der Transformation von Selbst- und Weltbildern konzentriert sich dabei, wie Koller in späteren Jahren noch detaillierter in Anlehnung an Jean-François Lyotard ausführt (vgl. z. B. Koller 1994, 1999), nicht auf das Subjekt selbst, sondern auf die Sprache als Medium der Subjektivierung. Das methodische Vorgehen rekonstruiert Sprachspiele und Diskursarten im Verlauf der Narration und kennzeichnet den Wechsel von Sprachmustern und Diskursweisen als Bildungspotentiale.

Die handlungstheoretische Grundlegung qualitativer Bildungsforschung steht nach Arnd-Michael Nohl in der pragmatistischen Tradition, ist aber bislang noch nicht vergleichbar den beiden erstgenannten Ansätzen durch Studien weiter ausdifferenziert. Vor allem Arndt-Michael Nohl bezieht sich in seiner Habilitation (vgl. Nohl 2006a) auf Charles S. Peirce, John Dewey und George Herbert Mead und unterscheidet in Anlehnung an deren Definition von Wahrnehmen und Erkenntnis als Bestandteil von Handlungen reflexives und vor- bzw. nichtreflexives Handeln. Biographische Sinngebung und Reflexion werden damit zu integralen Handlungsdimensionen. Die Analyse biographischer Materialien nimmt damit routinierte und reflektierte ebenso kommunikative Handlungen zur Rekonstruktion von Bildung als Veränderungen von Lebensorientierungen in den Blick. Methodisch präferiert Nohl die dokumentarische Methode (vgl. z.B. Bohnsack 2008; Nohl 2006b), um über die intentionalen Sinngebungen der Akteure hinaus das konjunktive Wissen (vgl. Mannheim 1980) rekonstruieren zu können. Bildung wird hierbei auf der Schnittstelle zwischen Individualität und Kollektivität verortet und subjektive Sinnzuschreibungen mit milieuorientierten Handlungen kontrastiert.

Zusammenfassend kann man sagen, dass für Studien in der Allgemeinen Pädagogik die Verzahnung elaborierter bildungstheoretischer Diskurse mit fundierter biographieanalytischer Empirie typisch ist. Charakteristisch dafür ist die schrittweise Institutionalisierung der Biographieforschung in der Erziehungswissenschaft: 1994 Gründung AG Erziehungswissenschaftliche Biographieforschung, 1998 überführt in die DGfE-Kommission Erziehungswissenschaftliche Biographieforschung. Auch in Folge dieser disziplinären Verankerung kam es zu einer Renaissance des Bildungsdiskurses in der Erziehungswissenschaft, der über die Unterscheidung von materialer und formaler Bildung hinaus Bildung durch die Verbindung zum Biographiekonstrukt auf der Schnittstelle zwischen Subjekt und Gesellschaft verortet wird und damit als Prozess und nicht als Ergebnis in den Fokus von erziehungswissenschaftlicher Forschung rückt.

1.2 Bildungsforschung in der Erwachsenenbildung

In der biographiebasierten *Erwachsenenbildungsforschung* stellt insbesondere diese Unterscheidung zwischen Lern- und Bildungsprozessen ein zentrales Erkenntnisinteresse dar (vgl. Faulstich/Zeuner 2005; Tippelt 2006). Dabei rückt über die starke Zunahme von Bildungsmaßnahmen für Erwachsene die Individualisierungsthese als Kernmerkmal sich stetig modernisierender Gesellschaften (vgl. Beck 1986) noch einmal deutlicher in das Blickfeld und betont die Risiken, die mit den Anforderungen an moderne Lebensführung einhergehen. Biographisches Lernen wird damit zur „Basisstruktur von Bildungsprozessen im Erwachsenenalter" (Alheit/Dausien 1999, S. 432).

Hierbei lassen sich verschiedene Zugänge unterscheiden. Einerseits rücken die Professionellen in den Blick der Biographieforschung (vgl. Nittel 2000). Selbst aufgrund der Berufsspezifik mit vielen biographischen Risiken konfrontiert, werden sie mit den jeweiligen Biographien der TeilnehmerInnen konfrontiert, mit deren Brüchen und Krisen, Orientierungsverlusten wie Neukalibrierungen. Für die Erwachsenenbildner/-innen ergeben sich daraus neben quasi therapeutischen Herausforderungen im Umgang mit ihren Adressaten/-innen (vgl. Alheit/Dausien 1999, S. 433) auch spezifische Bildungsziele: Die modernen Erwachsenen müssen in der Lage sein bzw. in diese versetzt werden, mit den Risiken und Ungewissheiten der Gesellschaft umzugehen, dabei eine stabile Identität auszubilden, ohne starr an gewohnten Selbst- und Weltbildern festzuhalten, sondern diese entsprechend den Herausforderungen im Lebensverlauf zu modifizieren (vgl. „Biographizität als Lernpotential" Alheit 1995). Daneben gibt es noch biographieanalytische Studien über die Adressaten/-innen der Erwachsenenbildung. Einerseits wird dabei nach der Bedeutung von Bildung im Lebensverlauf geforscht (vgl. z.B. Egger 1995; Schlüter 1999). Andererseits stehen biographische Aneignungsprozesse als Bildungsprozesse im Lebensverlauf im Fokus des Interesses (vgl. Kade 1989; Kade/Nittel 1997; Kade/Seitter 1996, 2003). Hierbei stehen Fragen der Bewältigung biographischer Risiken aus Subjektperspektive im Vordergrund und verweisen auf biographische Lernprozesse.

Biographieanalytische Bildungsforschung im Kontext der Erwachsenenbildung ist folglich durch einen dreifachen Bildungsbezug gekennzeichnet. *Zum einen* hilft die Biographieforschung, die Frage nach den Lernprozessen Erwachsener präziser herauszuarbeiten und thematisiert so z.B. die Bedeutung von Bildungsprozessen für die eigene Biographie (vgl. Harney/Kade 1990). *Zweitens* untersucht biographieanalytische Erwachsenenbildungsforschung die Risiken und Herausforderungen moderner Biographien anhand von spezifischen Teilnehmendengruppen (Cloer/Klika/Seyfahrt-Stubenrauch 1991; Dausien 1996; Kilb 2006) zur Rekonstruktion von Lern- und Bildungsdefiziten bzw. -potentialen. Und zum *dritten* entwickelt die biographieorientierte Erwachsenenbildungsforschung mit der Integration des Biographizitätskonzeptes einen Fokus auf die Ausbildung von Kompetenzen. Dabei lassen sich die Kompetenzanforderungen nach Adressaten/-innen- und Professionalitätsforschung differenzieren: Einerseits werden Kompetenzen fokussiert, die die einzelnen Subjekte zu lebenslangem Lernen befähigen bzw. den Aufbau von Biographizität ermöglichen. Anderseits stehen die professionellen Herausforderungen in der modernen Erwachsenenbildung im Blickpunkt und damit die Kompetenzen der professionellen Akteure zur Ausarbeitung von Biographizität.

Die für die Erwachsenenbildungsforschung konstatierte Trennung zwischen Professionellen- und Adressaten/-innenbiographien lassen sich so auch auf die Biographische Schulforschung und die Biographieforschung in der Sozialen Arbeit übertragen (vgl. Kraul/Marotzki/Schweppe 2002). Der Bildungsbezug erfährt mit dieser Doppelperspektive biographischer Forschung theoretische Erweiterungen einerseits durch die Paradoxie- und Antinomiekonzepte der Professionsforschung (vgl. Schütze 2000; Helsper 2002) und andererseits durch Qualifizierungs- und Bildungsgangtheorien.

1.3 Biographische Schulforschung

Für die *biographische Schulforschung* im Professionsbereich (vgl. u. a. Fabel-Lamla 2006; Hirsch 1990; Hummrich u. a. 2007; Kunze/Stelmaszyk 2004; Reh 2003) können ähnlich wie für die Erwachsenbildungsforschung zunächst biographische Ressourcen und identitäts- sowie orientierungsstiftende Sinnbezüge der Lehrkräfte als Basis ihrer Lehrtätigkeit analysiert werden (vgl. Schütze 2000). Darüber hinaus wird aber auch deren praktischer Umgang mit Antinomien und Paradoxien des beruflichen Handelns rekonstruiert, um Balancierungs- und Reflexionspotentiale erschließen zu können (vgl. Helsper 2002). Bildung, verstanden als Fähigkeit zur Veränderung über (Selbst-)Reflexion, wird hierbei zur Schlüsselkategorie pädagogischer Professionalität (vgl. Fabel/Tiefel 2003). Die Forschung zu Schülerbiographien (vgl. Helsper/Bertram 1999; Tillmann 2005) konzentriert sich zu großen Teilen auf Bedingungen von Bildungserfolg bzw. -misserfolg gemessen an Schulabschlüssen und Erwerbsarbeitseintritt (vgl. Friebel 1985, 1990; Gessler 1988). Bildung wird hier in den meisten Fällen institutionell verankert gesehen und der Einfluss von Schule, Schulkultur, Lehrerhandeln, Elternhaus etc. durch die biographischen Erzählungen zu rekonstruieren versucht. Gerade biographische Schulforschung bleibt damit noch häufig einem materialen Bildungsverständnis verhaftet. Rolf-Torsten Kramer (2002) unterstellt hier ein großes Forschungsdesiderat, das er in der Kombination verschiedener Methoden zu lösen versteht. In seiner Studie „Schulkultur und Schülerbiographien" vermag er, anhand institutioneller Analysen der Schulkultur und anhand der Analyse von Schülerbiographien ein Modell „schulbiographischer Passung" zu entwickeln, in dem Bildung zwischen institutionellen und biographischen Orientierungen verortet werden kann. Trotz der großen Anzahl an Schülerstudien bleibt deren theoriegenerierende Kraft in Bezug auf die Konkretisierung eines biographieanalytischen Bildungsverständnisses jenseits von materialer und formaler Bildung ungenutzt.

1.4 Bildungsforschung in der Sozialpädagogik

Obwohl Biographieforschung in der *Sozialen Arbeit* respektive in der Kindheits- und Jugendforschung auf eine lange Tradition zurück greifen kann (vgl. z.B. Tagebuchforschung Bühler 1932, 1934), werden in dieser

Forschungstradition aber nur selten die Rekonstruktion jugendlicher Lern- und Bildungswege bzw. -welten rekonstruiert, sondern vor allem die Entwicklung (sozial-)pädagogischer Angebote für Jugendliche (vgl. Fuchs-Heinritz 1993; Heitmeyer/Olk 1990; Krüger 1993; Krüger u.a. 1994; Schefold 2002; Wensierski 2006). Diese Hilfsperspektive auf marginalisierte oder diskriminierte Personengruppen bestimmt bis heute die Diskurse der sozialpädagogischen Biographieforschung, auch wenn sich seit Anfang 2000 ein neuer Bildungsdiskurs in der Sozialen Arbeit verzeichnen lässt (vgl. Harring/Rohlfs/Palentien 2007; Otto/Rauschenbach 2004; Scherr 2006).

Franz Hamburger (2000) differenziert Bildungsbezüge in Forschungen der Sozialen Arbeit nach Aneignung und Bewältigung und schlägt vor, die vorliegenden sozialpädagogischen Studien unter Verwendung dieser Bildungskategorien neu zu interpretieren. Bildungsbezüge, die auf Bewältigung rekurrieren, finden sich in den meisten sozialpädagogisch orientierten biographischen Studien, ohne dass auf Bildung als reflexiver Selbst-Weltreferenz explizit Bezug genommen wird (vgl. auch Schröer 2006). Hierbei sind auf der Adressaten/-innenseite Studien zu nennen, die den Umgang mit (biographischen) Krisen wie Krankheit, Tod, Trennung, Arbeitslosigkeit etc. untersuchen; Biographische Studien, die die Bewältigung von Diskriminierung und Ausgrenzung thematisieren (z.B. Migration, Jugendhilfe, Behinderung, Delinquenz, Milieu) und solche, die die Übergänge von Lebensphasen und Statuspassagen analysieren (vgl. z.B. Große 2008; Hamburger u.a. 2005; Schweppe 2000). Zudem lassen sich auch in der biographischen Sozialarbeiter-Professionsforschung Bildungsfragen rekonstruieren (wie z.B. bei Thole/Küster-Schapfl 1997). Insgesamt konzentrieren sich die Bildungsbezüge in den zahlreichen Studien zur Professionalität in der Sozialen Arbeit (vgl. Kraul/Marotzki/Schweppe 2002) auf reflexionstheoretische Bildungsbezüge und analysieren die biographischen Potentiale zur Selbst-Weltsicht-Transformation als Grundkompetenz sozial-pädagogischer Professionalität. Ähnlich wie in der Erwachsenenbildung und Schulpädagogik erfährt der strukturale Bildungsdiskurs damit eine Konkretisierung im Hinblick auf jene Balancierungsanforderungen, die für Berufstätigkeit in der Moderne typisch sind. Bei der biographischen Adressaten/-innenforschung steht häufig die Rekonstruktion von Bildungspotentialen nicht im Zentrum, sondern eine Konzentration auf Defizit- und Angebotsfragen. Sammelbände wie „Risikobiografien. Benachteiligte Jugendliche zwischen Ausgrenzung und Förderprojekten" (vgl. Spies/Tredop 2006), stehen dabei stellvertretend für viele andere in der Tradition hoher Praxisrelevanz ohne grundlagentheoretische Rückbindung (vgl. Schröer 2006).

Mit dem von Otto und Rauschenbach (2004) herausgegebenen Band „Die andere Seite der Bildung" scheint sich die Soziale Arbeit wieder auf Bildung als eigene Kernkategorie zu besinnen. Bildung wird hierbei reflexivitätstheoretisch rückgebunden, aber ähnlich wie in der Erwachsenenbildung kompetenztheoretisch erweitert. Die Frage, unter welchen Bedingungen Jugendliche zur Selbsttätigkeit befähigt werden, gewinnt mit der Kompetenzorientierung als Bildungsbezug eine neue – stärker am Subjekt orientierte – Dimension der möglichen Hilfe. Beispiele für Studien, die sich stärker an den Lern- und Bildungswegen der Adressaten/-innen Sozialer Arbeit orientieren, sind z.B. die Veröffentlichung von Bitzan/Thiersch 2006, Müller/ Schmidt/Schulz 2005 und Reinders 2007. Interessant ist, dass Bildung dabei nur unzureichend allein über Biographieforschung zu rekonstruieren gelingt. Offensichtlich bedarf die Analyse der Bildungsbedeutung von umgebenden Umwelten, Lebenswelten und Milieus anderer qualitativer Verfahren. Die Frage von Bildung als Prozess der (Ver-)Gemeinschaftung wird damit angesprochen.

2. Bildung und Gemeinschaft

Während die eher subjektorientierte Bildungsforschung systematisch davon ausgeht, dass Bildung subjekttheoretisch zu verstehen und entsprechend empirisch zu erforschen ist, gibt es eine andere Gruppe von Arbeiten, die sich dadurch auszeichnet, dass sie Bildung und Vergemeinschaftung in einen offensichtlicheren Zusammenhang stellt, so dass sich das einzelne Subjekt nicht so stark im Zentrum ihrer Forschungen findet.

2.1 Bildungsforschung und Milieuanalyse

Für Ralf Bohnsack, der derzeit in Berlin den einzigen Lehrstuhl für qualitative Bildungsforschung in Deutschland innehat, sind Gemeinschaften und Gesellungsformen die zentrale Basis für Bildungsprozesse. Er erforscht Bildung in den Bereichen der Adoleszenzentwicklung, der Jugendmilieus, der Geschlechter- und Generationenverhältnisse (Bohnsack 1989), von Devianz sowie Ausgrenzungs- und Konflikterfahrungen Jugendlicher sowie Bildung in Organisationskulturen. Seine dabei präferierte Erhebungsmethode, die in den letzten Jahren starke Verbreitung gefunden hat, ist die Gruppendiskussion. Seine Auswertungsstrategie steht in der Tradition der dokumentarischen Methode. Ziel ist es, über die Milieuanalyse die kollektiven Orientierungen von Akteuren zu erheben, welche als milieu- und kulturspezifisches Orientierungswissen innerhalb und außerhalb von Institutionen die Handlungspraxis von Menschen konstituieren. Bildung wird in diesem Kontext verstanden als Ergebnis und Ziel bei Prozessen der Herstellung von Sozialität.

Beispielhaft für die vielen anderen aus dem Bereich qualitativer Bildungsforschung über Milieuanalysen (vgl. z.B. Geimer/Lepa/Ehrenspeck 2008; Schäffer 2005) soll hier die Studie über jugendliche Migranten der zweiten Generation (Bohnsack/Nohl 2001) vorgestellt werden. Anhand von Gruppendiskussionsanalysen zeigen Bohnsack und Nohl auf, dass junge türkische Männer in Deutschland Identität über die Herstellung von Sozialität in unterschiedlichen nicht zu vereinbarenden Sphären ausbilden. Zum Beispiel werden Verhaltensweisen – wie das Rauchen –, die die Ehre des türkischen Vaters verletzen, in der Sphäre der familialen Umgebung nicht nur vermieden, sondern verleugnet, während sie in der Sphäre der Peers ganz selbstverständlich identitätsintegriert sind. Die jungen Türken sehen in ihrem Verhalten keinen Widerspruch, sondern einen flexiblen Umgang mit unterschiedlichen Milieuanforderungen, der eher routiniert denn reflektiert je nach Anforderung umgesetzt werden kann. Bildung als Selbst-Weltreferenz beruht demnach ebenso stark auf der Herstellung von Zugehörigkeit zu einer oder mehreren Gemeinschaften wie auf biographischen Prozessen der Sinn- und Zusammenhangsbildung. Die Integration widersprüchlicher Identitätsgehalte ist durch einen sozialitätsbasierten Bildungsbezug eher möglich. So liefert die Rekonstruktion (adoleszenztypischer) Suchprozesse nach milieu-, generations- und geschlechtsspezifischer Selbstverortung Hinweise auf subjektive Bildungsprozesse „jenseits des wörtlichen oder referenziellen Sinngehalts, aber auch jenseits der kommunikativen Absichten der Beteiligten" (Bohnsack 2004, S. 378).

2.2 Bildungsforschung und Diskursanalyse

Die Erforschung von Bildungsprozessen im sozialen Gruppenzusammenhang, in kulturellen Kontexten oder auch in gesellschaftlichen Räumen erfordert auch methodisch andere Zugänge. Ein Beispiel für ein Datenerhebungs- und -auswertungsverfahren haben wir eben mit der dokumentarischen Methode, wie Ralf Bohnsack sie vertritt, erwähnt. Ganz anders gelagert sind Verfahren der *Diskursanalyse*, die in der Bildungsforschung lange Jahre in der Tradition von Michel Foucault betrieben wurde. Ein Beispiel aus der letzten Zeit stellt die Arbeit von Jenny Lüders (2007) dar, in der sie zunächst eine Revision des Bildungsbegriffs in Rekurs auf Michel Foucault entwickelt und dann im zweiten Teil eine qualitativ-empirische Untersuchung von Weblogs durchführt. Sie rekonstruiert dabei, wie sich in einem Weblog die Selbst- und Weltverhältnisse konfigurieren, genauer: welche Konfigurationen der Selbst- und Weltverhältnisse als Praktiken des Selbst sich im Kommunikationsfluss eines Weblogs nachzeichnen lassen. Die Arbeit zeigt dabei einen deutlichen Trend, der sich bereits in den letzten Jahren abzuzeichnen beginnt: Die klassische Bildungsforschung bezieht sich immer mehr auf die Gegenstandsbereiche des Internet, also auf die neuen virtuellen Räume, die neuen Vergemeinschaftungsformen. Dabei werden klassische Verfahren der Datenauswertung adaptiert: die Konversationsanalyse wird als Chatanalyse weiter entwickelt (Beisswenger 2007); die Diskursanalyse wird zur Foren- und Webloganalyse, allgemein zur Analyse multimedialer Artikulationen (Küllertz 2007) weiter entwickelt; traditionelle ethnographische Verfahren werden zu Onlineethnographien (Marotzki 2003) angepasst etc.

Dabei haben sich auch Kombinationen als sinnvoll herausgestellt: Kai-Uwe Hugger (2008) untersucht die Frage, wie es jungen Migranten der zweiten und dritten Einwanderergeneration in Deutschland gelingt, sich Online-Communities zu Nutze zu machen, um dort soziale Anerkennung zu finden und sich ihrer national-ethnisch-kulturellen Zugehörigkeit zu vergewissern. Im Kern rekonstruiert er im empirischen Teil seiner Arbeit exemplarisch drei Online-Communities (Vaybee.de, Aleviler.de sowie Bizimalem.de) auf der methodischen Basis der Online-Ethnographie. Im zweiten Teil seiner empirischen Untersuchung hat Hugger eine face-to-face-Befragung von 20 jungen Türken der zweiten Migrantengeneration in Deutschland mit Hilfe von narrativen Interviews durchgeführt. Durch diese Methoden- und Datentriangulation kann er zeigen, dass Online-Communities für die jungen Migranten natio-ethno-kulturelle Hybrid-Umgebungen darstellen, die sie unterschiedlich für ihre Identitätskonstruktion und -aufrechterhaltung nutzen.

2.3 Bildungsforschung und Ethnographie

Allen bisher vorgestellten Ansätzen ist gemeinsam, dass sie Bildungsprozesse über sprachliche Artikulationen der Menschen zu rekonstruieren versuchen: Interviews, autobiographische Materialien, Gruppendiskussionen, Forenbeiträge, Postings in Weblogs. Erst langsam bildet sich das Bewusstsein dafür aus, dass visuelle und audio-visuelle Artikulationen in gleicher Weise analyserelevant sind (Marotzki 2008; Küllertz 2007). Über eine sehr lange Tradition verfügt dagegen eine Form der Datenerhebung, die bewusst nicht sprachliche Artikulationen in das Zentrum stellt, sondern die über (teilnehmende) Beobachtung Material generiert, das dann als ethnographische Protokolle die Basis für verschiedene Auswertungsstrategien bietet. Auf diese Weise können auch Daten zu Bildungsprozessen in informellen und formellen Bildungssettings oder in konkreten Lehr-Lern-Arrangements erhoben und analysiert werden. Hierzu zählen einerseits die Forschungen um Georg Breidenstein, der Schule als Ort informeller Bildungspotentiale in der Interaktion der SchülerInnen untersucht (Kelle/Breidenstein 1996; Breidenstein 2004). In der Jugendarbeitsforschung sind es vor allem die Arbeiten von Peter Cloos und Stefan Köngeter, die mit ethnographischen Mitteln neue Perspektiven in der Jugendarbeitsforschung erschließen (vgl. Cloos/Köngeter/Müller/Thole 2007; Cloos/Thole 2006; Heinzel/Thole/ Cloos/Köngeter 2008). Grundlagentheoretisch rückgebettete Konkretisierungen des Bildungsverständnisses stehen in dieser Forschungsperspektive noch aus. Bislang gibt es Einzelfallvignetten zu Bildungsaspekten, beispielsweise diskutieren Krüger u.a. auf der Basis ethnographischer Studien, wie Peerbeziehungen Bildungsbiographien beeinflussen und damit Bildungspotentiale oder -hemmnisse darstellen (vgl. Krüger/Köhler/Zschach/ Pfaff 2008). Weiter gibt es Genderforschung z.B. zu der Frage wie Geschlechtsrollen innerhalb der SchülerInneninteraktion hergestellt werden. Insgesamt werden bei diesen ethnographischen Studien Bildungsprozesse als Teil von Selbst- und Weltbildreflexionen im Kontext von Sozialitätsherstellung sichtbar – aber oft nicht explizit diskutiert.

3. Fazit

Qualitative Bildungsforschung bezeichnet ein Forschungsfeld, das sich durch eine große Heterogenität auszeichnet. Zunächst einmal ist zu konstatieren, dass sich Forschungsdesigns, die sich dem Qualitativen Paradigma der Sozialforschung verpflichtet fühlen, in fast allen erziehungswissenschaftlichen Teildisziplinen finden. Methodologisch stehen rein rekonstruktive Ansätze, also solche, die beispielsweise auf der Basis von Interviews, autobiographischen Materialien und Gruppendiskussionen in diachroner Perspektive soziale Wirklichkeit rekonstruieren, neben Ansätzen, die beispielsweise auf der Basis von Protokollen teilnehmender Beobachtung oder Chatbeiträgen in synchroner Perspektive soziale Wirklichkeit explorieren. Diese Rekonstruktionen und Explorationen ermöglichen hinsichtlich des Erkenntnisinteresses, mehr über die Beschaffenheit, die Struktur und das Bedingungsgefüge konkreter Bildungsprozesse zu erfahren. Dabei greift qualitative Bildungsforschung in den Bereichen der Datenerhebung wie auch der Datenauswertung auf ein breites Spektrum an Methoden zurück, die in den letzten Jahrzehnten sich zu validen Forschungsinstrumentarien entwickelt haben. Die Dynamik und Kreativität dieses Forschungsfeldes ist auch daran abzulesen, dass es sich zunehmend der Frage der medialen Verfasstheit von Bildungsprozessen durch die klassischen Medien, aber vor allem auch durch die neuen Informationstechnologien zuwendet. Die zentrale erziehungswissenschaftliche und pädagogische Aufgabe, Lern- und Bildungsprozesse zu gestalten, setzt ein bestimmtes Maß an Wissen über konkrete Bildungsprozesse voraus. Qualitative Bildungsforschung stellt dieses konkrete Wissen zur Verfügung. Es vermeidet bestimmte Engführungen, die der klassischen Lehr-Lernforschung anhaften – z.B. die Fokussierung auf Leistungsmessung –, indem sie Lernprozesse als Teil von Bildungsprozessen zu thematisieren vermag. Schließlich stellt sie sich den zentralen gesellschaftlichen Herausforderungen der Moderne, indem sie die häufig prekäre Konstitution von Subjektivität und von Gemeinschaft zum Thema macht.

Literatur

Alheit, Peter 1995: ‚Biographizität' als Lernpotential: Konzeptionelle Überlegungen zum biographischen Ansatz in der Erwachsenenbildung. In: Krüger, Heinz-Hermann/Winfried Marotzki (Hg.): Erziehungswissenschaftliche Biographieforschung. Opladen. S. 276-307.

Alheit, Peter/Bettina Dausien 1999: Biographieforschung in der Erwachsenenbildung. In Krüger, Heinz-Hermann/Winfried Marotzki (Hg.): Handbuch Erziehungswissenschaftliche Biographieforschung. Opladen. S. 431-458.

Baacke, Dieter/Theodor Schulze (Hg.) 1979: Aus Geschichten lernen. München.

Bartmann, Sylke 2006: Flüchten oder Bleiben? Rekonstruktion biographischer Verläufe und Ressourcen von Emigranten im Nationalsozialismus. Wiesbaden.

Beck, Ulrich 1986: Risikogesellschaft. Frankfurt/M.

Beisswenger, Michael 2007: Sprachhandlungskoordination in der Chat Kommunikation. Berlin.
Bitzan, Maria/Eberhard Bolay/Hans Thiersch 2006: Die Stimme der Adressaten. Empirische Forschung über Erfahrungen von Mädchen und Jungen mit der Jugendhilfe. Weinheim.
Bohnsack, Ralf 1989: Generation, Milieu, Geschlecht. Ergebnisse aus Gruppendiskussionen mit Jugendlichen. Opladen.
Bohnsack, Ralf 1993: Rekonstruktive Sozialforschung. Einführung in Methodologie und Praxis qualitativer Forschung. Opladen.
Bohnsack, Ralf 2004: Gruppendiskussion. In: Flick, Uwe/Ernst von Kardorff/Ines Steinke (Hg.): Qualitative Forschung. Ein Handbuch. Reinbek. S. 369-384.
Bohnsack, Ralf 2008: Rekonstruktive Sozialforschung – Einführung in qualitative Methoden. Opladen.
Bohnsack, Ralf/Winfried Marotzki (Hg.) 1998: Biographieforschung und Kulturanalyse. Opladen.
Bohnsack, Ralf/Arnd-Michael Nohl 2001: Ethnisierung und Differenzerfahrung. Fremdheit als alltägliches und als methodologisches Problem. In: ZBBS Zeitschrift für qualitative Bildungs-, Beratungs- und Sozialforschung. Heft 1. S. 15-36.
Breidenstein, Georg 2004: KlassenRäume – eine Analyse räumlicher Bedingungen und Effekte des Schülerhandelns In: Zeitschrift für qualitative Bildungs-, Beratungs- und Sozialforschung. 5 (2004) 1. S. 87-107.
Bühler, Charlotte (Hg.) 1932: Jugendtagebuch und Lebenslauf. Jena.
Bühler, Charlotte 1934: Drei Generationen im Jugendtagebuch. Jena.
Cloer, Ernst/Dorle Klika/Michael Seyfarth-Stubenrauch 1991: Versuch zu einer pädagogisch-biographisch-historischen Sozialisations- und Bildungsforschung, Kindsein in Arbeiter- und Bürgerfamilien des Wilhelminischen Reiches. In: Berg, Christa (Hg.): Kinderwelten. Frankfurt/M. S. 68-103.
Cloos, Peter/Stefan Köngeter/Burkhard Müller/Werner Thole 2007: Die Pädagogik der Kinder- und Jugendarbeit. Wiesbaden.
Cloos, Peter/Werner Thole (Hg.) 2006: Ethnographische Zugänge: Professions- und adressatInnenbezogene Forschung im Kontext von Pädagogik. Wiesbaden.
Dausien, Bettina 1996: Sozialisation – Geschlecht – Biographie. Theoretische Diskurse und Forschungsperspektiven. Wiesbaden.
Dilthey, Wilhelm 1910: Der Aufbau der geschichtlichen Welt in den Geisteswissenschaften. In: Dilthey, Wilhelm 1961: Gesammelte Schriften. Bd. 7. Stuttgart/Göttingen. S. 79-291.
Ecarius, Jutta 1996: Biographie, Lernen und Gesellschaft. Erziehungswissenschaftliche Überlegungen zu biographischem Lernen. In: Krüger, Heinz-Hermann/ Winfried Marotzki (Hg.): Erziehungswissenschaftliche Biographieforschung. Opladen. S. 129-151.
Ecarius, Jutta 1999: Biographieforschung und Lernen. In: Krüger, Heinz-Hermann/ Winfried Marotzki (Hg.): Handbuch erziehungswissenschaftliche Biographieforschung. Opladen. S. 89-105.
Egger, Roland 1995: Biographie und Bildungsrelevanz. Eine empirische Studie über Prozeßstrukturen moderner Bildungsbiographien. Wien/München.
Fabel, Melanie/Sandra Tiefel 2003: Biographie als Schlüsselkategorie qualitativer Professionsforschung. Ein Vergleich empirischer Studien über professionelles Handeln in etablierten und neuen Berufsgruppen. – Einleitung. In: Fabel, Melanie/Sandra Tiefel (Hg.): Biographische Risiken und neue professionelle Heraus-

forderungen. Studien zur Qualitativen Bildungs-, Beratungs- und Sozialforschung. Eine Buchreihe der ZBBS. Bd 1. Opladen.

Fabel-Lamla, Melanie 2004: Professionalisierungspfade ostdeutscher Lehrer. Wiesbaden.

Fabel-Lamla, Melanie 2006: Biographische Professionsforschung im Kontext der Schule. In Cloos, Peter/Werner Thole (Hg.) 2006: Ethnographische Zugänge: Professions- und adressatInnenbezogene Forschung im Kontext von Pädagogik. Wiesbaden. S. 50-63.

Faulstich, Peter/Christine Zeuner 2005: Entwicklung, Situation und Perspektiven ‚subjektorientierter Erwachsenenbildungsforschung'. In: Zeitschrift für qualitative Bildungs-, Beratungs- und Sozialforschung. (2005) 1. S. 129-144.

Faulstich-Wieland, Hannelore/Martina Weber/Katharina Willems/Jürgen Budde 2004: Doing Gender im heutigen Schulalltag: empirische Studien zur sozialen Konstruktion von Geschlecht in schulischen Interaktionen. Weinheim und München.

Felden, Heide von 1999: Bildungsforschung als historisch-hermeneutische Forschung und als empirisch-qualitative Forschung. Zusammenhänge und Unterschiede. In: Scholz, Wolf-Dieter (Hg.): Bildung und Gesellschaft im Wandel: Bilanz und Perspektiven der Erziehungswissenschaft. Friedrich W. Busch und Jost von Maydell zum 60. Geburtstag. Oldenburg. S. 171-190.

Felden, Heide von 2003: Bildung und Geschlecht zwischen Moderne und Postmoderne. Zur Verknüpfung von Bildungs-, Biographie- und Genderforschung. Opladen.

Felden, Heide von (Hg.) 2008 a: Perspektiven erziehungswissenschaftlicher Biographieforschung. Wiesbaden.

Felden, Heide von 2008 b: Lernen und Biographie. In: Felden, Heide von (Hg.): Aktuelle Perspektiven der Biographieforschung. Wiesbaden. S. 109-128.

Friebel, Harry (Hg.) 1985: Berufliche Qualifikation und Persönlichkeitsentwicklung. Opladen.

Friebel, Harry (Hg.) 1990: Berufsstart und Familiengründung – Ende der Jugend? Opladen.

Fuchs-Heinritz, Werner 1993: Methoden und Ergebnisse der qualitativ orientierten Jugendforschung. In: Krüger, Heinz-Hermann (Hg.) 1993: Handbuch der Jugendforschung. Opladen. S. 249-275.

Fuchs-Heinritz, Werner/Heinz-Hermann Krüger 1991: Feste Fahrpläne durch die Jugendphase? Jugendbiographien heute. Opladen.

Garz, Detlef/Ursula Blömer 2002: Qualitative Bildungsforschung. In: Tippelt, Rudolph (Hg.): Handbuch Bildungsforschung. Opladen. S. 441-457.

Geimer, Alexander/Steffen Lepa/Yvonne Ehrenspeck 2008: Zur Bedeutung von Bildungsgang, Bildungshintergrund und Geschlecht für die Beschäftigung mit berufsbiografisch relevanten Entwicklungsaufgaben bei 16-18jährigen Berliner SchülerInnen. In: Diskurs Kindheits- und Jugendforschung. 3 / 2008. S. 301-319.

Gessler, Luzius 1988: Bildungserfolg im Spiegel von Bildungsbiographien. Frankfurt/M.

Große, Stefanie 2008: Lebensbrüche als Chance? Lern- und Bildungsprozesse im Umgang mit kritischen Lebensereignissen – eine biographieanalytische Studie. Münster.

Hamburger, Franz 2000: Sozialpädagogische Bildungsforschung. In: Kraimer, Klaus (Hg.): Die Fallrekonstruktion. Sinnverstehen in der sozialwissenschaftlichen Forschung. Frankfurt/M. S. 55-68.

Hamburger, Franz/Tarek Badawia/Merle Hummrich (Hg.) 2005: Migration und Bildung. Über das Verhältnis von Anerkennung und Zumutung in der Einwanderungsgesellschaft. Wiesbaden.

Harring, Marius/Carsten Rohlfs/Christian Palentien (Hg.) 2007: Perspektiven der Bildung: Kinder und Jugendliche in formellen, nicht-formellen und informellen Bildungsprozessen. Wiesbaden.

Harney, Klaus/Jochen Kade 1990: Von der konventionellen Berufsbiographie zur Weiterbildung als biographischem Programm – Generationslage und Betriebserfahrung am Beispiel von Industriemeistern. In: Krüger, Heinz-Hermann (Hg.): Abschied von der Aufklärung? Perspektiven der Erziehungswissenschaft. Opladen. S. 211-223.

Heinzel, Friederike/Werner Thole/Peter Cloos/Stefan Köngeter (Hg.) 2008: „Auf unsicherem Terrain": Ethnographische Forschung im Kontext des Bildungs- und Sozialwesens. Wiesbaden.

Heitmeyer, Wilhelm/Thomas Olk (Hg.) 1990: Individualisierung von Jugend. Weinheim und München.

Helsper, Werner 2002: Lehrerprofessionalität als antinomische Handlungsstruktur. In: Kraul, Margret/Winfried Marotzki/Cornelia Schweppe (Hg.): Biographie und Profession. Bad Heilbrunn. S. 64-102.

Helsper, Werner/Mechthild Bertram 1999: Biographieforschung und SchülerInnenforschung. In: Krüger, Heinz-Hermann/Winfried Marotzki (Hg.) 2006: Handbuch erziehungswissenschaftliche Biographieforschung. Wiesbaden. S. 273-295.

Hirsch, Gertrude 1990: Biographie und Identität des Lehrers. Weinheim und München.

Hugger, Kai-Uwe 2008: Junge Migranten online: Suche nach sozialer Anerkennung und Vergewisserung von Zugehörigkeit. Wiesbaden.

Hummrich, Merle/Rolf-Torsten Kramer/Susann Busse/Werner Helsper (Hg.) 2007: Pädagogische Professionalität in Organisationen: Neue Verhältnisbestimmungen am Beispiel der Schule. Wiesbaden.

Kade, Jochen 1989: Kursleiter und die Bildung Erwachsener. Fallstudien zur biographischen Bedeutung der Erwachsenenbildung. Bad Heilbrunn.

Kade, Jochen/Dieter Nittel 1997: Biographieforschung – Mittel zur Erschließung Bildungswelten Erwachsener. In: Friebertshäuser, Barbara/Annedore Prengel (Hg.): Handbuch Qualitative Forschungsmethoden in der Erziehungswissenschaft. Weinheim und München.

Kade, Jochen/Wolfgang Seitter 1996: Lebenslanges Lernen. Mögliche Bildungswelten. Opladen.

Kade, Jochen/Wolfgang Seitter 2003: Von der Wissensvermittlung zur pädagogischen Kommunikation. In: Zeitschrift für Erziehungswissenschaft 6. H. 4. S. 607-617.

Kelle, Helga/Georg Breidenstein 1996: Kinder als Akteure: Ethnographische Ansätze in der Kindheitsforschung. In: Zeitschrift für Sozialisationsforschung und Erziehungssoziologie (ZSE). 16. Jahrgang. Heft 1/1996. S. 47-67.

Kilb, Barbara 2006: Bildungsprozesse durch kritische Lebensereignisse und Krankheitserfahrungen. Mainz.

Kokemohr, Rainer/Winfried Marotzki (Hg.) 1989: Biographien in komplexen Institutionen. Studentenbiographien I. Frankfurt/M./Bern/New York.

Kokemohr, Rainer/Winfried Marotzki (Hg.) 1990: Biographien in komplexen Institutionen. Studentenbiographien II. Frankfurt/M./Bern/New York.

Koller, Hans-Christoph 1990: „Ein Wahnsinnsgebäude, wo alles ineinander fasst!" Über metaphorische und metonymische Tendenzen im narrativen Interview. In: Kokemohr, Rainer/Winfried Marotzki (Hg.) 1990: Biographien in komplexen Institutionen. Studentenbiographien II. Frankfurt/M./Bern/New York. S. 177-196.

Koller, Hans-Christoph 1994: „Ich war nicht dabei". Zur rhetorischen Struktur einer autobiographischen Lern- und Bildungsgeschichte. In: Koller, Hans-Christoph/ Rainer Kokemohr (Hg.): Lebensgeschichte als Text. Weinheim. S. 90-108.

Koller, Hans-Christoph 1999: Bildung im Widerstreit. Zur Struktur biographischer Bildungsprozesse in der (Post-)Moderne. München.

Kramer, Rolf-Torsten (2002): Schulkultur und Schülerbiographien. Rekonstruktionen zur Schulkultur II.

Kraul, Margret/Winfried Marotzki/Cornelia Schweppe (Hg.) 2002: Biographie und Profession. Bad Heilbrunn.

Krüger, Heinz-Hermann 1993: Theoretische und methodische Grundlagen der historischen Jugendforschung. In: Krüger, Heinz-Hermann (Hg.): Handbuch der Jugendforschung. Opladen. S. 279-304.

Krüger, Heinz-Hermann 1997: Erziehungswissenschaftliche Biographieforschung. In: Friebertshäuser, Barbara/Annedore Prengel (Hg.): Handbuch qualitative Forschungsmethoden der Erziehungswissenschaft. Weinheim. S. 43-55.

Krüger, Heinz-Hermann 2000: Stichwort: Qualitative Forschung in der Erziehungswissenschaft. In: Zeitschrift für Erziehungswissenschaft 3. H. 3. S. 323-342.

Krüger, Heinz-Hermann/Sina-Mareen Köhler/Maren Zschach/Nicolle Pfaff 2008: Kinder und ihre Peers. Freundschaftsbeziehungen und schulische Bildungsbiographien. Opladen.

Krüger, Heinz-Hermann/Winfried Marotzki (Hg.) 2006: Handbuch erziehungswissenschaftliche Biographieforschung. Wiesbaden.

Küllertz, Daniela 2007: Überlegungen zu einer bildungstheoretisch inspirierten Diskursanalyse multimedialer Artikulation. In: bildungsforschung. Jahrgang 4. Ausgabe 2.
URL: http://www.bildungsforschung.org/Archiv/2007-02/diskursanalyse

Kunze, Katharina/Bernhard Stelmaszyk 2004: Biographien und Berufskarrieren von Lehrerinnen und Lehrern. In: Helsper, Werner/Jeanette Böhme (Hg.): Handbuch der Schulforschung. Wiesbaden. S. 795-812.

Lindner, Bernd 1991: Biographische Forschung in Ostdeutschland. In: BIOS. Zeitschrift für Biographieforschung und Oral History 4. S. 247-259.

Lüders, Jenny 2007: Ambivalente Selbstpraktiken. Eine Foucault'sche Perspektive auf Bildungsprozesse in Weblogs. Bielefeld.

Mannheim, Karl 1980: Strukturen des Denkens. Hrsg. von Kettler, David/Volker Meja/Nico Stehr. Frankfurt/M.

Marotzki, Winfried 1990a: Reflexivität und Selbstorganisation in universitären Lernprozessen. Eine bildungstheoretische Mikrologie. In: Kokemohr, Rainer/ Winfried Marotzki (Hg.) 1990: Biographien in komplexen Institutionen. Studentenbiographien II. Frankfurt/M./Bern/New York.

Marotzki, Winfried 1990b: Entwurf einer strukturalen Bildungstheorie. Weinheim.

Marotzki, Winfried 2003: Online-Ethnographie – Wege und Ergebnisse zur Forschung im Kulturraum Internet. In: Bachmeier, Ben/Peter Diepold/Claudia de Witt (Hg.): Jahrbuch Medienpädagogik 3. Opladen. S. 149-166.

Marotzki, Winfried 2006: Bildungstheorie und Allgemeine Biographieforschung. In: Krüger, Heinz-Hermann/Winfried Marotzki (Hg.): Handbuch erziehungswissenschaftliche Biographieforschung. Wiesbaden. S. 59-70.
Marotzki, Winfried 2008: Multimediale Kommunikationsarchitekturen. Herausforderungen und Weiterentwicklungen der Forschungen im Kulturraum Internet. MedienPädagogik 11.4.2008. URL: http://www.medienpaed.com/14/marotzki0804.pdf
Müller, Burkhard/Susanne Schmidt/Marc Schulz 2006: Wahrnehmen können. Jugendarbeit und informelle Bildung. Freiburg.
Nittel, Dieter 1992: Gymnasiale Schullaufbahn und Identitätsentwicklung. Weinheim.
Nittel, Dieter 2000: Von der Mission zur Profession? Stand und Perspektiven der Verberuflichung in der Erwachsenenbildung. Bielefeld.
Nittel, Dieter 2006: Das Erwachsenenleben aus der Sicht der Biographieforschung. In: Krüger, Heinz-Hermann/Winfried Marotzki (Hg.): Handbuch erziehungswissenschaftliche Biographieforschung. Wiesbaden. S. 317-340.
Nohl, Arnd-Michael 2006a: Bildung und Spontaneität. Phasen biographischer Wandlungsprozesse in drei Lebensaltern – Empirische Rekonstruktionen und pragmatistische Reflexionen. Leverkusen.
Nohl, Arnd-Michael 2006b: Qualitative Bildungsforschung als theoretisches und empirisches Projekt. Anlage und Ergebnisse einer Untersuchung zu spontanen Bildungsprozessen. In: Pongratz, Ludwig A. (Hg.): Bildungsphilosophie und Bildungsforschung. Bielefeld. S. 156-179.
Otto, Hans-Uwe/Thomas Rauschenbach (Hg.) 2004: Die andere Seite der Bildung. Zum Verhältnis von formellen und informellen Bildungsprozessen. Wiesbaden.
Reh, Sabine 2003: Berufsbiographische Texte ostdeutscher Lehrer und Lehrerinnen als „Bekenntnisse". Interpretationen und methodologische Überlegungen zur erziehungswissenschaftlichen Biographieforschung. Bad Heilbrunn.
Reinders, Heinz 2007: Biographische Orientierungen, Handlungen und Handlungskonflikte im Jugendalter. In: Diskurs Kindheits- und Jugendforschung. 2 (2007) 4. S. 469-484.
Schäffer, Burkhard 2005: Generationsspezifische Medienpraxiskulturen. Zu einer Typologie des habituellen Handelns mit neuen Medientechnologien in unterschiedlichen Altersgruppen. In: de Witt, Claudia (Hg.): Jahrbuch Medienpädagogik. Band 5. Wiesbaden. S. 193-216.
Schefold, Werner 2002: Sozialpädagogische Forschung. Gegenwärtige Situation und Bedarf. In: Thole, Werner (Hg.): Grundriss der Sozialpädagogik. Opladen.
Scherr, Albert 2006: Bildung. In: Dollinger, Bernd/Jürgen Raithel (Hg.): Aktivierende Sozialpädagogik. Ein kritisches Glossar. Wiesbaden. S. 52-63.
Schlüter, Anne 1999: Bildungserfolge: eine Analyse der Wahrnehmungs- und Deutungsmuster und der Mechanismen für Mobilität in Bildungsbiographien. Opladen.
Schlüter, Anne 2002: Biographieforschung als Medium der Professionalisierung in der Erwachsenenbildung. In: Kraul, Margret/Winfried Marotzki/Cornelia Schweppe (Hg.): Biographie und Profession. Bad Heilbrunn. S. 287-303.
Schroer, Wolfgang 2006: Bildung und Lebensbewältigung. In: Lindner, Werner (Hg.): 1964-2004 – 40 Jahre Kinder- und Jugendarbeit in Deutschland. Aufbruch, Aufstieg und neue Ungewissheit. Wiesbaden. S. 193-205.
Schütze, Fritz 1981: Prozeßstrukturen des Lebenslaufs. In: Matthes, Joachim (Hg.): Biographie in handlungswissenschaftlicher Perspektive. Nürnberg. S. 67-156.

Schütze, Fritz 1983: Biographieforschung und narratives Interview. In: Neue Praxis. S. 283-293.
Schütze, Fritz 2000: Schwierigkeiten bei der Arbeit und Paradoxien des professionellen Handelns. In: Zeitschrift für qualitative Bildungs-, Beratungs- und Sozialforschung. H. 1. S. 49-96.
Schulze, Theodor 1991: Pädagogische Dimensionen der Biographieforschung. In: Hoerning, Erika u.a.: Biographieforschung und Erwachsenenbildung. Bad Heilbrunn. S. 135-181.
Schulze, Theodor 1993: Biographisch orientierte Pädagogik. In: Baacke, Dieter/ Theodor Schulze (Hg.): Aus Geschichten lernen. Weinheim und München. S. 13-40.
Schweppe, Cornelia 2000: Biographie und Alter(n) auf dem Land. Lebenssituation und Lebensentwürfe. Opladen.
Spies, Anke/Dietmar Tredop (Hg.): „Risikobiografien". Benachteiligte Jugendliche zwischen Ausgrenzung und Förderprojekten. Wiesbaden.
Stojanov, Krassimir 2006: Bildung und Anerkennung: Soziale Voraussetzungen von Selbst-Entwicklung und Welt-Erschließung. Wiesbaden.
Terhart, Ewald 1995: Lehrerbiographien. In: König, Eckard/Peter Zedler (Hg.): Bilanz qualitativer Forschung. Bd. 2. Weinheim. S. 225-264.
Thole, Werner/Ernst-Uwe Küster-Schapfl 1997: Sozialpädagogische Profis. Beruflicher Habitus, Wissen und Können von PädagogInnen in der außerschulischen Kinder- und Jugendarbeit. Opladen.
Tiefel, Sandra 2004: Reflexion als zentrale Kompetenz professionellen Beratungshandelns in der Moderne. Opladen.
Tillmann, Klaus-Jürgen 2005: Schulpädagogik und Bildungsforschung. Aktuelle Trends und langfristige Entwicklungen. In: Die Deutsche Schule. 97 (2005) 4. S. 408-420.
Tippelt, Rudolf 2006: Weiterbildungs- und Erwachsenenbildungsforschung als wichtiges Segment der Erziehungswissenschaft und Bildungsforschung. In: Merkens, Hans (Hg.): Erziehungswissenschaft und Bildungsforschung. Wiesbaden. S. 109-128.
Wensierski, Hans-Jürgen von 2006: Biographische Forschung in der Sozialpädagogik. In: Krüger, Heinz-Hermann/Winfried Marotzki (Hg.): Handbuch erziehungswissenschaftliche Biographieforschung. Wiesbaden. S. 459-482.

Heinz-Elmar Tenorth

Arbeit an der Theorie:
Kritik, Analyse, Konstruktion

Die alltägliche wissenschaftliche Praxis ist immer methodenorientiert und selbstverständlich immer, explizit oder implizit, theoriegeleitet. Insofern ist diese Praxis auch immer Arbeit an der jeweiligen Theorie, denn sie prüft ihr Erkenntnispotential, klärt ihre Leistungen und fragt, wie bewährt oder problematisch die Theorie ist. Die Frage, ob es daneben noch eine weitere Praxis gibt, an Theorien zu arbeiten, führt zu zumindest zwei Perspektiven: (1) In der Erziehungswissenschaft ist die Frage nach der Theorie von Bedeutung seit Herbart gefordert hat, dass die Erziehungswissenschaft ihre „einheimischen Begriffe" (Herbart 1806) mehr zu kultivieren habe, um ihren eigenen „Gesichtskreis" über Erziehung zu gewinnen. Von hier aus sind die erziehungsphilosophischen Debatten beflügelt worden, samt den Kontroversen über theoretische „Autonomie" und disziplinäre Eigenständigkeit. (2) Ein distanzierter Blick auf Theorie ist aber als „Metatheorie" auch in anderen Disziplinen üblich. Dabei handelt es sich immer um den reflexiven Umgang mit Theorie, wie man ihn z.B. in Kontroversen über die Paradigmata der Sozialwissenschaften finden kann. Erstaunlicherweise wird jenseits solcher Grundlagenkontroversen oder in der Frage nach dem Status der Pädagogik als Wissenschaft über die Methode dieser Arbeit an der Theorie wenig reflektiert. Das mag daran liegen, dass die Grundlagenkontroversen mit der Entscheidung über die eigene Position auch über die metatheoretische Reflexion entscheiden. Kommunikation über die Grenzen von Metatheorien hinaus ist deshalb auch selten, es dominiert Konfrontation. Man kann gelegentlich aber auch hören, dass in der Theoriearbeit größte Freiheit regiere und auch Stilformen erlaubt seien, die dem Essay entsprechen. In den hier folgenden Überlegungen gilt Arbeit an der Theorie allerdings als wissenschaftliche Praxis, als meist disziplinär gebundene, methodisch organisierte Kommunikation.

1. Ausgangslage, Thema und These

In den Standardlehrbüchern zum erziehungswissenschaftlichen Forschungsprozess wird mit Arbeiten der hier zu diskutierenden Art offenbar nicht gerechnet. Hier geht es meist gleich zur Sache, etwa der „Bildungsforschung", unterschieden nach Disziplinen oder Themen (wie bei Tippelt 2002), und selbst wenn es philosophisch wird, dann geht es um Handeln oder Bildung, nicht um Theorie. Immer wird die Frage nach den Theorien und Methoden themen- und problemorientiert diskutiert, und das ist ja auch durchaus verständlich, denn „Methoden" sind, wissenschafts- und erkenntnistheoretisch gesehen (Flach 1994), exakt die Instrumente, mit denen die Wirklichkeit in der Forschung konstituiert und untersucht wird. Selbst die „Logik der Forschung" (Popper 1971), widmet sich im Kern nur der Frage, wie man Wirklichkeit nachprüfbar erkennen kann, aber nicht erst der Selbstbeobachtung oder -rechtfertigung der eigenen Methode.

Gibt es deshalb auch keine Methode der Selbstbeobachtung von Wissenschaft? In der Tradition wird, schon bei Kant (KrV B 116), die Unterscheidung von *quaestio facti* und *quaestio iuris* angeboten. Auch für Kant ist dann unbestritten: Wissenschaft im modernen Verstande widmet sich primär der quaestio facti, dem also „was der Fall ist". Nur der Beobachter – z. B. der Erkenntnistheoretiker – orientiert sich an der quaestio iuris, d. h. an der Frage der Geltung des Wissens. In anderer Formulierung wird auch das Dual *intentione recta* vs. *intentione obliqua* gebraucht, womit der direkte Blick auf die Dinge von dem gebrochenen, reflexiven Blick auf die Methodik der Forschung unterschieden wird.

Arbeit an der Theorie, anders als der Alltag der empirischen Forschung in und mit der Theorie, gehört in die zweite Gruppe, und zwar heute in ganz unterschiedlicher Methodik, schon weil Kants eigener Vorschlag, der einer transzendentalphilosophischen Kritik, nicht mehr als einzige Lösung akzeptiert wird. Diese Arbeit nähert sich der Theorie mit reflexivem Blick, z. B. mit der Frage nach den leitenden Begriffen und ihrer Funktion in der Argumentation oder im Blick auf die Praxis der Forschung und ihre Folgen. Diese Perspektive ist möglich, weil „Theorie", d. h. das je konkrete System der Erkenntnis, so wie es vorliegt, meist disziplinär geordnet, z. B. als Erziehungswissenschaft, aber immer als ein System in einer spezifischen Umwelt vorliegt, d. h. als Struktur von Erkenntnis, mit einem geregelten Gebrauch von Argumenten, mit Beweiszwang, Transparenzgebot und der Erwartung der Prüfbarkeit von Thesen – und deshalb ist Theorie logisch und empirisch analysierbar.

Unbeschadet also aller Kontroversen über das, was Theorie ist, ob man sie wissenschaftslogisch (wie bei Stegmüller), historisch (wie bei Kuhn) oder pragmatisch (wie bei Elkana) auffasst, über Wissen oder Erkenntnis oder Praxis erläutert (Übersicht: König 1998), man kann jeweils ihre Gestalt identifizieren und auf ihre Leistungsfähigkeit hin prüfen, angefangen bei den Problemen, denen sie sich widmet, über die Begriffe und Hypothesen, Annahmen, Definitionen und Vereinbarungen, in denen sie ihr Problem behandelt, über die Techniken des Zugangs zur Wirklichkeit und die Praktiken der Repräsentation von Realität, an den Modalitäten der Konstitution und Analyse der Daten sowie an der Praxis der Beweisführung, bis zur institutionellen Ordnung, Nutzung und den Folgen von Wissenschaft, am Gesamt dessen also, was man als Theorie bezeichnen kann. Arbeit an der Theorie, so der Ausgangspunkt, untersucht dieses System der Erkenntnis. Als Forschung über Theorie arbeitet sie mit unterschiedlicher Methodik: als

Wissenschaftstheorie und philosophisch, aber auch als Wissenschaftsforschung und dann historisch, vergleichend oder sozialwissenschaftlich; es gibt nicht den Primat einer Methode.

Diese Ausgangsannahme wird im Folgenden erörtert: In der Antwort auf die Frage: Welche Arten theorieorientierter Arbeiten es gibt und, wie man sie systematisch unterscheiden kann? In der Deskription und Analyse der Arbeit in diesem Revier, auch unter der Frage, was hier „Forschung", also die Entdeckung des Neuen, bedeutet; und in Überlegungen, wie sich die Qualität solcher Arbeiten diskutieren lässt (→ Friebertshäuser/Richter/Boller).

2. Die Praxis theorieorientierter Forschung

Blickt man auf die Praxis, dann gibt es zumindest drei Begriffe, mit denen sich aktuell die Arbeit an den Theorien charakterisieren lässt. Diese Begriffe sind: *Kritik, Analyse* und *Konstruktion*. Sie führen, wenn auch nicht immer trennscharf, zu den hier diskutierten Arbeitsformen. Eine vierte Form rückt dabei in den Hintergrund, obwohl sie auch in der Erziehungswissenschaft viel praktiziert wird, und zwar die *Exegese*. Das ist ein Umgang mit Theorie, der ein für gültig gehaltenes Theorie-System oder eine Erziehungs- oder Sozialphilosophie immer neu auslegt, also iterierend Hegel, Schleiermacher oder Kant, Fichte oder Mead, Habermas oder Luhmann, Rousseau, Dewey oder Nohl, Natorp oder Petzelt (etc.) zum Thema macht. Solche *Exegese* zählt in der Erziehungswissenschaft zu den beliebten Formen der Arbeit an Theorien. Auch wenn sie beliebt ist, ihre Grenzen sind ebenfalls bekannt und sie machen diese Arbeit zu einer in ihren Ergebnissen erwartbaren Praxis, zumal dann, wenn nicht die Historizität des jeweiligen Systems selbst in Rechnung gestellt wird, wie das heute selbst für die „Klassiker der Pädagogik" gilt. Allein in der Auslegung großer Texte wird eher die Abschottung theoretischer Schulen als die produktive Theoriearbeit kultiviert.

2.1 Kritik

Auch deshalb ist „Kritik" die beliebtere Praxis im Umgang mit Theorien. Für Kritik gibt es bis heute zwar keinen festen Kanon an Methoden, aber doch unterscheidbare Praktiken. Gemeinsam ist ihnen der Anspruch der Unterscheidung in der Beobachtung der Theorie, aber auch in der Bewertung des Ertrags der theoretischen Praxis. Kritik problematisiert, auch in der Erziehungswissenschaft, dann nicht nur an Theorie, sondern häufig auch an Praxis (vgl. Benner u.a. 2003), was unbefragt Gewissheit und Geltung für sich beansprucht. Innerhalb der Kritik lassen sich, ohne Anspruch auf Vollständigkeit, zumindest die folgenden Formen unterscheiden:

(1) Eine erste und viel geübte Form der Kritik, auch in der Erziehungswissenschaft, ist *Kritik als positionelle Konfrontation*. Orientiert an der je eigenen Ordnung von Welt und Wissen der Pädagogik werden andere Muster der Ordnung nicht nur als different, sondern als defizitär wahr-

genommen. Im Blick auf die zahlreichen Theorien und Konzepte, Schulen und Richtungen, Hauptströmungen und metatheoretischen Positionen wird aus der Warte je einer Theorie die zur Diskussion stehende andere Erziehungswissenschaft zum Objekt der Kritik. Solche Kritik hatte v. a. seit den 1960ern Konjunktur, ihr Fundament wurde gelegentlich in der Ideologiezuschreibung gesucht und die Argumentform war relativ einfach. Festgestellt wurde, dass die Theoretiker x und y, sagen wir Spranger oder Flitner, in ihren Arbeiten nicht so gedacht haben wie die selbst bevorzugten Theoretiker z und k, sagen wir Habermas oder Gramsci; Kritik wurde aus der Beobachtung dieses Unterschieds, indem die Differenz als Defizit beurteilt wurde. Solche Kritikformen genießen heute wenig Kredit, auch weil seit den Kontroversen über die „Postmoderne" die großen „Erzählungen" (Lyotard 1979/1994) über die Ordnung der Ideenwelten, nicht nur „die Aufklärung", sondern auch die großen Theorien seit Marx ihre Geltung ebenso eingebüßt haben wie die Qualifizierung von Theorie als Ideologie. An die Stelle der Kritik tritt bestenfalls „Ironie" (Rorty 1989), also ein Bewusstsein der Tatsache, dass alle Theorie durch ihr „Vokabular" geprägt ist, für das sich nur noch „Kontingenz" behaupten lässt.

Weitergehende Ansprüche leben allenfalls in der *Phänomenologie* fort. Sie könnte man als *Kritik der Theoretizität der modernen, als cartesianisch bezeichneten Wissenschaft* insgesamt bezeichnen. Sie beansprucht zugleich, mit ihrer grundlegenden Operation, der epochè, d. h. der Ausklammerung der vorgängigen Theorie, „die Sachen selbst" zum Sprechen zu bringen und damit auch eine Prüfinstanz der Theorie anzubieten. In der Erziehungswissenschaft bemüht sich Klaus Prange in dieser Weise, Grundoperationen, wie das „Zeigen" aufzuweisen (2005), Käte Meyer-Drawe versucht das u. a. mit „Leiblichkeit" als unhintergehbarer Basis (1987). Von den Opponenten solcher Praxis wird eingewandt, dass der eigene methodische Status der phänomenologischen Operation selbst ungeklärt bleibt.

(2) Die zweite Form der *Kritik* von Theorien, die *begriffliche und wissenschaftslogische*, behauptet dagegen rein logisch argumentieren zu können, immanent, und damit den Fallstricken positioneller Kontroversen zu entgehen. In der Praxis geht es hier um die Prüfung der Konsistenz sowie der Klarheit und Distinktheit der Begriffe und der Implikationen der Theorie, eingeschlossen die Frage, ob sie überhaupt prüfbar formuliert ist. Beachtliche Beispiele für diese Arbeit finden sich in der Erziehungswissenschaft bei Wolfgang Brezinka. Er untersucht z. B. den Begriff der „Erziehungsbedürftigkeit" und zeigt kritisch, dass die Pädagogen nicht deutlich zwischen Lernzwang und -bedarf auf der einen Seite und der Abhängigkeit von und Angewiesenheit auf professionelle Erziehung und Erzieher auf der anderen Seite unterscheiden (Brezinka 1974). Brezinka belegt somit in der Explikation des Begriffsgebrauchs, dass Tatsachen der „Natur" mit solchen der „Kultur" konfundiert wer-

den, so dass die Pädagogik ihre Praxis legitimiert, aber nicht die Bedingungen der Entwicklung von Heranwachsenden begrifflich klar strukturiert. In dieser Art der Prüfung von Theorie zeichnet sich eine ertragreiche Form der Kritik ab. Neben begrifflicher Unklarheit und mangelnder Präzision, die dabei sichtbar werden, führt diese Kritik auch zu systematischer Aufklärung über das pädagogische Denken und seine nicht selten uneingestandenen Abhängigkeiten und Belastungen. Die Kritiker finden, wenn sie so skeptisch schauen wie Wolfgang Fischer (1989), Reste metaphysischer Annahmen oder, in der historischen Kontextualisierung, Reste der Theologie, wenn der Ursprung des Bildungsdenkens bei den Jansenisten des 18. Jahrhunderts aufgesucht wird, wie bei Fritz Osterwalder (1995), oder deutsche Sonderwege, wie in den vergleichenden Studien bei Jürgen Schriewer (1983).

(3) Eine dritte Form der Kritik stellt die *Prüfung der empirischen Geltung* von Theorien dar. Bevorzugt geschieht das natürlich in der empirischen Forschung selbst, diese Kritik kann aber auch reflexiv, bei Behauptungen über die Wirklichkeit, ansetzen und z. B. im Blick auf die theoretischen Prämissen mit Plausibilitätsannahmen oder – wie bei Rousseau – mit Gedankenexperimenten (vgl. Macho/Wunschel 2004) oder im Theorievergleich den Realitätsanspruch prüfen. Die Diskussion des Sozialisationsbegriffs ist dafür ein gutes Beispiel, auch dafür, dass man den Geltungsanspruch von Theorien gelegentlich schon mit Alltagswissen hinreichend problematisieren kann, wie beim soziologischen Konzept des „übersozialisierten Menschen" (Wrong 1961). Obwohl hier und da in der Soziologie vertreten und z. B. in bildungstheoretischer Argumentation zur Kennzeichnung moderner Gesellschaften bis heute tradiert, erweist sich das Konzept als wenig begründet. Schon das alltägliche Leben ist damit nicht erklärt, denn hier sind wir alle „produktive Realitätsverarbeiter", nicht hilflose Objekte (Hurrelmann 1983).

Im Ergebnis: Kritik in den vorgestellten Modi kann in der Diskussion von Theorien nicht nur hilfreich sein, sondern ist auch notwendig, um die Wahl von Theorien für die eigene Forschung und ihre Akzeptanz in der Erklärung der Welt zu begründen. Wie immer man diese Formen auch würdigt oder erweitert, im Umgang mit Theorie sind solche Formen der Kritik deutlich abzugrenzen von *Kulturkritik* (Bollenbeck 2007, Konersmann 2008). Hier werden nämlich nicht allein Theorien zum Thema, sondern Wirklichkeiten und ihre Prämissen und legitimierenden Ideen. Das ist zwar seit Rousseau in der Pädagogik sehr beliebt und wird nicht nur in Deutschland immer noch gepflegt (wie Popkewitz 2008 belegt), erzeugt aber neue Schwierigkeiten, schon angesichts der Wahrheitsimplikation gegenüber einer – gegebenen, vergangenen, zukünftigen, wieder zu restituierenden, aufzuhebenden – Praxis. Selbst die Freunde kritischer Kritik räumen das inzwischen ein (Masschelein 2003).

2.2 Analyse

Analyse, schon in manchen Kritikformen als Methode sichtbar, klammert die wertende Zuschreibung aus und beschränkt sich auf Wissenschaftslogik einerseits, auf die empirische Analyse der Wissenschaft andererseits.

(1) In der *wissenschaftslogischen Analyse* sind die vom logischen Empirismus bis weit ins 20. Jahrhundert erarbeiteten Praktiken im Umgang mit Theorie bis zur raffinierten Kunst ausgearbeitet worden. In der Erziehungswissenschaft haben v. a. Lutz-Michael Alisch und Lutz Rössner (1977) diese logische Analyse von Theoriestrukturen genutzt und im Aufweis der „Kernstruktur" und der „Anwendungen der Theorie" Erziehungswissenschaft als „technologische Disziplin" erläutert. Neben solchen Strukturanalysen finden sich auch schon Arbeiten über den *Gebrauch von Argumenten* in der Erziehungswissenschaft (→ Wigger). Harm Paschen (1997) hat vor diesem Hintergrund z. B. „Pädagogiken" als symbolische Strukturen der Konstruktion pädagogischer Praxen erforscht und gezeigt, dass pädagogisches Argumentieren vergleichbar der Rhetorik funktioniert, an gelingender Praxis orientiert, nicht an ihrer distanzierten Beobachtung.

(2) In der jüngeren Zeit ist, dem ‚practical turn' der Wissenschaftstheorie folgend, die empirische Analyse intensiver geworden, und zwar in der *Wissenschaftsforschung,* und hier sowohl *historisch* wie *sozialwissenschaftlich* und *statistisch*. Historisch und soziologisch kann man zeigen, dass sich auch Theorien, Argumentmuster oder Methoden in der Zeit und zwischen Kulturen und bei bestimmten Themen, Theoretikern oder Gruppen ausbilden und variieren. Solche Historizität und Gesellschaftlichkeit der Theorie ist in der Erziehungswissenschaft ebenfalls intensiv untersucht worden (vgl. die *Beiträge zur Theorie und Geschichte der Erziehungswissenschaft*). Diese Analysen führen zwar nicht zur Auflösung des Geltungsanspruchs, aber sie zeigen, dass Theorien und Methoden und selbst Gütekriterien wie das der „Objektivität" (Daston/Galison 2007) ihre eigene Zeitlichkeit und Kulturalität besitzen.
Neben der empirischen Wissenschaftsforschung gibt es v. a. in den Sozialwissenschaften auch die *Metaanalyse* von Theorie und Forschung. In der Psychologie intensiv genutzt, kann sie mit statistischen Methoden die Praxis der Forschung zum Thema machen, indem z. B. gefragt wird, mit welchen Hypothesen, Methoden, Stichproben, Prüfverfahren, Ergebnissen (etc.) ein bestimmtes Thema bisher untersucht wurde und wie sich die Erträge solcher Forschung statistisch vergleichend darstellen. Das ist hoch ambitionierte Forschung, mit manchmal enttäuschenden, aber aufschlussreichen Ergebnissen, wenn z. B. Franz Weinert (1989) – und nicht er allein – für die Lernforschung festhält, dass man trotz intensiver Studien nicht sagen kann, welche der vielen, von den empirischen Pädagogen und Psychologen empfohlenen Strategien der pädagogischen Arbeit besonders wirksam und zu empfehlen sind. Ob-

wohl nur am Erkenntnispotential interessiert, hat die Metaanalyse damit auch erhebliche praktische Bedeutung, warnt sie doch vor einer Überschätzung der Forschung selbst in ihren avancierten Gestalten.

(3) Vor solchen Befunden gewinnt die dritte Form im Umgang mit Theorie, die *Konstruktion* zusammen mit *Dekonstruktion* und *Rekonstruktion* an Bedeutung. *Rekonstruktion* bedeutet dabei in der Grundidee, dass eine Theorie oder ein Wissensbestand in ihrem ursprünglichen Gehalt, ihrer Entwicklung und ihrem theoretischem Anspruch für die aktuelle Diskussion wiederhergestellt werden, und zwar vor dem Hintergrund der einschlägigen Forschung. Jürgen Habermas hat insofern eine Rekonstruktion des historischen Materialismus versucht, für andere Theorieprogramme gibt es das ebenfalls; diese Arbeiten zeigen welcher Anspruch und welche Leistung sich Theorien zuschreiben lässt.

In der Erziehungswissenschaft, zumal in der geisteswissenschaftlichen Tradition, hatten solche Studien als „historisch-systematische" Arbeit eine eigene, breite Tradition. In den 1960er Jahren ist in einer Kontroverse zwischen Peter Martin Roeder und Wolfgang Klafki anlässlich von Klafkis Publikationen zur Theorie des Elementaren die Problematik dieser Methode so deutlich herausgearbeitet worden, dass sie kaum noch Kredit hatte (zur Diskussion Bellmann/Ehrenspeck 2006). Die Schwächen waren zu deutlich: die petitio principii, von der die Rekonstruktion, in der Regel uneingestanden, geleitet war, die selbst bestätigenden Effekte und die fehlende Kritik an der je eigenen Tradition oder der Missbrauch der Geschichte als „Steinbruch theoretischer Rechtfertigungen" (Mollenhauer 1968, S. 23). Aktuell wird das Label „historisch-systematisch" wieder belebt (Bellmann/Ehrenspeck 2006), und zwar als Analyse und Reflexion einer Darstellungsform der Historiographie, abgegrenzt von theoretisch interessierter „Problemgeschichte" und von der kontextualisierenden Ideengeschichte.

Der Begriff der *Dekonstruktion* wiederum entstammt der Literaturwissenschaft und bedeutet, systematisch, ein „Kalkül, das bei der Lektüre von Texten angewandt wird, um die Geltungsansprüche einer auf die Ermittlung von Sinn ausgerichteten Interpretation zu *unterlaufen*" und z.B. auch die dem Autor nicht verfügbaren rhetorischen Muster der Konstruktion aufzudecken (Wegmann 1997, S. 334, Herv. d. V.), also nicht – wie im hermeneutischen Umgang mit Texten – ihren intendierten Sinn zu zeigen. Dekonstruktion hat dann, disziplinär ausgeweitet, vor allem im postmodernen französischen Diskurs Karriere gemacht. In der konkreten methodischen Praxis nicht ganz transparent, nicht selten nahe bei alten Ambitionen der Ideologiekritik, erzeugt Dekonstruktion auch in der Pädagogik, z.B. im Kontext der Foucault-Rezeption (Ricken/Rieger-Ladich 2004), Produkte, die vorgeben, einen Text – auch eine Praxis, die dieser Text als Diskurs oder Dispositiv anscheinend repräsentiert – lesbar gemacht zu haben, seine Implikationen zu belegen und seine Schwächen zu demonstrieren. Die Nähe zur Kritik ist deutlich, aber auch die Schwächen der positionellen Kritik. *Konstruktion*, das führt schließlich zur letzten Frage. Man begnügt sich nicht mit dem, was man vorfindet und mit seiner Analyse und Kritik, sondern versucht sich selbst als Schöpfer einer Theorie.

2.3 Konstruktion – oder die Entdeckung des Neuen in der Arbeit an Theorien

Mit der Operation der Konstruktion wird zugleich die Frage aufgeworfen, ob es auch bei der Arbeit an Theorie die Entdeckung des Neuen gibt oder und nur Analyse und Kritik, die Klugheit im Nachhinein und die wenigen genialen Einfälle großer Denker. Wissenschaftshistoriker haben bei Robert K. Merton (1965/1980) gelernt, dass wir alle „auf den Schultern von Riesen" stehen, und von dort sieht selbst ein Zwerg weiter. Zwar muss er sich eingestehen, dass er im Wesentlichen nicht selbst denkt, sondern das System des Wissens in ihm und durch ihn, in einem mühsamen Prozess der Erkenntnis, deren Alltag nur selten von Revolutionen erschüttert wird. Wie – so kann man die Frage nach der Entdeckung des Neuen operationalisieren – kommt aber Wandel, Innovation, vielleicht sogar Fortschritt in die Theorie einer Disziplin wie der Erziehungswissenschaft, und zwar nicht allein durch empirische Forschung, sondern durch eigene Arbeit an der Theorie? Auch dafür lassen sich in der Erziehungswissenschaft Muster beobachten, und die sollen exemplarisch vorgestellt werden, auch so, dass man die Konsequenzen für die disziplinäre Identität des Faches erkennt.

(1) *Theorieimport und -rezeption*: Im Blick auf die Geschichte der Erziehungswissenschaft ist Import aus anderen Revieren offenbar die dominierende Form der Theorieinnovation. Das fängt nicht erst bei Habermas, Luhmann oder Foucault an, sondern ist älter: Rousseau und Kant werden rezipiert, Hegel natürlich, auch Schleiermacher oder Fichte, Dewey oder Piaget, meist sehr selektiv, vielleicht sogar „falsch", das sagen jedenfalls die Hüter der jeweiligen Theorien, also offenbar nach eigenen Selektionsregeln. Gleichwie, eine empfehlenswerte Methode der Innovation ist das nicht, es spricht nicht für den eigenständigen Status der Pädagogik, sondern eher für die Abhängigkeit von außen und zeigt modischen Wechsel der Theorien.

(2) *Import von Konstrukten*: Eine zweite Form des Theorieimports, begrenzt auf den Import von Konstrukten (Teil-Theorien, Hypothesen), ist aktuell anerkannter, weil er die Sozialwissenschaften nicht segmentiert und Erziehungswissenschaft als ihren Teil anerkennt. Aktuell ist z.B. die Pädagogische Psychologie für die Lehr-Lernforschung in dieser Weise bedeutsam, die Soziologie bei der Debatte über Ungleichheit, Systemtheorie mit Begriffen wie Inklusion und Exklusion, Neurobiologie wird beachtet, die Kulturwissenschaften oder die Ethnologie (etc.). Man kann sehr gut so arbeiten, vor allem wenn man empirisch arbeitet,

und die Anwendung des bekannten Konstrukts in einem neuen Revier sieht wie Innovation aus, obwohl sie ohne theoretischen Innovationsgehalt ist; denn sie erweitert nur den empirischen Bewährungsraum der Theorie, aber sie wirft auch die Frage nach den „einheimischen Begriffen" auf – und hinterlässt sie ungelöst.

(3) *Kreuz-Befruchtung und Aktualisierung der eigenen Altbestände:* Für die eigene theoretische Identität könnten Importformen nützlicher sein, die man als Kreuz-Befruchtung sehen kann. Konzentriert auf die eigenen Bestände werden die fremden von hier aus selektiert und in neue Begriffe/Konzepte/Theorien/Hypothesen integriert, indem man z. B. einen pädagogischen Begriff der Organisation, einen didaktischen Begriff des Systems, eine bildungstheoretische Theorie der Sozialisation entwirft. Das erlaubt die *Aktualisierung* der eigenen Altbestände und kann Voraussetzung für Rezeption werden, explizit oder implizit. Herbarts Begriff der „Regierung" kann man so benutzen, um Foucault zu lesen, von Aristoteles' Praxisbegriff aus eine eigene Praxeologie entwerfen, mit Schleiermacher und der Bildungstheorie Konzepte wie „Generation" oder „Habitus" eingemeinden (etc.).

(4) *Innovation durch Negation, Umgewichtung, Dezentrierung, Induktion:* Innovation kann auch durch Negation befördert werden. Aber man darf nicht optimistisch sein, endgültig erledigen kann man eine Theorie allenfalls dadurch, dass ihren Verteidigern die Argumente ausgehen oder die Lust an der Verteidigung – aber das war dann schon immer eine schwache Theorie, die rasch ihre Anhänger verliert. Mit der Negation kann man aber auch in die Schwächen positioneller Kritik zurückfallen oder nur in Mäkelei, Beckmesserei oder Besserwisserei. Produktiver scheint die Umgewichtung von Theoremen: Deterministische Relationen als probabilistische denken, wie bei der Technologie, asymmetrische als symmetrisch, wenn man Emanzipation statt Erziehung sagt; sogleich haben Theoretiker und empirische Forscher neu zu tun. *Dezentrierung* schließlich ist ebenfalls eine seit Durkheim bekannte, wirksame Theoriestrategie, also die Verfremdung des Bekannten, Variation in der Analyse von vermeintlich vertrauten Phänomenen, die kulturalistische Problematisierung von Prämissen, die Auflösung des Selbstverständlichen in der eigenen Kultur durch Konfrontation mit Alterität und dem Fremden, auch das befördert Theorieinnovation, wie man in der Ethnographie (→ Friebertshäuser/Panagiotoupoulou; → Kelle) oder bei der Analyse pädagogischer Praktiken sieht, wenn man z. B. Schule als Ort der Fabrikation von Leistung, Zensur oder Wohlerzogenheit betrachtet (Kalthoff 1997).

(5) *Rhetorik der Innovation:* Nicht selten lebt die Konstruktion der Innovation aber auch nur von der Rhetorik, nutzt Stilformen, z. B. die Permutation („Wissen der Gesellschaft und Gesellschaft des Wissens"), Darstellungsmuster wie Verfremdung, Ironie, Verkehrung, Analogiebil-

dung (etc.). Schließlich, und man erkennt die offene Reihe von Möglichkeiten, hält auch die Musik Anregungen bereit: Variation, Wiederholung, Wechsel der Tonart, Umschalten auf Kammermusik – man muss das nur im Revier der Theorie schöpferisch anwenden können.

Insgesamt: Nicht die Entdeckung des Neuen ist offenbar das Problem, sondern der Aufweis des Erkenntnisertrags der Innovation – das führt zum letzten Punkt: Wo liegen die Qualitätskriterien, gibt es Qualitätskriterien schon vor der entscheidenden Prüfung der Theorie, die in der Forschung stattfindet?

3. Qualitätskriterien

Zunächst muss man die Ambitionen sehen, die mit Arbeit an der Theorie verbunden werden. „Große Theorie", das ist wahrscheinlich nicht die Aufgabe des Alltags und die Prüfung solcher Ambitionen hat ihre eigene Zeit und eigenes Risiko. Die „Praxis der Theorie" hat hier auch ihre eigenen Gesetze, sie formuliert eigene Herausforderungen und kennt keine normierten Gütekriterien neben Logik und Kommunizierbarkeit, und „wer das verkennt, bleibt ein Kritiker" (Luhmann 1969, S. 264), wird nicht selbst Schöpfer des Neuen.

Im Alltag von Disziplinen sind solche Ambitionen auch nicht besonders erstrebenswert, normale Wissenschaft tut es auch, und normale Analyse von Theorien. Dann gilt zuerst das Handwerk als Qualitätskriterium in der Analyse und Kritik von Theorien: die präzise Explikation des Themas, die Formulierung der theorieeigenen Probleme und Hypothesen, die Benutzung klarer Begriffe, die nachprüfbare Durchführung, die Abgrenzung des Materials, die Orientierung an realistischen Praktiken (etc.) – das muss eine Theorie aufweisen, zusammen mit den Leistungen, die sie erst in der Praxis der Forschung zeigt.

Analysiert man so, erkennt man, dass es Probleme erster Ordnung und solche zweiter Ordnung gibt, das Denken im Gegebenen, seine Ausarbeitung und Entwicklung, und die Transzendierung der Denkmuster für das Gegebene – und beides ist legitim. In der Praxis der Arbeit kommt es auf den Gebrauch von Argumenten an und die Kriterien, die sich mit den produktiven Kritikformen verbinden ließen, gelten erneut: Begriffliche Klarheit ist ganz wesentlich, schon weil Theoretiker immer ein „umso schlechter für die Wirklichkeit" zur Hand haben oder „more research is needed", und sich damit gegen Empirie absichern können. Konsistenz und Kohärenz darf man aber erwarten (Rescher 1985).

Ist damit auch das Problem der „Eigenständigkeit" gelöst, das alte Autonomie-Problem der Erziehungswissenschaft? Disziplinäre Identität bedeutet nicht Autarkie ohne alle Relationierung in das System der Wissenschaft, sondern Selbständigkeit in der Abhängigkeit. Sie erweist sich in der Anschlussfähigkeit an die eigene Tradition und an die aktuelle Forschung. Diese Kriterien kann man auch in der Arbeit an der Theorie zur entscheidenden Probe aufs Exempel machen. Aus der Arbeit an der Theorie kann man aber auch wissen, dass Disziplinen selbst historische Konstruktionen sind, also lernfähig, autonom auch in der Negation der Tradition.

Literatur

Alisch, Lutz-Michael/Lutz Rössner 1977: Erziehungswissenschaft als technologische Disziplin. München.
Bellmann, Johannes/Yvonne Ehrenspeck 2006: Historisch/systematisch – Anmerkungen zur Methodendiskussion in der pädagogischen Historiographie. In: Zeitschrift für Pädagogik. 52. S. 245-264.
Benner, Dietrich/Michele Borelli/Frieda Heyting/Christopher Winch (Hg.) 2003: Kritik in der Pädagogik. Versuche über das Kritische in Erziehung und Erziehungswissenschaft. Weinheim/Basel/Berlin.
Bollenbeck, Georg 2007: Eine Geschichte der Kulturkritik. Von J. J. Rousseau bis G. Anders. München.
Brezinka, Wolfgang 1974: Erziehungsbedürftigkeit. In: Brezinka, Wolfgang: Grundbegriffe der Erziehungswissenschaft. Analyse, Kritik, Vorschläge. München/Basel. S. 156-218.
Daston, Lorraine/Peter Galison 2007: Objectivity. New York.
Fischer, Wolfgang 1989: Unterwegs zu einer skeptisch-transzendentalkritischen Pädagogik. St. Augustin.
Flach, Werner 1994: Grundzüge der Erkenntnislehre. Erkenntniskritik, Logik, Methodologie. Würzburg.
Hurrelmann, Klaus 1983: Das Modell des produktiv realitätsverarbeitenden Subjekts in der Sozialisationsforschung. In: Zeitschrift für Sozialisationsforschung und Erziehungssoziologie 3/1983. S. 91-103.
Kalthoff, Herbert 1997: Wohlerzogenheit. Eine Ethnographie deutscher Internatsschulen. Frankfurt/M./New York.
König, Gerd 1998: Theorie. In: Historisches Wörterbuch der Philosophie. Bd. 10. Basel/Darmstadt. S. 1128-1154.
Konersmann, Ralf 2008: Kulturkritik. Frankfurt/M.
Kuhn, Thomas S. 1965/1974: Die Struktur wissenschaftlicher Revolutionen. Frankfurt/M.
Luhmann, Niklas 1969: Die Praxis der Theorie. In: Luhmann, Niklas 1974: Soziologische Aufklärung I. Opladen. S. 253-267.
Lyotard, Jean-Francois 1994: Das postmoderne Wissen. Ein Bericht. Hrsg. von Peter Engelmann. Wien.
Macho, Thomas/Annette Wunschel (Hg.) 2004: Science & Fiction. Über Gedankenexperimente in Wissenschaft, Philosophie und Literatur. Reinbek.
Masschelein, Jan 2003: Trivialisierung von Kritik. Kritische Erziehungswissenschaft weiterdenken. In: Benner, Dietrich u. a. (Hg.): Kritik in der Pädagogik. Versuche über das Kritische in Erziehung und Erziehungswissenschaft. Weinheim/Basel/Berlin. S. 124-141.
Merton, Robert K. 1965/1980: Auf den Schultern von Riesen. Ein Leitfaden durch das Labyrinth der Gelehrsamkeit. Frankfurt/M.
Meyer-Drawe, Käte 1987: Leiblichkeit und Sozialität. Phänomenologische Beiträge zu einer pädagogischen Theorie der Intersubjektivität. München.
Mollenhauer, Klaus 1968: Erziehung und Emanzipation. München.

Osterwalder, Fritz 1995: Die pädagogischen Konzepte des Jansenismus im ausgehenden 17. Jahrhundert und ihre Begründung. In: Jahrbuch für historische Bildungsforschung 2. S. 59-84.

Paschen, Harm 1997: Pädagogiken. Zur Systematik pädagogischer Differenzen. Weinheim.

Popkewitz, Thomas S. 2008: Cosmopolitanism and the Age of School Reform. Science, Education, and Making Society by Making the Child. New York/London.

Popper, Karl R. 1934/1971: Logik der Forschung. Tübingen.

Prange, Klaus 2005: Die Zeigestruktur der Erziehung. Grundriss der Operativen Pädagogik. Paderborn.

Rescher, Nicholas 1985: Die Grenzen der Wissenschaft. Stuttgart.

Ricken, Norbert/Markus Rieger-Ladich 2004: Michel Foucault: pädagogische Lektüren. Wiesbaden.

Rorty, Richard 1989: Kontingenz, Ironie und Solidarität. Frankfurt/M.

Schriewer, Jürgen 1983: Pädagogik – ein deutsches Syndrom. Universitäre Erziehungswissenschaft im deutsch-französischen Vergleich. In: Zeitschrift für Pädagogik 29. S. 359-389.

Tippelt, Rudolf (Hg.) 2002: Handbuch Bildungsforschung. Opladen.

Wegmann, Nikolaus 1997: Dekonstruktion. In: Weimar, Klaus (Hg.): Reallexikon der Deutschen Literaturwissenschaft. Bd. I. Berlin/New York. S. 334-337.

Weinert, Franz E. 1989: Psychologische Orientierungen in der Pädagogik. In: Röhrs, Hermann/Hans Scheuerl (Hg.): Richtungsstreit in der Erziehungswissenschaft und pädagogische Verständigung. Frankfurt/M./Bern. S. 203-214.

Wrong, Dennis H. 1961: The Oversocialized Conception of Man in Modern Sociology. In: American Journal of Sociology 1961. S. 184-193.

Helga Kelle

Die Komplexität der Wirklichkeit als Problem qualitativer Forschung

Wie könnte ein wissenschaftlicher Ausdruck ein Leben erklären?
Er erklärt nicht einmal eine Tatsache; er
bezeichnet sie nur und zwar jedesmal auf die gleiche Art;
und doch gibt es nie und nirgends zwei gleiche Tatsachen –
weder in zwei verschiedenen Leben
noch aller Voraussicht nach in einem einzigen Leben.
Marguerite Yourcenar (1995, S. 24)

Qualitative Forschung bemüht sich um eine differenzierte Auseinandersetzung mit der Komplexität sozialer Wirklichkeit. Das „Handbuch qualitative Sozialforschung" (Flick u. a. 1991) nennt als „komplexe Methoden" biographische Methoden, fallrekonstruktive Forschung, klinische Einzelfallforschung, Ethnomethodologie, projektive Verfahren, dialogische Hermeneutik und andere mehr. Die abstrakte Modellvorstellung „Komplexität" ist demnach mit ganz unterschiedlich akzentuierten sozial- und erziehungswissenschaftlichen Theorien und Verfahren kompatibel. Selbst zu „komplexen" werden sie, indem sie verschiedene Einzelmethoden verbinden; solche Methodenkomplexität firmiert dann unter dem Etikett „Triangulation" (vgl. Kelle 2001; Flick 2004; → Schründer-Lenzen).

Qualitative Verfahren der Sozialforschung sind bestrebt, der Komplexität ihrer Gegenstände methodisch gerecht zu werden, sie wollen diese nicht abstrakt konstatieren, sondern *konkret veranschaulichen*. Um dieses methodologische und methodische Problem soll es hier zentral gehen. Es erfordert Nähe zum Objekt, ein sich Einlassen auf Fälle oder Felder, wenn Beschreibungen und Interpretationen eine „hohe Auflösung" oder „Dichte" erreichen sollen. Dieser Beitrag zielt darauf, die Relevanz des Komplexitätsbegriffs für die qualitative Forschung zu klären: Welche Probleme und welche Hilfestellungen für die qualitative Forschung produziert die Annahme der Komplexität sozialer Wirklichkeit? Wie kann die Komplexität sozialer Phänomene angemessen erforscht und zur Darstellung gebracht werden?

Ich reflektiere zunächst auf die methodologischen Probleme der Vorstellung von der Komplexität der sozialen Wirklichkeit selbst (1. Teil). Die hierfür relevanten wissenstheoretischen Hintergründe liefert der empirische Konstruktivismus (Knorr Cetina 1989, 2002), der die Methode der Ethnographie favorisiert, welche auch den forschungspraktischen Hintergrund dieser Ausführungen abgibt. Die formulierten Probleme werden dann im Hinblick auf ihre Relevanz für die Erziehungswissenschaft diskutiert

(2. Teil) und hier insbesondere mit Bezug auf forschungspragmatische Entscheidungen weiter konkretisiert.

1. Reduktion und Produktion von Komplexität

Komplexität bedeutet zum einen Vielschichtigkeit und zum anderen die Gesamtheit der Merkmale eines Phänomens (vgl. Duden 5). Auf dieser allgemeinen begrifflichen Ebene lässt sich zunächst feststellen, dass mit Komplexität eine sehr abstrakte, modellhafte Annahme über die Beschaffenheit von Phänomenen ausgedrückt wird. In dieser Eigenschaft wird der Begriff häufig parallel zu anderen Konzepten verwendet wie z.B. Heterogenität, Ambiguität, Diversität. All diese Begriffe spielen im Zusammenhang der qualitativen Forschung eine Rolle, sie bezeichnen Qualitäten von Phänomenen, die empirische Forschung berücksichtigen muss. Den Komplexitätsbegriff qualifiziert dabei sowohl die Modellvorstellung der Geschichtetheit als auch die einer Ganzheit von Phänomenen.

Was aber ist ein Phänomen, das zum Gegenstand erziehungswissenschaftlicher Untersuchung gemacht werden kann? Im Kontext von Forschungsfragestellungen wird „Komplexität" meist nicht allein, sondern fast immer in Verbindung mit „Reduktion" benutzt. Luhmann (1989) zählt „Komplexitätsreduktion" zu den Aufgaben von zentralen sozialen Mechanismen – wie z.B. dem Vertrauen –, die die Funktionalität von Systemen sichern. Mit diesem Begriffspaar kann auch die methodologische Frage jeglicher Sozialforschung aufgeworfen werden, wie soziale Phänomene angemessen zu vereinfachen seien, so dass sie operationalisiert und damit untersucht werden können. Im qualitativen Forschungskontext verweist das Wort „angemessen" auf den wissenschaftlichen Anspruch, dass empirische Forschung sich bei ihren Beschreibungen und Analysen von der Lebenswirklichkeit im untersuchten Feld leiten lassen sollte.

Das Wort von der „Komplexitätsreduktion" impliziert aber auch die Voraussetzung, dass komplexe soziale Wirklichkeit nur als reduzierte wahrnehmbar, untersuchbar und darstellbar ist. Komplexität wird so zu einem Negativbegriff, der das abstrakte Wissen darüber repräsentiert, dass die Dinge komplizierter liegen, als wir in der Lage sind, es wahrzunehmen, zu verstehen oder darzustellen. Komplexität ist also auch ein wissenssoziologisch und verstehenstheoretisch relevanter Begriff und auch in diesem Sinne von Luhmann gebraucht.[1] Die allgemeine Annahme der notwendigen Unvollkommenheit unseres Wissens ist in der Sozialforschung Konsens.[2]

---

1 Luhmann greift den Begriff für eine Theorie der Selbstreferentialität sozialer und psychischer Systeme auf. Für ihn geht es beim Verstehen – „Systeme verstehen Systeme" – „um das Nachvollziehen der strukturierten Komplexität, die entsteht, wenn ein System selbstreferentiell zu operieren beginnt" (Luhmann 1986, S. 89).
2 In diesem Zusammenhang sei daran erinnert, dass sich in der Geschichte der empiri-

Die Vorstellung von Komplexitätsreduktion impliziert nun aber die erkenntnistheoretische Annahme, dass die soziale Wirklichkeit und ihre Phänomene vor ihrer Untersuchung, Analyse und Beschreibung da seien. Diese Annahme der Vorgängigkeit der Phänomene wird jedoch vom „Radikalen Konstruktivismus" bezweifelt (vgl. Schmidt 1987; Maturana/Varela 1987; Glasersfeld 1991). Diese Richtung hat ihre Wurzeln in Systemtheorie und Kybernetik und rückt die Theorie autopoietischer (sich selbst erzeugender und reproduzierender) Systeme ins Zentrum, die auch in Luhmanns Theorie eine zentrale Stelle einnimmt. Man muss sich nicht unbedingt auf diese radikale Erkenntnistheorie einlassen, um die Leistungen des Konstruktivismus (oder „Kon*struktionis*mus", vgl. Gergen 1985) anzuerkennen. Er hat darauf aufmerksam gemacht, dass wir über soziale und diskursive Praktiken in Wissensprozessen das zu Wissende immer auch konstruieren und – wie eine Schneiderin oder Schriftstellerin ihren Stoff – zuschneiden (für einen Überblick über konstruktivistische Ansätze vgl. Schwandt 1994).

Konstruktivistische Voraussetzungen weisen in mindestens zwei Richtungen: Zum einen geht es um kognitive Konstruktionen, zum anderen geht es um soziale Konstruktionen, das sind die Prozesse und Produkte historisch und lokal situierter Aushandlungen zwischen Menschen. Die Schnittstelle des kognitionstheoretischen und des sozialen Konstruktivismus liegt in der Frage nach der Erzeugung und Repräsentation von Wissen. Während der kognitive Konstruktivismus diese im Hinblick auf das Individuum beantwortet – d. h. die kognitiven Konstruktionsleistungen der Einzelnen in den Blick nimmt –, entwickelt der empirische soziale Konstruktivismus „ein Modell, das die Kommunikation und Interaktion zwischen Beteiligten in Betracht zieht" (Knorr Cetina 1989, S. 90). Eben diese, Kommunikationen und Interaktionen, seien empirisch zu erforschen. Neuerdings spricht Knorr Cetina (2002) von „Wissenskulturen" (*epistemic cultures*), um den disziplinären und fachlichen Zuschnitt von Wissen zu charakterisieren.

Der empirische Konstruktivismus verschiebt die Frage der angemessenen wissenschaftlichen Komplexitätsreduktion. Wenn die „Welt" oder die „soziale Wirklichkeit" nicht immer schon da sind, sondern fortlaufend in kulturellen Praktiken hergestellt und verändert werden, dann kann sich auch Angemessenheit nicht auf etwas immer schon Bestehendes, sondern muss sich auf etwas je Erzeugtes oder Auszuhandelndes beziehen. Der Konstruktivismus erhebt mithin nicht die angemessene Abbildung bzw. Wahrheit zum Gültigkeitskriterium des wissenschaftlichen Wissens, sondern die Eröffnung von Handlungs- und Denkmöglichkeiten, die „Erweiterung von Welt" (Knorr Cetina 1989). Das impliziert auch: Sozialwissenschaftliche Konstruktionen von sozialen Phänomenen sind dem wissenschaftlichen Diskurs ausgesetzt, sie müssen transparent und plausibel gemacht werden, ohne

---

schen Forschung schon der Kritische Rationalismus nicht mehr auf Verifikation, sondern auf Falsifikation von Hypothesen einstellte (vgl. Popper 1972).

dass man sich auf ‚sicheres', selbstgewisses wissenschaftliches Terrain zurückziehen könnte. Wissenschaft ist ein fortlaufender Kommunikationsprozess, der über wechselseitige Reflexivität und Selbstreflexivität der Beteiligten kontrolliert wird. „Erweiterung von Welt" bedeutet auch: Komplexitätsproduktion statt -reduktion.

Bleiben wir vorläufig bei dem Problem der Komplexitätsreduktion. Es stellt sich, wie bereits angedeutet, nicht nur als wissenschaftsimmanentes, es stellt sich vielmehr immer bei der Aneignung oder Konstruktion von Wirklichkeit über Erfahrung. Es kann also auch als allgemeines wissens- oder erfahrungstheoretisches Problem aufgefasst werden: Wie werden soziale Erlebnisse bewältigt und mit Sinn ausgestattet? Diese Anlehnung der sozialwissenschaftlichen an die alltägliche Sinnerzeugung geht auf Schütz zurück (vgl. Schütz/Luckmann 1979). Schütz spricht nicht von Komplexität, aber z.B. von der „Aufschichtung der Lebenswelt" (ebd., S. 62). In Akten der Auslegung begreifen Menschen ihre Lebenswelt. Im Verhältnis zu diesem lebensweltlichen „Verstehen" ist sozialwissenschaftliches Verstehen eine Auslegung zweiter Ordnung. Die Anlehnung qualitativer Forschungsmethoden an lebensweltliche Bedeutungserzeugung ist ein wichtiger Baustein für den wissenschaftlichen Geltungsanspruch des interpretativen Paradigmas und die methodologische Argumentation, da für diese andere Kriterien als Quantifizierbarkeit oder Repräsentativität gelten (müssen). Für den empirischen Konstruktivismus drückt Knorr Cetina (1989, S. 93) diesen Punkt mit dem Symmetriepostulat aus: Theoretische Konzepte wie z.B. „Sozialisation" oder „Biographie" sollten nicht immer schon vorausgesetzt werden, sondern nur dann ins Spiel kommen, wenn sie im untersuchten Feld (Schütz würde sagen lebensweltlich) artikuliert werden oder an Kategorien der Teilnehmer des Feldes angelehnt werden können.

Wissenschaftsgeschichtlicher Exkurs

Die Erziehungswissenschaft verfügt mit der Geisteswissenschaftlichen Pädagogik über eine Tradition, in der „Verstehen" im Sinne der Hermeneutik im Vordergrund stand. Seit den 1960er Jahren orientiert sich die Erziehungswissenschaft vermehrt an den empirischen Sozialwissenschaften. Verschiedene Verstehensbegriffe sollen deshalb im folgenden differenziert werden, um nicht, an neueren Entwicklungen vorbei, eine bruchlose Anknüpfung neuerer qualitativer Methoden an ältere hermeneutische Traditionen zu suggerieren.

Schwandt (1994) geht in seinem Überblick über interpretative und konstruktivistische Ansätze von gemeinsamen wissenschaftshistorischen Bezügen und aktuellen Interessen aus. An die von Schütz vorangetriebene sozialwissenschaftliche Fassung eines phänomenologischen Verstehensbegriffs, die als Grundlage des interpretativen Paradigmas angesehen werden kann, knüpfen z.B. auch Berger und Luckmann (1970) in ihrer Fassung des Sozialkonstruktivismus an. Der phänomenologische Verstehensbegriff von Schütz ist jedoch nicht identisch mit einem hermeneutischen Verstehensbegriff, wie er für die Tradition der Geisteswissenschaftlichen Pädagogik maßgeblich ist. Während es Schütz um die für das soziale Leben konstitutiven intersubjektiven Bedeutungen und deren Erzeugung geht, sind als Kontrast dazu für die hermeneutische Tradition zwei Richtungen zu unterscheiden: Entweder wird „Bedeutung als determinierte, objektgleiche Entität (begriffen), die darauf wartet, in einem Text, einer Kultur oder dem Geist eines sozialen Akteurs entdeckt zu werden" (hermeneutische Ansätze im Anschluss an Dilthey) oder aber man befasst sich in Anknüpfung an Heidegger mit Ontologie, mit den existentiellen Bedingungen des Daseins (philosophische Hermeneutik; vgl. Schwandt 1994, S. 121). Im Anschluss an Dilthey (1924) richteten maßgebliche Teile der Geisteswissenschaftlichen Pädagogik ihr Interesse auf das Verstehen der „Erziehungswirklichkeit". Der Einfluss Diltheys ist von Nohl über W. Flitner bis Weniger erkennbar und wird erst in den 1960er Jahren gebrochen durch die „realistische Wendung" (Roth 1962) der Pädagogik zu einer empirischen Erziehungswissenschaft, die eine Öffnung hin zu sozialwissenschaftlichen Methoden im allgemeinen und, in Hinblick auf qualitative Methoden, einen Anschluss an den phänomenologischen Verstehensbegriff von Schütz bedeutete.

Dem an Schütz anknüpfenden Sozialkonstruktivismus bei Berger und Luckmann geht es um das Gemachtsein, „die soziale Konstruktion der Wirklichkeit", und dabei besonders um deren als objektiv erfahrene Verfasstheit, die durch Objektivierungsprozesse (Habitualisierungen, Typisierungen, Symbolisierungen u. a.) zustande kommt. In der Darstellung dieser Objektivierungsprozesse abstrahieren Berger und Luckmann von konkreten lokalen Reproduktionen, sie haben also nicht vorrangig ein ethnographisches Interesse.

Von dieser Fassung des Sozialkonstruktivismus profitiert und unterscheidet sich der empirische Konstruktivismus Knorr Cetinas (1989, 2002). Sie betont die Notwendigkeit der empirischen Erschließung der (raum-zeitlich) *lokalen* Konstruktionsprozesse von Teilnehmern in ihren sozialen Feldern. Sie erhebt damit die *Diversität* von interaktiv erzeugten sozialen Wirklichkeiten zum Orientierungsmaßstab für empirische Forschung und vollzieht so eine Abkehr von Perspektiven, die objektivistisch oder existentialistisch argumentieren. Diese Richtung verlangt eine hinreichend theoriefreie Analyse sozialer Konstruktionen, die sich auf ethnographische Forschung gründet und mit dem weiter oben schon genannten Symmetriepostulat auch das Postulat der Selbstanwendung verbindet (Reflexion auf die eigenen Konstruktionen). Eine „auf Distanz bleibende Modellbildung" lehnt diese Richtung ab.

Der empirische Konstruktivismus setzt „anstelle des Objektivitätsprinzips des traditionellen Wissenschaftsverständnisses, aber auch anstelle von dessen Gegenteil, dem Fiktionalitätsprinzip der Kognitionstheorie und ihrer Ableitungen, ein *Analysierbarkeitsprinzip*. Entdeckungsräume mögen nicht

,erkennbar' sein, aber sie können der Analyse zugänglich gemacht werden" (Knorr Cetina 1989, S. 95). Andere Autoren, die konstruktivistische Theorien rezipieren, setzen andere Akzente (vgl. z.B. Rusch 1986; H. Berger 1993), es kann also nicht um die Vorstellung einer ‚gültigen' Lesart des Konstruktivismus gehen. Im Kontext dieses Handbuchs knüpfe ich an die Richtung an, die – ausgehend von den Postulaten eines empirischen Konstruktivismus durch Knorr Cetina – in den letzten Jahren nicht nur eine Reihe von empirischen Studien, sondern vor allem auch methodische und methodologische Arbeiten vorgelegt hat (vgl. ex. Hirschauer/Amann 1997; Kelle 2001; Kalthoff 2003).

2. Relevanz des Komplexitätsbegriffs für Erziehungswissenschaft und Forschungspragmatik

2.1 Bezug zur Erziehungswissenschaft

Die Modellvorstellung in Bezug auf soziale Phänomene, die in „Komplexität" steckt und von konstruktivistischen Ansätzen zum Maßstab genommen wird, steht im Kontrast zu einem Forschungsverständnis, bei dem Forschungsergebnisse in einfachen semantischen Beziehungen – sei es in kausalistischer, funktionalistischer oder deterministischer Manier – ausgedrückt werden. In der Anwendung qualitativer Methoden geht man nicht davon aus, dass isolierte Aussagen nach dem Muster „A ist eine Ursache von B" oder „B folgt aus A" Zusammenhänge in der sozialen Wirklichkeit zu repräsentieren vermögen, sondern man geht davon aus, dass sich soziale und kulturelle Phänomene immer aus Bedeutungsschichten zusammensetzen.

Das Komplexitätskonzept besetzt allerdings dann im Hinblick auf Forschung einfach eine Leerstelle, wenn immer wieder die Komplexität von allem und jedem abstrakt-theoretisch konstatiert wird. Die angesprochene erkenntnistheoretische Negativität des Begriffs entbindet nicht von der Aufgabe, empirische Forschung im Angesicht von Komplexität zu konzipieren. Der empirische Sozialkonstruktivismus verlagert das qualitative Forschungsinteresse: Weg von einer Erklärungslogik und hin zu der *genauen Beschreibung und Analyse sozialer Ordnungen*. Angesichts der allgültigen Komplexitätsannahme wird hier wie auch in anderen Forschungstraditionen – wie etwa bei Goffman oder der Ethnomethodologie auch – die Frage nach dem *Warum* durch die Frage nach dem *Wie,* nach dem *modus operandi* der erforschten sozialen Welt abgelöst. Die Webtechniken des ‚sozialen Gewebes' kommen in den empirischen Blick. Solche Metaphern sind allerdings nur begrenzt angemessen, denn sie stehen für die Erkennbarkeit der Machart am Produkt. Im sozialen Leben hat man es allerdings weniger mit Produkten, als vielmehr mit Prozessen zu tun, die sich nicht als Status quo fixieren lassen.

Welche spezifischen Semantiken, welche Bezugssysteme ziehen wir heran oder konstruieren wir, um zu verstehen? In verschiedenen sozialwissenschaftlichen Disziplinen werden soziale, kulturelle, pädagogische, psychische, subjektive, biographische und dergleichen Bedeutungen mehr konstruiert. Im ausdifferenzierten Wissenschaftsbetrieb macht „Bedeutung" nur mit solchen qualifizierenden Adjektiven Sinn. Die wissenschaftliche Ausdifferenzierung erzeugt und reduziert Komplexität zur gleichen Zeit, nämlich durch eine Spezialisierung von Wissensgebieten, die immer mehr und immer fragmentierteres Wissen erzeugen. Ich bleibe hier vor allem deshalb auf der allgemeineren Ebene sozialer und kultureller Bedeutungen, weil sich aufgrund der angerissenen theoretischen Diskussion pädagogische Forschung als problematischer erweist, als sie es ihrem Selbstverständnis nach vielfach ist. Die Analyse pädagogischer Maßnahmen ist geneigt, eine ganz spezifische Komplexitätsreduktion zu betreiben: Sie zielt auf funktionale Zusammenhänge, d.h. auf Bedingungen und Wirkungen von Pädagogik. Wie kann aber bei komplexen Bedingungsgefügen und Interaktionszusammenhängen gewusst werden, welche Effekte der Pädagogik oder anderen Faktoren geschuldet sind? Luhmann und Schorr (1982) haben auf dieses Problem aufmerksam gemacht, als sie das „Technologiedefizit" der (praktischen) Pädagogik diagnostizierten.

Für die Forschung in pädagogischen Feldern geht es darum, die Konsequenzen aus dem systematischen Mangel zu ziehen. Eine Konsequenz ist im Symmetriepostulat angelegt: Wenn die Teilnehmer selbst Situationen als pädagogische ansehen und als solche konstruieren, ist das ein hinreichender Grund für die sozialwissenschaftliche Forschung zu verstehen zu versuchen, wie sie diese Konstruktion in praktischen Vollzügen hervorbringen. Mit solchen Rekonstruktionen lassen sich allerdings keine funktionalistischen Fragen beantworten: Der Wechsel von den Warum-Fragen zu den Wie-Fragen bietet sich an, weil er auf der normativen, der pädagogischen Seite entlasten kann und auf der empirischen Seite dazu zwingt, genau hinzuschauen. So kann eine Forschung in pädagogischen Feldern darauf verzichten, die pädagogische Beziehung zu isolieren, und statt dessen die Perspektive ausweiten auf zu entdeckende vielfältige Phänomene im Feld, die auch nicht notwendig zu pädagogisieren sind. Ethnographische Forschungsmethoden, auf die eigene (pädagogische) Kultur angewandt, streben eine Reflexivität an, die über die Enthaltsamkeit in Bezug auf normative Vorgaben und Ziele und über die methodische „Befremdung" (Hirschauer/Amann 1997) des Blicks Neues sieht (vgl. auch → Behnken/Zinnecker). Eine „pädagogische Ethnographie" (Zinnecker 1995) stand zunächst vor allem dafür, dass Kinder und Jugendliche auch jenseits ihres Status als Objekte von Pädagogik wahrgenommen werden. Neuerdings entwickeln sich vielfältige Ansätze eines offenen ethnographischen Zugangs zu pädagogischen Feldern und „dem Pädagogischen" (vgl. ex. Hünersdorf u.a. 2008).

2.2 Komplexe kulturelle Bedeutungen

Ich wähle im Folgenden Geertz' (1987) Methode der „Dichten Beschreibung" und sein Beispiel des „Zwinkerns" als eine Möglichkeit, um zu ermessen, wie sich die komplexe soziale und kulturelle Bedeutungsstruktur konkret darstellt und darstellen lässt.

Der Begriff „dichte Beschreibung" stammt nicht von Geertz selbst, sondern von dem Philosophen Ryle, und von diesem stammt auch das Beispiel des Zwinkerns (oder Nicht-Zwinkerns), das veranschaulichen soll, was eine „dichte" im Unterschied zu einer ‚dünnen' Beschreibung leisten sollte. „Blitzschnelles Bewegen des Augenlides" ist eine dünne Beschreibung. Ryle stellt sich zwei Jungen vor, bei dem einen ist diese Bewegung ein ungewolltes Zucken, bei dem anderen transportiert sie die kulturelle Bedeutung „Zwinkern", ein „heimliches Zeichen an seinen Freund". Geertz betont, dass beide Bewegungen als solche identisch sind, ihre kulturellen Bedeutungen sind aber von den Teilnehmern zu interpretierende. Schon auf dieser Ebene der Differenzierung des Beispiels wird deutlich, welch komplexes Zusammenspiel von Komponenten eine so einfache Handlung wie das Zwinkern konstituiert. „Der Zwinkerer teilt etwas mit, und zwar auf ganz präzise und besondere Weise: (1) er richtet sich absichtlich (2) an jemand Bestimmten, (3) um eine bestimmte Nachricht zu übermitteln, (4) und zwar nach einem gesellschaftlich festgelegten Code und (5) ohne dass die übrigen Anwesenden eingeweiht sind." (Geertz 1987, S. 10f.) Diese Ausführungen beinhalten, dass kulturelle Bedeutungen intersubjektiv, dynamisch und situativ erzeugt werden. Die Konnotationen changieren, sie hängen auch von dem Gelingen, im Sinne einer Übereinstimmung, der wechselseitigen Interpretation der Teilnehmer an der Situation ab. Dieses Changieren und die je different Summe der Merkmale der Situation, ihre Komplexität eben, bewirken, dass jedes Zwinkern in seiner situierten Bedeutung einen Einzelfall darstellt, auch wenn ein kultureller oder gesellschaftlicher Code eingesetzt wird. Der allgemeine Code ist nur ein konstituierendes Merkmal der Situation. Die Möglichkeit des Misslingens bedeutungtragender und -erzeugender Interaktionen – wobei falsche Interpretationen auch Interpretationen sind – verweist zudem darauf, dass verschiedene Sinnebenen unterschiedlich offensichtlich oder versteckt sein können, dies sowohl für Teilnehmer wie auch für Forscher. Kulturelle Tabus, persönliche Widerstände, situative Dispositionen u.a.m. stellen zusätzliche Schwierigkeiten für die wissenschaftliche Rekonstruktion kultureller Bedeutungen dar. Neben subjektiven Faktoren ist hiermit auch das methodische Problem der unterschiedlichen ‚sinnlichen' Zugänglichkeit von Sinnebenen, die theoretisch konstruiert werden, angesprochen.[3]

---

[3] Man denke hier z.B. an die Annahme der systematischen Verzerrungen von Erfahrungen, die zur Formulierung und Untersuchung des sogenannten „falschen Bewußtseins" durch das Institut für Sozialforschung geführt hat (vgl. Adorno 1973).

Die geschichtete Struktur von Bedeutungen wird mit der weiteren Differenzierung obigen Beispiels noch klarer. Ryle führt als weitere Bedeutungsebene an, dass es sich auch um eine Parodie von Zwinkern handeln kann, die nicht zur geheimen Verständigung, sondern zum Lächerlichmachen dient. Oder, noch eine weitere Ebene, jemand übt, das Zwinkern eines Anderen zu parodieren, was nicht der Bedeutung der Parodie selbst entspricht.[4] Wenn sich Geertz auch noch weitere Variationen der Situation vorstellen kann, soll hier nicht weiter differenziert werden. Wichtig bleibt festzuhalten, dass die unterschiedlichen Bedeutungen nur durch die *Kontextualisierung* des jeweiligen Zwinkerns oder eben Nicht-Zwinkerns erschlossen werden können. Der Kontext konstituiert Einzelfälle, denen bestimmte kulturelle Codes oder Symbolsysteme gemeinsam sind oder sein können, und doch sind sie durch das spezifische Ensemble ihrer Merkmale je besondere Fälle. Die Kontextualisierung in der qualitativen Forschung kann nur zum Teil formalisiert werden, weil auch auf dieser Ebene die Komplexitätsannahme durchschlägt. Es kann nicht systematisch im voraus gewusst werden, welche spezifischen der vielschichtigen situativen Bedingungen in einem Einzelfall von Bedeutung sind.

Geertz betont, dass das Gültigkeitskriterium dichter Beschreibungen – man kann auch sagen: qualitativer Forschung allgemein – nicht die Kohärenz einer Summe von Phänomenen ist (damit auch ihre Quantifizierbarkeit), sondern die Genauigkeit im Detail, die der empirischen Vielfalt und Heterogenität von Phänomenen gerecht wird. Es geht bei qualitativen Methoden um die Beschreibung allgemeinerer kultureller Muster, aber gewissermaßen ohne in der Darstellung zu vergessen, dass alle konkreten Einzelbeispiele in ihrer Komplexität über diese Muster hinausragen.[5] Die Art, soziale und kulturelle Phänomene zu fassen, deren ‚Zuschnitt', ist im quantitativen und im qualitativen Paradigma grundsätzlich verschieden. Während unter dem quantitativen Paradigma Phänomene vorab definiert und operationalisiert werden (wobei die Definition dem kulturellen Feld selbst äußerlich sein kann), ist vielen qualitativen Verfahren der Anspruch gemeinsam, dass viele Elemente eines komplexen Einzelfalls erhoben werden und die Methoden flexibel und in einem fortlaufenden rekursiven Prozess an das jeweilige Feld angepasst werden. Während mit quantitativen Verfahren stark reduzierte einzelne Zusammenhänge von Variablen untersucht werden, dies

---

4 Vgl. zur Schichtung von Bedeutungen auch Goffmans (1980) Rahmen-Analyse.
5 Das entsprechende Problem der sozialpsychologischen Forschung, dass sie Einzelne auf Exemplare reduziert, hat wissenschaftshistorisch gesehen das Institut für Sozialforschung schon seit den 1940er Jahren bewegt (Untersuchungen zum autoritären Charakter). Im Positivismusstreit anempfiehlt Adorno später der Soziologie die Sprachkritik Kraus' und die Texte Freuds als ästhetische Vorbilder, weil diese den Einzelfall würdigen (vgl. Adorno 1972, S. 329 ff.). Was neuerdings in der ethnographischen Forschung als Literarisierung, auch gerade durch Geertz (1990), diskutiert wird (vgl. Clifford/Marcus 1986), weist Bezüge auf zu in ganz anderen Wissenschaftstraditionen repräsentiertem Problembewusstsein.

aber in großer bzw. repräsentativer Zahl, bieten qualitative Methoden die Möglichkeit, durch die Konzentration auf wenige oder Einzelfälle eine Vielzahl von Zusammenhängen in einem Phänomenbereich genau zu beschreiben. Trotz der Tatsache, dass heute immer mehr Forschungsprojekte quantitative und qualitative Verfahren im Sinne einer Methodenkomplexität verbinden, ist darauf hinzuweisen, dass die angesprochenen, prinzipiell unterschiedlichen ‚Zuschnitte' von Phänomenen in den verschiedenen Verfahren damit nicht aufgelöst oder integriert werden. Es soll hier nicht die Sinnhaftigkeit solcher Kombinationen diskutiert oder das wechselseitige Anregungspotential bezweifelt werden. Ich möchte nur den Punkt festhalten, dass qualitative Methoden phänomenologisch gesehen etwas *anderes* als quantitative untersuchen und darstellen. Eines von Geertz wesentlichen Argumenten für qualitative Forschung besagt, dass der Zusammenhang von Daten und Interpretationen nicht aufspaltbar ist: „Eine gute Interpretation von was auch immer ... versetzt uns mitten hinein in das, was interpretiert wird" (Geertz 1987, S. 26). Er setzt den Akzent demnach nicht nur auf analytische, sondern vor allem auch auf Darstellungsfragen. Das Beispiel des Zwinkerns führt vor Augen, welchen Interpretationsschwierigkeiten Forscher aufgrund der Komplexität kultureller Bedeutungen ausgesetzt sind, und zwar nicht erst bei der Auswertung von vorliegenden Daten, sondern bereits bei den Erhebungen.

2.3 Methodische Komplexitätsreduktion und -produktion im Forschungsprozess

An Geertz' grundsätzliche kulturtheoretische Einsichten, die an einem kulturellen Mikrobeispiel gewonnen sind, schließe ich die Schilderung eines Beispiels aus meiner eigenen Forschung an und verdeutliche daran die typischen Komplexitätsreduktionen und -produktionen im Forschungsprozess. Es handelt sich um einen Forschungsprozess auf der Grundlage von teilnehmender Beobachtung. Ich möchte zeigen, wie Komplexitätsreduktionen und -produktionen methodisch gesteuert werden, damit die Komplexität des Beobachteten nicht unreflektiert unter den Tisch fällt.[6]

Ich zitiere zunächst eine Sequenz aus einem Beobachtungsprotokoll. Beobachtet werden neun- bis 12-jährige Jungen und Mädchen in der Schule, und zwar mit dem Fokus auf Gleichaltrigeninteraktionen.[7] Diese Eingrenzung ist pragmatisch gesetzt und hat sich aus Überlegungen im Anschluss an vorliegende Forschungsliteratur ergeben. Anders als Geertz möchte ich hier nicht die *interpretativen* Variationsmöglichkeiten im Hinblick auf eine

---

6 Es kann hier nicht um eine Einführung in ethnographische Methoden gehen; ich werde nur so weit ins Detail gehen, wie es für das Thema erforderlich ist. Insbesondere die analytischen Schritte im Forschungsprozess mögen deshalb verkürzt erscheinen.
7 Die Beobachtungen stammen aus einem von der DFG geförderten Forschungsprojekt, das die Autorin zusammen mit Georg Breidenstein unter der Leitung von Juliane Jacobi an der Laborschule in Bielefeld durchführte (vgl. Breidenstein/Kelle 1998).

ganz bestimmte und geläufige kulturelle Praxis (das Zwinkern) exemplifizieren. Meine Ausführungen vollziehen vielmehr den Forschungsweg nach, der kulturelle Praktiken und ihre spezifische Relevanz im untersuchten Feld an ganz konkret situierten Beobachtungen erst entdeckt und der Interpretation zugänglich macht.

Bereits die Entscheidung für die Methode der teilnehmenden Beobachtung bedeutet, dass bestimmte Komplexitätsproduktionen und -reduktionen gegenüber anderen vorgezogen werden. Ins Feld zu gehen und alltagskulturelle Praktiken zu beobachten heißt, dass man sich auf andere Weise auf die Komplexität dieser Alltagskultur einlässt als im Falle von Interviews. Mit Interviews lassen sich Konzepte und *ex post*-Beschreibungen der Teilnehmer über ihre Kultur, aber nicht der alltagskulturelle Vollzug selbst erheben. In Bezug auf das folgende Beispiel würde etwa die Frage in einem Interview „Wie stellt Ihr die Zimmer für die Klassenfahrt zusammen?" spezifisch anderes Material hervorbringen, als es durch teilnehmende Beobachtung geschehen ist.

Als die Pause zu Ende ist, fordert die Lehrerin die Kinder auf, vor der Tafel zusammen zu kommen. Sie malt fünf gleich große Quadrate an die Tafel und erklärt, die wichtigste Frage vor der Klassenfahrt sei ja immer die Frage der Zimmerbelegung. Dann nennt sie die Bedingungen: Es gebe nur 4er-Zimmer; mit Jungen und Mädchen, das sei ihr egal. Es gebe ja auch Jugendherbergen, wo man trennen müsse in einen Jungen- und einen Mädchenflur, aber hier könnten sie das machen, wie sie wollten.

Dann fragt die Lehrerin nach ersten Wünschen.

Christian meldet sich: „Ich möchte mit Daniel." Karin fragt: „Wer möchte dazu?" Alexander meldet sich: „Ich und Malte." Aber Christian sagt: „Ich fänd's auch gut mit zwei Mädchen. Und Daniel ist das egal", ergänzt er für seinen Freund. Karin fragt also, welche Mädchen bereit seien, mit Daniel und Christian auf das Zimmer zu gehen. „Wir vier", melden sich Carola, Uta, Mona und Lisa, da sie sich aber keinesfalls trennen wollen, kommen sie doch nicht in Frage. Außerdem hatten sich Jasmin, Judith und Nina für das Zimmer gemeldet. Karin fragt Christian, wen er sich aussuche, der sagt: „Astrid und Nina". Daniel ist es egal. Karin schreibt also die ersten vier Namen in ein Zimmer: Nina, Astrid, Christian, Daniel.

Jasmin meldet sich, sie möchte mit Tanja und „mit Jungen" auf ein Zimmer. Karin fragt: „Wer möchte?" Arne und Malte melden sich, und dann auch Nils. Jasmin entscheidet: „Mit Arne." Der wiederum will mit Malte zusammen. Karin schreibt Jasmin, Tanja, Arne und Malte in ein Zimmer.
(Beobachter Georg Breidenstein)

Für die Darstellung von Situationen wie dieser liegt eine erste methodische Form der Komplexitätsreduktion schon vor der Beobachtung. Über explizite Selektionskriterien wird die Aufmerksamkeitsrichtung von Beobachtenden vorab eingegrenzt, gelenkt und reflektiert. Damit sie überhaupt etwas

Spezifisches sehen können, muss die Komplexität von Situationen bewusst gefiltert werden. Im Falle des Forschungsprojekts, dem das Beispiel entstammt, lag der Fokus auf der Herstellung von sozialen Unterschieden unter Kindern in der Schulklasse. Die Selektionen für die Beobachtung bezogen sich deshalb auf bestimmte Sorten von Interaktionen: Konflikte, Regelaushandlungen und solche Interaktionen, in denen die Kategorie Geschlecht oder andere Differenzierungskriterien relevant gemacht werden.

Wird über diese Selektionen die Komplexität des Beobachteten reduziert, ist das Feld wieder offen für Komplexitätsproduktionen in Bezug auf die selektiven Interessen. Die Schwierigkeit liegt allerdings darin, dass solche Selektionskriterien eine Orientierung, aber keine formalisierbare Systematik bieten können, denn bei ethnographischer Forschung ist nicht vorab entscheidbar, was im Feld wichtig ist und wie Situationen beschaffen sind, die die spezifischen Interaktionen enthalten. Auch kann nicht vorab gewusst werden, ob und in welcher Gestalt solche Interaktionen auftreten. So unterliegen die Selektionskriterien als abstrakte Konzepte der Forscherinnen der *Rekursivität* des Forschungsprozesses: Sie werden im Prozess durch das und am Feld entwickelt, mit dem Feld konfrontiert und modifiziert, vor allem aber spezifiziert. In Bezug auf obiges Beispiel: Im Laufe der Forschung hat sich gezeigt, dass das abstrakte Interesse für die Herstellung sozialer Unterschiede sich im Feld besonders in den Situationen konkretisiert, wo es für die Kinder um die Frage „wer mit wem?" geht.

Befindet sich die Forscherin schließlich in einer konkreten Beobachtungssituation wie der obigen, so greifen auch all die Komplexitätsreduktionen, die unser Wahrnehmungsapparat üblicherweise vornimmt und die zumeist der Selbstreflexion nicht, jedenfalls situativ nicht, zugänglich sind. Der Umstand, dass wir auf sinnlicher Ebene immer schon Komplexität reduzieren, wenn wir soziale Situationen durchleben, ist in der Forschung nicht umgehbar oder gar ausschaltbar. Er entspricht aber der Bewältigung einer Aufgabe, der sich die Teilnehmer im Feld mit prinzipiell den gleichen Mitteln widmen. Die Wahrnehmung des Beobachtenden ist wie die der Teilnehmer keine notwendige, aber eine mögliche Form der Wahrnehmung (Kontingenzproblem).

Zu weiteren Komplexitätsreduktionen und -produktionen kommt es bei der Verschriftlichung von Beobachtetem. Technisch gingen wir im Projekt so vor, dass wir in der Situation Notizen machten, die später zu ausführlichen Beobachtungsprotokollen ausformuliert wurden. Begreift man diesen Vorgang als Übertragung, so kann man sich vorstellen, dass beim Übertragungsvorgang im Verhältnis zum Live-Erlebnis immer auch etwas verloren geht – und anderes hinzukommt. Neben den eingesetzten Medien – wir arbeiteten auch mit Ton- und Videoaufzeichnungen, über die eine andere Form von Datenmaterial produziert wurde – spielt hier auch die Subjektivität des Beobachtenden eine Rolle. Ein anderer Beobachter würde sehr wahrscheinlich obige Situation anders dargestellt, würde andere Details stärker ausgeschmückt haben, z.B. wie das jeweilige Melden und Drannehmen abläuft. Der ethnographischen Forschung ist die Subjektivität der Beobachtenden kein Mangel, sondern sie begreift die Forscherinnen als *Prozessoren* der Forschung, die analog zu den Teilnehmerinnen im Feld subjektiven Sinn produzieren und zur Selbstreflexion fähig sind. Anders als bei der unmittelbaren Wahrnehmung/Beobachtung der Situationen sind die hier in Rede stehenden Selektionen der Reflexion leichter zugänglich und damit methodisch besser kontrollierbar, weil sie nicht dem Tempo und der zeitlichen Begrenztheit der Situation selbst unterliegen. Damit soll nicht gesagt werden, dass sich die Protokollantinnen bei jedem Satz genau überlegen könnten, was sie hinschreiben. Dem Protokollieren sind auf verschiedenen Ebenen pragmatische Beschränkungen auferlegt, die nicht bis ins Letzte methodisch kompensierbar sind. Das fertige Protokoll gibt aber in gewisser Weise immer auch Auskunft darüber, dass es bestimmte Aspekte *nicht* beschreibt, es ist nicht vollständig oder vollkommen, aber transparent. In dem, was es beschreibt, reduziert und produziert es wieder Komplexität gleichermaßen.

Schon vor und während der Erhebungen kommt es also zu spezifischen Komplexitätsbearbeitungen. Dies setzt sich fort, wenn die Beobachtungsprotokolle analysiert und interpretiert werden. Es lassen sich zwei grundlegende Formen der Auswertung qualitativen Datenmaterials unterscheiden: auf der einen Seite die Kodierung mit dem Ziel der Kategorisierung, Typisierung und/oder Theoriebildung (Strauss 1991), auf der anderen Seite sequentielle Detailanalysen und Zeile-für-Zeile-Interpretationen mit dem Ziel der Rekonstruktion der Fallstruktur (Bergmann 2000). In der qualitativen Forschung werden Varianten beider Verfahren häufig miteinander kombiniert.

Ein gängiges Verfahren der Kodierung bietet die Methodologie der Grounded Theory an (Glaser/Strauss 1967): Das Material wird in Sinnabschnitte zerlegt, kodiert und anhand von diesen Kodierungen neu sortiert. Der Prozess der Theoriebildung, wie Strauss (1991) ihn beschreibt, besteht darin, in mehreren Schritten Begriffe für Phänomene (analytische Kategorien) zu finden, diese Kategorien zueinander in Beziehung zu setzen, zu dimensionalisieren und schließlich in einer Theorie zu integrieren. In dem ethnographischen Projekt, aus dem das Beispiel stammt, bezogen sich die zentralen Kategorien auf kulturelle Praktiken. Das Beispiel lässt sich den Kategorien „Geschlechterdifferenzierung" und „Freundschaftsinszenierung" zuordnen. Über solche Kodierungen werden die einzelnen Szenen aus ihren situativen Kontexten herausgelöst und in einen Zusammenhang mit ähnlichen Szenen gestellt. Im Prozess der Neuorganisation des Materials kommen Variationen, Dimensionen und Subkategorien innerhalb einer Kategorie zum Vorschein.

Obiger Ausschnitt ist bereits aus dem weiteren Kontext einer Beobachtungsstunde, eines Schultages oder -jahres einer bestimmten Gruppe ausgeschnitten. In der kategorialen Abstraktion wird nun analytische Komplexität erzeugt, die spezifische Situations- und deren historische Komplexität hinsichtlich aller Einzelbeispiele tritt aber in den Hintergrund. Das Material bleibt parallel aber auch in seiner ‚ursprünglichen' Gestalt erhalten und potentiell sequenzanalytisch bearbeitbar. Die Entscheidung für eine Analyse auf der Basis von Kodierungen bedeutet also auch wieder eine Präferenz für bestimmte Komplexitätsbearbeitungen gegenüber anderen, nämlich der Analyse von zentralen Mustern kultureller Praktiken gegenüber der situationsspezifischen Interpretation von Einzelfällen. Bei der weiteren Bearbeitung der Kategorien, in die sich unser Beispiel einordnet, würden dann z.B. aus allen Beispielen der Kategorie „Geschlechterdifferenzierung" Subkategorien entwickelt, die im Anschluss an die Analysen eine differenzierte Darstellung der vielschichtigen Formen der Geschlechterunterscheidung im Feld erlaubten. An dem Beispiel ließe sich besonders gut ein Muster in der differenzierenden Bezugnahme auf gleich- und gegengeschlechtliche Kinder zeigen: Christian möchte mit Daniel und „mit zwei Mädchen" in ein Zimmer gehen, das Muster wiederholt sich noch einmal, als Jasmin Tanja und „mit Jungen" als Wunsch anmeldet. Erst im zweiten, entscheidenden Schritt des Auswählens werden bei beiden auch die Angehörigen des anderen Geschlechts über die Nennung von Namen individualisiert. Außerdem sagt das Beispiel einiges aus darüber, wie die Kinder im Feld Geschlechterunterscheidung und Freundschaftsinszenierungen verknüpfen.

Der Prozess der materialen Komplexitätsreduktion und -produktion geht unterdessen weiter, denn nicht alle Kategorien, die über Kodierungen gefunden werden, können unter üblichen Forschungsvoraussetzungen weiterbearbeitet, dimensionalisiert und – im Verhältnis zu den anderen analytischen Kategorien – relationiert werden. Wahrscheinlich ist, dass man sich für die Interpretation und Darstellung einer begrenzten Anzahl von systematisch zusammengehörenden Kategorien entscheidet. Auch der Auswertungsprozess bedeutet also, dass selektive Entscheidungen getroffen werden, die jeweils plausibel gemacht und begründet werden müssen, potentiell aber auch anders ausfallen könnten. Die untersuchte Wirklichkeit ist so komplex, dass sie auch andere analytische Akzente zuließe, die eigenen analytischen Entscheidungen sollten angesichts dieser Komplexität nicht objektivistisch, sondern reflexiv aufgefasst werden. Man wählt bestimmte Ausschnitte der Kultur, um diese exemplarisch darzustellen und zu interpretieren, der Anspruch auf Darstellung der Komplexität der kulturellen Bedeutungen bleibt aber erhalten, auch wenn die Analysen und Darstellungen nicht alle Details erfassen können. Beim Schreiben ethnographischer Texte (im Sinne von Geertz' „dichten Beschreibungen") können über Zitate aus Beobachtungsprotokollen komplexe Situationen wieder in die Darstellung hereingeholt werden. Damit werden die Reduktionen der analytischen Schritte nicht rückgängig gemacht, es wird aber sozusagen vorgeführt, von woher sie kommen.

In den letzten Schritten wurde der Kodierungsprozess als Prozess der sukzessiven Erzeugung von analytischer Komplexität und Reduktion von situativer Komplexität beschrieben. Die Situationskomplexität von beobachteten

Einzelbeispielen kann zumindest in den Darstellungsweisen des zu publizierenden ethnographischen Textes präsent und damit für Leserinnen transparent bleiben. Implizit dokumentiert werden so auch all die offenen Fragen, die an das Material gestellt werden können, *gegen* deren Bearbeitung man sich aber in der vorliegenden Studie entschieden hat. Am komplexen Material zeigt man auch die Begrenztheit der eigenen Bearbeitung. Und es wird die situative Begrenztheit der Beobachtungen mit dokumentiert sowie die Unmöglichkeit der Beantwortung bestimmter Fragesorten an diesem spezifischen Material. Dazu gehören die bereits weiter oben inkriminierten Warum-Fragen: Warum – ich beziehe mich noch einmal auf obige Beobachtungssequenz – möchten z. B. Carola, Uta, Mona und Lisa unter den gegebenen Bedingungen doch lieber zusammen in ein Zimmer, während Jasmin, Judith und Nina gerne mit Christian und Daniel ein Zimmer teilen würden? Nach diesem Muster ließen sich viele Fragen an Biographien, Beziehungsbiographien und die Geschichte der Gruppe aufwerfen, und es ließen sich – je nach Präferenz – sozialpsychologische oder pädagogische Spekulationen daran knüpfen, die das spezifisch ‚zugeschnittene' Material aber nicht so recht zulassen will. Die genaue Beobachtung und Beschreibung der kollektiven Entscheidungsprozesse für die Zimmerbelegung verweist auf ganz andere Akzente, nämlich die Rahmung und den interaktiven Vollzug dieser Entscheidungen, die schon dadurch eine bestimmte Dynamik bekommen, dass Christian der erste ist, der seine Wünsche äußern darf – alle weiteren Aushandlungen werden durch die ‚Setzung' von Christians Präferenzen gerahmt.

Zusammenfassend und abstrakt gesprochen: Im Forschungsprozess konstruiert man durch aufeinander bezogene und z. T. pragmatisch begründete Schritte der Komplexitätsbearbeitung den Gegenstand der Forschung und spezifische theoretische Perspektiven. Der Forschungsprozess ist in dieser Hinsicht ein selbstbezüglicher Verdichtungsprozess, der durch eine systematische Reflexion kontrolliert wird.

3. Zusammenfassung

Theoretisch gesehen ist Komplexität eine abstrakte Modellvorstellung, die negativ subsumiert, dass jeder Erkenntnisgegenstand potentiell unendlich viele Bedeutungsebenen haben kann, die nicht vollständig und nicht auf einmal erfasst und dargestellt werden können. In dieser Eigenschaft des Begriffs Komplexität liegt die Gefahr, dass er als Sammelbegriff und Platzhalter benutzt wird für analytische und Interpretationsprobleme, die in der qualitativen Forschung nicht gelöst werden können.

Der empirische Konstruktivismus untersucht die komplexen alltagskulturellen Praktiken von Teilnehmern in ihren sozialen Feldern. Die methodische Weiterentwicklung gegenüber Schütz und Berger/Luckmann liegt in der Anwendung der ethnographischen Methode und Darstellung, die geeignet ist, die analytischen Objektivierungen durch die Forschung zu plausibilisieren *und* zu brechen. Die Ethnographie lässt Platz für Widersprüche, für Diverses, Mehrdeutiges, Disparates, Heterogenes. Diese Bedeutungsvielfalt zeigt sich in der Differenz von Material und Interpretation.

Nicht zufällig greift die deutsche Übersetzung von Geertz' „thick description" auf den Begriff „dicht" zurück. Angesichts der Dichte sozialer Wirklichkeit, die sich aus der Vielfalt an Repertoires und Rahmungen (vgl. Goffman 1980) von sozialen Situationen, über die Teilnehmer verfügen, ergibt, steht die Forschung nicht nur vor analytischen und interpretatorischen Problemen, sondern auch vor Fragen der angemessenen Darstellung, die eher aus ästhetisch-theoretischen Debatten geläufig sind. Der Anspruch „dichter Beschreibung" fordert die spezifischen Reduktionen theoretischer Begriffe heraus: Indem diese vom Einzelfall abstrahieren, tendieren sie zu Vereinheitlichung statt Varianz, indem sie bezeichnen statt zu beschreiben, verdünnen sie das Darzustellende.

Komplexe Probleme erfordern komplexe Bearbeitungen. Mit einer additiven Kombination verschiedener Methoden wird man den hier angesprochenen wissenstheoretischen und forschungslogischen Problemen nicht gerecht (vgl. Kelle 2001). Es bedarf einer Methodologie, die in der Lage ist, das Wechselspiel von Komplexitätsreduktion und -produktion im je konkreten Forschungsprozess fall- und feldspezifisch zu methodisieren, ohne dass die Kreativität in der Abarbeitung an Prinzipien auf der Strecke bleibt. Letztlich entscheiden dann Transparenz und Dichte der Darstellung über Plausibilität und Rezeptionserfolg einer Studie.

Literatur

Adorno, Theodor W. 1972: Einleitung zum „Positivismusstreit in der deutschen Soziologie". Gesammelte Schriften Bd. 8. Frankfurt/M. S. 280-353.
Adorno, Theodor W. 1973: Studien zum autoritären Charakter. Frankfurt/M.
Berger, Heinrich 1993: Konstruktivistische Perspektiven in der Sozialpsychologie. Schizophrenie als andere Seite der Normalität. In: Keupp, Heiner (Hg.): Zugänge zum Subjekt. Perspektiven einer reflexiven Sozialpsychologie. Frankfurt/M. S. 186-225.
Berger, Peter/Thomas Luckmann 1970: Die soziale Konstruktion der Wirklichkeit. Frankfurt/M.
Bergmann, Jörg R. 2000: Ethnomethodologie. In: Flick, Uwe u. a. (Hg.): Qualitative Sozialforschung. Ein Handbuch. Reinbek. S. 118-135.
Breidenstein, Georg/Helga Kelle 1998: Geschlechteralltag in der Schulklasse. Ethnographische Studien zur Gleichaltrigenkultur. Weinheim und München.
Clifford, James/George E. Marcus (Hg.) 1986: Writing Culture. The Poetics and Politics of Ethnography. Berkeley.
Denzin, Norman K./Yvonna S. Lincoln (Hg.) 1994: Handbook of Qualitative Research. Thousand Oaks/London/New Delhi.

Dilthey, Wilhelm 1924: Über die Möglichkeit einer allgemeingültigen pädagogischen Wissenschaft. In: Ders.: Die geistige Welt. Einleitung in die Philosophie des Lebens. Stuttgart. S. 56-82.

Flick, Uwe/Ernst von Kardorff/Heiner Keupp/Lutz von Rosenstiel/Stephan Wolff (Hg.) 1991: Handbuch qualitative Sozialforschung. München.

Flick, Uwe/Ernst von Kardorff/Ines Steinke (Hg.) 2000: Qualitative Forschung. Ein Handbuch. Reinbek.

Flick, Uwe 2004: Triangulation. Eine Einführung. Wiesbaden.

Geertz, Clifford 1987: Dichte Beschreibung. Frankfurt/M.

Geertz, Clifford 1990: Die künstlichen Wilden. München.

Gergen, Kenneth J. 1985: The Social Constructionist Movement in Modern Psychology. American Psychologist 40. S. 266-275.

Glaser, Barney G./Anselm L. Strauss 1967: The Discovery of Grounded Theory. Chicago.

Glasersfeld, Ernst von 1991: Knowing without Metaphysics. Aspects of the Radical Constructivist Position. In: Steier, Frederick (Hg.): Research and Reflexivity. Newbury Park. S. 12-29.

Goffman, Erving 1980: Rahmen-Analyse. Ein Versuch über die Organisation von Alltagserfahrungen. Frankfurt/M.

Hirschauer, Stefan/Klaus Amann (Hg.) 1997: Die Befremdung der eigenen Kultur. Zur ethnographischen Herausforderung soziologischer Empirie. Frankfurt/M.

Hünersdorf, Bettina/Christoph Maeder/Burkhard Müller (Hg.) 2008: Ethnographie und Erziehungswissenschaft. Methodologische Reflexionen und empirische Annäherungen. Weinheim und München.

Kalthoff, Herbert 2003: Beobachtende Differenz. Instrumente der etnografischsoziologischen Forschung. In: Zeitschrift für Soziologie (ZfS) 32. S. 70-90.

Kelle, Helga 2001: Ethnographische Methodologie und Probleme der Triangulation. In: Zeitschrift für Soziologie der Erziehung und Sozialisation (ZSE) 21.2. S. 192-208.

Knorr Cetina, Karin 1989: Spielarten des Konstruktivismus. Soziale Welt, 1/2 (40). S. 86-96.

Knorr Cetina, Karin 2002: Wissenskulturen: ein Vergleich naturwissenschaftlicher Wissensformen. Frankfurt/M.

Luhmann, Niklas 1986: Systeme verstehen Systeme. In: Luhmann, Niklas/Karl-Eberhard Schorr (Hg.): Zwischen Intransparenz und Verstehen. Fragen an die Pädagogik. Frankfurt/M. S. 72-117.

Luhmann Niklas 1989: Vertrauen. Ein Mechanismus der Reduktion sozialer Komplexität. Stuttgart.

Luhmann, Niklas/Karl-Eberhard Schorr (Hg.) 1982: Zwischen Technologie und Selbstreferenz. Fragen an die Pädagogik. Frankfurt/M.

Luhmann, Niklas/Karl-Eberhard Schorr (Hg.) 1986: Zwischen Intransparenz und Verstehen. Fragen an die Pädagogik. Frankfurt/M.

Maturana, Humberto R./Francisco G. Varela 1987: Der Baum der Erkenntnis. Die biologischen Wurzeln des menschlichen Erkennens. Bern.

Popper, Karl R. 1972: Die Logik der Sozialwissenschaften. In: Adorno, Theodor W. (Hg.): Der Positivismusstreit in der deutschen Soziologie. Darmstadt/Neuwied. S. 103-123.

Roth, Heinrich 1962: Die realistische Wendung in der Pädagogischen Forschung. In: Neue Sammlung 2. S. 481-490.

Rusch, Gebhard 1986: Verstehen verstehen. Ein Versuch aus konstruktivistischer Sicht. In: Luhmann, Niklas/Karl-Eberhard Schorr (Hg.): Zwischen Intransparenz und Verstehen. Fragen an die Pädagogik. Frankfurt/M. S. 40-71.

Schmidt, Siegfried J. (Hg.) 1987: Der Diskurs des Radikalen Konstruktivismus. Frankfurt/M.

Schütz, Alfred/Thomas Luckmann 1979: Strukturen der Lebenswelt Bd. 1. Frankfurt/M.

Schwandt, Thomas A. 1994: Constructivist, Interpretivist Approaches to Human Inquiry. In: Denzin, Norman K./Yvonna S. Lincoln (Hg.): Handbook of Qualitative Research. Thousand Oaks/London/New Delhi. S. 118-137.

Strauss, Anselm L. 1991: Grundlagen qualitativer Sozialforschung Datenanalyse und Theoriebildung in der empirischen und soziologischen Forschung. München.

Yourcenar, Marguerite 1995: Alexis oder der vergebliche Kampf. Frankfurt/M.

Zinnecker, Jürgen 1995: Pädagogische Ethnographie. In: Behnken, Imbke/Olga Jaumann (Hg.) 1995: Kindheit und Schule. Weinheim und München. S. 21-38.

Werner Helsper, Merle Hummrich und
Rolf-Torsten Kramer

Qualitative Mehrebenenanalyse

Fritz Schütze zum 65. Geburtstag

„Mehrebenenanalyse" ist ein Begriff, der bislang vor allem in der quantitativen Forschungslogik verwendet wird. Dort zielt die Mehrebenenanalyse ganz allgemein darauf, den Einfluss des sozialen Kontextes auf das individuelle Handeln zu bestimmen (z.B. Langer 2004; Ditton 1998) und darüber z.B. in der empirischen Bildungsforschung soziale Benachteiligungen im Bildungssystem herauszuarbeiten (z.B. Baumert u.a. 2001; Prenzel u.a. 2004; Becker/Lauterbach 2007).

Qualitative Mehrebenenanalysen haben dagegen in der erziehungswissenschaftlichen Forschung einen eher vereinzelten und impliziten Status. Während frühen qualitativen Studien die Einbeziehung mehrerer Ebenen und die Rückbindung von Ergebnissen auf der individuellen Ebene an den sozialen Kontext noch immanent war, haben sich im Zuge der Ausdifferenzierung qualitativer Forschungsmethoden von den späten 1970er Jahren bis in die 1990er Jahre hinein vornehmlich Zugänge des methodischen Vorgehens etabliert, die dominant auf einer Ebene angesiedelt sind. Erst über die Triangulationsdiskussion (z.B. Flick 2004) seit den frühen 1990er Jahren und eine („neue") Prominenz von Forschungsansätzen, welche im Anschluss an Bourdieu (1982) die Bedeutsamkeit des Milieus gegenüber dem Subjekt berücksichtigen und auf eine Vermittlung der Handlungs- und Strukturebene zielen (vgl. z.B. Helsper u.a. 2001a; Böhme 2000), rückte die Idee des Ansiedelns qualitativer Forschungsprojekte über die Grenzen einer Ebene hinaus wieder in den Vordergrund.

Dabei ist nun aber der Ansatz der qualitativen Mehrebenenanalyse von dem der Triangulation (→ Schründer-Lenzen) zu unterscheiden. So ist Triangulation, als die Kombination unterschiedlicher Erhebungs- und Auswertungsverfahren (vgl. Flick 2004) zwar Vorraussetzung einer gelingenden Mehrebenenanalyse, jedoch bezieht sie nicht per se systematisch die Wechselwirkungen unterschiedlicher Aggregierungs- und Sinnebenen ein. Von einer (qualitativen) Mehrebenenanalyse kann man aber erst sprechen, wenn eine systematische Einbeziehung differenter Aggregierungs- und Sinnebenen des Sozialen erfolgt und eine Zusammenführung der jeweils für eine Ebene gewonnenen Ergebnisse über eine komplexe Gegenstandskonzeption vorgenommen wird.

Ziel unseres Beitrags ist eine methodisch-methodologische Vergewisserung und Schärfung der bisher eher implizit vorliegenden Bestimmungen einer qualitativen Mehrebenenanalyse. Dazu nähern wir uns dem Thema in einem ersten Schritt mit einem knappen Bezug auf eine klassische qualitative Studie (1.). In einem zweiten Schritt prüfen wir mit einem kurzen Blick auf die Diskursgeschichte zum Triangulationskonzept, welche methodischen und methodologischen Überlegungen für die qualitative Mehrebenenanalyse fruchtbar gemacht werden können (2.). In einem dritten Zugriff wenden wir uns dann einer aktuelleren qualitativen Studie zu (3.). Abschließend versuchen wir die Ergebnisse aus diesen Zugriffen in einem Schlussteil zu bündeln und die Potenziale einer qualitativen Mehrebenenanalyse aber auch deren Schwierigkeiten zu reflektieren.

1. Eine frühe qualitative Mehrebenenanalyse – „Die Arbeitslosen von Marienthal"

Wir vertreten hier die These, dass den frühen qualitativen Studien oftmals ein Mehrebenenansatz zugrunde lag. Allerdings wurden diese Gegenstandsannahmen nur wenig expliziert und selten mit den methodischen Vorgehensweisen systematisch verknüpft. Entsprechend spielten Überlegungen zu Mehrebenenansätzen in der weiteren Entwicklung der Qualitativen Methoden kaum eine Rolle (→ Bennewitz). Im Versuch der Begründung und Durchsetzung einer jeweiligen Methode im großen Konzert der qualitativen Sozialforschung dienten wechselseitige Bezüge eher der methodischen Schärfung und empirischen Bewährung des Eigenen. Vermittlungsversuche und Verbindungslinien gab es dagegen kaum.

Selbstverständlich gibt es eine ganze Reihe von frühen qualitativen Studien, die auf ihren Beitrag zu einem mehrebenenanalytischen Ansatz hin geprüft werden können (vgl. dazu Flick/von Kardorff/Steinke 2005). Wir haben uns hier für die Studie „Die Arbeitslosen von Marienthal" entschieden. Marienthal war eine ehemalige Arbeitersiedlung in der Nähe Wiens, die nach einer Fabrikschließung von umfassender Arbeitslosigkeit betroffen war. Im Jahre 1933 wurden erstmals Ergebnisse eines Forschungsprojektes von über 20 Sozialwissenschaftlern vorgestellt (Jahoda/Lazarsfeld/Zeisel 1975), das in seiner Anlage Richtung weisend für die Sozialforschung war. Lazarsfeld schreibt dazu im Vorwort zur neunten Auflage des Bandes: „Die Einleitung zu unserem Bericht erzählt von unserem Beschluss, die Lücke zwischen den nackten Ziffern der Statistik und den zufälligen Eindrücken der sozialen Reportage zu schließen. Die Tatsache, dass wir uns unsere Position von Grund auf improvisieren mussten, hat, im Rückblick gesehen, ohne Zweifel Früchte getragen. Wir versuchten, die Arbeitslosigkeit von allen Seiten zu erfassen" (Lazarsfeld 1975, S. 15). In der Marienthalstudie wurden somit statistische Daten, teilnehmende und verdeckte Beobachtung, mündliche und schriftliche Befragungen sowie Dokumentenanalysen vorgenommen (Jahoda/Lazarsfeld/Zeisel 1975, S. 26). Das wäre zunächst eine Triangulation mit einer Kombination verschiedener (qualitativer und quantitativer) methodischer Zugänge. Uns geht es hier nun weniger um die Vermittlung quantitativer und qualitativer Daten als um den Gehalt der Marienthalstudie als qualitative Mehrebenenanalyse. Denn die Gewinnung unterschiedlichster qualitativer Daten zu einem in der Alltagspraxis wahrgenommenen Phänomen, wurde in dieser Studie in ihrer Wechselwirkung erfasst. Hier ist zum Beispiel die Bedeutung der Unterstützungszahlung zu nennen. Das objektive Datum der Zahlung hat im Leben der Arbeitslosen einen hohen Stellenwert, den Jahoda, Lazarsfeld und Zeisel insgesamt als „Feiertagsbedeutung" bezeichnen. Dies erhoben sie nicht nur über Beobachtungen zum Zeitpunkt der Auszahlung, sondern auch über Interviews, Familienbeobachtungen und Erhebungen zum Schulfrühstück, das die Kinder vor und nach der Auszahlung mitbekamen. Dabei dienten die einzelnen festgehaltenen Phänomene nicht nur der Illustration einer Statistik, sondern lieferten außerordentlich differenzierte Erkenntnisse über Zeitstrukturierungen und Bewältigungsmuster. Im Laufe der Zeit verdichteten sich die Ergebnisse, so dass schließlich eine Abstraktion vom Einzelfall gelingen konnte und „Haltungen" herausgearbeitet wurden, wie mit Arbeitslosigkeit umgegangen wurde. Der ungebrochene, der resignierte, der verzweifelte und der apathische Umgang mit der Lebenssituation – diese unterschiedlichen Handlungstypen konnten rekonstruiert werden. Die hier vorgenommene „schöpferische Verknüpfung" (Flick/von Kardorff/Steinke 2000, S. 16) unterschiedlicher Daten führte zur Entwicklung der Leitformel der „müden Gemeinschaft" (Lazarsfeld 1975), die über die konkret vorliegenden Daten hinausweist und ein kollektives Lebensgefühl (Jahoda/Lazarsfeld/Zeisel 1975) – man würde heute vielleicht sagen: ein kollektives Orientierungsmuster – erfasst, das dennoch unterschiedliche Bearbeitungsstrategien einschließt. Und genau diese differenzierte Herausarbeitung und Verknüpfung von einer kollektiven Haltung auf der Aggregierungsebene der gesamten Ortsgemeinschaft „Marienthal" und den darin unterschiedenen (habitualisierten) Umgangstypen, die für Familienzusammenhänge und Subgemeinschaften dieser Ortsgemeinschaft gültig sind, rechtfertigt die Zuschreibung einer qualitativen Mehrebenenanalyse. Die Studie verknüpft hier also die Ebenen der regionalen Ortsgemeinschaft mit den Ebenen der Familien und Subgemeinschaften und der Ebene der gesamtnationalen Industrieentwicklung – was verschiedene Aggregierungsebenen sind. Außerdem ist der Anlage eine Ebenendifferenzierung und -verknüpfung immanent, welche „objektive" Daten und „subjektive" Haltungen als Sinnebenen kennzeichnet.

Wir können nun mit diesem kurzen Rückblick auf diese „klassische" qualitative Studie unsere Annahmen im Sinne einer qualitativen Mehrebenenanalyse weiter konkretisieren. Wir haben auf der einen Seite einen multimethodischen (triangulierenden) Zugang, der aber auf der anderen Seite – und das ist hier entscheidend – auf eine komplexe Gegenstandskonzeption bezogen ist und zur sinnlogischen Erschließung und Verknüpfung der für sich konzipierten Ebenen beitragen soll. Die hier vorgestellte Studie gibt also einen ersten Einblick in die Charakteristik eines mehrebenenanalytischen Vorgehens. Historisch betrachtet, differenzierte sich jedoch dieses Vorgehen nicht als eigenständiges Konzept aus. Prominenter wurde zunächst das Triangulationskonzept. Wie aus diesem Konzept heraus eine erneute Entwicklung hin zur qualitativen Mehrebenenanalyse erfolgen kann, soll im nächsten Abschnitt dargestellt werden.

2. Die Konjunktur des Triangulationsbegriffes und sein Verhältnis zur qualitativen Mehrebenenanalyse

Die Geschichte des Triangulationskonzepts ist wechselhaft (Schründer-Lenzen 1997; Flick 2004, 2005). Mit Denzin (1978) setzte sich Triangulation zunächst in der ersten Hälfte des vergangenen Jahrhunderts als Validierungsstrategie durch, um den noch neuen, weniger etablierten qualitativen Forschungszugängen eine stärkere Gültigkeit zu verleihen. Dies versuchte man über die Kombination von Datenquellen, Beobachterperspektiven, Methoden und Theorien zu erreichen, ohne allerdings die Frage nach einer verbindenden und übergreifenden Gegenstandskonzeption genügend zu bearbeiten. Später wurde dann mit der Kritik an dieser Validierungsfunktion deutlicher darauf insistiert, dass die mit einer bestimmten Methode gewonnenen Ergebnisse nicht ohne weiteres durch die Ergebnisse eines anderen methodischen Zugangs zu korrigieren oder bestätigen sind, weil der methodische Zugang selbst das Forschungsergebnis maßgeblich konstituiert (vgl. z. B. Helsper u. a. 2001 a, S. 257). Die Gültigkeit und Relevanz eines Forschungsergebnisses sei – so die Einsicht – nur innerhalb der jeweils verwendeten Methode zu begründen. Damit ist der Anspruch der Sicherung der Validität von Forschungsergebnissen, die mit qualitativen Designs gewonnen sind, abgelöst worden von der Vorstellung, mit der Kombination von Methoden (und Methodologien) ein kompletteres, umfang- oder facettenreicheres Bild des untersuchten Forschungsgegenstandes zu zeichnen (vgl. z. B. Krüger 2000). Somit war nunmehr die Differenz und Vielgestaltigkeit von Forschungsbefunden zu einem untersuchten Phänomen nicht nur zulässig, sondern aufgrund der wissenschaftstheoretischen Prämissen geradezu verpflichtend. Eine größere Verwirrung ging dagegen nun von der Gleichartigkeit empirischer Ergebnisse aus, sofern diese mit unterschiedlichen methodischen Zugängen generiert wurden (vgl. Böhme/Kramer 2001, S. 154 f.).

Besonders prägnant zeigte sich diese Problematik in der Diskussion der Triangulation von qualitativen und quantitativen Forschungsmethoden (vgl. Engler 1997; Prein/Erzberger 2000; Krüger/Pfaff 2004). Wir können dabei hier an so genannte „Komplementaritätsmodelle" (Prein/Erzberger 2000, S. 351) bzw. an multiperspektivische Verknüpfungslogiken anknüpfen (Böhme/Kramer 2001, S. 154 f.). Dabei setzt die Sinnhaftigkeit dieser Komplementaritätsannahmen immer schon eine Einsicht in die Grenzen eines jeweiligen Forschungszugangs voraus (vgl. ebd. und Lamnek 2000).

Es ist diese spezifische Weiterführung des Triangulationskonzeptes in den „Komplementaritätsmodellen", die auf den Ansatz der qualitativen Mehrebenenanalyse verweist und diesen systematisch begründen kann. Entscheidend ist dabei der Hinweis auf die Notwendigkeit komplexer Gegenstandskonzeptionen, die systematisch Aspekte und „Ebenen" sozialer Wirklichkeit ausdifferenzieren und in der Kombination verschiedener methodischer Zugänge verknüpfen bzw. zueinander vermitteln. Bei diesen komplexen Gegenstandskonzeptionen kann teilweise auf Vorschläge der Dimensionierung des Feldes qualitativer Forschungsmethoden zurück gegriffen werden – etwa die Unterscheidung eines subjektiv gemeinten Sinns von der Deskription sozialen Handelns oder der Rekonstruktion bedeutungsgenerierender Tiefenstrukturen (vgl. Lüders/Reichertz 1986; Garz/Kraimer 1991).

Der Ansatz der „Qualitativen Mehrebenenanalyse" knüpft also – das sollte mit diesem kurzen Bezug deutlich sein – an eine Linie des Triangulationsdiskurses an. „Qualitative Mehrebenenanalysen" sind dabei komplexe Untersuchungsdesigns, die ein jeweils empirisch interessierendes Phänomen auf der Grundlage eines komplexen (und auf mehreren Ebenen ausdifferenzierten) Gegenstandsentwurfs mit unterschiedlichen qualitativen Forschungsmethoden angehen. Dabei ist entscheidend, dass eine Vermittlung der jeweils innerhalb der einzelnen Forschungsmethoden gewonnenen Befunde auf der Grundlage der ihnen innewohnenden gegenstandskonstituierenden Annahmen angestrebt wird. Diese Vermittlung, die methodisch und methodologisch expliziert und begründet sein muss, rechtfertigt erst den Gebrauch des Labels „qualitative Mehrebenenanalyse".

3. Die Umsetzung einer qualitativen Mehrebenenanalyse in einer ausgewählten Studie – „Die Suche nach Gemeinsamkeit und die Gewalt der Gruppe"

In diesem Abschnitt wollen wir an einer ausgewählten aktuelleren Studie illustrieren, auf welche Weise eine qualitative Mehrebenenanalyse konzipiert, begründet und durchgeführt werden kann.[1] Dabei soll der Blick noch einmal mehr geschärft werden für Potenziale und die Problemfelder eines solchen Zugangs.

Die hier vorzustellende Studie ist unter dem oben genannten Haupttitel von Ralf Bohnsack, Peter Loos, Burkhard Schäffer, Klaus Städtler und Bodo

---

1 Wie schon im ersten Abschnitt hätten wir zur Illustration eine ganz Bandbreite von Studien heranziehen können. Auch in unseren eigenen Studien haben wir in komplexen Analysedesigns immer wieder versucht, Aggregierungs- und Sinnebenen auszudifferenzieren und aufeinander zu beziehen – vgl. z. B. in Bezug auf Schulkulturen (Helsper u. a. 2001 a), in Bezug auf schulische Anerkennungsbeziehungen und politische Orientierungen Jugendlicher (Helsper u. a. 2006) oder in Bezug auf pädagogische Generationsbeziehungen in Familie und Schule (Helsper u. a. 2009).

Wild 1995 veröffentlicht worden. Symptomatisch für qualitative Mehrebenenanalysen setzt die Studie bereits im Ausgangspunkt an einer Theorie- und Empirielücke an, die in unterscheidbare (in spezifizierten Diskursen herauskristallisierte) Ebenen ausdifferenziert ist. So schließen an die zentrale Fragestellung nach der Bedeutung der Adoleszenzentwicklung für so genanntes abweichendes Verhalten sehr unterschiedliche Fokussierungen (mit unterschiedlichen Gegenstandsannahmen) an – etwa die Analyse der Instanzen und Diskurse sozialer Kontrolle, die Berücksichtigung der Praxis kollektiven Handelns und ihres episodischen bzw. aktionistischen Charakters, die Differenz von Motiven und Intentionen des Handelns gegenüber habituellen Orientierungen der Handelnden. In dieser Ausdifferenzierung des Gegenstandes fokussiert die Studie in Anlehnung an Mannheims Wissenssoziologie auf die Analyse impliziter kollektiver Orientierungen, die aus einer gemeinsamen Erlebnisschichtung hervorgehen und sich auf einen konjunktiven Erfahrungsraum beziehen (vgl. Bohnsack u.a. 1995, S. 8f.). Der konjunktive Erfahrungsraum wird als Zugehörigkeit zu einem Milieu gefasst, das sich unterscheiden lässt von Milieukonzepten der Ungleichheitsforschung auf der einen Seite und biographischen, einen individuellen Habitus hervor treibenden, Erlebnisschichtungen auf der anderen Seite.

Diese Gegenstandsannahmen werden systematisch und explizit in eine methodische Anlage der Studie überführt, die mit dem Anspruch der Methodentriangulation eine Verknüpfung von Gruppendiskussionsverfahren, biographischen Interviews und teilnehmender Beobachtung anstrebt (vgl. ebd., S. 425). Grundlage einer solchen methodischen Triangulation ist dabei eine Reflexion der gegenstandskonstituierenden Funktion eines je spezifischen methodischen Zugangs und der darin liegenden Grenze im Zugang zur sozialen Wirklichkeit auf der einen Seite (vgl. ebd., S. 428) sowie eine nicht inhaltliche, sondern formaltheoretische Rahmung der triangulierenden Bezugnahme auf der anderen Seite (vgl. ebd., S. 10). Erst auf dieser formaltheoretischen Grundlage kann dann zusammengeführt werden, was zunächst als jeweils spezifische Konstitution und Rekonstruktion des Gegenstandes in den Blick gekommen ist.

Bei Bohnsack u.a. steht als solch einen formaltheoretischer Bezugsrahmen ein allgemeines Modell der Sozialisation im Hintergrund, das kommunikatives und habituelles Handeln ebenso unterscheidet wie die Aggregierungsebenen der individuellen Lebensgeschichte, der familialen Kommunikation und der Peerkommunikation (vgl. ebd., S. 426ff.). Dieses formaltheoretische Modell eröffnet auch Anschlussmöglichkeiten an sozialstrukturelle Milieukonzepte, die jedoch nicht weiter verfolgt werden. Sie würden aber die Basis bilden für eine Verbindung von Mikro- und Makroperspektiven. In der besonderen Fokussierung auf das habituelle Handeln wird außerdem eine Verbindung von Struktur- und Akteursperspektiven in der Gegenstandskonzeption erreicht.

Die methodische Begründung der Zugänge erfolgt zunächst über die Frage danach, was jeweils in der Erhebung besonders angesprochen oder fokussiert wird. Die Gruppendiskussionen mit den unterschiedlichen Peergroups werden als Protokolle kollektiver Orientierungen und eines kollektiven Habitus der Gruppe verstanden, während die biographischen Interviews als erzählte Lebensgeschichte über die biographische Gesamtformung und den „persönlichen Habitus" Auskunft geben (ebd., S. 428). Es werden aber auch Überschneidungen in dieser analytischen Differenzierung gesehen, insofern in den Gruppendiskussionen auch Spuren des jeweils persönlichen Habitus dokumentiert sind, während umgekehrt in den biographischen Erzählungen auch milieuspezifische Merkmale der Identität zum Ausdruck kommen. Die jeweiligen Grenzen dieser beiden Zugänge werden als Gefahr der „individuellen Stigmatisierung" in der biographischen Erzählung und der Abschneidung detaillierter Erzählungen in der Gruppendiskussion gesehen. Beide Zugänge können insofern auch komplementär zum Einsatz kommen. Die teilnehmende Beobachtung liegt – zumindest von den Gegenstandsannahmen – auf derselben Ebene wie die Gruppendiskussion, ist also eine Ergänzung in der Fokussierung auf eine kollektive Handlungspraxis und einen kollektiven Habitus. Sie ist jedoch sensibler gegenüber den nicht sprachlichen Elementen dieser Handlungspraxis. Die Grenzen dieses Zugangs betreffen v. a. den prekären Charakter der Protokolle, die bereits durch die individuelle Selektivität des Beobachters gefiltert sind, sowie die mit diesem Zugang bestehende Unverfügbarkeit biographischer Erfahrungsaufschichtungen.

In der von Bohnsack u. a. ausgewiesenen methodischen Vorgehensweise bei der Auswertung und Analyse der Protokolle verschwimmt dann jedoch die klare Differenzierung der Ebenen des formalen Gegenstandskonzeptes, was sicherlich darin begründet ist, dass die Analysen dominant auf die Ebene der kollektiven Orientierungsrahmen und der konjunktiven Erfahrungsräume der Peergroup gerichtet sind. Die formaltheoretisch noch berücksichtigten Bezüge des autobiographischen Interviews oder der teilnehmenden Beobachtung werden damit nur zum Teil ausgeschöpft.

Abschließend betrachtet steht die kurz skizzierte Studie für ein gelungenes Beispiel einer qualitativen Mehrebenenanalyse, die besonders in der Reflexion der jeweiligen Begrenztheit eines gewählten methodischen Zugangs zur sozialen Wirklichkeit und in der ausdifferenzierten Anlage der Erhebungen wegweisend ist. Kritisch anmerken ließe sich allenfalls, dass eine noch komplettere Erschließung der analytisch differenzierten Ebenen des untersuchten Gegenstandes dann hätte erfolgen können, wenn die mit den verschiedenen Erhebungszugängen korrespondierenden Auswertungsverfahren in ihrer Eigenlogik zum Einsatz gekommen wären. Dann hätte man z. B. die Interdependenz von kollektiven Orientierungsrahmen, Praktiken der Gruppe und biographischer Erfahrungsaufschichtung deutlicher herausarbeiten können.

4. Was ist der Gegenstand und das Erkenntnispotenzial einer qualitativen Mehrebenenanalyse? – Perspektiven und offene Fragen

Bis hierhin ist deutlich geworden, dass die „qualitative Mehrebenenanalyse" zwar systematisch mit der Triangulation von erhobenen Daten und methodischen Zugängen verbunden ist, zugleich aber einen spezifischen Typus der Verknüpfung darstellt: Es geht dabei immer um die Relationierung von Bedeutungs- und Sinnzusammenhängen, die auf verschiedenen Aggregierungs- und Komplexitätsebenen des Sozialen angesiedelt sind, wobei versucht wird, zwischen diesen unterschiedlichen Ebenen des Sozialen nicht deterministische Sinnzusammenhänge herzustellen. Dabei deuten sich verschiedene Dimensionierungsvarianten an, die noch weiter zu vervollständigen und zu schärfen sind. Als eine zentrale Differenzierung soll nun die Frage der Aggregierungsebene in das Zentrum gestellt werden. Im folgenden Modell werden also zentrale Aggregierungsebenen des Sozialen unterschieden, die sicherlich noch weiter auszudifferenzieren und auch zu anderen Dimensionierungen zu vermitteln sind:

Ebene der Gesellschaft/des Systems (global, national)
Gesetzliche Bestimmungen,
nationale/globale Grundlagen und Regelungen

Regionale Ebene
Spezifische regionale/lokale Bestimmungen, Konstellationen
und Rahmenbedingungen,
die das Handeln kollektiver Akteure rahmen

Ebene von Institution/Milieu
Dominante imaginäre Entwürfe, kulturelle Ordnungen,
kollektive Orientierungen, Habitus

Ebene der Interaktion
Strukturen von Aushandlungsprozessen,
Interaktionen und Praktiken

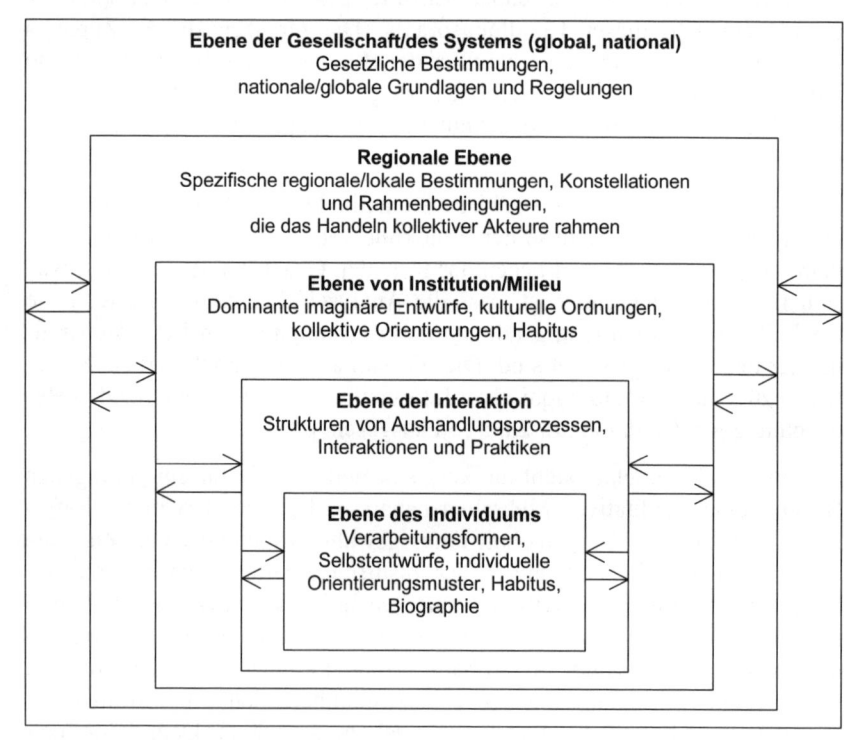

Ebene des Individuums
Verarbeitungsformen,
Selbstentwürfe, individuelle
Orientierungsmuster, Habitus,
Biographie

Abb. 1: Modell der Ebenendifferenzierung

Diese Ebenen sind vor allem als analytische Unterscheidungen zu begreifen. Denn insbesondere bei den höher aggregierten sozialen Sinnebenen sind zugleich andere Ebenen involviert: So ist etwa die Rekonstruktion institutioneller Sinnstrukturen konstitutiv mit der Analyse der Interaktion institutioneller Akteursgruppen verbunden und auch die Rekonstruktion globaler Sinnstrukturen ist eng mit der Rekonstruktion des Handelns kollektiver bzw. institutioneller globaler Akteure, etwa der OECD oder der UNO verknüpft.

Dabei bedarf eine Mehrebenenanalyse allerdings der Rekonstruktion sozialer Ausdrucksgestalten und Texte, die für die jeweilige Aggregierungsebene typisch bzw. kennzeichnend sind und zwar in einem ersten Schritt gerade als voneinander unabhängige Sinnrekonstruktion, die dem Eigensinn der jeweiligen Ebene Rechnung trägt. Wenn etwa Gruppeninteraktionen im Rahmen jugendlicher Peerkulturen untersucht werden, dann geht es zunächst darum, in einer Kontrastierung möglichst unterschiedlicher Gruppenkontexte und -situationen das darin trotz aller Varianz der interaktiven Muster Wiederkehrende, die Homologie des Differenten zu rekonstruieren (vgl. etwa Willis 1979 a, b) – also die kollektiven Deutungsmuster (Oevermann 2001) bzw. (in der dokumentarischen Analyse) den kollektiven Orientierungsrahmen (vgl. Bohnsack u.a. 1995; Bohnsack 2007) herauszuarbeiten – zugleich aber auch die Differenz und Varianz in diesen Mustern zu kennzeichnen, die ebenso wie die Homologie der interaktiven Sinnmuster ein Charakteristikum der jeweiligen Peergruppe darstellt. Darin lassen sich einerseits Aussagen zu höher aggregierten Sinnebenen generieren, etwa wenn im Kontrast von ländlichen und städtischen Jugendgruppen markante Differenzen zu Tage treten, die Hinweise auf die Differenz ländlicher und städtischer Sozialisationsräume eröffnen (vgl. etwa Bohnsack 1989). Andererseits sind in den Rekonstruktionen des kollektiven Gruppensinns auch Aussagen zur Positionierung individueller Akteure im Rahmen der Gruppeninteraktionen zu treffen. Darin sind wiederum soziale Positionierungen der individuellen Akteure im Gruppengefüge ablesbar: etwa über Unterschiede in Status, Prestige, Anerkennung und (Rede-)Macht. Andererseits ergeben sich genauso Hinweise auf den kollektiven bzw. institutionellen Sinn in der Rekonstruktion des Individuellen. Das zeigt sich etwa in biographischen Studien. So kann in der Rekonstruktion maximal und minimal kontrastierender Biographien von Gymnasiasten auf institutionelle Sinnformationen zurückgeschlossen werden, wenn – trotz aller Differenz im Individuellen – sich homologe Sinnmuster rekonstruieren lassen bzw. sich in maximal differenten Biographien in gemeinsamen Geburtsjahrgängen (Kohorten) wiederkehrende homologe Sinnaufschichtungen zeigen, die auf gemeinsame Generationserfahrungen verweisen (vgl. etwa Nittel 1992; Bude 1987). Dies lässt sich sehr schön etwa im Verhältnis von individuellen und kollektiven handlungsschematischen Wandlungs- bzw. verlaufskurvenförmigen Prozessen verdeutlichen (vgl. Schütze 1989, 1994, 2006). Diese sinnrekonstruktiv im Individuellen erschlossenen Hinweise auf kollektive oder institutionelle Sinnmuster bzw. die im kollektiven Sinn erschlossenen Verweise auf den individuellen Sinn ersetzen aber keineswegs die Rekonstruktion des Sinns auf der jeweils anderen Aggregierungsebene des Sozialen. Sie bilden vielmehr aus der Rekonstruktion der jeweiligen Sinnebene gewonnene Anschlussstellen, die einen nicht subsumtionslogisch oder abstrakt-theoretisch, sondern einen in der konkreten Rekonstruktion des singulären, lokalen Eigensinns der jeweiligen Ebene begründeten Konnex zu anderen Ebenen sozialen Sinns eröffnen.

Wenn also eine qualitative Mehrebenenanalyse in den Blick genommen wird, so müssen folgende Punkte berücksichtigt werden:

1. braucht es eine komplexe Gegenstandskonzeption als Grundlegung für die Anlage einer Untersuchung, die verschiedene Ebenen und Aspekte eines interessierenden Phänomenbereiches ausdifferenziert und zueinander relationiert;
2. ist für die Anlage der Untersuchung als qualitative Mehrebenenanalyse eine möglichst offene (qualitative) Erhebung von Daten und Protokollen für jede der anvisierten Ebenen sicher zu stellen;
3. müssen dabei solche qualitative Daten und Protokolle erhoben werden, die für die jeweilige Sinnebene typisch und aussagekräftig sind – für die Ebene des individuellen sozialen Sinns etwa biographische oder episodische Erzählungen, Deutungen, Erklärungen oder Argumentationen, aber auch körperliche Praktiken, Artefakte und Produkte individueller Praxis oder für die Ebene des interaktiven kollektiven Handelns entsprechende situative, performative Interakte;
4. ist dann zunächst die jeweils eigenständige Sinnrekonstruktion und Analyse des Materials mit qualitativen, interpretierenden Verfahren für jede der einbezogenen Ebenen eines Gegenstandes zu leisten. Dabei müssen sowohl die ebenenspezifische Typik als auch die „Anschlussstellen" für andere Sinnebenen rekonstruiert werden;[2]
5. müssen dann die unabhängig voneinander rekonstruierten ebenenspezifischen Sinnmuster zueinander relationiert werden und die „Brücken-" bzw. Anschlussstellen für die jeweils andere Sinnebene miteinander verbunden werden.

---

2 An dieser Stelle taucht eine weitere grundlegende Problematik auf, deren Diskussion notwendig ist, hier aber aufgrund der Begrenzungen nicht erfolgen kann: Es stellt sich die Frage, ob es ebenenspezifische Analysemethoden gibt oder ob man verschiedene Ebenen mit ein und derselben Methode angehen kann. Für die Differenzierung unterschiedlicher Aggregierungsebenen nehmen zumindest einzelne Methoden (z. B. die objektive Hermeneutik oder die dokumentarische Methode der Interpretation) genau dies für sich in Anspruch. Das wäre aber genauer zu diskutieren und kann bei der Differenzierung unterschiedlicher Sinnebenen ganz anders sein. Hier soll zunächst der Hinweis genügen, dass sich in dieser Frage zwei Typen der qualitativen Mehrebenenanalyse unterschieden lassen: solche die mit einem methodischen Zugang arbeiten und solche die verschiedene qualitative Analyseverfahren kombinieren.

Das kann allerdings unterschiedliche Komplexitätsgrade der Relationierung beinhalten und zudem von unterschiedlichen Ebenen seinen Ausgang nehmen. Das veranschaulicht das folgende Schema:

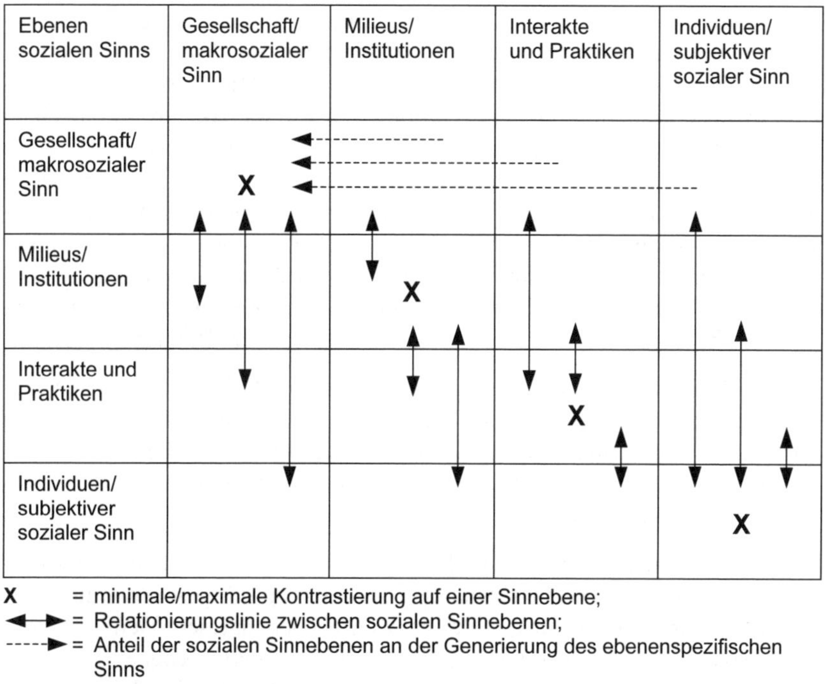

Ebenen sozialen Sinns	Gesellschaft/ makrosozialer Sinn	Milieus/ Institutionen	Interakte und Praktiken	Individuen/ subjektiver sozialer Sinn
Gesellschaft/ makrosozialer Sinn	X			
Milieus/ Institutionen		X		
Interakte und Praktiken			X	
Individuen/ subjektiver sozialer Sinn				X

X = minimale/maximale Kontrastierung auf einer Sinnebene;
◄─► = Relationierungslinie zwischen sozialen Sinnebenen;
----► = Anteil der sozialen Sinnebenen an der Generierung des ebenenspezifischen Sinns

Abb. 2: Schema zur Kontrastierung

Das Schema vereinfacht – wie alle Schemata – die Komplexität der Zusammenhänge, denn wie bereits erwähnt sind insbesondere auf den höhersymbolischen Aggregierungsebenen auch die anderen Ebenen des sozialen Sinns inkludiert. Wenn etwa – als Beispiel – auf der Ebene makrosozialer Sinnstrukturen die Durchsetzung eines Systemmonitorings mit Large-Scale-Assessment-Studien, Bildungsberichten, Vergleichsarbeiten, Inspektionen etc. untersucht werden soll, dann ist neben der Rekonstruktion der Gesetzes-, Verordnungs-, Beschluss- und Entscheidungslage in Form von Dokumenten und Texten auch das Agieren unterschiedlicher kollektiver und institutioneller Akteure bedeutsam, die Rekonstruktion sozialer Arenen der politischen Entscheidungsfindung sowie das Handeln bedeutsamer individueller Entscheidungs- und Amtsträger. In einer derartigen Perspektive verbliebe man im Kern auf der Ebene des makrosozialen Sinns, müsste aber, um diesen Transformationsprozess auf der höhersymbolischen Sinnebene rekonstruieren zu können, andere soziale Sinnebenen, die für die Generierung des makrosozialen Sinns bedeutsam sind, mit in den Blick nehmen. Das wäre gewissermaßen die hier nur angedeutete Verknüpfung auf der Horizontalen des Schemas. Davon ist – um im Beispiel zu bleiben – die

Perspektive einer umfassenden Ebenenverknüpfung zu unterscheiden: Hier wäre die Rekonstruktion der makrosozialen Sinnstrukturen damit zu verknüpfen, welche Relevanz diese höhersymbolischen Sinnordnungen auf der Ebene von Institutionen – etwa der Schulaufsicht oder der einzelnen Schule – gewinnen und wie die jeweiligen Institutionen sich mit diesen höhersymbolischen Sinnstrukturierungen auseinandersetzen und diese in die institutionellen Sinnordnungen „einbauen" und darin spezifisch re-interpretieren. Und dies ist wiederum dazu zu relationieren, wie die Akteure in einzelnen Schulen in interaktiven Handlungszusammenhängen und konkret situierten Praktiken diesen höhersymbolischen Sinnstrukturierungen eigenlogischen Sinn verleihen. Schließlich ist auf der Ebene individuellen Sinns zu rekonstruieren, wie die einzelnen Akteure – etwa Lehrer, Schulleitung, Schüler etc. – ihrerseits diese höhersymbolischen Sinnstrukturierungen und die konkret ausgeformten institutionellen Sinnordnungen deuten und verarbeiten und welche Konsequenzen dies für ihre (professionelle) Biographie besitzt.

Dabei ist es nicht gleichgültig, das markieren die Zeilen des obigen Schemas, von welcher Ebene aus die Mehrebenenanalyse in Angriff genommen wird bzw. welche Sinnebene im Zentrum steht. Denn von dieser – zumeist besonders umfassend rekonstruierten – Ebene aus erfolgt dann die Relationierung der Sinnmuster.

Was aber bedeutet es, wenn von der Relationierung unterschiedlicher Sinnebenen gesprochen wird? Hier liegen – methodologisch gesehen – die größten Herausforderungen für qualitative Mehrebenenanalysen: Denn die konkret erschlossenen Sinnmuster beziehen sich ja auf verschiedene Ebenen, so dass z. B. die Verknüpfung institutioneller Ablaufmuster oder das Entscheidungsprocedere in institutionellen Gremien mit den Deutungen oder Haltungen einzelner Akteure oder Akteursgruppen zu Fragen der eigenen Partizipationsmöglichkeiten nicht direkt abzugleichen ist. Das wäre ja nur möglich, wenn im Sinne der Kontrastierung etwa unterschiedliche institutionelle Arrangements abgeglichen würden. Die Rekonstruktion der individuellen oder kollektiven Deutungen kann nun homologe, konsistente, inkonsistente bis widerspruchsvolle Sinnmuster hinsichtlich der Partizipationsmöglichkeiten im Verhältnis zu den rekonstruierten institutionellen Entscheidungsarenen erbringen. Genau dies wäre aber der erste Schritt einer ebenenspezifischen Sinnrelationierung: Es wäre festzuhalten, in welchem „Passungsverhältnis" die Deutungen der Akteure zur Rekonstruktion der institutionellen Sinnmuster stehen. Daraus lassen sich – unter verschiedenen inhaltlichen Perspektiven – Zusammenhänge zwischen institutionellen Sinnordnungen und Akteursperspektiven entwickeln. Wenn – um im Beispiel zu bleiben – ein auf Ausschluss oder formaler Partizipationssimulation beruhendes institutionelles Procedere im Rahmen der institutionellen Ordnung rekonstruiert werden konnte, dann können die Akteure dies ebenfalls als Ausschluss oder Simulation deuten, als Problem markieren, Widerspruch anmelden oder auch resignierend einwilligen. Sie können dies aber auch als unproblematisches, selbstverständliches Entscheidungsprocedere annehmen, das sie unterstützen und positiv evaluieren.

Genau aus einer derartigen Relationierung ebenenspezifischen Eigensinns in Form von Passungskonstellationen resultieren dann weiterreichende Erkenntnisse über das Zusammenspiel institutioneller Ordnungen und institutioneller Akteurskonstellationen, aus denen wiederum auf Erstarrung, Routine, Konflikt und Krise der institutionellen Ordnung geschlossen werden kann. Hier soll nur darauf verwiesen werden, dass die Sinnrelationierung dann zusätzlich anspruchsvoll und schwierig wird, wenn für die Rekonstruktion des ebenenspezifischen Eigensinns auch unterschiedliche Methoden und Interpretationsverfahren verwendet werden. Denn dann entsteht eine Art Verdopplung oder Vervielfachung des Ebenenproblems, wie es für anspruchsvolle qualitative Mehrebenenanalysen durchaus typisch ist: Die rekonstruierten Sinnmuster liegen nicht nur auf verschiedenen sozialen Aggregierungsebenen, sondern zugleich auf theoretisch und methodologisch unterschiedlich konzipierten Sinnebenen, etwa zwischen unbewusst-latenten, impliziten oder expliziten, intentionalen Sinnkonzepten.

Was sind nun aber, neben den angedeuteten Schwierigkeiten die besonderen Potenziale, die eine qualitative Mehrebenenanalyse mitbringt? Die qualitative Mehrebenenanalyse eröffnet zwei Perspektiven, mit denen sich qualitative Forschung in der Regel bislang schwer tut:

1. Häufig bleibt qualitative Forschung auf eine Aggregierungsebene des Sozialen beschränkt, zumeist – eng verknüpft mit der Orientierung qualitativer Forschung auf das lokale, spezifisch Situierte – auf die mikrosoziale Ebene. Mit der qualitativen Mehrebenenanalyse bleibt diese Stärke qualitativer Forschung erhalten, weil jede Ebene des Sozialen in einer mikroanalytischen Perspektive in ihren Sinnmustern und -strukturen zu rekonstruieren bleibt. Entscheidend aber ist, dass durch die nicht subsumptionslogische Relationierung von sozialen Sinnebenen zwischen makrosozialen, institutionellen, milieuspezifischen, interaktiven und individuellen Bezügen die qualitative Forschung Anschluss auch an makrosoziale Perspektiven und Makrotheorien des Sozialen gewinnt. Das Zusammenspiel von Struktur und Akteur, das für jede Sinnebene konstitutiv ist, lässt sich so als Zusammenspiel von Sinnstrukturierungen höhersymbolischer sozialer Ordnungen mit globaler, nationaler, regionaler Reichweite und den handelnden Akteurskonstellationen in institutionellen, milieu- oder gruppenspezifischen sowie individuellen Erscheinungsformen relationieren. Das bedeutet nichts anderes, als dass Erhebungen und Texte zueinander vermittelt werden, die auf verschiedenen Ebenen des Sozialen angesiedelt sind (vgl. das obige Schema). So kann etwa die gesetzliche Neuregelung des Übergangs in die Sekundarschulen auf Landesebene rekonstruiert und damit die Struktursetzung auf der makrosozialen Ebene herausgearbeitet werden. Dazu können auf der konkreten Ebene der Schulen die institutionellen Praxen und Umgangsformen ge-

genüber dieser Setzung von Makrostrukturen rekonstruiert und damit der institutionelle Spielraum im Rahmen der übergreifenden Struktursetzungen ausgelotet werden. Dies kann wiederum mit den Deutungsmustern und Praktiken der konkreten Akteure – also von Lehrkräften, Eltern und Kindern – verbunden werden. Auch hier ist wieder die Frage leitend, wie die makrosozialen aber auch die jeweils schulspezifischen Strukturierungen die Deutungsmöglichkeiten und Handlungsspielräume konkreter Akteure begrenzen oder Spielräume offen bleiben. Mit einem derartigen Zugang kann der Frage nachgegangen werden, wie stark höhersymbolische Sinnstrukturen in die institutionellen, interaktiven und individuellen Verläufe eingreifen und auch, wie viel konkret situierter Eigensinn, wie viel Emergenz und welche Spielräume unterhalb makrosozialer Sinnordnungen bestehen. Damit gewinnt die qualitative Mehrebenenanalyse ein hohes Potenzial für die Formulierung qualitativ fundierter Makrotheorien des Sozialen.

2. Zudem erhält qualitative Forschung – obwohl Verstehen und Erklären schon längst keine sich ausschließenden Forschungsperspektiven für die qualitative Forschung sind, sondern in einer Reihe von Verfahren eher als sequenzielle Abfolge im Forschungsprozess erscheinen (vgl. etwa Kelle 1994; Oevermann 2000) – eine Stärke gerade im Sinne eines durch die Sinnrekonstruktion des Konkreten hindurchgehenden Erklärens. Denn wenn in der komplexen Relationierung von Sinnmustern auf verschiedenen Aggregierungsebenen das Zusammenspiel, die Interdependenz und die gegenseitigen Bezüge im Sinne von Passungskonstellationen, von Möglichkeits- und Begrenzungsräumen herausgearbeitet werden können, dann lassen sich daraus konkrete soziale Konstellationen in der sinnverstehenden Relationierung erklären. Das markiert schließlich den Anschluss an eine reformulierte Theorie des Kulturellen, in der die Erklärung des Sozialen immer nur durch die Rekonstruktion und Relationierung von Sinnzusammenhängen möglich scheint (vgl. Reckwitz 2000, 2007).

Inzwischen ist die qualitative erziehungswissenschaftliche Forschung wohl über das hinaus, was Marotzki und Bohnsack vor zehn Jahren in einem Band zum Verhältnis von Kultur- und Biographieanalyse – wenn man so will: eine Mehrebenenperspektive – als Aufgabe einer Erweiterung formulierten: Die Biographieforschung sei lange als Synonym für qualitative Forschung verwendet worden, während doch Verfahren hinzu getreten seien oder – so könnte dieser Gedankengang die ethnographische Forschungstradition berücksichtigend (Behnken/Zinnecker 2001; Krappmann/Oswald 1995) ergänzt werden – sich parallel dazu entwickelt haben, die sich interaktiven und kollektiven sozialen Sinnwelten zuwenden. „Hierauf zielt der Begriff der Kulturanalyse, der sich noch durch denjenigen der Milieuanalyse ergänzen ließe." (Bohnsack/Marotzki 1998, S. 8) Überraschenderweise finden sich – auch nicht in den Hauptbegriffen Qualitativer Sozialforschung (vgl. Bohnsack/Marotzki/Meuser 2003) – im Anschluss daran aber kaum

Beiträge, die diesen zentralen Sachverhalt der Vermittlung und Relationierung zwischen unterschiedlichen Aggregierungsebenen des sozialen Sinns systematisch in den Blick nehmen. Darauf zielt – bei allen offenen Fragen – das Konzept einer qualitativen Mehrebenenanalyse.

Literatur

Baumert, Jürgen/Eckhard Klieme/Michael Neubrand/Manfred Prenzel/Ulrich Schiefele/Wolfgang Schneider/Petra Stanat/Klaus-Jürgen Tillmann/Manfred Weiß (Hg.) 2001: PISA 2000. Basiskompetenzen von Schülerinnen und Schülern im internationalen Vergleich. Opladen.
Becker, Rolf/Wolfgang Lauterbach (Hg.) 2007: Bildung als Privileg. Erklärungen und Befunde zu den Ursachen der Bildungsungleichheit. Wiesbaden.
Behnken, Imbke/Jürgen Zinnecker (Hg.) 2001: Kinder, Kindheit, Lebensgeschichte. Ein Handbuch. Seelze-Velber.
Böhme, Jeanette 2000: Schulmythen und ihre imaginäre Verbürgung durch oppositionelle Schüler. Ein Beitrag zur Etablierung der erziehungswissenschaftlichen Mythenforschung. Bad Heilbrunn/Obb.
Böhme, Jeanette/Rolf-Torsten Kramer 2001: Zur Triangulation der empirischen Ergebnisse und Entwurf zu einer Theorie schulischer Partizipation. In: Böhme, Jeanette/Rolf-Torsten Kramer (Hg.): Partizipation in der Schule. Opladen. S. 153-188.
Bohnsack, Ralf 2007: Rekonstruktive Sozialforschung. Einführung in qualitative Methoden. Opladen.
Bohnsack, Ralf/Peter Loos/Burkhard Schäffer/Klaus Städtler/Bodo Wild 1995: Die Suche nach Gemeinsamkeit und die Gewalt der Gruppe. Opladen.
Bohnsack, Ralf/Winfried Marotzki (Hg.) 1998: Biographieforschung und Kulturanalyse. Opladen.
Bohnsack, Ralf/Winfried Marotzki/Michael Meuser (Hg.) 2003: Hauptbegriffe Qualitativer Sozialforschung. Opladen.
Bourdieu, Pierre 1982: Die feinen Unterschiede. Frankfurt/M.
Bude, Heinz 1987: Deutsche Karrieren. Lebenskonstruktionen sozialer Aufsteiger aus der Flakhelfer-Generation. Frankfurt/M.
Denzin, Norman K. 1978: The research act. New York.
Ditton, Hartmut 1998: Mehrebenenanalyse. Grundlagen und Anwendungen des Hierarchisch Linearen Modells. Weinheim und München.
Engler, Steffani 1997: Zur Kombination von qualitativen und quantitativen Methoden. In: Friebertshäuser, Barbara/Annedore Prengel (Hg.): Handbuch Qualitative Forschungsmethoden in der Erziehungswissenschaft. Weinheim und München. S. 118-130.
Flick, Uwe 2004: Triangulation. Eine Einführung. Wiesbaden.
Flick, Uwe 2005: Triangulation in der qualitativen Forschung. In: Flick, Uwe/Ernst von Kardorff/Ines Steinke (Hg.): Qualitative Forschung. Ein Handbuch. Reinbek. S. 309-318.
Flick, Uwe/Ernst von Kardorff/Ines Steinke (Hg.) 2000: Handbuch qualitative Forschungsmethoden. Reinbek.
Flick, Uwe/Ernst von Kardorff/Ines Steinke (Hg.) 2005: Qualitative Forschung. Ein Handbuch. Reinbek.

Garz, Detlef/Klaus Kraimer 1991: Qualitativ-empirische Sozialforschung im Aufbruch. In: Garz, Detlef/Klaus Kraimer (Hg.): Qualitativ-empirische Sozialforschung. Opladen. S. 1-34.

Helsper, Werner/Jeanette Böhme/Rolf-Torsten Kramer/Angelika Lingkost 2001 a: Schulkultur und Schulmythos. Rekonstruktionen zur Schulkultur I. Opladen.

Helsper, Werner/Leonie Herwartz-Emden/Ewald Terhart 2001 b: Qualität qualitativer Forschung in der Erziehungswissenschaft. In: Zeitschrift für Pädagogik. 14. Jg. H. 2. S. 251-269.

Helsper, Werner/Rolf-Torsten Kramer/Merle Hummrich/Susann Busse 2009: Jugend zwischen Familie und Schule. Eine Studie zu pädagogischen Generationsbeziehungen. Wiesbaden.

Helsper, Werner/Heinz-Hermann Krüger/Sylke Fritzsche/Sabine Sandring/Christine Wiezorek/Oliver Böhm-Kasper/Nicolle Pfaff (Hg.) 2006: Unpolitische Jugend? Eine Studie zum Verhältnis von Schule, Anerkennung und Politik. Wiesbaden.

Jahoda, Marie/Paul F. Lazarsfeld/Hans Zeisel 1975: Die Arbeitslosen von Marienthal. Ein soziographischer Versuch über die Wirkungen langandauernder Arbeitslosigkeit. Mit einem Anhang: Zur Geschichte der Soziographie. Frankfurt/M.

Kelle, Udo 1994: Empirisch begründete Theoriebildung. Zur Logik und Methodologie interpretativer Sozialforschung. Weinheim.

Krappmann, Lothar/Hans Oswald 1995: Alltag der Schulkinder. Beobachtungen und Analysen von Interaktionen und Sozialbeziehungen. Weinheim und München.

Krüger, Heinz-Hermann 2000: Stichwort: Qualitative Forschung in der Erziehungswissenschaft. In: Zeitschrift für Erziehungswissenschaft. 3. Jg. H. 3. S. 323-342.

Krüger, Heinz-Hermann/Nicolle Pfaff 2004: Triangulation quantitativer und qualitativer Zugänge in der Schulforschung. In: Helsper, Werner/Jeanette Böhme (Hg.): Handbuch der Schulforschung. Wiesbaden. S. 159-182.

Lamnek, Siegfried. 2000: Sozialforschung in Theorie und Praxis. Zum Verhältnis von qualitativer und quantitativer Forschung. In: Clemens, Wolfgang/Jörg Strübing (Hg.): Empirische Sozialforschung und gesellschaftliche Praxis. Opladen. S. 23-46.

Langer, Wolfgang. 2004: Mehrebenenanalyse. Eine Einführung für Forschung und Praxis. Opladen.

Lazarsfeld, Paul F. 1975: Vorspruch zur neuen Auflage 1960. In: Jahoda, Marie/ Paul F. Lazarsfeld/Hans Zeisel 1975: Die Arbeitslosen von Marienthal. Ein soziographischer Versuch über die Wirkungen langandauernder Arbeitslosigkeit. Mit einem Anhang: Zur Geschichte der Soziographie. Frankfurt/M. S. 11-23.

Lüders, Christian/Jo Reichertz 1986: Wissenschaftliche Praxis ist, wenn alles funktioniert und keiner weiß warum. Bemerkungen zur Entwicklung qualitativer Sozialforschung. In: Sozialwissenschaftliche Literaturrundschau 12. S. 90-102.

Nittel, Dieter 1992: Gymnasiale Schullaufbahn und Identitätsentwicklung. Weinheim.

Oevermann, Ulrich 2000: Die Methode der Fallrekonstruktion in der Grundlagenforschung sowie der klinischen und der pädagogischen Praxis. In: Kraimer, K. (Hg.): Die Fallrekonstruktion. Frankfurt/M. S. 58-157.

Oevermann, Ulrich 2001: Zur Analyse der Struktur von sozialen Deutungsmustern. In: Sozialer Sinn. H. 2. S. 3-33.

Prein, Gerald/Christian Erzberger 2000: Integration statt Konfrontation. Ein Beitrag zur methodologischen Diskussion um den Stellenwert quantitativen und qualita-

tiven Forschungshandelns. In: Zeitschrift für Erziehungswissenschaft. H. 3. S. 343-357.
Prenzel, Manfred/Jürgen Baumert/Werner Blum/Rainer Lehmann/Detlev Leutner/Michael Neubrand/Reinhard Pekrun/Hans-Günter Rolff/Jürgen Rost/Ulrich Schiefele (Hg.) 2004: PISA 2003. Der Bildungsstand der Jugendlichen in Deutschland – Ergebnisse des zweiten internationalen Vergleichs. Münster.
Reckwitz, Andreas 2000: Die Transformation der Kulturtheorien. Zur Entwicklung eines Theorieprogramms. Weilerswist.
Reckwitz, Andreas 2007: Das hybride Subjekt. Eine Theorie der Subjektkulturen von der bürgerlichen. Moderne zur Postmoderne. Weilerswist.
Schründer-Lenzen, Agi 1997: Triangulation und idealtypisches Verstehen in der (Re-)Konstruktion subjektiver Theorien. In: Friebertshäuser, Barbara/Annedore Prengel (Hg.): Handbuch Qualitative Forschungsmethoden in der Erziehungswissenschaft. Weinheim und München. S. 107-117.
Schütze, Fritz 1989: Kollektive Verlaufskurve oder kollektiver Wandlungsprozess. Dimensionen des Vergleichs von Kriegserfahrungen amerikanischer und deutscher Soldaten im Zweiten Weltkrieg. In: BIOS. H. 1. S. 31-109.
Schütze, Fritz 1992: Pressure and Guilt. War Experiences of a Young German Soldier and their Biographical Implications, Part 1 and 2. In: International Sociology. Vol. 7. H. 1 und 2. S. 187-208, 347-367.
Schütze, Fritz 2006: Verlaufskurven des Erleidens als Forschungsgegenstand der interpretativen Soziologie. In: Krüger, Heinz-Hermann/Winfried Marotzki (Hg.): Handbuch erziehungswissenschaftliche Biographieforschung. Wiesbaden. S. 205-237.
Willis, Paul E. 1979a: Profane Culture. Frankfurt/M.
Willis, Paul E. 1979b: Spaß am Widerstand. Frankfurt/M.

Harald Uhlendorff und Annedore Prengel

Forschungsperspektiven quantitativer Methoden im Verhältnis zu qualitativen Methoden

Qualitative und quantitative Forschungsmethoden widmen sich der empirischen Erkundung sozialer Wirklichkeit. Sie weisen Gemeinsamkeiten und Unterschiede auf, die in den sozialwissenschaftlich orientierten Disziplinen, auch in der Erziehungswissenschaft, teilweise umstritten waren und sind. Die Pluralität der Methoden sehen wir als weiterführend an, weil mit den verschiedenen Forschungsperspektiven und -verfahren verschiedene Erkenntnispotentiale einhergehen, die zu reichhaltigeren und fundierteren empirischen Erkenntnissen führen können, als ein methodischer Monismus. Der Beitrag gibt im vorliegenden Handbuch für qualitativ Forschende einen einführenden Überblick über eine Reihe grundlegender Fragen quantitativer Forschung (1.) und reflektiert Gemeinsamkeiten und Differenzen zwischen quantitativen und qualitativen Forschungsperspektiven (2.). Er strebt an, so zur Überwindung überholter und erkenntnishinderlicher Grabenkämpfe beizutragen. Auf in qualitative Forschung einführende Abschnitte wird in diesem Aufsatz verzichtet, dazu siehe u. a. die Beiträge → Bennewitz; → Oswald; → König/Bentler; → Hülst.

1. Perspektiven quantitativer Sozialforschung in der Erziehungswissenschaft

Quantitative Forschung zeichnet sich dadurch aus, dass sie theoriegeleitet mit in Zahlen darstellbaren Inhalten arbeitet und Komplexität reduziert, um generalisierende – also für viele Fälle gültige – Aussagen zu treffen. Innerhalb der quantitativen Forschung können hypothesenprüfende von populationsbeschreibenden Untersuchungen unterschieden werden. Der vorliegende Überblick orientiert sich am typischen Aufbau von hypothesenprüfenden Forschungsberichten: Theorie und Hypothesen, Methoden, Ergebnisse, Diskussion. Dazu geben wir anschauliche Beispiele, die sich meistens auf den Bereich „Kinderfreundschaften" beziehen. Der in der empirischen Forschung wichtige und bildungspolitisch relevante Bereich populationsbeschreibender Untersuchungen wird am Rande erwähnt (s. u.). Eine Reihe von grundlegenden Fachbegriffen erläutern wir in aller Kürze. Für vertiefende Studien empfehlen wir die Monographien von Westermann (2000) und Bortz/Döring (2006). Erziehungswissenschaftliche Orientierungshilfen bieten Raithel (2006) und Böhm-Kasper/Weishaupt (2008).

Theorie und Hypothesen

Der wissenschaftstheoretische Ansatz, auf den sich die quantitative Sozialforschung bezieht, ist der „kritische Rationalismus" von Karl Popper (1935/ 2001), dem eine lange Vorgeschichte vorausgeht (Stegmüller 1989; Maus 1962). Popper betont, dass wissenschaftliche Beobachtungen ganz wesentlich vom Hintergrundwissen des Beobachters abhängen, z.B. von seinen Erwartungen. Für Popper sind daher Beobachtungen vor allem Interpretationen im Lichte von Theorien. Damit weist er der Theorie im Vergleich zur Beobachtung einen sehr hohen Stellenwert im Forschungsprozess zu. Poppers Sichtweise widerspricht vor allem der Vorstellung, dass gesicherte Theorien aus einer sorgfältigen Sammlung von Beobachtungen kontinuierlich herauswachsen würden. Nach Popper sollte Wissenschaft nicht induktiv, sondern deduktiv vorgehen (vgl. Westermann 2000). Damit grenzt er sich vom „logischen Empirismus" ab, einer anderen wissenschaftstheoretischen Position, nach der aus ein- oder mehrmaliger Beobachtung auf allgemeine Gültigkeit geschlossen werden kann (vgl. Stegmüller 1989).

Für Popper zeichnen sich Theorien und daraus abgeleitete Hypothesen dadurch aus, dass sie an der Erfahrung scheitern können, d.h. dass sie prinzipiell widerlegbar sind (Falsifizierbarkeit). Theorien und Hypothesen können laut Popper niemals verifiziert, sondern nur immer wieder streng überprüft werden. Wenn sie standhalten, kann weiter sinnvoll mit ihnen gearbeitet werden. Theorien bleiben aber stets vorläufige Vermutungen. Neuere wissenschaftstheoretische Ansätze betonen stärker die pragmatischen und konventionalistischen Aspekte, die den Wissenschaftsprozess entscheidend mitprägen (Westermann 2000).

Ein besonderes Problem stellt sich bei „probabilistischen Theorien" aus dem sozialwissenschaftlichen Bereich. Probabilistische Theorien sagen – im Gegensatz zu sog. deterministischen Theorien – aus, dass unter der Bedingung A eine *gewisse Wahrscheinlichkeit* für das Eintreten des Ereignisses B besteht. Streng genommen sind diese Theorien nicht falsifizierbar, weil sie auch Beobachtungen zulassen, die im Widerspruch zur Theorie stehen. Probabilistische Theorien sind aber nach Popper „praktisch falsifizierbar". Dazu wird festgelegt, dass wiederholte Beobachtungsergebnisse, die stark von der Theorie abweichen, zur Verwerfung der Theorie führen sollen.

In der Darstellung quantitativ-sozialwissenschaftlicher Studien wird in den ersten Passagen meistens der theoretische Hintergrund der Arbeit geschildert. Aus den theoretischen Ideen werden dann – unter Berücksichtigung des aktuellen Forschungsstands – eine oder mehrere Hypothesen abgeleitet. Oft werden die Hypothesen auch Forschungsfragen oder Fragestellungen genannt.

Hier ein kurzes Beispiel: *Schon seit langem wird das Verhalten und Erleben von Kindern in ihrer Gleichaltrigenwelt intensiv untersucht. Dabei wurde die Bedeutung der Gleichaltrigenbeziehungen besonders im Hinblick auf die soziale und kognitive Entwicklung von Kindern beleuchtet. James Youniss (1982) bezieht sich auf Piaget und Sullivan und arbeitet folgende theoretische Vorstellungen heraus: Kinder verlangen voneinander, als gleichberechtigte Kooperationspartner behandelt zu werden, damit nicht einseitige Überlegenheiten – wie in der Eltern-Kind- oder Lehrer-Kind-Beziehung – die Interaktionen bestimmen. Diese Art der Interaktion stellt hohe Anforderungen an die Kinder und bietet neue Entwicklungsmöglichkeiten. Besonders auf der emotionalen Basis von engen Freundschaften wird kooperiert, z.B. wird innerhalb von intensiven Diskussionen nach tragfähigen Kompromissen und gemeinsam getragenen Sichtweisen gesucht. Auf diesem Hintergrund soll die Hypothese untersucht werden, dass Diskussionen und Aushandlungen unter eng befreundeten Kindern zu reiferen Problemlösungen führen als Diskussionen unter nicht befreundeten Kindern* (Uhlendorff 2006).

Methoden

Im Methodenteil eines quantitativen Forschungsberichts widmet man sich der Aufgabe, die in den Hypothesen genannten theoretischen Konstrukte, wie z.B. „enge Freundschaft" oder „reife Problemlösung", überzeugend mit Variablen zu verknüpfen, die als empirisch „messbar" entworfen werden (Überbrückungsproblem). Dazu wird die Hypothese „operationalisiert", d.h. es wird genau angegeben, wie die entsprechenden Messungen vorgenommen werden. Unter einer Messung wird die Zuordnung von Zahlen zu Eigenschaften von Individuen oder Objekten verstanden (Quantifizierung). Diese Operationalisierung wird meistens sehr ausführlich und detailreich geschildert, dadurch haben andere Forscher die Möglichkeit, die Studie zu replizieren oder auch zu erweitern. Zum Beispiel soll im Kontext einer Studie nur dann von engen Kinderfreundschaften gesprochen werden, wenn sich beide Kinder in einem bestimmten Fragebogen gegenseitig als „gute oder beste Freunde" bezeichnet haben. Der engen Freundschaft wird dann z.B. der Wert „1" zugeordnet, den anderen Beziehungen der Wert „0".

Schwieriger ist die Operationalisierung von Konzepten wie z.B. Einsamkeit, Aggressivität oder Intelligenz. Hier werden oft „Tests" als Messinstrumente eingesetzt. Tests sind Routineverfahren u.a. zur Untersuchung von Persönlichkeitsmerkmalen mit dem Ziel einer quantitativen Aussage über den relativen Grad der Merkmalsausprägung. Für diese Tests stehen oft Testnormen zur Verfügung, das sind Vergleichswerte, die auf repräsentativen Stichproben („Eichungen") beruhen und ein Bezugssystem für selbst erhobene Testwerte bilden. Manchmal werden aber auch innerhalb von Studien spezielle Tests entwickelt, die genau zu den Fragestellungen der Untersuchung passen. Die Tests bestehen in der Regel aus mehreren „Items", das sind Fragen oder Aussagen, auf die der Befragte reagieren soll. An wissenschaftliche Tests werden strenge Anforderungen hinsichtlich ihrer „Objektivität", „Validität" und „Reliabilität" gestellt.

Angestrebt wird eine hohe Objektivität, d.h. eine Unabhängigkeit der individuellen Testergebnisse von den Verhaltensweisen der Testleiter und den Entscheidungen der Auswerter. Durch die Validität wird ausgedrückt, wie gut der Test in der Lage ist, genau das zu messen, was er zu messen vorgibt. So kann man z.B. fragen, ob ein Kreativitätstest wirklich Kreativität misst oder eher Konzentrationsfähigkeit? Dazu wird manchmal ein Expertenurteil eingeholt, oft wird die Widerspruchsfreiheit zwischen Testergebnissen und dem gesicherten Wissen um das Konstrukt untersucht oder die Übereinstimmung des Tests mit anderen bewährten Tests zum gleichen Konstrukt geprüft. Die Reliabilität gibt den Grad der Genauigkeit wider, mit dem das geprüfte Merkmal gemessen wird. Dazu wird ein Test z.B. zweimal an der gleichen Stichprobe angewendet und die Ergebnisse werden verglichen. So sollte ein Test, der überdauernde Einsamkeitsgefühle messen will, am Folgetag bei den Versuchspersonen zu fast den gleichen Ergebnissen führen wie am Vortag. Von hoher praktischer Relevanz ist die Reliabilitätsmessung über die „innere Konsistenz" eines Tests: Wenn mit jedem einzelnen Item eines Tests versucht wird, das Konstrukt abzubilden (z.B. soll das Konstrukt „Einsamkeit" durch folgende Items abgebildet werden: „Ich fühle mich ausgeschlossen." „Ich habe niemanden mit dem ich reden könnte." „Ich bin einsam." „Es fällt mir schwer, Freunde zu finden."), dann spricht ein hoher korrelativer Zusammenhang zwischen den Items dafür, dass das Konstrukt genau erfasst wurde. Diese Genauigkeit wird im „Cronbach-Alpha-Wert" ausgedrückt.

Im Methodenteil einer Untersuchung wird zusätzlich beschrieben, wer untersucht wurde, d.h. die Versuchspersonen (Probanden) bzw. die Stichprobe werden vorgestellt. Stichproben werden als repräsentativ für eine Population bezeichnet, wenn sie alle Besonderheiten der Population anteilsmäßig wiedergeben. Um repräsentative Stichproben zu gewinnen, greift man am besten auf eine Zufallsauswahl zurück. Bei der Zufallsstichprobe wird (z.B. mittels Zufallszahlen) aus einer vollständigen Liste aller Individuen der Population eine Stichprobe gezogen, bei der jedes Individuum dieselbe Auswahlwahrscheinlichkeit hat. Eine zufällige Auswahl garantiert, dass alle Merkmale der Population in der Stichprobe vertreten sind, und zwar sogar diejenigen Merkmale, an die man bei der Planung noch gar nicht gedacht hat. Bei populationsbeschreibenden Untersuchungen steht die Repräsentativität der Stichprobe im Zentrum der Bemühungen der Forscher, z.B. bei der Wahlforschung oder wenn, wie in den Pisa-Untersuchungen, Leistungen von Kindern in den Bundesländern verglichen werden sollen. Der Aufwand, repräsentative Stichproben nach dem Zufallsprinzip aufzubauen, ist hoch. Ergebnisse nicht-repräsentativer Erhebungen sind bei Befragungen, die auf eine Populationsbeschreibung abzielen, nur von geringem Wert.

Oftmals genügen den Ansprüchen quantitativer Forschungsvorhaben auch nicht-repräsentative Stichproben. Wenn zum Beispiel die Hypothese untersucht wird, ob Diskussionen unter befreundeten Kindern tatsächlich zu reiferen Lösungsvorschlägen führen als Diskussionen unter nicht befreundeten

Kindern, kann man dieser Frage im Prinzip mit fast jeder Gelegenheitsstichprobe („Willkürstichprobe", „Ad-hoc-Stichprobe") von Kindern nachgehen. Die Hypothese kann man sowohl bei der Untersuchung in einer Grundschulklasse in Brandenburg als auch bei Teilnehmern eines Kinderferiencamps anderswo einer Falsifizierung aussetzen. Eine Verifizierung wäre laut Popper selbst mit einer repräsentativen Stichprobe nicht möglich. Mit größeren Stichproben lassen sich leichter kleine Zusammenhänge oder Unterschiede erkennen als mit kleineren Stichproben, d.h. die Wahrscheinlichkeit, eine entsprechende Forschungshypothese zu bestätigen, wächst mit zunehmendem Stichprobenumfang.

Wenn sich Hypothesen auf Entwicklungsverläufe beziehen, wird oft mit „Längsschnittuntersuchungen" gearbeitet. Längsschnittuntersuchungen umfassen wiederholte Datenerhebungen unter Berücksichtigung angemessener Zeitabstände bei den gleichen Individuen. Daneben bieten längsschnittliche Erhebungen die Möglichkeit, Zusammenhänge zwischen Variablen zu untersuchen, die zu verschiedenen Zeitpunkten gemessen wurden und so Hinweise auf kausal interpretierbare Zusammenhänge zu finden. Da die Ursache einer Veränderung der Veränderung selbst zeitlich vorgeordnet sein muss, kann ein Zusammenhang zwischen Variable A (z.B. Einbindung in einen Freundeskreis von Gleichaltrigen) zum ersten Zeitpunkt mit der Variable B (z.B. Ausmaß von Depressivität und Selbstwertproblemen) zum zweiten Messzeitpunkt als Indiz für eine kausale Verknüpfung angesehen werden. Zum Beispiel könnte die schwache Einbindung in einen Freundeskreis starke Einsamkeitsgefühle bewirken. Dies ist besonders dann plausibel, wenn der umgekehrte Wirkungszusammenhang ausgeschlossen werden kann, wenn also kein statistisch auffälliger Zusammenhang zwischen Variable A, gemessen zum zweiten Messzeitpunkt, und Variable B, gemessen zum ersten Messzeitpunkt, besteht. „Querschnittsuntersuchungen", in denen die Daten nur zu einem Messzeitpunkt und damit sehr ökonomisch erhoben werden, bieten solche Möglichkeiten nicht. Sie sind aber völlig hinreichend, wenn nur Zusammenhänge zwischen Variablen untersucht werden sollen, ohne das explizite Annahmen zu deren kausaler Verknüpfung bestehen.

„Laboruntersuchungen" legen besonderen Wert auf die Kontrolle bzw. die Ausschaltung untersuchungsbedingter Störvariablen. So sollten z.B. Intelligenztests in ungestörter und angenehmer Atmosphäre unter angemessenen Lichtverhältnissen durchgeführt werden. Feldstudien finden demgegenüber in natürlichen, vom Forscher kaum veränderten Umgebungen statt. So beobachteten z.B. Krappmann und Oswald (1995) die Interaktionen von Grundschulkindern in der Schulklasse während des Unterrichts. Diese Beobachtungen im Feld waren die Grundlage für darauf aufbauende Quantifizierungen, mit der z.B. korrelative Zusammenhänge zwischen Rahmung, Qualität und Akzeptanz von Aushandlungsprozessen unter Schulkindern untersucht wurden.

Das „Experiment" ist die methodisch eindrucksvollste Möglichkeit, Kausalhypothesen zu prüfen und soll deshalb etwas genauer geschildert werden. Beim Experiment werden vom Forscher absichtlich unterschiedliche Untersuchungsbedingungen künstlich hergestellt („Unabhängige Variable"). Die Auswirkungen der unterschiedlichen Bedingungen auf die „Abhängigen Variablen" werden anschließend beobachtet. Die Versuchspersonen werden den Untersuchungsbedingungen per Zufall zugeordnet, d. h. für jede Versuchsperson besteht die gleiche Wahrscheinlichkeit einer bestimmten Untersuchungsbedingung zugeordnet zu werden. Als Standardbeispiel für sehr ausgefeilte experimentelle Studien gilt die Erforschung von Wirkungen und Nebenwirkungen von neuen Medikamenten im pharmakologischen Bereich. Hier gilt es herauszufinden, welche Haupt- und Nebenwirkungen allein auf das neue Medikament zurückzuführen sind. Dabei erhält eine Probandengruppe das neue Medikament, eine andere Gruppe erhält ein Placebopräparat. Damit die Versuchsleiter keinen Einfluss auf die Ergebnisse der Untersuchungen nehmen können, wissen sie ebenso wenig wie die Probanden, wer das wirksame Medikament erhalten hat und wer das Placebopräparat (Doppelblind-Versuche).

Nelson und Aboud (1985) untersuchten experimentell, ob Diskussionen unter Freunden zu reiferen Ideen und Lösungsvorschlägen in sozial schwierigen Situationen führten als Diskussionen unter nicht befreundeten Kindern. Dazu wurden Dritt- und Viertklässler zunächst einzeln mit einem sozialen Problem konfrontiert, sie wurden z. B. gefragt, was sie tun würden, wenn ein kleineres Kind anfangen würde, mit ihnen zu kämpfen. Die Antworten wurden nach dem sozio-moralischen Entwicklungsstand und der sozialen Effektivität eingestuft. Das kleinere Kind zu schlagen oder selbst anzufangen zu weinen, wurde dabei niedriger bewertet als das kleinere Kind wegzuschicken oder jemand anderen zu bitten, das kleinere Kind zum Aufhören zu bewegen. Anschließend wurden die Kinder nach dem Zufallsprinzip einem guten Freund oder einem nicht befreundeten Kind als Diskussionspartner zugeordnet (zwei Untersuchungsbedingungen des Experiments). An dieser zufälligen Zuordnung konnten allerdings nur Kinder teilnehmen, die mindestens einen gegenseitig bestätigten besten Freund hatten. Weiter wurde beachtet, dass sich die befreundeten Kinder gegenseitig als „o. k." beurteilten, sich also nicht aktiv ablehnten, was wiederum Diskussionen hätte erschweren können. Die Kinder wurden dann aufgefordert, über die sozialen Situationen zu diskutieren und dabei möglichst viele und gute Antworten zu finden. Nach der Diskussion wurden die Kinder ein zweites Mal einzeln befragt, was sie jetzt für die beste Problemlösung hielten und die Antworten wurden wieder nach dem sozio-moralischen Entwicklungsstand eingestuft (zitiert nach Uhlendorff 2006).

Ergebnisse

Grundlage für die Auswertungen im Ergebnisteil eines Forschungsberichts ist die „Datenmatrix". Aufgefüllt ist die Matrix mit den Werten, die jeder Versuchsperson zu jeder Variablen zugeordnet werden. Die Datenmatrix bildet die Basis für die Berechnungen, die z.B. mit der Statistik-Software SPSS (ursprünglich: *S*tatistical *P*ackage for the *S*ocial *S*ciences) durchgeführt werden. Hier werden verschiedene Auswertungsverfahren angeboten. Oft unterscheidet man die deskriptive Statistik (Zusammenstellung und Darstellung von Daten; Beschreibung von Stichprobenergebnissen) von der analytischen Statistik (Inferenzstatistik, schließende Statistik) (→ Grunenberg/Kuckartz). Inferenzstatistische Aussagen sind Wahrscheinlichkeitsaussagen über die Vereinbarkeit der in den Daten erfassten Realität mit den aus einer Theorie abgeleiteten Hypothese. Dazu werden auf der Basis von Stichprobenkennwerten die Populationsparameter geschätzt.

Eine Unterscheidung von hoher praktischer Relevanz betrifft bivariate Auswertungsverfahren (statistische Analysen mit nur zwei Variablen wie z.B. die Korrelation) versus multivariate Verfahren (statistische Analysen mit mehr als zwei Variablen, z.B. die multiple Regression). Multivariate Verfahren bieten die Möglichkeit, komplexe Modelle zu untersuchen, und sie helfen, „Scheinkorrelationen" aufzudecken. Eine Scheinkorrelation zwischen zwei Variablen ist eine Korrelation, die sich nach dem Herausfiltern einer dritten Variable auf Null reduziert. So ergäbe sich vermutlich eine statistisch auffällige Korrelation zwischen der Schuhgröße von Grundschulkindern und ihrer Leistung in einem Rechentest. Diese Korrelation würde aber sicherlich verschwinden, wenn man gleichzeitig als dritte Variable das Alter der Grundschulkinder in die Analysen einbezieht, also multivariat arbeitet. Man würde dann erkennen, dass sowohl die Schuhgröße als auch die Rechenfähigkeit mit dem Alter einhergeht, aber kein statistisch auffälliger Zusammenhang zwischen Schuhgröße und Rechenfähigkeit besteht.

Bei der Auswahl der statistischen Verfahren spielt das „Skalenniveau" der gesammelten Daten eine wichtige Rolle. Beim „Nominalskalenniveau" werden Objekten mit gleicher Merkmalsausprägung gleiche Zahlen, Objekten mit unterschiedlicher Merkmalsausprägung unterschiedliche Zahlen zugeordnet (Grundschule A = 0; Grundschule B = 1; Grundschule C = 2). Hier wird nur Unterschiedlichkeit ausgedrückt, nicht etwa eine Rangfolge gebildet. Bei der Arbeit mit solchen Variablen werden z.B. Chi-Quadrat-Verfahren eingesetzt, in denen „Häufigkeiten" ausgezählt und verglichen werden. „Ordinal-", „Intervall-" und „Verhältnisskalen" stellen höhere Anforderungen an die Daten, so spiegeln Messwerte der Ordinalskala die Rangreihe der Merkmalsausprägung wieder (Beispiel Schulnoten; eine „1" ist besser als eine „2"; eine „2" ist besser als eine „3" usw.). Messwerte der Intervallskala geben zusätzlich die Größe der Merkmalsunterschiede wieder (In einem Intelligenztest sollte der Unterschied zwischen einem IQ von 90 und 100 etwa so groß sein wie zwischen 100 und 110). Die Verhältnisskala verfügt zusätzlich über einen absoluten Nullpunkt, so dass Aussagen wie „doppelt so groß" sinnvoll sind (Längenmessung mit einem Metermaß). Bei Intervall- und Verhältnisskalenniveau werden oft Korrelationen, Multiple Regressionen oder Faktorenanalysen als statistische Verfahren eingesetzt. Die innerhalb von Experimenten viel genutzte Varianzanalyse braucht einerseits Nominaldaten für die Kennzeichnung von verschiedenen Untersuchungsgruppen und andererseits mindestens Intervalldatenniveau für die Daten, auf die ein Einfluss vorhergesagt wird. Daten auf unterschiedlichem Skalenniveau kann auch die im Bereich der Schulforschung besonders bedeutsame Mehrebenenanalyse einbeziehen. Mit diesem statistisch sehr anspruchsvolen Analyseverfahren können Daten verschiedener Ebenen (z. B. Schulbezirk, Schule, Klasse, Schüler) angemessen miteinander verknüpft werden.

Im Ergebnisteil wird oft versucht, die zentralen Berechnungen in übersichtlichen Tabellen und Abbildungen stark kondensiert zusammenzufassen. Diese Vorgehensweise bietet den Vorteil, dass ein interessierter Leser durch die Lektüre der Forschungshypothese am Ende des Theorieteils, der Tabellen und Abbildungen im Ergebnisteil und der anschließenden Diskussion einen schnellen Überblick über die Studie gewinnen kann.

Diskussion

Die verbal und in Ziffern formulierten Ergebnisse werden im Diskussionsteil einer Studie wieder auf die Hypothesen und die Theorie zurückgeführt und interpretierend eingeordnet. Die Hypothesen können durch Ergebnisse gestützt oder aber auch geschwächt worden sein. Vielleicht müssen Hypothesen und Theorien modifiziert werden oder sie werden als widerlegt angesehen. Sehr oft ergeben sich keine völlig klaren Antworten. Manche Zweifel bleiben bestehen und es ergeben sich neue Fragen.

In der Studie von Nelson und Aboud (1985) ergab sich u. a. folgende Diskussion: *Die Ergebnisse zeigen, dass Aushandlungen unter befreundeten Kindern nur dann zu reiferen Lösungen führen als Aushandlungen unter nicht befreundeten Kindern, wenn sich der sozio-moralische Entwicklungsstand der miteinander aushandelnden Kinder stark unterscheidet. Kurz gesagt, profitieren Freunde, die anfangs sehr unterschiedliche Ansichten hatten, am meisten von den Diskussionen. Durch die unterschiedlichen Ansichten entsteht eine Situation mit sehr großem Aushandlungsbedarf, was die Freunde besonders produktiv bewältigen und reife Problemlösungen erarbeiten. Situationen mit wenig Aushandlungsbedarf bieten diese Herausforderungen nicht.* Aus dieser Interpretation ergibt sich, dass die theoretischen Ideen von Youniss (1982) zum Entwicklungspotenzial von Kinderfreundschaften weiter gestützt, aber auch differenziert worden sind. Das Potenzial wird in Situationen mit großem Aushandlungsbedarf deutlich, bei Situationen mit geringem Aushandlungsbedarf kann es sich allerdings nicht entfalten. Auf statistischer Ebene entstand hier eine „Wechselwirkung" oder „Interaktion" zwischen den Variablen. Zusammengenommen haben sich die Theorie und die Hypothesen teilweise bewährt. Es ist aussichtsreich, weiter mit dieser Theorie zu arbeiten (zitiert nach Uhlendorff 2006).

Forschungsberichte werden schließlich publiziert, um sie der scientific community bekannt zu machen, oft verbunden mit dem Angebot an andere Wissenschaftler die Datensätze für weitere Auswertungen zu nutzen.

2. Gemeinsamkeiten und Differenzen quantitativer und qualitativer Forschung in der Erziehungswissenschaft

Für qualitative und quantitative Forschungsmethoden in der Erziehungswissenschaft lassen sich eine Reihe von Gemeinsamkeiten benennen. Sie haben ein gemeinsames Ziel und einen gemeinsamen Gegenstand: Beide streben an, empirisch fundiertes Wissen über Erziehung zu erlangen und auszuweiten. Beide arbeiten mit und an Theorien, die durch Empirie erneuert werden. Beide arbeiten regel- und kriteriengeleitet. Für beide lässt sich auf (einer relativ abstrakten Ebene) ein gemeinsames Ablaufmodell beschreiben: Explikation der Fragestellung, des theoretischen Horizonts und des zu untersuchenden Weltausschnitts (z.B. Stichprobe, Fall, Materialauswahl), Klärung der Erhebungs- und Auswertungsmethoden sowie die Darstellung und Reflexion der Ergebnisse, ggf. auch ihrer pädagogischen Konsequenzen unter Rückbezug auf Fragestellung und Theorie (Mayring 2001). Beiden ist gemeinsam, dass sie mit dem gleichen grundlegenden erkenntnistheoretischen Problem konfrontiert sind: Die Wirklichkeit lässt sich als solche nicht 1:1 in wissenschaftliche Diskurse überführen, sie nähern sich perspektivengebunden Ausschnitten der Wirklichkeit an (→ Prengel/Friebertshäuser/Langer). Qualitative und quantitative Forschungsmethoden haben darum gemeinsam, dass sie Komplexität reduzieren müssen und dass ihre Erkenntnisstände, weil sie perspektivisch begrenzt sind, grundsätzlich revidierungs- und ergänzungsbedürftig sind. Die besonders hohe Komplexität, das „Technologiedefizit", das pädagogische Handlungsfelder prägt, stellt eine uneinholbare Herausforderung an jede Form erziehungswissenschaftlicher Empirie dar und führt dazu, dass stabile Abhängigkeitsbeziehungen zwischen einzelnen Variablen des Bildungsprozesses oft nicht gefunden werden können (Weinert 1989).

An den Differenzen zwischen qualitativen und quantitativen Methoden haben sich ganze Forschergenerationen konfliktreich abgearbeitet. Aber Entwertungen, Dominanzbehauptungen und Rechthabereien dienen weniger wissenschaftlicher Erkenntnis als der Selbstbehauptung in den Kämpfen um Ressourcen und Anerkennung. In diesen Kämpfen sind quantitative Zugänge in großem Maße erfolgreich, qualitative Zugänge sind in beschränkterem Maße erfolgreich, haben aber an Bedeutung gewonnen. Für den Rückblick ist die Zusammenfassung der Argumente bei Lamnek (1995) informativ. Die präzise Klärung gegensätzlicher Positionen ist sinnvoll, weil sie der

Ausarbeitung jeder der Forschungsperspektiven mit ihren jeweiligen Potentialen dient.

Qualitative und quantitative Forschung unterscheiden sich hinsichtlich der Konstruktion ihrer Forschungsperspektiven und der Art und Weise, wie sie Komplexität reduzieren. Zugespitzt lässt sich gegenüberstellen: Quantitative Methoden untersuchen tendenziell auf der Makroebene großer Fallzahlen wenige Aspekte anhand von vorab festgelegten unveränderlichen starken Hypothesen im Medium mathematisch-statistischer Verfahren bei Ausschluss der Forschersubjektivität. Qualitative Methoden untersuchen tendenziell auf der Mikroebene kleiner Fallzahlen viele Aspekte[1] anhand offen-veränderlicher schwacher Vorannahmen im Medium der Sprache unter Nutzung der Forschersubjektivität. Dabei liegen beide Zugänge auf einem Kontinuum und überschneiden sich partiell (→ Oswald). Jede der beiden Richtungen vermag es, Wissen bereitzustellen, das der anderen nicht zugänglich ist. Nur mit ihren je spezifischen Methoden erreicht die qualitative Forschung bei der Erkundung sozialökologisch-subkultureller Lebenszusammenhänge und Sinnkonstruktionen (z. B. biographische Rekonstruktion der Entstehung von Gewaltbereitschaft) und die quantitative Forschung bei der Erkundung sozialstruktureller Entwicklungen (z. B. Anzahl der Sitzenbleiber auf nationaler Ebene) mögliche Befunde.

Weiterführend sind Methodenkombinationen, die in ihrer Vielseitigkeit bedeutende Erkenntnisgewinne ermöglichen, weil sie die Potentiale beider Ansätze nutzen. So lassen sich standardisierte schriftliche Befragungen, die einen quantifizierenden Überblick zum Beispiel über Schulerfahrungen vieler Schüler/-innen erlauben, ergänzen um vertiefende kontrastierend ausgewählte Einzelfallstudien, in denen Erlebnisweisen, Motive und Handlungsmuster Einzelner im sozialökologischen Kontext erkundet werden. Oder umgekehrt kann ausgehend von in Fallstudien gesammelten Detailkenntnissen eine breit angelegte Befragung konzipiert werden. Die letztgenannte Kombinationsvariante ist für den quantitativen Ansatz wichtig, weil so eine gehaltvolle Hypothesenbildung, die ja vor der quantitativen Erhebung abgeschlossen werden muss, möglich ist. Publikationen zum Methodenmix mehren sich und eröffnen angesichts der Komplexität erziehungswissenschaftlicher Forschungsfelder vielversprechende Entwicklungen (Kelle 2008; Seipel/Rieker 2003; Mayring 2001; Erzberger 1998; Denzin/Lincoln 2000; → Leuzinger-Bohleber/Garlichs).

Ein Beispiel für Methodenkombination ist die Studie von Uhlendorff (2001) zur familialen Erziehung im sozialen Kontext. Zusammenhänge zwischen der Einbettung in unterschiedliche gesamtgesellschaftliche Umfelder (Ost- und Westdeutschland kurz nach der Wende) bzw. der Einbet-

---

1 In diesem Handbuch finden sich in fast allen Beiträgen Erläuterungen zu den Aspekten, denen qualitative Forschung sich widmet, darum wird in diesem Beitrag darauf verzichtet sie auszuführen.

tung in soziale Netzwerke (Verwandtschaft, Freundschaft, Partnerschaft) und elterlichem Erziehungsstil wurden hypothesengeleitet quantitativ untersucht (vgl. Ecarius 2007, S. 142). Wenig Vorwissen und damit keine guten Hypothesen bestanden aber zu den Zusammenhängen zwischen subjektivem Wendeerleben und elterlichen Erziehungshaltungen. Hier wurden auf der Basis der quantitativen Untersuchung einzelne Eltern für qualitative Interviews ausgesucht. Auswahlkriterien waren positives versus negatives Wendeerleben, Schulbildung und Familiensituation. Aus den Interviews ergaben sich neue Hypothesen hinsichtlich der Zusammenhänge zwischen Erfahrungen am Arbeitsplatz und Erziehung, zwischen dem Umgang mit neuen Konsummöglichkeiten und Erziehung und zwischen dem Erleben von Schule bzw. Freizeitgestaltung und Erziehung. Diese Hypothesen konnten wiederum eine Grundlage für weitere quantitative Studien sein. Auf diese Weise ergänzen sich quantitative und qualitative Forschungen gegenseitig, wodurch sich die empirische Erkundung sozialer Wirklichkeit nachhaltig weiter entwickelt.

Literatur

Böhm-Kasper, Oliver/Horst Weishaupt 2008: Quantitative Ansätze und Methoden der Schulforschung. In: Böhme, Jeanette/Werner Helsper (Hg.): Handbuch der Schulforschung. Wiesbaden. S. 91-123.
Bortz, Jürgen/Nicola Döring 2006: Forschungsmethoden und Evaluation für Human- und Sozialwissenschaftler. New York.
Denzin, Norman K./Yvonna S. Lincoln (Hg.) 2000: Handbook of Qualitative Research. Volume 1 to 3. Thousand Oaks.
Ecarius, Jutta 2007: Familienerziehung. In: Ecarius, Jutta (Hg.): Handbuch Familie. Wiesbaden. S. 137-156.
Erzberger, Christian 1998: Zahlen und Wörter. Die Verbindung quantitativer und qualitativer Daten und Methoden im Forschungsprozess. Weinheim.
Kelle, Udo 2008: Die Integration qualitativer und quantitativer Methoden in der empirischen Sozialforschung. Theoretische Grundlagen und methodologische Konzepte. Wiesbaden.
Krappmann, Lothar/Hans Oswald 1995: Alltag der Schulkinder. Weinheim.
Lamnek, Siegfried 1995: Qualitative Sozialforschung Bd. 1: Methodologie. Bd. 2: Methoden und Techniken. Weinheim.
Maus, Heinz 1962: Zur Vorgeschichte der empirischen Sozialforschung. In: König, René (Hg.): Handbuch der empirischen Sozialforschung. 1. Band. Stuttgart. S. 18-37.
Mayring, Philipp 2001: Kombination und Integration qualitativer und quantitativer Analyse [31 Absätze]. Forum Qualitative Sozialforschung/Forum: Qualitative Social Research [Online Journal], 2(1). http://qualitativeresearch.net/fqs/fqs.htm [1.10.2008].
Nelson, Janice/Francis E. Aboud 1985: The resolution of social conflicts between friends. Child Development. 56. S. 1009-1117.
Popper, Karl 1935/2001: Logik der Forschung. Tübingen.
Raithel, Jürgen 2006: Quantitative Forschung. Ein Praxiskurs. Wiesbaden.

Seipel, Christian/Peter Rieker 2003: Integrative Sozialforschung. Konzepte und Methoden der qualitativen und quantitativen empirischen Forschung. Weinheim/ München.
Stegmüller, Wolfgang 1989: Hauptströmungen der Gegenwarts-Philosophie. Band I. Kapitel IX. (Moderner Empirismus: Rudolf Carnap und der Wiener Kreis).
Uhlendorff, Harald 2001: Erziehung im sozialen Umfeld. Eine empirische Untersuchung über elterliche Erziehungshaltungen in Ost- und Westdeutschland. Opladen.
Uhlendorff, Harald 2006: Diskussionen und Aushandlungen innerhalb von Kinderfreundschaften. In: Alisch Lutz-Michael/Jürgen W. L. Wagner (Hg.): Freundschaften unter Kindern und Jugendlichen: Interdisziplinäre Perspektiven und Befunde. Weinheim. S. 95-107.
Weinert, Franz E. 1989: Unter Kindern und Jugendlichen: Interdisziplinäre Perspektiven und Befunde. In: Röhrs, Hermann/Hans Scheuerl (Hg.): Richtungsstreit in der Erziehungswissenschaft und pädagogische Verständigung. Wilhelm Flitner zur Vollendung seines 100. Lebensjahres am 20. August 1989 gewidmet. Frankfurt/M. S. 203-214.
Westermann, Rainer 2000: Wissenschaftstheorie und Experimentalmethodik: Ein Lehrbuch zur Psychologischen Methodenlehre. Göttingen.
Youniss, James 1982: Die Entwicklung und Funktion von Freundschaftsbeziehungen. In: Edelstein, Wolfgang/Monika Keller (Hg.): Perspektivität und Interpretation: Beiträge zur Entwicklung des sozialen Verstehens. Frankfurt/M. S. 78-109.

Agi Schründer-Lenzen

Triangulation – ein Konzept zur Qualitätssicherung von Forschung

Wer glaubt, mit den Gütekriterien empirischer Sozialforschung, Objektivität, Validität, Reliabilität, bereits alles für die Einhaltung eines hohen Qualitätsstandards von Forschung getan zu haben, der irrt. Es gibt eine „Optimierungsstrategie", mit der man Forschungsvorhaben auch unabhängig davon, ob sie primär quantitativ oder qualitativ konzipiert sind, noch weiter verbessern kann: die Triangulation. Grundidee ist dabei zunächst, dass eine Methode alleine nicht ausreicht, sondern dass es besser ist, mindestens zwei oder auch mehrere Methoden zu kombinieren. Die Schwächen einer Methode sollen durch den Einsatz einer weiteren erkannt und kontrollierbar werden, um so letztlich zu substantiell anspruchsvollen und konsistenten Forschungsergebnissen zu gelangen. Vielfach steht dabei auch das Interesse im Vordergrund, durch die Anwendung unterschiedlicher methodischer Zugriffsweisen zu einem tieferen Verständnis eines Sachverhaltes zu kommen, wobei durch die Einbeziehung qualitativer Verfahren in der Regel auf eine Steigerung der Validität der Ergebnisse gezielt wird (→ Helsper/ Hummerich/Kramer). Wenn also z. B. die Effektivität unterschiedlicher Unterrichtsmethoden erhoben werden soll, wäre es dementsprechend wünschenswert, nicht nur Fachleistungen zu testen, sondern ergänzend auch den Unterricht zu beobachten oder zu videographieren, um so den Zusammenhang von Unterrichtsprozess und Lernerfolg zuverlässiger interpretieren zu können. Im Folgenden soll gezeigt werden, dass diese zentrale Aufgabe einer Methodentriangulation nicht die einzige Funktion von Triangulation im Forschungsprozess ist. Gerade im Kontext primär qualitativer Designs kann sich Triangulation auch auf die Berücksichtigung unterschiedlicher Perspektiven und die Stimulierung neuer Handlungsstrategien der Akteure im Forschungsfeld beziehen. Diese unterschiedlichen Konzepte der Funktionen von Triangulation sollen im Folgenden näher erläutert werden.

1. Dimensionen des Triangulationsbegriffs

Der Begriff „Triangulation" stammt eigentlich aus der Landvermessung und bezeichnet dort die Fixierung eines Punktes durch die Verwendung eines Netzes von Dreiecken. Diese Grundidee, dass durch die Verwendung mehrerer Bezugspunkte ein präziseres Messergebnis erzielbar ist, steht auch am Anfang der sozialwissenschaftlichen Verwendung dieses Begriffs. Schon vor mehr als 40 Jahren sahen amerikanische Soziologen in einer Kombination unterschiedlicher Messverfahren und Methoden (die „multitrait-multimethod-matrix") die Möglichkeit zu überprüfen, „ob eine Hypothese die Konfrontation mit einer Serie komplementärer Testmethoden übersteht" (Campell/Fiske 1959, S. 82). Von Denzin (1977) wurde dann die Triangulation als Validierungsstrategie auch in den Kontext qualitativer Methodendiskussion gestellt. Er unterscheidet folgende Bereiche der Triangulation:

- Daten-Triangulation, d.h. die Untersuchung desselben Phänomens zu verschiedenen Zeitpunkten, an verschiedenen Orten und Probanden.
- Investigator-Triangulation, d.h. der Einsatz verschiedener Beobachter bzw. Interviewer, um den Einfluss verschiedener Forscher auf die Untersuchungsergebnisse kontrollierbar zu machen.
- Theorien-Triangulation, d.h. die Interpretation von Daten unter Einbeziehung verschiedener theoretischer Erklärungsmodelle.
- Methodologische Triangulation, d.h. zunächst die Kombination unterschiedlicher Methoden bei der Datenerhebung (Triangulation *between-method*). So könnte eine standardisierte Befragung durch Beobachtungsdaten aus dem Forschungsfeld ergänzt werden, um hierdurch zur Einschätzung des Wahrheitsgehalts der in dem Fragebogen gemachten Angaben zu kommen. Hiervon unterscheiden lässt sich eine zweite Form methodischer Triangulation *(within-method),* in der innerhalb einer Methode verschiedene Messinstrumente eingesetzt werden. So könnte man beispielsweise, um die Leseleistung zu erheben, verschiedene Tests einsetzen, um zu überprüfen, ob sie zu vergleichbaren Ergebnissen kommen.

Obwohl Denzins Strukturierung von Triangulation forschungspraktisch noch heute Relevanz hat, wird seine ursprüngliche Interpretation der Validierungsleistung durch Triangulation als unzulänglich angesehen (zur Neuinterpretation vgl. Denzin/Lincoln 1998a, b). Die skizzierten Triangulationstechniken richteten sich in seinem Verständnis darauf, die *eine* Realität zum Vorschein zu bringen, die *eine* Wahrheit der Interpretation zu finden, um das objektiv Richtige eines Forschungsprozesses präsentieren zu können. Diese Zielperspektive ist aber mit Grundannahmen qualitativer Sozialforschung nicht vereinbar, denn Realität befindet sich ebenso wie die Theorien über Realität in einem kontinuierlichen Herstellungs- und Veränderungsprozess. Interpretationen von Realität sind immer subjekt- und erfahrungsgebunden. Die Aufgabe eines universalistischen Wahrheitsbegriffs hat zu einer Eingrenzung des Anspruchs dessen, was wir überhaupt erkennen können, geführt: Nicht objektiv Wahres ist entdeckbar und selbst das Verstehen des Anderen ist immer nur näherungsweise möglich, denn Interpretation ist immer Konstruktion. Auch die gegenstandskonstituierende Funktion empirischer Methoden wird heute weitgehend anerkannt (Helsper u.a. 2001, S. 257). Was in einem methodischen Setting passiert, kann damit nicht einfach zum Korrektiv dessen werden, was woanders passiert, denn mit welchem Grund wäre der Geltungsanspruch des einen Ergebnisses höher als der eines anderen? So stellen denn auch Fielding und Fielding (1986, S. 33) fest:

„Es gibt gewichtige Gründe für Triangulation, aber nicht diejenigen, von denen Denzin ausgeht. Wir sollten Theorien und Methoden vorsichtig und zielbewusst in der Absicht kombinieren, unserer Analyse mehr Breite und Tiefe zu verleihen, aber nicht mit dem Ziel ‚objektive' Wahrheit anzustreben."

Die Idee der Triangulation verlagert sich damit zunehmend von der ursprünglichen Validitätsfunktion hin zu einer Explikationsfunktion (vgl. Flick 2004). Während also Triangulation im Rahmen eines multimethodischen Vorgehens mit der Zielvorstellung der Einlösung von Gütekriterien (Validierung) quantitativer Sozialforschung einhergehen kann, setzt Triangulation unter Prämissen qualitativer Sozialforschung auf Explikation und teilweise auch auf Modifikation von Alltagspraxis und handlungssteuernden Theorien. Als Ausgangspunkt dieser Fokussierung der Sinn generierenden Funktion von Triangulation lässt sich das im Rahmen der „grounded theory" von Glaser und Strauss (1979; Strauss/Corbin 1996) propagierte „theoretical sampling" festmachen (→ Hülst). Die Auswahl einer Datenquelle, die Fälle oder auch die beobachteten Ereignisse werden nicht auf Grund der Repräsentativität für eine forschungsleitende Fragestellung gewählt, sondern das Sampling basiert auf sensibilisierenden Konzepten, die eine theoretische Relevanz für die sich entwickelnde Theorie besitzen. Durch Variation, Kontrastierung und Vergleich von Ereignissen, Handlungen, Populationen und theoretischen Konzepten soll es zu einem tieferen Verständnis des Forschungsgegenstandes kommen, zur Generierung von Hypothesen nicht zu ihrer Überprüfung. Diese alternative Funktionsbestimmung der Triangulation wird auch von Köckeis-Stangel (1980, S. 363) und Flick (1998 a, b, 2000, 2004) favorisiert, die von mehrperspektivischer oder systematischer Perspektiven-Triangulation sprechen. Hier wird das Potential von Triangulation nicht nur in einer Optimierung der Zuverlässigkeit von Messinstrumenten und -vorgängen gesehen, sondern gleichzeitig in der Thematisierung möglichst unterschiedlicher Gegenstands- und damit Sinndimensionen. Der Triangulationsbegriff wird damit nicht methodologisch, sondern epistemologisch akzentuiert. Folgt man diesen Überlegungen, dann lassen sich unterschiedliche Funktionsbestimmungen von Triangulation unterscheiden:

- Die Validierungsfunktion, die sowohl in der Triangulation quantitativer und qualitativer Methoden gesehen wird als auch in der „kommunikativen Validierung", die im Kontext der Rekonstruktion subjektiver Theorien durchgeführt wird. (2.)
- Die Aktionsfunktion von Triangulation, indem unterschiedliche Perspektiven bzw. Alltagstheorien der im Forschungsfeld Handelnden nicht nur erhoben, sondern durch ihre Kontrastierung auch zum Ausgangspunkt einer Veränderung des Handelns werden sollen. (3.)
- Die epistemologische Funktion von Triangulation, die insbesondere im Rahmen der ethnographischen Feldforschung zur Anwendung kommt, indem fremde kulturelle Milieus u.a. durch eine spezifische Denkhaltung des Forschers erschlossen werden sollen. (4.)

2. Die Validierungsfunktion von Triangulation

2.1 Die Kombination quantitativer und qualitativer Methoden

Die Verwendung unterschiedlicher Methoden innerhalb eines Forschungsdesigns entspricht dem verbreiteten Verständnis von Triangulation als multimethodischem Vorgehen. Dieser Methodenmix („within method") gehört mittlerweile zum Standard komplexer Designs. Die Kombination quantitativer und qualitativer Methoden („between method") entspricht dem klassischen Phasenmodell: zunächst Hypothesengenerierung mit qualitativen Pilotstudien und dann quantitative Verfahren zur Hypothesenprüfung. Gleichwohl gibt es bei der Kombination quantitativer und qualitativer Methoden und Techniken eine Reihe problematischer Aspekte, die mit dieser Zeitstruktur und der damit verbundenen Dominanz quantitativer Ergebnisse gesetzt ist. Will man Methoden nicht nur in einem zeitlichen Nacheinander kombinieren, (zu weiteren Kombinationsmöglichkeiten von quantitativen und qualitativen Verfahren → Grunenberg/Kuckartz), sondern Methoden wirklich integrieren und eine prinzipielle Komplementarität der Ergebnisse akzeptieren, dann muss damit auch die Kompatibilität unterschiedlicher methodologischer Orientierungen vorausgesetzt werden. Wenn man aber bedenkt, dass gerade die Einsicht in die Interdependenz von Methode und Forschungsgegenstand den Ausgangspunkt für die Idee der Triangulation bildete, dann stellt sich doch die Frage, welches *eine* Forschungsinteresse sich mit der Kombination von Forschungsstrategien verbinden soll, die unterschiedlichen Prämissen folgen: Wie soll forschungspraktisch entschieden werden, welcher Datentyp in der Auswertung stärker gewichtet wird, die numerischen Daten, die nach dem Zugriff der Statistiker bleiben, oder die „weichen" Daten, die aus der Beobachtung, den Dokumenten, den Aktionen und Kommunikationen der Alltagsrealität entstammen? Lamnek (1995, S. 252 ff.) setzt sich explizit mit der erwartbaren Divergenz quantitativer und qualitativer Forschungsergebnisse auseinander. Er sieht die Gefahr, dass der multimethodisch vorgehende Forscher implizit eine Gewichtung der Ergebnisse vornehmen wird, die eher auf persönlichen Präferenzen als auf methodologischen Gütekriterien beruht. Gleichzeitig sieht er in widersprüchlichen Ergebnissen auch eine Chance, da es so zur Suche nach alternativen Erklärungen kommen kann. Triangulation von Methoden kann so zu einer Theorienmodifikation führen. Das ist immer dann der Fall, wenn quantitative Ergebnisse Zusammenhänge zwischen Variablen zeigen, die mit den theoriebasierten Ausgangshypothesen nicht übereinstimmen und das qualitative Material Anhaltspunkte für eine neue Erklärung dieser Varianz liefert. So deuten z.B. erste Ergebnisse einer Untersuchung von Auswirkungen der Ganztagsschule auf die Lernergebnisse der Kinder darauf hin, dass in offenen Ganztagsschulen der Lernerfolg höher ist als in gebundenen Ganztagsschulen. Dieser nicht theoriekonforme Trend kann nur durch die Einbeziehung der qualitativen Daten (Klassentagebücher, Unterrichtsbeobachtungen) richtig verstanden werden, da hier deutlich wird, dass in der Praxis die theoretisch angenommenen unterschiedlichen Organisationsformen nicht wirklich umgesetzt werden: Unterricht und Tagesablauf an mancher gebundenen Ganztagsschule sind genauso wenig rhythmisiert und pädagogisch gestaltet wie an offenen Ganztagsschulen (vgl. GO! http://www.uni-potsdam.de/agp/Ganztag/ganztagsorganisation.htm).

2.2 Triangulation als „kommunikative Validierung"

Terminologisch wird mit dem Begriff „kommunikative Validierung" (Lechler 1982) eine vermeintliche Nähe zu der von Denzin geprägten Funktionsbestimmung von Triangulation gesetzt. Gleichwohl geht die Dialog-Konsens-Methodik im Forschungsprogramm „Subjektive Theorien" (Groeben u.a. 1988; Groeben/Scheele 2000; → Marsal) von anderen objekttheoretischen Prämissen aus. Ausgangspunkt ist die Annahme eines reflexiven Subjekts, mit der dem behavioristischen Menschenbild die Vorstellung eines Forschungsobjektes gegenübergestellt wird, das sprach- und kommunikationsfähig, reflexiv und zumindest potentiell rational ist. Dementsprechend kann auch von einer grundsätzlichen Strukturparallelität zwischen dem Denken des Forschers und dem Forschungsobjekt ausgegangen werden. Das alltägliche Denken basiert dieser Annahme zufolge auf komplexen Kognitionssystemen, die eine implizite, zumindest in Ansätzen rationale, Argumentationsstruktur aufweisen, eben auf subjektiven Theorien. Damit erhält auch die Auswertung von Daten in diesem Forschungsprozess eine neue Dimension: die der Verständigung zwischen Forscher und „Forschungsobjekt" über die Angemessenheit der Interpretation. Für die Erarbeitung dieses Dialog-Konsens', in dem die Adäquanz der Rekonstruktion der subjektiven Theorien gesichert wird, sind verschiedene Techniken entwickelt worden. Zu den wichtigsten Verfahren gehören die Heidelberger Struktur-Lege-Technik (Scheele/Groeben 1984), die Weingartener Appraisal Legetechnik (Wahl u.a. 1983), die Interview- und Legetechnik zur Rekonstruktion kognitiver Handlungsstrukturen (Krause/Dann 1986), die konsensuale Ziel-Mittel-Argumentation (Scheele/Groeben 1988) und die alltagssprachliche Flexibilisierungsversion (Scheele 1992). Das grundsätzliche Prinzip dieser Struktur-Lege-Verfahren besteht immer darin, formale Argumentationsrelationen vorzugeben, mit deren Hilfe die Struktur der jeweiligen subjektiven Theorie visualisiert werden kann. Ziel einer „kommunikativen Validierung" ist also nicht die Rekonstruktion eines „objektiven", sondern eines „subjektiven" oder „naiven" Sinns, dessen Handlungsrelevanz in einem zweiten Schritt zu überprüfen ist (explanative Validierung). Kommunikative Validierung steht damit nicht im Rahmen eines universalistischen Wahrheitsbegriffs, sondern folgt der Habermas'schen Konzeption eines dialogkonsenstheoretischen Wahrheitskriteriums (vgl. Scheele/Groeben 1988, S. 30). Die Absage an ein Triangulationsverständnis, im Sinne der Präzisierung von Messvorgängen und -verfahren, kommt auch darin zum Ausdruck, dass im Zuge „kommunikativer Validierung" eine Veränderung des Forschungsgegenstandes nicht als auszumerzender Fehler, sondern als Zielidee expliziert wird. Dieses Forschungsprogramm steht damit in einer handlungstheoretischen Tradition, die sich mit einer humanistischen Zielperspektive verbindet, da ganz bewusst nach Entwicklungsmöglichkeiten der Forschungssubjekte gesucht wird. Zentrale inhaltliche Domäne ist daher auch die Erhebung und Veränderung subjektiver Theorien von Lehrenden. Das Beobachtungsexperiment, in dem geprüft wird, ob die rekonstruierten Kognitionen tatsächlich das beobachtete Verhalten steuern, wird als „Handlungsvalidierung" bezeichnet (vgl. Wahl 1982, S. 259 ff.). Es ist der kommunikativen Validierung zeitlich nachgeordnet, von seinem Stellenwert her aber übergeordnet (vgl. Scheele/Groeben 1988, S. 19 ff.). Flick (1992, S. 18 ff.) hat darauf hingewiesen, dass auch dieser Validierungspraxis die Idee der Triangulation zugrunde liegt, wenn sie auch nicht explizit genannt wird. Seine Kritik richtet sich auf die Zirkularität eines derartigen Vorgehens, denn, immer dann, wenn eine Methode dazu benutzt wird, um eine andere Methode und deren Ergebnisse zu validieren, dann muss notwendig unterstellt werden, dass die zur Überprüfung eingesetzte Methode selbst valide ist. Sofern also mit der Rekonstruktion subjektiver Theorien auch die Frage der Handlungsleitung dieser Theorien gestellt und in der Kontrolle realer Handlungsvollzüge validiert werden soll, liegt damit eigentlich wieder ein Triangulationskonzept vor, das einer Triangulation *between-method* entspricht. Hiervon unterscheinbar bleibt aber die Situation kommunikativer Validierung selbst, in der ein Austausch von subjektiven und objektiven Theorien explizit vorgesehen ist. Hier wird die Idee der Triangulation also praktisch eingelöst in der Mehrperspektivität und in den Techniken der Sinngenerierung (Struktur-Lege-Verfahren), in denen sich wissenschaftliche und alltäglich-subjektive Wissenskonzepte treffen.

3. Die Aktionsfunktion von Triangulation

Triangulation im Sinne von Mehrperspektivität erfährt in Konzepten der Aktionsforschung (Altrichter/Posch 1998; Altrichter 2002; → Altrichter u. a.) eine spezifische Zielrichtung, da sie selbst zum Instrument der Modifikation eingefahrener Handlungsmuster wird. In derartiger Praxisforschung geht es in der Einbeziehung möglichst vielfältiger individueller Perspektiven auf einen Forschungsgegenstand nicht nur darum, mit dieser Perspektiventriangulation eine möglichst umfassende oder detaillierte Beschreibung eines Realitätsausschnittes zu erhalten, sondern unmittelbar um Praxisveränderung. Anders als in dem Forschungsprogramm „subjektive Theorien", in dem es um die *Re*konstruktion subjektiven Sinns geht, steht hier die Konstruktion einer „praktischen Theorie" im Vordergrund. Konkret geht es z. B. um die Orientierungen, auf deren Grundlage Lehrerinnen und Lehrer handeln. Allerdings wird diese Forschung im Kontext von Schulentwicklung von sozial-konstruktivistischen Annahmen geleitet. Ausgangspunkt entsprechender Überlegungen ist die Prämisse, dass Subjekte Teil einer im Interaktionsvollzug durch wechselseitige Beobachtungen konstituierten Beziehungswirklichkeit sind. Jeder beobachtet sich, die anderen und die Situation, in der beobachtet wird. Für konstruktivistisches Denken wesentlich ist nun die Auffassung, dass diese Beziehungssituation von den Akteuren nicht nur perspektivisch erfasst, sondern auch aktiv-konstruierend kogniziert wird. Im Kontext von Aktionsforschung steht nun allerdings nicht die Annäherung interpretativer Konzepte der Akteure im Vordergrund, sondern die Möglichkeit der Erweiterung von alltäglichen Interpretationsmustern. Die Effekte dieser „Anreicherung" alltäglicher Erklärungskonzepte werden dann auch unmittelbar handlungspraktisch überprüft. Dieser Zirkel von Konstruktion, Aktion und Reflexion lässt sich an dem Oldenburger Teamforschungsprojekt (Fichten/Dreier 2003) veranschaulichen: Ausgangspunkt ist die Zusammenarbeit generationenübergreifender Teams aus Studentinnen, Referendarinnen, Lehrerinnen und Universitätsdozentinnen, die Probleme aus der aktuellen Praxis der Lehrerinnen aufgreifen und in einer bearbeitbaren Forschungsfrage formulieren. Zukünftige und berufserfahrene Lehrerinnen forschen hier gemeinsam, indem sie ihre unterschiedlichen Perspektiven auf Unterricht sozusagen auf gleicher Augenhöhe formulieren. Auf dieser Grundlage werden alternative Handlungsstrategien für die Lösung eines praktischen Problems entworfen, erprobt und gegebenenfalls wieder verworfen, falls das Problem nicht zufriedenstellend gelöst werden kann. Dieser Typ von Forschung ist selbstreferenziell, da die Lehrerinnen-Forscherinnen selbst Akteure der Untersuchungssituation Unterricht sind. Triangulation von Perspektiven zielt hier nicht auf Dialogkonsens oder Verifikation von Hypothesen, sondern auf einen Akt der Selbstaufklärung. Ziel ist die Weiterentwicklung der beruflichen Praxis und die Erarbeitung eines professionellen Habitus.

4. Die epistemologische Funktion von Triangulation in der ethnographischen Feldforschung

Die Beschreibung exotischer oder zumindest fremder Kulturen hat in der ethnographischen Forschung zwar nicht zu eigenständigen Methoden geführt, gleichwohl gibt es eine bestimmte Forschungshaltung: Um das Ideal eines „inneren Verstehens" zu realisieren, werden das Hineingehen ins Feld, die teilnehmende Beobachtung und ein emotionales Sicheinlassen auf die fremde Lebenswelt als unverzichtbare Voraussetzung gesehen. Ein umfassendes Verstehen des Anderen im Kontext seiner Lebenswelt ist als Zielperspektive nicht vergleichbar mit der Rekonstruktion und Konstruktion rationaler Handlungsorientierungen, auf die das Forschungsprogramm subjektive Theorien oder Modelle von Praxisforschung zielen. Ethnographische Feldforschung richtet sich auf die Beschreibung eines kulturellen Milieus insgesamt, nicht nur auf das Denken ihrer Akteure, das vornehmlich im Kontext ihres kulturellen Zusammenhangs interessiert. Ethnographische Feldforschung ist vielfach durch das Prinzip des „existentiellen Engagements" geprägt (Honer 1993, S. 46), das Gefahren birgt: Eine schnelle „Verschmelzung", das „going native" mit der fremden Kultur, kann den analytischen Blick des Forschers beeinträchtigen. Insofern wird an den Forschenden der Anspruch gestellt, „kognitive Distanz" zu wahren, damit es einerseits nicht zu einer unkontrollierten Übertragung eigener Denkstrukturen auf das Fremde kommt und andererseits auch nicht zu einer vorschnellen Perspektivenübernahme der fremden Lebenswelt. Der Kern dieser regulativen Idee ist damit eine Triangulationsstrategie, die der Ethnograph sozusagen in sich selbst vollziehen muss. Er muss einen fremden Blick auf die eigene Kultur entwickeln, sofern er Subkulturen seiner eigenen Kultur erforscht und er muss die Relevanz der eigenen Kultur bei der Analyse fremder Kulturen reflektieren. Die Triangulation von Perspektiven findet damit *innerhalb der Person des Forschers bzw. des Forschungsteams* statt, indem die kulturell bedingte Subjektivität der eigenen Wahrnehmung bewusst gemacht wird.

Postmoderne gesellschaftliche Strukturen haben durch die damit verbundene Individualisierung, Entdifferenzierung und Enttraditionalisierung von Lebensformen zu einer prinzipiellen Verschiebung der Fremdheitsgrenzen geführt. Das Fremde findet sich heute überall, die eigene Lebenswelt ist voll von Nischen des Fremden und neuer kultureller und habitueller Muster. Auch Kindheit und Jugend sind von Individualisierung und Verinselung betroffen, aber auch durch selbst geschaffene Kultur geprägt. Ein ethnographischer Blick auf Kinder- und Jugendkultur versucht die Perspektive von Kindern und Jugendlichen möglichst authentisch und unbeeinflusst durch Erwachsene und Pädagogen zur Sprache zu bringen (z.B. Behnken/Zinnecker 2001). Kinder und Jugendliche werden als Konstrukteure ihrer Lebenswelt betrachtet, wobei zumeist auf der Basis kleiner Milieuausschnitte der Fokus auf der Kultur der Gleichaltrigen liegt. Typisch für eine ethnographisch orientierte Kindheits- und Jugendforschung ist die Herausarbeitung eines Kaleidoskops kultureller Subkulturen, was implizit einer *Triangulation von Lebenswelten* entspricht (vgl. Krüger/Grunert 2002; → Friebertshäuser/Panagiotopoulou). Zielstellung ist die möglichst dichte Beschreibung des Nebeneinanders verschiedener lebensweltlicher Praxen, um gerade auch durch die Kontrastierung unterschiedlicher Entwicklungsmilieus von Kindern zu einem besseren Verständnis aktueller Kindheitserfahrungen zu gelangen.

5. Qualitätssicherung durch Triangulation

Die verschiedenen Beispiele und Anwendungsfelder von Triangulation verdeutlichen, dass die Idee der Triangulation wohl weitaus häufiger die Planung von Forschungsdesigns begleitet als den Forschenden vielleicht bewusst ist. Gerade die aktuelle Blüte einer quantitativ ausgerichteten Bildungsforschung scheint auch zu einer erneuten Rückbesinnung auf das Prinzip der Triangulation zu führen. Wenn nämlich als Ergebnis der internationalen Schulleistungsstudien angemahnt wird, jetzt vermehrt die Qualität von Unterricht in den Blick zu nehmen und zu einer präziseren Beschreibung der Mikroprozesse von Lehr-/Lernprozessen zu gelangen, dann kann dies auch als ein Hinweis auf die Notwendigkeit aller drei Funktionen des Triangulationskonzepts gewertet werden: Die Genese der Schulleistungsergebnisse bleibt in wesentlichen Aspekten unaufgeklärt, wenn die Einflüsse des Unterrichts nicht kontrolliert werden (Validierungsfunktion); das bloße Erheben von Leistungsergebnissen führt in der Praxis kaum zu Veränderungen, wenn die Perspektiven der Akteure vor Ort unberücksichtigt bleiben (Aktionsfunktion) und schließlich kann die populär gewordene Suche nach einer „best practice" von Schule und Unterricht auch als Umsetzung der epistemologischen Funktion von Triangulation interpretiert werden, denn für den Wissenschaftler ist die pädagogische Praxis vielfach das Fremde, das in seinen spezifischen Gelingensbedingungen erst re- bzw. dekonstruiert werden muss. Der Gewinn von Triangulation liegt damit nicht nur in einem Mehr an Ergebniszuverlässigkeit, sondern auch in der Erweiterung der Erkenntnis- und Aktionsmöglichkeiten von Forschung.

Literatur

Altrichter, Herbert 2002: Die Rolle der „professional community" in der Lehrerforschung. In: Dirks, Una/Wilfried Hansmann (Hg.): Forschendes Lernen in der Lehrerbildung. Auf dem Weg zu einer professionellen Unterrichts- und Schulentwicklung. Bad Heilbrunn. S. 17-36.

Altrichter, Herbert/Peter Posch 1998: Lehrer erforschen ihren Unterricht. Eine Einführung in die Methoden der Aktionsforschung. Bad Heilbrunn.

Behnken, Imbke/Jürgen Zinnecker (Hg.) 2001: Kinder, Kindheit, Lebensgeschichte. Ein Handbuch. Seelze.

Campbell, Donald/Donald Fiske 1959: Convergant and discriminant Validation by the Multitrait-Multimethod Matrix. In: Psychological Bulletin. 56. S. 81-105.

Denzin, Norman K. 1977: The Research Act. A Theoretical Introduction to Sociological Methods. New York.

Denzin, Norman K./Yvonna S. Lincoln 1998a: The Landscape of Qualitative Research. Thousand Oaks/London/New Delhi.

Denzin, Norman K./Yvonna S. Lincoln 1998b: Strategies of Qualitative Inquiry. Thousand Oaks/London/New Delhi.

Fichten, Wolfgang/Birgit Dreier 2003: Triangulation der Subjektivität – Ein Werkstattbericht. [66 Absätze]. Forum Qualitative Sozialforschung, 4 (2). Verfügbar über: http://www.qualitative-research.net.fqs-texte/2-03/2-03fichtendreier-d.htm

Fielding, Nisel G./Jane L. Fielding 1986: Linking Data. Qualitative Research Methods. Vol. 4. London.

Flick, Uwe 1991: Triangulation. In: Flick, Uwe u. a. (Hg.): Handbuch qualitativer Sozialforschung. München. S. 432-434.

Flick, Uwe 1992: Entzauberung der Intuition. Systematische Perspektiven-Triangulation als Strategie der Geltungsbegründung qualitativer Daten und Interpretationen. In: Hoffmeyer-Zlotnik, Jürgen H. P. (Hg.): Analyse verbaler Daten. Opladen. S. 11-55.

Flick, Uwe: 1998a: An Introduction to Qualitative Research. Thousand Oaks/London/New Delhi.

Flick, Uwe 1998b: Triangulation – Geltungsbegründung oder Erkenntniszuwachs. In: Zeitschrift für Soziologie der Erziehung und Sozialisation. 18. S. 443-447.
Flick, Uwe u. a. (Hg.) 2000: Triangulation in der qualitativen Forschung. In: Uwe Flick u. a. (Hg.): Qualitative Forschung. Ein Handbuch. Reinbek. S. 309-318.
Flick, Uwe 2004: Triangulation. Eine Einführung. Wiesbaden.
Glaser, Barney G./Anselm Strauss 1979: Die Entdeckung gegenstandsbezogener Theorie: Eine Grundstrategie qualitativer Forschung. In: Hopf, Christel/Elmar Weingarten (Hg.): Qualitative Sozialforschung. Stuttgart.
GO! http://www.uni-potsdam.de/agp/Ganztag/ganztagsorganisation.htm
Groeben, Norbert u. a. 1988: Das Forschungsprogramm Subjektive Theorien. Eine Einführung in die Psychologie des reflexiven Subjekts. Tübingen.
Groeben, Norbert/Brigitte Scheele 2000, Juni: Dialog-Konsens-Methodik im Forschungsprogramm Subjektive Theorien [9 Absätze]. Forum Qualitative Sozialforschung [Online Journal], 1 (2). Verfügbar über: http://qualitative-research.net/fqs-d/2-00inhalt-d.htm
Helsper, Werner u. a. 2001: Qualität qualitativer Forschung in der Erziehungswissenschaft. In: Zeitschrift für Pädagogik. 47. 2. S. 251-269.
Honer, Anne 1993: Lebensweltliche Ethnographie. Ein explorativ-interpretativer Forschungsansatz am Beispiel von Heimwerker-Wissen. Wiesbaden.
Köckeis-Stangel, Eva 1980: Methoden der Sozialisationsforschung. In: Hurrelmann, Klaus/Dieter Ulich (Hg.): Handbuch der Sozialisationsforschung. Weinheim. S. 321-370.
Krause, Frank/Hans-Dietrich Dann 1986: Die Interview- und Lege-Technik zur Rekonstruktion kognitiver Handlungsstrukturen ILKHA. Ein unterrichtsnahes Verfahren zur Erfassung potentiell handlungswirksamer subjektiver Theorien von Lehrern. Universität Konstanz, Sozialwissenschaftliche Fakultät, Projekt ‚Aggressivität in der Schule'. Arbeitsbericht 9.
Krüger, Heinz-Hermann/Cathleen Grunert (Hg.) 2002: Handbuch Kindheits- und Jugendforschung. Opladen.
Lamnek, Siegfried 1995: Qualitative Sozialforschung. Bd.1: Methodologie. Weinheim.
Lechler, Peter 1982: Kommunikative Validierung. In: Huber, Günter L./Heinz Mandl (Hg.): Verbale Daten. Weinheim. S. 243-258.
Scheele, Brigitte (Hg.) 1992: Struktur-Lege-Verfahren als Dialog-Konsens-Methodik. Ein Zwischenfazit zur Forschungsentwicklung bei der rekonstruktiven Erhebung Subjektiver Theorien. Münster.
Scheele, Brigitte/Norbert Groeben 1984: Die Heidelberger Struktur-Lege-Technik (SLT). Eine Dialog-Konsens-Methode zur Erhebung subjektiver Theorien mittlerer Reichweite. Weinheim/Basel.
Scheele, Brigitte/Norbert Groeben 1988: Dialog-Konsens-Methoden zur Rekonstruktion subjektiver Theorien. Tübingen. Verfügbar über http://www.ssoar.info/ssoar/files/2008/256/dialogkonsens.pdf
Strauss, Anselm L./Juliet Corbin 1996: Grounded Theory: Grundlagen qualitativer Sozialforschung. Weinheim.
Wahl, Diethelm 1982: Handlungsvalidierung. In: Huber, Günter L./Heinz Mandl (Hg.): Verbale Daten. Eine Einführung in die Grundlagen und Methoden der Erhebung und Auswertung. Weinheim/Basel. S. 259-274.
Wahl, Diethelm/Jörg Schlee/Josef Krauth/Jürgen Mureck 1983: Naive Verhaltenstheorie von Lehrern. Abschlussbericht eines Forschungsvorhabens zur Rekonstruktion und Validierung subjektiver psychologischer Theorien. Zentrum für pädagogische Berufspraxis. Oldenburg.

Reinhard Fatke

Fallstudien in der Erziehungswissenschaft[1]

„*De singularibus non est scientia.*" („Aus Einzelfällen entsteht keine Wissenschaft.") Dieser Grundsatz bestimmt seit der Antike den Charakter von Wissenschaft. Spätestens seit Aristoteles ist das Wesen einer Erscheinung durch die Regelmäßigkeit und die Häufigkeit ihres Auftretens bestimmt und ist Wissenschaft begrifflich dadurch ausgezeichnet, dass sie Allgemeingültiges, Regelhaftes, Gesetzmäßiges aussagt – also Allgemeines, das über den jeweiligen Einzelfall hinausweist. Der Wissenschaftscharakter von Aussagen erweist sich darin, dass diese den Einzelfall subsumieren und nach allgemeinen Regeln erklären. Auch wenn dies manchmal so weit geht, dass konkrete Einzelfälle von den allgemeinen Aussagen nicht mehr gedeckt werden, tut es der genannten Bestimmung von Wissenschaft keinen Abbruch, insofern als dies Besondere dann lediglich als Sonderfall oder Ausnahme von der Regel gilt.

Auch in der Geschichte der Pädagogik als wissenschaftlicher Disziplin ist – bei aller Besonderheit, mit der die Pädagogik als Praxis jeweils zu tun hat – immer wieder das Allgemeine im Sinne des Allgemeingültigen und Regelhaften angestrebt worden. Dies gilt sowohl für die aus der Philosophie hervorgegangene systematisch-theoretische Pädagogik als auch für die aus den modernen Erfahrungswissenschaften, vor allem Psychologie und Soziologie, heraus entstandene empirische Erziehungswissenschaft. In beiden Strömungen geht es nicht vorrangig darum, in induktiver Weise vom Besonderen zum Allgemeinen zu gelangen, sondern es geht um die Anwendung allgemeiner Aussagensysteme auf jeweils besondere Gegebenheiten (Personen, Situationen, Aufgaben usw.) bzw. um die Aggregation von Einzeldaten nach wissenschaftstheoretisch und methodologisch festgelegen Verfahren zwecks Formulierung von (allgemeingültigen) Regelhaftigkeiten. Grundsatz dieser Auffassung von Wissenschaft ist, dass das Besondere nicht zum Allgemeinen führen könne und nur im Allgemeingültigen sich der Wissenschaftscharakter der Pädagogik erweise.

Diesen Strömungen jedoch steht in der Pädagogik auch eine Gegenrichtung gegenüber, die historisch auf jeden Fall älteren Ursprungs ist (Jean-Jacques Rousseau, Joachim Heinrich Campe, Christian Gotthilf Salzmann u.a. wären zu nennen; s. auch die Hinweise bei Herrmann 1991; Larcher 1996), die von konkreten Fällen des Erziehungsgeschehens, von Geschichten ausgeht

---

1 Dieser Beitrag ist nicht für das vorliegende Handbuch konzipiert worden, sondern aus einer Bearbeitung zweier Aufsätze in der „Zeitschrift für Pädagogik" (Fatke 1995 a; 1995 b) entstanden.

und von dort zu allgemeinen und allgemeingültigen Einsichten gelangen will. In sehr dezidierter Weise postulierte beispielsweise Hönigswald (1927, S. 214f.): „Ein einziger, wirklich analysierter Fall eines pädagogischen Verhaltens [...] hat für die Theorie der Pädagogik mehr wissenschaftlichen Wert als ein ganzes Heer statistischer Angaben über das Zusammenbestehen von Merkmalen und Reaktionsweisen. Der gedankliche Querschnitt durch einen einzigen Fall eines pädagogischen Vorgangs und dessen Verknüpfung mit anderen bedeutet unendlich viel mehr als die üppigste Zusammenstellung nach Gesichtspunkten der äußeren Zweckmäßigkeit und der Konvention."

Heutzutage ist die Frontstellung gegenüber der empirisch-analytischen Erziehungswissenschaft in der Regel nicht mehr so schroff, sondern es wird eher ein sich gegenseitig befruchtendes Nebeneinander angestrebt. Dennoch tun sich auch heute noch Befürworter von Fallstudien in der Pädagogik schwer, den Diskurs um den Wissenschaftscharakter der Pädagogik offensiv zu führen. Dabei könnten sie, zumindest teilweise, sogar auf Verständnis von Seiten der empirisch orientierten Erziehungswissenschaft hoffen, hatte doch schon Roth (1957, S. 36), ein Erneuerer der erfahrungswissenschaftlichen Pädagogik nach dem Zweiten Weltkrieg, die Einzelfallforschung gleichrangig neben die Statistik und das Experiment gestellt. Und auch ein jüngerer, ebenfalls prononcierter Vertreter der empirischen Erziehungswissenschaft spricht von einer „traditionellen Unterschätzung der Möglichkeiten der E[inzelfall]-Forschung und einer traditionellen Überschätzung der Gruppenforschung" (Krumm 1981, S. 96).

Kurzer historischer Rückblick: Fallarbeit und Fallstudie

In den vergangenen Jahren hat es zahlreiche, in zwei Wellen auftretende Versuche gegeben, die Beschäftigung mit Einzelfällen nicht nur als die weithin geübte Form pädagogischer *Praxis* auszuweisen, sondern vor allem als ein legitimes und zudem ertragreiches Verfahren wissenschaftlicher *Erkenntnisgewinnung* in der Pädagogik als Disziplin zu begründen.[2]

Anfang der 80er Jahre gab es einen ersten Trend, dem verschiedene Faktoren zugrunde lagen und der zwar nicht ein grundsätzliches wissenschaftstheoretisches und methodologisches Umdenken in der Pädagogik bewirkte, aber doch eine (erneute) Hinwendung des pädagogischen Sehens und Denkens zu dem konkreten Geschehen im Erziehungsalltag und den daran beteiligten Personen, den „Fällen und Unfällen in der Erziehung" (Ertle/Möckel 1981) zur Folge hatte. Als Faktoren, die diese Entwicklung begünstigten, sind vor allem die folgenden zu nennen (auf die ersten drei hat bereits Binneberg (1985, S. 773 f.) aufmerksam gemacht):

---

2 Vgl. die Gründung von Fallarchiven und Archivdatenbanken an Universitäten (→ Reh/Geiling/Heinzel).

(1) ein „Bedürfnis der pädagogischen Praxis nach höherer Anschaulichkeit und Wirksamkeit der pädagogischen Theorie";
(2) Kasuistik „als Teil einer Bewegung, die auch in anderen Wissenschaften eine Interessenverschiebung und Aspektverlagerung bewirkt hat";
(3) der „Wunsch nach einer methodischen Korrektur in der erziehungswissenschaftlichen Forschung";
(4) eine gewisse Ernüchterung, zum Teil auch Enttäuschung hinsichtlich des Ertrags und der pädagogisch-praktischen Ergiebigkeit der empirischen Forschung in der Pädagogik; vor allem ihr Mangel an ökologischer Validität und lebensweltlicher Relevanz wurden beklagt (weitere Hinweise bei Biller 1988, S. 3);
(5) eine stärkere Hinwendung von pädagogischer Theorie und Praxis zum „Alltag" und zur „Lebenswelt" der in erzieherische Prozesse Involvierten, womit sich die Hoffnung verband, der Vielschichtigkeit und Mehrdimensionalität des erzieherischen Geschehens besser entsprechen und die Kompetenzen der Adressaten zur Gestaltung ihrer Lebenswelt unverstellter entdecken und konstruktiv umsetzen zu können (Lenzen 1980; Schründer 1982; Thiersch 1986);
(6) eine narrative Orientierung, die in einige Bereiche der Pädagogik Einzug hielt und den pädagogisch-theoretischen Erkenntniswert vor allem von erzählten Geschichten, Autobiographien und Bildungsromanen herauszuarbeiten versuchte (siehe z.B. Baacke/Schulze 1979; Henningsen 1981; Oelkers 1985);
(7) eine zunehmende Betonung qualitativer Verfahren zur Datengewinnung und -auswertung, die sowohl durch die lebensweltlich orientierte Perspektive als auch durch den narrativen Ansatz nahegelegt wurden und damit auch der „klassischen Methode" pädagogischer Erkenntnisgewinnung, der Fallanalyse, zu neuer Aufmerksamkeit verhalfen.

Diese Entwicklungen innerhalb der pädagogischen Disziplin haben in der Folge eine größere Zahl von Publikationen hervorgebracht, die die Bedeutung von Fallstudien für die Gewinnung pädagogischer Erkenntnisse diskutierten und z.T. auch anhand konkreter Beispiele zu belegen versuchten (an dieser Stelle seien lediglich die wichtigsten Bücher und einige Artikel genannt, die die Diskussion wesentlich mitbestimmt haben): Aufenanger 1986; Brügelmann 1982; Fischer 1982, 1983; Hastenteufel 1980; Kaiser 1983; Kerkhoff 1981, S. 69-184; Lehmann/Vogel 1984; Müller u.a. 1986; Petermann/Hehl 1979; Terhart 1985.

Doch trotz dieser vielen Bemühungen gibt es immer noch keinen einheitlichen, klaren Begriffsgebrauch, sondern vielmehr herrscht eine verwirrende Vielfalt: so wird von Fallbericht, Fallanalyse, Fallstudie, Fallmethode, Falldarstellung, Fallgeschichte, Fallbeschreibung u.Ä. gesprochen, ohne dass immer genaue Abgrenzungen vorgenommen würden. Desgleichen werden keine klaren Unterschiede zwischen den praktischen und den wissenschaftlichen Dimensionen, die bei der Bearbeitung eines Falls eine Rolle spielen, getroffen. Ferner bleibt unklar, worin sich eine pädagogische Beschäftigung mit Fällen von anderen pädagogischen Tätigkeiten, sofern sie auf einzelne Personen gerichtet sind, unterscheidet. Schließlich wird nicht hinreichend differenziert, worin das spezifisch Pädagogische einer Fallarbeit oder einer Fallstudie im Unterschied z.B. zu einer psychologischen, therapeutischen oder sozialen Fallarbeit bzw. Fallstudie besteht.

Weitgehende Einigkeit jedoch scheint darin zu bestehen, dass die Tätigkeiten, die mit den genannten Begriffen umschrieben sind, jeweils mehrere Facetten haben, die auseinandergehalten werden müssten, aber deren Beziehung zueinander es auch näher zu klären gälte. So ist grundsätzlich zu unterscheiden zwischen einer *Fallarbeit* in der Praxis, in der – meist zu einer konkreten Person (z.B. Schüler, Klientin u.Ä.) – alle erreichbaren Informationen zusammengetragen und durch eigene Beobachtungen, Befragungen oder sonstige Erhebungen ergänzt werden, damit auf dieser Grundlage eine (Erziehungs-)Maßnahme oder eine (sozialarbeiterische) Intervention geplant und ausgeführt werden kann, wobei die fortlaufende Evaluation der Auswirkungen dieser Maßnahme bzw. Intervention konstitutiver Bestandteil der Fallarbeit ist (→ Reh/Geiling/Heinzel; → Prengel). Fallarbeit zielt also vorrangig auf die praktische Lösung eines Praxisproblems, das sich in der Regel in der Auffälligkeit – eben in auf-*fall*-enden Verhaltensmustern – einer Person (oder einer Gruppe) manifestiert.

Eine *Fallstudie* geht darüber hinaus, insofern als sie die Informationen über eine bestimmte Person wissenschaftlich analysiert, d.h. auf methodisch kontrollierte (i.e. in der Regel hermeneutische) Weise den Einzelfall mit vorhandenen allgemeinen Wissensbeständen in Beziehung setzt, um zu prüfen, was am Fall aus diesen Wissensbeständen heraus erklärbar ist und was an den Wissensbeständen aus diesem Fall heraus zu differenzieren und gegebenenfalls zu korrigieren ist. Die Fallstudie zielt also auf (Prüfung oder Erweiterung bestehender oder Gewinnung neuer wissenschaftlicher) *Erkenntnis*. Diese kann dann auch, je nach Gegebenheit, auf den konkreten Ausgangsfall oder aber auf einen anderen, ähnlich strukturierten Fall praktisch angewendet werden; aber dieser Vorgang der Anwendung ist nicht mehr unbedingt Bestandteil der Fallstudie.

Der häufig gebrauchte Begriff „Kasuistik" kann beides meinen, hat somit den Vorzug, dass er als übergeordneter, umfassender Begriff verwendet werden kann, hat aber zugleich den Nachteil, dass meist im unklaren bleibt, ob vorrangig die praktische Arbeit am Fall oder das wissenschaftliche Erkenntnisbemühen gemeint ist. Beides schließt einander zwar nicht aus, sondern sollte sogar günstigstenfalls zusammengeführt werden, aber es sind doch unterschiedliche Aufgaben und Tätigkeiten, denen auch unterschiedliche Handlungslogiken zugrunde liegen. Aus diesem Grunde ist ein differenzierender Begriffsgebrauch (*Fallarbeit* und *Fallstudie*) vorzuziehen.

In der Mitte der achtziger Jahre ist es um die Fallstudien in der Pädagogik wieder stiller geworden. Zwar ist noch eine kleine Monographie zum Thema erschienen (Biller 1988), und hier und da findet sich noch ein einschlägiger Zeitschriftenaufsatz (z. B. Heiligenmann 1989); aber eine breitere Diskussion und vor allem eine Verankerung von Fallstudien in wissenschaftstheoretischen und methodologischen Begründungen der Pädagogik sind nicht festzustellen. Erst in jüngerer Zeit hat das Thema wieder größere Aufmerksamkeit erlangt, und zwar mindestens in vier verschiedenen Diskurszusammenhängen:

(1) Die Sozialpädagogik und noch stärker die Sozialarbeit, in deren Tradition die praktische Einzelfallhilfe (*case work*) einen festen methodischen Bestandteil bildet (Neuffer 1990; Possehl 1993), haben im Zusammenhang mit der Erörterung professioneller Kompetenzen von Sozialpädagogen und Sozialarbeiterinnen neuerdings auch die Diskussion um die Fallarbeit wiederbelebt (Dewe u. a. 1992; C. W. Müller 1992; Gildemeister 1992). Auf dem Hintergrund des Lebenswelt-Konzepts (Thiersch 1992; Dewe u. a. 1993; Rauschenbach u. a. 1993) wird die Fallarbeit als ein besonders geeignetes Instrument gesehen, den bei den Adressaten vorhandenen Kompetenzen und Ressourcen gerecht zu werden und ihnen zu einem „gelingenderen Alltag" (Thiersch) zu verhelfen. Kraimer (1994) betrachtet die „qualitative Einzelfallstudie" geradezu als den „Königsweg in der Sozialen Arbeit" (S. 162 ff.) und postuliert, dass mit dem Konzept der Lebenswelt und insbesondere dem der lebensweltlichen Kasuistik das Pädagogische in der Sozialarbeit und Sozialpädagogik zurückgewonnen werden könne, bzw. dass das Fallverstehen, neben der „stellvertretenden Deutung", die disziplinäre „Heimatlosigkeit" der Sozialarbeit/Sozialpädagogik aufheben und den „Weg zu einer eigenständigen Profession" ebnen könne (Haupert/Kraimer 1991). B. Müller (1994) sieht die professionelle Kompetenz von Sozialpädagogen, das „sozialpädagogische Können", geradezu in der (multiperspektivischen) Fallarbeit konzentriert.

(2) Die Erkenntnis, dass Erziehung immer eingebettet ist in – und forschungsmäßig zu rekonstruieren ist aus – Lebensläufen, hat in der Pädagogik zu einem neuen Interesse an dem Zusammenhang von Biographie und Erziehungs- und Bildungsprozessen geführt. Nach mehreren Beispielen pädagogischer Biographie- und Autobiographieforschung in den achtziger Jahren (s. die Übersicht bei Schulze 1993a) wird inzwischen verstärkt auch theoretisch und methodologisch das Verhältnis von Lebensgeschichten und erziehungswissenschaftlicher Erkenntnis erörtert (Baacke 1993a; Schulze 1993b; Koller/Kokemohr 1994; Krüger/Marotzki 1995).

(3) Aus dem immer noch bestehenden bzw. stets neu entstehenden Unbehagen der Pädagogik an der mangelnden theoretischen und praktischen Ergiebigkeit einer ausschließlich quantitativ verfahrenden erziehungswissenschaftlichen Forschung heraus werden vermehrt qualitative bzw. interpretative Verfahren aus anderen wissenschaftlichen Disziplinen rezipiert, die der Komplexität, der ökologischen Validität und der Praxis-

relevanz der zu untersuchenden Fragen stärker Rechnung tragen. In diesem Zusammenhang seien – außer den beiden Verfahren, die sich besonders gut für die oben genannte pädagogische Biographie- und Autobiographieforschung eignen, nämlich der „objektiven Hermeneutik" (Oevermann 1993; Garz 1994) und dem „narrativen Interview" (Schütze 1983, 1993) – exemplarisch genannt: die qualitative Inhaltsanalyse (Mayring 1993) und die ethnographische Feldforschung (Friebertshäuser 1996).

(4) Die Psychoanalytische Pädagogik, die bereits in den 20er Jahren einen großen Teil ihrer Theorieentwicklung auf der Grundlage der Analyse von Einzelfällen vorgenommen hatte (das zentrale Publikationsorgan „Zeitschrift für Psychoanalytische Pädagogik", 1926-1937, war geradezu eine Fundgrube von Falldarstellungen und -analysen), ist nach dem Zweiten Weltkrieg zunächst nur in vereinzelten Ansätzen wiederbelebt worden, hat dann aber mit der Einrichtung einer Wissenschaftlichen Arbeitsgemeinschaft auf Zeit „Pädagogik und Psychoanalyse" in der Deutschen Gesellschaft für Erziehungswissenschaft und der 1993 erfolgten Gründung der Kommission „Psychoanalytische Pädagogik" in der DGfE eine neue Wirksamkeit entfaltet. In diesem Zusammenhang wurden auch die grundlegenden Fragen nach dem Verhältnis der beiden Disziplinen Pädagogik und Psychoanalyse zueinander, aber auch das Verhältnis von Einzelfall-Erkenntnis und allgemeingültigem Wissen bearbeitet (s. dazu auch das Themenheft „Pädagogisches Fallverstehen" der „Zeitschrift für Pädagogik" 1995, Heft 5; ferner Stuhr/Deneke 1993).

Allerdings ist nach wie vor ein Problem wenig geklärt, das sowohl für die Begründung von Fallstudien als auch für die Vermittlung von pragmatischer Pädagogik und empirisch-analytischer Erziehungswissenschaft bzw. von qualitativer und quantitativer Forschung zentral ist: das Verhältnis von Besonderem und Allgemeinem in Fallstudien[3]. Diesem Problem widmen sich die folgenden Überlegungen, indem zunächst gefragt wird, was einen „Fall" überhaupt ausmacht, und anschließend überlegt wird, wie allgemeine theoretische Aussagen aus Besonderheiten herausgearbeitet werden können (ausführlicher dazu Fatke 1995b).

Was ist ein „Fall"?

Es wird zwar immer wieder unterstrichen, dass der Begriff „Fall" nicht ausschließlich auf individuelle Personen und ihre Lebens-, Erziehungs- oder Bildungsgeschichte – bzw. ihre Problem- oder Krankheitsgeschichte – beschränkt werden dürfe, sondern auch auf Gruppen (z.B. eine Familie, eine Schulklasse, eine Jugendclique) und sogar auf noch größere und letztlich

---

[3] Ein weiteres Problem, das freilich noch seltener erörtert wird, ist, worin das spezifisch Pädagogische in Fallstudien besteht und wie sich dies von anderen (z.B. psychologischen) Dimensionen unterscheiden lässt. Dem Problem kann in diesem Beitrag jedoch nicht nachgegangen werden.

auch abstrakte Einheiten, wie z. B. eine Bildungsinstitution, einen Lehrplan oder gar eine Erziehungstheorie, angewendet werden könne (s. dazu Biller 1988, S. 35 ff.); aber im Zentrum kasuistischer Diskussionen stehen letztlich doch immer wieder einzelne Personen mit (Ausschnitten aus) ihren Lebensgeschichten.

Wichtiger als diese Begriffsabgrenzung bzw. -ausweitung jedoch ist es, sich darüber klar zu sein, dass ein Fall – gleichgültig welche Einheit damit gemeint ist – nur unter besonderen Bedingungen in die Aufmerksamkeit eines Betrachters tritt. Diese Bedingungen können dann gegeben sein, wenn ein Geschehen auf-*fällt,* d. h. sich vom Gewohnten, Normalen, Durchschnittlichen abhebt. „Das Alltägliche, Selbstverständliche, Wiederkehrende, immer schon Vorhandene und Bewältigte wird selten als Fall vorgestellt, sondern das, was sich als Konflikt, als besonderes Ereignis, als Denkwürdiges und Merkwürdiges, als Unerwartetes und Unvorhergesehenes aus dem Geschehensablauf heraushebt." (Günther 1978, S. 167) Erst so wird es sichtbar und registriert, wie eine Figur auf einem Grund. Darstellungen von Einzelfällen können aber auch der exemplarischen Illustration dienen (z. B. Büchner/ Fuhs 1993). Damit ist zugleich gesagt, dass an jeglicher Wahrnehmung von etwas Besonderem, Eigenartigem, Individuellem immer schon etwas Allgemeines, Allgemeingültiges in Form einer Wahrnehmungsfolie oder eines Wahrnehmungsgrundes beteiligt ist, wie ein Ausschnitt erst im Ganzen seine Bedeutung erlangt (Baacke 1993 b).

Dies gilt auch für die Praxis der *Fallarbeit,* insofern als ihre primäre Aufgabe darin besteht, dass sich derjenige, der einen Fall bearbeitet, zunächst und vor allem Rechenschaft darüber abzulegen hat, aus welchem Grunde der Fall in seine Aufmerksamkeit und damit in seine Bearbeitungskompetenz tritt. Das Einmalige, Individuelle ist also auf das Normativ-Allgemeine des Wahrnehmungs- und Beurteilungshintergrundes hin zu prüfen. Nur so lässt sich verhindern, dass vorgefasste Kategorien, etwa von Abweichungen im Sozial- oder Leistungsverhalten (beispielsweise „delinquent", „krank", „gestört", „minderbegabt" o. Ä.), den spezifischen Ausprägungen des Einzelfalls übergestülpt werden und damit das Einmalige und Besondere zudecken (dies ist aus der Devianzforschung als Etikettierungs- und Stigmatisierungseffekt hinlänglich bekannt).

In der *Fallstudie,* die auf wissenschaftliche Erkenntnis zielt, ergibt sich das zusätzliche Problem, dass das Ergebnis der Fallanalyse zu den vorhandenen allgemeinen Wissensbeständen in Beziehung gesetzt werden muss, um den Fall als einen typischen, exemplarischen auszuweisen, der eine wissenschaftlich-theoretische Erkenntnis sichtbar macht und die allgemeinen Wissensbestände bereichert. *Dass* dies zu geschehen hat, wird zwar wiederholt postuliert (allerdings nicht immer, denn viele Autoren geben sich mit einer rein illustrativen Funktion von Fallstudien – besser: Fallschilderungen – für theoretische Aussagen zufrieden); aber *wie* das geschehen kann, wird relativ selten oder aber in unzulänglicher Weise erörtert. „Leider wird das Verfahren, allgemeine Aussagen aus dem empirischen Material [...] zu generieren, selten konkret beschrieben. Damit ist eine eigentlich entscheidende Phase des qualitativen Forschungsprozesses schwer durchschaubar und tendenziell einer wissenschaftlichen Kritik entzogen." (Faltermaier 1990, S. 207; aus dem Bereich der Sozialarbeit hat in jüngerer Zeit Schütze (1993) eine überzeugende exemplarische Fallanalyse vorgelegt.)

B. Müller (1994) nimmt eine recht einfache Bestimmung des Verhältnisses von Besonderem und Allgemeinem im Einzelfall vor. Zwar geht es ihm in erster Linie um eine „praktische Anleitung zur Arbeit mit Fällen" (S. 150), also um *Fallarbeit* und nicht um *Fallstudien* in wissenschaftlicher Absicht; aber dennoch streift er immer wieder grundsätzliche Fragen. Er geht durchgängig davon aus, dass „Interpretationsperspektiven" bzw. „Verallgemeinerungen" an die Fälle „herangetragen" würden (S. 16); somit würden die Fälle zu „Testfälle[n] ..., sofern sie beispielhaft überprüfbar machen sollen, ob die benutzten Interpretationsschemata heuristisch fruchtbar sind, d. h. ein besseres Fallverstehen ermöglichen" (S. 16). Wie jedoch der Vorgang, in welchem das „Herantragen von Verallgemeinerungen" das Besondere der Fallgeschichten besser verständlich macht, aussehen soll, wird nicht näher erläutert.

Das Verhältnis von Besonderem und Allgemeinem

Das Problem ist vielschichtig und theoretisch kompliziert, jedenfalls dann, wenn dem Einzelfall eine Funktion zugemessen werden soll, die über die didaktischen Zwecke hinausgeht, für die „Fallgeschichten" üblicherweise in der Pädagogik und Erziehungswissenschaft verwendet werden. In vielen Fällen beschränkt sich nämlich die Vermittlung von Besonderem und Allgemeinem darauf, entweder anhand von Fallbeispielen aus der Erziehungspraxis theoretische Aussagen didaktisch zu veranschaulichen oder wissenschaftliche Sätze mit Fallbeispielen zu „bestätigen". Gerade bei letzterem Vorgehen besteht immer die Gefahr, die Fälle nur unter der Perspektive dieser wissenschaftlichen Sätze zu betrachten, so dass Neuartiges gar nicht erst in den Blick gelangen kann. Die eigentliche wissenschaftliche Leistungsfähigkeit von Fallstudien für allgemeine Erkenntnisse besteht aber vielmehr darin, diese zu erweitern, gegebenenfalls zu korrigieren, besteht mithin in der Funktion der *Theoriebildung* (s. auch Gamm 1967, S. 324; Ertle/Möckel 1981, S. 165 f.; Terhart 1985; Biller 1988, S. 43 ff.). Das setzt größtmögliche Offenheit, Unvoreingenommenheit und Selbstkritik in der Betrachtung und Analyse des Einzelnen und Besonderen des Falls voraus.

Natürlich wäre es ein Missverständnis, wenn man meinte, allein aus einer einzigen Fallschilderung ließen sich bereits allgemeine Aussagen von solcher Tragweite ableiten. Verallgemeinerungen treten nicht voraussetzungslos aus der empirischen Realität hervor. Somit kann es ein induktives Verfahren in Reinform letztlich nicht geben. Vielmehr haben solche „allgemeinen" theoretischen Aussagen zunächst vorläufigen, hypothetischen Charakter, und obwohl die Erforschung eines Einzelfalls bereits starke Hinweise auf *Typisches im Individuellen* liefert, bedarf es weiterer Fallstudien. Dabei ist es freilich nicht nötig, eine repräsentative Gesamtzahl von Fällen zu untersuchen – wie dies bei einem empirisch-analytischen Forschungsvorgehen üblich ist –, sondern jeder andere Fall, der in gleicher Weise das Typische im Individuellen zeigt, kann schon als weitere Bestätigung der Richtigkeit der theoretischen Aussagen gelten. Denn im Grunde geht es nicht um die Anzahl der Fälle – aus der Häufigkeit ist nämlich *nicht* auf die Bedeutsamkeit zu schließen! –, sondern es geht, im Anschluss an Lewin (1931/1981), um „eine präzise Erfassung der Gesamtsituation in allen ihren Eigentümlichkeiten"; nur darin lasse sich das Wesen eines Gegenstandes erkennen (Faltermaier 1990, S. 211). Wenn die *strukturellen Elemente* eines Falls herausgearbeitet werden, kann das Besondere „als eine prinzipielle Möglichkeit des Allgemeinen" erscheinen „und umgekehrt, das Allgemeine als eine spezifische individuelle Variante" (Aufenanger 1986, S. 236).

Faltermaier gibt Hinweise auf drei verschiedene Strategien, wie man zur Verallgemeinerung aus Einzelfällen gelangen könne: Es sind dies (1) die von Glaser/Strauss (1967) entwickelte Methode des ständigen Vergleichens, wobei aus Vergleichen von Einzelfällen „allmählich immer allgemeinere Kategorien und Zusammenhänge entstehen [... und] sich die Grundlage für Vergleiche vom empirischen Material allmählich in allgemeinere Ebenen verlagert, dabei aber die konkreten empirischen Ereignisse immer als Korrektiv fungieren" (Faltermaier 1990, S. 208); ferner (2) die von Jüttemann (1990) entwickelte „komparative Kasuistik", bei der zunächst an verschiedenen Personen über bestimmte Phänomene sog. ‚Individualtheorien' formuliert und anschließend verglichen werden, so dass daraus dann eine allgemeine Theorie entsteht; und schließlich (3) die von Gerhardt (1985, 1986) entwickelte Konstruktion von Typen, die mit fallvergleichenden Kontrastierungen beginnt und in einen (im Sinne von Max Weber) „idealtypischen Aufriß von dem Gesamtprozeß oder -phänomen" mündet (Faltermaier 1990, S. 209). In diesem Zusammenhang wäre auch an die „analogische Methode" zu erinnern, die Binneberg (1985) als in Fallstudien anzuwendendes methodisches Verfahren postuliert, aber leider nicht weiter ausgearbeitet hat. Neuerdings hat Herber (1996, S. 115 f.) in ähnlicher Absicht ein Verfahren vorgeschlagen, das er „analogisierendes Mapping" nennt und worunter er – allerdings in recht abstrakter Weise – folgendes versteht: „Entlang einzelner Kategorien oder Dimensionen, die als Metakriterien einzelne Elemente verschiedener Theorien in Beziehung setzen können, wird ein Netz geknüpft, das Elemente verschiedener hierarchischer Qualität miteinander verbindet, sobald zwischen diesen Begriffen oder Teilsystemen Schnittmengen definiert werden können."

Halten wir fest: Aus dem Besonderen eines Einzelfalls lässt sich stets noch anderes von allgemeiner Relevanz ableiten als nur das, was dem Theoretiker in seinen kategorialen Blick gelangt. Vorausgesetzt sind eine generelle

Abstinenz gegenüber vorschnellen subsumptionslogischen Kategorisierungen, eine große und sensible Aufmerksamkeit für Details, eine Flexibilität der verstehenden Verarbeitung und nicht zuletzt ein gewisser Mut zu einer Entscheidung für einen theoretischen Satz von allgemeiner Gültigkeit, wie Bude mit Bezug auf den „abduktiven Schluß" von Charles S. Peirce herausstellt: Es ist ein „‚Blitz der Einsicht', der sich dann einstellen kann, wenn wir verschiedene Elemente unserer Beobachtung zusammenbringen, die zusammenzubringen wir uns vorher nicht hätten träumen lassen. Es scheint Mut dazu zu gehören, die zwischen den einzelnen Äußerungen eines Falls rotierenden Verweisungen auf den Punkt einer Deutung zu bringen, die die ‚individuelle Allgemeinheit des Falls' (...) enthüllt." (Bude 1988, S. 425) Insofern also lässt sich an einem Einzelfall durchaus ein theoretischer Satz gewinnen, „der nicht aus dem vorhandenen Korpus theoretischer Sätze abgeleitet werden kann" (ebd.). Dabei wird dieser das Allgemeine enthaltende theoretische Satz im Besonderen stets indirekt mit wahrgenommen: „Kasuistisches Wahrnehmen ist eine *prädikative Mitwahrnehmung* des Allgemeinen im Einzelfall, und die Fallanalyse versucht, das Allgemeine an dem Fall als das an ihm Wesentliche auszusprechen. Denn der Gedanke an das Allgemeine hat die Kraft, über diesen Fall hinauszuweisen und den Gedanken an andere Fälle derselben Art geradezu zu provozieren." (Binneberg 1985, S. 781; Hervorhebung im Original)

So gesehen, können Fallstudien im Hinblick auf Allgemeines also tatsächlich mehr leisten, als nur bereits existierende theoretische Sätze zu veranschaulichen oder sie zu überprüfen oder auch Hypothesen für empirische Forschungen zu generieren; sie können, gründlich und methodisch kontrolliert durchgeführt, durchaus zur Gewinnung neuer wissenschaftlicher Erkenntnisse und letztlich zur Theoriebildung beitragen. Darüber hinaus – und darauf hat insbesondere Herrmann (1991) aufmerksam gemacht – sind Fallstudien (Herrmann spricht von „Kasuistik") bestens geeignet, zwischen den Wissens- und Diskursformen „Pädagogik" einerseits und „Erziehungswissenschaft" andererseits zu vermitteln: „Die Kasuistik als *Verfahren* will – im Unterschied zur Deduktion – mit Hilfe einer möglichst exakten Beschreibung von Einzelfällen deren *Gemeinsames* ermitteln, und als Methode will sie konkrete Erscheinungen unter allgemeine *Normen und Prinzipien* fassen, ordnen, abgrenzen, beurteilen, um das Gemeinsame als das *Regelhafte* formulieren zu können" (ebd., S. 193). Die beiden Wissensformen sollten über die Kasuistik „Übersetzungsregeln für pädagogisches und erziehungswissenschaftliches Wissen" entwickeln, womit sowohl dem Charakter der pragmatischen Wissenschaft Pädagogik als auch dem der erfahrungswissenschaftlich begründeten Erziehungswissenschaft Rechnung getragen würde, weil sowohl Genauigkeit und Gültigkeit als auch Praxisrelevanz hergestellt würden. In diesem Sinne ließe sich folgern, dass aus dem Besonderen des Einzelfalls durchaus Allgemeines, mithin Wissenschaft entstehen kann (s. auch Vollmer 1981): „Aus Einzelfällen kann durchaus Wissenschaft entstehen." („*De singularibus tamen est scientia.*")

Literatur

Aufenanger, Stefan 1986: Am Fall lernen – Sozialpädagogische Kasuistik. In: Ammann, Wiebke u. a. (Hg.): Pädagogik – Theorie und Menschlichkeit. Festschrift für Enno Fooken zum 60. Geburtstag. Oldenburg. S. 233-242.

Baacke, Dieter 1993 a: Biographie: Soziale Handlung, Textstruktur und Geschichten über Identität. In: Baacke, Dieter/Theodor Schulze (Hg.): Aus Geschichten lernen. Zur Einübung pädagogischen Verstehens. Weinheim und München. S. 41-84.

Baacke, Dieter 1993 b: Ausschnitt und Ganzes. In: Baacke, Dieter/Theodor Schulze (Hg.): Aus Geschichten lernen. Zur Einübung pädagogischen Verstehens. Weinheim und München. S. 87-125.

Baacke, Dieter/Theodor Schulze (Hg.) 1979: Aus Geschichten lernen. Zur Einübung pädagogischen Verstehens. München.

Baacke, Dieter/Theodor Schulze (Hg.) 1993: Aus Geschichten lernen. Zur Einübung pädagogischen Verstehens. Neuausgabe Weinheim und München.

Biller, Karlheinz 1988: Pädagogische Kasuistik. Eine Einführung. Baltmannsweiler.

Binneberg, Karl 1979: Pädagogische Fallstudien. Ein Plädoyer für das Verfahren der Kasuistik in der Pädagogik. In: Zeitschrift für Pädagogik 25. S. 395-402.

Binneberg, Karl 1985: Grundlagen der pädagogischen Kasuistik. Überlegungen zur Logik der kasuistischen Forschung. In: Zeitschrift für Pädagogik 31. S. 773-788.

Binneberg, Karl (Hg.) 1997: Pädagogische Fallstudien. Frankfurt/M. u. a.

Binneberg, Karl 2006: Plädoyer für eine pädagogische Kasuistik. Günther Patzig, dem philosophischen Lehrer und Freund, zum 80. Geburtstag am 28. September 2006 gewidmet. In: Pädagogische Rundschau. 60 (2006) 4. S. 347-358.

Böhme, Jeanette 2000: Fallverstehen in schulischen Zusammenhängen. In: PÄD Forum. 3 (2000). S. 370-378.

Borchardt, Andreas/Stephan E. Göthlich 2007: Erkenntnisgewinnung durch Fallstudien. In: Albers, Sönke u. a. (Hg.): Methodik der empirischen Forschung. Wiesbaden. S. 33-48.

Brügelmann, Hans 1982: Fallstudien in der Pädagogik. In: Zeitschrift für Pädagogik 28. S. 609-623.

Bude, Heinz 1988: Der Fall und die Theorie. Zum erkenntnislogischen Charakter von Fallstudien. In: Gruppendynamik 19. S. 421-427.

Büchner, Peter/Burkhard Fuhs 1993: Außerschulisches Kinderleben im deutsch-deutschen Vergleich. In: Aus Politik und Zeitgeschichte vom 11.6.1993. S. 21-31.

Dewe, Bernd/Wilfried Ferchhoff/Frank-Olaf Radtke (Hg.) 1992: Erziehen als Profession. Zur Logik professionellen Handelns in pädagogischen Feldern. Opladen.

Dewe, Bernd/Wilfried Ferchhoff/Albert Scherr/Gerd Stüwe (Hg.) 1993: Professionelles soziales Handeln. Soziale Arbeit im Spannungsfeld zwischen Theorie und Praxis. Weinheim und München.

Ertle, Christoph/Andreas Möckel (Hg.) 1981: Fälle und Unfälle in der Erziehung. Stuttgart.

Faltermaier, Toni 1990: Verallgemeinerung und lebensweltliche Spezifität: Auf dem Weg zu Qualitätskriterien für die qualitative Forschung. In: Jüttemann, Gerd (Hg.): Komparative Kasuistik. Heidelberg. S. 204-217.

Fatke, Reinhard 1995 a: Fallstudien in der Pädagogik. Einführung in den Themenschwerpunkt. In: Zeitschrift für Pädagogik 41. S. 675-680.

Fatke, Reinhard 1995 b: Das Allgemeine und das Besondere in pädagogischen Fallgeschichten. In: Zeitschrift für Pädagogik 41. S. 681-695.
Fischer, Dietlind (Hg.) 1982: Fallstudien in der Pädagogik. Aufgaben, Methoden, Wirkungen. Bericht über eine Tagung des Comenius-Instituts Münster 14.-16. September 1981 in Bielefeld-Bethel. Konstanz.
Fischer, Dietlind (Hg.) 1983: Lernen am Fall. Zur Interpretation und Verwendung von Fallstudien in der Pädagogik. Konstanz.
Friebertshäuser, Barbara 1996: Feldforschende Zugänge zu sozialen Handlungsfeldern. Möglichkeiten und Grenzen ethnographischer Feldforschung. In: Neue Praxis 26. S. 75-86.
Gamm, Hans-Jochen 1967: Zur Frage einer pädagogischen Kasuistik. In: Bildung und Erziehung 20. S. 321-329.
Garz, Detlef (Hg.) 1994: Die Welt als Text. Theorie, Kritik und Praxis der objektiven Hermeneutik. Frankfurt/M.
Gerhardt, Uta 1985: Erzähldaten und Hypothesenkonstruktion. Überlegungen zum Gültigkeitsproblem in der biographischen Sozialforschung. In: Kölner Zeitschrift für Soziologie und Sozialpsychologie 37. S. 230-256.
Gerhardt, Uta 1986: Patientenkarrieren. Eine medizinsoziologische Studie. Frankfurt/M.
Gildemeister, Regina 1992: Neuere Aspekte in der Professionalisierungsdebatte. Soziale Arbeit zwischen immanenten Kunstlehren des Fallverstehens und Strategien kollektiver Statusverbesserung. In: Neue Praxis 22. S. 207-219.
Glaser, Barney G./Anselm L. Strauss 1967: The Discovery of Grounded Theory: Strategies for Qualitative Research. Chicago.
Günther, Karl Heinz 1978: Pädagogische Kasuistik in der Lehrerausbildung. Vorbemerkungen zum Diskussionsstand. In: Zeitschrift für Pädagogik. 15. Beiheft. Weinheim. S. 165-174.
Hastenteufel, Paul 1980: Fallstudien aus dem Erziehungsalltag. Bad Heilbrunn.
Haupert, Bernhard/Klaus Kraimer 1991: Die Heimatlosigkeit der Sozialarbeit/Sozialpädagogik. Stellvertretende Deutung und typologisches Verstehen als Wege zu einer eigenständigen Profession. In: Pädagogische Rundschau 45. S. 177-196.
Heiligenmann, Ursula 1989: Einzelfallstudien in der erziehungswissenschaftlichen Forschung. In: Zeitschrift für internationale erziehungs- und sozialwissenschaftliche Forschung 6. S. 175-192.
Henningsen, Jürgen 1981: Autobiographie und Erziehungswissenschaft. Essen.
Herber, Hans-Jörg 1996: Grüne Erfahrung und graue Theorie. Wie kann Fremdes zu Eigenem werden? In: Schratz, Michael/Josef Thonhauser (Hg.): Arbeit mit pädagogischen Fallgeschichten: Anregungen und Beispiele für Aus- und Fortbildung. Innsbruck. S. 91-122.
Herrmann, Ulrich 1991: Pädagogisches Argumentieren und Erziehungswissenschaftliche Forschung: Zur Verhältnisbestimmung der beiden Wissens- und Diskursformen ‚Pädagogik' und ‚Erziehungswissenschaft'. In: Hoffmann, Dietrich (Hg.): Bilanz der Paradigmendiskussion in der Erziehungswissenschaft. Leistungen, Defizite, Grenzen. Weinheim. S. 185-198.
Hönigswald, Richard 1927: Über die Grundlagen der Pädagogik. München.
Jüttemann, Gerd 1990: Komparative Kasuistik als Strategie psychologischer Forschung (1981). In: Jüttemann, Gerd (Hg.): Komparative Kasuistik. Heidelberg. S. 21-42.
Kaiser, Franz-Josef (Hg.) 1983: Die Fallstudie. Theorie und Praxis der Fallstudiendidaktik. Bad Heilbrunn.

Kerkhoff, Engelbert (Hg.) 1981: Handbuch Praxis der Sozialarbeit und Sozialpädagogik. Bd. 2: Praktische Sozialarbeit und Sozialpädagogik. Düsseldorf.

Koller, Hans-Christoph/Rainer Kokemohr (Hg.) 1994: Lebensgeschichte als Text. Zur biographischen Artikulation problematischer Bildungsprozesse. Weinheim.

Kraimer, Klaus 1994: Die Rückgewinnung des Pädagogischen. Aufgaben und Methoden sozialpädagogischer Forschung. Weinheim und München.

Krüger, Heinz-Hermann/Winfried Marotzki (Hg.) 1995: Erziehungswissenschaftliche Biographieforschung. Opladen.

Krumm, Volker 1981: Einzelfallanalyse (Einzelfalluntersuchung). In: Schiefele, Hans/Andreas Krapp (Hg.): Handlexikon zur Pädagogischen Psychologie. München. S. 95-100.

Larcher, Dietmar 1996: Sheherazade als Sozialforscherin. Ein Essay über Fallgeschichten. In: Schratz, Michael/Josef Thonhauser (Hg.): Arbeit mit pädagogischen Fallgeschichten: Anregungen und Beispiele für Aus- und Fortbildung. Innsbruck. S. 13-60.

Lehmann, Rainer H./Dankwart Vogel 1984: Einzelfallstudie. In: Haft, Henning/Hagen Kordes (Hg.): Methoden der Erziehungs- und Bildungsforschung. Enzyklopädie Erziehungswissenschaft. Bd. 2. Stuttgart. S. 349-355.

Lenzen, Dieter (Hg.) 1980: Pädagogik und Alltag. Methoden und Ergebnisse alltagsorientierter Forschung in der Erziehungswissenschaft. Stuttgart.

Lewin, Kurt 1981: Der Übergang von der aristotelischen zur galileischen Denkweise in Biologie und Psychologie (1931). In: Lewin, Kurt: Werkausgabe. Bd. 1. Stuttgart.

Mayring, Philipp 1993: Qualitative Inhaltsanalyse. Grundlagen und Techniken. Weinheim.

Müller, Burkhard 1994: Sozialpädagogisches Können. Ein Lehrbuch zur multiperspektivischen Fallarbeit. Freiburg.

Müller, Burkhard/Christian Niemeyer/Hilmar Peter (Hg.) 1986: Sozialpädagogische Kasuistik. Analysen und Arbeitsmaterial zu einem Fall. Bielefeld.

Müller, C. Wolfgang 1992: Frühe Fallberichte als Beitrag zur Professionalisierung in der Sozialen Arbeit. In: Soziale Arbeit 41. S. 78-80.

Neuffer, Manfred 1990: Die Kunst des Helfens. Geschichte der Sozialen Einzelhilfe in Deutschland. Kapitel 6: Methodenkritik und Machtwechsel. Weinheim/Basel. S. 202-222.

Oelkers, Jürgen 1985: Die Herausforderung der Wirklichkeit durch das Subjekt. Literarische Reflexionen in pädagogischer Absicht. Weinheim und München.

Oevermann, Ulrich 1993: Die objektive Hermeneutik als unverzichtbare methodologische Grundlage für die Analyse von Subjektivität. Zugleich eine Kritik der Tiefenhermeneutik. In: Jung, Thomas/Stefan Müller-Doohm (Hg.): „Wirklichkeit" im Deutungsprozeß. Verstehen und Methoden in den Kultur- und Sozialwissenschaften. Frankfurt/M. S. 106-189.

Peirce, Charles S. 1903/1991: Schriften zum Pragmatismus und Pragmatizismus. Fankfurt/M.

Petermann, Franz/Franz-Josef Hehl (Hg.) 1979: Einzelfallanalyse. München.

Possehl, Kurt 1993: Methoden der Sozialarbeit. Theoretische Grundlagen und 15 Praxisbeispiele aus der Sozialen Einzelhilfe. Frankfurt/M.

Rauschenbach, Thomas/Friedrich Ortmann/Maria Eleonore Karsten (Hg.) 1993: Der sozialpädagogische Blick. Lebensweltorientierte Methoden in der sozialen Arbeit. Weinheim und München.

Roth, Heinrich 1957: Pädagogische Psychologie des Lehrens und Lernens. Hannover.
Schratz, Michael/Josef Thonhauser (Hg.) 1996: Arbeit mit pädagogischen Fallgeschichten: Anregungen und Beispiele für Aus- und Fortbildung. Studien zur Bildungsforschung und Bildungspolitik. Bd. 12. Innsbruck.
Schründer, Agi 1982: Alltagsorientierung in der Erziehungswissenschaft. Studien zu ihrem Anspruch und ihrer Leistung auf dem Hintergrund alltagstheoretischer Ansätze in den Sozialwissenschaften. Weinheim.
Schütze, Fritz 1983: Biographiefoschung und narratives Interview. In: Neue Praxis 13. S. 283-293.
Schütze, Fritz 1993: Die Fallanalyse. Zur wissenschaftlichen Fundierung einer klassischen Methode der sozialen Arbeit. In: Rauschenbach, Thomas/Friedrich Ortmann/Marie Eleonore Karsten (Hg.): Der sozialpädagogische Blick. Lebensweltorientierte Methoden in der sozialen Arbeit. Weinheim und München. S. 191-221.
Schulze, Theodor 1993a: Biographisch orientierte Pädagogik. In: Baacke, Dieter/ Theodor Schulze (Hg.): Aus Geschichten lernen. Zur Einübung pädagogischen Verstehens. Weinheim und München. S. 13-40.
Schulze, Theodor 1993b: Lebenslauf und Lebensgeschichte. In: Baacke, Dieter/ Theodor Schulze (Hg.): Aus Geschichten lernen. Zur Einübung pädagogischen Verstehens. Weinheim und München. S. 174-226.
Stuhr, Ulrich/Friedrich-Wilhelm Deneke (Hg.) 1993: Die Fallgeschichte. Beiträge zu ihrer Bedeutung als Forschungsinstrument. Heidelberg.
Terhart, Ewald 1985: Das Einzelne und das Allgemeine. Über den Umgang mit Fällen im Rahmen erziehungswissenschaftlicher Forschung. In: Zeitschrift für erziehungs- und sozialwissenschaftliche Forschung 2. S. 283-312.
Thiersch, Hans 1986: Die Erfahrung der Wirklichkeit. Perspektiven einer alltagsorientierten Sozialpädagogik. Weinheim und München.
Thiersch, Hans 1992: Lebensweltorientierte Soziale Arbeit. Aufgaben der Praxis im sozialen Wandel. Weinheim und München.
Vollmer, Gerhard 1981: Kann es von einmaligen Ereignissen eine Wissenschaft geben? In: Redliches Denken. Festschrift für Gerd-Günther Grau zum 60. Geburtstag. Hg. v. Friedrich Wilhelm Korff. Stuttgart. S. 180-194.
Wernet, Andreas 2006: Hermeneutik – Kasuistik – Fallverstehen. Stuttgart.

Eckard König und Annette Bentler

Konzepte und Arbeitsschritte im qualitativen Forschungsprozess

Wissenschaftlicher Forschung liegt üblicherweise eine ganz bestimmte Annahme zugrunde: die Annahme, neue Themen und neue Gegenstände zu „erforschen". Eine solche Annahme suggeriert ein Bild von einer Landkarte: Ähnlich der Entdeckung fremder Kontinente durch neue Forschungsreisen, bei denen weiße Flecken auf der Landkarte zunehmend beseitigt, die Karten immer genauer, aber auch umfassender werden, stellt man sich nach diesem Modell offenbar Wissenschaft vor. Es gibt bereits erforschte Gebiete, aber es gibt auch „weiße Flecken", die bislang noch nicht entdeckt worden sind und die Gegenstand für eine Diplomarbeit, eine Dissertation oder ein sonstiges Forschungsvorhaben sein könnten.

Offensichtlich ist dieses Landkartenmodell weit verbreitet. Es liegt z.B. der Frage von Doktoranden/-innen zugrunde, ob ihr ausgewähltes Thema noch nicht bearbeitet ist und somit einen „weißen Fleck" auf der Landkarte darstellt, oder ob ihre Untersuchung möglicherweise hinfällig werden könnte, wenn zwischenzeitlich eine andere Arbeit zu demselben Thema erscheint. Zudem ist die Besorgnis um nachlassende Begeisterung, sich mit einem neuen Gebiet beschäftigt zu haben, ein weiterer Aspekt, der Unzufriedenheit hervorrufen kann.

Was man sich aber in der Forschungspraxis häufig nicht klarmacht, ist, dass dieses Landkartenmodell keineswegs die einzige Option wissenschaftlicher Forschung darstellt, sondern dass mit ihm ein bestimmtes wissenschaftstheoretisches „Paradigma" zugrundegelegt wird: das des Empirismus (zurückgehend auf den Logischen Empirismus des Wiener Kreises, z.B. Carnap 1959; vgl. auch Popper 1973, 1994). Voraussetzung des Landkartenmodells ist die empiristische These, dass es die „Wirklichkeit an sich" gibt, die es im Rahmen wissenschaftlicher Forschung genauer zu entdecken und zu erklären gilt.

Nur unter dieser empiristischen Annahme, dass Wissenschaft die Aufgabe hat, die Wirklichkeit so, wie sie ist, zu beschreiben, ist es plausibel, dass z.B. ein Doktorand nach weißen Flecken auf der wissenschaftlichen Landkarte sucht oder glaubt, mit seiner Arbeit in Schwierigkeiten zu geraten, wenn jemand anders diese zwischenzeitlich untersucht.

Nun ist die klassische empiristische Tradition im Zusammenhang mit dem Symbolischen Interaktionismus (z.B. Blumer 1973), der Paradigmendiskussion (z.B. Kuhn 1973; Feyerabend 1978) und dem Konstruktivismus

(z. B. Kamlah/Lorenzen 1973; Kelly 1955) deutlich in Frage gestellt worden. Im Grunde hat ja schon Kant (1966) in Abgrenzung vom englischen Empirismus darauf hingewiesen, dass die „Wirklichkeit an sich" („das Ding an sich") nicht erkennbar ist, sondern dass Erkenntnis immer von unseren Anschauungsformen, z. B. Unterscheidungen im Blick auf räumliche und zeitliche Anordnung, abhängt.

Durchaus in dieser Tradition von Kant wird dann etwa von Maturana (1985, 2001) in der Tradition des Radikalen Konstruktivismus die Bedeutung des/der Beobachters/-in für den Erkenntnisprozess betont: In Abgrenzung von einer Abbildtheorie, der zufolge Wissenschaft nur eine Abbildung der Wirklichkeit ist, weist Maturana darauf hin, dass wissenschaftliche Ergebnisse nicht vom Beobachter gelöst gesehen werden können: „Alles, was gesagt wird, wird von einem Beobachter gesagt ... Beobachter ist ein lebendes System, und jede Erklärung der Kognition als eines biologischen Phänomens muß eine Erklärung des Beobachters und seiner dabei gespielten Rolle beinhalten." (Maturana 1985, S. 34 f.; vgl. z. B. auch Schmidt 1992, 1987, S. 34 ff.; von Glasersfeld 1987, 1996)

Dahinter steht die These, dass wissenschaftliche Erkenntnisse immer von Unterscheidungen abhängen, die ein/eine Beobachter/-in trifft. Konkret: Man kann z. B. eine empirische Untersuchung über Auswirkungen eines autokratischen oder eines sozial-integrativen Erziehungsstils erst dann durchführen, wenn zuvor definiert worden ist, was unter autokratischem und sozialintegrativem Erziehungsstil verstanden wird. Diese Definition, d. h. die Unterscheidung zwischen verschiedenen Erziehungsstilen, ergibt sich aber nicht aus dem Untersuchungsgegenstand selbst, sondern ist, wie Maturana (1985, S. 264) es formuliert, durch Entscheidungen des Beobachters immer mitbestimmt.

Das bedeutet, dass wissenschaftliche Erkenntnisse grundsätzlich immer nur ein Bild der Wirklichkeit aus einer bestimmten Sichtweise wiedergeben. Diese Aussage hat bereits Kelly (1955; 1986, S. 59 ff.) mit der These, dass sich Menschen ein Bild von der Wirklichkeit machen, vertreten. Diese Beobachterperspektive bestimmt sich zum einen aus dem vorausgesetzten begrifflichen Rahmen (dem theoretischen, d. h. den zugrundegelegten theoretischen Begriffen) und zum anderen aus den diesem Rahmen entsprechenden Forschungsmethoden. Aus der Wissenschaftsgeschichte lassen sich zahlreiche Beispiele anführen, bei denen der Wechsel des Beobachterblickwinkels zu anderen Fragestellungen und zu neuen – im Sinne von Kuhn (1973) „inkommensurablen" – wissenschaftlichen Ergebnissen geführt hat. Das klassische Beispiel in den Sozialwissenschaften ist der Wechsel von einer Verhaltenstheorie zu einer Handlungstheorie (vgl. Herzog 1984; Groeben 1986; König 1991). Wenn, wie in der klassischen empirischen Sozialforschung seit längerer Zeit üblich, als theoretischer Rahmen ein Verhaltensbegriff zugrundegelegt wird, richtet sich die Aufmerksamkeit ausschließlich auf Verhalten als beobachtbaren Sachverhalt. Aus einer solchen Beobachterperspektive ergeben sich dann z. B. die Forderung nach Operationalisierung der Begriffe, aber auch nach konkreten Beobachtungs- oder Befragungsverfahren. Wenn andererseits von einem handlungstheoretischen Begriffsrahmen ausgegangen wird, demzufolge menschliches Tun als sinnhaftes Handeln gedeutet wird, kommen eher Subjektive Theorien (z. B. Bergold/Flick 1987; Fromm 1987; Groeben u. a. 1988; König 2002; König/Zedler 1998; Kühnl 2000), Deutungsmuster (z. B. Schütz 1974, 1998; Schütz/Luckmann 1975, 1984) oder Regeln (z. B. Oevermann u. a. 1979, S. 352 ff.; Reichertz 1995, S. 379 ff.) in den Blick, die natürlich auch zu anderen Forschungsmethoden führen (z. B. Brüsemeister 2000; Deppermann 2007; Flick 1995; Flick u. a. 2000; Heinze 2001; Hoffmeyer-Zlotnik 1992; Hopf 1993; Küsters 2006; Lamnek 1995; Spöhring 1995).

Die These, dass wissenschaftliche Erklärungen stets von dem theoretischen Rahmen des Beobachters abhängen, erklärt übrigens auch, dass in den Sozialwissenschaften so wenig „abschließende" Ergebnisse vorliegen: Der Wechsel des theoretischen Rahmens führt automatisch dazu, dass der Gegenstand auf der Basis neuer Unterscheidungen und neuer Begriffssysteme erneut untersucht wird, was in der Tat auch zu neuen Ergebnissen führt. So lässt sich etwa die Zusammenarbeit in einer Arbeitsgruppe aus verschiedenen Perspektiven, d. h. auf der Basis unterschiedlicher theoretischer Begriffssysteme (z. B. der Verhaltenstheorie, Handlungstheorie, Systemtheorie usw.) untersuchen, was aber aufgrund dessen zu anderen Ergebnissen führen wird, als wenn man diese nur aus einer Perspektive (z. B. der Verhaltenstheorie) betrachten würde.

Welche Konsequenzen ergeben sich daraus für erziehungswissenschaftliche Forschung?

- Die erste Konsequenz ist, dass wissenschaftliche Forschungsarbeiten in der Erziehungswissenschaft vor dem Hintergrund der vorherigen Ausführungen dem Beobachtermodell zuzuordnen sind.
- Die zweite Konsequenz – aus der ersten resultierend – ist, dass Forschungsergebnisse in der Erziehungswissenschaft nicht losgelöst von der Beobachterperspektive betrachtet werden können, d. h. immer abhängig vom jeweils zugrundeliegenden theoretischen Rahmen und den in diesem Zusammenhang entwickelten Forschungsmethoden sind.
- Die dritte Konsequenz ist, dass in wissenschaftlichen Arbeiten die Einbindung in die jeweilige Beobachterperspektive transparent gemacht werden muss.

Im Einzelnen lassen sich hieraus Schritte ableiten, die im Grunde ebenso für die Erstellung einer Diplomarbeit, als auch für eine Dissertation, ein wissenschaftliches Forschungsvorhaben oder praktisch orientierte Projektarbeiten Anwendung finden. Auf diese Schritte wird im Folgenden ausführlicher eingegangen.

Schritte qualitativer Forschung

In wissenschaftlichen Arbeiten müssen auf dem Hintergrund des Vorherigen die folgenden Schritte geleistet werden:

1. Schritt: Entwicklung einer präzisen Fragestellung
2. Schritt: Übersicht über den Forschungsstand
3. Schritt: Festlegung des theoretischen Begriffsrahmens
4. Schritt: Festlegung der Forschungsmethodik und Durchführung der Untersuchung
5. Schritt: Darstellung und Interpretation der Ergebnisse
6. Schritt: Pädagogische Konsequenzen

Diese Schritte gelten ganz allgemein für Forschungs- und Projektarbeiten in der Erziehungswissenschaft, die stets von theoretischem Interesse geleitet sind. Diese werden zumeist nicht in Reinform oder analytisch sauber voneinander getrennt abgearbeitet, sondern es gibt immer wieder ein Beziehen auf vorherige oder spätere Ausführungen sowie ein Revidieren oder Korrigieren schon bearbeiteter Punkte (z.B. dass der theoretische Rahmen ergänzt werden muss, weil das die erhobenen Daten verlangen oder weil sich aus den ersten Interviews ergibt, dass der Leitfaden nochmals modifiziert werden muss). Die Schritte werden im Folgenden am Beispiel der qualitativen Forschung verdeutlicht.

1. Schritt: Entwicklung einer präzisen Fragestellung

In diesem Schritt soll die eigene Fragestellung der Arbeit ausführlich entwickelt und begründet werden. Hier reicht es allerdings nicht aus, z.B. zu schreiben: „Ich will mich in meiner Arbeit mit dem Thema Lernprozesse beim Einsatz neuer Technologien" beschäftigen. Eine solche Fragestellung ist in dieser Form – auch wenn sich Ähnliche in zahlreichen Arbeiten entdecken lassen – unserer Ansicht nach nicht nur viel zu allgemein, sondern auch viel zu weit gefasst. Aufgrund dessen gestaltet sich dann die Ein- bzw. Abgrenzung eines Themas oftmals als recht schwierig. So bleibt beim obigen Beispiel unklar, um was für Lernprozesse es sich genau handelt oder wessen Lernprozesse untersucht werden sollen.

In unserem Verständnis muss aber gerade bei diesem Schritt präzise festgelegt werden, in welche Richtung in der eigenen Arbeit genau geblickt werden soll bzw. welche außer Acht gelassen werden soll. Zwei Fragen sind an dieser Stelle konkret zu beantworten:

- Was genau will ich herausfinden?
- Was ist das dahinterstehende praktische Interesse?

Eine mögliche konkrete Fragestellung könnte z.B. folgende sein:

„Wie haben sich die subjektiven Theorien über neue Technologien bei den Versuchspersonen ... zwischenzeitlich verändert?" (König 1991a, S. 3)

Günstig ist es, die Fragestellung auch in Form einer Frage zu formulieren. Wichtig wäre dann allerdings, zum Abschluss die jeweilige Fragestellung nochmals explizit als Ziel der Arbeit zu benennen, z. B. „Die Zielstellung des Projektes ist die Untersuchung von Veränderungen Subjektiver Theorien der Anwender neuer Technologien vom Lern- bis zum Arbeitsfeld." (Bentler 1994, S. 3 f.), sowie kurz zu begründen, warum man diese Zielstellung gewählt hat.

2. Schritt: Übersicht über den Forschungsstand

Hier soll die Darstellung der für die eigene Fragestellung relevanten Literatur (diese umfasst sowohl theoretische Arbeiten als auch empirisch-quantitative und empirisch-qualitative Studien) und die Einbindung in den inhaltlichen Stand des Themas im Rahmen der Forschung vorgenommen werden.

Das heißt, es muss ein Überblick über den jeweiligen Forschungsstand gegeben werden, wobei dann jeweils die verschiedenen Ansätze vorliegender Untersuchungen, die verwendete Methodik und die erzielten Ergebnisse deutlich gemacht werden sollten. Fokussiert werden sollten die wichtigen Ergebnisse im Blick auf die eigene Fragestellung.

Bezogen auf unser Beispiel hieße das zu schauen, was sich in der Literatur zum Thema „Neue Technologien" finden lässt und was daraus an wichtigen inhaltlichen Ergebnissen in Bezug auf die eigene Arbeit dargestellt werden kann.

Hierbei ist es notwendig, nicht zu allgemein und damit zu oberflächlich zu bleiben. Günstiger ist demgegenüber, zunächst mit einem kurzen Überblick zu beginnen, sich dann zwei, maximal drei Ansätze bzw. Autoren herauszugreifen und diese dann ausführlicher darzustellen. Zum Abschluss sollte ein Fazit gezogen werden, das sich an folgenden Fragen orientieren kann:

- Was gibt es an zentralen Ergebnissen?
- Wo gibt es Anknüpfungspunkte hinsichtlich der eigenen Fragestellung?
- Wo gibt es Defizite im Blick auf die eigene Fragestellung?
- Was gibt es an offenen Fragen?

3. Schritt: Festlegung des theoretischen Begriffsrahmens

Hier wird nun festgelegt, welche „Brille" aufgesetzt wird, unter der die „Wirklichkeit" im Rahmen einer wissenschaftlichen Arbeit betrachtet werden soll. Folgende Punkte sind hier zu erarbeiten:

- Entwicklung und Festlegung des theoretischen Rahmens.
- Explizierung und Präzisierung der verwendeten zentralen theoretischen Begriffe.

Zunächst wird eine kurze Einordnung der zentralen Begriffe (z. B. Burnout, Soziale Kompetenz, Regeln) vorgenommen. Im Anschluss daran werden diese genauer definiert und erläutert. Zum Schluss sollte hieraus die eigene Arbeits-Definition entwickelt und begründet werden, die dann die Grundlage für die weitere Arbeit darstellt.

Bezogen auf unser Beispiel hieße das, den Begriff der Subjektiven Theorie genauer zu erläutern und zu klären, was hierunter zu verstehen ist. Hierbei ist insbesondere wichtig, möglichst konkret zu werden. Von Vorteil ist es, mit Hilfe von Beispielen und Gegenbeispielen zu arbeiten, um auf diese Weise eine saubere Begriffsexplikation vorzunehmen (vgl. hierzu Kamlah/ Lorenzen 1973, S. 29 ff.). Mit dem sog. „exemplarischen Prinzip" lassen sich besonders abstrakte Sachverhalte – wie hier z.B. der Begriff der Subjektiven Theorie – besser verdeutlichen und verständlich machen.

4. Schritt: *Festlegung der Forschungsmethodik und Durchführung der Untersuchung*

In diesem Schritt wird festgelegt, welche Untersuchungsinstrumente angewendet werden sollen, um darauf aufbauend das eigene Forschungsdesign (Erhebung und Auswertung) zu entwickeln. Zwei Fragen müssen dabei gezielt verfolgt und detailliert beantwortet werden:

- Welche forschungsmethodischen Möglichkeiten finden sich in der Literatur, um den Gegenstand der Arbeit untersuchen zu können?
- Welcher forschungsmethodische Ansatz wird begründet für die eigene Arbeit ausgewählt?

Diese beiden Punkte sind bei qualitativen Arbeiten sowohl für die Erhebungs- als auch für die Auswertungsmethodik zu erarbeiten. Die zentrale Forderung, die hier erfüllt werden muss, ist die nach methodischer Absicherung und Nachvollziehbarkeit des eigenen Vorgehens.

Für das Erhebungsdesign ist – basierend auf den obigen Fragen – folgendes zu leisten:

a) Auswahl geeigneter Untersuchungsmethoden
Hier sollten kurz mehrere Möglichkeiten skizziert werden, wie der zu untersuchende Gegenstand erfasst werden könnte. Dann muss die Entscheidung für eine Methode oder auch mehrere getroffen werden, z.B. für das Leitfaden-Interview (vgl. z.B. Atteslander 2000, S. 174 ff.) oder das Nachträgliche Laute Denken (vgl. Huber/Mandl 1994) als qualitative Befragungsformen oder eine Form der teilnehmenden Beobachtung (vgl. z.B. Atteslander 2000, S. 102 ff.; Legewie 1991, S. 189 ff.).

b) Begründung des forschungsmethodischen Vorgehens
An dieser Stelle muss kurz die Wahl des eigenen Verfahrens begründet werden. Das heißt, es ist zu erläutern, warum die Entscheidung bei unserem Beispiel z.B. auf das Konstrukt-Interview (König 1990; König/ Volmer 2000) und z.B. nicht auf das narrative Interview gefallen ist (vgl. z.B. Küsters 2006; Schütze 1983).

c) Festlegung der Grundgesamtheit und Stichprobe
Hier ist zunächst zu klären, welche Grundgesamtheit der Untersuchung zugrunde liegt (z. B. eine bestimmte CAD-Arbeitsgruppe von technischen Zeichnern oder alle technischen Zeichner eines Unternehmens). Die Grundgesamtheit – d. h. die Personen, für die die Untersuchung gelten soll – kann dabei von der Größe unterschiedlich sein; im Extremfall ist es möglich, dass es sich um nur eine Person handelt, wie z. B. im Rahmen einer Einzelfallstudie.
Danach ist aus der definierten Grundgesamtheit eine Stichprobe zu ziehen. Das heißt, es wird entschieden, welche und wie viele Personen aus der Grundgesamtheit an der Untersuchung beteiligt sein sollen.

d) Festlegung und Überprüfung des Erhebungsdesigns
Anschließend muss das konkrete Erhebungsdesign entwickelt werden. Bezogen auf unser Beispiel sind hier folgende Fragen zu beantworten:
- Wie lautet das genaue Interviewziel?
- Wie lauten die einzelnen Leitfragen?
- Wie lassen sich die Leitfragen begründen?

Hier steht also die Entwicklung und Überprüfung des Leitfadens mittels Probeinterviews im Mittelpunkt, der dann die Grundlage für die konkrete Phase der Interviewdurchführung bildet.

e) Durchführung der Untersuchung
Hier wird nun die Durchführung der konkreten Untersuchung dargestellt. Auf unser Beispiel übertragen heißt das etwa, genau anzuführen, wie viele Interviews in welcher Personenzusammensetzung (Alter, Geschlecht u. Ä.) stattgefunden haben. Das heißt, hier geht es darum, die relevanten Informationen bezüglich der eigenen Untersuchung knapp zusammenzustellen.

Für das Auswertungsdesign sind folgende Punkte analog zu erarbeiten:

a) Auswahl geeigneter Auswertungsmethoden
Es ist zu fragen, wie das erhobene Datenmaterial (z. B. verbale Interview-Daten) ausgewertet werden kann. An dieser Stelle erfolgt wiederum die theoretische Anbindung an die jeweils relevante Literatur zu dieser Thematik. Bei qualitativen Interview-Daten könnte dies z. B. bezogen auf unser Beispiel die qualitative Inhaltsanalyse nach Mayring (2000) sein.

b) Begründung des forschungsmethodischen Vorgehens
Hier sollte kurz die Entscheidung für das ausgewählte Verfahren begründet werden. Das heißt, es ist genauer zu erläutern, warum die Wahl z. B. auf die Form der strukturierenden Inhaltsanalyse (Mayring 2000) gefallen ist.

c) Festlegung des Auswertungsdesigns
Zum Schluss muss nun das konkrete Auswertungsdesign entwickelt werden, welches im Rahmen der Arbeit genutzt werden soll. Dabei sind dann die folgenden Fragen im Einzelnen zu beantworten:

- Wie lauten die einzelnen Kategorien?
- Wie lassen sich die Kategorien begründen?

Dabei steht also die Entwicklung des Kategorienschemas im Mittelpunkt, mit dessen Hilfe dann das Interview-Datenmaterial ausgewertet und analysiert werden soll.

5. Schritt: Darstellung und Interpretation der Ergebnisse

An dieser Stelle sollen die wichtigen Ergebnisse der eigenen Untersuchung dargestellt und interpretiert werden. Günstig kann es hier sein, zunächst die Einzelergebnisse und dann die Gesamtergebnisse zu skizzieren. Die Interpretation des Datenmaterials muss natürlich durch relevante Literatur theoretisch fundiert und ausführlich diskutiert werden.

Auf unser Beispiel übertragen müssten hier etwa die Veränderungen Subjektiver Theorien der Befragten zwischen den beiden Messzeitpunkten genauer erklärt werden. Das heißt, hier wären dann im Einzelnen z.B. folgende Fragen zu diskutieren:

- Welche Teilaspekte Subjektiver Theorien (z.B. subjektive Konstrukte, subjektive Erklärungen) haben sich verändert bzw. welche nicht?
- Wie und wodurch sind diese Veränderungen zu erklären?
- Wie lassen sich die über die Zeit stabil gebliebenen Subjektiven Theorien erklären?

6. Schritt: Pädagogische Konsequenzen

Bei diesem Schritt geht es darum, die zentralen Ergebnisse der eigenen Untersuchung in den Rahmen pädagogischer Praxis und Theorie einzubetten. Dafür sollen verschiedene Konsequenzen, die sich aus den Ergebnissen schlüssig ergeben müssen, für die pädagogische Arbeit aufgezeigt und ausführlich diskutiert werden. Sinnvoll erscheint es auch hier, sich nicht in der Breite möglicher Überlegungen zu verlieren. Besser ist es, sich einen, maximal zwei Punkte herauszugreifen und zu konkretisieren. Diese Ausführungen sollten ebenfalls in Anbindung an relevante Literatur vorgenommen werden.

Bezogen auf unser Beispiel hieße das etwa, ausführlich zu diskutieren, was im Rahmen der Aus- und Weiterbildung in Unternehmen getan werden kann, um Motivationsverluste durch das negative Erleben von Routine beim Übergang vom Lernfeld der Ausbildung in den konkreten Arbeitsalltag möglichst gering halten zu können. Hier wäre dann im Einzelnen zu überlegen, wie man sich z.B. schon während der Ausbildung mit den Themen „Motivation", „Routine" und „Zusammenhänge von Motivation und Routine" auseinandersetzen kann, um mit diesen Phänomenen im späteren beruflichen Alltag besser umgehen zu können.

Literatur

Atteslander, Peter 2000: Methoden der empirischen Sozialforschung. Berlin/New York.
Bentler, Annette 1994: Veränderung Subjektiver Theorien über neue Technologien bei Anwendern im Anschluß an die Lernphase (Projektbericht). Paderborn.
Bergold, Jarg B./Uwe Flick (Hg.) 1987: Einsichten. Zugänge zur Sicht des Subjekts mittels qualitativer Forschung. Tübingen.
Blumer, Herbert 1973: Der methodologische Standort des Symbolischen Interaktionismus. In: Arbeitsgruppe Bielefelder Soziologen: Alltagswissen, Interaktion und gesellschaftliche Wirklichkeit. Bd. 1: Symbolischer Interaktionismus und Ethnomethodologie. Reinbek. S. 80-146.
Brüsemeister, Thomas 2000: Qualitative Forschung. Weinheim.
Carnap, Rudolf 1959: Induktive Logik und Wahrscheinlichkeit. Wien.
Deppermann, Arnulf 2007: Gespräche analysieren. Wiesbaden.
Feyerabend, Paul K. 1978: Ausgewählte Schriften. Bd. 1: Der wissenschaftstheoretische Realismus und die Autorität in den Wissenschaften. Braunschweig.
Flick, Uwe 1995: Qualitative Forschung. Theorie, Methoden, Anwendung in Psychologie und Sozialwissenschaften. Reinbek.
Flick, Uwe/Ernst von Kardorff/Ines Steinke (Hg.) 2000: Qualitative Forschung. Ein Handbuch. Reinbek.
Fromm, Martin 1987: Die Sicht der Schüler in der Pädagogik. Untersuchungen zur Behandlung der Sicht von Schülern in der pädagogischen Theoriebildung und in der quantitativen und qualitativen empirischen Forschung. Weinheim.
Glasersfeld, Ernst von 1987: Wissen, Sprache und Wirklichkeit: Arbeiten zum radikalen Konstruktivismus. Braunschweig.
Glasersfeld, Ernst von 1996: Radikaler Konstruktivismus: Ideen, Ergebnisse, Probleme. Frankfurt/M.
Groeben, Norbert 1986: Handeln, Tun, Verhalten als Einheiten einer verstehend-erklärenden Psychologie. Tübingen.
Groeben, Norbert/Diethelm Wahl/Jörg Schlee/Brigitte Scheele 1988: Das Forschungsprogramm Subjektive Theorien. Tübingen.
Heinze, Thomas 2001: Qualitative Sozialforschung: Einführung, Methodologie und Forschungspraxis. Oldenbourg.
Herzog, Walter 1984: Modell und Theorie in der Psychologie. Göttingen.
Hoffmeyer-Zlotnik, Jürgen H. P. (Hg.) 1992: Analyse verbaler Daten. Oplanden.
Hopf, Christel (Hg.) 1993: Qualitative Sozialforschung. Stuttgart.
Huber, Günter L./Heinz Mandel (Hg.) 1994: Verbale Daten. Basel/Weinheim.
Kamlah, Walter/Paul Lorenzen 1973: Logische Propädeutik. Mannheim.
Kant, Immanuel 1966: Kritik der reinen Vernunft. Stuttgart.
Kelly, George A. 1955: The psychology of personal constructs. 2 Bde. New York.
Kelly, George A. 1986: Die Psychologie der persönlichen Konstrukte. Paderborn.
König, Eckard 1991: Verstehend-erklärende Sozialwissenschaft: Konstruktion oder Ontologie? In: Ethik und Sozialwissenschaften. 2/1991. S. 31.
König, Eckard 1990: Das Konstruktinterview: Wissenschaftstheoretische Grundlagen, Forschungsmethodik und Probleme. (unveröffentl. Arbeitspapier). Paderborn.
König, Eckard 1991a: Veränderung subjektiver Theorien über neue Technologien bei Anwendern im Anschluß an die Lernphase (Projektantrag an das Heinz-Nixdorf-Institut Paderborn). Paderborn.

König, Eckard/Gerda Volmer 2000: Systemische Organisationsberatung. Grundlagen und Methoden. Weinheim.
König, Eckard 2002: Qualitative Forschung im Bereich subjektiver Theorien. In: König, Eckard/Peter Zedler (Hg.): Qualitative Forschung in der Erziehungswissenschaft. Arbeitsfelder und Methoden. Weinheim. S. 55-70.
König, Eckard/Peter Zedler 1998: Theorien der Erziehungswissenschaft. Weinheim.
Kühnl, Bernhard 2000: Subjektive Theorien der Erziehungsberatung. München.
Küsters, Ivonne 2006: Narrative Interviews. Grundlagen und Anwendungen Wiesbaden.
Kuhn, Thomas S. 1973: Die Struktur wissenschaftlicher Revolutionen. Frankfurt/M.
Lamnek, Siegfried 1995: Qualitative Sozialforschung. Methoden und Techniken. Bd. 2. München.
Legewie, Heiner 1991: Feldforschung und teilnehmende Beobachtung. In: Flick, Uwe u. a. (Hg.): Handbuch Qualitative Sozialforschung. München. S. 189-193.
Maturana, Humberto R. 1985: Erkennen: Die Organisation und Verkörperung von Wirklichkeit. Braunschweig.
Maturana, Humberto R. 2001: Was ist erkennen? Die Welt entsteht im Auge des Betrachters. München.
Mayring, Philipp 2000: Qualitative Inhaltsanalyse. Grundlagen und Techniken. Weinheim.
Oevermann, Ulrich/Tilman Allert/Elisabeth Konau/Jürgen Krambeck 1979: Die Methodologie einer „objektiven Hermeneutik" und ihre allgemeine forschungslogische Bedeutung in den Sozialwissenschaften. In: Soeffner, Hans-G. (Hg.): Interpretative Verfahren in den Sozial- und Textwissenschaften. Stuttgart. S. 352-434.
Popper, Karl R. 1973: Objektive Erkenntnis. Ein evolutionärer Entwurf. Hamburg.
Popper, Karl R. 1994: Logik der Forschung. Tübingen.
Reichertz, Jo 1995: Die objektive Hermeneutik – Darstellung und Kritik. In: König, Eckard/Peter Zedler (Hg.): Bilanz qualitativer Forschung. Bd. 2: Methoden. Weinheim. S. 379-423.
Schmidt, Siegfried J. 1987: Der Radikale Konstruktivismus: Ein neues Paradigma im interdisziplinären Diskurs. In: Schmidt, Siegfried J. (Hg.) 1987: Der Diskurs des radikalen Konstruktivismus. Frankfurt/M. S. 11-88.
Schmidt, Siegfried J. (Hg.) 1992: Kognition und Gesellschaft. Der Diskurs des Radikalen Konstruktivismus. Frankfurt/M.
Schütz, Alfred 1974: Der sinnhafte Aufbau der sozialen Welt. Eine Einleitung in die verstehende Soziologie. Frankfurt/M.
Schütz, Alfred 1998: Theorie der Lebenswelt: Die pragmatische Schichtung der Lebenswelt. Frankfurt/M.
Schütz, Alfred/Thomas Luckmann 1975/1984: Strukturen der Lebenswelt. 2 Bde. Frankfurt/M.
Schütze, Fritz 1983: Biographieforschung und narratives Interview. In: Neue Praxis. 13/1983. S. 283-293.
Spöhring, Walter 1995: Qualitative Sozialforschung. Stuttgart.

Hans Oswald

Was heißt qualitativ forschen?

Warnungen, Fehlerquellen, Möglichkeiten

Der Einsatz qualitativer Methoden in der Feldforschung vermittelt soziale Erfahrungen aus erster Hand und kann insofern für die Forschenden außerordentlich erkenntnisträchtig sein. Die Erfahrungen in der Feldarbeit sind oft aufregend und abenteuerlich, sie fordern die ganze Person und sind damit auf eine befriedigende Weise anstrengend. Dies bedeutet aber auch, dass qualitative Forschung sehr arbeitsaufwändig ist. Sie dauert lange und die Dauer ist vorweg oft schwer kalkulierbar. Zusätzlich ist der Ertrag oft ungewiss und in den üblichen Förderzeiträumen schwer zu erbringen.

Insofern erscheint es angebracht, zunächst vor dem unüberlegten und allzu schnellen Einsatz qualitativer Methoden zu warnen (1), bevor eine begriffliche Unterscheidung versucht wird und die Darstellung der Bedeutung von Zahlen und Standardisierungen auch in der qualitativen Forschung die These plausibel macht, dass qualitative und quantitative Forschungen auf einem Kontinuum liegen (2). Danach wird gefragt, welche bevorzugten Anwendungsfelder es für qualitative Forschung gibt (3) und welche Verbindungen von qualitativen und quantitativen Methoden empfehlenswert sind (4). Abschließend geht es um das Problem der theoretischen Relevanz qualitativer Forschung (5).

1. Warnung vor den qualitativen Methoden

Eine erste Gefahr besteht darin, dass die Dauer unterschiedlicher Phasen des Forschungsprozesses in der Vorplanung nicht ausreichend berücksichtigt wird. Die erste Phase, das Sammeln und Aufbereiten der Daten, dauert oft zu lange, so dass für das Analysieren und Schreiben oft zu wenig Zeit bleibt. In Vorplanungen und Forschungsanträgen werden für die beiden Phasen oft je die Hälfte der Zeit veranschlagt, tatsächlich ist das Verhältnis dann aber oft zwei Drittel zu einem Drittel oder noch ungünstiger. Unter dem Gesichtspunkt eines zufrieden stellenden Endproduktes, also eines Interesse weckenden wissenschaftlichen Berichtes, müsste das Verhältnis aber umgekehrt sein. Nach meinen Erfahrungen ist für die zweite Phase im Verhältnis zur ersten, für das Analysieren und Schreiben im Verhältnis zum Sammeln und Aufbereiten, die zwei- bis vierfache Zeit erforderlich. Ich kenne kaum ein qualitatives Projekt einschließlich derer, an denen ich selbst beteiligt war, in denen nicht zu viele Daten gesammelt wurden, weil mangels Vorausplanung nicht vorausgesehen wurde, dass zum Analysieren und Schreiben zu wenig Zeit blieb. Vor und während der Feldphase werden in interessanten inhaltlichen Diskussionen gute Gründe für den Umfang der zu erhebenden Daten gefunden. Doch was nützen die besten Begründungen, wenn die Daten nicht ausgewertet werden? Das Problem der Machbarkeit wird im Stadium der Begeisterung zu Beginn eines Forschungsprozesses zu wenig diskutiert, *die Machbarkeit ist aber das zentrale Problem der qualitativen Forschung.* Unter der Ziffer 3.5 wird unten ein Typ qualitativer Forschung angeführt, für den die hier geäußerten Bedenken nicht in vollem Umfang zutreffen und der sich deshalb besonders für Qualifikationsarbeiten eignet. Im Übrigen sprechen Machbarkeitserwägungen oft dagegen, zeitlich beschränkte Vorhaben mit qualitativen Methoden durchzuführen.

In der Situation der Verzweiflung am Ende eines Förderzeitraumes oder eines Anstellungsvertrages werden oft Auswege ergriffen, welche die qualitativen Methoden in Misskredit bringen. Da werden nur einige von vielen Interviews in den Endbericht einbezogen, ohne dass dies sachlich begründet ist, da werden Interviews paraphrasiert, statt dass sie interpretiert und vergleichend analysiert werden, da wird für die Organisation des Textes die zeitliche Reihenfolge der Erhebung anstelle systematischer Gesichtspunkte gewählt, da werden insgesamt die Forderungen nach Generalisierbarkeit und theoretischer Relevanz missachtet. Warum sind dies indiskutable Vorgehensweisen?

Sind nur einige wenige Interviews aus dem gesamten Datenkorpus ausgewählt, so erweckt dies immer den Verdacht, dass nur die Fälle herausgegriffen wurden, die die eigenen Vorannahmen und Meinungen belegen und insofern die Datenlage verfälschend darstellen. Falls man aus Arbeitskapazitätsgründen gezwungen ist, nur einen Teil der Daten auszuwerten, dann muss man die Auswahl gut begründen, und man sollte das restliche Material sichten und plausibel machen, dass seine Analyse nicht zu einer Revision der Ergebnisse führen würde. Dies ist schon deshalb nötig, weil negative (nicht ins Ergebnis passende) Fälle gelegentlich unterschlagen werden, anstatt dass sie, wie von Altmeistern der qualitativen Methoden überzeugend vorgeschlagen, als besonders lehrreich in die Analyse einbezogen werden (Becker/Geer 1984; vgl. auch Becker 1963/1973).

Das Nacherzählen von Interviews kann gelegentlich und sparsam angewendet erhellend sein, als einziges Endprodukt eines Forschungsprozesses ist es keine wissenschaftliche Leistung, weil es die Analyse dem Leser überlässt. In das Forschungstagebuch und die Feldnotizen oder -protokolle viel Arbeit zu stecken, ist als Grundlage für die Analyse nützlich, doch auch das Forschungstagebuch ist normalerweise noch kein systematischer wissenschaftlicher Text und reicht als publikationswürdiger Forschungsbericht kaum einmal aus.

Qualitative Forschung zielt wie quantitative Forschung auf Verallgemeinerung. Der Einzelfall interessiert nur, wenn er auf etwas Allgemeines verweist, wenn seine Interpretation zu Erkenntnissen führt, die über ihn hinausreichen. Dies gilt in gewisser Weise auch für den Roman oder die Reportage, aber für den wissenschaftlichen Text ist die Verallgemeinerbarkeit der qualitativ gewonnenen Ergebnisse in derselben Weise ein Kriterium für die Publikationswürde wie für einen auf Statistiken beruhenden Text. Normalerweise kann und soll zwar Repräsentativität in qualitativen Studien nicht erreicht werden. Aber es ist deshalb umso wichtiger, bei der Planung einer qualitativen Studie die Entscheidung über Zahl, Variationsbreite und Auswahl der Fälle gut begründet zu fällen, damit man angeben und glaubhaft machen kann, auf welche anderen Fälle die Ergebnisse übertragbar sind. Jede qualitative Studie sollte sich der Frage stellen, wofür sie exemplarisch und worauf sie in diesem Sinne generalisierbar ist und auch in der Einzelfallforschung muss plausibel gemacht werden, dass die Ergebnisse anderweitig zutreffen und anwendbar sind. Das Exemplarische (Generalisierbare) muss begründet werden (vgl. unten die Abschnitte 2.2c und 4.3).

Qualitative Forschung zielt wie quantitative Forschung auf Erklärung, auf Theorie. Zwar kann die Beschreibung gesellschaftlicher und psychischer Zustände von wissenschaftlichem und praktischem Gewinn sein, das Geschäft des Beschreibens soll also keineswegs als gering erachtet werden, aber immer sollte es uns auch darum gehen, das Beschriebene zu verstehen. Und ein wichtiger Aspekt des Verstehens besteht darin, dass wir Ursachen und Folgen, Bedingendes und Bedingtes zueinander in Beziehung setzen können (vgl. unten Abschnitt 5). Die zahlreichen qualitativen Studien, die sich in bloßer Beschreibung von beobachteten Abläufen oder geäußerten Meinungen erschöpfen, tragen zum Misskredit der qualitativen Forschung bei.

Eine letzte Warnung betrifft die *schriftstellerische Qualität* des Endproduktes. Viele berühmte qualitative Studien zeichnen sich dadurch aus, dass sie hervorragend geschrieben sind. Das kann man sicher nicht als Standard setzen, und doch ist die Forderung nicht von der Hand zu weisen, dass qualitativ Forschende über eine gewisse Schreibbegabung verfügen sollten. Auf qualitativen Daten beruhende Texte kommen normalerweise nicht ohne größere Passagen aus, in denen Realität detailliert beschrieben wird. Solche Passagen erhalten ihren Wert für die systematische Analyse nur dann, wenn der Leser bei der Lektüre gehalten, wenn er gefesselt wird, wenn seine Phantasie angeregt und seine Kritik herausgefordert wird. Solche Beschreibungen werden um so beweiskräftiger, je treffender und damit überzeugender die Formulierungen gelingen. Aber auch in den Teilen, in denen systematisiert und generalisiert wird, ist die schriftstellerische Aufgabe schwieriger als bei quantitativer Forschung, da die Beweise nicht in Tabellenform, sondern als Aussagen und Situationsbeschreibungen vorliegen. Ein Musterbeispiel systematisierenden und generalisierenden Beschreibens findet sich im Eingangskapitel von „Tally's Corner" (Liebow 1967). Dort versucht der Chauffeur eines die Straße herunterkommenden Lastwagens herumlungernde Arbeitslose anzuheuern. In der Beschreibung dieser Szene gelingt dem Autor die Systematisierung der rationalen Gründe, die gegen eine Arbeitsaufnahme sprechen und die das Vorurteil vom faulen schwarzen Arbeitslosen widerlegen. Nicht immer wird man einen solch glänzenden Einfall haben. Aber wer Schwierigkeiten mit dem Schreiben hat, wird in der Abschlussphase des Projektes eine harte Zeit durchmachen und das Manuskript nur schwer zur Publikationsreife bringen.

2. Qualitative und quantitative Methoden liegen auf einem Kontinuum

Der Begriff „qualitative Methoden" hat sich für eine bestimmte Art, empirische Forschung zu treiben, durchgesetzt, und auch das vorliegende Buch folgt dieser Konvention. Die Selbstverständlichkeit des Gebrauchs verdeckt indessen, dass es sich bei qualitativen und quantitativen Methoden nicht um diametral entgegen gesetzte oder sich ausschließende Typen wissenschaftlicher Forschung handelt, sondern dass es Gemeinsamkeiten und Überschneidungen ebenso gibt wie vielfältige sinnvolle Kombinationsmöglichkeiten.

2.1 Schwierigkeiten der begrifflichen Unterscheidung

Bereits das Wort *„qualitativ"* trennt nicht eindeutig. So gibt es auch in qualitativen Studien Merkmale, die sich nur quantitativ ausdrücken lassen wie etwa die Größe von Schulklassen oder die Lehrer-Schüler-Relation. *Quantitäten sind qualitative Merkmale der Realität.* Wo es zum Verständnis eines Problems beiträgt, müssen demgemäß auch qualitativ Forschende quantifizieren und sich dabei an die Regeln halten, die die quantifizierende Forschung entwickelt hat (vgl. unten Abschnitt 2.2b). Das ängstliche Vermeiden von quantitativen Informationen in manchen Texten ist gänzlich unangebracht. Umgekehrt werden in der quantifizierenden Sozialforschung Kategorialdaten wie etwa das Geschlecht als qualitative Daten bezeichnet, für deren statistische Verarbeitung eigene Verfahren entwickelt wurden, die als „qualitative Analysen" bezeichnet werden (z.B. Engel/Wuggenig 1991). Dort wo sich Merkmale der Realität wie „männlich-weiblich" nicht in eine numerisch ausdrückbare Rangfolge bringen lassen, sondern als Dummies mit willkürlich gewählten Zahlen kodiert werden, verwendet quantitative Forschung qualitative Daten und darauf angelegte statistische Verfahren wie zum Beispiel log-lineare Analysen.

Der Ausweg, statt von qualitativer Forschung von *„interpretativer* Sozialforschung" (so der traditionsreiche Titel einer empfehlenswerten Einführung: Rosenthal 2008) zu sprechen, birgt ebenfalls Schwierigkeiten. Es wäre auf Unkenntnis beruhende Selbstüberhebung, wenn qualitative Forscher das Monopol auf Interpretation in Anspruch nähmen. Auch quantifizierende Forscher interpretieren ihre Daten und die modernen multivariaten Verfahren von der Faktorenanalyse bis zu den Strukturgleichungen haben die Interpretationsmöglichkeiten enorm verfeinert und machen von dort her den interpretativ-qualitativen Verfahren ernsthafte Konkurrenz. Man kann sogar die Behauptung wagen, dass diejenigen empirisch-quantifizierenden Forschungen, die unser Wissen wirklich bereichert haben und zu theoretischen Fortschritten führten, in ihren Interpretationen weit über das statistisch Bewiesene hinausgingen, gleichwohl aber ohne die statistische Analyse der standardisierten Daten nicht entstanden wären. Was die qualitativen Verfahren hiervon meist unterscheidet, ist die Interpretation des Einzelfalles. Das interpretative Verfahren wird in der qualitativen Sozialforschung stets auf zwei Ebenen angewandt, nämlich auf der Ebene des Einzelfalles und auf der Ebene der Generalisierung. Bei guter qualitativer Forschung sind meist beide Ebenen vorhanden, wohingegen in der quantifizierenden Forschung die Interpretation auf der Ebene der Generalisierung ausreicht.

Dem entspricht in der quantifizierenden Forschung die standardisierte Erhebungsweise. Es liegt in der Logik der Quantifizierung, dass die Untersuchungseinheiten mit standardisierten Instrumenten (Fragebogen, Beobachtungsschema, experimentelle Anordnung) erhoben werden, so dass gleiche Fälle addiert werden können, wobei die Gleichheit durch den Messvorgang erzeugt wird.[1] Der Einzelfall muss damit nicht mehr interpretiert werden, häufig, etwa bei einer angekreuzten Antwortvorgabe in einem Fragebogen, kann er gar nicht mehr interpretiert werden. In der qualitativen Sozialforschung erheben wir dagegen *nichtstandardisiert*. Damit sind die einzelnen Fälle (Personen, Situationen, Handlungen oder woraus sonst die Untersuchungseinheiten bestehen) nicht ohne Weiteres vergleichbar. Sie müssen interpretiert werden, und auf diesen Einzelinterpretationen beruhend werden beispielsweise induktiv Typen (Kategorisierungen) gebildet und Zuordnungen vorgenommen. Eine Umschreibung, die den Unterschied zu quantifizierenden Verfahren angemessen ausdrückt, wäre also etwa folgende:

Qualitative Sozialforschung benutzt nichtstandardisierte Methoden der Datenerhebung und interpretative Methoden der Datenauswertung, wobei sich die Interpretation nicht nur, wie (meist) bei den quantitativen Methoden, auf Generalisierungen und Schlussfolgerungen bezieht, sondern auch auf die Einzelfälle.

Obgleich eine derartige Begriffsbestimmung den Unterschied vieler qualitativer und quantitativer Untersuchungen klar und ausreichend bezeichnen mag, so belegt sie doch nicht die diametrale Entgegengesetztheit der beiden Methodentypen. Auch die Standardisierung ist kein ganz eindeutiges Abgrenzungskriterium. Auf der einen Seite gibt es hochkomplexe statistische Analysen, die nichtstandardisiert erhobene Daten, beispielsweise Videofilme, verwenden. Hier wird die Standardisierung nachträglich erzeugt, das heißt die Filme werden mittels eines Kategorienschemas kodiert. Dies bedeutet Interpretation der Einzelfälle, wobei oft ein großer Aufwand getrieben wird, um zu zuverlässigen Zuordnungen zu kommen (Verkodung durch mehrere Personen und Berechnung der Übereinstimmung, d.h. der Interra-

---

[1] Dies war und ist einer der Hauptkritikpunkte seitens der qualitativ-interpretativen Sozialforschung, auf den ich hier nicht weiter eingehen kann.

terreliabilität). Auf der anderen Seite kommen auch viele qualitative Studien nicht ohne Quantifizierungen und Standardisierungen aus. Im Folgenden gehe ich auf einen trivialen und zwei weniger triviale Aspekte dieses Sachverhaltes ein.

2.2 Zahlen und Standardisierungen in qualitativen Studien

a) Ein triviales aber ärgerliches und häufig auftretendes Problem in qualitativer Forschung bilden die „*missing data*". In intensiven Tonbandinterviews werden auch von guten Interviewerinnen und Interviewern immer wieder Fragen vergessen. Dies kommt besonders dann vor, wenn die Reihenfolge nicht festgelegt ist und das Gespräch einen „natürlichen" Verlauf nimmt, was häufig explizit angestrebt wird und zu den Vorzügen der Methode gerechnet werden kann. Dieses Problem ist schwer zu vermeiden. Man kann es aber entschärfen, wenn man für bestimmte Informationen, zu denen immer auch die Sozialdaten gehören sollten, eine *Checkliste* oder einen kleinen Fragebogen entwirft, den man am Ende des Interviews durchgeht. In diesem standardisierten Teil des Interviews kann alles (noch einmal) enthalten sein, bei dem es nicht auf die genaue Ausdrucksweise des Befragten ankommt, wo es also um eine nicht weiter zu interpretierende Information geht. Diese Checkliste zur Eigenversicherung anzulegen ist sinnvoll, selbst wenn keine Quantifizierung dieser Aspekte angestrebt wird; denn gerade bei kleinen Fallzahlen kann es sehr misslich sein, wenn nach einer für die Interpretation wichtigen Information, beispielsweise nach dem Alter, zu fragen vergessen wurde (→ Friebertshäuser/Langer).

b) Ein weniger trivialer Aspekt besteht in der weit verbreiteten verdeckten Quantifizierung, die man auch als *Quasiquantifizierung*[2] bezeichnen kann. Kaum eine qualitative Studie kommt ohne das Wort „typischerweise" aus. Ebenso beliebt ist der Ausdruck „in der Regel". Auch Mengenbegriffe wie „häufig" und „selten" und Komparative wie „Typ A macht dies häufiger als Typ B" sind überall zu finden. Dies ist auch verständlich, vielleicht sogar unvermeidbar, es führt aber zu Nachfragen nach der Genauigkeit. Wie viele Personen einer bestimmten Kategorie müssen etwas tun, damit es als typisch gelten kann? Genügt es, wenn es mehr als die Hälfte der in Frage stehenden Personen tut oder sollten es drei Viertel oder mehr sein? In wie vielen Situationen muss etwas geschehen, damit die Ausdrucksweise „in der Regel" gerechtfertigt ist? Offensichtlich muss es nicht immer geschehen; aber sind zehn Prozent Ausnahmen zulässig oder gar zwanzig? Wie häufig ist „selten" oder „oft"?

An vielen Stellen qualitativer Studien mag es auf entsprechende Genauigkeit im Detail nicht ankommen, dann können diese Fragen als kleinlich

---

2 Die Vorschläge von Becker/Geer (1984, S. 148 f.) unter diesem Begriff gehen in eine etwas andere Richtung als die folgende Forderung nach quantitativer Genauigkeit.

beiseite geschoben werden. Oft mag eine präzise quantitative Ausdrucksweise keinen zusätzlichen Erkenntnisgewinn bringen, dann können die monierten Quasiquantifizierungen unbeanstandet bleiben. Aber man sollte sich im Einzelfall Rechenschaft darüber geben, wie sich die Interpretation verändern muss, wenn die quantitativen Grenzen für Ausnahmen verschoben werden. Man sollte sich darüber Rechenschaft geben, ob mit einer Quasiquantifizierung nicht doch eine ganz gewöhnliche Mengenangabe gemeint ist, diese aber hinter einer unpräzisen Formulierung versteckt wird. Jede Quasiquantifizierung sollte zunächst einmal misstrauisch machen und auf Präzisierungsmöglichkeiten und -notwendigkeiten hin geprüft werden. Und man sollte sich darüber klar werden, wie abgesichert diese Quasiquantifizierungen sind. Gerade bei kleinen Fallzahlen kann das Hinzufügen weniger Fälle ein „Häufiger" in ein „Seltener" verwandeln.

In jedem Fall problematisch ist der Komparativ bei Gruppen- oder Typenvergleichen. Wenn geschrieben wird, dass bei Mädchen eine bestimmte Handlung häufiger vorkomme (oder typischer sei) als bei Jungen, dann hat diese Aussage einen klaren und beabsichtigten quantitativen Sinn. Unter Mädchen sollte die entsprechende Handlungsweise tatsächlich häufiger beobachtet worden sein als unter Jungen. Für die Absicherung derartiger quantitativer Aussagen bestehen Regeln, deren Missachtung auch in qualitativer Forschung nicht gerechtfertigt ist. Es trägt nicht eben zum Ansehen der qualitativen Methoden bei, wenn mit dem Argument, es handle sich ja um qualitative Forschung, auf korrekte quantitative Darstellung verzichtet wird. Man muss entweder auf die mit dem komparativen Vergleich implizierte quantitative Aussage verzichten oder quantitativ korrekt vorgehen, denn die Richtigkeit oder Falschheit des quantitativen Anteils an einer Aussage kann nur durch Zählen und Rechnen (z.B. durch Prozentuieren) nachgewiesen werden. Ob der Komparativ zu Recht gebraucht wird, weiß man erst dann mit Sicherheit, wenn gezählt wurde (zu quantitativen Verfahren in der qualitativen Forschung auch → Kuckartz/Grunenberg).

Offene Interviews oder Beobachtungsprotokolle erwecken oft einen deutlichen Eindruck von Mehr oder Weniger (z.B. durch besonders prägnante Fälle), der dem Nachzählen nicht standhält. Noch größer ist diese Irrtumsmöglichkeit, wenn man Zusammenhänge zwischen zwei Merkmalen, also ihr häufiges gemeinsames Auftreten, feststellt. Doch die so einfach und selbstverständlich klingende Forderung, man solle nachzählen, wenn man einen komparativ-quantitativen Unterschied behauptet, ist nicht einfach zu erfüllen. Vor dem Zählen muss man genau festlegen, in welchen Einheiten gezählt werden soll (z.B. bezogen auf interviewte Personen oder auf Interviewpassagen oder auf Situationen) und wie die Information beschaffen sein muss, damit sie in die eine oder die andere Rubrik fällt. Das Zählen setzt also ein am bereits vorliegenden Material vorzunehmendes Standardisieren bzw. Operationalisieren – ein Kategorienschema – voraus. Zusätzlich entsteht dann das Problem, dass zwei Personen über die Zuordnung einer Textstelle zu der zu zählenden Kategorie durchaus unterschiedlicher Meinung sein können. Für die Lösung dieses Reliabilitätsproblems existieren akzeptierte empirisch-statistische Verfahren.[3]

Außerdem sollte geprüft werden, ob der gefundene Unterschied auf Zufall beruht. Habe ich nur zufällig mehr Mädchen als Jungen mit einem bestimmten Merkmal befragt oder würde ich denselben Unterschied auch finden, wenn ich andere oder mehr Mädchen und Jungen untersucht hätte? Wenn man mit einer gewissen Wahrscheinlichkeit ausschließen will, dass gefundene Unterschiede zufällig zustande gekommen sind, dann sollte man auch in qualitativer Forschung Signifikanztests durchführen, wenn man einen quantitativen Zusammenhang wie „Mädchen helfen häufiger als Jungen" behauptet. Erst durch Zählen und Testen unserer unstandardisiert erhobenen Beobachtungsdaten fanden wir heraus, dass dieser Komparativ unangebracht war (Krappmann/Oswald 1995a, Kap. 9).

c) Ein weiterer nichttrivialer Aspekt bezieht sich auf die Untersuchungsanlage. Dieses Problem wird in der Praxis der qualitativen Forschung häufig sehr leicht genommen. Die Zahl und Art der in die Untersuchung einzubeziehenden Subjekte wird oft willkürlich bestimmt. Auch die Rekrutierung dieser Einbezogenen beruht oft nicht auf einem rationalen Auswahlprozess, der in Fragestellung und Forschungsabsicht begründet ist. Dabei wird nicht bedacht, welch enger Zusammenhang zwischen der Fragestellung einer Untersuchung und der Untersuchungsanlage besteht. Die Untersuchungsanlage entscheidet wie bei der quantitativen Forschung darüber, ob eine Frage beantwortet werden kann oder nicht. Alle Kontraste, die analysiert werden sollen, müssen durch eine ausreichende Anzahl von Fällen vertreten sein. Wenn man beispielsweise den Unterschied zwischen Mädchen und Jungen in unterschiedlichem Alter, in unterschiedlichen Schultypen und für verschiedene Familienkonstellationen analysieren will, dann muss man in jeder Untergruppe ausreichend viele Mädchen und Jungen befragen. Bei beispielsweise zwei Altersgruppen, zwei Schultypen und zwei Familienkonstellationen ergeben sich bereits acht Untergruppen, in denen jeweils mehrere Mädchen und Jungen[4] kontrastierend analysiert werden sollten. Das sind bereits recht viele Fälle. Gerade qualitativ Forschende dürften aber der Meinung sein, dass je zwei Altersgruppen, Schultypen und Familienkonstellationen zuwenig sind und die Realität zu sehr vereinfachen. Doch wenn man komplexere

---

3 Das Reliabilitätsproblem entsteht in der qualitativen Forschung nicht erst beim Kodieren, sondern bereits beim Interpretieren einzelner Äußerungen oder beobachteter Ereignisse. Oft wird dieses Problem ignoriert, obgleich es Vorschläge zur Lösung solcher Probleme gibt (Kirk/Miller 1986; Krappmann/Oswald 1995b).

4 Hier eine genaue Zahl anzugeben (beispielsweise fünf Mädchen und fünf Jungen) ist schwierig. Die Zahl in jeder Zelle sollte so groß angesetzt werden, dass möglichst viele Varianten des Mädchen- bzw. Jungenseins in der entsprechenden Untergruppe vertreten sind.

Kontraste (Fragestellungen) wählt, kommt man schnell zu Fallzahlen, die durch Interpretation der Einzelfälle nicht mehr zu bewältigen sind, es sei denn, man geht den in Abschnitt 4.3 gewiesenen Weg. Will man aber die Einzelfälle intensiv interpretieren, dann sollte man sich im Sinne der Machbarkeit in seiner Fragestellung auf wenige Kontraste, vielleicht sogar auf ein zentrales Problem beschränken (z.B. die Wirkung mütterlicher Berufstätigkeit auf die Geschlechtstypisierung von Mädchen und Jungen) und statt dessen lieber die Zahl der Fälle in jeder Untergruppe vergrößern. Technisch gesprochen sollte man die Varianz, die durch die in die Untersuchungsanlage einzubauenden Kontraste entsteht, klein halten und statt dessen die Varianz in jeder Untergruppe, die nach der Verkleinerung der einzubeziehenden Kontraste bleibt, erhöhen. Eine genuin „qualitative" Alternative bietet das Verfahren des „theoretischen Sampling" (Glaser/Strauss 1967; vgl. unten 3.3), bei dem Erhebungs- und Auswertungsphase nicht getrennt werden dürfen.[5]

3. Wann ist der Einsatz qualitativer Methoden angebracht?

Oft lautet die Antwort auf diese Frage, dass es von der Fragestellung abhänge, ob man qualitativ oder quantitativ forsche. Auch wenn man dem Satz kaum widersprechen kann, dass die Methode der Fragestellung adäquat sein sollte, so ist die im ersten Satz vorgeschlagene Antwort doch kurzschlüssig. Es gibt kaum ein Problem, das nicht sinnvoll quantitativ *oder* qualitativ erforscht werden könnte. Wohl aber kann die verfolgte Absicht und entsprechend der Ertrag unterschiedlich sein, und unter diesem Aspekt kann eine Antwort auf die gestellte Frage gesucht werden:

3.1 Entdeckung und Beschreibung fremder Welten

Das Vorbild ist hier die Ethnographie. Es geht dabei um fremde Lebenswelten und Deutungssysteme in der eigenen Gesellschaft, über die wenig bekannt ist, an deren Beschreibung aber Interesse besteht, insofern sie der Aufklärung oder dem Abbau von Vorurteilen dient. Je weniger über solche Welten bekannt ist, desto deutlicher empfiehlt sich ein qualitativ-exploratives Vorgehen, wobei jede zugängliche Informationsquelle genutzt wird. Schlüsselinformanten sind dabei oft wichtiger als Stichproben, da über die wichtigen Kontraste noch nichts bekannt ist. Beispiele bieten etwa die Lebensweise türkischer Mitbürger (Geiersbach 1989) oder Jugendsekten, die einerseits als bedrohlich empfunden werden, andererseits als Lebenswelt und in ihren Relevanzbezügen nahezu unbekannt sind (Straus 1976).

---

5 Unter dem Begriff „selektives Sampling" finden sich bei Kelle/Kluge 2005 ähnliche Ratschläge zum Stichprobenplan.

Vorbild für solche Beschreibungen fremder Lebenswelten sind die Studien der legendären Chicago School über Landstreicher, „taxi dance girls", professionelle Diebe oder unangepasste Frauen (Anderson 1923/1967; Cressey 1932; Sutherland 1963; Thomas 1923). Girtler steht in Deutschland mit seinen Studien über Wilddiebe, Landstreicher, Prostituierte und andere Außenseiter in dieser Tradition (z. B. 1980, 2000). Die Nähe zur Reportage ist unverkennbar, die Beschreibung soll ein Informationsbedürfnis decken und aufklären. Große Reporter wie Egon Erwin Kisch oder Enthüllungsspezialisten wie Günter Wallraff haben oft mehr zur Aufklärung beigetragen als die vergleichsweise langsame und unspektakuläre Wissenschaft. Der wissenschaftliche Wert wird allerdings um so größer sein, je systematischer die Analyse durchgeführt wird. Dies ist etwa bei der großartigen Beschreibung der Zustände in psychiatrischen Kliniken durch Goffman der Fall (1972). Besonders bei diesem Typ qualitativer Forschung kommt es auf die schriftstellerische Qualität des Berichtes an, auf die „dichte" Beschreibung (Geertz 1983), in der die wesentlichen Strukturen und Funktionsweisen der fremden Welt plausibel gemacht werden.

3.2 Entdeckung und Beschreibung unbekannter Aspekte in vertrauten Welten

Nähe kann blind machen. Dinge in unserer Nahumgebung können uns so selbstverständlich sein, dass wir sie nicht benennen können. Auch hier empfiehlt sich die nichtstandardisiert-explorative Vorgehensweise, solange die eine Standardisierung ermöglichenden Informationen fehlen. Wenn sich der aufzudeckende Sachverhalt dem Bewusstsein und damit dem Verbalisierungsvermögen der untersuchten Personen auch in einem Tiefeninterview entzieht, dann ist die teilnehmende Beobachtung als „dichte Teilnahme" (Spittler 2001) eine angemessene Methode. Goffman (1969) hat zahlreiche Techniken beschrieben, die wir im Alltag zur Selbstdarstellung und zum Selbstschutz benötigen, die wir also genau kennen müssten und die uns dennoch erst durch seine Beschreibung bewusst werden. Beobachtung durch „dichte Teilnahme" führt besonders auch bei Forschungen in der Welt von Kindern zu neuen Entdeckungen, etwa über die großen Probleme, die Kinder mit Hilfeleistungen haben, oder über Interaktionen zwischen Mädchen und Jungen (Krappmann/Oswald 1995a, Kap. 9 und 11; Breidenstein/Kelle 1998). Die intensive Beobachtung, verbunden mit einer systematischen Analyse, erbringt neue Beschreibungen, die bestimmte Aspekte der Realität erst für Erklärungsversuche zugänglich machen.[6] Anders als bei der Entdeckung fremder Welten besteht hier die Konkurrenz weniger in Reportern als in Dichtern, die eine einfühlsame Beobachtungsgabe haben und so verborgene Aspekte der Alltagsrealität enthüllen. Sie können eine wichtige Quelle auch für unsere qualitativen Forschungen sein.

---

6 Zu weiteren Beispielen aus dem Schulbereich vgl. Kalthoff 1997 oder Wagner-Willi 2005.

3.3 Entdeckung neuer Zusammenhänge (grounded theory)

Es wird immer wieder betont, dass die standardisierte, Hypothesen testende empirische Forschung selten Neues entdeckt, dass vielmehr neue Ideen auch in den Naturwissenschaften meist durch induktives oder abduktives[7] Vorgehen entstehen. Glaser und Strauss (1967), neuerdings Strauss und Corbin (1996) haben systematisch eine Forschungspraxis entwickelt, die das theoretische Potential qualitativer Forschung steigern soll. Nicht nur die Konzepte, mit denen in der Wissenschaft die Wirklichkeit geordnet wird, sondern auch Zusammenhänge, Bedingungskonstellationen, Erklärungen, kurz Theorien, sollen aus den Daten heraus entwickelt werden, sollen in den Daten gegründet werden. Anselm Strauss scheint der in deutschen Lehrbüchern qualitativer Methoden meistzitierte Autor zu sein (Fleck 1992, S. 747), die in seinem Team entwickelte Vorgehensweise, insbesondere das theoretische Sampling wird in Deutschland dagegen selten angewandt. Wohl aber hat sich die Meinung verbreitet, dass es auf den systematischen Vergleich kontrastierender Fälle ankomme. Strauss und seine Mitarbeiter suchen neue kontrastierende Fälle während der Analyse. Theoretisches Sampling heißt, dass der Stand der Analyse darüber entscheidet, welche neuen zu kontrastierenden Fälle gesucht werden. Die Zahl der Fälle wird dabei nicht vor Beginn der Studie festgelegt, es wird vielmehr parallel zum Interpretieren und gesteuert durch den Interpretationsprozess solange weitergesammelt und gezielt nach Kontrasten gesucht, bis keine neuen Informationen mehr auftauchen.

Wenn man auf diesen Teil der Vorgehensweise verzichtet und die Erhebung vollständig vor der Analysephase durchführt, was in der deutschen Forschungspraxis die Regel ist, dann fehlt ein entscheidendes Element dieser Methode und es muss vorweg im Sinne einer vorher formulierten Fragestellung entschieden werden, wie man zu kontrastierenden Interviews kommt. Man steht aber dann auch in der Situation, dass man vor der Erhebung nach möglichst rationalen Kriterien entscheiden muss, wie viele und welche Fälle man einbeziehen will (vgl. zum „selektiven Sampling" oben 2.2c). Wegen der praktischen Schwierigkeiten, die das theoretische Sampling bereiten kann, können auch Mischformen, wie das theoretische Sampling in vorhandenem Material, gute Ergebnisse erbringen (z. B. vorbildlich durchgeführt von Sutterlüty 2003).

3.4 Anwendungen von Theorien auf einen Einzelfall

Die bisher besprochenen Gründe für die Wahl unstandardisierter Methoden führen zu meist sehr zeitaufwändigen Forschungen. Es verwundert deshalb, warum so selten qualitative Analysen durchgeführt werden, in denen eine bestehende Theorie oder ein „conceptual framework" auf einen Einzelfall angewandt wird, was von Pionieren der qualitativen Forschung wie Howard

---

7 Zur Abduktion in der qualitativen Forschung vgl. Reichertz 2003.

S. Becker und Blanche Geer (1984) ausdrücklich empfohlen wird. Freuds Buch über den Fall Hans (1993) belegt die Fruchtbarkeit einer derartigen Vorgehensweise eindrücklich. Ein anderes hervorragendes Beispiel bietet die Analyse einer psychiatrischen Klinik von Fengler/Fengler (1980). Bei dieser Art von Forschung kann entweder die anzuwendende Theorie oder der Einzelfall im Vordergrund stehen.

Im ersten Fall geht es wie bei Freud darum, die Fruchtbarkeit einer Theorie durch die intensive qualitative Anwendung auf einen Einzelfall plausibel zu machen. Wie weit kommt man mit einer Theorie beim Einzelfall? Wo muss die Theorie geändert oder ergänzt werden? Wo reichen die Konzepte zur Erfassung der Realität aus und wo müssen sie erweitert werden? Spittlers an solchen theoretischen Fragen interessierten Anwendungen der Popitz'schen Konzeptualisierungen zu Norm- und Sanktionsprozessen auf die beiden Einzelfälle einer Restaurantküche und einer Therapiegruppe (1967) hatten für die endgültige Formulierung der Konzeption Konsequenzen (Popitz 1980). Im zweiten Fall steht nicht die Theorie auf dem Prüfstand, sondern ein bestimmter Ausschnitt der Realität. Bei der Untersuchung der Fenglers (1980) etwa ging es darum, eine bestimmte Klinik zu verstehen und zu kritisieren.

Zur Prüfung der Leistungsfähigkeit von Theorien wie zur Aufklärung über Realität ist diese Anwendung qualitativer Methodik vorzüglich geeignet. Sie ist besonders für Qualifikationsarbeiten zu empfehlen, weil solche Untersuchungen in ihrer Aufwand-Ertrag-Relation leichter als andere Anwendungen geplant werden können. Man wird kaum erwarten, dass qualitative Examensarbeiten von Studenten im Sinne der grounded theory oft neue theoretische Erträge erbringen. Man kann aber ohne weiteres Studenten mit einem bestimmten theoretischen Hintergrund an die Datensammlung etwa in einem Klassenzimmer (Oswald 2008) oder in einer sozialpädagogischen Einrichtung herangehen lassen. Solche Studien können fruchtbare Erkenntnisse über die jeweiligen Einrichtungen und Personenkategorien erbringen. Ich selbst habe die Erfahrung gemacht, dass diese Vorgehensweise etwa beim Analysieren des Weinens von Kindern oder von Demütigungsprozessen unter Kindern auch zu Reformulierungen oder Ergänzungen der zugrunde gelegten Theorien führt (Oswald 2002, 2004).

3.5 Qualitative Evaluation

Auftraggeber von Evaluationsstudien sind meist am Nachweis der Wirksamkeit von Programmen interessiert. Derartige Wirkungsforschung kann nur quantitativ durchgeführt werden (vgl. Rossi u. a. 1988, Kap. 5-8). Oft ist es aber von ebenso großem Interesse, die Schwierigkeiten bei der Implementierung von Programmen darzustellen und zur Programmverbesserung beizutragen. Hierzu eignen sich qualitative Zugänge vorzüglich (ebd., Kap. 3 und 4; Patton 1990; Kraus 1991). Bei zunehmendem Evaluationsbedarf der Öffentlichen Hand eröffnen sich hier für qualitativ Forschende berufliche

Perspektiven auch außerhalb des engeren Wissenschaftsbetriebes. Qualitative Evaluationsforschung kann und soll deshalb auch in Qualifikationsarbeiten betrieben werden.

4. Verbindung von qualitativen und quantitativen Methoden

Im Vorstehenden wurde mehrfach darauf hingewiesen, dass quantitative Angaben und Berechnungen in qualitativen Untersuchungen durchaus angebracht ja erforderlich sein können. Darüber hinausgehend soll in diesem Abschnitt überlegt werden, welche sinnvollen Kombinationen der beiden Methodentypen bereits in der Untersuchungsanlage vorgesehen werden können (vgl. auch Villar/Marcelos 1992).

4.1 Die qualitative Untersuchung geht der quantitativen voraus:

Die klassische Verbindung qualitativer und quantitativer Methoden besteht darin, dass zur Vorbereitung einer standardisierten Untersuchung, die zu quantitativen Generalisierungen führen soll, eine qualitative Exploration durchgeführt wird (Barton/Lazarsfeld 1984). Dies empfiehlt sich um so eher, je weniger über ein Problem in einem bestimmten Untersuchungsfeld bekannt ist. Die Exploration dient dazu, die Problemlage kennenzulernen und adäquate Operationalisierungen für die zu erhebenden Konzepte zu finden. Von besonderer Wichtigkeit ist dabei herauszufinden, welche Bedeutung die Worte der standardisierten Fragen für die Befragten haben und ob diese Bedeutungen in allen zu befragenden Untergruppen dieselben sind. Diese Vorgehensweise soll die Validität der standardisiert erhobenen Daten verbessern. Meist werden die Ergebnisse der qualitativen Exploration nicht publiziert, sie dienen lediglich der Verbesserung der standardisierten Untersuchungsinstrumente. Obgleich diese Vorgehensweise in Lehrbüchern der empirischen Forschung empfohlen wird, fehlen oft die zeitlichen und finanziellen Ressourcen für intensive Voruntersuchungen und man begnügt sich damit, Pretests mit Vorfassungen des standardisierten Fragebogens durchzuführen.

Eine günstigere Vorgehensweise kann darin bestehen, dass die qualitative Untersuchung mit einer kleinen Stichprobe als eigenständiges Projekt durchgeführt wird, dessen Daten einer sorgfältigen Analyse unterzogen werden mit dem Ziel, die Ergebnisse zu publizieren. Die Ergebnisse bestehen dabei in Typologien und in begründeten Hypothesen über Zusammenhänge, Bedingungskonstellationen und Erklärungen. Oft ist die Verallgemeinerungsfähigkeit einer Typologie oder gefundener Zusammenhänge so evident, dass eine nachfolgende standardisierte Untersuchung keinen zusätzlichen Erkenntnisgewinn verspricht. Viele gerühmte Feldstudien (z.B. Corbin/Strauss 2004) gehören in diese Kategorie. Gelegentlich mag aber ein wissenschaftliches oder praktisches Interesse daran bestehen, die quantitative Verbreitung bestimmter Typen zu kennen, die Enge bestimmter Zusammenhänge festzustellen oder die Reichweite einer Erklärung nachzuprüfen. In diesen Fällen wird man der eigenständigen und publizierbaren qualitativen Forschung eine standardisierte Untersuchung nachfolgen lassen.

4.2 Die qualitative Untersuchung ergänzt die quantitative:

Bei dieser Vorgehensweise wird eine repräsentative standardisierte Untersuchung durchgeführt. Gleichzeitig oder danach wird mit einer kleinen für dieselbe Grundgesamtheit stehenden Gruppe oder mit einer Teilstichprobe der Repräsentativuntersuchung eine Intensivbefragung durchgeführt. Die so gewonnenen qualitativen Daten dienen zur Interpretation und Illustration der quantitativen Zusammenhänge und helfen, spekulative Interpretationen statistischer Ergebnisse zu korrigieren. Aus den Tiefeninterviews kann man erschließen, was gemeint ist, was hinter den dürren Zahlen steht. Besonders günstig ist es, wenn durch die statistischen Analysen bestimmte Typen gefunden werden und wenn dann die Probanden für die Tonbandinterviews gezielt so ausgewählt werden, dass sie das gesamte interessierende Spektrum repräsentieren, wodurch reichhaltige Informationen über alle relevanten Typen gewonnen werden. Je intensiver diese zusätzlichen qualitativen Interviews ausgewertet werden, desto wahrscheinlicher werden auch neue, über das quantitativ Nachgewiesene hinausgehende Erkenntnisse auftauchen.

In Einzelfällen kann es bei der Kombination einer quantitativen mit einer qualitativen Studie zu widersprüchlichen Ergebnissen kommen. Die Auflösung des Widerspruchs kann in ähnlicher Weise wie die Analyse negativer Fälle (Becker/Geer 1984) in einem umfangreicheren Satz qualitativer Interviews oder in einem Korpus von Beobachtungsdaten zu einem Erkenntnisgewinn führen. Ein gutes Beispiel hierfür bietet eine Studie über die Chancen der Wiedereingliederung von Frauen ins Erwerbsleben (Kelle/Erzberger 1999). Die quantitative Analyse ergab als Ursache guter Chancen den erlernten Erstberuf, die qualitative Studie dagegen die Bereitschaft der Ehemänner, dies zuzulassen. Die Lösung dieses Widerspruchs lag im Vorhandensein eines synergistischen Effektes im Sinne Bronfenbrenners (1990). Elemente aus beiden Erklärungen wirken dabei in spezifischer Weise zusammen. Nach der Entdeckung eines solchen Zusammenspiels zweier Ursachen kann dies statistisch als Interaktionseffekt zweier bedingender Variablen auf die zu erklärende Variable nachgewiesen werden (Jaccard/Turisi/Wan 1991).

Wenn die qualitativen Interviews mit einer Unterstichprobe der standardisiert befragten größeren Stichprobe durchgeführt wird, ergibt sich sogar die Möglichkeit, das qualitativ neu Gefundene auf die Grundgesamtheit hochzurechnen und begründete Hypothesen zur quantitativen Generalisierbarkeit zu formulieren. Durch diese Verbindung quantitativer und qualitativer Methoden kann sowohl das Validitätsproblem der quantitativen, als auch das Generalisierungsproblem der qualitativen Forschung gelöst werden. Insofern ist dieses Verfahren sehr empfehlenswert.

4.3 Qualitative und quantitative Analyse derselben unstandardisiert erhobenen Daten

Bei dieser Verbindung werden Interviews oder Beobachtungen zunächst interpretiert. Aus diesen Interpretationen ergeben sich Kategorien und Typologien, die die Systematik einer qualitativ-interpretativen Darstellung bilden. Zusätzlich können solche Kategorien und Typen kodiert und über die Kodierung quantitativ verarbeitet werden. Im einfachsten Fall ermöglicht dies, die oben angeprangerten Quasiquantifizierungen durch Angabe der präzisen Relationen zu ersetzen. Aus „in der Regel" kann dann beispielsweise „in 85 Prozent der Fälle" werden. Darüber hinaus ermöglichen solche Kodierungen die Anwendung von Teststatistik und multivariaten Verfahren. In manchen Fällen wird dadurch der Bereich der qualitativen Forschung verlassen, oft mag das Ziel von vornherein in der statistischen Analyse gelegen haben. Entsprechende Softwarepakete (z.B. Kuckartz 2007) ermöglichen es aber, je nach Erkenntnisinteresse zwischen quantitativen und qualitativen Analysen abzuwechseln und beispielsweise nach der statistischen Darstellung wieder gezielt zur Beschreibung typischer Einzelfälle zurückzukehren.

Ein entscheidender Vorteil dieser Methode besteht darin, dass große Fallzahlen bewältigt werden können, weil die EDV-Programme mannigfaltige Such- und Sortiermöglichkeiten anbieten. Dies bedeutet erstens, dass bei der Planung der Untersuchungsanlage mehr Kontraste einbezogen werden können, so dass die Fragestellung komplexer und die oben empfohlene Einschränkung aufgegeben werden kann. Auch wenn man auf Statistik verzichtet, können nach meinen Erfahrungen mit solchen Such- und Sortiersystemen hundert und mehr Fälle interpretiert werden. Es bedeutet zweitens, dass komplexe statistische Auswertungen zusätzlich zur qualitativen Analyse möglich werden und die Generalisierung der gefundenen Zusammenhänge gut begründet ist. Dies erfordert allerdings, dass die Auswahl der Fälle unter Repräsentativitätsgesichtspunkten reflektiert werden muss.

5. Schlussbemerkungen zur theoretischen Relevanz qualitativer Forschung

Seitens der qualitativen Forschung wird den standardisiert und statistisch arbeitenden Empirikern nicht selten vorgeworfen, sie arbeiteten ohne Theorie oder ihre Arbeiten seien theoretisch irrelevant. Metaphorisch wird dies schon mal als Fliegenbeinzählerei bezeichnet. Dieser Vorwurf ist sicherlich gelegentlich berechtigt, und es kann noch heute lohnen, die entsprechende scharfsinnige Kritik bei Cicourel (1974) nachzulesen. Die Ironie liegt aber darin, dass auch viele qualitative Studien theorielos und in ihrer empirischen Substanz oberflächliche Deskription sind. Es ist geradezu eine der Gefahren der qualitativen Forschung, dass sie zu theorielosen oder theoretisch irrelevanten Beschreibungen führt. Besonders Anfänger, die dem schlechten Rat folgen, man müsse ohne theoretische Vorannahmen die Wirklichkeit beobachten, stehen in der Gefahr, sich an die Oberfläche der Dinge zu verlieren und nur noch diese zu beschreiben. Dem kann man entgegenwirken, indem man an die Anfänge der Chicago School of Sociology und deren Betonung von „theoretisch angeleiteter Sozialforschung" (Bulmer 1984, S. 5) erinnert. Die Leistung dieses Fachbereiches, der die qualitative Forschung zum ersten Mal in einer systematischen Anstrengung zur Blüte brachte, bestand geradezu darin, dass „Theorie und Forschung in fruchtbarer Weise" zusammengebracht wurden; direkte Erfahrung mit sozialer Realität, „firsthand inquiry", wurde mit Allgemeiner Soziologischer Theorie verbunden (ebd., S. XV und 3).

Studierende der Soziologie an der Universität Chicago hatten eine Pflichtvorlesung bei George Herbert Mead zu absolvieren, dessen Begriffe und Erörterungen zu „Geist, Identität und Gesellschaft" (1968) zum Kernbestand der Theoreme des Symbolischen Interaktionismus wurden. In den qualitativen Forschungsprojekten der Hochschullehrer, an erster Stelle wäre hier die Studie über die polnischen Bauern in Europa und Amerika zu nennen (Thomas/Znaniecki 1984), wurde die soziologische Theorie weiterentwickelt. Den jungen Forschern wurde unmissverständlich bedeutet, dass man ein gründliches Wissen über die Natur des Menschen und der Gesellschaft haben müsse, bevor man einen besonderen Aspekt des menschlichen Zusammenlebens in der Gegenwart erforscht. Zusätzlich wurde ihnen klargemacht, dass man Wissen über den Gegenstand, den man erforscht, haben muss. Alle Informationen über diesen Gegenstand, seien sie empirischer oder theoretischer, wissenschaftlicher oder literarischer Art, sollten gesammelt und verarbeitet werden,[8] bevor die eigentliche Feldforschung beginnt.

Das klingt selbstverständlich und ist es doch nicht. Die Forderung, man solle unvoreingenommen ins Feld gehen, wenn man Neues entdecken wolle, wird vielfach dahingehend interpretiert, man dürfe über den zu erforschenden Gegenstandsbereich nichts lesen, man dürfe sowenig wie möglich wissen. Dem liegt das Missverständnis zugrunde, dass es unvoreingenommene Forschung geben könne. Dies ist nicht der Fall. Vielmehr gehen wir alle mit Wissen und Erfahrungen, mit Vorannahmen und Vorurteilen ins Feld. Erst eine weit gestreute Lektüre, die psychologische und soziologische Theorien und in diesem Sinne eine breite theoretische Bildung ebenso einschließt wie alle Informationen über den Gegenstandsbereich im weitesten Sinne, gibt uns die Möglichkeit, kontrolliert und distanziert mit unseren Annahmen und Vorurteilen umzugehen. Dies kann uns dann frei dafür machen, offen für neue Erkenntnisse während der Feldarbeit zu sein und in diesem Sinne eine unvoreingenommene Haltung einzunehmen.

---

[8] Wer Chicago unter einem bestimmten Gesichtspunkt erforschen wollte, informierte sich über das entsprechende Problem, wie es in Berlin erforscht wurde (vgl. die annotierte Bibliographie in Park u. a. 1967).

Es zeichnet die Forscher der ersten Generation der Chicago School um Park und Burgess, und zwar die Professoren ebenso wie die Forschungsstudenten, aus, dass sie viele neue und überraschende Ergebnisse fanden, mit denen sie über die Wirklichkeit aufklärten, und dass sie diese neuen Kenntnisse gleichzeitig für die Weiterentwicklung der Theorie nutzbar machten. Auch in der zweiten Generation um Everett C. Hughes und Herbert Blumer blieb dies selbstverständliche Übung, wofür unter anderem die oben beispielhaft zitierten Bücher von Becker, Glaser/Strauss oder Goffman zeugen. Es ist eine gute Empfehlung, in diesen Hinsichten – *theoretische und empirische Belesenheit, Offenheit für neue Erkenntnisse, theoretische Relevanz der Forschung* – der Chicago School of Sociology nachzueifern, auch wenn wir heute in methodischer Hinsicht vielfach über diese Vorbilder hinausgehen. Sich auf die Schultern dieser Riesen zu stellen (Merton 1980), kann uns helfen, etwas weiter als sie zu sehen, um so die Risiken der qualitativen Methoden zu verringern und gute Forschung zu betreiben.

Literatur

Anderson, Nels 1923/1967: The Hobo. The sociology of the homeless man. Chicago/London.
Barton, Allen H./Paul F. Lazarsfeld 1984: Einige Funktionen von qualitativer Analyse in der Sozialforschung. In: Hopf, Christel/Elmar Weingarten (Hg.): Qualitative Sozialforschung. Stuttgart. S. 41-114.
Becker, Howard S. 1963/1973: Außenseiter. Zur Soziologie abweichenden Verhaltens. Frankfurt/M.
Becker, Howard S./Blanche Geer 1984: Teilnehmende Beobachtung: Die Analyse qualitativer Forschungsergebnisse. In: Hopf, Christel/Elmar Weingarten (Hg.): Qualitative Sozialforschung. Stuttgart. S. 139-168.
Breidenstein, Georg/Kelle, Helga 1998: Geschlechteralltag in der Schulklasse – Ethnographische Studien zur Gleichaltrigenkultur. München.
Bronfenbrenner, Urie 1990: Ökologische Modelle in der Jugendforschung. In: Melzer, Wolfgang/Wilfried Ferchhoff/Georg Neubauer (Hg.): Jugend in Israel und der Bundesrepublik. Weinheim und München. S. 33-54.
Bulmer, Martin 1984: The Chicago school of sociology. Chicago.
Cicourel, Aaron V. 1964/1974: Methode und Messung in der Soziologie. Frankfurt/M.
Corbin, Juliet M./Anselm L. Strauss 2004: Weiterleben lernen: Verlauf und Bewältigung chronischer Krankheit. Bern u. a.
Cressey, Paul G. 1932: The taxi-dance-hall. Chicago.
Engel, Uwe/Ulf Wuggenig 1991: Statistische Auswertungsverfahren nominalskalierter Daten. In: Flick, Uwe/Ernst v. Kardorff/Heiner Keupp u. a. (Hg.): Handbuch Qualitative Sozialforschung. München. S. 237-243.
Fengler, Christa/Thomas Fengler 1980: Alltag in der Anstalt. Wenn Sozialpsychiatrie praktisch wird. Eine ethnomethodologische Untersuchung. Rehburg-Loccum.
Fleck, Christian 1992: Vom „Neuanfang" zur Disziplin? Überlegungen zur deutschsprachigen qualitativen Sozialforschung anlässlich einiger neuer Lehrbücher. In: Kölner Zeitschrift für Soziologie und Sozialpsychologie. H.4. Jg. 44. S. 747-765.

Freud, Sigmund 1941/1993: Analyse der Phobie eines fünfjährigen Knaben. In: Gesammelte Werke, chronologisch geordnet. Bd VII. Frankfurt/M. S. 241-377.
Geertz, Clifford 1983: Dichte Beschreibung. Beiträge zum Verstehen kultureller Systeme. Frankfurt/M.
Geiersbach, Paul 1989: Warten bis die Züge wieder fahren. Ein Türkenghetto in Deutschland. Berlin.
Girtler, Roland 1980: Vagabunden der Großstadt. Stuttgart.
Girtler, Roland 2000: Wilderer – Rebellen der Berge. Wien.
Glaser, Barney G./Anselm L. Strauss 1967: The discovery of grounded theory. London.
Glaser, Barney G./Anselm L. Strauss 1974: Interaktion mit Sterbenden. Beobachtungen für Ärzte, Schwestern, Seelsorger und Angehörige. Göttingen.
Goffman, Erving 1959/1969: Wir alle spielen Theater. Die Selbstdarstellung im Alltag. München.
Goffman, Erving 1961/1972: Asyle. Über die soziale Situation psychiatrischer Patienten und anderer Insassen. Frankfurt/M.
Jaccard, James/Robert Turisi/Choi K. Wan 1991: Interaction effects in multiple regressions. Newbury Park/London/New Delhi.
Kalthoff, Herbert 1997: Wohlerzogenheit. Frankfurt/M./New York.
Kelle, Udo/Christian Erzberger 1999: Integration qualitativer und quantitativer Methoden. In: Kölner Zeitschrift für Soziologie und Sozialpsychologie. 51. S. 509-331.
Kelle, Udo/Susanne Kluge 2005: Vom Einzelfall zum Typus. Wiesbaden.
Kirk, Jerome/Marc L. Miller 1986: Reliability and validity in qualitative research. Newbury Park/London/New Delhi.
Krappmann, Lothar/Hans Oswald 1995a: Alltag der Schulkinder. Beobachtungen und Analysen von Interaktionen und Sozialbeziehungen. Weinheim und München.
Krappmann, Lothar/Hans Oswald 1995b: Unsichtbar durch Sichtbarkeit. Der teilnehmende Beobachter im Klassenzimmer. In: Behnken, Imbke/Olga Jaumann (Hg.): Kindheit und Schule. Weinheim und München. S. 39-50.
Kraus, Wolfgang 1991: Qualitative Evaluationsforschung. In: Flick, Uwe/Ernst v. Kardorff/Heiner Keupp u. a. (Hg.): Handbuch Qualitative Sozialforschung. München. S. 412-415.
Kukartz, Udo 2007: Einführung in die computergestützte Analyse qualitativer Daten. Wiesbaden.
Liebow, Elliot 1967: Tally's corner. A study of negro streetcorner men. Boston/Toronto.
Mead, George H. 1934/1968: Geist, Identität und Gesellschaft. Frankfurt/M.
Merton, Robert K. 1965/1980: Auf den Schultern von Riesen. Frankfurt/M.
Oswald, Hans 2002: Selbstdarstellung und Weinen in Interaktion mit Gleichaltrigen. In: Uhlendorff, Harald/Hans Oswald (Hg.): Wege zum Selbst. Stuttgart. S. 157-180.
Oswald, Hans 2004: Demütigungen und Statuskämpfe auf einer Klassenreise. In: sozialersinn. 3/2004. S. 313-333.
Park, Robert E./Ernest W. Burgess/Roderick D. McKenzie 1925/1967: The city. Chicago/London.
Patton, Michael Q. 1990: Qualitative evaluation and research methods. Newbury Park/London/New Delhi.
Popitz, Heinrich 1980: Die normative Konstruktion von Gesellschaft. Tübingen.

Reichertz, Jo 2003: Die Abduktion in der qualitativen Sozialforschung. Wiesbaden.
Rosenthal, Gabriele 2008: Interpretative Sozialforschung. München.
Rossi, Peter H./Howard E. Freeman/Gerhard Hofmann 1988: Programm-Evaluation. Einführung in die Methoden angewandter Sozialforschung. Stuttgart.
Spittler, Gerd 1967: Norm und Sanktion – Untersuchungen zum Sanktionsmechanismus. Olten/Freiburg.
Spittler, Gerd 2001: Teilnehmende Beobachtung als dichte Teilnahme. In: Zeitschrift für Ethnologie. 126. S. 1-25.
Straus, Roger 1976: Role-scale inquiries. In: Lofland, John (Hg.): Doing social life. New York/London/Sydney/Toronto. S. 251-273.
Strauss, Anselm/Juliet Corbin 1996: Grounded theory: Grundlagen qualitativer Sozialforschung. Weinheim.
Sutherland, Edwin H. 1937/1963: The professional thief. Chicago/London.
Sutterlüty, Ferdinand 2003: Gewaltkarrieren – Jugendliche im Kreislauf von Gewalt und Missachtung. Frankfurt/New York.
Thomas, William I. 1923/1937: The unadjusted girl. Boston.
Thomas, William I./Florian Znaniecki 1918/1919/1984: The polish peasant in Europe and America. Urbana/Chicago.
Villar, Luis/Carlos Marcelo 1992: Kombination quantitativer und qualitativer Methoden. In: Huber, Günter L. (Hg.): Qualitative Analyse. München/Wien. S. 177-218.
Wagner-Willi, Monika 2005: Zwischen Vorder- und Hinterbühne. Rituelle Praxen von Kindern beim Übergang von der Pause zum Unterricht. Wiesbaden.

Teil 2
Forschungstraditionen und Forschungsverfahren

Ralf Bohnsack

Gruppendiskussionsverfahren und dokumentarische Methode

Im Zuge der wachsenden Bedeutung qualitativer Methoden seit den 1970er Jahren hat zwar auch das Gruppendiskussionsverfahren zunächst eine neue Aktualität gewonnen, eine breitere wissenschaftliche Anwendung aber dennoch nicht erfahren. Erst seit Ende der 1980er Jahre zeichnen sich im Rahmen der Milieuforschung neue Perspektiven ab. Zentraler Ausgangspunkt der neueren Entwicklung des Gruppendiskussionsverfahrens ist die Überlegung, dass milieutypische Orientierungen und Erfahrungen auf der Grundlage von Einzelinterviews, also in individueller Isolierung der Erforschten, in valider Weise nicht erhoben und ausgewertet werden können. Vielmehr werden milieuspezifische bzw. kollektive Erfahrungen dort zur Artikulation gebracht, wo diejenigen in Gruppen sich zusammenfinden, denen diese Erfahrungen gemeinsam sind. Zu ihrer Artikulation bedarf es der wechselseitigen Bezugnahme und Herausforderung im (Gruppen-)Diskurs. Da wir es in der Jugendforschung und Jugendarbeit zumeist mit Gruppen bzw. Cliquen, d. h. Peer Groups, zu tun haben, gewinnt das Gruppendiskussionsverfahren gerade in der erziehungswissenschaftlichen Forschung neuerdings zunehmend an Bedeutung.

In der Marktforschung finden Gruppendiskussionen seit langem häufige Verwendung. So ist der Begriff der „Focus Group", ursprünglich von Merton u. a. (1956; vgl. auch Merton 1987) geprägt, in der Markforschung in den Vereinigten Staaten beinahe zu einem Synonym für qualitative Methoden geworden (vgl. Morgan 1988). Der *methodologischen* Bedeutung des Gruppendiskussionsverfahrens im Unterschied zum Individualinterview wird in der Marktforschung allerdings kaum Rechnung getragen. Vielmehr geht es dort primär um zeitökonomische und finanzielle Erwägungen: Mehrere Interviewte sollen zugleich erreicht werden (genauer zur Kritik: Bohnsack/Przyborski 2007). Im Unterschied zu derartigen „Gruppeninterviews" kann man von Gruppendiskussionsverfahren nur dort sprechen, wo die methodologische Bedeutung von Interaktions-, Diskurs- und Gruppenprozessen für die Konstitution von Meinungen, Orientierungs- und Bedeutungsmustern in einem zugrunde liegenden *theoretischen Modell* verankert ist.

Im Folgenden werden zunächst (Kap. 1-4) derartige explizite oder implizite Modelle skizziert – und zwar mit Bezug auf die unterschiedlichen Etappen der Geschichte des Gruppendiskussionsverfahrens in der Bundesrepublik[1].

---

1 Auf das der Vollständigkeit halber zu erwähnende *gruppendynamisch-sozialpsycholo-*

1. Das Modell des Individuums in öffentlicher Auseinandersetzung

Dieses Modell steht am Anfang der Entwicklung des Gruppendiskussionsverfahrens in der Bundesrepublik im Frankfurter Institut für Sozialforschung. In kritischer Auseinandersetzung mit der Umfrageforschung „sollte vermieden werden, Einstellungen, Meinungen und Verhaltensweisen der Menschen in einer Isoliertheit zu studieren, in der sie kaum je vorkommen" (Pollock 1955, S. 34). „Tieferliegende" oder „latente" Meinungen gewinnen „erst Kontur, wenn das Individuum – etwa in einem Gespräch – sich gezwungen sieht, seinen Standpunkt zu bezeichnen und zu behaupten". So heißt es bei Pollock (1955, S. 32), der Gruppendiskussionen dokumentiert hat, wie sie erstmals im Winter 1950/51 im Rahmen einer Untersuchung des neu entstehenden politischen Bewusstseins im Nachkriegsdeutschland durchgeführt wurden. Es sollten, wie dies bis heute typisch für die Frankfurter Schule ist, „in Analogie zur psychoanalytischen Technik Abwehrmechanismen und Rationalisierungen" sichtbar werden und auf diesem Wege auch das, „was von jenen gewöhnlich verdeckt wird" (a.a.O., S. 35). Nachgebildet werden sollten die für die Erörterung politischer Fragen im Alltag typischen Situationen einer „öffentlichen", also nicht gruppen- oder milieuspezifischen Kommunikation.

Trotz der Kritik an der individuellen Isolierung der Interviewten in der Umfrageforschung wurden dann jedoch infolge der Anwendung quantitativer Auswertungsverfahren die Redebeiträge der Einzelnen isoliert voneinander untersucht. Eine darüber hinausweisende Perspektive wurde am selben Institut mit der 1960 veröffentlichten Dissertation von Mangold eröffnet. Basierend auf einer Rekonstruktion der bisherigen Forschungsarbeiten und des Materials der Diskussionsprotokolle kam Mangold (1988, S. 17) zu dem Schluss, dass „das Gruppendiskussionsverfahren prinzipiell nicht geeignet ist, Einzelmeinungen zu untersuchen, d.h. das Einzelinterview zu ersetzen".

2. Das Modell der „informellen Gruppenmeinung"

Mangold (1960, S. 49) gab der Methode eine doppelte Wendung: Zum einen erschien ihm angesichts der empirischen Evidenz des Materials das Konzept der „Gruppenmeinungen" adäquat: „Diese werden gleichsam arbeitsteilig vorgetragen, die Sprecher bestätigen, ergänzen, berichtigen einander, ihre Äußerungen bauen aufeinander auf, man kann manchmal meinen, es spreche einer. Die Gruppenmeinung ist keine ‚Summe' von Einzelmeinungen, sondern das Produkt kollektiver Interaktionen".

---

gische Modell gehe ich nicht weiter ein. Unter diesem Aspekt wurden Gruppendiskussionen zunächst von Sherif (1936) und Lewin/Lippit (1938) verwendet (vgl. hierzu Mangold 1973). Als weitere Einführungsliteratur sei verwiesen auf Lamnek (2005).

Diese kollektive Meinung − und dies ist die andere Wendung − wird in der Diskussion lediglich *aktualisiert:* Die Meinungen „können nicht als Produkt der Versuchsanordnung, nicht als Endresultat eines aktuellen Prozesses gegenseitiger Anpassung und Beeinflussung in der Diskussionssituation selbst verstanden werden. In ihnen schlagen sich vielmehr informelle Gruppenmeinungen nieder, die sich in der Realität unter den Mitgliedern des betreffenden Kollektivs bereits ausgebildet haben" (Mangold 1973, S. 240).

Mangold ging es um jene Kollektive, die er als „Großgruppe" bezeichnete und deren Angehörige durch ein gemeinsames Schicksal (Flüchtlinge) und/oder durch eine gemeinsame soziale Lage (z.B. Steiger und Bauern) miteinander verbunden waren. Gemeint waren also Milieus.

Die *empirische* Evidenz des Kollektiven im Sinne einer zwanglosen Integration der Einzelnen in einen sich wechselseitig steigernden Diskurs tat sich schwer mit jenem *theoretischen* Verständnis des Kollektiven, auf welches Horkheimer und Adorno im Vorwort zur Studie von Mangold 1960 als deren „Hauptergebnis" hinwiesen und dabei auf Emile Durkheim (1961) Bezug nahmen: Das Kollektive wurde hier im Sinne der dem Einzelnen exterioren (äußerlichen) und mit Zwang ausgestatteten Normen verstanden. Diese theoretische Begründung stand somit zur empirischen Evidenz in einer Diskrepanz, die sich auch in den Arbeiten Mangolds niederschlug[2].

Erst 25 Jahre später sollte dann Bohnsack in einem gemeinsam mit Mangold geleiteten Forschungsprojekt an diese empirische Evidenz anknüpfen und sie im Sinne „kollektiver Orientierungsmuster" methodologisch neu diskutieren. Zunächst erhielt jedoch in den siebziger Jahren im Zuge der zunehmenden Bedeutung *„interpretativer"* Theorie und Methodologie das Gruppendiskussionsverfahren eine etwas andere Wendung.

3. Das Modell des interpretativen Aushandelns von Bedeutungen

Beeinflusst u.a. durch die Veröffentlichungen der Arbeitsgruppe Bielefelder Soziologen (1973, 1976) wurde die Interaktionsabhängigkeit und der Prozesscharakter von Meinungen und Bedeutungsmustern erkannt und nach Methoden gesucht, die dem in valider Weise Rechnung tragen konnten. Allerdings erschien es im Verständnis des „interpretativen Paradigmas" nun schwierig, bei aller Prozesshaftigkeit noch Strukturen zu identifizieren. Aufgrund eigener Forschungspraxis mit „Realgruppen", also Gruppen, deren Angehörige durch persönliche Bekanntschaft miteinander verbunden waren, kommt Nießen (1977, S. 67f.) angesichts der beobachteten interpretativen Interaktions- und Aushandlungsprozesse zu dem Schluss, „daß sich die Bedeutungen ändern, daß die Handlungssubjekte anders definiert und

---

2 So sprach auch Mangold mit Bezug auf Gruppenmeinungen von „Norm und Widerstand als ,faits sociaux' im Sinne Durkheims" (1960, S. 95).

interpretiert werden, so daß die aufgrund der Diskussionsergebnisse gemachten Annahmen über das Handeln in der realen Situation nicht zutreffen". Volmerg (1977, S. 205) stellte aus diesen Gründen die Gültigkeit der Verfahren in Frage: „Wenn infolge der Anwendung des Untersuchungsinstruments ‚Gruppendiskussion' Meinungen verändert bzw. erst gebildet werden, dann sind die Ergebnisse prinzipiell nicht reproduzierbar".

Die *Reproduzierbarkeit* von Ergebnissen, d.h. von Gruppenorientierungen oder Gruppenmeinungen ist jedoch wesentliche Voraussetzung für die Gültigkeit einer Methode (vgl. auch Volmerg 1983). Das heißt, das Gruppendiskussionsverfahren ist nur dann valide, wenn in einer anderen Untersuchungssituation dieselben Orientierungsmuster in der Gruppe beobachtbar sind.

4. Das Modell kollektiver Orientierungsmuster

Diskurse erscheinen oft zusammenhanglos oder in ihrem Ablauf relativ willkürlich, d.h. *strukturlos* und somit auch nicht reproduzierbar, wenn wir lediglich das betrachten, was in den einzelnen Redebeiträgen „wörtlich" mitgeteilt wird, also deren „*immanenten Sinngehalt*", wie Karl Mannheim (1980) dies genannt hat. Ich möchte dies an einem Beispiel aus einem gemeinsam von Mangold und Bohnsack geleiteten Forschungsprojekt (vgl. Bohnsack 1989) erläutern: In einer Gruppendiskussion mit Jugendlichen problematisiert zunächst einer von ihnen den Zigarettenkonsum einer jungen Frau aus der Gruppe. Diese wirft dann die Frage auf, ob es heute noch möglich sei, wie „Steinzeitmenschen" zu leben; woraufhin ein junger Mann seinen Traum des Lebens auf einer einsamen Insel beschreibt, welcher dann intensiv und engagiert diskutiert wird. Schließlich geht es um die Frage, wie man sich bei einer Beerdigung in angemessener Weise zu kleiden habe. – Obschon die Themen scheinbar sprunghaft gewechselt und auch im argumentativen Gegeneinander entfaltet werden, „*verstehen*" die Jugendlichen einander offensichtlich, ohne ihr eigentliches Anliegen aber selbst zu „*interpretieren*", d.h. das zugrunde liegende Orientierungsmuster „begrifflich-theoretisch explizieren", es also wörtlich benennen zu können. Das Orientierungsmuster (zum Begriff s. auch: Bohnsack 1998b) wird vielmehr in Beschreibungen und Erzählungen, d.h. *metaphorisch*, entfaltet.

Indem der Forscher stellvertretend für die Teilnehmer/-innen das Orientierungsmuster interpretiert, leistet er das, was Mannheim (1964a) *dokumentarische Interpretation* genannt hat, nämlich die begrifflich-theoretische Explikation der wechselseitigen (intuitiven) Verstehensleistungen der Erforschten. Damit wurde die von Karl Mannheim (1964a) in den 1920er Jahren entworfene *dokumentarische Methode* zum ersten Mal als ein empirisches Verfahren für die Forschungspraxis fruchtbar gemacht (s. auch: Bohnsack 1992, 1997, 2001, 2003, 2006a, 2008a; Bohnsack/Nentwig-Gesemann/Nohl 2007)³. Dies geschah zunächst im Kontext des Gruppendiskussionsverfahrens. Diese Methodologie hat sich dann aber in einem breiten methodischen Spektrum weiter verzweigt (s. Kap. 9).

Auf dem Wege der dokumentarischen Interpretation erschließt sich durch den scheinbar zusammenhanglosen Diskursprozess hindurch ein den einzelnen Redebeiträgen (insbesondere in Form von Erzählungen und Beschreibungen) gemeinsames, kollektives Sinnmuster: In unserem Beispiel geht es um die Frage nach den „eigentlichen", den authentischen Bedürfnissen (repräsentiert durch das Leben auf der einsamen Insel und desjenigen des Steinzeitmenschen) im Unterschied zu den Konsumbedürfnissen (repräsentiert u. a. durch den Zigarettenkonsum). Der Versuch, beides miteinander zu vereinbaren, metaphorisch repräsentiert dadurch, dass einer der Jugendlichen zwar auf der einsamen Insel leben, aber Stereoanlage und Fernseher dorthin mitnehmen will, führt in die Absurdität, in ein *Orientierungsdilemma*. Die Beschreibung des Orientierungsdilemmas erhält aufgrund ihrer *metaphorischen* und *interaktiven* Dichte den Charakter einer *Fokussierungsmetapher*. In dieser Sequenz bzw. gesamten Passage wird ein fokussiertes Orientierungsproblem zum Ausdruck gebracht.

Mit diesem Beispiel sind zentrale Komponenten der *dokumentarischen Interpretation kollektiver Orientierungsmuster* benannt:

- Die Unterscheidung von *immanentem* und *dokumentarischem* Sinngehalt.
- Der dokumentarische Sinngehalt erschließt sich erst, wenn der *gesamte* Diskursprozess berücksichtigt wird.
- Eine *derartige Prozessanalyse* setzt zum einen voraus, dass sehr genau *rekonstruiert* wird, wie die einzelnen Redebeitrage aufeinander bezogen sind: *Diskursorganisation*.
- Prozessanalyse bedeutet zum anderen, die *Dramaturgie* des Diskurses zu berücksichtigen, seine Höhepunkte, also *Fokussierungsmetaphern* zu identifizieren.

5. Das Problem der Gültigkeit: standardisierte, offene und rekonstruktive Verfahren

Damit gewinnt auch das erwähnte Problem der *Reproduzierbarkeit der Ergebnisse*, hier: der Orientierungsmuster, eine neue Bedeutung. Diese Struktur ist eine *Prozessstruktur,* die im Diskursprozess relativ unabhängig von spezifischen Themen immer wieder *reproduziert* wird. Anders formuliert, wird als „Struktur des Falles", also der Gruppe, nur das anerkannt, was sich

---

3 Die dokumentarische Methode ist zwar bereits in den 1960er Jahren von der Ethnomethodologie (Garfinkel 1961, 1967) wieder entdeckt worden, allerdings in verkürzter Rezeption und ohne forschungspraktischen Bezug (s. a.: Bohnsack 1997, 2001, 2003, 2006 a).

im Diskursverlauf immer wieder reproduziert. Im Sinne rekonstruktiver Methoden haben die ForscherInnen Bedingungen der Möglichkeit dafür zu schaffen, dass die Struktur des Falles sich in der für ihn typischen Eigengesetzlichkeit zu entfalten vermag. Im Gegensatz zu den *standardisierten* Verfahren, in denen die Reproduzierbarkeit der Ergebnisse – in Analogie zum naturwissenschaftlichen Experiment – durch die Standardisierung des Verfahrensablaufs seitens des Forschers gewährleistet werden soll, basieren die *rekonstruktiven* Verfahren auf den Strukturen oder – etwas salopp formuliert – den „Standards" alltäglicher Kommunikation, „auf *natürlichen Standards und Routinen der Kommunikation"* (Soeffner/Hitzler 1994, S. 41). Demgegenüber verzichten die *„offenen"* Verfahren (hier repräsentiert durch die Untersuchungen von Nießen und Volmerg) zwar auf eine Standardisierung bzw. Strukturierung seitens der Forscher, vermögen aber einer Strukturierung durch die Erforschten selbst auf dem Wege von Prozessstrukturen und „Alltagsmethoden"[4] nicht systematisch Rechnung zu tragen. Auf die „Standards nicht-standardisierter Forschung" im Sinne der rekonstruktiven Verfahren bin ich an anderer Stelle (Bohnsack 2005) genauer eingegangen.

6. Kommunikatives und milieuspezifisches Handeln

Dem Handlungsmodell des „interpretativen Paradigmas" zufolge, welches sich auf Bereiche der phänomenologischen Soziologie (Schütz 1971) und auf den „symbolischen Interaktionismus" (Blumer 1973) stützt, wird Sozialität als „Inter-Subjektivität" auf dem Wege wechselseitig einander interpretierender Subjekte „hergestellt". Auch die Ethnomethodologie (Garfinkel 1961, 1967) und die Theorie des *kommunikativen Handelns* bei Habermas gehen von einer derartigen Bedeutung ständiger wechselseitiger Interpretationen aus.

Davon zu unterscheiden ist eine andere, fundamentalere Sozialität, bei der die Diskursbeteiligten durch Selbstverständlichkeiten miteinander verbunden sind. Diese basieren auf Gemeinsamkeiten der Handlungspraxis, des biographischen Erlebens, des Schicksals, also der Sozialisationsgeschichte. Ein derartiges „Einander-Verstehen im Medium des Selbstverständlichen", wie es bei Gurwitsch (1976, S. 178) heißt (vgl. dazu auch Grathoff 1989 sowie Hitzler/Honer 1984), wird von ihm als *„Zugehörigkeit"* bezeichnet und von der *„Partnerschaft"* als einer „Begegnung in der Rolle" (1976, S. 153) unterschieden, welche dem kommunikativen Handeln entspricht (zu dieser Unterscheidung siehe auch Bohnsack 1998a, 2001). Beide Ebenen müssen bei der Auswertung von Gruppendiskussionen berücksichtigt werden.

---

4 „Prozessstrukturen" stehen hier für die *inhaltlichen,* „Alltagsmethoden" für die *formalen* Strukturen im Sinne der (ethnomethodologischen) Konversationsanalyse (vgl. Sacks/Schegloff/Jefferson 1978).

Bleibt die „Zugehörigkeit", die *milieuspezifische Sozialität* bei Gurwitsch noch weitgehend an das direkte Zusammenleben in konkreten Gruppen gebunden, so ist das, was Mannheim (1980) *„Konjunktiver Erfahrungsraum"* nennt (s. a.: Bohnsack 1998 a), analytisch vom Begriff der Gruppe getrennt. Mannheim (1964 b) hat dies am Beispiel des „Generationszusammenhanges" als eines konjunktiven Erfahrungsraumes herausgearbeitet. Aufgrund gemeinsamen Erlebens bestimmter historischer Ereignisse und Entwicklungen konstituiert sich eine gemeinsame „Erlebnisschichtung". Diejenigen, die durch eine gemeinsame Erlebnisschichtung miteinander verbunden sind, müssen nicht in direkter Kommunikation (in einer Gruppenbesetzung) miteinander stehen. Allerdings wird gemeinsames Erleben dort am umfassendsten zur Artikulation gebracht, wo diejenigen sich in „Realgruppen" zusammenfinden, denen dieses gemeinsam ist. Dort konstituiert sich ein „konjunktiver Erfahrungsraum". Die Gruppe ist somit lediglich ein Epiphänomen, an dem sich die eigentlichen Phänomene, die kollektiven Erfahrungen, dokumentieren.

Derartige milieuspezifische Gemeinsamkeiten der Sozialisationsgeschichte sind generations- und/oder geschlechtstypischer Art und/oder bedingt durch Gemeinsamkeiten der Ausbildung und/oder sozialräumlicher Art. Wir unterscheiden daher bei der Auswertung von Gruppendiskussionen unterschiedliche Milieus: Generations-, Geschlechts- und Bildungsmilieus sowie sozialräumliche Milieus. Derartige Milieus nennen wir auch Typiken (dazu auch: → Kap. 8.2).

7. Zur Bedeutung des Milieubegriffs

Mit zunehmender Unschärfe des Klassen- und Schichtungsbegriffs hat seit Ende der 1980er Jahre der Begriff des Milieus in der empirischen Sozialforschung an Bedeutung gewonnen. Dies von zwei unterschiedlichen Aspekten her: einerseits im Rahmen der Forschung zur sozialen Ungleichheit, andererseits in demjenigen der Biographieforschung.

7.1 Milieuanalyse und Ungleichheitsforschung

Im Bereich der Forschung zur sozialen Ungleichheit sind die konventionellen, auf Schichtungsindikatoren und klassentheoretischen Überlegungen basierenden Konzepte problematisiert worden. Dabei geht es darum, Lebensformen jenseits von Schichten und Klassen zu identifizieren, die zunächst durch „subjektive" Interpretationen „objektiver" Lebensbedingungen geprägt seien. Wenn dort unter Rückgriff auf den Milieubegriff eine „Vermittlung zwischen dem ‚Objektiven' und dem ‚Subjektiven' in der Sozialstruktur" (Hradil 1992, S. 12) gefordert wird, so wird damit eine Aufspaltung des Gegenstandsbereichs empirischer Forschung in „subjektiv" und „objektiv" theoretisch immer schon vorausgesetzt. Die Abspaltung einer subjektiven *Erfahrung* von einer objektiven Realität hat zur Folge, dass Sozialforscher(innen) einen privilegierten Zugang zur gesellschaftlichen Realität jenseits der (subjektiven) Erfahrung der Erforschten für sich in Anspruch nehmen. Im empirischen Forschungsprozess wird dadurch stillschweigend vorgegeben, was für die Erforschten überhaupt erfahrbar sein kann.

Eine derartige epistemologische oder erkenntnistheoretische „Leitdifferenz" (vgl. Matthes 1992) von „objektiv" und „subjektiv" ist in der von Mannheim in Auseinandersetzung u. a. mit Marx und Durkheim entfalteten Wissenssoziologie dadurch obsolet geworden, dass gesellschaftliches „Sein", gesellschaftliche Lagerung erkenntnistheoretisch nicht jenseits des Erlebens der Erforschten, sondern durch Gemeinsamkeiten des biographischen Erlebens hindurch theoretisch begründet und auf diese Weise auch empirisch greifbar wird. Hieraus ergibt sich zugleich die Notwendigkeit eines erweiterten Verständnisses von Biographieforschung.

7.2 Milieuanalyse und Biographieforschung

Biographieforschung setzt − wie bereits in der Dominanz des individualbiographischen Interviews zum Ausdruck kommt − zumeist beim Individuum an. Das Individuum, welches zugleich teil hat an unterschiedlichen Wirklichkeiten oder Milieus, bildet seine „biographische Gesamtformung" (Schütze 1983) aus, indem es die unterschiedlichen gruppen- und milieuspezifischen Erfahrungen in eine Selbstkonstitution integriert, eine zeitliche Kontinuität zwischen diesen herstellt und im Sinne „einer Gesamtgestalt, die zwischen Lebensende und Lebensanfang einen durchgeformten Sinnzusammenhang konstituiert" (Fischer/Kohli 1987, S. 29). Bei der Analyse biographischer Interviews werden Milieuerfahrungen also immer in der Art und Weise zum Gegenstand der empirischen Analyse, wie sie vom Individuum im Rahmen der „biographischen Gesamtformung" bereits integriert worden sind. Das, was hier integriert wird, nämlich die unterschiedlichen milieuspezifischen Wirklichkeiten, an denen das Individuum teil hat und die es immer erst retrospektiv und aspekthaft verinnerlicht, sind aber auf dem Wege des Gruppendiskussionsverfahrens einer direkten empirischen Analyse zugänglich.

Darüber hinaus konnte in einer unserer Untersuchungen auf der Grundlage des Vergleichs von biographischen Interviews, Gruppendiskussionen und teilnehmender Beobachtung noch etwas anderes erkennbar werden (Bohnsack u. a. 1995): Biographische Interviews mit Jugendlichen stellen uns vor das Problem, dass eine autobiographische „Großerzählung" (Schütze 1983) nur insoweit gelingt, als eine biographische Gesamtformung sich zumindest ansatzweise bereits konstituiert hat. Jugendliche in der Adoleszenzphase stehen aber erwartungsgemäß erst am Anfang eines derartigen Prozesses. In Gruppendiskussionen können demgegenüber Prozesse der probehaften Entfaltung biographischer Orientierungen und der kreativen Entfaltung neuer milieuspezifischer Stile rekonstruiert werden. In diesem Sinne wurden, wenngleich methodisch wenig reflektiert, Gruppendiskussionen auch von Willis (1979) verwendet.

8. Forschungspraxis: Erhebung und Auswertung

8.1 Zum Erhebungsverfahren: die Initiierung von Selbstläufigkeit

Wie in allen rekonstruktiven Verfahren, so folgt man auch bei Durchführung von Gruppendiskussionen dem methodologischen Grundprinzip, nach dem der Forscher bzw. die Forscherin Bedingungen der Möglichkeit dafür zu schaffen hat, dass der Fall, hier also die Gruppe, sich in seiner *Eigenstrukturiertheit* prozesshaft zu entfalten vermag. Dies meint vor allem, dem Diskurs die Möglichkeit zu geben, sich auf jene Erlebniszentren einzupendeln, welche jeweils die fokussierte Erfahrungsbasis des kollektiven Orientierungsrahmens der Gruppe darstellen. Die Gruppe bestimmt somit ihre Themen selbst. Eine (thematische) Vergleichbarkeit der Diskurse, wie sie Voraussetzung für eine komparative Analyse ist, bedingt aber eine gewisse Standardisierung zumindest der Ausgangsfragestellung. Nachfragen sind zunächst nur zugelassen, wenn der Diskurs ins Stocken gerät, und zielen primär darauf, die Selbstläufigkeit wieder herzustellen (genauer dazu: Bohnsack 2008a, Kap. 12.1). Erst in einer späteren Phase werden bisher nicht behandelte Themen fremd initiiert: Für die Analyse ist es dann ebenso aufschlussreich, was nicht zu den fokussierten Erlebniszentren gehört, welche Themen bzw. Erfahrungsbereiche warum fremd sind oder gemieden werden.

8.2 Zum Auswertungsverfahren: Formulierende Interpretation. Reflektierende Interpretation, Typenbildung

Auf eine detaillierte Darstellung des Auswertungsverfahrens am forschungspraktischen Beispiel kann hier nicht eingegangen werden – dazu sei auf andere (eigene) Arbeiten verwiesen: Bohnsack 1989; Bohnsack u. a. 1995 sowie Loos/Schäffer 2001 und Przyborski 2004.

Die methodologische Leitdifferenz der Auswertung ist diejenige der Unterscheidung des *immanenten* vom *dokumentarischen* Sinngehalt bei Mannheim (1964a): Das was gesagt, berichtet, diskutiert wird, also das, was *thematisch* wird, gilt es, von dem zu trennen, was sich in dem Gesagten über die Gruppe *dokumentiert* – über deren Orientierungen oder Habitus. Dies ist die Frage danach, *wie* ein Thema, d. h. in welchem *Rahmen* es behandelt wird. Hierbei kommt der *komparativen Analyse* (vgl. dazu auch Glaser/Strauss 1969) insofern von Anfang an eine zentrale Bedeutung zu, als sich der Orientierungsrahmen erst vor dem Vergleichshorizont anderer Gruppen (wie wird dasselbe Thema bzw. Problem in anderen Gruppen bearbeitet?) in konturierter und *empirisch überprüfbarer* Weise herauskristallisiert.

Forschungspraktisch hat diese methodologische Differenz die Konsequenz zweier voneinander klar abgrenzbarer Arbeitsschritte. Es geht darum, zu klären, wo und inwieweit das, was von den Erforschten bereits selbst interpretiert, d.h. begrifflich expliziert wurde, lediglich neu formuliert wird (*„Formulierende Interpretation"*), und ab welchem Punkt eigene Interpretationen in *Reflexion* auf die implizierten Selbstverständlichkeiten des Wissens der Erforschten erbracht werden (*„Reflektierende Interpretation"*).

Die Grundstruktur der *Formulierenden Interpretation* ist die thematische Gliederung, d.h. die Thematisierung von Themen, die Entschlüsselung der (zumeist impliziten) thematischen Struktur der Texte. Sie ist noch einmal in einzelne Etappen gegliedert.

Grundgerüst der *Reflektierenden Interpretation* ist die Rekonstruktion der Formalstruktur der Texte (jenseits ihrer thematischen Struktur). Im Falle der Gruppendiskussion bedeutet dies die Rekonstruktion der *Diskursorganisation,* d.h. die Charakterisierung der Art und Weise, wie die Beteiligten aufeinander Bezug nehmen (s. auch Bohnsack/Przyborski 2006; Przyborski 2004).

Im Zuge der Typenbildung werden auf der Grundlage von *Gemeinsamkeiten* der Fälle (z.B. die bildungsmilieutypisch allen Lehrlingen gemeinsame Erfahrung der Auseinandersetzung mit dem Arbeitsalltag) spezifische milieutypische *Kontraste* der Bewältigung dieser Erfahrungen (z.B. zwischen Musikgruppen und Hooligans; vgl. Bohnsack u.a. 1995) herausgearbeitet. Der *Kontrast* in *der Gemeinsamkeit* ist fundamentales Prinzip der Generierung einzelner Typiken und zugleich die Struktur, durch die eine ganze Typologie zusammengehalten wird. Die Eindeutigkeit einer Typik ist davon abhängig, inwieweit sie von anderen auch möglichen Typiken unterscheidbar ist. Die Typenbildung gerät umso valider je klarer am jeweiligen Fall auch andere Typiken aufgewiesen werden können, je umfassender der Fall innerhalb einer Typologie verortet werden kann (genauer dazu: Bohnsack 2007b).

9. Das Gruppendiskussionsverfahren als einer der Zweige der dokumentarischen Methode

Seit die erste Fassung des hier vorgelegten Textes vor über zehn Jahren erschienen ist, hat zum einen das Gruppendiskussionsverfahren in der von uns auf der Basis der dokumentarischen Methode entwickelten Ausrichtung eine rasante Entwicklung genommen. Es ist als Verfahren neben den in der qualitativen wie quantitativen Forschung dominanten Einzelinterviews weithin anerkannt. Ursprünglich im Feld der Jugendforschung entwickelt, hat es inzwischen in vielen Feldern der erziehungs- und sozialwissenschaftlichen Forschung Anwendung gefunden (siehe unter anderem Bohnsack/ Przyborski/Schäffer 2006).

Mehr noch hat sich aber auch die dem Verfahren zugrunde liegende Methodologie, die dokumentarische Methode – über das Gruppendiskussionsverfahren und die Gesprächsanalyse (s. Bohnsack 2008a, Kap. 7.3 u. 12.2) hinaus – weiter verzweigt und zunehmende Bedeutung gewonnen (siehe unter anderem Bohnsack/Nentwig-Gesemann/Nohl 2007). Dies betrifft zum einen die Auswertung offener, biographischer und narrativer Interviews (siehe unter anderem Nohl 2006), die teilnehmende Beobachtung (siehe unter anderem Vogd 2006), die Evaluationsforschung (siehe unter anderem Bohnsack 2006b; Nentwig-Gesemann 2006 und Bohnsack/Nentwig-Gesemann 2008), vor allem aber auch die Bildinterpretation (unter anderem Bohnsack 2008b, Kap. 9 u. 12.4; Bohnsack 2007a, 2008b) und die Film- und Videoanalyse (Wagner-Willi 2005; Bohnsack 2008b).

Literatur

Arbeitsgruppe Bielefelder Soziologen (Hg.) 1973: Alltagswissen, Interaktion und gesellschaftliche Wirklichkeit. Reinbek bei Hamburg.

Arbeitsgruppe Bielefelder Soziologen (Hg.) 1976: Kommunikative Sozialforschung. München.

Blumer, Herbert 1973: Der methodologische Standort des Symbolischen Interaktionismus. In: Arbeitsgruppe Bielefelder Soziologen: Alltagswissen, Interaktion und gesellschaftliche Wirklichkeit. Reinbek bei Hamburg. S. 80-146.

Bohnsack, Ralf 1989: Generation, Milieu und Geschlecht. Ergebnisse aus Gruppendiskussionen mit Jugendlichen. Opladen.

Bohnsack, Ralf 1992: Dokumentarische Interpretation von Orientierungsmustern. Verstehen – Interpretieren – Typenbildung in wissenssoziologischer Analyse. In: Meuser, Michael/Reinhard Sackmann (Hg.): Analyse sozialer Deutungsmuster. Pfaffenweiler. S. 139-160.

Bohnsack, Ralf 1997: Dokumentarische Methode. In: Hitzler, Ronald/Anne Honer (Hg.): Sozialwissenschaftliche Hermeneutik. Opladen. S. 191-211.

Bohnsack, Ralf 1998a: Milieu als konjunktiver Erfahrungsraum. Eine dynamische Konzeption von Milieu in empirischer Analyse. In: Matthiesen, Ulf (Hg.): Die Räume der Milieus. Neue Tendenzen in der sozial- und raumwissenschaftlichen Milieuforschung in der Stadt- und Raumplanung. Berlin. S. 119-131.

Bohnsack, Ralf 1998b: Rekonstruktive Sozialforschung und der Grundbegriff des Orientierungsmusters. In: Siefkes, Dirk/Peter Eulenhöfer/Heike Stach/Klaus Städtler (Hg.): Sozialgeschichte der Informatik – Kulturelle Praktiken und Orientierungen. Wiesbaden. S. 105-121.

Bohnsack, Ralf 2001: Dokumentarische Methode. Theorie und Praxis wissenssoziologischer Interpretation. In: Hug, Theo (Hg.): Wie kommt Wissenschaft zu Wissen? Einführung in die Methodologie der Sozial- und Kulturwissenschaften. Baltmannsweiler. S. 326-345.

Bohnsack, Ralf 2003: Dokumentarische Methode und sozialwissenschaftliche Hermeneutik. In: Zeitschrift für Erziehungswissenschaft (ZfE), Jg. 6, Heft 4, S. 480-504.

Bohnsack, Ralf 2004: Gruppendiskussionsverfahren. In: Flick, Uwe/Ernst Kardorff/ Ines Steinke (Hg.): Qualitative Forschung. Ein Handbuch. Reinbek bei Hamburg. S. 369-384.

Bohnsack, Ralf 2005: Standards nicht-standardisierter Forschung in den Erziehungs- und Sozialwissenschaften. In: Zeitschrift für Erziehungswissenschaft (ZfE), 8. Jg., Beiheft Nr. 4 (Standards und Standardisierungen in der Erziehungswissenschaft). Wiesbaden. S. 63-81.

Bohnsack, Ralf 2006a: Mannheims Wissenssoziologie als Methode. In: Tänzler, Dirk/Hubert Knoblauch/Georg Soeffner (Hg.): Neue Perspektiven der Wissenssoziologie, Bd. 8: Erfahrung – Wissen – Imagination. Schriften zur Wissenssoziologie. Konstanz. S. 271-291.

Bohnsack, Ralf 2006b: Qualitative Evaluation und Handlungspraxis. Grundlagen dokumentarischer Evaluationsforschung. In: Flick, Uwe (Hg.): Qualitative Evaluationsforschung. Reinbek bei Hamburg. S. 135-155.

Bohnsack, Ralf 2007a: Dokumentarische Bildinterpretation am Beispiel eines Werbefotos. In: Buber, Renate/Hartmut Holzmüller (Hg.): Qualitative Marktforschung. Stuttgart. S.: 951-979.

Bohnsack, Ralf 2007b: Typenbildung, Generalisierung und komparative Analyse. Grundprinzipien der dokumentarischen Methode. In: Bohnsack, Ralf/Iris Nentwig-Gesemann/Arnd-Michael Nohl (Hg.): Die dokumentarische Methode und ihre Forschungspraxis. Wiesbaden. S. 225-252.

Bohnsack, Ralf 2008a: Rekonstruktive Sozialforschung. Einführung in qualitative Methoden. Opladen/Farmington Hills.

Bohnsack, Ralf 2008b: Qualitative Bild- und Videointerpretation. Die dokumentarische Methode. Opladen/Farmington Hills.

Bohnsack, Ralf/Peter Loos/Burkhard Schäffer/Klaus Städtler/Bodo Wild 1995: Die Suche nach Gemeinsamkeit und die Gewalt der Gruppe. Hooligans, Musikgruppen und andere Jugendcliquen. Opladen.

Bohnsack, Ralf/Iris Nentwig-Gesemann 2006: Dokumentarische Evaluationsforschung und Gruppendiskussionsverfahren. Am Beispiel einer Evaluationsstudie zu Peer-Mediation an Schulen. In: Bohnsack, Ralf/Aglaja Przyborski/Burkhard Schäffer (Hg.): Das Gruppendiskussionsverfahren in der Forschungspraxis. Opladen. S. 267-283.

Bohnsack, Ralf/Iris Nentwig-Gesemann 2008: Dokumentarische Evaluationsforschung. Theoretische Grundlagen und Beispiele aus der Praxis. Opladen/Farmington Hills.

Bohnsack, Ralf/Iris Nentwig-Gesemann/Arnd-Michael Nohl 2007: Die dokumentarische Methode und ihre Forschungspraxis. Grundlagen qualitativer Sozialforschung. Wiesbaden.

Bohnsack, Ralf/Aglaja Przyborsky 2006: Diskursorganisation, Gesprächsanalyse und die Methode der Gruppendiskussion. In: Bohnsack, Ralf/Aglaja Przyborski/ Burkhard Schäffer (Hg.): Das Gruppendiskussionsverfahren in der Forschungspraxis. Opladen. S. 233-248.

Bohnsack, Ralf/Aglaja Przyborski/Burkhard Schäffer (Hg.) 2006: Das Gruppendiskussionsverfahren in der Forschungspraxis. Opladen.

Bohnsack, Ralf/Aglaja Przyborski 2007: Gruppendiskussionsverfahren und Focus Groups. In: Buber, Renate/Hartmut Holzmüller (Hg.): Qualitative Marktforschung. Wiesbaden. S. 491-506.

Durkheim, Emile 1961: Regeln der soziologischen Methode. Neuwied/Berlin.

Fischer, Wolfgang/Martin Kohli 1987: Biographieforschung. In: Voges, Wolfgang (Hg.): Methoden der Biographie- und Lebenslaufforschung. Opladen. S. 25-49.

Garfinkel, Harold 1961: Aspects of Common Sense Knowledge of Social Structures. In: Transactions of the Fourth World Congress of Sociology. Vol. IV. S. 51-65 (deutsch 1973: Das Alltagswissen über soziale und innerhalb sozialer Strukturen. In: Arbeitsgruppe Bielefelder Soziologen (Prozess): Alltagswissen, Interaktion und gesellschaftliche Wirklichkeit. Reinbek bei Hamburg. S. 189-260.)

Garfinkel, Harold 1967: Studies in Ethnomethodology. Englewood Cliffs/New Jersey.
Glaser, Barney G./Anselm Strauss 1969: The Discovery of Grounded Theory. Chicago.
Grathoff, Richard 1989: Milieu und Lebenswelt. Einführung in die phänomenologische Soziologie und die sozialphänomenologische Forschung. Frankfurt/M.
Gurwitsch, Aron 1976: Die mitmenschlichen Begegnungen in der Milieuwelt. Berlin/New York.
Hitzler, Ronald/Anne Honer 1984: Lebenswelt − Milieu − Situation. Terminologische Vorschläge zur theoretischen Verständigung. In: Kölner Zeitschrift für Soziologie und Sozialpsychologie, Jg. 36, 1984, S. 56-74.
Hradil, Stefan 1992: Einleitung. In: Ders.: Zwischen Bewußtsein und Sein. Opladen.
Lamnek, Siegfried 2005: Gruppendiskussion – Theorie und Praxis. Weinheim.
Lewin, Kurt/Ronald Lippitt 1938: An Experimental Approach to the Study of Autocracy and Democracy. A Preliminary Note. In: Sociometry, Bd. I.
Loos, Peter/Burkhard Schäffer 2001: Das Gruppendiskussionsverfahren. Theoretische Grundlagen und empirische Anwendung. Opladen.
Mangold, Werner 1960: Gegenstand und Methode des Gruppendiskussionsverfahrens. Frankfurt/M.
Mangold, Werner 1973: Gruppendiskussionen. In: Handbuch der empirischen Sozialforschung, Bd. 2. Frankfurt/M.
Mangold, Werner 1988: Gruppendiskussionen als Instrument der Untersuchung von kollektiven Orientierungen in Gruppen von Jugendlichen. In: Ders./Ralf Bohnsack (Hg.): Kollektive Orientierungen in Gruppen von Jugendlichen. Forschungsbericht für die Deutsche Forschungsgemeinschaft. Erlangen.
Mannheim, Karl 1964a: Beiträge zur Theorie der Weltanschauungsinterpretation. In: Ders. (Hg.): Wissenssoziologie. Neuwied. S. 91-154 (ursprünglich: 1921-1922 in: Jahrbuch für Kunstgeschichte I (XV), 4).
Mannheim, Karl 1964b: Das Problem der Generationen. In: Ders. (Hg.): Wissenssoziologie. Neuwied. S. 509-565 (ursprünglich 1928. In: Kölner Vierteljahreshefte für Soziologie, 7. Jg. Heft 2.
Mannheim, Karl 1980: Strukturen des Denkens. Frankfurt/M. (ursprünglich 1922-1925; unveröff. Manuskript).
Matthes, Joachim 1992: The Operation Called „Vergleichen". In: Ders. (Hg.): Zwischen den Kulturen? − Die Sozialwissenschaften vor dem Problem des Kulturvergleichs (Sonderband 8 der Sozialen Welt). Göttingen.
Merton, Robert K. 1987: The Focused Interview and Focus Groups: Continuities and Discontinuities. In: Public Opinion Quarterly 51. S. 550-556.
Merton, Robert K./Marjorie Fiske/Patricia L. Kendall 1956: The Focused Interview. Glencoe, IL.
Morgan, David L. 1988: Focus Groups as Qualitative Research. Newberry Park/London/New Delhi.
Nentwich-Gesemann, Iris 2006: Dokumentarische Evaluationsforschung. In: Flick, Uwe (Hg.): Qualitative Evaluationsforschung. Reinbek bei Hamburg. S. 159-183.
Nießen, Manfred 1977: Gruppendiskussion. Interpretative Methodologie − Methodenbegründung − Anwendung. München.
Nohl, Arnd-Michael 2006: Interview und dokumentarische Methode. Wiesbaden.
Pollock, Friedrich 1955: Gruppenexperiment. Ein Studienbericht. Frankfurter Beiträge zur Soziologie Bd. 2. Frankfurt/M.

Przyborski, Aglaja 2004: Gesprächsanalyse und dokumentarische Methode. Qualitative Auswertung von Gesprächen, Gruppendiskussionen und anderen Diskursen. Wiesbaden.

Sacks, Harvey/Emanuel A. Schegloff/Gail Jefferson 1978: A Simplest Systematics for the Organization of Turn Taking for Conversation. In: Schenkein, Jim (ed.): Studies in the Organization of Conversational Interaction. New York, Academic Press. S. 7-55.

Schütz, Alfred 1971: Gesammelte Aufsätze, Bd. I. Das Problem der sozialen Wirklichkeit. Den Haag (Original, 1962: Collected papers, Bd. I. The Problem of Social Reality. Den Haag).

Schütze, Fritz 1983: Biographieforschung und narratives Interview. In: Neue Praxis, H.3.

Sherif, Muzafer 1936: The Psychology of Social Norms. New York.

Soeffner, Hans-Georg/Ronald Hitzler 1994: Hermeneutik als Haltung und Handlung. Oder methodisch kontrolliertes Verstehen. In: Schroer, Norbert (Hg.): Interpretative Sozialforschung. Opladen. S. 28-54.

Vogd, Werner 2006: Teilnehmende Beobachtung. In: Schmitz, Sven-Uwe/Klaus Schubert (Hg.): Einführung in die Politische Theorie und Methodenlehre. Opladen. S. 89-109.

Volmerg, Ute 1977: Kritik und Perspektiven des Gruppendiskussionsverfahrens in der Forschungspraxis. In: Leithäuser, Thomas u. a. (Hg.): Entwurf zu einer Empirie des Alltagsbewußtseins. Frankfurt/M. S. 184-217.

Volmerg, Ute 1983: Validität im interpretativen Paradigma. Dargestellt an der Konstruktion qualitatitver Erhebungsverfahren. In: Zedler, Peter/Heinz Moser (Hg.): Aspekte qualitativer Sozialforschung. Opladen. S. 124-162.

Wagner-Willi, Monika 2005: Kinder-Rituale zwischen Vorder- und Hinterbühne. Der Übergang von der Pause zum Unterricht. Wiesbaden.

Willis, Paul E. 1979: Spaß am Widerstand. Gegenkultur in der Arbeiterschule Frankfurt/M.

Gisela Jakob

Biographische Forschung mit dem narrativen Interview

Im Zuge einer Entfaltung qualitativ-rekonstruktiver Forschungsansätze und der Herausbildung biographischer Forschungsansätze[1] in den 1970er und 1980er Jahren wurde das narrative Interview von Fritz Schütze und seinen Mitarbeitern entwickelt (vgl. Schütze 1978, 1983). Anknüpfend an Traditionen interpretativer Sozialforschung, zielt das narrationsanalytische Verfahren darauf, die Sinnkonstruktionen und Handlungen aus der Perspektive der Subjekte zu rekonstruieren. Dabei werden die strukturellen Voraussetzungen, die Regeln und die Konstitutionsbedingungen herausgearbeitet, mit denen Menschen in sozialen Situationen und Interaktionen Wirklichkeit herstellen und behaupten.

Das narrative Interview hat sich im Verlauf seiner nunmehr dreißigjährigen Geschichte vor allem als biographieanalytisches Verfahren in den Erziehungs- und Sozialwissenschaften etabliert. Seine Einsatzmöglichkeiten erschöpfen sich zwar keineswegs in biographischen Forschungsarbeiten. Die prozess- und biographieanalytischen Erkenntnismöglichkeiten legen allerdings seinen Einsatz in der biographischen Forschung nahe. Untersuchungsgegenstände sind Lebensgeschichten, Teile aus Lebensgeschichten wie z. B. Berufsverläufe, einzelne Lebensabschnitte oder auch ausgewählte Lebensthemen, die mit dem narrativen Interview erhoben und analysiert werden.

Erziehungswissenschaftliche biographische Forschung und das narrative Verfahren haben sich wechselseitig beeinflusst. Das narrative Interview hat einen wesentlichen Beitrag zur Etablierung biographischer Forschungsansätze geleistet, indem es einen Verfahrensvorschlag für den Umgang mit lebensgeschichtlichen Daten unterbreitet hat. Die Herausbildung einer erziehungswissenschaftlichen biographischen Forschung hat wiederum die Rezeption und Verbreitung des narrativen Verfahrens befördert und zu seiner Etablierung beigetragen. Diese „Wahlverwandtschaft" (Küsters 2006,

---

[1] Mit der Orientierung am Begriff „biographische Forschung" folge ich einer Argumentation von Fuchs-Heinritz (2005, S. 9 ff.): Biographieforschung vermittelt den Eindruck, als handele es sich um eine Teildisziplin mit gemeinsam verwendeten Grenzziehungen, Grundbegriffen und Verfahrensschritten. Dies trifft auf die derzeitige Situation biographisch orientierter Forschungsansätze allerdings nicht zu. Demgegenüber verweist der Begriff der biographischen Forschung auf die Heterogenität und Vielfalt der vorliegenden biographischen Ansätze und Verfahren, die zudem in verschiedenen Wissenschaftsdisziplinen angesiedelt sind.

S. 29f.) zwischen Erziehungswissenschaft, biographischer Forschung und narrativem Interview resultiert aus den Möglichkeiten für die Analyse biographischer und sozialer Prozesse:

1. Lebensgeschichtliche Erzählungen, wie sie mit dem narrativen Interview hervorgebracht werden, eröffnen den *Blick auf individuelle und kollektive Lern- und Bildungsprozesse*. Schulze (2006) weist darauf hin, dass Lebensgeschichten immer auch „Lerngeschichten" und „Lernprozesse" sind, in denen es um die Identitäts- und Sinnkonstruktion geht. Anhand von lebensgeschichtlichen Darstellungen lassen sich Prozesse der Identitätsbildung und -veränderung im Zusammenhang mit biographischen Erfahrungen herausarbeiten. Der biographische Blick schafft einen Zugang, Veränderungs- und Wandlungsprozesse von Personen (und Gruppen) im Verlauf der Lebensgeschichte zu rekonstruieren.
2. Zwischen der Erziehungswissenschaft und der Biographieforschung besteht darüber hinaus eine hohe Affinität aufgrund des gemeinsamen Arbeitsfeldes (vgl. Krüger 2006, S. 14). Pädagogisches Handeln hat immer auch einen „biographischen Bezug", und *Erziehung strukturiert individuelle Biographien* (Schulze 1993, S. 13). Pädagogisches Handeln und die Interventionen von Erziehungsinstitutionen greifen in Biographien ein und werden dann auch in den lebensgeschichtlichen Erzählungen erkennbar. Damit rückt das Handeln von Erziehungspersonen in den Aufmerksamkeitsfokus. Paradoxien pädagogischer Interventionen sowie Differenzen zwischen offiziellen Erziehungszielen und -programmatiken und den individuellen Lernerfahrungen von Kindern und Jugendlichen werden sichtbar. Eine Arbeit mit autobiographischen Materialien, in denen die Perspektive der Beteiligten im Zentrum steht, verändert damit auch den Blick auf die pädagogische Praxis.
3. Eine weitere *Parallele zwischen pädagogischem Handeln und biographischer Forschung* resultiert aus der Fallförmigkeit und der Orientierung am Fremdverstehen (vgl. Jakob 2005). Zwar unterscheiden sich pädagogisches Handeln und biographische Forschung in ihren Rahmenbedingungen, Zielsetzungen und Zeitressourcen. Gemeinsam ist beiden Bereichen aber ein fallanalytisches sinnverstehendes Vorgehen, um einen Zugang zu den Wirklichkeitskonstruktionen und Deutungen der Adressaten zu erhalten. So geht es einer am interpretativen Paradigma (→ Bennewitz) orientierten biographischen Forschung darum, die soziale Wirklichkeit, die die Menschen in Auseinandersetzung mit sich, mit anderen und der Welt im Verlauf ihres Lebens herstellen, „von innen heraus", aus ihrer Perspektive zu rekonstruieren (vgl. Marotzki 2003). Auch pädagogisches Handeln ist darauf angewiesen, Sinnstrukturen und biographische Verläufe ihrer Adressat/-innen fallrekonstruktiv zu erschließen, sich einem Verständnis ihrer Lebenswelten zumindest anzunähern und ihre Äußerungen vor dem Hintergrund ihrer biographischen Erlebnisse und Erfahrungen zu verstehen.

In der erziehungswissenschaftlichen Forschung haben sich in den letzten Jahren *zwei Schwerpunkte* herausgebildet, in denen mit dem narrativen Verfahren gearbeitet wird. In *Analysen von Biographien und Fallgeschichten (potentieller) Adressat/-innen pädagogischen Handelns* wird rekonstruiert, wie sich Verlaufskurvenpotenziale aufgeschichtet haben und welche Rolle dabei pädagogische Interventionen spielen.[2] Der zweite Typus von biographieanalytischen Studien befasst sich mit den *Berufsbiographien von „Profis"* *und den Strukturen professionellen Handelns in pädagogischen Arbeitsfeldern* wie der Schule, Einrichtungen der Kinder- und Jugendarbeit und der erzieherischen Hilfen.[3]

1. Erkenntnismöglichkeiten eines prozess- und biographieanalytischen Vorgehens

Als prozessanalytisches Verfahren vermittelt das narrative Interview einen Einblick in die *Geschichte sozialer und biographischer Prozesse* wie Lebensgeschichten, Statuspassagen, Identitätstransformationen, kollektive und individuelle Wandlungsprozesse und geht damit über eine punktuelle Erfassung eines Ereignisses hinaus. Das Verfahren eignet sich in besonderer Weise für die Rekonstruktion komplexer Sachverhalte, in welche die Subjekte als Handelnde oder Erleidende verstrickt waren, die über eine zeitliche Ablaufstruktur verfügen und als Geschichte erzählt werden können (vgl. Glinka 1998, S. 25).

„Das autobiographische narrative Interview erzeugt Datentexte, welche die Ereignisverstrickungen und die lebensgeschichtliche Erfahrungsaufschichtung des Biographieträgers so lückenlos reproduzieren, wie das im Rahmen systematischer sozialwissenschaftlicher Forschung überhaupt nur möglich ist. Nicht nur der ‚äußerliche' Ereignisablauf, sondern auch die ‚inneren Reaktionen', die Erfahrungen des Biographieträgers mit den Ereignissen und ihre interpretative Verarbeitung in Deutungsmustern gelangen zur eingehenden Darstellung." (Schütze 1983, S. 285)

Biographien, Ausschnitte aus Lebensgeschichten oder ausgewählte biographische Ereignisse werden als soziale Prozesse untersucht, die aus den Interaktionen von Individuen und Gruppen innerhalb gesellschaftlicher und

---

2 Angesichts der Vielzahl an vorgelegten Untersuchungen ist es nicht möglich, hier eine umfassende Bestandsaufnahme vorzunehmen. Überblicke zur biographischen Forschung und zu qualitativ-rekonstruktiven Ansätzen in der Erziehungswissenschaft und in Teildisziplinen wie der Sozialpädagogik liefern verschiedene Sammelbände (vgl. u. a. Cloos/Thole 2006; Giebeler u. a. 2007; Hanses 2004; Jakob/Wensierski 1997; Krüger/Marotzki 2006; Miethe u. a. 2007; Schweppe 2003; Völter u. a. 2005).

3 In den Studien geht es um die Zusammenhänge zwischen Biographie und Profession, um Professionalisierungspfade und Studienverläufe und um die Rekonstruktion von Fallperspektiven (zum Überblick vgl. Zeitschrift für qualitative Bildungs-, Beratungs- und Sozialforschung 2000, Kraul/Marotzki/Schweppe 2002).

institutioneller Rahmenbedingungen resultieren. Mit der Analyse individueller Biographien und biographischer Episoden werden damit auch soziale Rahmen und kollektiv-historische Abläufe in ihren Auswirkungen auf die Lebensführung und die Lebensgeschichte sichtbar. Darüber hinaus lässt sich – so die erzähltheoretische Grundannahme – anhand eines narrativen Interviews auch rekonstruieren, wie die ‚äußeren' Ereignisse von den beteiligten Akteuren erlebt und interpretiert wurden und wie sie sich in der Erfahrungsaufschichtung und lebensgeschichtlichen Darstellung abgelagert haben. Schließlich finden sich in den autobiographischen Erzählungen auch Hinweise auf ausgeblendete und verdrängte Sachverhalte, die dem Erzähler nicht oder nur in Teilen bewusst sind und als Wissen zur Verfügung stehen (vgl. ebd.). Lange Pausen, abgebrochene Erzählungen und Erzählstümpfe deuten auf derartige Sachverhalte hin und können bei einer sorgfältigen Analyse des Erzähltextes oder durch Nachfragen entdeckt und gedeutet werden.

Die Analyse von Prozessen und Verlaufsformen markiert eine Besonderheit des narrativen Verfahrens. Ein weiterer Vorteil besteht in der *Erfassung sozialer Wirklichkeit aus der Perspektive der handelnden und erleidenden Subjekte*. Was für die qualitativ-rekonstruktive Sozialforschung und ihre Orientierung auf die Subjekte insgesamt gilt (vgl. Flick/von Kardorff/ Steinke 2000), trifft auf das narrative Interview und die in ihm repräsentierten Erzählungen eigener biographischer Erfahrungen in besonderer Weise zu: Soziale Phänomene wie der Weg durch die Jugendphase, die Bewältigung von gesellschaftlichen Transformationsprozessen oder die Prozessierung der Biographie durch öffentliche Erziehungsinstitutionen werden aus der Perspektive der Beteiligten betrachtet. Das Forschungsinteresse ist darauf gerichtet, wie die Akteure und Betroffenen die soziale Wirklichkeit erfahren und an ihrer Herstellung beteiligt sind. Dabei geht es keineswegs um eine bloße Wiedergabe subjektiver Sichtweisen der jeweiligen Untersuchungspersonen, sondern die Analyse zielt darauf, Sinnmuster und Prozessstrukturen zu rekonstruieren, die in den autobiographischen Darstellungen enthalten, dem Erzähler oder der Erzählerin i. d. R. selbst jedoch nicht als theoretisches Wissen über die eigene Person und die Motive des eigenen Handelns verfügbar sind.

Um diese biographischen Strukturen herauszuarbeiten, bedarf es einer sorgfältigen Textanalyse. Die erhobenen Interviews sind das Material für einen Auswertungsprozess, in dem zunächst aufwendige Einzelfallanalysen durchgeführt werden, die dann der Ausgangspunkt für verallgemeinerbare Aussagen über den untersuchten Gegenstandsbereich darstellen. Das Erkenntnisinteresse beschränkt sich nicht auf die Analyse einzelner Fälle, sondern Zielsetzung biographieanalytischer Forschung ist die Herausarbeitung von Prozessstrukturen und theoretischen Kategorien, die ein soziales Phänomen in seinen unterschiedlichen Ausprägungen verstehbar werden lassen.

Ein solches forschungsmethodisches Vorgehen verändert die Wege, um wissenschaftliche Erkenntnisse hervorzubringen und Theorie zu generieren.

Dies geht mit einer Schwerpunktverlagerung von der theoretischen Vorstrukturierung zur theoretisch wenig gesteuerten Felderkundung einher (Hoffmann-Riem 1980, S. 343 ff.). Das „Prinzip der Offenheit" soll sicherstellen, dass eine theoretische Strukturierung des Forschungsgegenstandes zurückgestellt wird, bis sich die Strukturierung durch die erhobenen und ausgewerteten Materialien herausgebildet hat. Dies ist keineswegs mit einem theorielosen Vorgehen gleichzusetzen. Kontextwissen (fachliches und theoretisches Wissen, Forschungserfahrungen sowie auch persönliche Erfahrungen) werden für die Auswahl von Untersuchungspersonen ebenso wie für den Prozess der Theoriebildung nutzbar gemacht (vgl. Strauss 1991). Neue theoretische Kategorien und Modelle ergeben sich aber erst als Ergebnis eines abduktiven Prozesses, in dem Erkenntnisse permanent mit dem empirischen Material kontrastiert werden und dabei Stück für Stück Theorie generiert wird. Solcherart gewonnene Erkenntnisse können vorliegende Theoreme und Erklärungsmuster in Frage stellen und neue Perspektiven für die Theoriebildung eröffnen.

2. Erzähltheoretische Voraussetzungen des narrativen Interviews[4]

Das narrative Interview zeichnet sich dadurch aus, dass es dem Erzähler oder der Erzählerin eine autobiographische Darstellung ausgehend von den eigenen Relevanzsetzungen ermöglicht. Die Erzählung erfolgt entlang der selbst erfahrenen Abläufe und wird entsprechend der eigenen Logik, dem Thema oder der „Moral" der Lebensgeschichte, geordnet. Dabei greift der/ die Erzähler/-in selbstverständlich auf kulturelle Traditionen und vorgegebene Formen autobiographischer Thematisierung zurück. Wie diese kulturell präformierten Formen in der biographischen Erzählung eingesetzt werden und wie sie mit Ereignissen und Erfahrungen verknüpft werden, unterliegt der Strukturierungsleistung des Erzählers. Mit der Verknüpfung und Bewertung von Ereignissen werden Zusammenhänge hergestellt, die bereits neue Perspektiven für den untersuchten Forschungsgegenstand eröffnen.

Anknüpfend an Erkenntnisse der linguistischen Erzählforschung basiert das narrative Verfahren auf der erzähltheoretischen Grundannahme einer „Nähe" von Erzählung und vergangenem Ereignisablauf. „Erzählungen eigenerlebter Erfahrungen sind diejenigen vom soziologisch interessierenden faktischen Handeln und Erleiden abgehobenen sprachlichen Texte, die diesem am nächsten stehen und die Orientierungsstrukturen des faktischen Handelns und Erleidens auch unter der Perspektive der Erfahrungsrekapitulation in beträchtlichem Maße rekonstruieren." (Schütze 1987, S. 14)

---

4 Die Ausführungen zu den erzähltheoretischen Grundlagen beschränken sich aus Platzgründen hier auf einige zentrale Annahmen. Ausführliche Darstellungen in Kallmeyer/Schütze 1977 und Schütze 1983, 1987.

Die Ordnungsprinzipien des vergangenen Erlebens strukturieren demnach auch die Erfahrungsrekapitulation und die erzählerische Darstellung im narrativen Interview. Im Prozess des Erzählens wird der Erzähler wieder mit dem damaligen Geschehen konfrontiert. Dabei wird eine Erzählung hervorgebracht, die sich am früheren Ereignisablauf und dessen zugrundeliegenden Ordnungsprinzipien orientiert und zumindest Spuren des früheren Erlebens enthält.

Dieser Prozess einer Vergegenwärtigung vergangener Erfahrungen erfolgt vor allem in „Stegreiferzählungen", in denen die Verwicklung des Erzählers in Ereignisse und deren Erleben dargelegt wird (ebd.). Stegreiferzählungen sind unvorbereitete Erzählungen, die auch in der alltäglichen Kommunikation immer wieder entstehen und die im narrativen Interview gezielt ‚hervorgelockt' und bei der Analyse des Erzähltextes nutzbar gemacht werden. Um eine plausible und vom Zuhörer verstehbare Geschichte zu erzählen, ist der/die Erzähler/-in angehalten, sich an grundlegende Regeln der Sachverhaltsdarstellung zu halten. Biographieträger und andere beteiligte Akteure müssen eingeführt werden. Ereignisse müssen so detailliert werden, dass sie auch für einen fremden Zuhörer nachvollziehbar sind. Die interaktive Struktur des Interviewsettings hat zur Folge, dass die kommunikativen Regeln aktiviert werden, die auch außerhalb der Forschungssituation die Konstitution von Wirklichkeit leiten. Mit der Übernahme des Erzählschemas setzen die „Zugzwänge des Erzählens" als zentralen Ordnungsprinzipien autobiographischer Darstellung ein (Kallmeyer/Schütze 1977). Die Zugzwänge zur Gestaltschließung, Kondensierung und Detaillierung sorgen dafür, dass der Erzähler eine zusammenhängende Geschichte präsentiert, die von den eigenen Relevanzsetzungen geprägt ist und ausreichend Hintergrundinformationen enthält, so dass die Darstellung für einen fremden Zuhörer plausibel und nachvollziehbar ist. Zugleich sind die Zugzwänge des Erzählens die Gestaltungsprinzipien kommunikativen Handelns, die dafür sorgen, dass sich die Eigendynamik des Erzählvorgangs entfaltet und der/die Erzähler/-in sich mehr und mehr in die früheren Ereignis- und Erfahrungsabläufe ‚verstrickt' und eine autobiographische Darstellung hervorbringt, die sich an vergangenen Ereignissen und Erfahrungen orientiert.

In einer autobiographischen Stegreiferzählung entfaltet sich eine Erzähldynamik, in der die in der Gegenwart wirksamen Strategien der Selbstdarstellung nicht ausgeblendet werden, aber zumindest zeitweise in den Hintergrund treten. „Das Ergebnis ist ein Erzähltext, der den sozialen Prozess der Entwicklung und Wandlung einer biographischen Identität kontinuierlich, d.h. ohne exmanente, aus dem Methodenzugriff oder den theoretischen Voraussetzungen des Forschers motivierte Interventionen und Ausblendungen, darstellt und expliziert." (Schütze 1983, S. 286)

3. Das narrative Interview als soziale Interaktion – die Erhebungssituation

Damit eine autobiographische Stegreiferzählung zustande kommen kann, müssen bei der Interviewdurchführung Regeln eingehalten werden. Das Interview ist eine Interaktionssituation, in der einerseits die allgemeinen Regeln zur erzählerischen Darstellung von Sachverhalten aktiviert werden, die aber andererseits aufgrund der besonderen Aufgaben von Erzähler/-in und Interviewer/-in sich von alltäglichen Gesprächen grundlegend unterscheidet. Die Tätigkeit des Interviewers besteht darin, eine soziale Interaktion zu gestalten, die mit einer Vielzahl von Anforderungen verbunden ist.

Am Anfang des Interviews besteht die zentrale Aufgabe des Interviewers in der „Öffnung der Bühne", damit die beteiligten Personen ihre Rollen finden und einnehmen können (Hermanns 2000, S. 363). Der Interviewanfang ist ein Aushandlungsprozess, in dem der/die Interviewer/-in die Anforderungen und Besonderheiten eines narrativen Interviews erläutern muss. Erst wenn dies verstanden und akzeptiert worden ist, kann eine offen gehaltene *Erzählaufforderung* formuliert werden, die vom/von der Erzähler/-in ratifiziert werden muss. In Untersuchungen, die auf die Analyse eines Phänomens im Gesamtzusammenhang der Biographie ausgerichtet sind, werden der Erzähler oder die Erzählerin um eine umfassende und detaillierte Darstellung ihrer Lebensgeschichte gebeten. Bei einer Orientierung der Forschungsinteressen auf Ereignisse in einer eingegrenzten Lebensphase wird die Erzählaufforderung auf Ereignisse in dem jeweiligen Lebensabschnitt fokussiert.

Nach der Ratifizierung der Erzählaufforderung folgt dann die *Haupterzählung*, in der die Geschichte eines Gegenstandsbereiches dargestellt wird, an dem der/die Erzähler/-in beteiligt war (vgl. Hermanns 1995). Dies kann die Lebensgeschichte sein oder sich auf Ausschnitte daraus beschränken. Dabei wird eine Stegreiferzählung hervorgebracht, die sich am früheren Ereignis- und Erfahrungsablauf orientiert und in der die interpretative Verarbeitung dieser Erfahrungen in Deutungsmustern dargestellt wird.

Die Haupterzählung wird i. d. R. mit einer *Erzählkoda* beendet, mit der die lebensgeschichtliche Darstellung abgeschlossen wird. Erst nach dem Ende der Haupterzählung werden *Nachfragen* formuliert. Die zunächst gestellten „immanenten Nachfragen", die der Chronologie der Erzählung folgen (Schütze 1983), setzen an Stellen mangelnder Plausibilität, an Leerstellen und Brüchen in der Erzählung an und zielen darauf, den Erzähler zu weiteren Ausführungen an diesen Punkten anzuregen. In der sich anschließenden Phase der „exmanenten Nachfragen" (ebd.) können Themen angesprochen werden, die bisher nicht erwähnt wurden, die aber aus der Forschungsperspektive wichtig sein könnten. Die exmanenten Nachfragen können auch dazu genutzt werden, Bilanzierungen und Deutungen des Erzählers im Hinblick auf seine Lebensgeschichte zu ermitteln.

4. Die Rekonstruktion lebensgeschichtlicher Strukturen im Auswertungsprozess

Die Auswertung eines narrativen Interviews lässt sich nicht aus Lehrbüchern erlernen, sondern erfordert ein „selbsterworbenes Erfahrungswissen", das in sozialen Arrangements wie Forschungswerkstätten und Interpretationsgruppen angeeignet wird (Bohnsack 2008, S. 10). Personen, die bereits mit der Forschungsmethode vertraut sind, übernehmen die Rolle von Lehrer/-innen, welche die Noviz/-innen in die Arbeit mit dem Verfahren einführen. Konstitutiv für den Auswertungsprozess ist der kommunikative Rahmen einer Forschungs- und Interpretationsgruppe, in der verschiedene Interpretationsvorschläge zusammengetragen, diskutiert und miteinander verglichen werden. „Man entdeckt mehr im gemeinsamen – mündlichen Beschreiben von Texten, die Darstellung wird facettenreicher und dichter; und das dialogische Argumentieren – das Behaupten, Bestreiten, Bezweifeln, Begründen und Belegen – führt zu einer Differenzierung und Verdichtung von analytischen Abstraktionen, kontrastiven Vergleichen und theoretischen Modellen." (Riemann 2005, S. 3 f.)

Im Prozess der Textinterpretation in der Forschungsgruppe wird neues Wissen generiert und die Fallstruktur Stück für Stück herausgearbeitet. Die Auswertung der Interviews in einer Gruppe von Interpret/-innen mit unterschiedlichen Wissens- und Erfahrungshorizonten zielt darauf, eine Spannbreite von Interpretationsvarianten zu erhalten und Ausblendungstendenzen entgegenzuwirken. Darüber hinaus wird auch der jeweilige Forschungsprozess in seinen Auswirkungen auf die Erkenntnisgewinnung rekonstruiert. Das Arrangement einer Forschungsgruppe soll dazu beitragen, Übertragungs- und Gegenübertragungseffekte sowie Ausblendungsmechanismen bei den Forschenden zu kontrollieren.

Der Interpretationsprozess stellt zwar eine Art Kunstlehre dar, allerdings liegen auch ausgearbeitete Schritte zur Interviewauswertung und Theoriegenerierung vor (vgl. Schütze 1983; Riemann 1987). Im Folgenden werden Arbeitsschritte der Textanalyse im Zusammenhang mit zentralen Auswertungsprinzipien vorgestellt.

a) Das Prinzip der Sequenzialität

Im Unterschied zu anderen Methoden qualitativer Sozialforschung wird im biographieanalytischen Verfahren die Gesamtgestalt des in der Erzählung repräsentierten Falls herausgearbeitet. Die Erzählung wird nicht auseinandergerissen und nach Themen geordnet, sondern sie bleibt in ihrer Gestalt erhalten und wird in ihrer Sequenzialität der aufeinander aufbauenden und ineinander verwobenen Ereignisse und Erfahrungen rekonstruiert.

Entsprechend dem Prinzip der Sequenzialität besteht der erste Arbeitsschritt in einer „formalen Textanalyse" (Schütze 1983, S. 286), in der die Erzählung im Hinblick auf die in ihr enthaltenen Geschichten segmentiert wird.

Dies erfolgt unter Berücksichtigung formaler und sprachlicher Indikatoren (Rahmenschaltelemente, Zeitmarkierer usw.), die den Beginn und das Ende einer Darstellungseinheit anzeigen.

In der „strukturellen inhaltlichen Beschreibung" (ebd.), dem zentralen und wohl auch zeitlich aufwendigsten Schritt im Auswertungsprozess, wird der Ereignis- und Erfahrungsablauf in jedem einzelnen Textsegment herausgearbeitet. Einzelne Stationen in der Biographie, Höhepunkte und Wendepunkte sowie Prozessstrukturen, die das dominierende Erfahrungsprinzip in einem Lebensabschnitt ausmachen, werden in diesem Interpretationsschritt rekonstruiert.

Die Ergebnisse der strukturellen inhaltlichen Beschreibung werden in dem anschließenden, dritten Arbeitsschritt, der „analytischen Abstraktion" (Schütze 1983), zu einer Gesamtgestalt zusammengeführt wird. Auf der Basis grundlagentheoretischer Untersuchungen unterscheidet Schütze vier Arten von lebensgeschichtlichen Prozessabläufen, die in unterschiedlichen Ausformungen in jeder Lebensgeschichte repräsentiert sind und sich anhand von Interviews herausarbeiten lassen (vgl. Schütze 1984): „institutionelle Ablaufsmuster", die auf gesellschaftlich institutionalisierten Mustern des Lebensablaufs beruhen, und denen die Individuen quasi unhinterfragt folgen (z. B. Ausbildungs- und Berufskarrieren); „biographische Handlungsschemata", die Abläufe und Strukturen repräsentieren, in denen der/die Erzähler/-in intentional handelt und eigene Entwürfe realisiert. Im Unterschied dazu sind „Verlaufskurven" von einem Verlust an Handlungsorientierung und Erfahrungen des Erleidens gekennzeichnet. Verlaufskurvenförmige Prozesse können durch biographische Ereignisse wie eine bedrohliche Erkrankung ebenso wie durch kollektiv-historische Abläufe und institutionelle Prozessierungen ausgelöst werden. Als vierte Kategorie strukturieren „biographische Wandlungsprozesse" die Lebensgeschichte, in deren Folge sich die Identität des Individuums verändert und neue Handlungsmöglichkeiten eröffnet werden.

Die Prozessstrukturen sind als heuristische Kategorien zu verstehen, die für die Interpretation von Sachverhalten herangezogen werden können. Insbesondere die Prozessstruktur der Verlaufskurve, die in Anlehnung an Glaser/ Strauss trajectory-Konzept entwickelt wurde, ist in biographieanalytischen Arbeiten aufgegriffen und von Schütze (2006) selbst auch in seiner Variante als kollektive Verlaufskurve weiter ausgearbeitet worden. Das Konzept ermöglicht es, individuelle und kollektive Prozesse zu untersuchen, die von Erfahrungen konditioneller Gesteuertheit und des Getriebenwerdens von äußeren Ereignissen gekennzeichnet sind.

b) Das Prinzip der pragmatischen Brechung

Mit der Erhebung und Auswertung eines narrativen Interviews geht es darum, vergangene Ereignisse und Erlebnisse und deren Ablagerung in der biographischen Erfahrungsaufschichtung zu rekonstruieren. Die Analyse der autobiographischen Erzählung verbleibt allerdings nicht auf der Ebene der Beschreibung von Sichtweisen und Deutungen des jeweiligen Erzählers, sondern die Eigentheorien des Erzählers erhalten erst im Kontrast mit den erlebten Ereignissen und deren Transformation in Erfahrungen erkenntnisgenerierende Bedeutung (vgl. Schütze 1983, S. 284).

Die Kontrastierung der eigentheoretischen Sichtweisen des Erzählers mit den dargestellten Ereignissen und Erlebnissen erfolgt mit dem methodischen „Prinzip der pragmatischen Brechung" (vgl. Schütze 1994, S. 206). Die in der strukturellen Beschreibung herausgearbeiteten lebensgeschichtlichen Prozessstrukturen werden im vierten Arbeitsschritt der Textauswertung, der „Wissensanalyse" (Schütze 1983, S. 286) mit den eigentheoretischen, argumentativen Aussagen des Erzählers in Beziehung gesetzt und in ihrem jeweiligen Entstehungskontext untersucht. Erst dieser Analyseschritt eröffnet den Blick auf mögliche Differenzen zwischen den in der autobiographischen Erzählung deutlich werdenden Prozessstrukturen und deren Bewertung durch den/die Erzähler/-in. Die Kontrastierung unterschiedlicher Textpassagen öffnet den Blick für Ausblendungsmechanismen und Tendenzen einer ‚Verdrängung' unangenehmer und identitätsgefährdender Inhalte. Die Textanalyse zielt darauf, zu rekonstruieren, wie solche Diskrepanzen zwischen den Selbstdeutungen und den erfahrenen Erlebnissen zustande kommen und welche Relevanz sie für die Selbstdarstellung im Interview haben.

Die formalen und textstrukturellen Grundlagen[5] müssen unbedingt berücksichtigt werden, um eine komplexe autobiographische Darstellung zu erschließen. Auch wenn den narrativen Passagen aufgrund ihrer ‚Nähe' zum biographischen Ereignis- und Erfahrungsablauf eine besondere erkenntnisgenerierende Bedeutung zukommt, beschränkt sich die Auswertung keineswegs auf diese Textstellen. Vielmehr werden die unterschiedlichen Darstellungsschemata, die in der lebensgeschichtlichen Erzählung repräsentiert sind, im Zusammenhang gesehen und ausgewertet. So wird z. B. die Dominanz von argumentativen Passagen in einem Interview als Spezifikum des jeweiligen Falles gesehen und die Bedeutung der Präsentationsform im Zusammenhang mit der autobiographischen Darstellung entschlüsselt. Im Hinblick auf den Auswertungsprozess erfordert dies erfahrene Interpret/-innen, um die in den Argumentationen ‚verborgenen' Geschichten und Strukturen aufzuspüren.

c) Das Prinzip der Kontrastierung

Kontrastive Vergleiche zwischen den Fällen stellen das zentrale Prinzip für die Auswahl von Interviewpartner/-innen sowie für den Prozess der Theoriegenerierung dar. Nach der Analyse eines einzelnen Falles werden beim

---

5 Zu den unterschiedlichen Schemata der Sachverhaltsdarstellung (Erzählen, Beschreiben, Argumentieren) vgl. Kallmeyer/Schütze 1977.

„kontrastiven Vergleich" (vgl. Schütze 1983, S. 287) weitere Interviews betrachtet. Zunächst werden in einer „Strategie des minimalen Vergleichs" Fälle herangezogen, die zu dem bereits ausgewerteten Fall und den dabei herausgearbeiteten Kategorien und Strukturen Ähnlichkeiten aufweisen (ebd.). Die Analyse eines zweiten, recht ähnlichen Interviewtextes hat die Funktion, die gewonnenen Erkenntnisse zu überprüfen und sie zugleich vom Einzelfall zu lösen. In dem anschließenden „maximalen Vergleich" werden Interviews ausgewählt, die einen maximalen Kontrast zu den bereits analysierten Fällen aufweisen. Dies zielt darauf, Variationen im Datenmaterial zu entdecken und den untersuchten Gegenstand in seinen verschiedenen Ausprägungen zu erfassen.

Die Strategien des minimalen und des maximalen Vergleichs basieren auf dem von Glaser/Strauss (1967, S. 45 ff.) entwickelten Vorschlag eines „theoretical sampling" als eines von theoretischen Gesichtspunkten geleiteten Auswahlprozesses. Bereits entdeckte Kategorien, (vorläufige) Konzepte und Prozessstrukturen bestimmen die Auswahl weiterer Interviewpartner und das Vorgehen bei der Textauswertung. Dementsprechend sind Datenerhebung und -analyse keine strikt voneinander getrennten Arbeitsabläufe, sondern sie sind bei der Arbeit mit narrativen Interviews ineinander verwoben.

Ich habe mich hier bei den Auswertungsschritten auf das von Schütze und Riemann entwickelte Anlyseverfahren gestützt. Rosenthal (2005) hat aufbauend auf dem narrativen Verfahren einen Vorschlag für eine „biographische Fallrekonstruktion" entwickelt, in dem sie zusätzlich auf Auswertungsprinzipien der objektiven Hermeneutik und der Gestalttheorie zurückgreift. In anderen Untersuchungen wird das narrative Verfahren bei der Auswertung mit anderen Ansätzen aus der qualitativ-rekonstruktiven Sozialforschung wie der „objektiven Hermeneutik" (Oevermann u.a. 1979), der „grounded theory" (Glaser/Strauss 1967; Strauss/Corbin 1996) und der Dokumentarischen Methode der Interpretation (Bohnsack 2008) kombiniert. Dies erfordert allerdings eine Auseinandersetzung mit den unterschiedlichen grundlagentheoretischen und methodologischen Ausgangspunkten der verschiedenen Ansätze sowie schlüssige Begründungen für deren Vereinbarkeit mit dem narrativen Verfahren.

5. Probleme und offene Fragen

Ein zentraler Einwand, der von verschiedener Seite und ausgehend von unterschiedlichen theoretischen Ausgangspositionen gegenüber dem narrativen Verfahren formuliert wird, bezieht sich auf den erzähltheoretischen Ausgangspunkt einer „Nähe" von Erzählung und vergangenem Ereignisablauf. Kritiker des narrativen Verfahrens verweisen auf eine grundlegende Differenz zwischen dem ursprünglichen Erleben eines Ereignisses und seiner späteren autobiographischen Thematisierung (vgl. Vonderach 1997).

Die Erkenntnismöglichkeiten einer lebensgeschichtlichen Erzählung beschränken sich demnach darauf, die darin zum Ausdruck kommende Form biographischer Kommunikation und biographischer Konstruktion zu analysieren.

Forscher/-innen, die mit dem narrativen Verfahren arbeiten, weisen allerdings darauf hin, dass es keineswegs darum geht, vergangene Ereignisse ‚abzubilden'. Das Verfahren zielt vielmehr darauf, wie Ereignisse in Erlebnissen und Erfahrungen verarbeitet und abgelagert sind. Es geht „nicht um einen einfachen Zusammenhang von objektiver Realität und subjektiver Erzählung (...), sondern vielmehr um einen Zusammenhang zwischen der Erfahrung vergangener Ereignisse – also einer bereits in selektiver Weise kognitiv aufbereiteten und bewertenden ‚Realität' – und der Erzählung dieser Ereignisse" (Wohlrab-Sahr 2002, S. 8).

Schütze (1987) selbst weist darauf hin, dass eine autobiographische Erzählung immer aus der Retrospektive erfolgt, und, dass sich damit die Bewertung vergangener Ereignisse verschiebt. Spätere Ereignisse lassen das frühere Geschehen in den Hintergrund treten oder führen zu einer neuen Einordnung in den biographischen Gesamtzusammenhang. Im Prozess der Erinnerung wird die Lebensgeschichte strukturiert, dies erfolgt allerdings – so die erzähltheoretische Ausgangsüberlegung – indem auf die vergangenen Ereignis- und Erfahrungsabläufe Bezug genommen wird. Die Konstruktion der Vergangenheit aus der Gegenwart in autobiographischen Erzählungen ist keine von der erlebten Vergangenheit losgelöste Konstruktion. „Vielmehr sind die auf Erinnerungen beruhenden Erzählungen eigenerlebter Erfahrungen durch das Erleben in der Vergangenheit mit konstituiert." (Rosenthal 2002, S. 136f.) Bei der Analyse einer autobiographischen Erzählung geht es demnach darum, „welche Erlebnisse für die Befragten selbst biographisch relevant sind, wie sie diese Erlebnisse damals und heute deuten und wie sie versuchen, ihr Leben in einen Sinnzusammenhang einzubetten, d.h. in ein Konstrukt, das wir Biographie nennen" (ebd., S. 138).

Anhand einer sorgfältigen Analyse der autobiographischen Darstellung lassen sich sowohl die vergangenen in Erfahrungen transformierten Erlebnisse – oder zumindest Spuren davon – sowie auch deren interpretative Verarbeitung und Einordnung in die Lebensgeschichte rekonstruieren. Darüber hinaus erbringt die Auswertung – unter Berücksichtigung der Erzählstruktur und der in ihr enthaltenen unterschiedlichen Zeitdimensionen – auch Erkenntnisse über die gegenwärtige Biographiekonstruktion, wie sie in der Erzählung zum Ausdruck kommt.

Literatur

Bohnsack, Ralf 2008: Rekonstruktive Sozialforschung. Einführung in Methodologie und Praxis qualitativer Forschung. Opladen.

Cloos, Peter/Werner Thole (Hg.) 2006: Ethnographische Zugänge. Professions- und adressatInnenbezogene Forschung im Kontext von Pädagogik. Wiesbaden.

Flick, Uwe/Ernst von Kardorff/Ines Steinke 2000: Was ist qualitative Forschung. Einleitung und Überblick. In: Dies. (Hg.): Qualitative Forschung. Ein Handbuch. Reinbek bei Hamburg. S. 13-29.

Fuchs-Heinritz, Werner 2005: Biographische Forschung. Eine Einführung in Praxis und Methoden. Wiesbaden.

Giebeler, Cornelia/Wolfram Fischer/Martina Goblirsch/Ingrid Miethe/Gerhard Riemann (Hg.) 2007: Fallverstehen und Fallstudien. Interdisziplinäre Beiträge zur rekonstruktiven Sozialforschung. Opladen/Farmington Hills.

Glaser, Barney G./Anselm L. Strauss 1967: The Discovery of Grounded Theory. Strategies for Qualitative Research. Chicago.

Glinka, Hans-Jürgen 1998: Das narrative Interview. Eine Einführung für Sozialpädagogen. Weinheim und München.

Hanses, Andreas (Hg.) 2004: Biographie und Soziale Arbeit. Institutionelle und biographische Konstruktionen von Wirklichkeit. Baltmannsweiler.

Hermanns, Harry 1995: Narratives Interview. In: Flick, Uwe u. a. (Hg.): Handbuch Qualitative Sozialforschung. Grundlagen, Konzepte, Methoden und Anwendungen. München. S. 182-185.

Hermanns, Harry 2000: Interviewen als Tätigkeit. In: Flick, Uwe/Ernst von Kardorff/Ines Steinke (Hg.): Qualitative Forschung. Ein Handbuch. Reinbek bei Hamburg. S. 360-368.

Hoffmann-Riem, Christa 1980: Die Sozialforschung einer interpretativen Soziologie – Der Datengewinn. In: Kölner Zeitschrift für Soziologie und Sozialpsychologie 32. 2. S. 339-372.

Jakob, Gisela 2005: Forschung in der Ausbildung zur Sozialen Arbeit. In: Thole, Werner (Hg.): Grundriss Soziale Arbeit. Wiesbaden. S. 929-941.

Jakob, Gisela/Hans-Jürgen von Wensierski (Hg.) 1997: Rekonstruktive Sozialpädagogik. Konzepte und Methoden sozialpädagogischen Verstehens in Forschung und Praxis. Weinheim und München.

Kallmeyer, Werner/Fritz Schütze 1977: Zur Konstitution von Kommunikationsschemata der Sachverhaltsdarstellung. In: Wegner, Dirk (Hg.): Gesprächsanalysen. Hamburg. S. 159-274.

Kraul, Margret/Winfried Marotzki/Cornelia Schweppe (Hg.) 2002: Biographie und Profession. Stuttgart.

Krüger, Heinz-Hermann 2006: Entwicklungslinien, Forschungsfelder und Perspektiven der erziehungswissenschaftlichen Biographieforschung. In: Krüger, Heinz-Hermann/Winfried Marotzki (Hg.): Handbuch erziehungswissenschaftliche Biographieforschung. Wiesbaden. S. 13-33.

Krüger, Heinz-Hermann/Winfried Marotzki (Hg.) 2006: Handbuch erziehungswissenschaftliche Biographieforschung. Wiesbaden.

Küsters, Ivonne 2006: Narrative Interviews. Grundlagen und Anwendungen. Wiesbaden.

Marotzki, Winfried 2003: Biografieforschung. In: Bohnsack, Ralf/Winfried Marotzki/Michael Meuser (Hg.): Hauptbegriffe Qualitativer Forschung. Opladen. S. 22-24.

Miethe, Ingrid/Wolfram Fischer/Cornelia Giebeler/Martina Goblirsch/Gerhard Riemann (Hg.) 2007: Rekonstruktion und Intervention. Interdisziplinäre Beiträge zur Rekonstruktiven Sozialarbeitsforschung. Opladen/Farmington Hills.

Oevermann, Ulrich/Tilman Allert/Elisabeth Konau/Jürgen Krambek 1979: Die Methodologie einer objektiven Hermeneutik und ihre allgemeine forschungslogische Bedeutung in den Sozialwissenschaften. In: Soeffner, Hans-Georg (Hg.): Interpretative Verfahren in den Sozial- und Textwissenschaften. Stuttgart. S. 352-433.

Riemann, Gerhard 1987: Das Fremdwerden der eigenen Biographie. Narrative Interviews mit psychiatrischen Patienten. München.

Riemann, Gerhard 2000: Die Arbeit in der sozialpädagogischen Familienberatung. Interaktionsprozesse in einem Handlungsfeld der sozialen Arbeit. Weinheim und München.

Riemann, Gerhard 2005: Zur Bedeutung von Forschungswerkstätten in der Tradition von Anselm Strauss. Mittagsvorlesung. 1. Berliner Methodentreffen Qualitative Forschung, 24.-25. Juni 2005. Verfügbar über:
http://www.berliner-methodentreffen.de/material/2005/riemann.pdf
(Download am 25. September 2006)

Rosenthal, Gabriele 2002: Biographische Forschung. In: Schaeffer, Doris/Gabriele Müller-Mundt (Hg.): Qualitative Gesundheits- und Pflegeforschung. Bern u. a., S. 133-147.

Rosenthal, Gabriele 2005: Interpretative Sozialforschung. Eine Einführung. Weinheim und München.

Schütze, Fritz 1978: Die Technik des narrativen Interviews in Interaktionsfeldstudien – dargestellt an einem Projekt zur Erforschung von kommunalen Machtstrukturen. Bielefeld.

Schütze, Fritz 1983: Biographieforschung und narratives Interview. In: Neue Praxis 13. 3. S. 283-293.

Schütze, Fritz 1984: Kognitive Figuren des autobiographischen Stegreiferzählens. In: Kohli, Martin/Günther Robert (Hg.): Biographie und soziale Wirklichkeit. Neue Beiträge und Forschungsperspektiven. Stuttgart. S. 79-117.

Schütze, Fritz 1987: Das narrative Interview in Interaktionsfeldstudien: erzähltheoretische Grundlagen. Teil I: Merkmale von Alltagserzählungen und was wir mit ihrer Hilfe erkennen können. Studienbrief der Fernuniversität Hagen. Hagen.

Schütze, Fritz 1994: Ethnographie und sozialwissenschaftliche Methoden der Feldforschung. In: Groddeck, Norbert/Michael Schumann (Hg.): Modernisierung Sozialer Arbeit durch Methodenentwicklung und -reflexion. Freiburg i. Br. S. 189-297.

Schütze, Fritz 2006: Verlaufskurven des Erleidens als Forschungsgegenstand der interpretativen Soziologie. In: Krüger, Heinz-Hermann/Winfried Marotzki (Hg.): Handbuch erziehungswissenschaftliche Biographieforschung. Wiesbaden. S. 205-237.

Schulze, Theodor 1993: Biographisch orientierte Pädagogik. In: Baacke, Dieter/ Theodor Schulze (Hg.): Aus Geschichten lernen. Zur Einübung pädagogischen Verstehens. Weinheim und München. S. 13-40.

Schulze, Theodor 2006: Biographieforschung in der Erziehungswissenschaft – Gegenstandsbereich und Bedeutung. In: Krüger, Heinz-Hermann/Winfried Marotzki (Hg.): Handbuch erziehungswissenschaftliche Biographieforschung. Wiesbaden. S. 35-57.

Schweppe, Cornelia (Hg.) 2003: Qualitative Forschung in der Sozialpädagogik. Opladen.

Strauss, Anselm L. 1991: Grundlagen qualitativer Sozialforschung. Datenanalyse und Theoriebildung in der empirischen soziologischen Forschung. München.

Strauss, Anselm/Juliet Corbin 1996: Grounded Theory: Grundlagen Qualitativer Sozialforschung. Weinheim.

Völter, Bettina/Bettina Dausien/Helma Lutz/Gabriele Rosenthal (Hg.) 2005: Biographieforschung im Diskurs. Wiesbaden.

Vonderach, Gerd 1997: Geschichtenhermeneutik. In: Hitzler, Ronald/Anne Honer (Hg.): Sozialwissenschaftliche Hermeneutik. Eine Einführung. Opladen. S. 165-189.

Wohlrab-Sahr, Monika 2002: Prozessstrukturen, Lebenskonstruktionen, Biographische Diskurse. Positionen im Feld soziologischer Biographieforschung und mögliche Anschlüsse nach außen. In: BIOS 15 H. 1. S. 3-24.

Zeitschrift für qualitative Bildungs-, Beratungs- und Sozialforschung (ZBBS) 2000. Schwerpunkt: Biographie und Profession. Heft 1.

Christian Rittelmeyer

Methoden hermeneutischer Forschung

Ein Beispiel: Als junger Mann beschrieb der deutsche Schriftsteller Martin Walser rückblickend ein prägendes Erlebnis, das er im Alter von 15 Jahren hatte (Walser 1965, 2002a). Auf dem Dachboden des elterlichen Hauses herumstöbernd, entdeckte der Knabe eine Kiste, die verschiedene Zeitschriften und Bücher enthielt. Darunter auch ein Bündel zerfledderter Blätter, dem Umschlag und Titelseite fehlten, es begann mitten in einem Gedicht, „das geschrieben war, als hätte der Schreiber von eben dem Standpunkt aus in die Alpen gesehen, auf dem ich mich befand." Er begann, offenbar zunehmend fasziniert, das lange Gedicht zu studieren. Der Titel lautete: *Heimkunft. An die Verwandten.* Erst später erfuhr er, dass es sich dabei um eine Dichtung Hölderlins handelte. Sie beginnt mit diesen Zeilen: Drin in den Alpen ists noch helle Nacht und die Wolke / Freudiges dichtend, sie deckt drinnen das gähnende Tal. / Dahin, dorthin toset und stürzt die scherzende Bergluft / Schroff durch Tannen herab glänzet und schwindet ein Strahl ...

Zutiefst begeistert, lief er auf alle möglichen Hügel der Umgebung und benutzte Hölderlins Gedicht „wie einen Baedeker", um die Landschaft am Bodensee kennen zu lernen. Obgleich ihm diese Landschaft vertraut war, wurde er erst jetzt in einer eigentümlichen Weise aufmerksam und sogar stolz auf sie, „weil in diesen Gedichten so feierlich und so verständlich von ihr gesprochen wurde. Ganz sicher habe ich diese Gedichte nicht durch und durch verstanden, aber die Zeilen, die ich nicht mit unmittelbarer Anschauung erfüllen konnte, waren mir nicht weniger wert als die direkten Hinweise auf das Rheintal oder das ‚glückselige Lindau'. Ich wusste nicht, wer die ‚Engel des Jahres' sind, hatte keine rechte Vorstellung vom ‚Unschicklichen', das ein Gott nicht liebt, und die Sorge, die ein Sänger oft in der Seele tragen muss, ‚aber die anderen nicht', diese Sorge war für mich nichts als ein Gesichtsausdruck meiner Mutter."

Aber mehr noch: Die so vertraute Umgebung der Bodenseelandschaft zeigte sich dem literarisch inspirierten Jungen von einer Seite, von der er sie bisher nicht kannte. „So fängt es an: man bekommt Namen geschenkt für eine Umgebung, die man so auswendig zu kennen glaubt, dass die bekannten Namen schon gar keine Namen mehr sind, sie heißen nichts mehr; dann kommt plötzlich einer, der lauter neue Namen austeilt, und alle passen, alle kann man gebrauchen, und das Klima, die Wolken, der Sonntag, alles passt plötzlich zusammen; alles erhält aber mit der Namensmusik eine Entfernung, denn das spürt man sofort: zwar ist das da drüben zweifellos das ‚glückselige Lindau', und die ‚scherzende Bergluft' hat man schon geatmet, und den Rhein kennt man vom Ausflug her, auch Lindau ist verändert, seit es das ‚glückselige Lindau' heißt, und der Rhein, der plötzlich das ‚göttliche Wild' heißt und sich ‚verwegene Bahn bricht', ist mehr als der Fluss, den man vom Ausflug her kennt."

1. Hermeneutik als Kunst des Verstehens

Walsers autobiographischer Bericht, der hier auszugsweise zitiert wurde, ist in mehrfacher Hinsicht für unser Thema interessant. Wenn man die *Hermeneutik* als *Kunst des Verstehens* definiert, dann kann man an diesem Beispiel eine dreifache – wenn auch rudimentäre – hermeneutische Interpretation erkennen: *Der erwachsene Schriftsteller* versucht, ein fünfzehn Jahre zurückliegendes prägendes *Erlebnis seiner Jugendzeit* zu erinnern und zu verstehen. Er blickt aber auch auf die Bemühung jenes *jungen Menschen*, der die *rätselhaften Zeilen eines Gedichtes* zu verstehen suchte – vielleicht damals mit Gedanken und Gefühlen, die dem Erwachsenen nur noch als Ahnungen und dunkle Erinnerungen zugänglich sind. – *Wir* als *Leser dieses Berichtes* versuchen schließlich zu verstehen, was wir in diesem seinerseits mehr oder minder rätselvollen autobiographischen Text lesen.

Wenn wir derartige autobiographische Berichte, aber z.B. auch den Sinn rätselhafter Gedichte oder kindlicher Dialoge, wenn wir eine mittelalterliche Klosterschulen-Ordnung oder verschiedene Tagebuchtexte Jugendlicher, wenn wir Kinderzeichnungen oder psychische Konflikte Jugendlicher in einer *methodisch geregelten Weise* verstehen wollen, begeben wir uns auf das Gebiet der *wissenschaftlichen* Hermeneutik. Ursprünglich ist die Hermeneutik die *Kunst des Textverstehens oder der Textauslegung*, sie leistet die aufklärende Interpretation oder das Sinnverstehen solcher Texte, deren Bedeutung nicht unmittelbar evident erscheint oder die man „tiefer" zu verstehen sucht (vgl. ausführlich dazu: Rittelmeyer 2003; Rittelmeyer/Parmentier 2007; Danner 2006; kritisch auch Marquard 1981; Hörisch 1998). Wie jedoch aus den eben genannten Beispielen hervorgeht, beziehen sich hermeneutische Untersuchungen heute nicht mehr nur auf Texte, sondern umfassender auf Phänomene der gesamten Lebenswelt, insofern diese uns unverständlich oder rätselhaft erscheinen.

Auch der Bericht Walsers ist, wenn man ihn genauer liest, mit einigen Rätseln versehen. Nach welchen Regeln und mit Hilfe welcher Methoden kann man versuchen, ihn zu entschlüsseln, seinen Sinn zu erkennen? Wie können wir die biographische Bedeutung des Hölderlin-Erlebnisses für den fünfzehnjährigen Jungen verstehend rekonstruieren? – Ich werde im Folgenden einige *Methoden* hermeneutischer Forschung darstellen und an dem Text Walsers exemplifizieren, die jedoch auch für Analysen von Bildern und anderen Kulturzeugnissen Geltung haben. Das kann hier natürlich nur in Form einer Skizze geschehen, die jedoch zugleich auf einige *Problemstellungen* der Hermeneutik aufmerksam machen soll (vgl. ausführlich dazu Grondin 2001, Jung 2007 und Rittelmeyer/Parmentier 2007).

Zwar gibt es in der *philosophischen* Hermeneutik eine Diskussion darüber, ob sich für das hermeneutische Verstehen überhaupt ein methodisches Instrumentarium benennen lässt. Hans-Georg Gadamer (1900-2002), der mit seinem Werk „Wahrheit und Methode" (1960) eine inzwischen klassische Studie zur *philosophischen* Hermeneutik vorgelegt hat, erblickt in dieser Disziplin eher eine „Interpretations-Kunst": Diese greife nicht auf ein vorhandenes Repertoire von Methoden zurück, wie das für die empirisch-statistische (oder naturwissenschaftliche) Forschung der Fall ist. Hermeneutik sei vielmehr „ein Können, das besondere Feinheit des Geistes verlangt" (1975, S. 290). Gadamer betonte mit dieser Aussage jedoch nur eine basale Kompetenz für jene Methoden, nicht deren Ausschluss aus der Hermeneutik. Denn sobald man über ein zu verstehendes Phänomen wie den Bericht Walsers genauer nachdenkt, wird man bemerken, dass nicht nur eine „Kunst" im Sinne Gadamers, sondern auch ein methodisches Instrumentarium aktiviert werden muss, um diese Phänomene aufzuklären. Ich werde *sechs Interpretationsmethoden* hermeneutischer Forschung unterscheiden: die strukturale, die komparative, die experimentelle, die psychologische/mimetische, die kontextuelle und die kulturanalytische Interpretation. Die Besprechung dieser Methoden wird auch deutlich machen, warum sich die Hermeneutik nicht nur auf Texte beziehen kann, sondern notwendig immer kulturelle Phänomene überhaupt in den Blick nehmen muss.

2. Methoden der hermeneutischen Forschung

2.1 Die strukturale Interpretation

Am Anfang jeder Text-Interpretation sollte eine genaue Analyse des gesamten Textes stehen: Welche Grundgedanken sind in ihm erkennbar, welche sprachlichen oder rhetorischen Figuren, welche grammatischen Konstruktionen kennzeichnen den Textkorpus? Man kann diese Methode als *strukturale Interpretation* bezeichnen, weil dabei besonders auf die „Bauform" oder „Struktur" des Textes geachtet wird. Belehrende Beispiele derartiger Analysen kann man in *fachwissenschaftlichen* hermeneutischen Untersuchungen finden – so in der kunstwissenschaftlichen Hermeneutik (Bätschmann 2001) oder der literatur- und musikwissenschaftlichen Hermeneutik (Szondi 2001; Dahlhaus 1975). An dem biographischen Bericht Walsers fällt z. B. auf, dass hier teilweise in der Ichform berichtet wird, teilweise nimmt der Autor aber auch eine überindividuelle Perspektive ein („… hat man nichts begriffen …"). Offenbar „objektiviert" der Autor mit solchen „Man"- oder „Es war der Fall"-Formulierungen seine Erinnerung, legt also nahe, seine Perspektive nicht nur als eine singuläre, sondern auch als intersubjektiv plausible Deutung zu verstehen. Walsers Bericht wird mit einigen kritischen Bemerkungen über Literaturkritiker und deren Neigung zu vorschnellen Urteilen eingeleitet. Hölderlins Gedicht hingegen, so heißt es später, „erzählt geradezu davon, wie es einem zumute ist, der gerne alles benennen möchte und doch Scheu empfindet. Er sucht ‚liebende Namen', es fehlen auch ihm ‚heilige Namen'." Die eigenartige Diktion des biographischen Berichts könnte daher dem Bemühen Walsers Ausdruck verleihen, sein Schlüsselerlebnis nicht vorschnell „auf den Begriff" zu bringen, sondern vorsichtig zu „umkreisen", das Unbenennbare jenes Sommertages sich auch in seiner *Fremdartigkeit* zu vergegenwärtigen. Ein solches interpretierendes „Umkreisen" eines Phänomens ist übrigens häufig als wichtiges Merkmal des Verstehens bezeichnet worden (z.B. Jauß 1994). Nicht so sehr das gradlinige Zusteuern auf ein bestimmtes Ergebnis, sondern das vorsichtige Umkreisen, das Nachfragen, das immer wieder erneute Sich-belehren-lassen sind methodische Kennzeichen einer *anspruchsvollen* hermeneutischen Analyse. „Die Möglichkeit, dass der andere recht hat, ist die Seele der Hermeneutik." (Gadamer, zitiert nach Grondin 2001, S. 273)

Das berührt vielleicht ein für den Bildungsprozess Heranwachsender grundlegendes Problem. Was z.B. meint Walser, wenn er die Alpen aus derselben Perspektive gesehen zu haben meint wie der Dichter Hölderlin? Vermag er sein Erlebnis nicht „auf den Begriff" zu bringen, oder handelt es sich um ein prinzipiell „unsagbares" Phänomen (Frank 1989)? Offenbar sind „die Alpen" als *bestimmter Begriff*, den wir alle assoziieren, nicht dasjenige, was der Junge als ein „Begehren" seiner Naturwahrnehmung spürte, als ein „zweites Subjekt", das in einem Raum noch undefinierter Suchbewegungen und Entwicklungsmöglichkeiten agiert und gerade in dieser Suchbewegung durch Hölderlins Gedicht angesprochen wird. Es ist daher möglich, dass Walser hier jenen grundlegenden Vorgang der Ich-Bildung zu benennen sucht, den Jacques Lacan (1996), Paul Ricœur (2005) und andere mit dem Paradox „Ich/Selbst ist ein anderer" bzw. „Das Ich (*je*) ist nicht das Ich (*moi*)" beschrieben haben. Lacan zufolge konstituiert sich die Individualität keineswegs zunehmend vollkommener, sondern *fortwährend* als Auseinandersetzung eines noch nicht vergesellschafteten, daher auch dem Protagonisten noch undurchsichtigen „Begehrens" nach einer Vervollkommnung der eigenen Individualität mit dem bereits kulturell sozialisierten Teil der Persönlichkeit (vgl. dazu auch das Interpretationsbeispiel Mollenhauers 1985). Gerade die eigenartige „Wildheit" des Naturerlebens, die wie eine noch unerkennbare Tatsache sich gleichsam aufdrängende Landschafts-Dekonstruktion Hölderlins und ihre metaphorische Beschreibung könnte für ein derartiges Bildungsereignis im Übergang des vertrauten zu einem noch unvertrauten Subjekt Belege liefern.

Den Text auf *solche* Indizien hin zu untersuchen, könnte der umstrittenen, auf Kant und Schleiermacher zurückgehenden hermeneutischen Devise folgen, die Urheber der Texte unter Umständen besser verstehen zu können, als diese sich selber verstehen (dazu auch Nassen 1979). Das implizierte *moralische* Problem wird allerdings gelegentlich deutlich, wenn die Interpretierten Gelegenheit haben, bestimmten Deutungen zu *widersprechen* (vgl. ein aufschlussreiches Beispiel in Müller 2005). Wer urteilt dann richtig? – Auch kann man sich bei einer Vorgehensweise wie der beschriebenen fragen, ob der analysierte Text dabei nicht zu sehr aus der Perspektive bestimmter – z. B. strukturalistischer oder psychoanalytischer – „Schulen" betrachtet wird und ob damit die eben zitierte „Seele" der Hermeneutik verletzt wird. Aber vielleicht „verstehen" wir den Autor über eine solche bildungstheoretische Deutung auch genau in der Weise, in der er sich selber suchte und *notwendig* nur *metaphorisch* beschreiben konnte. Es ist deutlich, dass damit schon Fragen der später zu erörternden *psychologischen* Interpretation berührt werden.

2.2 Die komparative Interpretation

In den meisten, wenn nicht in allen Fällen lässt ein in seinem Sinn nicht unmittelbar evidenter Text weitere Fragen entstehen, die aus dem vorliegenden Textkorpus nicht beantwortet werden können. Bei der *komparativen Interpretation* geht es um den Vergleich des Textes mit anderen Texten *zum gleichen Thema, zur gleichen historischen Situation oder auch zu Texten des gleichen Genres* (z. B. der Autobiographie): Was ist das Besondere an diesem Text, wodurch hebt er sich von anderen ab, was hat er mit anderen Texten gemeinsam, so dass sich hier vielleicht ein historischer Habitus des Themas und seiner sprachlichen Darstellung zeigt? – Der Vergleich mit anderen Textquellen des gleichen Genres dient also dazu, den eigentlichen Gegenstand hermeneutischer Analyse hinsichtlich seiner Eigenarten prägnanter herausarbeiten zu können. So zeichnen sich z. B. zahlreiche biographische Texte durch die Betonung sogenannter *Schlüsselerlebnisse* (wie die Dachboden-Entdeckung Walsers) aus. Andere Autoren legen dagegen eher Gewicht auf eine möglichst detaillierte Schilderung auch scheinbar nebensächlicher Ereignisse (so z. B. Karl Philipp Moritz 1785 in seinem autobiographischen Bildungsroman *Anton Reiser*, vgl. Moritz 1979). In Verbindung mit der *strukturalen* Interpretation können derartige Textvergleiche dann deutlich machen, welchen besonderen Konstruktionsregeln der Ausgangstext folgt, wie bestimmte Aussagen und Darstellungsstrategien präsentiert bzw. begründet wurden oder welche Inhalte und Motive dominieren. Sie machen unter Umständen deutlich, dass biographische Berichte, aber auch Bildnisse z. B. historischer Personen menschliche Charaktere und Lebensgeschichten immer in einer bestimmten Weise „konstruieren". Derartige Stilisierungen folgen nicht unbedingt strategischen Absichten der Schriftsteller oder Maler/Bildhauer. Sie bringen in der Regel eher das unbewusste Aufgreifen konventionalisierter Erzählformen zum Ausdruck (neben anderen hat Paul Riceour in seinem Werk auf diesen Umstand aufmerksam gemacht).

In komparativer Hinsicht aufschlussreich ist ein weiterer autobiographischer Bericht Martin Walsers mit dem Titel *Mein Schiller* (vgl. Walser 2002b). Der Schriftsteller spricht hier rückblickend von einem *Erweckungserlebnis* und von Schiller als seinem damaligen *Seelendirigenten*. Der Junge verbrachte in jener Zeit seine Ferien bei einem Verwandten. Im Wohnzimmer befand sich ein Bücherschrank, der seine Schätze hinter Glastüren verbarg, die mit Stoff bespannt waren. Das wirkte wie ein Geheimnis und muss auf den Jungen einen bedeutsamen Eindruck gemacht haben, wie auch das gesamte Wohnzimmer etwas Geheimnisvolles ausstrahlte. Er griff eher zufällig nach einem der Bücher – und hatte einen kostbar eingebundenen Band aus Schillers sämtlichen Werken in der Hand. In dem Zimmer mochte er nicht lesen, da es mit seinen fremdartigen Requisiten „unbetretbar" wirkte; ein ovaler Tisch in der Mitte mit burgunderroter Samtdecke und winziger Goldborte wirkte auf den Jungen wie der Altar einer fremden Religion. Walser betont, dass er in jener Zeit „mit den katholischsten Anweisungen kämpfte". Weniger begreifend als ahnend erlebte er nun in Schillers Gedichten die Differenz zwischen „Sinnenglück und Seelenfrieden" als paritätisch besetzte Truppen, während im düsteren Beichtstuhl der dämmrigen Kirche alles gerichtet wurde, was der erstgenannten Erlebnisform angehörte. Während im Dachboden-Text derartige *religiöse* Motive allenfalls indirekt auftauchen („es fehlten ihm heilige Namen"), werden sie hier deutlich artikuliert.

Offenbar war es für den jungen Walser wichtig, die ihn umgebende Bodensee-Landschaft in ihrer Fremdheit und damit in einem geistigen Sinn ihrer „Unberührbarkeit" zu achten, sicher in Form noch sehr diffuser Gefühle, Gedanken und Suchbewegungen. Auch das Bemühen, dem Gedicht Hölderlins keine interpretatorische Gewalt anzutun, ist in diesem Zusammenhang bemerkenswert. Möglicherweise distanzierte sich der junge Walser entschieden von den „katholischsten Anweisungen", transfigurierte aber bestimmte Elemente dieser Konfession (wie das Gefühl für Pietät) in für ihn bedeutsame Lebensorientierungen. Auch der eigenartig bedeckte Wohnzimmertisch im Haus des Verwandten wirkte auf Walser „wie der Altar einer Privatreligion", der *hier* Abwehr erregte, in der Landschaft am Bodensee aber gleichsam transsubstantiiert wiederzukehren scheint. Das würde den in vielen Biographien thematisierten Umstand berühren, dass aus erziehungswissenschaftlicher Sicht „problematische" Erfahrungen von Heranwachsenden in positiv erlebte seelische Qualitäten verwandelt werden können. Ein Beispiel ist das traumatische Trennungserlebnis Martin Bubers im Hinblick auf die eigene Mutter – und die Herausbildung einer *Philosophie der Begegnung und des Dialogs,* die das spätere Leben Bubers prägte (Buber 1986, S. 10f.). Auch dies sind *komparative* Feststellungen.

Aber kommen mit solchen z.B. religionsbezogenen Deutungen nicht persönliche Interessen *des Interpreten* ins Spiel, die unter Umständen einen Sinn verstellen, den andere vielleicht weniger „voreingenommen" im Ursprungstext entdecken könnten? *Auch der oder die Interpretierende selber muss sich also als Subjekt begreifen, das bei der Interpretation betrachtet werden sollte.*

2.3 Die experimentelle Interpretation

Um den besonderen Charakter bestimmter Textformen und Bildcharakteristika herausarbeiten zu können, ist es gelegentlich sinnvoll, alternative Möglichkeiten nicht nur vor- sondern auch herzustellen. Welche Ausdrucksrichtung nimmt der Walser-Text z. B. an, wenn man die erwähnten „Man"- oder „Es-war-Sätze", soweit sie die eigene Erinnerung betreffen, in „Ich-Sätze" verwandelt? – Oder, um hier ein paar andere Beispiele zu nennen: Wie wirkt es auf literatur- und bildwissenschaftlich interessierte Betrachter, wenn in einem Tarzan-Comic eine Kampfszene nicht vor dem originalen *roten*, sondern vor (per Computeranimation erzeugtem) *grünen* Hintergrund gezeigt wird? (Der Kampf wirkt dann weniger aggressiv.) Wenn eine griechische Vase, deren Anmutungsqualität man im Zusammenhang mit der antiken mimetischen Bildungswelt untersucht, nicht – wie im Original – durch wechselnde Ein- und Ausbuchtungen auskomponiert wäre, sondern an der Basis breit auslaufen würde? (Es entsteht ein Schwereeindruck.) Wenn der Faltenwurf im Stein-Relief einer altgriechischen Göttin nicht mit der etwas schräg stehenden Gestalt, sondern senkrecht in die Schwerkraftrichtung fallen würde? (Die Gestalt würde dann schwerer wirken.) – Solche experimentell hergestellten Varianten zeigen häufig sehr prägnant, was die *ursprüngliche* Text- oder Bildcharakteristik und ihre Wirkung auf Leser bzw. Betrachter ausmacht, durch welche stilistischen Mittel also bestimmte Anmutungsqualitäten hervorgerufen werden. Dieser Aspekt der *Wirkung von Texten oder anderer Gegenstände auf Betrachter* berührt bereits einen weiteren methodischen Gesichtspunkt:

2.4 Die psychologische/mimetische Interpretation

Die geschilderten Überlegungen zum Walser-Text führen früher oder später zu der Frage, wie dieses durch Hölderlins *Heimkehr* angeregte, biographisch offenbar so signifikante Naturerleben des Jungen beschaffen gewesen sein könnte. Was sagt uns z. B. der Hinweis, dass „der Rhein, der plötzlich das ‚göttliche Wild' heißt und sich ‚verwegene Bahn bricht'…, mehr als der Fluss ist, den man vom Ausflug her kennt"? Der Text bleibt in dieser Hinsicht ziemlich rätselhaft. Wir müssen uns, entwicklungspsychologisch bewandert, die Gedichtzeilen lesend und mit den uns vielleicht bekannten Landschaftseindrücken der Bodensee- und Alpenlandschaft imaginativ verbindend, „einfühlend" in das Landschaftserlebnis und in die Hölderlin-Dichtung hineinversetzen. Einer der Begründer der modernen Hermeneutik, Friedrich Schleiermacher (1768-1834), nannte diese Interpretationsmethode „psychologisch" und hatte dabei die Aufklärung *individueller* Umstände des gesamten Lebenskreises einer redenden oder schreibenden Person im Auge. Wenn hier von der *psychologischen* und *mimetischen* (innerlich nachahmenden) Methode gesprochen wird, ist damit jedoch auch die Einbeziehung moderner einzelwissenschaftlicher Erkenntnisse (wie der Entwicklungspsychologie oder der Ethnologie bei der „Einfühlung" in die lebensweltlichen Perspektiven von Kindern oder in die andersartigen Wahrnehmungsformen fremder Kulturen) gemeint.

Es geht bei dieser Methode also um das psychologische Verstehen der Text- oder Bildaussage wie auch – soweit dies sinnvoll ist – ihrer Urheber;

ebenso sollte dabei die Art des *eigenen* Erlebens bewusst werden. Welche Eindrücke, Gefühle, Gedanken, Haltungen löst ein Text oder ein Bild in mir aus? Welche Motive und Erlebnisse könnten seiner Formulierung bzw. Gestaltung zugrunde liegen?

Martin Walsers Text macht noch auf einen weiteren wichtigen Aspekt aufmerksam, der über das Betroffensein des Verfassers durch sein poetisch inspiriertes Landschaftserleben hinausweist. Im Hinblick auf die Wahrnehmung der Gebirgsbäche, der Stadt Lindau und anderer Phänomene der Bodensee-Umgebung scheint es für den Verfasser wichtig zu sein, dass sich hier kein plattes Wiedererkennen persönlicher Sichtweisen, sondern eine Art „Dekonstruktion" gewohnter Namen und Bezeichnungen ereignete. Diese Namen sagen dem Jugendlichen nichts mehr, sie sind in einem gewissen Sinn leb- und erkenntnislos geworden; dann entdeckt er plötzlich diese seltsamen Bezeichnungen in einem Gedicht, „und das Klima, die Wolken, der Sonntag, alles passt plötzlich zusammen; alles erhält aber mit der Namensmusik eine Entfernung ..." Das Vertraute wird in einer Weise unvertraut, dass man es wieder *wahrzunehmen* beginnt. Auch in dieser Hinsicht sind wir gefordert, unser eigenes Landschaftserleben zu „dekonstruieren", um das Erleben des Jungen mimetisch oder psychologisch nachempfinden zu können.

Eine anderer interessanter Aspekt ist in diesem Zusammenhang die von Paul Ricœur vorgetragene Behauptung, dass Martin Heideggers grundlegende hermeneutische Frage nach dem immer schon vorhandenen *Vorverständnis* des Sinnes von Sein, das aller hermeneutischen Methodologie vorausliegt und daher zentraler Gegenstand hermeneutischer Philosophie sein müsse, einer *Verweltlichung* und damit *Entpsychologisierung* der Hermeneutik den Boden bereitet habe (Ricœur 1986). Sobald man konkrete Phänomene wie den Bericht Walsers betrachtet, wird man jedoch bemerken, dass hier zwar – im Sinne Heideggers – die basale Operation des *Verstehens als ein Erfassen der eigenen Existenz-Möglichkeit* und nicht primär des Verstehens eines empirischen Faktums zu entdecken ist. Aber diese existentielle Bildebewegung erfolgt im vorliegenden Fall aus einer sehr individuellen, durchaus nicht prototypischen Perspektive *dieses* fünfzehnjährigen Jungen, die für uns als Interpreten wie für den zurückblickenden Walser auch ein *psychologisches* Phänomen ist. Dieses kann jedoch wahrscheinlich nur in einer poetischen Form und Metaphorik zur Sprache gebracht werden, die sich nicht ohne Verlust ihrer Bedeutung in eine wissenschaftliche Ausdrucksform übersetzen lässt. Dieser Prozess eines noch unbestimmten Sich-Entwerfens im individuellen Modus des In-der-Welt-Seins steht vermutlich im Blick, wenn Walser rückblickend auf das Hölderlin-Gedicht und seine biographische Wirkung vermutet: „Es war von Bedeutung, dass ich mit niemandem darüber sprechen konnte, der mir die Ahnungen kurz und bündig mit begrifflichen Deutungen weggewischt hätte" (etwa in Form einer schulischen Gedicht-Interpretation).

2.5 Die kontextuelle Interpretation

Bisher wurde für den Versuch, den autobiographischen Text Walsers zu verstehen, nur *ein* vergleichbarer Text als Zusatzinformation herangezogen und eher hinweisend als argumentierend *komparativ* interpretiert. Das ist jedoch ein relativ schmaler Korpus, und man wird daher kaum umhin können, für ein methodisch abgesichertes Verständnis des Hölderlin-Erlebens und seiner Darstellungs-Rhetorik weitere Informationen heranzuziehen. Es gibt nicht nur einschlägige Berichte mit autobiographischen Hinweisen, sondern natürlich auch das literarische Werk und zahlreiche Interviews wie Diskussionsbeiträge des Schriftstellers, die man in dieser Hinsicht auswerten sollte. Hinzu kommen Kommentare und Augenzeugenberichte, auf die man zurückgreifen kann. In einem Zeitungsinterview aus Anlass seines 80. Geburtstages wurde Walser z. B. gefragt, ob er religiös sei (Scheller 2007). „Ja", antwortete der Gefragte", „das ist eben auch Kindheit. Wenn man eine solche Kindheit hatte wie ich – und eine solche Mutter –, dann kann Religion nie mehr aus diesem Leben verschwinden. Heute betrachte ich die Glaubensfähigkeit wie das Musikgehör. Manche Leute haben das, manche nicht ... Das hat uns geprägt und lässt uns auch nicht los, wenn wir uns echt oder scheinbar emanzipieren oder zu emanzipieren glauben." Wieder dieses Changieren zwischen Ich- und Man-Sätzen, über dessen Motive man spekulieren kann, wieder das Mutter-Motiv, vor allem aber eine Bestätigung der signifikanten Rolle, die Religiöses immer noch, wenn auch gebrochen, für den Schriftsteller spielt. Das könnte eine gewisse Kontinuität der lebensgeschichtlichen Motive nahe legen, eine Prägung zentraler Interessen des Schriftstellers durch jene Auseinandersetzung mit Religion, die der junge Walser Jahrzehnte zuvor geschildert hatte. Es wird aber gleich zu fragen sein, ob solche Bildungsgeschichten nicht bestimmten historischen Interpretationsmustern folgen, ob also entsprechende Berichte reale Biographien literarisch stilisieren. Hier sollte nur gezeigt werden, wie sich bestimmte Hypothesen durch weitere Informationen aus dem „Kontext" des betreffenden Interpretationsobjektes festigen – oder auch infrage stellen lassen können. Auch wenn man sich – wie in der sogenannten Objektiven Hermeneutik (z. B. Wernet 2006, → Garz) – zunächst „kontextfrei" beispielsweise nur auf ein autobiographisches Dokument oder auf das Protokoll eines Gesprächs zwischen Eltern und Kindern bezieht, das man möglichst präzise auf seine impliziten Sinnstrukturen hin analysiert, werden solche Kontextinformationen (z. B. Berichte von Nachbarn oder Schulkameraden, Zeichnungen der beteiligten Kinder, Beobachtungen ihrer Spiele und schulischen Aktivitäten) schließlich doch wichtig sein, um die eigenen Interpretationen besser abzusichern. Ein „Kontext" im hier genannten Sinn besteht demnach nicht notwendig nur aus Texten, sondern auch aus Bildzeugnissen, Wohnarealen, Freundeskonstellationen usw. So lässt sich z. B. zeigen, dass antike Bildungsideale wie „Alles mit Maß" bzw. „Besonnenheit und Selbstbeherrschung" (*sophrosyne*) oder die „Schöngutheit" (*kalokagathía*) nicht nur gelehrt, sondern auch in der *gegenständlichen Umwelt dargestellt* wurden: in der Tempelarchitektur, in Vasenformen, in bestimmten gymnastischen Übungen, in Bildwerken, Tänzen usw. So entstanden gegenständliche Vor-Bilder der ideellen Bildungsziele in Gestalt einer mimetischen „Lernlandschaft" (Rittelmeyer/Klünker 2005).

Das sind Einsichten, die durch reine Textanalysen nicht erreichbar wären. Wir berühren damit ein grundlegendes Problem traditioneller hermeneutischer Analyse, ihre *Textzentrierung* (von dem Philosophen Herbert Schnädelbach 1981 ironisch als *morbus hermeneuticus* bezeichnet). Längst hat die Hermeneutik jedoch diesen engen Rahmen verlassen – gerade weil z. B. Bildzeugnisse unerlässliche Kontextinformationen bieten, die zahlreiche Textzeugnisse erst verständlich machen. *Hermeneutik als Kunst des Sinn-Verstehens* schließt daher auch die Analyse von Bildern und materiellen Gegenständen, von Körperhaltungen und sozialen Ritualen ein (vgl. Rittelmeyer/Parmentier 2007; → Schulze). Mit dieser Ausweitung der Analyse auf die gesamte Lebenswelt ist aber bereits eine weitere Interpretationsmethode angesprochen. Es handelt sich dabei um eine Methode, die der schon erwähnte Friedrich Schleiermacher als *grammatische Interpretation* bezeichnete und die ich hier, wesentlich weitergreifend, als *kulturanalytische Interpretation* bezeichnen möchte. Im folgenden Abschnitt soll indessen in dieser Hinsicht nicht die für hermeneutisches Forschen wesentliche *Rekonstruktion historischer Lebenswelten* (z. B. Foucault 2004), sondern ein eher *kritischer* Gesichtspunkt erläutert werden, der in *jeder* hermeneutischen Analyse bedenkenswert ist.

2.6 Die kulturanalytische Interpretation

Mit dem Begriff *grammatische Interpretation* wird angedeutet, dass wir uns in Texten nicht nur als Individuen äußern, sondern auch als Teilhaber an einer historisch gewordenen Sprachgemeinschaft mit bestimmten grammatischen, semantischen und pragmatischen *überindividuellen oder intersubjektiven* Regeln. Analoges gilt, wenn nicht nur Texte, sondern auch nichtsprachliche Kulturzeugnisse (wie Bilder oder kulturelle Gebräuche) interpretiert werden. *Die kulturanalytische Interpretation (oder die „grammatische" Interpretation im Sinne Schleiermachers)* trägt dem Umstand Rechnung, dass jede Interpretation und jeder Interpretationsgegenstand in bestimmten historischen Konstellationen, d. h. jeweils in einem bestimmten kulturellen oder gesellschaftlichen Umfeld situiert ist, das möglicherweise sowohl die Interpreten als auch die Urheber der interpretierten Texte, Bilder, Verhaltensweisen usw. prägt. *Verstehen* kann man diese Phänomene und Interpretationen daher erst, wenn derartige Einflüsse mitbedacht werden.

Schon in der Hermeneutik Wilhelm Diltheys (1833-1911) und Martin Heideggers (1889-1976) ist die *gesamte Lebenswelt*, nicht nur beispielsweise ein einzelner biographischer Bericht oder ein historisches Bilddokument, eigentlicher Gegenstand des hermeneutischen Sinnverstehens – insbesonre auch mit Blick auf die Tatsache, dass wir alle unser alltägliches Leben oder unsere Existenz dauernd zu verstehen oder auszulegen versuchen (vgl. dazu Birus 1982; Grondin 2001; Jung 2007). Insbesondere in den Arbeiten Hans-Georg Gadamers wird die Notwendigkeit betont und praktisch berücksichtigt, die jeweils untersuchten Phänomene strikt in ihrem historischen Zusammenhang zu betrachten. Wenn man den Gedanken einer „historischen Grammatik" aufgreift, der auch jeweils betrachtete Einzelphänomene (wie z.B. die wechselnden Idiome bestimmter Jugendsprachen, die Konstruktion autobiographischer Texte oder die Machart von Fotografien) folgen *können*, dann kann man im Hinblick auf den hier interpretierten Walser-Text einige kritische Fragen stellen.

Es ist beispielsweise keineswegs selbstverständlich, dass den in biographischen Berichten häufig erwähnten „Schlüsselerlebnissen" (wie Walsers „Hölderlin auf dem Dachboden") tatsächlich jene prägende Rolle zukommt, die ihnen von den Textautoren zugeschrieben wird. Sind sie wirklich mindestens graduell für bestimmte Richtungen des Lebenslaufs, für ein individuelles Schicksal oder für Charaktereigenarten der betreffenden Personen maßgebend? Oder deuten sowohl die Berichterstatter als auch die Interpreten Lebensläufe und Persönlichkeitsattribute z.B. nach dem Muster des neuzeitlichen Bildungsromans, also als Folge von aufeinander beziehbaren biographischen Ereignissen, denen unter Umständen im Rückblick sogar ein „roter Faden", eine biographische Lebensthematik zu entnehmen ist?

Der französische Soziologe Pierre Bourdieu (1998) hat in dieser Hinsicht von einer „biographischen Illusion" gesprochen. Das tatsächliche Leben sei „immer nur eine zusammengewürfelte disparate Rhapsodie aus sich ständig verändernden biologischen und sozialen Eigenschaften ..., nur um den Preis einer gewaltigen Abstraktion kann er (der Biograph) als Beweis der Identität der *Person* als einer sozial feststehenden Individualität dienen" (1998, S. 80). Gesellschaftlich sanktioniert werde dieser Prozess einer Konstruktion von Individualitäten und Identitäten über Taufriten, Namensgebungen, Pässe, Kredit- und Versicherungsverträge usw. Man könne daher diesen konstruierten Verlauf einer Biographie erst wirklich *verstehen*, wenn man das zugrundeliegende System historisch gewordener Regeln und Mitakteure durchschaut habe. Die Biographie als Lebensbeschreibung wie als empirische Tatsache sei aus diesem historischen Deutungsmuster heraus zu verstehen, das auch die Suche nach Sinngebung für das eigene Leben motiviert, das sich in Selbstbeschreibungen äußere.

Bourdieu selber hat eine solche biographische Erzählung in Gestalt seines „soziologischen Selbstversuchs" (2002) vorgelegt. Der gesamte Text legt allerdings nahe, dass die akademischen Interessen und im weiteren Sinn sogar das Lebensprojekt des Autors in den oft schmerzlichen Ereignissen seiner Lebenserfahrungen wesentliche Motive haben. Sein Interesse für die „Grammatik" und hierarchische Form von Kultur, für die Festigung sozialer Unterschiede durch bestimmte Praktiken dieser Privilegien-Kultur korrespondiert jedenfalls augenfällig mit den biographischen Erfahrungen, die er als Kind wie auch später als junger Wissenschaftler mit diesem System machte. Erstaunlich weitgehend durch Sympathien und Antipathien im Hinblick auf Zeitgenossen und Zeitphänomene geprägt, ist sein biographischer Text daher alles andere als die im Nachwort von Franz Schultheis beschworene „teilnehmende Objektivierung", d. h. eine selbstreflexive Analyse der Konstruktionsregeln und historischen Umstände, die den eigenen Sprachgebrauch und die Erzählung der „Lebensgeschichte" steuern. Seine Verlegung des menschlichen Ichs in die gesellschaftliche Peripherie des Individuums, in den historischen Habitus, dürfte vielmehr ihrerseits ein Beispiel dafür sein, wie ausgeprägt auch eine soziologisch orientierte Hermeneutik durch das Regime historischer Denk- und Wahrnehmungsmuster gesteuert werden kann. Bourdieus „Erzählung" ist, so könnte man jedenfalls mit guten Gründen argumentieren, nur eine Spielart der gegenwärtig verbreiteten konstruktivistischen Attitüde, die sich in der Rede vom „Tod des Subjekts", von historischen Diskursen und fragilen Wirklichkeitsbildern artikuliert. Walsers vorsichtige, tastende Beschreibung eigener Erlebnisse, die keineswegs als Imponderabilien deklariert werden, ist in dieser Hinsicht nicht nur ein Kontrapunkt, sondern auch die kritische Verweigerung, den eigenen Sprachhabitus durch solche Zeitgeist-Phänomene steuern zu lassen.

„Jeder", so Walser gleich zu Beginn, „hat wahrscheinlich ... schon die Erfahrung gemacht, dass Literatur in der Naturgeschichte eines Lebens eine Rolle spielen kann, die so wichtig ist wie die Rolle des Vaters, des ersten Gewitters oder der ersten Eisenbahnfahrt." Diese wie weitere Bemerkungen machen deutlich, dass der Verfasser zwar ein bestimmtes modernes Muster biographischen Verstehens favorisiert, bei dem bestimmte Erfahrungen und Erlebnisse bestimmte Lebensmotive provozieren. Mir scheint jedoch unter der Perspektive einer kulturanalytischen Betrachtung des Textes doch auch noch ein weiteres, eher kritisches Moment bedenkenswert zu sein. Man könnte dabei an Friedrich Nietzsches pädagogische Forderung denken, eine bestimmte Form des *Sehens* zu lernen: „Dem Auge die Ruhe, die Geduld, das An-sich-herankommen-lassen angewöhnen; das Urteil hinausschieben, den Einzelfall von allen Seiten umgehn und umfassen lernen. Das ist die *erste* Vorschulung zur Geistigkeit: auf einen Reiz *nicht* sofort reagieren, sondern die hemmenden, die abschließenden Instinkte in die Hand bekommen." (Nietzsche 1997, S. 987). Nietzsches Forderung, Phänomene nicht zu rasch „auf den Begriff zu bringen", ihnen vielmehr mit phänomenologischer Aufmerksamkeit zu begegnen – und sie erst dann auch zu beurteilen, entspricht sehr genau jenem Habitus, den man in Walsers vorsichtiger Umschreibung jener Jugenderlebnisse findet, fast so, als sollten sie vor dem usurpatorischen Zugriff potentieller Kritiker geschützt werden. Ich hatte schon erwähnt, dass diese Vorsicht des Interpretierens und Urteilens ein wesentliches Merkmal selbstreflexiver hermeneutischer Forschung ist. Wenn die kulturanalytische Methode zu solchen Überlegungen führt, kann sie durchaus auch einen *kultur- oder ideologiekritischen* Akzent bekommen, sich also nicht nur affirmativ, sondern kritisch gegen eine bestimmte *Grammatik der Wirklichkeitslektüre* wenden (vgl. dazu auch Rittelmeyer 2003). In diesem Sinne wird eine Hermeneutik, die klassische Interpretationstechniken (→ Abschnitte 2.1 bis 2.5) mit einem umfassenderen und (selbst)kritischen Zugang zur menschlichen Lebenswelt überhaupt verbindet, nicht nur ein Unternehmen *vielseitig gebildeter* Forscherinnen und Forscher, sondern auch ein *bildender* Prozess – ein Aspekt, der in der sogenannten *pragmatischen Hermeneutik* häufiger betont worden ist (Rittelmeyer/Parmentier 2007, S. 15 f.). Hermeneutik wird dann gerade durch ihre beschriebene umfassende Methodisierung zu einem bildenden rationalen „Können, das besondere Feinheit des Geistes verlangt" (Gadamer 1975, S. 290).

Literatur

Bätschmann, Oskar 2001: Einführung in die kunstgeschichtliche Hermeneutik. Darmstadt.
Birus, Hendrik (Hg.) 1982: Hermeneutische Positionen. Schleiermacher. Dilthey. Heidegger. Gadamer. Göttingen.
Bourdieu, Pierre 1998: Praktische Vernunft. Zur Theorie des Handelns. Frankfurt/M.
Bourdieu, Pierre 2002: Ein soziologischer Selbstversuch. Frankfurt/M.
Buber, Martin 1986: Begegnungen. Autobiographische Fragmente. Heidelberg.
Dahlhaus, Carl (Hg.) 1975: Beiträge zur musikalischen Hermeneutik. Regensburg.
Danner, Helmut 2003: Was ist *pädagogische* Hermeneutik? In: Pädagogische Rundschau 57. S. 201-211.
Danner, Helmut 2006: Methoden geisteswissenschaftlicher Pädagogik. Einführung in Hermeneutik, Phänomenologie und Dialektik. München.
Foucault, Michel 2004: Hermeneutik des Subjekts. Frankfurt/M.
Frank, Manfred 1989: Das Sagbare und das Unsagbare. Frankfurt/M.
Gadamer, Hans-Georg 1960/1975: Wahrheit und Methode. Grundzüge einer philosophischen Hermeneutik. Tübingen.
Gadamer, Hans-Georg 1974: Hermeneutik. In: Ritter, Joachim (Hg.): Historisches Wörterbuch der Philosophie. Band 3. Basel/Stuttgart. S. 1061-1073.
Gadamer, Hans-Georg/Gottfried Boehm (Hg.) 1976: Seminar: Philosophische Hermeneutik. Frankfurt/M.
Grondin, Jean 2001: Einführung in die philosophische Hermeneutik. Darmstadt.
Hörisch, Jochen 1998: Die Wut des Verstehens. Zur Kritik der Hermeneutik. Frankfurt/M.
Jauß, Hans Robert 1994: Wege des Verstehens. München.
Jung, Matthias 2007: Hermeneutik zur Einführung. Hamburg.
Lacan, Jaques 1996: Schriften I. Herausgegeben von Norbert Haas. Weinheim/ Berlin.
Marquard, Odo 1981: Frage nach der Frage, auf die die Hermeneutik die Antwort ist. In: Ders.: Abschied vom Prinzipiellen. Stuttgart. S. 117-146.
Mollenhauer, Klaus 1985: Anmerkungen zu einer pädagogischen Hermeneutik. In: Neue Sammlung 25. S. 420-432.
Moritz, Karl Philipp 1979: Anton Reiser. Ein psychologischer Roman. Frankfurt/M.

Müller, Hans-Rüdiger (Hg.) 2005: Die Kunst der Benennung. Autobiographische Bildungsforschung am Beispiel von Hans-Joseph Ortheils Essay „Das Element des Elephanten". Göttingen/Osnabrück.
Nassen, Ulrich (Hg.) 1979: Texthermeneutik. Aktualität, Geschichte, Kritik. Paderborn.
Nietzsche, Friedrich Wilhelm 1997: Götzen-Dämmerung. In: Ders.: Werke Band 2. Hrsg. von Karl Schlechta. Darmstadt.
Ricœur, Paul 1986: Du texte à l'action. Paris.
Ricœur, Paul 2005: Das Selbst als ein Anderer. München.
Rittelmeyer, Christian 2003: Was kennzeichnet hermeneutische Forschung? In: Zeitschrift für Erziehungswissenschaft 6. S. 532-549.
Rittelmeyer, Christian/Heike Klünker 2005: Lesen in der Bilderschrift der Empfindungen. Erziehung und Bildung in der klassischen griechischen Antike. Stuttgart.
Rittelmeyer, Christian/Michael Parmentier 2007: Einführung in die pädagogische Hermeneutik. Darmstadt.
Scheller, Wolf 2007: „Heimat ist Nichtmehrhaben". Martin Walser über seine Herkunft, Religion und Politik: „Der Zeitgeist braucht Aufgeregtheiten". In: Hessische Allgemeine vom 24. März.
Schleiermacher, Friedrich 1977: Hermeneutik und Kritik, herausgegeben und eingeleitet von Manfred Frank. Frankfurt/M.
Schnädelbach, Herbert 1981: Morbus hermeneuticus. In: Zeitschrift f. Didaktik d. Philosophie 30. Heft 1. S. 3-6.
Szondi, Peter 2001: Einführung in die literarische Hermeneutik. Frankfurt/M.
Walser, Martin 1965: Hölderlin auf dem Dachboden. In: Ders.: Erfahrungen und Leseerfahrungen. Frankfurt/M. S. 113-123.
Walser, Martin 2002a: Hölderlin auf dem Dachboden. In: Ders.: Aus dem Wortschatz unserer Kämpfe. Prosa, Aufsätze, Gedichte. Frankfurt/M. S. 127-136.
Walser, Martin 2002b: Mein Schiller. In: Ders.: Aus dem Wortschatz unserer Kämpfe. Prosa, Aufsätze, Gedichte. Frankfurt/M. S. 139-152.
Wernet, Andreas 2006: Einführung in die Interpretationstechnik der objektiven Hermeneutik. Wiesbaden.

Detlef Garz

Objektive Hermeneutik

Als Analyseverfahren für qualitatives Datenmaterial wurde die Objektive Hermeneutik seit den 1970er Jahren vom Frankfurter Soziologen Ulrich Oevermann entwickelt. Sie grenzt sich ab von der klassischen Hermeneutik (→ Rittelmeyer), indem sie zwischen dem subjektiv-intentionalen und dem objektiv-latenten Sinn unterscheidet und nach den sozialen Regeln fragt, nach denen Menschen handeln. Oevermann hat in den vergangenen mehr als vierzig Jahren ein ebenso umfangreiches wie kreatives Werk – bis hin zu seiner fulminanten Abschiedsvorlesung (vgl. Oevermann 2008) – unter der Überschrift ,Objektive Hermeneutik' vorgelegt, innerhalb dessen *methodologische* und *methodische Überlegungen* untrennbar verbunden mit der *theoretischen Konzeption* sind[1]. Mehr noch: Theorie und Methode müssen als zwei Elemente einer Einheit verstanden werden – als Elemente, die auf einer horizontalen Ebene nicht nur in einem Passungsverhältnis zueinander stehen, sondern als Elemente, die in ihrer vertikalen Entwicklung wechselseitig im Prozess der Ausarbeitung der Konzeption auseinander hervorgegangen sind: Theoretische und methodische Probleme gaben den Anstoß zur Formulierung einer vollständig neuen Methodik, die wiederum zur Aufdeckung neuer theoretischer Sachverhalte beigetragen hat, welche wiederum auf die Methodik zurückgewirkt haben, die wiederum usw. usw. Für die Objektive Hermeneutik ist dieses wechselseitige Bedingungsverhältnis konstitutiv und sie sieht die Schwäche vieler anderer Verfahren der ,qualitativen Forschung' gerade darin, den systematischen Zusammenhang von Theorie und Methode zu vernachlässigen und dabei zu unterstellen, Theorien und Methoden ließen sich auf mehr oder weniger beliebige Art und Weise zusammenbinden. Häufig wird dann die Methode an einen zuvor entworfenen Theoriekosmos ,angehängt' oder gar auf jegliche Theorie verzichtet.

Der folgende Beitrag gibt eine methodologische und anwendungsbezogene Einführung in die objektive Hermeneutik, er erläutert theoretische Grundlagen und Arbeitsschritte.

---

1 Im ersten Teil dieses Aufsatzes greife ich auf einen gemeinsam mit Friedhelm Ackermann verfassten Artikel zurück (Garz/Ackermann 2006).

Die theoretische Grundlegung

Der Grundbegriff der Oevermann'schen Theorie ist der der Lebenspraxis. Um ihn zu erläutern, sollen, sehr plakativ, einige anthropologische Annahmen eingeführt werden, die auch aus einer historischen Perspektive deutlich machen, was eine genuin menschliche Lebenspraxis auszeichnet, wobei unter Lebenspraxis die Aktivitäten von Subjekten – sowohl von Individuen als auch von Familien, Gruppen, Organisationen oder Nationen – gefasst werden können.

Gattungsgeschichtlich wird der Übergang zum Menschen, d.h. von der Natur zur Kultur, durch die Sprache markiert, der eine zentrale Bedeutung bei dieser Zäsur zukommt (vgl. zum Folgenden Oevermann 1995). Oevermann spricht in diesem Zusammenhang von einer ‚Transformationsdimension', die mit der Sprache einhergeht. Diese Dimension besteht vor allem darin, dass die Sprache sehr spezifische Auswirkungen für die menschliche Lebenspraxis hat.

Zentral bestehen diese darin, dass der menschlichen Sprache eine Bedeutungsfunktion in dem Sinne zukommt, dass sie für jede Lebenspraxis sowohl einen raum-zeitlichen Handlungs- als auch einen Spielraum eröffnet. Unter Handlungsraum wird dabei jede Tätigkeit im ‚Hier und Jetzt', also der Gegenwart, verstanden. Er betrifft die ‚Mitte des Menschen' und ist insofern in seiner anthropologischen Bedeutung mit dem Status zu vergleichen, der auch Tieren, vor allem den Primaten, zukommt. Dem steht jener Bereich gegenüber, den Oevermann als Spielraum kennzeichnet und der jene reflexiven Anteile umfasst, die den Menschen vom Tier unterscheiden. So enthält er jene ontogenetischen Elemente der Bildung von Hypothesen, wie sie exemplarisch von Jean Piaget untersucht wurden, oder des kontrafaktischen Denkens und Argumentierens, das von Habermas herausgestellt wurde. Diese typischerweise dem Menschen zugehörigen Kompetenzen ermöglichen es dem Menschen, und nur dem Menschen, schließlich, Betrachtungen über Vergangenheit und Zukunft – auch über den (eigenen) Tod hinaus – anzustellen.

In diesem Zusammenhang verweist Oevermann ausdrücklich auf die Möglichkeit und zugleich Unabwendbarkeit des menschlichen Umgangs mit den folgenden Fragen:

- Woher komme ich (Geburt und Vorfahren)?
- Wer bin ich (Identität)? Sowie:
- Wohin gehe ich; wer will und werde ich sein?

Diese Fragen sind ubiquitär; sie stellen sich für alle Menschen, und zwar als strukturelles Problem der Bewältigung von Lebenspraxis; Oevermann bezeichnet sie als Fragen nach der Bewährung des Menschen. Es sind Fragen, denen wir nicht ausweichen können. Selbst wenn wir sie nicht direkt stellen, und selbst wenn wir sie nicht zu beantworten suchen, entkommen wir, solange wir überhaupt als Subjekte an einer Lebenspraxis teilnehmen, einer wie auch immer gearteten impliziten Beantwortung nicht, einfach dadurch, dass wir unser Leben führen.

Mit der Etablierung eines Spielraums, der uns als Subjekte aus der Eingebundenheit in das ‚Hier und Jetzt' des Gegenwärtigen herausführt, gilt dann aber auch: ‚Wer die Wahl hat, hat die Qual' (vgl. Fehlhaber 2004). Als ‚Kinder der Aufklärung' können wir nicht nur, sondern wir müssen wählen. Das heißt, wir müssen tätig werden, ohne Ergebnisgewissheit zu haben. Diese Konstellation fasst Oevermann unter der Überschrift einer (dialektischen) Verbindung von Entscheidungszwang und Begründungsverpflichtung zusammen.

Lebenspraktische Entscheidungen unterliegen in aller Regel keinem Richtig-Falsch-Kalkül. Wir haben es mit Vernunft und nicht mit Rationalität zu tun, was bedeutet, dass es keinen vorgängigen Maßstab gibt, der uns in der Richtigkeit unserer Entscheidungen in unbedingt sicherer Weise anleiten könnte. Daraus folgt, so Oevermann, dass es sich um eine ‚begründungslose Entscheidung' handelt, also um eine mit Risiko behaftete Entscheidung, die nicht von einer übergeordneten Instanz, z.B. Gott, ‚gedeckt' bzw. vom Stärkeren her legitimiert werden kann. Im Umkehrschluss folgt dann aber daraus auch, dass genau diese Unwägbarkeit die Offenheit von Zukunft und damit zu allererst die Entstehung des Neuen ermöglicht.

Paradigmatisch für diese Krisen der Entscheidung steht das adoleszente Subjekt, das sich (in dieser Formulierung in modernen westlichen Gesellschaften, im Prinzip aber generell) mit der zu einer Krise führenden Frage auseinandersetzen muss: ‚Was will ich, die/der sich nun von ihren/seinen Eltern loslöst (und auch über die kognitiven Kompetenzen verfügt, dies zu tun), werden?' bzw. ‚Was will ich aus/mit meinem Leben machen – worin liegt meine Bewährung?'[2] Die Adoleszenzkrise kann nun gerade daher so heftig verlaufen, weil dem Subjekt Optionen offenbar werden, die im Sinne einer offenen und damit zugleich unsicher werdenden Zukunft entstehen und denen es sich nicht entziehen kann.

Menschliche Tätigkeiten finden also im Wechsel zwischen Handlungsraum und Spielraum statt, die ihrerseits den Ort schaffen für das Wechselspiel von Entscheidungszwang und Begründungsverpflichtung. Jede Lebenspraxis trifft auf Vorgefundenes, das in der Form von Routinen für deren fortlaufenden Charakter einsteht. Davon abzuheben sind Krisen, die in einem dialektischen Verhältnis zu Routinen stehen. Ja, es lässt sich sagen, dass Lebenspraxen durch das Aufeinandertreffen und die Abfolge von Krise und Routine gekennzeichnet sind, wobei das ‚Emergente', das ‚I' im Sinne von

---

2 Antworten auf diese Fragen müssen auf den Feldern der Partnerschaft, des Berufs und der Vergemeinschaftung/Staatsbürgerschaft gegeben werden (vgl. Oevermann 2001, S. 112).

George Herbert Mead, aus dem Umgang und der Auseinandersetzung mit Krisen seine Bedeutung bezieht.

Oevermann unterscheidet drei Formen, die Krisen annehmen können (vgl. Oevermann 2004 b).

- Die Krise im Sinne des Eintritts von ‚brute facts', also als Geschehnis, das unvermittelt auf die Lebenspraxis einstürzt (z. B. ein Unfall);
- die Krise im Sinne Entscheidungen, also als Verpflichtung, die sich (wie bereits erläutert) einer Lebenspraxis notwendigerweise stellt und schließlich
- die Krise durch Muße (in Kunst und Wissenschaft, aber auch – gewissermaßen als Vorläuferin dazu – in der Entwicklung des Kindes), also als Ereignis, das sich aufgrund von Kontemplation und Reflexion einstellt.

Lebenspraktisch zentral ist die Entscheidungskrise, die sich in Permanenz stellt, während sowohl die Krise durch Muße für das erwachsene Subjekt eher eine besondere Stellung einnimmt, die in den genannten, speziell ausdifferenzierten Räumen behandelt wird, als auch die Krise durch spontan einbrechende ‚brute facts' Ausnahmecharakter in dem Sinn hat, dass sie nur im Nachhinein bearbeitet oder abgearbeitet werden kann.

Sehr deutlich tritt die Bedeutung der Entscheidungskrise am Beispiel der Ontogenese hervor, hier, wie angesprochen, wiederum am Übergang von der Adoleszenz in das Erwachsenenalter. Insgesamt sind die ontogenetischen Krisen konstitutiv für die Verschränkung von Umwelt und dem sich entwickelnden Menschen. Sie sind als Strukturprobleme gegeben, und zur Beantwortung müssen Routinen gebildet werden, um in Permanenz auf diese Herausforderungen reagieren zu können[3]. Jede Krise muss sodann wiederum ‚still gestellt' werden, um die nachfolgende bewältigen zu können.

In diesem Zusammenhang tritt auch die Relevanz und der Stellenwert von Institutionen bzw. Organisationen hervor: Jede Institution bzw. Organisation ist eine Antwort auf ein Problem, eben auf eine Krise, wie man sich leicht deutlich machen kann, wenn man an Einrichtungen wie Ehe/Familie, Schule oder Universität denkt.

Lebenspraxis bildet, erhält und transformiert sich, damit nähern wir uns an unsere methodischen und forschungspraktischen Überlegungen an, nach rekonstruierbaren Regeln. Zunächst ist es plausibel, dass die Bildungsgeschichte einer an ein Subjekt gebundenen Lebenspraxis sich im Wechsel-

---

3 Oevermann (2004 b) unterscheidet die folgenden Krisen der Ontogenese:
- Die Ablösungskrise der Geburt;
- die Ablösung aus der frühkindlichen Mutter-Kind-Symbiose;
- die Ablösung aus der ödipalen Triade sowie
- die Ablösung aus der Herkunftsfamilie durch die Bewältigung der Adoleszenzkrise.

und Zusammenspiel von universellen Regeln einerseits[4] und sozio-historischen Regeln andererseits[5] vollzieht. In ihrem Zusammenwirken bilden diese Regeln in ihrer jeweiligen Gemengelage immer auch eine Sequenz, die von Oevermann im Sinne eines unaufhörlichen Ablaufs von Eröffnung und Beschließung von Sozialität konzipiert wird. Der prototypische Fall hierfür findet sich im Akt der Begrüßung, der in seiner einfachsten Form genau aus zwei Elementen – dem Gruß und Zurückgrüßen – besteht. Oevermann bezeichnet diese beiden miteinander verlinkten Elemente als *Erzeugungsparameter* sowie als *Auswahl- und Entscheidungsparameter* (vgl. Oevermann 2000, S. 64ff.).

Bleiben wir beim Beispiel der an ein Subjekt gebundenen Lebenspraxis, so umfasst der Erzeugungsparameter alles, was Kultur und Natur als Rahmungen für dieses Leben bereit stellen, zuvörderst Regeln, die „in Universalien fundiert sind" (Oevermann 2000, S. 74), wie Kognition und Sprache, aber auch, und für jede Interpretation von unmittelbarer Bedeutung, Regeln von geringer Reichweite, z. B. gruppen- oder milieuspezifische. Dieses Regelwerk, die Eröffnung, Beschließung und neue Eröffnung der Praxis, lässt sich mit dem auf einer Analyse dieser Sequenzen beruhenden Verfahren der Objektiven Hermeneutik rekonstruieren, so dass die Eingebettetheit eines Lebens als Lebenspraxis in seine Umwelt zum Vorschein kommt. Es wird deutlich, was der jeweilige Fall ‚ist', aber auch, indem in der methodischen Arbeit Optionen benannt werden können, was der Fall nicht ist, aber hätte sein oder werden können.

Diesem Erzeugungsparameter steht der Auswahl- bzw. Entscheidungsparameter gegenüber, der dafür verantwortlich zeichnet, wie ein Ablauf sich tatsächlich vollzieht, d. h. welche Wahlen bzw. Entscheidungen vom Subjekt angesichts einer Palette an Möglichkeiten faktisch getroffen wurden. So zeigt sich, ob im Falle einer Begrüßung dieser Gruß erwidert wurde und gegebenenfalls auch, wie dieser Gruß erwidert wurde (kurzes Nicken, Ziehen des Hutes, Umarmung etc.). Denkt man an längere Ketten der Sequenzierung, so bietet sich als Prototyp zur Erläuterung der Dialektik von Erzeugungs- und Auswahl- bzw. Entscheidungsparameter die Biographie bzw. Autobiographie an: Am mit der Biographie einhergehenden Zeitpfeil können Einbettungen und Optionen in dem Sinne eingesehen und abgetragen werden, dass sich permanent Möglichkeiten eröffnen, die durch Akte der Wahl, also durch Entscheidungen, in eine bestimmte Richtung gelenkt und dadurch (vorläufig) geschlossen werden. Das gilt für so genannte ‚große Entscheidungen': Soll ich nach dem Abitur studieren, eine Lehre aufnehmen, Zivildienst leisten oder etwas ganz anderes machen, wie für ‚klei-

---

4 Wie Sprache, Kognition und Moral, deren Entwicklung einer Logik des Zuerst und des Danach folgt.
5 Diese Regeln sind kulturell und historisch spezifisch, und für ihre Begründung gibt es kein ‚knock-down' Argument, so ist es z. B. eine Sache der Übereinkunft, ob Rauchen mit 12, 14 oder auch 16 Jahren erlaubt sein soll.

ne Entscheidungen', die zum Beispiel aus der ersten folgen: Was soll ich studieren? Wenn ich mich für das Fach X entscheide, wo kann ich, wo will ich es tun? Oder noch tiefer heruntergebrochen: Soll ich heute ins Seminar gehen, soll ich mich darauf vorbereiten usw.? In klassischer Formulierung findet sich das hier aufgezeigte Muster bei Karl Marx. „Die Menschen machen ihre Geschichte, aber sie machen sie nicht aus freien Stücken, nicht unter selbstgewählten, sondern unter unmittelbar vorgefundenen, gegebenen und überlieferten Umständen." (Marx 1852/1969, S. 115)

Zur Systematik der Vorgehensweise: Die Erschließung von ‚Ausdrucksgestalten' der Realität

Wie sieht nun der methodische Zugriff aus, mit dem die Objektive Hermeneutik Lebenspraxis erschließt oder, in den Worten Oevermanns, mit dem sie die Sinnstrukturiertheit von Welt, d.h. das, was die Praxis konstruiert hat, nun methodisch rekonstruiert? Wichtig ist zu betonen, dass im Mittelpunkt der Analyse ‚latente Sinnstrukturen' stehen, „also jene abstrakten (...) Konfigurationen und Zusammenhänge (...), die in ihrem objektiven Sinn durch bedeutungsgenerierende Regeln erzeugt werden und unabhängig von unserer je subjektiven Interpretation objektiv gelten" (Oevermann 2004, S. 102).

Wie eingangs erläutert, bilden erneut Theorie und Methode die beiden Seiten einer Medaille. Insofern durch Praxis ein System von Regeln konstituiert wird, ist es angemessen, diese Regeln in ihrem Ablauf, also sequenzanalytisch, zu rekonstruieren. Dies kann nicht anders geschehen als durch die Inanspruchnahme unserer ‚intuitiven Regelkompetenz', über die wir als Erwachsene immer schon verfügen und die wir auf der Ebene der Forschung „durch [unsere] methodisch explizite Auslegung (...) realisieren" (Oevermann 2004a, S. 202). Es sind also genau diejenigen Regeln, die Praxis erzeugen, die wir auch zu ihrer Entschlüsselung in Anspruch nehmen. Die Sequenzanalyse, so Oevermann im Anschluss an Adorno (ebd., S. 203), schmiegt sich unmittelbar an die Lebenswirklichkeit, wie sie sich im Protokoll niederschlägt, an[6]. Sie rekonstruiert sowohl die Regeln der Erzeugung von Lebenspraxis als auch diejenigen der Auswahl, so dass wir es immer mit mindestens drei Zügen der Rekonstruktion zu tun haben. Diese Minimalsequenz verläuft wie folgt:

1. Es liegen die von der vorhergehenden Sequenz erzeugten Anschlussmöglichkeiten vor,
2. hieraus wählt die jeweilige Praxis (das Subjekt, die Institution oder Organisation) eine aus und macht sie durch den Vollzug zur Wirklichkeit und
3. schafft damit wiederum neue Anschlussmöglichkeiten.

---

6 Realität kann immer nur über Protokolle erschlossen werden, wo kein Protokoll vorliegt, kann keine Interpretation erfolgen. Insofern lässt sich die Objektive Hermeneutik in ihrem wissenschaftstheoretischen Status als ‚methodologischer Realismus' (vgl. Oevermann 1993, S. 116ff.) bezeichnen.

Wenden wir uns nun der Forschungspraxis der Feinanalyse zu: Zu den Ausgangsanforderungen der interpretativen Arbeit der Objektiven Hermeneutik (zu deren ‚Kunstlehre') gehört, dass die Interpretation am Text bzw. am Protokoll in einer Gruppe zu erfolgen hat. Damit wird sicher gestellt, dass sowohl eine Vielfalt an Deutungsalternativen (‚Lesarten') in die Diskussion eingebracht werden kann als auch die Möglichkeit zur intensiven Auseinandersetzung bei einem ‚Kampf um den Text' besteht. Schließlich wird hiermit bereits eine intersubjektive Ergebnissicherung grundgelegt.

In den folgenden Abschnitten werden die konkreten Vorgehensweisen der Objektiven Hermeneutik sowie die damit einhergehenden Überlegungen und Vorkehrungen im Hinblick auf die Auswertung (die Maßgaben und Maßnahmen) der Protokolle analytisch in fünf Schritte unterteilt, so dass das komplexe Muster ausgeleuchtet werden kann und in seiner *prozessualen* Forschungspragmatik zum Ausdruck kommt (vgl. für eine ähnliche, aber wesentlich umfangreichere Darstellung unter Hinzufügung mehrerer Beispiele Wernet 2006).

Festlegung der Fragestellung im Hinblick auf das Forschungsinteresse

Das Vorgehen bei der Auswertung beginnt mit der Formulierung einer konkreten Fragestellung, im Hinblick auf die das Protokoll analysiert, also erschlossen werden soll. Ohne diese Vorgabe kann keine sinnvolle Interpretation erfolgen; sie würde sich im Gegenteil im Vagen verlieren bzw. von einer Idee zur nächsten ‚hangeln', da ja an jeden Text prinzipiell unendlich viele potentiell Erkenntnis aufschließende Fragen herangetragen werden können. So, um nur ein einfaches Beispiel zu nennen, sind es in der Forschungspraxis üblicherweise die Inhalte eines Interviews, die von Interesse sind, aber auch die Interviewsituation oder die Interviewführung können einer Interpretation unterzogen werden und bilden dann das fragwürdige Thema.

Feststellung des Texttyps

Vor der Interpretation des Protokolls muss eine Bestimmung des Texttyps erfolgen, um die Interaktionsrahmung bzw. Interaktionseinbettung des Dokuments erschließen zu können. Konkret bedeutet dies, dass zu Beginn einer Auswertung die Frage zu beantworten ist, in welcher Form das Dokument bzw. Protokoll vorliegt: Handelt es sich beispielsweise um ein Interview, eine Videoaufzeichnung, einen Brief, ein Poster, ein Bild oder eine Fotografie oder auch eine Akte aus einem Archiv? Aufgrund des Erschließens dieser Rahmung lässt sich die folgende Frage beantworten: Welche Interaktionspragmatik ‚gilt' für die jeweilige Textgattung?

Um Beispiele zu nennen:

- Für das Interview: Was bedeutet es, ein Interview zu führen und warum wird es überhaupt geführt? Welche Verteilung der Redebeiträge ist zu erwarten? Ist für die Fragestellung (siehe erstens) ein Einzelinterview (z. B. im Rahmen der Biographieforschung) oder ein Gruppeninterview (zur Feststellung von Gruppenphänomenen) – z. B. bei Untersuchungen zur Fankultur im Sport oder im Sinne einer ‚focus group' angemessen? Generell: Für welche Fragestellungen bietet sich das Interview als Form der Datenerhebung an?
- Für Briefe: Was heißt es, einen Brief zu schreiben? Warum wird diese Form des schriftlichen Ausdrucks gewählt? Wann und warum werden Briefe geschrieben, obwohl z. B. face-to-face-Interaktionen möglich wären? Konkreter: Weshalb werden Briefe mit einem Datum versehen? Lässt sich – und wenn ja wie – Emotionalität in brieflicher Form adäquat transportieren (vgl. die Interpretation des Briefes eines Schulleiters an die Eltern der Schülerinnen und Schüler in Aufenanger/Garz/Kraimer 1994)?
- Für Fotos: Aus welchem Grund werden Fotos erstellt? Handelt es sich um geplante oder ‚einfach so' entstandene (‚Schnappschüsse') Bilder? Wie können formale und inhaltliche Aspekte in der Interpretation verbunden werden (vgl. ausführlich Beck 2003; Peez 2006; → Fuhs).

Diese Überlegungen müssen selbstverständlich für jede Textgattung nur einmal – eben zu Beginn des Forschungsprojekts – durchgeführt werden.

Sequentielle Vorgehensweise

Mit diesem Schritt schmiegt sich die Auswertung der Materialien an die Ablaufgestalt der Lebenspraxis an. Insofern handelt es sich bei der streng sequenzanalytischen Vorgehensweise um das Kernstück objektiv-hermeneutischer Interpretation; d. h. der Text wird Zug um Zug, Satz für Satz, Bedeutungseinheit für Bedeutungseinheit, interpretiert, ohne dass Sequenzen, die später generiert wurden und entsprechend später im Protokoll ‚auftauchen' herangezogen werden. Damit soll im Gegensatz zu den klassischen Hermeneutiken – etwa derjenigen Gadamers – das Vorwissen, also etwa auch Äußerungen, die an späterer Stelle im Text folgen, aber bereits bekannt sind, systematisch ausgeblendet werden, um eine Zirkelhaftigkeit der Interpretation begründet ausschließen zu können. Technisch formuliert impliziert diese Haltung ‚der künstlichen Naivität', dass ein Wissen über den *inneren Kontext* des Protokolls, das den Interpreten aus welchen Gründen auch immer bereits zur Verfügung stehen mag, beispielsweise, da der Interviewer oder die Interviewerin an der Interpretation teilnimmt, *niemals* zur Analyse herangezogen werden darf. Der *fallunspezifische äußere Kontext* hingegen, also alles, was zwar in den Rahmen des Dokuments gehört, ihn affiziert, aber nicht in ihm ausgedrückt wird, kann und soll maximal ausgeschöpft werden, da hiermit lediglich eine Erhöhung des zur Interpretation eingesetzten Wissens erreicht wird[7]. So kann z. B. in einschlägigen Veröffentlichungen (Lexika, Statistiken, Handbüchern usw.) recherchiert werden, um zu Angaben über interessierende Sachverhalte zu gelangen. So, ob ein bestimmtes Heiratsalter in einer bestimmten historischen Periode in einer bestimmten Gesellschaftsschicht ‚üblich', ‚spät' oder ‚früh' war, oder, um ein anderes Beispiel zu nennen, wie die Erbfolge bei Bauern in der hessischen Rhön im späten 19. Jahrhundert geregelt war oder, schließlich, welche unterschiedlichen gesetzlichen Auflagen z. B. bei der Emigration aus dem nationalsozialistischen Deutschland vor und nach dem 9. November 1938 für jüdische Bürger zu erfüllen waren.

Extensive Sinnauslegung

In einem gerade nicht auf ‚frühe Einigung' abzielenden Argumentationsprozess innerhalb der Interpretationsgruppe werden alle mit dem vorliegenden Dokument kompatiblen Deutungen – in der Sprache der Objektiven Hermeneutik: alle Lesarten – gedankenexperimentell generiert. Als einziges Ausschlusskriterium gilt hierbei die Nichtübereinstimmung einer Lesart mit dem vorliegenden Protokoll; allerdings dürfen auch vermeintlich eher nicht wahrscheinliche Lesarten nicht von vornherein ausgeschlossen werden. Ich will das Formulieren von Lesarten am Beispiel einer Interaktionseröffnung erläutern. Es soll aus Gründen der vereinfachenden Darstellbarkeit die allgemeine Fragestellung gelten: ‚Um welchen sozialen Zusammenhang handelt es sich hier?', ‚In welchem Kontext ist dies eine regeladäquate, also vernünftige Äußerung?' (für eine vollständige Analyse vgl. Caesar-Wolf/ Roethe 1983).

X.: „Na, was macht Deine Kette, wie weit bist Du denn?"

Welche Lesarten können aufgrund dieser Sinneinheit als mit dem Dokument kompatibel generiert werden? Ich nenne einige Lesarten, die diese Bedingung erfüllen, ohne damit Vollständigkeit im Hinblick auf mögliche Varianten zu beanspruchen:

a) Der Goldschmied fragt seinen Lehrling nach dem Stand seiner Arbeit.
b) Der Organisator einer Menschenkette fragt den für einen bestimmten Abschnitt Verantwortlichen.
c) Die Kindergärtnerin/der Lehrer fragt ein Kind aus der Gruppe/Klasse nach seiner Perlenkette.
d) Die Lehrerin fragt nach dem Stand der Kettenrechnung.
e) Zwei Manager unterhalten sich über den Ausbau ihrer Filialen.
f) Der Feldwebel fragt nach dem Zustand der Panzerkette.

Wie man sieht, stellen die Lesarten a bis f durchaus realistische Varianten dar, innerhalb deren die zitierte Frage situiert sein kann.

---

7 Angesprochen ist hier die „Forschungspsychologie der Produktion von Einfällen von Lesarten" (Oevermann 2004, S. 127).

Dem bisher Gesagten sind noch einige weitere Überlegungen hinzuzufügen:

- Erstens: Die ursprüngliche und erstmalige Interaktionsaufnahme, die explizite Herstellung von Sozialität im Sinne des Wahrnehmens und Akzentuierens aus dem Interaktionsstrom heraus und damit einhergehend auch selektiven Agierens innerhalb des Interaktionsstroms, bedarf bei der Interpretation einer hervorgehobenen Beachtung. Wie und auf welche Weise wir uns zu Beginn eines sozialen Austauschs – eines ‚social give-and-take' (J. M. Baldwin) – präsentieren, präfiguriert den weiteren Interaktionsablauf in der Regel auf nachhaltige Weise. Die Art und Weise sowie die inhaltliche Ausgestaltung der Interaktionseröffnung, das, was wir alltagssprachlich den ‚ersten Eindruck' nennen, haftet uns an und ist nur sehr schwer wieder zu modifizieren; wollen wir diesen Eindruck wieder ändern, sind umfangreiche soziale ‚Reparaturleistungen' vonnöten (vgl. Oevermann 2000, S. 75 f.).

- Zweitens: Zum einen lässt sich der Umfang beziehungsweise die Länge des zu interpretierenden Ausschnitts (das gilt auch für die Gesamtlänge des zu interpretierenden Protokolls) nicht theoretisch a priori festlegen. Gesucht wird jeweils nach einer Sinneinheit, die bei schriftlichen Dokumenten in der Regel nicht länger als ein Satz ist, häufig jedoch – je nach Komplexität und Satzlänge – nur einen Teil davon umfasst; gelegentlich konzentriert sich die Interpretation sogar nur auf ein Wort. Letztes geschieht häufig zu Beginn einer Interpretationseinheit: Zum Beispiel, um zu klären, was es bedeutet, wenn ein Satz mit einem zusammenfassenden bzw. Zäsur setzenden ‚also' beginnt, oder wenn ‚ja' bzw. ‚nein' als Einwortsätze verwendet werden, etc. Als hilfreich hat sich hier der Rückgriff auf Veröffentlichungen zur Sprachpragmatik erwiesen, die gewissermaßen ein ‚Lexikon zur alltäglichen Redeverwendung' zur Verfügung stellen (vgl. Weinrich 1993).

- Drittens: Wichtig ist der Hinweis, dass auch nicht-sprachliche Texte mit Hilfe der objektiven Hermeneutik interpretiert werden können, obwohl hier häufig keine Sequenzen im Sinne des unmittelbaren Zug-um-Zug-Ablaufs vorliegen. Beispielsweise kann sich das Vorgehen an einem ‚ikonischen Pfad und Zentrum' (Loer 1994) im Sinne einer „schrittweise(n) Auslegung der bildimmanenten Zusammenhänge" (Oevermann 2000, S. 107) orientieren (vgl. auch Englisch 1991, Ackermann 1994; Haupert 1994; zusammenfassend und weiter führend Beck 2003). Lenssen und Aufenanger (1986, S. 123 ff.) haben dieses Problem bei der Interpretation von Filmen unter Zugrundelegung umfangreicher Partituren, also einer besonderen Form der Notation, gelöst (vgl. dazu insgesamt Oevermann 2000, S. 108 ff.).

- Viertens: Weiterhin ist auf zwei Prinzipien zu verweisen, denen bei der Arbeit am Text eine entscheidende Bedeutung zukommt. Es handelt sich zum einen um das Totalitätsprinzip, zum anderen um das Wörtlichkeitsprinzip. Das erste Prinzip beinhaltet die Forderung, dass der ausgewählte

Teil des Protokolls in seiner Gesamtheit zu interpretieren ist. „Für den zur Sequenzanalyse ausgewählten Protokollabschnitt gilt grundsätzlich, daß darin alles, das heißt jede noch so kleine und unscheinbare Partikel, in die Sequenzanalyse einbezogen und als sinnlogisch motiviert bestimmt werden muß." (Ebd., S. 100) Nichts innerhalb des Dokuments darf als unwichtig, einzig dem Zufall geschuldet, also als sinn-los, aus der Analyse ausgeschlossen werden (vgl. hierzu die ausführliche Diskussion unter der Überschrift Extensivität bei Wernet 2006, S. 32 ff.). Diesem Prinzip steht, das Gesagte in gewisser Weise einschränkend, das Wörtlichkeitsprinzip gegenüber, das besagt, „nur das in die Rekonstruktion von sinnlogischen Motivierungen einfließen zu lassen, was auch tatsächlich im zu analysierenden Text bzw. Protokoll lesbar ... markiert und deshalb vom Text ‚erzwungen' ist" (Oevermann 2000, S. 103). Zusammenfassen lassen sich die beiden sich gegenläufig verschränkenden Prinzipien unter dem Schlagwort: Interpretiere (aus Deiner Auswahl) alles und folge dabei wiederum exakt dem Inhalt des Dokuments.

- Fünftens: Abschließend lassen sich jetzt Angaben zur Datenbasis formulieren. Die Forschungspraxis hat gezeigt (vgl. ebd., S. 97 ff.), dass die zu interpretierenden Datenmengen vergleichsweise niedrig ausfallen können. So reichen in der Regel zwölf bis vierzehn Fälle aus, um eine Fragestellung angemessen bearbeiten zu können. Dabei wird bei der Datenerhebung darauf geachtet, dass nach dem Prinzip des maximalen Kontrasts eine Variabilität an Fällen erhoben wird. Bei der Datenauswertung reichen in aller Regel „vier kurze Segmente von maximal zwei Seiten" (ebd., S. 97) aus, um eine Fallstrukturhypothese zu formulieren.

Die Strukturhypothese und die Generalisierbarkeit von Fallrekonstruktionen

Die extensive Sinnauslegung wird von der Interpretationsgemeinschaft solange durchgeführt, bis eine am Protokoll gewonnene Hypothese im Hinblick auf die eingangs formulierte Forschungsfrage möglich ist. Faktisch kommt zu diesem Zeitpunkt ein begründeter, je sequentiell vollzogener Ausschluss jener Lesarten, die nicht länger mit dem Protokoll kompatibel sind, zum Ausdruck; wobei das Ausscheiden möglicher Lesarten erst nach gründlicher Diskussion erfolgen kann.

Als Ergebnis dieses Vorgehens lässt sich festhalten, dass durch eine „Verkettung von Sequenzelementen" eine „fallspezifische Struktur sich konturiert hat, so daß eine erste Fallstrukturhypothese formulierbar ist" (Oevermann 2000, S. 71).

Ich will an dem bereits eingeführten ‚Beispiel der Kette' verdeutlichen, wie sich die beschriebene Ausschlusslogik in der Forschungspraktik darstellt.

Nachdem die angesprochene Person auf die Frage *"Na, was macht Deine Kette, wie weit bist Du denn?"*, nicht reagierte, setzt X erneut ein:

"Was willst Du da als Dein Muster legen?"

Eine Analyse dieser Frage lässt nun deutlich werden, dass sich die vorgeschlagenen Lesarten e und f nicht halten lassen; sie sind unverträglich mit dem tatsächlichen Fortgang der Kommunikation. Die Lesarten b und d werden unwahrscheinlich, können aber mit einigem Interpretationsaufwand noch eine gewisse Plausibilität für sich in Anspruch nehmen (z. B. soll die Menschenkette das patriotische Muster Schwarz-Rot-Gold aufweisen). Die Lesarten a und c sind vollkommen mit dem Inhalt des Protokolls vereinbar. Das Bilden und die Falsifikation von Lesarten am Dokument wirken also im Sinne einer kumulativen Ausschlusslogik, die sukzessive dazu führt, dass nach einer Interpretation von vergleichsweise wenigen Sinneinheiten die Formulierung einer Strukturhypothese im Hinblick auf die Spezifik des Falls (die Geschichte seiner Bildung und Besonderung) möglich ist. Konkret bedeutet dies, dass die Analyse beendet werden kann, sobald die Erschließung weiterer Sinneinheiten keinen Zuwachs zur Formulierung der Strukturhypothese mehr beiträgt, das Protokoll also maximal im Hinblick auf die Fragestellung ausgeschöpft wurde (Exhaustationsprinzip).

Ein letzter Hinweis soll diesen Überblicksartikel abschließen. Aufgrund der Anlage des objektiv-hermeneutischen Verfahrens eignet sich die Methode nicht nur für die Grundlagenforschung und Forschungspraxis, sondern auch für den Einsatz in der pädagogischen bzw. sozialpädagogischen und sozialarbeiterischen Praxis im Sinne einer Krisenintervention, denn das Verfahren kann „dem Praktiker dabei helfen, sich über sein naturwüchsiges Fallverstehen Rechenschaft abzulegen" (Oevermann 2000, S. 155). Mehr noch: Im Rahmen von (universitären) Veranstaltungen kann eine Vorbereitung auf die spätere Praxis im Sinne des Erwerbs eines beruflichen bzw. professionellen Habitus zur Diagnose und Intervention erfolgen.

Literatur

Ackermann, Friedhelm 1994: Die Modellierung des Grauens. In: Garz, Detlef/Klaus Kraimer (Hg.): Die Welt als Text. Theorie, Kritik und Praxis der objektiven Hermeneutik. Frankfurt/M. S. 195-225.

Aufenanger, Stefan/Detlef Garz/Klaus Kraimer 1994: Pädagogisches Handeln und moralische Atmosphäre. In: Garz, Detlef/Klaus Kraimer (Hg.): Die Welt als Text. Theorie, Kritik und Praxis der objektiven Hermeneutik. Frankfurt/M. S. 226-246.

Beck, Christian 2003: Fotos wie Texte lesen. Anleitung zur sozialwissenschaftlichen Fotoanalyse. In: Ehrenspeck, Yvonne/Burkhard Schäffer (Hg.): Film- und Fotoanalyse in der Erziehungswissenschaft. Opladen. S. 55-71.

Caesar-Wolf, Beatrice/Thomas Roethe 1983: Soziologische Textinterpretation einer Interaktionssequenz. In: Bildung und Erziehung 36. S. 157-171.

Englisch, Felicitas 1991: Bildanalyse in strukturalhermeneutischer Einstellung. In: Garz, Detlef/Klaus Kraimer (Hg.): Qualitativ-empirische Sozialforschung. Konzepte, Methoden, Analysen. Opladen. S. 133-176.

Fehlhaber, Axel 2004: Bewährung und Religion. Rekonstruktive Fallanalyse als Beitrag zur (Religions-)Lehrerforschung. Dissertation: Universität Oldenburg.

Garz, Detlef 2001: Der ‚homo socialis'. Zur Methodologie und Theorie der Objektiven Hermeneutik. In: Hug, Theo (Hg.): Einführung in die Methodologie der Sozial- und Kulturwissenschaften. Baltmannsweiler. S. 225-261.

Garz, Detlef/Friedhelm Ackermann 2006: Objektive Hermeneutik. In: Ayaß, Ruth/Jörg Bergmann (Hg.): Qualitative Methoden der Medienforschung. Reinbek. S. 324-349.

Haupert, Bernhard 1994: Objektiv-hermeneutische Fotoanalyse, am Beispiel von Soldatenfotos aus dem Zweiten Weltkrieg. In: Garz, Detlef/Klaus Kraimer (Hg.): Die Welt als Text. Theorie, Kritik und Praxis der objektiven Hermeneutik. Frankfurt/M. S. 281-314.

Lenssen, Margrit/Stefan Aufenanger 1986: Zur Rekonstruktion von Interaktionsstrukturen. Neue Wege zur Fernsehanalyse. In: Aufenanger, St./Margrit Lenssen (Hg.): Handlung und Sinnstruktur. München. S. 123-204.

Loer, Thomas 1994: Werkgestalt und Erfahrungskonstitution. In: Garz, Detlef/ Klaus Kraimer (Hg.): Die Welt als Text. Theorie, Kritik und Praxis der objektiven Hermeneutik. Frankfurt/M. S. 341-382.

Marx, Karl 1852/1969: Der achtzehnte Brumaire des Louis Bonaparte. In: Marx, Karl/Friedrich Engels: Werke. Band 8. Berlin. S. 111-207.

Oevermann, Ulrich 1993: Die objektive Hermeneutik als unverzichtbare methodologische Grundlage für die Analyse von Subjektivität. In: Jung, Thomas/Stefan Müller-Doohm (Hg.): ‚Wirklichkeit' im Deutungsprozeß: Verstehen und Methoden in den Kultur- und Sozialwissenschaften. Frankfurt/M. S. 106-189.

Oevermann, Ulrich 1995: Ein Modell der Struktur von Religiosität. Zugleich ein Strukturmodell von Lebenspraxis und von sozialer Zeit. In: Wohlrab-Sahr, Monika (Hg.): Biographie und Religion. Frankfurt/M. S. 27-102.

Oevermann, Ulrich 2000: Die Methode der Fallrekonstruktion in der Grundlagenforschung sowie der klinischen und pädagogischen Praxis. In: Kraimer, Klaus (Hg.): Die Fallrekonstruktion. Frankfurt/M. S. 58-156.

Oevermann, Ulrich 2001: Die Soziologie der Generationenbeziehungen und der historischen Generationen aus strukturalistischer Sicht und ihre Bedeutung für die Schulpädagogik. In: Kramer, Rolf-Torsten/Werner Helsper/Susann Busse (Hg.): Pädagogische Generationsbeziehungen. Opladen. S. 78-126.

Oevermann, Ulrich 2004: Manifest der Objektiv Hermeneutischen Sozialforschung. In: Fikfak, Jurij/Frane Adam /Detlef Garz (Hg.): Qualitative Research Ljubljana: ZRC Publishing. S. 101-133.

Oevermann, Ulrich 2004a: Adorno als empirischer Sozialforscher im Blickwinkel der heutigen Methodenlage. In: Andreas Gruschka/Ulrich Oevermann (Hg.): Die Lebendigkeit der kritischen Gesellschaftstheorie. Wetzlar. S. 189-234.

Oevermann, Ulrich 2004b: Sozialisation als Prozess der Krisenbewältigung. In: Geulen, Dieter/Hermann Veith (Hg.): Sozialisationstheorie interdisziplinär. Stuttgart. S. 155-181.

Oevermann, Ulrich 2008: ‚Krise und Routine' als analytisches Paradigma in den Sozialwissenschaften. Abschiedsvorlesung 28.4.2008; unter: http://www.archive.org/details/AbschiedsvorlesungUlrichOevermann; 15.5.2008.

Peez, Georg 2006: Fotoanalyse nach Verfahrensregeln der Objektiven Hermeneutik. In: Marotzki, Winfried/Horst Niesyto (Hg.): Bildinterpretation und Bildverstehen. Methodische Ansätze aus sozialwissenschaftlicher, kunst- und medienpädagogischer Perspektive. Wiesbaden. S. 121-141.

Weinrich, Harald 1993: Textgrammatik der deutschen Sprache. Mannheim.

Wernet, Andreas 2006: Einführung in die Interpretationstechnik der Objektiven Hermeneutik. Wiesbaden.

Regina Klein

Tiefenhermeneutische Analyse

Die tiefenhermeneutische Analyse ist ein Forschungsverfahren, das eine gelingende Rekonstruktion des manifest-latenten Sinngehaltes soziokultureller Lebenspraxis und psychosozialer Erfahrungen anstrebt. Ihre Besonderheit ist der Einbezug des Unbewussten als bedeutungsvolle Kategorie. Die Arbeitsweise gleicht einer „detektivischen Spurensuche" (Lorenzer 2006, S. 53) mit der das Forschungsmaterial in einem zirkulären, irritationsgeleiteten, deutungsoffenen und mehrperspektivischen Erkenntnisgang über verschiedene Sinnschichten entschlüsselt wird.

Nach einem kurzen Überblick über Historie und Aktualität der Tiefenhermeneutik (1) folgt eine theoretische Fassung des Erkenntnis*gegenstandes* (2), unterlegt von einer Beschreibung der methodischen Bausteine des Erkenntnis*ganges* (3). Zuletzt wird die Relevanz des tiefenhermeneutischen Analyseverfahrens für die (Forschungs-)Praxis sowie für die Theoriebildung in der Erziehungswissenschaft diskutiert (4).

1. Die Tiefenhermeneutik – eine einführende Skizze

Die Tiefenhermeneutische Analyse geht zurück auf das Wirken des Psychoanalytikers und Soziologen Alfred Lorenzer. Interdisziplinär ausgerichtet verknüpfte dieser Denkansätze der Kritischen Theorie, Grundlagen der Symboltheorie, Leitlinien des Interaktionismus, Erkenntnisse der Neurophysiologie mit der psychoanalytischen Theorie und Methode. Mit der damit konzipierten „Metatheorie" verfolgte Lorenzer eine sozial- und kulturwissenschaftliche Übersetzung psychoanalytischen Wissens, die weit über eine einfache Übertragung vom pathologisch-klinischen in den nichttherapeutisch-gesellschaftlichen Bereich hinausgeht. Er suchte nämlich eine Antwort auf die Frage, wie die Welt in den Menschen komme und was dieser damit mache (Lorenzer 1970, 1981, 1986). Diesen lebenslang währenden Sachverhalt begreift er als Bildungs- und Sozialisationsprozess – ein durch und durch dialektisches Wechselspiel zwischen Selbst/Welt und demgemäß eine ko-konstruktive Aneignung gesellschaftlich-objektiver Vorgaben durch die subjektive Lebenspraxis des Einzelnen (Lorenzer 1974, S. 279).

Obwohl zunächst als Analyseinstrumentarium für ästhetische Produktionen aus Literatur, Film und Kunst benutzt, öffnete sich die *Tiefenhermeneutik* schon von Beginn an für eine qualitative Erforschung von Lebenswelten und Kulturpraxen (Leithäuser/Volmerg 1988; Nadig 1987). Infolgedessen wurde das engagierte Projekt auch in den erziehungswissenchaftlichen Diskurs aufgenommen:

a) pädagogische und methodisch-didaktische Forschungskontexte (Belgrad/ Fingerhut 1998; Dörr 2003 a; Gudjons u. a. 2008; Heinzel 2003; Pazzini 1983; Trescher 1985; Würker 2007; Klein 2008 b)
b) mediensoziologische und -pädagogische Sachverhalte (König 1998 b; Prokop u. a. 2000; Klein 2004 a)
c) sozial- und gruppenpädagogische Diskussionen (Eggert-Schmid Noerr 1991; Dörr 2004; Brandes 2005; Klein 2006, 2008 a; Menschik-Bendele/ Ottomeyer 2002)
d) biographie- und kulturanalytische Fragestellungen (Dörr 2003 b; Lorenzer 1979; Lorenzer/Görlich 1981; Heinzel 1996; Klein 2000, 2003, 2007; König 1998 a, 1999; Szypkowski 1997).

Derzeit erlebt Lorenzers Werk eine kleine Renaissance. Nicht veröffentlichte grundlegende Vorträge wurden erstmalig herausgegeben (2002) und damit sein wegweisendes Vordenken als Pionier eines interdisziplinären Dialogs zwischen Neurowissenschaften und Psychoanalyse gebührend gewürdigt (Leuzinger-Bohleber 2007). Versprengte Aufsätze wurden in einem Sammelband neu aufgelegt (2006). Dieser Band gestaltet den Auftakt der wieder aufgelegten Reihe *Kulturanalyse* und wird herausgegeben von der Alfred-Lorenzer-Gesellschaft unter maßgeblicher Beteiligung von Ulrike Prokop. Die Reihe führt das von ihm begonnene Werk fort und bringt aktuelle tiefenhermeneutische Forschungsarbeiten zu sozialen, kulturellen und politischen Themen heraus (Prokop/Jansen 2007; Stach 2006; Kahl 2007; Dehm-Gauwerky 2007).

Einen weiteren Überblick erfahren interessierte Leser/-innen in folgenden Handbuchartikeln: König 1993, 1997 a, 2002; Heinzel 1997; Klein 2004 b; Reichmayr/Ottomeyer 2007. Methodische Einblicke in den breiten Anwendungsbereich bieten besonders die Beiträge von: Belgrad u. a. 1987, 1998; Busch u. a. 2003; Leithäuser/Volmerg 1988; Lorenzer 1990 und nicht zuletzt das von Dörr u. a. herausgegebene Themenheft zur Biografieanalyse der ZBBS 1/2, 2008, in dem *ein* Interview mit *verschiedenen* methodischen Zugängen interpretiert wird. Eine Diskussion der theoretischen Grundlinien ist u. a. in Lorenzer 1981, Dörr 2003 a, Hülst 1999, Klein 2003, Niedecken 2008, Schmid Noerr 2000 und Zepf 1997 zu finden.

2. Der Erkenntnis*gegenstand* figuriert sich in *Szenen*

Das tiefenhermeneutische Arbeitsziel umfasst die (Re-)Konstruktion unbewusster Aspekte soziokultureller Lebenspraxis und deren Einbezug in den Deutungsprozess. Dadurch wird eine Pluralität von Interpretationsmöglichkeiten und ein neues Verständnis der zu interpretierenden Lebensformen eröffnet.

Als Forschungsgegenstand bieten sich unterschiedlichste qualitative Erhebungsprodukte an (von Dokumenten, Bildern, Filmen über Protokolle zu transkribierten Interviews und Gruppendiskussionen) und ebenso verschiedenste Erhebungsmethoden (von Feld- und Praxisforschung über teilnehmende Beobachtung mit und ohne Audio- bzw. Videographien zu narrativen oder Leitfadeninterviews).

Ausgangs- und Fixpunkt der tiefenhermeneutischen Analyse ist die Annahme, dass in Sprache gefasste Sinnzusammenhänge auch unbewusste lebenspraktische Kontexte mittransportieren (→ 2.1). Sinntexte werden als Konflikttypologien gefasst, in denen die Differenz zwischen Selbst/Welt als konfliktträchtiges *szenisches Wechselspiel* aufgefangen bleibt (→ 2.2) und sich im Forschungsmaterial widerspiegelt. Daher gehen wir von einer eigenständigen *latenten*, verborgenen Sinnebene unterhalb der *manifesten*, in Sprache gefassten Textoberfläche aus (→ 2.3).

2.1 Lebenspraxis und die widerständige Existenz des Unbewussten

Wie jede hermeneutische Methode zielt die Tiefenhermeneutik auf ein Verstehen und Auslegen von Sinnzusammenhängen. Dabei blickt sie jedoch etwas *tiefer* und versucht die *unter* der Textoberfläche und *hinter* den explizit artikulierten Worten mitschwingenden impliziten Sinnschichten quasi archäologisch freizulegen.[1] Ein Wort ist nämlich nicht einfach ein Wort, dessen Bedeutung im Lexikon nachzuschlagen ist und ein Satz ist demgemäß nicht einfach ein Satz. Texte werden als „Sprachspiele" (Wittgenstein 1963) aufgefasst – jedes Wort und jeder Satz transportiert einen je spezifischen Bedeutungshof. Dieser wird geprägt durch lebensgeschichtlich erworbene Erfahrungen, durch sich biographisch verfestigende Erlebnisse und kulturell vermittelte Handlungsformen. Sprachspiele bilden dementsprechend eine unauflösbare Einheit von Begriff *und* dazugehöriger Lebenspraxis. Daher geben sie Hinweise auf die Art und Weise, wie Menschen ihr Leben bewältigen, die Welt sehen und Eindrücke (inter)subjektiv verarbeiten – eben auf die originäre Frage der Tiefenhermeneutik, wie die Welt in den Menschen kommt und was dieser damit macht. Aber da die menschliche Lebenspraxis nicht nur bewusstseins- und konsensfähige Praxisfiguren enthält, sondern auch *unbewusste,* verborgen-verbotene, abgewehrte und aus dem sozialen Konsens ausgeschlossene Inhalte, bilden Sprachspiele im tiefenhermeneutischen Kontext nicht nur eine unauflösbare Einheit zwischen objektivem Begriff *und* subjektiver Lebenspraxis ab, sondern auch zwischen dem Bewussten *und* Unbewussten. Lorenzer spricht

---

1 In seiner Rekonstruktion der Psychoanalyse als archäologisches Modell einer Hermeneutik des Unbewussten und Verdrängten entwirft ursprünglich Habermas den Begriff „Tiefenhermeneutik" und verweist dabei explizit auf Lorenzers Arbeiten (Habermas 1968, S. 267, 295, 312).

genau genommen von *Konflikttypologien*, in denen die Spannung zwischen objektiven Vorgaben und bewusstseinsfähigen Inhalten auf der einen Seite und subjektiver Aneignung wie unbewusster Aspekte auf der anderen Seite immer präsent ist.

2.2 Konflikttypologien und die szenische Bildung symbolischer Interaktionsformen

Konflikttypologien spiegeln den menschlichen Sozialisations- und Bildungsprozess wider. Dieser wird von Lorenzer als *szenische Symbolbildung* konzipiert: Etwas wird in Szenen, in *Interaktion* mit mindestens einer Person (in der frühen Kindheit bevorzugt die nächste Bezugsperson), einer Gruppe (Familie, Peers, Klassengemeinschaften), Institutionen (Schule, Ausbildungs- und Arbeitsstellen) und der Kultur, in der wir leben – in eine symbolische Form gebracht. Die szenische, interaktive Grundformel verweist auf die dialektische Verhältnisbestimmung zwischen Subjekt und Objekt: bildungstheoretisch gesprochen zwischen Selbst und Welt, sozialwissenschaftlich gelesen zwischen Individuum und Gesellschaft, kulturwissenschaftlich gesprochen zwischen individueller Lebenspraxis und kultureller Ordnung.

Dabei werden drei Symbolformen unterschieden. Das Unbewusste ist in den *leibsymbolischen Interaktionsformen* eingelagert. Sie treten im Handeln, Tun, Machen und Inszenieren auf. Im Fortlauf der Sozialisation werden sie über Spracheinführung in *sprachsymbolische Interaktionsformen* gefasst, die kommunikative Einbindung und rationale Reflektion ermöglichen. Dazwischen stehen die *sinnlich-symbolischen Interaktionsformen*. Diese repräsentieren einen Bereich, der im schöpferischen kindlichen Spiel mit Übergangsobjekten beginnt, aber permanenter Teil des Lebens bleibt – in den Erfahrungen im Bereich der Kunst, der Religion und der Imagination.

Aber nicht alles ist symbolisierbar. Symbolische Interaktionsformen sind wechselseitig ausgehandelte Kompromisslösungen, in denen sich der stets individuell lebensgeschichtlich erworbene Bedeutungshof und die gesellschaftlich geregelte, historisch gewachsene Kodierung treffen. Wenn das nicht (mehr) zusammenpasst, kommt es zu einem Verfall der „Doppelregistrierung" (Lorenzer 1981, S. 152). Das Sprachspiel ist zerstört: das Bezeichnete/Signifikat (Szene) und das Bezeichnende/Signifikant (Symbol) werden auseinander gerissen. Die nicht (zueinander) passenden Inhalte werden zwar verdrängt, sind jedoch nicht verschwunden. In Inszenierungen treten sie wiederholt an die Oberfläche, während die Sprache fehlt oder stereotyp und zeichenhaft wird. Ebenso wie Symbolbildungsprozesse sich nicht auf die individuelle Sozialisation beschränken, sondern im Gesamt der Kultur eingebunden bleiben, beschränken sich diese *Desymbolisierungsprozesse* nicht auf individuelle Formen. Ihre überindividuellen Lösungsversuche finden sich wieder als Vorurteil, Klischee, Ideologie und Weltanschauung.

Tiefenhermeneutik – szenische Symbolbildung

Bewusstes
Begriff
objektive Vorgabe
Gesellschaft
kulturelle Ordnung
Welt
sprachsymbolische Interaktionsformen

Ich- *und* Kulturbildung

Sinnlich-symbolische Interaktionsformen

Unbewusstes
Lebenspraxis
subjektive Aneignung
Individuum
individuelle Interpretation
Selbst
leibsymbolische Interaktionsformen

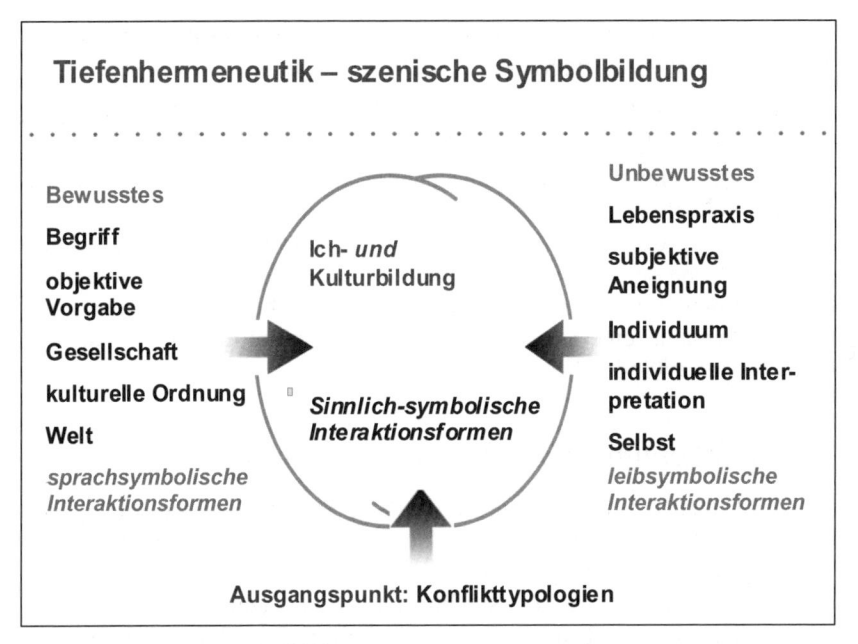

Ausgangspunkt: Konflikttypologien

Abb. 1: Szenische Symbolbildung

Identität wie Kultur sind nach diesem Modell ein Symbolsystem, das in praktisch-dialektischer Auseinandersetzung des Einzelnen mit dem Kollektiv zu begreifen ist. Die Spannung dazwischen, der Konflikt und seine lebenslange Ausbalancierung steht im Zentrum der *Szenischen Symboltheorie* (Hülst 1999, S. 313 f.), macht den Motor der Persönlichkeits- und Kulturentwicklung aus und ist demzufolge auch verantwortlich für (Selbst-)Bildungsprozesse und Transformationen traditionaler Ordnungen.

2.3 Die Konfliktdramatik des manifest-latenten Sinnzusammenhangs

Forschungstexte sind das Abbild dieser Konfliktdramatik. Hier finden wir die drei dargestellten symbolischen Interaktionsebenen sowie ihre desymbolisierten Varianten wieder. Im Auswertungsgang unterscheiden wir deshalb zwischen dem *manifesten* und dem *latenten* Textsinn. Beide bilden ein *konkurrierendes* Widerspruchspaar, das immer gemeinsam auftritt und sozusagen einen Doppelsinn transportiert. Die manifeste Sinnebene umfasst sozial und individuell anerkannte Bewusstseinsfiguren, die in Sprache gefasst, mitgeteilt und reflektiert werden können – den *sprachsymbolischen Interaktionsformen* entsprechend. Als Gegenspieler dazu drängt die sprachlos wirksame, weil verdrängte, verpönte und ausgegrenzte Schicht der unbewussten Praxisfiguren des latenten Sinns an die Oberfläche – den *leibsymbolischen Interaktionsformen* und dem *Desymbolisierten* entsprechend. Dazwischen stehen, hin- und hergerissen, mal nach der einen, mal nach der anderen Seite, die *sinnlich-symbolischen Interaktionsformen*, die sich in Texten als *Wortbilder* figurieren.

Als Interpretierende versuchen wir zum einen den Symbolisierungsprozess in den dahinter liegenden Konstruktionen abzuschreiten, der zu dem uns vorliegenden Entwurf führt. Zum anderen liegt unser Streben darin, den rückläufigen Prozess der Symbolzerstörung und dessen relevante Dekonstruktionsprozesse freizulegen: *Was* wird *wie warum* ausgesprochen, also benannt und sprachlich symbolisiert? *Was* erscheint verhüllt, umschrieben, verfremdet und damit auf der sinnlich-symbolischen Ebene? *Was* bleibt unbenannt, eine Lücke, in Lorenzers Terminologie: desymbolisiert, damit vergessen und unbewusst?

3. Der Erkenntnis*gang* figuriert sich in Szenen

„Wie will man jedoch mit Sprache das Nichtsprachliche erfassen?", lautet dementsprechend die Ausgangsfrage der methodischen Konzeption der tiefenhermeneutischen Analyse (Lorenzer 2002, S. 70). Um diese Herausforderung zu bewältigen und die symbolische Grenze zum unbewussten Terrain zu überschreiten, bedient sich die Tiefenhermeneutik einer zirkulierenden Trias miteinander verknüpfter Verstehensmodi (→ 3.1). Erkenntnisleitend ist dabei die eigene Subjektivität als Forschungsinstrument (→ 3.2), welche verschiedenen Wegweisern zur unbewusst-latenten Sinnschicht folgt (→ 3.3). Die intersubjektive Überprüfung wird in Forschungsgruppen praktiziert (→ 3.4) und von einer theoriegestützten Komplettierung begleitet (→ 3.5). Kurz gesagt ist Tiefenhermeneutik ein archäologisches Puzzlespiel, in der Sinnschicht um Sinnschicht des Forschungsmaterials freigelegt und neu zusammengesetzt wird. Im Auswertungsgang entstehen parallel zu einem Forschungsdokument weitere Textsorten, die in vier miteinander verwobenen Perspektiven erarbeitet werden: kontinuierliche introspektive Notizen der forschenden Person, logisch-psychologische Schlussfolgerungen, assoziativ-szenische Interpretationen, vervollständigt durch die Protokolle der begleitenden tiefenhermeneutischen Forschungsgruppe. Diese empirisch gewonnenen Textdokumente fordern schließlich (ähnlich wie die ‚Ethnographische Collage' → Friebertshäuser/Richter/Boller) zu ihrer theoriegeleiteten Kontextualisierung heraus.

3.1 Die Trias der Verstehensmodi und deren Zirkularität

Um die symbolische Grenze zum Unbewussten zu überschreiten, greift man auf drei verschiedene Verstehensmodi zurück: das *logische*, *psychologische* und *szenische* Verstehen. Diese bilden eine ineinander übergehende Verstehenstrias, stehen in Wechselwirkung zueinander, bedingen sich gegenseitig und werden im gesamten Auswertungsgang angewandt.

Analyseebene 1: Logisches und psychologisches Verstehen des manifesten Sinngehaltes

Mit dem *logischen Verstehen* sichten wir die manifeste Sinnschicht der Sachinformationen, und versuchen diese rational zu erfassen. In lebensgeschichtlichen Interviews erfahren wir beispielsweise Daten, Ereignisse, Erinnerungen aus der Biographie der Interviewten. Der Angelpunkt des logischen Verstehens ist der Satz, und die Sinn erschließende Fragestellung lautet: Worüber sprechen die Forschungssubjekte? (Lorenzer 1970, S. 79 f.; Leithäuser/Volmerg 1988, S. 258 f.)

Der logische Verstehensmodus wird begleitet vom *psychologischen Verstehen*, einem Nacherleben des metakommunikativen Inhalts, der sich gestisch, mimisch und in der Intonation artikuliert. Die entsprechende Sinn erschließende Fragestellung heißt: „Wie wird miteinander gesprochen?" Wir erfahren nun, wie die Interviewten ihren Lebensentwurf präsentieren, mit welchen Emotionen und affektiven Bewertungen die formalen Daten aufgefüllt werden. Es geht um die Art und Weise, in der die sprachlichen Mitteilungen gemacht werden – ob laut, leise, schnell, stockend, verhalten, aufgeregt, traurig oder freudig überschwänglich, mit oder ohne Kopfnicken, Schulterzucken, Sich abwenden, die Augen verschließen, Nase rümpfen oder Finger ausstrecken. Nützlich ist es, diese metakommunikativen Wahrnehmungen während der Erhebung selbst oder bei der sorgfältigen Transkription als Memo im begleitenden Forschungstagebuch festzuhalten.

Beide Verstehensmodi fußen auf einer geteilten, kulturell geformten, signifikanten und expliziten Sprach-, Kommunikations- und Interaktionsgemeinschaft. Wir verstehen, wenn jemand seine Jugend glücklich erinnert und verstehen die begleitende Mimik des verklärten Lächelns. Die latente, nur implizit mitschwingende Sinnebene liegt jedoch außerhalb der symbolischen Kommunikation und damit noch außerhalb dieser beiden Verstehensanstrengungen. Daher stellen die Verstehensmodi des manifesten Sinngehaltes ein bedeutsames, jedoch äußerst „begrenztes Terrain sicherer Intersubjektivität" (Lorenzer 1970, S. 98) dar. Denn, ohne dass Interviewte uns *bewusst* täuschen wollen, werden Erinnerungen *unbewusst* ausgewählt, verändert, beschönigt oder ausgelassen. Bestimmte Dinge können nicht artikuliert werden, weil der individuelle und/oder kulturelle Code dafür fehlt.

Analyseebene 2: Szenisches Verstehen des latenten Sinngehaltes

Der grenzüberschreitende Schritt gelingt mit dem *szenischen* Verstehensmodus. *Szenisches* Verstehen geht über das Verstehen der manifest artikulierten, symbolisierten Inhalte hinaus und hat die gesamte *Situationsauslegung* im Auge. Das gelingt ihr über die Reflektion der *szenischen Teilhabe* an der im Sprachspiel mittransportierten, latent virulenten Lebenspraxis.

In Forschungskontexten bedeutet es vor allem, dass wir unsere *Teilhabe* als Forschende an der gesamten Forschungssituation mit einbeziehen, egal auf welcher Erhebungs- und Auswertungsstufe wir uns befinden. Von der Entwicklung einer Forschungsfrage, über die Wahl der Theorien und Methoden, den abgesteckten Rahmen der Untersuchung, der Form der Gesprächsführung oder der teilnehmenden Beobachtung bis hin zur Auswertung und Interpretation des Datenmaterials entsteht ein Wechselspiel zwischen Erkenntnissubjekt und Erkenntnisobjekt, das wir entscheidend mitgenerieren und das mit der Übersetzung des Erkenntnisgewinns für die Diskursgemeinschaft seinen vorläufigen Abschluss findet. Als Interviewer/-innen beispielsweise hinterlassen wir unauslöschbare Spuren im anschließend auszuwertenden Text, allein durch unsere je individuell spezifische Präsenz und Haltung in der Interviewsituation selbst. Die biographische Auseinandersetzung wird erst durch uns angestoßen, durch die Wahl und Positionierung der Eingangsfrage wesentlich beeinflusst, durch unser aktives Zuhören über „hms", „ohs" und „ahs" mitgestaltet und durch die Art und Weise der Nachfragen entscheidend mitstrukturiert.

Qualitativ erhobene Forschungsprodukte werden demzufolge verstanden als ko-konstruktive Interaktionsprodukte, an denen beide Seiten beteiligt sind. Das szenische Verstehen ermöglicht es, unseren Anteil an der *Forschungsszene* zu reflektieren. Letztlich wird nicht das Forschungsmaterial „an sich" gedeutet, sondern die gesamte Wirkung, die es auslöst. Tiefenhermeneutik ist daher eine *Wirkungsanalyse* (Busch 2001, S. 35). „Was macht die Forschungssituation mit mir als mehr oder weniger beteiligte Interpretierende?" ist die durchgängig präsente Forschungsfrage.

3.2 Subjektivität als Erkenntnisinstrument

Zur Beantwortung nutzen wir unsere Subjektivität. Diese wird nicht als weitestgehend zu eliminierende oder zu neutralisierende Störungsquelle objektiver Datenerhebung gesehen, sondern als maßgebliches Erkenntnisinstrument. Sie bedient sich der Übertragung/Gegenübertragungsanalyse.[2]

Was heißt das? Übertragung und Gegenübertragung sind selbstverständlich ablaufende Elemente unserer alltäglichen Lebenspraxis. In jeder Begegnung mit anderen entspinnt sich eine Interaktion, die sowohl von Sach- als auch Beziehungsaspekten getragen wird. Wir reagieren auf Vorstellungsbilder,

---

2 Dieselbe ist ursprünglich der psychoanalytischen Therapie entlehnt, wurde aber schon 1967 von Georges Devereux für Forschungskontexte fruchtbar gemacht. In seinem Buch „Angst und Methode in den Verhaltenswissenschaften" wies er anhand vieler Einzelbeispiele nach, dass Gegenübertragungen nicht als Störungen einer objektiven wissenschaftlichen Erhebung zu betrachten sind, sondern als deren signifikantesten Daten: „Nicht die Untersuchung des Objekts, sondern die des Beobachters eröffnet uns einen Zugang zum Wesen der Beobachtungssituation." (Ebd., S. 20) Darauf aufbauend führte er den Begriff der Ethnopsychoanalyse ein (1978), ein Feldforschungszugang, der die wichtigsten Instrumente der Psychoanalyse produktiv nutzt. Da es deutliche Anknüpfungspunkte mit der Tiefenhermeneutik gibt, sind besonders folgende Arbeiten von methodologischem Interesse: Erdheim 1984, 2004; Nadig 1987, 2000; Parin 1992; Parin/Morgenthaler/Parin-Matthey 2006; Reichmayr 2003.

die Andere in uns wachrufen, auf (un)ausgesprochene Erwartungen, die unser Gegenüber an uns stellt und steigen in ein intersubjektiv abzustimmendes Wechselspiel ein, in der jede/r bestimmte Rollen übernimmt. Dabei antworten wir mit der *Gegenübertragung* auf das, was uns situativ *übertragen* wird.

Ähnlich läuft es in Forschungssituationen ab. Wie sieht die Rolle aus, die uns interaktionell zugewiesen wird, wie fassen wir diese Rolle auf und welche Rollen weisen wir dem Gegenüber zu? Reagieren wir in Interviewsituationen beispielsweise eher wie die große Schwester, der kleine Bruder, Freund oder Freundin, als Lehrmeisterin oder Schülerin usw.? Welche *szenische* Gestalt lässt sich dabei erkennen? Und hat das nun alles etwas mit dem Gegenüber und dessen Lebenspraxis zu tun oder wie sehr läuft da ein subjektiv getöntes, mit eigenen lebenspraktischen Vorannahmen gefülltes Rollenspiel ab? Denn wir als erkennende Subjekte sind genauso wenig wie die zu erkennenden Objekte eine leere, hohle, neutralisierte Form, sondern gefüllt mit spezifischen, lebensweltlich und durch eine bestimmte Wissenschaftssozialisation geprägten Denk-, Wahrnehmungs-, Bewertungs- und Handlungsschemata. Fremdverstehen geht also mit einem Eigenverstehen einher und setzt damit eine unverzichtbare Haltung der selbstreflexiven Introspektion der Forschenden voraus. Übertragungs-/Gegenübertragungsanalyse bedeutet, das sich interaktiv-szenisch entspinnende Wechselspiel wahrzunehmen, ernst zu nehmen und vor allem, unsere eigene Brille zu überprüfen, mit der wir an die ganze Angelegenheit herangehen.

3.3 Wegweiser: Assoziationen, Irritationen und Wortbilder

Die Sinn klärende Frage lautet: Mit welchen Gefühlen, auch Körperempfindungen, Phantasien, Gedanken und Handlungsimpulsen reagieren wir auf unser Forschungs-Gegenüber? Im Auswertungsgang lassen wir uns dabei von verschiedenen Wegweisern leiten:

Assoziationen zulassen

Zunächst nutzen wir das freie Assoziieren wie bei einem Brainstorming als Lieferant von Interpretationsideen. Im gesamten Forschungsprozess drängen sich Gedanken, Fragen, Affekte, Erinnerungen, Einfälle und Bilder zu der Forschungssituation und dem Interpretationsmaterial auf. Diese Assoziationen gilt es zu zulassen, denn damit öffnen sich Bedeutungswege und erschließen sich auf den ersten Blick nicht sichtbare Nebenperspektiven. Assoziationen sind Verknüpfungsleistungen – sie bringen Sachverhalte ins Interpretationsspiel, die nur vermeintlich nicht da hin gehören. Wichtig ist deren Notation in das begleitende Forschungstagebuch und zwar während des gesamten Forschungsprozesses. Das gilt sowohl für die Forschungssituation selbst wie auch für den Schritt der Transkription (→ Langer) und ebenso für die darauf folgende Phase der eigentlichen Auswertung des verschriftlichten Materials. Hier steigen wir mit dem „symptomatischen Lesen" (Nadig 1987, S. 57), das in einer Art gleichschwebenden Aufmerksamkeit geschieht, tiefer in die Textebenen ein und lassen uns auf eine Bewegung des Suchens ein, die sich durch Offenheit und Sensibilität auszeichnet, bis der Blick irritiert hängen bleibt und sich einige Textstellen besonders hervorheben.

Irritationen festhalten

Irritationen sind Störungen in dem gewohnten, erwarteten oder geplanten Ablauf. Im Augenblick der Irritation stößt unser offenes, suchendes Registrieren gleichsam auf den Widerstand des Textes. An diesen irritierenden Stellen zeigt sich der Gegensatz zweier Positionen – nämlich „der im Text vertretenen und der an den Text herangetragenen". Eine „Vertikale" öffnet sich, die ausdrücklich aus der *manifest* zugänglichen Sinnebene, in die der Text üblicherweise gelesen wird, herausführt und in eine neue, im Text wirksam angelegte, jedoch verborgene, *latente* Sinnebene hineinführt (Lorenzer 1990, S. 266 f.).

Irritationen treten jedoch während des gesamten Forschungsprozesses auf und nicht nur beim symptomatischen Lesen der Transkripte: wenn beispielsweise ein vereinbarter Termin nicht zustande kommt, die angefragte Expertin sich kurzer Hand von einem Kollegen vertreten lässt, das vorangegangene Telefonat vergessen wurde oder das Aufnahmegerät auf dem Schreibtisch liegen bleibt usw. In Interviews sind es vielfach problematische Stellen im Gespräch; dort, wo der Gesprächsfluss stockt, Missverständnisse auftauchen oder sich das Verhältnis umkehrt und die Forschenden ausgefragt werden. Das wird in der Tiefenhermeneutik nicht vorrangig als vermeidbarer Fehler in der Gesprächsführung begriffen, sondern als erster Hinweis auf Brüche in der Präsentation der Lebenspraxis. Deshalb sollten auch diese nicht „unter den Teppich" vermeintlicher Forschungsobjektivität „gekehrt", sondern als wichtige Indizien der „detektivischen Spurensuche" angesehen werden.

Irritationen stellen sich folgerichtig in allen drei Verstehensmodi ein:

- Beim *logischen Verstehen* als Widersprüche, Ungereimtheiten oder Lücken;
- beim *psychologischen Verstehen* als komische, verwirrende oder unangebrachte Gefühle und Handlungsimpulse;
- beim *szenischen Verstehen* als Eindruck in eine merkwürdige Inszenierung oder ein seltsames Drama verstrickt zu sein, aus dem man sich nicht so einfach verabschieden kann.

Diese Irritationen sind festzuhalten, denn sie bieten einen entscheidenden Schlüssel zur manifest-latenten Konfliktdramatik. Die weitere Deutungsarbeit besteht zum großen Teil aus der Klärung der auftretenden irritierenden Dimensionen. Strukturgleiche Szenen werden gesucht, die mehrfach geprüft und durchleuchtet werden. Dabei schauen wir nach Ähnlichkeiten in

Textsequenzen, nach Widersprüchen in sich wiederholenden Passagen, nach Szenen, die trotz unterschiedlicher Inhalte die gleiche Konstellation aufweisen und das Irritierende ein klein wenig anders entfalten.

Wortbilder entschlüsseln

Weitere wichtige Hinweiszeichen bieten uns dabei Wortbilder[3]. In Texten können wir sie in Metaphern, Sprichwörtern und in szenischen Arrangements finden. Beim gleichschwebend assoziativen, irritationsgeleiteten Interpretationsgang entfalten diese eine besondere Eigenwirkung. Sie gestalten einen *Zwischensinn,* in dem sich der verborgene Sinn mit dem offen liegenden Textsinn zu einer bildhaften, sinnlich-symbolischen und mehrdeutigen Anspielung verknüpft (Klein 2003, S. 116f.; Klein 2008a). Sprachimmanent überschreiten sie die Vorgaben des linearen Diskurses und bilden ab, was der bewussten, logisch-sprachlichen Reflektion nicht unmittelbar zugänglich ist. Deshalb stellen sie interpretationsleitende Gelenkstücke zwischen beiden Sinnebenen dar. In der bildlichen Entschlüsselung der Texte, einer Art *Wortbildanalyse,* liegt ähnlich wie in der Traumdeutung die „via regia zum Unbewussten" (Freud 1969/1994, S. 577). Hier liegen Bewusstes und Unbewusstes, Unreflektiertes und Reflektiertes, Unentschiedenes und Entschiedenes, Tabuiertes und Genormtes nahe beieinander und bebildern die Brüchigkeit der diskursiven Symbolisierungsbewegungen.

Tiefenhermeneutik – szenisches Verstehen

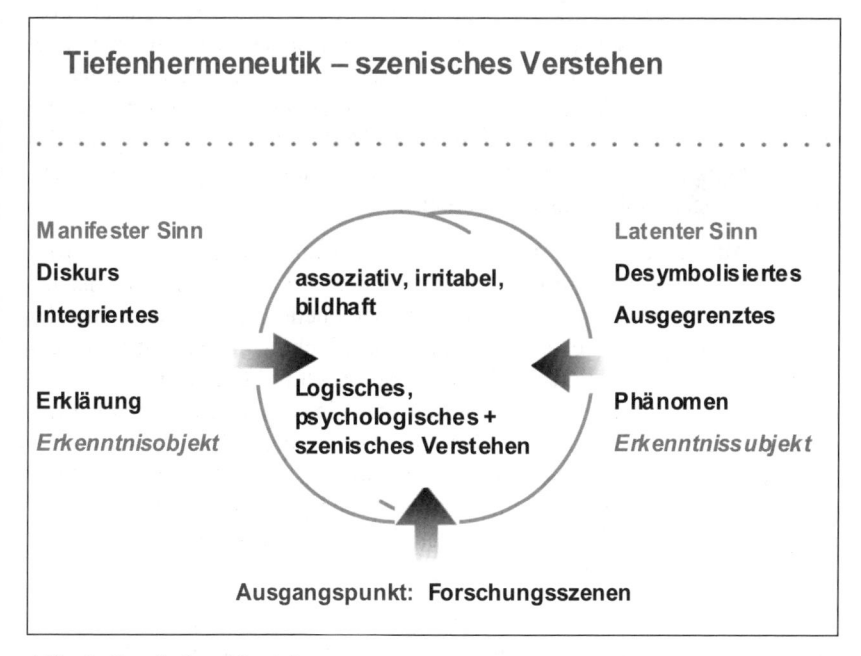

Manifester Sinn		Latenter Sinn
Diskurs	assoziativ, irritabel, bildhaft	Desymbolisiertes
Integriertes		Ausgegrenztes
Erklärung	Logisches, psychologisches + szenisches Verstehen	Phänomen
Erkenntnisobjekt		*Erkenntnissubjekt*

Ausgangspunkt: **Forschungsszenen**

Abb. 2: Szenisches Verstehen

---

3 Freud (1969/1994, Bd. III, S. 272) benutzt diesen Ausdruck in seiner Schrift über Aphasien.

3.4 Intersubjektivität als Erkenntnisinstrument

Unerlässlich im szenischen Interpretationsgang ist die intersubjektive Erweiterung des subjektiven Deutungsraumes anhand der Diskussion des Forschungsmaterials in Gruppen (vgl. König 1993, S. 206f.). Dies ist ein wesentliches Instrument, um die eigene Brille zu überprüfen und die *szenische Teilhabe* an den latent wirkenden Sinninhalten zu reflektieren. Die Gruppeninterpretation des transkribierten (oder videographierten) Forschungsmaterials folgt den dargestellten Verstehensmodi und Wegweisern. Frei assoziierend, deutungsoffen, äußerst irritabel, manchmal textnah, manchmal textfern stellen die Gruppenmitglieder ihre Eindrücke zur Debatte. „Spielen wir mit dem Material", lautet die entsprechende Lorenzersche Aufforderung. Zunächst werden möglichst viele Einfälle gesammelt, noch werden keine bestimmten Deutungswege favorisiert. Unterschiedliche Lesarten kommen zu Wort, und Perspektiven werden zusammengetragen, wie sie in einsamer Beschäftigung mit dem Material nur schwerlich zustande kommen. Die eigene Verhältnisbestimmung mit ihren Vorannahmen und Interpretationsleitlinien setzt sich einer offenen Konfrontation, Überprüfung und meist einer Revision aus. Vorgefasste Wahrnehmungs- und Erkenntnislinien relativieren sich dabei im Sinne von Verdacht und Irrtum im Gruppensetting. Idealerweise fügen sich im Laufe der gemeinsamen Diskussion Assoziationen zu Assoziationskomplexen, Irritationen zu Irritationskomplexen. Wenn nicht, wird dies nicht als mangelnde Interpretationskompetenz der Gruppe gewertet oder gar als Forschungsfehler. Eine solche offene oder widersprüchliche Gruppenszene bietet vielfach Hinweise auf noch nicht erschlossene latente Sinnzusammenhänge. Daher werden auch die Gruppensitzungen aufgenommen, transkribiert und systematisch ausgewertet, um das gesamte Netz der Perspektiven- und Gegenübertragungsdynamik innerhalb der „Interpretationsgemeinschaft" (Leithäuser/Volmerg 1988) erfassen zu können.

Bei der Auswertung der transkribierten Gruppenprotokolle gehen wir wieder entsprechend der dargestellten Maximen des tiefenhermeneutischen Verstehens vor. Manchmal sticht der interpersonelle Umgang untereinander ins Auge; häufig ist es eher der gruppenspezifische Umgang mit bestimmten Sachverhalten des Forschungsmaterials. Auch der Gruppenprozess verdichtet sich zu einem szenischen Muster, das die subjektiven Gegenübertragungsmuster intersubjektiv komplettiert. Ausgegrenzte Gruppeninhalte legen bspw. Spuren zu nichtartikulierten, nichtintegrierten Praxen, denn die je spezifische Gestalt der gemeinsamen Abwehr gewisser Themenbereiche spiegelt die Art und Weise der manifest-latenten Konfliktdramatik des Forschungskontextes wider.

Forschungsgruppen können sich ganz verschieden zusammensetzen. Interdisziplinär gestaltete Gruppen haben sich ebenso bewährt wie homogenere Varianten[4]. Bei moderierten Gruppen obliegt der/dem Gruppenleiter/-in die

---

4 An dieser Stelle ein Hinweis auf den seit Jahren bestehenden Arbeitskreis für Tiefen-

Zusammenführung der Diskussionsstränge und der supervisorische Rückgriff auf erkenntnisleitende Gruppenszenen. Bei nicht moderierten Gruppen ist die anschließende Auswertung des transkribierten Gruppenmaterials ein nicht zu unterschätzender und wertvoller Arbeitsaufwand im Forschungsprozess.

3.5 Schlüsselszenen und die komplettierende Bildungsbewegung

Durch die sukzessive Klärung der wegweisenden Assoziationen, Irritationen, Wortbildanalysen und Gruppenperspektiven treten allmählich *Schlüsselszenen* hervor, in denen sich die manifest-latenten Bedeutungshintergründe des Forschungsmaterials verdichtet zeigen. In einer komplettierenden Deutung werden sukzessive die *Schlüsselszenen* im Text mit den *Schlüsselszenen* des gesamten Auswertungsprozesses verknüpft. Während des gesamten Analyseprozesses erweitern wir dabei unsere (inter)subjektiv gesammelten Perspektiven durch 1) eine systematische historisch-kulturelle Rahmenanalyse sowie 2) einer theoriegeleiteten Kontextualisierung. Letztere geht nicht subsumptionslogisch vor, sondern zieht abduktiv und erkenntnisgenerierend verschiedene theoretische Erklärungsmöglichkeiten heran, mit der offenen Option, diese auch zurückweisen zu können. Dabei kehren wir immer wieder in einem hermeneutischen Zirkel überprüfend zum Text zurück, der sich während des gesamten Auswertungsprozesses durch seine unveränderbare Festigkeit auszeichnet und trotz unterschiedlicher Interpretationsansätze und -versuche unverändert bestehen bleibt. Einsichten, Deutungen, Positionen, abstrakte Erklärungen und theoretische Fundierungen werden im Laufe der Auswertung verworfen, verändert und wieder herangezogen. Wichtig ist es, sich möglichst lange mit der Entscheidung für eine abschließende Deutung zurückzuhalten, bis sich allmählich ein vorher verborgener Bedeutungshintergrund herausschält. Es kommt genau genommen nicht darauf an, einzelne Szenen neu zu deuten, sondern einen durchgängig neuen Sinnzusammenhang, die eigenständige latente Sinnebene, aufzudecken. Am Ende fügen sich – im Ideal – die verschiedenen Teilansichten zu einer Zusammenschau ineinander und ein neuer, ein anderer Sinnzusammenhang steigt aus seinem Schattendasein an die Oberfläche des Textes. Denn mit der Einbettung des herausgearbeiteten latenten Strukturzusammenhanges in den objektiven Kultur- und Theoriezusammenhang, einer Verdopplung der Symbolbildung auf der diskursiven Ebene, werden die dahinter liegenden, nicht unbedingt in Sprache gefassten Sinnbezüge resymbolisiert. Diese resymbolisierende Bildungsbewegung führt schließlich zu einer Generalisierung und Typisierung der Interpretationsergebnisse. Die wahrgenommenen, latenten Phänomene sind manifest und stimmig erklärt; individuell wie kulturell Marginalisiertes und Verdrängtes ist in den sym-

---

hermeneutik und Sozialisationstheorie am Sigmund-Freud-Institut in Frankfurt (http://www.tiefenhermeneutik.de).

bolbildenden Diskurs zurückgeführt und die Möglichkeit einer intersubjektiven Verständigung neu gegeben.

4. Forschungspraktische und erziehungswissenschaftliche Relevanz

Das tiefenhermeneutische Potential liegt daher besonders in der Reflexion gültiger Standards, dem Aufklären von Vorurteilen, dem Demontieren von Ideologien, dem Bewusstmachen vergessener Zusammenhänge und damit in einer kritisch-reflexiven, emanzipatorischen (Theorie-)Bildungsbewegung. Insofern trennt die Suche nach dem Unbewussten die Tiefenhermeneutik von jeder anderen Hermeneutik (→ Rittelmeyer) und macht ihren besonderen Zugriff aus: Denn das Unbewusste in der tiefenhermeneutischen Lesart „enthält Lebensformen, denen der Zugang zum allgemeinen Bewußtsein und der Eintritt in eine offene Überprüfung ihres Wertes verwehrt wurde. Diese ‚noch-nicht bewußten' Praxisfiguren – wie im Anschluss an Ernst Bloch zu sagen ist – bilden ein utopisches Potential, das aufzudecken Aufgabe einer Hermeneutik ist, die sich kritisch gegen ‚die versteinerten Verhältnisse' stellt" (Lorenzer 1986, S. 28).

Pädagogisch gelesen handelt es sich dabei um den Umgang mit dem individuell wie sozial Ausgeschlossenen und dem institutionell wie kulturell Exkludierten. Dies können Erkenntnisse, Bedeutungen, Motive, aber auch Praxen, Dinge oder Menschen sein – eben der Schatten des Sichtbaren und die Kehrseite des Diskurses, beispielsweise aufgefächert in einem heimlichen Lehrplan, aufgeführt auf der Hinterbühne der Klassenzimmer, abgelegt im Zwischensinn einer Lebenspräsentation, inszeniert am äußersten Rande einer jugendkulturellen Performanz oder frei flottierend jenseits formaler Standardisierungstendenzen. Die Fähigkeit Desymbolisiertes in Symbole zu überführen, hängt eng mit der Herausforderung zusammen, fest gefügte Strukturen in Frage zu stellen und (Denk)Grenzen zu verrücken. Vor allem bei sich selbst als symbolbildende Forscher/-in.[5]

---

5 Besonders in der geforderten selbstreflexiven Haltung liegt beispielsweise ein noch zu wenig genutztes Potential in der Professionalisierung von angehenden Lehrer/-innen. Der Erwerb *tiefenhermeneutischer Kompetenzen* in Forschungs-, Lehr-, Lern- und Praxiswerkstätten ermöglicht eine offene und mehrperspektivische Entschlüsselung von Schulsituationen, bei der auch bewusstseinsferne Dynamiken von Unterrichtsszenen erfasst werden können. Dabei schließt sie die Reflexion über den eigenen Anteil an diesen Prozessen selbstverständlich mit ein (vgl. Würker 2007, der eine modellhafte Konzeption zur Integration psychoanalytisch orientierter Selbstreflexion auf tiefenhermeneutischer Basis im Rahmen der Schulpraktischen Studien vorlegt).

Literatur

Belgrad, Jürgen/Hans-Joachim Busch u. a. 1998: Sprache – Szene – Unbewusstes. Sozialisationstheorie in psychoanalytischer Perspektive. Gießen.

Belgrad, Jürgen/Karlheinz Fingerhut (Hg.) 1998: Textnahes Lesen. Annäherungen zur Literatur im Unterricht. Baltmannsweiler.

Belgrad, Jürgen/Bernard Görlich/Hans-Dieter König/Gunzelin Schmid Noerr (Hg.) 1987: Zur Idee einer psychoanalytischen Sozialforschung. Dimensionen szenischen Verstehens. Frankfurt/M.

Brandes, Holger 2005: Gruppenmatrix und Theorie des Unbewussten. Über Bewegungen und Perspektiven in der gruppenanalytischen Theorie und Praxis. In: Gruppenanalyse. 15. Jg. S. 151-169.

Busch, Hans-Joachim 2001: Die Anwendung der psychoanalytischen Methode in der Sozialforschung. In: Psychoanalytische Sozialforschung 8 und 9 (2001). S. 21-37 und S. 203-232.

Busch, Hans-Joachim/Marianne Leuzinger-Bohleber/Ulrike Prokop 2003: Sprache, Sinn und Unbewusstes. Zum 80. Geburtstag von Alfred Lorenzer. Tübingen.

Dehm-Gauwerky, Barbara 2007: Inszenierungen des Sterbens – innere und äußere Wirklichkeiten im Übergang. Marburg.

Devereux, Georges 1967: Angst und Methode in den Verhaltenswissenschaften. München.

Devereux, Georges 1978: Ethnopsychoanalyse. Die komplementaristische Methode in den Wissenschaften vom Menschen. Frankfurt/M.

Dörr, Margret 2003 a: Gefühlssymbole? – Facetten des Symbolbegriffs im Kontext der Bildung der Gefühle. In: Dörr, Margret/Rolf Göppel (Hg.): Bildung der Gefühle. Gießen. S. 91-122.

Dörr, Margret 2003 b: Lebensgeschichte als MitTeilung über die Verfasstheit des Selbst. In: Hanses, Andreas (Hg.): Biographie und Soziale Arbeit. Baltmannsweiler.

Dörr, Margret 2004: Professionelle (Selbst)Reflexion im Spannungsfeld von personaler, interpersonaler und institutionalisierter Dynamik und psychosozialer Abwehr. In: Hörster, Reinhard/Ernst-Uwe Küster/Stephan Wolff (Hg): Orte der Verständigung. Beiträge zum sozialpädagogischen Argumentieren. Freiburg. S. 151-170.

Dörr, Margret/Achim Würker 2008: „... wenn die Kette nicht im Spiel gewesen wär ..." Annäherung an ein tiefenhermeneutisches Verstehen einer biographischen Erzählung. In: Dörr, Margret/Heide von Felden/Winfried Marotzki: Zugänge zu Erinnerungen. Psychoanalytisch-pädagogische und biographietheoretische Perspektiven. ZBBS Heft 1/2.

Eggert-Schmid Noerr, Anneliese 1991: Geschlechtsrollenbilder und Arbeitslosigkeit. Eine gruppenanalytische Studie. Mainz.

Erdheim, Mario 1984: Die gesellschaftliche Produktion von Unbewußtheit. Eine Einführung in den ethnopsychoanalytischen Prozeß. Frankfurt/M.

Erdheim, Mario 2004: Das Unbewußte in der Kultur. Erinnern und Verdrängen als Themen der Kulturwissenschaften. In: Jaeger, Friedrich/Jörn Rüsen (Hg.): Handbuch der Kulturwissenschaften. Bd. 3 Themen und Tendenzen. Stuttgart/Weimar. S. 92-108.

Freud, Sigmund 1969/1994: Studienausgabe Bd. III. Frankfurt/M.

Gudjons, Herbert/Marianne Pieper/Birgit Wagener 2008: Auf meinen Spuren. Hamburg.

Habermas, Jürgen 1968: Erkenntnis und Interesse. Frankfurt/M.
Heinzel, Friederike 1996: Die Inszenierung der Besonderheit. Einzelfallanalysen zur politischen Situation von Frauen in Gewerkschaftspositionen. Bielefeld.
Heinzel, Friederike 1997: Wiederholte Gesprächsinteraktion und tiefenhermeneutische Analyse. In: Friebertshäuser, Barbara/Annedore Prengel (Hg.): Handbuch Qualitative Methoden in der Erziehungswissenschaft. Weinheim. S. 468-480.
Heinzel, Friederike 2003: Zwischen Kindheit und Schule – Kreisgespräche als Zwischenraum. ZBBS Heft 1. S. 105-122.
Hülst, Dirk 1999: Symbol und soziologische Symboltheorie. Untersuchungen zum Symbolbegriff in Geschichte, Sprachphilosophie, Psychoanalyse und Soziologie. Opladen.
Kahl, Ramona 2007: Fantasy-Rollenspiele als szenische Darstellung von Lebensentwürfen. Marburg.
Klein, Regina 2000: Am Anfang steht das letzte Wort. Eine Annäherung an die „Wahrheit" der tiefenhermeneutischen Erkenntnis. In: Bios 1 (2000) S. 77-97.
Klein, Regina 2003: In der Zwischenzeit. Tiefenhermeneutische Fallstudien zur weiblichen Verortung im Modernisierungsprozess 1900-2000. Gießen.
Klein, Regina 2004a: Die Suche nach der *guten Ordnung* – eine Filminterpretation zu *Sein und Haben*. In: Heinzel, Friederike/Ute Geiling (Hg.): Demokratische Perspektiven in der Pädagogik – Annedore Prengel zum 60. Geburtstag. Opladen.
Klein, Regina 2004b: Tiefenhermeneutische Zugänge. In: Glaser, Edith/Dorle Klika/Annedore Prengel (Hg.): Gender und Erziehungswissenschaft. Ein Handbuch. Bad Heilbrunn. S. 622-635.
Klein, Regina 2006: Lebensbildung, Identitätsbildung und reflexive Praxen. In: Goeppel, Rolf (Hg.): Bildung als Reflexion über die Lebenszeit. Gießen. S. 11-132.
Klein, Regina 2007: Kultur erinnernd verstehen – der Versuch einer reflexiven Begegnung zwischen Psychoanalyse, Biographieforschung und Cultural Studies. In: Dörr, Margret/Regina Klein/Hildegard Macha/Winfried Marotzki/Heide von Felden (Hg.): Vergessen – Reflexion – Geschichte – Erinnerungsarbeit in psychoanalytischer und biographieanalytischer Perspektive. Opladen. S. 49-62.
Klein, Regina 2008a: Pädagogische Absichten und ihre Aushandlung – eine symboltheoretische Skizzierung des sozialpädagogischen Handlungsraums. In: Forum Qualitative Sozialforschung (FQS), Online-Zeitschrift.
Klein, Regina 2008b: Ben macht nicht richtig mit – zur zwischenräumlichen Positionierung von Bildungsprozessen. In: Schnabel, Beate/Bianchi Schaeffer/Maria Grazia (Hg.): Interkulturelles Klassenzimmer. Frankfurt/M. S. 71-94.
König, Hans-Dieter 1993: Die Methode der tiefenhermeneutischen Kultursoziologie. In. Jung, Thomas/Stefan Müller-Doohm (Hg.): ‚Wirklichkeit' im Deutungsprozess. Verstehen und Methoden in den Kultur- und Sozialwissenschaften. Frankfurt/M.
König, Hans-Dieter 1997a: Tiefenhermeneutik als Methode kultursoziologischer Forschung. In: Hitzler, Ronald/Anne Honer (Hg.): Sozialwissenschaftliche Hermeneutik. Eine Einführung. Opladen. S. 213-241.
König, Hans-Dieter 1997b: Moralisieren nach Auschwitz. Tiefenhermeneutische Rekonstruktion einer Unterrichtsstunde mit einer Holocaust-Überlebenden. In: Henkenborg, Peter/Hans-Werner Kuhn (Hg.): Empirische Politikunterrichtsforschung. Opladen.

König, Hans-Dieter 1998 a: Arbeitslosigkeit, Adoleszenzkrise und Rechtsextremismus. Eine Kritik der Heitmeyerschen Sozialisiatonstheorie aufgrund einer tiefenhermeneutischen Sekundäranalyse. In: König, Hans-Dieter (Hg.): Sozialpsychologie des Rechtsextremismus. Frankfurt/M. S. 279-319.

König, Hans-Dieter 1998 b: Ein Neonazi in Auschwitz. Tiefhermeneutische Rekonstruktion einer Filmsequenz aus Bonengels *Beruf Neonazi* und ihre Wirkung im kulturellen Klima der Postmoderne. In König, Hans-Dieter (Hg.): Sozialpsychologie des Rechtsextremismus. Frankfurt/M. S. 372-412.

König, Hans-Dieter 1999: Fasziniert vom Körper eines Neonazis. Soziologische und psychonalytische Rekonstruktion einer Studentenbiographie. In: Alheit, Peter (Hg.): Biographie und Leib – Interdisziplinäre Annäherungen. Gießen. S. 264-286.

König, Hans-Dieter 2002: Tiefhermeneutik. In: Flick, Uwe/Ernst von Kardoff/ Ines Steinke (Hg.): Qualitative Forschung. Hamburg: S. 556-569.

Leithäuser, Thomas/Birgit Volmerg 1988: Psychoanalyse in der Sozialforschung. Eine Einführung. Opladen.

Leuzinger-Bohleber, Marianne 2007: Psychoanalyse und Neurowissenschaften: Neue Chancen einer interdisziplinären Verständigung oder Verführung zu einem „szientistischen Selbstmißverständnis der Psychoanalyse"? In: http://www.psychoanalyse-aktuell.de/wissenschaft/neurowissenschaft.html (letzter Zugriff: 30.10.08)

Lorenzer, Alfred 1970: Sprachzerstörung und Rekonstruktion. Frankfurt/M.

Lorenzer, Alfred 1974: Die Wahrheit der psychoanalytischen Erkenntnis. Frankfurt/ M.

Lorenzer, Alfred 1979: Die Analyse der subjektiven Struktur von Lebensläufen und das gesellschaftlich Objektive. In: Baacke, Dieter/Theodor Schulze (Hg.): Aus Geschichten lernen. München. S. 129-145.

Lorenzer, Alfred 1981: Das Konzil der Buchhalter. Frankfurt/M.

Lorenzer, Alfred 1986: Tiefenhermeneutische Kulturanalyse. In: Kultur – Analysen. Frankfurt/M. S. 11-98.

Lorenzer, Alfred 1990: Verführung zur Selbstpreisgabe – psychoanalytisch-tiefenhermeneutische Analyse eines Gedichtes von Rudolf Alexander Schröder. In: Kulturanalysen. Heft 3. S. 261-277.

Lorenzer, Alfred 2002: Die Sprache, der Sinn, das Unbewusste. Psychoanalytisches Grundverständnis und Neuro wissenschaften. (Hrsg. von Ulrike Prokop). Stuttgart.

Lorenzer, Alfred 2006: Szenisches Verstehen. Zur Erkenntnis des Unbewussten. (Hrsg. von Prokop, Ulrike/Bernhard Görlich). Marburg.

Lorenzer, Alfred/Bernard Görlich 1981: Lebensgeschichte und Persönlichkeitsentwicklung im Spannungsfeld von Sinnlichkeit und Bewußtsein. In: Maurer, Friedrich (Hg.): Lebensgeschichte und Identität. Frankfurt/M. S. 84-104.

Menschik-Bendele, Jutta/Klaus Ottomeyer (Hg.) 2002: Sozialpsychologie des Rechtsextremismus. Opladen.

Nadig, Maya 1987: Die verborgene Kultur der Frau. Frankfurt/M.

Nadig, Maya 2000: Interkulturalität im Prozess. Ethnopsychoanalyse und Feldforschung als mehodischer und theoretischer Übergangsraum. In: Lahme-Gronostaj, Hildegard/Marianne Leuzinger-Bohleber (Hg.): Identität und Differenz. Zur Psychoanalyse der Geschlechterverhältnisse in der Spätmoderne. Wiesbaden. S. 87-102.

Niedecken, Dietmund (Hg.) 2008: Szene und Containment. Wilfred Bion und Alfred Lorenzer: Ein fiktiver Dialog. Marburg.
Parin, Paul 1992: Der Widerspruch im Subjekt. Ethnopsychoanalytische Studien. Hamburg.
Parin, Paul/Fritz Morgenthaler/Goldy Parin-Matthey 2006: Die Weißen denken zu viel. Psychoanalytische Untersuchungen bei den Dogon in Westafrika. Hamburg.
Pazzini, Karl-Josef 1983: Die gegenständliche Umwelt als Erziehungsmoment. Zur Funktion alltäglicher Gebrauchsgegenstände in Erziehung und Sozialisation. Weinheim/Basel.
Prokop, Ulrike/Mechthild Jansen (Hg.) 2007: Dokus-Soap, Reality-TV, Affekt-Talkshow, Fantasy-Rollenspiele. Neue Sozialisationsagenturen im Jugendalter. Marburg.
Prokop, Ulrike/Anna Stach/Christina Welniak 2000: Die Talkshow *Arabella* – Elemente einer Wirkungsanalyse. In: Lahme-Gronostaj, Hildegard/Marianne Leuzinger-Bohleber (Hg.): Identität und Differenz. Zur Psychoanalyse des Geschlechterverhältnisses in der Spätmoderne. Wiesbaden. S. 50-86.
Reichmayr, Johannes 2003: Ethnopsychoanalyse. Geschichte, Konzepte, Anwendungen. Gießen.
Reichmayr, Johannes/Klaus Ottomeyer 2007: Ethnopsychoanalyse und Tiefenhermeneutik. In: Straub, Jürgen/Arne Weidemann/Doris Weidemann (Hg.): Handbuch interkulturelle Kommunikation und Kompetenz. Grundbegriffe – Theorien – Anwendungsfelder. Weimar.
Schmid Noerr, Gunzelin 2000: Symbolik des latenten Sinns. Zur psychoanalytischen Symboltheorie nach Lorenzer. In: Psyche 54. Heft 5. S. 454-482.
Stach, Anna 2006: Die Inszenierung sozialer Konflikte in der populären Massenkultur am Beispiel erfolgreicher Talkshows. Marburg.
Szypkowski, Beate 1997: Die Kontinuität der „guten Mutter". Zur Situation von Frauen, die ihre Kinder zur Adoption freigeben. Pfaffenweiler.
Trescher, Hans-Georg 1985: Theorie und Praxis der Psychoanalytischen Pädagogik. Mainz.
Wittgenstein, Ludwig 1963: Tractatus logicophilosophicus: Logisch-philosophische Abhandlung. Frankfurt/M.
Würker, Achim 2007: Lehrerbildung und Szenisches Verstehen. Professionalisierung durch psychoanalytisch orientierte Selbstreflexion. Baltmannsweiler.
Zepf, Siegfried 1997: Gefühle, Sprache und Erleben. Psychologische Befunde – psychoanalytische Einsichten. Gießen.

Dirk Hülst

Grounded Theory

Mit ‚Grounded Theory' wird ein Forschungskonzept bezeichnet, in dessen Zentrum die Ausdeutung von vorliegendem oder während seiner Anwendung nach bestimmten Richtlinien eigens empirisch erhobenem Material steht, mit dem Ziel, Theorien über die soziale Wirklichkeit zu entwickeln, die den Kontakt zur Datenbasis nicht verlieren und die einen sozialen Sachverhalt unter Bezug auf seine Bedingungen (die Aktionen und Interaktionen durch die er konstituiert wird) und die aus ihm sich ergebenden Konsequenzen verständlich machen können. Sie wird häufig irrtümlich als ‚Methode' der qualitativen Sozialforschung aufgefasst. Der Begriff bezeichnet jedoch einen besonderen, relativ freizügigen Forschungs*stil*. Im Folgenden wird unterschieden zwischen so genannter ‚gegenstandsverankerter' Theorie (ab jetzt: GT), die das angestrebte Ergebnis dieses Forschungsstils bezeichnet, und dem Forschungsverfahren der Grounded Theory Methodology (ab jetzt: GTM).

Die Gestalt der GTM hat seit ihrer Erstveröffentlichung (Glaser/Strauss 1967) Entwicklungen in verschiedene Richtungen durchlaufen und die einhergehenden Diskussionsprozesse haben dazu beigetragen, ein geschärftes Bewusstsein der Möglichkeiten qualitativer Forschung im Allgemeinen und der GTM im Besonderen zu erarbeiten. Auf die Erzeugung von Theorie gerichtete Strategien der sozialwissenschaftlichen Forschung – wie z. B. *Heuristische Sozialforschung* (Kleining 1982, 1995), *Ethnographie* (Geertz 1983; Emerson/Fretz/Shaw 1995; Hammersley/Atkinson 1995; Hirschauer/ Amann 1997; Berg/Fuchs 1993) und *GTM* – haben Konjunktur, und die GTM gilt gegenwärtig als das in der qualitativen Sozialforschung mit Vorliebe eingesetzte Verfahren. Das mag sich daraus erklären, dass die Menschen in der gesellschaftlichen Gegenwart über zunehmende Handlungsspielräume und wohl auch Handlungskompetenzen verfügen, die einerseits aus der wachsenden Pluralität sozialer Strukturen entspringen und anderseits dazu beitragen, diese Vielfalt in permanentem sozialen Wandel zu vergrößern (→ Kelle). Der bewegliche Gegenstand erfordert bewegliche Formen seiner Betrachtung.

Die GTM wird in diesem Beitrag in ihren Grundzügen vorgestellt: die Logik des Verfahrens, seine Grundsätze und sein rekursiv (in Schleifen) zu gestaltender Ablauf[1]. Es sollte beachtet werden, dass einige im Zusammen-

---

1 Sie steht auch manchen methodologischen Modellen qualitativer Forschung kontrastreich und innovativ gegenüber vgl. z. B. den stark deduktivistisch angelegten Leitfaden bei → König/Bentler.

hang der GTM verwendete Begriffe (z. B. Daten, Kodieren, Konzept, theoretisches sampling), wie im Folgenden deutlich wird, in ihrer Bedeutung gegenüber der eingebürgerten Methodenlehre sehr stark verändert wurden, was bei (allzu) flüchtiger Betrachtung zu Irritationen führen dürfte.

1. Die Entwicklung

In Studien über die Psychiatrie (Strauss u. a. 1964) und über das Sterben (Glaser/Strauss 1965, 1968) werden bereits wesentliche Umrisse der GTM erkennbar. Die Autoren waren sich einig in der Ablehnung ‚Großer' Theorie, die mit strukturalistischen oder funktionalistischen Prämissen auf die Darstellung von Zusammenhängen allzu weit jenseits beobachtbarer Fakten gerichtet war. Ihre Alternative sollte die Kluft zwischen Theorie und empirischer Forschung schließen. Die erste, heute noch lesenswerte ausführliche Darstellung der Methodologie (Glaser/Strauss 1967[2]) verfolgte vor allem drei Zielsetzungen: (1) zur Aufbesserung des damals eher geringen wissenschaftlichen Ansehens qualitativer Forschungsmethoden sollten diese methodologisch fundiert und damit (2) ein passabler Weg aufgezeigt werden, Theorien aus ‚Daten' möglichst systematisch zu entwickeln. Schließlich sollte (3) strategisch die unmittelbare Verankerung der Forschung im Feld gefördert werden.

In einer beachtlichen Zahl nachfolgender Schriften wurden die Konturen der GTM präzisiert, wodurch neben technischen Verfeinerungen eine zunächst unbeachtete Differenz in den Auffassungen der Autoren sichtbar wurde und sich zu einer erkenntnistheoretisch und methodologisch bedeutsamen Kontroverse zwischen ihnen entwickelte[3]. Wie die GTM Wissen in Form ‚neuer' Theorien generiert, wird in der folgenden, die Fassung von Strauss und Corbin nachzeichnenden, Darstellung verdeutlicht.

2. Hinweise zur methodologischen Grundlage von GTM

Im Folgenden werden zunächst einige wichtige methodologische Voraussetzungen erläutert, deren Beachtung für das Verständnis des besonderen Charakters der GTM hilfreich ist.

---

2 Das Buch, das manchen wie „a cleansing river rushing through the stalls of sociology" (Gerson 1991, S. 300) erschien, kompromittierte die damalige sozialwissenschaftliche mainstream-Forschung, die Wissenschaftlichkeit ausschließlich im Testen theoretisch abgeleiteter Hypothesen und nicht in deren Endeckung gegeben sah: „It was simply wrong, to discover instead of verify" (Gerson ebd.).
3 Näheres dazu siehe unten: Abschnitt 3.2.8

2.1 Gegensatz: Qualitativ – quantitativ?

Bei näherer Betrachtung erscheint es nicht sehr sinnvoll, quantitative und qualitative sozialwissenschaftliche Forschungsmethodik als Gegensätze zu behandeln, da auch die quantitative Forschung ‚qualitative' Aspekte beinhaltet wie z.B. die (Neu-)Fassung von Begriffen[4], Konstrukten, Indices usw. Die Besonderheit des quantitativen Ansatzes besteht nicht vor allem in seiner Orientierung an naturwissenschaftlicher Methodologie, im ‚Zwang' zu testen, zu experimentieren, zu messen, zu zählen und zu rechnen. Als differentia spezifica dieser Verfahrensweise ist ihr deduktionistischer Kern, die Verpflichtung zur Axiomatisierung des Wissens und der ‚kritischen Prüfung' von Theorien und Hypothesen zu begreifen (so die Wissenschaftslehre des ‚Kritischen Rationalismus';→ Uhlendorff/Prengel; → Oswald).

Qualitative Forschung lehnt weder Zählen noch Messen ab, sie betont jedoch den suchenden Aspekt des wissenschaftlichen Erkenntnisprozesses, der auf dem Weg der Begriffsbildung und geistigen Erzeugung von passenden Konstrukten, Theoremen und Theorien eine möglichst enge Nähe zur Erfahrungsrealität und insbesondere ihren situativen und strukturellen Kontexten bewahren möchte, zu deren Erfassung mengenorientierte statistische Verfahren nur wenig geeignet erscheinen bzw. sind (s. Strübing 2008, Udo Kelle 2008 und Bereswill/Rieker 2008; → Grunenberg/Kuckartz).

2.2 Daten und Fall

Die GTM, deren generatives Potential sich auch bei quantitativen Datenstrukturen beweist (vgl. anregend Glaser/Strauss 1967; Glaser 2007, 2008a, b; auch: Kelle 2007c), kann vor allem einem Mangel der Methodenliteratur zur qualitativen Forschung abhelfen, in der über die verschiedenen Formen der fallgerechten *Erhebung* von ‚Daten' und Erfahrungen im Verlauf konkreter Forschung in weitaus stärkerem Umfang berichtet wird, als über Möglichkeiten der *Analyse* und Interpretation der bisweilen in erdrückendem Umfang vorliegenden Forschungsergebnisse. Ein ‚Fall' umfasst alle im Rahmen eines bestimmten Forschungsinteresses zusammengetragenen Daten. Von ‚Daten' (datum, lat., im Sinn von: Bezug, Gegebenheit, Referenz, das Gegebene) wird im Folgenden gesprochen als Sammelbegriff entweder für die Ergebnisse von Forschungshandlungen, die für die Zwecke der Auswertung in aufbereiteter Form vorliegen (z.B. Protokolle von Feldbeobachtungen, Videoaufzeichnungen, Transkriptionen von Interviews, Unterhaltungen, Gerichtsverhandlungen, Gruppengesprächen usw.) oder für Dokumente (Tagebücher, Briefe, Memoiren, Zeitungen, Photographien, Gemälde) auch Fragebögen oder sogar Statistiken.

---

4 Was in der Regel als versöhnliches Nacheinander beschrieben wird: die Erfahrungsrealität, werde zunächst verbalisiert und dann im quantitativen Ansatz numerisch beschrieben (Bortz/Döring 1995, S. 271 f.).

2.3 Reichweite/Perspektivität interpretativer Methode

Im Gegensatz zu deduktiv-nomologisch gerichteten Theoriekonzepten, in deren Kontext versucht wird, eindeutige, verallgemeinerbare und nach Möglichkeit universell geltende Erklärungen (Aussagesysteme) zu entwickeln, reagieren Forscher/-innen bei der Erarbeitung interpretativer Theorien auf die – in vielen philosophischen und wissenschaftlichen Diskursen mittlerweile reflektierte – Erfahrung einer mehrperspektivisch strukturierten Wirklichkeit prozessierender sozialer Lebenswelten, in der ‚Wahrheiten' nur in historischer und diskursiver Relativität gelten. Darauf reagiert ein gemäßigter Konstruktivismus, der sowohl die zu untersuchende soziale Wirklichkeit als vermittelte Vielfalt gesellschaftlicher Konstruktionen der Akteure begreift, die sie im Rahmen institutioneller, historischer und natürlicher Kontextbedingungen (vgl. Berger/Luckmann 1987) erzeugen, als auch die Theorie produzierenden Verhandlungen der Forschung als Resultate interaktiver Prozesse zwischen Forscher/-innen und ihren sozialen Gegenübern im Untersuchungsbereich auffasst.

Da Forschende nicht nur während der *Analyse* ihrer Daten mit Konstruktionen arbeiten, sondern bereits bei der *Erhebung* ihrer Daten ins untersuchte Geschehen involviert sind bzw. auf Dokumente zurückgreifen, die von anderen Personen konstruiert wurden, besteht eine grundlegende und nicht hintergehbare Verwicklung zwischen Forschenden und der von ihnen untersuchten Wirklichkeit, der nur durch das Aufgeben eines objektivistischen Absolutheitsanspruchs begegnet werden kann. Das bedeutet: eine jede Theorie präsentiert nur eine Spielart möglicher Beschreibungen der Wirklichkeit (allerdings mit unterschiedlicher ‚Qualitätssicherung'; s.u.).

3. Die Vorgehensweise

GTM bietet eine Vielzahl von forschungspraktisch nützlichen Leitlinien und Techniken, die der systematischen Zusammenstellung und Analyse von Daten dienen und die nicht als fixe Anweisungen oder ‚Kochrezepte' (Strauss/Corbin 1996) missverstanden werden sollten. Variationen der Vorgehensweise werden je nach Forschungszweck und Umständen des Vorhabens sowie den Erfordernissen des fachwissenschaftlichen Schwerpunktbereichs in dem die GTM Anwendung findet, erforderlich und sinnvoll sein. Kombinationen mit anderen Verfahren, auch mit quantitativen sind grundsätzlich immer möglich.

3.1 Der Forschungsprozess

Ausgegangen wird von einem vorab umrissenen Forschungsziel (etwa: Wie werden Studierende während ihrer Orientierungswoche betreut?), einer undogmatisch-offenen Fragestellung, die unterschiedlich stark konturiert (vgl. Strauss/Corbin 1996, S. 21 ff.) sein kann und den Rahmen für erste Feldkontakte unter Anwendung ausgewählter Erhebungstechniken[5] absteckt. Auch die Verwendung von bereits vorhandenen Dokumenten – Tagebüchern, Briefen, Dossiers, Texten aller Art – ist üblich. Es ist relativ beliebig an welchen Phänomenen der Analyseprozess ansetzt. Forscher/-innen sollten theoretisches Vorwissen über ihr Forschungsgebiet ein- bzw. ausklammern, um möglichst unbeeinflusst viele neue Aspekte des Problemfelds finden und durchspielen zu können.

Das Verfahren besteht in einer, ggf. mehrfach zu durchlaufenden, analytischen Triade:

1. Analyse von bereits vorliegendem Datenmaterial und der Prozess des *Kodierens;*
2. Erhebung neuer Daten, *theoretisches Sampling,* durch jeweilige Resultate angestoßen
3. systematische Theorieentwicklung und Reflexionsprozess des Verfahrens, unterstützt durch Einfälle, die in *Memos* während der ersten beiden Schritte notiert wurden.

3.2 Das Kodierverfahren

Vorbemerkung: *Kodieren* bezeichnet im Rahmen der GTM die Analyse von Daten. Es werden nicht, wie es in den Verfahren der Inhaltsanalyse traditionell üblich ist, Materialien den zumeist *vor der Analyse* entwickelten Kategorien zugeordnet, also ‚vercodet' oder ‚codiert'. Die ‚Kodes' werden erst im Verlauf des Analyseprozesses gebildet und im Fortgang der Auswertung sukzessive erweitert und verfeinert. Die GTM unterscheidet drei Arten des Kodierens: das offene, das axiale und das selektive Kodieren.

3.2.1 Offenes Kodieren

Im *offenen Kodieren,* zumeist in frühen Stadien der Analyse eingesetzt, werden kleine und kleinste Partikel wie Worte, Sätze, Textausschnitte, Beobachtungen usw. der Interviews oder Beobachtungsprotokolle (oder anderer Daten) auf ihren jeweils zum Forschungsziel gehörenden Gehalt hin abgetastet und dann durch wiederholte Vergleiche der auf diese Weise identifizierten Sinneinheiten[6] die im Material enthaltene Information möglichst

---

5 Die wichtigsten Erhebungstechniken qualitativer Daten bilden nicht-standardisierte oder teilstandardisierte Befragungen, Beobachtungen und nonreaktive Verfahren, s. Flick u. a. 2000, Bortz/Döring 1995; → Kraimer.
6 Sinneinheiten der Akteure können durch sog. *W-Fragen* identifiziert werden: *Was* – um welche Phänomene geht es; *wer* – welche Akteur/-innen sind beteiligt und welche Rollen nehmen sie ein bzw. werden ihnen zugewiesen; *wie* – welche Aspekte des Phänomens werden behandelt, welche werden ausgespart; *wann/wie lange/wo* – welche Bedeutung kommt der raum-zeitlichen Dimension zu (biographisch oder für eine einzelne Handlung); *warum* – welche Begründungen werden gegeben bzw. sind erschließbar; *womit* – welche Strategien werden verwandt; *wozu* – welche Konsequenzen werden antizipiert oder wahrgenommen (vgl. Böhm 2000)

vollständig und facettenreich erfasst. Der Kodierprozess mündet in die Entwicklung und Zuordnung von Kodes zu den erfassten Sinneinheiten, die ermöglichen über sie zu sprechen, die erfassten Beziehungen zu assoziieren und später auszuformulieren.

Die hier vorgestellte Abstraktion und Verdichtung des Materials *ist der erste Schritt im Prozess der Theoriebildung*. Ähnliche Phänomene werden in *Konzepten* vereinigt, häufig identifizierte bzw. inhaltlich ‚passende' Konzepte werden *Kategorien* genannt, die die inhaltlichen Beziehungen der Sinneinheiten repräsentieren. Kategorien, die ein Phänomen zur Darstellung bringen, repräsentieren seine Eigenschaften, Kennzeichen oder Charakteristika. Als geistige Erfindungen sprachlicher Bezeichnungen (Etiketten oder Labels) durch Forscher/-innen sind sie abstrakter als Konzepte und sollen dennoch möglichst anschaulich auf die Konzepte verweisen. Wenn das Material für einen Sachverhalt mehrere Stränge aufweist, werden Kernkategorien ggf. in differenzierende und präzisierende Subkategorien untergliedert.

Folgendes *Beispiel* soll die logischen Beziehungen verdeutlichen:

In narrativen Interviews zu Eindrücken, die Erstsemester während der Begrüßungsveranstaltung im Rahmen der Orientierungswoche an ihrer Universität gewonnen hatten, wurden ca. 260 Ereignisse konzeptualisiert; jene Aussagen (*Indikatoren* der Ereignisse) herausgesucht, in denen verbale Handlungen des verantwortlichen Teams beschrieben wurden. Einige der betrachteten Ereignisse konnten den *Kategorien*: Begrüßung, Informieren, Witzeln, Flirten zugeordnet werden; die Kategorie ‚Informieren' beispielsweise umfasste folgende *Konzepte*: erzählen, aufzeigen, antworten, informieren, ausmalen, umreißen. Die *Kernkategorie*, die alle genannten Aktionen (durch Konzepte und Kategorien repräsentiert) umfasst, wurde ‚integrierende Animation' genannt. *Subkategorien* der ‚integrierenden Animation' konnten in Beschreibungen anderer Veranstaltungen der Orientierungswoche gefunden werden wie z.B. dem gemeinsamen Stadtrundgang, bei dem bestimmte Gebäude der Universität und der Stadt gefunden werden mussten.

Vor allem zwei Arten von Kodes werden verwendet: *In-vivo*-Kodes, die wie ein Zitat aus dem Material entnommen werden und fachwissenschaftliche Konstrukte, die von den Forschenden aus vorliegenden Theorien ‚ausgeborgt' oder eigens konstruiert werden (Strauss 1994, S. 64).

Für die GTM sind vor allem die aus dem Feld abgeleiteten natürlichen, der Sozialwelt immanenten Kodes bedeutsam, sie repräsentieren bildhaft die Orientierungen, die den Handelnden dazu dienen, sich in ihrer Alltagswelt zurechtzufinden z.B. ‚mobbing' (engl. to mob: angreifen, anpöbeln) oder ‚anbaggern' (als Bezeichnung allzu aktiven Flirtverhaltens) oder ‚Leseklima' (als Hinweis auf Kontextbedingungen für Lesen).

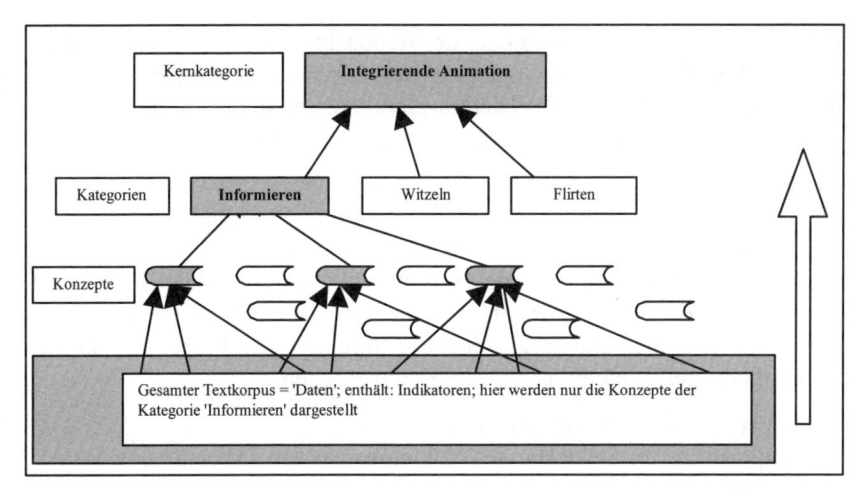

Abb. 1: Die Beziehung von Indikatoren – Konzepten– Kategorien und Kern-/ Schlüsselkategorie

Fachwissenschaftliche Kodes dagegen – wie z.B. Rolle, Sozialverhalten, Verantwortung oder Aggression – bezeichnen die in den Verfahren der Theoriebildung des jeweiligen Faches entwickelten, i.d.R. systematisch zusammenhängenden (abstrakten) Kategorien bzw. Begriffe, die für Forscher/-innen ihr Fachwissen und ihre Kenntnisse über das Untersuchungsfeld integrieren, weshalb sie der Analyse stärkere fachwissenschaftliche Akzente und Querverweisungen und damit eine größere Reichweite zu geben vermögen als lebensweltliche Kodes (Nachteile des ‚Ausborgens': Strauss/Corbin 1996, S. 49f.). Für die Analyse mit GTM kommt es entscheidend darauf an, beide Ebenen (alltagsweltliche und wissenschaftliche) des Erfahrungsraumes problemangemessen zu integrieren.

Es ist sehr wichtig zu beachten, dass Konzepte und Kodes das Ergebnis von geistigen Operationen an einem Text (o.Ä.) bezeichnen, sie bilden – als Schritte auf dem Weg zu empirisch fundierten Verallgemeinerungen – ihrerseits *Textstücke*, mentale Konstrukte und sollten nicht als ‚Tatsachen' missverstanden werden.

3.2.2 Axiales Kodieren

Durch das offene Kodieren wurden die Daten ‚aufgebrochen' mit dem Ziel eine begriffliche Einteilung des untersuchten Materials in Form von Konzepten und Kategorien zu entwickeln. Im Analyseschritt des *axialen Kodierens* werden nun die logischen und inhaltlichen Beziehungen zwischen den Kategorien (ihre ‚Achsen')[7] genauer untersucht und wenn möglich eine hierarchische Anordnung der Kategorien vorgenommen Hier sollen über die

---

[7] Diese Form des Kodierens dreht sich „um die ‚Achse' einer Kategorie" (Strauss 1994, S. 63).

Betrachtung des in Interviews oder der Beobachtung aufgezeichneten Materials hinausgehend die *Eigenschaften des Untersuchungsgegenstands* und nicht seine sprachlichen oder handlungspraktischen Indikatoren (dies meint ‚grounded' = gegenstandsbezogen) genauer herausgearbeitet werden.

Zur Erleichterung der Analyse wurde später (Strauss 1994; Strauss/Corbin 1996) ein soziologischer Orientierungsrahmen in Form eines ‚Kodierparadigmas' entwickelt, das den Blick unmittelbar auf die Sinn- und Situationsstrukturen der betrachteten sozialen Welt lenkt. Es ermöglicht Kategorien, genauer: das *materiale Phänomen* für das eine Kategorie steht, leichter zu erkennen, zu ordnen und vergleichend zu durchdringen. Folgende Rubriken sollen theorierelevante Fragen an die Daten anregen[8].

1. die genaue Bestimmung des *Gegenstandes*
2. die konstitutiven *Ursachen* des Phänomens in den *Interaktionen* der Akteur/-innen
3. die *Kontextbedingungen des Handelns* bzw.intervenierende Einflüsse
4. *Handlungsstrategien und Taktiken* der Akteur/-innen
5. *Veränderungen* der ursächlichen, kontextuellen *Bedingungen* und anschließender *Handlungen*[9].

Treibende Kraft des axialen Kodierens ist eine Art Gestaltbildungszwang, eine innere Dynamik der Erkenntnis des Falls, die dazu anleitet, die zerlegten Daten wieder zusammenzufügen. In diesem Schritt werden auch bisher verwendete (ältere) Konzepte und Annahmen über Beziehungen zwischen den Kategorien überprüft, ggf. *dekomponiert*[10] und neue Zusammenhänge vorgestellt, bis ein zunehmend konturiertes und durch die Deutungsarbeit kontrolliertes Gedankenbild des Falls entsteht und die darin gefassten theoretischen Bezüge in weiteren Untersuchungsschritten überprüfbar werden.

3.2.3 Selektives Kodieren

In einer *bottom up,* zyklisch angelegten Bewegung zwischen Datenerhebung und Datenanalyse entstehen im Gegenstand verankerte, zugleich abstrahierende Kategorien, die analytisch aufeinander bezogen werden, bis *Kern*kategorien entworfen werden können, die den Erkenntnis eröffnenden *Schlüssel* zum Verständnis des interessierenden Phänomens und damit seiner Erklärung enthalten. Zugleich wird eine Begrenzung auf solche Inhalte gewährleistet, die zur Bildung verallgemeinernder Theorie überleiten, z.B.

---

8   Glaser hat sich von diesem Versuch der „Kodifizierung der Kodierung" heftig distanziert (Glaser 1992).

9   Die Stärke qualitativer Forschung liegt generell darin ein komplexes Handlungsfeld auf Veränderungen durch die Akteure/-innen hin untersuchen zu können; vgl. die sog. INUS-Bedingungen sozialen Handelns (‚insufficient but necessary part of a condition which is itself unnecessary but sufficient for the result') bei Goertz 2003, Kelle 2007c.

10 Ein bedeutsamer Aspekt der GTM ist die in ihr angelegte Chance der methodisch-empirischen Dekonstruktion bestehender Begrifflichkeit/Deutungsmodelle/Theorie.

ein Verhaltensmuster in seiner Vielfalt und seinen Variationen erklären (vgl. unten: *Kodierparadigma*).

Die semantischen Eigenschaften einer Schlüsselkategorie, der eine möglichst treffende Bezeichnung zu geben ist (wenn möglich: ein in-vivo Kode), sollten plausibel sein und ihre Beziehungen zu anderen Kategorien sollten detailliert aufgefächert werden. Sie integrieren mehrere Kategorien unter folgenden Gesichtspunkten (Strauss 1994, S. 67):

- Sie sollen *zentral* sein, um den Bezug zu möglichst vielen Themen herstellen zu können,
- ihre Indikatoren sollten im Material *häufig* aufzufinden sein,
- sie sollten *Bezüge* zu anderen Schlüsselkategorien aufweisen (ein allmählich Gestalt annehmender Prozess)
- sie sind das Extrakt der Analyse und führen zur Produktion von theoretischen *Annahmen*/Hypothesen und Verbindungen,
- sie sollen die maximale *Breite* einer Thematik einschließlich möglicher *Variationen* erfassen.

Die einzelnen Schritte der Analyse verlaufen nicht nach einem zwingenden logischen Schema, sie bewegen sich kreisförmig, sprunghaft, bisweilen rekursiv und immer beweglich, dem jeweiligen Stand des Erkenntnisprozesses gemäß. Es wird einer inneren Abfolge von Induktion, Deduktion und Verifikation gefolgt, die sich wechselseitig herausfordern, befruchten und hervorbringen (Strauss 1991, S. 37). *Induktion* umfasst die Vielfalt der aus dem Material hervorgehenden Aspekte, die zu einer Vermutung, These oder Idee für weitere Fragen oder Annahmen führen, die später ggf. in Erklärungen integriert werden. Die *deduktiven Schritte* des Verfahrens beinhalten die Prüfung der entwickelten Erkenntnis indem – ausgehend von Hypothesen – Kategorien und Inhalte des Materials miteinander in Beziehung gesetzt werden.

3.2.4 Dimensionen/Dimensionalisierung

Jede Kategorie vereinigt mehrere allgemeine Eigenschaften in sich und jede dieser Eigenschaften variiert über einen dimensionalen Raum (s. Beispiel). Für eine tiefer gehende Analyse ist die Explikation der Dimensionen (der allgemeinen Eigenschaften) einer Kategorie vorteilhaft, weil die Darstellung des untersuchten Phänomens umso dichter gelingen kann, je genauer seine Position im Rahmen einer Matrix der dimensionalen Eigenschaften bestimmbar ist. Die als Ergebnis einer Fallanalyse identifizierte/n Kategorie/n weist/weisen zunächst ein einzigartiges dimensionales Profil auf, das nur für den einen untersuchten Fall gültig ist, später aber durch gezieltes Aussuchen ähnlicher oder kontrastierender Fälle (theoretical sampling) in einen allgemeineren Zusammenhang gestellt werden kann.

Ein Beispiel: Die Kategorie sei ‚Erfahrung von Mobbing' im Rahmen einer betrieblichen Ausbildung. Die Eigenschaften – die nicht notwendig als

Konzepte bereits kodiert vorliegen sondern theoretisch entwickelt werden – sind: Dauer, Kränkung, innerer Nachhall, Haltung Unbeteiligter. Der Schreiber des Tagebuchs (Daten) fühlte sich ‚gemobbt' (was in der Analyse durch entsprechende Konzepte/Indikatoren identifiziert werden konnte):

Kategorie	Eigenschaften	Dimensionale Ausprägung (pro Ereignis)
Erfahrung von Mobbing	Dauer	lang -------------- kurz
	Kränkung	stark -------------- schwach
	innerer Nachhall	kurz -------------- lang
	Haltung Unbeteiligter	ignorieren --------- ablehnen

Abb. 2: Dimensionen der Kategorie ‚Erfahrung von Mobbing'

3.2.5 Theoretical Sampling

Während *Sampling* (Fallauswahl) im hypothetisch-deduktiven Methodenbereich bedeutet, Stichproben nach vorheriger theoretischer Überlegung zu Untersuchungsbereich (Grundgesamtheit) und Fragestellung, im Idealfall nach einem wahrscheinlichkeitstheoretischen Modell als sog. ‚kontrollierte Zufallsauswahl' unter dem Gesichtspunkt ihrer Repräsentativität zu ziehen, so wird in der GTM ein vollkommen anderer Weg eingeschlagen. Hier bezeichnet *sampling* eine Art Konzentrationsprinzip: die bewusste *Auswahl charakteristischer Fälle* oder Elemente, die während der Analyseaktivität in dem aktuellen Projekt eine besondere theoretische Bedeutung erhalten haben. Forscher/-innen gewinnen, während sie sich durch die verschiedenen Formen des Kodierens mit dem Material vertraut machen, zunehmend mehr Anhaltspunkte für noch offen bleibende Fragen und neue analytische Gesichtspunkte, für die weitere Forschungsschritte in einem zweiten (wenn notwendig: dritten, vierten ...) Erhebungsverfahren erforderlich werden (z.B. Kontrastierung der interessierenden Phänomene mit differenten Perspektiven). Dann lässt sich – nach sorgfältiger Abwägung der damit verbundenen theoretischen Absichten – festlegen, welchen Gruppen oder Untergruppen von Populationen, Ereignissen, Handlungen weitere Forschung gewidmet werden muss. Die Datenbasis wird also nicht nur einmal zu Beginn, sondern während des gesamten Forschungsprozesses sukzessive geschaffen (vgl. Strauss/Corbin 1996, S. 148 ff.) – nicht um Daten zur Bestätigung einmal erstellter Modelle zu sammeln, sondern um Information aus unterschiedlichen Perspektiven (‚Differenzinformation') zu finden, die zu einer umfassenden Darstellung der interessierenden Phänomene verhelfen soll.

3.2.6 Memos

Während des Kodierens werden die bei der Erfassung der Sinneinheiten entstehenden Assoziationen und Ideen zur Deutung des Gesagten bzw. Beobachteten in sog. *memos* aufgezeichnet, gesammelt und geordnet, selegiert, präzisiert und auf gemeinsame Wirklichkeitsdimensionen hin untersucht, woraus weitere Anhaltspunkte zur allmählichen Verfertigung eines gedanklichen Modells gewonnen werden können. Memos enthalten Notizen, die der Erinnerung dienen: Anmerkungen und Kommentare zur Analyse und zum Datenmaterial, graphische Veranschaulichungen der Kategorien und ihrer Relation zueinander, entdeckte Probleme etc.

Strauss/Corbin (1996) unterscheiden drei Arten von Memos: Code-Notizen (die Einfälle während des Codierens festhalten), Theorie-Memos und Planungsnotizen. Vor allem Theorie-Memos sind bedeutsam, weil in ihnen Hinweise auf später zu formulierende theoretische Konzepte, Hypothesen oder weitergehende Fragen notiert werden[11].

3.2.7 ‚Theorie' in der GTM

GTM wird nicht eingesetzt, um nur einen einzigen Fall zu erhellen; es soll über den Einzelfall hinausweisende Erkenntnis erzeugt werden: theoretisch formulierte Beziehungen zwischen Phänomenen, ein plausibles Beziehungsgeflecht, ein fallorientierter und fallübergreifender „theoretischer Rahmen" (Strauss/Corbin 1996, S. 32). Daher führen die Verfahrensangebote der GTM die Analyse sehr schnell an die *Grenze des Sichtbaren*. In den Aussagen, Kommunikationen, beobachtbaren Verhaltensweisen und Interaktionen sowie den dazu (mittels der im Methodeninventar der Empirischen Sozialforschung angebotenen Gesprächsanreize) abrufbaren Bewusstseinsinhalten kommen die für jede Fachwissenschaft bedeutsamen Konstituentien des wahrnehmbaren verbalen oder praktischen Verhaltens (sog. ‚Kontextvariable' wie die aktuell definierte Situation, situationsübergreifende institutionelle Strukturen, Organisationsformen sozialer Interaktion, historische Dimension von Habitualisierungen, Normen, Werte usw.) nur sehr vermittelt vor. Daher erscheint es zwingend, soll die Theoriebildung nicht an der Oberfläche des Offenkundigen stagnieren, mittels fachspezifischer (soziologischer, erziehungswissenschaftlicher, psychologischer usw.) theoretischer Konzepte *Tiefendimensionen* des Untersuchungsbereichs zu eröffnen und die Entdeckungen des aktuellen Untersuchungsverfahrens in sie zu integrieren.

Hier werden die Grenzen der GTM deutlich, wenn sie als Verfahren und nicht als Stil begriffen wird: als Verfahren bleibt sie letztendlich stecken in der Betrachtung des Verhaltens der untersuchten Akteure und deren alltagsweltlichen Deutungen und Sinnstrukturen – als Stil kombiniert sie die Erkenntnisse der aktuellen Forschung mit dem Fundus überlieferten Wissens, der sich in vorhandenen Theorien und zugehörigen Begriffssystemen sedimentiert hat (vgl. Strauss 1979, S. 47).

---

11 Eine Beschreibung verschiedener *Memo*rierungsanlässe findet sich bei Strauss 1994, S. 153 ff.

3.2.8 Theoretische Sensibilität

Den in der GTM nach Strauss arbeitenden Forscher/-innen ist zumeist bewusst, dass in die deutende Verarbeitung des Daten-Materials ganz grundsätzlich immer schon Vorwissen (Alltagswissen, Kontextwissen, Erfahrung, Theorie des jeweiligen Fachs und des besonderen Gegenstandes sowie wissenschaftliche Forschungsstände) eingeht, es soll jedoch nach Möglichkeit offen gelegt und nur in kontrollierter Form zur Anwendung gebracht werden. Angestrebt wird ein möglichst enger Bezug zur vortheoretischen sozialen Wirklichkeit. Eine hermeneutische Interpretation der zugrunde gelegten Daten (Indikatoren) ist (so Strauss/Corbin 1996, S. 13) für diesen Prozess nicht oder nur in geringem Umfang erforderlich. ‚Deutung' meint in diesem Zusammenhang vor allem empirische Theoriebildung, das indikatorbezogene Entwickeln von Konzepten und ihre Zusammenfassung in Kategorien. Theoriebildung bezeichnet den expliziten Aufweis der zwischen den Kategorien bestehenden inhaltlichen Verknüpfungen. Dieser Prozess wird durch *theoretische Sensibilität* angeleitet, die Fähigkeit zu erkennen, was in den Daten wichtig ist bzw. noch alles wichtig werden könnte. Anstöße geben wissenschaftliche und nicht-wissenschaftliche Literatur, berufliche und persönliche Erfahrung, aber auch der aktuelle Forschungsprozess selbst (vgl. Strauss/Corbin 1996, S. 25 ff.). Vier Fähigkeiten begünstigen das Theoretisieren (Strauss 1994, S. 348 ff.):

- Umfangreiches Kontextwissen,
- Sensibilität für den Sinn, den die untersuchten Akteure mit ihrem Verhalten verbinden und die Fähigkeit theoretische Sichtweisen bei der Betrachtung konkreter Aktivität einzunehmen,
- Beherrschung der Techniken der GTM und Geduld,
- entwickelte analytische Fähigkeit.

3.2.9 Induktion/Abduktion

Darüber, wie die in diesen Prozess eingebundene kreative Leistung, das Entdecken von Hypothesen, bzw. das Finden neuer Theorien erkenntnistheoretisch zu beurteilen ist, wurde in verschiedenen Beiträgen zur Methodologie der qualitativen Sozialforschung mitunter sehr engagiert diskutiert.

Glaser (1992) kritisiert vor allem, dass die von Strauss und Corbin vertretenen Vorstellungen über die Bedeutung von theoretischem Vorwissen und die von ihnen vorgeschlagenen Hilfsmittel *Kodierparadigma* und *Dimensionalisierung* den Daten mit nicht zu rechtfertigendem kategorialem Zwang (‚forcing') gegenübertreten, also ihre eigenständig theoriebildende Kraft (‚emergence') destruiere[12] (vgl. die Position von Glaser 1978, 1992,

---

12 Nicht ohne sein ‚Intellectual Property' mit Aggressivität gegenüber Strauss zu verteidigen, aber auch mit gewissem klärenden Charme, z. B.: „If You torture the data enough, it will give up!" oder: „The data is not aloud to speak for itself" (Glaser 1992, S. 123).

2008 a, b; in der von ihm herausgegebenen Zeitschrift ‚Grounded Theory Journal' 1998 f.; kommentierend: Babchuk 1996 und klärend: Kelle 2007 b). Tatsächlich wird mit dieser Entgegensetzung (ausführlich: Kelle 2007 a; Stern 1994) ein problematischer Aspekt der GTM in der von Strauss und Corbin heute vertretenen Fassung berührt, da sie ihr Analyseraster – wie oben dargestellt – auf Grundannahmen des *Pragmatismus* und der *Theorie symbolvermittelter Interaktion* stützen, damit also einen im Voraus existenten theoretischen Rahmen an die Daten herantragen. Anderseits ist seit der philosophiegeschichtlich unwiderlegten Zurückweisung induktivistischer Prämissen des naiven Empirismus (z. B. durch Kant, Carnap, Wittgenstein, Popper) selbstverständlich, dass jede Anschauung der Wahrnehmungsgegenstände ohne begrifflich-theoretische Vorannahmen ‚blind' (Kant, KrV, A 51) bleiben muss[13].

Mit Bezug auf Peirce (1967) wollten zahlreiche Autoren[14] in der, neben Induktion und Deduktion als dritte Möglichkeit des Schließens missverstandenen ‚Abduktion' ein logisch kontrollierbares kreatives Schlußverfahren[15], eine Art ‚Erfindungsmaschine' erkennen – ein Irrtum (Reichertz 2003, 2007; Kelle 1994). Sobald die kreative geistige Fähigkeit, aus einer Sammlung vorliegender Information – bisweilen blitzartig – bisher noch nicht ‚gesehene' Zusammenhänge erschließen zu können, von ihrer magischen Aura befreit wird, dann bezeichnet ‚Abduktion' eine intuitiv-produktive Denkleistung die ein Erklärungs-Modell (eine geistige ‚Gestalt') oder bisher chaotisch erscheinende Falleigenschaften neu strukturiert (vgl. Gestaltpsychologie[16]). So kann aus der z. T. bewussten und z. T. intuitiven Abwägung einer Vielzahl von möglichen hypothetischen Beziehungen ein plötzliches ‚Erkennen' von Zusammenhängen, ein Gedankengang entstehen, der überzeugender als die bisherigen erscheint, dessen Einfall jedoch ohne vorherige intensive Auseinandersetzung mit dem Material (und bisweilen starke Ohnmachtsgefühle) nicht zustande kommen kann.

Der abduktive Schluss integriert bis dato unverbindliche Assoziationen in eine ‚Einsicht', eine schlüssig scheinende, ‚erklärende' Gestalt, die jedoch ihre Geltung und Haltbarkeit erst in der Überprüfung an den Daten (dem vorliegenden und weiterem Material) bewähren muss: „die Abduktion vermutet bloß, dass etwas der Fall *sein mag*" (Peirce 1967, S. 362[17]).

---

13 Kelle spricht (2007 b) vom ‚induktivistischen Selbstmissverständnis' der frühen GTM, weil von den Autoren zunächst angenommen wurde, dass GTM quasi automatisch von ‚Fakten' zu verallgemeinerndem Wissen führe.
14 Reichertz hat (1993, S. 262) die Verbreitung dieser Annahme belegt.
15 Eine logische Unmöglichkeit, deren Wirkung Carnap bereits 1930 als ‚Zauberei' desavouiert hat (vgl. Reichenbach 1983, S. 257).
16 Zum Beispiel Wolfgang Metzger, Gestalt-Psychologie. Ausgewählte Werke aus den Jahren 1950 bis 1982, Frankfurt/M. 1999.
17 In der Notation der Collected Papers: 5.171; lesenswert für diesen Zusammenhang besonders auch: 5.170-5.200

3.2.10 Computereinsatz

Wenn im Forschungsprozess viel Material angesammelt wird (Interviewtransskripte, Beobachtungsprotokolle, Codenotizen, Memos ...), wird der Einsatz von Computerprogrammen (z. B. atlas.ti[18] oder MaxQDA → Kuckartz/Grunenberg) hilfreich sein, um den Überblick zu behalten und Zugriffe auf die Daten und die entwickelten Kodes möglichst treffsicher und schnell zu erreichen. Geeignete Programme ermöglichen durch die in der Software angelegten Kodier-, Memorier- und Zitiermöglichkeiten der in schriftlicher Form[19] vorliegenden Daten eine Vernetzung der verschiedenen Informationen und unterstützen damit die Entwicklung theoretischer Modelle, übernehmen jedoch nicht die geistige Arbeit der Analyse der Daten. (Kelle 2005; Lewins/Silver 2007; Kuckartz 2007; Muhr 1994).

4. Abschließende Bemerkungen

Im Folgenden werden einige Hinweise zur allgemeinen methodologischen Bewertung des Verfahrens zusammengestellt.

4.1 Qualitätssicherung

Auch die GTM muss sich – wie es für die qualitative Sozialforschung generell üblich ist – dem Problem der Qualitätssicherung ihrer Verfahren und Resultate durch die Bestimmung und Anwendung von sog. *Gütekriterien* stellen, deren Ausgestaltung nach Art der Forschung bzw. Interessen der Nutzer/-innen variieren kann (→ Schründer-Lenzen). Dabei werden zwei gegensätzliche Positionen vertreten (Bortz/Döring 1995; Mayring 2002; Przyborski/ Wohlrab-Sahr 2008): Vorschlägen, die Beurteilungskriterien des *quantitativen* Forschungsmodells in modifizierter Weise zu übernehmen, stehen (die im Folgenden dargestellten) Auffassungen gegenüber, die diese Kriterien im Zusammenhang qualitativer Forschung nicht für geeignet halten.

Wiederholbarkeit (Reliabilität) halten Strauss und Corbin (1990, S. 424) nur in dem eingeschränkten Sinn für möglich, dass das erzielte Forschungsergebnis ‚verifizierbar' (an den vorliegenden Daten nachvollziehbar) sein müsse, da eine erneute Untersuchung – wegen der Prozesshaftigkeit sowohl der sozialen Realität als auch der auf sie bezogenen Theorien – grundsätzlich auf veränderte Verhältnisse stoßen müsse.

Repräsentativität: da GTM nicht auf Ergebnisse ziele, die für eine möglichst umfassende Population stehen, sondern Theorien entwickle, die ein konkretes soziales Phänomen, seine Bedingungen in den konstitutiven Aktionen und Interaktionen der Beteiligten verständlich mache, sei Generali-

---

18 http://www.atlasti.com/de/
19 atlas/ti bietet auch die Möglichkeit Bilder, Bildelemente und Audiodateien zu bearbeiten (s. Gerhold/Bornemann 2004, Muhr 1994).

sierung grundsätzlich fallabhängig. Beim theoretical sampling wird die Auswahl weiterer Daten bzw. Fallaspekte allein unter dem Gesichtspunkt ihrer Repräsentativität für die entstehende GT aus den bisher formulierten Kategorien und Aussagen (Hypothesen) abgeleitet.

Die Abwägung der *Validität* betrifft das Ziel, logisch widerspruchsfreie und in ihrem Bezug zur Wirklichkeit gültige Theorien zu entwickeln. Im Ablauf der GTM-typischen Mikrozyklen aus Datenerhebung, Interpretation, erneuter Datensammlung und erneuter Interpretation sollte relativ schnell deutlich werden, wann weitere Daten die bis dahin embryonale Theorie nicht mehr erweitern oder verändern können (*interne Güteprüfung*) und damit der Anlass zu weiterer Reformulierung, Differenzierung und erneuter empirischer Überprüfung entfällt: Die Theorie ist geboren.

Zur *externen Güteprüfung* sollte eine möglichst detaillierte Dokumentation aller Schritte und Entscheidungen angefertigt und den Rezipienten zum Nachvollzug und Vergleich mit anderen Forschungsergebnissen zur Verfügung gestellt werden.

Die Forderung nach *Objektivität*, der Unabhängigkeit der Analyse von den Einflüssen (Werten und Interessen) der Forscher/-innen, kann, obwohl im Rahmen der GT so nicht thematisiert, ein am Pragmatismus ausgerichtetes Konzept assoziiert werden (Strübing 2002). Im Wechselspiel der begrifflichen Konstruktion von Objekten durch Forscher/-innen und der Interaktion mit diesen Objekten (Handlungsweisen, personalen Identitäten, Bewertungen, Situationen etc.) in der Forschungspraxis, kommt es im Idealfall (nicht notwendig) zur Fassung einer einheitlichen, Perspektive und d. h. *angemessenen* Theorie. Und ihre Gültigkeit bewährt sich in der Praxis der Akteure im untersuchten Feld bzw. der Forscher/-innen, die mit dieser GT arbeiten (Strauss/Corbin 1996, S. 8). Weitere Beurteilungsmöglichkeiten wissenschaftlicher Theorien sind z.B. ihre Umsetzbarkeit bzw. Resonanz und die Performanz einer öffentlichkeitswirksamen Darstellung durch ihre Produzenten (vgl. Breuer/Reichertz 2002).

4.2 Evaluationskriterien

Vor allem zwei Bedingungen (,Evaluationskriterien'; vgl. Corbin/Strauss 1990, S. 425 f.; ausführlich Strauss/Corbin 1996, S. 214 ff.) können als Voraussetzung einer Abschätzung der Qualität einer Forschungsarbeit gelten: 1. Die Offenlegung aller relevanten Informationen zum Forschungsprozess incl. einer detaillierten Dokumentation der getroffenen Entscheidungen und 2. die Rechenschaft über die empirische Verankerung der theoretischen Analyse (Darlegung der Konzeptbildung, ihrer systematischen Vergleiche, der konzeptuellen Verknüpfungen und Entwicklung der Kategorien). Neben Dichte und Systematik werden das erreichte konzeptuelle Niveau der vorläufig verifizierten Theorie, die darin ausgedrückte Reichweite von Erklärungen und ihre praktische Relevanz („significance") bewertet.

Insgesamt gesehen lässt sich weder erkenntnistheoretisch noch forschungs- bzw. handlungspraktisch die Güte von Erkenntnissen vollständig absichern. Dennoch sollten unseriösen Verfahrensweisen und Dilettantismus Grenzen gesetzt werden, die am ehesten durch (Selbst-)Verpflichtung der Wissenschaftler/-innen auf Prüfung alternativer Deutungen, auf *Transparenz* der Darstellung des forschungspraktischen Vorgehens, auf *Reflexivität* im Umgang mit der eigenen Forschersubjektivität (durch z.B. Explikation der persönlichen Präkonzepte, Voreinstellungen, Verstricktheiten etc.) und auf *Kritik* gezogen werden können (vgl. Breuer 1996; Breuer/Reichertz 2002).

4.3 Erweiterungen

Auf die GTM aufbauend haben sich Analysehilfen bzw. weiterführende methodologische Ansätze herausgebildet: die Matrix zur *Dimensional Analysis* von Leonard Schatzman, die (ähnlich dem Kodierparadigma von Strauss/Corbin) ein Bezugssystem zur Verfügung stellt, das die Erforschung/Aufdeckung von Merkmalsdimensionen, „independent of any substantive paradigms" (Schatzman 1991, S. 313) vereinfachen kann. Oder: die *Situational Analysis* von Adele E. Clarke, die als Erweiterung der social world/arenas Theorie von Strauss (1979), Darstellungsformen (visualisierende maps) sozialer Felder entwickelt hat (*situational maps, social worlds/ arenas maps und positional maps)*, mit denen ihre Organisiertheit und Heterogenität differenziert zum Ausdruck gebracht werden kann. Später erarbeitete Clarke dann weitere relevante Aspekte der Situationsanalyse wie z.B. die Darstellung der Komplexität von Situationen für die Konstitution sozialen Lebens, von diskursiven Praktiken als Vermittler der Subjektivität sowie von Differenz anstelle von Homogenität (Clarke 1991; Clarke 2005; Clarke/Friese 2007; vgl. auch Granovetter 1986). Das mapping erlaubt neben der empirisch vorgefundenen Wirklichkeit auch denkbare Aspekte, z.B. in der Form nicht besetzter Felder, darzustellen. Zuletzt soll noch auf David Rennie verwiesen werden, der eine Erweiterung der Glaserschen Methodologie durch eine neue *methodische Hermeneutik* (Rennie 2005; Stadlbauer 2008) vorschlägt, den Versuch der Versöhnung von (allzu) datentreuem Realismus und (unumgänglichem) deutungsbasiertem Relativismus.

Literatur

Empfehlungen zu Methodologie und Anwendung(*)

*Breuer, Franz (Hg.) 1996: Qualitative Psychologie: Grundlagen, Methoden und Anwendungen eines Forschungsstils. Opladen.
*Brüsemeister, Thomas 1998: Lernen durch Leiden. Biographien zwischen Perspektivlosigkeit, Empörung und Lernen. Wiesbaden.
Charmaz, Kathy 2006: Constructing Grounded Theory. A Practical Guide Through Qualitative Analysis. London.

*Gültekin, Neval 2003: Bildung, Autonomie, Tradition und Migration. Doppelperspektivität biographischer Prozesse junger Frauen aus der Türkei. Opladen. Zugl. Diss.
Krotz, Friedrich 2005: Neue Theorien entwickeln. Köln.
Mey, Günter/Katja Mruck (Hg.) 2007: Grounded Theory Reader. Historische Sozialforschung Supplement 19. Köln: Zentrum für historische Sozialforschung.
Muckel, Petra 2007: Die Entwicklung von Kategorien mit der Methode der Grounded Theory. Historical Social Research: the official journal of Quantum and Interquant; an international journal for the application of formal methods to history, Supplement, Nr. 19 Grounded theory reader. S. 211-231.
*Schneider, Sabine/Florian Eßer/Katharina Mangold/Karin Nord/Angela Rein/ Mandy Schöne/Mirjana Zipperle 2006: ‚Ein' Interview – ‚Fünf' Interpretationsskizzen. Illustrationen unterschiedlicher Auswertungsstile im Rahmen einer exemplarischen Forschungswerkstatt. Zeitschrift für qualitative Bildungs-, Beratungs- und Sozialforschung. H. 1. Jg. 7. S. 139-166.
Strauss, Anselm L./Juliet M. Corbin (Hg.) 1997: Grounded Theory in practice. London.
*Strauss, Anselm 1994: Grundlagen qualitativer Sozialforschung. Datenanalyse und Theoriebildung in der empirischen soziologischen Forschung. München.
Strübing, Jörg 2004: Grounded Theory: Zur sozialtheoretischen und epistemologischen Fundierung des Verfahrens der empirisch begründeten Theoriebildung. Wiesbaden.
*Tiefel, Sandra 2005: Kodierung nach der Grounded Theory. Lern- und bildungstheoretisch modifizierte Kodierleitlinien für die Analyse biographischen Lernens. Zeitschrift für qualitative Bildungs-, Beratungs- und Sozialforschung. H. 1 Biographie und Lernen. Jg. 6. S. 65-84.

Weitere im Artikel angesprochene Literatur

Amann, Klaus/Stefan Hirschauer 1997: Die Befremdung der eigenen Kultur. Ein Programm. In: Hirschauer, Stefan/Klaus Amann (Hg.): Die Befremdung der eigenen Kultur. Zur ethnographischen Herausforderung soziologischer Empirie. Frankfurt/M. S. 7-41.
Babchuk, Wayne A. 1996: Glaser or Strauss? Grounded Theory and Adult Education. Michigan.
Bereswill, Mechthild/Peter Rieker 2008: Irritation. Reflexion und soziologische Theoriebildung. In: Kalthoff, Herbert/Stefan Hirschauer/Gesa Lindemann (Hg.): Theoretische Empirie – Zur Relevanz qualitativer Forschung. Frankfurt/M. S. 399-431.
Berg, Eberhard/Martin Fuchs (Hg.) 1993: Kultur, soziale Praxis, Text. Die Krise der ethnographischen Repräsentation. Frankfurt/M.
Berger, Peter L./Thomas Luckmann 1987: Die gesellschaftliche Konstruktion der Wirklichkeit. Eine Theorie der Wissenssoziologie. Frankfurt/M.
Böhm, Andreas 2000: Theoretisches Codieren. In: Flick, Uwe/Ernst von Kardorff/ Ines Steinke (Hg.): Qualitative Sozialforschung. Ein Handbuch. Reinbek. S. 475-485.
Bortz, Jürgen/Nicola Döring 1995: Forschungsmethoden und Evaluation. Berlin/ Heidelberg u. a.

Breuer, Franz/Jo Reichertz 2002: Wissenschaftskriterien. Eine Moderation. In: Forum Qualitative Sozialforschung/Forum Qualitative Research (Online-Journal). Bd. 2(3).
Charmaz, Kathy/Anthony Bryant (Hg.) 2007: Handbook of Grounded Theory. London.
Clarke, Adele E. 1991: Social Worlds/Arenas Theory as Organizational Theory. In: Maines, David R. (Hg.): Social Organization and Social Process. Essays in Honor of Anselm Strauss. New York. S. 119-158.
Clarke, Adele E. 2005: Situational Analysis. Grounded Theory after the Postmodern Turn. London/Thousand Oaks/New Delhi.
Clarke, Adele E./Carrie Friese 2007: Situational Analysis: Going Beyond Traditional Grounded Theory. In: Charmaz, Kathy/Anthony Bryant (Hg.): Handbook of Grounded Theory. London. S. 694-743.
Corbin, Juliet M./Anselm L. Strauss 1990: Grounded Theory Research: Procedures, Canons and Evaluative Criteria. Zeitschrift für Soziologie 19. S. 418-427.
Emerson, Robert M./Rachel I. Fretz/Linda L. Shaw 1995: Writing Ethnographic Fieldnotes. Chicago.
Flick, Uwe/Ernst von Kardorff/Ines Steinke (Hg.) 2000: Qualitative Sozialforschung. Ein Handbuch. Reinbek.
Geertz, Clifford 1983: Dichte Beschreibung – Beiträge zum Verstehen kultureller Systeme Frankfurt/M.
Gerhold, Lars/Stefan Bornemann 2004: Qualitative Analyse audiovisueller Informationen mit atlas.ti. In: MedienPädagogik 5. 2004. S. 1-20.
Gerson, Elihu M. 1991: Supplementig Grounded Theory. In: Maines, David R. (Hg.): Social Organization and Social Process. Essays in Honor of Anselm Strauss. New York. S. 285-302.
Glaser, Barney G. 1978: Theoretical Sensitivity. Mill Valley, CA.
Glaser, Barney G. 1992: Basics of Grounded Theory Analysis. Mill Valley, CA.
Glaser, Barney G. 1998: Doing Grounded Theory. Issues and Discussions. Mill Valley, CA.
Glaser, Barney G. 2007: Reading Grounded Theory – The value of exampling. The Grounded Theory Review. Special Issue. S. 1-7.
Glaser, Barney G. 2008a: Doing Quantitative Grounded Theory. Mill Valley, CA.
Glaser, Barney G. 2008b: Qualitative and Quantitative Research. The Grounded Theory Review. vol.7. no.2. S. 1-17.
Glaser, Barney G./Anselm Strauss 1967: The discovery of grounded theory. New York.
Glaser, Barney G./Anselm L. Strauss 1965: Awareness of dying. Chicago.
Glaser, Barney G./Anselm L. Strauss 1968: Time for dying. Chicago.
Goertz, Gary 2003: The Substantive Importance of Necessary Condition Hypotheses. In: Goertz, Gary/Harvey Starr (Hg.): Necessary Conditions. Lanham. S. 65-94.
Granovetter, Mark 1986: The Microstructure of School Desegregation. In: Prager, Jeffrey/Douglas Longshore/MMelvin Seeman (Hg.): School Desegregation Research: New Directions in Situational Analysis. New York.
Hammersley, Martyn/Paul Atkinson 1995: Ethnography. London/New York.
Hirschauer, Stefan/Klaus Ammann (Hg.) 1997: Die Befremdung der eigenen Kultur. Zur ethnographischen Herausforderung soziologischer Empirie. Frankfurt/M.
Kalthoff, Herbert/Stefan Hirschauer/Gesa Lindemann (Hg.) 2008: Theoretische Empirie – Zur Relevanz qualitativer Forschung. Frankfurt/M.

Kelle, Udo 1994: Empirisch begründete Theoriebildung: Zur Logik und Methodologie interpretativer Sozialforschung. Weinheim.
Kelle, Udo 2005: Computergestützte Analyse qualitativer Daten. In: Uwe Flick/ Ernst von Kardorff/Ines Steinke (Hg.): Qualitative Forschung. Ein Handbuch. Reinbek. S. 485-501.
Kelle, Udo 2007a: „Emergence" vs. „Forcing" of Empirical Data? A Crucial Problem of „Grounded Theory" Reconsidered. In: Historical Social Research. Supplement Nr. 19. S. 133-156.
Kelle, Udo 2007b: Theoretisches Vorwissen und Kategorienbildung in der „Grounded Theory". In: Kuckartz, Udo/Heiko Grunenberg/Thorsten Dresing (Hg.): Qualitative Datenanalyse: computergestützt. Methodische Hintergründe und Beispiele aus der Forschungspraxis. Wiesbaden. S. 32-49.
Kelle, Udo 2007c: Integration qualitativer und quantitativer Methoden. In: Kuckartz, Udo/Heiko Grunenberg/Thorsten Dresing (Hg.): Qualitative Datenanalyse: computergestützt. Methodische Hintergründe und Beispiele aus der Forschungspraxis. Wiesbaden. S. 50-64.
Kelle, Udo 2008: Strukturen begrenzter Reichweite und empirisch begründete Theoriebildung. Überlegungen zum Theoriebezug qualitativer Methodologie. In: Kalthoff, Herbert/Stefan Hirschauer/Gesa Lindemann (Hg.): Theoretische Empirie – Zur Relevanz qualitativer Forschung. Frankfurt/M. S. 312-339.
Kleining, Gerhard 1982: Umriss zu einer Methodologie qualitativer Sozialforschung. In: Kölner Zeitschrift für Soziologie und Sozialpsychologie. Jg. 34. S. 224-253.
Kleining, Gerhard 1995: Lehrbuch entdeckende Sozialforschung. Bd. 1: Von der Hermeneutik zur qualitativen Heuristik. Weinheim.
Kuckartz, Udo 2007: Einführung in die computergestützte Analyse qualitativer Daten. Wiesbaden.
Kuckartz, Udo/Heiko Grunenberg/Thorsten Dresing (Hg.) 2007: Qualitative Datenanalyse: computergestützt. Methodische Hintergründe und Beispiele aus der Forschungspraxis. Wiesbaden.
Lewins, Ann/Christina Silver 2007: Using Software in Qualitative Research: A Step-by-Step Guide. London.
Maines, David R. (Hg.) 1991: Social Organization and Social Process. Essays in Honor of Anselm Strauss. New York.
Mayring, Philipp 2002: Einführung in die qualitative Sozialforschung. Weinheim/ Basel.
Muhr, Thomas 1994: atlas.ti – ein Werkzeug für die Textinterpretation. In: Böhm, Andreas/Andreas Mengel/Thomas Muhr (Hg.): Texte verstehen. Konzepte, Methoden, Werkzeuge. Schriften zur Informationswissenschaft Band 14. Konstanz. S. 317-324.
Peirce, Charles S. 1967: Schriften I u II (1868 -1907). Hrsg. von Karl-Otto Apel. Frankfurt/M.
Przyborski, Aglaja/Monika Wohlrab-Sahr 2008: Qualitative Sozialforschung: Ein Arbeitsbuch. München.
Reichenbach, Hans 1983: Erfahrung und Prognose. Braunschweig.
Reichertz, Jo 1993: Abduktives Schlußfolgern und Typen(re)konstruktion: Abgesang an eine liebgewordene Hoffnung. In: Jung, Thomas/Stefan Müller-Doohm (Hg.): ‚Wirklichkeit' im Deutungsprozeß. Verstehen und Methoden in den Kultur- und Sozialwissenschaften. Frankfurt/M. S. 258-282.
Reichertz, Jo 2003: Die Abduktion in der qualitativen Sozialforschung. Opladen.

Reichertz, Jo 2007: Abduction: The Logic of Discovery of Grounded Theory. In: Bryant, Antony/Kathy Charmaz (Hg.) 2007: The Sage Handbook of Grounded Theory. London. S. 214-229.
Rennie, David L. 2005: Die Methodologie der Grounded Theory als methodische Hermeneutik – zur Versöhnung von Realismus und Relativismus. Zeitschrift für qualitative Bildungs-, Beratungs- und Sozialforschung. H. 1. Jg. 6. S. 85-104.
Schatzman, Leonard 1991: Dimensional Analysis: Notes on an Alternative Approach to the Grounding of Theory in qualitative Research. In: Maines, David R. (Hg.): Social Organization and Social Process. Essays in Honor of Anselm Strauss. New York. S. 303-314.
Schatzman, Leonard/Anselm L. Strauss 1973: Field Research. Strategies for a Natural Sociology. Englewood Cliffs, New Jersey.
Stadlbauer, Cornelia 2008: Betriebliche Führungskräfteentwicklung: Mechanismen der Selbstdisziplinierung. Wiesbaden.
Stern, Phyllis N. 1994: Eroding Grounded Theory. In: Morse, Janice M. (Hg.): Critical Issues in Qualitative Research. Thousand Oaks/London/New Delhi. S. 212-223.
Strauss, Anselm L. 1979: Negotiations. Varieties, Contexts, Processes and Social Order. San Francisco.
Strauss, Anselm L. 1991 a: Grundlagen qualitativer Sozialforschung. Datenanalyse und Theoriebildung in der empirischen soziologischen Forschung. München.
Strauss, Anselm L. 1991 b: Creating Sociological Awareness. Collective Images and Symbolic Representations. New Brunswick/London.
Strauss, Anselm L./Juliet M. Corbin 1990: Basics of Qualitative Research. Grounded Theory Procedures und Techniques. Newbury Park/London/New Delhi.
Strauss, Anselm L./Juliet M. Corbin 1996: Grounded Theory: Grundlagen qualitativer Sozialforschung. Weinheim.
Strauss, Anselm/Leonard Schatzman u. a. 1964: Psychiatric Ideologies and Institutions. Glencoe, IL.
Strübing, Jörg 2002: Just do it? Zum Konzept der Herstellung und Sicherung von Qualität in grounded theory-basierten Forschungsarbeiten. In: Kölner Zeitschrift für Soziologie und Sozialpsychologie. Vol. 54 (2). S. 318-342.
Strübing, Jörg 2008: Pragmatismus als epistemische Praxis. Der Beitrag der Grounded Theory zur Empirie-Theorie-Frage. In: Kalthoff, Herbert/Stefan Hirschauer/ Gesa Lindemann (Hg.): Theoretische Empirie – Zur Relevanz qualitativer Forschung. Frankfurt/M. S. 279-311.

Barbara Friebertshäuser und Argyro Panagiotopoulou

Ethnographische Feldforschung

Ethnographische Feldforschung (Ethnographie, Ethnography[1]) bezeichnet eine Forschungstradition, die Menschen in ihrem Alltag untersucht, um Einblicke in ihre Lebenswelten und Lebensweisen zu gewinnen sowie ihre Sinndeutungen und Praktiken kulturanalytisch zu erschließen. Es handelt sich dabei um eine Forschungsstrategie, bei der verschiedene methodische Zugänge, auch kombiniert, eingesetzt werden können: Teilnehmende Beobachtungen, Dokumentenanalysen, Interviews, Gruppendiskussionen etc. Im Forschungsprozess werden die verschiedenen Quellen und Befunde zu einem Gesamtbild verdichtet. Trotz der möglichen Kombination von qualitativen und quantitativen Forschungsverfahren bleibt dieser kulturanalytische Ansatz dem qualitativen Forschungsparadigma verbunden. Menschen werden als Produkt und Schöpfer von Kultur betrachtet, die in ihren „selbstgesponnenen Bedeutungsgeweben" (Geertz 1983, S. 9) leben und auf der Basis ihrer kollektiven und subjektiven Deutungen handeln (vgl. Friebertshäuser 2003).

Die Ethnographie mit ihrer Tradition, Fall- und Feldstudien zur Analyse komplexer Problemlagen einzusetzen, bereichert die Empirie, trägt zur Theoriebildung bei und nutzt der pädagogischen Praxis, die stets um das Fallverstehen bemüht ist. Daher verbreitete sich dieser Forschungsansatz in den vergangenen Jahrzehnten auch in der Erziehungswissenschaft (vgl. Hünersdorf u. a. 2008).

Der Beitrag präsentiert Forschungstraditionen in Kulturanthropologie, Soziologie und Erziehungswissenschaft und diskutiert die Möglichkeiten, aber auch die Grenzen der forschenden Erkundung fremder Lebenswelten mittels ethnographischer Feldforschung sowie ihre Anwendungen in pädagogischen Feldern. Konzepte und Methoden ethnographischer Feldforschung werden dargestellt, um das in ihnen verborgene Potential zum Verstehen des „Fremden" (auch in der „eigenen Kultur") zu verdeutlichen.[2]

---

1 „Ethnographie" (von gr. *ethnos* „Volk" und graphein „schreiben, beschreiben") meint ursprünglich die Beschreibung eines Volkes (vgl. Fischer 1992, S. 79). Inzwischen wird damit eine Forschungstradition bezeichnet, die Deskription und Analyse als Zugang zu Kulturen und Milieus miteinander verknüpft (vgl. Lüders 1995). Der Begriff „Ethnographie" hat sich dabei, unter Einfluss der angloamerikanischen Diskussion, durchgesetzt (vgl. Lüders 2003, S. 385).
2 Für Anregungen, Ergänzungen und kritische Rückmeldungen danken wir Sophia Richter, Nadine Christmann und Wiebke Hortsch.

1. Traditionslinien ethnographischer Feldforschung

In der Kulturanthropologie entwickelt, gehört ethnographische Feldforschung zu den abenteuerlichen und anspruchsvollen Forschungsverfahren, denn im Idealfall taucht man ein in eine fremde Kultur, lebt mit den „Einheimischen", lernt ihre Sitten und Gebräuche kennen, studiert und dokumentiert ihre Lebenswelt, ihre Praktiken, ihre Denk- und Handlungsformen. Nach der Entdeckung neuer Welten, fremder Völker und Kulturen, die durch ihre Eroberung zugleich von Veränderungen oder Zerstörungen bedroht waren, entwickelte sich ein großes Interesse an der Dokumentation und wissenschaftlichen Analyse der Vielfalt menschlicher Lebensformen. Berühmt wurde die ethnographische Feldforschung am Beginn des 20. Jahrhunderts beispielsweise durch die von Bronislaw Malinowski und Margaret Mead vorgelegten Ethnographien, sie gelten heute als Klassiker und begründeten das klassische Feldforschungs-Paradigma der teilnehmenden Beobachtung (vgl. Stagl 1985, S. 292).[3]

In den USA trafen verschiedene ethnische Gruppen aufeinander: indigene Völker, Sklaven und verschiedene zugewanderte Volksgruppen, das schuf ein reges Interesse an Kulturstudien (vgl. Stagl 1981, S. 33 f.).[4] Die amerikanische Soziologie (Chicagoer-Schule) verwendete ab den 1920er Jahren ethnographische Feldforschung zur Untersuchung von Phänomenen der eigenen modernen Gesellschaft. Robert Ezra Park betrachtete die Stadt Chicago mit ihren zahlreichen Migranten nicht nur als einen Schmelztiegel unterschiedlicher Kulturen, sondern auch als soziales Laboratorium und regte zahlreiche Großstadtforschungen an.[5] Berühmte Studien aus dieser Tradition sind bspw.: William Foot Whyte „Street Corner Society" (1943), die Studie von Howard S. Becker u. a. „Boys in white" (1961) über die berufliche Sozialisation von Medizin-Studenten oder von Glaser und Strauss „Awareness of Dying" (1965), eine Studie über die „Interaktion mit Sterbenden", die 1974 in Deutsch erschien.[6] Neuere Tendenzen der angloamerikanischen Ethnographie dokumentiert das „Handbook for Ethnography" (hrsg. von Paul Atkinson u. a. 2001/2007).

---

3 Margaret Mead hat auch die berühmte Studie „Balinese Charakter" gemeinsam mit ihrem Mann Gregory Bateson zwischen 1936 und 1939 auf Bali durchführte, in der beide sich ausführlich mit der Kindererziehung beschäftigten, wobei sie dabei die Fotografie als Instrument einer visuellen Sozialforschung einsetzten (Bateson/Mead 1942; vgl. dazu auch Wolff 1991, S. 135 ff.)
4 Cultural Anthropology gehört bis heute in den USA zum allgemeinbildenden Fächerkanon in den ersten beiden Studienjahren an den meisten Hochschulen (vgl. Kohl 1993, S. 164).
5 Siehe dazu Lindner (1990), der die journalistische Prägung dieses Forschungsansatzes herausarbeitet.
6 Einen Überblick über die ethnographische Schulforschung in den USA gibt Terhart (1979).

Eine frühe „europäische" Studie, die mittels ethnographischer Feldforschung ein „heimisches Feld" bearbeitete, wurde von Jahoda u. a. unter dem Titel „Die Arbeitslosen von Marienthal" (1933) publiziert. Anhand einer Fallstudie eines kleinen österreichischen Ortes werden exemplarisch die psychosozialen und kulturellen Auswirkungen von Arbeitslosigkeit analysiert. Diese klassische Studie besticht durch die gelungene Kombination von qualitativem und quantitativem Datenmaterial, sehr klug gewählte Analysekategorien und klare Ergebnisse (vgl. Engler 1997).

Damit schließt sich der Kreis, die methodischen Zugänge zur Erforschung fremder Kulturen werden nun auch für die Analyse von Phänomenen der eigenen Gesellschaft genutzt. Ethnographien dienen der Beschreibung von „kleinen Lebenswelten" und „Kulturen in der eigenen Gesellschaft" (vgl. Lüders 2003, S. 389 f.). Insbesondere die „Ethnographie der eigenen Kultur" (Amann/Hirschauer 1997, S. 10) versteht sich dabei als ein „Medium der gesellschaftlichen Selbstbeobachtung" (Lüders 2003, S. 390), wobei diese Art der Beobachtung die Entwicklung eines fremden Blicks, eine systematische Distanzierung, eine „Verfremdung" des scheinbar Vertrauten voraussetzt und auf der „Befremdung der eigenen Kultur" basiert (vgl. Amann/Hirschauer 1997).[7]

2. Erziehungswissenschaftliche Ethnographie

In Deutschland entwickelte sich eine ethnographisch orientierte Forschung bereits in den 1920er Jahren (in der Kindheitsforschung vgl. Muchow/ Muchow 1935/1998), diese Traditionen wurden jedoch erst Mitte der 1970er Jahre in der Erziehungswissenschaft wieder entdeckt[8] und verbunden mit der Rezeption amerikanischer Studien im Kontext der Aktions- und Handlungsforschung wiederbelebt (vgl. Heinze u. a. 1975; Haag u. a. 1975). Eine ethnographisch orientierte Forschung entwickelte sich ab den 1980er Jahren, stets auch im Austausch mit kulturanthropologischen und soziologischen Traditionen, sowohl in der Erziehungswissenschaft wie auch in der Frauen- und Geschlechterforschung. Die Kindheits-, Jugend- und Schulforschung nutzte die Zugänge ethnographischer Feldforschung in einer Reihe von Studien und konnte dabei auch an angloamerikanische Traditionen anknüpfen (vgl. Zinnecker 1975; Projektgruppe Jugendbüro 1977). Es erschienen historische Studien zur Kindheit im Wandel (vgl. Behnken/Jonker 1990) ebenso verschiedene Kindheitsstudien (vgl. Kirchhöfer 1998). Studien zu Kindern in der Schule nutzen ebenfalls ethnographische Zugänge (vgl. Krappmann/Oswald 1995 a; Breidenstein/Kelle 1998; Oswald 2008).

---

7 Als Einführungen zum Thema „Feldforschung" können die Beiträge von Weidmann (1974), Girtler (1988), Legewie (1991), Fischer (1992), Atkinson/Hammersley (1994), Geertz (1993), Kohl (1993) und Lueger (2000) gelesen werden.
8 Vgl. dazu die Dokumentation von Jürgen Zinnecker zum Reprint der Studie von Martha Muchow: „Der Lebensraum des Großstadtkindes" (Zinnecker 1978, S. 46 ff.).

Die deutschsprachigen Ethnographien in der Erziehungswissenschaft entwickeln sich seit den 1990er Jahren in unterschiedliche Richtungen. Einige Studien sind vor allem sozialwissenschaftlich orientiert, fragen nach den Funktionsmechanismen innerhalb von pädagogischen Feldern oder pädagogisch relevanten Untersuchungsgegenständen (wie Kinder-, Familien-, Jugend- oder Schulkulturen) und wollen zum Verstehen im Sinne einer Grundlagenforschung beitragen. In dieser Richtung einer „erziehungswissenschaftlichen Ethnographie" kann man beispielsweise die Studien von Lothar Krappmann und Hans Oswald, Helga Kelle und Georg Breidenstein, Hannelore Faulstich-Wieland, Damaris Güting, Katharina Willems oder Antje Langer verorten, die sich mit einer detaillierten Analyse des schulischen Alltags beschäftigen und dabei insbesondere die Perspektiven von Schülerinnen und Schülern intensiv berücksichtigen (vgl. Krappmann/Oswald 1995a; Breidenstein/Kelle 1998; Faulstich-Wieland u.a. 2004; Breidenstein 2006; Willems 2007; Oswald 2008; Budde u.a. 2008; Langer 2008). Als weitere Beispiele können die Ritualforschungen im Kontext des Berliner SFB (vgl. Wulf u.a. 2001 u. 2007; Tervooren 2006; Audehm 2008), ethnographische Studien über „fremde Welten" innerhalb der eigenen Kultur (Kalthoff 1997; Langer 2003) sowie das Projekt von Helga Kelle gelten, das kindermedizinische Vorsorgeuntersuchungen mittels ethnographischer Feldforschung dokumentiert (vgl. Bollig/Kelle 2008). Auf eine andere Richtung erziehungswissenschaftlicher Studien passt der Begriff „pädagogische Ethnographie", der von Jürgen Zinnecker (1995) geprägt wurde. Zinnecker plädiert dafür, dass „Pädagogen und Pädagoginnen zu wissenschaftlich gebildeten Experten der nachwachsenden Generation" in der Moderne werden und dabei die „Erwachsenen-Zentriertheit" zugunsten der Einbeziehung des kindlichen Gegenübers aufgeben (vgl. Zinnecker 1995, S. 32f.). Für eine pädagogische Ethnographie plädiert auch Fritz Schütze (1994). Einige Studien lösen diesen Anspruch ein, indem sie sich mit der Unterrichtswirklichkeit als kultureller Praxis befassen und diese aus der Perspektive von Kindern kritisch hinterfragen. Als Beispiele für diese Richtung wären die grundschulpädagogischen Arbeiten von Jutta Wiesemann (2000), Friederike Heinzel (2001), Christina Huf (2006, 2009) und Argyro Panagiotopoulou (2002, 2003) exemplarisch zu nennen. Darüber hinaus sind die pädagogisch motivierten Studien bedeutsam, die ethnographische Feldforschung nutzen, um Fragen zur pädagogischen Praxis und zum Alltag in pädagogischen Einrichtungen nachzugehen, dazu gehören die Studien von Werner Thole und Peter Cloos (2006), Lotte Rose und Marc Schulz (2007), Marianna Jäger (2008) sowie Petra Jung (2008).

Obwohl die primäre Aufgabe der Ethnologie das „Vertrautmachen des Fremden" war, ist in soziologisch ausgerichteten Ethnographien „notwendig und gewinnbringend" die eigenen Teilkulturen „methodisch als fremde Kulturen zu behandeln" (Amann/Hirschauer 1997, S. 11f.). Und gerade für erziehungswissenschaftliche Ethnographien scheint diese Strategie von besonderer Bedeutung zu sein: Selbst die Welt der Kinder, die im gleichen

Lebensraum mit uns leben, bleibt uns Erwachsenen im Wesentlichen fremd. Wir können uns nur über die Befragung, Beobachtung, Reflexion und Auseinandersetzung zugänglich machen, wie Kinder die Welt erleben und verarbeiten, und „wie sie ihre eigene Kindheit erschaffen" (Behnken/Zinnecker 2001, S. 53).⁹ So erklärt sich auch die Relevanz ethnographischer Zugänge für die Kindheitsforschung bzw. Kinderforschung im (schul-)pädagogischen Kontext (vgl. Kelle 2005). Im englischsprachigen Raum ist „Ethnography in the Study of Children and Childhood" ausgesprochen etabliert und wie Allison James (2007, S. 246) erklärt: „it is ethnography which is fast becoming a new orthodoxy in childhood research (see Qvortrup 2000)".

Methodologische Entwicklungen, konkrete ethnographische Forschungsprojekte und empirische Ergebnisse ethnographischer Forschung im deutschsprachigen Raum dokumentieren zwei Sammelbände, die von Bettina Hünersdorf u. a. (2008) sowie von Peter Cloos u. a. (2009) herausgegeben wurden.

In neueren Veröffentlichungen wird zwischen ethnographischer Forschung in pädagogischen Handlungsfeldern, wenn diese lediglich als „Hintergrundfolien" genutzt werden und pädagogischer bzw. erziehungswissenschaftlicher, d. h. „Erziehungswirklichkeit" fokussierende, Ethnographieforschung unterschieden (vgl. Hünersdorf u. a. 2008, S. 13 ff.; Hünersdorf 2008, S. 29 ff.). Unabhängig von ihren unterschiedlichen Akzentuierungen und Intentionen ist den ethnographisch orientierten Forschungsarbeiten in der deutschsprachigen Erziehungswissenschaft dennoch gemeinsam, dass sie normative Vorstellungen zu überwinden, die Adressaten pädagogischer Maßnahmen (Kinder, Jugendliche, Migrant/-innen, Senioren etc.) als Akteure anzuerkennen, ihre Deutungs- und Handlungsmuster zu analysieren und zu verstehen versuchen. Im Verstehen fremder Lebenswelten und Milieus liegt also die Bedeutung ethnographischer Feldforschung für die Erziehungswissenschaft (vgl. Friebertshäuser 2008).

3. Konzepte und Methoden in der ethnographischen Feldforschung

Mit welchen Konzepten und Methoden nähert sich die ethnographische Feldforschung ihren Untersuchungsgegenständen? Mit dieser Frage beschäftigt sich der folgende Abschnitt.

Charakteristisch für ethnographische Feldforschung ist der offene Zugang zur sozialen Realität. Das bedeutet den Verzicht auf vorab entwickelte Kategorien, die den Blick auf das Forschungsfeld einengen, weil sie dem Bedeutungs- und Bewertungskontext des Forschenden entstammen. Vielmehr

---

9 Diese „Fremdheit" betrifft auch andere gesellschaftliche Gruppen und Milieus z. B. Jugendkulturen, Drogenabhängige, Wohnungslose, Asylbewerber, Schulleiter, Menschen in einem Seniorenheim etc.

zielen die Verfahren darauf, die Perspektive der Erforschten, ihr Relevanz- und Bedeutungssystem kennen und verstehen zu lernen (vgl. Dammann 1991). Die Erhebungs- und die Auswertungsphase werden miteinander verschränkt, somit findet ein permanenter Wechsel zwischen der Sammlung und Analyse von Daten statt.[10] Die empirische und theoretisch analytische Arbeit führen zur Entwicklung von Hypothesen, die wiederum die Datenerhebung steuern. Das Verfahren zielt darauf, Kategorien aus den Daten zu generieren und anhand weiterer Daten zu überprüfen, zu erweitern oder zu verwerfen. Dazu schreiben Glaser und Strauss:

> „Ganz gleich, ob der Feldforscher zunächst noch sehr orientierungslos damit beginnt, alles was er sieht, aufzuzeichnen, weil alles bedeutsam sein könnte, oder ob er mit einer genauer definierten Zielsetzung ins Feld geht: seine Beobachtungen werden sehr rasch von Hypothesenbildungen begleitet sein. Wenn dieser Prozeß der Hypothesenbildung beginnt, kann der Forscher nicht mehr, selbst wenn er dies wünscht, ein passiver Empfänger von Eindrücken bleiben; er wird ganz automatisch dazu übergehen, aktiv solche Daten zu sammeln, die für die Entwicklung und Verifizierung seiner Hypothesen bedeutsam sind. Er sucht geradezu nach diesen Daten." (Glaser/Strauss 1984, S. 92 f.)

Auch die Falsifikation von Hypothesen gehört zu den zentralen Prinzipien qualitativer Forschung. Einem nicht ins bisherige Muster passenden Beispiel detailliert nachzugehen, ist nicht nur ein Gebot der Redlichkeit, sondern hilft, das Problem noch einmal neu zu durchdenken, um zu neuen Erkenntnissen zu kommen und die Theorie zu erweitern (vgl. Glaser/Strauss 1984, S. 98).

Vor diesem Hintergrund wird plausibel, dass der Ablauf einer ethnographischen Feldforschung sich nur schwer darstellen lässt. Das folgende Schema basiert auf der Darstellung von Hans Fischer (1992) und bezieht sich auf ethnologische Forschungsprojekte, im Prinzip folgt aber jede Art von Feldforschung diesen Arbeitsschritten, wenn auch in unterschiedlicher zeitlicher Ausdehnung. Fischer unterteilt den Forschungsprozess in zehn Schritte. *1. Schritt: Ein Forschungsthema wird formuliert.* Meist leitet es sich ab aus einer theoretischen Lücke oder einem empirisch ermittelten Problem, Vorkenntnisse sind also notwendig. *2. Schritt: Theoretische Bezüge werden hergestellt.* Das Forschungsthema wird eingebettet in theoretische Konzepte und die wissenschaftlichen Diskussionen des Faches. *3. Schritt: Methoden werden ausgewählt.* Dazu gehört die Klärung, ob ethnographische Feldforschung ein dem Forschungsgegenstand angemessenes Verfahren darstellt, das geeignet ist, die Forschungsfrage zu beantworten. Weitere methodische

---

10 Methoden und Techniken der Feldforschung, die sich in der Ethnologie entwickelt haben, stellt Bettina Beer (2003) in dem von ihr herausgegebenen Band sowie in eigenen Beiträgen dar. Beispiele der Erhebung und Arbeit mit Feldforschungsdokumenten präsentiert darin Fischer (S. 265 ff.).

Zugänge sind zu klären: soll mit Vergleichen gearbeitet, eine Fragebogenerhebung durchgeführt, sollen Archive ausgewertet, überwiegend strukturierte oder unstrukturierte teilnehmende Beobachtung praktiziert werden? *4. Schritt: Das Untersuchungsgebiet, die Untersuchungsgruppe wird ausgewählt.* An welchem Ort soll die Untersuchung stattfinden, welche Gruppe wird gewählt, wie sehen die Zugangsmöglichkeiten aus? Diese ersten vier Schritte können auch in einer anderen Reihenfolge ablaufen. So kann das Forschungsthema aus einem theoretischen Problem entstanden sein oder die Untersuchungsgruppe (z. B. Kindergartenkinder) steht bereits zu Beginn fest. *5. Schritt: Vorarbeiten werden geleistet.* Dazu gehört, sich mit den bereits vorliegenden Veröffentlichungen zum Thema auseinanderzusetzen, Methoden einzuüben und auf den Gegenstand abzustimmen,[11] eine Fragebogenerhebung vorzubereiten. *6. Schritt: Die Feldforschung wird organisiert.* Das kann heißen: Kontakte aufnehmen mit dem Untersuchungsfeld, konkrete Informationen und Genehmigungen einholen, Finanzierung sichern, Materialien für die Erhebung anschaffen, Unterkunft am Erhebungsort suchen, wenn möglich Hilfskräfte einstellen und einarbeiten. *7. Schritt: Kontaktaufnahme und erste Orientierung im Feld.* Die ersten Tage und Wochen jeder Feldforschung sind die schwierigsten. Es gilt, die eigenen Absichten gegenüber den Untersuchten verständlich zu machen, sie für die Mitarbeit zu werben, sich eine eigene Rolle zu suchen und zu lernen, sich in einem neuen, fremden Feld zu bewegen (auf dieses Thema gehen wir später noch detaillierter ein). Auch diese Schritte verlaufen häufig nicht systematisch in dieser Reihenfolge, sondern teilweise auch zeitgleich. *8. Schritt: Die explorative Phase.* Nun findet die intensive Feldphase statt. In dieser Zeit gilt es, einen Überblick zu gewinnen, teilnehmende Beobachtung zu praktizieren und die Regeln des Feldes zu erlernen. In dieser Phase wird man zunächst breit gestreut beobachten, was im Feld passiert, bevor man sich zunehmend auf Teilaspekte konzentriert. *9. Schritt: Ein spezielles Problem wird untersucht.* Dabei kristallisiert sich die Problemformulierung meist erst während der Feldphase heraus. Häufig führt die genaue Analyse eines Phänomens auch zur Anwendung spezieller Forschungsinstrumente.[12] *10. Schritt: Auswertung und Veröffentlichung.* Systematische Analysen, Deutungen und Kategorisierungen der erhoben Daten finden zu einem erheblichen Teil bereits während der Feldphase statt[13]. Feldnotizen beinhalten

---

11 Für die (Foto-)Befragung der untersuchten Hauptschülerinnen und -schüler haben wir beispielsweise eine Foto-Sammlung zusammengestellt, die als Erzählimpuls diente (vgl. Langer u. a. 2009).

12 Die Marienthal-Studie hat zur Analyse des Umgangs der Arbeitslosen mit der Zeit nicht nur die Stoppuhr eingesetzt, um die Zeiten des Überquerens des Dorfplatzes für Frauen und Männer vergleichend exakt zu bestimmen, sondern auch die Zeitgestaltung mittels eines normierten Tagesablaufs mit Tätigkeitswechseln in Tagebuchform dokumentiert und analysiert (vgl. Jahoda u. a. 1933/1975).

13 Zur systematischen Analyse qualitativer Daten nach der Grounded Theory siehe Strauss/Corbin 1996. Zur Verbindung der Ethnographie mit der Grounded Theory vgl. Charmaz 2006 und Charmaz/Mitchell 2007.

auch Auswertungsideen, Skizzen werden in Zeichnungen übertragen oder Tabellen angelegt. Danach folgt die analytische Arbeit und Zusammenstellung der Erkenntnisse in einer Publikation.

Die Dauer der Feldphase hängt ab von der Fremdheit gegenüber den Erforschten, dem Umfang der Fragestellung bzw. des Forschungsdesigns und nicht zuletzt davon, ob die Forschungsarbeit von einer Person oder einem größeren Forschungsteam geleistet wird. Insgesamt gesehen nimmt der Anspruch ethnographischer Feldforschung, Gruppen und Phänomene im Kontext ihrer jeweiligen kulturellen und sozialen Umwelt zu untersuchen, eine gewisse Zeit in Anspruch. Dies betrifft allerdings die „klassische ethnographische Forschung", die als Langzeitforschung konzipiert und durchgeführt wird. Kathrin Oester (2008) geht auf neuere Entwicklungen und Forschungsdesigns einer „fokussierten Ethnographie" (fokused ethnography) ein, die auch im deutschsprachigen Raum „in zeitlich begrenzten Settings angewandt" wird und dabei „statt eines holistischen Anspruchs, der eine soziale Gruppe als Ganze im Auge hat [...] auf spezifische Themenbereiche" fokussiert. Insbesondere durch den kurzen Feldaufenthalt und einen thematischen Fokus erfährt auch die Methode der Teilnehmenden Beobachtung eine „Neubestimmung" (vgl. Oester 2008, S. 233 ff.). Fokussierte Ethnographie versteht sich daher nicht als Grundlagenforschung, sondern als „angewandte problemorientierte Forschung" und legt den Schwerpunkt auf „Beobachtung" und nicht so sehr auf den Faktor der „Teilnahme". Inwiefern solche zeitökonomisch konzipierten Settings sich zugleich mit erkenntnistheoretischen Ansprüchen sowie der pädagogischen Intervention, zu einem tieferen Verstehen des Problems zu gelangen, verbinden lassen, ist noch genauer, anhand von konkreten Forschungsprojekten[14], zu überprüfen.

Unabhängig davon, ob man sich für eine klassische oder fokussierte Ethnographie entscheidet, bleiben jedoch folgende Fragen wichtig: Wie kann man sich einen Zugang zum Forschungsfeld verschaffen und was ist dabei zu beachten? Die Gestaltung der sozialen Beziehung zwischen Forschendem und Erforschten nimmt Einfluss auf den Verlauf der Feldforschung sowie die Ergebnisse und sollte deshalb mitreflektiert werden. Zudem stellt sich die Frage, welche sozialen Rollen vom Forschenden gewählt werden sollen und in welcher Weise die Tätigkeit des Beobachtens gegenüber den Erforschten erklärt (und gerechtfertigt) werden soll (vgl. Wolff 2005; Schoneville u. a. 2006; Huf 2006, S. 50 ff.). Man sollte also gleich zu Beginn der Feldforschung darauf achten, wie und von wem man ins Feld eingeführt wird. Wichtig ist auch, direkte Beziehungen zu zentralen Personen und Gruppen innerhalb des Forschungsfeldes zu pflegen, indem man beispielsweise frühzeitig mit verschiedenen Personen unterschiedlicher Hierarchie-

---

14 Die Intention teilnehmende Beobachtung in Bildungseinrichtungen verschiedener europäischer Länder parallel zu realisieren hat beispielsweise zu gezielten (fokussierten) Beobachtungen geführt (vgl. Panagiotopoulou/Graf 2008; Panagiotopoulou 2009).

ebenen einen Kontakt herstellt. Eine zentrale Person dabei zu vergessen oder nicht angemessen zu beachten, kann Schwierigkeiten ganz unterschiedlicher Art produzieren.[15] Eine bedeutsame Funktion kommt häufig den Schlüsselpersonen oder Informanten während der Feldforschung zu. Sie können ungeheuer nützlich sein, Zugänge zu ansonsten verschlossenen Bereichen eröffnen und Informationen liefern, über die nur Insider verfügen. Dennoch sollte ihre Rolle innerhalb der Feldforschung auch kritisch betrachtet und reflektiert werden (vgl. dazu Jahoda u.a. 1972, S. 88 ff.; Zelditch 1984, S. 126 ff.; Lindner 1984). Die besondere Situation von teilnehmender Beobachtung in pädagogischen Feldern und die Rolle der Ethnograph/-innen als Co-Akteure im pädagogischen Alltag reflektieren Christina Huf (2006) und Peter Cloos (2008).

Methodenkombination in der ethnographischen Feldforschung

Die Besonderheit ethnographischer Feldforschung liegt in der Methodenkombination, das meint die Erhebung und Analyse von empirischen Daten unterschiedlichster Art. Diese werden genutzt, um das Forschungsfeld möglichst umfangreich zu erschließen und aus verschiedenen Perspektiven auszuleuchten. Verschiedene Möglichkeiten für eine Methodenkombination im Rahmen ethnographischer Feldforschung sollen an dieser Stelle kurz dargestellt werden.[16]

Die Teilnehmende Beobachtung stellt das Kernstück jeder ethnographischen Feldforschung dar:

> „Zentrale Idee dieser Methode ist es, daß der Feldforscher über längere Zeit (…) in einer überschaubaren Gemeinde oder Gruppe lebt, am Leben dieser Menschen soweit als möglich teilnimmt, eine ‚Rolle' in ihrem Sozialsystem erhält und dabei lernt, sich ‚richtig' zu verhalten. Wie ein Kind, das den Sozialisationsprozeß durchläuft, macht der Feldforscher eine zweite Sozialisation durch, wenn auch sehr abgekürzt und unvollkommen. Er lernt also; lernt die Sprache, lernt die Regeln des Umgangs mit anderen Menschen, lernt seine physische und soziale Umgebung kennen, lernt bestimmte Fertigkeiten. ‚Teilnahme' bedeutet dabei nicht nur ‚Mitmachen', es bedeutet auch emotionale Bezogenheit. Die erlernten Kenntnisse sind damit nicht isolierte Informationen, der Feldforscher bekommt auch ein ‚Gefühl' für diese Kultur." (Fischer 1992, S. 81)[17]

---

15 Zum Beispiel wäre es nicht möglich gewesen, die Schüler/-innen einer Hauptschulklasse zu erforschen, ohne die Zustimmung des Schulleiters und der Lehrerinnen einzuholen (vgl. Langer u. a. 2009).
16 Eine ausführliche Erläuterung der verschiedenen Methoden kann an dieser Stelle entfallen, da diese detailliert in zahlreichen Beiträgen in diesem Handbuch vorgestellt werden.
17 Vgl. dazu auch die methodischen Darstellungen bei Aster u.a. (1989); Roth (1994, S. 48 ff.); Flick (1995, S. 152 ff.); Diekmann (1995, S. 456 ff.).

Je nach Untersuchungsgruppe kann die Teilnehmende Beobachtung spezifische Schwierigkeiten und methodische Herausforderungen mit sich bringen.[18] In der ethnographischen Feldforschung findet sich zumeist die offene Beobachtung, bei der die Forscherrolle bekannt ist.[19] Der Vorteil liegt darin, dass eine Aufzeichnung der Ereignisse durch Ton- oder Videomitschnitte oder das Anfertigen von Feldnotizen sozial legitimiert ist, was systematische Beobachtungen erleichtert. Ergänzend können weitere methodische Instrumente eingesetzt werden.

Quantitative Daten zu erheben und zu nutzen, gehört zu den Standards ethnographischer Feldforschung. Diese lassen sich auf unterschiedliche Weise ermitteln, beispielsweise können eigene quantitative Erhebungen in Form von Fragebogenerhebungen (vgl. Stigler 2005, S. 135 ff.) oder Zählungen durchgeführt werden und in eine Deskriptivstatistik münden (→ Grunenberg/Kuckartz). Die Nutzung statistischen Datenmaterials und der Einsatz entsprechender Auswertungsverfahren (Angaben in Prozent, Häufigkeitsauszählungen, Verteilungen, etc.) sowie die Quantifizierung qualitativen Datenmaterials stellen für die ethnographische Feldforschung einen bedeutsamen Teil ihres Methodenarsenals dar (→ Oswald).

Interviews und Gespräche werden in der ethnographischen Feldforschung gerne und häufig als Erhebungsinstrumente eingesetzt (vgl. Ederer 2005, S. 119ff.). Die Entscheidung für das jeweilige Interviewverfahren hängt von der Fragestellung und dem Forschungsinteresse ab und soll deshalb hier nicht weiter erörtert werden (→ Friebertshäuser/Langer; → Jakob). Wichtig sind dabei: eine sorgfältige Auswahl der Interviewpartner, die Benennung der Kriterien ihrer Auswahl sowie der Bezug zur Fragestellung der Untersuchung.

Beim *Experteninterview* steht der oder die Befragte nicht als Person im Zentrum der Aufmerksamkeit, sondern als Experte oder Expertin, d.h. als Funktionsträger, der oder die über ein spezialisiertes Insiderwissen verfügt, das man erfassen möchte (→ Meuser/Nagel). Wen man als Experten bezeichnet und entsprechend interviewt, bleibt aber letztlich abhängig vom jeweiligen Forschungsinteresse (das kann auch ein „Chef" einer Jugend-

---

18 Bewährte Verfahren zur Erfassung von Interaktionen zwischen Kindern im Klassenraum haben Krappmann/Oswald (1995 a) entwickelt. Hier seien als Stichwörter nur genannt und die „doppelte Überkreuzfokussierung" (S. 31 f.), bei der zwei Beobachter die Interaktionen zwischen zwei Kindern nach dem gleichen System aufzeichnen und dabei abwechselnd und über Kreuz ihre Beobachtungen auf jeweils ein Kind fokussieren, Triangulation verschiedener Techniken (z. B. paralleler Einsatz von Ton- und Videoaufzeichnungen) und „Unsichtbarkeit der Beobachter durch Sichtbarkeit", die zudem ein protokollieren in der sozialen Situation selbst erlaubt (Krappmann/Oswald 1995 b).

19 Es gibt aber auch einige Beispiele, in denen die teilnehmende Beobachtung weitgehend verdeckt durchgeführt wird, dann agiert der Forschende wie ein Teil des Feldes oder ein Freund eines Gruppenmitglieds und nur wenige Informanten sind „eingeweiht" (vgl. Whyte 1943 und 1984).

gruppe sein). Der Experten-Status wird somit in gewisser Weise vom Forschenden verliehen, begrenzt auf eine jeweilige Fragestellung. Expertengespräche beziehen sich somit auf klar definierte Wirklichkeitsausschnitte (Entscheidungsprozesse, Strukturen, privilegierte Informationen). In der Regel kommt dabei ein Interview-Leitfaden zum Einsatz (vgl. Stigler/Felbinger 2005, S. 129 ff.)

Gruppendiskussionen werden von den Forschenden initiiert und erhalten dadurch einen formellen Rahmen. Durch den Zugang der teilnehmenden Beobachtung erfasst man häufig auch Szenen von Gruppenkultur, bei denen es sich um natürliche Alltagssituationen handelt. Die Gruppen, die zur Gruppendiskussion eingeladen werden, sollten ebenfalls „Alltagsgruppen" (‚natural groups') sein, die nicht erst zu Forschungszwecken gebildet werden. Denn in formellen Gruppendiskussionen interessieren die gruppeninternen Regeln, Normen und Aushandlungsprozesse. Man möchte beispielsweise etwas erfahren über die sozialen Gesellungsformen, Verhaltensanforderungen, internen Gesprächsstrategien, gruppenspezifischen Verhaltensweisen oder Hierarchien, um hierüber Rückschlüsse auf die kollektiven Deutungen der Gruppe zu ermöglichen. Für die Auswahl von geeigneten Gruppen spielt die Fragestellung ebenso eine Rolle, wie theoretische Konzepte, die sich im Forschungsprozess entwickelt haben (‚theoretical sampling'). Es empfiehlt sich eine Auswahl von mindestens zwei (besser mehreren) Kontrastgruppen, um in der Auswertung mit dem Verfahren des kontrastiven Vergleichs arbeiten zu können und so die Typik jeder einzelnen Gruppe detailliert zu erfassen (→ Bohnsack).

Die *Dokumentenanalyse* dient der Erfassung wesentlicher Hintergrund- und Rahmendaten des erforschten Feldes, dazu lassen sich verschiedene Quellen nutzen: empirische Untersuchungen, literarische oder journalistische Publikationen, Verordnungen, Gesetzestexte, Fachliteratur, Fachpresse, Ratgeber, Akten, interne und offizielle Veröffentlichungen.[20] Die Dokumentenanalyse begrenzt sich nicht nur auf den Zeitraum der Feldforschung. Bereits im Vorfeld und auch im Anschluss an die Feldphase lassen sich gezielt Dokumente zusammentragen, die Zahlen, Fakten, Hintergrundinformationen des Untersuchungsfeldes bergen und Zusammenhänge klar machen (→ Glaser).

Sammlung alltagskulturellen Materials: Im Rahmen von Feldforschung stoßen wir häufig auf Materialien, die durch die Alltagskultur derjenigen Personen, Gruppen oder Institutionen, die wir untersuchen, produziert werden. Vieles davon lässt sich lediglich beschreiben oder fotografieren (z.B. Graffitis auf einer Mauer, Toilettensprüche, Hinterlassenschaften auf Hörsaaltischen oder auf Schulhöfen). Einige Materialien lassen sich sammeln und auswerten, insbesondere alle schriftlichen Zeugnisse und Alltagsprodukte eignen sich dafür: Briefe, Tagebücher, Notizen, Gedichte, Sprüche,

---

20 Viele Anregungen finden sich bei Jahoda u.a. 1975, S. 26 f.

Aufkleber (auf Taschen, Jacken oder Autos, etc.), Flugblätter, selbst gefertigte Zeitungen und Zeitschriften, schriftliche Arbeiten, Wandzeitungen, Protokolle, Berichte, Collagen, sowie die vielfältigsten anderen literarischen und künstlerischen Selbstzeugnisse, auf die wir innerhalb des Alltags einer Kultur stoßen (vgl. Zinnecker 1983, S. 15 ff.). Bei der Archivierung solcher Materialien sind Datum, Fundort und/oder Besitzer zentrale Zusatzinformationen für die spätere Einordnung des Materials.

Eine *Fotografische Dokumentation* kann Lebenswelten plastisch visualisieren. Die Fotografie wird deshalb in der Feldforschung gerne als zusätzliches Erhebungsinstrument eingesetzt – sie dient in diesem Zusammenhang in erster Linie der Dokumentation und Illustration. Der fotografische Zugang ermöglicht vielfältige detaillierte Dokumentationen von Räumen, Veranstaltungen, Personen und Situationen, die mehr einzufangen vermögen als das Beobachtungsauge von einem Augenblick zu erfassen vermag. Insbesondere der Bereich der ästhetisch-kulturellen Alltagspraxis, wie er sich z. B. in Graffitis, Bildern, Darstellungen äußert, lässt sich nur schwer in literarischer Form vermitteln. Fotografie, eingesetzt als ein von der Kulturanthropologie angeregtes und angeleitetes Verfahren, eröffnet so eigene Forschungszugänge[21]. Forschungsethische Probleme ergeben sich aus der Schwierigkeit der Anonymisierung von Fotomaterial, insbesondere dann wenn auch Menschen oder Orte erkennbar sind (→ Fuhs).

In den letzten Jahren hat sich außerdem die *Videogestützte Beobachtung* auch im deutschsprachigen Raum als Verfahren ethnographischer Forschung etabliert (vgl. exemplarisch Güting 2004, S. 60 f.; Wagner-Willi 2005). Insbesondere die bereits erwähnte „fokussierte Ethnographie" ist auf reproduzierbare Daten (z. B. Videoaufnahmen) angewiesen. Die Methode der Videographie wird auch in klassischen Forschungsdesigns eingesetzt.[22]

Feldnotizen, Protokolle und die Rolle des Forschungstagebuches

> „Wenn der Beobachter nicht ununterbrochen aufschreibt, was geschieht, ist er kaum besser als die Mitglieder in der Lage, die Wirkungsweise einer Welt zu analysieren und zu verstehen." (Lofland 1979, S. 110)

---

21 Gegenwärtig wird die Fotografie auch als ein eigenständiges Erkenntnismittel visueller Sozialforschung eingesetzt (vgl. Ehrenspeck/Schäffer 2003; Pilarczyk/Mietzner 2005; Langer 2007). Dabei ist das Verhältnis von Bild und Text sowohl methodisch wie methodologisch zu reflektieren, denn die Fotos sprechen nicht von alleine, sie bedürfen der Kommentierung und Kontextualisierung, um sie interpretieren zu können (vgl. Friebertshäuser u. a. 2007).

22 Der vielfältige und umfangreiche Datenkorpus in der Schuluntersuchung von Georg Breidenstein (2006) umfasste beispielsweise neben den Beobachtungsprotokollen von ca. 1.200 Seiten auch Videomaterial von ca. 30 Unterrichtsstunden (und neben der Monographie wurden ausgewählte Videoaufnahmen in Form einer DVD veröffentlicht).

Beim schriftlichen Aufzeichnen der teilnehmenden Beobachtungen und der *Abfassung eines Beobachtungsprotokolls oder -berichtes* kommen die Schwierigkeiten des methodischen Verfahrens am deutlichsten zum Ausdruck.[23] Bereits in der Beobachtungssituation wird rasch klar, dass nicht alle Aspekte des Geschehens erfasst werden können, niemand kann einen vollständigen Bericht über eine soziale Situation anfertigen. *Feldnotizen* sollten den Kontext, die Akteure, den allgemeinen Verlauf der beobachteten Situation kurz skizzieren und soweit möglich auch authentische, wörtliche Äußerungen der Beteiligten festhalten. Dieses Verfahren kann auch durch einen informellen Beobachtungsbogen oder eine Checkliste unterstützt werden. Möglichst bald nach der Beobachtung sollte man sich Zeit zur Auswertung der Feldnotizen nehmen, um den Verlauf der beobachteten Szenen zu rekonstruieren. *„Wenn man solche ersten Notizen nicht schnell überträgt, werden sie bald zu unergründlichen Geheimnissen"* (Jahoda u.a. 1972, S. 87). Wertvolle Ergänzungen für die Dokumentation und Analyse von Beobachtungen können Aufzeichnungen, Raumzeichnungen, Listen mit Quantifizierungen und Zeitmessungen darstellen.[24]

Einige Regeln und Hinweise für das Anfertigen von Feldnotizen und teilnehmende Beobachtungsberichte bzw. *ethnographische Beobachtungsprotokolle* finden sich bei Beck/Scholz (1995 und 2000, S. 163 ff.) und Huf (2006, S. 81 ff.). Bei den ethnographischen Beobachtungsprotokollen handelt es sich um „dichte" Beschreibungen, die sowohl kontextuelle Bedingungen als auch Handlungen aller an der jeweiligen Situation Beteiligten dokumentieren und somit vollständige, nachvollziehbare und analysierbare Interaktionsabläufe darstellen. Bei der *Protokollierung* der beobachteten Situationen ist darüber hinaus zu berücksichtigen, dass jede Interaktion eine Ko-Konstruktion ist und dass auch die Handlungen der Ethnograph/-innen ein Teil der beschriebenen Situationen sind. Wichtig ist außerdem die Trennung zwischen einer Beschreibung des tatsächlich Beobachteten und den Interpretationen und Klassifikationen (z.B. Kodierungen und Memos nach dem Auswertungsverfahren der Grounded Theory) des Beobachters. Beschreibung und Interpretation sind aber in der qualitativen Sozialforschung nur bedingt voneinander zu trennen. So sind auch die gewählten Formulierungen selbst Interpretationen der jeweiligen Situation (vgl. Fuchs/ Berg 1993). Die in der literarischen Darstellung organisierte Übersetzungsleistung zwischen primärer sozialer Welt, die die Forschenden erlebt und erfahren haben, in eine Textform verschafft den Lesenden einen Zugang zu dieser Welt (vgl. Geertz 1983). Zugleich wird der Forschende auch zum

---

23 Zum Problem des Schreibens (und Lesens) ethnographischer Texte siehe den Überblick über die Diskussion bei Lüders 1995, S. 323 ff. und Geertz 1993 sowie die Beiträge in Berg/Fuchs 1993. Mit dem Problem des Ethnographischen Schreibens und der „Schweigsamkeit des Sozialen" beschäftigt sich auch Hirschauer (2001).
24 Beispiele finden sich in der Studie von Jahoda u.a. (1975).

Schriftsteller (vgl. Geertz 1993).²⁵ Dies sollte im gesamten Forschungsprozess reflektiert werden.

Das Forschungstagebuch ist eines der wichtigsten Instrumente zur Selbstreflexion, denn hier wird (ähnlich wie in einem Tagebuch) alles festgehalten, was sich während der Feldforschung ereignet und was die Forscherin oder den Forscher im Forschungsprozess und im Feld bewegt (vgl. Anastasiadis/ Bachmann 2005, S. 161 ff.). Die Teilnahme im Feld birgt die Gefahr, dass sie das zu beobachtende Geschehen verändert. Eine mögliche Strategie diesen Faktor zu erfassen, liegt im ausführlichen Dokumentieren der Ereignisse im Forschungstagebuch sowie in der Selbstreflexion eigener emotionaler Reaktionen und Befindlichkeiten. Das Forschungstagebuch dient später der Rekonstruktion der Forschungsgeschichte.²⁶ Notwendig ist auch ein selbstkritischer Umgang mit der eigenen Wahrnehmung, Beobachtung und der Doxa ihrer sprachlichen und theoretischen Objektivierung (vgl. Bourdieu 1993). Zudem ist zu dokumentieren und zu reflektieren, wie man zur Analyse und Präsentation der Ergebnisse, beispielsweise zu einer „ethnographischen Collage" gelangt (→ Friebertshäuser/Richter/Boller).

Gerade ethnographische Feldforschung wirft forschungsethische Probleme und Fragen auf, denn sie führt Forschende „hautnah" an die Erforschten heran und lässt über einen längeren Zeitraum einen intensiven Forschungskontakt entstehen. Zahlreiche Fragen stellen sich: Wie umfangreich kläre ich die Erforschten über das Untersuchungsinteresse auf? Wie sichere ich den Datenschutz? Wie gehe ich mit Informationen um, die den Erforschten schaden können (z.B. Kenntnisse über kriminelle Aktionen)? Mische ich mich ein, wenn gegen meine eigenen ethischen Prinzipien verstoßen wird? Wie gehe ich mit brisanten, strafrechtlich relevanten, aber vertraulich gegebenen Informationen um? Was wird wie publiziert und hinterlasse ich dabei „verbrannte Erde" oder mache ich mir über die Wirkung der Publikation in der Öffentlichkeit und auf die Untersuchungsgruppe Gedanken? Zum Umgang mit Rückmeldungen an das Untersuchungsfeld gibt es – trotz der Bedeutung dieser Thematik – bisher nur wenige Darstellungen und Reflexionen (vgl. Willems/Budde 2009). Gerade für ethnographische Forschungsprojekte ist es besonders bedeutsam, sich mit forschungsethischen Fragen zu beschäftigen und die Standards zu beachten (→ Miethe).

---

25 Eine gewisse Schreib- und Darstellungskompetenz sollten Feldforschende mitbringen, denn davon lebt diese Forschungsrichtung. Zur neueren experimentellen Schreibweise ethnographischer Studien siehe auch Kohl 1993, S. 119 f.
26 Auf diese Weise lassen sich die Beziehungen im Feld auch ethnopsychoanalytisch analysieren (vgl. Devereux 1984; Reichmayr 1995).

Ausblick

Feldforschung ist auch ein intellektuelles, methodisches und soziales Abenteuer, das durch die Begegnung und die Auseinandersetzung mit Anderen, den „Fremden", aber auch durch die Konfrontation mit uns selbst und den Grenzen unseres Erkennens und Denkens entsteht. Methodische Konzepte und methodologische Debatten schärfen unser Bewusstsein für die Unzulänglichkeiten des forschenden Handelns, die Grenzen der Erkenntnis und spornen zugleich zu Grenzüberschreitungen und methodischen Innovationen an, die jedoch immer auch das Wagnis des Scheiterns beinhalten. Empirische Befunde ethnographischer Feldforschung können irritieren, aber auch inspirieren. Durch diese Forschung verändern sich unsere Perspektiven auf die Welt, Vertrautes kann uns befremdend erscheinen, Fremdes plötzlich vertraut, denn „ethnographers seek detailed knowledge of the multiple dimensions of life within the studied milieu and aim to understand members' taken-for-granted assumptions and rules" (Charmaz 2006, S. 21). Die sich daraus entwickelnden theoretischen Konzepte können unsere Weltsichten und Wahrnehmungen verändern. Das Denken geht dem Sehen voraus und eine neue Art die Dinge zu denken, lässt uns Anderes sehen.

Das Abenteuer Ethnographie benötigt Instrumente, die in stetigen theoretischen, methodologischen und methodischen Reflexionen geschärft werden, damit sie auch weiterhin für das Heben der Schätze der Erkenntnis tauglich sind. Ethnozentrismus und Eurozentrismus gilt es dabei ebenso zu vermeiden wie andere problematische Konstruktionen. Erziehungswissenschaftliche Ethnographie benötigt insbesondere die selbstreflexiven, methodischen, innovativen und interkulturellen Kompetenzen der Forscherinnen und Forscher einer interdisziplinären und internationalen Wissenschaftsgemeinde.

Literatur

Amann, Klaus/Stefan Hirschauer 1997: Die Befremdung der eigenen Kultur. Ein Programm. In: Amann, Klaus/Stefan Hirschauer: Die Befremdung der eigenen Kultur. Zur ethnographischen Herausforderung soziologischer Empirie. Frankfurt/M. S. 7-52.

Anastasiadis, Maria/Gerhild Bachmann 2005: Das Forschungstagebuch. In: Stigler, Hubert/Hannelore Reicher (Hg.): Praxisbuch Empirische Sozialforschung in den Erziehungs- und Bildungswissenschaften. Innsbruck/Wien/Bozen. S. 161-165.

Aster, Reiner/Hans Merkens/Michael Repp (Hg.) 1989: Teilnehmende Beobachtung. Werkstattberichte und methodologische Reflexionen. Frankfurt/M./New York.

Atkinson, Paul/Amanda Coffey/Sara Delamont/Lyn Lofland (Hg.) 2007: Handbook of Ethnography. Los Angeles u. a.

Atkinson, Paul/Martyn Hammersley 1994: Ethnography and Participant Observation. In: Denzin, Norman K./Yvonna S. Lincoln (Hg.): Handbook of Qualitative Research. Thousand Oaks. S. 248-261.

Audehm, Kathrin 2008: Erziehung und soziale Magie bei Tisch. Zur pädagogischen Ethnographie eines Familienrituals. In: Hünersdorf, Bettina/Burkhard Müller/

Christoph Meader (Hg.): Ethnographie und Erziehungswissenschaft. Methodologische Reflexionen und empirische Annäherungen. Weinheim und München. S. 131-140.
Bateson, Gregory/Margret Mead 1942: Balinese Character. A Photographic analysis. New York. Academy of Sciences.
Beck, Gertrud/Gerold Scholz 1995: Beobachten im Schulalltag. Ein Studien- und Praxisbuch. Frankfurt/M.
Beck, Gertrud/Gerold Scholz 2000: Teilnehmende Beobachtung von Grundschulkindern. In: Heinzel, Friederike (Hg.): Methoden der Kindheitsforschung. Ein Überblick über Forschungszugänge zur kindlichen Perspektive. Weinheim und München. S. 147-170.
Becker, Howard S./Blanche Geer/Everett C. Hughes/Anselm L. Strauss 1961: Boys in white. Student culture in medical school. Chicago/London. The University of Chicago Press.
Beer, Bettina (Hg.) 2003: Methoden und Techniken der Feldforschung. Berlin.
Behnken, Imbke/Agnes Jonker 1990: Straßenspielkinder in Wiesbaden und Leiden. Historische Ethnographie und interkultureller Vergleich. In: Behnken, Imbke (Hg.): Stadtgesellschaft und Kindheit im Prozeß der Zivilisation. Opladen. S. 163-200.
Behnken, Imbke/Jürgen Zinnecker 2001: Neue Kindheitsforschung ohne eine Perspektive der Kinder? In: Fölling-Alberts, Maria/Sigrun Richter/Hans Brügelmann/Angelika Speck-Hamdan: Jahrbuch Grundschule III: Kindheitsforschung – Forschung zum Sachunterricht. Fragen der Praxis – Befunde der Forschung. Frankfurt/M. S. 52-55.
Berg, Eberhard/Martin Fuchs (Hg.) 1993: Kultur, soziale Praxis, Text. Die Krise der ethnographischen Repräsentation. Frankfurt/M.
Bollig, Sabine/Helga Kelle 2008: Hybride Praktiken. Methodologische Überlegungen zu einer erziehungswissenschaftlichen Ethnographie kindermedizinischer Vorsorgeuntersuchungen. In: Hünersdorf, Bettina/Burkhard Müller/Christoph Meader (Hg.): Ethnographie und Erziehungswissenschaft. Methodologische Reflexionen und empirische Annäherungen. Weinheim und München. S. 121-130.
Bourdieu, Pierre 1993: Narzißtische Reflexivität und wissenschaftliche Reflexivität. In: Berg, Eberhard/Martin Fuchs (Hg.): Kultur, soziale Praxis, Text: die Krise der ethnographischen Repräsentation. Frankfurt/M. S. 365-374.
Breidenstein, Georg 2006: Teilnahme am Unterricht. Ethnographische Studien zum Schülerjob. Wiesbaden.
Breidenstein, Georg/Helga Kelle 1998: Geschlechteralltag in der Schulklasse. Ethnographische Studien zur Gleichaltrigenkultur. Weinheim und München.
Budde, Jürgen/Barbara Scholand/Hannelore Faulstich-Wieland 2008: Geschlechtgerechtigkeit in der Schule. Eine Studie zu Chancen, Blockaden und Perspektiven einer gender-sensiblen Schulkultur. Weinheim und München.
Charmaz, Kathy 2006: Constructing Grounded Theory. A Practical Guide Through Qualitative Analysis. London u. a.
Charmaz, Kathy/Richard Mitchell 2007: Grounded Theory in Ethnography. In: Atkinson, Paul/Amanda Coffey/Sara Delamont/Lyn Lofland (Hg.) 2007: Handbook of Ethnography. Los Angeles u. a. S. 160-174.
Cloos, Peter 2008: „Na, Herr Forscher, Sie machen doch bestimmt auch mit." In: Hünersdorf, Bettina/Burkhard Müller/Christoph Meader (Hg.): Ethnographie und Erziehungswissenschaft. Methodologische Reflexionen und empirische Annäherungen. Weinheim und München. S. 207-220.

Dammann, Rüdiger 1991: Die dialogische Praxis der Feldforschung. Der ethnographische Blick als Paradigma der Erkenntnisgewinnung. Frankfurt/M./New York.
Devereux, Georges 1984: Angst und Methode in den Verhaltenswissenschaften. Frankfurt/M.
Diekmann, Andreas 1995: Empirische Sozialforschung. Grundlagen, Methoden, Anwendungen. Reinbek.
Ederer, Elfriede M. 2005: Strategien der Gesprächsführung in der Forschung. In: Stigler, Hubert/Hannelore Reicher (Hg.): Praxisbuch Empirische Sozialforschung in den Erziehungs- und Bildungswissenschaften. Innsbruck/Wien/Bozen. S. 119-128.
Ehrenspeck, Yvonne/Burkhard Schäffer (Hg.) 2003: Film- und Fotoanalyse in der Erziehungswissenschaft. Ein Handbuch. Opladen.
Engler, Steffani 1997: Zur Kombination von qualitativen und quantitativen Methoden. In: Friebertshäuser, Barbara/Annedore Prengel (Hg.): Handbuch Qualitative Forschungsmethoden in der Erziehungswissenschaft. Weinheim und München. S. 118-130.
Faulstich-Wieland, Hannelore/Martina Weber/Katharina Willems 2004: Doing Gender im heutigen Schulalltag. Empirische Studien zur sozialen Konstruktion von Geschlecht in schulischen Interaktionen. Weinheim und München.
Fischer, Hans 1992: Feldforschung. In: Ders. (Hg.): Ethnologie. Einführung und Überblick. Berlin/Hamburg. S. 79-99.
Flick, Uwe 1995: Qualitative Forschung. Theorie, Methoden, Anwendung in Psychologie und Sozialwissenschaften. Reinbek.
Friebertshäuser, Barbara 2003: Dichte Beschreibung. In: Bohnsack, Ralf/Winfried Marotzki/Michael Meuser (Hg.): Hauptbegriffe Qualitativer Sozialforschung. Opladen. S. 33-35.
Friebertshäuser, Barbara 2008: Vom Nutzen der Ethnographie für das pädagogische Verstehen. Vorläufige Antworten und offene Fragen. In: Hünersdorf, Bettina u.a. (Hg.): Ethnographie und Erziehungswissenschaft. Methodologische Reflexionen und empirische Annäherungen. Weinheim und München. S. 49-64.
Friebertshäuser, Barbara/Heide von Felden/Burkhard Schäffer (Hg.) 2007: Bild und Text. Methoden und Methodologien visueller Sozialforschung in der Erziehungswissenschaft. Leverkusen.
Fuchs, Martin/Eberhard Berg 1993: Phänomenologie der Differenz. Reflexionsstufen ethnographischer Repräsentation. In: Berg, Eberhard/Martin Fuchs (Hg.): Kultur, soziale Praxis, Text. Frankfurt/M. S. 11-108.
Geertz, Clifford 1983: Dichte Beschreibung. Beiträge zum Verstehen kultureller Systeme. Frankfurt/M.
Geertz, Clifford 1993: Die künstlichen Wilden. Der Anthropologe als Schriftsteller. Frankfurt/M.
Girtler, Roland 1988: Methoden der qualitativen Sozialforschung. Anleitung zur Feldarbeit. Wien/Köln/Graz.
Glaser, Barney G./Anselm L. Strauss 1974: Interaktion mit Sterbenden. Beobachtungen für Ärzte, Schwestern, Seelsorger und Angehörige. Göttingen.
Glaser, Barney G./Anselm L. Strauss 1984: Die Entdeckung gegenstandsbezogener Theorie: Eine Grundstrategie qualitativer Sozialforschung. In: Hopf, Christel/Elmar Weingarten (Hg.): Qualitative Sozialforschung. Stuttgart. S. 91-118.
Güting, Damaris 2004: Soziale Konstruktion von Geschlecht im Unterricht. Ethnographische Analysen alltäglicher Inszenierungspraktiken. Bad Heilbrunn.

Haag, Fritz/Helga Krüger/Wiltrud Schwärzel/Johannes Wildt (Hg.) 1975: Aktionsforschung. Forschungsstrategien, Forschungsfelder und Forschungspläne. München.
Heinze, Thomas/Ernst Müller/Bernd Stickelmann/Jürgen Zinnecker 1975: Handlungsforschung im pädagogischen Feld. München.
Heinzel, Friederike 2001: Kinder im Kreis. Kreisgespräche in der Grundschule als Sozialisationssituation und Kindheitsraum. Habilitationsschrift. Halle an der Saale.
Heinzel, Friederike/Werner Thole/Peter Cloos/Stefan Köngeter (Hg.) 2009: „Auf unsicherem Terrain" – Ethnographische Forschung im Kontext des Bildungs- und Sozialwesens. Wiesbaden.
Hirschauer, Stefan 2001: Ethnografisches Schreiben und die Schweigsamkeit des Sozialen. Zu einer Methodologie der Beschreibung. In: Zeitschrift für Soziologie (30) 6. S. 429-451.
Hünersdorf, Bettina 2008: Ethnographische Forschung in der Erziehungswissenschaft. In: Hünersdorf, Bettina u. a. (Hg.): Ethnographie und Erziehungswissenschaft. Methodologische Reflexionen und empirische Annäherungen. Weinheim und München. S. 29-48.
Hünersdorf, Bettina/Burkhard Müller/Christoph Meader 2008: Ethnographie in der Pädagogik: Eine Einführung. In: Hünersdorf, Bettina u. a. (Hg.): Ethnographie und Erziehungswissenschaft. Methodologische Reflexionen und empirische Annährungen. Weinheim und München. S. 11-27.
Huf, Christina 2006: Didaktische Arrangements aus der Perspektive von SchulanfängerInnen. Eine ethnographische Feldstudie über Alltagspraktiken, Deutungsmuster und Handlungsperspektiven von SchülerInnen der Eingangsstufe der Bielefelder Laborschule. Bad Heilbrunn.
Huf, Christina 2009: „I'm gonna make a different" – Ethnografische Annäherungen an die Perspektive von Kindern am Übergang vom vorschulischen zum schulischen Lernen. In: Schäfer, Gerd/Roswitha Staege (Hg.): Phänomenologische und ethnographische Forschung in der Pädagogik der frühen Kindheit. Weinheim.
Jäger, Marianna 2008: Alltagskultur im Kindergarten. Lebensweltliche Ethnographie aus ethnologischer Perspektive. In: Hünersdorf, Bettina u. a. (Hg.): Ethnographie und Erziehungswissenschaft. Methodologische Reflexionen und empirische Annährungen. Weinheim und München. S. 141-150.
Jahoda, Marie/Morton Deutsch/Stuart W. Cook 1972: Beobachtungsverfahren. In: König, René (Hg.): Beobachtung und Experiment in der Sozialforschung. Köln.
Jahoda, Marie/Paul F. Lazarsfeld/Hans Zeisel 1933/1975: Die Arbeitslosen von Marienthal. Ein soziographischer Versuch. Frankfurt/M.
James, Alison 2007: Ethnography in the Study of Children und Childhood. In: Atkinson, Paul/Amanda Coffey/Sara Delamont/Lyn Lofland (Hg.): Handbook of Ethnography. Los Angeles u. a. S. 246-257.
Jung, Petra 2008: Zum Verhältnis von pädagogischem Sinn und regulativer Macht der Kinder. Ethnographische Analysen zur Bestimmung der sozialen Form der Erziehung. In: Hünersdorf, Bettina u. a. (Hg.): Ethnographie und Erziehungswissenschaft. Methodologische Reflexionen und empirische Annährungen. Weinheim und München. S. 151-160.
Kalthoff, Herbert 1997: Wohlerzogenheit. Eine Ethnographie deutscher Internatsschulen. Frankfurt/M./New York.

Kelle, Helga 2005: Kinder in der Schule. Zum Zusammenhang von Schulpädagogik und Kindheitsforschung. In: Breidenstein, Georg/Annedore Prengel (Hg.): Schulforschung und Kindheitsforschung – ein Gegensatz? Opladen. S. 139-160.

Kohl, Karl-Heinz 1993: Ethnologie – die Wissenschaft vom kulturell Fremden. Eine Einführung. München.

Krappmann, Lothar/Hans Oswald 1995a: Alltag der Schulkinder. Beobachtungen und Analysen von Interaktionen und Sozialbeziehungen. Weinheim und München.

Krappmann, Lothar/Hans Oswald 1995b: Unsichtbar durch Sichtbarkeit. Der teilnehmende Beobachter im Klassenzimmer. In: Behnken, Imbke/Olga Jaumann (Hg.): Kindheit und Schule. Kinderleben im Blick von Grundschulpädagogik und Kindheitsforschung. Weinheim und München. S. 39-50.

Langer, Antje 2003: Klandestine Welten. Mit Goffman auf dem Drogenstrich. Königstein/Taunus.

Langer, Antje 2007: Fotografie in der ethnographischen Forschung – Soziale Gebrauchsweisen und Inszenierungen. In: Friebertshäuser, Barbara/Heide von Felden/Burkhard Schäffer (Hg.): Bild und Text. Methoden und Methodologien visueller Sozialforschung in der Erziehungswissenschaft. Leverkusen. S. 141-157.

Langer, Antje 2008: Disziplinieren und entspannen. Körper in der Schule – eine diskursanalytische Ethnographie. Bielefeld.

Langer, Antje/Sophia Richter/Barbara Friebertshäuser (Hg.) 2009: (An)Passungen. Körperlichkeit und Beziehungen in der Schule – ethnographische Studien. Hohengehren.

Legewie, Heiner 1991: Feldforschung und teilnehmende Beobachtung. In: Flick, Uwe u.a. (Hg.): Handbuch Qualitative Sozialforschung: Grundlagen, Konzepte, Methoden und Anwendungen. München. S. 189-193.

Lindner, Rolf 1984: Ohne Gewähr. Zur Kulturanalyse des Informanten. In: Jeggle, Utz (Hg.): Feldforschung. Qualitative Methoden in der Kulturanalyse. Band 62. Tübinger Vereinigung für Volkskunde e.V. Schloss. Tübingen. S. 59-71.

Lindner, Rolf 1990: Die Entdeckung der Stadtkultur aus der Erfahrung der Reportage. Frankfurt/M.

Lofland, John 1979: Feld-Notizen. In: Gerdes, Klaus (Hg.): Explorative Sozialforschung. Stuttgart. S. 110-120.

Lüders, Christian 1995: Von der teilnehmenden Beobachtung zur ethnographischen Beschreibung. In: König, Eckhart/Peter Zedler (Hg.): Bilanz qualitativer Forschung. Band II: Methoden. Weinheim. S. 311-342.

Lüders, Christian 2003: Beobachten im Feld und Ethnographie. In: Uwe Flick/Ernst v. Kardoff/Ines Steinke (Hg.): Qualitative Forschung. Ein Handbuch. Reinbek. S. 384-401.

Lueger, Manfred 2000: Grundlagen qualitativer Feldforschung. Methodologie – Organisierungs – Materialanalyse. Wien.

Muchow, Martha/Hans Heinrich Muchow 1935/1998: Der Lebensraum des Großstadtkindes. Neuausgabe mit biographischem Kalender und Bibliographie Martha Muchow. Herausgegeben und eingeleitet von Jürgen Zinnecker. Weinheim/München.

Oester, Kathrin 2008: ‚Fokussierte Ethnographie': Überlegungen zu den Kernansprüchen der Teilnehmenden Beobachtung. In: Hünersdorf, Bettina/Burkhard Müller/Christoph Meader (Hg.): Ethnographie und Erziehungswissenschaft. Methodologische Reflexionen und empirische Annäherungen. Weinheim und München. S. 233-244.

Oswald, Hans 2008: Helfen, Streiten, Spielen, Toben. Die Welt der Kinder einer Grundschulklasse. Opladen/Farmington Hills.
Panagiotopoulou, Argyro 2002: Lernbiografien von Schulanfängern im schriftkulturellen Kontext. In: Heinzel, Friederike/Annedore Prengel (Hg.): Heterogenität, Integration und Differenzierung in der Primarstufe. Reihe: Jahrbuch Grundschulforschung, Bd. 6. Opladen. S. 235-241.
Panagiotopoulou, Argyro 2003: Beobachtungen im Anfangsunterricht: Zum Nichteinlassen von SchulanfängerInnen auf das „freie" bzw. selbstständige Schreiben. In: Brinkmann, Erika/Norbert Kruse/Claudia Osburg (Hg.): Kinder schreiben und lesen. Beobachten – Verstehen – Lehren. Jahrbuch der Deutschen Gesellschaft für Lesen und Schreiben (DGLS). Freiburg. S. 47-61.
Panagiotopoulou, Argyro 2009: Ethnographie und Bildungsqualität. In: Heinzel, Friederike/Werner Thole/Peter Cloos/Stefan Köngeter (Hg.): „Auf unsicherem Terrain" – Ethnographische Forschung im Kontext des Bildungs- und Sozialwesens. Wiesbaden.
Panagiotopoulou, Argyro/Kerstin Graf 2008: Umgang mit Heterogenität und Förderung von Literalität im Elementar- und Primarbereich im europäischen Vergleich. In: Hofmann, Bernhard/Renate Valtin (Hg.): Checkpoint Literacy. Tagungsband zum 15. Europäischen Lesekongress 2007 in Berlin. Deutsche Gesellschaft für Lesen und Schreiben. Berlin. S. 110-122.
Pilarczyk, Ulrike/Ulrike Mietzner 2005: Das reflektierte Bild. Die seriell-ikonographische Fotoanalyse in den Erziehungs- und Sozialwissenschaften. Bad Heilbrunn.
Projektgruppe Jugendbüro 1977: Die Lebenswelt von Hauptschülern. Ergebnisse einer Untersuchung. (Band M24) Subkultur und Familie als Orientierungsmuster. Zur Lebenswelt von Hauptschülern. (Band M31). München.
Reichmayr, Johannes 1995: Einführung in die Ethnopsychoanalyse. Geschichte, Theorien und Methoden. Frankfurt/M.
Rose, Lotte/Marc Schulz (Hg.) 2007: Gender-Inszenierungen. Jugendliche im pädagogischen Alltag. Königstein/Taunus.
Roth, Leo 1994: Forschungsmethoden der Erziehungswissenschaft. In: Ders. (Hg.): Pädagogik: Handbuch für Studium und Praxis. München. S. 32-67.
Schoneville, Holger/Stefan Köngeter/Diana Gruber/Peter Cloos 2006: Feldeintritte. In: Cloos, Peter/Werner Thole 2006: Ethnografische Zugänge. Professions- und adressatInnenbezogene Forschung im Kontext von Pädagogik. Wiesbaden. S. 231-253.
Schütze, Fritz 1994: Ethnographie und sozialwissenschaftliche Methoden der Feldforschung. Eine mögliche methodische Orientierung in der Ausbildung und Praxis der Sozialen Arbeit? In: Groddeck, Norbert/Michael Schumann (Hg.): Modernisierung sozialer Arbeit durch Methodenentwicklung und -reflexion. Freiburg. S. 189-297.
Stagl, Justin 1981: Kultur-Anthropologie und Gesellschaft. Eine wissenschaftssoziologische Darstellung der Kulturanthropologie und Ethnologie. Berlin.
Stagl, Justin 1985: Feldforschung als Ideologie. In: Fischer, Hans (Hg.): Feldforschungen: Berichte zur Einführung in Probleme und Methoden. Berlin. S. 289-310.
Stigler, Hubert 2005: Der Fragebogen in der Feldforschung. In: Stigler, Hubert/Hannelore Reicher (Hg.): Praxisbuch Empirische Sozialforschung in den Erziehungs- und Bildungswissenschaften. Innsbruck/Wien/Bozen. S. 135-149.

Stigler, Hubert/Günter Felbinger 2005: Der Interviewleitfaden im qualitativen Interview. In: Stigler, Hubert/Hannelore Reicher (Hg.): Praxisbuch Empirische Sozialforschung in den Erziehungs- und Bildungswissenschaften. Innsbruck/Wien/Bozen. S. 129-134.

Strauss, Anselm/Juliet Corbin 1996: Grounded Theory: Grundlagen qualitativer Sozialforschung. Weinheim.

Terhart, Ewald 1979: Ethnographische Schulforschung in den USA. Ein Literaturbericht. In: Zeitschrift für Pädagogik. 25. Jg. 1979. Nr. 2. S. 291-306.

Tervooren, Anja 2006: Im Spielraum von Geschlecht und Begehren. Ethnographie der ausgehenden Kindheit. Weinheim und München.

Thole, Werner/Peter Cloos 2006: Ethnographische Zugänge. Professions- und adressatInnenbezogene Forschung im Kontext von Pädagogik. Wiesbaden.

Thrasher, Frederic 1927: The Gang. Chicago.

Wagner-Willi, Monika 2005: Kinder-Rituale zwischen Vorder- und Hinterbühne – Der Übergang von der Pause zum Unterricht. Wiesbaden.

Weidmann, Angelika 1974: Die Feldbeobachtung. In: Koolwijk, Jürgen von/Maria Wieken-Mayser (Hg.): Techniken der empirischen Sozialforschung. Ein Lehrbuch in acht Bänden. 3. Band: Erhebungsmethoden: Beobachtung und Analyse von Kommunikation. München. S. 9-26.

Whyte, William Foot 1943: Street Corner Society. Chicago.

Whyte, William Foot 1984: Learning from the field. A Guide from Experience. Newbury Park/London/New Delhi.

Wiesemann, Jutta 2000: Lernen als Alltagspraxis. Lernformen von Kindern an einer Freien Schule. Bad Heilbrunn.

Willems, Katharina 2007: Schulische Fachkulturen und Geschlecht. Physik und Deutsch – natürliche Gegenpole? Bielefeld.

Willems, Katharina/Jürgen Budde 2009: Forschung ohne Ende? Zum Umgang mit Rückmeldungen in ethnographischer Schulforschung. In: Budde, Jürgen/Katharina Willems (Hg.): Bildung als sozialer Prozess. Heterogenitäten, Interaktionen, Ungleichheiten. Weinheim und München. S. 157-175.

Wolff, Stephan 2005: Wege ins Feld und ihre Varianten. In: Flick, Uwe/Ernst von Kardorff/Ines Steinke (Hg.): Qualitative Forschung. Ein Handbuch. Reinbek. S. 334-349.

Wolff, Stephan 1991: Gregory Bateson & Margret Mead: „Balinese Character" (1942) – Qualitative Forschung als disziplinierte Subjektivität. In: Flick, Uwe u. a. (Hg.): Handbuch Qualitative Sozialforschung: Grundlagen, Konzepte, Methoden und Anwendungen. München. S. 135-141.

Wulf, Christoph/Birgit Althans/Kathrin Audehm/Constanze Bausch/Michael Göhlich/Stephan Sting/Anja Tervooren/Monika Wagner-Willi/Jörg Zirfas 2001: Das Soziale als Ritual. Zur performativen Bildung von Gemeinschaften. Opladen.

Wulf, Christoph/Birgit Althans/Gerald Blaschke/Nino Ferrin/Michael Göhlich/Benjamin Jörissen/Ruprecht Mattig/Iris Nentwig-Gesemann/Sebastian Schinkel/Anja Tervooren/Monika Wagner-Willi/Jörg Zirfas 2007: Lernkulturen im Umbruch. Rituelle Praktiken in Schule, Medien, Familie und Jugend. Wiesbaden.

Zelditch, Morris Jr. 1984: Methodologische Probleme in der Feldforschung. In: Hopf, Christel/Elmar Weingarten (Hg.): Qualitative Sozialforschung. Stuttgart. S. 119-137.

Zinnecker, Jürgen (Hg.) 1975: Der heimliche Lehrplan. Untersuchungen zum Schulunterricht. Weinheim.

Zinnecker, Jürgen 1983: Accessoires. Ästhetische Praxis und Jugendkultur. In: Jugendwerk der Deutschen Shell. Näherungsversuche. Jugend '81. Eine Studie. Eine Tagung. Reaktionen. Opladen. S. 15-312.

Zinnecker, Jürgen 1995: Pädagogische Ethnographie. Ein Plädoyer. In: Behnken, Imbke/Olga Jaumann (Hg.): Kinderleben im Blick von Grundschulpädagogik und Kindheitsforschung. Weinheim und München. S. 21-38.

Philipp Mayring und Eva Brunner

Qualitative Inhaltsanalyse

In der erziehungswissenschaftlichen wie in der sozialwissenschaftlichen Forschung insgesamt stellen Texte in den verschiedensten Erscheinungsformen, das heißt sprachliche und bildliche Dokumente, eine der zentralsten Informationsquellen dar, um Forschungsfragen zu beantworten. Damit stehen Verfahren der Textanalyse im Zentrum der Methodologie. Die Quellen von Texten können dabei sehr unterschiedlich sein, z. B.:

- Transkripte von narrativen oder halb-strukturierten Interviews,
- Gruppendiskussionsprotokolle (*Focus Groups*),
- Material aus offenen Fragebögen (items),
- Beobachtungsprotokolle, Feldnotizen,
- Medienprodukte (von Zeitungen bis *WorldWideWeb*),
- Dokumente, Akten, Spuren,
- wissenschaftliche (z. B. erziehungswissenschaftliche Klassiker) oder literarische (z. B. Entwicklungsromane) Werke.

Wir legen dabei eine breite Definition von Text zu Grunde, die alle bedeutungstragenden Objektivationen von Kommunikation umfasst, also auch Bilder und Filme.

Die Auswertung von Textmaterial in Forschungsprojekten erfordert spezielle Techniken und Verfahrensweisen; der Text spricht nicht für sich selbst, sondern muss mit einem bestimmten textanalytischen Ansatz bearbeitet werden, er muss im weitesten Sinne interpretiert werden. Dabei lassen sich bei sozialwissenschaftlichen Textanalysen drei Traditionen unterscheiden (vgl. zu den einzelnen Ansätzen Mayring 2003; Flick/Kardorff/Steinke 2005 bzw. entsprechende Abschnitte in diesem Band):

(1) eine geistes- und kulturwissenschaftliche Tradition, die mit hermeneutischen Methoden an das Textmaterial herangeht (z. B. Objektive Hermeneutik sensu Oevermann (→ Garz), Sozialwissenschaftlich Hermeneutische Paraphrase sensu Heinze, Psychoanalytische Textinterpretation sensu Lorenzer (→ Kraimer; → Schulze));
(2) eine sprachwissenschaftliche Tradition, in der (auch) linguistische Auswertungskriterien angewendet werden (z. B. Metaphernanalyse, Diskursanalyse (→ Langer/Wrana), Konversationsanalyse (→ Nolda);
(3) eine kommunikationswissenschaftliche Tradition, in der die Inhaltsanalyse im Zentrum steht.

Welche dieser Textanalysemethoden im Forschungsprojekt eingesetzt wird, hängt vom Material, aber vor allem auch von der Fragestellung und ihrem theoretischen Hintergrund ab. Die Auswahl sollte stets genau begründet werden.

Auf die Spezifika der letztgenannten inhaltsanalytischen Tradition soll im Folgenden näher eingegangen werden. Die Inhaltsanalyse (*Content Analysis*) wurde zunächst in der ersten Hälfte des 20. Jahrhunderts in der USA vor allem zur Analyse großer Textmengen im Rahmen von Massenmedien (Zeitungen, Radiosendungen) als quantitatives Verfahren entwickelt (Häufigkeitsanalysen bestimmter Themen oder Textbestandteile; vgl. Krippendorff 2004). In der zweiten Hälfte des 20. Jahrhunderts wurde massive Kritik an einem rein quantitativen Verfahren, das nur am Oberflächeninhalt des Textes ansetzt, geübt (*„discontent analysis"*); Alternativen und Erweiterungen wurden entwickelt (vgl. Mayring 2007). So sind die Verfahren Qualitativer Inhaltsanalyse zu einer Standardmethode der Textanalyse geworden. Titscher/Meyer/Vetter (1998) haben in einer systematischen Analyse deutschsprachiger sozialwissenschaftlicher Literaturdatenbanken offene, Qualitative Inhaltsanalyse mit 38% als häufigste Technik gefunden (vor Konversationsanalyse mit 21%, quantitativer Inhaltsanalyse mit 19% und Grounded Theory-Ansätzen mit 12%). In der Erziehungswissenschaft lassen sich viele Anwendungsbeispiele, von denen exemplarisch einige angeführt werden, finden (vgl. Mayring/Gläser-Zikuda 2005):

- Gespräche mit Kindern (gelenkte Fantasien zu Bildern) im Deutschunterricht werden systematisch nach häufigen und typischen Metaphern untersucht.
- Lerntagebücher werden auf die Rolle von Lernemotionen (Lernfreude, Langeweile, Angst) hin analysiert.
- Aufzeichnungen über Hausaufgabenerledigung zum Sprachunterricht werden nach Techniken des Vokabellernens durchforstet.
- Offene Interviews mit Lehrer/-innen und Sozialarbeiter/-innen werden auf gegenseitiges Verständnis und Perspektivenübernahme überprüft.
- Offene Fragebögen von Lehrer/-innen werden auf ihr Schülerbild hin untersucht.
- Beratungsgruppen im Rahmen von Lehrerfortbildung mit unterschiedlichen Konzepten (Supervison, Fallbesprechungen) werden vergleichend evaluiert.

Diese wenigen einführenden Beispiele sollen die Bandbreite von Materialien und Fragestellungen kennzeichnen, die mit Techniken Qualitativer Inhaltsanalyse bearbeitbar sind.

1. Grundlagen Qualitativer Inhaltsanalyse

Der Grundgedanke der Qualitativen Inhaltsanalyse ist es, die methodische Systematik der *Content Analysis* im Umgang mit auch umfangreichen Textmaterialien beizubehalten und auf die qualitativen Analyseschritte der Textinterpretation anzuwenden. Dies schließt nachfolgende quantitative

Analyseschritte nicht aus (siehe dazu Abschnitt 4). Die zentralen Standards der Inhaltsanalyse sind dabei die Folgenden (vgl. Weber 1990; Früh/Mayring 2002; Krippendorff 2004):

(1) Da die Inhaltsanalyse aus den Kommunikationswissenschaften stammt, sieht sie den Text nie isoliert, sondern immer in ein Kommunikationsmodell eingeordnet. Bekannt ist die Formel von Harold D. Lasswell, der maßgeblich an der Entwicklung der Inhaltsanalyse beteiligt war: Wer? sagt was? in welchem Kanal (Medium)? zu wem? mit welchem Effekt? Bei Inhaltsanalysen soll also zunächst bestimmt werden, in welchem Kontext das zu analysierende Material steht. Die Inhaltsanalyse will nie etwas nur über den Text an sich aussagen (das ist vielleicht Ziel der Sprachwissenschaften), sondern vom Text Schlussfolgerungen auf andere Bestandteile des umfassenden Kommunikationsmodelles ziehen: auf die Person des Autors des Textes (z. B. bei Interviews), auf die Wirkung des Textes bei der Zielgruppe (z. B. bei Dokumentenanalysen; vgl. dazu Gerbner/Holsti/Krippendorff/Paisley/Stone 1969).

(2) Der Kern inhaltsanalytischen Arbeitens mit Texten ist der Einsatz von Kategorien bzw. Kategoriensystemen. Die Kategorien als Kurzformulierungen stellen die Analyseaspekte dar, die an das Material herangetragen werden sollen. Sie sind wie ein Rechen, der durch das Material gezogen wird und an dessen Zinken Materialbestandteile hängen bleiben (Carney 1969). Damit wird klar, dass nicht die ganzheitliche Erfassung im Vordergrund steht, sondern eher ein selektives, eben kategorienbezogenes Vorgehen. Der entscheidende Punkt ist nun, die Zuordnung von Kategorien zu Textmaterialstellen so genau mit inhaltsanalytischen Regeln zu fassen, dass eine intersubjektiv eindeutige Zuordnung möglich wird. Durch diesen methodischen Ansatz wird dann auch die Bearbeitung größerer Textmengen möglich. Diese Zuordnung von Kategorie zu Text ist in der Qualitativen Inhaltsanalyse ein interpretativer, regelgeleiteter Akt. Hier wird der Unterschied zur Quantitativen Inhaltsanalyse deutlich, bei der die Kategorienzuordnung automatisch erfolgt.

(3) Das inhaltsanalytische Vorgehen ist streng regelgeleitet und systematisch. Das bedeutet zunächst, dass Analyseeinheiten definiert werden. Die Auswertungseinheit legt die Textabschnitte fest, die mittels des Kategoriensystems nacheinander bearbeitet werden (z. B. Seiten, Artikel, Interviewtranskripte). Mit der Kodiereinheit wird der minimale Textbestandteil definiert, der ausreicht, um eine Kategorienzuordnung zu begründen (z. B. Bedeutungsaspekt, Wort, Satz). Die Konexteinheit bestimmt, welches Material herangezogen werden darf, um eine Kategorienzuordnung abzusichern (z. B. das gesamte Material, der Fall, die Antwort auf eine Interviewleitfadenfrage). Zum regelgeleiteten Verfahren gehört weiterhin, dass ein Ablaufmodell aufgestellt oder übernommen wird, das die einzelnen Schritte beschreibt, in denen das Material

bearbeitet wird (vgl. dazu auch Abschnitt 4 in diesem Beitrag). Jeder der Schritte und jede der Regeln sollte theoriegeleitet begründet sein.

(4) Zentral für die Qualitative Inhaltsanalyse ist der Realisierung einer Überarbeitungsphase des Kategoriensystems und der Regeln zur Anwendung der Kategorien. Beide Aspekte werden in der Regel konkret am Material entwickelt. Nur in den seltensten Fällen kann man ein komplettes Kategoriensystem inklusive Regeln übernehmen. Neu entwickelte Teile eines methodischen Instrumentariums müssen stets einer Pilotphase unterzogen werden, um ein Mindestmaß an Standardisierung und Praxisbewährung zu gewährleisten.

(5) Der systematische Einsatz von Gütekriterien ist ein weiteres Spezifikum der Qualitativen Inhaltsanalyse, was ein bedeutsames Unterscheidungskriterium zu anderen, offeneren textanalytischen Verfahrensweisen darstellt. Mindestens zwei Kriterien sollten bei jeder Inhaltsanalyse überprüft werden: Die Intrakoderreliabilität wird überprüft, indem nach Abschluss der Analyse zumindest Teile des Materials erneut durchgearbeitet werden, ohne auf die zunächst erfolgten Kodierungen zu sehen. Eine hohe Übereinstimmung ist ein Indikator für die Stabilität des Verfahrens. Die Interkoderreliabilität (eigentlich Objektivität) wird überprüft, indem zumindest ein Ausschnitt des Materials einem zweiten Kodierer vorgelegt wird. Die Regeln sind hier nicht ganz so streng wie bei Quantitativer Inhaltsanalyse: Der Zweitkodierer/die Zweitkodiererin wird ausführlich in das Regelwerk eingearbeitet; bei Nicht-Übereinstimmungen werden die fraglichen Textstellen in einer Kodierkonferenz besprochen; nur wenn der Zweitkodierer dem Erstkodierer, der in der Regel über mehr Hintergrundwissen über das Material oder die interviewte Person verfügt, Fehlkodierungen nachweist, gilt dies als Nicht-Übereinstimmung.

Es geht also bei Qualitativer Inhaltsanalyse insgesamt darum, klare Verfahrensweisen theoriegeleitet zu entwickeln, explizit zu beschreiben und am Material zu optimieren. Dadurch wird eine eindeutige und überprüfbare Auswertung von Textmaterial ermöglicht.

2. Grundformen qualitativer Inhaltsanalyse

Es sind eine ganze Reihe von konkreten qualitativ inhaltsanalytischen Verfahrensweisen entwickelt worden, die jeweils einsetzbar sind (vgl. Mayring 2007). Sie verfolgen drei Grundrichtungen des Umgangs mit Text: zusammenfassende, explizierende und strukturierende Analyseinteressen. Zusammenfassende Techniken wollen das Material auf wesentlich Bestandteile reduzieren, explizierende Verfahren wollen einzelne unklare Textstellen erläutern, strukturierende Verfahren verfolgen einzelne Analyseaspekte systematisch durch das Material hindurch. Im Einzelnen sind beschrieben worden:

- *Zusammenfassende Qualitative Inhaltsanalyse:* Hier wird das Material in einzelne bedeutungstragende Paraphrasen umgewandelt und zerlegt. Diese Paraphrasen werden schrittweise auf ein höheres Abstraktionsniveau verallgemeinert. Dazu werden als inhaltsanalytische Regeln die in der Psychologie der Textverarbeitung (vgl. Mandl 1981) elaborierten Makrooperatoren alltäglichen Zusammenfassens (Auslassung, Generalisation, Konstruktion, Integration, Selektion, Bündelung) angewandt. Je höher das Abstraktionsniveau angesetzt wird, desto knapper wird die Zusammenfassung.

- *Induktive Kategorienbildung:* Dies ist eine der wichtigsten qualitativen inhaltsanalytischen Techniken. Denn oft ist das Kategoriensystem vorab nicht klar formulierbar, die einzelnen Analyseperspektiven werden im Sinne eines induktiv orientierten Vorgehens erst aus dem Material heraus entwickelt (→ Schmidt). Quantitative Inhaltsanalyse gibt hier keine Hilfen. Die induktive Kategorienbildung stellt eine Art selektiver Zusammenfassung dar. Dazu wird zunächst als Selektionskriterium eine allgemeine Kategoriendefinition theoriegeleitet entwickelt, die festlegt, welcher Art die zu bildenden Kategorien sein sollen, auf welche Thematik sie sich beziehen sollen. Auch hier muss nun das Abstraktionsniveau der zu bildenden Kategorien definiert werden. In der Folge ist es auch hier möglich, das Abstraktionsniveau heraufzusetzen und so zu Hauptkategorien zusammenzufassen. Das Vorgehen hat einige Gemeinsamkeiten mit dem Vorgang des Kodierens im Rahmen von *Grounded Theory* (vgl. Strauss 1991; → Hülst), allerdings hat es eher ein deskriptives als ein exploratives Ziel und ist sehr viel mehr regelgeleitet.

- *Explikative Qualitative Inhaltsanalyse:* Hier stehen unklare Textstellen im Mittelpunkt des Interesses und sollen systematisch unter Rückgriff auf den Textkontext aufgeklärt werden. Die zentrale inhaltsanalytische Regel besteht nun darin, diesen zulässigen Textkontext theoriegeleitet genau zu bestimmen. Dann wird erklärendes Material in diesem Kontext gesammelt und zu einer explizierenden Paraphrase zusammengefasst, die an die zu erläuternde Stelle gesetzt wird. Solche zu sammelnden Kontextstellen können definierend, erklärend, ausschmückend, beschreibend, beispielgebend, Einzelheiten aufführend, korrigierend, modifizierend oder antithetisch zur Textstelle stehen.

- *Strukturierende Qualitative Inhaltsanalyse:* Bei dieser Verfahrensweise steht das Kategoriensystem schon vor der Arbeit am Material fest (deduktive Kategorienanwedung). Es wird theoriegeleitet vorab entwickelt. Die inhaltsanalytischen Regeln beschreiben hier im Besonderen diese Kategorien, um eine Zuordnung zum Material immer eindeutig zu ermöglichen. Diese Regeln bestehen aus drei Schritten (meist in Spaltenschreibweise festgelegt): Die Kategoriendefinition legt theoriegeleitet genau fest, wie die Kategorie zu verstehen ist. Die Ankerbeispiele sammeln (proto-)typische Textstellen, die als Musterbeispiele für eine Kategorienzuordnung gelten können. Die Kodierregeln bestehen aus Abgrenzungsregeln, die die Schnittstellen zwischen den Kategorien klären. Diese Regeln werden schrittweise am Material entwickelt bzw. verfeinert, in der Pilotphase überprüft und schließlich in einem Kodierleitfaden zusammengestellt. Bei strukturierenden qualitativen Inhaltsanalysen sind formale, inhaltliche, typisierende und skalierende Strukturierungsdimensionen formulierbar.

Welche der konkreten qualitativ-inhaltsanalytischen Verfahren einzusetzen ist, bestimmt sich im konkreten Forschungsprojekt. Es müssen also nicht alle Techniken nacheinander zur Anwendung kommen, sondern nur die, die die Fragestellung sinnvoll beantworten können und auf das Material adäquat anwendbar sind. Auch Kombinationen sind dabei denkbar.

3. Die Bedeutung von Ablaufmodellen für Qualitative Inhaltsanalysen

Die Qualitative Inhaltsanalyse fordert regelgeleitetes Vorgehen (Mayring 2005). Um diesem Anspruch gerecht zu werden und Transparenz der Analysen zu gewährleisten, empfiehlt sich die Explikation von Ablaufmodellen (Brunner 2006a). Durch die Dokumentation der einzelnen Auswertungsschritte wird dem Qualitätskriterium der intersubjektiven Nachvollziehbarkeit (Steinke 2004) Rechnung getragen. Das Ablaufmodell muss stets an den Forschungsgegenstand und die Fragestellung angepasst werden. Zur Veranschaulichung wird das Vorgehen anhand eines Beispiels dargestellt.

Im Zuge des Projekts „Lust or trust? Sexuelles Risikoverhalten heterosexueller Jugendlicher und junger Erwachsener" (Brunner/Jenull-Schiefer/Kada/ Brunner 2007) wurden in einer Teilstudie Motive für und gegen den Kondomgebrauch exploriert. Zu diesem Zweck wurden die Probanden und Probandinnen zu den Gründen für den Kondomgebrauch im Bezug auf ihren letzten geschützten Geschlechtsverkehr und zu den Gründen gegen den Kondomgebrauch im Bezug auf ihren letzten ungeschützten Sexualkontakt befragt. Dabei wurde ein Fragebogen mit offenem Antwortformat eingesetzt. Insgesamt nahmen 175 Personen im Alter von 16 bis 25 Jahren (schulische Teilstichprobe n = 95; studentische Teilstichprobe n = 81) an der Untersuchung teil, wobei der Frauenanteil bei 59 % lag. Die vorliegenden Antworten wurden mittels Qualitativer Inhaltsanalyse unter Anwendung des Ablaufmodells, das in Abbildung 1 dargestellt ist, ausgewertet.

Literaturrecherchen haben ergeben, dass bisher nur wenige qualitativ orientierte Untersuchungen zur Thematik existieren (für einen Überblick vgl. Brunner 2006b). Methodische Intransparenz und eine a-priori-Einengung auf bestimmte Motive stellen dabei Kritikpunkte dar. Vor diesem Hintergrund fiel für die vorliegende Analyse die Entscheidung auf eine induktive Kategorienbildung, um alle genannten Motive aus dem Material heraus iden-

Qualitative Inhaltsanalyse

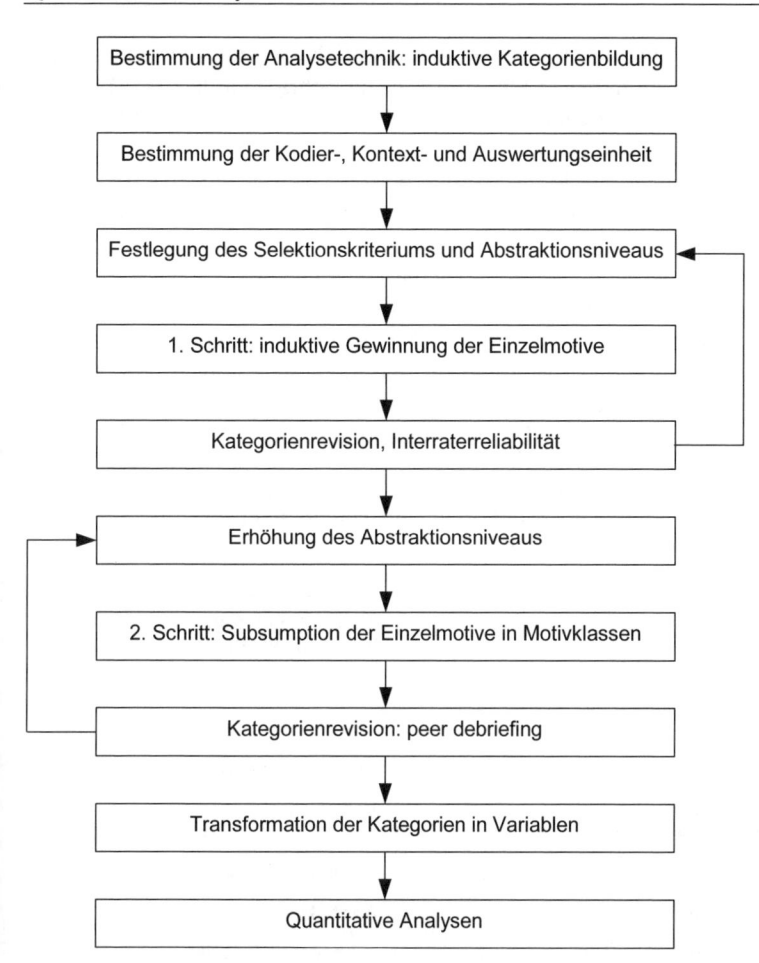

```
┌─────────────────────────────────────────────────────────┐
│ Bestimmung der Analysetechnik: induktive Kategorienbildung │
└─────────────────────────────────────────────────────────┘
                            ↓
┌─────────────────────────────────────────────────────────┐
│ Bestimmung der Kodier-, Kontext- und Auswertungseinheit │
└─────────────────────────────────────────────────────────┘
                            ↓
┌─────────────────────────────────────────────────────────┐
│ Festlegung des Selektionskriteriums und Abstraktionsniveaus │◄──┐
└─────────────────────────────────────────────────────────┘   │
                            ↓                                 │
┌─────────────────────────────────────────────────────────┐   │
│ 1. Schritt: induktive Gewinnung der Einzelmotive        │   │
└─────────────────────────────────────────────────────────┘   │
                            ↓                                 │
┌─────────────────────────────────────────────────────────┐   │
│ Kategorienrevision, Interraterreliabilität              │───┘
└─────────────────────────────────────────────────────────┘
                            ↓
┌─────────────────────────────────────────────────────────┐
│ Erhöhung des Abstraktionsniveaus                        │◄──┐
└─────────────────────────────────────────────────────────┘   │
                            ↓                                 │
┌─────────────────────────────────────────────────────────┐   │
│ 2. Schritt: Subsumption der Einzelmotive in Motivklassen│   │
└─────────────────────────────────────────────────────────┘   │
                            ↓                                 │
┌─────────────────────────────────────────────────────────┐   │
│ Kategorienrevision: peer debriefing                     │───┘
└─────────────────────────────────────────────────────────┘
                            ↓
┌─────────────────────────────────────────────────────────┐
│ Transformation der Kategorien in Variablen              │
└─────────────────────────────────────────────────────────┘
                            ↓
┌─────────────────────────────────────────────────────────┐
│ Quantitative Analysen                                   │
└─────────────────────────────────────────────────────────┘
```

Abb. 1: Ablaufmodell der Analyse

tifizieren zu können. Als Kodiereinheit wurden einzelne Worte, die Motive für oder gegen den Kondomgebrauch abbilden, definiert; als Kontexteinheit galt der jeweilige Fragebogen, die Auswertungseinheit entsprach dem gesamten Materialcorpus. Entsprechend der Fragestellung bildeten Aussagen zu Gründen für und gegen den Kondomgebrauch das Selektionskriterium. In einem ersten Auswertungsdurchgang wurde das Abstraktionsniveau bewusst niedrig angesetzt, um nahe an den natürlichen Formulierungen der befragten Personen zu bleiben. Auf diesem Wege wurden 20 Kategorien für Motive für den Kondomgebrauch (266 Nennungen, Mehrfachnennungen möglich) und 26 für Motive gegen den Kondomgebrauch (210 Nennungen, Mehrfachnennungen möglich) gefunden. Um die Güte der entwickelten Kategorien zu überprüfen, wurden aus dem Material zufällig 39 Fragebögen ausgewählt und zwei unabhängigen Raterinnen zur Kodierung mit dem entwickelten Kategoriensystem vorgelegt. Ein Cohens Kappa von 0.93 (Cohen 1960; Wirtz/Caspar 2002) zeigt ein hohes Ausmaß an Übereinstimmung zwischen den Raterinnen und kann als Qualitätsmerkmal für die Kategorien interpretiert werden. Im nächsten Schritt wurde das Abstraktionsniveau erhöht: Kategorien wurden in Hauptkategorien zusammengefasst, wobei basierend auf dem bisherigen Erkenntnisstand vor allem deduktiv vorgegangen wurde. So wurden beispielsweise die Kategorien „kurzes Kennen des Sexualpartners", „One-Night-Stands", „kein Vertrauen", „keine fixe Partnerschaft", „wechselnde Partner" und „Seitensprung" nach theoretischen Überlegungen zum Thema Gelegenheitssex (Weaver/Herold 2000) unter die Hauptkategorie „Casual-Sex-Situation" als Motiv für den Kondomgebrauch zusammengefasst. Durch dieses Prozedere fanden sich neun Hauptkategorien zu Motiven für den Kondomgebrauch und zehn zu Motiven gegen den Kondomgebrauch, wobei zur Qualitätssicherung peer debriefing (Lincoln/Guba 1985) zur Anwendung kam.

Zentrales Ergebnis der qualitativ inhaltsanalytischen Auswertungen stellen die induktiv gewonnenen Kategorien und Hauptkategorien für und gegen den Kondomgebrauch dar (siehe Abb. 2).

Motive für den Kondomgebrauch	N*	Motive gegen den Kondomgebrauch	N*
Schwangerschaftsverhütung	94	andere Verhütung	59
Schutz vor Krankheiten	73	feste Partnerschaft	54
Casual-Sex-Situation	41	kein Kondom verfügbar	22
„niemals ohne Kondom" als Grundhaltung	31	Vertrauen	16
sicheres Gefühl	14	intensivere Gefühle ohne	16
vom Partner eingefordert	6	Alkoholeinfluss	12
Kondom als erotisches Tool	3	geringes AIDS-Risiko	11
Hygiene	2	nicht nachgedacht	10
Verfügbarkeit des Kondoms	2	spontane sexuelle Situation	6
		mit Partner vereinbart	4

* N bezeichnet die absolute Nennungshäufigkeit der Hauptkategorien, wobei Mehrfachnennungen möglich sind.

Abb. 2: Hauptkategorien zu den Motiven für und gegen den Kondomgebrauch

Durch die schrittweise Erhöhung des Abstraktionsniveaus konnte ein hohes Ausmaß an Transparenz und Überprüfbarkeit des Prozesses der Kategorienbildung gewährleistet werden. In einem nächsten Schritt wurden die gewonnenen Hauptkategorien und deren Häufigkeiten in SPSS transferiert. Nennungshäufigkeiten sowie Gruppenunterschiede (nach Alter, Geschlecht und Beziehungsstatus) konnten somit exploriert werden. Das Ablaufmodell diente nicht nur der Explikation der inhaltsanalytischen Schritte, sondern auch der Darstellung der anschließenden quantitativen Analysen im Sinne der Mixed Methods (Tashakkori/Creswell 2007, vgl. Abschnitt 4). Ein umfassendes Bild des Auswertungsgeschehens konnte dadurch gezeichnet werden. Ablaufmodelle dienen aber nicht nur der Dokumentation des jeweiligen Vorgehens, sondern auch dem Festhalten methodischer Erfahrungen. Sie können im Zuge der Qualitativen Inhaltsanalyse als bedeutsamer Standard angesehen werden.

4. Die Verbindung qualitativer und quantitativer Analyseelemente

Für Qualitative Inhaltsanalyse ist also der regelgeleitete Prozess der Zuordnung von Kategorien zu Materialstellen zentral. Wir haben bereits erwähnt, dass diese Zuordnung allerdings immer noch einen Interpretationsakt bedeutet und nicht rein subsumptionslogisch zu verstehen ist, wie Oevermann (2004) behauptet (vgl. dazu Mayring 2002). Bei induktiver Kategorienbildung werden die Kategorien aus dem Material heraus entwickelt, bei deduktiver Kategorienanwendung werden die Kategoriensysteme und die Zuordnungsregeln aufgrund des Materials adaptiert und verfeinert. Als Endergebnis stehen jeweils die Textstelle und die Kategorienzuordnung. Diese Zuordnungen sind dann natürlich auch quantitativ weiterverarbeitbar. Häufig ist gerade auch diese quantitative Analyse das eigentlich Ziel der Analyse, die Frage also, welche Kategorienzuordnungen am häufigsten im Material aufzufinden sind, ob sich Zusammenhänge zwischen Kategorienzuordnungen ausmachen lassen. Es sind Häufigkeitsrangreihenvergleiche, sogar Korrelationen zwischen skalierenden Strukturierungen berechenbar (→ Grunenberg/Kuckartz). Der eigentliche qualitative Analysegang, die Zuordnung von Kategorie zu Text, bleibt aber primär (auch im Ablaufmodell). Die Grundvorgänge sind auch bei computerunterstützter Qualitativer Inhaltsanalyse gleich (vgl. dazu z.B. Kuckartz 2005; → Kuckartz/Grunenberg): Das Lesen des Textes, das Markieren von Textstellen („Unterstreichen"), die Entwicklung und/oder Zuordnung von Kategorien nach inhaltsanalytischen Regeln, die in Memos oder Randnotizen festgehalten werden können; neuere Softwareversionen ermöglichen über Variablenlisten den schnellen Export der Kategorien und ihrer Häufigkeiten in Excel oder SPSS, die Verknüpfung zu quantitativen Analyseschritten ist somit sichergestellt.

Wegen dieser Quantifizierungsmöglichkeiten, aber auch wegen ihres Anspruchs auf Systematik und Überprüfbarkeit, nimmt die Qualitative Inhaltsanalyse eine Zwischenstellung zwischen qualitativer und quantitativer Analyse ein. Es soll aber abschließend betont werden, dass eine solche Gegenüberstellung wenig zielführend ist (→ Uhlendoff/Prengel). Weder lässt sich qualitative und quantitative Forschung so eindeutig trennen, noch ist eine solche Trennung hilfreich zur Beantwortung von Forschungsfragestellungen. Gerade die Verbindungen werden heute unter dem Stichwort „Mixed Methodology" diskutiert (vgl. Tashakkori/Teddlie 2003). An anderer Stelle haben wir die verschiedenen Möglichkeiten der Kombination und Integration qualitativer und quantitativer Analyse herausgearbeitet und begründet

(Mayring/Huber/Gürtler/Kiegelmann 2007). Dies gilt in besonderem Maße für die Qualitative Inhaltsanalyse. Wir wollen deshalb genauer von einer qualitativ orientierten Inhaltsanalyse sprechen, einer Inhaltsanalyse also, die die qualitativen Analyseschritte elaboriert, aber durchaus auch quantitative Analysen zulässt.

Literatur

Brunner, Eva 2006a: Ablaufmodelle in der Qualitativen Inhaltsanalyse. In: Bartosz, Gula/Rainer Alexandrowicz/Sabine Strauss/Eva Brunner/Brigitte Jenull-Schiefer/Oliver Vitouch (Hg.): Perspektiven psychologischer Forschung in Österreich. Lengerich. S. 501-507.
Brunner, Eva 2006b: Lust or trust? Sexuelles Risikoverhalten heterosexueller Jugendlicher und junger Erwachsener in Kärnten. Unveröffentlichte Dissertation. Alpen-Adria-Universität Klagenfurt. Klagenfurt.
Brunner, Eva/Brigitte Jenull-Schiefer/Olivia Kada/Claudia Brunner 2007: Jugendsexualität heute. Zentrale Ergebnisse der Studie „Lust or trust? Sexuelles Risikoverhalten heterosexueller Jugendlicher und junger Erwachsener in Kärnten". PlusMinus. 2. S. 5-7.
Cohen, Jacob 1960: A coefficient for agreement of nominal scales. Educational and Psychological Measurement. 20. S. 37-46.
Flick, Uwe/Ernst von Kardorff/Ines Steinke (Hg.) 2005: Qualitative Forschung. Ein Handbuch. Reinbek.
Frueh, Wolfgang/Philipp Mayring 2002: Inhaltsanalyse. In: Endruweit, Günter/Gisela Trommsdorff (Hg.): Wörterbuch der Soziologie. Stuttgart. S. 238-245.
Gerbner, George/Ole Holsti/Klaus Krippendorff/William Paisley/Phillip Stone (Hg.) 1969: The analysis of communication content. Developments in scientific theories and computer techniques. New York.
Lincoln, Yvonna S./Egon Guba 1985: Naturalistic inquiry. New York.
Krippendorff, Klaus 2004: Content analysis. An introduction to its methodology. Thousand Oaks.
Kuckartz, Udo 2005: Einführung in die computergestützte Analyse qualitativer Daten. Wiesbaden.
Mandl, Heinz (Hg.) 1981: Zur Psychologie der Textverarbeitung. Ansätze, Befunde, Probleme. München.
Mayring, Philipp 2002: Qualitative content analysis – research instrument or mode of interpretation? In: Kiegelmann, Mechthild (Hg.): The role of the researcher in qualitative psychology. Tübingen. S. 139-148.
Mayring, Philipp 2003: Einführung in die qualitative Sozialforschung. Eine Anleitung zu qualitativem Denken. Weinheim.
Mayring, Philipp 2005: Neuere Entwicklungen in der qualitativen Forschung und der Qualitativen Inhaltsanalyse. In: Mayring, Philipp/Michaela Gläser-Zikuda (Hg.): Die Praxis der Qualitativen Inhaltsanalyse. Weinheim. S. 7-19.
Mayring, Philipp 2007: Qualitative Inhaltsanalyse. Grundlagen und Techniken. Weinheim.
Mayring, Philipp/Michaela Gläser-Zikuda 2005: Die Praxis der Qualitativen Inhaltsanalyse. Weinheim.
Mayring, Philipp/Günter L. Huber/Leo Gürtler/Mechthild Kiegelmann (Hg.) 2007: Mixed Methodology in Psychological Research. Rotterdam.

Oevermann, Ulrich 2004: Manifest der objektiv hermeneutischen Sozialforschung. In: Fikfak, Jurij/Frane Adam/Detlef Garz (Hg.): Qualitative research. Different perspectives, emergent trends. Ljubljana. S. 101-134.

Steinke, Ines 2004: Quality criteria in qualitative research. In: Flick, Uwe/Ernst von Kardorff/Ines Steinke (Hg.): A companion to qualitative research. London. S. 184-190.

Strauss, Anselm L. 1991: Grundlagen qualitativer Sozialforschung. München.

Tashakkori, Abbas/John Creswell 2007: Editorial. The new era of mixed methods. Journal of Mixed Methods Research. 1. S. 3-7.

Tashakkori, Abbas/Charles Teddlie (Hg.) 2003: Handbook of mixed methods in the social and behavioral research. Thousand Oaks.

Titscher, Stephan/Michael Meyer/Eva Vetter 1998: Methoden der Textanalyse: Leitfaden und Überblick. Opladen.

Weaver, Shara/Edward Herold 2000: Casual sex and women: measurement and motivational issues. Journal of Psychology and Human Sexuality. 12. S. 23-41.

Weber, Robert P. 1990: Basic content analysis. Newbury Park.

Wirtz, Markus/Franz Caspar 2002: Beurteilerübereinstimmung und Beurteilerreliabilität. Methoden zur Bestimmung und Verbesserung der Zuverlässigkeit von Einschätzungen mittels Kategoriensystemen und Ratingskalen. Göttingen.

Antje Langer und Daniel Wrana

Diskursforschung und Diskursanalyse

Die erziehungswissenschaftliche Diskursforschung untersucht diskursive Praktiken: das In-Beziehung-Bringen von Sachverhalten, das Ab- und Ausgrenzen von Gegenstandsbereichen, die Muster argumentativer Verknüpfungen, die Öffnung- und Schließung semantischer Räume über den Gebrauch von Metaphern usw. Die Tätigkeit des „sich äußerns" wird als diskursive Praxis in den Blick genommen, als ein gesellschaftliches, von Machtverhältnissen durchwobenes Tun, das das, wovon es spricht weder ausgehend von einer prädiskursiven Wirklichkeit repräsentiert noch ausgehend von einem autonomen Subjekt zum Ausdruck bringt, sondern eine doppelte Performanz entfaltet: eine Konstruktion von Gegenstandsfeldern und Bedeutungen einerseits und eine Konstitution von Subjekten als Adressaten und Akteure der diskursiven Praxis andererseits. Diese theoretische Trias von Diskurs, Macht und Subjekt geht auf die Arbeiten von Michel Foucault (1981, 1987) zurück, auf dessen Konzepte sich eine Reihe von Ansätzen der Diskursforschung beziehen. In der Kombination mit anschlussfähigen Theorien, z.B. aus der Linguistik, der Kritischen Theorie oder der Wissenssoziologie, werden die Elemente der Trias unterschiedlich kontextualisiert und relevant.[1]

Als Diskursanalyse im engeren Sinne werden methodologische Konzepte und methodische Verfahren bezeichnet, um einzelne Texte, Gespräche oder Bilder bzw. größere Korpora im Kontext gesellschaftlich konstituierter semiotischer Horizonte und in Bezug auf Machtverhältnisse zu interpretieren. Diskurse werden somit als „institutionalisierte soziale Zeichenpraxis" (Höhne 2003, S. 392) untersucht. Die konkreten Analysen schließen in der Regel entweder an Verfahren der qualitativen Sozialforschung wie der Grounded Theory, Inhaltsanalyse, Biographieforschung oder Ethnographie an, oder an Textanalysepraktiken der französischen ‚analyse du discours', der Sprechakttheorie, der Rhetorik und der Textsemiotik. Durch diese differenten Analysepraxen, die diskurstheoretisch rekonstelliert werden, kann von einem einheitlichen diskursanalytischen Ansatz ebenso wenig die Rede sein wie von einem homogenen Diskursbegriff.

---

1 Ein anderer Diskursbegriff wird im Anschluss an Habermas vertreten, der einen idealen, herrschaftsfreien Diskurs als normatives Regulativ entwirft, während die Diskursforschung im Anschluss an Foucault Machtverhältnisse in konkreten empirischen Diskursen kritisch analysiert (vgl. Amos 2004, S. 80f.). In der Gesprächsforschung wird der Diskursbegriff ebenfalls anders gebraucht, der englische Begriff ‚discourse' bezeichnet sprachliche Interaktionen (z.B. Ehlich 1994).

Im Folgenden möchten wir zunächst die Gegenstände erziehungswissenschaftlicher Diskursforschung und ihre disziplinären und interdisziplinären Bezüge benennen, um dann ausgehend von der Differenzierung einer Reihe analytischer Perspektiven exemplarisch an drei erziehungswissenschaftlichen Studien zu zeigen, wie je aufgrund einer spezifischen Fragestellung bestimmte diskurstheoretische Annahmen getroffen, bestimmte methodologische Unterscheidungen angelegt und bestimmte methodische Vorgehensweisen ausgewählt worden sind.

Gegenstände erziehungswissenschaftlicher Diskursforschung

Gegenstände erziehungswissenschaftlicher Diskursforschung sind die Praktiken des Äußerns in pädagogischen Kontexten einerseits und über Themen wie Erziehung, Lernen, pädagogische Professionalität oder pädagogische Institutionen andererseits. Die Analysen können sich auf unterschiedliche gesellschaftliche Handlungsebenen beziehen und bearbeiten dabei verschiedene Genres und Materialsorten:

- *Öffentliche Diskurse* in Zeitschriften und Zeitungen über Professionalität von Lehrer/-innen (Reh 2003), über Soziale Arbeit (Kessl 2005), über den Körper in der Schule (Langer 2008), die sonderpädagogische Behandlung von Contergan-Geschädigten (Freitag 2005), über Beziehungen der Erwachsenenbildung zum Nationalsozialismus (Langer/Wrana 2005) oder über Lerntheorie (Kossack/Ott 2006).
- *Diskursive Funktionen didaktischer Konzepte* wie der Lernberatung (Kossack 2006) oder des selbstgesteuerten Lernens (Wrana 2006; Rabenstein 2007).
- *Diskursivität in spezifischen vermittelnden Genres* wie die Thematisierung von Fremdheit in Schulbüchern (Höhne/Kunz/Radtke 2005), die Praktiken der Reflexivität in Lernjournalen (Wrana 2006), die Selbstdarstellung in Weblogs (Lüders 2007) oder die Kompetenzanforderungen in Stellenanzeigen (Langer/Ott/Wrana 2006).
- *Interaktive Diskursivität* von Unterrichtssituationen (Langer 2008), Lernberatungen (Maier Reinhard 2008; Ryter Krebs 2008) und Bewerbungsgesprächen (Truschkat 2008).
- Die *Diskursivität in Selbst-Beschreibungen* innerhalb biographischer (Koller 1999; Koller/Kokemohr/Richter 2004; Freitag 2005) oder professioneller Narrationen (Reh 2003; Forneck 2004) oder in den Problematisierungen sozialer Differenz bei Teilnehmer/-innen durch Kursleiter/-innen (Wrana 2002).

Disziplinäre und interdisziplinäre Kontexte

Der Diskursbegriff ist in den Erziehungswissenschaften keineswegs neu. Er wird bereits seit den späten 1970er Jahren rezipiert und gebraucht, allerdings nicht als empirische Diskursanalyse, sondern als philosophische, metaphysikkritische Diskurstheorie. Diese hat mit der poststrukturalistischen Dezentrierung des Subjekts auch auf die grundsätzliche Verstrickung von Bildungsprozessen in gesellschaftliche Macht- und Herrschaftsverhältnisse hingewiesen (vgl. im Überblick Koller/Lüders 2004). Darüber hinaus gab und gibt es viele diskurstheoretisch – insbesondere über die Rezeption Judith Butlers – inspirierte Arbeiten innerhalb der erziehungswissenschaftlich-feministischen Geschlechterforschung (vgl. Amos 2004).

Die aktuelle erziehungswissenschaftliche Diskursforschung kann als weitere Rezeptionsphase gelten, die das Problembewusstsein diskurs-, macht- und bildungstheoretischer Fragestellungen aufnimmt, aber an empirischen Gegenständen mit qualitativen Methoden arbeitet. Dabei kann sie unter anderem an die erziehungswissenschaftliche Diskursforschung im angelsächsischen Sprachraum anschließen, die ähnliche Fragestellungen und methodische Ansätze hat (Gee/Michaels/O'Connor 1992; Gee 2005). Zugleich ist die Verbindung qualitativer Sozialforschung und poststrukturalistischer Diskurstheorie ein interdisziplinäres Projekt. Bis in die 1990er Jahre war die Analyse von Diskursen eine Domäne der Text- und Sprachwissenschaften (z. B. Link 1996, Busse 1994; Jäger 1993, vgl. im Überblick Bluhm u. a. 2000, Angermüller 2007). Seither hat sich eine breite interdisziplinäre Forschungsrichtung etabliert, die in einer Reihe von Sammelwerken und Handbüchern gebündelt ist (Bublitz u. a. 1999; Angermüller u. a. 2001; Keller u. a. 2001, 2003, 2005; sowie der FQS-Schwerpunkt Diskursanalyse von Bührmann u. a. 2007). Dabei gibt es differente diskurstheoretische und auch methodologische Positionen zum Verhältnis von Subjekt und Struktur, zu einer starken oder schwachen Stellung des Konzepts „Diskurs" gegenüber den „Praktiken" etc. Einen Überblick zu Positionen und Debatten geben Diaz-Bone (2003), Angermüller (2005), Wedl (2007), sowie die Tagungsberichte von Klemm/Glasze (2004), Fein/Flora (2006) und Fegter/Langer (2008). Ausarbeitungen von Diskursbegriff und Diskurstheorie aus verschiedenen theoretischen Perspektiven finden sich unter anderem bei Diaz-Bone (2003, S. 67-241), Bublitz (2003), Keller (2005), Wrana (2006, S. 93-162) und Angermüller (2007, S. 97-157).[2]

---

2 Seit 2007 ist die interdiziplinäre Debatte in einem von der DFG geförderten wissenschaftlichen Netzwerk institutionalisiert. Diese und weitere Gruppen finden sich über das Wissenschaftsportal http://www.diskursanalyse.net.

Diskursanalytische Forschungspraxis

In den drei exemplarischen Untersuchungen, die wir im Folgenden vorstellen, zeichnen wir unterschiedliche methodische Realisierungen der Diskursanalyse nach. Wir möchten dabei auch zeigen, dass der oben skizzierte diskurstheoretische Rahmen auf unterschiedliche Weise konkretisiert werden kann. Heuristisch unterscheiden wir dabei eine Reihe von analytischen Perspektiven:

- Die Perspektive auf die Texte und Bilder, in denen sich eine diskursive Praxis materialisiert hat und die auf die eine oder andere Weise erhoben und zu einem Korpus zusammen gestellt worden sind.
- Die Perspektive auf die Äußerungen, Aussagen und Äußerungsakte, in denen der Diskurs produziert und reproduziert wird.
- Die Perspektive auf den diskursiven Raum, in dem sich homogene „großflächige" Wiederholungen diskursiver Praxen abzeichnen. Es ist der Raum der „diskursiven Formationen" Foucaults (1981, S. 48 ff.), der Archive und Stabilitäten.
- Die Perspektive auf die Subjektpositionen und sozialen Akteure, die als Adress*an*t/-innen und Adressat/-innen im Diskurs positioniert sind, ihn aufgreifen, stabilisieren, umarbeiten, für andere Zwecke gebrauchen.
- Schließlich die diskursive Arena als Verweisungszusammenhang der Äußerungspositionen der Akteure sowie als Kräftefeld und institutioneller Rahmen; gewissermaßen die „andere Seite des diskursiven Raumes", die nicht die Homogenität einer diskursiven Praxis erklärt, sondern ihre Differentialität und hegemoniale Struktur als Ort diskursiver Kämpfe.

Mit dieser Differenzierung von analytischen Perspektiven vertreten wir die Auffassung, dass „der Diskurs" – anders als die Rede im Nominativ singular suggeriert – sich nicht als ein Objekt oder als eine semiotische Einheit definieren lässt, die an konkreten historischen Punkten zu lokalisieren ist. Die diskursive Praxis ist vielmehr die Verknüpfung und Relation dieser Perspektiven, sie ist das Netz von Beziehungen, das sich zwischen ihnen entfaltet. Die Forschungspraxis bringt ihrerseits „den Diskurs" als Objekt wissenschaftlicher Analyse hervor.

Je nach Forschungsgegenstand und Fragestellung wird man die eine oder andere Perspektive einnehmen, Schwerpunkte setzen, aber auch Perspektiven miteinander verbinden. Der Blick auf solche forschungslogischen Unterscheidungen und Entscheidungen leitet die folgenden diskursanalytischen Untersuchungen. Wir haben die ersten beiden Studien ausgewählt, weil sie ihr methodisches Vorgehen ausführlich dokumentieren, mit der letzten Untersuchung, die um eine Beispielanalyse erweitert ist, stellen wir einen eigenen Ansatz vor.

Die Thematisierung von Migrant/-innen in Schulbüchern

Die erste Untersuchung haben Thomas Höhne, Thomas Kunz und Frank-Olaf Radtke unter dem Titel „Bilder von Fremden – Was unsere Kinder aus Schulbüchern über Migranten lernen sollen" (2005) publiziert.

Fragestellung: Die Autoren gehen der Frage nach, anhand welcher Konstruktionen von Migrant/-innen bzw. vom Fremden Schüler/-innen die Bedeutsamkeit ethnischer Differenzen und deren Bewertung lernen sollen. In einer Medien vergleichenden Analyse arbeiten sie verschiedene Thematisierungsweisen von Migrant/-innen und Migration sowie den Funktionswandel eines solchen Diskurses heraus.

Gegenstand: Die Untersuchung rekonstruiert, „wie und als was die Schüler idealtypisch angesprochen werden, wie Unterrichtssituationen und pädagogische Kommunikation thematisch und sozial von dem Lernmittel Schulbuch (mit-)strukturiert werden" (ebd., S. 51). Analysiert wird das Wissen über Migrant/-innen, das durch Lehrpläne wissenschaftlich und politisch-administrativ legitimiert und durch das Schulbuch zu einem objektivierten, lehr- und lernbaren Wissen wird.

Korpusbildung: Als Textkorpus wählten die Forscher die Schulbücher des Fachkomplexes Sozial-, Gesellschafts- bzw. Sachkunde, die im Zeitraum von 1981 bis 1996 in Hessen und Bayern von den meisten Schulen für die Jahrgangsstufen 2-10 angeschafft worden sind. Es wurden „virtuelle Schülerbiographien" (ebd., S. 53) konstruiert, womit auch implizite Thematisierungen sowie De-Thematisierungen sichtbar werden.[3] Hinzugezogen wurden die staatlichen Lehrpläne, da sie einen verbindlichen Rahmen für das in den Büchern präsentierte Wissen setzen (ebd., S. 21). Darauf bezogene Handbücher für Lehrende liefern zudem explizite Hinweise für die didaktische Aufbereitung und beabsichtigte Lesarten dieses Wissens, weshalb sie im Forschungsprozess vor allem der Überprüfung des Analysierten dienten (ebd., S. 59).

Diskursverständnis: Lehrpläne, Verfahren zu deren Zulassung sowie die kontrollierenden „Leseanleitungen" sind spezifische Institutionen und Pra-

---

3 Den Weg zur „Virtuellen Schülerbiographie" haben die Autoren ausführlich nachgezeichnet (ebd., S. 41 ff.). Die Schülerbiographie, die zunächst lediglich eine Folge von Lehrbüchern darstellt, mit denen Schüler/-innen höchstwahrscheinlich im Laufe ihrer Schulzeit zu tun hatten, wird über die Konstruktion des „Modell-Schülers" (ebd., S. 56 f.) zu dessen Lesebiographie. Der Modell-Schüler, mit dem die Forscher an den Begriff des „Modell-Lesers" von Umberto Eco anschließen, soll und kann bestimmte Dinge lesen und lernen. In der (nicht einbezogenen) Unterrichtssituation fungiere die Lehrerin zudem als „Ko-Leserin", welche Interpretationshinweise gibt, indem sie Leerstellen im Text auf bestimmte Weise füllt und damit „Lesarten" vorgibt. Die Lehrerhandbücher sollen ihrerseits sicherstellen, dass auch sie in der gewünschten Weise liest. Erfasst wird mit einem so konstruierten Zugang der textliche Bedeutungskorridor der potentiellen Leser/-innen und die Regulierung, die deren Interpretationsfreiheit vorstrukturiert und beschränkt.

xisformen, die nach Höhne Reproduktionsinstanzen von Diskursen darstellen. Diskurse fasst er als idealtypisch angenommene thematisch-semiotische Einheiten (Höhne 2003, S. 390 f.), die sowohl in Bezug auf ihre semiotische Organisation zu untersuchen seien, als auch als institutionalisierte soziale Zeichenpraxis hinsichtlich ihrer Funktion für die Diskursinstanzen. Der „Migrantendiskurs" ist demnach weit mehr als eine Menge von Zeichen, mehr als die semantische Organisation des Schulbuchwissens: In der konkreten Unterrichtssituation bzw. beim Lesen der Bücher und Bearbeiten der Aufgaben wird ein Wissen über sich selbst und über ‚die Anderen' nahe gelegt, nicht zuletzt werden über die Beschreibungspraxis auch die Subjekte als ‚Schüler/-innen' bzw. ‚ausländische Mitschüler/-innen' einer Schulklasse konstituiert.

Analytische Verfahren: Die Forscher rekonstruieren typische semantische Elemente (z. B. ‚Ghettos', ‚Bereicherung', ‚Konflikt', ‚Wir/die Anderen', ‚Deutsche/Ausländer', ‚modern/vormodern') als regelhaftes semantisches Netzwerk (ebd., S. 28). Dafür greifen sie auf textlinguistische Verfahren zurück, etwa die Konzepte von Kohäsion und Kohärenz, die Argumentationsanalyse oder die Analyse von Prädikationen und Differenzen (vgl. Höhne 2003, S. 402 f.). Sie analysieren Texte und Bilder bzw. deren Verknüpfungen. Um Bilder, ebenso wie Texte, auf der Zeichenebene zu fassen und zugleich in ihrer Eigenlogik zu unterscheiden, nutzen sie die Konzepte der Bildsemiotik von Barthes und Eco (Höhne/Kunz/Radtke 2006, S. 37 ff.). Im Verlauf der Analyse, die sowohl erste Eindrücke, formale Komponenten von Schulbuchseiten als auch Mustervergleiche, z. B. die Darstellung der Geschlechterdifferenz, einbezieht, kontrastieren sie das Material mit den Ergebnissen der vorausgehenden Analysen der Schülerbiographien.

Ergebnisse: Die Autorengruppe zeigt in ihren Analysen beispielsweise, dass durch die Thematisierung von „Migranten" ungleiche Beobachterpositionen konstruiert werden. Während die ausländische Mitschülerin als „kulturelle Fremde" zum Objekt der (Fremd-)Beobachtung wird und Auskunft über ihre Heimat geben soll, wird der deutsche Schüler als „potentieller Vorurteilsträger" konstruiert und soll sich als solcher selbst beobachten (ebd., S. 167 f., 175). Im Laufe einer Schülerbiographie ändert sich die Thematisierungsweise: In den Büchern der Grundschule werden Migranten explizit thematisiert, in den späteren Sozialkundebüchern findet lediglich eine implizite Thematisierung im Rahmen sozialer Probleme statt. Des Weiteren wird in den virtuellen Schülerbiographien in Hessen fast immer die türkische (Groß-)Familie exemplarisch für ausländische Familien gesetzt. Damit werden nicht nur Differenzen wie ‚Wir/Sie' oder ‚deutsch/türkisch' (= ausländisch) als zentrales Strukturierungsmittel erzeugt: Indem gleichzeitig spezifische Familienmodelle präsentiert werden, werden u. a. genau diese Familien mit den ihnen zugeschriebenen Wohnproblemen (ebd., S. 157 f.) als abweichend zur deutschen Normalfamilie dargestellt.

Zur Struktur biographischer Bildungsprozesse

Mit der folgenden Untersuchung von Sabine Reh werden andere Analyseperspektiven in den Blick genommen. In ihrer Studie mit dem Titel „Berufsbiographische Texte ostdeutscher Lehrer und Lehrerinnen als ‚Bekenntnisse'. Interpretationen und methodische Überlegungen zur erziehungswissenschaftlichen Biographieforschung" (2003) verknüpft sie die interpretative Analyse verschiedener öffentlicher bzw. fachspezifischer Diskurse mit der biographischer Erzählungen.

Fragestellung: Die Autorin geht folgenden, aufeinander bezogenen Fragen nach: Welche Diskurse gibt es über ostdeutsche Lehrer/-innen seit Beginn der so genannten Wende? Wie verorten sich die interviewten Lehrer/-innen aus der ehemaligen DDR mit ihrer Textpraxis in den analysierten Diskursen – beteiligen sich an ihnen, reproduzieren sie oder sind darin widerständig, produzieren Neues?

Gegenstand: Reh vertritt den Ansatz der reflexiven Biographieforschung, die die diskursive Erzeugung von Wissen und den performativen Charakter biographischer Interviews betont, und in das methodische Vorgehen einbezieht. Dabei beobachtet sie, wie die Lebens- bzw. Berufsgeschichte innerhalb einer diskursiven Wirklichkeit als Verweisungszusammenhang konstruiert wird. Sie unterscheidet drei Ebenen diskursiver Praktiken: (1) öffentliche Diskurse, die den Gegenstand ‚ostdeutsche Lehrer/-innen' formieren, (2) die Interaktionen in den von ihr geführten 20 narrativen autobiographischen Interviews in ihrer jeweils spezifischen Kommunikationssituation zwischen einer westdeutschen Erziehungswissenschaftlerin und ostdeutschen Lehrer/-innen als „Verhandlungspraktiken" und (3) die biographischen Interviews als „figurale Konstruktionen" – erzählerische Muster und Wertsetzungen, über die die interviewte Person als Erzählerin sich selbst sowie die verschiedenen von ihr konstruierten Figuren in Beziehungen setzt und als Subjekte positioniert.

Diskursverständnis: In ihrer Konzeption bezieht sie sich auf die Theorie der Iterabilität (vgl. Butler 1998, S. 209; Derrida 2001, S. 24), nach der Diskursivität durch die Wiederholbarkeit von Akten des Sprechens entsteht, die in ihrer Wiederholung zitierend aneinander anknüpfen, ohne identisch zu bleiben. Darüber transformiert sie den Begriff des Kontextes von Oevermann und schließt ihn an das Konzept der Diskursformationen in Foucaults „Archäologie des Wissens" (1981) an (Reh 2003, S. 61). Diskurse als Kontexte zu denken heißt dann, die (auto-)biographischen Texte der Lehrer/-innen als Bestandteil einer machtvollen, regulierten sozialen Praxis des Redens über ostdeutsche Lehrer/-innen zu betrachten. Es heißt auch, dass die Sprechakte im Interview nicht vollständig intentional in ihren Sinneffekten zu beherrschen sind, ebenso wie aufgrund der Iterabilität die Befragten innerhalb von Spielräumen zugleich mit dem Kontext brechen und Verschiebungen vornehmen können. Judith Butler (1998) spricht diesbezüglich von „Erbschaften des Gebrauchs", die zu Sedimenten von Bedeutungen werden (Reh 2003, S. 45).

Korpusbildung: Reh identifiziert anhand unterschiedlicher Materialien und Textsorten drei prägnante Diskurse: (A) in Leserzuschriften ost- und westdeutscher Zeitschriften einen Diskurs, in dem sich die Schreibenden als „Betroffene" darstellen bzw. als solche dargestellt werden, (B) einen politisch-verwalterischen bzw. juristischen Diskurs anhand von Gesetzen, Verwaltungsvorschriften, Gerichtsurteilen und kommentierenden Diskussionen zu diesen Texten, in denen legitimierte ‚Repräsentanten', z. B. aus Lehrerverbänden oder des Staates, zu Wort kommen, (C) einen erziehungswissenschaftlichen Diskurs anhand berufsbiographischer Studien, wobei die wissenschaftliche Thematisierung von Umgangsweisen mit beruflichen und gesellschaftlichen Anforderungen sowie die Identitäts(-krisen) ostdeutscher Lehrer/-innen sowie deren Professionalisierung zum Gegenstand werden.

Analytische Verfahren: Die drei Analyseebenen „bearbeitet" Reh mit unterschiedlichen methodischen Verfahren, welche sie in ihrer gegenseitigen Bezugnahme und in ihren grundlagentheoretischen Annahmen abgleicht. Auf der Ebene der öffentlichen Diskurse orientiert sie sich an der Analyse diskursiver Formationen und arbeitet die textuellen Verweisungsstrukturen anhand von Regelmäßigkeiten innerhalb einer begrenzten Menge von Texten exemplarisch heraus (vgl. ebd., S. 82). Die Interviewtranskripte untersucht sie als Kommunikation mit einem modifizierten Ansatz der Objektiven Hermeneutik, in dem allerdings ein „eindeutig bestimmbarer ‚kommunikativer Handlungssinn' keineswegs als Transposition psychisch intendierten Sinns zu verstehen" (ebd., S. 350) sei. Für die Analyse figuraler Konstruktionen ergänzt sie die Ansätze einer rhetorischen Lektüre biographischer Interviews von Koller und Kokemohr mit Konzepten narrativer Konfigurationen, die aus der zeitlichen Aufspaltung von Erzählzeit, erzählter Zeit und fiktiver Zeiterfahrung resultieren. Um die Textmaterialien in geeigneter Weise zu reduzieren, kommt sie auf die in der rekonstruktiven Sozialforschung häufig gebrauchte Fallkontrastierung, allerdings nicht als Idealtypen, sondern im Sinne von „Konstruktionsformen" beruflicher Geschichte zurück (ebd., S. 89).

Ergebnisse: Reh arbeitet die Beziehung zwischen öffentlichen Diskursen über Schule und Lehrer/-innen in der DDR und erzählten Berufsbiographien ostdeutscher Lehrer/-innen heraus. Es gibt bestimmte Subjektpositionen, von denen aus in den Interviews gesprochen werden kann bzw. innerhalb derer Re- und Dekontextualisierungen vorgenommen werden können (Reh 2003, S. 84). Mit dem Systemwechsel werden andere Lesarten von „mir als Lehrer/-in" produziert, aus der DDR-Lehrerin wird die ostdeutsche Lehrerin innerhalb der BRD. In den vier ausgewählten Fällen zeigt sich, inwiefern diese möglichen Subjektpositionen in die erzählte Berufsbiographie ihrer Interviewpartner/-innen „eingehen" bzw. inwiefern sich die Lehrer/-innen im Sinne eines durch das narrative Interview prozessierten Bekenntnisses dazu positionieren bzw. mit der Forderung zum Bekenntnis auseinandersetzen (müssen).

Diskursverstrickung:
Nationalsozialismus – Erwachsenenbildung

Die dritte Untersuchung lenkt den Fokus auf die analytische Perspektive der diskursiven Arena (s. o.). Das Projekt „DIVERS – Analyse der diskursiven Verstrickung von Erwachsenenbildung und Nationalsozialismus" haben wir gemeinsam mit Bruno Schreck, Julia Franz und Charlotte Köller durchgeführt (vgl. Langer/Wrana 2005; Wrana/Langer 2007).

Fragestellung. Die Untersuchung geht von der Beobachtung aus, dass im Frühjahr 1933 in den Fachzeitschriften der Weimarer Volksbildung viele Akteure die nationalsozialistische Machtergreifung begrüßten und einige den Faschismus als adäquaten Rahmen für ihre pädagogische Arbeit betrachteten. Ist diese Zustimmung als singuläres Ereignis der „Beugung unter die Notwendigkeit" zu deuten oder lässt sich eine diskursive Kontinuität aus den Weimarer Debatten zeigen?

Korpus. Die Zeitschriften zur Weimarer Volksbildung lassen sich bestimmten Feldfraktionen zuordnen. Sie wurden daher so ausgewählt, dass die wesentlichen Fraktionen vertreten sind. Aufgrund der Beobachtung, dass die Beziehung von Volksbildung und Nationalsozialismus 1933 im Kontext der grundsätzlichen Frage diskutiert wurde, was Volksbildung ist, will oder soll, wurden alle Artikel in den vorangehenden Jahren ausgewählt, die diese Frage thematisieren. Das Korpus umfasste damit 35 Artikel aus sechs Zeitschriften von 1929-1933.

Gegenstand. Der Gegenstand der Analyse sind die diskursiven Praktiken, die von den Akteuren der Weimarer Volksbildung in und mit den Texten vollzogen werden. Diese Praktiken bilden einen heterogenen Raum und ein differentielles Verweisungsnetz, in dem die Zeitschriften als Orte begreifbar werden, von denen aus qua diskursiver Praxis Positionierungen vollzogen werden. Der Verweisungszusammenhang dieser Positionierungen bildet eine diskursive Arena, in der um Hegemonie einer Position innerhalb der Volksbildung ebenso wie um Autonomie des Feldes der Volksbildung von externen Einflüssen gekämpft wird.

Diskursverständnis. Diskursive Praktiken werden als Ensembles von Äußerungsakten verstanden, die gemäß dem Theorem der Iterabilität (Reh, s. o.) wiederholend aktualisiert und zugleich variiert werden. Jeder Äußerungsakt lässt sich mit Foucault als Funktion verstehen, die vier Dimensionen – ein Feld von Gegenständen, einen semantischen Horizont, eine Positionierung von Subjektivitäten und eine sprachliche Materialität – relationiert und die Dimensionen damit zugleich hervorbringt (Foucault 1981, S. 128 ff.; Wrana 2006, S. 122 ff.). Ziel der Textanalyse ist es daher, ein Modell dieser Hervorbringung von Gegenständen, Bedeutungen, Subjekten und Materialitäten anzufertigen.

Analytische Verfahren. Die Operationalisierung erfolgt über diskursive Figuren, die als Differenz- und Konnotationsketten, als Narrations- und Argumentationsmuster die diskursive Wirklichkeit strukturieren und damit konstruieren und im wiederholten Relationieren bestimmte Verknüpfungen etablieren und stabilisieren. In einem ersten Schritt werden die Ketten von Äußerungsakten in den einzelnen Texten sequenzanalytisch untersucht und die Figuren isoliert. Methodische Werkzeuge sind dabei Schemata wie die Aktanten einer Narration, die Verkettung semiotischer Differenzen oder die Übertragungsmodelle von Metaphern (Greimas 1971; vgl. Höhne 2003, S. 408). Sie gelten als Momente diskursiver Handlungen, als kulturell etablierte und damit tendenziell kontingente Raster diskursiver Produktion (Foucault 1981, S. 63 ff.). Bei den Differenzen und Konnotationen handelt es sich um Praktiken des Unterscheidens und Verknüpfens; die Narrationen werden als Diskursart (Lyotard 1989) begriffen, d.h. als spezifische Verknüpfungsweise von Sätzen, die legitimiert, indem sie Autor und Leser auf eine gemeinsame Geschichte hin verpflichtet. Im zweiten Schritt wurden die Figuren jedes Textes in ein Strukturbild gefasst, das dann in eine komparative Analyse eingegangen ist. Zudem wurden die Differenzketten der einzelnen Texte zu Differenzkomplexen auf Korpusebene gebündelt. Bisweilen sind die Figuren relativ stabil und gleichmäßig verteilt, während andere nur bei bestimmten Feldfraktionen oder gar Autoren zu finden sind. Das Strukturbild stellt die diskursive Positionierung des Gesamttextes in einem semantischen Horizont einerseits und einer Arena von Äußerungspositionen andererseits dar. Damit die Ergebnisse sinnvoll werden und das bereits erreichte Reflexionsniveau historischer Forschung nicht unterschreiten, müssen sie allerdings nicht nur korpusimmanent, sondern vor dem Hintergrund von Kontextwissen interpretiert werden.

Beispielanalyse. Anhand der Analyse der Eingangspassage eines Textes der katholischen Zeitschrift „Volkstum und Volksbildung" (Reisch 1933) soll das Verfahren demonstriert werden. Dabei zeigt sich, wie die narrativen und die differentiellen Figuren miteinander verknüpft sind und wie der Text zugleich auf eine Performanz in den Lesenden zielt. Der Text verfügt über eine ausgeprägte narrative Struktur. Das *narrativen Subjekt*[4] wird in den ersten Abschnitten des Textes als „die Einen" von „den Anderen" abgegrenzt. Über „die Einen" erfährt man: „nur jene Deutschen, die tiefe Unruhe nach dem Kommenden in sich gespürt haben?" (ebd., S. 114) sowie „nur jene Katholiken, die dieses gewaltige Hervordrängen neuer Gestaltung fühl-

---

4 Eine Erzählung, so die zentrale These der Theorie der Aktanten, zeichnet sich durch eine spezifische Konstellation von Akteuren aus, die einer Rollenstruktur entsprechen. Dazu gehört, dass die Geschichte einen Helden hat, der auch eine Gruppe oder eine Idee sein kann, das narrative Subjekt, dann dass die Geschichte auf etwas hin gerichtet ist, meist ein Wunsch oder Begehren, das narrative Objekt, quer dazu liegt eine Achse, die die Adjuvanten, solche die das narrative Subjekt dem Objekt näher bringen mit den Opponenten, solchen, die das Subjekt am Erreichen des Objekts hindern, verbindet (vgl. Greimas 1971, S. 157 ff.).

ten" (ebd.). Deutschtum und Katholizismus werden damit konnotiert und mit einer positive Zuschreibung versehen. Zugleich wird das *Subjekt* aber durch die Abgrenzung von „den Anderen" als *Opponenten* bestimmt. In dieser differenziellen Figur zeichnen „die Einen" sich durch eine emotionale Haltung aus, da sie eine „tiefe Unruhe spüren" und ein „gewaltiges Hervordrängen fühlen". Impliziert werden damit die stumpfen oder gefühllosen „Anderen". Explizit wird über jene gesagt: „Alle anderen werden meinen, sich angleichen zu können", aber am Ende wird „ihre Rechnung nicht aufgehen" (ebd.). Während „die Einen" also „das Neue" erwarten und empfangen, versuchen die Anderen „das Neue" rational zu berechnen. Diese Unterscheidung von Hingabe und materieller Gewinnsucht schließt zunächst an den religiösen Diskurs an und zitiert damit den vermeintlichen Lesern bekannte Figuren, wird nun aber anders gebraucht. Während das *narrative Objekt*, die „neue Zeit" nämlich, zunächst unbenannt im Dunkeln bleibt, wird später im Text deutlich, dass es sich um das nationalsozialistische Deutschland handelt.

Nun wird argumentiert: „Wir brauchen nicht zu fürchten, daß es nur wenige sind, die für neue Aufgaben taugen. Ihre Zahl ist groß im deutschen Katholizismus" (ebd.). Da die „deutschen Katholiken" an „Zahl groß" sind, wird der Katholizismus als Ganzer mit dem Prädikat „tauglich für die neuen Aufgaben" konnotiert. Das narrative „Wir" ist hier bedeutsam. Es ist einerseits der Punkt, von dem aus diese Tatsache beobachtet und festgestellt wird, zugleich ist der Ort des WIR „mitten drin". Der Autor teilt die Haltung der „Einen", er gehört zu ihnen. Durch das Medium der Zeitschrift, die von offiziellen kirchlichen Stellen herausgegeben wird, und die Subjektposition des Autors als Redakteur wird das „Wir" zugleich zu einem institutionellen „Wir". Die Aussagen, die von der Position des „Wir" getroffen werden, geraten zu einer Anrufung: Die kirchliche Institution wünscht, dass Katholiken zu „den Einen" gehören und nicht zu „den Anderen". Das narrative „Wir" bzw. „die Einen" verweist damit auf ein Akteursbündelung, die zugleich die Aktantenpositionen des *Subjekts*, des *Adressanten* und des *Adressaten* einnimmt.

Die komparative Analyse der Figuren in Reischs Text in Bezug auf die Figuren anderer Texte zeigt, inwiefern diese nicht typisch für „den Diskurs" im Korpus als Ganzen ist, sondern eine spezifische Positionierung in der Arena als Schachzug in einem diskursiven Kampf bildet.

Ergebnisse. Es ließ sich zeigen, dass die Debatten von 1929-1933 durchweg in einer narrativen Diskursart geführt wurden und nicht in einer theoretisch-argumentativen (→ Wigger) oder empirisch-belegenden. Es gibt demnach „Erzählungen", mit denen sich die Akteure innerhalb der Fraktionen der Volks- und Erwachsenenbildung einerseits sowie gegenüber externen Akteuren andererseits positionieren. Auf diese Weise wird z. B. das ursprünglich bürgerliche Projekt „Volkbildung durch Volksbildung" in einen von 1929 bis 1933 zunehmend diametralen Gegensatz zur Demokratie der Weimarer Republik gestellt. Der Volkskörper wird als durch den Individualismus „gespalten" konstruiert und einem „einheitlichen", ständisch gegliederten Volkskörper entgegen gesetzt. So entsteht zunehmend die Artikulation eines narrativen Mangels an der Position des „Adjuvanten", des unterstützenden Helfers im narrativen Schema. Es lässt sich diskursanalytisch zeigen, wie diese Lücke 1933 vom Nationalsozialismus gefüllt wird, d. h. wie dieser im Spiel der Positionierungen und im Netz der Konnotationen und Differenzen eingeordnet und aufgrund einer Reihe von parallelen semantischen Differenzsetzungen als „Partner" konstruiert werden konnte, der die verhasste Weimarer Republik ablöst.

Systematisierung methodologischer Aspekte

Abschließend möchten wir noch einige wichtige Aspekte für diskursanalytische Arbeiten bündeln.

Korpus: Der Zusammenstellung des Korpus von Materialien kommt in den Untersuchungen eine hohe Aufmerksamkeit zu, da sie wesentlich bestimmt, welche diskursiven Praktiken überhaupt analysiert werden können. In jede Auswahl des Materials gehen Unterstellungen über das Feld ein. Zugleich sondiert sie das Feld und strukturiert die Erkenntnismöglichkeiten vor. Daher ist es wichtig, den Auswahlprozess gut zu dokumentieren und zu reflektieren. Im Laufe der Untersuchung müssen Kriterien der Korpusauswahl bisweilen revidiert werden. Unter Umständen zeigt sich, dass weiteres Material für eine angemessene Interpretation hinzu gezogen werden muss.

Genres: Häufig werden im Korpus sehr unterschiedliche Materialsorten verwendet (z. B. programmatische Texte, Erfahrungsberichte, Bilder, Interviewtranskripte, Schulbuchtexte, Akten etc.). Sie entsprechen zumeist spezifischen Textgenres. Diese gilt es samt ihrer *Produktionsbedingungen* in der Analyse zu berücksichtigen. Es muss geklärt werden, auf welchen methodologischen und analytischen Ebenen sich die Materialien in Beziehung setzen lassen, ohne dass ihre jeweilige Spezifik übergangen wird. Wie sich in den vorgestellten Untersuchungen zeigt, können auf diese Weise sowohl Schnittpunkte, Ergänzungen als auch Brüche in den diskursiven Praktiken ausgemacht und *Machtpraktiken und -verhältnisse* in den Blick genommen werden.

Subjektivitäten: Machtpraktiken sind mit Akteurspositionen verknüpft. Die diskursiven Akteure sind diejenigen sozialen Akteure, die als Adressa*nt*/-innen bzw. Adressat/-innen im Diskurs positioniert sind und ihn zugleich aufgreifen, stabilisieren und umarbeiten. So wird in den meisten diskursanalytischen Arbeiten nach Subjektivierungsprozessen gefragt: also wie empirische Subjekte dazu kommen, auf bestimmte Weise zu sprechen oder von wo aus sie mit welchen Interessen sprechen. Über die Analyse dieser Positionierungen lassen sich Aussagen über spezifische (pädagogische) Felder treffen.

Analytisches Vorgehen: Unabhängig davon, ob auf etablierte Forschungspraxen der qualitativen Sozialforschung oder auf Verfahren der Textsemiotik und des Strukturalismus zurückgegriffen wird, müssen die diesen Methoden zugrunde liegenden methodologischen Grundannahmen diskurstheoretisch rekonstelliert werden, um die Anschlussfähigkeiten auszuloten. Diese Notwendigkeit erzeugt ein hohes Reflexionsniveau in diskursanalytischen Arbeiten. Während ein Teil qualitativer Auswertungsmethoden insbesondere Textinhalte fokussiert, nehmen Methoden der Textanalyse oft eine Engfassung auf formale Elemente von Texten vor. Das diskursanalytische Vorgehen verknüpft beide Dimensionen, indem es danach fragt, *was wie wo* und *wozu* in der diskursiven Praxis erzeugt wird.

Literatur

Amos, Karin 2004: Diskurstheoretische Zugänge in der erziehungswissenschaftlichen Geschlechterforschung. In: Glaser, Edith/Dorle Klika/Annedore Prengel (Hg.) 2004: Handbuch Gender und Erziehungswissenschaft. Bad Heilbrunn. S. 76-90.

Angermüller, Johannes 2005: Sozialwissenschaftliche Diskursanalyse in Deutschland: zwischen Rekonstruktion und Dekonstruktion. In: Keller, Reiner u. a. (Hg.): Die diskursive Konstruktion von Wirklichkeit. Konstanz. S. 23-48.

Angermüller, Johannes 2007: Nach dem Strukturalismus. Theoriediskurs und intellektuelles Feld in Frankreich. Bielefeld.

Angermüller, Johannes/Katharina Bunzmann/Martin Nonhoff (Hg.) 2001: Diskursanalyse. Theorien, Methoden, Anwendungen. Hamburg.

Bluhm, Claudia/Dirk Deissler/Joachim Scharloth/Anja Stukenbrock 2000: Linguistische Diskursanalyse: Überblick, Probleme, Perspektiven. In: Sprache und Literatur. 31. Jg. H. 2. S. 3-19.

Bublitz, Hannelore 2003: Diskurs. Bielefeld.

Bublitz, Hannelore/Andrea D. Bührmann/Christine Hanke/Andrea Seier (Hg.) 1999: Das Wuchern der Diskurse. Frankfurt/M.

Bührmann, Andrea D. u. a. (Hg.) 2007: Von Michel Foucaults Diskurstheorie zur empirischen Diskursforschung. FQS-Schwerpunktausgabe 8(2). Unter: http://www.qualitative-research.net/index.php/fqs/issue/view/7 [03.06.2008]

Busse, Dietrich 1994: Begriffsgeschichte und Diskursgeschichte. Opladen.

Butler, Judith 1998: Hass spricht. Zur Politik des Performativen. Berlin.

Diaz-Bone, Rainer 2003: Entwicklungen im Feld der foucaultschen Diskursanalyse. Sammelbesprechung. In: Forum Qualitative Sozialforschung. 4(3). Art. 1. http://nbn-resolving.de/urn:nbn:de:0114-fqs030315 [19.08.2008].

Derrida, Jacques 2001: Limited Inc. Wien.

Ehlich, Konrad (Hg.) 1994: Diskursanalyse in Europa. Frankfurt/M.

Fegter, Susann/Antje Langer 2008: Diskursforschung im Prozess ihrer Etablierung. In: Forum Qualitative Sozialforschung, 9(2), Art. 18. http://nbn-resolving.de/urn:nbn:de:0114-fqs0802181 [19.08.2008].

Fein, Elke/Marie-Laure Flora 2006: Innen und Außen in Wissenssoziologie und Diskursanalyse. Tagungsbericht: Diskursanalyse in Deutschland und Frankreich. In: Forum Qualitative Sozialforschung, 8(1), Art. 22. http://nbn-resolving.de/urn:nbn:de:0114-fqs0701222 [19.08.2008].

Forneck, Hermann 2004: Diskurse der Transformation. Eine diskursanalytische Untersuchung der Entstehung sich verändernder Professionalität. In: Report. 1. S. 256-264.
Freitag, Walburga 2005: Contergan. Eine genealogische Studie des Zusammenhangs wissenschaftlicher Diskurse und biografischer Erfahrungen. Münster.
Foucault, Michel 1981: Archäologie des Wissens. Frankfurt/M.
Foucault, Michel 1987: Warum ich Macht untersuche: Die Frage des Subjekts. In: Dreyfus, Hubert L./Paul Rabinow (Hg.): Michel Foucault. Weinheim. S. 243-264.
Gee, James P. 2005: Introduction to discourse analysis: theory and method. New York.
Gee, James P./Sarah Michaels/Mary C. O'Connor 1992: Discourse Analysis. In: Le Compte, Mary u.a.: The Handbook of Qualitative Research in Education. San Diego. S. 272-292.
Greimas, Algirdas J. 1971: Strukturale Semantik. Braunschweig.
Höhne, Thomas 2003: Thematische Diskursanalyse. In: Keller, Reiner u.a. (Hg.): Handbuch sozialwissenschaftliche Diskursanalyse (Bd. 2). Opladen. S. 389-420.
Höhne, Thomas/Thomas Kunz/Frank-Olaf Radtke 2005: Bilder von Fremden. Was unsere Kinder aus Schulbüchern über Migranten lernen sollen. Frankfurt/M.
Jäger, Siegfried 1993: Kritische Diskursanalyse. Duisburg.
Keller, Reiner 2005: Wissenssoziologische Diskursanalyse. Grundlegung eines Forschungsprogramms. Wiesbaden.
Keller, Reiner/Andreas Hirseland/Werner Schneider/Willy Viehöver (Hg.) 2001/ 2003: Handbuch sozialwissenschaftliche Diskursanalyse. 2 Bde. Opladen.
Keller, Reiner/Andreas Hirseland/Werner Hirseland/Willy Viehöver (Hg.) 2005: Die diskursive Konstruktion von Wirklichkeit. Konstanz.
Kessl, Fabian 2005: Der Gebrauch der eigenen Kräfte. Eine Gouvernementalität Sozialer Arbeit. Weinheim/München.
Klemm, Jana/Georg Glasze 2004: Methodische Probleme Foucault-inspirierter Diskursanalysen in den Sozialwissenschaften. Tagungsbericht: ‚Praxisworkshop Diskursanalyse'. In: Forum Qualitative Sozialforschung, 6(2), Art. 24. http://nbn-resolving.de/urn:nbn:de:0114-fqs0502246 [19.09.2008].
Koller, Hans-Christoph 1999: Bildung und Widerstreit. München.
Koller, Hans-Christoph/Rainer Kokemohr/Rainer Richter 2004: Narrative Konstruktionen des sozialen Raumes. Diskurstheoretische Rekonstruktionen biographischer Interviews mit Migranten. In: Ossenbrügge, Jürgen u.a. (Hg): Social Spaces of African Societies. Münster. S. 111-146.
Koller, Hans-Christoph/Jenny Lüders 2004: Möglichkeiten und Grenzen der foucaultschen Diskursanalyse. In: Ricken, Norbert u.a. (Hg.): Michel Foucault: Pädagogische Lektüren. Wiesbaden. S. 57-76.
Kossack, Peter 2006: Lernen beraten. Eine dekonstruktive Analyse des Diskurses zur Weiterbildung. Bielefeld.
Kossack, Peter/Marion Ott 2006: Diskursive Diskontinuitäten – Eine Analyse zum Gebrauch des Lernbegriffs in Fachzeitschriften der Weiterbildung. In: Wiesner, Gisela/Christine Zeuner/Hermann Forneck (Hg): Empirische Forschung und Theoriebildung in der Erwachsenenbildung. Baltmannsweiler. S. 248-260.
Langer, Antje 2008: Disziplinieren und entspannen. Körper in der Schule – eine diskursanalytische Ethnographie. Bielefeld.

Langer, Antje/Marion Ott/Daniel Wrana 2006: Die Verknappung des Selbst. In: Maurer, Susanne/Susanne Weber (Hg.): Gouvernementalität und Erziehungswissenschaft. Wiesbaden. S. 281-301.

Langer, Antje/Daniel Wrana 2005: Diskursverstrickung: Nationalsozialismus und Erwachsenenbildung. Gießen: wb.giessen. http://www.texte.blauhaus.org/langerwrana_verstrickungenkaempfe.pdf [19.08.2008]

Link, Jürgen 1996: Versuch über den Normalismus: wie Normalität produziert wird. Opladen.

Lüders, Jenny 2007: Ambivalente Selbstpraktiken. Eine Foucaultsche Perspektive auf Bildungsprozesse in Weblogs. Bielefeld.

Lyotard, Jean-François 1989: Der Widerstreit. München.

Maier Reinhard, Christiane 2008: Widerton zu einem professionellen ästhetischen Lehr-Lernbegriff. Eine Rekonstruktion thematisch-semantischer Strukturen in Lernberatungsgesprächen der Primarlehrerausbildung. In: Maier Reinhard, Christiane/Daniel Wrana (Hg.): Autonomie und Struktur in Selbstlernarchitekturen. Opladen. S. 249-310.

Rabenstein, Kerstin 2007: Das Leitbild des selbstständigen Schülers. Machtpraktiken und Subjektivierungsweisen in der pädagogischen Reformsemantik. In: Rabenstein, Kerstin/Sabine Reh (Hg.): Kooperatives und selbstständiges Arbeiten von Schülern. Wiesbaden. S. 39-60.

Reh, Sabine 2003: Berufsbiographische Texte ostdeutscher Lehrer und Lehrerinnen als „Bekenntnisse". Interpretation und methodische Überlegungen zur erziehungswissenschaftlichen Biographieforschung. Bad Heilbrunn.

Reisch, Erich 1933: Katholische Volksbildungsarbeit im neuen Deutschland. In: Volkstum und Volksbildung 5. S. 114-117

Ryter Krebs, Barbara 2008: „Rosinen picken" oder „in einer Mine schürfen"? Metaphern des Lernens in Lernberatungsgesprächen. In: Maier Reinhard, Christiane/Daniel Wrana (Hg.): Autonomie und Struktur in Selbstlernarchitekturen. Opladen. S. 203-248.

Truschkat, Inga 2008: Kompetenzdiskurs und Bewerbungsgespräche. Eine Dispositivanalyse (neuer) Rationalitäten sozialer Differenzierung. Wiesbaden.

Wedl, Juliette 2007: L'analyse de discours „à la Foucault" en Allemagne: trois approches et leurs apports pour la sociologie. In: Langage et Société n° 120. Juin 2007. S. 35-53.

Wrana, Daniel 2002: Formen der Individualität. Eine Analyse der diskursiven Formation von Gesellschaftsbeschreibungen bei Kursleiter/-innen der Erwachsenenbildung. In: Forneck, Hermann/Wilfried Lippitz (Hg.): Literalität und Bildung. Marburg. S. 115-176.

Wrana, Daniel 2006: Das Subjekt schreiben. Subjektkonstitution und reflexive Praktiken in der Weiterbildung – eine Diskursanalyse. Baltmannsweiler.

Wrana, Daniel/Antje Langer 2007: An den Rändern der Diskurse. Jenseits der Unterscheidung diskursiver und nicht-diskursiver Praktiken. In: Forum Qualitative Sozialforschung, 8(2), Art. 20. http://nbn-resolving.de/urn:nbn:de:0114-fqs0702206 [03.06.2008].

Lothar Wigger

Argumentationsanalyse als erziehungswissenschaftliche Forschungsmethode

Die Argumentationsanalyse als empirische Forschungsmethode ist ein Arbeitsbereich im disziplinären Zusammenhang der Argumentationstheorie. Die Argumentationstheorie geht auf die Rhetorik zurück, die sich bereits im 5. Jahrhundert v. Chr. in Griechenland entwickelte (vgl. Ueding 1995, 2000). Die Entwicklung der Argumentationstheorie als eigene wissenschaftliche Disziplin ist Toulmin (1958) und Perelman/Olbrechts-Tyteca (1958/1980) zu verdanken. Die beiden „Inspiratoren" (Kopperschmidt 2000, S. 29) einer modernen Argumentationstheorie haben aus ihrem Unbehagen an der formalen Logik die antike Rhetorik wieder für eine theoretische Analyse des Argumentierens aktualisiert.

Innerhalb der „allgemeinen Argumentationstheorie" kann man die empirische Forschung, die auf die Beschreibung und Erklärung der Praxis des Argumentierens abzielt, von philosophischen, normativen, analytischen und praktischen Forschungsaspekten unterscheiden, die Vernünftigkeit als Beurteilungsgrundlage des Argumentierens reflektieren, Argumentationsmodelle als Ideal des Argumentierens begründen, die durch Verknüpfung von normativen und empirischen Forschungsergebnissen das Argumentationen rekonstruieren bzw. die Verbesserung des Argumentierens anstreben. Daneben haben sich „sektorale Argumentationstheorien" herausgebildet: in Philosophie und Rechtswissenschaften (vgl. z. B. Alexy 1996; Haft 1999), in Politik (vgl. z. B. Busshoff 1997) und Psychologie (vgl. z. B. Groeben/ Schreier 1997) und neuerdings auch in der Pädagogik.

Die Ausdrücke „Argumentation", „Argument" und „Diskussion" oder „Diskurs" werden mit verschiedenen Bedeutungen und teils auch synonym gebraucht. Mit Argumentation kann die konkrete Tätigkeit einer Begründung oder Beweisführung wie das Ergebnis dieser Tätigkeit gemeint sein. Sinnvoll ist die Unterscheidung zwischen Argumentation als Handlung, nämlich als Äußerung einer Argumentation im ersten Sinn („Argumentationshandlung"), und Argumentation als einer geordneten Abfolge von Urteilen. In der Regel haben es wissenschaftliche Argumentationsanalysen mit Texten, d. h. mit Argumentationen in der zweiten Bedeutung zu tun. In der argumentationstheoretischen Literatur gibt es neben diesen beiden Bedeutungen und abweichend vom alltagssprachlichen Gebrauch noch die Verwendung von „Argumentation" als „Diskussion" oder „Diskurs". Auch wenn Argumentationshandlungen mehr oder weniger unmittelbar in Diskussionen oder Diskursen eingebettet sind, als Redebeiträge einerseits, als wissenschaftliche Publikationen andererseits, so erscheint es doch sinnvoll zu sein, die (alltags-)sprachliche Differenzierung beizubehalten. Deshalb ist mit Argumentation im Folgenden immer der einzelne (Redebeitrag oder) Text gemeint, mit Diskussion oder Diskurs der thematisch definierte Zusammenhang mehrerer Argumentationen. Die Argumentationsanalyse ist entsprechend ihrer theoretischen Referenzen wie ihres Gegenstandes von der Diskursanalyse (→ Langer/Wrana) zu unterscheiden.

1. Argumentationstheorie in Pädagogik und Erziehungswissenschaft

Es lässt sich zunächst die Beschäftigung mit „Argumentation" und „Rhetorik" in der Deutschunterrichtsdidaktik von einer mittlerweile kontinuierlichen und facettenreichen Auseinandersetzung mit Rhetorik, Argumentationstheorie und -analyse in der Erziehungswissenschaft unterscheiden.

Die jahrhundertealte Tradition der rhetorischen Bildung hat in kümmerlichen Resten im Deutschunterricht und insbesondere in der Aufsatzdidaktik überlebt. Im Rahmen des Deutschunterrichts und seiner Didaktik werden Regeln und Anleitungen zum freien Sprechen und zur Texterörterung, Analysen von politischen Reden und die Rolle der Sprache in der Öffentlichkeit thematisiert (vgl. Der Deutschunterricht 1999). Vorrangiges Ziel ist es hier, die Rede- und Argumentierfähigkeit der Schüler/-innen zu fördern, allerdings wird in der fachdidaktischen Diskussion bemängelt, dass die Sprache als Instrument politischer und gesellschaftlicher Interessen im Mittelpunkt der rhetorischen Analyse steht und weniger die Analyse argumentativer Muster und Topoi (vgl. aber Spiegel 1999; Wengeler 1999).

In der Erziehungswissenschaft sind vier Hauptströmungen der Beschäftigung mit Argumentationen zu erkennen. Wegbereiter einer eigenen Forschungsrichtung sind Helmer (1992, 1996), Apel/Koch (1997) und Dörpinghaus (2002), die in der Tradition der klassischen Rhetorik arbeiten. Hier werden wesentliche Teilaspekte der Rhetorik in pädagogischer Hinsicht verhandelt, „so die Frage der Bildung des Redners, die Rolle der Topik für die Ordnung des Wissens und die Formierung von Argumenten, die enthymematischen Schlussformen, die Bedeutung der Affekte für die Argumentation und auch Aspekte einer rhetorisch orientierten Didaktik" (Helmer 1999, S. 10), aber auch vor dem Hintergrund postmoderner Philosophie die rhetorische Neubegründung der Pädagogik als Wissenschaft.

Im Anschluss an die moderne Argumentationstheorie, aber auch mit Bezug auf rhetorische Fragestellungen zeigen die empirischen Untersuchungen von Paschen (1986, 1988) und Wigger (1988, 1991) zum Thema Bildungsreform bzw. Einheitlichkeit und Differenzierung im Schulsystem, welche Argumente in pädagogischen Kontexten benutzt werden. Die Schwerpunkte liegen hier auf methodisch kontrollierten Analysen von Begründungen bildungspolitischer Entscheidungen in Expertisen, wissenschaftlichen Fachzeitschriften, Parlamentsdebatten und Politikerreden und auf der Klassifikation pädagogischer Argumente. In engem Zusammenhang mit diesen Bielefelder Forschungsprojekten stehen Versuche der Formulierung einer „Theorie des pädagogischen Argumentierens" und der Entwicklung eines umfangreichen Arsenals von Instrumenten erziehungswissenschaftlicher Analyse und von Modellen gelungener Argumentation (vgl. Paschen 1991; Paschen/Wigger 1992a, 1992b, 1996; Wigger 1994, 1995).

Zusätzlich gibt es in der Erziehungswissenschaft eine Vielzahl von Argumentationsanalysen auch ohne expliziten Rekurs auf die Rhetoriktradition oder eine ausgefeilte Methodologie. Hierzu zählen z. B. die Analyse des Topos „Kopf-Herz-Hand" (Osterwalder 1992), die Untersuchung „,Erfahrung' als Argument" (Prange 1992), das Projekt „Klassikerzitate als Argumente" (Menck 1992) oder die bildungsgeschichtliche Analyse des „antifaschistischen Arguments" in der SBZ (Wiegmann 1995). Auch öffentliche Diskurse wurden bereits Gegenstand erziehungswissenschaftlicher Argumentationsanalysen. Krüger analysierte pädagogische Argumentationsfiguren in der Jugendzeitschrift „Bravo" (1989), Oelkers untersuchte Argumente zu den „Topoi der Sorge" (1991) in öffentlichen Diskursen über Jugend und Erziehung, und Uhl forschte zu „Sprache und Argument in der Pädagogik der Grünen" (1991). Die Exempel belegen, dass die Analyse pädagogischer Argumente kontinuierlicher Bestandteil erziehungswissenschaftlicher Forschung ist.

Und selbst wenn nicht explizit von „Argumenten" gesprochen wird – wie in vielen Abhandlungen, die als „historisch-systematisch" bezeichnet werden können –, so wird in jedem konzeptionellen Entwurf – wie z. B. zur integrierten Gesamtschule (vgl. Klafki 1968) – oder jedem Streit um die richtige Pädagogik (vgl. Wigger 2001) argumentiert, werden Argumente vorgebracht und erwidert, analysiert, kritisiert und neu konstruiert. „Argumentationsanalyse" ist von daher ein kontinuierlich betriebenes Geschäft und Aufgabe der Erziehungswissenschaft, worauf Paschen immer wieder hingewiesen hat. Die Themen der Argumentationsanalyse sind insofern nicht auf die genannten Exempel beschränkt, sondern ergeben sich aus dem gesamten Feld pädagogischer Diskurse.

2. Methoden der Argumentationsanalyse

Wie das Argumentieren selbst ist das Verstehen, Interpretieren und Analysieren von Argumenten eine alltägliche Kompetenz, die – abhängig von rationalitäts- und diskursförderlichen sozialen Bedingungen – mehr oder weniger gut ausgeübt wird und durch Schule und Universität wie auch durch die öffentliche Kultur ausgebildet und entwickelt werden kann. Dieser alltäglichen Kompetenz kommt auch in wissenschaftlichen Kontroversen (und nicht nur in politischen Debatten) eine große Bedeutung zu. Als eigenständige wissenschaftliche Methode hat sich die Argumentationsanalyse noch nicht die selbstverständliche Anerkennung erworben, von der andere Forschungsmethoden zehren. Sie ist immer noch ein Metier von Spezialisten.

In der Erziehungswissenschaft lassen sich drei Varianten der Argumentationsanalyse als Forschungsmethode unterscheiden:

- die inhaltliche oder topische Analyse;
- die formale oder strukturelle Analyse;
- die Analyse der Voraussetzungen des Argumentierens.

(a) Die topische Analyse zielt auf die Erhebung und Systematisierung der faktisch genutzten Argumente pro und kontra einer pädagogischen oder bildungspolitischen Entscheidung, wie sie z. B. für die Landschulreform Diederich (1967), für die schulische Koedukation Martial (1987), für die Computernutzung in Schulen Paschen (1989), für die Schule überhaupt Ballauff (1982), für die kognitive Frühförderung Mietz (1992) vorgelegt haben. Mit einer expliziten und verfeinerten Methodik haben die Bielefelder Projekte zur Schulreformdiskussion und zu Fragen der Einheitlichkeit und Differenzierung im Schulwesen gearbeitet. Ein Ergebnis des Projektes, das Klassifikationsschema pädagogischer Argumente bzw. die problemspezifische Topik (vgl. Paschen/Wigger 1992a), ist später von Uhl genutzt worden zur Analyse der Diskussion um die Verkürzung der Schulzeit von 13 auf 12 Jahre (1997).

(b) Die formale Analyse zielt auf die Struktur einer Argumentation, in der Aussagen verschiedene Funktionen erfüllen. Das bekannteste und zumeist zitierte, nicht-deduktionslogische Schema ist das Argumentationsmodell von Toulmin (1958/1975; vgl. Otto u.a. 1989; Schwarzkopf 2001; Krummheuer 2003). Davon ausgehend hat Paschen ein bereichsspezifisches Schema für die Pädagogik entwickelt (vgl. 1991, S. 325): Es enthält sechs Prämissen,

- die Bewertung eines Sachverhalts als ein Defizit;
- die Diagnose einer pädagogischen Ursache für dieses Defizit;
- das Aufzeigen einer das Defizit vermeidenden oder behebenden pädagogischen Alternative;
- den Verweis auf beispielhafte praktische Modelle und die Realisierbarkeit der Lösung;
- einen Vergleich mit den Kosten anderer Lösungsmöglichkeiten und
- die Reflexion auf die Erfolgsbedingungen.

Aus diesen sechs Prämissen wird auf die Notwendigkeit der pädagogischen Alternativen geschlossen.

Gemessen an diesem Modell erweisen sich faktische Argumentationen und Diskurse in der Pädagogik zumeist als unvollständig und unzureichend (vgl. Paschen/Wigger 1992a). Uhl (1998) hat dieses Analyseverfahren für eine Analyse des Schulprogramms der Grünen rezipiert.

(c) Beispiele für die Analyse der Voraussetzungen des Argumentierens sind zum einen die transzendental-skeptischen Untersuchungen durch Fischer und Ruhloff (1993), die die erkenntnistheoretischen bzw. die positionellen metaphysischen Voraussetzungen von pädagogischen Argumentationen stringent aufzeigen, zum anderen die ideologie- und gesellschaftskritischen „Kältestudien" durch Gruschka (1994), die die Widersprüche zwischen den tradierten Ansprüchen der bürgerlichen Pädagogik und Gesellschaft und den realisierten Konzepten oder zu realisierenden Programmen mikrologisch aufdecken. Beide Varianten haben aber aus ihren Argumentationsanalysen keine Methodik extrahiert und expliziert.

Eine den Standards empirischer Sozialforschung entsprechend konzipierte Methodik der Argumentationsanalyse findet sich bei der Mannheim-Heidelberger Forschergruppe aus dem SFB „Sprechen und Sprachverstehen im sozialen Kontext", die Argumentationen in Konfliktgesprächen zwischen Müttern und Töchtern analysiert haben (Hofer u. a. 1993; Spranz-Fogasy u. a. 1992), sowie bei dem daran anschließenden Forschungsprojekt von Groeben u. a. (1993, 1997), die auf die Interaktionsdynamik und deren soziale und psychische Bedingungen, v. a. die Argumentationsintegrität in Eltern-Kind-Beziehungen, abzielen.

3. Zur Methodik der Argumentationsanalyse

An diesen pädagogisch-psychologischen Projekten, aber auch an den Bielefelder Projekten lässt sich die Methodisierung der Argumentationsanalyse verdeutlichen. Die methodische Argumentationsanalyse ist vergleichbar mit den Techniken qualitativer Inhaltsanalyse (vgl. Mayring 2007). Ihre Besonderheit ist ihr Gegenstand und das muss noch erläutert werden.

Jede methodische Analyse von Argumenten und Argumentationen setzt – wie ihre spätere Beurteilung – ihre eindeutige Identifikation voraus, und jede Identifikation bedarf einer Definition von Argument und Argumentation. Unter „Argument" wird in der Regel ein Grund für eine Behauptung verstanden oder ein Beweisgrund, auf den sich eine Behauptung stützt, oder der einzelne Schritt einer Argumentation (vgl. zum Folgenden Wigger 1995, S. 69 ff.). Entgegen dieser Unterscheidung von „Argument" und „Argumentation" gibt es die Verwendung von „Argument" in der ersten Bedeutung von „Argumentation", die sich aber weniger an der deutschen Alltagssprache orientiert als an der englischsprachigen Logik und Argumentationstheorie. Im Folgenden wird unter „Argument" ein Urteil verstanden werden, das funktionsbestimmter Teil einer Argumentation ist. „Argumente" sind dementsprechend Elemente einer Argumentation. Dies schließt nicht aus, dass, z. B. bei Rückfrage oder Kritik, ein Argument selbst wiederum begründet, d. h. als eine neue Argumentation entfaltet und dargestellt wird.

Nach Lumer sind „Argumentationen bestimmte Folgen von Urteilen, die um einen Argumentationsindikator erweitert sind. Eines dieser Urteile ist die These; die anderen Urteile sind die Argumente für diese These. Argumentationsindikatoren sind z.B. ‚deshalb', ‚weil', ‚da', ‚also' oder ‚meine These ist so und so; dafür habe ich folgende Argumente'. Argumentationsindikatoren zeigen an, (i.) daß es sich bei der zugehörigen Folge von Urteilen um eine Argumentation handelt, (ii.) welches dieser Urteile die These ist und (iii.) welche Urteile die Argumente sind." (Lumer 1990, S. 61 f.)

Diesem terminologischen Vorschlag entsprechend wird unter „Argumentation" eine spezifische Sequenz von Urteilen verstanden. Innerhalb der Argumentation lassen sich die Urteile danach unterscheiden, ob sie die Funktion von Argumenten oder die Funktion der (zu begründenden) These haben. Auch Kopperschmidt unterscheidet zwischen „Argumentation", die sich aus Argument(en) und These zusammensetzt, und „Argument" als „Element jeder Argumentation" (1989, S. 96) und versteht Argument wie These funktional, als „sequenzbezogene Funktionskategorien" (1989, S. 97)[1]. Erst als Element einer Argumentation wird ein Urteil zu einem Argument, erst durch die Differenzierung zwischen These und Argument anhand von Argumentationsindikatoren (oder deren interpretatorischen Substituten) sind Urteile als Argumente zu identifizieren.

Die Umgangssprache kennt neben dem „weil" eine Vielfalt anderer „argumentativer Operatoren": da, denn, deshalb, daher, demnach, nämlich, wegen, aufgrund, daraus folgt, folglich, also, ja usw. (vgl. Kopperschmidt 1989, S. 100). Das Problem ist, dass die meisten Indikatoren für Argumentationen mehrdeutig sind, da sie auch bei Erklärungen oder Explikationen genutzt werden. Eindeutige Argumentationsindikatoren mit Formulierungen wie z.B.: „die These meiner Argumentation lautet: ..." oder „meine Argumente sind: ..." oder „folglich" oder „deshalb gilt" sind in empirischen Argumentationen nicht die Regel. Ein anderes Problem bei der Identifikation von Argumenten ist der oftmals anzutreffende Verzicht auf Argumentationsindikatoren, so dass das Neben- oder Nacheinander von Urteilen als Zusammenhang von Argumenten in einer Argumentation rekonstruiert werden muss.

Den Argumentationsindikatoren kommt eine bedeutende Stellung in der Argumentationsanalyse zu. Sie sind wichtig zur Unterscheidung von These und Argument und damit für die Identifikation eines Textes als Argumentation. Das ist der erste Schritt einer Argumentationsanalyse eines Textes, die

---

[1] Auch van Eemeren/Grootendorst/Kruiger definieren Argument als Stellungnahme zur Rechtfertigung oder Zurückweisung einer Meinung oder eines Standpunktes („Arguments are statements advanced in justification or refutation of an opinion." 1987, S. 12) und verstehen Argument wie These („opinion") aus dem Zusammenhang eines „diskursiven Textes" als „funktionale Einheiten". „A statement is never an argument or opinion per se, but only in the framework of a (wholly or partially) discursive text. (...) Arguments and opinions are functional units." (ebd., S. 13)

Suche nach seiner zentralen These und möglichen Argumenten, so dass der Text als solcher als eine Argumentation zu identifizieren ist. Die Argumentationsindikatoren sind weiterhin wichtig nicht nur für die Identifikation der These, sondern auch für die Identifikation der verschiedenen Argumente. Das ist dann der zweite Schritt einer Argumentationsanalyse, die Argumente im einzelnen und deren jeweilige argumentative Beziehungen zu identifizieren.

Das elementare Muster einer einfachen Argumentation besteht gemäß der genannten Definition aus einer These, einem Argumentationsindikator und (mindestens) einem Argument zu deren Begründung. Der zur Überzeugung anderer argumentativ notwendige Rückgang auf akzeptierte bzw. akzeptable Prämissen in Texten oder Redebeiträgen stellt sich zumeist in einer Folge von Begründungsschritten oder auch als eine Gesamtkonstellation von Argumenten dar. Empirische Analysen der faktischen Argumentationspraxis haben es deshalb zumeist mit komplexen Argumentationen zu tun. Argumentative Texte bestehen aus einer Vielzahl von Argumenten, die einzeln oder gemeinsam die These oder andere Argumente stützen können, die lineare Ketten bilden können, die einzeln oder gemeinsam die These, andere Argumente oder argumentative Schritte widerlegen können. Kopperschmidt schlägt vor, „je nach Anzahl der in einer Argumentation verwendeten und prozessual entfalteten Argumente zwischen eingliedrigen und mehrgliedrigen Argumentationen zu unterscheiden und im Fall der mehrgliedrigen Argumentationen den Begriff ‚Argumentation' für den allgemeinsten bzw. globalen Rahmen zu reservieren". (Kopperschmidt 1989, S. 207 f.)

Grundlage ihrer Beschreibung, Analyse und Rekonstruktion ist aber das Muster der einfachen Argumentation, das auch für die „Segmentierung" der Argumentation und die Identifikation der einzelnen Argumentationsschritte oder -stränge zu gebrauchen ist. Je nach der Fragestellung werden die Argumentationen vollständig und möglichst weitgehend in ihre einzelnen Argumente zerlegt und werden deren argumentative Relationen bestimmt. Die kleinste Einheit und damit die Grenze für die Analyse ist durch die definitorischen Rückgriffe auf die Aussagen- bzw. Urteilsstruktur des Arguments sowie auf sprachliche Indikatoren bestimmt (vgl. Paschen/Wigger 1992 a, S. 24 f.). Das Ergebnis der analytischen Arbeit auf dieser Stufe ist die vollständige Identifikation der einzelnen Argumente und ihre Unterscheidung von anderen Argumenten, die Unterscheidung der argumentativen Passagen von den nicht-argumentativen Textteilen und die Rekonstruktion der argumentativen Gesamtstruktur eines Textes durch die Bestimmung von den spezifischen argumentativen Beziehungen zwischen den einzelnen Argumenten.

Je nach Fragestellung werden die rekonstruierten Argumentationen und Argumente weiteren Analysen unterzogen. Kopperschmidt unterscheidet zwischen einer makro- und mikrostrukturellen Ebene der Argumentationsanalyse und schlägt vor, mikrostrukturelle Analysen einer makrostrukturellen

Analyse zu subsumieren, die den Gesamtzusammenhang einer Argumentation zum Gegenstand wählt. Bei den mikrostrukturellen Analysevarianten unterscheidet er die „materiale Argumentationsanalyse" der argumentativen Inhalte in Hinblick auf ihre disziplinäre oder diskursive „Bereichsabhängigkeit" (vgl. Kopperschmidt 1989, S. 143 ff.), die „funktionelle Analyse" der Rollen von Argumenten in Argumentationen (vgl. ebd., S. 123 ff.) und die „formale Analyse" der argumentativen Muster (vgl. ebd., S. 178 ff.). Die meisten Argumentationsmodelle beschränken sich auf die Rekonstruktion einfacher Argumentationen und sind insofern nur für mikrostrukturelle Analysen geeignet, nur wenige beanspruchen Analysen komplexer Argumentationen.[2]

Die hier vorgestellte Definition von Argumentation ist weit genug, um unterschiedliche Typen von Argumentation umfassen zu können, sie ist weit genug, um auf unterschiedlichen Abstraktionsstufen Redebeiträge oder Texte als Argumentation identifizieren zu können, sie ist weit genug, um Analysen von mehr oder weniger elaborierten Argumentationen genauso wie von mehr oder weniger vollständigen Argumentationen zu ermöglichen. Zudem ist mit dieser Definition nicht festgelegt, wie viele Argumente eine Argumentation enthält oder enthalten soll, und auch nicht, welche Relationen zwischen den Argumenten bestehen oder bestehen sollen. Die Definitionen präferieren insofern nicht bestimmte Fragestellungen, sondern sind geeignet für unterschiedlich ausgerichtete Analysen.

4. Zur Intersubjektivität von Argumentationsanalysen

Abschließend soll noch ein zentrales Problem von Argumentationsanalysen angesprochen werden, das Problem der Intersubjektivität und Eindeutigkeit der Interpretation. Die Argumentationsanalyse ist in allen ihren Varianten ein interpretatives Verfahren, das subjektives Verstehen von Sinn voraussetzt. Argumentationsanalyse als wissenschaftliche Forschungsmethode sucht – wie die qualitative Inhaltsanalyse (vgl. Mayring 2007) – die für ihre Ergebnisse beanspruchte Gültigkeit abzusichern, indem sie Bedingungen intersubjektiven Nachvollzugs und Überprüfung formuliert und sich daran misst. Dazu gehören folgende Aspekte:

- Präzisierung und Explikation der Fragestellung vor dem Hintergrund des aktuellen Forschungsstandes;
- begründete Festlegung des Analysematerials (Textkorpus);
- die Definition der grundlegenden Begriffe, ihre Operationalisierung und die Indikatorenbildung;

---

2 Ein anspruchsvolles Verfahren für eine makrostrukturelle Analyse von Argumentationen und Diskussionen haben Grewendorf (1975) und von Savigny (1976) vorgeschlagen. Die einzelnen Argumente werden identifiziert und in einer „Argumenteliste" gesammelt, das argumentative Beziehungsgefüge wird mittels eines „Argumentationsdiagramms" dargestellt.

- die Explikation und Begründung des analytischen Verfahrens;
- die Standardisierung des Vorgehens durch die Orientierung an einem Regelwerk;
- die Formulierung von Regeln, Ankerbeispielen und Grenzfällen;
- die Erstellung von Kategoriensystemen nach den Kriterien, die für Kategoriensysteme in der Regel gelten (Exklusivität, Vollständigkeit, gegenseitige Unabhängigkeit, Eindeutigkeit);
- das Training der Interpreten und Codierer;
- die Überprüfung der Einhaltung der eigenen Regeln;
- die Überprüfung der Übereinstimmung der Analysen bei mehreren Anwendern der Methodik (Inter-Coder-Reliabilität).

Die Ergebnisse solcher methodisierter Argumentationsanalysen können dann auch je nach Fragestellung quantifizierend ausgewertet werden, wie es vor allem die pädagogische Psychologie anstrebt. Auch die Nutzung von Computerprogrammen zur Datenanalyse ist möglich (vgl. Kuckartz 2007, S. 206ff.).

Die Argumentationsanalyse ist unumgänglich ein interpretatives Verfahren. Dass die Identifikation von Argumenten, ihrer argumentativen Beziehungen und der Struktur der Argumentationen im Horizont des Wissens des Interpreten und seines Verständnisses von Text und Kontext erfolgt, ist aber kein Beweis für die Willkür des Verfahrens und die Zufälligkeit der Ergebnisse. Im Unterschied z.B. zu literarischen Textinterpretationen zielt die wissenschaftliche Argumentationsanalyse auf die systematische und methodisch kontrollierte Identifizierung und Analyse von Textelementen und entsprechend gestützte Aussagen zum Text. Interpreten/-innen sind in der Weise zur Objektivität verpflichtet, dass sie alle vorgebrachten Argumente eines Textes erheben und die Argumentation rekonstruieren unter Verzicht auf eigene Vorstellungen über die richtigen Argumente für die jeweilige These oder die erforderliche Qualität eines „guten" Arguments oder über die ideale Struktur einer Argumentation. Das Verstehen von Argumenten ist – wie das Argumentieren – eine alltäglich vorkommende Tätigkeit, die zumeist intuitiv ausgeübt wird. Durch die Explikation der verwendeten Regeln der Analyse und die strikte Anwendung der definierten Methoden werden Verfahren und Ergebnisse aber intersubjektiv nachvollziehbar und kontrollierbar und können die so gewonnenen Ergebnisse Anspruch auf Objektivität erheben. Die Interpretationsprobleme sind aber nicht nur den Unzulänglichkeiten der Interpreten/-innen geschuldet, sie haben auch eine sachliche Seite. Zu den Gründen auf der Seite des Gegenstands gehören sprachliche Ungenauigkeit, Mehrdeutigkeit, Unvollständigkeit, Vermischung mit nicht-argumentativen Text- oder Redeteilen, Kontextabhängigkeit usw. der empirisch vorfindlichen Argumentationen.

Der Aufwand dieser Analysen und Rekonstruktionen ist beträchtlich, und es ist immer notwendig zu fragen, ob es sich mit Blick auf die Fragestellung jeweils lohnt. Ein Monopol auf Gültigkeit können die methodisierten Analysevarianten gegenüber methodisch impliziten Verfahren schließlich auch nicht in Anspruch nehmen.

Literatur

Alexy, Robert 1996: Theorie der juristischen Argumentation. Frankfurt/M.
Apel, Hans Jürgen/Lutz Koch (Hg.) 1997: Überzeugende Rede und pädagogische Wirkung. Zur Bedeutung traditioneller Rhetorik für pädagogische Theorie und Praxis. Weinheim und München.
Ballauff, Theodor 1982: Funktionen der Schule. Historisch-systematische Analysen zur Scolarisation. Weinheim/Basel.
Busshoff, Heinrich 1997: Politische Argumentation. Überlegungen zu einer Argumentationstheorie der Politik. Baden-Baden.
Der Deutschunterricht. Heft 5/1999 „Rhetorik und Argumentation".
Diederich, Jürgen 1967: Die Landschulreform im Spiegel der pädagogischen Zeitschriften. Weinheim.
Dörpinghaus, Andreas 2002: Logik der Rhetorik. Grundriss einer argumentativen Verständigung in der Pädagogik. Würzburg.
Dörpinghaus, Andreas/Karl Helmer (Hg.) 1999: Zur Theorie der Argumentation in der Pädagogik. Würzburg.
Eemeren, Frans H. van/Rob Grootendorst/Tjark Kruiger 1987: Handbook of Argumentation Theory. Dordrecht/Providence.
Fischer, Wolfgang/Jörg Ruhloff 1993: Skepsis und Widerstreit. Neue Beiträge zur skeptisch-transzendentalkritischen Pädagogik. Sankt Augustin.
Grewendorf, Günther 1975: Argumentation und Interpretation. Wissenschaftstheoretische Untersuchung am Beispiel germanistischer Lyrikinterpretation. Kronberg.
Groeben, Norbert/Margrit Schreier 1997: ‚Also ich glaube, dass wir dieses Thema jetzt abbrechen sollten!' Über das Argumentationshandeln von Müttern und Töchtern in Konfliktgesprächen. In: Zeitschrift für Entwicklungspsychologie und Pädagogische Psychologie. XXIX. Heft 1. S. 1-25.
Groeben, Norbert/Margrit Schreier/Ursula Christmann 1993: Fairneß beim Argumentieren: Argumentationsintegrität als Wertkonzept einer Ethik der Kommunikation. In: Linguistische Berichte 147. S. 355-382.
Gruschka, Andreas 1994: Bürgerliche Kälte und Pädagogik. Moral in Gesellschaft und Erziehung. Wetzlar.
Haft, Fritjof 1999: Juristische Rhetorik. Freiburg/München.
Helmer, Karl 1992: Argumentation und Zustimmung. Über einige Möglichkeiten theoretischer Rhetorik. In: Vierteljahrsschrift für wissenschaftliche Pädagogik. 68. S. 370-387.
Helmer, Karl 1996: Systematische Pädagogik und theoretische Rhetorik. In: Borelli, Michele/Jörg Ruhloff (Hg.): Deutsche Gegenwartspädagogik. Bd. II. Baltmannsweiler. S. 28-40.
Helmer, Karl 1999: Rhetorische Argumentation in der Pädagogik. In: Dörpinghaus, Andreas/Karl Helmer (Hg.): Zur Theorie der Argumentation in der Pädagogik. Würzburg. S. 10-22.
Hofer, Manfred/Birgit Pikowsky/Thomas Fleischmann/Thomas Spranz-Fogasy 1993: Argumentationssequenzen in Konfliktgesprächen. In: Zeitschrift für Sozialpsychologie 24. S. 15-24.

Klafki, Wolfgang 1968: Integrierte Gesamtschule – Ein notwendiger Schulversuch. In: Zeitschrift für Pädagogik 14. S. 521-581.

Kopperschmidt, Josef 1989: Methodik der Argumentationsanalyse. Stuttgart/Bad Cannstatt.

Kopperschmidt, Josef 2000: Argumentationstheorie zur Einführung. Hamburg.

Krüger, Heinz-Hermann/Jutta Ecarius/Hans-Jürgen von Wensierski 1989: Die Trivialisierung pädagogischen Wissens. Zum Wechselverhältnis von öffentlichem und wissenschaftlichem pädagogischen Wissen am Beispiel der Jugendzeitschrift Bravo. In: König, Eckart/Peter Zedler (Hg.): Rezeption und Verwendung erziehungswissenschaftlichen Wissens in pädagogischen Handlungs- und Entscheidungsfeldern. Weinheim. S. 185-203.

Krummheuer, Götz 2003: Argumentationsanalyse in der mathematikdidaktischen Unterrichtsforschung. In: Zentralblatt für Didaktik der Mathematik 35. H. 6. S. 247-256.

Kuckartz, Udo 2007: Einführung in die computergestützte Analyse qualitativer Daten. S. 197-217.

Lumer, Christoph 1990: Der philosophische Beitrag zur Verbesserung des Argumentierens: die Entwicklung von Gültigkeitskriterien für Argumentationen. In: Paschen, Harm/Lothar Wigger (Hg.): Über die Bedingungen der Verbesserung des Argumentierens. Tagungsdokumentation. Bielefeld. S. 59-74.

Martial, Ingbert Knecht von 1987: Koedukation und Geschlechtertrennung in der Schule. Köln.

Mayring, Philipp 2007: Qualitative Inhaltsanalyse. Grundlagen und Techniken. Weinheim.

Menck, Peter 1992: Klassikerzitate als Argumente – Eine Skizze. In: Paschen, Harm/Lothar Wigger (Hg.): Pädagogisches Argumentieren. Weinheim. S. 221-235.

Mietz, Christine 1992: Pro und Contra ‚kognitive Frühförderung' – Beispiel einer argumentativen Topik. In: Paschen, Harm/Lothar Wigger (Hg.): Pädagogisches Argumentieren. Weinheim. S. 253-273.

Oelkers, Jürgen 1991: Topoi der Sorge – Beobachtungen zur öffentlichen Verwendung pädagogischen Wissens. In: Oelkers, Jürgen/Heinz-Elmar Tenorth (Hg.): Pädagogisches Wissen. Zeitschrift für Pädagogik. 27. Beiheft. Weinheim. S. 213-231.

Oelkers, Jürgen/Heinz-Elmar Tenorth (Hg.) 1991: Pädagogisches Wissen. Zeitschrift für Pädagogik. 27. Beiheft. Weinheim.

Osterwalder, Fritz 1992: Kopf, Herz und Hand – Slogan oder Argument? In: Paschen, Harm/Lothar Wigger (Hg.): Pädagogisches Argumentieren. Weinheim. S. 191-221.

Otto, Hans-Uwe/Wolfgang Böhm/Marcel Mühlbach 1989: Zur Rationalität der Wissensverwendung im Kontext behördlicher Sozialarbeit. In: Beck, Ulrich/Wolfgang Bonß (Hg.): Weder Sozialtechnologie noch Aufklärung? Analysen zur Verwendung sozialwissenschaftlichen Wissens. Frankfurt/M. S. 226-247.

Paschen, Harm 1986: Kind(heit) als pädagogisches Argument. In: Bildung und Erziehung. 39. H. 2. S. 165-181.

Paschen, Harm 1988: Das Hänschen-Argument. Zur Analyse und Evaluation pädagogischen Argumentierens. Köln.

Paschen, Harm 1989: The Use of the Computers in Schools – The Pros and Cons. In: Education 40. H. 1. S. 16-29.

Paschen, Harm 1991: Zur argumentativen Einheit pädagogischen Wissens. In: Oelkers, Jürgen/Heinz-Elmar Tenorth (Hg.): Pädagogisches Wissen. Zeitschrift für Pädagogik. 27. Beiheft. Weinheim. S. 319-332.

Paschen, Harm/Lothar Wigger 1992 a: Zur Analyse pädagogischer Argumentationen. Bericht des Forschungsprojekts ‚Bielefelder Katalog pädagogischer Argumente'. Weinheim.

Paschen, Harm/Lothar Wigger (Hg.) 1992 b: Pädagogisches Argumentieren. Weinheim.

Paschen, Harm/Lothar Wigger (Hg.)1996: Schulautonomie als Entscheidungsproblem. Weinheim.

Perelman, Chaim/Lucie Olbrechts-Tyteca 1958/1980: La nouvelle rhétorique. Traité de l'Argumentation. 2 Bde. Paris.

Prange, Klaus: ‚Erfahrung' als Argument. In: Paschen, Harm/Lothar Wigger (Hg.): Pädagogisches Argumentieren. Weinheim. S. 179-191.

Savigny, Eike von 1976: Argumentation in der Literaturwissenschaft. Wissenschaftstheoretische Untersuchungen zu Lyrikinterpretationen. München.

Schwarzkopf, Ralph 2001: Argumentationsanalyse im Unterricht der frühen Jahrgangsstufen – eigenständiges Schließen mit Ausnahmen. In: Journal für Mathematik-Didaktik 22. H. 3-4. S. 253-276.

Spiegel, Carmen 1999: Argumentation von Jugendlichen im Deutschunterricht. Zwei Argumentationsformen. In: Zentralblatt für Angewandte Linguistik 30. S. 10-40.

Spranz-Fogasy, Thomas/Manfred Hofer/Birgit Pikowsky 1992: Mannheimer ArgumentationsKategorienSystem (MAKS). In: Linguistische Berichte 14. S. 350-370.

Toulmin, Stephen 1958/1975: Der Gebrauch von Argumenten. Kronberg/Ts.

Ueding, Gerd 1995: Klassische Rhetorik. München.

Ueding, Gerd 2000: Moderne Rhetorik. München.

Uhl, Siegfried 1991: Sprache und Argument in der Pädagogik der Grünen. In: Oelkers, Jürgen/Heinz-Elmar Tenorth (Hg.): Pädagogisches Wissen. Zeitschrift für Pädagogik. 27. Beiheft. Weinheim. S. 233-250.

Uhl, Siegfried 1993: Die Unterrichtslehre der Grünen als erziehungstheoretisches Argumentationsgefüge. In: IBW-Journal. H. 1. S. 3-6.

Uhl, Siegfried 1997: Formen des Argumentierens über Erziehungsfragen: Die Auseinandersetzung um die Schulzeitverlängerung. In: IBW-Journal. H. 4. S. 3-11.

Wengeler, Martin 1999: Argumentationstopoi in Diskursen. In: Der Deutschunterricht 51. H. 5. S. 37-45.

Wiegmann, Ulrich 1995: Das antifaschistische Argument in der pädagogischen Publizistik der SBZ 1946. In: Jahrbuch für Pädagogik 1995: Auschwitz und die Pädagogik. S. 127-144.

Wigger, Lothar 1988: Tradition als pädagogisches Argument. Beispiel aus dem Bielefelder Katalog pädagogischer Argumente. In: Bildung und Erziehung 41. H. 4. S. 427-444.

Wigger, Lothar 1991: Defizite – Exempel der Argumentation. Die Landschulreform und die Wiedereinführung kleiner Grundschulen. In: Oelkers, Jürgen/Heinz-Elmar Tenorth (Hg.): Pädagogisches Wissen. Zeitschrift für Pädagogik. 27. Beiheft. Weinheim. S. 251-272.

Wigger, Lothar 1994: Probleme der Klassifikation pädagogischer Argumente. In: Horn, Klaus-Peter/Lothar Wigger (Hg.): Systematiken und Klassifikationen in der Erziehungswissenschaft. Weinheim. S. 319-337.

Wigger, Lothar 1995: Theorie des Pädagogischen Argumentierens. Bielefeld. (http://www.fb12.uni-dortmund.de/lehrstuehle/iaeb/ae/index.php?module=Page setter&func=viewpub&tid=1&pid=130).

Wigger, Lothar 2001: Öffentliche Bildungsdiskurse, Argumentationstheorie und Allgemeine Erziehungswissenschaft. In: Dörpinghaus, Andreas/Gaby Herchert (Hg.): Denken und Sprechen in Vielfalt. Festschrift für Karl Helmer zum 65. Geburtstag. Würzburg. S. 231-253.

Edith Glaser

Dokumentenanalyse und Quellenkritik

Der französische Historiker Alain Corbin hatte sich 1999 „Auf den Spuren eines Unbekannten" gemacht und das „ganz gewöhnliche Leben" des Louis-Francois Pinagot rekonstruiert. Dieser Mann, geboren 1798, hat keine bedeutenden Spuren als Erfinder, Politiker, Revolutionär oder als Schriftsteller hinterlassen. Er war Holzschuhmacher in der französischen Provinz gewesen. Als Corbin mit der Suche nach Pinagot begann, wusste er nicht mehr als dessen im Standesamtsregister eingetragenen Lebensdaten. Abgesehen von den lesenswerten geschichtstheoretischen Überlegungen, die die Rekonstruktionsarbeit begleiten, ist diese Monographie ein herausragendes Beispiel historischen Arbeitens und einer akribisch-systematischen Analyse. In dieser Biographie werden Quellen unterschiedlicher Provenienz genutzt. Damit führt der französische Historiker eindrücklich vor, aus welchen Quellen er was über die Person Pinagot selbst und was über die Landschaft, in der er lebte, über die Familie, in die er hinein geboren wurde und die er angeheiratet hatte, über die Schule, die er besuchte, über das Handwerk, das er ausübte, kurz: was man über den Kontext, in dem Pinagot verankert war, erfahren kann. Gleichzeitig zeigt Corbin in seiner Spurensuche ebenfalls auf, welches Wissen uns über den französischen Holzschuhmacher verwehrt bleiben wird, weil keine persönlichen Zeugnisse, keine Briefe und keine Tagebücher, von ihm überliefert worden sind, in denen seine Gefühle, Eindrücke und Stimmungen festgehalten worden waren.

Das Motiv, der Historiker als „Sherlock Holmes" (bzw. die Historikerin als „Miss Marple"), welches von dem italienischen Mikrohistoriker Carlo Ginzburg (2002) für das Auffinden frühneuzeitlicher Quellen, welche wiederum für die Rekonstruktion des damaligen Alltags kleiner Leute notwendig waren, in die Methodendebatte eingeführt worden war, zeigt sich nicht nur für das obige Beispiel als gelungene Metapher. Ebenso nutzt Klaus Arnold (2002, S. 255) die Sprache und die Methoden der Kriminalistik, wenn er vom „Kreuzverhör" oder von „subtile[r] (Zeugen-)Befragung" hinsichtlich der Prüfung der Authentizität einer Quelle schreibt. Dieses kriminalistische Gespür sollte BildungshistorikerInnen und ebenso den auf die Gegenwart gerichteten BildungsforscherInnen eigen sein, wenn Spuren des Erziehens, des Lernens, des Unterrichtens und des Aufwachsens in den vergangenen Jahrhunderten, aber auch in der Gegenwart aufgespürt und wissenschaftlich gesichert werden sollen.

Viel zu selten greifen Forschende aussagekräftige, aber jenseits des Mainstreams liegende Dokumente und Quellen auf. Dabei gibt es gerade in modernen Gesellschaften umfangreiche Materialien, welche sich auch für erziehungswissenschaftliche Fragestellungen auswerten lassen: bildliche Dokumente wie Kritzelbilder, Wandmalereien, Inschriften auf Schultischen, Graffitis, Zeichnungen, Fotografien, Schnappschüsse, Filme u.a.; schriftliche Dokumente wie Schulakten, Schülerzeitungen, Selbstdarstellungen von (sozial-)pädagogischen Institutionen und ihrer VertreterInnen, Homepages, Lebensläufe, Aufzeichnungen der öffentlichen Erziehungs- oder Familienhilfe, Chroniken, Ego-Dokumente wie Tagebücher, Briefe, Autobiographien u. a.

Dokumentenanalysen und auch bildungshistorische Studien in der Erziehungswissenschaft basieren auf keinen eigenen Methoden, sondern bedienen sich der Arbeitsweisen der Geschichtswissenschaft, der empirischen Sozialforschung, der Philologien, der Ethnologie und der Bildwissenschaft. Die Differenz zu diesen Bezugsdisziplinen liegt im Erkenntnisinteresse und in der pädagogischen Fragestellung, die die Forschungsskizze strukturiert, sowie in der Bezugnahme auf erziehungswissenschaftliche Theorien für die Interpretation der erschlossenen Quellen und der bearbeiteten Dokumente. In dem nachfolgenden Beitrag sollen zum einen Dokumente und Quellen für erziehungswissenschaftliches und bildungshistorisches Forschen beschrieben und zum anderen die wichtigsten Kriterien wissenschaftlichen Arbeitens mit diesem Material benannt werden. Dabei steht die Quellenkritik, die in ihrer Grundstruktur ebenfalls auf Dokumente angewandt werden kann, im Zentrum der Ausführungen. Methoden der Dokumenten- und Quellenanalyse werden nur kurz benannt, auf die einschlägigen Beiträge über Auswertungsverfahren in diesem Handbuch wird verwiesen.

1. Dokumente und Quellen

Hinsichtlich der beiden Bezeichnungen Dokument und Quelle herrscht nicht immer begriffliche Klarheit. Dies basiert auf der unterschiedlichen disziplinären Herkunft der beiden Begriffe. Die Bezeichnung „Material" verwende ich als Überbegriff.

Der Begriff „Dokument" wird vorrangig in der empirischen Sozialforschung verwendet. Dort werden unter dieser Bezeichnung jene Äußerungen zusammengefasst, die nicht eigens über Beobachtung, Fragebogen und Tests erhoben werden. Dokumente sind „sämtliche gegenständlichen Zeugnisse, die als Quelle zur Erklärung menschlichen Verhaltens dienen können" (Atteslander 1971, S. 53). Andere Sozialwissenschaftler fassen den Begriff enger und wenden ihn nur auf „die schriftlich vorliegenden Äußerungen, also z.B. Urkunden, Rechtstexte, Verwaltungsakten, Geschäfts- oder Privatakten" (Reh 1995, S. 204) an. In der Schulevaluationsforschung werden beispielsweise Schulprogramme, Protokolle des Lehrerrats, Schülerzeitungen oder Lerntagebücher als „Dokumente schulinterner Kommunikation" (Schroeter/Diemer 2004, S. 1), die Berichterstattung über die Schule in der Tageszeitung und die Homepage der Schule als „Dokumente öffentlichkeitswirksamer Kommunikation" (ebd.) und Klassenbücher, Zeugnisse etc. als „statistische Dokumente" (ebd.) eingeordnet.

In der Geschichtswissenschaft werden Quellen sehr allgemein als „Material zur Rekonstruktion der Vergangenheit" (Borowsky/Vogel/Wunder 1989, S. 120) oder „Texte, Gegenstände oder Tatsachen, aus denen Kenntnis der Vergangenheit gewonnen werden kann" (Kirn 1947/1997, S. 25) definiert. Traditionell zählten dazu Schriftstücke, die im öffentlichen Bereich, von Mitarbeitern in Justiz, Verwaltung und Politik verfasst wurden und das Tun und Wollen der Obrigkeit zum Ausdruck brachten sowie Gegenstände als Insignien der Macht. Zwischenzeitlich hat sich der Quellenbegriff in der Geschichtswissenschaft wesentlich erweitert. Auch in der Historischen Bildungsforschung sind zu den normativen Quellen wie Erlasse und Verordnungen Ego-Dokumente (vgl. Winterhager-Schmid 2003), Fotografien (vgl. Pilarczyk/Mietzner 2005), Filme (Jacke/Winkel 2008) und historische Statistiken (Datenhandbuch 1986 ff.) hinzugekommen.

In der Quellenkunde wird das überlieferte Material in schriftliche und nichtschriftliche Quellen unterschieden (ausführlich dazu Franz 2007). Für die erste Gruppe wird noch einmal in ungedruckte und gedruckte Quellen differenziert. Amtliche Aufzeichnungen wie z.B. Urkunden, Verträge, Akten, Geschäftskorrespondenz sowie private Briefe und Tagebücher sind mehrheitlich handschriftliches oder maschinenschriftliches Material. Statistiken, Zeitungen, Lexika, Bücher und Literatur zählen zur zweiten Untergruppe. Als nicht-schriftliche Quellen werden bildliches Material, wozu neben Gemälden auch Fotografien, Karikaturen, Filme und Fernsehmitschnitte gerechnet werden, Tonquellen, wie Radiosendungen und Musikaufzeichnungen, und Symbole, wie z.B. Fahnen und Wimpel jugendbewegter Gruppen, zusammengefasst.

Die Differenz zwischen den Bezeichnungen Quelle und Dokument ist definiert über den Zeitpunkt seiner Produktion. Liegt der Entstehungszeitpunkt des Materials schon Jahre, Jahrzehnte oder Jahrhunderte zurück, dann soll von Quelle die Rede sein, liegt er hingegen noch nah an der Gegenwart, dann sollte der Begriff Dokument verwendet werden. Dass auch diese begriffliche Trennung Unschärfen hat, zeigt folgendes Beispiel: Die Marienthalstudie (Jahoda/Lazarsfeld/Ziesel 1933) gilt als Klassiker der empirischen Sozialforschung. Hier wurde zu Beginn der 1930er Jahre mit einem Bündel von qualitativen und quantitativen Forschungsmethoden die Wirkung von Massenarbeitslosigkeit untersucht. Eine Methode war die Dokumentenanalyse. Sie konnte sich auf Geschäftsbücher, Besucherbuch der Arbeiterbibliothek, Mitgliederverzeichnis von Parteien und Vereinen, das Abonnentenverzeichnis der „Arbeiterzeitung" und auf ein Tagebuch stützen. Da die Marienthalstudie heute selbst eine Quelle für die Geschichte der Soziologie ist, sind die mit einem nonreaktiven Verfahren analysierten Dokumente zwischenzeitlich selbst zu schriftlichen Quellen geworden.

Das Auffinden von Quellen und Materialien (Heuristik) setzt Wissen über Strukturen des Forschungsfeldes im Allgemeinen voraus. Auf das Bildungswesen bezogen werden grundlegende Kenntnisse über die zuständigen Verwaltungseinheiten und deren Veränderung verlangt, ebenso wie wesentliche Erkenntnisse über die Verschiebungen von privater hin zur öffentlichen Erziehung, von kirchlicher hin zur staatlichen Aufsicht.

Einen ersten Hinweis über mögliche Fundorte geben die drei Internetportale: für den internationalen Bereich das UNESCO Archives Portal (http://www.unesco-ci.org/cgi-bin/portals/archives/page.cgi?d=1), für den nationalen Bereich das über die Archivschule in Marburg zugängliche Portal Deutsche Archive im Internet (http://www.archivschule.de/content/33.html) und über das Fachportal Pädagogik die Seiten zur Historischen Bildungsforschung online (http://www.fachportal-paedagogik.de/hbo/links.html?seite=844). Quelleneditionen zur Geschichte des Bildungs- und Erziehungswesens liegen nur begrenzt vor. Neben den von Gerhardt Giese (1961) zusammengestellten Quellen zur deutschen Schulgeschichte sind es die im Klinkhardt Verlag erschienenen pädagogischen Quellenschriften, die Bilderatlanten von Robert Alt (1960/1965) sowie von Schiffler und Winkeler (1991) und die bei Böhlau erschienen „Quellen und Dokumente zur Geschichte der Berufsbildung in Deutschland", „Sammlungen der Gesetze, Verordnungen, Erlasse, Bekanntmachungen zum Elementar- bzw. Volksschulwesen im 19./20. Jahrhundert" und „Schulbücher vom 18. bis 20. Jahrhundert für Elementar- und Volksschulen". Für den Bereich der Geschlechterforschung in der Erziehungswissenschaft sind in den von Christine Meyer und Elke Kleinau (1996) herausgegebenen Bänden zur Mädchen- und Frauenbildung zahlreiche Dokumente aus dem 18. bis 20. Jahrhundert abgedruckt. Für sozialpädagogische Fragestellungen von Interesse sind die von Florian Tennstedt editierten Quellen zur Sozialpolitik (1966 ff.). Relativ umfangreich sind bisher Briefe von Pädagogen und Erziehungswissenschaftlern editiert worden. Meist eingebunden in Gesamtausgaben liegen Briefedition von einigen Klassikern der Pädagogik wie z.B. von Joachim Heinrich Campe (Schmitt 1997/2007), Friedrich Fröbel (König 1990), Johann Heinrich Pestalozzi (Dejung 1946 ff.), Eduard Spranger (1978) u.a. vor.

Dass so verschiedenartige wie die oben erwähnten Quellengattungen in der bildungshistorischen und qualitativen Forschung genutzt werden können, ist zum einen auf neue Fragestellungen und auf neue theoretische Orientierungen in der Erziehungswissenschaft und der historischen Bildungsforschung zurückzuführen, zum anderen spiegelt sich in dieser Vielfalt auch die Erweiterung des medialen Angebots. Denn beispielsweise machte erst das Aufkommen des Films es möglich, die Abfolgen der Bewegungen im jugendbewegten Tanz, die Rituale um das Sonnwendfeuer und die darin enthaltene Dynamik sichtbar zu machen und die bei you.tube eingestellten handy-videos ergeben ganz andere Einblicke in die Privatheit von peer groups. (vgl. Bachmair 2009)

Die auf Internetplattformen eingestellten handy-videos wie auch die im Rahmen eines Forschungsprojekts gesammelten Briefe deutscher Auswanderer (http://www.auswandererbriefe.de/index.html, 31.01.2009) weisen auf neu erschlossene Dokumente und Quellen jenseits großer empirischer Studien und von Findbüchern, d.s. Verzeichnis der Quellenbestände in Archiven, hin. Dieses Erschließen neuer Materialien ist nicht immer ein systematischer Vorgang, wenn beispielsweise über Zeitungsinserate Auswandererbriefe gesucht wurden. Eine klassische qualitative Studie hatte ihren Anfang regelrecht im Müll. Im Abfall fand der Sozialforscher William I. Thomas Briefe polnischer Einwanderer in Chicago (Paul 1979, S. 168). Daraus entwickelte sich dann die Studie „The polish peasant in Europe and America".

2. Quellenkritik

Die wissenschaftliche Arbeit mit Quellen und Dokumenten muss nachvollziehbar gestaltet sein. Dazu gehört, dass der Informationswert der Quelle hinsichtlich Autorenschaft, Echtheit, Entstehungszeit und Provenienz geprüft wird, um somit den Erkenntniswert eines historischen Zeugnisses zu bestimmen und die Quelle selbst für die Leserschaft, die das Original nicht kennt, transparent zu machen. Dieser Vorgang ist wesentlicher Bestandteil der Quellenkritik und er muss immer der Deutung, d.h. der Auswertung des historischen Materials vorausgehen (vgl. Arnold 1998, 2002; Brandt 2007; Rusinek 1992, 2005). Da ähnlich auch mit Dokumenten verfahren werden sollte, sind die nachstehend beschriebenen Schritte der Quellenkritik für nicht historisches Material ebenso anzuwenden.

Für den Befund der Quelle wird zunächst nach der Autorenschaft gefragt: Wer hat die Quelle verfasst? Warum äußert sich die Person dazu? Wie ist die Person mit den in der Quelle erwähnten Vorgängen verbunden? Auch der Zeitpunkt muss ebenso wie die Herkunft der Quelle geprüft werden. Nicht unerwähnt bleiben darf, ob die Quelle in Kopie oder im Original vorlag und ob die Kopie gegebenenfalls kollationiert, d.h. mit dem Original verglichen worden ist bzw. die Quelle einer Edition entstammt, denn nicht nur den mittelalterlichen Kopisten auch den neuzeitlichen Ratsschreibern, die in Städten die Korrespondenz für die Ratsherren anzufertigen hatten, und den modernen Sekretärinnen unterliefen sinnentstellende Fehler bei der Abschrift.

Kommt die Frage nach der Authentizität einer Quelle vor allem aus der mittelalterlichen und frühneuzeitlichen Forschungstradition, so zeigte der Skandal um die vermeintlich aufgefundenen Hitlertagebücher 1983, dass die Frage der Echtheit von Quellen bis in die Gegenwart reicht (vgl. Seufert 2008). Es sind vor allem die historischen Hilfswissenschaften, jene Zweige in der Geschichtswissenschaft, die die Kenntnisse über Urkunden, Münzen, Schriften, Wappen, Siegel etc. vermitteln und die damit zur Klärung dieser Frage beitragen.

Für bildungshistorische Quellen oder pädagogische Dokumente ist dieser Schritt der Quellenkritik ebenfalls notwendig, denn in Dokumente schulischer Evaluation kann sich mancher jugendliche „fake" verstecken. Mayring (1993, S. 30) führt – ähnlich wie bei Quellenkritik – deshalb für die Prüfung der Dokumente folgende sechs Kriterien auf: Art, äußere Merkmale, innere Merkmale, Intendiertheit des Dokuments, Nähe des Dokuments zum Gegenstand, Herkunft des Dokuments. Auch hier muss das Dokument in seinen Kontext zurückversetzt werden, um es angemessen interpretieren zu können.

Behilflich bei der Klärung dieser Fragen sind neben einem breiten Wissen über den Entstehungskontext der Quelle auch Kenntnisse über die Rezeption und die Verbreitung der Inhalte sowie über sprachliche Eigenarten der Zeit bzw. der Verfasser. Ein Wissen, welches zugleich für die Interpretation des Materials genutzt werden sollte.

Es war der Historiker Johann Gustav Droysen, der in seinen „Vorlesungen über Enzyklopädie und Methodologie der Geschichte" 1858, und in seiner Nachfolge Ernst Bernheim, die auf unterschiedliche Intentionen beim Abfassen historischen Materials hingewiesen hatten. Seitdem werden als „Überreste" jene Quellen bezeichnet, die unmittelbar von einer Begebenheit übrig geblieben sind. Es sind Gegenstände und Texte, die nur für einen bestimmten Zeitraum produziert worden waren. Diese werden nochmals unterschieden in Sachüberreste, wozu z.B. Schulgebäude, Wandtafeln oder Schulbänke gehören, in abstrakte Überreste wie z.B. das Recht auf Bildung, und in schriftliche Überreste, wozu u.a. die Akten des Kultusministeriums als oberster Schulbehörde oder die schriftlichen Einwände von Eltern gegen die Nichtversetzung des Sohnes gehören. Diese Quellen enthalten Informationen, die in einer Zeit für eben jene Zeit entstanden sind.

Der Gegenbegriff ist „Tradition". Darunter werden die Quellen zusammengefasst, die bewusst für die Nachfahren produziert wurden. Schulchroniken und Autobiographien von LehrerInnen zählen ebenso dazu wie die Fahrtenlieder jugendbewegter Gruppen und Erzählungen über die „große Fahrt" im Wandervogel. Gemeinsam ist diesen Quellen, dass sie bewusst hergestellt wurden, um die Nachkommen zu informieren. Dabei ist schon mit ordnender Hand in die Gestaltung und in die Überlieferungsformen der Quellen eingegriffen worden.

Daher sind im Rahmen der Quellenkritik die Aussagen der Quellen immer auch in Hinblick auf „Überrest" und „Tradition", auf ihren Entstehungszusammenhang und ihre Produzenten zu prüfen und dies dann in der Auswertung zu berücksichtigen. Aber diese Quellengruppierung ist nicht immer klar zu vollziehen. Auch wenn in Schulchroniken, die für die Nachwelt hergestellt wurden, zahlreiche formale Informationen über eine Schule enthalten sind, so sind diese Chroniken aufgrund der Auswahl und der Anordnung der Informationen gleichzeitig als zeitgenössische Deutungsversuche von Schule zu interpretieren. Selbst ein Ego-Dokument wie das Tagebuch kann gezielt hin auf Überlieferung geschrieben worden sein. Von Thomas Mann wissen wir, dass er seine Tagebücher bewusst für eine spätere Veröffentlichung verfasst hat (Glaser/Schmid 2006, S. 364).

Diese ausführliche Beschäftigung mit dem Entstehungszusammenhang und der Überlieferungsabsicht dient vor allem dazu, Quellen als empirische Basis wissenschaftlicher Analyse transparent und die Ergebnisse überprüfbar zu machen. Selbst wenn die oben beschriebene Einordnung der Quellen in Überreste und Tradition von manchen Historikern verworfen wird, kann zumindest an dieser Einteilung gezeigt werden, dass schriftliches und gegenständliches Material als Quelle hinsichtlich seiner Intention reflektiert werden muss.

Neben dieser Einordnung und Beschreibung der Quelle gehört zur erschließenden und die Quellenanalyse vorbereitenden Arbeit die Auseinandersetzung mit der Geschichte der Quelle, mit ihrer „Formtradition". Schon Siegfried Bernfeld hat in „Trieb und Tradition im Jugendalter" herausgearbeitet, dass das scheinbar so einzigartige intime Tagebuchschreiben innerhalb einer Tradition steht (Bernfeld 1931/1978, S. 39). Tagebücher und private Briefe sind nicht die authentischen und individuellen Ausdrucksformen Einzelner. Diesen auf den ersten Blick subjektiven Quellen ist ebenso eine gewisse Struktur im Aufbau, in der Anrede, in den Schlussformulierungen und in der Mitteilungsform eigen (vgl. Vellusig 2000; Nickisch 1969; Winterhager-Schmid 2003). Gleiches gilt für persönliche Quellen wie Autobiographie und Memoiren (→ Heinritz). Die Motive ihrer Autoren folgen nur scheinbar subjektiven Gestaltungsmöglichkeiten in der Darstellung des eigenen Lebens. Die Erzählformen zeigen gemeinsame Muster in der Eröffnungserzählung und im – aufsteigenden – Erzählverlauf (vgl. Henningsen 1981; Lejeune 1975/1994). So bleibt auch für biographische Materialien festzuhalten, das sie in unterschiedlichen Situationen und für ganz unterschiedliche Zwecke entstanden sind, und als Textsorten in unterschiedlichen Traditionen stehen; dies zu reflektieren ist Aufgabe der Analyse historischen wie biographischen Materials (→ Fischer/Bosse, → Schulze, → Heinritz).

3. Quellenauswertung und Dokumentenanalyse

Quellen sprechen nicht für sich. Sie sind die empirische Basis für die Erforschung von Vergangenem und Gegenwärtigem. Sie müssen eingebettet werden in den Zusammenhang von Fragestellungen und Hypothesenbildung. Dieser kann auf einen quantitativen oder auf einen qualitativen Forschungsansatz abzielen. Für die Auswertung historischer Statistiken sind es die Methoden der quantitativen Forschung (vgl. Krüger 1998), die hier zur Anwendung kommen. Ansonsten sind Quellenauswertung und Dokumentenanalyse ein „klassisches Feld der qualitativ-interpretativen Analyse" (Mayring 1993, S. 31). Für die Interpretation vor allem von zeitgenössischen Dokumenten stehen zahlreiche Verfahren der qualitativen Forschung zur Verfügung, dazu gehören u.a. Qualitative Inhaltsanalyse (→ Mayring/Brunner), Tiefenhermeneutik (→ Klein), Objektive Hermeneutik (→ Garz), oder die Diskursanalyse (→ Langer/Wrana). Für die Auswertung bildlicher Quellen werden ikonographische Methoden, wie sie in den Bildwissenschaften und in der Kunstgeschichte verwendet werden, herangezogen (vgl. dazu Talkenberger 1998, Mietzner/Pilarczyk 2002; vgl. auch Kapitel 4 in diesem Handbuch, darin u.a. → Fuhs; → Schaeffer/Pietraß). Hermeneutische Herangehensweisen sind für qualitative Dokumentenanalysen besonders wichtig (vgl. dazu allgemein Rittelmeyer/Parmentier 2001; → Rittelmeyer, → Schulze).

Der Analyse von Quellen und Dokumenten dienen vorrangig hermeneutische Verfahren. Ohne im Einzelnen auf die oben hingewiesenen Verfahren einzugehen, sind es im Wesentlichen drei Schritte, die dieses Vorgehen strukturieren: beschreiben, deuten und werten. Der erste Schritt – die Beschreibung des Materials nach den in der Quellenkritik genannten Punkten – dient dazu, dass sich der Leser ein Bild von der Quelle oder dem Dokument machen kann, um die nächsten beiden Schritte mit vollziehen zu können. Hierbei wird auch Unverständliches geklärt. Dazu gehören Informationen über erwähnte Personen und Klärung von nicht mehr allgemeinverständlichen Begrifflichkeiten. Das Kontextwissen dient vor allem der Deutung des Materials: Die Quellen und Dokumente können als weitere Belege für schon Bekanntes dienen und dieses gegebenenfalls differenzieren. Sie können aber genauso auf neue Aspekte hinweisen oder gar Kritik an Gegebenem sein. Gerade für Letzteres muss über die Relevanz des Dokuments Rechenschaft abgelegt werden. Ein Beispiel: War es die Stimme eines einzigen Lehrers, der 1848 in Berlin die Einrichtung der Einheitsschule forderte, oder trug er die Forderung einer tausende Personen zählende Demonstration vor? Im Beispiel bleibend muss auch gefragt werden, ob es weitere Belege für diese Forderung gab? Wie formulierten die Gegenstimmen ihre Position? Der dritte Schritt – die Wertung – ist bestimmt von der Fragestellung, der damit zusammenhängenden theoretischen Orientierung und dem Forschenden selbst. Denn dieser ist selbst „geschichtlich". Der Philosoph Hans-Georg Gadamer ist der Auffassung, dass wir „in Traditionen [stehen], ob wir diese Traditionen kennen oder nicht kennen, ob wir uns ihrer bewußt sind oder so hochmütig zu meinen, wir fingen voraussetzungslos an – an der Wirkung von Traditionen auf uns und unser Verstehen ändert das nichts" (vgl. Gadamer 1995, S. 21). Denn derjenige, der versteht, wird zu einem Teil der Sache, die er versteht. Die Interpretation der Vergangenheit steht also mit dem Forschenden und seiner Zeit in Verbindung.

Schluss

Eine etwas andere kriminalistische Herausforderung an historisches Arbeiten mit Quellen beschreibt der Journalist Hans-Joachim Lang. Sein Ziel war es, 86 jüdischen Opfern eines NS-Verbrechens im Konzentrationslager Natzweiler-Struthof, die nur mit Nummern in den einschlägigen Akten der

Reichsuniversität Straßburg verzeichnet waren, wieder die Namen zurückzugeben. Ähnlich wie Corbin recherchierte Lang biographische Daten in öffentlichen und privaten Archiven, brauchte persönliche Hinweise von Hinterbliebenen und fundierte Kenntnisse des Kontextes um die Reichsuniversität Straßburg, um schließlich – einem Puzzle gleich – die Nummern in Namen zu verwandeln (vgl. Lang 2004).

Mit dem Hinweis auf diese wissenschaftliche Arbeit sollen noch einmal die wesentlichen Aspekte der Dokumentenanalyse und der Quellenkritik abschließend zusammengefasst werden. Sie verlangt ein gutes Kontextwissen, um die Quellen und Dokumente, die Gegenstand der wissenschaftlichen Analyse sein sollen, einordnen zu können. Auch wenn nach und nach zuverlässige Internetseiten angeboten werden, können Informationslücken nicht gegoogelt werden. Gerade bei der Identifizierung der jüdischen Opfer musste der Quellenwert verlässlich eingeschätzt werden und über weitere Informationen bestätigt werden. Auch hier war der Historiker wiederum Sherlock Holmes, der Spuren sichern und Indizien verknüpfen musste, um ein Dokument entschlüsseln zu können.

Literatur

Alt, Robert 1960: Bilderatlas zur Schul- und Erziehungsgeschichte. Bd. 1. Von der Urgesellschaft bis zum Vorabend der bürgerlichen Revolutionen. Berlin.
Alt, Robert 1965: Bilderatlas zur Schul- und Erziehungsgeschichte. Bd. 2. Von der Französischen Revolution bis zum Beginn der großen sozialistischen Oktoberrevolution. Berlin.
Arnold, Klaus 1998: Der wissenschaftliche Umgang mit den Quellen. In: Goertz, Hans-Jürgen (Hg.): Geschichte. Ein Grundkurs. Reinbek. S. 42-58.
Arnold, Klaus 2002: Artikel „Quellen". In: Jordan, Stefan (Hg.): Lexikon Geschichtswissenschaft. Hundert Grundbegriffe. Stuttgart. S. 251-255.
Arnold, Klaus 2002: Artikel „Quellenkritik". In: Jordan, Stefan (Hg.): Lexikon Geschichtswissenschaft. Hundert Grundbegriffe. Stuttgart. S. 255-257.
Atteslander, Peter 1971/2008: Methoden der empirischen Sozialforschung. Berlin.
Bachmair, Ben 2009: Medienwissen für Pädagogen: Medienbildung in riskanten Erlebniswelten. Wiesbaden.
Baumgart, Winfried (Hg.) 1987: Quellenkunde zur deutschen Geschichte der Neuzeit von 1500 bis zur Gegenwart. Darmstadt.
Bernfeld, Siegfried 1931/1978: Trieb und Tradition im Jugendalter. Leipzig/Weinheim.
Borowsky, Peter/Barbara Vogel/Heide Wunder 1989: Einführung in die Geschichtswissenschaft I. Grundprobleme, Arbeitsorganisation, Hilfsmittel. Opladen.
Brandt, Ahasver von [17]2007: Werkzeug des Historikers. Eine Einführung in die historischen Hilfswissenschaften. Stuttgart.
Corbin, Alain 1999: Auf den Spuren eines Unbekannten. Ein Historiker rekonstruiert ein ganz gewöhnliches Leben. Frankfurt/M.
Datenhandbuch zur Deutschen Bildungsgeschichte 1986 ff. 5 Bände. Göttingen.
Dejung, Emanuel/Hans Stettbacher (Hg.) 1946 ff.: Johann Heinrich Pestalozzi. Sämtliche Briefe: kritische Ausgabe. Zürich.

Droysen, Johann Gustav 1858/1977: Vorlesungen über Enzyklopädie und Methodologie der Geschichte. Hrsg. von Rudolf Hübner. München/Wien.

Franz, Eckhart G. 2007: Einführung in die Archivkunde. Darmstadt.

Gadamer, Hans-Georg 1960/1990: Gesammelte Werke. Band 1: Hermeneutik: Wahrheit und Methode. Grundzüge einer philosophischen Hermeneutik. Tübingen.

Gadamer, Hans-Georg 1995: Hermeneutik – Ästhetik – praktische Philosophie: Hans-Georg Gadamer im Gespräch. Hrsg. von Carsten Dutt. Heidelberg.

Ginzburg, Carlo 2002: Spurensicherung. Die Wissenschaft auf der Suche nach sich selbst. Berlin.

Glaser, Edith/Pia Schmid 2006: Biographieforschung in der Historischen Pädagogik. In: Krüger, Heinz-Hermann/Winfried Marotzki (Hg.): Handbuch erziehungswissenschaftliche Biographieforschung. Wiesbaden. S. 363-390.

Henningsen, Jürgen 1981: Autobiographie und Erziehungswissenschaft. Essen.

Jacke, Charlotte/Rainer Winkel (Hg.) 2008: Die gefilmte Schule. Baltmannsweiler.

Jahoda, Marie/Paul F. Lazarsfeld/Hans Ziesel 1933: Die Arbeitslosen von Marienthal: Ein soziographischer Versuch über die Wirkungen langdauernder Arbeitslosigkeit. Hrsg. von der österreichischen wirtschaftspsychologischen Forschungsstelle. Leipzig.

Kirn, Paul 1947/1997: Einführung in die Geschichtswissenschaft. Hrsg. von Joachim Leuschner. Berlin.

Kleinau, Elke/Christine Meyer (Hg.) 1996: Erziehung und Bildung des weiblichen Geschlechts: eine kommentierte Quellensammlung zur Bildungs- und Berufsbildungsgeschichte von Mädchen und Frauen. 2 Bde. Weinheim.

König, Helmut (Hg.) 1990: Mein lieber Herr Fröbel! Briefe von Frauen und Jungfrauen an den Kinder- und Menschenfreund. Berlin.

Krüger, Kersten 1998: Historische Statistik. In: Goertz, Hans-Jürgen (Hg.): Geschichte. Ein Grundkurs. Reinbek. S. 59-82.

Lamnek, Siegfried 1995: Qualitative Sozialforschung. Bd. 2: Methoden und Techniken. Weinheim.

Lang, Hans-Joachim 2004: Die Namen der Nummern. Wie es gelang, die 86 Opfer eines NS-Verbrechens zu identifizieren. Hamburg.

Lejeune, Philippe 1975/1994: Der autobiographische Pakt. Frankfurt/M.

Mayring, Philipp 1993: Einführung in die qualitative Sozialforschung. München.

Mietzner, Ulrike/Ulrike Pilarzyk 2002: Das Visuelle in Bildung und Erziehung. Fotografie als Quelle in den Erziehungs- und Sozialwissenschaften. Unveröff. Habilitationsschrift. Berlin.

Nickisch, Reinhard M. G. 1969: Die Stilprinzipien in den deutschen Briefstellern des 17. und 18. Jahrhunderts. Göttingen.

Paul, Sigrid 1979: Zur Geschichte persönlicher Dokumente in Ethnologie, Soziologie und Psychologie. 2 Bde. Hohenschäftlarn.

Pilarczyk, Ulrike/Ulrike Mietzner 2005: Das reflektierte Bild: die seriell-ikonografische Fotoanalyse in den Erziehungs- und Sozialwissenschaften. Bad Heilbrunn.

Reh, Werner 1995: Quellen- und Dokumentenanalyse in der Politikfeldforschung. Wer steuert die Verkehrspolitik? In: Alemann, Ulrich von (Hg.): Politikwissenschaftliche Methoden. Grundriß für Studium und Forschung. Opladen. S. 201-259.

Rittelmeyer, Christian/Michael Parmentier 2001: Einführung in die pädagogische Hermeneutik. Darmstadt.

Rusinek, Bernd-A./Volker Ackermann/Jörg Engelbrecht (Hg.) 1992: Einführung in die Interpretation historischer Quellen. Schwerpunkt: Neuzeit. Paderborn.

Rusinek, Bernd-A. 2005: Quellenkritik und -interpretation. Auf die Fragen kommt es an. In: Dittmer, Lothar/Detlef Siegfried (Hg.): Spurensucher. Ein Praxisbuch für historische Projektarbeit. Hamburg. S. 180-198.

Schiffler, Horst/Rolf Winkeler (Hg.) 1991: Tausend Jahre Schule: eine Kulturgeschichte des Lernens in Bildern. Stuttgart/Zürich.

Schmitt, Hanno (Hg.) 1997/2007: Briefe von und an Joachim Heinrich Campe. 2 Bände. Wiesbaden.

Schroeter, Kirsten/Tobias Diemer 2004: Selbstevaluation mittels Dokumentenanalyse. In: www.blk-demokratie.de [07.09.2004]

Schulze, Winfried (Hg.) 1996: Ego-Dokumente. Annäherung an den Menschen in der Geschichte. Berlin.

Seufert, Michael 2008: Der Skandal um die Hitler-Tagebücher. Frankfurt/M.

Spranger, Eduard 1978: Briefe: 1901-1963. (Gesammelte Schriften, Bd. 7). Tübingen.

Talkenberger, Heike 1998: Historische Erkenntnis durch Bilder. Zur Methode und Praxis der Historischen Bildkunde. In: Goertz, Hans-Jürgen (Hg.): Geschichte. Ein Grundkurs. Reinbek. S. 83-98.

Vellusig, Robert 2000: Schriftliche Gespräche. Briefkultur im 18. Jahrhundert. Wien.

Winkeler, Rolf 1997: ‚Jobs als Schulmeister'. Pfade der Interpretation und Quellenwert. In: Schmitt, Hanno u. a. (Hg.): Bilder als Quellen der Erziehungsgeschichte. Bad Heilbrunn. S. 27-48.

Winterhager-Schmid, Luise 2003: Jugendtagebuchforschung. In: Friebertshäuser, Barbara/Annedore Prengel (Hg.): Handbuch Qualitative Forschungsmethoden in der Erziehungswissenschaft. Weinheim und München. S. 354-370.

Teil 3
Strategien für Erhebung und Auswertung

Barbara Friebertshäuser, Sophia Richter und
Heike Boller

Theorie und Empirie im Forschungsprozess und die „Ethnographische Collage" als Auswertungsstrategie

Welche Rolle spielt die Theorie im Prozess der qualitativen Forschung? Jede Forschung sucht zur Theoriebildung beizutragen, um den Horizont der wissenschaftlichen Erkenntnisse zu erweitern. Es gibt jedoch unterschiedliche Wege zu diesem Ziel. Zum einen formulieren qualitative Studien häufig den Anspruch, ausgehend von der Empirie zur gegenstandsbezogenen Theoriebildung (Grounded Theory) beizutragen (→ Hülst), zum anderen beziehen sich qualitative Studien auf bereits vorliegende Theorien und betrachten ihre empirischen Befunde unter einer entsprechenden Theorie-Perspektive (z.B. der Ritualtheorie → Jörissen/Wulf). Zwischen der Theorie und den empirischen Methoden gibt es enge Bezüge, die oftmals vernachlässigt werden. Das Verhältnis von Theorie und Empirie erweist sich gerade in der qualitativen Forschung als facettenreich. Der Beitrag widmet sich im ersten Teil diesem Grundproblem qualitativer Forschung, indem er das Beziehungsverhältnis zwischen Theorie und Empirie beleuchtet und danach fragt, wie man von der Theorie zur Empirie und von der Empirie zur Theorie gelangen kann.[1] Es geht somit um deduktive bzw. induktive Strategien im Prozess qualitativer Forschung. Herausgearbeitet werden vier Strategien, die mit Hilfe von verschiedenen empirischen Studien vorgestellt und näher ausgeführt werden. Exemplarisch wird anhand der Analysestrategien ein Einblick in die Vorgehensweisen und Erkenntnismöglichkeiten theorie- bzw. empiriegeleiteter Erhebungs- und Auswertungsstrategien gegeben. Denn je nach Strategie und damit verbunden dem Einsatz von Theorie variiert der Erkenntnisgewinn.

Darüber hinaus spielt im Forschungsprozess der Einsatz unterschiedlicher Methoden eine zentrale Rolle für den Erkenntnisgewinn. Über die Verwendung unterschiedlicher methodischer Zugänge werden erste Ergebnisse durch die Gewinnung weiterer Erkenntnisse verifiziert, falsifiziert und erweitert (vgl. Flick 2007, S. 309 ff.). Wenn man das Methodenrepertoire qualitativer Forschung als einen großen Werkzeugkasten betrachtet, dann erscheint es zunächst so, als könnten die Forschenden die Methoden im Feld beliebig einsetzen. Bei genauerer Betrachtung offenbart sich jedoch:

---

1 Für Anregungen und Rückmeldungen danken wir Annedore Prengel und Antje Langer.

Jedes Werkzeug, jede Methode, hat eine eigene historische und wissenschaftstheoretische Tradition, eine Logik, eine Funktion, die den Einsatz und die Erkenntnismöglichkeiten rahmt und zugleich vorstrukturiert. Jede Methode konstituiert auf spezifische Weise den Gegenstand, der mit ihr erforscht werden soll (vgl. u.a. Flick 2007, S. 31 f.). Die Triangulation von unterschiedlichen Methoden impliziert häufig die Datentriangulation im Auswertungsprozess. Im Laufe eines qualitativen Forschungsprojektes, insbesondere eines Feldforschungsprojektes, können sich ganze Berge von Daten und Materialien anhäufen: Feldnotizen, Beobachtungsprotokolle, Tonmitschnitte, Videoaufzeichnungen, Fotografien, Interviews, Gruppendiskussionen, Dokumente, Raumskizzen oder quantitatives Datenmaterial. Somit stellt sich die Frage, wie man aus den Materialien und Daten wissenschaftliche Erkenntnisse gewinnt und diese dann für andere nachvollziehbar und kontrollierbar präsentiert. Diesem Problem widmet sich der Beitrag im zweiten Teil. Wir stellen eine Möglichkeit der Auswertung dar, die die unterschiedlichen Daten zusammenfasst und sich sozusagen *zwischen* theorie- und empiriegeleiteten Verfahren verortet. Wir nennen diese Auswertungsstrategie ‚Ethnographische Collage'. Eine ‚Ethnographische Collage' ist eine nach den Regeln der wissenschaftlichen Kontrollierbarkeit aus Primär- und Sekundärdaten erzeugte Materialzusammenstellung in Form eines ethnographischen Quellentextes, in dem die unterschiedlichen empirischen Materialien und Daten (die bspw. im Kontext ethnographischer Feldforschung zusammengetragen wurden) in Form einer Datentriangulation auf der Basis theoretischer Interpretationen zusammengestellt werden. Die Ethnographische Collage liefert die Datenbasis für die nachfolgenden Interpretationen. In Form eines ‚Auswertungsleitfadens' werden die Strategien der Erstellung einer Ethnographischen Collage vorgestellt, aber auch die Fallstricke und Grenzen diskutiert.

Beziehungen zwischen Theorie und Empirie in der qualitativen Forschung

Theorien sind Konstruktionen, Modelle eines Gegenstandsbereichs, Annahmen über die Wirklichkeit, der sie sich nur annähern können. Sie dienen der Welterschließung und sollten begründet, überprüfbar und reflexiv sein.[2] Die Empirie[3] sucht die Welt mittels wissenschaftlicher methodologisch begründeter Forschungsmethoden zu erschließen. Der Facettenreichtum des Alltags lässt sich allerdings nur über eine Komplexitätsreduktion (→ Kelle) methodisch einfangen, diese bedarf stets der kritischen Prüfung, um die aus begrenzten Daten abgeleiteten Verallgemeinerungen zu begründen und zu hinterfragen. Empirische Daten werden erhoben, um theoretische Annah-

---

2 Zum Verhältnis von Theorie und Empirie in den Sozialwissenschaften vgl. Kalthoff u.a. 2008. Eine Definition von Theorie gibt Kalthoff 2008, S. 11 ff.
3 Vom Griechischen *empireia* abgeleitet, meint Empirie Erfahrung, Erfahrungswissen.

men über die Welt zu entwickeln, zu bestätigen oder zu widerlegen. Empirie dient somit dazu, die Theoriebildung anzuregen, aber die Theorie wirkt auch mehr oder weniger direkt oder indirekt bereits auf die Gestaltung der Empirie ein, konstruiert den Forschungsgegenstand mit.[4] Bei der Interpretation der empirischen Befunde ist die Theorie einerseits behilflich, andererseits können auf diese Weise neue Theorien entstehen oder die Theorie wird erweitert.

Es stellt sich nun die Frage, in welchem Verhältnis Theorie und Empirie in der qualitativen Forschung zueinander stehen (können). „Nimmt man die Wirkung in den Blick, die empirische und theoretische Forschungen aufeinander ausüben, dann ist von einer Ausrichtung oder Formatierung der empirischen Forschung durch Theorie respektive der theoretischen Forschung durch Empirie auszugehen." (Kalthoff 2008, S. 10) Aber nicht nur die Wirkung ist von Interesse, sondern auch der Stellenwert, den Theorie und Empirie im Forschungsprozess innerhalb einer Studie einnehmen. „Eine starke Stellung der Empirie meint etwa, daß das empirische Material den Theorien, mit denen es gelesen wird auch widersprechen kann; eine starke Stellung der Theorie meint, daß der Sinn der Empirie durch die Sicht einer Theorie bestimmt wird." (Kalthoff 2008, S. 11)

Qualitative Studien wählen spezifische empirische Zugänge zur Welt aus, die auf Vorannahmen über den zu untersuchenden Gegenstandsbereich basieren und diesen damit mit konstruieren. Gleichzeitig gilt, dass die Methoden am Forschungsgegenstand zu entwickeln sind, um diesem in seinen verschiedenen Facetten gerecht zu werden. Auf diese Weise entstehen methodische Innovationen. Zugleich konstruiert jede Empirie ihren Gegenstand. Die durch eine Studie abgebildete Realität ist eine Antwort auf eine Forschungsfrage und ein Forschungsinteresse, außerdem wird auch der Blick der Personen widergespiegelt, die die Forschung durchgeführt haben (vgl. Kalthoff 2008, S. 18). Für die Konstruktion des Untersuchungsgegenstandes greifen empirische Studien auf Theorien zurück und/oder entwickeln theoretische Modelle, die in Theorien systematisiert werden können. „Bildlich läßt sich der dadurch hergestellte Austausch als ein Gespräch vorstellen, in dem sich die Empirien und Theorien gegenseitig informieren. Informieren bedeutet zunächst einmal, jemanden über eine Sache zu benachrichtigen oder in Kenntnis zu setzen. Man weiß dann, daß beispielsweise ein soziales Phänomen empirisch oder theoretisch so oder so gesehen werden kann." (Kalthoff 2008, S. 10) Mit der Auswahl entsprechender Methoden handelt man sich auch einen theoretischen Blick oder auch eine Theorietradition ein (z.B. den symbolischen Interaktionismus), denn Theorien und Paradigmen sind mit empirischen Methoden verbunden, die mehr oder weniger präzise aus diesen abgeleitet werden. Deshalb ist es wichtig, die

---

4 Bspw. der Bezug auf Theorien zur geschlechtsspezifischen Sozialisation kann bewirken, dass ein bestimmtes Phänomen in spezifischer Weise untersucht und die Kategorie Geschlecht in dieser Untersuchung mit in den Blick genommen wird.

Theorie(tradition) zu kennen, auf die man sich bezieht, um sie dann auch kritisch einordnen und reflektieren zu können. Da es ohnehin unterschiedliche Perspektiven auf ein und denselben Gegenstand oder Sachverhalt gibt, sind Forschende stets zur Selbstreflexion aufgerufen.

Die meisten (Auswertungs-)Verfahren für qualitative Forschungsdaten sind in einem Raum zwischen Grounded Theory und theoriegeleitetem Vorgehen zu verorten.[5] Theorien fungieren als Rahmen der Betrachtung von Welt und beleuchten jeweils spezifische Aspekte der Wirklichkeit. So kann man aus der gleichen beobachteten Szene einer Einschulung unterschiedliche Aspekte herausarbeiten und analysieren: Beispielsweise kann vor dem Hintergrund der Ritualforschung die schulische und familiale Inszenierung des Übergangs vom Kindergarten- zum Schulkind und die Herstellung von Gemeinschaft unter den Erstklässlern von Interesse sein. Unter der Perspektive der Bindungsforschung dagegen würde man analysieren, in welcher Weise sich in der Situation der Loslösung von der Familie das Bindungsverhalten zwischen Mutter und Kind darstellt. Jeweils resultiert aus dem theoretischen Rahmen ein anderer Fokus der Aufmerksamkeit. Denn man kann nicht das gesamte sehr komplexe soziale Geschehen einer Einschulungsfeier mit zahlreichen Akteuren in all seinen Facetten und Dimensionen beobachten, da jeder Aufmerksamkeitsfokus andere Szenen ausschließt. Wissenschaftliche Analysen arbeiten stets mit einer Reduktion von Komplexität, wobei man darüber Rechenschaft abgeben muss, in welcher Weise ein Forschungsgegenstand konzeptioniert, erkundet und analysiert wird.

Theorie und Empirie im Prozess qualitativer Forschung – Verfahren und Beispiele

Empirische Studien sind in unterschiedlicher Weise mit Theorien verknüpft. Die Theorie kann der Empirie vorausgehen oder ihr folgen. Im ersten Fall erschließt die Theorie ein empirisches Feld und die so gewonnenen Befunde können die Theorie erweitern, ergänzen oder ihre Grenzen aufzeigen. Im zweiten Fall führen (irritierende) empirische Befunde zur Suche nach geeigneten Theorien, um das Phänomen zu verstehen. Bei jedem dieser Verfahren kann sich der Theoriebezug aus verschiedenen Theorien speisen. Einige Theorien erweisen sich als empirienah, da sie auf der Basis empirischer Befunde entwickelt und erprobt wurden, andere Theorien bewegen sich auf einem höheren Grad der Abstraktion und sind dementsprechend nicht auf direktem Weg für die Empirie nutzbar zu machen. Zugleich resultieren aus der Entscheidung für spezifische wissenschaftliche Paradigmen und Theorien Vorentscheidungen bezogen auf die Wahl von For-

---

5 Zur Bedeutung dieses Zusammenhangs für Auswertungsverfahren → Schmidt. Im Projekt „Fokussierte ethnographische Beobachtung sozialer Interaktionen im Unterricht" werden Erhebungs- und Auswertungsinstrumente entwickelt, die theoriegeleitete und offene Strategien kombinieren (Prengel 2009).

schungsmethoden und die Art der möglichen Erkenntnisse.[6] Diese unterschiedlichen Beziehungen zwischen Theorie und Empirie sollen im Folgenden anhand von vier Ansätzen anschaulich und nachvollziehbar gemacht werden.

Theoriegeleitete Analysen: Theorien leiten die Analysen an, sie werden zur Erschließung empirischer Felder und Daten genutzt – als „Seh- und Analyseinstrument" (Lindemann 2008, S. 114). (1)

Theorieorientierte Analysen: Theorieorientierte Analysen nutzen Theorien als Interpretationsrahmen und suchen über das Ausloten der Grenzen der Theorien diese zu erweitern. Das empirische Vorgehen wird durch die Rahmentheorien strukturiert, zugleich werden bezogen auf das Feld und die Daten eigene Kategorien entwickelt, die theoretische Bezüge herstellen. Bei diesem Verfahren kann aus verschiedenen Theorien ein neues Modell entwickelt werden. (2)

Empirieorientierte Zugänge zu Theorien: Ausgehend von der Empirie (z. B. von Phänomenen und Irritationen im Feld, die neue Fragen aufwerfen) wird nach Konzepten gesucht, um das Unverstandene und Unbegreifliche mit Hilfe von Theorien analytisch zu fassen. Die so entstehende gegenstandsbezogene Theoriebildung erschließt in diesem Fall ein empirisches Feld und die dabei entstehenden Konzepte können durch weitere empirische Felder erweitert oder ergänzt werden. (3)

Empiriegeleitete theoretische Rekonstruktionen: Von einem Problem der Praxis ausgehend wird empirisches Material erhoben, zu Konzepten oder Hypothesen verdichtet und später werden Theorien gesucht, um die empirischen Befunde zu klassifizieren und zu verstehen. (4)

(1) Theoriegeleitete Analysen

Theoriegeleitete Erhebungen und Auswertungen nutzen eine oder mehrere Theorie(n) als Strukturierungs-, Seh- und Analyse-Instrumente (vgl. Lindemann 2008, S. 114) zur Erschließung von Forschungsfeldern und empirischem Datenmaterial. Theorien leiten das Vorgehen an. In Anlehnung an eine bereits vorhandene Theorie wird das gesamte Material gesichtet, beleuchtet und eingeordnet. Dabei werden Hypothesen oder Fragestellungen formuliert, die sich bspw. aus psychoanalytischen, soziologischen oder erziehungswissenschaftlichen Theorien ableiten, und am Material überprüft.

---

6 Viele größere Projekte heften ihren Auswertungsstrategien eigene Etiketten an oder lassen sich auch nicht eindeutig einem Verfahren zuordnen, sondern nutzen diverse Techniken der Auswertung (bspw. eine Konversationsanalyse nach Bergmann 2007 und 1995). Ein Überblick über diverse gegenwärtige Analyseverfahren findet sich bspw. im von Uwe Flick u. a. (1995, S. 209 ff.) herausgegebenen Handbuch Qualitative Sozialforschung bzw. in dem von Uwe Flick u. a. (2007) herausgegebenen Handbuch Qualitative Forschung.

Es handelt sich somit um eine bereits vorliegende Theorie, welche die empirische Arbeit vorstrukturiert, wobei auch neue Gedanken und Ideen im Zuge der Interpretation und der Suche nach neuen „Konzepten" entstehen können. Theoretische Modelle fungieren als eine Art Gerüst, um die Daten und Informationen unter einer spezifischen Perspektive zu betrachten. Martina Weber beleuchtet in ihrer Studie „Heterogenität im Schulalltag" (2003) die Konstruktion von Geschlecht im Zusammenspiel mit Prozessen der Ethnisierung im Feld der gymnasialen Oberstufe. Weber entfaltet in ihrer Untersuchung die Hypothese, „dass in der diskursiven Verknüpfung der sozialen Kategorien Geschlecht und Ethnizität Geschlechterkonzepte hervortreten, die als legitime und illegitime Formen von Weiblichkeit in Konkurrenz zueinander gesetzt werden und der Dominanzgesellschaft Distinktionsgewinne sichern." (Weber 2003, S. 9) Im Anschluss an Bourdieus Konzept des Habitus wird das Verhältnis von Ethnisierungs- und Sexuierungsprozessen zueinander näher bestimmt (vgl. Weber 2003, S. 37 ff.). Die theoretisch abgeleiteten Annahmen werden durch die empirischen Ergebnisse konkretisiert und dort wo sie sich bspw. als zu einfach erweisen weiter ausdifferenziert (vgl. Weber 2003, S. 177).[7]

(2) Theorieorientierte Analysen

Theorieorientierte Analysen nutzen Rahmentheorien, die das empirische Vorgehen strukturieren. Über das Ausloten der Potentiale und Grenzen der Theorien werden diese zu erweitern gesucht oder für weitere Forschungsgegenstände fruchtbar gemacht. Das empirische Vorgehen (vom Feldzugang über die Stichprobenauswahl bis zur Auswertung) wird einerseits durch die Rahmentheorien strukturiert, andererseits werden bezogen auf das Forschungsfeld und die Theorien eigene Kategorien und Konzepte ergänzt und weiterentwickelt. Im Rahmen des Projektes „Studium und Biographie" stand die Frage im Vordergrund, wie es zu einer geschlechtsspezifischen Studienfachwahl kommt, wie dann Studentinnen und Studenten in unterschiedlichen Studiengängen im Laufe des ersten Semesters innerhalb der Hochschule sozialisiert werden und welchen Einfluss darauf soziale Herkunft und Geschlecht haben (vgl. Apel u. a. 1995). Als theoretische Rahmen wurden Geschlechtertheorien, Theorien zu Statuspassagen und Ritualen, die Fachkulturforschung sowie die Theorie des sozialen Raums nach Bourdieu genutzt. Um die fachspezifische Sozialisation in der Hochschule zu analysieren wurden unterschiedliche Studiengänge (Erziehungswissenschaft, Rechtswissenschaft, Ingenieurwissenschaften) ausgewählt und vergleichend analysiert. Die Suche nach „funktionalen Äquivalenten" diente dabei bspw. dazu, unterschiedliche Formen der Initiation der Studienanfänger (gemein-

---

[7] Die theoretisch ambitionierte Studie von Weber könnte auch unter der Kategorie 2 „Theorieorientierte Analysen" verortet werden, viele Studien bewegen sich in einem Zwischenraum zwischen unterschiedlichen Strategien oder gehen im Laufe des Interpretationsprozesses von einer Strategie zu einer anderen über.

sames Frühstück bei den Erziehungswissenschaften und Ingenieurwissenschaften oder Ball am Abend bei den Juristen) im Hinblick auf ihre Funktionen und Bezüge zur Fachkultur analysieren zu können (vgl. Engler/Friebertshäuser 1989). Auf diese Weise ließ sich untersuchen, wie Studienanfänger in die Rituale und Traditionen ihres Faches eingeführt werden, wie sie einen fachspezifischen Habitus in Rahmen ihres Studiums erwerben, welche Effekte die Kategorie Geschlecht und soziale Herkunft dabei haben. Verschiedene theoretische Konzepte entwickelten sich aus der Analyse des Materials. So erwies sich eine fehlende „fachkulturelle Passung" zur studentischen Fachkultur und ihrem fachkulturellen Habitus (trotz herkunftsbedingter großer Passung zu den Anforderungen der akademischen Kultur) als zentraler Faktor für die misslungene Selbstinitiation und Selbstselektion im Studiengang Erziehungswissenschaft, dabei spielten die Gefühle von Fremdheit und Isolation eine entscheidende Rolle (vgl. Friebertshäuser 1992, S. 300 ff.). Auf diese Weise diente die Empirie dazu, die Grenzen der Theorien auszuloten und zu erweitern. Eigene Fragestellungen (z.B. das Einbeziehen der Kategorie Geschlecht) machten es notwendig, die vorhandenen Theorien, die diesen Faktor nicht berücksichtigt hatten, zu erweitern. Bezogen auf das Forschungsfeld entstanden neue Konzepte, um die Befunde interpretieren zu können und neue theoretische Modelle zu entwickeln, die wiederum in weiteren Studien zu prüfen wären.

(3) Empirieorientierte Zugänge zu Theorien

Wie sich ein empirieorientierter Zugang zur Theorie im Detail darstellen kann, soll exemplarisch anhand der Studie von Antje Langer „Klandestine Welten. Mit Goffman auf dem Drogenstrich" (2003) anschaulich gemacht werden. Langer beschreibt das methodische Vorgehen ihrer ethnographischen Studie in ihrer Reflexion folgendermaßen: „Als theoretische Perspektive dienten mir Interaktionsmodelle Ervin Goffmans. Ich arbeitete nicht nur in der Analyse der Daten mit seinen Terminologien, sondern Goffman wurde auch bei den Beobachtungen und Gesprächen im Feld zu einem stetigen ‚Begleiter'." (Langer 2007, S. 90) Was bedeutet die theoretische Perspektive für den Aufbau einer Studie und für die eigenen Wahrnehmungsprozesse? In welchem Verhältnis stehen hier Theorie und methodisches Vorgehen? Bei der teilnehmenden Beobachtung beschreibt die Forscherin Schwierigkeiten, bspw. die Prostituierten, welche sich auf den Straßen aufhalten und Männern ihre Bereitschaft signalisieren, angesprochen zu werden, abzugrenzen von den Drogenkonsumentinnen, die sich ebenfalls im Bahnhofsviertel aufhalten und zu unterscheiden, wann und wie eine Frau von der einen in die andere Rolle wechselt. Diese Schwierigkeit der Zuordnung, die nur bei genauem Hinschauen gelingt, wird mit Hilfe der Theatermetaphorik Goffmans zu strukturieren versucht. Der Straßenstrich wird bei seiner Betrachtung zu einer Bühne, auf der der Inszenierung des „Selbst" eine große Bedeutung zukommt (Goffman 1969). Langer beschreibt mit Goffmans theoretischer Perspektive den Drogenstrich und unterscheidet zwischen der „Vorderbühne" als einer Region, in der die Vorstellung stattfindet mitsamt seinem Bühnenbild (das Rotlichtviertel, die Drogenszene, diverse Subszenen sowie das Durchgangspublikum) und die „Hinterbühne" als ein Ort, an dem die Darstellerinnen sich getrennt vom Publikum demaskieren, ihre Rolle ablegen, Ruhepausen einlegen, sich vorbereiten können. Die Straßen sind im selben Moment für einige Frauen – in der Rolle der Prostituierten – Vorderbühne und für andere Drogenkonsumentinnen Hinterbühne (vgl. Langer 2007, S. 94). Die Theatermetaphorik Goffmans dient dazu, „die Komplexität vielfach gleichzeitiger Ereignisse zu fokussieren und sie damit zu reduzieren. Weiter wird durch die Abstraktion eine komplexe wissenschaftliche Beschreibung möglich, die die Beobachtungen in angemessener Weise darstellen, erläutern und verstehbar machen kann." (Langer 2007, S. 96) Die Metapher wird für Langer (2007, S. 100) sowohl Prinzip der analytischen Beobachtung als auch Technik der ‚dichten Beschreibung'. Theorien und Modelle, die aus einem anderen Zusammenhang stammen, werden auf die zu untersuchenden Phänomene übertragen, um darüber neue Perspektiven zu gewinnen (vgl. Lenz 1991, S. 57). Wie stellt sich aus Sicht der Autorin das Verhältnis zwischen Theorie und Empirie in ihrer Studie dar? In Langers Studie über die Interaktionsprozesse auf dem Drogenstrich ging es nicht darum, Goffmans Theorien zu bestätigen oder diese auf den Forschungsgegenstand zu übertragen. „Vielmehr diente das selektive Arbeiten mit bestimmten Terminologien der Analyse und der Veranschaulichung der beobachteten Interaktionen." (Langer 2007, S. 102) Für Langer stellen die Bühnenmetapher wie auch weitere Konzepte Goffmans keine starren Begriffskonstruktionen dar, sondern diese werden am empirischen Material beständig weiterentwickelt, „so dass sie […] in einem bestimmten kulturellen und historischen Rahmen im Sinne einer ‚Interaktionsforschung' verallgemeinerbar sind und zugleich einen starken empirischen Gegenstandsbezug haben." (Langer 2007, S. 102) Es ging nicht darum, Goffmans theoretische Perspektive anzuwenden und als starre methodische Anleitung zu lesen, sondern mit Hilfe der theoretischen Perspektive in eine aktive und reflexive Auseinandersetzung mit dem Forschungsgegenstand zu treten. Das macht Goffman für Langer (2007, S. 103) zu einem „widerstreitenden ‚Begleiter'".

(4) Empiriegeleitete theoretische Rekonstruktionen

Als ein Beispiel für eine empiriegeleitete theoretische Rekonstruktion kann die Studie über die „Turkish Power Boys" (1996) dienen, die Hermann Tertilt Anfang der 1990er Jahre in Frankfurt am Main durchführte. Ausgangspunkt der Studie bildete ein Problem der Praxis, eine türkische Jugendbande, die vor allem durch ihr delinquentes Verhalten auffiel. In der Diskussion (z. B. innerhalb der Medienberichte) wurde die vermehrt auftretende Gewaltbereitschaft häufig vor allem ethnischen Gruppen zugeordnet und mit dem Migrationshintergrund und der Orientierungs- und „Wurzellosigkeit" der zweiten Migrantengeneration zu begründen versucht. Um zu einem umfassenden Verständnis der Lebenssituation der Jugendlichen und ihrer sozialen Lage als Angehörige der zweiten Migrantengeneration zu gelangen, verzichtete Tertilt auf vorab entwickelte Rahmentheorien. „Ich bediente mich ethnographischer Methoden, nutzte die Möglichkeiten der Feldforschung und der teilnehmenden Beobachtung, um den subkulturellen Besonderheiten, den Überzeugungen und Praktiken dieser türkischen Jugendbande auf die Spur zu kommen." (Tertilt 1997, S. 20) Tertilt begleitete die Jugendlichen, die sich selbst als „Turkish Power Boys" bezeichneten, über etwa zwei Jahre, er begleitete sie in ihrem Gruppenalltag bei allen Aktivitäten und führte Interviews mit ihnen. Um eine Antwort auf das Verhalten der Jugendlichen zu finden, war es wichtig, die Beweggründe der Jugendlichen und ihre Hintergründe kennenzulernen. Im ersten Schritt galt es, zu Konzepten über das Gruppenverhalten der Jugendlichen zu kommen und ihre gewalttätigen Aktionen zu erklären. Tertilt formuliert seinen Umgang mit dem Material folgendermaßen: „Statt das empirische Material einem einheitlichen Theoriemodell unterzuordnen, habe ich der Vielfalt und Widersprüchlichkeit des Materials Raum gegeben." (Tertilt 1997, S. 24) An anderer Stelle formuliert er sein Vorgehen als den Versuch „die gängigen Theorieansätze an [seinem] empirischen Material zu diskutieren und eine eigene Interpretation zu entwickeln" (vgl. Tertilt 1996, S. 10). So hat er über das Material subkulturelle Wert- und Normorientierungen der Gruppe herausarbeiten können und „erst auf Grundlage dieser ethnographischen Perspektive schien [ihm] eine Interpretation und Einordnung des Gewaltphänomens angebracht. Denn durch eine differenzierte und lebensnahe Darstellung der Jugendlichen ließ sich das vorherrschende Klischee des ‚kriminellen Ausländers' konterkarieren – ohne damit die Gewalt zu verharmlosen oder zu legitimieren." (Tertilt 1996, S. 24) Tertilt hat also ausgehend von dem Problem der Gewaltbereitschaft der Jugendlichen der zweiten Migrantengeneration Material erhoben, dieses zu Konzepten und Hypothesen verdichtet und auf der Basis von Theorien die Befunde klassifiziert und interpretiert.

Die Auswertungsstrategie „Ethnographische Collage"[8]

Die Ethnographische Collage dient dazu, verschiedene Probleme qualitativer Forschung zu bewältigen. So gilt es die verschiedenen Materialien zu einer ethnographischen Form zusammenzufügen und den Lesenden in einer Weise zu präsentieren, die ihnen einen Zugang zur erforschten sozialen

---

8 Die ersten Ideen zu dieser Form der Präsentation ethnographischen Datenmaterials entstanden im Projekt „Studium und Biographie" an der Universität Siegen in der Forschungsgruppe um Jürgen Zinnecker unter dem Stichwort „Wissenschaftlicher Quellentext" (vgl. Apel u. a. 1995). Später wurde der Ansatz unter dem Stichwort „Ethnographischer Quellentext" weiterentwickelt (vgl. Friebertshäuser 2001). Die Bezeichnung „Ethnographische Collage", als „Modell der analytischen Verdichtung" (Kelle 2001, S. 206), rückt begrifflich eher die Selektions- und Rekonstruktionsprozesse in den Fokus.

Welt bietet. Zum einen soll darüber der Auswertungsprozess transparent, nachvollziehbar und kontrollierbar gemacht werden. Zum anderen gilt es, unterschiedliche Materialien und Daten für die nachfolgende Interpretation zusammenzuführen (Datentriangulation). Es handelt sich um eine nach den Regeln wissenschaftlicher Kontrollierbarkeit erzeugte Materialzusammenstellung, wobei die Grenzen der Triangulation berücksichtigt, d. h. die Logiken einzelner Methoden und Daten nicht außer acht gelassen werden. Die Ethnographische Collage ist damit eine Auswertungsstrategie, die als Möglichkeit zur Materialverdichtung genutzt werden kann. Je nach Verknüpfung von Theorie und Empirie im Forschungsprozess variieren Vorgehensweise und Form der Verdichtung zu einer Ethnographischen Collage und je nach Forschungsfokus ist die Art der Darstellung unterschiedlich. Sie kann bspw. als biographisches Porträt, Raum- oder Szenenbeschreibung ethnographische Einblicke in ein Forschungsfeld geben. Das Produkt, eine durch ethnographische und analytische Arbeit erzeugte Collage, wird dann wiederum wie eine primäre Quelle behandelt und dient als Basis für die anschließenden Auswertungen und Interpretationen. Die Strategien vollziehen sich in einem mehrstufigen Auswertungsprozess, in dessen Verlauf die empirischen Materialien (wie Beobachtungsprotokolle, Interviews, Gruppendiskussionen, Fragebogen-Erhebungen, Raumzeichnungen, Dokumente, Fotografien, etc.), die bei der Erhebung gesammelt wurden, so zusammengestellt werden, wie sie zur Beschreibung und Interpretation der jeweiligen Untersuchungseinheit benötigt werden.

Bei der Ethnographischen Collage handelt es sich um eine verdichtete Beschreibung bzw. Zusammenstellung von Daten und Dokumenten, die während der Feldforschung gesammelt wurden, auf der Basis von rekonstruktiven und theoriebezogenen Auswertungen. Dabei haben sich folgende vier Arbeitsabschnitte als hilfreich erwiesen: (1) Zusammenstellung und Auswahl des Materials, (2) Rekonstruktion und ergänzende Analysen, (3) Reflexion und gegenstandsbezogene Theoriebildung und (4) Erstellung einer Ethnographischen Collage.

(1) Zusammenstellung und Auswahl

Am Beginn der Auswertung steht die Auswahl und Zusammenstellung der vorhandenen Materialien aus der Feldforschung zu einer Untersuchungseinheit. Dabei helfen verschiedene Strategien, die zur Visualisierung und Strukturierung der Forschungsergebnisse sowie zum Entdecken von blinden Flecken dienen, deshalb werden sie als Monitoring-Techniken[9] bezeichnet:

---

9 Monitoring – im Sinne der Dokumentation und Überwachung dieses Prozesses – begleitet den ethnographischen Forschungsprozess und hilft, Verstehensprozesse transparent zu machen. Dazu gehören Methoden der Selbst- und Fremdbeobachtung, um das Vorgehen noch einmal mit Abstand zu betrachten, nachzuzeichnen und zu kontrollieren.

Ein Datenkorpus wird angelegt, der die zur Verfügung stehenden Materialien zusammenfasst, sortiert, auszählt, in eine Tabelle überführt und mit Themen-Schlagworten versieht. Der Korpus zeigt, welche Materialien zu welchen Themen vorliegen und wo es Lücken im Material gibt. Erste Ideen, Gedanken, Fragen für die Auswertungen werden in Form von „Memos" festgehalten (vgl. Strauss 1991; Strauss/Corbin 1990). Dieser erste Auswertungsschritt erfolgt im Idealfall bereits während der Feldforschung oder gleich am Ende der Datenerhebungsphase, so dass Lücken im Material durch gezielte Nacherhebungen oder zusätzliche Recherchen geschlossen werden können.

Diese ersten Auswertungsideen, Thesen und Gedanken lassen sich zu Konzepten bündeln, indem sie zueinander in Beziehung gesetzt und theoretisch zu analysieren gesucht werden. Für diejenigen, die nach der Grounded Theory arbeiten und Memos während der Feldforschung geschrieben haben kann das heißen, einen Zusammenhang der wichtigsten Memos untereinander herzustellen. Es geht um eine intensive Auseinandersetzung mit dem Material, die Suche nach Belegen oder Widerlegungen der Hypothesen in den Daten. Dazu gehört die Überprüfung von gefundenen Kategorien und Hypothesen in einem anderen Zusammenhang, um deren Reichweite, Aussagekraft und Glaubwürdigkeit zu erhöhen und so theoretische und empirische Lücken zu schließen. Irritierenden Fällen und nicht ins Interpretationsschema passenden Befunden sollte besondere Aufmerksamkeit geschenkt werden, aus ihnen könnte eine Revision bisher entwickelter Schemata und eine Neukonzeption des Problems entstehen. Dazu dient auch die Methode der Kreuzperspektive, für die Darstellung eines Gegenstandes werden jeweils die Extrempole gesucht und gegenübergestellt, um so eine gewisse Multiperspektivität zu erreichen (bspw. die Gegenüberstellung der Sicht einer Lehrerin mit der Sicht eines Schülers). Nach dem Prinzip der minimalen oder maximalen Kontrastierung von Einzelfällen (vgl. Schütze 1983; Glinka 1998; → Jakob) arbeitet auch die Methode der Fallkontrastierung. Zentrale Elemente sind der minimale Vergleich von möglichst ähnlichen Fällen und der maximale Vergleich von möglichst unterschiedlichen Fällen im Hinblick auf Unterschiede und Gemeinsamkeiten, um auf diese Weise verschiedene Varianten eines Phänomens kennenzulernen und am Ende zur theoretischen Sättigung zu gelangen.[10]

(2) Rekonstruktion und ergänzende Analysen

Für die Rekonstruktion des Forschungsgegenstandes lassen sich verschiedene Materialien (z. B. Interview-Transkripte, Feldnotizen, Sozialdaten der Person, Fotos) kombinieren. Lücken lassen sich teilweise durch Recherchen

---

10 Um Ereignisse miteinander vergleichen zu können, ist es manchmal notwendig, Forschungsgegenstände auszuwählen, die scheinbar unterschiedlich sind, aber eine gleiche oder funktional ähnliche Funktion erfüllen, wir bezeichnen das als Suche nach funktionalen Äquivalenten.

in Protokollen, Fotografien, Mitschriften von Gelegenheitsgesprächen oder im Rückgriff auf persönliche Erinnerungen auffüllen, wobei die Spezifik der jeweiligen Datenquelle bei der Analyse zu beachten ist. Teilweise können auch weitere Feldanalysen (nochmalige Raumbegehung) helfen, eine Situation zu rekonstruieren oder Fragen zu klären.

(3) Reflexion und gegenstandsbezogene Theoriebildung

Aus der Formulierung von Fragen an das Material, dem ständigen Vergleichen zwischen Phänomenen, Fällen und Begriffen, der Rekonstruktion und Reflexion des Datenmaterials erwachsen neue Kategorien, die zunächst als Hypothesen behandelt werden und erneut am Material zu prüfen sind, bevor sie zur Bildung von Kernkategorien führen. Die Leitidee des Kodierprozesses ist ein ständiges Vergleichen von Vorkommnissen oder Daten miteinander, das „sehr bald zur Generierung von theoretischen Eigenschaften der Kategorie" führt (Glaser/Strauss 1998; vgl. Strübing 2004, S. 18 f.). Bei der Grounded Theory geht es um das Kodieren als Prozess der Entwicklung von Konzepten in Auseinandersetzung mit dem empirischen Material (vgl. Strübing 2004, S. 19). Diese Interpretationen in der ständigen Auseinandersetzung mit dem empirischen Material münden in eine gegenstandsbezogene Theoriebildung. Dazu ein Beispiel: Glaser und Strauss haben in ihrer Analyse in Krankenhäusern auf der Basis der Interaktionen mit Sterbenden das Konzept der „Bewusstheitskontexte" herausgearbeitet. Danach lassen sich die verschiedenen Gesprächstechniken zwischen Kranken, dem Personal und ihren Angehörigen dadurch erklären, wie bewusst mit der Tatsache des zu erwartenden Sterbens des Patienten umgegangen wird. Es fanden sich vier Formen: *1. geschlossene Bewusstheit* (der Patient ist ahnungslos, das Thema Sterben wird in den Gesprächen ausgeschlossen); *2. argwöhnische Bewusstheit* (Patient verfolgt den Verdacht, sterben zu müssen und sucht nach Belegen dafür, dass man ihn über seinen Zustand täuscht); *3. Bewusstheit der wechselseitigen Täuschung* (alle Beteiligten wissen Bescheid gestehen es aber nicht ein); *4. offene Bewusstheit* (alle sind über das bevorstehende Sterben unterrichtet und gehen offen damit um) (vgl. Glaser/Strauss 1974). Der Analyseprozess ist zirkulär angelegt und wird dann abgebrochen, wenn ein Sättigungspunkt erreicht ist (→ Hülst; vgl. Strübing 2004, S. 32 f.). Es handelt sich bei gegenstandsbezogenen Theorien um Theorien mittlerer Reichweite (vgl. Kelle 1994, S. 290), sie beziehen sich bspw. auf die Erklärung von Stigmatisierungsprozessen, abweichendem Verhalten, Interaktions-, Migrations- oder Sozialisationsprozessen.

(4) Erstellen der Ethnographischen Collage

Die Ethnographische Collage basiert auf dieser vorangegangenen Selektions-, Rekonstruktions- und Interpretationsarbeit. Sie präsentiert die während der Feldforschung zusammengetragenen unterschiedlichen Materialien und späteren Rekonstruktionen zu einer Untersuchungseinheit in komprimierter Form und weist damit Nähen zur „dichten Beschreibung" (vgl. Geertz 1983; Friebertshäuser 2006) auf. Die Ethnographische Collage bezeichnet nicht allein Texte (wie ein biographisches Porträt), sondern kann auch Skizzen, Collagen aus Fotografien, etc. umfassen. Die Form der Darstellung korrespondiert mit dem Forschungsgegenstand, dem Forschungsprozess und dem Erkenntnisinteresse. In der Collage sollten möglichst alle relevanten Informationen zu einer Untersuchungssequenz enthalten sein. Sie bildet die Materialbasis für die anschließende Darstellung der Interpretationen, die auf diese Weise von der Präsentation des Materials in der Ethnographie getrennt werden. Die empirienahe Kommentierung strebt eine gegenstandsbezogene Theoriebildung an, wobei die theoretischen Vorüberlegungen hierfür den analytischen Rahmen bilden. Selbstverständlich sollen auf einer weiteren Stufe die Erkenntnisse wieder in theoretische Konzepte und den Wissenschaftskontext eingebunden werden.

Die Ethnographische Collage bezeichnet eine aufbereitete Zusammenstellung von primären und wissenschaftlich erzeugten Quellen unter analytischen Gesichtspunkten. Elemente des mehrstufigen Auswertungsprozesses sind: a) theoretisch reflexive Auswahl der Materialien anhand von Leitthemen; b) das Zusammenfügen von Quellen unterschiedlichster methodischer Herkunft; c) die Berücksichtigung von Rezeptionsgewohnheiten bei der Formgebung, dazu gehören auch literarische Präsentationsformen. Die Collage präsentiert die Materialbasis für die sich anschließende theoriegeleitete Interpretation.

Grenzen der Auswertungsstrategie „Ethnographische Collage"

Die Grenzen der Ethnographischen Collage als Auswertungsstrategie liegen zum einen in der Zusammenstellung der unterschiedlichen Daten und zum anderen in der (literarischen) Darstellungsform.

Helga Kelle (2001, S. 193) macht auf die Schwierigkeiten bei der Arbeit mit unterschiedlichen methodischen Verfahren aufmerksam. Gerade in der qualitativen Forschung sind die Logiken einer Methode und die sich daraus ergebenden unterschiedlichen Erkenntnismöglichkeiten sowie deren Begrenztheit zu beachten. „Verschiedene Verfahren können [...] nicht an beliebigen Stellen des Forschungsprozesses umstandslos zusammen gedacht und -gebracht, sondern nur parallel angewendet werden." (Kelle 2001, S. 193) Dieses Problem wiederholt sich bei der Zusammenstellung und Verdichtung der Daten in Form einer Ethnographischen Collage. Der Begriff „Collage", als Technik der Bildenden Kunst[11], versucht diesem Problem

---

11 Collage (aus dem franz. *coller* = kleben) bezeichnet in der Kunst das Aufkleben verschiedener Elemente zu einem neuen Ganzen. Literarische Collagen verfasste bspw.

gerecht zu werden, da er die Eigenständigkeit der einzelnen Datensorten und die Konstruiertheit der Zusammenstellung zum Ausdruck bringt. Ähnlich wie das umstrittene Urheberrecht bei der Kunst-Collage (welche Teile werden wie zusammengefügt und dadurch in welcher Intensität verfremdet) steht bei der Ethnographischen Collage die Frage im Vordergrund: Welche Daten können wie zusammengefügt werden, um den einzelnen Traditionen gerecht zu werden? „Das heißt, mit der Synthetisierung von Datensorten bearbeitet man nicht nur konstruktiv deren Schwächen, sondern handelt sich auch neue, eben an die neue ‚Gattung' gebundene Darstellungsprobleme ein." (Kelle 2001, S. 202) Die Gegenstandskonstruktion und die Leistungsfähigkeit der je konkreten einzelnen methodischen Verfahren und die sich daraus ergebenden Daten sollten stets reflektiert werden (vgl. Flick 1998). Die Triangulation von Methoden, Daten und Theorien sind nach Kelle als unterschiedliche „Relevanzzusammenhänge zu begreifen, die füreinander Kontexte darstellen, sich aneinander reiben und nicht notwendig zur Übereinstimmung gebracht werden können." (Kelle 2001, S. 206) Somit ist die Ethnographische Collage eine Auswertungsstrategie, die Raum für die Eigenständigkeit einzelner Bereiche gibt und eine reflexive Zusammenstellung von unterschiedlichen Daten und Theorien ermöglicht. Genau in dieser reflexiven Zusammenstellung liegen jedoch auch die Gefahren und Grenzen des Verfahrens.

Eine weitere Schwierigkeit der Ethnographischen Collage birgt die (literarische) Darstellungsform. Die (ethnographische) Darstellung des Untersuchungsfeldes beinhaltet eine Übersetzungsleistung zwischen der primären sozialen Welt, die die Forschenden erlebt und erfahren haben, und den Lesenden, die als Außenstehende nur durch die Ethnographie einen Zugang zu dieser Welt erhalten. Gelungene empirische Studien zeichnen sich dadurch aus, dass Forschende die Lesenden an ihrem Prozess der Erkenntnisgewinnung teilhaben lassen (vgl. exemplarisch Hochschild 2002). Dazu gehört, dass eine Ethnographie neben der Darstellung ihres Forschungsgegenstandes und ihren Erkenntnissen auch kritische Reflexionen im Hinblick auf die Reichweite und den methodischen Weg zu ihnen offenbart. Zugleich sind die gewählten Formulierungen selbst Interpretationen der Situation und bergen die Tendenz zur Stützung einseitiger Sichtweisen. Beschreibungen bestehen aus zahlreichen „Worthülsen", die jede/r Lesende mit dem jeweiligen Vorverständnis füllt. Der so entstandene Text gibt vor, eine soziale Welt oder das Leben einer Person oder mehrerer Personen zu repräsentieren sowie die Regeln, Gepflogenheiten, Sinn-, Deutungs- und Handlungsmuster rekonstruiert zu haben, um eine Basis für das Verstehen zu schaffen.

Walter Kempowski (deutscher Schriftsteller, 1929-2007). Kempowski verarbeitete in seinem Projekt „Echolot" Tagebücher, Briefe und andere Alltagszeugnisse unterschiedlicher Herkunft zu collagenartigen Zeitgemälden.

Kritisch zu betrachten ist, dass bei einer Darstellung wie der Ethnographischen Collage auch auf Präsentationsformen wie literarische Darstellungen (z.B. eine Beschreibung einer Befragten in Form eines biographischen Porträts oder eine Feldbeschreibung) zurückgegriffen wird, um den Lesenden den Zugang zu den Befragten und zu ihrer sozialen Welt zu ermöglichen. In der ethnographischen Forschung wird dieses Problem unter dem Stichwort „Krise der Repräsentation" diskutiert (vgl. Fuchs/Berg 1993; Wimmer/Schäfer 1999). Damit wird die Konstruktion von Wirklichkeit im wissenschaftlichen Text problematisiert, bei der der Anthropologe zugleich zum Schriftsteller wird (vgl. Geertz 1993). Kritisiert wird an der „dichten Beschreibung" als Instrument zur Analyse von Kulturen auch, dass das dichte Verweben von Daten und Beschreibungen mit dem Kontextwissen des Autors über eine Kultur eine Nachprüfbarkeit seiner Schlussfolgerungen am Material fast unmöglich macht (vgl. Wolff 1992, S. 355; Amann 1997, S. 298). Dieses Problem löst die Ethnographische Collage ebenfalls nicht, auch wenn hier die Präsentation des Datenmaterials von der Interpretation der Befunde getrennt wird. Eine Ethnographische Collage bleibt das Produkt einer analytischen schriftstellerischen Tätigkeit eines Forschenden, es handelt sich also um eine Rekonstruktion sozialer Wirklichkeit im wissenschaftlichen Text, die sich mit dem Vorwurf der Subjektivität einer solchen Darstellung auseinandersetzen muss. Ein selbstkritischer Umgang mit Sprache und die Einführung intersubjektiver Kontrollen vermögen dieser Gefahr entgegenzuwirken. Ein Prüfinstrument kann das Verfahren der „kommunikativen Validierung" sein, wenn innerhalb von Forschungszusammenhängen die Entstehung einer Ethnographischen Collage begleitet wird. Worthülsen lassen sich durch Sachinformationen mit Inhalt füllen. Dennoch ändern auch diese Kontrollmechanismen nichts daran, dass Forschungsergebnisse durch Denk-, Wahrnehmungs- und Bewertungsmuster der Forschenden beeinflusst werden, insofern immer auch Interessen repräsentieren, blinde Flecken besitzen und nur einen Ausschnitt der Realität erfassen. Der kritische Diskurs um die Repräsentation von Wirklichkeit in ethnographischen Texten umfasst sowohl die im Feld zum Einsatz kommenden Verfahren der Datenerhebung wie auch die schriftliche Verarbeitung der Daten in ethnographischen Texten (vgl. Friebertshäuser 2001).

Reflexive Analysen der Beziehung zwischen Theorie und Empirie

Theorie und Empirie gehen in der qualitativen Forschung vielfältige Beziehungen miteinander ein, in denen sie sich gegenseitig befruchten und als Instanzen der Prüfung ihres Erklärungswertes oder Geltungsbereiches nutzen (können). Im Forschungsprozess diese Beziehungen reflexiv zu machen, bleibt Anspruch empirischer Forschung. Im Ansatz einer „reflexiven Anthropologie" (vgl. Bourdieu/Wacquant 1996) formuliert Pierre Bourdieu die Forderung, den eigenen wissenschaftlichen Standort in die reflexive Analyse einzubeziehen, so dass das wissenschaftliche Feld selbst zum Forschungsgegenstand wird. Ihm kommt es darauf an, die „Bias" (Voreinstellungen), die kollektiven und unbewussten „Vor-Urteile", die Doxa[12], die bereits in den Fragestellungen, den Kategorien und dem jeweiligen Wissenschaftsverständnis der Forschenden liegenden blinden Flecken, aufzuklären. Denn nur so können jene Dinge zur Sprache gebracht werden, die vom Forschenden wie von den Erforschten nicht thematisiert werden, weil sie als selbstverständlich erachtet werden oder als einer Thematisierung nicht würdig (vgl. Friebertshäuser 2006). Diese Debatten tangieren auch das Selbstverständnis möglicher Interpretationen. Sie weisen darauf hin, dass es bei allen Kontrollen des methodischen Vorgehens unvermeidlich ist, in der Forschung Wirklichkeit zu konstruieren. Allerdings haben wir die Aufgabe, uns über die vorgenommenen Konstruktionen und Rekonstruktionen aufzuklären. Insofern stellt die Analyse von qualitativem und quantitativem Datenmaterial einen Versuch dar, sich mit der Wirklichkeit einer sozialen Lebenswelt oder einer Person möglichst tiefgehend vertraut zu machen, die Entstehung von Selbst- und Weltbildern ebenso wie Strukturen, Mechanismen und das Alltagsleben zu studieren und zu analysieren. Für die Forschenden ergibt sich daraus im Ideal ein Prozess der Reflexion des Eigenen und des Fremden, dessen Elemente bisher kaum erfasst sind, allerdings entspricht der sich dabei verändernde Selbst- und Weltbezug dem klassischen Bildungsprozess, der seit der Aufklärung eng mit der Analyse fremder Lebenswelten verknüpft ist. Treffend hat dieses Element der Forschung Bronislaw Malinowski (1979, S. 557) formuliert: „Wir können unmöglich die letzte sokratische Weisheit der Selbsterkenntnis erreichen, wenn wir niemals die engen Grenzen der Sitten, Überzeugungen und Vorurteile verlassen, in die jeder hineingeboren wird. Nichts kann uns in diesen Dingen von letzter, entscheidender Bedeutung eine bessere Lektion erteilen als jene Geisteshaltung, die es uns gestattet, die Vorstellungen und Werte eines anderen von dessen eigenem Standpunkt zu betrachten."

Literatur

Amann, Klaus 1997: Ethnographie jenseits von Kulturdeutung. Über Geigespielen und Molekularbiologie. In: Hirschauer, Stefan/Klaus Amann (Hg.): Die Befremdung der eigenen Kultur. Zur ethnographischen Herausforderung soziologischer Empirie. Frankfurt/M. S. 298-230.

Apel, Helmut/Steffani Engler/Barbara Friebertshäuser/Burkhard Fuhs/Jürgen Zinnecker 1995: Kulturanalyse und Ethnographie. Vergleichende Feldforschung im studentischen Raum. In: König, Eckard/Peter Zedler (Hg.): Bilanz qualitativer Forschung. Band II: Methoden. Weinheim. S. 343-375.

Bergmann, Jörg R. 1995: Alarmiertes Verstehen: Kommunikation in Feuerwehrnotrufen. In: Jung, Thomas/Stefan Müller-Doohm (Hg.): ‚Wirklichkeit' im Deu-

---

12 Mit Doxa bezeichnet Bourdieu die Gesamtheit dessen, was als selbstverständlich erachtet und deshalb nicht erzählt oder nachgefragt wird (vgl. Bourdieu 1993, S. 80).

tungsprozeß. Verstehen und Methoden in den Kultur- und Sozialwissenschaften. Frankfurt/M. S. 283-328.
Bergmann, Jörg R. 2007: Konversationsanalyse. In: Flick, Uwe/Ernst von Kardorff/ Ines Steinke (Hg.): Qualitative Forschung. Ein Handbuch. Reinbek. S. 524-537.
Bourdieu, Pierre 1993: Narzißtische Reflexivität und wissenschaftliche Reflexivität. In: Berg, Eberhard/Martin Fuchs (Hg.): Kultur, soziale Praxis, Text. Die Krise der ethnographischen Repräsentation. Frankfurt/M. S. 365-374.
Bourdieu, Pierre/Loïc J. D. Wacquant 1996: Reflexive Anthropologie. Frankfurt/M.
Engler, Steffani/Barbara Friebertshäuser 1989: Zwischen Kantine und WG – Studienanfang in Elektrotechnik und Erziehungswissenschaften. In: Faulstich-Wieland, Hannelore (Hg.): Weibliche Identität. Dokumentation der Fachtagung der AG Frauenforschung in der DGfE. Bielefeld. S. 123-136.
Flick, Uwe 1998: Triangulation – Geltungsbegründung oder Erkenntniszuwachs? In: ZSE 18.4. S. 443-447.
Flick, Uwe 2007: Triangulation in der qualitativen Forschung. In: Flick, Uwe/Ernst von Kardorff/Ines Steinke (Hg.) 2007: Qualitative Forschung. Ein Handbuch. Reinbek. S. 309-318.
Flick, Uwe/Ernst von Kardorff/Heiner Keupp/Lutz von Rosenstiel/Stephan Wolff (Hg.) 1995: Handbuch Qualitative Sozialforschung. Grundlagen, Konzepte, Methoden und Anwendungen. München.
Flick, Uwe/Ernst von Kardorff/Ines Steinke (Hg.) 2007: Qualitative Forschung. Ein Handbuch. Reinbek.
Friebertshäuser, Barbara 1992: Übergangsphase Studienbeginn. Eine Feldstudie über Riten der Initiation in eine studentische Fachkultur. Weinheim und München.
Friebertshäuser, Barbara 2001: Wege zur Ethnographie. Auswertungsstrategien für Feldforschungsdaten. In: Panagiotopoulou, Argyro/Carsten Rohlfs (Hg.): Lernbiografien im sozialen Kontext. Dokumentation und Auswertung einer internationalen Fachtagung in Siegen vom 6. bis 8. September 2000. Universität Siegen. S. 117-134.
Friebertshäuser, Barbara 2006: Verstehen als methodische Herausforderung für eine reflexive empirische Forschung. In: Friebertshäuser, Barbara/Markus Rieger-Ladich/Lothar Wigger (Hg.) 2006: Reflexive Erziehungswissenschaft. Forschungsperspektiven im Anschluss an Pierre Bourdieu. Wiesbaden. S. 231-251.
Fuchs, Martin/Eberhard Berg (Hg.) 1993: Kultur, soziale Praxis, Text. Die Krise der ethnographischen Repräsentation. Frankfurt/M.
Geertz, Clifford 1983: Dichte Beschreibung. Beiträge zum Verstehen kultureller Systeme. Frankfurt/M.
Geertz, Clifford 1993: Die künstlichen Wilden. Der Anthropologe als Schriftsteller. Frankfurt/M.
Glaser, Barney G./Anselm L. Strauss 1974: Interaktion mit Sterbenden. Beobachtungen für Ärzte, Schwestern, Seelsorger und Angehörige. Göttingen.
Glaser, Barney G./Anselm L. Strauss 1967/1998: Grounded Theory. Strategien qualitativer Forschung. Göttingen.
Glinka, Hans-Jürgen 1998: Das narrative Interview. Eine Einführung für Sozialpädagogen. Weinheim und München.
Goffman, Erving 1969: Wir alle spielen Theater. Die Selbstdarstellung im Alltag. München.
Hochschild, Arlie Russell 2002: Keine Zeit. Wenn die Firma zum Zuhause wird und zu Hause nur Arbeit wartet. Opladen.

Kalthoff, Herbert 2008: Einleitung: Zur Dialektik von qualitativer Forschung und soziologischer Theoriebildung. In: Kalthoff, Herbert/Stefan Hirschauer/Gesa Lindemann (Hg.): Theoretische Empirie. Zur Relevanz qualitativer Forschung. Frankfurt/M. S. 8-32.

Kalthoff, Herbert/Stefan Hirschauer/Gesa Lindemann (Hg.) 2008: Theoretische Empirie. Zur Relevanz qualitativer Forschung. Frankfurt/M.

Kelle, Helga 2001: Ethnografische Methoden und Probleme der Triangulation – Am Beispiel der Peer Culture Forschung bei Kindern. In: Zeitschrift für Soziologie der Erziehung und Sozialisation 21/2001. S. 192-208.

Kelle, Udo 1994: Empirisch begründete Theoriebildung. Zur Logik und Methodologie interpretativer Sozialforschung. Weinheim.

Langer, Antje 2003: Klandestine Welten. Mit Goffman auf dem Drogenstrich. Königstein.

Langer, Antje 2007: Mit Goffman auf dem Drogenstrich. Rückblick auf eine „gelungene Forschungsbeziehung". In: ÖZS. Heft 2/2007. Wiesbaden. S. 90-104.

Lenz, Karl 1991: Ervin Goffman – Werk und Rezeption. In: Hettlage, Robert/Karl Lenz (Hg.): Erving Goffman – ein soziologischer Klassiker der zweiten Generation. Bern/Stuttgart. S. 25-93.

Lindemann, Gesa 2008: Theoriekonstruktion und empirische Forschung. In: Kalthoff, Herbert/Stefan Hirschauer/Gesa Lindemann (Hg.): Theoretische Empirie. Zur Relevanz qualitativer Forschung. Frankfurt/M. S. 107-128.

Malinowski, Bronislaw 1921/1979: Argonauten des westlichen Pazifik: Ein Bericht über Unternehmungen und Abenteuer der Eingeborenen in den Inselwelten von Melanesisch-Neuguinea. Band 1. Frankfurt/M.

Prengel, Annedore 2009: Fokussierte ethnographische Beobachtung im Unterricht. Unv. Ms. Potsdam.

Schütze, Fritz 1983: Biographieforschung und narratives Interview. In: Neue Praxis. H. 3. 1983. S. 283-293.

Strauss, Anselm L. 1991: Grundlagen qualitativer Sozialforschung. Datenanalyse und Theoriebildung in der empirischen soziologischen Forschung. München.

Strauss, Anselm L./Juliet M. Corbin 1990: Basics of qualitative research: grounded theory procedures and technics. Newbury Park.

Strübing, Jörg 2004: Grounded Theory. Zur sozialtheoretischen und epistemologischen Fundierung des Verfahrens der empirisch begründeten Theoriebildung. Wiesbaden.

Tertilt, Hermann 1996: Turkish Power Boys. Ethnographie einer Jugendbande. Frankfurt/M.

Tertilt, Hermann 1997: Turkish Power Boys. Zur Interpretation einer gewaltbereiten Subkultur. In: Zeitschrift für Soziologie der Erziehung und Sozialisation (ZSE). 17. Jg. H. 1. Weinheim. S. 19-29.

Weber, Martina 2003: Heterogenität im Schulalltag. Konstruktion ethnischer und geschlechtlicher Unterschiede. Opladen.

Wimmer, Michael/Alfred Schäfer 1999: Einleitung. Zu einigen Implikationen der Krise des Repräsentationsgedankens. In: Schäfer, Alfred/Michael Wimmer (Hg.): Identifikation und Repräsentation. Opladen. S. 10-26.

Wolff, Stephan 1992: Die Anatomie der Dichten Beschreibung. Clifford Geertz als Autor. In: Matthes, Joachim (Hg.): Zwischen den Kulturen? Die Sozialwissenschaften vor dem Problem des Kulturvergleichs. Göttingen. S. 339-361.

Charlotte Heinritz

Autobiographien als erziehungswissenschaftliche Quellentexte

„Enthält die Autobiographie erziehungswissenschaftliches Quellenmaterial, und: wie ist dieses Quellenmaterial beschaffen?" (Uhlig 1936, S. 6) Diese Fragen, die Kurt Uhlig 1936 zum Thema einer immer noch aktuellen Studie machte, sollen im Folgenden behandelt werden.

Als *Autobiographie* soll hier gelten ein *„rückblickender Bericht in Prosa, den eine wirkliche Person über ihr eigenes Dasein erstellt ..."* (Lejeune 1989, S. 215). Dabei sind Memoiren, autobiographische Selbstporträts und Skizzen sowie Kurzautobiographien eingeschlossen, ebenso Schüleraufsätze zu autobiographischen Themen. Ausgeschlossen sind in diesem Überblick hingegen andere autobiographische Gattungen wie Briefe und Tagebücher und biographische Interviews.

1. Zur Geschichte

Die Sammlung und Beachtung von (Kindheits-)Erinnerungen und Autobiographien als entwicklungspsychologisch und erziehungswissenschaftlich bedeutsame Quellen sind so alt wie die Erziehungswissenschaft als wissenschaftliche Disziplin selbst: Sie gehen einher mit der Entdeckung der Kindheit als eigene lebensgeschichtliche Phase wie auch mit dem Beginn der wissenschaftlichen Pädagogik und ihres Interesses an den „Innenansichten" des Kindes (vgl. Herrmann 1990) Ende des 18. Jahrhunderts. So hatte Rousseaus Autobiographie „Les Confessions" einen durchgreifenden Einfluss nicht nur auf die Entwicklung der Gattung Autobiographie, sondern auch auf die Entwicklung von Psychologie und Pädagogik: Er lenkte als erster die Aufmerksamkeit auf die Kindheit als Lebensphase, aus der heraus die Verhaltensweisen des Erwachsenen abgeleitet werden könnten.

In Deutschland war es zuerst Herder, der Autobiographien als bedeutende Quellen für eine Erforschung des Menschen und der Entwicklung seiner individuell-seelischen Entwicklung, ja einer „Geschichte der Menschheit" ansah und die Sammlung von Lebens(selbst)-Beschreibungen anregte. Autobiographien erachtete er darüber hinaus auch als ethisch-pädagogische Ratgeber, als „Freund und Warner" besonders für junge Menschen und Lehrer (Herder GW 1879, XI, 79, zuerst 1781/86).

Zunächst als Mittel der Selbsterkenntnis, als ein Weg, endlich auch der Seele die notwendige Aufmerksamkeit zu widmen, bald auch als Weg für eine empirisch fundierte Psychologie, empfahl Karl Philipp Moritz das Verfassen von autobiographischen Schriften und die Beschäftigung mit Autobiographien. In der von ihm herausgegebenen Zeitschrift „Gnoti Sauton oder Magazin zur Erfahrungsseelenkunde als ein Lesebuch für Gelehrte und Ungelehrte" (1783 bis 1793) veröffentlichte er nicht nur die ersten Teile seines autobiographischen Entwicklungsromans „Anton Reiser", sondern auch Erinnerungen und Selbstbeobachtungsprotokolle verschiedener Autoren, vornehmlich aus der frühen Kindheit, in denen er herausragendes Quellenmaterial für die „Erfarungsseelenkunde" sah.[1]

Autobiographische Daten galten – neben der Beobachtung von Kindern – als empirische Grundlagen für die Entwicklung einer wissenschaftlichen Pädagogik und einer praktischen Erziehungslehre.[2] Allerdings wurde diese Tradition nicht fortgesetzt, sondern die Weiterentwicklung der Erziehungswissenschaft im 19. Jahrhundert war geprägt durch Bildungsphilosophie und Unterrichtswissenschaft, durch Humboldt und Herbart (Herrmann 1990, S. 47).

Erst Ende des 19. Jahrhunderts wurde die Autobiographie vor allem durch die Arbeiten von Dilthey wieder als herausragende Quelle betont.[3] Trotz seines großen Einflusses auf die weitere Entwicklung der Pädagogik – aus seiner Lehre heraus hat sich die geisteswissenschaftliche Pädagogik begründet – wurde sein Vorschlag zur Nutzung von Autobiographien als Quellen jahrzehntelang nicht systematisch aufgenommen. Wohl gab es aber immer wieder einzelne erziehungswissenschaftliche Arbeiten auf der Grundlage von Autobiographien. So wurden in den *zwanziger Jahren* nicht nur Tagebücher als Quellen zur Jugendkunde entdeckt (vor allem von Bühler und Bernfeld; vgl. dazu Fuchs-Heinritz 1993), es erschienen im Bereich der Kinder- und Jugendforschung auch eine Reihe von Studien auf der Grundlage von Autobiographien (siehe unten).

Die 1936 publizierte methodologische Studie von Uhlig *„Die Autobiographie als erziehungswissenschaftliche Quelle"* ist bis heute anregend und le-

---

1 Thomae (1987) bezeichnet Herder und Moritz als eigentliche Begründer einer empirischen und biographischen Psychologie; nach dem Ende des Magazins zur Erfahrungsseelenkunde sei es aber dennoch zu keiner kontinuierlichen Entwicklung gekommen, was seinen Grund vor allem in den neuen philosophischen Richtungen des 18. Jahrhunderts, dem Idealismus und der Metaphysik, gehabt habe: Von daher „war man an der Beobachtung konkreten menschlichen Verhaltens weniger interessiert" (Thomae 1987, S. 6).
2 Herrmann (1990, S. 46) erwähnt hier vor allem August Hermann Niemeyer, der neben Lebensbeschreibungen und Romanen die „Selbstbeobachtung", die „Introspektion" als Weg zu einem „Sich-hinein-Versetzen in das Kind" vorschlug.
3 Etwa zur gleichen Zeit zog auch Freud Autobiographien als Quellen für die Wurzeln der Persönlichkeitsentwicklung und die Bedeutung der frühen Kindheit heran; er analysierte Kindheitserinnerungen aus den Autobiographien von Leonardo da Vinci, Goethe und Schreber. Zu psychoanalytischen Deutungen autobiographischer Quellen im Hinblick auf erziehungswissenschaftliche Fragestellungen siehe z. B. Bittner 1993.

senswert; die Arbeiten von Hennigsen (1962, 1981) haben die neueren Forschungen maßgeblich beeinflusst. Aber diese wie weitere Arbeiten sind „Einzelstücke"; erst Ende der siebziger Jahre wurden Autobiographien als relevante Quellen für erziehungswissenschaftliche Fragestellungen wiederentdeckt. Wegweisend für die neueren Forschungen und Diskussionen waren die Ergebnisse der Arbeitsgruppe „Wissenschaftliche Erschließung autobiographischer und literarischer Quellen für pädagogische Erkenntnis" auf der Jahrestagung der Deutschen Gesellschaft für Erziehungswissenschaft im Jahr 1978, dokumentiert in dem 1979 erschienenen und 1993 neuaufgelegten Band von Dieter Baacke und Theodor Schulze: „Aus Geschichten lernen. Zur Einübung pädagogischen Verstehens." Diese Tagung markiert zugleich den Beginn der pädagogischen Biographieforschung[4]. Hier und in späteren Beiträgen wurden programmatisch neue Ansätze für eine narrativ und biographisch orientierte Pädagogik auf der Grundlage von autobiographischen Texten entwickelt und diskutiert (einige Autoren schließen hier auch literarisch-fiktive Schriften ein, andere fassen auch Transkriptionen von biographischen Interviews als autobiographische Texte auf).

Ebenfalls seit dem Ende 1970er Jahre wurden Autobiographien als wichtige Quellentexte für die neu entstandenen Forschungsbereiche der historischen Kindheits- und Sozialisationsforschung entdeckt (siehe hierzu vor allem die programmatischen Aufsätze von Herrmann 1980, 1984). Und neuerdings gibt es Versuche, auch „vormoderne Lebensläufe" erziehungshistorisch zu betrachten, wobei neben anderen Quellen autobiographische Zeugnisse (frühe Autobiographien, autobiographische Traumerzählungen, Familienbücher) eine zentrale Rolle spielen (dokumentiert in Keck/Wiersing 1994); Kindheitsschilderungen in Autobiographien des 14. bis 17. Jahrhunderts hat Frenken (1999) dokumentiert und analysiert.

2. Wozu und in welcher Absicht werden Autobiographien in erziehungswissenschaftlichen Arbeiten verwendet?

2.1 Autobiographien als Lehr- und Anschauungstexte für Erzieher

Bereits zu Beginn des 20. Jahrhunderts erschienen in pädagogisch-praktischer Absicht mehrere Anthologien mit autobiographischen Texten: So wandten sich Droescher und Bäumer (1908) mit ihrer Sammlung von autobiographischen und literarischen Kindheitserinnerungen als „psychologischem Erkenntnismaterial" (Bäumer/Droescher 1908, VII) vornehmlich an Eltern und Erzieher, um bei ihnen ein größeres Verständnis für Kinder und Jugendliche zu wecken. Graf (1912) sammelte und veröffentlichte autobiographische Erinnerungen ehemaliger Schüler an ihre Schulzeit, um Anhaltspunkte für die pädagogische Theorie und Praxis, insbesondere für die

---

4 Siehe dazu u. a. Baacke/Schulze 1985; Krüger/Marotzki 2006.

seiner Ansicht nach notwendigen Schulreformen zu gewinnen (Graf 1912, Vorwort). Viele der zahlreichen Anthologien mit Ausschnitten aus autobiographischen Kindheits- und Schulerinnerungen[5] verfolgen explizit oder implizit ähnliche pädagogisch-didaktische Absichten. Die autobiographischen Texte – meist Auszüge aus veröffentlichten vollständigen Autobiographien, gelegentlich aber auch die Ergebnisse schriftlicher Befragungen durch den Herausgeber[6] – stehen zumeist unkommentiert nebeneinander, wohl in der Erwartung, die autobiographischen Zeugnisse sprächen für sich, der Leser möge sich ein eigenes Bild machen (vgl. z. B. Graf 1912, S. 8).

Als „Mittel der Bildung zur Persönlichkeit" wurden Autobiographien, die seit Goethe – seinem Vorbild folgend – zumeist als Bildungs- und Entwicklungsgeschichten erzählt wurden, vor allem im 19. Jahrhundert jungen Menschen in pädagogischer Absicht zur Lektüre gegeben.[7] Henningsen (1962) führte die *Bildungsintention* von Autobiographien als eine der drei zentralen Beziehungen der Autobiographie zur Erziehungswissenschaft an. Systematische Untersuchungen zur „Erziehungswirkung der autobiographischen Gattung", wie sie Uhlig bereits 1936 angeregt hatte, stehen allerdings bis heute aus.

Seit den siebziger Jahren dieses Jahrhunderts führte die Meinung, nicht nur das Lesen, sondern auch das Schreiben von Autobiographien habe eine erzieherisch-bildende Wirkung, zu einer Welle von autobiographischen Veröffentlichungen. Die emanzipatorische Wirkung des Verfassens von Autobiographien, das „Subjekt-Werden" durch autobiographisches Schreiben betonen vor allem Vertreter politisch-emanzipatorischer Bewegungen (Frauenbewegung, Arbeiterbewegung, unterschiedliche „Randgruppen"- und Selbsterfahrungs-Bewegungen, aber auch die Oral-History-, bzw. „Geschichte-von-unten"-Bewegung).

2.2 „Erzogene über Erziehung": Autobiographien als Quellen für die Rekonstruktion von Sozialisationsprozessen

Eine zentrale Frage an Autobiographien aus erziehungswissenschaftlicher Sicht war und ist die nach der *Wirkung pädagogischer Absichten und Maßnahmen* sowie den (auch unbeabsichtigten) Erziehungseinflüssen auf die Erzogenen. Gerade das Dilemma, dass man sich als Pädagoge der „erzieherischen Wirkung und Wirklichkeit niemals als einer empirischen Tatsache

---

5 Im Literaturverzeichnis sind eine Reihe dieser Anthologien aufgeführt.
6 So entstanden die Sammlungen von Graf (1912) und Hellpach (1954) aus schriftlichen Befragungen.
7 „Bis etwa 1930 war es üblich, jungen Menschen zur Konfirmation oder beim Beginn des Studiums eine Autobiographie zum Geschenk zu machen – meistens waren es die ‚Jugenderinnerungen eines alten Mannes' von Wilhelm von Kügelgen – um ihnen damit gleichsam einen Leitfaden zur Selbstfindung an die Hand zu geben und ihnen eine entscheidende Hilfe bei der (im übrigen selbst zu vollziehenden) ‚Zweiten Geburt' darzureichen." (Muchow, 1966, S. 302 f.)

ganz sicher" sein könne (Scheuerl 1985), bedinge, so Hartge (1989, S. 12), dieses Interesse an Autobiographien.[8] Hellpach (1954, S. 23) bezeichnete die autobiographischen Berichte der „Erzogenen über Erziehung" als „Spiegel, in dem sich unser eigenes lehrendes und prägendes Tun abbildet." Vogel (1924) befragte Autobiographien aus drei Jahrhunderten auf die Auswirkungen bzw. Erfolge religiöser Erziehung auf die Zöglinge hin.[9] Er erachtete Autobiographien aufgrund ihrer gattungsgeschichtlichen Wurzeln in den religiösen Lebensbeschreibungen des Mittelalters als ideale Quellen für die Analyse der Entwicklung und Ausprägung religiösen Erlebens. Weitere religionspädagogische Studien auf der Grundlage von Autobiographien sind die von Bohne (1922) und Theis/Schwab (2001).

Für die Gewinnung neuer Erkenntnisse in der *Entwicklungspsychologie* und der *Pädagogik des Kleinkindes* wurden Kindheitserinnerungen in Autobiographien im Hinblick auf Charakteristika und Bedeutungen dieser Erinnerungen ausgewertet (Reichardt 1926; Winter 1955; Hoffmann 1969). Einige Autorinnen und Autoren erachten Autobiographien als Quellentexte, die unmittelbar die *subjektive* Sicht der Erzogenen wiedergeben, z. B. Cloer u. a. 1990; Rutschky 1983 a, b. Die Frage jedoch, ob Schilderungen von Kindheitserlebnissen in Autobiographien als Berichte und Erlebnisse ‚aus der Innensicht des Kindes' zu werten sind, wurde und wird in zahlreichen empirischen und theoretischen Studien zur Autobiographie als erziehungswissenschaftliche Quelle mehrfach problematisiert und kontrovers erörtert: Ist es möglich, „die Erlebnisse des Kindes, die Eindrücke, Ereignisse und Gefühle in ihrem Kern wieder zu beleben und von späteren Kenntnissen, Erfahrungen und Einstellungen zu unterscheiden" (Schulze 2001, S. 177) oder „müssen wir die Hoffnung aufgeben, in den autobiographischen Kindheitserinnerungen Antworten zu finden auf die Fragen, wie Kinder sich selbst und die Welt erfahren, Kenntnisse über die Prozesse des Heranwachsens und der Identitätsentwicklung ‚von innen her' zu erlangen, authentische Berichte aus der Perspektive des Kindes zu bekommen" (Heinritz 2001a, S. 197)? (Vgl. zu dieser Debatte auch Hoffmann 1960; Lippitz 1991 a, b, 2001; Jacobi 1999; Habermas/Paha 2001)

In der Absicht, den *Selbstbildern* und der *Erfahrungswelt* von Jugendlichen näherzukommen, initiierten einige Pädagogen Sammlungen von *Schüleraufsätzen* nach mehr oder weniger festgelegten Themen. Autobiographische *Schüleraufsätze* stellen einen besonderen Typus schriftlicher Selbstzeugnisse dar. Sie sind – neben Jugendtagebüchern und -briefen sowie biographischen Interviews – die einzigen autobiographischen Quellen, die ohne oder mit nur geringem zeitlichen Abstand von der (späten) Kindheit und Jugend Zeugnis ablegen. Vor allem in den zwanziger und zu Beginn der dreißiger Jahre wur-

---

8 Zur Problematik und den Grenzen der Wirkungsanalyse von Erziehung vgl. Herrmann 1980 und 1990.
9 Darüber hinaus erwartete er aus den Ergebnissen seiner Autobiographienanalyse Antworten auf „das religiöse Erziehungsproblem" seiner Zeit (Vogel 1924, S. 2).

den eine Reihe von jugendsoziologischen Studien auf der Grundlage von Schüleraufsätzen durchgeführt (ausführlich dazu Benninghaus 1999 und Heinritz 2001 b). So ließ Busemann (1926) autobiographische Schüleraufsätze schreiben, die er im Hinblick auf die darin enthaltenen *Selbstbilder von Jugendlichen* analysierte. Schilfarth veröffentlichte Mitte der zwanziger Jahre eine Studie über Schüleraufsätze von Berufsschülerinnen, über ihren Alltag, ihre Familie, ihre Lehr- und Berufserfahrungen und ihre Zukunftserwartungen; diese Aufsätze analysierte Benninghaus (1999) in ihrer Studie „Arbeitermädchen in der Weimarer Republik" im Hinblick auf deren Lebens- und Arbeitsbedingungen. In den fünfziger Jahren dienten Schüleraufsätze als Quelle für die Untersuchung der deutschen Nachkriegsjugend; so fragte Bertlein (1960) Schüler unterschiedlichen Alters u. a. nach ihren Leitbildern und Idealen und nach ihrem persönlichen Glaubensleben für seine Untersuchung zum *„Selbstverständnis der Jugend heute".* Die größte Sammlung mit über 70.000 Schüleraufsätzen ließ Wilhelm Rößler Ende der vierziger und Anfang der fünfziger Jahre schreiben[10]; die meisten davon enthalten autobiographische Schilderungen, vor allem über ihre Erinnerungen an die Kriegs- und Nachkriegszeit sowie Beschreibungen ihres Alltagslebens (Rößler 1957; s. a. Abels u. a. 1989; Heinritz 2001 b). Heinritz (2001 b) untersuchte die Erlebnisaufsätze der Zehn- bis Zwölfjährigen zum Thema „Ein Erlebnis, das ich nie vergessen werde" aus der Rößler-Sammlung im Hinblick auf ihren autobiographischen Gehalt.

2.3 Autobiographien als Quellen für eine Sozialgeschichte der Kindheit und für die historische Sozialisationsforschung

In zahlreichen sozialhistorischen Studien zu den Themen Geschichte der Kindheit, Geschichte der Jugend, historische Sozialisationsforschung spielten und spielen Autobiographien eine wichtige Rolle als Quellentexte. Autobiographien werden in diesen Forschungen meistens nicht als Bedeutungsganzes interpretiert, sondern als historische Dokumente, in denen Material über bestimmte historische Tatbestände gefunden werden kann. Die Bandbreite ihrer Bedeutung zur Erschließung vergangener Wirklichkeiten reicht dabei von gelegentlichen Zitaten aus Autobiographien (so etwa in einigen Beiträgen in DeMause 1977)[11] bis zur ausschließlichen Verwendung von Autobiographien etwa bei Hardach/Hardach-Pinke (1978), Dittrich/Dittrich-Jacobi (1979/1993), Hardach-Pinke (1981), Heinritz (1985, 1995, 2000), Weber-Kellermann (1989), Klika (1990), Blömer/Garz (2000).

Das Verfahren, in Querschnittanalysen zu bestimmten vorgegebenen Themenbereichen Zitate aus verschiedenen Autobiographien heranzuziehen, ü-

---

10 Das Rößler-Archiv mit den Schüleraufsätzen befindet sich heute im Institut für Geschichte und Biographie an der Fernuniversität Hagen.

11 DeMause (1977, S. 16) äußert sich in seinem Beitrag zwar kritisch über die Verzerrung der Darstellung von Kindheit in Biographien, verwendet aber andererseits auch Zitate aus Autobiographien zur Unterstützung seiner Thesen.

berwiegt in den meisten sozialgeschichtlichen Studien. „Nicht die einzelne Autobiographie als ‚Ganzes' war von Interesse, sondern nur die Aussagen, die hinsichtlich bestimmter Themenbereiche ... Daten liefern konnten." (Hoeppel 1995, S. 290) Dabei werden die einzelnen autobiographischen Aussagen nur ausnahmsweise in den Kontext der gesamten Autobiographie gestellt; häufig dienen sie isoliert als Belegstellen für bestimmte historische Sachverhalte oder Hypothesen. Längsschnittstudien, die den Kontext der ganzen Autobiographie analysieren, sind hingegen immer noch selten (Hoeppel 1983; Hartge 1989; Heinritz 1999, 2000), für Fragestellungen aus dem Bereich der historischen Biographie- und Sozialisationsforschung aber unerlässlich: „Historische Biographieforschung kann ... als Ideologiekritik, als historische Sozialisationsforschung und unter identitätstheoretischen Gesichtspunkten betrieben werden ... In jedem Fall geht es zunächst darum, die Autobiographie als Bedeutungsganzes, als lebensgeschichtliche Selbstreflexion, interpretativ zu entschlüsseln." (Hoeppel 1995, S. 305) Vorschläge für eine Methode der ganzheitlichen Autobiographieinterpretation finden sich bei Hoeppel (1983, 1995) und – in Anlehnung an die Interpretationsverfahren von narrativen Interviews unter Berücksichtigung der literarischen Darstellungsformen der autobiographischen Selbstthematisierungen – bei Heinritz (2000).

2.4 Autobiographien als Quellen für die Geschichte pädagogischer Institutionen und ihrer Wirkungsweise

Autobiographien enthielten seit jeher Schilderungen über *Erziehungsinstitutionen*; vor allem Erinnerungen an die Schule werden in historischen und historisch vergleichenden Studien als Quellenmaterial verwendet. Seit der Sammlung von Graf (1912) sind – gerade auch in den letzten zwanzig Jahren – eine Reihe von Sammlungen mit autobiographischen Schulerinnerungen erschienen, die, so Schulze (1993a, S. 16), als Quellen für „die Geschichte des Bildungswesens" gelesen werden können. Aber auch die in Autobiographien enthaltenen Informationen über andere Erziehungsinstitutionen wurden als historisches Quellenmaterial verwendet: So gab Ziehen (1912) anhand von Autobiographien einen Überblick über die Geschichte der deutschen Universitäten und des Hochschulunterrichts. Die Familie als „Erziehungsinstitution" untersuchte Melchers (1929) auf der Grundlage von Autobiographien.

2.5 Autobiographien als Ergebnis und Zeugnis von Prozessen der Bildung und der Selbst-Bildung

Als *Ergebnis und Ausdruck von Bildung* sind Autobiographien für einige Autoren nicht einfach eine Sammlung von Quellenmaterial, sondern sie stellen für sich genommen erziehungswissenschaftlich bedeutende Tatbestände dar. Als Resultat und Beschreibung des zurückgelegten Bildungsweges sind sie „sprachlich gestaltetes Bildungsschicksal" (Henningsen 1981; vgl. auch Uhlig 1936, 86f.), als „eines der wesentlichen Medien der Bildung des Menschen" (Herrmann 1990, 51). Hennigsen ersetzte später den Begriff *Bildung* durch *Identität*, Autobiographien als Resultat von Identitätsbildungsprozessen werden als Abbild oder Widerspiegelung dieser Prozesse gelesen (so in Ecarius und Friebertshäuser, Hg. 2005). Autobiographien von Frauen des 18. und 19. Jahrhunderts wurden als Zeugnisse ihrer Bildungsbestrebungen und -prozesse aufgefasst (Jacobi-Dittrich 1983; Kraul 1981; Wedel 2000). Als Ausdruck und Zeugnis von Selbst-Bildungsprozessen (im doppelten Sinne) in krisenhaften Zeiten und gesellschaftlichen Umbruchsituationen interpretiert Heinritz (2000) Frauenautobiographien, die um 1900 erschienen sind.

2.6 Pädagogenautobiographien als Quellen für die Geschichte der Erziehungswissenschaft

Die Auffassung, dass Autobiographien und vor allem Kindheitserinnerungen von Lehrern und Pädagogen eine zentrale Bedeutung für die Pädagogik, ihre Weiterentwicklung und ihre wissenschaftliche und wissenschaftsgeschichtliche Erforschung haben, wurde schon Ende des 18. Jahrhunderts formuliert. Wie Moritz betonte auch Niemeyer die autobiographische Introspektion: „… ,dieses so äußerst wichtige Geschäfte des *selbstbeobachtenden Rückblicks* in seine Jugendjahre' (37) ist ein ausschlaggebendes Medium der Selbstbildung, Selbstreflexion und Selbstkontrolle des Erziehers. Selbstbeobachtung schafft Distanz *zu sich selbst*, relativiert Selbstgewißheit, ermöglicht das Sich-hinein-Versetzen in das Kind (Empathie)." (Niemeyer 1796, zit. nach Herrmann 1990, S. 46) Niemeyer hat damit „pädagogischem Lernen, Denken und Argumentieren einen ,Sitz im Leben' in der Biographie des Erziehungswissenschaftlers" angewiesen (Herrmann 1990, S. 61).

Bis heute spielen autobiographische Reflexionen von Pädagogen eine entscheidende Rolle in der Geschichte der Disziplin. „Autobiographien von Klassikern oder Pionieren der Pädagogik (…), zeitgeschichtliche oder systematische Selbstdarstellungen (…) und biographische Interviews mit Erziehungswissenschaftlerinnen und Erziehungswissenschaftlern verdeutlichen den Zusammenhang von lebensgeschichtlicher Erfahrung, zeitgeschichtlicher Konstellation und theoretischer Orientierung." (Schulze 1979/1993a, S. 16).

Pädagogen schreiben andere Autobiographien als andere: „Sie erzählen nicht nur nachträglich ihr Leben, … sondern ihre theoretischen Konstruktionen sind durchzogen von biographischen Reflexionen … Das hängt ohne Frage auch damit zusammen, daß jeder, der über Erziehung spricht, zugleich auch über sich selber spricht, selbst dann, wenn diese Dimension nicht ausdrücklich gemacht wird." (Prange 1987, S. 346)

Autobiographien sind nach diesem Verständnis die zentralen Quellen zum Verständnis der pädagogischen Disziplin, für die (Re-)Konstruktion ihrer Wissenschaftsgeschichte: Die Entstehung pädagogischer Theorie und Praxis lässt sich nur mittels der Lebensgeschichten ihrer Vertreter, also der Pädagogen, erschließen und verstehen. Insofern haben Autobiographien für die Pädagogik einen zentralen Schlüsselwert, und zwar ganz anders als Autobiographien für andere Berufsgruppen.[12] Die Voraussetzung für diese These ist die Annahme, dass

1. die pädagogische Tätigkeit eine grundsätzlich andere ist als die Tätigkeit anderer Berufe, weil sie die ganze Persönlichkeit erfordert; die pädagogischen Haltungen und Theorien des Erziehers haben ihre Wurzeln in seiner Lebensgeschichte.
2. Da das so ist, kann der Pädagoge sein eigenes Handeln und seine pädagogischen Haltungen nur verstehen, wenn er selber autobiographisch aktiv wird, d.h. seine eigene Kindheits- und Bildungsgeschichte rekonstruiert und reflektiert.
3. Die Pädagogik als Disziplin ist entstanden und wurde weiterentwickelt aus den Kindheits-, Lern- und Bildungserfahrungen ihrer Vertreter, also der Pädagogen. Damit ist die Pädagogik eine bis in den Kern aller ihrer Gedanken autobiographische Disziplin, die nur zu verstehen ist von der Persönlichkeitsentwicklung ihrer Vertreter her.

Aus diesen Überlegungen heraus sind immer wieder Sammlungen von Autobiographien von Pädagoginnen und Pädagogen angeregt und veröffentlicht worden, angefangen von Diesterweg (1835/36), fortgeführt von seinem Schüler Heindl (1858/59); spätere Sammlungen stammen von Hahn (1926/27), Pongratz (1975-82), Winkel (1984), Klafki (1988), Kaiser/Oubaid (1986). Lachmann und Rupp (1989, 2000) stellten Autobiographien von Religionspädagogen verschiedener Generationen zusammen.[13] Daneben gibt es zahlreiche Einzelautobiographien. Eine systematische Auswertung dieser Autobiographien steht allerdings noch aus; Ansätze und Anregungen, welchen Ertrag eine solche Auswertung für die Wissenschaftsgeschichte erbringen könnte, finden sich etwa bei Herrmann (1990), der vergleichend drei Pädagogenbiographien (die von Bernfeld, Nohl und Rousseau) im Hinblick auf den Zusammenhang von Lebensgeschichte und Erziehungslehre analysiert, sowie in dem von Bittner und Fröhlich 1997 herausgegebenen Band mit dem programmatischen Titel „Über das Autobiographische im pädagogischen Denken".

---

12 So hatten etwa die Sammlungen von Ärzte-, Naturwissenschaftler- oder Pfarrerautobiographien vor allem die Funktion, neue Berufsbilder zu formen und zu tradieren; diese Funktion erfüllten gewiss auch die Pädagogenautobiographien, aber ihre Bedeutung weist weit darüber hinaus.
13 Darüber hinaus gibt es eine Reihe von autobiographischen Selbstdarstellungen von Pädagoginnen und Pädagogen, die auf der Grundlage von Interviews erhoben und zusammengestellt worden sind, so die Reihe der „Berliner Lehrerlebensläufe" (siehe du Bois-Reymond/Schonig 1992; Schonig 1994) oder die „Pionierinnen der Sozialarbeit" (Hering/Kramer 1984).

3. Schluss

Der Überblick über die Verwendung von Autobiographien als erziehungswissenschaftliche Quellentexte zeigt ein sehr heterogenes Bild, und zwar sowohl hinsichtlich der bearbeiteten Fragestellungen wie auch hinsichtlich der methodologischen Grundannahmen über den Quellenwert von Autobiographien. Den zahlreichen konzeptionellen und quellenkritischen Überlegungen für eine sinnvolle und differenzierte Verwendung von Autobiographien für erziehungswissenschaftliche und erziehungsgeschichtliche Forschungen stehen bisher nur wenige empirische Studien gegenüber, in denen die methodischen und methodologischen Überlegungen auch angemessen umgesetzt wurden. „Naive" Erwartungen an Autobiographien, in ihnen mehr oder weniger gelungene Abbilder vergangener Wirklichkeiten vorzufinden, finden sich nach wie vor; hier werden die Eigenarten der Gattung und die Vielschichtigkeit ihrer Entstehungsbedingungen entweder nicht berücksichtigt, oder sie werden zwar im Vorwort diskutiert, aber im empirischen Teil nicht eingelöst (vgl. dazu Heinritz 2000, S. 21 und 442 ff.).

In der erziehungswissenschaftlichen Autobiographieforschung der letzten zwanzig Jahren herrscht eine sozialwissenschaftlich gefärbte Forschungsorientierung vor; die mögliche *pädagogische* Bedeutung autobiographischer Texte ist darüber, so scheint es, fast aus dem Blick geraten, wiewohl sich doch die Pädagogik ehedem ganz und gar als autobiographische Disziplin gedacht hat. Hier könnten nicht nur für die Zukunft der pädagogischen Autobiographieforschung, sondern auch für die pädagogische Forschung und Praxis insgesamt wichtige Herausforderungen liegen.

Literatur

Abels, Heinz/Heinz-Hermann Krüger/Hartmut Rohrmann 1989: „Jugend im Erziehungsfeld". Schüleraufsätze aus den fünfziger Jahren im Roeßler-Archiv. In: BIOS – Zeitschrift für Biographieforschung und Oral History 2. S. 139-150.

Baacke, Dieter/Theodor Schulze (Hg.) 1979/1993: Aus Geschichten lernen. Zur Einübung pädagogischen Verstehens. München.

Baacke, Dieter/Theodor Schulze (Hg.) 1985: Pädagogische Biographieforschung. Orientierungen, Probleme, Beispiele. Weinheim/Basel.

Bäumer, Gertrude/Lili Droescher (Hg.) 1908: Aus der Kinderseele. Beiträge zur Kinderpsychologie aus Dichtung und Biographie. Leipzig.

Behnken, Imbke/Jürgen Zinnecker (Hg.) 2001: Kinder, Kindheit, Lebensgeschichte. Ein Handbuch. Seelze.

Benninghaus, Christina 1995: „Von 14 bis 18 sind die besten Jahre". Selbstwahrnehmung und Zukunftserwartung weiblicher Jugendlicher aus Unterschichten zur Zeit der Weimarer Republik. In: Historische Kommission der Deutschen Gesellschaft für Erziehungswissenschaft (Hg.). Jahrbuch für historische Bildungsforschung. Band 2. Weinheim. S. 257-280.

Benninghaus, Christina 1999: Die anderen Jugendlichen. Arbeitermädchen in der Weimarer Republik. Frankfurt/M.

Benninghaus, Christina/Kerstin Kohtz (Hg.) 1999: „Sag mir wo die Mädchen sind." Beiträge zur Mädchengeschichte und Geschlechtergeschichte der Jugend, 1880-1960. Wien/Köln u. a.

Berg, Christa (Hg.) 1990: Kinderwelten. Frankfurt/M.

Bertlein, Hermann 1960: Das Selbstverständnis der Jugend heute. Eine empirische Untersuchung über ihre geistigen Probleme, ihre Leitbilder und ihr Verhältnis zu den Erwachsenen. Hannover u. a.

Bittner, Günther 1993: Zur psychoanalytischen Dimension biographischer Erzählungen. In: Baacke, Dieter/Theodor Schulze (Hg.): Aus Geschichten lernen. Zur Einübung pädagogischen Verstehens. München. S. 229-238.

Bittner, Günther/Volker Fröhlich (Hg.) 1997: Lebens-Geschichten. Über das Autobiographische im pädagogischen Denken. Würzburg.

Blömer, Ursula/Detlef Garz (Hg.) 2000: „Wir Kinder hatten ein herrliches Leben ..." Jüdische Kindheit und Jugend im Kaiserreich 1871-1918. Oldenburg.

Bohne, Gerhard 1922: Die religiöse Entwicklung der Jugend in der Reifezeit. Auf Grund autobiographischer Zeugnisse. Leipzig.

Busemann, Adolf 1926: Die Jugend im eigenen Urteil. Eine Untersuchung zur Jugendkunde. Langensalza.

Cloer, Ernst/Dorle Klika/Michael Seyfahrt-Stubenrauch 1990: Versuch zu einer pädagogischen-biographischen historischen Sozialisations- und Bildungsforschung. Kindsein in Arbeiter- und Bürgerfamilien des wilhelminischen Reiches. In: Berg, Christa (Hg.): Kinderwelten. Frankfurt/M. S. 68-100.

DeMause, Lloyd (Hg.) 1977: Hört ihr die Kinder weinen. Eine psychogenetische Geschichte der Kindheit. Frankfurt/M.

DeMause, Lloyd, 1977: Evolution der Kindheit. In: DeMause, Lloyd (Hg.): Hört ihr die Kinder weinen. Eine psychogenetische Geschichte der Kindheit. Frankfurt/M. S. 12-111.

Diesterweg, Friedrich Adolph Wilhelm 1835/1836: Das pädagogische Deutschland der Gegenwart. Oder: Sammlung von Selbstbiographien jetzt lebender, deutscher Erzieher und Lehrer. Für Erziehende. 2 Bände, Berlin.

Dilthey, Wilhelm 1981: Der Aufbau der geschichtlichen Welt in den Geisteswissenschaften. Frankfurt/M. (= Gesammelte Schriften, Band VII, hrsg. von Bernhard Groethuysen, Leipzig und Berlin 1927; entstanden 1906-1911)

Dittrich, Eckhard/Juliane Dittrich-Jakobi 1993: Die Autobiographie als Quelle zur Sozialgeschichte der Erziehung. In: Dieter Baacke/Theodor Schulze (Hg.): Aus Geschichten lernen. Zur Einübung pädagogischen Verstehens. München. S. 256-276.

Du Bois-Reymond, Manuela /Bruno Schonig 1992 (Hg.): Lehrerlebensgeschichten. Lehrerinnen und Lehrer aus Berlin und Leiden (Holland) erzählen. Weinheim/Basel.

Ecarius, Jutta/Barbara Friebertshäuser (Hg.) 2005: Literalität, Bildung und Biographie. Perspektiven einer erziehungswissenschaftlichen Biographieforschung. Opladen.

Flecken, Margarete 1981: Arbeiterkindheit im 19. Jahrhundert. Eine sozialgeschichtliche Untersuchung ihrer Lebenswelt. Weinheim/Basel.

Frenken, Ralph 1999: Kindheit und Autobiographie vom 14. bis 17. Jahrhundert. Psychohistorische Rekonstruktionen. (Psychohistorische Forschungen Band 1). Kiel.

Fuchs, Werner/Charlotte Heinritz 1985: Erinnerungen an die Fünfziger Jahre. In: Fischer, Arthur/Werner Fuchs/Jürgen Zinnecker: Jugendliche und Erwachsene '85, Band 3. Opladen. S. 43-96.

Fuchs-Heinritz, Werner 1993: Methoden und Ergebnisse der qualitativ orientierten Jugendforschung. In: Krüger, Heinz-Hermann (Hg.): Handbuch der Jugendforschung. Opladen. S. 249-276.

Gippert, Wolfgang/Elke Kleinau 2006: Als Lehrerin in Deutsch-Südwest. Der koloniale Blick auf das „Fremde" in Berufsbiographien von Lehrerinnen. In: Schlüter, Anne (Hg.): Bildungs- und Karrierewege von Frauen. Wissen – Erfahrungen – biographisches Lernen. (Frauen- und Genderforschung in der Erziehungswissenschaft, Bd. 2). Opladen. S. 168-182.

Glaser, Edith/Pia Schmid 2006: Biographieforschung in der Historischen Pädagogik. In: Krüger, Heinz-Hermann/Winfried Marotzki (Hg.): Handbuch erziehungswissenschaftliche Biographieforschung. Opladen. S. 346-371.

Graf, Alfred 1912: Schülerjahre. Erlebnisse und Urteile namhafter Zeitgenossen. Berlin-Schöneberg.

Habermas, Tilmann/Christine Paha 2001: Frühe Kindheitserinnerung und die Entwicklung biographischen Verstehens in der Adoleszenz. In: Behnken, Imbke/ Jürgen Zinnecker (Hg.): Kinder, Kindheit, Lebensgeschichte. Ein Handbuch. Seelze. S. 84-101.

Hahn, Erich 1926/27 (Hg.): Die Pädagogik der Gegenwart in Selbstdarstellungen. 2 Bände. Leipzig.

Hardach, Gerd/Irene Hardach-Pinke (Hg.) 1978: Deutsche Kindheiten. Autobiographische Zeugnisse 1700-1900. Kronberg.

Hardach-Pinke, Irene 1981: Kinderalltag: Aspekte von Kontinuität und Wandel der Kindheit in autobiographischen Zeugnissen 1700-1900. Frankfurt/M./New York.

Hartge, Thomas 1989: Das andere Denken. Hermeneutische Perspektiven einer erziehungswissenschaftlichen Autobiographieforschung. Wiesbaden.

Heindl, Johann Baptist 1858/1859 (Hg.): Galerie berühmter Pädagogen, verdienter Schulmänner, Jugend- und Volksschriftsteller und Componisten aus der Gegenwart in Biographien und biographischen Skizzen. 2 Bände. München.

Heinritz, Charlotte 1985: Schlüsselszenen in Autobiographien der 1929 – 1940 Geborenen. In: Fischer, Arthur/Werner Fuchs/Jürgen Zinnecker: Jugendliche und Erwachsene '85. Generationen im Vergleich. 10. Shell-Jugendstudie. Band 3. Opladen. S. 7-42.

Heinritz, Charlotte 1994: Das Kind in der autobiographischen Kindheitserinnerung. In: BIOS – Zeitschrift für Biographieforschung und Oral History 7. Heft 2. S. 165-184.

Heinritz, Charlotte 1999: „Nirgends recht am Platze." Mädchenjahre in deutschen Frauenautobiographien um 1900. In: Benninghaus, Christina/Kerstin Kohtz (Hg.): „Sag mir wo die Mädchen sind." Beiträge zur Mädchengeschichte und Geschlechtergeschichte der Jugend, 1880-1960. Wien/Köln u. a. S. 237-260.

Heinritz, Charlotte 2000: Auf ungebahnten Wegen. Frauenautobiographien um 1900. Königstein/Ts.

Heinritz, Charlotte 2001a: Das Kind in der autobiographischen Kindheitserinnerung. In: Behnken, Imbke/Jürgen Zinnecker (Hg.): Kinder, Kindheit, Lebensgeschichte. Ein Handbuch. Seelze. S. 182-198.

Heinritz, Charlotte 2001b: Erlebnis und Biographie: freie Aufsätze von Kindern. In: Behnken, Imbke und Jürgen Zinnecker (Hg.): Kinder, Kindheit, Lebensgeschichte. Ein Handbuch. Seelze. S. 102-114.

Hellpach, Willy 1954: Erzogene über Erziehung. Dokumente von Berufenen. Heidelberg.

Henningsen, Jürgen 1962: „Autobiographie und Erziehungswissenschaft. Eine methodologische Erörterung". Neue Sammlung 2. S. 450-461.
Henningsen, Jürgen 1981: Autobiographie und Erziehungswissenschaft. Essen.
Herder, Johann Gottfried 1879: Briefe, das Studium der Theologie betreffend. IV. Theil. In: Herders Sämmtliche Werke. Hg. von Bernhard Suphan. Band XI. Berlin.
Hering, Sabine/Edith Kramer (Hg.) 1984: Aus der Pionierzeit der Sozialarbeit. Elf Frauen berichten. Weinheim/Basel.
Herrmann, Ulrich 1980: Probleme und Aspekte historischer Ansätze in der Sozialisationsforschung In: Hurrelmann, Klaus/Dieter Ulich (Hg.): Handbuch der Sozialisationsforschung. Weinheim/Basel. S. 227-252.
Herrmann, Ulrich 1984: Geschichte und Theorie, Ansätze zu neuen Wegen in der erziehungswissenschaftlichen Erforschung von Familie, Kindheit und Jugendalter. Zeitschrift für Sozialisationsforschung und Erziehungssoziologie 4. S. 11-28.
Herrmann, Ulrich 1990: „Innenansichten". Erinnerte Lebensgeschichte und geschichtliche Lebenserinnerungen, oder: Pädagogische Reflexionen und ihr ‚Sitz im Leben'. In: Berg, Christa (Hg.): Kinderwelten. Frankfurt/M. S. 41-100.
Herrmann, Ulrich 1992: Bernfelds pädagogische Themen und ihr „Sitz im Leben" – Ein biographischer Essay. In: Hörster, Reinhard/Burkhard Müller (Hg.): Jugend, Erziehung und Psychoanalyse. Zur Sozialpädagogik Siegfried Bernfelds. Neuwied/Berlin/Kriftel. S. 9-21.
Hoeppel, Rotraut 1983: Perspektiven der erziehungswissenschaftlichen Erschließung autobiographischer Materialien. Autobiographien als kommunikativ-pragmatische Formen der Selbstreflexion. In: Benner, Dietrich/Helmut Heid/Hans Thiersch (Hg.): Beiträge zum 8. Kongreß der Deutschen Gesellschaft für Erziehungswissenschaft. 18. Beiheft der Zeitschrift für Pädagogik. Weinheim/ Basel. S. 307-312.
Hoeppel, Rotraut 1995: Historische Biographieforschung. In: König, Eckard/Peter Zedler (Hg.): Bilanz qualitativer Forschung. Band 2: Methoden. Weinheim. S. 289-310.
Hoffmann, Erika 1960: Kindheitserinnerungen als Quelle pädagogischer Kinderkunde. Heidelberg.
Jacobi-Dittrich, Juliane 1983: „Hausfrau, Gattin und Mutter". Lebensläufe und Bildungsgänge von Frauen im 19. Jahrhundert. In: Brehmer, Ilse/Juliane Jacobi-Dittrich/Elke Kleinau/Annette Kuhn (Hg.): Frauen in der Geschichte IV. „Wissen heißt leben ...". Beiträge zur Bildungsgeschichte von Frauen im 18. und 19. Jahrhundert. Düsseldorf. S. 262-281.
Kaiser, Astrid/Monika Oubaid (Hg.) 1986: Deutsche Pädagoginnen der Gegenwart. Köln/Wien.
Keck, Rudolf W./Erhard Wiersing (Hg.) 1994: Vormoderne Lebensläufe erziehungshistorisch betrachtet. Köln/Weimar/Wien.
Klafki, Wolfgang (Hg.) 1988: Verführung, Distanzierung, Ernüchterung. Kindheit und Jugend im Nationalsozialismus. Autobiographisches aus erziehungswissenschaftlicher Sicht. Weinheim/Basel.
Klika, Dorle 1990: Erziehung und Sozialisation im Bürgertum des wilhelminischen Kaiserreichs. Eine pädagogisch-biographische Untersuchung zur Sozialgeschichte der Kindheit. Frankfurt/M.
Kraul, Margret 1981: Kindheit, Erziehung und Gesellschaft – früher und heute. Stuttgart.

Krüger, Heinz-Hermann/Winfried Marotzki (Hg.) 2006: Handbuch erziehungswissenschaftliche Biographieforschung. Opladen.

Lachmann, Rainer/Horst F. Rupp 1989/2000: Lebensweg und religiöse Erziehung. Religionspädagogik als Autobiographie. 3 Bände. Weinheim.

Lejeune, Philippe 1989: Der autobiographische Pakt. In: Niggl, Günter (Hg.): Die Autobiographie. Zu Form und Geschichte einer literarischen Gattung. Darmstadt. S. 214-257. (in französischer Sprache zuerst 1973).

Lippitz, Wilfried 1991 a: „Weil es schwerfällt zuzugeben, daß jenes Kind da ... dir unerreichbar ist" (Ch. Wolf). Über die Fremdheit des eigenen Ich im Bildungsprozeß. In: Niemeyer, Beate/Dirk Schütze (Hg.): Philosophie der Endlichkeit. Festschrift für Erich Christian Schröder zum 65. Geburtstag. Würzburg. S. 201-222.

Lippitz, Wilfried 1991 b: „Ich glaube, ich war damals ein richtiger verschüchterter kleiner Kant ..." (Zorn 1987, 32). Moralische Erziehung – autobiographisch gesehen. In: Christa Berg (Hg.): Kinderwelten. Frankfurt/M. S. 315-335.

Lippitz, Wilfried 2001: Die biographische Perspektive auf das Kind – aus phänomenologisch-erziehungswissenschaftlicher Sicht. In: Behnken, Imbke/Jürgen Zinnecker (Hg.): Kinder, Kindheit, Lebensgeschichte. Ein Handbuch. Seelze. S. 143-162.

Melchers, Wilhelm 1929: Die bürgerliche Familie des 19. Jahrhunderts als Erziehungs- und Bildungsfaktor. Auf Grund autobiographischer Literatur. Inaugural-Dissertation. priv. Druck. Düren.

Miehle, August 1928: Die kindliche Religiosität. Erfurt.

Muchow, Hans Heinrich 1966: Über den Quellenwert der Autobiographie für die Zeitgeistforschung. In: Zeitschrift für Religions- und Geistesgeschichte XVIII. S. 299-310.

Niemeyer, August Hermann 1796: Grundsätze der Erziehung und des Unterrichts für Eltern, Hauslehrer und Erzieher. Halle. Reprint, hg. von Hans-H. Groothoff und Ulrich Herrmann, Paderborn 1970.

Pongratz, Ludwig J. 1975-1982 (Hg.): Pädagogik in Selbstdarstellungen. 4 Bände. Hamburg.

Prange, Klaus 1987: Lebensgeschichte und pädagogische Reflexion. Zeitschrift für Pädagogik 33. S. 345-362.

Reichardt, Hanns 1926: Die Früherinnerung als Trägerin kindlicher Selbstbeobachtungen in den ersten Lebensjahren. Halle.

Roeßler, Wilhelm 1957: Jugend im Erziehungsfeld. Düsseldorf.

Rutschky, Karin 1983 a: Erziehungszeugen. Autobiographien als Quelle für eine Geschichte der Erziehung. Zeitschrift für Pädagogik 29. S. 499-517.

Rutschky, Karin 1983 b: Deutsche Kinderchronik. Wunsch- und Schreckensbilder aus vier Jahrhunderten. Köln.

Scheuerl, Hans 1985 Geschichte der Erziehung: ein Grundriss. Stuttgart u. a.

Schilfarth, Else 1926: Die psychologischen Grundlagen der Mädchenbildung. 1. Band: Berufsgestaltung; 2. Band: Lebensgestaltung.

Schonig, Bruno 1994: Krisenerfahrung und pädagogisches Engagement. Lebens- und berufsgeschichtliche Erfahrungen Berliner Lehrerinnen und Lehrer 1914-1961. Frankfurt/M. u. a.

Schulze, Theodor 1988: Geschichte und Theorie der Schule in Erinnerungen. In: Pädagogik 40. S. 8-11.

Schulze, Theodor 1993 a: Biographisch orientierte Pädagogik. In: Baacke, Dieter/ Theodor Schulze (Hg.): Aus Geschichten lernen. Zur Einübung pädagogischen Verstehens. München. S. 13-40.

Schulze, Theodor 1993 b: Autobiographie und Lebensgeschichte. In: Baacke, Dieter/Theodor Schulze (Hg.): Aus Geschichten lernen. Zur Einübung pädagogischen Verstehens. München. S. 126-173.

Schulze, Theodor 2001: Rekonstruktion der Kindheit in autobiographischen Texten. In: Behnken, Imbke/Jürgen Zinnecker (Hg.): Kinder, Kindheit, Lebensgeschichte. Ein Handbuch. Seelze. S. 167-181.

Schwab, Ulrich/Stefanie Theis 2001: Religiosität in Kindheitsautobiographien. In: Behnken, Imbke/Jürgen Zinnecker (Hg.): Kinder, Kindheit, Lebensgeschichte. Ein Handbuch. Seelze. S. 822-836.

Thomae, Hans 1987: Zur Geschichte der Anwendung biographischer Methoden in der Psychologie. In: Jüttemann, Gerd/Hans Thomae (Hg.): Biographie und Psychologie. Berlin u. a. S. 3-25.

Uhlig, Kurt 1936: Die Autobiographie als erziehungswissenschaftliche Quelle. Hamburg.

Vogel, Ludwig 1924: Autobiographische Studien zur Geschichte der religiösen Erziehung der Jugend im protestantischen Deutschland von der Mitte des 17. bis zur Mitte des 19. Jahrhunderts. Diss. Frankfurt/M.

Weber-Kellermann, Ingeborg 1989: Die Kindheit. Kleidung und Wohnen – Arbeit und Spiel. Eine Kulturgeschichte. Frankfurt/M.

Wedel, Gudrun 2000: Lehren zwischen Arbeit und Beruf. Einblicke in das Leben von Autobiographinnen aus dem 19. Jahrhundert. Wien/Köln/Weimar.

Winkel, Rainer (Hg.) 1984: Deutsche Pädagogen der Gegenwart. Band I. Düsseldorf.

Winter, Ilselore 1955: Zur Psychologie der Kindheitserinnerung in Autobiographien und Selbstdarstellungen. Unveröff. Diss. Mainz.

Ziehen, Julius 1912: Aus der Studienzeit. Ein Quellenbuch zur Geschichte des deutschen Universitätsunterrichts in der neueren Zeit. Aus autobiographischen Zeugnissen zusammengestellt. Berlin.

Theodor Schulze

Zur Interpretation autobiographischer Texte in der erziehungswissenschaftlichen Biographieforschung

Was verstehen wir in der Wissenschaft unter Interpretation? Diese Frage wird in zwei unterschiedlichen Denktraditionen erörtert: zum einen in der der qualitativen Sozialforschung, zum anderen in der der geisteswissenschaftlichen Hermeneutik.

1970 setzt Wilson dem bis dahin in der Sozialforschung vorherrschenden, weitgehend an den Naturwissenschaften orientierten und quantitativ ausgerichteten, theoretischen Konzept des „normativen Paradigmas" die Position eines „interpretativen Paradigmas" entgegen (Arbeitsgruppe Bielefelder Soziologen 1973, S. 78 ff.). Er beruft sich dabei auf Vertreter des Symbolischen Interaktionismus und der Ethnomethodologie, auf Mead, Garfinkel, Blumer. Andere Autoren in der qualitativen Sozialforschung beziehen sich auch auf Weber und Schütz (siehe König 1991). Die qualitative Sozialforschung arbeitet auf der Grundlage eines Datenmaterials, das als zusammenhängender Text zu lesen und zu verstehen ist und einen komplexen sozialen, kommunikativ vermittelten Handlungs- oder Sinnzusammenhang zum Ausdruck bringt. Da bedarf es einer Interpretation, die sich von der Interpretation von quantitativen Zahlengrößen unterscheidet. Die qualitative Sozialforschung bemüht sich um methodische Verfahren der Interpretation, die zu nachprüfbaren und verallgemeinerbaren Ergebnissen führen. Diese Verfahren spielen in den Artikeln und in den Kapiteln zur Datenauswertung in den Handbüchern zur qualitativen Sozialforschung eine herrausragende Rolle (zum Beispiel in König/Zedler 1995; Bohnsack/Marotzki/Meuser 2003; Flick 2005; Flick/Kardorff/Steinke 2005).

Nun ist das Interpretieren von Texten, aber auch von Handlungszusammenhängen keine Erfindung der qualitativen Sozialforschung, sondern eine schon lange ausgeübte Praxis, begleitet von einer die Voraussetzungen prüfenden philosophischen Reflexion. Beide – sowohl Praxis wie Reflexion – werden begriffen unter dem aus dem Griechischen abgeleiteten Wort „Hermeneutik", das so viel wie „ars interpretandi" oder „Kunst der Interpretation" bedeutet. Hermeneutik ist seit der Antike eine kunstmäßig verfahrende Praxis der Textauslegung und zugleich neben Grammatik, Rhetorik und Dialektik ein Kernbereich des philosophischen Reflektierens über Sprache, Reden und Denken. Mit Beginn des 19. Jahrhunderts nimmt diese Reflexion den Charakter einer transzendentalen Besinnung auf die Bedingungen der Möglichkeit von Verstehen an. Hermeneutik wird zur Erkenntnistheorie. Diese Linie führt von Schleiermacher über Dilthey und Heidegger zu Gadamer. Neben dieser Hauptlinie bildet sich im Zusammenhang mit der Deutung von Träumen, Erinnerungen und neurotischen Symptomen durch Freud die Nebenlinie einer Tiefenhermeneutik heraus, die vor allem von Lorenzer, Ricœur und Lacan fortgeführt wird. (Überblicke und Textauszüge bei Pöggler 1972; Birus 1982; Kurt 2004).

Obschon zwischen dem interpretativen Paradigma und der hermeneutischen Tradition viele Gemeinsamkeiten bestehen, werden diese Gemeinsamkeiten in der qualitativen Sozialforschung kaum zur Kenntnis genommen. Entweder wird die philosophische und geisteswissenschaftliche Hermeneutik schlichtweg ignoriert, oder es wird ihr einfach die Position einer „sozialwissenschaftlichen Hermeneutik" entgegengehalten, so als hätte die eine mit der anderen nichts zu tun (Hopf 1979, S. 22 ff.; Hitzler/Reichertz/Schröer 1994; Hitzler/Honer 1997). Einige der sozialwissenschaftlich orientierten Autoren benutzen den Begriff „Hermeneutik" zur Kennzeichnung ihrer spezifischen methodischen Ausrichtung; sie bezeichnen ihren Ansatz als „Sozialwissenschaftliche Hermeneutik", als „Empirische Hermeneutik", als „Objektive Hermeneutik". Aber wenn man von Hinweisen auf die Psychoanalyse absieht, nimmt keine dieser Richtungen auf die historische Tradition der Hermeneutik Bezug. Auch Autoren, die sich ausdrücklich mit dem Verhältnis von Qualitativer Sozialforschung und Hermeneutik beschäftigen, kommen zu dem Ergebnis, dass sie kein „Verhältnis" miteinander haben (so z.B. König 1991; Uhle 1995; Kurt 2004, S. 234 ff.).

Wie hält es die erziehungswissenschaftliche Biographieforschung mit der Interpretation? So weit ich sehe, hat sie sich vorwiegend den sozialwissenschaftlich ausgerichteten Interpretationsverfahren angeschlossen (z.B. Garz 2000, S. 9 ff.; → Krüger). Zwar wird in der allgemeinen Erziehungswissenschaft auch hin und wieder auf die Tradition der geisteswissenschaftlichen Hermeneutik zurückgegriffen oder hingewiesen (Krüger 1997, S. 181 ff.; Danner 1998; Rittelmeyer/Parmentier 2001), doch ohne ausdrücklichen Bezug auf die Interpretation autobiographischer Texte. Nun bin ich aber entgegen der in der Biographieforschung vorherrschenden Tendenz davon überzeugt, dass gerade im Hinblick auf die Interpretation von autobiographischen Texten und die Untersuchung von biographischen Prozessen das Verständnis von Interpretation in der hermeneutischen Tradition von großer Bedeutung ist. Ich werde daher im Folgenden versuchen, einige Kerngedanken dieser hermeneutischen Denktradition in Erinnerung zu rufen. Dabei geht es mir nicht um eine philosophiegeschichtliche oder wissenschaftstheoretisch differenzierende Herleitung und Auseinandersetzung dieser Kerngedanken und auch noch nicht um ihre methodische Umsetzung, sondern eher um eine Art resümierender Selbstvergewisserung.

Kerngedanken der Hermeneutik: Die Gegenstände, mit denen sich eine hermeneutisch ausgerichtete Forschung beschäftigt, sind von besonderer

Art. Sie unterscheiden sich wesentlich von den Objekten, mit denen sich die Naturwissenschaften befassen. Es sind Objekte, die von Menschen hervorgebracht worden sind oder hervorgebracht werden, Objektivationen menschlichen Handelns und Denkens. Diese Gegenstände sind nicht nur, was sie an sich sind; sie bedeuten auch etwas für die Menschen, die sie hervorbringen und mit ihnen zu tun haben. Sie sind nicht nur gegeben, sondern auch aufgegeben in dem Sinne, dass sie eine Botschaft oder eine Herauforderung enthalten, die es ernst zu nehmen gilt. Sie erzeugen einen interaktiven oder kommunikativen Austausch, und sie stiften einen Sinnzusammenhang menschlicher Aktivitäten. In diesem Sinne ist hermeneutische Forschung nicht allein auf die Feststellung von Tatsachen oder auf die Erkenntnis von Regelmäßigkeiten und funktionalen Abhängigkeiten ausgerichtet, sondern in erster Linie auf die Erschließung und Erweiterung von Sinnzusammenhängen. Sie ist ausgerichtet auf Sinnverstehen. Das hat für die Gestaltung des Forschungsprozesses bedeutsame Konsequenzen.

Da der Gegenstand der Forschung ein durch Menschen hervorgebrachter, gebrauchter und gedeuteter ist, geht es nicht nur um diesen Gegenstand, sondern immer auch um den hervorbringenden, gebrauchenden und deutenden Menschen. Während die am Paradigma der Naturwissenschaften orientierte objektivierende Forschung die Beteiligung des Subjekts so weit wie möglich aus dem Forschungsprozess herauszuhalten sucht, bezieht eine hermeneutisch ausgerichtete Forschung das Subjekt ausdrücklich und bewusst ein.

Das gilt in zweierlei Hinsicht: Es gilt zum einen in Bezug auf die menschlichen Subjekte, die den zu untersuchenden Gegenstand – einen Text, ein Werkzeug, ein Werk oder eine Institution – hervorbringen, mit ihm umgehen, ihn nutzen und bewerten. Das bedeutet unter anderem die Zulassung von Selbstaussagen, Selbstzeugnissen und Selbstbeobachtungen neben der Fremdbeobachtung als notwendige Informationsquelle und Datenbasis. Das bedeutet weiter die Anerkennung der Einzigartigkeit, Individualität und Geschichtlichkeit des jeweiligen Gegenstandes, sei es ein Text, ein Werk, ein Ereignis, eine Person, eine Gruppe oder eine Institution. Das bedeutet auch die Berücksichtigung von Emotionalität, von Gefühlen und Motiven, von Beweggründen und Abwehrreaktionen bei der Konstituierung von Sinnzusammenhängen. Und das bedeutet auch die Einbeziehung der Wertfrage. Die von Menschen hervorgebrachten Gegenstände sind nicht nur als Tatsachen gegeben; sie sind auf Intentionen bezogen und damit auf Ziele ausgerichtet und sie haben für sie einen Wert.

Die Einbeziehung der subjektiven Seite in die Forschung gilt aber auch für das forschende Subjekt. Es gibt sich zu erkennen als verantwortlicher Initiator und Betreiber des Forschungsunternehmens und als das den Erkenntnisprozess steuernde „Ich". Es tritt in den Forschungsprozess ein mit einem Vorverständnis des Gegenstandes und einem den Prozess leitenden Erkenntnisinteresse, und es passt den Fortgang der Untersuchung seinen jeweiligen Erkenntnisstand an. Es folgt nicht einfach einer Anleitung oder Gewohnheit, sondern auch seinen Einfällen und Assoziationen, und es begrenzt seine Untersuchung, auswählend und beiseite lassend, gemäß seinem Interesse und Vermögen. Es tut das alles nicht unbewusst oder nach „Gutdünken", sondern kontrolliert und begründet. Es reflektiert seine Vorannahmen und rechtfertigt seine Entscheidungen. Die auf das Objekt gerichtete Intention wird immer wieder zurückgewendet und geprüft in einer Reflexion auf das Subjekt und den Prozess der Forschung.

In der hermeneutischen Forschung sind der Prozess der Forschung und sein Nachvollzug so wichtig wie das Ergebnis. An seinem Ende angekommen ist letztlich der Prozess das Ergebnis. Dieser Forschungsprozess verläuft nicht linear, sondern dialektisch. Die vorherrschenden kognitiven Operationen sind nicht Hypothesenbildung, Operationalisierung und Quantifizierung, Ableitung und funktionale Verknüpfung, Schlussfolgerung und Erklärung, sondern Unterscheiden und Vergleichen, Übersetzen, Auseinandersetzen und Zusammensetzen, Hervorheben und Entwickeln, Entgegensetzung und Verständigung. Dieser Forschungsprozess lässt sich verstehen als ein verlängerter Kommunikationsprozess zwischen Autoren und Interpreten über räumliche und zeitliche Entfernungen hinweg, vermittelt durch die Objektivierung der Gesprächsintention in Texten, Kunstwerken, Werkzeugen, Dokumenten und Institutionen. Gadamer spricht von dem Fortbestehen einer „Wirkungsgeschichte" (Gadamer 1960, S. 284 ff.). Dabei werden die Distanz, die Entfernung, der Zeitabstand und die mit ihnen einhergehende Fremdheit, Widerständigkeit und Unvollständigkeit nicht einfach aufgehoben durch so etwas wie Einfühlung und Sich-hinein-versetzen, sondern bewusst aufrechterhalten durch einen ständigen Wechsel der Denkrichtung und der Perspektive. Diese Bewegung ist zirkulär; sie ist das, was man den „Hermeneutischen Zirkel" nennt. Sie bezieht alle in der Konstitution des Forschungsgegenstandes vorgegebenen, grundlegenden Differenzen je nach Bedarf ein und arbeitet so ihr Verhältnis zueinander heraus. Dabei handelt es sich vornehmlich um die zirkuläre Bewegung zwischen Objekt und Subjekt, zwischen Teil und Ganzem, zwischen Außen und Innen und zwischen Erlebnis und Ausdruck, aber auch um die zwischen Oberfläche und Tiefenstruktur, zwischen Text und Kontext, zwischen Tatsachenfeststellung und Wertabwägung, zwischen Vergangenheit und Gegenwart oder zwischen Individuum und Gesellschaft.

Diese zirkulären Denkbewegungen bilden genau genommen keinen Zirkel, sondern eine Spirale. In der Hin- und Herbewegung zwischen den beiden Seiten findet so etwas wie eine Annäherung der Standpunkte im zu erschließenden Sachverhalt und Sinnzusammenhang statt. Die Annäherung kann vom Unverständlichen zum Verständnis führen, vom unvollständigen zum vollständigeren Verständnis, vom falsch Verstandenen oder Missverstandenen zum besseren Verstehen, aber auch vom Selbstverständlichen zum Fraglichen und zum Hinterfragen. Sie muss nicht notwendig zu einer Übereinstimmung oder einem Ausgleich kommen und auch nicht zu einer

Synthese. Sie kann ebenso gut auf eine Aufrechterhaltung, Schärfung und Anspannung der Gegensätze oder auf die Begründung einer Entscheidung hinauslaufen oder auch auf die Verdeutlichung einer Problematik, auf die Präzisierung der Fragestellung oder auf die Formulierung einer Vermutung, die weiter zu verfolgen lohnt. Der hermeneutisch ausgerichtete Forschungsprozess zielt im Grunde auf die Wiederentdeckung oder Wiederherstellung eines Sinnzusammenhanges, aber auch auf seine Erweiterung und Weiterentwicklung oder Vereinigung mit anderen Sinnzusammenhängen, und er könnte auch nach eingehender Analyse zur Auflösung und Verabschiedung einer Sinndeutung führen, wenn diese sich als unzureichend und widersprüchlich oder als überholt oder auch als unsinnig, als wahnsinnig oder unannehmbar erweist, und dann könnte am Ende auch die Formulierung einer Alternative oder der Entwurf eines neuen Sinnzusammenhanges stehen.

Das bedeutet unter anderem auch, dass der Forschungsprozess im Prinzip nie abgeschlossen ist und zwar in doppelter Weise: Zum einen dadurch, dass die Forschung in ihrem Ergebnis wieder praktisch werden muss und praktisch wird. Es gehört zur hermeneutischen Einstellung, dass die wissenschaftliche Form der Anstrengung, etwas zu verstehen, aus den alltäglichen Bemühungen um Verständigung hervorgeht und so auch in die Sinnbezüge der Alltagswelt, der Lebenserfahrungen, der Umgangssprache und ihrer Sprachspiele wieder zurückkehren kann und zurückkehrt. Zum anderen ist der Forschungsprozess auch in sofern nie abgeschlossen, als er letztlich eingelagert ist in den umfassenden Sinnzusammenhang der menschlichen Evolution. Er kann jederzeit von einem anderen Forscher, auch einem später geborenen, wieder aufgenommen werden. Daher ist es nicht entscheidend, ob andere Forscher dasselbe sehen oder herausfinden, sondern dass sie an den ihnen vorgestellten Forschungsprozess mit ihren eigenen Fragen und Überlegungen anschließen können.

Etliche dieser Kerngedanken und Prinzipien finden sich in den Charakterisierungen der qualitativen Sozialforschung wieder, so auch in dem Konzept der „Grounded Theory" von Glaser und Strauss, auf das sich viele der qualitativ arbeitenden Sozialforscher berufen (Strauss 1998; Strauss/Corbin 1996, → Hülst). In seinem Vorwort zur deutschen Ausgabe von „Grundlagen qualitativer Sozialforschung" von Strauss hebt Hildebrand die folgenden Merkmale hervor: „Der Fall als eigenständige Untersuchungseinheit", „Sozialwissenschaftliche Interpretation als Kunstlehre", „Kontinuität von alltagsweltlichem und wissenschaftlichem Denken" und „Offenheit in der sozialwissenschaftlichen Begriffsbildung" (Strauss 1998, S. 1-14). Und Lamnek nennt in einer Zusammenfassung seiner Charakterisierung der qualitativen Sozialforschung die Merkmale „Offenheit", „Kommunikation", „Prozesshaftigkeit", „Reflexivität", „Explikation" und „Flexibilität" (Lamnek 1988, S. 29/30; ähnlich Flick 2005, S. 50; Flick/Kardorff/Steinke 2005, S. 22 ff. und 569 ff.).

Doch auch trotz der hier aufgezeigten Übereinstimmungen bleiben die beiden Denktraditionen weiterhin auf Distanz, gelten „sozialwissenschaftliche" einerseits und „geisteswissenschaftliche" oder „philosophische" Hermeneutik andererseits weiterhin als zwei verschiedenartige und miteinander nicht vereinbare Ansätze und auch im methodischen Vorgehen, in der Praxis des Interpretierens gibt es bemerkenswerte Unterschiede. Diese Unterschiede haben wahrscheinlich etwas zu tun mit unterschiedlichen, Disziplin bedingten Sichtweisen und Einstellungen. Sie hängen unter anderem zusammen mit den in ihnen vorherrschenden unterschiedlichen Erkenntnisinteressen und mit der Auffassung von den Gegenständen, auf die sich das Erkenntnisinteresse richtet. Ich werde diese Frage hier nicht im Hinblick auf die Differenz von Sozial- und Geisteswissenschaften weiter verfolgen, sondern gleich auf das *Datenmaterial*, den *Gegenstandsbereich* und das *Erkenntnisinteresse* der Biographieforschung beziehen.

1. Das Datenmaterial: Autobiographische Texte

Das Datenmaterial, um dessen Interpretation es in der Biographieforschung vornehmlich geht, sind autobiographische Texte. Warum beschäftigt sich die Biographieforschung überwiegend mit autobiographischen Texten? Ein Grund ist, dass der Prozess der Biographie sich nicht ohne weiteres beobachten lässt. Er ist zu komplex und erstreckt sich über einen zu langen Zeitraum, als dass man ihn beobachtend erfassen könnte. Nur das biographische Subjekt kann ihn in seinem vollen Umfang erinnernd vergegenwärtigen. Ein weiterer wichtiger Grund ist, dass man den Prozess der Biographie nur angemessen erfasst, wenn man ihn auch von innen her in seinen Beweggründen erfasst. Ein Lebenslauf ist noch keine Biographie. Zu einer Biographie wird er erst als ein gedeuteter Sinnzusammenhang, als eine Lebensgeschichte. Die primäre Quelle der Deutung aber ist die Deutung, die das biographische Subjekt dem Verlauf seines Lebens in seinen Äußerungen gibt. Wenn wir etwas wissen wollen über das biographische Subjekt, sein Leben und seine Lebenserfahrungen, sind wir auf autobiographische Äußerungen angewiesen. Und wenn wir diese Äußerungen zum Gegenstand wissenschaftlicher Untersuchungen machen wollen, müssen sie allgemein zugänglich und verfügbar sein (→ Kraimer).

Autobiographische Äußerungen liegen der Biographieforschung in unterschiedlicher Gestalt vor: normalerweise als Text, aber auch in Bildern und Fotos, in Gebrauchsgegenständen, in der Gestaltung von Wohnräumen und Arbeitsplätzen, in Werken und Wirkungen. Doch die Interpretation der nicht als Text zugänglichen Äußerungen erfordert andere Zugangsweisen und Interpretationsrahmen als Texte. Darüber hinaus bedarf es in der Regel zu ihrer Erschließung auch noch eines zusätzlichen autobiographischen Kommentars. Die wichtigste Quelle der Biographieforschung bleiben autobiographische Texte.

Was sind autobiographische Texte? Zu den autobiographischen Texten rechnen wir in erster Linie zusammenhängende Lebensbeschreibungen – Autobiographien im engeren Sinne – und schriftliche Aufzeichnungen von biographischen Interviews und Erzählungen, aber auch die literarische, romanhafte oder historische Ausgestaltung von Lebensbeschreibungen – autobiographische Romane und Memoiren. Darüber hinaus zählen zu den autobiographischen Texten auch Aufzeichnungen, die nur einen einzelnen Ausschnitt, Aspekt oder Moment des Lebens erfassen und beleuchten: Tagebücher, Briefe, autobiographische Äußerungen aus gegebenem Anlass. Gemeinsamkeiten und Unterschiede ergeben sich aus der Eigenart und den Entstehungsbedingungen autobiographischer Texte (vgl. Cloer 2006; → Fischer/Bosse).

Autobiographische Texte sind Texte besonderer Art. Sie gehen aus dem Leben der Menschen hervor, stützen sich vornehmlich auf deren Erinnerungen und treten fast immer zunächst als mündliche Erzählungen bei unterschiedlichen Gelegenheiten hervor, bevor sie sich zu schriftlichen Texten verfestigen und in einem Buch gedruckt der Öffentlichkeit zugänglich werden. Jeder normale Mensch erinnert sich an sein bisheriges Leben. Jeder könnte eine Lebensgeschichte erzählen. Und die meisten Menschen tun das auch. Mündliche autobiographische Äußerungen gehören zu den selbstverständlichen Formen lebensweltlicher Kommunikation (s. Fuchs-Heinritz 2005, S. 13-84). Anders verhält es sich mit der schriftlichen Darstellung von Lebenserinnerungen. Es gibt quasi-autobiographische Aussagen in Inschriften und Denkmälern von Herrschern und Priestern schon aus den Anfängen schriftlicher Überlieferung (s. Misch 1949 ff.). Aber zusammenhängende und ausführliche, von gewöhnlichen Menschen verfasste Lebensbeschreibungen kennen wir in größerer Zahl erst seit dem 18. Jahrhundert. Und auch dann bleiben Autobiographien noch lange Zeit eher seltene Selbst- und Zeitzeugnisse, beschränkt auf eine relativ kleine Gruppe von adligen und bürgerlichen Menschen, die geübt waren, sich schriftlich zu äußern. Das bedeutete bis in die Mitte des vorigen Jahrhunderts eine beträchtliche Einschränkung für eine sozial- und erziehungswissenschaftliche Biographieforschung. Diese Situation hat sich aber grundlegend geändert durch die Technik der Tonbandaufnahme und die Methode des narrativen Interviews einerseits und durch die Veranstaltung von Schreibwerkstätten, Sendereihen und Zeitungsrubriken, öffentlichen Ausschreibungen und Sammlungen von autobiographischen Aufzeichnungen andererseits. Für das vergangene Jahrhundert verfügen wir inzwischen über eine kaum überschaubare Zahl von autobiographischen Texten aus den unterschiedlichsten Lebenslagen.

Wie entstehen autobiographische Texte? Autobiographische Texte gehen aus dem Leben in einem langwierigen und mehrschichtigen Formationsprozess hervor, der größere Zeiträume umfasst und oft erst gegen Ende des Lebens zu einer bleibenden Textgestalt findet (siehe Schulze 2006b; Straub 2000). In den Texten und ihrer sprachlichen Gestaltung lassen sich Schichten dieses Prozesses ablesen, lassen sich gleichsam unterschiedliche Aggregatzustände der Arbeit am Text erkennen. Von einer Schicht zur anderen finden Transformationen statt, in der das Material aus früheren Schichten in einen neuen Zustand der Bedeutsamkeit umgearbeitet wird. Für die Interpretation autobiographischer Texte ist es wichtig, die Bedeutung dieser Aufschichtungen im Entstehungsprozess zu verstehen und ihre Spuren im vorliegenden Text wieder zu finden (vgl. Rosenthal 1995 und Bruner 1995). Ich unterscheide in meinen Untersuchungen fünf Schichten (Schulze 1993, S. 128-133 und 1997, S. 328-330). Mir geht es dabei vornehmlich um die Umformungen der biographischen Erfahrungen durch unterschiedliche psychische Prozesse im Fortgang der Produktion eines autobiographischen Textes.

Schicht der Eindrücke und Ereignisse: In der ersten Schicht geht es um die tatsächlichen Begebenheiten. In ihr ist repräsentiert, wie das biographische Subjekt mit der Welt, in der es lebt und in der es sein Leben zu gestalten sucht, zusammenstößt, sich mit ihr einlässt und auseinandersetzt. Die für die Textproduktion bedeutsame Transformationsleistung besteht hier in der Konkretisierung und Individualisierung eines Allgemeinen. Allgemeine biologische und soziologische Bedingungen und Strukturen wie „Geschlecht", „Pubertät", „Klassenlage" oder „Beruf" und historische Prozesse wie „Migration", „Krieg", „Verfolgung", „Wiedervereinigung" oder „Modernisierung" werden in konkrete Situationen umgesetzt und fordern individuelle Entscheidungen und Handlungen heraus. Überall, wo der Autor erzählt, was er getan, entschieden, wahrgenommen oder erlitten hat, kommt im Text diese erste Schicht zu Wort – etwa im Unterschied zu Textpassagen, in denen Einrichtungen nur beschrieben, über allgemeine Vorgänge berichtet oder soziale Funktionen erklärt werden.

Schicht der Erlebnisse: Die zweite Schicht ist zeitgleich mit der ersten; aber in ihr wird etwas anderes gespielt. In ihr geht es um Gefühle, Wertungen und Interessen. Dem biographischen Subjekt ist das, was ihm widerfährt, nicht gleichgültig und auch nicht gleich gültig. Und zugleich ist alles, was ihm widerfährt, eingelagert in das Zusammenleben mit anderen Menschen und eingehüllt in ihre Worte und Gesten, mit denen sie, was geschieht, begleiten und bewerten. Die Welt wird als schon gedeutete erlebt. Die für die Textformation bedeutsame Transformation besteht hier darin, dass die tatsächlichen Begebenheiten in unterschiedlicher Weise affektiv besetzt und bewertet werden. Damit ist zugleich eine Selektion verbunden: Das biographische Subjekt verleiht unabsichtlich und auch weitgehend unbewusst einzelnen Inhalten seiner Erfahrungen eine herausgehobene Bedeutung, die sich in der Gestaltung des Textes auswirkt. Diese zweite Schicht kommt zum Ausdruck in dichten Erzählpassagen, lebendigen und anschaulichen Beschreibungen, expressiven Ausdrücken und wertenden Adjektiven.

Schicht der Erinnerungen: In der dritten Schicht werden die Eindrücke, Ereignisse und Erlebnisse in das autobiographische Gedächtnis aufgenommen (siehe BIOS 2002; Markowitsch 2006) und in Erinnerungen verwandelt. Die Verwandlung dessen, was wir erfahren und erlebt haben, in Erinnerungen ist ein fortlaufender, unbewusster Prozess, der sich über einen kürzeren oder längeren Zeitraum erstreckt, je nachdem wann wir uns erinnern. Eindrücke, Ereignisse und Erlebnisse beziehen sich auf einzelne Momente des Lebenszusammenhanges. Die unbewusste Erinnerungsarbeit hält diese einzelnen Momente fest, und zugleich verändert sie diese. Sie werden umgearbeitet, neu bewertet und dem sich allmählich herausbildenden biographischen Orientierungsrahmen zugeordnet. Sie bilden mit anderen Momenten Assoziationsketten oder schließen sich mit ihnen zu Komplexen zusammen. Die für die Textproduktion bedeutsamen Transformationsleistungen bestehen in der Auswahl und Verknüpfung, der für die Biographie bedeutsamen Lebensmomente, in ihrer perspektivischen Zuordnung und in der Überbrückung der Zeitspanne zwischen „damals" und „heute". So entsteht unbewusst eine Art „Vor-Text", der die Grundlage für den später auszuformulierenden, eigentlichen Text bildet. Dieser „Vor-Text" der dritten Schicht wird in dem erzählten Text nicht so sehr in dem Erzählten als vielmehr in den Unsicherheiten, Widersprüchen, Auslassungen, Täuschungen und Verdrängungen greifbar.

Schicht der Erzählungen: In der vierten Schicht geht es um die Umwandlung der vorsprachlichen Lebenserinnerungen in eine zusammenhängende sprachliche Äußerung, in eine mündliche Erzählung. Der „Vor-Text" wird in einen „Text" verwandelt. Wenn wir uns an etwas aus unserem bisherigen Leben erinnern, so sind das meist bildhafte Vorstellungen von Orten, Menschen, Situationen oder Szenen oder quasi geraffte „filmische" Abläufe in der Fantasie oder auch Eindrücke von Gehörtem oder Gerüchen und Geschmacksempfindungen. Um das Erinnerte erzählen zu können, müssen wir die sinnlichen Eindrücke benennen, die Bilder in Sprache übertragen, die Szenen und Abläufe zu Geschichten vervollständigen. Indem ich meine Lebensgeschichte oder Ausschnitte aus ihr erzähle, wende ich mich an andere Menschen. Sie müssen das, was ich sage, verstehen können. Und zugleich begebe ich mich in die Öffentlichkeit in der Hoffnung, akzeptiert zu werden. Der Erzähler muss bedenken, was er sagen will und wie er es sagen will, aber auch, was er nicht sagen will. Er muss die Zeitdifferenz berücksichtigen, das „Damals" im Licht des „Heute" darstellen. Und er wird versuchen sich selber möglichst günstig vorzustellen. Bewusste Auswahl, Versprachlichung, Veröffentlichung, Vergegenwärtigung, Selbstdarstellung und Selbstvergewisserung sind die hier für die Textproduktion bedeutsamen Transformationsleistungen. Sie finden ihren Ausdruck in der Art und Weise wie der Erzähler diese Aufgaben löst.

Schicht der Verschriftlichung: In meiner früheren Darstellung habe ich das Aufschreiben noch dem Erzählen zugeordnet und diese fünfte Schicht als die der „Reflexion" bezeichnet. Doch es gibt keinen gesonderten Reflexions-Text. Die Reflexion ist ein besonderes Merkmal der schriftlichen Ausarbeitung. Die schriftliche Ausarbeitung einer Autobiographie kann als

Fortsetzung der mündlichen Erzählung betrachtet werden, auch wenn diese nur im formulierenden Überlegen existiert. Die mündliche Erzählung bildet eine Art Rohfassung, an der der Schreibende weiterarbeitet. Mündliche Erzählung, die aufgezeichnet wird, und schriftliche Ausarbeitung leisten zunächst dasselbe: Sie erzeugen einen autobiographischen Text. Doch wenn man Aufzeichnungen von Stegreiferzählungen mit aufgeschriebenen Texten vergleicht, wird man einige Unterschiede feststellen: Die schriftlichen Ausarbeitungen erscheinen vollständiger, besser gegliedert und bewusster ausgerichtet. Einzelne Eindrücke, Ereignisse und Szenen werden detaillierter vorgestellt und einzelne Gefühle oder Überlegungen differenzierter beschrieben. Insgesamt erlaubt die schriftliche Fassung des Textes einen höheren Grad an Reflexion. Der aufgeschriebene Text kann immer wieder neu überarbeitet werden.

Die Überarbeitungen tendieren vornehmlich in drei Richtungen: Da ist die Tendenz der Rechtfertigung, der Glättung und Beschönigung; sie führt nicht selten zur unbewussten Täuschung und Selbsttäuschung oder auch zur bewussten Verfälschung. Da ist die Tendenz zur Kritik und Selbstkritik; sie kann dazu führen, den Text vollständig umzuschreiben (z.B. Schulze 1983) oder den Charakter einer sorgfältigen, an Dokumenten überprüften Untersuchung annehmen (z.B. Bruhns 2004). Sie kann sich dahingehend erweitern, dass sie sich bemüht, die persönlichen Erlebnisse, Erfahrungen und Entscheidungen im nachträglichen Wissen um den historischen Zusammenhang neu zu deuten und zu bewerten. Und da ist die Tendenz – besonders in literarisch anspruchsvollen Autobiographien – zur Stilisierung der Erinnerungen auf eine bestimmte Botschaft hin (z.B. Ortheil 1994; dazu Müller 2005) oder zu einem quasi experimentellen Umgang mit der Erinnerung im Schreiben (z.B. Wolf 1976). Dies sind bereits Formen, in denen das Schreiben eines autobiographischen Textes in eine biographische Selbsterforschung übergeht. Manche dieser literarischen Versuche bieten Interpretations-Modelle an, die auch für die Biographieforschung geeignet scheinen.

Ein großer Teil der hier beschriebenen Vorgänge und Operationen verläuft unbewusst, ohne ein Bewusstsein des biographischen Subjekts und auch ohne die Möglichkeit der Beobachtung. Sie können nur aus ihren Folgen und Ergebnissen, aus den Spuren im Text erschlossen werden. Insofern mögen einzelne Kennzeichnungen noch ungenau und überprüfungsbedürftig erscheinen. Worauf es mir hier ankommt, ist zu zeigen, dass die Produktion autobiographischer Texte kein isolierter Akt ist und dass das Produkt kein momentanes, in sich abgeschlossenes Erzeugnis, sondern das Ergebnis eines langwierigen und vielschichtigen Prozesses ist. So müssen wir einen autobiographischen Text auch dann, wenn er ausgearbeitet vorliegt, als vorläufig, unabgeschlossen und unvollständig betrachten. Er ist unabgeschlossen schon deshalb, weil die Lebensgeschichte, die hier erzählt wird, noch nicht an ihrem Ende angekommen ist und weil die umfassendere Geschichte der Gesellschaft, in die sie verwickelt ist, weitergeht. Das heißt: Autobiographische Texte sind auf Ergänzung und Interpretation angelegt.

2. Der Gegenstandsbereich: Biographie als Prozesse

Datenmaterial und Gegenstandsbereich sind in der Biographieforschung nicht identisch. Das worum es bei der Interpretation von autobiographischen Texten geht ist der biographische Prozess, von dem in dem autobiographischen Text die Rede ist. Autobiographien eröffnen uns einen Zugang zur Biographie.

Was ist Biographie? Eine Biographie ist das gelebte oder noch zu lebende Leben eines einzelnen Menschen. Dieses Leben ist ein Prozess. Doch Biographie ist nicht einfach Leben, sondern menschliches Leben und das heißt: ein zu gestaltendes Leben, eine zu leistende Aufgabe. Das ist nicht so zu verstehen, dass am Ende dieses Prozesses gleichsam als Produkt eine bestimmte Leistung oder Lösung oder Gestalt steht – zum Beispiel eine Persönlichkeit, eine Art Selbstbildnis oder eine Verhaltensweise, eine Karriere, ein Lebenswerk. Die zu lösende Aufgabe, die zu gestaltende Leistung ist der Prozess selbst, ist die Bewältigung dieses Lebens – wie immer es ausgeht (siehe zu dem Folgenden: Schulze 2006a).

Biographie ist ein Prozess höherer Ordnung, eine längerfristige Bewegung. Sie ist nicht wie eine Körperbewegung oder eine Reise und sie hat auch nicht den Charakter einer Handlung. Sie ist eine lebenslängliche Bewegung, die von einem Standort zu einem nächsten führt, von dem aus sich jeweils ein neuer Bewegungs-, Handlungs- und Vorstellungsraum erschließen lässt und in dem sich jeweils neue Aufgaben und Herausforderungen einstellen. Dieser Bewegungsprozess basiert auf der biologischen Entwicklung des Menschen; aber er wird herausgefordert durch die soziale und kulturelle Umwelt, in der der Mensch lebt. Biographie ist die Bewegung eines einzelnen Menschen im soziokulturellen Raum (Bourdieu 1992, S. 135 ff.), ausgehend von einer Position, die durch seine Geburt bestimmt ist, und hinführend zu einer Position, die er am Ende seines Lebens erreicht. – Der soziokulturelle Raum ist ein strukturierter Raum, aufgeteilt in Felder und Positionen. Und so ist der biographische Prozess eine Bewegung von Feld zu Feld, von Position zu Position mit vielen Übergängen und Passagen. – Der soziokulturelle Raum ist zugleich ein dynamischer Raum. Die einzelnen Felder sind Kraftfelder, und der gesamte Raum ist durchzogen von Kraftlinien und Machtverhältnissen. Da gibt es so etwas wie oben und unten, mächtig und ohnmächtig, zentral und peripher, und da gibt es Unterschiede im Gefälle und in der Anziehung und Abstoßung. – Der soziokulturelle Raum ist darüber hinaus selbst in Bewegung; er ist ein historisch bewegter Raum. Das bedeutet: Es gibt in ihm Einbrüche, Umbrüche und Wandel; es gibt Verschiebungen in den Feldergrenzen und Verlagerungen in den Kraftzentren. Die Individuen werden von diesen Bewegungen betroffen. Sie können ihnen folgen oder sie vorantreiben, sie über sich ergehen lassen oder versuchen, ihnen auszuweichen, sich ihnen entgegenzustemmen oder sie umzulenken. Das bestimmt ihr Schicksal.

Biographie ist ein sich selbst organisierender Prozess, und sie ist ein offener, diskontinuierlicher und vielfältiger Prozess. – Selbstorganisation bedeutet hier nicht, dass der Prozess aus sich allein heraus zustande kommt. Der biographische Prozess wird in hohem Maße von außen durch Vorgaben und Angebote, Einwirkungen und Unterstützungen bestimmt. Selbstorganisation meint hier indessen, dass alle Vorgaben und Einwirkungen vom individuellen Subjekt wahrgenommen, gedeutet und auch entschieden werden müssen, damit der biographische Prozess zustande kommen kann. Die Verdrängung, Ausschaltung, Eliminierung des Subjekts aus dem Prozess zerstört die Biographie und damit oft genug auch das Leben des Menschen. – Offenheit meint, dass der Prozess nicht im Voraus festgelegt und vorgezeichnet ist, sondern von Schritt zu Schritt, von Entscheidung zu Entscheidung neu gedeutet werden muss und so sukzessive aufgebaut wird. Der biographische Prozess entfaltet sich vor einem Horizont zahlreicher, durch die jeweilige Lebensgemeinschaft, Kultur und Gesellschaft angebotener Möglichkeiten, von denen das Individuum nur eine begrenzte Zahl verwirklichen kann und muss. Je zahlreicher die angebotenen Möglichkeiten, desto schwieriger und anspruchsvoller der biographische Prozess. – Diskontinuität bedeutet, dass sich der biographische Prozess nicht gleichmäßig und gradlinig vollzieht, sondern in immer neuen Anläufen, Schüben und Wendungen mit immer neuen Erfahrungen. Der Prozess setzt zwar insgesamt die Kontinuität des individuellen Lebens und die Identität des biographischen Subjekts voraus. Doch der Zusammenhang dessen, was das Subjekt in seinem Leben erfährt, anstrebt, aushält, sich aneignet oder mit sich herumschleppt, muss immer wieder neu hergestellt werden, und das kann auch misslingen. – Vielfältigkeit schließlich meint, dass der biographische Prozess nicht nur einer Leitlinie, nur einem einzigen roten Faden folgt – etwa dem der beruflichen Karriere. Er hat vielmehr eine Mehrzahl von Leitlinien und roten Fäden zu bündeln und zu integrieren, die nicht ohne weiteres koordiniert und synchron, sondern widersprüchlich und konfliktreich nebeneinander herlaufen. Die immer wieder vertretene Auffassung, dass sich alle relevanten Entscheidungen und Handlungen in einer Biographie auf ein Thema, eine Frage, eine Methode oder einen Kern von Regeln und Grundsätzen zurückführen ließen, verkennt die angeführten Kennzeichen biographischer Prozesse (z.B. Bude 1987).

Der biographische Prozess vollzieht sich als eine fortlaufende Auseinandersetzung des Individuums mit der natürlichen, kulturellen und gesellschaftlichen Umwelt, in der es lebt. Auf Seiten der Umwelt begegnet es Herausforderungen, Angeboten und Widerständen; es unterliegt tatsächlichen Gegebenheiten, Gesetzen, Anweisungen und Zwängen; es erfährt Bindungen, Abhängigkeiten, Hilfen und Verpflichtungen; es ist planmäßigen Einwirkungen und zufälligen Eingriffen ausgesetzt. Auf Seiten des Individuums, also bei sich und in sich selbst, findet es Anlagen, Antriebe, Neigungen und die Zuwendungen seiner Familie so wie das Kapital seiner Herkunft als Mitgift vor; es entwickelt Wünsche, Ängste, Erwartungen, Interessen und macht Entwürfe für ein mögliches Leben; es erwirbt Fähigkeiten, Kenntnisse, Kräfte und es macht Erfahrungen. So baut sich in ihm, mehr oder weniger unbewusst, ein Potential auf, das seine Auseinandersetzungen mit der Umwelt anregt, trägt und steuert. Diese Auseinandersetzungen stellen das Individuum immer neu vor Aufgaben und Probleme; es ist gefordert, Entwicklungsaufgaben und Lebenskrisen zu bewältigen, „Dürren", Depressionen und Überforderungen zu überstehen und von ihm selbst entworfene oder mitgetragene Projekte zu einem guten Ende zu führen. In diesem Sinne ist Biographie auch ein fortlaufender Problemlösungs- und Lernprozess.

Darüber hinaus erzeugt das Individuum in seiner Biographie so etwas wie einen eigenständigen Sinnzusammenhang, der zum einen von den anderen Mitgliedern der Gesellschaft beachtet, berücksichtigt und gewürdigt werden will und der sich zum anderen in die von anderen erzeugten Sinnzusammenhänge und die umfassenderen kollektiven Sinnzusammenhänge eingliedern muss. In diesem Sinne ist die individuelle Biographie nicht nur umgeben und überformt von sozialen Tatsachen, sondern selber eine soziale Tatsache erster Ordnung.

3. Das Erkenntnisinteresse: Das biographische Subjekt in seiner Umwelt und seiner Zeit

Warum beschäftigt sich Erziehungswissenschaft mit Biographien? Woran ist sie interessiert? Natürlich ist das inhaltliche Interesse, das die einzelnen Forscherinnen und Forscher in ihren Untersuchungen verfolgen, außerordentlich vielfältig. Es wird hauptsächlich bestimmt durch die Auswahl der autobiographischen Texte und durch die biographischen Prozesse, die in ihnen im Vordergrund stehen. Natürlich ist das, was Schüler, Berufsanfänger oder Rentner, Lehrer oder Sozialarbeiter, Manager oder Künstler, Bildungsbürger oder Arbeiter, Arbeitslose oder chronisch Kranke, Kriegsteilnehmer oder Naziverfolgte, DDR-Bürger oder BRD-Bürger, Einwanderer oder Einheimische, Apartheidgegner in Südafrika oder Navajo-Indianer in ihrem Reservat, Menschen in der Antike, am Beginn der Neuzeit oder in der Gegenwart, Frauen wie Männer zu erzählen haben, sehr verschiedenartig. Und natürlich wird das Interesse der Forscherinnen und Forscher bestimmt durch den Forschungskontext, in dem der tragende Inhalt der autobiographischen Erzählung zur Geltung kommt. Es gibt so gut wie keinen Teilbereich der Erziehungswissenschaft, in dem der biographische Zugang zum Gegenstand oder Thema der Untersuchung nicht eine wichtige Rolle spielt oder zumindest spielen könnte (Schulze 2006a, S. 49-54; siehe auch Krüger/Marotzki 2006, Teil 3 und 4 sowie → Krüger, → Heinritz, → Klika, → Ecarius und → Kade/Nittel). Und letztlich erfordern ein jeder Text und eine jede Fragestellung ein besonderes methodisches Vorgehen.

Aber es gibt auch einige übergreifende Gesichtspunkte, die für das methodische Vorgehen ausschlaggebend sind und zu unterschiedlichen Konsequenzen führen. Diese Gesichtspunkte haben es zu tun mit der Art und

Weise, wie die Biographieforscher das autobiographische Datenmaterial einschätzen und angehen, wie sie den biographischen Gegenstandsbereich bestimmen, wo sie Schwerpunkte setzen und wo sie sich gegen andere Forschungsrichtungen absetzen, und letztlich, was sie sich als Ertrag der Untersuchung erhoffen und in welche umfassenderen Theorieentwürfe und Verwertungszusammenhänge sie ihn einzubringen suchen (vgl. Schulze 2007).

Auch in der erziehungswissenschaftlichen Biographieforschung gibt es zahlreiche Forscherinnen und Forscher, die in ihrer Interpretation autobiographischer Texte ihre Aufmerksamkeit vornehmlich auf das Erzählen und die Situationen, in denen erzählt wird, auf die Erzählweise und ihre literarische Gestaltung, auf den Erzähler und seine Deutungen richten. In diesem Sinne arbeiten die methodischen Ansätze der Konversationsanalyse, der Diskursanalyse, der Gattungsanalyse, der Rhetorikanalyse und der Analyse von Deutungs- und Orientierungsmustern (siehe Bohnsack/Marotzki/Meuser 2003, S. 105-108, S. 35-39, S. 69-70, S. 142/143 und S. 31-33).

Andere Forscherinnen und Forscher gehen in ihrer Interpretation autobiographischer Texte zwar auf den Inhalt der Erzählung ein; aber sie haben dabei weniger den biographischen Prozess im Blick als das Milieu, die Umwelt, in der er stattfindet, weniger die Lebensgeschichte als die Lebenswelten, Erfahrungshorizonte und Weltanschauungen, in die sie hineinführen – so zum Beispiel in der Forschungspraxis der dokumentarischen Methode (Bohnsack 2003) oder der Ethnographie (Honer 1993).

Es gibt ein umfangreiches Interesse an dem Verlauf von Lebensläufen in dem Bereich der Lebenslauf – oder Lebensverlaufsforschung (Mayer 1990; Kluge/Kelle 2001). Doch es richtet sich weniger auf den individuellen biographischen Prozess als auf seine äußere Verlaufsform, auf die Abfolge allgemeiner Artikulations- und Wendepunkte und auf die Übergänge zwischen dem jeweils erreichten sozialen Status zum nächsten. Es gilt der Herausarbeitung normaler oder typischer Verlaufsstruktur und ihrer Veränderungen im Wandel der Zeit. Quantitative Vergleichsdaten spielen eine wichtige Rolle.

Auch viele Forscherinnen und Forscher, die in ihrer Interpretation ausführlich auf die Gestaltung einzelner Biographien eingehen, auf ihre besonderen Bedingungen, Beweggründe und thematischen Inhalte, zielen mit ihren Untersuchungen auf etwas anderes als auf den individuellen biographischen Prozess. Sie suchen so etwas wie allgemeine soziale Strukturen – „latente Sinnstrukturen" oder typische „Prozessstrukturen" – herauszuarbeiten, – Strukturen, die sich „im Rücken der Subjekte", ohne ihr Wissen durchsetzen. Am stärksten ausgeprägt findet sich diese Einstellung bei dem methodischen Verfahren der „objektiven Hermeneutik" (Oevermann u.a. 1979; Wagner 2001; → Garz).

Bei all den genannten Ansätzen geht es den Forscherinnen und Forschern in erster Linie um verallgemeinerbare Ergebnisse jenseits der einzelnen individuellen Biographie im Sinne eines soziologisch bedeutsamen Allgemeinen. Das sind typische Handlungsschemata, Erzählformate, Deutungsmuster, Verlaufskurven, soziale Strukturen oder Regelsysteme. Bei dem hier vorgestellten Ansatz steht mehr das Individuelle und Besondere im Mittelpunkt des Interesses. Das Interesse richtet sich auf die Beziehungen des einzelnen Individuums zum Allgemeinen der Gesellschaft und zum Besonderen der historischen Situation – also um ein individuelles und besonderes Allgemeines (Klüver 1995; Schulze 1997). Da geht es zunächst um den individuellen biographischen Prozess insgesamt, aber auch um die Ausgangsvoraussetzungen und die Rahmenbedingungen, die Potentiale und die Widerstände, die Erwartungen, Entscheidungen und die einzelnen Bewegungen, die Krisen und Wendpunkte, die Erfahrungen und Lernprozesse – und zwar in dem Sinne, wie sie von der Erzählerin oder dem Erzähler erlebt und gedeutet werden. Das heißt vor allem: Der Interpret versucht die Perspektive des Prozesses und den Standpunkt des Subjekts einzunehmen.

Die Perspektive des Prozesses einnehmen bedeutet: Die Biographie nicht von ihrem Ende her zu lesen als Rückblick auf etwas Vergangenes und Abgeschlossenes, sondern vorwärts von einem in der Geschichte jeweils gegenwärtigen Standpunkt aus vorausschauend auf eine zu der Zeit und auch weiterhin offene Zukunft. Es bedeutet auch, dass der Prozess als ein dynamischer verstanden wird, als das Ineinandergreifen und Zusammenwirken mehrer Kräfte, sowohl äußerer wie innerer.

Den Standpunkt des biographischen Subjekts einnehmen bedeutet zunächst, den Prozess als eine vom Individuum zu lösende Aufgabe zu begreifen und als eine Folge und Wechselwirkung von Erwartungen, Erfahrungen, Entwürfen und Entscheidungen aufzufassen. Es bedeutet weiter, die Einzigartigkeit und Eigensinnigkeit des Individuums anzuerkennen, ohne dass der Interpret dessen Einstellungen und Wertungen teilt oder übernimmt. Das gilt besonders da, wo sich das biographische Subjekt irrt, grundlegende Werte und Menschenrechte missachtet. Das ist unter Umständen eine äußerst schwierig zu bewältigende Herausforderung, auf die sich der Wissenschaftler einlässt, wenn es um die Biographie eines verbrecherisch handelnden Menschen geht, so wie Gitta Sereny in ihren Gesprächen „Am Abgrund" mit Franz Stangl, dem Kommandanten des KZ-Lagers Treblinka (Sereny 1995).

Den Standpunkt des biographischen Subjekts einnehmen bedeutet dagegen nicht, sich ausschließlich mit dem Individuum zu befassen, seine narzisstischen Neigungen zu befriedigen und die Aufmerksamkeit allein auf sein Selbstbewusstsein zu richten. Der Blick ist vielmehr nach außen gewandt, insbesondere auf die gesellschaftlichen Verhältnisse, in die das Individuum einbezogen und verwickelt wird. Aber diese Verhältnisse erscheinen hier nicht, wie sie von Soziologen beschrieben und gedacht werden – als verselbständigte „soziologische Tatbestände" (Durkheim), als abgehobene „soziale Systeme" (Luhmann), dem Individuum fern und fremd –, sondern so wie das Individuum von ihnen betroffen und genötigt wird und wie es sie nutzt oder betreibt, gleichsam im Blick „von unten".

In der hier vorgestellten Einstellung ist die wissenschaftliche Interpretation die Fortsetzung eines bereits begonnen Interpretationsprozesses. Sie schließt an das an, was sie an Interpretation im autobiographischen Text schon vorfindet (siehe Abschnitt 2). Mit der wissenschaftlichen Interpretation wechselt dieser Interpretationsprozess sein Subjekt. Aus der Selbstinterpretation wird eine Fremdinterpretation. Umso wichtiger ist es, dass der fremde, von außen hinzukommende Interpret an die schon geleistete Interpretation anschließt. Indem er das tut, akzeptiert er den Autor – oder die Autorin – der Erzählung als einen ernstzunehmenden Gesprächspartner und als seine wichtigste Informationsquelle. Er folgt dem, was der Autor mitteilt oder mitzuteilen versucht, auch da, wo er ins Stocken gerät oder unvollständig bleibt. – Der wissenschaftliche Interpret setzt die Interpretation des Autobiographen fort; aber er geht auch über sie hinaus und damit auch über die Deutung, die dieser seinem Leben gibt. Das ist der Sinn des Satzes: „Den Autor besser verstehen als er sich selbst versteht".

Der wissenschaftliche Interpret geht schon dadurch über den Autor hinaus, dass er dessen Erzählung aus einer größeren affektiven und einer größeren zeitlichen Distanz betrachten kann. Vor allem aber: der wissenschaftliche Interpret erweitert den Bezugsrahmen für die Interpretation; er stellt die Erzählung in umfassendere Zusammenhänge, aus denen sich neue Gesichtspunkte, andere Vergleichsmöglichkeiten und neue Informationen ergeben. – Solche Erweiterungen gehen vornehmlich in drei Richtungen: Sie richten sich zunächst auf den Gesamtzusammenhang des individuellen biographischen Prozesses. Der wissenschaftliche Interpret versucht eine engere Verbindung zwischen den unterschiedlichen Momenten der biographischen Erzählung herzustellen, Widersprüche aufzudecken, Lücken auszufüllen und den Prozessverlauf mit anderen ähnlich gelagerten Prozessverläufen zu vergleichen. – Die Erweiterungen richten sich zum anderen auf den Zusammenhang des individuellen biographischen Prozesses mit den Bewegungen und Wandlungen im soziokulturellen Raum. Hier geht es unter anderem um die Verbindung der persönlichen Erfahrungen mit den kollektiven Erfahrungen und um ihre erneute Deutung im Austausch mit den beteiligten Gruppen und zwischen den Generationen. – Die Erweiterung richtet sich schließlich auf die besonderen Ausprägungen des individuellen biographischen Prozesses im Kontext einer fortschreitenden Biographisierung der Gesellschaften und vor dem Hintergrund einer universellen Biographiestruktur, die nach und nach zum Vorschein kommt (siehe Schulze 2006a, S. 47 ff.)

Das hier zuletzt vorgestellte Erkenntnisinteresse ist letztlich darauf gerichtet, das einzelne menschliche Individuum mit seinen individuellen Interessen, Ansprüchen und Leistungen gegenüber den Vereinahmungen, Zuteilungen und Ausgrenzungen der Gesellschaft und der Sozialwissenschaften zur Geltung zu bringen. Die Menschwürde, die zu achten und zu schützen wir uns verpflichtet haben (Grundgesetz Artikel 1), gewinnt in dem gelebten Leben eines einzelnen Menschen ihren anschaulichen Ausdruck – auch da, wo sie in diesem Leben verletzt oder verachtet wird.

4. Methodisches Verfahren in einer reflexiven Hermeneutik

Was folgt aus allen diesen Überlegungen für ein methodisches Vorgehen in der Interpretation autobiographischer Texte für die Biographieforschung? Wie gehe ich vor?

Reflexive Hermeneutik: Meine Vorgehensweise ergibt sich aus den Überlegungen und Prinzipen der vorausgegangenen Abschnitte. Ich nenne sie „Reflexive Hermeneutik". Sie unterscheidet sich von den Vorgehensweisen der „Sozialwissenschaftlichen Hermeneutik" und der „Objektiven Hermeneutik". Entscheidend ist an meiner Vorgehensweise, dass sie völlig unvoreingenommen den eigenen Interessen, Vorkenntnissen, Orientierungen und Einfällen und den sachlichen Gegebenheiten des Materials und der Arbeitsbedingungen folgt und dass sie durch eine sie ständig begleitende Reflexion kontrolliert wird. Die methodische Absicherung besteht nicht in der Abfolge und Ableistung einzelner Verfahrensschritte oder in einer Methoden-Triangulation, sondern in der begleitenden Reflexion und in der Rechenschaft, die der Forscher seinem Leser über den Verlauf der Untersuchung und seine jeweiligen Entscheidungen gibt. Um hinreichend konkret zu sein, orientiere ich meine Erläuterungen zu einzelnen Schritten und Werkzeugen exemplarisch an der Interpretation eines Protokolls zu einem biographischen Interview, an der ich im vorletzten Jahr beteiligt war (genauer: Dörr u. a. 2009).

Arbeits-Tagebuch: Eines der wichtigsten Instrumente ist das „Arbeits-Tagebuch". Das „Buch" besteht bei mir aus einer Sammlung von zusammengehefteten Blättern und Zetteln, auf denen ich meine Einfälle, Fragen, Planungen, Überlegungen und Stoßseufzer notiere. Da steht zum Beispiel – nach längerer Beschäftigung mit dem Text: „29.4.06. Bei mir kommt Wut und Misstrauen auf – gegen den Text und gegen die Erzählerin". Wichtig ist, jede Notiz mit einem Datum zu versehen. Nur so kann ich den Gang der Untersuchung rekonstruieren und nachträglich über ihn Rechenschaft geben.

Kennzeichnung des Textes: Es ist immer wichtig, zunächst zu klären, was für ein Text das ist, der der dann folgenden Untersuchung zu Grunde liegt. Der Text meines Beispiels ist das ca. 20-seitige Protokoll eines biographischen Interviews mit einer jungen Frau. Sie ist zu der Zeit des Interviews 19 Jahre alt. Das Interview-Protokoll wurde mir von den Veranstaltern eines Symposiums zur „Erinnerungsarbeit in Biographie und Psychoanalyse" zugeschickt.

Kursorische Lektüre: Natürlich beginne ich damit den Text zu lesen – kursorisch, das heißt: von vorn nach hinten, Satz für Satz, aber nicht sequentiell, nicht jeden Satz für sich. Dabei streiche ich mir interessant oder wichtig erscheinende Stellen an. Und ich mache mir auf einem Blatt meines „Arbeits-Tagebuchs" Notizen. Ich notiere Fragen, Einfälle und Gesichtspunkte, die mir während des Lesens kommen. Zu den Eintragungen finden sich auf diesem Blatt beispielsweise Überschriften wie „Dichte Stellen", „Wiederholte Formeln oder Ausdrücke", „Themen", „Beziehungen", „Grundfiguren und Grundmotive" oder „Gegenhalte und Leerstellen".

Erster Eindruck: Nachdem ich das gesamte Protokoll gelesen habe, suche ich mir Rechenschaft zu geben über meinen ersten Eindruck, über zentrale Probleme, wichtige Fragen, vorauszusehende Schwierigkeiten. Zugleich versuche ich mir klar zu machen, von welchen Vorannahmen ich ausgehe und welche Voraussetzungen ich mitbringe, die Probleme, Fragen und Schwierigkeiten zu bearbeiten. In meinem „Arbeits-Tagebuch" finde ich folgende Notizen: „25.4.06. Der Text macht mir zu schaffen ... Ein Text voller Rätsel." Und: „Weit weg. Ich kenne die Frau nicht und ich kenne mich nicht aus in der Welt, in die sie sich hineinbegeben hat. Die Szene ist mir fremd." Dann eine Reihe von Fragen: „Wie ist das Protokoll entstanden? Warum erzählt diese Frau aus ihrem Leben? Wie lebt sie heute?" Und: „Wie gehe ich mit dem Protokoll um? Welche Zusatzfragen hätte ich gestellt? Wo kommen mir Zweifel?"

Lokalisierung: Angesichts der außerordentlichen Vielzahl und Vielfalt von möglichen Biographien ist es sinnvoll, sich klar zu machen, in welcher Weltgegend die Lebensgeschichte, mit der man sich gerade beschäftigt, angesiedelt ist. Das hilft einem, sich das Umfeld der Geschichte zu vergegenwärtigen und nach geeigneter Literatur Ausschau zu halten. In diesem Protokoll geht es um die Geschichte einer jungen Frau, die mit 14 Jahren von zu Hause wegläuft, auf die Straße, in die Drogenszene und in die Prostitution gerät und immer wieder von Polizeibeamten, Sozialarbeitern, Therapeuten und Pädagogen zurückgeholt wird. Kaum Orts- und Zeitbezüge: Immerhin sie spricht deutsch, und das Protokoll ist erst kürzlich entstanden, also Gegenwart und irgendwo in der BRD. Ich siedle diese Geschichte in meinem Wissenshorizont unter den Stichworten „Jugendbiographie", „Verwahrlosung", „Straßenkinder", „Patientengeschichten" an.

Gliederung des Textes und des Untersuchungsfeldes: Die nachträgliche Gliederung des Textes entspricht in vielen Untersuchungen einem Inhaltsverzeichnis – Absatz für Absatz. Bei mir gleicht sie eher der Skizze einer kognitiven Landkarte. Da verzeichne ich, was alles in der Erzählung thematisiert wird – die Themen und Themenkomplexe. Das sind hier zum Beispiel: „Abhauen von Zuhause", „Beziehung zu den Eltern", „Schule und Mitschüler", „Selbstmordversuche" usw. Diese Themen schreibe ich neben-, unter- und übereinander, ich kreise ein, ziehe Verbindungslinien und zeichne Verweisungspfeile. Am Rande notiere ich mir umfassendere Themenfelder und Forschungsbereiche, auf die die angeführten Themen verweisen.

Glossar zum Text: Auf Grund meines Themenkatalogs lege ich mir ein Glossar mit Texthinweisen und kurzen Inhaltsvermerken an, die es mir erlauben, thematisch zusammengehörige Textstellen rasch aufzusuchen – beispielsweise zum Stichwort „Selbstmordversuche". Dieses Glossar wird laufend ergänzt.

Datenliste zum Lebenslauf: Die Zeitangaben sind unvollständig und ungeordnet. Die Erzählung springt hin und her. Wichtige Zeitangaben fehlen oder tauchen an anderen Stellen auf. Um aber den Verlauf des biographischen Prozesses angemessen verstehen und deuten zu können, ist es wichtig, die zeitliche Reihenfolge und Zuordnung zu kennen. Meine Datenliste hat fünf Spalten: In der ersten verzeichne ich die Folge der Jahreszahlen vom Geburtsjahr an bis zum Jahr des Interviews. In der zweiten Spalte verzeichne ich die Lebensjahre, den Jahreszahlen zugeordnet. In der dritten Spalte verzeichne ich die Schuljahre, weil häufiger von Klassenstufen die Rede ist, wiederum den Jahreszahlen und Lebensjahren zugeordnet. In der vierten Spalte suche ich besondere Vorkommnisse zeitlich zuzuordnen (z.B. 1994 = 14. Lj. = 8. Schj.: Zum ersten Mal weggelaufen). In einer fünften Spalte vermerke ich wichtige öffentliche lokale, nationale oder globale Ereignisse. Zum Beispiel: 1989 Wiedervereinigung. Die Erzählerin nimmt davon offenbar keine Kenntnis, obschon sie damals bereits neun Jahre alt und in der vierten Klasse war.

Landkarte des biographischen Prozesses: Hier versuche ich die Bewegung im soziokulturellen Raum zu verzeichnen. In die Karte trage ich die verschiedenen sozialen Felder und mentalen Landschaften ein, von denen aus, zwischen denen und in denen sich der Mensch, um den es geht, bewegt – in der Reihenfolge, in der sie im Verlauf der Lebensbewegung auftauchen: Ausgangsfeld ist die Herkunftsfamilie (Eltern, Halbschwester), dann Grundschule, Hauptschule, Straße, Schutzhaus, Gericht usw. Ich gruppiere die Felder nach Zonen und Zusammengehörigkeit – z.B. Schule auf der einen Seite, Schutzhaus, Gericht und Psychiatrie auf der anderen, dazwischen die Straße. Ich markiere Übergänge, Schwellen und Widerstände und trage die Namen von Bezugspersonen oder Interaktionspartnern ein, ebenso Hinweise auf besondere Vorfälle und Konflikte. Schließlich kennzeichne ich die biographischen Bewegungen und Beziehungen durch Pfeile oder Verbindungslinien – Abhauen, Rückkehr, erneut Abhauen usw.

Auswahl der Topoi: In dem Entwurf der „Landkarte" habe ich den gesamten biographischen Prozess im Blick. Doch wenn ich dann zur genaueren Analyse des Textes übergehe, wähle ich einzelne Punkte oder Linien aus, auf die ich eingehen will oder denen ich nachzugehen suche. Ich habe sie „Topoi" genannt. Das sind Stellen, in denen sich der biographische Prozess verdichtet, entscheidet, artikuliert. Und meistens kommen diese Stellen auch im autobiographischen Text zum Ausdruck in besonders dichten oder anschaulichen Passagen, szenischen Darstellungen, metaphorischen Wendungen oder wiederkehrenden Formulierungen. Im mir vorliegenden Text sind es zwei Topoi: Der erste ist charakterisiert durch den wiederkehrenden Ausdruck „Abhauen", der andere durch eine dramatische Szene, in der die Erzählerin sich erinnert, wie sie als Kind ihren geliebten Hamster tötet, indem sie sich auf ihn setzt.

Analyse der Topoi: Als „Toposanalyse" habe ich schon in früheren Aufsätzen eine zentrale methodische Figur meiner Textinterpretation gekennzeichnet (Schulze 1997, S. 181-183; 2006b, S. 102-104). Ein wichtiges Merkmal dieser Vorgehensweise ist, dass sie nicht, wie viele andere methodische Konzepte vorschlagen, sequentiell verfährt, sondern zirkulär. Ich umkreise die ausgesuchte Stelle, gleichsam wie ein Raubvogel mit einem für jedes Detail geschärften Blick und gleichzeitig offen für alle Anregungen und Hinweise, die aus dem weiteren Umfeld oder meinem Gedächtnis hinzukommen. Ich schließe mich dabei an Vorgehensweisen an, die mir in der Lektüre psychoanalytischer Untersuchungen bekannt geworden sind. Das sind zum einen Freuds Verfahren der freien Assoziation in der Traumdeutung (Laplanche/Pontalis 1986, S. 77ff.) und zum anderen die Verfahren, die Jung neben dem der Assoziation zur Deutung von Erinnerungen, Träumen und Zeichnungen verwendet; er nennt sie „Aktives Imaginieren", „Amplifikation" und „Zirkumambulation" (Samuels/Shorter/Plaut 1989, S. 46ff., 19ff., 27ff. und 240).

Vergleichsfolien: Interpretation beruht unter anderem auf der Möglichkeit zu vergleichen und zu unterscheiden. Für die Interpretation von biographischen Prozessen bieten sich vor allem drei Vergleichsfolien an: Die erste Folie ist die der eigenen Biographie des Interpreten. Die zweite Folie ist die einer angenommenen und dem Fall entsprechenden „Normalbiographie", die die meisten Mitglieder einer Gesellschaft im Kopf haben. Die Konturen der „Normalbiographie" einer bestimmten Gesellschaft oder Epoche werden in soziologischen Untersuchungen zum Lebenslauf belegt, präzisiert und differenziert. Die dritte Folie sind andere mir bekannte autobiographische Erzählungen, in denen von ähnlichen aber auch kontrastierenden Problemen, Problemlösungen und Bewegungsfiguren die Rede ist. Bei den Vergleichen geht es immer um ein „genau so" oder „ähnlich" wie auch um ein „im Gegensatz zu" und „ganz anders". Ich versuche diese Vergleichsfolien zu aktivieren.

Bewegungsfiguren: Meine Aufmerksamkeit gilt vornehmlich den Bewegungsfiguren im biographischen Prozess. Der Topos „Abhauen" beschreibt eine solche Figur. Es geht hier um die Ablösung vom Elternhaus in einer besonders radikalen Wendung und zugleich um das Ausbrechen aus dem Angebot und Gefüge eines normalen Biographieverlaufs in unserer Gesellschaft. Ich versuche diese Figur vor dem Hintergrund psychologischer und biographischer Studien zur Jugendphase, im Vergleich mit anderen Formen radikaler Wegentscheidungen und im Zusammenhang der sich wandelnden gesellschaftlichen Bedingungen des Erwachsenwerdens genauer zu bestimmen.

Symbolisierende Handlungen, Szenen oder Träume: Bei der Analyse von biographischen Bewegungsfiguren geht es vornehmlich auch darum, die Beweggründe kennen zu lernen. Da geht es um eine genauere Beschreibung der Antriebe und Wünsche, Beziehungskonstellationen und Stimmungslagen, aus denen die Bewegung hervorgeht, der Gefühle, die sie begleitet, und der Hemmungen und emotionalen Widerstände, die ihr entgegenstehen, aber auch der Orientierungen und Erwartungen, in die sie eingebettet sind. Das ist nicht einfach. Oft sind sich die Erzählerinnen oder Erzähler einer Lebensgeschichte selbst unklar über ihre Motive und Gefühle oder sie haben Schwierigkeiten sie angemessen auszudrücken oder sie sind gar nicht bereit sie mitzuteilen, suchen sie zu verstecken. Aber sie berichten von Erlebnissen oder Vorstellungen und Erwartungen, in denen ihre Gefühle und Motive in einer symbolisierten Form zum Ausdruck kommen. Bei dem Topos „Tötung des geliebten Hamsters" handelt es sich wohl um eine solche symbolisierende Handlung, in der das Mädchen Gefühle zum Ausdruck bringt, die es sich selbst nicht einzugestehen vermag. Bei der Interpretation solcher Szenen geht es um das, was Lorenzer „szenisches Verstehen" nennt (Lorenzer 1995, 1986).

Wiederholte kursorische Lektüre und Fortsetzung der Analyse: Wenn die Analyse der ausgewählten Topoi einen gewissen Sättigungsgrad erreicht hat, lese ich den autobiographischen Text erneut im Zusammenhang, um zu prüfen, wie sich die bisherigen Befunde in den Gesamtzusammenhang der Erzählung einfügen. Dabei stoße ich auf Stellen, die die bisherigen Überlegungen bestätigen und ergänzen, aber auch auf Stellen, die ihnen widersprechen oder ganz neue Gesichtspunkte für die Interpretation anbieten. Dann wird es notwendig, mit dem Interpretieren fortzufahren oder unter Umständen neu anzusetzen. Bei der erneuten Lektüre stelle ich auch fest, was ich alles übersehen oder ausgelassen habe.

Lesung durch Dritte: In mehreren Methodenkonzepten ist vorgesehen, die individuelle Interpretation durch die Mitarbeiter in einem Team ergänzen und überprüfen zu lassen. Das ist sinnvoll. Ich dagegen arbeite vorwiegend für mich allein. Aber ich teile sowohl den Text wie auch meine Interpretationsergebnisse sehr häufig anderen im Umkreis meiner sozialen Beziehungen mit – meiner Frau, meinen Freunden, meinen Kollegen. Sie sind in der Sache zumeist Laien oder arbeiten auf einem anderen Gebiet. Umso wichtiger ist es mir, ihr Urteil zu hören.

Zusammenfassung der Ergebnisse: Als Ergebnis erwartet man in sozialwissenschaftlichen Untersuchungen die Formulierung allgemeiner Sätze über soziale Strukturen, Muster, Typen oder Zuordnung zu Typen, Regeln oder regelmäßige Verknüpfungen. Man erwartet ein „Immer wenn ..." oder ein „Überall wo ..." oder ein „Alle die ..." oder ein „In der Regel ..." oder ein „Die da ...", aber nicht ein „Diese" und „Hier". Die biographische Untersuchung in der Erziehungswissenschaft zielt auf ein Allgemeines im Individuellen und Singulären, auf ein individuelles Allgemeines. Sie mündet eher in die Darstellung eines Problems ein, in die Beschreibung einer Möglichkeit, einer Situation oder einer Konstellation, in die Analyse einer Einstellung, einer Bewegung oder eines Wandels, und die sind immer zugleich persönlich und kollektiv bemerkenswert. Am Ende ist es wichtig, zu zeigen, wie sich die individuellen Erfahrungen und Bewegungen in den umfassenderen Horizont der kollektiven Einstellungen und Wandlungen einfügen. Und oft stehen am Ende mehr Fragen als Antworten. Dann ist die Untersuchung der Anfang zu weiteren Untersuchungen.

Literatur

Arbeitsgruppe Bielefelder Soziologen (Hg.) 1973: Alltagswissen, Interaktion und gesellschaftliche Wirklichkeit. Band 1: Symbolischer Interaktionismus und Ethnomethodologie. Reinbek.
BIOS 2002. 15. Jahrgang. Heft 2: Autobiographisches Gedächtnis.
Birus, Hendrik (Hg.) 1982: Hermeneutische Positionen. Göttingen.
Bohnsack, Ralf 1999: Rekonstruktive Sozialforschung. Opladen.
Bohnsack, Ralf/Winfried Marotzki/Michael Meuser (Hg.) 2003: Hauptbegriffe Qualitative Sozialforschung. Opladen.
Bourdieu, Pierre 1992: Reden und Antworten. Frankfurt/M.
Bruhns, Wibke 2004: Meines Vaters Land. Geschichte einer deutschen Familie. München.
Bruner, Jerome S. 1995: The Autobiographical Process. In: Current Sociology. Jg. 42. S. 161-177.
Bude, Heinz 1987: Deutsche Karrieren. Frankfurt/M.
Cloer, Ernst 2006: Pädagogisches Wissen in biographischen Ansätzen der Historischen Sozialisations- und Bildungsforschung. Methodologische Zugänge, theoretische und empirische Erträge. In: Krüger, Heinz-Hermann/Winfried Marotzki (Hg.): Handbuch erziehungswissenschaftliche Biographieforschung. Wiesbaden. S. 171-204.
Danner, Helmut 1998: Methoden geisteswissenschaftlicher Pädagogik. München.
Dörr, Margret u. a.: Veranstalter der Tagung „Erinnerungsarbeit in Biographie und Psychoanalyse" 27.10-28.10.2006 – Veröffentlichung voraussichtlich 2009 in ZBBS.
Flick, Uwe 2005: Qualitative Sozialforschung. Eine Einführung. Reinbek.
Flick, Uwe/Ernst von Kardorff/Ines Steinke (Hg.) 2005: Qualitative Forschung. Ein Handbuch. Reinbek.
Fuchs-Heinritz, Werner 2005: Biographische Forschung. Eine Einführung in Praxis und Methoden. Wiesbaden.
Gadamer, Hans-Georg 1960: Wahrheit und Methode. Grundzüge einer philosophischen Hermeneutik. Tübingen.
Garz, Detlef 2000: Biographische Erziehungswissenschaft. Opladen.
Hitzler, Ronald/Anne Honer (Hg.) 1997: Sozialwissenschaftliche Hermeneutik. Eine Einführung. Opladen.
Hitzler, Ronald/Jo Reichertz/Norbert Schröer (Hg.) 1994: Hermeneutische Wissenssoziologie. Standpunkte zur Theorie der Interpretation. Konstanz.
Honer, Anne 1993: Lebensweltliche Ethnographie. Wiesbaden.
Hopf, Christel 1979: Soziologie und qualitative Sozialforschung. In: Hopf, Christel/ Elmar Weingarten (Hg.): Qualitative Sozialforschung. Stuttgart. S. 11-37.

Klüver, Jürgen 1995: Das Besondere und das Allgemeine: Über die Generalisierbarkeit in der qualitativen Sozialforschung. In: König, Eckard/Peter Zedler (Hg.): Bilanz qualitativer Forschung Band I: Grundlagen qualitativer Forschung. Weinheim. S. 285-307.
Kluge, Susann/Udo Kelle (Hg.) 2001: Methodeninnovation in der Lebenslaufforschung. Weinheim und München.
König, Eckard 1991: Interpretatives Paradigma: Rückkehr oder Alternative zur Hermeneutik. In: Hoffmann, Dietrich (Hg.): Bilanz der Paradigmendiskussion in der Erziehungswissenschaft. Weinheim. S. 49-63.
König, Eckard/Peter Zedler (Hg.) 1995: Bilanz qualitativer Forschung. Band II: Methoden. Weinheim.
Krüger, Heinz-Hermann 1997: Einführung in Theorien und Methoden der Erziehungswissenschaft. Opladen.
Krüger, Heinz-Hermann/Winfried Marotzki (Hg.) 2006: Handbuch erziehungswissenschaftliche Biographieforschung. Wiesbaden.
Kurt, Ronald 2004: Hermeneutik. Eine sozialwissenschaftliche Einführung. Konstanz.
Lamnek, Siegfried 1988: Qualitative Sozialforschung. Band 1: Methodologie. München/Weinheim.
Laplanche, Jean/Jean-Bertrand Pontalis 1986: Das Vokabular der Psychoanalyse. Frankfurt/M.
Lorenzer, Alfred 1995: Sprachzerstörung und Rekonstruktion. Frankfurt/M.
Lorenzer, Alfred/Hans-Dieter König/Heinz Lüdde/Ulrike Prokop/Søren Nagbøl/ Gunzelin Schmid Noerr/Annelinde Eggert 1986: Kulturanalysen. Psychoanalytische Studien zur Kultur. Frankfurt/M.
Markowitsch, Hans J. 2006: Das autobiographische Gedächtnis. Neurowissenschaftliche Grundlagen. In: Bittner, Günther (Hg.): Ich bin mein Erinnern. Über autobiographisches und kollektives Gedächtnis. Würzburg.
Mayer, Karl Ulrich (Hg.) 1990: Lebensverläufe und sozialer Wandel. Opladen.
Misch, Georg 1949ff.: Geschichte der Autobiographie. Vier Bände. Frankfurt/M.
Müller, Hans-Rüdiger (Hg.) 2005: Die Kunst der Benennung. Osnabrück.
Oevermann, Ulrich/Tilman Allert/Elisabeth Konau/Jürgen Krambek 1979: Die Methodologie einer „objektiven Hermeneutik" und ihre allgemeine forschungslogische Bedeutung in den Sozialwissenschaften. In: Soeffner, Hans-Georg (Hg.): Interpretative Verfahren in den Sozial- und Textwissenschaften. Stuttgart.
Ortheil, Hanns-Josef 1994: Das Element des Elephanten. Wie mein Schreiben begann. München.
Pöggeler, Otto (Hg.) 1972: Hermeneutische Philosophie. München.
Rittelmeyer, Christian/Michael Parmentier 2001: Einführung in die pädagogische Hermeneutik. Darmstadt.
Rosenthal, Gabriele 1995: Erlebte und erzählte Lebensgeschichte. Frankfurt/M.
Rosenthal, Gabriele/Wolfram Fischer-Rosenthal 2005: Analyse narrativ-biographischer Interviews. In: Flick, Uwe/Ernst von Kardorff/Ines Steinke (Hg.): Qualitative Forschung. Ein Handbuch. Reinbek. S. 456-468.
Samuels, Andrew/Bani Shorter/Fred Plaut 1989: Wörterbuch Jungscher Psychologie. München.
Schulze, Theodor 1983: Auf der Suche nach einer neuen Identität. In: Zeitschrift für Pädagogik. 18. Beiheft. S. 313-320.
Schulze, Theodor 1993: Autobiographie und Lebensgeschichte. In: Baacke, Dieter/ Theodor Schulze (Hg.): Aus Geschichten Lernen. Weinheim und München. S. 126-173.

Schulze, Theodor 1997: Das Allgemeine im Besonderen und das besondere Allgemeine. In: Hansen-Scharberg, Inge (Hg.): „etwas erzählen". Die lebensgeschichtliche Dimension in der Pädagogik. Hohengehren. S. 176-188.

Schulze, Theodor 2006a: Biographieforschung in der Erziehungswissenschaft. Gegenstandsbereich und Bedeutung. In: Krüger, Heinz-Hermann/Winfried Marotzki (Hg.): Handbuch erziehungswissenschaftliche Biographieforschung. Wiesbaden. S. 35-57.

Schulze, Theodor 2006b: Ereignis und Erfahrung. Vorschläge zur Analyse biographischer Topoi. In: Bittner, Günther (Hg.): Ich bin mein Erinnern. Würzburg. S. 97-114.

Schulze, Theodor 2007: Von Fall zu Fall. Über das Verhältnis von Allgemeinem, Besonderem und Individuellem in der erziehungswissenschaftlichen Biographieforschung. Vortrag. Erscheint 2009.

Sereny, Gitta 1995: Am Abgrund: Gespräche mit dem Henker. Franz Stangl und die Morde von Treblinka. München.

Straub, Jürgen 2000: Biographische Sozialisation und narrative Kompetenz. Implikationen und Voraussetzungen lebensgeschichtlichen Denkens in der Sicht der narrativen Psychologie. In: Hoerning, Erika M.: Biographische Sozialisation. Stuttgart. S. 137-163.

Strauss, Anselm L. 1998: Grundlagen qualitativer Sozialforschung. München.

Strauss, Anselm L./Juliet M. Corbin 1996: Grounded Theory: Grundlagen Qualitativer Sozialforschung. Weinheim.

Uhle, Reinhard 1995: Qualitative Sozialforschung und Hermeneutik. In: König, Eckard/Peter Zedler (Hg.): Bilanz qualitativer Forschung. Band I: Grundlagen qualitativer Forschung. Weinheim. S. 33-73.

Wagner, Hans-Josef 2001: Objektive Hermeneutik und Bildung des Subjekts. Weilerswist.

Wilson, Thomas P. 1970: Normative and Interpretive Paradigms in Sociology. In: Douglas, Jack D.: Understanding everyday life. Toward the reconstruction of sociological knowledge. Chicago. S. 57-79.

Wolf, Christa 1976: Kindheitsmuster. Berlin/Weimar.

Barbara Friebertshäuser und Antje Langer

Interviewformen und Interviewpraxis

Menschen sind Produkt und Schöpfer von Kultur und leben in ihren spezifischen Lebenswelten. Den von ihnen entwickeln spezifischen Ansichten von der Welt, von sich selbst, ihren Werten, Normen und Verhaltensweisen können wir uns annähern, indem wir mit ihnen reden, uns ihre Lebensgeschichten und Lebensansichten erzählen lassen. Auf diese Weise können wir ihr jeweiliges Sein, Denken und Handeln vor dem Horizont ihrer Biographie und Lebenswelt rekonstruieren, um sie so besser zu verstehen. In der qualitativen Forschung sucht man die Konstruktionen von Welt, die Haltungen, Handlungen und Interaktionen zu Grunde liegen, zu rekonstruieren. Interviews werden deshalb häufig eingesetzt, erhält man doch auf diesem Weg einen Zugang zum Forschungsfeld, zu den interessierenden Personen und ihren Konstruktionen von Sinn und Bedeutungen, die wiederum ihr Handeln steuern. Der Beitrag gibt einen Überblick über Interviewformen, die in der qualitativen erziehungswissenschaftlichen Forschung zum Einsatz kommen, über ihre Spezifik, Praxis sowie Grenzen der jeweiligen Erhebungsmethode.[1] Ausgeklammert bleiben solche Interviewverfahren, die im Rahmen einer Fragebogenerhebung eingesetzt werden[2], ebenso jene, die im Handbuch bereits ausführlich behandelt werden (ExpertInneninterview: Meuser/Nagel, narratives Interview: Jakob, Gruppendiskussion: Bohnsack, Struktur-Lege-Technik: Marsal, Tiefeninterview: Klein, Methoden der Kindheitsforschung: Heinzel). Auch auf die Auswertungsverfahren für Interviews sei hier lediglich verwiesen.[3] Wichtig ist, sich bereits vor der Durchführung der Interviews mit den möglichen Auswertungsverfahren auseinander zu setzen. Der *scheinbar* einfache Zugang zu Interviewmaterial suggeriert zwar minimalen theoretischen und methodischen Aufwand (vgl. Hopf 2007, S. 357 ff.), doch werden die Fallstricke der Methode oft erst entdeckt, wenn Forschende vor einer Fülle von Datenmaterial sitzen, für dessen Erschließung und Nutzung ihnen die entsprechenden Auswertungstechniken fehlen.

---

1 Weitere Überblicke zum Thema „Interview" in der qualitativen Sozialforschung finden sich bei Hopf (2007), Flick (2007) und Fontana/Frey (2005). Die Kunst des Interviewens behandelt der Beitrag von Sheatsley (1972). Eine kritische Reflexion der Interviewmethode findet sich beispielsweise bei Frank (1990, S. 47 ff.).
2 Zur Rolle des Interviews im quantitativen Feld siehe Diekmann (2007, S. 434).
3 Auswertungsstrategien für Interviews finden sich z. B. bei Jahoda u. a. (1972), Katz (1972) und in diesem Buch bei: Mayring/Brunner, Schmidt, Kuckartz/Grunenberg und Friebertshäuser/Richter/Boller.

Die Darstellung der Interviewformen orientiert sich an folgenden Fragen: Aus welchen Forschungstraditionen sind sie hervorgegangen? Welches Forschungs- oder Erkenntnisinteresse lässt sich damit verfolgen? Wie gestaltet sich das methodische Vorgehen? Wo liegen mögliche Probleme und Grenzen? Gerahmt werden die Ausführungen von einer historischen und systematischen Einordnung von Interviews zu Beginn sowie einer Reflexion der Interviewsituation am Ende des Beitrages.

Das Interview im Forschungsdesign

Als Interview bezeichnen wir eine verabredete Zusammenkunft, in der Regel eine direkte Interaktion zwischen zwei Personen, die sich auf der Basis vorab getroffener Vereinbarungen und damit festgelegter Rollenvorgaben als Interviewende und Befragte begegnen. Die jeweiligen Interviewtechniken dienen der Erhebung von Auskünften und Erzählungen der Befragten, sodass sich das Interview durch einen zumeist einseitigen Informationsfluss auszeichnet. Varianten dieser sozialen Form können sein: das Tandem-Interview, in denen zwei Forschende gemeinsam eine Person befragen oder das Paar-Interview, in dem ein Paar gemeinsam von einem oder zwei Forschenden befragt wird (z. B. Bock 1992). Wir unterscheiden hier solche Interviewsituationen von Gruppendiskussionsverfahren, bei denen ganze Gruppen von Personen befragt werden (→ Bohnsack). Je nach Interviewstrategie und Forschungsdesign reicht das zeitliche Spektrum von der kurzen Befragung von einigen Minuten (z. B. auf einem Pausenhof) bis zu mehrstündigen Sitzungen und einer Reihe von Terminen (z. B. bei der Technik der „wiederholten Gesprächsinteraktion" im Rahmen der Methode der pädagogischen Tiefeninterviews, → Klein; Heinzel 1996).

Die Entscheidung für eine spezifische Interviewform resultiert aus dem jeweiligen Forschungsdesign: dem Erkenntnisinteresse, der Fragestellung, der zu befragenden Zielgruppe sowie der methodischen Anlage der Studie. Für ein Interesse an internen Abläufen innerhalb einer Institution z. B. liegt ein leitfadenorientiertes Vorgehen nahe, möglicherweise ein Experteninterview (→ Meuser/Nagel), während Biographien von Einzelnen mittels des narrativen Interviews nachgegangen werden kann (→ Jakob). Welche Interviewform sich für eine Erhebung eignet, hängt auch davon ab, welcher Personenkreis befragt werden soll. So erfordert die Befragung von Kindern beispielsweise spezielle Techniken (→ Heinzel; → Behnken/Zinnecker). Zudem sind mit den Interviewformen spezifische Forschungstraditionen verbundenen. Im Rahmen eines komplexen Forschungsdesigns, in dem beispielsweise standardisierte Fragebogenerhebungen oder teilnehmende Beobachtungen eingesetzt werden, haben sie einen vollständig anderen Stellenwert als in einer biographischen Studie, in der die Interviews im Zentrum der Erhebung stehen. In jedem Fall sind sie aber keine „neutrale" Erhebung im Sinne eines direkten Zugangs zu sozialer Wirklichkeit. Interviewformen strukturieren die möglichen Ergebnisse vor. Erzählgenerierende Interviewtechniken bringen andere Arten von Aussagen und Themen sowie anders strukturierte Daten als ein Leitfaden-Interview hervor. Das mittels einer speziellen Interviewtechnik erhobene Interviewmaterial ist zumeist auf bestimmte Auswertungsverfahren zugeschnitten, was wiederum andere Interpretationsverfahren ausschließen kann.

Leitfaden- und erzählgenerierende Interviews

Die Klassifizierung in vorstrukturierende und offene Formen der Befragung („Leitfaden-Interviews" und „erzählgenerierende Interviews") ist eine sehr grobe Kategorisierung, da es auch Mischformen gibt. In der Wahl der jeweiligen Erhebungsform offenbaren sich unterschiedliche Forschungstraditionen und Erkenntnisinteressen, daraus resultiert jeweils ein anderes methodisches Vorgehen.

Bei *Leitfaden-Interviews* begrenzen die Fragen den Horizont möglicher Antworten und strukturieren die Befragung. Leitfaden-Interviews setzen ein Vorverständnis des Untersuchungsgegenstandes auf Seiten der Forschenden voraus, denn das Erkenntnisinteresse richtet sich in der Regel auf vorab bereits als relevant ermittelte Themenkomplexe. Deren Bedeutung kann sich aus Theorien, eigenen theoretischen Vorüberlegungen, bereits vorliegenden Untersuchungen, ersten eigenen empirischen Befunden oder eigener Kenntnis des Feldes ableiten. Erst auf der Basis fundierter, theoretischer oder empirischer Kenntnisse lassen sich die Fragen des Interview-Leitfadens formulieren. Der Leitfaden kann auch dazu dienen, Ergebnisse verschiedener Einzelinterviews vergleichen zu können. Für die Vorstrukturierung des Interviews durch den Leitfaden existieren verschiedene Varianten: vorab formulierte, detaillierte Fragen, die meist auch nach einer festgelegten Reihenfolge von den Befragten beantwortet werden, oder eine Palette von Fragen, die in jedem Einzelinterview angesprochen werden sollten, wobei die Reihenfolge der Fragen gleichgültig ist und die Möglichkeit für die Befragten besteht, Themen zu ergänzen. Teilweise fungieren die Leitfragen lediglich als Gerüst, wobei die einzelnen Themenkomplexe offen gehaltene Erzählaufforderungen enthalten, mit denen die Befragten dazu aufgefordert werden, ihre subjektiven Einschätzungen und Erfahrungen anhand von Erlebnis-Schilderungen oder Beispielen darzustellen. Entsprechend unterschiedlich können die Ziele sein, die mit der Durchführung von Leitfaden-Interviews realisiert werden sollen: Sie können schlicht zur Sammlung von Daten und Informationen zu einem Themenkomplex geführt werden, darüber hinaus aber auch der Hypothesen- oder Theorieprüfung oder der Entwicklung gegenstandsbezogener Theorien dienen (vgl. dazu auch Hopf u. a. 1995, S. 23 ff.).

Der Einsatz von Leitfaden-Interviews setzt eine vorherige Schulung der Interviewenden voraus. Es empfiehlt sich, die erste Fassung eines Leitfaden-Katalogs in Probeinterviews zu testen und danach noch einmal zu überarbeiten. So lassen sich problematische, zu komplexe oder unverständliche

Formulierungen verbessern. Ein detailliert ausformulierter Leitfaden dient der Standardisierung und erleichtert die Vergleichbarkeit der Interviews untereinander. Besonders in Forschungsgruppen sind für alle verbindliche Regelungen zur Interviewführung notwendig. Auch Nachfrage-Themen können bereits zuvor festgelegt werden. Alle Fragen bergen allerdings die Gefahr, in Form von Suggestivfragen formuliert zu werden, in die Erwartungen und Unterstellungen des Interviewenden einfließen (zu den Vor- und Nachteilen von Suggestivfragen siehe auch Richardson u. a. 1993). Probeinterviews sind geeignet, um das Fragen und Zuhören zu üben, zudem offenbaren sich häufig erst in der konkreten Situation Probleme und Missverständnisse im Team.

Als „Leitfadenbürokratie" bezeichnet es Hopf (1978), wenn das Interview zu einem Frage- und Antwort-Dialog verkürzt wird, indem die Fragen der Reihe nach „abgehakt" werden, ohne dass den Befragten Raum für ihre (möglicherweise auch zusätzlichen) Themen zugestanden wird. Sie nimmt die in dieser Interviewform angelegten strukturellen Probleme kritisch in den Blick: Angst und Verunsicherung der interviewenden Person durch offene Gesprächssituationen sowie die Spannungen, die aus dem von ihr geforderten „Ausfrageverhalten" resultieren, das in einem dauernden Konflikt zu den Alltagsvorstellungen über „angemessenes Benehmen" und zur Reziprozität der Alltagskommunikation steht, kann eine „abarbeitende" Kommunikation produzieren. Auch zu lange Leitfäden können die Tendenz zum zügigen, bürokratischen Abfragen von Themen verstärken, so dass der Leitfaden von einem Mittel zur Informationsgewinnung zu einem Mittel der Blockierung von Information gerät. Zu weiteren „Kunstfehlern" zählt Hopf zudem sprachliche Wendungen, die zu kurzer Darstellung auffordern, Zurückstellen von Äußerungen der Befragten, Nichtbeachten von Aussagen, Aufdrängen der Struktur des Leitfadens, vorschnell interpretierende Formulierungen und die Tendenz zu abstrahierendem und kategorisierendem Sprachgebrauch. Mit Verweis auf Devereux (1984) fordert sie dazu auf, die Analyse von Störungen als zusätzliche Informationsquelle zu begreifen. Das Interview basiert auf einem Arbeitsbündnis zwischen Forschendem und Befragten, das in seinen Tiefendimensionen analysiert werden kann (vgl. Resch 1998, S. 56 ff.)

Als *erzählgenerierende Interviews* wird ein Typus von Interviewformen bezeichnet, die die Interviewten zu Erzählungen (ihres Alltags, ihrer Biographie oder spezieller Erfahrungen) anregen wollen. In Abgrenzung zu Leitfaden-Interviews zielt hier die Interviewführung darauf, den Befragten weitgehend die Strukturierung des Gegenstandes zu überlassen und das Datenmaterial des Interviews nicht durch Vorgaben von Seiten des Forschenden vorzustrukturieren. Die Interviewerin übernimmt die Rolle der interessierten Zuhörerin, die durch Zurückhaltung den Erzählfluss in Gang hält (vgl. Fuchs-Heinritz 2005, S. 177 f.). Insbesondere in der Biographieforschung erfordert das Interesse an erzählten Lebensgeschichten Interviewtechniken, die Erinnerungen und Erzählungen anregen. Eine zentrale Bedeutung für die Entwicklung, Begründung und methodische Umsetzung dieses Forschungstypus erlangten die Arbeiten von Schütze, dessen „narratives Interviewverfahren" zu einem Standardinstrument biographischer Forschung insbesondere in der Erziehungswissenschaft wurde (vgl. Krüger 2006, S. 26; Marotzki 2006, S. 115; → Jakob).

Häufig wird auch mit Leitfaden-Interviews angestrebt, Erzählungen zu generieren, in der Praxis gibt es zahlreiche Mischformen. Im Folgenden stellen wir verschiedene Varianten und methodische Weiterentwicklungen von Leitfaden- und erzählgenerierenden Interviews vor, die in der erziehungswissenschaftlichen Forschung bedeutsam sind.

Das fokussierte Interview

Bedeutsam für die Entwicklung der methodischen Verfahren von Leitfaden-Interviews sind die Methoden des „fokussierten Interviews", die zunächst für die Medienforschung entwickelt wurden (vgl. Flick 2007, S. 195). Das fokussierte Interview soll bestimmte Aspekte einer Erfahrung der Befragten möglichst umfassend, thematisch konzentriert und detailliert ausleuchten. Voraussetzung ist, dass die interviewten Personen eine im Interesse stehende Gemeinsamkeit haben (z. B. zuvor gemeinsam einen bestimmten Film geschaut haben oder der gleichen Berufsgruppe angehören). Die Forschenden unterziehen im Vorfeld den Gegenstand des Interviews (eine Zeitung, eine Rede, einen Film) einer Inhaltsanalyse und erfragen darauf aufbauend detailliert die subjektiven Definitionen, Wahrnehmungen und Reaktionen der Befragten. Die Fragen fokussieren auf die als relevant erachteten Aspekte dieses Gegenstandes. Bestandteil der Methode sind Fragen, die so offen formuliert sind, dass die Proband/-innen ihre Ansichten möglichst unbeeinflusst präsentieren (*„Was fiel Ihnen an diesem Film besonders auf?"*, *„Welche wichtige Erfahrung haben Sie gemacht?"*). Ergänzt wird dieser Fragetypus durch halbstrukturierte Fragen, bei denen ein konkretes Thema (z. B. eine bestimmte Filmszene) vorgegeben wird, um dann nach Wahrnehmungen zu fragen, oder es wird eine emotionale Reaktion formuliert und nach Filmsequenzen gefragt, in denen diese hervorgerufen wurde. Wesentlich für diesen Typus von Fragen sind nicht-direktive Gesprächstechniken, besonders beim Fokussieren auf Gefühle (*„Was empfanden Sie, als Sie das sahen/erlebten?"*). Die Kunst der Interviewführung liegt darin, die Selbsterforschung der Befragten zu befördern.[4] Die Inhaltsanalyse wird später nicht als die objektive Variante der Interpretation begriffen, sondern es interessieren die subjektiven Sichtweisen der dazu Befragten und ihr Verhältnis zum diskutierten Gegenstand (z. B. dem Film).

---

4 Eine Übersicht über die einzelnen Phasen des Interviews präsentiert Reinders (2005, S. 112).

Das problemzentrierte Interview

Das „problemzentrierte Interview" kombiniert verschiedene Elemente einer leitfadenorientierten und teilweise offenen Befragung. Andreas Witzel (1982) entwickelte diese Interviewform, die vor allem in der Sozialisations- und Lebenslaufforschung angewandt wird. Das Adjektiv „problemzentriert" kennzeichnet Ausgangspunkt und Perspektive der Erhebung: eine von der Forscherin wahrgenommene gesellschaftliche Problemstellung, mit der die Befragten umzugehen haben. Das Forschungsdesign zielt problembezogen auf eine „möglichst unvoreingenommene Erfassung individueller Handlungen sowie subjektiver Wahrnehmungen und Verarbeitungsweisen gesellschaftlicher Realität" (Witzel 2000, Abs. 1). Als Grundgedanken formuliert Witzel dabei folgende Kriterien: (1) die *Problemzentrierung*, die sich sowohl auf das zuvor von der Forscherin eruierte Thema bezieht wie auch auf die Betonung der Sichtweise der Befragten, deren Relevanzkriterien es zu rekonstruieren gilt. (2) Die *Gegenstandsorientierung* verweist darauf, dass die methodischen Verfahren am Gegenstand entwickelt und gegebenenfalls modifiziert werden müssen. (3) Die *Prozessorientierung* bezieht sich auf den Forschungsprozess, in dessen Verlauf sich eine schrittweise, wechselseitige Gewinnung und Prüfung von Daten vollzieht (vgl. ebd., Abs. 3 ff.). Mit diesen drei Kriterien schließt Witzel an die Grounded Theory (Glaser/ Strauss 1998) an und begreift den Prozess des Erkenntnisgewinns als ein „induktiv-deduktives Wechselverhältnis" (Witzel 2000, Abs. 3).

Zu den Instrumenten des problemzentrierten Interviews gehören: der Kurzfragebogen, der Leitfaden und das Postskriptum. Sie dienen dazu, weitere Daten zu gewinnen und für die spätere Interpretation zu nutzen. Der *Kurzfragebogen* soll bedeutsame demographische Daten der Befragten erfassen und das spätere Interview von solchen Frage-Antwort-Schemata entlasten. Er dient dem Einstieg in das Interview, indem man sich beispielsweise auf die bereits erfragten Berufswünsche der Interviewten beziehen kann. Der *Leitfaden* enthält lediglich die Forschungsthemen, fungiert als Orientierungsrahmen und Gedächtnisstütze für den Interviewenden und soll die Vergleichbarkeit der Interviews sichern. Im Anschluss an jedes Interview wird ein *Postskriptum* angefertigt. Es enthält Anmerkungen zur Interviewsituation, zum Verlauf des Interviews, zu Schwerpunktsetzungen des Befragten, zu nonverbalen Aspekten sowie erste Interpretationsideen und liefert wichtige Daten für die Interpretation.

Das Vorgehen erfordert eine hohe Sensibilität für den Gesprächsprozess und die Fähigkeit, dort Detaillierungen zu erreichen, wo inhaltliche Problementwicklungen im Zusammenhang mit den zentralen Forschungsfragen angesprochen werden. „Das bedeutet, daß der Forscher/Interviewer auf der einen Seite den vom Befragten selbst entwickelten Erzählstrang und dessen immanente Nachfragemöglichkeiten verfolgen muß und andererseits gleichzeitig Entscheidungen darüber zu treffen hat, an welchen Stellen des Interviewverlaufs er zur Ausdifferenzierung der Thematik sein problemorientiertes Interesse in Form von exmanenten Fragen einbringen sollte." (Witzel 1982, S. 90) Nachfragen, Spiegeln des Gesagten, Verständnisfragen, Interpretationen oder Konfrontationen mit Widersprüchen und Ungereimtheiten sind bei dieser Interviewform explizit erlaubt. Allerdings setzt das eine gute Gesprächsatmosphäre, die prinzipielle Anerkennung der Befragten sowie das legitimierte und von den Befragten anerkannte inhaltliche Interesse der Interviewenden voraus.

Soll die Interviewführung delegiert werden, muss die interviewende Person mit den Problemen und Themen des Forschungsprojektes und des Befragten vertraut sein, denn viele Interpretationsleistungen finden bereits bei der Datenerhebung statt. Der problemzentrierte Verständigungsprozess zwischen Forscherin und Befragtem organisiert schon während des Interviews Erkenntnisschritte, z. B. bildet eine erste Interpretation des Interviews mit einem Jugendlichen die Basis für die anschließende problemzentrierte Elternbefragung.

Im Auswertungsprozess fließen die verschiedenen methodischen Zugänge zusammen, wobei das Auswertungsverfahren nicht festgelegt ist.[5] Flick (2007) kritisiert, dass die Beziehung der eingesetzten Methoden dabei nicht systematisch geklärt wird. Die Spezifik der jeweils erstellten Daten bleibt unreflektiert. Zudem erschwert der von Witzel betonte Prozesscharakter des Forschungsansatzes die Nachvollziehbarkeit des Interpretationsprozesses und die Vergleichbarkeit der Ergebnisse untereinander.

Das Konstrukt-Interview

Die methodischen Zugänge des Konstrukt-Interviews (König 2005; König/ Volmer 2003) wurden in der Organisationsforschung und systemischen Organisationsberatung entwickelt und eingesetzt, um die subjektiven Konstruktionen der Wirklichkeit eines Gesprächspartners zu einem bestimmten Themenbereich (z. B. zu Stärken und Schwächen des Unternehmens) zu erfassen (König/Volmer 2003, S. 101).[6] Auch hier wird mit einem Leitfaden gearbeitet, der aus ca. drei bis sechs Leitfragen besteht, denen jeweils weitere vertiefende Fragen zugeordnet sind, *Nachfragen, Fokussieren und Widerspiegeln* werden als Interview-Techniken eingesetzt. Hinzu kommt das *Freie Assoziieren,* dabei nennt die Gesprächspartnerin alle Assoziationen, die ihr zu einem Thema (z. B. die eigene Abteilung) einfallen.

Diese Konstrukte werden im weiteren Verlauf des Interviews durch verschiedene Techniken präzisiert:[7] Der *Bezug auf andere Personen* kann als Fragestrategie eingesetzt werden, indem z. B. gefragt wird, was andere als mögli-

---

5 Eine Möglichkeit der Auswertung stellt Witzel (2000, Abs. 19 ff.) vor. Anschlussfähig ist auch die qualitative Inhaltsanalyse (Mayring 2007).
6 Zu Verfahren der Rekonstruktion Subjektiver Theorien → Marsal.
7 Zur Vorbereitung und Durchführung des Interviews König (2005).

che Schwachstellen ansehen. Mit *Bezug auf vergangene oder zukünftige Situationen* wird vielleicht die Phantasie in Bezug auf zukünftige günstige oder ungünstige Entwicklungen angeregt. Im *Vergleichsverfahren* wird nach den Einschätzungen zu zwei Projektteams (einem effektiven und einem weniger effektiven) gefragt. Die so ermittelten Elemente führen zu den jeweiligen Konstruktsystemen der Befragten. Das *narrative Interview* wird als eine weitere Fragevariante im Leitfaden eingesetzt. Die Befragten sollen möglichst frei und ohne Beeinflussung erzählen, um so die für sie relevanten Konstrukte im Erzählfluss zutage treten zu lassen. Die Interviewerin gibt das Thema der Geschichte vor, definiert Anfangs- und Endpunkt und soll zuhören, ohne den Gedankengang zu unterbrechen. Eine solche Erzählaufforderung kann beispielsweise lauten: *„Erzählen Sie Ihre Geschichte hier in diesem Unternehmen, von der Zeit, als Sie anfingen, bis heute!"* (ebd., S. 110). Die Basis der *Methode des Lauten Denkens* sind Videoaufzeichnungen (z.B. von Besprechungssituationen). Diese werden den Befragten vorgeführt und dabei gestoppt, damit sie erzählen können, was ihnen in dieser Situation in den Sinn gekommen ist. *Struktur-Lege-Techniken* dienen dazu, Beziehungen zwischen verschiedenen Konstrukten zu erfassen. Zentrale Begriffe (z.B. zum Thema „Macht") ordnen die Interviewten als Kärtchen auf einer Fläche. Sie leisten so die Rekonstruktion der eigenen subjektiven Theorien weitgehend selbst durch die einbezogenen Elemente und die Art, in der An- und Zuordnungen vorgenommen werden (siehe König/Volmer 2003; → Marsal).

In der Erarbeitungsphase müssen die Interviewenden grundsätzlich davon ausgehen, dass die von den Gesprächspartner/-innen verwendeten Konstrukte fremde sind. Um Missverständnisse zu vermeiden, sind die aufgeführten Konstrukte jeweils von den Befragten zu explizieren. Das gilt besonders dort, wo sie Informationen „tilgen", weil sie ihnen als selbstverständlich oder klar erscheinen. So werden Befragte von sich aus kaum explizieren, was sie unter einer „Persönlichkeit" verstehen, hier muss nachgefragt werden.

Beim Konstrukt-Interview handelt es sich um ein direktives Verfahren, das vielfältige methodische Zugänge miteinander verknüpft. Eine Schwierigkeit der Auswertung besteht darin, die Erkenntnisse der unterschiedlichen Methoden zueinander in Verbindung zu setzen.

Das episodische Interview

Das von Flick entwickelte „episodische Interview" erhebt „narrativ-episodisches" Wissen in Form von Erzählungen über Situationen (Flick 2007, S. 238). Ausgangspunkt ist die Annahme, dass dieses Wissen erfahrungsnah und mit konkreten Situationen verknüpft ist. Aus ihnen resultiert ein weiterer Wissenstypus: das „semantische Wissen". Neben der Erzählung sollen dementsprechend auch abstrahierte, verallgemeinerte Annahmen und Zusammenhänge, Begriffe und ihre Beziehungen untereinander zugänglich gemacht werden.

Flick verbindet Aspekte des Leitfaden- und des erzählgenerierenden Interviews. Erfahrungswissen zu konkreten Situationen kann durch Beschreibungen oder Erzählungen angesprochen werden, so dass die Erzählkompetenz genutzt wird, ohne auf die beim narrativen Interview bedeutsamen Zugzwänge zu setzen. „Ziel des episodischen Interviews ist, bereichsbezogen zu ermöglichen, Erfahrungen in allgemeinerer, vergleichender etc. Form darzustellen, und gleichzeitig die entsprechenden Situationen und Episoden zu erzählen." (Flick 2007, S. 239)

Das Vorgehen setzt voraus, dass die Interviewpartner/-innen mit dem Grundprinzip des Interviews vertraut gemacht werden. Es besteht in der regelmäßigen Aufforderung zum Erzählen von Situationen: *„Wenn Sie sich einmal zurückerinnern, was war Ihre erste Begegnung mit dem Fernsehen? Können Sie mir die entsprechende Situation erzählen?"* (ebd., S. 240) Zudem wird nach möglichen Phantasien oder Befürchtungen, nach subjektiven Definitionen und abstrakteren Zusammenhängen gefragt: *„Was verbinden Sie mit dem Wort ‚Fernsehen'?"* (Ebd., S. 241)

Geeignet ist diese Interviewform vor allem für die Erhebung gruppenspezifischer Differenzen. Dafür werden triangulierend Frage-Antwort-Sequenzen mit Erzählaufforderungen verbunden, um so zu Alltagsroutinisierungen und gruppenspezifischem Wissen vorzudringen. Notwendig ist auch hier, die unterschiedlichen Methoden und die Spezifik der so erzeugten Daten in ihrem Verhältnis zueinander zu reflektieren.

Das ethnographische Interview

Erzählungen und Berichte stellen eine bedeutsame Informationsquelle für Feldforschende dar. Im Rahmen ethnographischer Forschung werden einerseits Interviews geführt, andererseits ergeben sich in der Situation der teilnehmenden Beobachtung immer wieder „freundliche Unterhaltungen". So nennt sie Spradley (1979, S. 58), der sich damit auseinander gesetzt hat, wie solche Gespräche als Interviews gestaltet und analysiert werden können. Trotz der Spontaneität des sich durch den Feldkontakt ergebenden informellen Gesprächs sollen die Gesprächspartner/-innen möglichst systematisch ihre Erfahrungen darlegen. Doch ohne Gesprächsleitung ist das kaum zu erwarten, da gerade in Alltagsgesprächen viele Dinge unerwähnt bleiben. Girtler schreibt auf Basis eigener Feldforschungen, dass es ratsam sei, die Gesprächspartner darauf hinzuweisen, dass sie Dinge, die ihnen als Selbstverständlichkeiten erscheinen, nur ungenau erzählen, weil sie der Meinung sind, der Forscher wisse sie ohnehin (vgl. Girtler 2001, S. 159). Spradley, der den Fokus der ethnographischen Forschung auf Handlungen, Wissen und das Vokabular einer spezifischen Sprachgemeinschaft gerichtet sieht, liefert folgende Hinweise für die Gestaltung eines darin situierten Interviews:[8] Entspre-

---

8 Auch hier sind die jeweiligen Arten zu fragen an bestimmte methodologische Ausrichtungen und Analysestrategien gekoppelt, die Spradley sehr ausführlich darstellt.

chend des Forschungsinteresses ist nicht nach Meinungen oder Motivationen zu fragen, sondern danach, wie sich Alltagspraktiken vollziehen bzw. etwas „gebraucht" wird (u.a. die Sprache selbst). Die Gesprächspartner/-innen werden über den Zweck des Gesprächs informiert, das Anliegen wird erklärt. Das bedeutet, dass im Zuge des Gesprächs die Rolle als Forscher/-in transparent gemacht wird. Dem Vermeiden oder Verschweigen von Themen, die als bekannt vorausgesetzt werden, kann durch bewusstes und wiederholtes Fragen sowie durch verschiedene Weisen zu fragen begegnet werden. Spradley unterscheidet drei zentrale Arten von Fragen (die er jeweils noch ausdifferenziert): (1) als Basis eines jeden Interviews deskriptive Fragen, die dazu veranlassen sollen, sich routinemäßige Handlungen möglichst detailliert beschreiben zu lassen, (2) strukturelle Fragen, mittels derer herausgefunden werden soll, wie der Informant sein Wissen in bestimmten kulturellen Bereichen organisiert und (3) kontrastive Fragen, um die Verwendung von Begriffen und Bedeutungen nachvollziehen zu können (Spradley 1979, S. 85ff., 120ff., 160ff.).

Eine weitere Art von Fragen jenseits dieses Vorgehens stellt Girtler heraus: Gerade (die sonst umstrittenen, möglichst zu vermeidenden) Suggestivfragen könnten dazu dienen, die Befragten zu einer Erzählung oder Richtigstellung herauszufordern und dazu beitragen, wichtige Informationen zu erhalten. „Dadurch, daß der Forscher mit seinem Gesprächspartner über solche Dinge zu diskutieren beginnt, wird zweifellos die Gesprächsführung angeregt." (Girtler 2001, S. 162) Diese Strategie steht im Gegensatz zu den meisten bisher behandelten Interviewformen, die explizit darauf hinweisen, wie wichtig es sei, dass der Interviewende jede Art von Zwischenbemerkung oder Beeinflussung des Befragten vermeidet. Girtler schlägt stattdessen die Form des „ero-epischen Gesprächs" vor: „Der Begriff ,ero-episches' Gespräch in der Tradition von Homer soll darauf verweisen, daß Frage und Erzählung kunstvoll miteinander im Gespräch verwoben werden. Eben auf das kommt es beim Forschungsgespräch an." (Ebd., S. 151)[9] Hier erzählen nicht nur die Befragten, sondern die Forschenden beteiligen sich aus der Situation heraus mit Fragen und eigenen Erzählungen, um das Gespräch in Gang zu halten und neue Erzählungen anzuregen. Ungewöhnlich kann dabei auch die „Interviewsituation" sein, wenn Forschende und Befragte beispielsweise gemeinsam wandern oder freundschaftlich „zechen".

Deutlich wird in beiden Vorgehensweisen, dass die Interviewenden zugleich immer auch teilnehmend Beobachtende sind. Sie sind abhängig vom Wohlwollen und der Auskunftsbereitschaft der Gesprächspartner/-innen, die sie nach Möglichkeit als „inkompetent aber akzeptabel" (Lofland 1979) einstufen, womit erstere die Rolle der Lernenden einnehmen. Das Potential dieser Interviewform liegt darin, dass sie an Alltagspraxis anknüpft und

---

9 Girtler verweist auf Homers „Odyssee" mit ihren vielen Erzählungen, die alle durch geschickte Fragen angeregt werden. Er grenzt „das echte Forschungsgespräch" damit explizit vom Begriff des Interviews ab (ebd., S. 148).

damit Zugänge zu Untersuchungsfeldern gestattet, die sich erfahrungsgemäß stärker standardisierten Verfahren der Befragung gegenüber eher verschlossen zeigen (z.B. Jugendsubkulturen, illegalisierte Felder). Die Interviewform als solche lässt sich allerdings nicht aus dem Kontext einer Feldforschungssituation lösen. Erst im Verbund mit anderen methodischen Zugängen, wie der teilnehmenden Beobachtung, lässt sich ein solches Gespräch auswerten und nutzen.

Das Foto-Interview

Aufforderungen zum Erzählen können auch visuell (durch Fotografien oder Gegenstände, z.B. Kinderspielzeug) unterstützt werden. Fotografien, Bilder oder Gegenstände können für Interviews Erzählanreize bieten und Erinnerungen beleben. Fotografien sind in einer massenmedial-visuell geprägten Gesellschaft reichlich vorhanden, können aber auch in der Forschung erstellt werden. „Fotos dokumentieren und schaffen zugleich die Anlässe, die ohne Foto nicht denkbar wären." (Buchner-Fuhs 1997, S. 192) Sie werden insbesondere dann verwendet, wenn mit ihnen Erinnerungen wachgerufen und/oder spezifische individuelle oder kollektive Deutungen sowie die konkreten Akte der Deutung herausgearbeitet werden sollen. Mittels entsprechender Technik wird ein Moment und Ausschnitt von Welt „festgehalten", der suggeriert, genau so existent gewesen zu sein. Es wird also – bei aller möglichen Manipulation insbesondere durch digitale Medien – ein *vermeintliches* Abbild einer Situation geschaffen (vgl. Bourdieu 1981; Pilarczyk/Mietzner 2005; Stiegler 2006).

Somit findet sich – vereinzelt – ein solcher Zugang ebenso in der Biographieforschung, der (historischen) Kindheitsforschung (vgl. Behnken u.a. 1989), wie in der Milieu- und Habitusforschung (Wuggenig 1988) bzw. Diskursforschung (Wrana 2002). Daneben werden Phänomene der Inszenierung von Körper, Jugend und Geschlecht (Langer 2007, Friebertshäuser/ Langer/Richter 2009) oder spezifische Raumkonstitutionen (Stoetzer 2004) untersucht. Prominente Vertreter, die sich in der Forschung mit Fotografien über dokumentarische Zwecke hinaus auseinander gesetzt haben, sind Collier (1967) und Bourdieu u.a. (1965/1981).

Um Interviews anhand von Fotos zu erheben, gibt es kein standardisiertes Instrumentarium. In einzelnen erziehungs- oder kulturwissenschaftlichen Projekten werden jedoch gelegentlich Fotos innerhalb der Interviewführung eingesetzt. Diese Einsatzweisen werden wir im Folgenden im Hinblick auf ihre Interviewführung systematisieren.[10] Es lassen sich zwei wesentliche methodische Vorgehensweisen unterscheiden:

---

10 Sofern es ausführlichere Darstellungen zum methodischen Vorgehen gibt. Ein Überblick über entsprechend angelegte Untersuchungen findet sich bei Fuhs (2003a, S. 51; 2003b, S. 280f.).

1. Die vorgelegten Fotografien werden von den Forschenden ausgewählt – entweder ausdrücklich von ihnen für die Forschung aufgenommen oder als (halb)öffentlich zugängliches Material aus Zeitschriften, Archiven oder zunehmend auch dem Internet[11] zusammengestellt. Die Interviewten sind weder in die Erstellung der Fotografien noch in deren Auswahlprozess involviert (z. B. Buchner-Fuhs 1997).
2. Die Befragung findet anhand von Fotografien statt, die die Interviewten selbst angefertigt haben. Sie werden aufgefordert, eigene Fotos zu einem Thema oder zu einer Fragestellung zusammenzustellen oder zu fotografieren (beispielsweise die schönsten Plätze in ihrer Wohnung). Zumeist sollen sie dann eine bestimmte Anzahl von Bildern auswählen. Die Begründung dieser Auswahl findet (neben anderen Fragen) dann im Interview statt (Stoetzer 2004). Hier lassen sich noch einmal verschiedene Zeitpunkte unterscheiden: Entweder wird unmittelbar in der Interviewsituation selbst fotografiert oder das Interview, in dem die Fotos verwandt werden, findet zu einem späteren Zeitpunkt statt. Auch könnte auf bereits bestehende Fotoalben oder -sammlungen der interviewten Personen zurückgegriffen werden, allerdings handelt es sich dabei um jeweils individuelle Bilder, so dass ein unmittelbarer Vergleich zwischen den Erzählungen verschiedener Probandinnen und Probanden kaum möglich ist.[12]

Gemeinsam ist den beiden Zugängen, dass der Einsatz der Fotos zumeist mit einem narrativen Interview gekoppelt wird. Leitfäden werden seltener eingesetzt, es ist aber durchaus möglich (Wrana 2002, S. 117). Je nach Forschungsinteresse werden nur das Interview oder die Fotos und das Interview analysiert. Deutlich wird, dass bei diesem Prozedere sowohl die Forschenden als auch die Interviewten durch verschiedene Aktivitäten spezifische Positionen einnehmen bzw. zugewiesen bekommen. Diese stehen im Verhältnis zur Forschungsfrage und sind zu reflektieren. In Anlehnung an Roland Barthes (1989, S. 17) und der Weiterführung durch Ulf Wuggenig (1988, S. 336) sind es folgende: die der Fotografin/des Fotografen, der Person, die in einem bestimmten Umfeld fotografiert wird, der Betrachterin/des Betrachters und die der zeigenden Person. Je nachdem ob im Interview der Prozess des Fotografierens oder Erläuterungen zum Produkt dessen fokussiert werden, werden die Befragten in diesen unterschiedlichen Rollen angesprochen.

Folgende Potentiale aber auch Schwierigkeiten werden beim Einsatz der Fotografie relevant:

---

11 Hier ist es häufig schwierig, die genaue Quelle zu eruieren.
12 Gelegentlich werden in biographisch-narrativen Interviews von den Befragten persönliche Fotoalben hervorgeholt, um der Interviewerin oder dem Interviewer etwas zu zeigen. Fotos sind hier eigentlich kein geplanter Teil des Forschungsdesigns. Nutzbar gemacht werden könnten die Bilder möglicherweise, wenn eine Kopie angefertigt und später kontrastierend analysiert wird, welche Art Bilder von den Interviewten derart eingesetzt wird.

Die (digitale) Fotografie bzw. das alltägliche „Knipsen" ist vielen ein zunehmend vertrautes Medium, deshalb sind sie als Erzählanreiz gut geeignet. Bereits Collier (1967) stellte fest, dass das Interesse und die Spezifik der Informationen bei der Fotobefragung besonders groß waren. Erklären lässt sich dieser Aufforderungscharakter durch die spezifische Performanz der Bilder gegenüber den Betrachtenden. Darüber hinaus können Sachverhalte, die nur schwer verbal zu fassen sind, in ihrer Komplexität dargestellt werden. Mit Fotos können einerseits raum-zeitliche Grenzen überwunden werden, zugleich ist es möglich, sie mit Distanz betrachten.

Voraussetzung für ihren Einsatz ist, das Spezifische des Fotos als Medium zu erfassen und sich mit dem Verhältnis von Text und Bild auseinander zu setzen (z. B. Breckner 2003; Welter 2007; Friebertshäuser u. a. 2007). Zudem ist insbesondere bei der historischen Forschung die Geschichte der Fotografie zu reflektieren. Das führt letztlich zu den „sozialen Gebrauchsweisen der Photographie", wie sie Bourdieu (1981) analysiert hat. Da das Fotografieren und die Bildbetrachtung nicht willkürlich stattfinden, sondern nach bestimmten sozialen Regeln (wer fotografiert bzw. betrachtet was wann auf welche Weise?) kann dieser Zugang sehr produktiv in der Habitusforschung eingesetzt werden.

Genau diese Zusammenhänge verdeutlichen, dass es zur Reflexion der Vorannahmen der Forschenden unbedingt nötig ist, genau zu dokumentieren, welche Bilder warum für das Interview ausgewählt werden und andere nicht. Fotografieren die Interviewten selbst, so wird zumeist genau danach gefragt, wie es zu diesem Bild kam, warum es fotografiert oder ausgewählt wurde und was mit dem Fotografierten verbunden wird. Dieses Vorgehen wiederum ist vielen Menschen fremd, so dass es ihnen schwer fallen kann, sich darauf einzulassen. Zudem besteht bei den Interviewten häufig die Sorge, mit der Erklärung des vermeintlich Offensichtlichen Redundanzen zu erzeugen, denn „man sieht doch, was auf dem Foto zu sehen ist" (vgl. Stoetzer 2004, S. 366). Hier gilt es, eine geeignete Erzählaufforderung zu formulieren und das Forschungsinteresse entsprechend zu verdeutlichen.

Das Interview als soziale Situation – zur Vor- und Nachbereitung von Interviews

Spezifische Forschungsinteressen, methodische Zugänge und jeweils andere Gruppen von Befragten haben unterschiedliche soziale Situationen in einem Interview zur Folge. Demnach variiert auch die konkrete Vor- und Nachbereitung eines Interviews je nach gewählter Interviewstrategie.[13] In

---

13 Eine ausführliche Darstellung der zu reflektierenden Elemente von biographischen Befragungen findet sich bei Fuchs-Heinritz (2005, S. 214 ff.), der auch anschaulich die „Schritte der Forschungsarbeit" beschreibt (ebd., S. 191 ff.). Friedrichs (1990, S. 207 ff.) behandelt zahlreiche Themen im Zusammenhang mit Interviewverfahren

jedem Fall setzt die *Vorbereitung* einer Interview-Befragung genaue Kriterien für die Auswahl der Befragten voraus. Wie man zu seinen Interviewpartner/-innen gelangt, legt den Grundstein für alle weiteren Forschungsschritte. Auch für die Auswertung und Einschätzung der Ergebnisse hat es große Bedeutung. Folgende Verfahren seien hier genannt:

Beim *Schneeballsystem* schlägt eine Befragte weitere ihr bekannte, potentiell Interessierte vor, was allerdings dazu führen kann, nur eine spezielle Gruppe zu erreichen (z.B. Studierende z.B. einer bestimmten Fachkultur). Beim *theoretical sampling* erfolgt die Auswahl theoriegeleitet nach der Methode des maximalen oder minimalen Kontrastes (z.B. wird zunächst eine BAföG-Empfängerin befragt, dann eine Studentin, deren Eltern das Studium finanzieren usw.). Bei der *gezielten Stichprobenauswahl* wird zuvor festgelegt, dass spezifische Gruppen befragt werden sollen (z.B. BAföG-Empfänger, berufstätige Studierende und finanziell vom Elternhaus Abgesicherte). Nach dem Zufallsprinzip werden nun aus den so gebildeten Gruppen jeweils gleich große Stichproben gewählt. Neben dem Vorgehen bei der Auswahl ist zu klären, wie die zu Befragenden angesprochen werden sollen: mit einem formalen Anschreiben, mittels telefonischer Terminvereinbarung oder eher auf informellem Wege?

Wesentlich für die Vorbereitung und Durchführung von Interviews ist auch die Reflexion der Aspekte: Geschlecht, Alter, soziale Herkunft, ethnische Zugehörigkeit und ihr Einfluss auf die Interviewsituation (vgl. Fontana/ Frey 2005, S. 702 f.). Eine jung aussehende und studentisch gekleidete Interviewerin kann auf unterschiedliche Interviewpartner (Drogenkonsumenten oder Schulleiter) jeweils cinen anderen Einfluss ausüben. Hilfreich im Umgang mit diesen Problemen können Forschungsteams sein, so dass die Interviews in unterschiedlichen Konstellationen geführt werden können. Die beschriebenen Effekte lassen sich allerdings nicht ausschalten. Vielmehr müssen sie reflektiert und in die Analysen einbezogen werden (vgl. Resch 1998).

Zumeist lassen sich diese Effekte nicht nur auf der verbalen Ebene beobachten. Insbesondere die *nonverbale Kommunikation* sollte bei der Durchführung des Interviews beachtet und reflektiert werden. Dazu gehören Überlegungen, wie man sich für das Interview kleidet, welcher Grad an Formalität angemessen ist. Körperhaltungen, Mimik, Einhaltung des persönlichen Raums, Blickkontakte, Sprechtempo und Sprachstil können ebenso über das Gelingen eines Interviews entscheiden wie ein gut aufgebauter Fragebogen (vgl. auch Helfferich 2004, S. 86 ff.; Fontana/Frey 2005, S. 713). Nonverbale Kommunikation signalisiert Interesse und gibt Handlungssicherheit, insofern gerade gegenseitige Erwartungshaltungen und Zuschrei-

---

(von den Voraussetzungen über die Erhebungssituation bis zu den Fehlerquellen). Ein Manual für die Durchführung von Interviews liefert Helfferich (2004). Auch Reinders (2005) behandelt forschungspraktische Aspekte der Interviewführung.

bungen der Interviewten in dieser „eigentümlichen" Situation eine große Rolle spielen und darüber abgeglichen werden.

Diese Reflexion sollte auch in die *Nachbereitung* eingehen. Möglichst bald nach dem Interview sind der Gesprächsverlauf, die entstandenen Eindrücke und die eigene emotionale Befindlichkeit zu rekonstruieren und schriftlich zu fixieren. Dieser Bericht zum Interviewverlauf, das so genannte *Postskriptum*, gehört zum Interviewtext, denn dieses leistet vielfältige Dienste für die anschließende Aufbereitungs- und Auswertungsarbeit. Hilfreich sind diese Aufzeichnungen zunächst bei der Verschriftlichung des aufgezeichneten Interviews, denn bei der Transkription helfen die erläuternden Anmerkungen, die Geräusche und nichtsprachlichen Elemente des Interviews zu entschlüsseln (→ Langer). Der Bericht zum Interviewkontext und -verlauf als zusätzliche Datenbasis wird besonders dann zentral, wenn bezahlte Hilfskräfte die Transkriptionsarbeit übernehmen. Alle Störungen oder Unterbrechungen des Interviews sowie Nebenereignisse sollten benannt werden, entsprechende Hinweise helfen später bei der Interpretation der Gesprächssequenzen.

Aber auch bei der Rekonstruktion des Interviewverlaufs gewinnen die formalen Informationen zum Interview wieder an Bedeutung. Verabredungen zum Interview, Ort und Zeitpunkt des Interviews und die Dauer des Treffens sind später nur schwer nachzuvollziehen, wenn sie nicht sorgsam notiert wurden. Auch Ereignisse am Rande können für die Auswertung wichtige Hinweise geben. Die Information, dass der Befragte zu spät kommt, ständig auf seine Uhr schaut und seine Jacke nicht auszieht, können Indizien dafür sein, dass die Bereitschaft, sich auf das Interview einzulassen, zumindest zweifelhaft scheint. Ebenso bedeutsam sind die eigenen sozialen und emotionalen Eindrücke: Man fühlte sich falsch gekleidet, wenig willkommen, kritisch bis ablehnend beäugt. Ein solcher Bericht ist auch dann besonders wichtig, wenn mehrere Personen die Interviews durchführen. Auf das eigene Gedächtnis sollte man sich nicht verlassen, im Moment des Geschehens ist all dies sehr lebendig und präsent und es erscheint unnötig, sorgsame Notizen anzufertigen, aber die Erinnerung wird schnell von neuen Eindrücken und Erfahrungen überdeckt. Informationen zur Vor- und Nachbereitung der Interviews sowie zu deren Verlauf gehören zum Forschungsprozess. Sie sind in den methodischen Darstellungen der Arbeit zu dokumentieren, um eine Einschätzung der Ergebnisse zu ermöglichen.

Ausblick

Wenn Interviews eingesetzt werden, handelt es sich keineswegs um eine einfache Methode. Die Kunst der Interviewführung beruht auf der Kompetenz und Reflexion des methodischen Vorgehens, auf Erfahrung und der (erlernbaren) Fähigkeit zum aktiven Zuhören. Besonders forschungsethische Aspekte sind zu berücksichtigen, u. a. Datenschutz, Anonymisierung, Vertraulichkeit, Schutz der Befragten (Fontana/Frey 2005, S. 715 f.; → Miethe). Aus dem Befragen fremder Menschen entstehen auch Probleme, die bisher kaum diskutiert werden. Bodenheimer (1985) spricht von der „Obszönität des Fragens", um auf die Beschämung, die durch das Fragen in den Befragten erzeugt werden kann, aufmerksam zu machen. Bourdieu weist auf die Bedeutung der Reflexion der Interviewsituation hin, um die Effekte zu erkennen, die Interviewende durch das Eindringen in eine andere Lebenswelt unwillkürlich hervorrufen, und zu erkunden, wie sich die Situation für die Befragten darstellt und wie sie damit umgehen. Für das Verstehen des Interviewgeschehens ist es wichtig, die Gründe zu erkennen, warum die Befragten in diese Austauschbeziehung einwilligen und welche Kommentare und Interpretationen sie dazu geben (vgl. Friebertshäuser 2006, S. 236 ff.). Die Befragten antizipieren durchaus, welche Ziele eine Untersuchung verfolgt und beziehen ihre Antworten auf diese Vermutungen oder begründeten Annahmen, soziale oder kulturelle Hierarchien erzeugen Tabus und blinde Flecken, auch diese Effekte sollte die Auswertung reflektieren (vgl. Bourdieu 1997, S. 781).

Literatur

Barthes, Roland 1989: Die helle Kammer. Bemerkung zur Photographie. Frankfurt.
Behnken, Imbke/Manuela du Bois-Reymond/Jürgen Zinnecker 1989: Stadtgeschichte als Kindheitsgeschichte. Lebensräume von Großstadtkindern in Deutschland und Holland um 1900. Opladen.
Bock, Marlene 1992: „Das halbstrukturierte-leitfadenorientierte Tiefeninterview" Theorie und Praxis der Methode am Beispiel von Paarinterviews. In: Hoffmeyer-Zlotnik, Jürgen H. P. (Hg.): Analyse verbaler Daten. Über den Umgang mit qualitativen Daten. Opladen. S. 90-109.
Bodenheimer, Aron Ronald 1985: Warum? Von der Obszönität des Fragens. Philipp Reclam Jun. Stuttgart.
Bourdieu, Pierre 1981: Die gesellschaftliche Definition der Photographie. In: Bourdieu, Pierre u. a.: Eine illegitime Kunst. Die sozialen Gebrauchsweisen der Photographie. Frankfurt/M. S. 85-109.
Bourdieu, Pierre u. a. 1965/1981: Eine illegitime Kunst. Die sozialen Gebrauchsweisen der Photographie. Frankfurt/M.
Bourdieu, Pierre 1997: Verstehen. In: Bourdieu, Pierre u. a.: Das Elend der Welt. Zeugnisse und Diagnosen alltäglichen Leidens an der Gesellschaft. Konstanz. S. 779-802.
Breckner, Roswitha 2003: Körper im Bild. Eine methodische Analyse am Beispiel einer Fotografie von Helmut Newton. In: ZBBS: Körperdiskurse. 1/2003. S. 33-60.
Buchner-Fuhs, Jutta 1997: Die Fotobefragung – eine kulturwissenschaftliche Interviewmethode? In: Zeitschrift für Volkskunde 1997 II. S. 189-216.
Collier, John 1967: Visual Anthropology: Photography as a Research Method. New York u. a.
Devereux, Georges 1984: Angst und Methode in den Verhaltenswissenschaften. Frankfurt/M.
Diekmann, Andreas 2007: Empirische Sozialforschung. Grundlagen, Methoden, Anwendungen. Reinbek.

Flick, Uwe 2007: Qualitative Sozialforschung. Eine Einführung. Reinbek.

Fontana, Andrea/James H. Frey 2005: Interviewing. The Art of Science. In: Denzin, Norman K./Yvonna S. Lincoln (Hg.): Handbook of Qualitative Research. Thousand Oaks/London/New Delhi. S. 695-727.

Frank, Andrea 1990: Hochschulsozialisation und akademischer Habitus. Eine Untersuchung am Beispiel der Disziplinen Biologie und Psychologie. Weinheim.

Friebertshäuser, Barbara 2006: Verstehen als methodische Herausforderung für eine reflexive empirische Forschung. In: Friebertshäuser, Barbara/Markus Rieger-Ladich/Lothar Wigger (Hg.): Reflexive Erziehungswissenschaft. Forschungsperspektiven im Anschluss an Pierre Bourdieu. Wiesbaden. S. 231-251.

Friebertshäuser, Barbara/Heide von Felden/Burkhard Schäffer (Hg.) 2007: Bild und Text. Methoden und Methodologien visueller Sozialforschung in der Erziehungswissenschaft. Opladen/Farmington Hills.

Friedrichs, Jürgen 1990: Methoden empirischer Sozialforschung. Opladen.

Fuchs-Heinritz, Werner 2005: Biographische Forschung. Eine Einführung in Praxis und Methoden. Opladen.

Fuhs, Burkhard 2003 a: Fotografie als Dokument qualitativer Forschung: In: Ehrenspeck, Yvonne/Burkhard Schäffer (Hg.): Film- und Fotoanalyse in der Erziehungswissenschaft. Ein Handbuch. Opladen. S. 37-54.

Fuhs, Burkhard 2003 b: Fotografie und qualitative Forschung. Zur Verwendung fotografischer Quellen in den Erziehungswissenschaften. In: Friebertshäuser, Barbara/Annedore Prengel (Hg.): Handbuch Qualitative Forschungsmethoden in der Erziehungswissenschaft. Weinheim und München. S. 265-285.

Girtler, Roland 2001: Methoden der Feldforschung. Wien/Köln/Weimar.

Glaser, Barney G./Anselm L. Strauss 1998: Grounded Theory. Strategien qualitativer Forschung. Bern u. a.

Heinzel, Friederike 1996: Die Inszenierung der Besonderheit. Zur politischen Sozialisation von Frauen in Gewerkschaftspositionen. Bielefeld.

Helfferich, Cornelia 2004: Die Qualität qualitativer Daten. Manual für die Durchführung qualitativer Interviews. Wiesbaden.

Hopf, Christel 1978: Die Pseudo-Exploration – Überlegungen zur Technik qualitativer Interviews in der Sozialforschung. In: Zeitschrift für Soziologie. Jg. 7. Heft 2. S. 97-115.

Hopf, Christel 2007: Qualitative Interviews – ein Überblick. In: Flick, Uwe/Ernst von Kardorff/Ines Steinke (Hg.): Qualitative Sozialforschung. Ein Handbuch. Reinbek bei Hamburg. S. 349-360.

Hopf, Christel/Peter Rieker/Martina Sanden-Marcus/Christiane Schmidt 1995: Familie und Rechtsextremismus. Familiale Sozialisation und rechtsextreme Orientierungen junger Männer. Weinheim und München.

Jahoda, Marie/Morton Deutsch/Stuart W. Cook 1972: Die Technik der Auswertung: Analyse und Interpretation. In: König, René (Hg.): Das Interview. Formen, Technik, Auswertung. Köln/Berlin. S. 271-289.

Katz, Daniel 1972: Die Ausdeutung der Ergebnisse: Probleme und Gefahren. In: König, René (Hg.): Das Interview. Formen, Technik, Auswertung. Köln/Berlin. S. 319-331.

König, Eckard 2005: Das Konstruktinterview. In: König, Eckard/Gerda Volmer (Hg.): Systemisch denken und handeln. Personale Systemtheorie in Erwachsenenbildung und Organisationsberatung: Methoden. Weinheim/Basel. S. 83-117.

König, Eckard/Gerda Volmer 2003: Systemische Organisationsberatung. Grundlagen und Methoden. Weinheim.

Krüger, Heinz-Hermann 2006: Entwicklungslinien, Forschungsfelder und Perspektiven der erziehungswissenschaftlichen Biographieforschung. In: Krüger, Heinz-Hermann/Winfried Marotzki (Hg.): Handbuch erziehungswissenschaftliche Biographieforschung. Wiesbaden. S. 13-33.

Langer, Antje/Sophia Richter/Barbara Friebertshäuser 2009: (An)Passungen. Körperlichkeit und Beziehungen in der Schule – ethnographische Studien. Baltmannsweiler.

Langer, Antje 2007: Fotographie in der ethnografischen Forschung – Soziale Gebrauchsweisen und Inszenierungen. In: Friebertshäuser, Barbara/Heide von Felden/Burkhard Schäffer (Hg.): Bild und Text. Methoden und Methodologien visueller Sozialforschung in der Erziehungswissenschaft. Opladen/Farmington Hills. S. 141-158.

Lofland, John 1979: Feld-Notizen. In: Gerdes, Klaus: Explorative Sozialforschung. Stuttgart. S. 110-120.

Marotzki, Winfried 2006: Forschungsmethoden und -methodologie der Erziehungswissenschaftlichen Biographieforschung. In: Krüger, Heinz-Hermann/Winfried Marotzki (Hg.): Handbuch erziehungswissenschaftliche Biographieforschung. Wiesbaden. S. 111-135.

Mayring, Philipp 2007: Qualitative Inhaltsanalyse. Grundlagen und Techniken. Weinheim.

Merton, Robert K./Patricia L. Kendall 1984: Das fokussierte Interview. In: Hopf, Christel/Elmar Weingarten (Hg.): Qualitative Sozialforschung. Stuttgart. S. 171-204.

Pilarczyk, Ulrike/Ulrike Mietzner 2005: Das reflektierte Bild. Die seriell-ikonographische Fotoanalyse in den Erziehungs- und Sozialwissenschaften. Bad Heilbrunn.

Reinders, Heinz 2005: Qualitative Interviews mit Jugendlichen führen. München/Wien.

Resch, Christine 1998: „Arbeitsbündnisse in der Sozialforschung". In: Steinert, Heinz (Hg.): Zur Kritik der empirischen Sozialforschung. Ein Methodengrundkurs. Frankfurt/M. S. 36-66.

Richardson, Stephen A./Barbara Snell Dohrenwend/David Klein 1993: Die „Suggestivfrage". Erwartungen und Unterstellungen im Interview. In: Hopf, Christel/Elmar Weingarten (Hg.): Qualitative Sozialforschung. Stuttgart. S. 205-231.

Rogers, Carl 1972: Die nicht-direktive Beratung. München.

Sheatsley, Paul B. 1972: Die Kunst des Interviewens. In: König, René (Hg.): Das Interview. Formen, Technik, Auswertung. Köln/Berlin. S. 125-142.

Spradley, James P. 1979. The ethnographic interview. New York.

Stiegler, Bernd 2006: Theoriegeschichte der Photographie. Paderborn.

Stoetzer, Katja 2004: Photointerviews als synchrone Erhebung von Bildmaterial und Text. In: ZBBS. 2/2004: Soziale Interaktion und die Herstellung von Wissenschaft. S. 361-370.

Welter, Nicole: Zum Verhältnis von Bild und Sprache. Eine Annäherung in erkenntnistheoretischer Perspektive. In: Friebertshäuser, Barbara/Heide von Felden/Burkhard Schäffer (Hg.): Bild und Text. Methoden und Methodologien visueller Sozialforschung in der Erziehungswissenschaft. Opladen/Farmington Hills. S. 303-315.

Witzel, Andreas 1982: Verfahren der qualitativen Sozialforschung. Überblick und Alternativen. Frankfurt/M./New York.

Witzel, Andreas 2000: Das problemzentrierte Interview [26 Absätze]. Forum Qualitative Sozialforschung/Forum: Qualitative Social Research [On-line Journal],

1(1). Verfügbar über: http://www.qualitative-research.net/fqs-texte/1-00/1-00 witzel-d.htm [23.06.2008].

Wrana, Daniel 2002: Formen der Individualität. Eine Analyse der diskursiven Formation von Gesellschaftsbeschreibungen bei Kursleiter/-innen der Erwachsenenbildung. In: Forneck, Hermann/Wilfried Lippitz (Hg.): Literalität und Bildung. Marburg. S. 115-176.

Wuggenig, Ulf 1988: Die Fotobefragung. In: Kreutz, Henrik (Hg.): Pragmatische Soziologie. Beiträge zur wissenschaftlichen Diagnose und praktischen Lösung gesellschaftlicher Gegenwartsprobleme. Opladen. S. 333-354.

Michael Meuser und Ulrike Nagel

Experteninterviews – wissenssoziologische Voraussetzungen und methodische Durchführung

Verglichen mit den „klassischen" Methoden der empirischen Sozialforschung – standardisierte Befragung, Beobachtung, Experiment – gilt das Expertinneninterview als ein randständiges Verfahren. Seine tatsächliche Verbreitung ist jedoch wesentlich größer, als man anzunehmen geneigt ist. Das Expertinneninterview eignet sich zur Rekonstruktion komplexer Wissensbestände. Es wird sowohl als eigenständiges Verfahren als auch im Rahmen eines Methodenmix eingesetzt. Bereiche, in denen besonders häufig von Expertinneninterviews Gebrauch gemacht wird, sind die industriesoziologische Forschung, die soziologische Verwendungsforschung, die Organisationsforschung, die Bildungsforschung und die Implementations- und Evaluationsforschung, deren Gegenstand die Umsetzung politischer und pädagogischer Programme in die Praxis ist.[1]

In der pädagogischen Forschung wird das Expertinneninterview häufig im Rahmen der Evaluationsforschung eingesetzt. Entscheidungsträger aus Politik, Wirtschaft, Verbänden, Ausbildungsinstitutionen, aber auch Praktiker vor Ort werden für die Datengewinnung rekrutiert. Das Interesse richtet sich 1. auf die Entscheidungsmaximen der Programmgestalter, 2. auf das Erfahrungswissen und die Faustregeln, wie sie sich aus der alltäglichen Handlungsroutine in z. B. Schule, Berufsbildungssystem, Arbeitsförderung, Sozialarbeit, Erwachsenenbildung herauskristallisieren, 3. auf das Wissen, das in innovativen Projekten gewonnen wird und das (noch) nicht in bürokratische Strukturen eingeflossen ist,[2] 4. auf das Wissen über die Bedingungen, die zu systematischen Fehlern und verkrusteten Strukturen führen. Beispiele bilden Untersuchungen zur Modernisierung, Reformierung und Humanisierung von Einrichtungen der beruflichen und sozialen Rehabilitation (von Behinderten, Drogenabhängigen, Straffälligen) sowie die Begleitforschung zu (Modell-)Einrichtungen etwa im Bereich der Schule oder Jugendarbeit.[3] Insgesamt handelt es sich um die Erfassung von praxisgesättigtem Experten-

---

1 Beispiele aus einigen dieser Forschungsbereiche finden sich in Bogner/Littig/Menz 2002.
2 Dieses Wissen ist oftmals in keiner anderen Form verfügbar als in den Berichten der Projektleiterinnen.
3 Hier sind u. a. zahlreiche im Deutschen Jugendinstitut durchgeführte Forschungsprojekte zu nennen (vgl. z. B. Hoops/Permien 2006).

wissen, des know how derjenigen, die die Gesetzmäßigkeiten und Routinen, nach denen sich ein soziales System reproduziert, enaktieren und unter Umständen abändern bzw. gerade dieses verhindern, aber auch der Erfahrungen derjenigen, die Innovationen konzipiert und realisiert haben.

Sozialisations- und Selektionsprozesse sind ein weiterer Gegenstandsbereich, in dem das Experteninterview eingesetzt wird. Beispielhaft können hier Untersuchungen über den Zusammenhang von Selektionsprozessen bei der Berufseinmündung von Haupt- und Sonderschülerinnen und abweichendem Verhalten (Mariak 1996) genannt werden; über den Einfluss des Schultyps (Mädchenschule, Koedukation) auf Fachwahl und Studienerfolg bei Informatik-Studentinnen (Kauermann-Walter u. a. 1988).

Ein drittes Forschungsgebiet, in dem das Expertinneninterview zum Einsatz gelangt, sind Bildungs- und Berufsverläufe und institutionelle Karrieren. Auch hier dient das Expertinneninterview dazu, den Wirkungszusammenhang von allgemeinen gesellschaftlichen Strukturvorgaben, betrieblich-organisatorischen Kontextbedingungen und individuellen Optionen zu erschließen sowie zukünftige Steuerungsaufgaben abzuschätzen.

Anfang des Jahrzehnts stand der weiten Verbreitung von Expertinneninterviews noch ein auffälliger Mangel an methodischer Literatur gegenüber (vgl. Bogner/Menz 2002a). Die Zahl von Publikationen zu Methodologie und Methode des Experteninterviews lag im einstelligen Bereich (Abels/Behrens 1998; Brinkmann/Deeke/Völkel 1995; Köhler 1992; Meuser/Nagel 1991, 1994; Walter 1994). Inzwischen hat sich das methodologische Reflexionsdefizit verringert. Entscheidend hat hierzu ein von Bogner, Littig und Menz (2002) herausgegebener Sammelband beigetragen (vgl. auch Mieg/Brunner 2004; Mieg/Näf 2006). In den gängigen Lehr- und Handbüchern zu den Methoden der empirischen Sozialforschung wird das Expertinneninterview allerdings weiterhin allenfalls kurz erwähnt – vielfach geschieht nicht einmal das (vgl. z.B. Diekmann 2007; Häder 2006) –, nicht aber als besonderes Verfahren angesprochen, dessen Erhebungs- und Auswertungsstrategien sich von denen anderer Befragungstechniken unterscheiden. Allgemein gilt das Expertinneninterview als ein wenig strukturiertes Erhebungsinstrument, das zu explorativen Zwecken eingesetzt wird (vgl. von Alemann 1977; Atteslander 1984; Koolwijk 1974; Kromrey 1980; Schnell/Hill/Esser 1989). Da es diesem Verständnis zufolge nicht auf den Begründungszusammenhang des Untersuchungsgegenstandes zielt, der gemäß der deduktiv-nomologischen Forschungslogik allein als methodisierbar gilt, sondern auf seinen Entdeckungszusammenhang zielt, wird das Expertinneninterview hier keiner eigenständigen methodischen Reflexion unterzogen.

In den Hand- und Lehrbüchern zur qualitativen Sozialforschung zeichnet sich eine Entwicklung hin zu einer stärkeren Beachtung des Expertinneninterviews ab. Findet es in den Ende der 1980er, Anfang der 1990er Jahren erschienenen ‚ersten Generation' dieser Bücher noch keine gesonderte Erwähnung (z.B. in Flick u.a. 1991; Lamnek 1988/1989; Spöhring 1989), so ändert sich dies seit Mitte der 1990er Jahre (Bohnsack/Marotzki/Meuser 2003; Flick 1995, 2007; Friebertshäuser/Prengel 1997; Przyborski/Wohlrab-Sahr 2008). Allerdings wird der Stellenwert des Experteninterviews unterschiedlich eingeschätzt. Während Flick (2000, S. 263 f.) dieses Verfahren als eine „Abkürzungsstrategie" begreift, die bei Interviews mit solchen Interviewpartnern zur Anwendung gelangt, „die unter hohem Zeitdruck stehen", verweisen Przyborski und Wohlrab-Sahr (2008, S. 131) auf Besonderheiten gegenüber anderen Interviewverfahren, die „essentiell mit dem Status und der gesellschaftlichen Funktion von ‚Experten', mit der daraus resultierenden spezifischen Beziehung zwischen Interviewer und dem Experten sowie mit den Besonderheiten des ‚Expertenwissens'" zusammenhängen.[4] Neben einem forschungspragmatisch motivierten Einsatz von ExpertInneninterviews wird dieses Verfahren auch aufgrund methodologischer Erwägungen gewählt: als ein Instrument der Datenerhebung, das auf einen spezifischen Modus des Wissens bezogen ist – auf ExpertInnenwissen. In diesem Sinne wird das Verfahren im Folgenden vorgestellt (s. insb. Kap. 1; vgl. auch Bogner/Menz 2002 b).

Für dessen Beschreibung kann nicht einfach auf die vielfältige Literatur zum qualitativen Interview zurückgegriffen werden. Dessen Bedeutung für das Expertinneninterview steht außer Frage, in zentralen Punkten unterscheidet sich dieses aber vom narrativen, vom fokussierten, vom problemzentrierten, vom biographischen Interview usw. Dies gilt für die Gesprächsführung wie für die Auswertung des Interviewmaterials. Der Grund hierfür liegt in den besonderen Erkenntnisinteressen, die andere sind als beispielsweise in der Biographieforschung (vgl. Honer 1994).

Vergleichsweise umfangreich werden methodische Fragen des Expertinneninterviews in der policy-Forschung (Politikfeldanalyse) behandelt, in der qualitative Verfahren weit verbreitet sind und nicht nur für explorative Zwecke eingesetzt werden (vgl. für die Implementationsforschung Hucke/ Wollmann 1980; für die Eliteforschung Dexter 1870/2006).

Die Durchsicht der Methodenliteratur ergibt ein recht fragmentarisches Bild. Gleichwohl lässt sich eine deutliche Übereinstimmung konstatieren. Soviel scheint klar zu sein: Expertinneninterviews werden auf der Basis eines flexibel zu handhabenden Leitfadens geführt. Wie die Rekonstruktion des erhobenen Wissens methodisch organisiert wird, wie also die Auswertung von Expertinneninterviews geschieht, wird noch weniger thematisiert als Fragen der Erhebung. Wir haben an anderer Stelle hierzu einen Vorschlag gemacht (vgl. Meuser/Nagel 1991), den wir unten kurz rekapitulieren.

---

[4] Auch Pfadenhauer (2002, S. 127 f.) betont zu Recht, das ExpertInneninterview sei „ein sehr voraussetzungsvolles und damit auch ausgesprochen aufwendiges Instrument zur Datenerhebung", „dessen kompetente Verwendung hohe Feldkompetenzen (...) voraussetzt."

Wir werden im Folgenden zunächst den Expertinnenbegriff, wie er in der wissenssoziologischen Literatur in Abgrenzung zum Begriff des Laien gefasst wird, diskutieren. Anschließend werden wir einige Punkte ansprechen, die bei der Durchführung von Expertinneninterviews zu berücksichtigen sind, und dann ein sechs Stufen umfassendes Auswertungsmodell vorstellen.

1. Die Expertin[5] als wissenssoziologische Figur

Die Randständigkeit, die dem Expertinneninterview in der Methodenliteratur zur empirischen Sozialforschung weiterhin zukommt, hat zur Folge, dass die Auswahl der Personen, die in der Forschungspraxis als Expertinnen interviewt werden, oft keinen klaren und definierten Kriterien folgt. Der dem Verfahren zugrundegelegte Expertinnenbegriff ist *in der Methodenliteratur* bislang wenig systematisch diskutiert worden (vgl. aber Bogner/Menz 2002b; Meuser/Nagel 2008).[6] Ein Blick in die soziologische Literatur über Expertentum, Expertenwissen, Expertengesellschaft usw. zeigt, dass sich mindestens drei Zugriffsweisen auf den Expertinnenbegriff unterscheiden lassen, denen unterschiedliche Erkenntnisinteressen korrespondieren.

Erstens gibt es eine gesellschafts- und modernisierungstheoretisch orientierte Diskussion über die sog. Expertokratisierung der Gesellschaft, in der in kritischer Perspektive die Folgen der Expertenherrschaft für das demokratische Gemeinwesen thematisiert werden. „Kolonisierung der Lebenswelt", „Entmündigung durch Experten", „Expertenherrschaft" sind Stichworte in diesem Diskurs. In Professionssoziologie und Eliteforschung finden sich einschlägige Arbeiten. In der Erziehungswissenschaft wird das Thema in der Diskussion über Professionalisierung und Deprofessionalisierung verhandelt (vgl. Gieseke 1991, S. 1115 ff.). Zweitens existiert seit Alfred Schütz' (1972) Aufsatz über den „gut informierten Bürger" eine wissenssoziologische Diskussion über den Unterschied von Experte und Laie, über das Verhältnis beider zum Spezialisten und zum Professionellen sowie über die jeweils unterschiedlichen Formen des Wissens: Sonderwissen, Geheimwissen, implizites Wissen. Schließlich lässt sich drittens der Expertinnenbegriff methodologisch bestimmen. Expertin ist dann ein hinsichtlich des jeweiligen Erkenntnisinteresses vom Forscher verliehener Status; jemand wird zur Expertin in ihrer und durch ihre Befragtenrolle (vgl. Meuser/Nagel 1991, S. 443; Walter 1994, S. 271). Eine Person wird zum Experten gemacht, weil wir wie auch immer begründet annehmen, dass sie über

---

5 Wir verwenden in zwangloser Folge mal die weibliche, mal die männliche Form und sehen von der Schreibweise der/die Experte/in ab, um Satzungetüme zu vermeiden, die die Lesbarkeit des Textes enorm beeinträchtigten.

6 So wird in der von Gläser und Laudel (2006) vorgelegten Monographie „Experteninterviews und qualitative Inhaltsanalyse" der Expertenbegriff nur äußerst knapp behandelt (S. 9 f.), zudem in einer problematischen Weise, die keine Unterscheidung von Experten und Laien erlaubt. In der Wissenssoziologie gibt es hingegen eine gründliche Diskussion über die Besonderheiten des Expertenwissens (s. u.).

ein Wissen verfügt, das sie zwar nicht alleine besitzt, das aber doch nicht jedermann bzw. jederfrau in dem interessierenden Handlungsfeld zugänglich ist. Auf diesen Wissensvorsprung zielt das Expertinneninterview (vgl. Walter 1994, S. 271). Die methodologische Bestimmung des Expertinneninterviews verbindet sich so mit der wissenssoziologischen Perspektive und verweist auf die Unterscheidung von Experte, Spezialist und Laie.

Dass sich der Expertenstatus einer Person im methodologischen Sinne dem jeweiligen Forschungsinteresse verdankt – nicht jede in einem Handlungsfeld als Expertin anerkannte Akteurin ist notwendig Adressatin von Expertinneninterviews –, heißt nicht, dass eine Person völlig unabhängig von der vor Ort vorgenommenen Zuschreibung als Expertin interviewt wird, dass es Expertinnen nur ‚von soziologischen Gnaden' gibt. Als Expertin kommt in Betracht, wer sich durch eine „institutionalisierte Kompetenz zur Konstruktion von Wirklichkeit" (Hitzler/Honer/Maeder 1994) auszeichnet.[7] ExpertInnenwissen zeichnet sich durch die Chance aus, „in der Praxis in einem bestimmten organisationalen Funktionskontext hegemonial zu werden" (Bogner/Menz 2002 b, S. 46).[8]

Diese Bestimmung rekapituliert die wissenssoziologische Diskussion um den Expertenbegriff. Sie hat ihren Ausgangspunkt in Alfred Schütz' (1972) Unterscheidung von drei Idealtypen des Wissens. Dies sind der „Experte", der „Mann auf der Straße" und der „gut informierte Bürger". Als Unterscheidungskriterium benennt Schütz das Ausmaß der „Bereitschaft, Dinge als fraglos gegeben anzunehmen" (S. 89). Während der „Mann auf der Straße" „naiv in seinen eigenen wesentlichen Relevanzen und in denen seiner in-group" (S. 96) lebt, bewegt sich der Experte in einem System von Relevanzen, die ihm „durch die auf seinem Gebiet vorausgesetzten Probleme" auferlegt sind. Diese Relevanzen sind ihm allerdings nicht Schicksal, in das er sich blind fügt, sondern „durch seine Entscheidung, ein Experte zu werden, hat er die auf seinem Gebiet auferlegten Relevanzen als wesentliche akzeptiert, und zwar als die allein wesentlichen Relevanzen für sein Handeln und Denken" (S. 96). Nur diese Relevanzen bestimmen sein Handeln, insoweit er als Experte handelt. Und als Experte agiert er nur auf einem streng abgegrenzten Gebiet. Ansonsten handelt er als „Mann auf der

---

7 Mit dieser Bestimmung grenzen wir, wie die folgende Unterscheidung von Experte und Laie noch verdeutlichen wird, den Expertenbegriff von einem Verständnis ab, das virtuell jede Person zur Expertin macht: zur Expertin des eigenen Lebens, des eigenen Alltags. Diesbezügliches Wissen lässt sich mit den Verfahren des narrativen oder des problemzentrierten Interviews erfassen.
8 In einer geschlechtshierarchisch strukturierten Gesellschaft ist diese Kompetenz geschlechtlich ungleich verteilt. Wie Littig (2002, S. 191) anmerkt, wird die Frage nach möglichen methodischen und methodologischen Konsequenzen, die sich aus der immer noch weitgehend gegebenen ‚Männlichkeit' des Expertenstatus ergeben, nur selten gestellt.

Straße" oder als „gut informierter Bürger".⁹ Expertenwissen bestimmt Schütz als ein begrenztes, in seiner Begrenzung dem Experten klar und deutlich verfügbares Wissen. „Seine Ansichten gründen sich auf sichere Behauptungen; seine Urteile sind keine bloße Raterei oder unverbindliche Annahmen" (S. 87).

Anknüpfend an die Schütz'schen Bestimmungen arbeitet Sprondel (1979) den Expertenbegriff weiter aus; als Kontrast dient ihm die Figur des Laien, den es in dem Maße gibt, in dem in einer arbeitsteiligen Gesellschaft der Experte als Verwalter von Sonderwissen auftritt. Beiden ist eine spezifische Form des Wissens eigen, die als Allgemeinwissen bzw. als Sonderwissen bezeichnet werden. Freilich ist nicht jedes Sonderwissen bereits Expertenwissen, sondern nur ein solches, das sich als „sozial institutionalisierte Expertise" (S. 141) fassen lässt und das vornehmlich an eine Berufsrolle gebunden ist.¹⁰ Beispielsweise verfügen auch Hobbybastler über ein Spezialwissen in ihrem Gebiet; da dessen Erwerb aber „individuell-biographischen Motiven entspringt" (ebd.) und nicht den mit einer Berufsrolle auferlegten Relevanzen folgt, spricht Sprondel in diesem Fall nicht von Expertentum. Expertenwissen ist ein in einer arbeitsteilig organisierten Gesellschaft „als notwendig erachtetes Sonderwissen" (S. 148), bezogen auf Probleme, die als Sonderprobleme definiert sind.

Wie für Schütz ist auch für Sprondel der Experte durch die Übernahme der auferlegten Relevanzen bestimmt, mit welcher der Bezugsrahmen des jeweiligen Tätigkeitsbereichs als geltend akzeptiert und als solcher zur Basis des eigenen Handelns wird. Persönliche Motive, sich dem gewählten Arbeitsgebiet zuzuwenden, sind hingegen – anders als beim Hobbybastler – für das Handeln als Experte irrelevant. Im Vordergrund der wissenssoziologischen Betrachtung steht die Frage, „ob mit dem Besitz oder Nicht-Besitz von spezialisiertem Wissen strukturell bedeutsame soziale Beziehungen konstituiert werden oder nicht" (S. 149), Beziehungen, die Einfluss haben auf die Entwicklung einer Gesellschaft bzw. auf die gesellschaftliche Konstruktion von Wirklichkeit. In der Bestimmung des Expertenbegriffs, wie Sprondel sie vornimmt, tritt die Person des Experten in seiner biographischen Motiviertheit in den Hintergrund, wird stattdessen der in einen Funktionskontext eingebundene Akteur zum Gegenstand der Betrachtung.

---

9 Die Figur des gut informierten Bürgers verortet Schütz zwischen der des Experten und der des Mannes auf der Straße.
10 Neben der Berufsrolle kommen weitere institutionalisierte Rollen in Betracht, z.B. die der ehrenamtlichen Partei- oder Verbandsfunktionärin oder die des Aktivisten in einer Bürgerinitiative. Solche in aktiver Partizipation gründende Expertise gewinnt in einer Wissensgesellschaft, die sich durch eine spannungsreiche Gleichzeitigkeit eines Bedeutungsgewinns von Expertise (inklusive Gegenexpertise) einerseits und von Expertenkritik andererseits auszeichnet, zunehmend an Gewicht. Ein um die Berufsrolle zentrierter Expertenbegriff birgt die Gefahr einer methodisch induzierten Reproduktion der mit jeder Verberuflichung unausweichlich einhergehenden „Verengung der Problemdefinition" (Sprondel 1979, S. 143) in sich (vgl. Meuser/Nagel 2002).

Die von Sprondel nicht weiter ausgearbeitete Bemerkung, dass nicht jedes spezialisierte Sonderwissen Expertenwissen ist, nimmt Hitzler (1994, S. 25 ff.) zum Anlass, den Experten nicht nur vom Laien, sondern zudem vom Spezialisten abzugrenzen. Gegenüber dem Spezialisten, dessen Arbeitsgebiet und Problemlösungskompetenz von einem Auftraggeber oder Vorgesetzten relativ genau umrissen wird und dessen Tätigkeit starken Kontrollen unterliegt, zeichnet sich der Experte durch eine relative Autonomie aus.

Eine weitere Korrektur gegenüber dem klassischen wissenssoziologischen Expertenbegriff, der als Idealtypus konstruiert und nicht empirisch rekonstruiert worden ist, betrifft den Status des Expertinnenwissens. Bei Schütz und auch bei Sprondel heißt es, dass dem Experten das Sonderwissen klar und deutlich präsent ist und dass darin eine entscheidende Differenz zum Alltagswissen liegt. Abweichend hiervon schlagen wir vor, den Begriff des Expertinnenwissens zu erweitern und das Expertinneninterview im Interesse der Analyse gerade auch solcher Strategien und Relevanzen zu nutzen, die zwar im Entscheidungsverhalten zur Geltung gelangen, den Expertinnen aber nicht unbedingt reflexiv verfügbar sind (Larson 1977; Köhler 1992; Meuser/Nagel 1994; Schröer 1994). Solche kollektiv verfügbaren Muster, die zwar nicht intentional repräsentiert sind, aber als subjektiv handlungsleitend gelten müssen, lassen sich ebenfalls als auferlegte Relevanzen verstehen, die allerdings nur ex post facto entdeckt werden können. Wissenssoziologisch gesehen haben wir es hier mit implizitem Wissen zu tun, mit ungeschriebenen Gesetzen, mit einem Wissen im Sinne von funktionsbereichsspezifischen Regeln, die das beobachtbare Handeln erzeugen, ohne dass sie von den Akteurinnen explizit gemacht werden können.[11]

Die Diskussion des Expertinnenbegriffs zeigt, dass dieser im Rahmen des Expertinneninterviews notwendigerweise eine doppelte Bedeutung hat. Der Expertinnenstatus bestimmt sich zum einen in Abhängigkeit vom jeweiligen Forschungsinteresse. Eine rein methodologische Fassung reicht freilich nicht aus, sie bietet letztlich keine Hilfe bei der Frage, wo die für das Forschungsinteresse relevanten Expertinnen zu suchen sind. Mit anderen Worten, die von der Forscherin vorgenommene Etikettierung einer Person als Experte bezieht sich notwendig auf eine im jeweiligen Feld vorab erfolgte und institutionell-organisatorisch zumeist abgesicherte Zuschreibung.

---

11 Vor diesem Hintergrund ist das ExpertInneninterview innerhalb einer rekonstruktiven Methodologie zu verorten.

2. Erhebung und Auswertung

Die folgenden Ausführungen bilden einen Vorschlag zur Präzisierung und Detaillierung des Expertinneninterviews als qualitatives Verfahren der empirischen Sozialforschung.

2.1 Erhebung

Im Hinblick auf das wissenssoziologische Erkenntnisinteresse am Expertinnenhandeln halten wir ein leitfadengestütztes offenes Interview für das angemessene Erhebungsinstrument. Ein Leitfaden allerdings muss sein. Auf jegliche thematische Vorstrukturierung zu verzichten, wie dies für narrative Interviews kennzeichnend ist, brächte die Gefahr mit sich, sich der Expertin als inkompetenter Gesprächspartner darzustellen, insofern nicht ernstgenommen zu werden und mithin das Wissen der Expertin nicht umfassend zu erheben.[12] Es ist wichtig, sich vorab über Regeln, Bestimmungen, Gesetzesgrundlagen, Pressestimmen zu informieren und dadurch das Thema, das Gegenstand des Interviews sein soll, zu dimensionieren (zu Interviewverfahren vgl. → Friebertshäuser/Langer).

Die Auswahl der zu interviewenden Expertinnen geschieht in Kenntnis der Organisationsstrukturen, Kompetenzverteilungen, Entscheidungswege des jeweiligen Handlungsfeldes. Das Wissen darüber wird in der Regel im Laufe des Forschungsprozesses größer und fundierter, so dass typischerweise die erste Stichprobe erweitert wird, nicht zuletzt auch durch das sogenannte Schneeballverfahren (vgl. Köhler 1992, S. 320). Nicht nur die Wichtigkeit der benannten Personen sollte eine Rolle bei der Auswahl der Stichprobe spielen, sondern auch das Prinzip des minimal bzw. maximal kontrastierenden Vergleichs sowie, zu einem späteren Zeitpunkt, das Prinzip des „theoretical sampling" (Strauss 1987, S. 38 ff.).

Der Feldzugang ist erfahrungsgemäß einfacher zu organisieren als z.B. bei biographischen Interviews oder bei Gruppendiskussionen. Die hierarchische Struktur von Organisationen kann und sollte genutzt werden. Eine erste Anfrage geschieht am besten schriftlich bzw. per E-Mail.[13] Eine knappe und präzise Information über das Forschungsprojekt gibt der Expertin Gelegenheit, ihr Interesse an einem Interview zu sondieren. Eine telefonische Anfrage führt dann erfahrungsgemäß zu einer verbindlichen Terminvereinbarung oder zu einer, allerdings eher seltenen Absage.

Gemäß dem Prinzip einer offenen und flexiblen Interviewführung enthält der Leitfaden Themen, die anzusprechen sind, nicht aber detaillierte und ausformulierte Fragen. Einen interessanten Vorschlag macht Walter (1994, S. 275)

---

12 Zum Stellenwert von Kompetenzdarstellung und -zuschreibung für das Gelingen des ExpertInneninterviews vgl. Pfadenhauer (2002).
13 Bei innovativen Vorhaben finden sich oft andere Wege der Kontaktaufnahme, z.B. ein Gespräch anlässlich öffentlicher Veranstaltungen.

mit dem der themenzentrierten Interaktion entlehnten Motto „Störungen haben Vorrang". An der Art der Bewältigung von Störungen und Konflikten lassen sich Mechanismen des normalen Funktionierens ablesen (für ein empirisches Beispiel vgl. Meuser 1992). Es liegt auf der Hand, dass solche Ereignisse nicht bei der Leitfadenkonstruktion antizipiert werden können.

Umso wichtiger ist eine Durchführung der Interviews, die unerwartete Themen-dimensionierungen der Experten nicht verhindert, sondern diese gegebenenfalls in folgenden Interviews aktiviert. Nur so kann sichergestellt werden, dass Wissen und Erfahrungen der Expertinnen möglichst umfassend in das Interview einfließen. Entscheidend für das Gelingen des Expertinneninterviews ist unserer Erfahrung nach eine flexible, unbürokratische Handhabung des Leitfadens im Sinne eines Themenkomplexes und nicht im Sinne eines standardisierten Ablaufschemas. – Die Interviewfragen sollten so gestellt werden, dass sie, angezeigt durch die Art der Formulierung, auf überpersönliches, institutions- bzw. funktionsbezogenes Wissen zielen. Durch die Art der Formulierung wird der Rahmen hergestellt, in dem sich die Interviewkommunikation entfaltet.

Misslingen kann das Interview, wenn z.B. das Sprachspiel der Expertin inkompatibel ist mit dem der Interviewerin. Ein weiterer Grund für das Misslingen ist die Orientierung der Interviewführung an der theoretischen, wissenschaftlichen Fragestellung der Untersuchung; der Interviewer handelt dann in der Erwartung, dass die Interviewte die Konzepte und Ideen liefert, die man sich als Ergebnis der gesamten Untersuchung vorstellt. Aus der Sorge um die Ergebnisse resultiert häufig eine direktive Interviewführung, die insbesondere bei sehr statusbewussten Gesprächspartnerinnen auf Zurück- und Zurechtweisung trifft, u. U. auch zum Zusammenbruch der Kommunikation führt. Es sind oft die narrativen Passagen, die sich als Schlüsselstellen für die Rekonstruktion des Expertinnenwissens erweisen. Insbesondere kommt in solchen Passagen die Spannung zwischen institutionellen Vorgaben und individueller Regelinterpretation zum Ausdruck.

Im Falle des Gelingens des Expertinneninterviews trifft die Untersuchung bzw. der Forscher bei der Expertin auf Neugierde an der Sache, und diese agiert in der Haltung der Protagonistin, der Akteurin, die zu wissenschaftlichen Zwecken den „Vorhang" – wenigstens ein bisschen und kontrolliert – hebt, sich in die Karten gucken lässt, ihre Geheimnisse lüftet. Ähnlich und doch anders verhält es sich, wenn die Expertin den Forscher als Ko-Experten instrumentalisiert und sich der Interviewsituation zur Erörterung ihrer eigenen Fragen und Dilemmata bedient. – Davon nochmals zu unterscheiden wäre ein rhetorisches Interview, d.h. die Expertin benutzt die Situation zur Demonstration ihres Standortes, ihrer Loyalität, ihrer Unparteilichkeit o. Ä.[14]

---

14 Vgl. auch Bogner/Menz (2002b, S. 50ff.), die sechs Formen der Experten-Interviewer-Interaktion unterscheiden.

2.2 Auswertung[15]

Anders als bei der einzelfallinteressierten Interpretation orientiert sich die Auswertung von Expertinneninterviews an thematischen Einheiten, an inhaltlich zusammengehörigen, über die Texte verstreuten Passagen – nicht an der Sequenzialität von Äußerungen je Interview. Demgegenüber gewinnt der Funktionskontext der Expertinnen an Gewicht, die Äußerungen der Expertinnen werden von Anfang an im Kontext ihrer institutionell-organisatorischen Handlungsbedingungen verortet. Darin gründet ihre Bedeutung und nicht in der Stelle, an der sie innerhalb des Interviews geäußert werden. Es ist der gemeinsam geteilte institutionell-organisatorische Kontext der Expertinnen, der die Vergleichbarkeit der Interviewtexte weitgehend sichert; darüber hinaus wird Vergleichbarkeit gewährleistet durch die leitfadenorientierte Interviewführung. Der Leitfaden schneidet die interessierenden Themen aus dem Horizont möglicher Gesprächsthemen der Expertinnen heraus und dient dazu, das Interview auf diese Themen zu fokussieren.

Transkription: Die Auswertung setzt die Transkription der in der Regel auf Tonband protokollierten Interviews bzw. der thematisch relevanten Passagen voraus (vgl. → Langer). Anders als beim biographischen Interview ist die Transkription der gesamten Tonaufnahme nicht der Normalfall. Sie ist auch weniger aufwendig, notiert prosodische und parasprachliche Ereignisse nur in Grenzen.

Paraphrase: Die Sequenzierung des Textes nach thematischen Einheiten erfolgt hier gleichsam mühelos in der Manier des Alltagsverstandes. Die Entscheidung, welche Teile eines Interviews transkribiert und welche paraphrasiert werden, geschieht in Hinblick auf die leitenden Forschungsfragen. Um eine Verengung des thematischen Vergleichs zwischen den Interviews auszuschließen, ein „Verschenken von Wirklichkeit" zu vermeiden, muss die Paraphrase dem Gesprächsverlauf folgen und wiedergeben, was die Expertinnen insgesamt äußern.

Kodieren: Der nächste Schritt der Verdichtung des Materials besteht darin, die paraphrasierten Passagen thematisch zu ordnen. Dabei ist textnah vorzugehen, die Terminologie der Interviewten wird aufgegriffen. In günstigen Fällen kann ein Begriff oder eine Redewendung direkt übernommen werden. Ob einer Passage ein oder mehrere Kodes zugeordnet werden, hängt davon ab, wieviele Themen jeweils angesprochen werden. Das Auflösen

---

15 Bei diesem Abschnitt handelt es sich um eine stark gekürzte Fassung von Meuser/Nagel 1991, S. 451 ff. Für eine Begründung der einzelnen Auswertungsschritte und für Verfahrensdetails, auf die wir hier aus Platzgründen nicht eingehen können, vgl. ebd. Fragen der Auswertung werden in der Literatur zum ExpertInneninterview zumeist nicht oder nur sehr pauschal behandelt (vgl. z.B. Leitner/Wroblewski 2002, S. 253 ff.). Eine Ausnahme ist das Buch von Gläser und Laudel (2006). Hier werden Auswertungsfragen ausführlich behandelt, allerdings nicht im Sinne einer qualitativen Forschungslogik.

der Sequenzialität des Textes auch innerhalb von Passagen ist erlaubt und notwendig, weil nicht die Gesamtperson in ihrem Lebenszusammenhang Gegenstand der Auswertung ist. Bezugsgröße ist immer noch das einzelne Interview; die Verdichtungen, Typisierungen, Abstraktionen verbleiben in dessen Horizont.

Thematischer Vergleich: Ab dieser Stufe geht die Ausweitung über die einzelne Texteinheit hinaus. Die Logik des Vorgehens entspricht der der Kodierung, jetzt aber werden thematisch vergleichbare Textpassagen aus verschiedenen Interviews gebündelt (vgl. Nagel 1986). Weiterhin ist an einer textnahen Kategorienbildung festzuhalten, auf eine theoriesprachliche Abstraktion sollte möglichst verzichtet werden. Da beim thematischen Vergleich eine Fülle von Daten verdichtet wird, ist eine Überprüfung und gegebenenfalls eine Revision der vorgenommenen Zuordnungen unbedingt notwendig. Die Resultate des thematischen Vergleichs sind kontinuierlich an den Passagen der Interviews zu prüfen, auf Triftigkeit, auf Vollständigkeit, auf Validität.

Soziologische Konzeptualisierung: Erst jetzt erfolgt eine Ablösung von den Texten und auch von der Terminologie der Interviewten. Gemeinsamkeiten und Differenzen werden – im Rekurs auf theoretische Wissensbestände – begrifflich gestaltet. In einer Kategorie ist das Besondere des gemeinsam geteilten Wissens von Expertinnen verdichtet und explizit gemacht. Der Prozess der Kategorienbildung impliziert einerseits ein Subsumieren von Teilen unter einen allgemeine Geltung beanspruchenden Begriff, andererseits ein Rekonstruieren dieses für den vorgefundenen Wirklichkeitsausschnitt gemeinsam geltenden Begriffs. Die Abstraktionsebene ist die der empirischen Generalisierung. Es werden Aussagen über Strukturen des Expertinnenwissens getroffen. Die Anschlussmöglichkeit an theoretische Diskussionen ist gegeben, die Verallgemeinerung bleibt aber auf das vorliegende empirische Material begrenzt, auch wenn sie in einer Begrifflichkeit geschieht, die in diesem selbst nicht zu finden ist.

Theoretische Generalisierung: Die Kategorien werden in ihrem internen Zusammenhang theoretisch aufgeordnet. Die Darstellung der Ergebnisse geschieht aus einer theoretisch informierten Perspektive auf die empirisch generalisierten „Tatbestände". Bei diesem rekonstruktiven Vorgehen werden Sinnzusammenhänge zu Typologien und zu Theorien verknüpft, und zwar dort, wo bisher Addition und pragmatisches Nebeneinander geherrscht haben. Für die Auswertung gilt, dass alle Stufen des Verfahrens durchlaufen werden müssen und keine übersprungen werden darf. Vielmehr erweist es sich, je weiter der Auswertungsprozess vorangeschritten ist, als notwendig, auf eine vorgängige Stufe zurückzugehen, um die Angemessenheit einer Verallgemeinerung, ihre Fundierung in den Daten, zu kontrollieren. In dieser Weise zeichnet sich die Auswertung durch Rekursivität aus.

3. Schluss

Die vorgeschlagene Auswertungsstrategie folgt der Logik einer rekonstruktiven Sozialforschung (Bohnsack 2003; Meuser 2003). In diesem Sinne verstehen wir das Expertinneninterview als Verfahren der qualitativ-interpretativen Sozialforschung. Abkürzungsstrategien wie die „qualitative Inhaltsanalyse" (Gläser/Laudel 2006; Mayring 1997) sind hingegen an der Forschungslogik des deduktiv-nomologischen Paradigmas orientiert. Erfasst werden dabei Informationen und Sichtweisen auf der Ebene des expliziten Wissens, die das Handeln der Experten bestimmenden impliziten Wissensbestände bleiben weitgehend unzugänglich.

Gegenstand des Expertinneninterviews als Verfahren der rekonstruktiven Sozialforschung sind darüber hinaus Wissensbestände im Sinne von Erfahrungsregeln, die das Funktionieren von sozialen Systemen (von bürokratischen Organisationen bis zu Projektinitiativen) bestimmen. Insofern, als das mit diesem Verfahren erhobene Wissen explizit an sozialstrukturell bestimmte Handlungssysteme gebunden ist, an Insider-Erfahrungen spezifischer Status- und Interessengruppen, kann es solchen Wissensbeständen auf die Spur kommen, die für die Erklärung sozialen Wandels von Bedeutung sind. Es eröffnet den Zugriff auf implizite Regeln, nach denen Wandel enaktiert und prozessiert, aber auch blockiert wird, und schafft so Anschlussmöglichkeiten für Generalisierungen, die zu verorten sind an der Schnittstelle von mikro- und makrostruktureller Analyse. Auf das rekonstruierte Wissen kann auch im Kontext gesellschaftskritischer Überlegungen rekurriert werden, ohne dass dabei auf normative Entwürfe zurückgegriffen werden müsste.

Literatur

Abels, Gabriele/Maria Behrens 1998: ExpertInnen-Interviews in der Politikwissenschaft. Das Beispiel Biotechnologie. In: Österreichische Zeitschrift für Politikwissenschaft 27. Heft 1. S. 79-92.

Alemann, Heine von 1977: Der Forschungsprozeß. Eine Einführung in die Praxis der empirischen Sozialforschung. Stuttgart.

Atteslander, Peter 1984: Methoden der empirischen Sozialforschung. Berlin/New York.

Bogner, Alexander/Beate Littig/Wolfgang Menz (Hg.) 2002: Das Experteninterview. Theorie, Methode, Anwendung. Opladen.

Bogner, Alexander/Wolfgang Menz 2002a: Expertenwissen und Forschungspraxis: die modernisierungstheoretische und die methodische Debatte um die Experten. Zur Einführung in ein unübersichtliches Problemfeld. In: Bogner, Alexander/Beate Littig/Wolfgang Menz (Hg.): Das Experteninterview. Theorie, Methode, Anwendung. Opladen. S. 7-29.

Bogner, Alexander/Wolfgang Menz 2002b: Das theoriegenerierende Experteninterview. Erkenntnisinteresse, Wissensformen, Interaktion. In: Bogner, Alexander/Beate Littig/Wolfgang Menz (Hg.): Das Experteninterview. Theorie, Methode, Anwendung. Opladen. S. 33-70.

Bohnsack, Ralf 2003: Rekonstruktive Sozialforschung. Opladen.
Bohnsack, Ralf/Winfried Marotzki/Michael Meuser (Hg.) 2003: Hauptbegriffe qualitativer Sozialforschung. Opladen.
Brinkmann, Christian/Axel Deeke/Brigitte Völkel (Hg.) 1995: Experteninterviews in der Arbeitsmarktforschung. Diskussionsbeiträge zu methodischen Fragen und praktischen Erfahrungen. Beiträge zur Arbeitsmarkt- und Berufsforschung 191. Nürnberg.
Dexter, Lewis Anthony 1970/2006: Elite and Specialized Interviewing. Colchester.
Diekmann, Andreas 2007: Empirische Sozialforschung. Reinbek.
Flick, Uwe 1995: Qualitative Forschung. Theorie, Methoden, Anwendung in Psychologie und Sozialwissenschaften. Reinbek.
Flick, Uwe 2000: Design und Prozess qualitativer Forschung. In: Ders./Ernst von Kardorff/Ines Steinke (Hg.): Qualitative Forschung. Ein Handbuch. Reinbek. S. 252-265.
Flick, Uwe 2007: Qualitative Sozialforschung. Reinbek.
Flick, Uwe/Ernst von Kardorff/Heiner Keupp/Lutz von Rosenstiel/Stephan Wolff (Hg.) 1991: Handbuch Qualitative Sozialforschung. München.
Friebertshäuser, Barbara/Annedore Prengel (Hg.) 1997: Handbuch Qualitative Forschungsmethoden in der Erziehungswissenschaft. Weinheim und München.
Gieseke, Wiltrud 1991: Professionalisierung und Probleme multidisziplinärer Zugriffe. In: Roth, Leo (Hg.): Pädagogik. Handbuch für Studium und Praxis. München. S. 1108-1119.
Gläser, Jochen/Grit Laudel 2006: Experteninterviews und qualitative Inhaltsanalyse. Wiesbaden.
Häder, Michael 2006: Empirische Sozialforschung. Eine Einführung. Wiesbaden.
Hitzler, Ronald 1994: Wissen und Wesen des Experten. Ein Annäherungsversuch – zur Einleitung. In: Hitzler, Ronald/Anne Honer/Christoph Maeder (Hg.): Expertenwissen. Die institutionalisierte Kompetenz zur Konstruktion von Wirklichkeit. Opladen. S. 13-30.
Hitzler, Ronald/Anne Honer/Christoph Maeder (Hg.) 1994: Expertenwissen. Die institutionalisierte Kompetenz zur Konstruktion von Wirklichkeit. Opladen.
Honer, Anne 1994: Das explorative Interview. Zur Rekonstruktion der Relevanzen von Expertinnen und anderen Leuten. In: Schweizerische Zeitschrift für Soziologie 20. S. 623-640.
Hoops, Sabrina/Hanna Permien 2006: „Mildernde Maßnahmen sind nicht möglich!" Freiheitsentziehende Maßnahmen nach § 1631 b BGB in Jugendhilfe und Jugendpsychiatrie. München.
Hucke, Jochen/Hellmut Wollmann 1980: Methodenprobleme der Implementationsforschung. In: Mayntz, Renate (Hg.): Implementation politischer Programme. Bd. 1. Königstein/Ts. S. 216-235.
Kauermann-Walter, Jacqueline/Maria Anna Kreienbaum/Sigrid Metz-Göckel 1988: Formale Gleichheit und diskrete Diskriminierung: Forschungsergebnisse zur Koedukation. In: Rolff, Hans-Günter u. a. (Hg.): Jahrbuch der Schulentwicklung. Weinheim. S. 157-188.
Köhler, Gabriele 1992: Methodik und Problematik einer mehrstufigen Expertenbefragung. In: Hoffmeyer-Zlotnik, Jürgen H. P. (Hg.): Analyse verbaler Daten. Über den Umgang mit qualitativen Daten. Opladen. S. 318-332.
Koolwijk, Jürgen van 1974: Die Befragungsmethode. In: Koolwijk, Jürgen van/ Maria Wieken-Mayser (Hg.): Techniken der empirischen Sozialforschung. Bd. 4. München. S. 9-23.

Kromrey, Helmut 1980: Empirische Sozialforschung. Opladen.
Lamnek, Siegfried 1988/1989: Qualitative Sozialforschung. 2 Bde. München.
Larson, Magali S. 1977: The Rise of Professionalism. A Sociological Analysis. London.
Leitner, Andrea/Angela Wroblewski 2002: Zwischen Wissenschaftlichkeitsstandards und Effizienzansprüchen. ExpertInneninterviews in der Praxis der Arbeitsmarktevaluation. In: Bogner, Alexander/Beate Littig/Wolfgang Menz (Hg.): Das Experteninterview. Theorie, Methode, Anwendung. Opladen. S. 241-256.
Littig, Beate 2002: Interviews mit Experten und Expertinnen. Überlegungen aus geschlechtertheoretischer Sicht. In: Bogner, Alexander/Beate Littig/Wolfgang Menz (Hg.): Das Experteninterview. Theorie, Methode, Anwendung. Opladen. S. 191-206.
Mayring, Philipp 1997: Qualitative Inhaltsanalyse. Grundlagen und Techniken. Weinheim.
Meuser, Michael 1992: „Das kann doch nicht wahr sein". Positive Diskriminierung und Gerechtigkeit. In: Ders./Reinhold Sackmann (Hg.): Analyse sozialer Deutungsmuster. Beiträge zur empirischen Wissenssoziologie. Pfaffenweiler. S. 89-102.
Meuser, Michael 2003: Rekonstruktive Sozialforschung. In: Bohnsack, Ralf/Winfried Marotzki/Michael Meuser (Hg.): Hauptbegriffe qualitativer Sozialforschung. Opladen. S. 140-142.
Meuser, Michael/Ulrike Nagel 1991: Expertinneninterviews – vielfach erprobt, wenig bedacht. Ein Beitrag zur qualitativen Methodendiskussion. In: Garz, Detlef/ Klaus Kraimer (Hg.): Qualitativ-empirische Sozialforschung. Opladen. S. 441-471. (wiederabgedruckt in: Bogner/Littig/Menz 2002, S. 71-93).
Meuser, Michael/Ulrike Nagel 1994: Expertenwissen und Experteninterview. In: Hitzler, Ronald/Anne Honer/Christoph Maeder (Hg.): Expertenwissen. Die institutionalisierte Kompetenz zur Konstruktion von Wirklichkeit. Opladen. S. 180-192.
Meuser, Michael/Ulrike Nagel 2002: Vom Nutzen der Expertise. ExpertInneninterviews in der Sozialberichterstattung. In: Bogner, Alexander/Beate Littig/Wolfgang Menz (Hg.): Das Experteninterview. Theorie, Methode, Anwendung. Opladen. S. 257-272.
Meuser, Michael/Ulrike Nagel 2008: Experteninterview und der Wandel der Wissensproduktion. In: Bogner, Alexander/Beate Littig/Wolfgang Menz (Hg.): Das Experteninterview. Theorie, Methode, Anwendung. Wiesbaden.
Mieg, Harald A./Beat Brunner 2004: Experteninterviews. Reflexionen zur Methodologie und Erhebungstechnik. In: Schweizerische Zeitschrift für Soziologie 30. S. 199-222.
Mieg, Harald A./Matthias Näf 2006: Experteninterviews in den Umwelt und Planungswissenschaften. Lengerich.
Nagel (Matthes-), Ulrike 1986: Modelle und Methoden rekonstruktiver Theoriebildung. In: Ebert, Gerhard u. a. (Hg.): Subjektorientiertes Lernen und Arbeiten – Ausdeutung einer Gruppeninteraktion. Bonn. S. 29-55.
Pfadenhauer, Michaela 2002: Auf gleicher Augenhöhe reden. Das Experteninterview – ein Gespräch zwischen Experte und Quasi-Experte. In: Bogner, Alexander/Beate Littig/Wolfgang Menz (Hg.): Das Experteninterview. Theorie, Methode, Anwendung. Opladen. S. 113-130.
Przyborski, Aglaja/Monika Wohlrab-Sahr 2008: Qualitative Sozialforschung. Ein Arbeitsbuch. München.

Schnell, Rainer/Paul B. Hill/Elke Esser 1989: Methoden der empirischen Sozialforschung. München/Wien.

Schröer, Norbert 1994: Routiniertes Expertenwissen. Zur Rekonstruktion des strukturalen Regelwissens von Vernehmungsbeamten. In: Hitzler, Ronald/Anne Honer/Christoph Maeder (Hg.): Expertenwissen. Die institutionalisierte Kompetenz zur Konstruktion von Wirklichkeit. Opladen. S. 214-231.

Schütz, Alfred 1972: Der gut informierte Bürger. In: Ders.: Gesammelte Aufsätze. Bd. 2. The Hague. S. 85-101.

Spöhring, Walter 1989: Qualitative Sozialforschung. Stuttgart.

Sprondel, Walter M. 1979: ‚Experte' und ‚Laie': Zur Entwicklung von Typenbegriffen in der Wissenssoziologie. In: Ders./Richard Grathoff (Hg.): Alfred Schütz und die Idee des Alltags in den Sozialwissenschaften. Stuttgart. S. 140-154.

Strauss, Anselm L. 1987: Qualitative Analysis for Social Scientists. Cambridge.

Walter, Wolfgang 1994: Strategien der Politikberatung. Die Interpretation der Sachverständigen-Rolle im Lichte von Experteninterviews. In: Hitzler, Ronald/Anne Honer/Christoph Maeder (Hg.): Expertenwissen. Die institutionalisierte Kompetenz zur Konstruktion von Wirklichkeit. Opladen. S. 268-284.

Christiane Schmidt

Auswertungstechniken für Leitfadeninterviews[1]

Der hier dargestellte chronologische, schrittweise Auswertungsverlauf soll helfen, die Fülle des erhobenen Materials zu nutzen. Als erster Auswertungsschritt wird erläutert, wie in Auseinandersetzung mit dem Material Auswertungskategorien entwickelt und – in einem zweiten Schritt – zu einem Auswertungsleitfaden zusammengestellt werden. Als dritter Schritt wird dargestellt, wie die Interviewtranskripte auf der Grundlage dieses Leitfadens kodiert, d. h. unter ausgewählten Auswertungskategorien verschlüsselt werden. Aus der Kodierung ergeben sich – viertens – Fallübersichten, die eine Basis bilden für die Auswahl von Fällen für vertiefende Analysen. Solche Fallanalysen werden hier als fünfter und letzter Schritt vorgestellt. Die Beispiele zur Veranschaulichung der Techniken stammen aus einer qualitativen Studie, in der es um rechtsextreme Orientierungen und familiale Beziehungserfahrungen geht (Hopf u. a. 1995). An dieser Untersuchung orientiert sich auch die Reihenfolge der beschriebenen Auswertungsschritte. Vergleichend und ergänzend werden Varianten der Techniken beschrieben.

Die Darstellung erhebt nicht den Anspruch, einen möglichst vollständigen Katalog von Auswertungstechniken zu präsentieren. In der Methodenliteratur existieren bereits eine ganze Reihe von Beschreibungen, die einen Überblick über Auswertungstechniken und -ansätze geben (vgl. z. B. Flick 2005, S. 257-316; Lamnek 2005, S. 199-241; Mayring 2002, S. 103-133; Seipel/Rieker 2003, S. 189-207). Hier ist dagegen beabsichtigt, eine mögliche Auswertungsstrategie, d. h. eine Zusammenstellung von einzelnen Techniken, aufzuzeigen, die speziell für Leitfadeninterviews geeignet ist.[2] Die beschriebene Strategie lässt sich als „inhaltsanalytisch" einordnen. Wilfried Bos und Christian Tarnai unterscheiden zwei inhaltsanalytische Verfahrensweisen: die „hermeneutisch-interpretierende" und die „empirisch-erklärende" Inhaltsanalyse. Gemäß dieser Einteilung ist die hier vorgestellte Auswertungsstrategie eine Form der qualitativen Analyse, die als Mischform zwischen diesen Zugangsweisen verstanden werden kann (vgl. Bos/Tarnai 1989, S. 2, 7). Im Unterschied zu sequentiellen Techniken, die nacheinander jede Interview-Sequenz für sich interpretieren, um die Texte nicht „auseinander zu reißen" und um

---

1 Der Begriff Leitfadeninterview wird hier in Abgrenzung zum erzählgenerierenden Interview benutzt (→ Friebertshäuser/Langer). Für Kritik am Erstentwurf danke ich Christian Seipel.
2 Die vorgeschlagenen Arbeitsschritte können auch für die Auswertung anderer Dokumente anregend sein.

texteigene Strukturen zu erkennen (→ Garz, → Jakob) handelt es sich hier um Techniken, die das Material nach Themen oder Einzelaspekten ordnen und thematisch zusammenfassen. Solche Themen und Aspekte werden im Folgenden als Auswertungskategorien bezeichnet. Die vorgeschlagene Analyse mittels Auswertungskategorien lässt sich sinnvoll mit Software (Qualitative Daten Analyse Programme → Kuckartz/Grunenberg) unterstützen.

Kategorienbildung am Material

Auswertungskategorien können nicht oder zumindest nicht ausschließlich schon vor der Erhebung bestimmt und festgelegt werden. Die Kategorien lassen sich vielmehr häufig erst aus dem erhobenen Material heraus entwickeln. Dies hängt zusammen mit dem Anspruch der Offenheit, der qualitative Forschung auszeichnet. Es lassen sich zwei Ebenen der Offenheit unterscheiden: technische Offenheit und theoretische Offenheit.

Auf einer technischen Ebene hängt es mit der offenen Fragetechnik bei der Erhebung zusammen, dass die Auswertungskategorien nicht vor der Erhebung festgelegt werden können. Ziel der offenen Fragetechnik ist, die Befragten mit offenen Fragen und Diskussionsanreizen in der Interviewsituation dazu anzuregen, sich in selbstgewählten, eigenen, alltagssprachlichen Formulierungen zu bestimmten Themen zu äußern, und ihnen dabei Raum zu lassen z. B. zum Argumentieren und Gefühle schildern (→ Friebertshäuser/Langer). Um der fragetechnischen Offenheit auch in der Auswertung zu entsprechen, ist es wichtig, dem Material keine deutenden und ordnenden Kategorien von außen aufzudrängen und überzustülpen. Es kommt vielmehr darauf an, die Formulierungen der Befragten aufzugreifen und herauszufinden, welchen Sinngehalt sie damit verbinden. Sonst besteht die Gefahr, die selbstgewählten, alltagssprachlichen Formulierungen der Befragten vorschnell einzuordnen, ohne ihren Sinngehalt zu beachten, der sich von dem der Forscher und Forscherinnen unterscheiden kann. Vorfixierte Auswertungskategorien sind zudem wenig geeignet, neue, unvorhergesehene Themen und Aspekte, die aufgrund der Offenheit der Interviewfragen auftauchen können, im Material zu entdecken.

Auf der Ebene der theoretischen Offenheit wird an den theoretischen Zugang zur untersuchten Realität der Anspruch gestellt, „offen" zu sein. Selbst in Ansätzen, die nicht auf ein theoretisches Vorverständnis verzichten, wird dessen offener Charakter betont. Dies bedeutet, dass Auswertungskategorien nicht einfach aus den theoretischen, am Stand der Forschung orientierten Vorannahmen oder theoretischen Traditionen abgeleitet werden können. Sie können allenfalls teilweise vor der Erhebung entworfen werden, sollen jedoch im Verlauf der Erhebung verfeinert und überarbeitet oder durch neue Kategorien ersetzt oder ergänzt werden.

Innerhalb der qualitativen Forschung gibt es unterschiedliche Positionen dazu, inwieweit der explizite Bezug auf ein theoretisches Vorverständnis für sinnvoll erachtet wird (→ Friebertshäuser/Richter/Boller). Die Studie, an deren Beispiel im folgenden Auswertungstechniken erläutert werden, lässt sich von ihrem methodologischen Ansatz her als „theorieorientiert" beschreiben, d. h. die Forscherinnen und Forscher beziehen sich auf Theorietraditionen und zielen nicht nur darauf, Hypothesen zu generieren und weiter zu entwickeln, sondern auch darauf, Hypothesen zu überprüfen[3]. Um die unterschiedlichen Positionen zur „theoretischen Offenheit" zu berücksichtigen, wird auf entsprechende Varianten der ausführlich dargestellten Techniken verwiesen.

Entwickeln von Auswertungskategorien am Material (Schritt 1)

Die wesentliche Arbeit bei der Entwicklung von Auswertungskategorien besteht vor allem in der intensiven Auseinandersetzung mit dem erhobenen Material – allein und im Forschungsteam[4]. Eine bewährte Möglichkeit, in die Analyse des transkribierten Materials (→ Langer) einzusteigen ist, die Interview-Transkripte daraufhin durchzusehen und zu kennzeichnen, welche Themen und Aspekte vorkommen. Dabei werden jeweils zum einzelnen Transkript Begriffe oder Begriffskombinationen notiert, die sich auf inhaltliche Themen und Aspekte oder auch auf die Sprechweise beziehen können. Beim intensiven, mehrmaligen Lesen der Transkripte kann es hilfreich sein, neben den Text Anmerkungen zu schreiben oder ein „Glossar" anzulegen (vgl. hierzu Witzel 1996; allgemeine Hilfen und Anregungen für die systematische Auseinandersetzung mit Texten, die sich auf das Lesen von Interviews übertragen lassen, finden sich bei Rost 2006). Ziel des intensiven Lesens ist, die Formulierungen, die die Befragten verwenden, zu verstehen und unter „Überschriften" zusammenzufassen. Das eigene theoretische Vorverständnis und die eigenen Fragestellungen lenken dabei bewusst die Aufmerksamkeit, so dass im Text zu ihnen passende Passagen und auch Textstellen, die den Erwartungen nicht entsprechen, entdeckt werden können. „Selbst die Aufmerksamkeit für Beobachtungen, die dem eigenen theoretischen Vorverständnis widersprechen, wird in mancher Hinsicht durch explizit formulierte Vorannahmen erhöht, da diese einen bewußteren Umgang mit dem eigenen Vorverständnis ermöglichen können als eine fiktive theoretische Offenheit." (Hopf u. a. 1995, S. 24)

---

3 Hier sind bestimmte Typen von Hypothesen gemeint. So können z. B. Hypothesen, die sich auf die Verteilung bestimmter Merkmale in großen Grundgesamtheiten beziehen, nur mit Hilfe standardisierter Erhebungen und statistischer Analysen überprüft werden. Hingegen eignen sich offene Erhebungsverfahren und qualitative Analysen zum Beispiel für die Überprüfung von „Hypothesen über vorherrschende Muster der Deutung und Orientierung in spezifischen sozialen Einheiten" (Hopf 1996, S. 12).

4 Kategorienbildung einsam am Schreibtisch ist schwierig; allein Forschende könnten mit Peers diskutieren und – wenn dies vor Ort nicht möglich ist – auch Formen der Online-Diskussion nutzen (z. B. in Foren wie http://www.qualitative-forschung.de/netzwerkstatt/).

Die Kategorienbildung beginnt nicht erst, wenn die Interviewtranskripte vorliegen. Während des gesamten Untersuchungsprozesses werden in Auseinandersetzung mit reflektierten Felderfahrungen, vorliegenden theoretischen und empirischen Konzepten sowie unterschiedlichen theoretischen Auffassungen in der Forschungsgruppe Entwürfe für Auswertungskategorien entwickelt. Diese Entwürfe werden nun auf Basis der zu den Transkripten notierten, reflektierten und im Team diskutierten Begriffe modifiziert und ergänzt.

Erstellen eines Auswertungsleitfadens (Schritt 2)

Die entwickelten Auswertungskategorien werden beschrieben und zu einem Auswertungsleitfaden zusammengestellt, mit dem die Interviews dann später kodiert werden (vgl. Schritt 3). Der Leitfaden wird aufgrund von Effektivitätskontrollen, die vor allem in diskursiver Form im Forschungsteam stattfinden, überarbeitet. Textstellen in den Interviewtranskripten, die für die Fragestellung interessant sind, jedoch nicht zu den bisher entwickelten Auswertungskategorien passen, können zu einer Erweiterung des Auswertungsleitfadens führen. Ebenso kann sich z.B. herausstellen, dass Kategorien nicht differenziert genug dargestellt sind, um Differenzen zwischen den Interviews zu erfassen. Aufgrund der Erfahrungen können Auswertungskategorien auch ganz wieder herausgenommen werden.

Im Projekt „Familie und Rechtsextremismus"[5] wurde aufgrund von Überlegungen und Diskussionen auf der Basis von Auseinandersetzungen mit Literatur und ersten Felderfahrungen z.B. entschieden, den Themenbereich „Umgang mit der nationalsozialistischen Vergangenheit" in die Analyse einzubeziehen. Aufgrund von Erfahrungen während der Interviews und bei der Kodierung erster Interviews schien sich zu ergeben, dass die Differenzen zwischen den Äußerungen der Befragten sehr gering sind: Bei fast allen Interviewpartnern fanden sich Abwehr und Unlust, sich kritisch mit der faschistischen Vergangenheit auseinanderzusetzen. Betrachtete man jedoch die Begründungen, zeigten sich wichtige Unterschiede zwischen den Befragten: Während einige die nationalsozialistische Vergangenheit relativieren, bagatellisieren und verleugnen oder sogar positive Seiten darin sehen, finden sich solche Argumente bei anderen nicht (vgl. Hopf u.a. 1995,

---

5 In diesem Forschungsprojekt wurden 25 junge Männer – Auszubildende, Facharbeiter oder Handwerker – teils rechtsextrem orientiert, teils nicht rechtsextrem orientiert, in ausführlichen qualitativen Interviews nach ihren Kindheitserinnerungen – insbesondere an soziale Beziehungen in der Familie –, nach ihren aktuellen sozialen Beziehungen sowie nach politischen und moralischen Orientierungen ausführlich befragt. Die einzelnen Interviews dauerten im Durchschnitt jeweils etwa zwei Stunden; sie wurden per Tonband aufgezeichnet und vollständig und wörtlich verschriftet. Die Untersuchung fand in den Jahren 1991–1993 statt (vgl. Hopf/Schmidt 1993; Hopf u.a. 1995). Ziel der Studie war, aus den Theorietraditionen der Autoritarismus- und Bindungsforschung (vgl. Hopf 1990; Ainsworth/Bowlby 1991) abgeleitete Zusammenhangshypothesen zu überprüfen.

S. 47 ff.). Es war also wichtig, die Auswertungskategorie „Einstellung zum Nationalsozialismus" entsprechend auszudifferenzieren.

Varianten der Kategorienbildung am Material

Eine Variante, in der die Theorieerzeugung aus dem Material heraus im Zentrum steht, ist das Theoretical Coding nach Glaser und Strauss (1968) (→ Hülst). Dies ist keine spezielle Auswertungstechnik, sondern ein Auswertungsprinzip, das sich kurz als theoretische Konzeptbildung am Material erklären lässt. Ziel des „theoretical coding" ist, Kategorien und Bezüge zwischen Kategorien zu entdecken und zu bezeichnen. Im Unterschied zur bisher dargestellten Technik der Kategorienbildung wird die theoretische Offenheit stärker betont; es handelt sich weniger um einen Austausch zwischen Material und Vorannahmen, sondern vor allem um Theorieentwicklung aus dem Material.

Ein weiteres häufig für die Auswertung von Leitfadeninterviews angewendetes Verfahren ist die „zusammenfassende Interpretation", die Mayring als eine mögliche Auswertungsform im Rahmen qualitativer Inhaltsanalysen beschreibt (→ Mayring/Brunner). Diese Technik lässt sich als schrittweise Zusammenfassung und Reduktion der Interviewtranskripte charakterisieren.

Gläser und Laudel schlagen vor mit einem Kategoriensystem zu arbeiten, dessen Kategorien nicht aus dem Material entwickelt werden, sondern aus theoretischen Vorüberlegungen. Die Kategorien dieses Systems sollen dann im Verlauf der Auswertung den Besonderheiten des Materials angepasst werden können, z.B. durch die Ergänzung neuer Kategorien. Das Kategoriensystem dient als „Suchraster", um mit dessen Hilfe eine vom ursprünglichen Material getrennte „Informationsbasis" zu erstellen, die nur noch für die Untersuchungsfrage wichtige Informationen enthält (vgl. Gläser/Laudel 2006, S. 193 ff.).

Unterschiedliche Strategien zur Absicherung der Offenheit

Die Offenheit des Kategoriensystems wird in den beschriebenen Verfahren entweder durch induktive Kategorienbildung gesichert (Kategorienbildung am Material, Gewinnung der Kategorien aus den Daten) und/oder indem deduktiv entwickelte Kategorien durch das Material korrigiert und ergänzt werden.

Kodierung des Materials (Schritt 3)

Der folgende dritte Auswertungsschritt – das Kodieren – lässt sich kurz charakterisieren als Einschätzung und Klassifizierung einzelner Fälle unter Verwendung eines Auswertungsleitfadens. Auswertungsleitfäden werden deshalb auch als Kodierleitfäden (vgl. Hopf u.a. 1995, S. 29) bezeichnet.

Mit Kodieren ist hier – im Unterschied zum „Coding" bei Glaser und Strauss – eine Zuordnung des Materials zu den Auswertungskategorien gemeint, die eher dem z. B. in der Psychologie etablierten Verfahren des Kodierens entspricht. Zwar sind diese Auswertungskategorien aus dem Material entwickelt oder angereichert; das Kodieren wird jedoch als weiterer Auswertungsschritt verstanden, wobei die entwickelten Auswertungskategorien verwendet werden, während bei Glaser/Strauss Coding das Entwickeln und Weiterentwickeln der Codes meint.

Bei der Kodierung eines Falles werden zunächst alle Textstellen identifiziert, die sich – im weiten Sinne – der Auswertungskategorie zuordnen lassen. Die einzubeziehenden Textstellen beschränken sich ausdrücklich nicht auf Interviewpassagen, in denen auf die der Kategorie entsprechenden Leitfaden-Fragen geantwortet wird. Pro Interview (bzw. pro Fall, falls mit einer Person mehrere Interviews geführt wurden) wird dann für alle diese Textstellen insgesamt *eine* Ausprägung vergeben. Gewählt wird die Ausprägung, die für den Fall dominant ist bzw. am besten passt. Es ist dafür wichtig, dass die inhaltlichen Ausprägungen der Auswertungskategorien trennscharf formuliert sind.

Im Projekt „Familie und Rechtsextremismus" wurden z. B. für die oben erwähnte Kategorie „Einstellung zum Nationalsozialismus" folgende Ausprägungen formuliert:

1 Der Befragte neigt zur Verherrlichung des Nationalsozialismus
2 Der Befragte meint, dass ein Schlussstrich unter diesen Teil deutscher Geschichte gezogen werden sollte, und meint, dass auch angeblich positive Seiten dieser Zeit gesehen werden müssten
3 Der Befragte meint, dass ein Schlussstrich unter diesen Teil der Geschichte gezogen werden sollte; negative Seiten dieser Zeit werden gleichwohl gesehen, vermeintlich positive Seiten werden nicht hervorgehoben
4 Der Befragte hält es für wichtig, sich weiter kritisch mit der Vergangenheit auseinanderzusetzen
0 Keine Angabe, nicht gefragt o. Ä., Zuordnung zu einer der Kategorien trotz vorhandener Information nicht möglich

In diesem Auswertungsschritt ist eine fallzentrierte Reduzierung der Informationsfülle beabsichtigt, um dominante Tendenzen zwischen den Fällen vergleichen zu können. Dabei wird ein Informationsverlust in Kauf genommen, der umso geringer bleibt, je differenzierter die Auswertungskategorien und ihre inhaltlichen Ausprägungen formuliert sind. Die Besonderheiten und Feinheiten einzelner Interviews werden im nächsten Auswertungsschritt – der vertiefenden Fallinterpretation – wieder berücksichtigt.

Konsensuelles Kodieren

In Interpretations- und Aushandlungsprozessen verschlüsseln mindestens zwei an der Kodierung eines Falles Beteiligte die jeweiligen Interviews unter allen Kategorien des Kodierleitfadens. Zunächst interpretieren die beiden Beteiligten die Interviews unabhängig voneinander und vergleichen und diskutieren dann die Zuordnungen. Bei diskrepanten Einschätzungen gehen sie nach dem Prinzip der konsensuellen Einigung vor, versuchen also, in gemeinsamer und ausführlicher Falldiskussion zu einer konsensuellen Einschätzung zu gelangen.

Kodierungen qualitativen Materials sollten nach Möglichkeit die Forscherinnen und Forscher selbst vornehmen, denn die diskursive Form der Auswertung hat zur Voraussetzung, dass die beteiligten Partner gleichberechtigt und sachkompetent diskutieren können. Dies bedeutet, dass der Kenntnisstand über das Interview und die interviewte Person etwa gleich sein muss. Es ist deshalb die Frage, ob darauf verzichtet werden soll, die Personen, die das Interview geführt haben, an den Kodier-Teams zu beteiligen, da sie über mehr Kenntnisse zum Interview verfügen als die anderen im Team. Dies verleiht ihren Begründungen bei Interpretationsstreitigkeiten eventuell ein höheres Gewicht und könnte die Gleichheit der Argumente stören. Über diese Regel der Teilnahme am konsensuellen Kodieren lässt sich streiten. Denn die Person, die das Interview geführt hat, hat durch ihre Erinnerung daran ja ganz besondere Informationen über das Interview und den Interviewten; und diese bei der Auswertung zu nutzen, wäre für eine qualitative Interpretation, die ja möglichst alle zur Verfügung stehenden Informationen einschließen und gegeneinander abwägen soll, sinnvoll.

Die Kodierung sollte sich – auch wegen möglicher Verzerrungen der Wahrnehmung durch die eigene Erinnerung an das Interview und den Interviewpartner – in jedem Fall ausschließlich auf geschriebenen Text beziehen. Werden Feldnotizen in die Kodierung einbezogen, ist zu bedenken, dass es sich hier meist um subjektive Eindrücke handelt, die nicht systematisch aufgezeichnet sind (sondern nach einem anstrengenden Interview!). Diese subjektiven Protokolle können nicht als Belege für Interpretationen herangezogen werden, sondern diese allenfalls im Sinne von Plausibilitätsüberprüfungen ergänzen.

Eine weitere Kodierregel ist, dass die Kodierung für jede Kategorie einzeln vorgenommen wird. Die Kodierung unter einer Kategorie soll so unabhängig wie möglich von den anderen Kategorien erfolgen und im Material begründet sein. Besonders dann, wenn Zusammenhangshypothesen überprüft werden, ist wichtig, dass die betreffenden Kategorien unabhängig voneinander kodiert werden, eventuell sogar durch verschiedene Personen, die „blind" kodieren, also ohne zu wissen, wie das Interview unter anderen Kategorien verschlüsselt wurde.

In dem Projekt „Familie und Rechtsextremismus" wurde dennoch entschieden, jeweils das gesamte Interview von nur zwei Personen in allen Kategorien verkoden zu lassen, da die Vorteile der intensiven Kenntnis des Materials bei der Interpretation die des „blind-rating" überwogen (und angesichts der begrenzten personellen Ressourcen eine wünschenswerte intensive Kenntnis aller Interviews für alle Beteiligten nicht zu realisieren war).

Diskussion: Führt die Kodierung im Team zu zuverlässigen Ergebnissen?

Das beschriebene „konsensuelle Kodieren" ist ein zeitintensives Verfahren. Was sind die Vorteile? Der Zwang, das Material konsensuell zu verschlüsseln, also sich auf eine passende Ausprägung zu verständigen, trägt zu einer Verfeinerung der Analyse bei. Unterschiedliche Interpretationen innerhalb des Kodier-Teams stellen sich einer glatten Subsumierung des Materials unter die Kategorien und den ihnen zugrundeliegenden theoretischen Vorstellungen entgegen. Der kommunikative Prozess der Zuordnung unterstützt einen sensitiven Umgang mit dem Material und eine fortlaufende Anpassung und Ausdifferenzierung der Kategorien, deren inhaltliche Ausfüllung teilweise erst in den Diskussionsprozessen am Material ausgehandelt wird. So lässt sich besser gewährleisten, dass eine Klassifizierung der Interviews die Unterschiede zwischen den Einzelfällen nicht verdeckt oder künstliche Unterschiede von außen erzeugt. Wird ein solcher Kodierungsprozess im Team mit Erwägungsmethoden[6] (vgl. Blanck 2005) unterstützt, kann dies zu besser begründeten Kodier-Entscheidungen oder zu einer bewussten Aufrechterhaltung unterschiedlicher Kodierlösungen beitragen (vgl. Schmidt 2008, S. 117).

Dass zwei Kodierende unabhängig voneinander die gleichen Fälle verkoden, wird häufig im Kontext der Reliabilität oder spezieller der „Interrater-" oder „Interkoder-Reliabilität" begründet. Reliabilität ist ein Gütekriterium, das in der quantitativen Sozialforschung geprägt wurde.[7] Die – bei quantitativen Inhaltsanalysen statistisch zu berechnende – Interkoder-Reliabilität gibt an, „wie hoch der Grad der Übereinstimmung der Zuordnungen von zwei Kodierern ist" (Diekmann 2006, S. 492). Betrachtet man die vorgestellte qualitative Technik des konsensuellen Kodierens von Leitfaderinter-

---

6 Diese Methoden basieren auf der Grundidee der Erwägungsphilosophie, der zufolge die Erwägung von Alternativen eine Geltungsbedingung der schließlich gewählten Lösung ist. Die nachvollziehbare Dokumentation der erwogenen Alternativen ist eine Voraussetzung zur Einschätzung der Qualität der Lösung bzw. zur bewussten Beibehaltung mehrerer Lösungen, wenn es keine hinreichende Begründung gibt, eine Lösung auszuwählen und andere Lösungen abzuwählen (vgl. Blanck 2005, S. 539 f.).

7 Auf Diskussionen um Gütekriterien in der qualitativen Forschung kann an dieser Stelle nicht ausführlich eingegangen werden (vgl. hierzu z.B. Steinke 2007). Kodierung im Team wird auch im Kontext von Validität begründet (vgl. z.B. Witzels „diskursives Validieren" 1996, S. 67).

views unter dem Kriterium der Interkoder-Reliabilität, scheint auf den ersten Blick die Überprüfung, ob eine andere Person gleiche Zuordnungen vornimmt, dem Verfahren immanent: Beide Kodierer interpretieren den Fall ja zunächst unabhängig voneinander und schätzen jeweils für sich den Text nach den Kategorien des Kodierleitfadens ein; erst dann vergleichen sie ihre Einschätzungen. In dem hier beschriebenen Verfahren des konsensuellen Kodierens ist jedoch die Intention nicht, den Grad der Übereinstimmung zu berechnen, sondern die Diskussion unterschiedlicher Ergebnisse und Sichtweisen, die auf dem Wege der Konsensbildung, der gegenseitigen Überzeugung und Plausibilisierung von Interpretationen am Material dann zur gemeinsamen Entscheidung für eines der Ergebnisse, zu neuen Erkenntnissen oder zum Festhalten an den Unterschieden führen kann. Dass dieses diskursive Verfahren automatisch zur Reliabilität beiträgt, ist zu bezweifeln. Sind z. B. zwei Personen auf die gleiche „falsche Fährte" gestoßen, was so unwahrscheinlich nicht ist, wenn sie einen gleichen oder ähnlichen theoretischen Hintergrund haben, bestätigen sie sich durch ihre unabhängig voneinander gefundene Einschätzung eventuell gegenseitig und bleiben beruhigt auf der falschen Spur.

Im Projekt Familie und Rechtsextremismus stellten sich teilweise gerade einige der übereinstimmend gefundenen Einschätzungen in späteren Diskussionen als unangemessen heraus. Vermutlich waren sie – aufgrund der Übereinstimmung – im Kodierteam nicht genügend diskutiert worden.

Quantifizierende Materialübersichten (Schritt 4)

Der vierte Schritt der Auswertung qualitativer Leitfadeninterviews ist die quantifizierende Zusammenstellung der Ergebnisse der Kodierung (→ Grunenberg/Kuckartz). Technisch gesprochen handelt es sich hierbei um die Darstellung der Ergebnisse der Kodierung in Form von Tabellen, die eine Übersicht über die kodierten Fälle ermöglichen sollen.

Die Übersicht kann erstens aus Häufigkeitsangaben zu bestimmten einzelnen Auswertungskategorien bestehen. Diese Häufigkeitsangaben geben einen ersten quantitativen Überblick über das Material und damit Informationen, die auch für eine spätere Darstellung der Ergebnisse der Untersuchung wichtig sind, um angeben zu können, von wie vielen Fällen die Analyse jeweils ausgeht. Diese Häufigkeitsangaben sind allein nicht das Ergebnis, sondern Informationen zur „Datenbasis" der qualitativen Auswertung.

Es können zweitens die Ergebnisse zu zwei Auswertungskategorien in Form von Kreuztabellen aufeinander bezogen werden; die Tabelle enthält kombinierte Häufigkeitsangaben (vgl. hierzu Seipel/Rieker 2003, S. 180, 209). Wiederum sind die Häufigkeiten noch nicht das Ergebnis. Sie sind jedoch ein Hinweis auf mögliche Zusammenhänge, die besonders dann interessant sind, wenn man in der Untersuchung von Zusammenhangshypothesen ausgegangen ist. Auch hier hat die quantifizierende Materialübersicht die Funktion einer „Vorstufe" zu weitergehender qualitativer Analyse. Es geht nicht darum, lediglich herauszufinden, ob die Zusammenhangshypothese für eine Mehrheit der Fälle zutrifft. Die Hypothesen müssen für jeden einzelnen Fall überprüft werden. Sie bestehen aus Erwartungen, die sich auf Einzelfälle beziehen. Werden sie in Einzelfällen nicht bestätigt, führt dies zu einer Überarbeitung der Hypothesen und darüber hinaus auch zu Überlegungen der Veränderung des theoretischen Rahmens (vgl. Hopf 1996, S. 17).

Es kann drittens eine Gesamtübersicht der Ergebnisse für alle untersuchten Fälle zu allen oder zu ausgewählten Auswertungskategorien erstellt werden. In Form einer Tabelle wird pro Zeile ein Fall dargestellt; vertikal werden pro Spalte jeweils die Ergebnisse der Kodierung zu einzelnen Auswertungskategorien eingetragen. Die Übersicht unterstützt die Auswahl von Fällen für vertiefende Analysen – etwa die Suche nach Ausnahmefällen. Die Gesamtübersicht später in Forschungsberichten zu veröffentlichen hat die Funktion, die Materialbasis der Interpretationen ein Stück weit offen zu legen und damit zur intersubjektiven Überprüfbarkeit der Untersuchung beizutragen.

Diskussion: Was nützen quantifizierende Materialübersichten?

Es ist nicht unumstritten, für die Auswertung qualitativer Interviews quantifizierende Übersichten zu erstellen und sich in der Ergebnisdarstellung darauf zu beziehen. In der gegenwärtigen qualitativen Forschung ist – trotz der vereinfachten technischen Möglichkeiten der Auszählung der Kodierungen – eher eine Distanz zu Tabellen zu beobachten. Häufigkeitsangaben werden u. a. aufgrund der kleinen Fallzahl für sinnlos erachtet oder als eine der Komplexität und Widersprüchlichkeit des Materials nicht angemessene Zerlegung bewertet. Seipel/Rieker (2003, S. 248 ff.) sehen in der quantitativen Analyse qualitativen Materials eine Möglichkeit, „Angaben zu Häufigkeiten und Verteilungen" in überprüfbarer Form zu präsentieren, betonen jedoch die Begrenzung durch kleine Fallzahlen und komplexe, nicht zählbare Analyseeinheiten.

Vertiefende Fallinterpretationen (Schritt 5)

Vertiefende Fallinterpretationen sollen hier nun als fünfter und letzter Auswertungsschritt beschrieben werden. Unter einer bestimmten, ausgewählten Fragestellung wird ein Interviewtranskript mehrmals intensiv gelesen und interpretiert. Am Ende werden Antworten formuliert, die sich auf diesen einen Fall beziehen. Je nach Fragestellung können diese Antworten z.B. aus zusammenfassenden oder ausführlichen Beschreibungen bestehen, aus inhaltlichen Bestimmungen von Zusammenhängen oder aus theoretischen Schlussfolgerungen. Ein Ziel der Fallinterpretationen kann sein, Hypothesen aufzustellen oder vorhandene Hypothesen zu überprüfen, zu neuen theoretischen Überlegungen zu kommen oder den theoretischen Rahmen in Frage zu stellen, zu erweitern oder zu verändern. Auch die angewandte Technik der Interpretation ist abhängig von der Fragestellung und der jeweiligen Interpretationstradition, mit der die Forscherinnen und Forscher sich verbunden fühlen, z. B. der hermeneutischen oder der psychoanalytischen.

Ein ausführliches Beispiel zur Technik der Einzelfallinterpretation

Mit Hilfe der Fallübersichten wurden Interviews anhand der durch die Kodierung aufgedeckten Konstellationen ausgewählt. Aus bestimmten Konstellationen z. B. von Beziehungserfahrungen und Ausprägungen rechtsextremer Orientierungen ließen sich Vermutungen zu den Hypothesen ableiten und dann anhand der ausgewählten Fälle vertiefend interpretieren. Dabei wurden – im Sinne des „theoretical sampling" – ähnliche, aber auch stark voneinander abweichende Fälle miteinander verglichen (vgl. hierzu Hopf u. a. 1995, S. 30; vgl. zur Methode des „theoretical sampling" Glaser/ Strauss 1968, S. 45 ff.; → Jakob). Dabei erwiesen sich insbesondere die Fälle als „fruchtbar", auf die die Hypothesen nicht zutrafen. Ein solcher Fall ist Uwe.

„Wenn Uwe von seiner Schulzeit erzählt, stellt er sich selbst als schüchtern, unsportlich und wehrlos dar, als Verlierer und Opfer. Von seiner Mutter betont er in diesem Kontext, daß sie ihn immer wieder massiv dazu aufgefordert hat, daß er sich wehren solle: ‚Du bist doch kein Schlaffsack!'. Sie wollte, daß er zurückschlägt. Er konnte dies nicht. Wie viel ihm diese Kritik der Mutter in seiner Kindheit bedeutet hat, wird in einer Interviewpassage deutlich, in der Uwe davon berichtet, wie er es einmal geschafft hat zurückzuschlagen. Uwe erzählt diese Begebenheit im Kontext von Fragen, in denen es darum geht, ob es in seiner Kinderzeit etwas gab, auf das er besonders stolz war.

Interv.: Können Sie sich da auch noch an irgendwas vor der Schule erinnern ... so wo man mal besonders stolz war?

Uwe: ... Das war das einzigste Mal, der hat, der Typ der ist mit mir, naja das war eigentlich ganz am Anfang aber von der Grundschule noch ne, also das erste Jahr glaub ich war das und war so nen Typ, der war auch 'n bißchen größer als ich, so'n blöder... aus unserm Dorf (schnieft) und der hat mich ständig genervt und und und andauernd, ne. Und das war, ist mir aber bis jetzt nur einmal passiert. Und dann hab ich zu dem Typ irgendwann mal gesagt ‚ey halt jetz die Schnauze' (mit verstellter Stimme) ne und dann hab ich dem Typ völlig, voll ein auf's Brett gehaun ne, richtig auf's Auge, hat so nen Ding gehabt. Und dann bin ich nach Hause, auch nach Hause gegang hab' gesagt ‚hier dem Typ hab ich eine aufs Mett gehaun', dann meint meine Mutter ‚hast gut gemacht' Tja das das war nicht schlecht. Also da, das war 'nen erhebendes Gefühl, der hat nie mehr was zu mir gesagt.

Interv.: Woran haben Sie gemerkt, daß Ihre Mutter das gefreut hat? .....

Uwe: Ja, weil se bester Stimmung war danach (lacht).

Interv.: Hat sie noch näher nachgefragt, warum Sie dem eine reingeschlagen haben?

Uwe: Nee weil, das das wußt se sowieso schon. Weil das em, ich hab ihr mal gesagt, ‚Mensch der geht mir auf'n Keks' oder so ‚der soll mich mal in Ruhe lassen' und so. Denn hat se auch schon mal gesagt ‚Mensch denn hau den doch mal eine rein, setz dich mal durch Mann, bist doch kein Schlaffsack' (mit verstellter Stimme). Naja und denn hab ich das einmal gemacht und denn war se richtig stolz auf mich, hatt se denn gesagt, äh hat sich durchgesetzt und so.

Zunächst fällt auf, daß Uwe die Besonderheit und Einmaligkeit gleich dreimal erwähnt (‚das einzigste Mal', ‚nur einmal passiert', ‚einmal gemacht'), womit er die Ausnahme betont und das negative Selbstbild aufrecht erhält: Er bleibt der ‚Verlierer'. Uwes emotionale Reaktion auf diese Begebenheit scheint hier eng mit der Reaktion der Mutter verwoben zu sein: Er hat ein ‚erhebendes Gefühl', das mit dem Lob der Mutter verknüpft ist: daß er nach Hause geht und ihr davon erzählt, wie er sich dieses eine Mal durchgesetzt hat, sowie ihre Reaktion gehört untrennbar zu seiner ‚Helden-Geschichte' (‚dann bin ich nach Hause …') Erst die Reaktion der Mutter bildet das ‚Happy-end'; erst nachdem er die ganze Geschichte zuende erzählt hat, spricht er von seinem ‚erhebenden Gefühl' …." (Hopf u. a. 1995, S. 124 f.). In Fallanalysen wird dies unter Bezug auf die Attachment-Theorie gedeutet und im Zusammenhang mit Uwes politischen und moralischen Orientierungen interpretiert.

Diskussion der vorgestellten Auswertungsstrategie

Welche Auswertungsstrategie für eine Untersuchung gewählt wird, ist vor allem abhängig von der Zielsetzung der Erhebung, ihren Fragestellungen und ihren „qualitativen Standards" und last not least auch von pragmatischen Erwägungen und Entscheidungen, wie z.B. von der zur Verfügung stehenden Zeit und von den bewilligten Forschungsmitteln und den Arbeitskraftressourcen. Die in diesem Beitrag vorgestellte Auswertungsstrategie besteht aus den Arbeitsschritten Kategorisieren, Kodieren, quantifizierendes Zusammenstellen und Interpretieren. Ihr Leitprinzip ist, am Material zu arbeiten, d.h. in ständiger Auseinandersetzung mit dem erhobenen Material vorzugehen und dies auch in der Darstellung der Ergebnisse deutlich werden zu lassen.[8] Hier wurde versucht, dieses – so oder in ähnlicher Form in der qualitativen Forschung verbreitete – Auswertungsprinzip zu verdeutlichen und hierfür eine Zusammenstellung technischer Auswertungsschritte aufzuzeigen.

Es gibt keine ideale Strategie, die generell für alle Leitfadeninterviews empfohlen werden könnte. Auch die hier vorgestellte Strategie ist mit einer Reihe von Problemen verbunden, deren wichtigste hier abschließend zusammengestellt werden sollen.

- Nicht alle Vorannahmen sind bewusst und kommunizierbar; bei der Auswertung können unbewusste Fixierungen zu „blinden Flecken" führen.

---

8 Hiermit ist keinesfalls gemeint, einen Forschungsbericht hauptsächlich aus kommentierten Interview-Zitaten zusammenzustellen. Einige ausführliche Interviewzitate sind jedoch sinnvoll, um Interpretationen zu belegen und sie für die Leser und Leserinnen besser kontrollierbar zu machen.

Gegen solche Erkenntnisblockaden schützt der Diskurs im Forschungsteam nur unzureichend.

- Schon durch den Interviewleitfaden und die Nachfragestrategien werden eventuell Themen überbetont, die die Befragten nicht wichtig finden. Dies kann zu Fehlinterpretationen und falschen Gewichtungen in der Auswertung verleiten.
- Die eigenen theoretischen Prämissen können so dominant sein, dass das Material stromlinienförmig interpretiert wird.
- Andererseits kann eine Scheu, sich über den einzelnen konkreten Fall hinauszubegeben, dazu führen, dass die Analyse auf der Ebene des zusammenfassenden Nacherzählens bleibt.

Je nach Auswertungsstrategie, die man für die eigenen Leitfadeninterviews wählt, werden diese oder andere Probleme im Vordergrund stehen. Um diese diskutieren und verändern zu können ist es wichtig, entgegen der herrschenden Veröffentlichungspraxis die Forschungsberichte nicht zu glätten, sondern die methodischen Probleme offen zu diskutieren und auch Umwege und Sackgassen zuzugeben.

Literatur

Ainsworth, Mary D. Salter/John Bowlby 1991: An ethological approach to personality development. In: American Psychologist Vol. 46. No. 4. S. 333-341.
Blanck, Bettina 2005: Erwägungsmethoden. Umgang mit Vielfalt und Alternativen als Herausforderung für Forschung, Lehre und Praxis. In: Erwägen – Wissen – Ethik. Jg. 16. Heft 4. S. 537-551.
Bos, Wilfried/Christian Tarnai (Hg.) 1989: Angewandte Inhaltsanalyse in Empirischer Pädagogik und Psychologie. Münster.
Diekmann, Andreas 2006: Empirische Sozialforschung. Grundlagen, Methoden, Anwendungen. Reinbek.
Flick, Uwe 2005: Qualitative Sozialforschung. Eine Einführung. Reinbek.
Gläser, Jochen/Grit Laudel 2006: Experteninterviews und qualitative Inhaltsanalyse als Instrumente rekonstruierender Untersuchungen. Wiesbaden.
Glaser, Barney G./Anselm L. Strauss 1968: The discovery of grounded theory. Strategies for qualitative research. London.
Hopf, Christel 1990: Autoritarismus und soziale Beziehungen in der Familie. In: Zeitschrift für Pädagogik. Jg. 36. Heft 3. S. 371-391.
Hopf, Christel 1996: Hypothesenprüfung und qualitative Sozialforschung. In: Strobl, Rainer/Andreas Böttger (Hg.): Wahre Geschichten? Zu Theorie und Praxis qualitativer Interviews. Baden-Baden. S. 9-21.
Hopf, Christel/Peter Rieker/Martina Sanden-Marcus/Christiane Schmidt 1995: Familie und Rechtsextremismus. Familiale Sozialisation und rechtsextreme Orientierungen junger Männer. Weinheim.
Hopf, Christel/Christiane Schmidt (Hg.) 1993: Zum Verhältnis von innerfamilialen sozialen Erfahrungen, Persönlichkeitsentwicklung und politischen Orientierungen. Dokumentation und Erörterung des methodischen Vorgehens in einer Studie zu diesem Thema. Universität Hildesheim. Volltext unter: http://w2.wa.uni-hannover.de/mes/berichte/rex93.htm [22.9.2008]

Lamnek, Siegfried 2005: Qualitative Sozialforschung. Lehrbuch. Weinheim.
Mayring, Philipp 2002: Einführung in die qualitative Sozialforschung. Weinheim.
Rost, Friedrich 2006: Wissenschaftliche Texte lesen und verstehen. In: Franck, Norbert/Joachim Stary (Hg.): Die Technik wissenschaftlichen Arbeitens. Paderborn. S. 75-82.
Schmidt, Christiane 2008: Erwägungsmethoden für die Auswertung qualitativer Interviews. In: Jüttemann, Gerd (Hg.): Suchprozesse der Seele. Die Psychologie des Erwägens. Göttingen. S. 108-120.
Seipel, Christian/Peter Rieker 2003: Integrative Sozialforschung. Konzepte und Methoden der qualitativen und quantitativen empirischen Forschung. Weinheim.
Steinke, Ines 2007: Gütekriterien qualitativer Forschung. In: Flick, Uwe/Ernst von Kardorff/Ines Steinke (Hg.): Qualitative Forschung. Ein Handbuch. Reinbeck. S. 319-331.
Witzel, Andreas 1996: Auswertung problemzentrierter Interviews: Grundlagen und Erfahrungen. In: Strobl, Rainer/Andreas Böttger (Hg.): Wahre Geschichten? Zu Theorie und Praxis qualitativer Interviews. Baden-Baden. S. 49-75.

Heiko Grunenberg und Udo Kuckartz

Deskriptive Statistik
in der qualitativen Sozialforschung

In einem Handbuch der qualitativen Methoden einen Beitrag über deskriptive Statistik vorzufinden, mag immer noch Irritationen erzeugen, obwohl der Ruf nach der Integration von qualitativen und quantitativen Methoden doch mittlerweile zum Gemeinplatz geworden ist (erstmals Denzin 1970; neuerlich Kelle 2007; → Prengel/Uhlendorff). Wenn man sich allerdings von der hergebrachten Frontstellung von qualitativer versus quantitativer Methodik frei denkt, kommen nicht nur Verfahren wie der Methodenmix oder die Triangulation ins Blickfeld, sondern auch Aspekte der quantitativen Auswertung der qualitativen Daten selbst (vgl. Seale 1999; Mayring 2008). Dahingehend gibt es zwei Varianten des quantitativen Stellenwertes bei zunächst qualitativem Datenmaterial:

- Die Datenauswertung erstreckt sich über verschiedene Prozesse des Codierens, womöglich auch bis in den Bereich quantitativer Analyse als Lieferant heuristischer Zusatzinformationen.
- Ferner gehört das Erkennen und Aufdecken von Regelmäßigkeiten, von Mustern oder allgemein formuliert, des ‚Typischen' zu den klassischen Zielsetzungen der qualitativen Methoden und ihrer induktiven Ausrichtung. Numerisches kann nach diesem Verständnis durchaus das Kernstück bilden.

Insbesondere dort also, wo Hypothesen oder Theorien gewonnen werden sollen, kann der Einsatz von deskriptiver Statistik hilfreich sein und neue Möglichkeiten erschließen. Deskriptive, also beschreibende Statistik umfasst die Techniken, die eine Menge von Daten übersichtlich darstellen. Sie möchte keine Aussagen über die gesampleten Fälle der Datengrundlage hinaus, z. B. auf die ganze Grundgesamtheit machen.

Einige (mögliche) Vorgehensweisen möchten wir in diesem Beitrag vorstellen. Diese knüpfen genau dort an, wo der Einsatz von Software zur Unterstützung von qualitativer Forschung bereits lange üblich und fortgeschritten ausgearbeitet ist (Kuckartz 2007). Auch die Verwendung deskriptiver Statistik ist genau in diese Tradition Erkenntnis erweiternder Hilfsmittel zu stellen.

Der Gegenstand dieses Beitrags wird im englischen Sprachraum häufig als „Using numbers in qualitative research" bezeichnet (vgl. Seale/Silverman 1997; Seale 1999), d.h. als Umgang mit Zahlen in der qualitativen Sozialforschung. Die Bezeichnung greift insofern ein wenig kurz, als dass es nicht nur um Zahlen geht, sondern auch allgemein um Klassifizierungen, Codierungen und Symbole, welche keineswegs immer Zahlen sein müssen. Die erfolgreiche Verwendung solch neuer Methodenkombinationen sollte nicht dahingehend verstanden werden, dass das Zählen und Rechnen nun zu einem unbedingten Muss in der qualitativen Datenauswertung erklärt wird. Ein Einsatz von Zahlen, statistischen und typenbildenden Verfahren macht gewiss in vielen Fällen keinen Sinn und eine unangemessene Verwendung mindert sogar den Wert qualitativer Forschung. Eine eminent wichtige Einschränkung in diese Richtung bildet meist die mangelnde Repräsentativität der Daten, die auf keinen Fall einfach übergangen werden darf. In der Literatur zur Güte qualitativer Forschung (zur Übersicht: Flick 1987; Steinke 1999; Grunenberg 2001) wird seit längerem diskutiert, welche Gütekriterien auf qualitative Forschung angewendet werden können. Unter den eigens zugebilligten sollte auch die angemessene Verwendung von Zahlen, von tabellarischen Übersichtsdarstellungen und Verfahren deskriptiver Statistik sein. Die folgenden Ausführungen steigern sich entlang ihres zunehmenden Komplexitätsgrades. Zunächst beschreiben wir summarische Darstellungsformen für qualitative Daten, danach Verfahren der beschreibenden Statistik, erst univariate, dann bivariate und schließlich multivariate. Abschließend erfolgen einige Hinweise zu Möglichkeiten der Typenbildung.

1. Darstellungsformen für qualitative Daten

Die Verwendung von Tabellen und Schaubildern im qualitativen Forschungsprozess nimmt eine Brückenstellung zwischen der traditionellen Analyse auf textueller Grundlage einerseits und dem zuvor zahlreiche Agglomerationsschritte erfordernden Umgang mit Zahlenmaterial andererseits ein. Tabellen in der qualitativen Sozialforschung dienen zunächst einmal der Übersichtlichkeit, sie enthalten häufig keine Zahlen, sondern liefern eine strukturierte Darstellung von Textinhalten.

Allen ist dabei gemein, dass sie erheblich dazu beitragen können, die Glaubwürdigkeit von mittels qualitativem Design erzielten Forschungsergebnissen zu steigern. Silverman bezeichnet den Einsatz als Chance zur Vermeidung von „Anekdotismus" (Silverman 1993, S. 163). Ein solcher drohe nämlich dort, wo in einer Veröffentlichung den Gedankengängen der Forschenden stets entsprechende Textausschnitte als affirmative Belege beigefügt werden. So lässt sich eine lange Kette selektiver „Beweise" knüpfen, wobei mehr oder weniger automatisch die Gefahr besteht, widersprechendes Material zu ignorieren oder zu verschweigen.

1. Eine einfache Form von Textagglomeration ist die Darstellung von Konzepten und Textinhalten in Form einer grafischen Anordnung. Miles und Huberman (2004) stellen eine große, dennoch übersichtliche Auswahl verschiedener Formen von Tabellen und Grafiken vor. Der reinen Über-

sichtlichkeit dient beispielsweise eine mit kurzen Textblöcken gefüllte Matrix (Wordtabelle), deren Spalten die jeweils interessierenden Aspekte bzw. Kategorien bilden. Dies können in den Zeilen dann diverse Personen, Situationen, Zeitpunkte und dergleichen mehr sein. Die Felder werden dann entweder mit Zitaten von Textstellen gefüllt oder mit Paraphrasierungen und eigenen, vielleicht bereits resümierenden Formulierungen der Forschenden. Viele Seiten Text lassen sich so in eine übersichtliche Matrix zusammenfassen, die eine explorative Suche nach Auffälligkeiten oder Mustern sehr erleichtern kann.

2. Etwas komplexer ist die Erstellung von Netzwerk-Grafiken (Abb. 1). Diese bestehen aus Textelementen und sie verbindenden Pfeilen sowie einer Beschreibung der Art der Beziehung („wirkt positiv/negativ auf", „ist Ursache von" etc.). Netzwerk-Grafiken bilden im einfachen Fall ein Geflecht von Zusammengehörigkeiten ab. Das können unter anderem Beziehungen zwischen Personen oder Gegebenheiten; zeitliche oder biographische Abläufe oder eruierte Taxonomien eines Interessensgebietes in ähnlicher Form wie Mind-Maps sein.

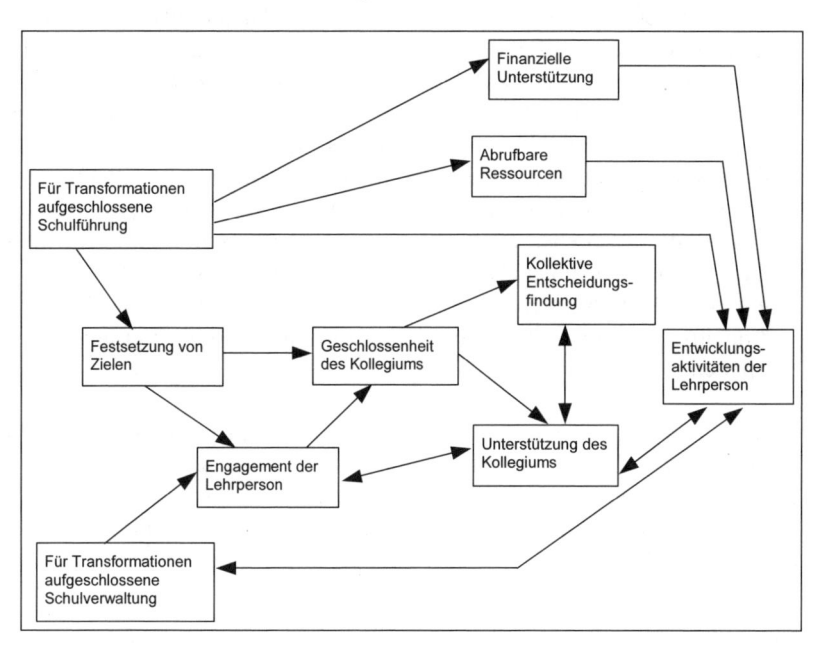

Abb. 1: Geglättetes kausales Netzwerk
(in Anschluss an Miles/Huberman 1994, S. 163)

Abbildung 1 zeigt eine solche netzwerkartige Darstellung. Dabei ist für die Betrachtenden ersichtlich, welche Faktoren eine Rolle spielen und welche direkten und indirekten Wirkungen von ihnen ausgehen. Mit gewisser Vorsicht nennen Miles und Huberman ihr Netzwerk ‚geglättetes kausales Netzwerk'. Dabei sind Kausalität und vor allem Monokausalität in der qualitativen Methodologie durchaus umstritten. Es geht bei solchen Netzwerk-Grafiken allerdings auch weniger um die Behauptung kausaler Zusammenhänge als vielmehr darum, komplexe Wirkungsgeflechte annähernd darzustellen (Miles/Huberman 2004, S. 144 ff.; Ragin 1987, 1998). Derartige Grafiken entsprechen dem analytischen Denken in Form von Modellen, wie sie im angloamerikanischen Raum verbreiteter ist als hierzulande. Die Arbeit mit Modellen hebt in der qualitativen Forschung potenziell die Komplexität der Forschungsergebnisse gegenüber Denkweisen, die auf chronologisch isolierbaren Ursache-Wirkungs-Gefügen beruhen. Die Erstellung kann mit WORD bewerkstelligt oder aber manchmal direkt in der Analysesoftware an den Forschungsprozess gekoppelt werden. Im Falle der Analysesoftware MAXQDA ist dies möglich mit dem grafischen Tool MAXmaps, das sich als Modell-Generator während des gesamten Forschungsprozesses bis hin zur Ergebnispräsentation einsetzen lässt.

3. Die im Alltag gängigste Form von Überblicksdarstellung ist eine Tabelle, die eine Auflistung von Zahlen und Informationen enthält. In der quantitativen Sozialforschung handelt es sich dabei entweder um absolute oder relative Häufigkeiten. Clive Seale regt an, auch in qualitativen Forschungsarbeiten das Zählbare zu zählen (Seale 1999, S. 119). Quantifiziertes Datenmaterial kann überaus aufschlussreich und illustrativ sein, auch wenn die Fallzahlen in qualitativen Studien meist recht klein sind. Eine solche Tabelle kann erstens ausschließlich Zahlen enthalten – die dann üblichen Analysemethoden werden im folgenden Kapitel beschrieben – oder zweitens, verschiedene Skalenniveaus kombinieren. Abbildung 2 zeigt ein Beispiel, welches sowohl Zahlen als auch verbale Kategorien enthält. Ähnlich einer in der Statistik üblichen rechteckigen Datenmatrix sind die Fälle in den Zeilen zu finden und die Variablen in den Spalten.

In der unten angeführten Tabelle (Abb. 2), die einen pädagogischen Schulversuch beschreibt, in welchem eine innovative Methode implementiert werden soll, sind beispielsweise lediglich Bedingungen vor oder während der Implementation angegeben. Ebenso gut könnten auch Zustandsbeschreibung nach der Durchführung des Versuchs in die Tabelle integriert werden.

Eine derartige Tabelle erleichtert zweifellos die Suche nach Regelmäßigkeiten und Auffälligkeiten. Für zirkulär angelegte Forschungsprozesse, die beispielsweise dem Modell der Grounded Theory (→ Hülst) folgen, können aufgrund der Auswertung der Tabelle wichtige Entscheidungen für das Theoretical Sampling getroffen werden, d. h. es lässt sich schnell ersehen, welche Kontrastierungen und Vergleiche noch nicht möglich sind, sondern weitere Datenerhebungen erforderlich machen.

Deskriptive Statistik

Ausmaß des Wandels und Standort der Schule	Projektgröße	Implementationsbedingungen		
		Klassenraum-ausstattung	Implementationsindex*	Haltung während der Implementation
Starker Wandel				
Frohnhausen (S)	groß	schlecht	14	+
Niederweimar (S)	groß	gut/mittel	12	+
Moderater Wandel				
Marburg-Süd (A)	mittel	mittel	10	+
Ebsdorf (S)	groß	mittel	11	+
Moderater bis schwacher Wandel				
Rossdorf (A)	klein	schlecht	7	–
Gladenbach (A)	mittel	mittel	7	+
Schwacher bis kein Wandel				
Marbach (S)	klein	gut	4	+
Bauerbach (A)	mittel	mittel	2	–
(S) Selbst entwickeltes Innovationsprogramm * Selbst erstellter Index				
(A) Externes Innovationsprogramm				

Abb. 2: Fall- und variablenorientierte Übersichtstabelle

An dieser Stelle sind mitunter hilfreiche Verfahren zu erwähnen, die aus Richtung der quantitativen Inhaltsanalyse kommen und die die Tabellenfelder aus Abbildung 2 füllen können. Bei etwas größeren Textmengen können nach dem Prinzip der diktionärsbasierten Zählmethode hier Schlüsselworte zu bestimmten Kategorien zugeordnet werden und dann in einem großen Textkorpus automatisch ausgezählt werden. So könnten in Interviews mit Schülern zwei Wortzusammenstellungen erstellt werden mit Indikator-Worten zu Schulstress und Schulfreude. Diese könnten dann ausgezählt werden und mit anderen qualitativen Inhalten in Verbindung gesetzt werden. Bei wem findet man Schulfreude und bei wem nicht? Diese diktionärsbasierten Verfahren können mit der Software MAXdictio oder TEXTPACK durchgeführt werden und liefern oft interessante Ergebnisse. Je nach Bedarf können die quantitativen Elemente in der qualitativen Forschung ausgeweitet und mit ihr verkoppelt werden.

Quantitative Schlüsse sollten allerdings aus solchen Tabellen nur mit gewisser Vorsicht und unter Beachtung der Fallzahlen und der Sample-Bildung gezogen werden. In jedem Fall erhält man aber Hinweise auf die Tendenz und die Richtung möglicher Zusammenhänge und dadurch wertvolle Anregungen für den Fortgang der Forschung.

2. Verfahren der deskriptiven Statistik

2.1 Univariate Statistiken

Die deskriptive, d. h. beschreibende Statistik ermöglicht es, die Auswertung der Daten dort fortzusetzen, wo mit tabellarischen Darstellungen begonnen wurde. Die Zielsetzung ist ähnlich, nämlich das Material zu kondensieren und in übersichtlicher Form zu präsentieren. Überblicksartige Darstellungen haben im Forschungsprozess eine doppelte Funktion, zum einen sind sie wichtige Kondensationspunkte im Prozess der Datenanalyse, weil auf diese Weise Zusammenhänge sichtbar werden, die sonst vielleicht verborgen geblieben wären, zum anderen stellen die tabellarischen Darstellungen qualitativen Datenmaterials eine Präsentationsform der Ergebnisse dar, die es auch den Rezipienten der Forschung ermöglicht, die Komplexität und Vielfalt der Daten selbst in Augenschein zu nehmen und die Schlüsse der Autoren anhand des Primärmaterials selbst nachzuvollziehen.

Alfred Schütz betonte bereits in seinen Überlegungen zur sozialwissenschaftlichen Methode, dass das Bestreben, die Welt nach Mustern und Regelmäßigkeiten zu ordnen und die typischen Aspekte zu erfassen, gewissermaßen eine anthropologische Grundausstattung darstellt (Schütz 1972, Bd. 1, S. 8). Die Statistik hilft dabei, diese Suche nach Regelmäßigkeiten in kontrollierter Form zu praktizieren. In der deskriptiven Statistik geht es vorrangig um diese zusammenfassende, reduzierende Beschreibung von Daten bzw. Datenkonstellationen und nicht wie in der Inferenzstatistik um darüber hinausgehende Schlüsse. Die Inferenzstatistik fasst die Daten als *Stichprobe* aus einer größeren (wirklichen oder hypothetischen) Grundgesamtheit auf und möchte ihre Aussage auf die gesamte Population *verallgemeinern*. Dies ist bei der deskriptiven Statistik nicht der Fall: Zielsetzung im Rahmen qualitativer Forschung ist zum einen das Zählen von Personen und Merkmalen (z. B. „Drei Viertel der Befragten haben nach der Reha-Maßnahme ihr Alltagsleben nicht verändert"), zum anderen das Explorieren von Zusammenhängen (z. B. „*Wenn* innerhalb der Reha das „Leben nachher" ausführlich zum Thema gemacht wird *und* die Familie des Patienten einbezogen wird, *dann* steigt die Chance, das Leben draußen anders zu gestalten").

In qualitativen Studien ist das Skalenniveau der gebildeten Merkmalsdimensionen und Variablen in den meisten Fällen nominal oder ordinal, nur relativ selten kann man auf der Basis der Auswertung des qualitativen Materials Dimensionen mit Intervallskalenniveau bilden. Damit scheiden die auf Mittelwertsbildung und Varianzberechnung beruhenden Mainstream-Statistiken als Analyseverfahren meistens aus.

In Abhängigkeit von der Zahl der Merkmale, die analysiert werden, lassen sich nun univariate Verfahren (d. h. es wird ein Merkmal ausgewertet), bivariate (= zwei Merkmale) und multivariate Verfahren (mehr als zwei Merkmale) unterscheiden.

Univariate Statistiken bestehen im einfachsten Fall aus absoluten und relativen Häufigkeiten, z. B. können die Häufigkeiten des Vorkommens von Merkmalen und Kategorien bestimmt und entsprechende Prozentangaben berechnet werden. Ferner können Vergleiche zwischen verschiedenen Texten oder Textgruppen im Hinblick auf die jeweilige Verteilung der Kategorienhäufigkeiten gezogen werden. Weiterhin lassen sich als univariate Statistiken Maße der zentralen Tendenz und Streuungsmaße berechnen.

Von den üblichen *Maßen der zentralen Tendenz* (Modus, Median, arithmetisches Mittel) kommt insbesondere der Median in Betracht. Dieses ist der in der Mitte liegende Wert. Er halbiert eine nach der Größe geordnete Reihe von Messwerten. Bei einer ungeraden Zahl von Probanden ist es der Wert der $(N + 1)/2$-ten Person. Bei einer geraden Probandenzahl der halbierte Werte des $N/2$-ten und $(N/2 + 1)$-ten Person (vgl. Benninghaus 2007, S. 38 ff.). Für nominalskalierte Variablen ist der Median eine ungeeignete Maßzahl – hier ist nur die Ermittlung des Modus, d. h. des am häufigsten vorkommenden Wertes, sinnvoll.

Streuungsmaße beschreiben wie stark sich die Werte einer Variable unterscheiden, d. h. wie homogen oder heterogen ein Merkmal auftritt. Für nominal- und ordinalskalierte Variablen ist die Berechnung eines Streuungsmaßes nicht sinnvoll. Für metrische Daten ist die Bestimmung der Streuungsbreite (Range) sinnvoll. Diese ist die Differenz zwischen größtem und kleinsten Wert.

Auch die Bestimmung von Quantilen, nach der Rangfolge sortierbarer Gruppen ist möglich. Quartile teilen die Merkmalsausprägungen in vier Gruppen, Perzentile in hundert Gruppen. So können Aussagen z. B. über die schlechtesten 25 % oder die besten 10 % gemacht werden.

Univariate Statistiken können also eine Antwort auf die Frage geben, wie die Verteilung eines Merkmals aussieht. Ist sie ein- oder mehrgipflig? Gibt es Ausreißer? Wo liegen Maximum, Minimum, Median und Modalwert? Wie stark differieren die Probanden, wie sehr teilen sie ein bestimmtes Merkmal?

Die Verteilung einzelner Variablen kann auch in Form von Diagrammen und Grafiken veranschaulicht werden. Grafisch ansprechende, abwechslungsreiche, auch farbige Gestaltung von Diagrammen ist mit den interaktiven Grafikoptionen von Excel oder SPSS leicht möglich. Hier kommen vor allem Balken- oder Kreisdiagramme in Frage, während Liniendiagramme und Flächendiagramme seltener geeignet sind. Für nominalskalierte Daten sind insbesondere Kreisdiagramme zu empfehlen, während ordinale Daten am besten als Balkendiagramme dargestellt werden sollten, da sich so die Abfolge der verschiedenen Skalenstufen besser visualisieren lässt.

2.2 Bivariate Verfahren

Sehr aufschlussreich können auch Darstellungen eines bivariaten Zusammenhangs, d. h. eines Zusammenhangs zwischen zwei Merkmalen oder Kategorien, sein. Die klassische Darstellungsform für bivariate Zusammenhänge ist die Kreuztabelle, auch Kontingenztafel genannt. Kreuztabellen werden am besten so angelegt, dass das Merkmal, welches man als unabhängige Variable begreift, als Spaltenvariable vorgesehen wird. Die Prozentuierung in der Tabelle wird dann sinnvoller Weise für die Spaltenvariable vorgenommen, so dass die Tabelle einfach zu lesen ist und leicht interpretiert werden kann. Bei der Tabelle in Abbildung 3 wurden Interviews mit Probanden nach einer Reha-Maßnahme darauf hin durchgesehen, was die Probanden über eventuelle Veränderungen in ihrem Alltagsleben nach der Reha-Maßnahme berichteten. Die Antworten wurden codiert, wobei drei Kategorien gebildet wurden (1 = starke Veränderungen im Alltagsleben, 2 = einige Veränderungen, 3 = keine Veränderung). Ebenfalls wurden die subjektiven Bewertungen des nicht-medizinischen Programms während der Reha-Maßnahme erfasst und drei Kategorien (negativ, mittel, positiv) zugeordnet. In der Kreuztabelle der beiden dreistufigen Merkmale zeigt sich deutlich, dass eine positive Beurteilung des nicht-medizinischen Programms mit stärkeren Veränderungen im Alltagsleben assoziiert ist.

	Beurteilung des nicht-medizinischen Programms			Total
	negativ	mittel	positiv	
Alltagsleben stark verändert	21%	40%	57%	58%
Alltagsleben an einigen Punkten geändert	21%	49%	29%	29%
Keine Änderung berichtet	57%	20%	14%	12%
	100%	100%	100%	100% N = 38

Interpretationsrichtung →
Prozentuierungsrichtung ↓

Abb. 3: Muster einer bivariaten Kreuztabelle

Solche Zusammenhänge wie in der obigen Tabelle dürfen allerdings nicht im Sinne von Kausalitäten fehlinterpretiert werden, etwa in der Art „Wenn das nicht-medizinische Programm in der Reha-Klinik qualitativ gut ist, dann bewirkt dies bei vielen Patienten, dass sie ihren Alltag nach der Reha auch tatsächlich verändern". Solche kausalen Effekte sind erst in längsschnittlichen, experimentellen oder quasi-experimentellen Studien nachzuweisen, die Untersuchung eines bivariaten Zusammenhangs gibt hier lediglich heuristisch brauchbare Hinweise. Sie kann allerdings sehr wohl eine falsifizierende Funktion besitzen, d.h. sie kann aufzeigen, dass bestimmte angenommene Zusammenhänge und Wirkungen nicht bestehen.

Kreuztabellen wie in Abbildung 3 lassen sich ebenfalls gut visualisieren und in Form einer gestaffelten Balkengrafik oder eines Stapeldiagramms darstellen.

Zur Charakterisierung des Zusammenhangs zweier nominalskalierter Merkmale sind eine Reihe von Koeffizienten verfügbar, die überwiegend auf den Chi-Quadrat-Methoden basieren (vgl. Bortz 2005, S. 152 ff.). Diese berechnen für eine Kontingenztafel die Abweichungen der beobachteten von den erwarteten Häufigkeiten und fassen diese in einer Prüfgröße Chi-Quadrat zusammen. Dabei wird für alle Zellen der Kontingenztafel die Differenz von beobachteten und erwarteten Werten berechnet, quadriert und summiert, wobei die Erwartungswerte über die Randsummen geschätzt werden. Angenommen man habe ermittelt, dass 30% der Reha-Patienten nach der Reha ihr Alltagsleben verändern, so erwartet man diese Quote sowohl bei Männern wie bei Frauen, größere Abweichungen von dieser Erwartung werden dann als Beleg für geschlechtsspezifische Differenzen gewertet. Die Grundidee der Chi-Quadrat-Maße ist also der Vergleich einer vorgefundenen (realen) Verteilung von Messwerten mit einer hypothetischen Verteilung der Werte unter der Annahme, dass kein Zusammenhang zwischen den beiden Variablen bestünde.

Da die Chi-Quadrat-Statistik stark abhängig von der Stichprobengröße ist, empfiehlt sich die anschließende Berechnung eines standardisierten Koeffizienten auf Chi-Quadrat-Basis, wie Phi, Kontingenzkoeffient C oder Cramers V.

2.3 Multivariate Verfahren

Multivariate Verfahren der Deskriptivstatistik untersuchen den Zusammenhang zwischen drei und mehr Variablen. Man sucht beispielsweise eine Antwort auf die Frage, ob sich die festgestellte Beziehung zwischen der Bewertung des nicht-medizinischen Teils der Reha-Maßnahme und der Veränderung des Alltagslebens sowohl bei Männern als auch bei Frauen beobachten lässt. Auch für nominale oder ordinale Daten stehen heute eine Vielzahl von multivariaten Analysetechniken zur Verfügung. Diese reichen von der einfachen Analyse mehrdimensionaler Kreuztabellen über die Konfigurationsfrequenzanalyse und die Faktorenanalyse bis hin zu log-linearen Modellen (vgl. Bortz 2005) und zur Korrespondenzanalyse (vgl. Blasius 2001).

Der Einsatz solcher Verfahren ist vor allem in Kombination mit der Benutzung von Programmen zur computergestützten Analyse qualitativer Daten reizvoll, denn Programme wie Atlas-ti, MAXQDA, oder N*Vivo ermöglichen es, die Matrix der Codierungen (Texte x Codierungen) zum Zwecke statistischer Analysen zu exportieren. Diese Matrix kann dann, ohne dass weitere Arbeitsschritte erforderlich wären, mit einem Statistikprogramm weiter analysiert werden. So berichten etwa de Haan, Kuckartz und Rheingans-Heintze von der Faktorenanalyse der Codierungsmatrix im Rahmen einer Auswertung von Leitbildern von Akteuren in Lokalen Agenda 21-Initiativen. Mit Hilfe der Faktorenanalyse gelang es so, bestimmte Muster von Kategorien festzustellen und zu Leitbildern zu bündeln. (vgl. ebd. 2000, S. 102 ff.)

Multivariate Analyseverfahren sind meist statistisch recht anspruchsvoll, detaillierte Beschreibungen finden sich in der Fachliteratur (z.B. Bortz 2005; Bacher 1994, Blasius 2001). Hier werden wir uns daher auf die Analyse mehrdimensionaler Kreuztabellen und auf die darauf aufbauende Konfigurationsfrequenzanalyse beschränken.

Für die Analyse von Zusammenhängen zwischen drei und mehr Variablen verdient die Konfigurationsfrequenzanalyse (KFA) besondere Beachtung. Die KFA stammt aus der Psychologie (vgl. Krauth/Lienert 1995, Lautsch/ von Weber 1995) und ist eine einfach zu handhabende multivariate, nichtparametrische Methode, die sich auch zur Analyse von kleinen Datensätzen eignet und insofern für die qualitative Forschung gut geeignet ist. Originär wurde sie als Klassifikationsmethode mit der Zielstellung der Typisierung von Probanden entwickelt, inzwischen ist sie aber auch darüber hinaus gewachsen und vielfältig einsetzbar.

Die KFA folgt dem Grundgedanken der Kontingenztafelanalyse mit ihrem Vergleich von beobachteten und erwarteten Häufigkeiten. Angenommen man wolle die Konstellation von drei dichotomen Merkmalen betrachten: A) Bewertung des nicht-medizinischen Programms in der Reha (+ positiv, – nicht positiv), B) Bewertung des medizinischen Programms in der Reha (+ positiv, – nicht positiv), C) Änderung des Lebensstils nach der Reha (+ ja, – nein). Es lassen sich nun insgesamt acht mögliche Merkmalskonstellation, in der KFA Konfigurationen genannt, unterscheiden, z.B. stände hinter der Merkmalskombination +++ eine Person, die sowohl das medizinische wie das nicht-medizinische Programm in der Reha positiv bewertet und nach der Reha ihren Lebensstil verändert hat. Die Konstellation –+– bedeutet negative Bewertung des nicht-medizinischen Programms, positive Bewertung des medizinischen Programms und keine Veränderung des Lebensstils. Für diese acht Konfigurationen liegen die empirischen Häufigkeiten vor und die erwarteten Häufigkeiten lassen sich aus den Randverteilungen ermitteln. Die weitere Vorgehensweise ist analog zur Berechnung des oben beschriebenen bivariaten Chi-Quadrats.

Die KFA ist von ihren Autoren als eine Methode zur Typenbildung intendiert. In der Terminologie der Typenbildung haben wir es hier mit monothetischen Typen zu tun, d.h. es wird überprüft, ob eine bestimmte Konstellation von (dichotomen) Merkmalen gemessen an der Häufigkeit der einzelnen Merkmale in der untersuchten Population auffällig häufig vorkommt. Die Merkmalskonstellationen sind perfekt homogen, d.h. ein bestimmtes Merkmal ist bei einem Typ (Konfiguration) vorhanden oder nicht und nicht etwa nur mit einer bestimmten Wahrscheinlichkeit vorhanden. Jede Konfiguration besteht, wenn man sie fallorientiert betrachtet, quasi aus Klonen, d.h. aus Personen, die exakt die gleiche Merkmalskombination besitzen. Diese Homogenität kann auch ein analytisches Problem darstellen, dann nämlich, wenn man aus theoretischen Gründen nicht von einer exakten Merkmalsübereinstimmung ausgehen kann oder will. Ein weiterer Nachteil der KFA besteht darin, dass sie nur mit dichotomen Merkmalen arbeitet und die Zahl der Merkmale, die in die Analyse einbezogen werden können, aufgrund der Stichprobengrößen qualitativer Forschung eher beschränkt ist.

Ein der KFA ähnliches Verfahren stellt die „Comparative Method" und das Verfahren der logischen Minimierung nach Ragin dar. Diese Methode lässt sich in der qualitativen Sozialforschung besonders gut einsetzen, weil sie bereits mit geringen Fallzahlen, ab etwa zehn Fällen, gute Ergebnisse liefern kann. Die Methode verortet sich zwischen qualitativer und quantitativer Methodologie. Ähnlich wie bei der Clusteranalyse gilt das Augenmerk der Suche nach Gemeinsamkeiten und Differenzen von Fällen. Die „Comparative Method" sucht auf der Grundlage der Booleschen Mathematik (Ragin 1987, S. 85 ff.) gezielt nach Ursachen für zu erklärende Phänomene. Auch sie verlangt allerdings, dass zunächst alle Variablen und Merkmale binär codiert werden, in ‚vorhanden' und ‚nicht vorhanden'. Mit der KFA teilt sie zudem eine deterministische Sichtweise: Bestimmte Merkmalskombinationen oder Konfigurationen haben immer den gleichen Effekt, sie wirken nicht etwa nur mit einer bestimmten Wahrscheinlichkeit.

3. Typenbildung mit Hilfe der Clusteranalyse

Die Konstruktion einer Typologie kann sowohl mit quantitativen als auch mit qualitativen Mitteln erfolgen (vgl. Bohnsack 1999; Lamnek 1995). Für die quantitative Variante, die in der Methodenliteratur auch als automatische Klassifikation bezeichnet wird, sind eine Vielzahl formalisierter Verfahren entwickelt worden, z.B. die Latent Class Analyse, die Korrespondenzanalyse und die hier näher beschriebene Clusteranalyse. Zentral für Verfahren der Typenbildung ist das auf Hempel/Oppenheim (1936) und Lazarsfeld zurückgehende Konzept des Merkmalraumes (vgl. Kluge 1999; Kelle/Kluge 1999). Anders als einfache Klassifikationen beruhen Typologien nicht auf einem einzigen, sondern auf mehreren, mindestens jedoch zwei Merkmalen, die einen N-dimensionalen Merkmalraum konstituieren.

Hempel und Oppenheim zogen den Vergleich zur Physik, wo die räumliche Lage von Punkten mittels abstufbarer Koordinatenbegriffe bestimmt wird:

„Auf diese Weise wird das Individuum nicht einfach klassifizierend in einen Typus eingeordnet, sondern es erhält [...] einen Ort im typologischen Merkmalraum individuell zugewiesen. [...] So bestimmt also jede typologische Theorie einen besonderen Merkmalraum, und die Typenbegriffe ordnender Form haben, [...] eine ähnliche Funktion wie der Begriff ‚Ort (eines Massenpunkts)' in der Physik: sie dienen zur Charakterisierung der Lage eines Individuums im Merkmalraum der betreffenden typologischen Theorie." (Hempel/Oppenheim 1936, S. 67)

Die Clusteranalyse ist das am häufigsten eingesetzte typenbildende Verfahren, das sich in vielen Forschungsbereichen großer Beliebtheit erfreut. Eine Clusteranalyse besteht aus folgenden Schritten:

Schritt 1	Theoriegeleitete Auswahl der Variablen
	Bei diesem Schritt besteht ein Problem in der möglicherweise unterschiedlichen Skalierung der thematisch relevanten Variablen.
Schritt 2	Berechnung der Ähnlichkeit zwischen den Fällen (Personen)
	Die Auswahl eines adäquaten Ähnlichkeitsmaßes ist der entscheidende Punkt bei diesem Schritt. Es ist also beispielsweise zu entscheiden, ob das gemeinsame Vorhandensein von Merkmalen ebenso stark bewertet wird wie das gemeinsame Nicht-Vorhandensein von Merkmalen.
Schritt 3	Typenbildungsverfahren
	Die Auswahl eines gegenstandsangemessenen Verfahrens steht im Brennpunkt dieses dritten Schrittes der Typenbildung. Der Anspruch eines möglichst hohen Grades an Homogenität von Clustern konfligiert u. U. mit der Zielsetzung hinreichend große Cluster zu bilden.
Schritt 4	Entscheidung für eine bestimmte Typologie
	In diesem letzten Schritt der Konstruktion einer Typologie erfolgt die Entscheidung für eine bestimmte Clusterlösung etwa für eine Typologie mit neun Gruppen wie in der SINUS-Typologie der Lebensstile. Eine größere Anzahl von Clustern hat einen Gewinn an Differenzierung, aber einen Verlust an Übersichtlichkeit zur Folge.

Abb. 4: Schritte der Clusteranalyse

Vor dem Hintergrund dieser vier methodischen Schritte lassen sich auch Kriterien für eine „gute Typologie" formulieren (vgl. Tiryakian 1968, S. 178):

- Jede Person wird (genau einmal) klassifiziert, d. h. ein Proband/Befragter wird einem Typ zugeordnet und nicht mehreren gleichzeitig.
- Die Merkmale und Dimensionen der Typenbildung werden explizit gemacht, d. h. es erfolgt eine nachvollziehbare Definition des Merkmalsraumes.
- Die ausgewählten Merkmale sind relevant für die Fragestellung.
- Die ausgewählte Clusterlösung folgt dem Prinzip der Sparsamkeit, d. h. sie besteht aus so vielen Clustern (Typen) wie nötig.

- Die Typologie zeigt Fruchtbarkeit im Hinblick auf die Entdeckung neuer Phänomene und erweist sich in neuen Feldern als heuristisch brauchbar. Dies wäre beispielsweise der Fall, wenn eine Lebensstiltypologie sich als sehr nützlich zur gezielten Konzeption von Bildungsangeboten erweisen würde.
- Der Zusammenhang der Typen zu einem Ganzen ist gegeben. Die Typen beziehen sich wechselseitig aufeinander und die Typologie weist erkennbar eine Gestalt auf.

Die Clusteranalyse schult den differenzierenden Blick, während korrelationsanalytische Verfahren eher die resümierende Perspektive nahe legen. Bei der Auswertung einer Korrelationsmatrix entsteht früher oder später der Wunsch, die in der Matrix enthaltenen Informationen noch stärker zu komprimieren, beispielsweise durch eine Faktorenanalyse der Variablen. Umgekehrt entsteht bei der Clusteranalyse eher das Bedürfnis nach weiterer Differenzierung und der Wunsch nachzuvollziehen, aus welchen Subgruppen sich die Cluster zusammensetzen. Die Clusteranalyse macht es zudem leicht möglich, abweichende Fälle wie auch sich stark ähnelnde Fälle zu entdecken. Insofern handelt es sich hier um ein Verfahren, das sehr gut mit der für die Grounded Theory charakteristischen Methode des ständigen Vergleichens zusammenpasst.

Literatur

Bacher, Johann 1994: Clusteranalyse: Anwendungsorientierte Einführung. München/Wien.
Benninghaus, Hans 2007: Deskriptive Statistik. Wiesbaden.
Blasius, Jörg 2001: Korrespondenzanalyse. München/Wien.
Bohnsack, Ralf 1999: Rekonstruktive Sozialforschung. Einführung in Methodologie und Praxis qualitativer Forschung. Opladen.
Bortz, Jürgen 2005: Statistik für Sozialwissenschaftler. Berlin.
De Haan, Gerhard/Udo Kuckartz/Anke Rheingans-Heintze 2000: Bürgerbeteiligung in Lokale Agenda 21-Initiativen. Analysen zu Kommunikations- und Organisationsformen. Herausgegeben vom Umweltbundesamt. Opladen.
Denzin, Norman K. 1970: The Research Act in Sociology. Chicago.
Flick, Uwe 1987: Methodenangemessene Gütekriterien in der qualitativ-interpretativen Forschung. In: Bergold, Jarg B./Uwe Flick (Hg.): Ein-Sichten. Zugänge zur Sicht des Subjekts mittels qualitativer Forschung. Tübingen. S. 247-262.
Grunenberg, Heiko 2001: Die Qualität qualitativer Forschung. Eine Metaanalyse erziehungs- und sozialwissenschaftlicher Forschungsarbeiten. Marburg. [Abrufbar über: http://www.g-berg.de/forschung.htm, 01.07.2008]
Hempel, Carl Gustav/Paul Oppenheim 1936: Der Typusbegriff im Lichte der neuen Logik. Wissenschaftstheoretische Untersuchungen zur Konstitutionsforschung und Psychologie. Leiden.
Kelle, Udo 2007: Die Integration qualitativer und quantitativer Methoden in der empirischen Sozialforschung. Theoretische Grundlagen und methodologische Konzepte. Wiesbaden.

Kelle, Udo/Susann Kluge 1999: Vom Einzelfall zum Typus. Fallvergleich und Fallkontrastierung in der qualitativen Sozialforschung. Opladen.

Kluge, Susann 1999: Empirisch begründete Typenbildung. Zur Konstruktion von Typen und Typologien in der qualitativen Sozialforschung. Opladen.

Krauth, Joachim/Gustav A. Lienert 1995: Die Konfigurationsfrequenzanalyse und ihre Anwendung in Psychologie und Medizin: Ein multivariates nichtparametrisches Verfahren zur Aufdeckung von Typen und Syndromen. Weinheim.

Kuckartz, Udo 2007: Einführung in die computergestützte Analyse qualitativer Daten. Wiesbaden.

Lamnek, Siegfried 1995: Qualitative Sozialforschung. Bd.1 Methodologie. Weinheim.

Lautsch, Erwin/Stefan von Weber 1995: Methoden und Anwendungen der Konfigurationsfrequenzanalyse (KFA). Weinheim.

Mayring, Philipp 2008: Qualitative Inhaltsanalyse. Grundlagen und Techniken. Weinheim.

Miles, Matthew B./Michael Huberman 2004: Qualitative Data Analysis. An Expanded Sourcebook. Thousand Oaks.

Ragin, Charles C. 1987: The Comparative Method. Moving Beyond Qualitative and Quantitative Strategies. Berkeley, California.

Ragin, Charles C. 1998: The Logic of Qualitative Comparative Analysis. In: International Review of Social History. Vol.43. S. 105-124 (Suppl. 6).

Schütz, Alfred 1972: Gesammelte Aufsätze. 2 Bände. Den Haag.

Seale, Clive 1999: The Quality of Qualitative Research. London.

Seale, Clive/David Silverman 1997: Ensuring Rigour in Qualitative Research. European Journal of Public Health. H.7. S. 379-384.

Silverman, David 1993: Interpreting Qualitative Data: Methods for Analysing Talk, Text and Interaction. London.

Steinke, Ines 1999: Kriterien qualitativer Forschung: Ansätze zur Bewertung qualitativ-empirischer Sozialforschung. Weinheim.

Tiryakian, Edward A. 1968: Typologies. In: Sills, David (Hg.): International Encyclopedia of the Social Sciences. Macmillan. S. 177-186.

Udo Kuckartz und Heiko Grunenberg

Qualitative Daten computergestützt auswerten: Methoden, Techniken, Software

Qualitative Daten mit der Unterstützung von Computerprogrammen zu analysieren, ist eine verhältnismäßig neue Entwicklung im Bereich der Forschungsmethodik. Die Diskussion um qualitative oder quantitative Sozialforschung, wie sie Ende der 1970er bis Anfang der 1900er Jahre geführt wurde (vgl. Schwartz/Jacobs 1979), ging implizit davon aus, dass es sich beim Computer um ein Hilfsmittel der quantitativen Sozialforschung handelte. „Computer gleich Rechner" und „Rechner gleich quantitative Methodik", diese Gleichsetzung wurde noch bis in die zweite Hälfte der 1990er Jahre hinein vorgenommen. Übersehen wurde lange Zeit, dass mit Hilfe von Computersoftware auch Aufgaben des Datenmanagements, der Datenorganisation, des Wiederfindens und Verknüpfens von Textpassagen leicht und effektiv vorgenommen werden können – und solche Aufgaben spielen bei der Auswertung qualitativer Daten eine nicht zu unterschätzende Rolle.

Mittlerweile arbeitet die Mehrzahl der qualitativen Forscherinnen und Forscher nicht nur mit Textverarbeitungsprogrammen, sondern auch mit speziellen Programmen für die qualitative Datenanalyse wie beispielsweise ATLAS.ti , MAXQDA oder QDAMiner[1]. Diese Programme, für die sich die Bezeichnung QDA-Software[2] etabliert hat, unterstützen den kompletten Prozess der qualitativen Datenauswertung von der Transkription bis zur Erstellung des Forschungsberichts (vgl. Kuckartz 2007). Die Software hilft bei einer Vielzahl von Auswertungsoperationen, die zentrale Bestandteile qualitativer Forschungsprozesse sind. Dazu gehören zum Beispiel: die Zusammenstellung von Schlüsselpassagen des Textes, das Codieren von Textpassagen nach bestimmten Kriterien, das spätere Wiederauffinden von codierten Textsegmenten, das Arbeiten mit Memos, Diagrammen und Konzept-Maps. Im letzten Jahrzehnt haben sich die methodischen Möglichkeiten zur computergestützten Auswertung qualitativer Daten auf Grund der technischen Innovation deutlich weiterentwickelt. Dabei gehen die Innovationen in diesem Bereich der Methodenentwicklung so schnell vonstatten, dass Versuche, einen Überblick zu geben und die verschiedenen QDA-Programme miteinander zu vergleichen, zumeist bereits bei Drucklegung veraltet sind. Der zum Zeitpunkt der Abfertigung dieses Beitrags aktuellste (gleichwohl schon veraltete) Überblick findet sich bei Lewins/Silver (2007), ältere Vergleiche bei Creswell/

---

1 Informationen über die jeweils aktuellsten Versionen dieser Programme erhält man auf den Webseiten www.atlasti.de, www.maxqda.de und www.provalisresearch.com.
2 Die Abkürzung QDA steht für **Q**ualitative **D**aten-**A**nalyse.

Maietta (2002) und Weitzman (2000). Wer einen aktuellen Überblick bekommen möchte, sollte deshalb die auf den Webseiten verfügbaren Informationen und Demoversionen zu Rate ziehen. In diesem Beitrag wird dargestellt, welche nützlichen Dienste ein solches Programm im qualitativen Forschungsprozess leisten und wie ein Auswertungsprozess beispielhaft ablaufen kann.

Der Computer spielt bei der qualitativen Datenauswertung eine gänzlich andere Rolle als bei der quantitativ-statistischen Analyse. Bei letzterer entspricht die Analyse dem, was das Computerprogramm berechnet, beispielsweise einer Faktorenanalyse oder multiplen Regressionsanalyse. Die eigentliche Analyse besteht also in einem mathematischen Kalkül, den Forscher und Forscherinnen obliegen lediglich die Aufgabe, die Parameter und Koeffizienten zu interpretieren. Bei der computergestützten qualitativen Datenanalyse ist es hingegen nicht das Computerprogramm, das die Texte automatisch analysiert, sondern weiterhin die Forscherin und der Forscher selbst. Die QDA-Software erbringt eine *Unterstützungsleistung,* insofern kann von einem Gegensatz von qualitativer Analyse und Computergebrauch nicht die Rede sein.

1. Analytische Möglichkeiten und Datenarten

Die analytischen Möglichkeiten computergestützter Auswertungsverfahren reichen vom Datenmanagement und der Datenexploration bis hin zur Kategorienbildung, zur kategorienbasierten Auswertung und zu komplexen Analysemethoden, inklusive Methodenintegration und Triangulation. Ähnlich wie ein Werkzeugkasten enthält eine moderne QDA-Software eine Vielzahl von Tools, mit denen sich u. a. folgende Auswertungsschritte durchführen lassen:

- Kategorienbasierte Erschließung des Textmaterials nach dem Muster sozialwissenschaftlicher Analysestile wie etwa der Grounded Theory oder der Qualitativen Inhaltsanalyse
- Themenanalyse als Zusammenstellung von Textstellen, die der gleichen Kategorie bzw. den gleichen Kategorien zugeordnet wurden
- Erstellen von analytischen Memos und Memo-Management aller zu einem Projekt gehörenden Memos
- Datenmanagement, d.h. Verwaltung einer (nahezu) unbegrenzten Anzahl von Texten und schneller Zugriff auf einzelne Texte bzw. Textstellen
- Datenexploration, beispielsweise die lexikalische Suche nach Zeichenketten, Worten oder Wortkombinationen in den Texten oder Teilgruppen der Texte
- Gestufte Suchprozesse im Sinne von Text Mining, d.h. die sukzessive Suche in den Texten und in den Resultaten vorangehender Textsuche
- Automatische Codierung von Fundstellen in den Texten, d.h. Zuweisung eines konzeptuellen Codes bzw. Kategorien[3]

---

3 Die Begriffe Kategorie und Code werden in diesem Beitrag synonym verwendet. Dies entspricht der Praxis in der qualitativen Sozialforschung und der Terminologie der QDA-Software.

- Erstellen von Hyperlinks zwischen Textstellen, und zwar sowohl innerhalb des gleichen Textes als auch zwischen Textstellen verschiedener Texte, sowie Hyperlinks auf externe Ressourcen
- Verwaltung eines mit den Texten assoziierten Datensatzes von standardisierten Daten, z. B. soziodemographische Daten, Merkmalsdimensionen des Textes bzw. von Aussagen im Text
- Selektive Text-Retrievals, z. B. zum Zwecke des systematischen Vergleichs von Subgruppen
- Komplexe Text-Retrievals zur Evaluierung der Beziehung zwischen Codes, z. B. des gleichzeitigen Vorkommens von Codes, der Nähe und Entfernung von Codes

Diese Aufzählung macht deutlich, wie vielfältig die angebotenen Techniken und Verfahren sind. Sie lassen sich je nach Bedarf für unterschiedliche sozialwissenschaftliche Methoden und Analysestile zusammenbinden, so dass eine an der Grounded Theory mit ihrer theoretischen Codierung orientierte Auswertung (vgl. Strauss/Corbin 1996; Corbin/Strauss 2008) ebenso möglich ist wie eine auf thematische Codierung aufbauende Inhaltsanalyse nach dem Muster Mayrings (2007) oder eine Interpretation und Quantifizierung verbindende Analyse nach dem Muster der in diesem Band dargestellten Auswertungsmethode für Interviews von Schmidt (vgl. → Schmidt). Die zahlreich vorliegenden Berichte von Anwendungen spiegeln die tatsächliche Vielfalt der in der Forschungspraxis eingesetzten Methoden wider (vgl. Kuckartz/Grunenberg/Lauterbach 2004; Kuckartz/Grunenberg/Dresing 2007).

In welchen Fällen ist es sinnvoll, Computersoftware und nicht bloß Schere, Klebstoff und Papier für die Analyse qualitativer Materialien einzusetzen? Kurz gesagt: immer dann, wenn die zu analysierenden Texte einen Umfang erreichen, der sich nur schwer überschauen lässt – und dies kann sehr schnell der Fall sein, denn wer wäre schon in der Lage, auch nur bei fünf narrativen Interviews mit je fünfzig Seiten jederzeit in Sekundenschnelle eine bestimmte Textpassage zu finden. Es ist aber nicht nur die Datenfülle, der „data overload" wie Miles und Huberman (1994) formulierten, die für den Einsatz von QDA-Software spricht, es ist auch die Möglichkeit, die in den Daten enthaltenen Informationen voll auszuschöpfen und die Chance, Fragestellungen nachzugehen und Analysetechniken anzuwenden, die ohne Computereinsatz nicht möglich wären oder einen unverhältnismäßig hohen Zeitaufwand erfordern würden. Zu nennen ist hier die unbegrenzte Möglichkeit beliebige Kombinationen von Kategorien nach logischen Operationen miteinander in Verbindung zu setzen. Auch qualitative Analyse fragt nach Regelmäßigkeiten und will den Einzelfall als „Fall von" analysieren (vgl. Mollenhauer 1997). Gerade bei der vergleichenden Analyse kann QDA-Software sich als besonders nützlich erweisen, weil sie das dazu notwendige Material schnell und übersichtlich zusammenstellen kann.

Mit der Vielfalt der durch QDA-Software unterstützten methodischen Ansätze korrespondiert die Vielfalt der Anwendungsbereiche und analysierbaren Datentypen. Nahezu alle in diesem Teil des Handbuchs dargestellten Datenarten können mit Hilfe von QDA-Software analysiert werden, sofern die erhobenen Daten in digitalisierter Form vorliegen oder in eine solche transformiert werden können: sowohl narrative Interviews, Experteninterviews, semistrukturierte Interviews, Feldnotizen als auch Protokolle von Gruppendiskussionen. Beobachtungsprotokolle, Aufsätze, Briefe und anderes mehr können Gegenstand der Auswertung sein.

2. Der erste Schritt: Transkription

Die computergestützte Analyse beginnt meistens ganz ähnlich wie die konventionelle Analyse, nämlich mit der Verschriftlichung des erhobenen Materials. Hat man beispielsweise eine Anzahl von Interviews durchgeführt und elektronisch aufgezeichnet, so geht es zunächst darum, gemäß einem festgelegten Regelwerk das Audiomaterial zu transkribieren (vgl. Kowal/ O'Connell 2000; Kuckartz 2007, S. 37 ff.). Zwar wäre es prinzipiell denkbar, die Auswertung nur auf der Basis der Tonaufzeichnung vorzunehmen, doch entscheiden sich in der Forschungspraxis fast ausnahmslos alle Forschenden für den Zwischenschritt der Transkription, weil im weiteren Auswertungsprozess ein Text wesentlich besser zu handhaben ist als ein Tondokument. Transkriptionen sind aber mit erheblichen zeitlichen bzw. finanziellen Kosten verbunden und bei dem derzeitigen Entwicklungsstand der Spracherkennungssoftware erscheint es fraglich, ob Computer in absehbarer Zeit diesen kostenintensiven Arbeitsschritt zuverlässig übernehmen können.

Transkriptionen qualitativer Texte werden normalerweise mit Hilfe eines Textverarbeitungsprogramms oder spezieller Transkriptionssoftware[4] vorgenommen, dabei sollte nach bestimmten Transkriptionsregeln verfahren werden, deren Grad der Genauigkeit je nach Forschungsfrage und angestrebter Analyse differieren kann. Ein einfach zu handhabendes Set von zehn Transkriptionsregeln findet sich in der Evaluationsstudie von Kuckartz/Dresing/Rädiker/Stefer (2007, S. 27 ff.) oder in dem Artikel von Langer in diesem Band.

Mit der Transkription ist die wesentliche Voraussetzung für die computergestützte Analyse geschaffen: ein digitalisierter Text, d.h. ein Text in maschinenlesbarer Form. QDA-Programme stellen normalerweise keine weiteren Anforderungen hinsichtlich der Vorbereitungen, die man zu treffen hat, um einen Text auswerten zu können. Texte werden in diese Programme gewöhnlich im RTF- oder DOC-Format importiert, d.h. die Dateien können nicht nur reinen Text, sondern auch Tabellen, Grafiken oder Bilder enthalten.

---

4 Zahlreiche Hinweise hierzu findet man unter www.audiotranskription.de.

3. Die Basistechnik: kategorienbasierte Auswertung

Der erste Schritt der Textauswertung besteht – und darin sind sich fast alle Vorschläge zur qualitativen Analyse einig – in der sorgfältigen, möglicherweise sogar mehrmaligen Lektüre des Textes. Die systematische Auswertung der Texte kann nach verschiedenen Modellen erfolgen. Man kann sich mehr am Ablauf der klassischen Hermeneutik (vgl. Früh 2007) orientieren, wie Mayring (2007) vorschlägt, Techniken der Paraphrasierung benutzen oder auch im Stile der Grounded Theory zunächst offen codieren. Ebenfalls denkbar sind explorative und heuristische Techniken: So schlägt Giegler (1992) etwa vor, im Text gezielt nach Worten zu suchen, Häufigkeitswörterbücher zu erstellen und diese auf Auffälligkeiten durchzusehen.

Zentral für die Analyse mit Hilfe von QDA-Software sind zwei Techniken, die häufig mit den Begriffen „cut-and-paste" (ausschneiden und aufkleben) und „code-and-retrieve" (codieren und wiederfinden) bezeichnet werden. Unter „cut-and-paste" versteht man die Segmentierung und Kategorisierung von Texten: Inhaltlich bedeutsame Textpassagen werden markiert und ihnen wird eine analytische Kategorie zugeordnet. Der Ausdruck „cut-and-paste" nimmt Bezug auf das im Vor-Computer-Zeitalter praktizierte Verfahren der Textanalyse mit Hilfe von Schere, Klebstoff und Karteikarten: Die Forschenden kopierten das Material und schnitten jene Stellen aus, die ihnen zu einem bestimmten Thema als wichtig erschienen, klebten sie auf eine Karteikarte und vermerkten Stichworte bzw. analytische Kategorien. Eine solche Karteikarte sah dann etwa so aus:

Kategorie: Verhältnis zu Schülern

Herkunft: Interview mit Paul L./Seite 3: Zeile 5-17

L: ... schüttelt man mehr oder weniger aus'm Ärmel, wenn man also von der Naturwissenschaft kommt und für die Schüler ist man sowieso ein Zauberer, wenn man das denen da vorzeigt mit dem Thaleskreis. Die sagen, „Ja, das gibt's ja gar nicht, das ist ja fast schon Magie!" Und das hat mir da also da Spaß gemacht. Drum hab ich also da schon drauf gewartet, an eine Seminarschule, bis ich endlich einmal da unterrichten konnte. Sicher gibt's dann Enttäuschungen, dass die Schüler nicht so sind, wie man meint.

Der gleiche Arbeitsprozess geschieht mit QDA-Software in elektronischer Art und Weise: Textstellen werden mit der Maus markiert, eine Kategorie wird neu definiert oder aus einem bereits konstruierten Kategoriensystem ausgewählt und dieser Textstelle zugeordnet. Durch die Segmentierung und Codierung wird ein thematisches und konzeptuelles Raster über die Texte gelegt, d.h. es entsteht eine Art elektronischer Karteikasten mit einer Sammlung inhaltlich bedeutsamer Textpassagen. Nach dem Segmentieren und Codieren steht das Wiederfinden im Mittelpunkt der Analyse. Im einfachsten Fall geht es um das Wiederfinden und die Zusammenstellung all der Textpassagen, die mit der gleichen Kategorie oder Subkategorie codiert wurden.

Diese beiden Techniken, „cut-and-paste" und „code-and-retrieve", stellen die Basis der computerunterstützten Inhaltsanalyse dar, was allerdings nicht bedeutet, dass die Nutzung von QDA-Software sich im Segmentieren, Codieren und Text-Retrieval erschöpfen würde. Basierend auf diesem Grundprinzip haben sich im letzten Jahrzehnt sehr vielfältige Methoden und Verfahren entwickelt.

Die bei der Analyse benutzen Codes werden in Form eines Kategoriensystems verwaltet, wobei die verschiedenen QDA-Programme dies in unterschiedlicher Form realisieren, z.B. als lineare Liste von Codes, als hierarchisch organisierter Codebaum oder als Code-Netzwerk. Was unter einem Code verstanden wird, wie Kategoriensysteme aussehen und wie der Codierungsprozess abläuft, wird nicht durch die Wahl eines QDA-Programms determiniert. Es ist Angelegenheit der Forscherinnen und Forscher, die Eigenschaften ihres Kategoriensystems und den Ablauf des Codierprozesses zu bestimmen.

Was die Erzeugung von Codes bzw. die Konstruktion von Kategoriensystemen betrifft, lässt sich in der Forschungspraxis ein breites Spektrum von Verfahrensweisen feststellen. Prinzipiell lassen sich mindestens drei Varianten identifizieren:

1. Die Kategorien *stammen aus der Literatur*. Beispiel: Aus anderen empirischen Untersuchungen ist bekannt, dass Referendare anfangs in der Schule häufig Disziplinprobleme mit den Schülern haben; man definiert daraufhin die Kategorie „Disziplinprobleme", *bevor* man mit der Interpretation von Interviews mit Referendaren beginnt.
2. Die Kategorien lassen sich unmittelbar *aus der Forschungsfrage* bzw. dem *Interview-Leitfaden* herleiten – auch hier existiert die Kategorie bereits *vor* der eigentlichen Auswertung der Daten.
3. Die Kategorien werden *induktiv aus den Daten gewonnen,* z.B. mittels eines Verfahrens der Paraphrasierung, Abstraktion und Generalisierung (vgl. Mayring 2007, S. 41 ff.), mit Hilfe der Grounded Theory oder anderer induktiver Verfahren.

Natürlich existieren diese drei Varianten nicht nur in ihrer reinen Form, sondern häufig sind Mischtypen der Kategorienbildung anzutreffen, Sofern es sich nicht um ethnologische oder sehr stark deskriptiv orientierte Forschung handelt, bildet fast immer eine konkrete, mehr oder weniger präzise Forschungsfrage den Ausgangspunkt, an die auch die induktive Kategorienbildung anknüpft. Eine gänzlich induktive, voraussetzungslose Kategorienbildung findet man außerordentlich selten.

Die meisten QDA-Programme sehen keine Beschränkung hinsichtlich der Anzahl der Kategorien und der Anzahl der codierten Segmente pro Text vor. Jedem Text können beliebig viele Codes und jedem Segment mehrere Codes zugeordnet werden. Die Codierungen können sich überlappen und ineinander verschachtelt sein. Man kann jederzeit neue Codes definieren oder vorhandene Codes löschen. Trotz dieser Flexibilität empfiehlt es sich, auf die Konstruktion des Kategoriensystems Zeit und Sorgfalt zu verwenden, denn das Codieren von Texten nimmt erhebliche Zeit in Anspruch. Sollte sich später herausstellen, dass das Kategoriensystems nur wenig brauchbar ist oder erheblich umgestaltet werden muss, hat man viel Zeit nutzlos vertan.

```
Code System                                         2514
    Typische Seminarwoche                            194
    Wie wurde der Stoff erarbeitet                   194
        Lerngruppe, Austausch mit Freunden            66
        Bortz hat eine Rolle gespielt                 65
            anfangs mit Bortz, später nicht mehr       6
        Übungen im Reader                             81
        "Spezielles"                                   7
        missing                                       10
    Gefühle gegenüber dem Thema Statistik           194
    Gefühle in den Veranstaltungen                  194
    gut gefallen                                    194
        Dozent(en)                              ⁎]   69
        Praktische Beispiele (Shell,SPSS)       ⁎]    8
        Projektarbeit                           ⁎]   12
        Reader Folien                           ⁎]   33
        Statistik gelernt                       ⁎]   12
        Struktur insgesamt Vl+Ü+Tut             ⁎]   50
        Tutorium                                ⁎]   62
        Verbindung zu Pädagogik+Praxis          ⁎]   12
        Übung                                   ⁎]   61
        keine Meinung                           ⁎]    2
        nichts                                  ⁎]    4
        Vorlesung                               ⁎]   10
        z-missing                               ⁎]   16
    missfallen                                      194
```

Abb. 1: Auszug aus einem Kategoriensystem einer Evaluationsstudie

Hinsichtlich der bei einer Analyse zu verwendenden Anzahl der Kategorien lassen sich keine allgemeingültigen Regeln formulieren. Manche Forscherinnen und Forscher arbeiten mit relativ wenigen Codes, die weitgehend den Fragen des Interviewleitfadens entsprechen, andere entwickeln ein stark ausdifferenziertes Kategoriensystem, das aus mehreren hundert Codes besteht. In Abbildung 1 ist ein Kategoriensystem auszugsweise dargestellt.[5]

---

5 Die Zahlen hinter den Kategorien geben an, wie vielen Textsegmenten die betreffende Kategorie zugeordnet wurde. Die hinter den Subkategorien von „gut gefallen" sichtbaren Symbole (mit Ausrufezeichen) weisen darauf hin, dass zu diesen Kategorien jeweils Beschreibungen mit Ankerbeispielen vorhanden sind.

Es stammt aus einer Evaluation universitärer Lehre (vgl. Kuckartz/Dresing/ Rädiker/Stefer 2007, S. 36 ff.) und ist hierarchisch aufgebaut, d. h. zu Kategorien existieren Subkategorien und zu diesen gegebenenfalls auch wieder Unterkategorien. Solch hierarchische Kategoriensysteme sind besonders für thematisch orientierte Analysen sehr gut geeignet, ermöglichen sie doch eine systematische Strukturierung des Materials, auf deren Basis sich relativ direkt ein Forschungs- oder Evaluationsbericht erstellen lässt.

QDA-Software ermöglicht das Codieren und das Arbeiten mit den Codes und der Struktur des Kategoriensystems, nimmt aber keine selbstständigen oder automatischen, nach festen Regeln funktionierende Codierungen vor. Der intellektuelle Codiervorgang wird wirksam unterstützt, aber nicht durch einen maschinellen ersetzt, denn es sind ja gerade die Auswertungsvorgänge rund um das Codieren, die in Analysestilen wie der Grounded Theory oder der qualitativen Inhaltsanalyse eine große Rolle spielen. Fortgeschrittene QDA-Programme machen es möglich, den Entstehungsprozess eines Codes wie auch die Codierungen zu protokollieren und in Form einer Art Signatur festzuhalten. Damit ist zu jedem Zeitpunkt klar, wer welche Kategorie an welchem Datenmaterial entwickelt hat. In Form von Code-Memos oder Kategorienbeschreibungen kann festgehalten werden, wie ein Code definiert ist und welche Ankerbeispiele seine Verwendung verdeutlichen. Dies ist insbesondere für die gemeinsame Arbeit in einer Forschungsgruppe von nicht zu unterschätzendem Wert.

4. Beispielhafter Auswertungsprozess: Von der Transkription zur Themenanalyse

Der Auswertungsprozess der computergestützten Analyse ist üblicherweise um die Technik des Segmentierens und Codierens herum angeordnet. Die Abbildung 2 zeigt beispielhaft, wie bei einer thematisch orientierten kategorienbasierten Analyse der Ablauf der Auswertung gestaltet werden kann. In zehn Schritten wird das Material bearbeitet, d.h. transkribiert, codiert und feinanalysiert. Dazu ist natürlich das sorgfältige Lesen der Texte – möglichst durch alle Mitglieder des Forschungsteams – erforderlich. Der Auswertungsprozess, insbesondere das Codieren, lässt sich arbeitsteilig organisieren und die Schnelligkeit des Computers erleichtert das dynamische Arbeiten mit den Kategorien und das Wiederfinden von thematisch interessanten und relevanten Textstellen.

Das hier skizzierte Vorgehen ist insbesondere bei der Auswertung von problemzentrierten Interviews oder Leitfadeninterviews angemessen. Der Auswertungsprozess weist viele Parallelen zu den von Christiane Schmidt vorgeschlagenen Auswertungstechniken (vgl. → Schmidt) auf.

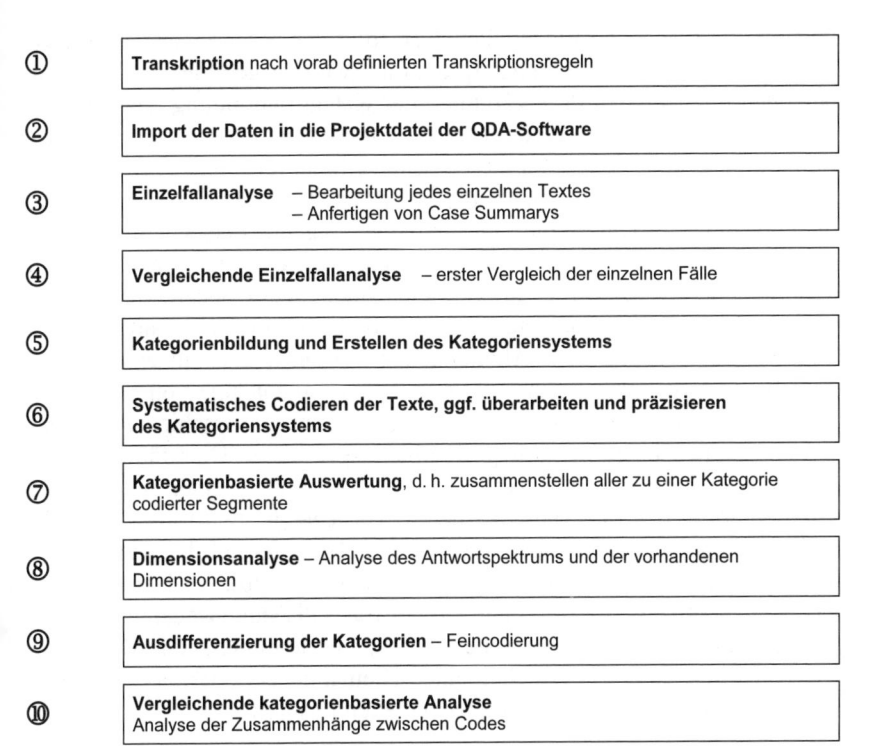

①	**Transkription** nach vorab definierten Transkriptionsregeln
②	**Import der Daten in die Projektdatei der QDA-Software**
③	**Einzelfallanalyse** – Bearbeitung jedes einzelnen Textes – Anfertigen von Case Summarys
④	**Vergleichende Einzelfallanalyse** – erster Vergleich der einzelnen Fälle
⑤	**Kategorienbildung und Erstellen des Kategoriensystems**
⑥	**Systematisches Codieren der Texte**, ggf. überarbeiten und präzisieren des Kategoriensystems
⑦	**Kategorienbasierte Auswertung**, d. h. zusammenstellen aller zu einer Kategorie codierter Segmente
⑧	**Dimensionsanalyse** – Analyse des Antwortspektrums und der vorhandenen Dimensionen
⑨	**Ausdifferenzierung der Kategorien** – Feincodierung
⑩	**Vergleichende kategorienbasierte Analyse** Analyse der Zusammenhänge zwischen Codes

Abb. 2: Auswertungsprozess in 10 Schritten: Von den Interviewtranskripten zur vergleichenden kategorienbasierten Analyse

Die zehn Schritte der Auswertung, die u. U. auch zirkulär durchlaufen werden können, beginnen mit der Transkription und der fast immer erforderlichen Anonymisierung der Daten. Es folgt das Importieren der Texte in die QDA-Software. Die darauf folgenden Schritte 3 und 4 der Auswertung sind hermeneutisch und am Einzelfall orientiert. Man beginnt mit der sorgfältigen, häufig mehrmaligen Lektüre des Textes und versucht die innere Logik des Einzelfalls unter der Perspektive der eigenen Forschungsfrage(n) herauszuarbeiten. Oft erweist es sich, insbesondere bei offenen Interviews als nützlich, wenn ein Case Summary, d. h. eine paraphrasierende Zusammenfassung der Charakteristika des Einzelfalls – wiederum mit Hinblick auf die Forschungsfrage – angefertigt wird.

Auf die Einzelfallanalyse folgt in Schritt 4 ein zunächst noch wenig systematischer Vergleich der einzelnen Fälle. Man versucht die Gemeinsamkeiten herauszuarbeiten, Muster zu erkennen und spezifische Besonderheiten eines Falls zu erkennen. All dies geschieht zu diesem Zeitpunkt der Analyse noch eher explorativ: man entwickelt erste Vermutungen und Hypothesen, die man am besten auch bereits schriftlich festhält.

Auf die vergleichende Einzelfallanalyse folgt der beschriebene Schritt der Segmentierung und Codierung. Kategorien werden gebildet – wobei eine der oben dargestellten drei Varianten der Kategorienbildung gewählt werden kann. Häufig haben die Codes den Charakter von thematischen Kategorien, d. h. sie dienen dazu, für die Forschungsfrage relevante Themen in den transkribierten Interviews zu identifizieren. Die Codierung ist die Vorstufe, die notwendige Voraussetzung für die darauf folgende querschnittliche Analyse des Datenmaterials, bei der zunächst die zu den gleichen Kategorien gehörenden Textsegmente in vergleichender Weise bearbeitet werden (Schritt 7). Diese vergleichende Themenanalyse zielt dann darauf ab, durch kontrastierende Vergleiche Ähnlichkeiten zwischen den einzelnen Personen, Besonderheiten einzelner Fälle und Zusammenhänge von Kategorien zu finden. Mittels der Dimensionsanalyse werden die verschiedenen Facetten und Dimensionen der Kategorien herausgearbeitet. Dies führt zu einer Ausdifferenzierung der Kategorien und in der Regel zu einer neuen, feineren Codierung des Materials, bei der so vorgegangen wird, dass für jedes codierte Segment entschieden wird, welche der aufgrund der Dimensionsanalyse neu gebildeten Subkategorien zugeordnet wird. Im letzten Schritt des Analyseprozesses werden nun auf der Basis der gut ausgearbeiteten Kategorien die Beziehungen zwischen den Kategorien untersucht. Dazu kann beispielsweise auch das Erstellen einer Themenmatrix oder das Anfertigen der von Schmidt beschriebenen Kreuztabellen gehören.

5. Weitere Hilfsmittel bei der Analyse: Memos und Variablen

Nützliche Dienste bei der computergestützten Analyse leisten zwei weitere Werkzeuge, die für die Forschung zur Verfügung stehen: Memos und Variablen. Memos zu schreiben ist eine zentrale Arbeitstechnik im Rahmen der Grounded Theory (vgl. Corbin/Strauss 2008, S. 117 ff.), erweist sich aber auch für Verfahren von Nutzen, die nicht nach dieser Methode vorgehen. Memos stellen eine Möglichkeit dar, die eigenen Gedanken, Ideen und Theorien, die im analytischen Prozess entstehen, festzuhalten. Es lassen sich beispielsweise verschiedene Memotypen unterscheiden (Theorie-Memos, Code-Memos, Methoden-Memos etc.), die wie die bekannten Post-it-Zettel an beliebige Textstellen, Texte, Codes oder Subcodes angeheftet werden. Memos sind jederzeit zugänglich und veränderbar. Zu Memos können, genau wie zu Textsegmenten, Codes zugeordnet werden. Mittels eines Memo-Managers lassen sich Memos gezielt nach verschiedenen Kriterien, z. B. nach zugeordneten Kategorien, nach Suchbegriffen etc. auffinden und zusammenstellen.

Weitere analytische Prozeduren werden durch die Möglichkeit eröffnet, parallel zu jedem Text einen Datensatz von standardisierten Variablen zu verwalten. Dabei kann es sich zum einen um Informationen handeln, die bereits zum Zeitpunkt der Text-Transkription vorlagen, zum anderen um Informationen, die erst durch die Textauswertung selbst erzeugt werden. In

Interviewstudien liegen beispielsweise meist schon zu Beginn der Auswertung eine Reihe von Rahmendaten vor, z.B. der Zeitpunkt, Ort und Dauer der Befragung sowie die sozialstatistischen Daten des Befragten (Geschlecht, Alter, Familienstand, Zahl der Kinder etc.). All diese Daten können als Variablenwerte gespeichert werden und als Selektionskriterium beim Zugriff auf codierte Textstellen dienen. In diesem Datensatz der Variablen können natürlich auch diejenigen Daten gespeichert werden, die bei der Textauswertung generiert werden. So kann man bestimmte inhaltliche Aspekte als Variablen definieren und dann die Individuen des Datensatzes, wie bei der von Mayring beschriebenen skalierenden Inhaltsanalyse (Mayring 2003), auf entsprechenden Skalen einstufen. Beispielsweise kann man in dem erwähnten Evaluationsprojekt alle Textpassagen zusammenstellen, in denen Studierende über Veränderungen ihrer Grundhaltung zum Lehrstoff „Statistik" im Verlaufe der Lehrveranstaltung berichten. Darauf aufbauend lässt sich eine Skala mit drei Ausprägungen definieren: 1 = keinerlei Änderungen, 2 = geringfügige Änderungen, 3 = erhebliche Veränderungen der Grundhaltung. In den weiteren Analysen lassen sich nun diese Zuordnungen zu Grundhaltungen als Selektionskriterium für die Zusammenstellung von codierten Textsegmenten verwenden.

6. Fortgeschrittene Auswertungstechniken: Datendisplays und Visualisierungen

Visualisierungen und Datendisplays zählen zu den besonderen Stärken der computerunterstützten qualitativen Datenanalyse. Mittels *tabellarischer Darstellungen* lassen sich relevante, fallbezogene Informationen in eine übersichtliche und dadurch analytisch fruchtbare Form bringen. Die systematische kategorienbasierte Auswertung erleichtert es, die Zellen solcher Tabellen mit den entsprechenden Informationen zu füllen. Die Abbildung 3 zeigt eine tabellarische Darstellung aus dem beschriebenen Evaluationsprojekt, in der sechs Merkmale der Personen B1, B2 und B3 zusammengestellt sind, und zwar ihr Teilnahmeverhalten bzgl. der Vorlesung, des Tutoriums und einer Lerngruppe sowie die erwartete Klausurnote, die persönliche Grundhaltung und die Mathematiknote im Abitur.

Solche Fallübersichten können komplexe Phänomene begreifbar machen, weil sich Ähnlichkeiten und Unterschiede gut erkennen und ggf. auch Muster identifizieren lassen. Als analytisch ebenfalls sehr fruchtbar erweisen sich *Visual Displays*. Dabei handelt es sich um Formen der Darstellung, die sich nicht nur textlicher Mittel bedienen, sondern auch aus bildlichen Symbolen, Grafiken, Fotos und Ähnlichem bestehen. Es lassen sich zwei Hauptgruppen von Visual Displays unterscheiden:

a) Maps, Modelle und Netzwerkdarstellungen, die den Forschenden dazu dienen, ihre Ideen, Konzepte und Hypothesen graphisch darzustellen

b) Visualisierungen, welche die in den Daten vorhandenen Zusammenhänge automatisch in eine visuelle Darstellung bringen.

Person	Teilnahme Vorlesung	Teilnahme Tutorium	Lerngruppe	erwartete Klausurnote	Grundhaltungen	Mathenote
B1	regelmäßig	seit Mitte des Semesters regelmäßig	nein, nur Nachfrage bei Freundin zur Klausurvorbereitung	Hauptsache bestehen	Interesse, Hauptsache durch	4+
B2	am Anfang sehr oft, dann weniger, am Ende gar nicht; guckt sich Unterlagen zu Hause an	regelmäßig	wenig: nur einmal so, einmal zur Klausurvorbereitung	keine 1, eher 3	Interesse, Ambitionen	3+
B3	regelmäßig, kurzer Einbruch zu Weihnachten	zum Ende hin regelmäßig	ja, zur Klausurvorbereitung	Hauptsache bestehen, alles Bessere ist gut	Angst, Hauptsache durch	2

Abb. 3: Fallübersicht: Teilnahmeverhalten und erwartete Klausurnote von befragten Studierenden

Die erste Variante, die man als „Qualitative Modeling" bezeichnen könnte, produziert Grafiken, die prinzipiell auch mit herkömmlicher Grafiksoftware oder Mind-Map-Programmen erstellt werden könnten, aber bei Verwendung von QDA-Software einen direkten Link zu den Daten besitzen. Die Forscherinnen und Forscher bringen Konzepte, Kategorien, Hypothesen in einen Zusammenhang, zeichnen Verbindungen, identifizieren Ursachen und Wirkungen, gruppieren Faktoren und Bestandteile der Daten. Diese Maps und Modelle eignen sich besonders gut für die Präsentation und bieten einen visuellen Zugang zu den Resultaten der Forschung. Spezielle Gestaltungsmöglichkeiten, wie etwa die Option, die Elemente einer Map verschiedenen Ebenen zuzuweisen, erlauben hier eine schrittweise Präsentation.

Die zweite Form von *Visual Displays* stellt graphische Darstellungen des codierten Datenmaterials her. Ein Beispiel hierfür ist der Code-Matrix-Browser von MAXQDA, der dazu dient, Besonderheiten von Fällen zu identifizieren und Zusammenhänge zwischen Kategorien zu entdecken. Erstellt wird ein Art *Themenmatrix*, die in differenzierter Form die Codierungen nach Befragten aufschlüsselt. Aus dieser visuellen Darstellung von Fällen und Kategorien lässt sich sofort ablesen, welche Kategorien welchen Personen zugeordnet wurden. Ein Anklicken eines Knotens in der Matrix bewirkt die Darstellung der entsprechenden Textsegmente. Prinzipiell lassen sich solche Darstellungen nicht nur interpretativ, sondern auch im Hinblick auf Koinzidenzen und Korrelationen statistisch analysieren. Man fragt etwa, welche Kategorien miteinander assoziiert sind, d. h. gemeinsam auftreten bzw. sich ausschließen, oder welche Kategorien man bei welchen Befragtengruppen häufiger findet.

Sehr nützlich erweisen sich visuelle Darstellungen auch bei der Auswertung von Gruppendiskussionen. Wenn die jeweils Sprechenden und die Themen im Text codiert werden, lassen sich visuelle Darstellungen wie die Abbildung 4 erstellen, aus der die Abfolge der Sprechenden und der Themen auf einen Blick ersichtlich werden. Die X-Achse folgt dem Verlauf der Gruppendiskussion, wobei die Abschnittsnummerierung den Abschnitten im Text entspricht, links beginnend mit dem ersten Abschnitt des Interviews. Die Y-Achse wird durch die Codes gebildet. Man erkennt in der Abbildung, dass nach der Einleitung durch die Moderatorin zunächst die Teilnehmerin Isabel redet (§§ 2 bis 5); Themen sind vor allem „Wellness" und „Produkte". Bevor die Moderation in Abschnitt 8 kurz eingreift, sprechen noch Jan, Sabine und Caro. Themenabfolge und Reihenfolge der Sprecher sind leicht nachzuvollziehen, unschwer erkennt man, dass das Thema „Wellness" dominiert und das Thema „Technik", jedenfalls in dem hier visualisierten Ausschnitt der Focus Gruppe nicht vorkommt.

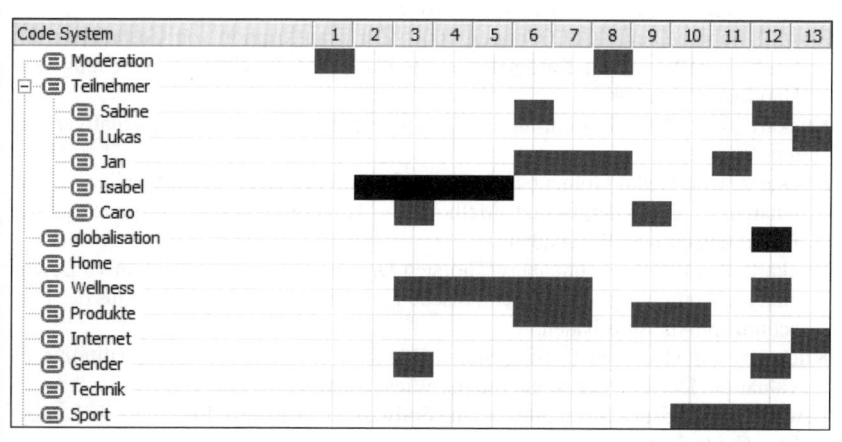

Abb. 4: Visualisierung des Ablaufs einer Gruppendiskussion (Zeitleiste)

Visual Displays dieser Art verdeutlichen prototypisch den Gewinn der computergestützten Analyse im Vergleich zu traditionellen Auswertungsmethoden. Man erhält nicht nur einen anderen Blickwinkel auf die Gruppendiskussion und deren thematischen Ablauf, sondern ist auch in der Lage, sofort stärker ins Detail zu gehen, denn ein Klick auf ein Symbol bewirkt, dass sofort die entsprechende Textstelle auf dem Bildschirm erscheint.

Letztlich möchten wir resümieren, dass der Einsatz von QDA-Software eine Chance zur Erweiterung des Möglichkeitsspielraumes vieler vorhandener methodischer Traditionen darstellt. Der Einsatz ist aber nicht per se qualitätssteigernd und für einige Ansätze wie z.B. Hermeneutik oder Objektive Hermeneutik weniger sinnvoll. QDA-Software stellt in diesem Sinne keine eigene neue Methode dar, sondern hilft, mit den vorhandenen Verfahren Ergebnisse zu erzielen, die ohne sie nicht denkbar gewesen wären.

Literatur

Corbin, Juliet M./Anselm Strauss 2008: Basics of Qualitative Research. Techniques and Procedures for Developing Grounded Theory. Thousand Oaks.

Creswell, John W./Ray C. Maietta 2002: Qualitative Research. In: Delbert, C. Miller/Neil J. Salkind (Hg.): Handbook of Research Design and Social Measurement. Thousand Oaks.

Fielding, Nigel G./Raymond M. Lee 2002: New patterns in the adoption and use of qualitative software. Field methods. Vol. 14. No.2. S. 197-216.

Früh, Werner 2007: Inhaltsanalyse. Theorie und Praxis. Konstanz.

Giegler, Helmut 1992: Zur computerunterstützten Analyse sozialwissenschaftlicher Textdaten: Quantitative und qualitative Strategien. In: Hoffmeyer-Zlotnik, Jürgen (Hg.): Analyse verbaler Daten. Opladen. S. 335-388.

Kelle, Udo 2007: Theoretisches Vorwissen und Kategorienbildung in der „Grounded Theory". In: Kuckartz, Udo/Heiko Grunenberg/Thorsten Dresing (Hg.): Qualitative Datenanalyse: computergestützt. Wiesbaden. S. 32-49.

Kelle, Udo/Gerald Prein/Katherine Bird (Hg.) 1995: Computer-aided qualitative data analysis. Theory, methods and practice. Thousand Oaks.

Kowall. Sabine/Daniel C. O'Connell 2000: Zur Transkription von Gesprächen. In: Flick, Uwe/Ernst von Kardorff/Ines Steinke (Hg.): Qualitative Forschung. Ein Handbuch. Reinbek.

Kuckartz, Udo 2007: Einführung in die computergestützte Analyse qualitativer Daten. Wiesbaden.

Kuckartz, Udo/Heiko Grunenberg/Andreas Lauterbach (Hg.) 2004: Qualitative Datenanalyse: computergestützt. Methodische Hintergründe und Beispiele aus der Forschungspraxis. Wiesbaden.

Kuckartz, Udo/Heiko Grunenberg/Thorsten Dresing (Hg.) 2007: Qualitative Datenanalyse: computergestützt. Methodische Hintergründe und Beispiele aus der Forschungspraxis. Wiesbaden.

Kuckartz, Udo/Thorsten Dresing/Stefan Rädiker/Claus Stefer 2007: Qualitative Evaluation. Der Einstieg in die Praxis. Wiesbaden.

Lewins, Ann/Christina Silver 2007: Using Software in Qualitative Research : A Step-by-Step Guide. London.

Mayring, Philipp 2007: Qualitative Inhaltsanalyse. Grundlagen und Techniken. Weinheim.

Miles, Matthew/Michel Huberman 1994: Qualitative Data Analysis. An Expanded Sourcebook. Thousand Oaks.

Mollenhauer, Klaus 1997: Methoden erziehungswissenschaftlicher Bildinterpretation. In: Friebertshäuser, Barbara/Annedore Prengel (Hg.): Handbuch Qualitative Forschungsmethoden in der Erziehungswissenschaft. Weinheim und München. S. 247-264.

Richards, Lyn 2005: Handling qualitative data. A practical guide. Thousand Oaks.

Schwartz, Howard/Jerry Jacobs 1979: Qualitative Sociology. A Method to the Madness. New York.

Strauss, Anselm/Juliet M. Corbin 1996: Grounded Theory. Grundlagen qualitativer Sozialforschung. Weinheim.

Weitzmann, Eben A. 2000: Software and Qualitative Research. In: Denzin, Norman K./Yvonna S. Lincoln (Hg.): Handbook of qualitative research. Thousand Oaks.

Antje Langer

Transkribieren –
Grundlagen und Regeln

Mit dem Transkribieren von aufgezeichneten Interviews oder Alltagsgesprächen beginnt die Auswertung des Datenmaterials. Die Übersetzung des Gehörten in Schriftsprache enthält bereits Interpretationen und die Form der Transkription entscheidet über die Möglichkeiten der Auswertung. Der vorliegende Beitrag soll dafür sensibilisieren, was es heißt, die erhobenen Daten zu transkribieren und was ein Transkript ist. Er gibt eine knappe Übersicht über unterschiedliche Transkriptionssysteme bzw. -regeln und soll es Forschenden und Studierenden erleichtern, möglichst pragmatisch bezogen auf den eigenen Forschungsgegenstand und die zu bearbeitenden Fragen Entscheidungen zu treffen, welche Kriterien dafür relevant sind und in die Reflexion der eigenen Transkriptionsstrategie einbezogen werden müssen.[1]

Das Transkript als Produkt

Transkripte sollen mündliche Rede und das flüchtige Gesprächsverhalten für wissenschaftliche Analysen dauerhaft in Schriftsprache verfügbar machen. Eine langfristige und relativ einfach zu handhabende Verfügbarkeit könnte zwar durch die technischen Veränderungen, insbesondere den Computer, zunehmend auch auf andere Weise realisiert werden (vgl. Kuckartz 2007; Kuckartz/Grunenberg/Dresing 2007), doch ist die Vorgehensweise zu transkribieren eng mit der Priorität des Textuellen und Schriftlichen in der Wissenschaft verbunden. Beim Transkribieren werden die gesprochenen Worte bzw. Wortfolgen, eventuell auch die lautliche Gestaltung sowie die

---

1 Ich beziehe mich im Folgenden vor allem auf Audiodaten, also z.B. Interviews, die mit verschieden Speichermedien (mp3, Minidisk, Kassette usw.) aufgezeichnet sein können. Die Einbeziehung des visuellen Materials in Abstimmung mit der Rede erhöht die Komplexität und erfordert – abhängig von Fragen und Zielen des jeweiligen Projekts – zumindest teilweise eigene Zugangsweisen (→ Herrle/Kade/Nolda). Allerdings gelten die Kriterien, wie grob oder detailliert verschriftet werden sollte, gleichermaßen. Einen ausführlichen Einblick in die Datenaufbereitung von Videomaterial geben beispielsweise Jörg Dinkelaker und Matthias Herrle (2007), indem sie nachvollziehen, wie sie Kursinteraktionen in Erwachsenenbildungskontexten analysieren. Thomas Irion (2002) resümiert die Möglichkeiten einer gekoppelten Aufbereitung von multicodalen und verschriftlichten verbalen Daten im Rahmen einer Studie zu Rezeptionsprozessen am Computer. Monika Wagner-Willi (2004) beschäftigt sich mit der Spezifizität von Videomaterial, die sie in der Verschränkung von Sequenzialtität und Simultanität ausmacht.

die Rede begleitenden nicht-sprachlichen Gesten oder Handlungen verschriftet. Es findet allerdings keine originalgetreue Kopie des aufgezeichneten Gesprächs, sondern auf spezifische Weise eine Transformation der Daten statt, denn Schrift erzeugt eine bestimmte Sicht auf Dinge. Ihre Performanz äußert sich darin, „dass sie das soziale Geschehen nicht nur speichert, sondern auch verfügbar macht, indem sie es abtrennt und durchschneidet, neu gliedert und zu etwas Besonderem macht" (Kalthoff 2003, S. 81).

Doch bereits der Audiomitschnitt nimmt selektiv Laute und Geräusche auf und bildet nicht etwa unmittelbar die erhobene Situation ab.[2] Bestimmte Aspekte werden hervorgehoben (z.B. besonders laut gesprochene Worte, vielleicht aber auch die Geräuschkulisse vor dem geöffneten Fenster), andere vernachlässigt (das Kopfnicken der interviewenden Person, das für das Signalisieren von Aufmerksamkeit für das Gegenüber immens wichtig ist und zum Gespräch ermuntert, scheint beispielsweise nicht mehr existent). Eine weitere Transformation findet nun beim Verschriftlichen statt, indem z.B. in einem Dialekt Gesprochenes in Schriftsprache „übersetzt" wird, weil es für die bearbeitende Fragestellung nicht von Bedeutung ist. All diese Beispiele verdeutlichen, dass Transkripte weder die aufgezeichneten Daten noch die diesen zugrunde liegenden Gesprächssituationen unmittelbar widerspiegeln. Vielmehr stellen sie eine spezifische *wissenschaftliche Konstruktion* dar. Die Interaktionsteilnehmer/-innen können, anders als in der aufgezeichneten sozialen Situation selbst, wo dies zumindest begrenzt möglich ist, im Analyseprozess nicht mehr darüber befinden, ob möglicherweise neu zu definieren ist, was gerade geschehen ist. Das Transkript entzieht dem Gespräch seine Kontextualität, indem es auf bestimmte Weise für den wissenschaftlichen Gebrauch festgeschrieben wird. Es dient als stabiler Referenztext innerhalb der Forschung und in der Veröffentlichung von Studien als exemplarischer, zitierfähiger Beleg (vgl. zu den Funktionen des Transkripts Hirschauer 2001, S. 435).

Das bisher Gesagte verdeutlicht die Qualität des Transkripts als spezifische Konstruktion. Es deutete ebenso bereits an, das Transkriptionen sehr unterschiedlich ausfallen können. Ihr Grad an Detailliertheit und der Fokus der Aufmerksamkeit wird wesentlich durch den Forschungsgegenstand, die Ziele und Fragen, bestimmt. Die Genauigkeit der Transkription ist richtungsweisend für die anschließende Analyse. Was nicht darin vermerkt wurde, ist im weiteren Arbeitsprozess gewissermaßen nicht mehr existent (es sei denn als Erinnerung an die Interviewsituation oder wenn der Mitschnitt nachträglich erneut angehört wird, was ja auch jeder Zeit möglich wäre).

---

2 Selektiv und zugleich komplexitätssteigernd, denn es werden Dinge aufgezeichnet, die die am Gespräch Teilnehmenden gar nicht alle realisiert haben werden bzw. realisieren konnten.

Für erziehungswissenschaftlich ausgerichtete Forschungen haben sich zumeist Transkripte als ausreichend erwiesen, die nicht derart detailliert sind, wie es z. B. Konventionen für linguistische Analysen vorgeben, die ein ganz anderes Forschungsinteresse haben. Einen großen Einfluss auf die Gestaltung hat neben der Fragestellung allerdings auch innerhalb erziehungswissenschaftlicher Forschung der wissenschaftstheoretische und methodologische Kontext. Für die Interpretation eines Gesprächs nach konversationsanalytischen Gesichtspunkten sind andere Punkte von Bedeutung als für die Mitschrift einer Gesprächssequenz innerhalb der Feldbeobachtung oder eine Untersuchung von Bildungsprozessen auf der Bias biographischer Interviews.

Transkribieren als Teil des Forschungsprozesses

Die Funktionen des Transkripts für das wissenschaftlich forschende Vorgehen und seine Konstruiertheit bedürfen nicht nur der Reflexion, sondern das Transkribieren bedeutet darüber hinaus bereits eine intensive Auseinandersetzung mit dem Material. Es kann selbst als Erkenntnis- und Bearbeitungsprozess angesehen und genutzt werden: Das intensive wiederholende Hören eines Interviews oder Alltagsgesprächs sensibilisiert für das Gesprochene, die Art und Weise des Sprechens und für das Gespräch als eine soziale Situation im Allgemeinen. Während des Hörens und des Schreibens können erste Assoziationen, Hypothesen, Irritationen, Fragen, bemerkenswerte Beobachtungen oder erste Auswertungsideen in Form von Memos über das Interview festgehalten werden.[3] Ist beispielsweise ein Interview von der transkribierenden Person selbst geführt worden, finden beim Transkribieren ähnlich wie beim Protokollieren Distanzierungen und Reflexionen statt. Das Verschriftlichen vergegenwärtigt einerseits und nötigt andererseits, gewissermaßen von Außen auf sich und die Interaktion mit Anderen zu schauen.

Transkribieren erfordert viel Zeit, weshalb diese Tätigkeit, sofern Mittel dafür bereit stehen, gern an Außenstehende eines Forschungsprojekts delegiert wird. Das Plädoyer, diese Arbeit als bedeutsamen, die weitere Interpretation vorantreibenden Teil des Forschungsprozesses zu begreifen, spräche allerdings eher gegen diese Vorgehensweise. Jedoch könnten auch Außenstehende, die mit der Forschungsfrage vertraut sind, ihre – möglicherweise aufschlussreichen – Bemerkungen in Memos festhalten. Eine Person, die nicht in die Interviewsituation involviert war, hat wahrscheinlich alternative Sichtweisen oder ganz neue Assoziationen zu den Textpassagen, was für die anschließende Interpretation nützlich sein kann und vorschnelle In-

---

3 Memos sollten nicht Teil des transkribierten Textes sein, sondern als eigenständige Dokumente mit Hinweis auf das jeweilige Transkript als solche gekennzeichnet werden. Zum Arbeiten mit Memos vgl. Strauss (1994, S. 151 ff.).

terpretationen und Rückschlüsse in eine einmal eingeschlagene Richtung vermeiden hilft.

Wie viel Zeit für das Transkribieren benötigt wird, hängt letztlich davon ab, ob vollständig oder in Teilen transkribiert wird, in welcher Detailliertheit (s. Kriterien und Regeln) und – nicht unerheblich – von der akustischen Qualität der Aufzeichnung, die wieder und wieder angehört werden muss. Kuckartz (2007, S. 42) gibt das fünf- bis zehnfache der Interviewzeit an, Dresing und Pehl (2006) rechnen mit etwa vier bis acht Stunden pro Interviewstunde. Da es sich um eine sehr konzentrierte Tätigkeit handelt, sollten entsprechende Pausen eingeplant werden.

Nicht immer ist es nötig, das gesamte Interview vollständig zu transkribieren. Zunächst können wesentliche Textstellen selektiert und die ausgelassenen Sequenzen paraphrasiert werden. Wichtig ist dabei eine genaue Kennzeichnung der jeweiligen Auslassungen, damit nachvollziehbar bleibt (für die Forschenden selbst – besonders innerhalb von Forschungsgruppen –, aber auch für mögliche Sekundäranalysen[4]), welche Teile des Textes wie verschriftet wurden. Ein solches Vorgehen schafft allerdings nicht nur Erleichterung aufgrund eines geringeren Zeitaufwands. Es nötigt vielmehr zu einer intensiven Sichtung des Materials, um entscheiden zu können, welche Stellen des Gesprächs für die Analyse relevant sind bzw. sein könnten. Möglicherweise wird – gerade für eine in der qualitativen Forschung vielfach übliche induktive Analyse – zu schnell selektiert und es gehen wichtige Daten verloren. Deshalb ist eine präzise paraphrasierende Dokumentation wichtig, um gegebenenfalls später ausgelassene Sequenzen nachträglich hören und eventuell transkribieren zu können, ebenso wie eine exakt ausgezeichnete Archivierung des Audiomaterials. Anselm Strauss und Juliet Corbin (1996, S. 15) plädieren dafür, eher zu viel als zu wenig zu transkribieren, da das akribische Abhören des aufgezeichneten Materials in jedem Fall stattfinden muss und ebenso wie das Transkript unerlässlich ist für eine möglichst vollständige und vielfältige Analyse.

Transkriptionskriterien: Komplexität, Les- und Bearbeitbarkeit

Im Folgenden sollen Entscheidungskriterien vorgestellt werden, die in die Überlegungen, wie detailliert transkribiert werden soll, eingehen sollten.

Zunächst sind verschiedene Formen der Verschriftung mündlicher Rede möglich (vgl. Kowal/O'Connell 2000, S. 441):

- Die Orientierung an den Normen der *Standardorthographie* erleichtert das Transkribieren, lässt aber Besonderheiten, wie Auslassungen (,sehn' für ,sehen') oder von Angleichung von Lauten (,haste' für ,hast du'), außen vor.

---

4 Zur Archivierung und der Qualität von Transkripten für Sekundäranalysen auch Gläser/Laudel (2001, S. 72-78).

- Bei der *literarischen Umschrift* werden diese Besonderheiten berücksichtigt. Dialektsprachliches wird im gebräuchlichen Alphabet wiedergegeben („... denn kam dann der Tach ...").
- Die *phonetische Umschrift* unter Verwendung des internationalen phonetischen Alphabets wird (auch in den folgend genannten Transkriptionssystemen) kaum praktiziert.

Diese Formen beziehen sich darauf, wie die gesprochene Sprache schriftlich dargestellt werden soll, also auf die verbalen Parameter. Daneben ist zu entscheiden, inwiefern auch Überlappungen zwischen den Äußerungen verschiedener Sprecher/-innen, unverständliche oder unvollständig gesprochene Äußerungen, die lautliche Gestaltung, wie Lautstärke, Betonungen, Dehnungen oder Tonhöhe (prosodische Parameter) sowie nonverbale Kommunikation, also Lachen, Hüsteln, Stöhnen (parasprachliche Parameter) oder Gesten, Mimik und Blicke (nicht-sprachliche Parameter) in das Transkript eingehen sollten.

Die Auswahl der Parameter richtet sich nach dem Ziel des Forschungsprozesses, nach den zu bearbeitenden Fragen, den methodologischen Prämissen und Auswertungsverfahren. Welche Ausführlichkeit, Notationen, Dialektgenauigkeit oder Beschreibung körperlicher Gesten ist unbedingt nötig und dient dem Erkenntnisinteresse? Was ist angemessen, was hinderlich und letztlich überflüssig? Für die Auswertung von Experteninterviews zur Exploration eines bestimmten Forschungsfeldes wird es kaum nötig sein, jedes ‚äh' und ‚mhm' zu vermerken. Es würde keinen Aufschluss darüber geben, wie z.B. die Jugendhilfe in Kreis X organisiert ist. Soll jedoch beispielsweise der Einfluss der ersten Begegnung von Pädagogin und Adressatin auf die weitere pädagogische Beziehung untersucht und dazu die jeweiligen Aufnahmegespräche in einer Einrichtung konversationsanalytisch analysiert werden, spielen genau jene Artikulation, Pausen oder körperliche Gesten eine Rolle und müssen festgehalten werden. Letztendlich gilt es, einen Kompromiss zwischen Lesbarkeit und adäquater Beschreibung und der damit verbundenen Komplexitätsdarstellung zu finden. Je ausgefeilter das System ist, je mehr Informationen es enthält, desto zeitaufwändiger wird das Transkribieren, ebenso wie das Transkript schwerer zugänglich für Außenstehende wird (vgl. Deppermann 2001, S. 46f.).

Um mit den Transkripten arbeiten zu können, muss zudem gewährleistet sein, dass die Leser/-innen damit umgehen können. Das heißt in Forschungsgruppen müssen die jeweiligen Regeln transparent sein, die Mitarbeiter/-innen müssen sie lesen können. Das führt zu einem weiteren Kriterium: der Einheitlichkeit in der Verwendung der Zeichen, um Vergleichbarkeit herzustellen. Die jeweiligen Regeln sollten für alle Interviews bzw. Alltagsgespräche im Projekt gelten und mit eventuellen Mitarbeiter/-innen abgestimmt sein. Die Beschäftigung mit den angemessenen Regeln und damit, auf welche Transkriptionssysteme zurückgegriffen werden sollte, ist wichtig, da eben auf diese oder jene Weise Gespräche festgeschrieben und Aufmerksamkeiten fokussiert werden.

Ein weiteres grundlegendes Problem verorten Kowal und O'Connell jedoch nicht auf der Ebene des Transkriptionssystems und der Auswahl von Regeln, sondern in ihrer Anwendung – also beim Transkribieren selbst. Transkribierende müssten „verbale Phänomene zu Papier bringen, die sie als Gesprächsteilnehmer zu überhören gelernt haben" (Kowal/O'Connell 2000, S. 443f.), beispielsweise Versprecher, Wortabbrüche oder Fülllaute. Wie lange z.B. eine Pause wahrgenommen wird, kann ganz unterschiedlich sein[5], auch Betonungen können verschieden gehört oder eben auch überhört werden, weil sie einem selbstverständlich vorkommen. Dieser Hinweis zeigt, dass das Transkribieren selbst – unabhängig der vereinbarten Regeln – selektiv und „fehleranfällig" ist und daher sehr sorgfältig durchgeführt und fortlaufend reflektiert werden muss. Dazu bedarf es neben der Planung auch einer gewissen Übung, die die eigene Wahrnehmung schult.

Transkriptionssysteme

Je nach wissenschaftstheoretischer und disziplinärer Ausrichtung haben sich verschiedene Transkriptionssysteme etabliert, die hier nur kurz vorgestellt werden sollen, da sie vor allem für sprachwissenschaftliche bzw. sozio- und psycholinguistische Fragestellungen sehr detailgenau ausgearbeitet sind. Soll dies jedoch anvisiert werden, ist eine Beschäftigung mit den verschiedenen Systemen und ihren Grundlagen durchaus lohnend.[6]

- Das *Konversationsanalyse Transkriptionssystem (CA)* ist wissenschaftshistorisch Vorreiter für spätere Modelle und immer noch weit verbreitet. Die Organisation von Rede wird in ihrer sequenziellen Struktur dargestellt.[7]
- Das *Gesprächsanalytisches Transkriptionssystem (GAT)* vereinheitlicht verschiedene existierende Konventionen, um Mindeststandards für Gesprächsanalysen „natürlicher Interaktionen" aufzustellen und Vergleichbarkeit zu ermöglichen. Es wird zwischen einem Basistranskript, das den

---

5 Hier hilft eine Uhr oder das Transkriptionsprogramm. Margret Selting (2001, S. 1065) weist allerdings auch darauf hin, dass die objektiv zu messende Zeit im Gespräch eventuell viel weniger relevant ist, als die von den in der Situation Beteiligten wahrgenommene Dauer einer Pause, die zudem in Relation zur Sprechgeschwindigkeit steht.
6 Einen Überblick und weitere ausführlichere Links inklusive Hörbeispielen zu den einzelnen Verschriftungssystemen gibt die Internetseite des Projekts sprache@web am Deutschen Seminar an der Universität Hannover unter: http://www.mediensprache. net/de/medienanalyse/transcription/. Vom Lehrbuch des Sprachwissenschaftlers Norbert Dittmar zur Transkription kann nur die zweite überarbeitete Auflage (2004) empfohlen werden, da die erste Auflage grobe Fehler enthält und auf entsprechende Kritik gestoßen ist (vgl. Koch 2003, 2006).
7 Vgl. Schlobinski (1996, S. 60-66), abrufbar unter: http://www.mediensprache.net/de/medienanalyse/transcription/cat/.

Mindeststandard abbildet, und einem Feintranskript, das auch Tonhöhen und nonverbale Kommunikation einbezieht, unterschieden.[8]

- Bei der *Halbinterpretativen ArbeitsTranskription (HIAT)* werden die verschiedenen Sprecher/-innen in Partiturschreibweise parallel notiert. So bleibt die Synchronizität von Sprechakten erhalten.[9]
- Das *Transkriptionssystem Diskurs-Datenbank (DIDA)* ist vom Institut für deutsche Sprache (IdS) entwickelt worden, um die zahlreichen dort archivierten Gespräche verschiedener Gattungen in einheitlicher Form speichern zu können.[10]
- *Codes for human analysis of transcripts (CHAT)* wurde im Kontext der Spracherwerbsforschung entwickelt.[11]

In erziehungswissenschaftlichen Forschungsprojekten wird aufgrund des Erkenntnisinteresses und zugunsten der Einfachheit sowie einer besseren Lesbarkeit auf aufwändige Notationssysteme meist verzichtet. Das heißt, der Text wird geglättet. Oder es wird sich, soweit das zu überblicken ist, mehr oder weniger transparent dargestellt, an der Basistranskription des GAT orientiert.

Transkriptionsregeln

Die folgenden Ausführungen geben Hinweise für die Verwendung von Transkriptionsregeln, bei denen Einfachheit und Lesbarkeit im Vordergrund stehen. Inwiefern sie ergänzt werden müssen (ähnlich der Feintranskription beim GAT), hängt von Forschungsgegenstand und -ziel sowie den geplanten Analysemethoden ab.

Zunächst gehört zu jedem Transkript der *Transkriptkopf mit dem Postskriptum* des Interviews, der den Kontext des Gesprächs festhält. Er kann später in die Interpretation einbezogen werden und erleichtert die Archivierung des Materials. Folgende Angaben sollten darin enthalten sein:

Allgemeine Angaben zur Aufnahme des Gesprächs:

- Interview mit xy (Pseudonym), evtl. Kennwort oder Zugehörigkeit zu einem bestimmten (Teil-)Projekt
- Datum der Aufnahme
- Dauer der Aufnahme
- Ort der Aufnahme
- Name oder Kürzel der/des Interviewer/-in
- Name oder Kürzel der/des Transkribierenden

---

8 Vgl. http://www.mediensprache.net/de/medienanalyse/transcription/gat/; Selting u.a. (1998), Deppermann (2001, S. 41 ff.).
9 Vgl. Ehlich/Rehbein (1979); http://www.daf.uni-muenchen.de/HIAT/HIAT.HTM; http://www.mediensprache.net/de/medienanalyse/transcription/hiat/.
10 Vgl. http://agd.ids-mannheim.de/.
11 Vgl. Dittmar (2004, S. 164 ff.).

Evtl. Angaben zur interviewten Person:

- Pseudonym der interviewten Person[12]
- Geschlecht
- Alter
- Herkunft (Nationalität, Sprache, Familie)
- Beruf/Schule o. Ä.
- Weitere Informationen, die relevant sein könnten

Schilderung der Interviewsituation:

- Kurze Charakterisierung der Situation
- Ggf. Raumskizze
- Gesprächsverlauf (auch Störungen, Anwesenheit Dritter)
- Inhalte der Gespräche vor und nach dem Einschalten des Aufnahmegerätes
- Weitere Bemerkungen zum Gespräch: besonders Auffallendes (z. B. nonverbale Reaktionen, markante Art zu sprechen), Irritationen (z. B. der eigenen Rolle als Forschende), für die Forschungsfrage Interessantes und Weiterführendes.

Das eigentliche *Interview-/Gesprächstranskript* bildet nun linear das Nacheinander von Zeit ab. Zur weiteren Bearbeitung wird es mit fortlaufenden Zeilennummern versehen.[13] Das ist für die Orientierung im Text für die Diskussionen in Forschungsgruppen oder bei der Verwendung einzelner Textpassagen unerlässlich. Danach folgt jeweils die Kennzeichnung der Sprecher/-in. Die Konventionen der genannten Transkriptionssysteme sehen zumeist eine generelle Kleinschreibung vor, da große Buchstaben für Betonungen verwendet werden. Wird, wie hier vorgeschlagen, darauf nicht zurückgegriffen, kann auch bei der literarischen Umschrift die Standardorthographie genutzt werden, d. h. Groß- und Kleinschreibung sowie Interpunktion werden konventionell genutzt. Das könnte beispielsweise so aussehen[14]:

---

12 Personen-Namen, Bezeichnungen und Orte, die eine Identifizierung der beteiligten Personen ermöglichen würden, müssen anonymisiert werden (→ Miethe), indem Vornamen durch Vornamen, Nachnamen durch Nachnamen ersetzt werden, evtl. mit genauso vielen Silben und Namen aus entsprechenden Kulturkreisen. Orte werden durch Platzhalter ersetzt, die für das Verständnis wichtige Hinweise geben (z. B. Klein-A-Stadt). Die Anonymisierung kann am besten nach der Transkription des gesamten Gesprächs vorgenommen werden, indem die Bezeichnungen mit der Suchfunktion entsprechend ersetzt werden.

13 Der Befehl ‚Zeilennummerierung' befindet sich bei OpenOffice unter ‚Extras', bei Word ist er etwas versteckter unter Datei → Seite einrichten → Seitenlayout → Zeilennummern zu finden.

14 Zur einführenden Veranschaulichung gehe ich nur von zwei Sprechenden aus. Zur Transkription von Gruppendiskussionen vgl. Loos/Schäffer (2001, S. 55-58).

01 Interviewerin (oder I.): Wie würden Sie denn Ihre Beziehung zu den Ju-
02 gendlichen der Maßnahme beschreiben?
03 Pädagoge (oder P.): Hm (.) gar nicht so einfach zu sagen, also des is
04 ganz unterschiedlich, an wen ich da denk und ...

Die folgende Tabelle gibt die wichtigsten Transkriptionsregeln wieder, wie sie in vielen erziehungs- und sozialwissenschaftlichen Untersuchungen gebraucht werden. Zugunsten der einfachen Lesbarkeit werden Zeichen verwendet, die über ihre Optik auch entsprechende Assoziationen hervorrufen können:

( )	Unverständliche Passage; die Länge der Klammer entspricht etwa der Dauer
(schwer zu verstehen)	Unsichere Transkription; vermutete Äußerung in der Klammer
(.)	Sehr kurze Pause
(3)	Pause in Sekunden
LAUT	Laut gesprochen
ʹleiseʹ	Leise gesprochen
betont	Betont gesprochen
g e d e h n t	Gedehnt gesprochen
((lacht))	Para- oder nonverbaler Akt, steht vor der entsprechenden Stelle, * markiert das Ende[15]
Da sagt der: „Komm her"	Zitat innerhalb der Rede
gegan-	Wortabbruch
[	Überlappung von Redebeiträgen bzw. direkter Redeanschluss, wird hervorgehoben, indem genau an der Stelle weitergeschrieben wird
[Interviewpartner scheint sehr aufgewühlt]	Anmerkung der Transkribierenden

Zu beachten ist eine eindeutige Verwendung der Zeichen, d.h. ein- und dasselbe Phänomen wird nur mit einem bestimmten Zeichen versehen bzw. ein- und dasselbe Zeichen nicht für verschiedene Merkmale genutzt. Zudem

---

15 Sollten für die parasprachlichen Merkmale Symbole verwendet werden (in einigen Transkriptionskonventionen z.B. @ für lachend gesprochen), so sollten es Zeichen sein, die im Text sonst nicht vorkommen. Allerdings bedarf dies dann wieder eines geübten Lesens, weshalb hier die Variante der Beschreibung vorgezogen wird. Ähnlich verhält es sich bei der Verschriftung von nicht-sprachlichem Verhalten durch symbolische bzw. ikonische Zeichen – vgl. dazu ausführlicher Sager 2001.

sollten Buchstaben nur für die verbalen Äußerungen und Interpunktionszeichen nur in ihrer konventionellen Form verwandt werden. Schwer lesbar sind Wörter, die durch zusätzlich Zeichen aufgebrochen werden (z.B. ein gedehnt gesprochenes nei::n). Häufig kann pragmatisch darauf verzichtet werden.

Beachtet werden sollte zudem, dass die genutzten Zeichen auch für die computergestützte Analyse geeignet sind, d.h. vor allem, dass sie von den entsprechenden Programmen erkannt bzw. wiedergegeben werden können. Digitale Technik sowie entsprechende Audio- und Textdateien erleichtern die Datenerhebung, Archivierung und ihre Verfügbarkeit (so dass auch ohne viel Aufwand einzelne Stellen erneut abgespielt und überprüft werden können), fordern aber auch spezifische Arbeitsweisen. Soll später das Material mit spezieller Software zur qualitativen Datenanalyse (QDA-Programme) codiert und weiter bearbeitet werden, sind, um deren Suchfunktionen entsprechend zu nutzen, durchgängig einheitliche Schreibweisen von Bezeichnungen besonders wichtig. Es ist ratsam sich vor der Transkription mit den jeweiligen Programmen (z.B. MaxQDA oder Atlas.ti) eingehend auseinanderzusetzen, um sicherzustellen, dass das aufwändig hergestellte Transkript auch mit allen Zeichen wiedergegeben werden kann, denn importiert werden die Daten meist im Rich Text Format oder im Nur Text Format. Die vorgestellten Transkriptionsregeln können, ausgenommen das gedehnte Sprechen, im Rich Text Format problemlos verwendet werden.[16]

Der Transkriptionsprozess ist ein in der wissenschaftlichen Diskussion zwar lange vernachlässigter, doch ganz bedeutsamer Teil im gesamten Forschungsprozess, da er das weitere Arbeiten mit dem Material wesentlich prägt. Resümierend sei noch einmal hervorgehoben, dass es sinnvoll ist, nur jene Parameter zu transkribieren, die tatsächlich analysiert werden sollen. Deshalb ist es erforderlich, sich vor Beginn dieses Arbeitsprozesses damit zu beschäftigen, was mit welchen Methoden ausgewertet werden soll, soweit das Primat der Offenheit qualitativer Forschung damit nicht von vornherein zu sehr eingeschränkt wird. All diese Überlegungen führen letztlich immer wieder zur eigenen Fragestellung und zum jeweiligen Erkenntnisinteresse, denn Transkriptionen sind erste Interpretationen, die Dinge sichtbar oder unsichtbar machen können.

---

16 Weitere Hinweise dazu finden sich bei Kuckartz (2007) oder im Manual von Kruse und Wenzler-Cremer (2007). Hier wird auch unterschiedliche Software zum Transkribieren vorgestellt. Hilfreich bei Fragen rund um die Aufnahmetechnik wie auch zur Transkription ist auch die Homepage www.autotranskription.de. Da insbesondere für Studierende oder Promovierende die kostenintensiven QDA-Programme zumeist nicht in Frage kommen, ist es sinnvoll, sich mit den Möglichkeiten, die die Textverarbeitungsprogramme bieten, eingehender zu beschäftigen (dazu Nideröst 2002).

Literatur

Deppermann, Arnulf 2001: Gespräche analysieren. Opladen.
Dinkelaker, Jörg/Matthias Herrle 2007: Rekonstruktion von Kursanfängen auf der Grundlage von mehrperspektivischen Videodokumentationen. In: Wiesner, Gisela/Christine Zeuner/Hermann J. Forneck (Hg.): Empirische Forschung und Theoriebildung in der Erwachsenenbildung. Baltmannsweiler. S. 114-129.
Dittmar, Norbert 2004: Transkription. Ein Leitfaden mit Aufgaben für Studenten, Forscher und Laien. Wiesbaden.
Dresing, Thorsten/Thorsten Pehl 2006: Wie transkribiert man auf einem Computer? Verfügbar über: http://www.audiotranskription.de/deutsch/transkription/so-transkribiert-man/so-transkribiert-man-einleitung.html [12.09.2008].
Ehlich, Konrad/Jochen Rehbein 1979: Erweiterte halbinterpretative Arbeitstranskriptionen (HIAT2); Intonation. In: Linguistische Berichte. 59. S. 51-75.
Gläser, Jochen/Grit Laudel (2001, Februar): Re-Analyse als Vergleich von Konstruktionsleistungen. Forum Qualitative Sozialforschung/Forum: Qualitative Social Research [Online Journal], 1(3). Verfügbar über: http://www.qualitative-research.net/fqs-texte/3-00/3-00laudelglaeser-d.htm [12.09.2008].
Hirschauer, Stefan 2001: Ethnografisches Schreiben und die Schweigsamkeit des Sozialen. Zu einer Methodologie der Beschreibung. In: ZfS (30) 6. S. 429-451.
Irion, Thomas (2002, Mai): Einsatz von Digitaltechnologien bei der Erhebung, Aufbereitung und Analyse multicodaler Daten. Forum Qualitative Sozialforschung/Forum: Qualitative Social Research [Online Journal], 3(2). Verfügbar über: http://www.qualitative-research.net/fqs-texte/2-02/2-02irion-d.htm [12.09.2008].
Kalthoff, Herbert 2003: Beobachtende Differenz. Instrumente der ethnografisch-soziologischen Forschung. ZfS (32) 1. S. 70-90.
Koch, Katja (2003, Mai): Appendix zur Rezension: Norbert Dittmar (2002). Transkription. Ein Leitfaden mit Aufgaben für Studenten, Forscher und Laien. Forum Qualitative Sozialforschung/Forum: Qualitative Social Research [Online Journal], 4(1). Verfügbar über: http://www.qualitative-research.net/fqs-texte/2-03/2-03review-koch-app-d.htm [12.09.2008].
Koch, Katja (2006, März): Appendix II zur Rezension: Norbert Dittmar (2002). Transkription. Ein Leitfaden mit Aufgaben für Studenten, Forscher und Laien. Forum Qualitative Sozialforschung/Forum: Qualitative Social Research [Online Journal], 7(2), Art. 33. Verfügbar über: http://www.qualitative-research.net/fqs-texte/2-06/06-2-33-d.htm [12.09.2008].
Kowal, Sabine/Daniel C. O'Connell 2000: Zur Transkription von Gesprächen. In: Flick, Uwe/Ernst von Kardorff/Ines Steinke (Hg.): Qualitative Forschung. Ein Handbuch. Reinbek. S. 437-447.
Kruse, Jan/Hildegard Wenzler-Cremer 2007: Interviews auf Computer überspielen und transkribieren. Ein Manual für die Aufnahme und Transkription von Interviews mit einfachen EDV-basierten Lösungen. Online-Publikation. Verfügbar über: http://www.soziologie.uni-freiburg.de/kruse/Manual.pdf [12.09.2008].
Kuckartz, Udo 2007: Einführung in die computergestützte Analyse qualitativer Daten. Wiesbaden.
Kuckartz, Udo/Heiko Grunenberg/Thorsten Dresing (Hg.) 2007: Qualitative Datenanalyse: computergestützt. Methodische Hintergründe und Beispiele aus der Forschungspraxis. Wiesbaden.
Loos, Peter/Burkhard Schäffer 2001: Das Gruppendiskussionsverfahren. Opladen.

Nideröst, Bruno (2002, Mai): Die technikunterstützte Analyse von qualitativen Daten mit Word. Forum Qualitative Sozialforschung/Forum: Qualitative Social Research [Online Journal], *3*(2). Verfügbar über: http://www.qualitative-research. net/fqs-texte/2-02/2-02nideroest-d.htm [12.09.2008].

Sager, Sven F. 2001: Probleme der Transkription nonverbalen Verhaltens. In: Brinker, Klaus u. a. (Hg.): Text- und Gesprächslinguistik. Ein internationales Handbuch zeitgenössischer Forschung. 2. Halbband. Berlin/New York. S. 1069-1085.

Schlobinski, Peter 1996: Empirische Sprachwissenschaft. Opladen.

Selting, Margret u. a. 1998: Gesprächsanalytisches Transkriptionssystem (GAT). In: Linguistische Berichte 173. S. 91-122.

Selting, Margret 2001: Probleme der Transkription verbalen und paraverbalen/prosodischen Verhaltens. In: Brinker, Klaus u. a. (Hg.): Text- und Gesprächslinguistik. Ein internationales Handbuch zeitgenössischer Forschung. 2. Halbband. Berlin/New York. S. 1059-1068.

Strauss, Anselm L. 1994: Grundlagen qualitativer Sozialforschung. München.

Strauss, Anselm L./Juliet Corbin 1996: Grounded theory. Grundlagen qualitativer Sozialforschung. Weinheim.

Wagner-Willi, Monika 2004: Videointerpretation als mehrdemensionale Mikroanalyse am Beispiel schulischer Alltagsszenen. In: ZBBS (5) 1. S. 49-66.

Teil 4
Visuelles als Gegenstand und Instrument der Forschung

Theodor Schulze

Bildinterpretation in der Erziehungswissenschaft

Im Gedenken an Klaus Mollenhauer[1]

In der Zeit, die seit dem ersten Erscheinen dieses Handbuchs und der Veröffentlichung des Beitrags von Klaus Mollenhauer in ihm im Jahre 1997 vergangen ist, hat sich im Bereich und Umfeld erziehungswissenschaftlicher Bildinterpretation vieles verändert.

Das Wichtigste ist wohl, dass sich in den letzten zehn Jahren so etwas wie eine Bildwissenschaft etabliert hat (Bredekamp 2003; Sachs-Hombach 2003). Vorbild und Bezugsdisziplin für Bildinterpretationen sind nicht mehr allein Kunstwissenschaft und Kunstgeschichte, und die Kunstgeschichte selbst drängt auf Erweiterung ihres Forschungsfeldes (Bohn 1990; Boehm 1995). Die sozialgeschichtlichen Anstöße zur Entwicklung einer Bildwissenschaft sind vielfältig. An erster Stelle steht natürlich die Tatsache der ungeheuren Vermehrung und Verbreitung von Bildern durch die Möglichkeiten ihrer technischen Reproduktion und Produktion. Damit verbunden: die Fülle der Bilder, die ein einzelner Mensch in der fortgeschrittenen modernen Gesellschaft wahrnimmt, aufnimmt und verarbeiten muss. Dann: die wachsende Verwendung von Bildern und Bildzeichen zu unterschiedlichen Zwecken und in unterschiedlichen Zusammenhängen – in der Propaganda und in der Werbung, in der Wissenschaft und im Verkehr, in Gebrauchsanweisungen und im Internet, zur Information und zur Unterhaltung, als Mittel der Orientierung und der Animation. Weiter: die Erweiterung der Bildinhalte und die Wandlung der Bildstrukturen durch immer neue Möglichkeiten ihrer technischen Herstellbarkeit bis zur Erschaffung virtueller Welten. Schließlich: die Veränderung der philosophischen Reflexion über Sprache und Medien; die Kritik an der Vorherrschaft der sprachanalytischen Philosophie und die Aufforderung zur Erschließung der visuellen Grundlagen menschlicher Kultur, der „*iconic turn*" von der „Lesbarkeit der Welt" zur Welt-Anschauung. In diesem Zusammenhang verweise ich auf die hervorragende Einführung in die Bildwissenschaft von Martin Schulz (2005).

---

1 Ein Jahr nach dem ersten Erscheinen des Handbuchs ist Klaus Mollenhauer gestorben. In Absprache mit den Herausgeberinnen habe ich es übernommen, seinen Beitrag im Hinblick auf die Entwicklung der inzwischen vergangenen zehn Jahre in seinem Sinne fortzuführen. Natürlich geschieht das auch im Sinne meiner eigenen Vorstellungen und Überlegungen.

1. Bildwissenschaft und erziehungswissenschaftliche Bildforschung

„Bildwissenschaft" ist nicht zu verstehen als eine neue, selbständige wissenschaftliche Disziplin mit eigenem Studiengang, sondern als Theorie- und Diskursrahmen für interdisziplinäre Gespräche zwischen verschiedenen Forschungsrichtungen und Forschungsschwerpunkten, die in unterschiedlichen Wissenschaften angesiedelt sind. Das Spektrum der in dem von Klaus Sachs-Hombach herausgegebenen Sammelband „Bildwissenschaft" (2005) vertretenen Wissenschaften ist beachtlich. Es reicht von den schon immer auf Bilder bezogenen Wissenschaften – der Kunstwissenschaft und Kunstgeschichte, der Archäologie und neuerdings der Medienwissenschaft – über Philosophie, Theologie und Psychologie, über Mathematik und Logik, Rhetorik und Semiotik bis hin zur Kartographie, Typographie und Computervisualistik; dann sind da noch die ursprünglich eher textorientierten Sach- und Sozialwissenschaften, in denen zunehmend Bilder eine größere Rolle spielen, wie die Geschichtswissenschaft, die Kulturwissenschaft, die Politikwissenschaft, die Soziologie, die Rechtswissenschaft und unter ihnen – neben noch manchen anderen – die Erziehungswissenschaft.

Burkhard Schäffer zeigt in seinem Beitrag, dass die Beschäftigung mit Bildern auch in der Pädagogik beträchtlich zugenommen hat. Während 1983 die Interpretation eines Bildes aus dem Quattrocento durch Klaus Mollenhauer (1986) in der Zeitschrift für Pädagogik noch fast wie eine Verirrung oder eine seltsame Marotte erschien und der Titel des Aufsatzes „Streifzüge durch fremdes Terrain" wie eine entschuldigende Rechtfertigung anmutete, könnte man heute von „Erkundungen in einheimischen Landschaften" sprechen. Die wissenschaftliche Beschäftigung mit Bildern in der Pädagogik ist inzwischen ausgedehnter und vielfältiger. Tagungen mehrerer Kommissionen der Deutschen Gesellschaft für Erziehungswissenschaft befassen sich ausdrücklich mit Bildern und mehrere Sammelbände sind als Ergebnis solcher Tagungen erschienen (Rittelmeyer/Wiersing 1991; Schmitt/Link/Tosch 1997; Schäffer/Wulf 1999; Fröhlich/Stenger 2003; Wulf/Zirfas 2005; Friebertshäuser/Felden/Schäffer 2007). In Ergänzung zu dem verdienstvollen „Bilderatlas zur Schul- und Erziehungsgeschichte" von Robert Alt (1966/ 1971) und den Bildersammlungen zur Geschichte der Schule von Horst Schiffler und Rolf Winkler (1991 a, b) wurde vom Jahre 2000 an von der Bibliothek für Bildungsforschung des DIPF und dem Institut für Angewandte Erziehungswissenschaft und Allgemeine Didaktik der Universität Hildesheim ein Digitales Bildarchiv zur Bildungsgeschichte „Pictura Paedagogica Online" aufgebaut, in dem bis jetzt etwa 10.000 Buchillustrationen gespeichert sind. – Und auch zu den methodischen Fragen der Bildinterpretation sind eine Reihe neuerer Veröffentlichungen erschienen (Müller-Doohm 1997; Schulze 1999; Rittelmeyer/Parmentier 2001, S. 72-104; Bohnsack 2003 b). Eine wichtige Bedeutung kommt in diesem Zusammenhang der seit Ende des vergangenen Jahrhunderts sich formierenden Foto-

und Filmanalyse zu – hier insbesondere die ausgezeichnete, umsichtige und auf die Erfahrung vieler Untersuchungen sich stützende Darstellung von Ulrike Pilarczyk und Ulrike Mietzner (2005) und das von Yvonne Ehrenspeck und Burkhard Schäffer herausgegebene Handbuch zur „Film- und Fotoanalyse in der Erziehungswissenschaft" (2003; vgl. → Burkhard Fuhs).

Das untersuchte Bildmaterial ist vielfältig: Bilder von Unterrichtsszenen, Schulfotos, Bilderbücher, Comics und Illustrationen in Schulbüchern, Wandbilder, Wandkarten und Dias als Lehrmittel, Schulgebäude, Kinderzeichnungen, Bilderwelten von Kindern und Jugendlichen, Jugendzeitschriften und Kinderfilme, aber auch Illustrierte und Spielfilme der „Erwachsenen", Werbungen für Kids, Spielzeuge und Kindermoden, pädagogische Werkzeuge und Erziehungsmittel, Kinderbilder und Selbstbildnisse. Und ebenso unterschiedlich und vielfältig ist das Interesse an ihnen (siehe Rittelmeyer/Parmentier 2001, S. 72 f.; Schäffer 2005). Angesichts dieser schwer zu überschauenden Vielfalt scheint es mir sinnvoll, einzelne Linien der Bildinterpretation deutlicher herauszuarbeiten. Ich beschränke mich im Folgenden auf die Darstellung einer Untersuchungslinie, von der ich annehme, dass sie Klaus Mollenhauer vornehmlich im Blick gehabt hat, und die ich auch in meinen eigenen Untersuchungen vorrangig verfolgt habe und weiter verfolge (Schulze 1993, 1999). In ihr stehen einstweilen noch Werke der Bildenden Kunst im Mittelpunkt des Interesses, aber nicht als kunsthistorische Ereignisse, sondern als Repräsentanten pädagogisch relevanter, visueller Leitvorstellungen. Ich nenne diese Linie die der „Pädagogischen Ikonologie" (Schäffer 2005, S. 215 f.).

2. Ikonologie und pädagogische Ikonologie

Die hier zu beschreibende Linie setzt ein in der Kunstgeschichte des vorigen Jahrhunderts und ist eng verbunden mit den Begriffen „Ikonologie" und „ikonologische Methode". Den entscheidenden Auftakt bildet nach übereinstimmender Auffassung vieler Kunsthistoriker ein Vortrag, den Aby Warburg (1866-1929) im Oktober 1912 auf dem X. Internationalen Kongress für Kunstgeschichte in Rom über ein rätselhaftes Wandbild im Palazzo Schifanoja in Ferrara gehalten hat (siehe Kaemmerling 1979, S. 9, 46 f., 88, 112 ff.; Gombrich 1970; Schulz 2005, S. 29 ff.). In diesem Vortrag stellt er eine neue Deutungsweise vor, die er als „ikonologische Analyse" kennzeichnet. Sie besteht unter anderem darin, dass sie weite Zeiträume miteinander verbindet und Bildmaterial einbezieht, das bis dahin von Kunsthistorikern kaum beachtet wurde (siehe Bialistock 1979, S. 47). Im Mittelpunkt der „ikonologischen Analyse" steht nicht ein Bild oder das bildnerische Werk eines Künstlers oder eines Zeitalters sondern eine Bildidee oder ein Bildmotiv, ein visuelles Symbol und seine Abwandlungen in vielen Bildern, in unterschiedlichen Medien und Kontexten und zu verschiedenen Zeiten.

Aby Warburg spricht zunächst nur von „ikonologischer Analyse". Seine Schüler und Nachfolger erweitern das von ihm erschlossene Forschungsfeld zu einer Teildisziplin der Kunstwissenschaft und nennen es „Ikonologie". Im 19. und bis in die Mitte des 20. Jahrhunderts, wurde der Begriff der Ikonologie weitgehend synonym mit dem der Ikonographie verwendet. Der Begriff „Ikonographie" bezeichnet in der neueren Kunstgeschichte einen methodischen Kernbereich der Bildinterpretation. Da geht es um die sorgfältige Untersuchung und Bestimmung des jeweiligen, unmittelbar auf das zu interpretierende Bildwerk bezogenen historischen Kontextes. Doch im Anschluss an die Herausforderungen Warburgs beginnen Kunsthistoriker (1927 Emile Male und 1928 Godefridus Johannes Hoogewerff) Ikonographie und Ikonologie als zwei verschiedene Forschungsrichtungen und Subdisziplinen der Kunstgeschichte zu unterscheiden. Danach verhält sich die Ikonologie zur Ikonographie wie die Geologie zur Geographie, die Ethnologie zur Ethnographie und die Kosmologie zur Kosmographie: „,Ikonographie' beschreibt die Formen und identifiziert die Inhalte eine Kunstwerks ... ‚Ikonologie' analysiert das Kunstwerk in seiner genetischen Perspektive. Ikonolgie ist die Disziplin, die Formen als Bedeutungsträger untersucht." (Kaemmerling 1979, S. 86 und 162 Anm. 52; zur Wortgeschichte siehe ebenda und zum Begriffsfeld „Ikonologie" S. 489-495). Eine neue wissenschaftliche Disziplin gewinnt Konturen.

1939 nimmt Erwin Panofsky diese Unterscheidung von Ikonographie und Ikonologie zum Anlass, ein umfassenderes Methodenkonzept der Bildinterpretation zu entwickeln (Panofsky 1979). Er unterscheidet generell drei Stufen oder Ebenen der Sinndeutung von Bildern[2]: eine Stufe der „Vor-ikonographischen Beschreibung" allein auf Grund praktischer Erfahrung und allgemeiner Bildung, eine Stufe der „Ikonographischen Analyse" auf Grund genauerer Kenntnis der literarischen und kunsthistorischen Quellen und eine Stufe der „Ikonologischen Interpretation" auf Grund synthetischer Intuition und Vertrautheit mit der Geistesgeschichte (Panofsky 1979; Kaemmerling 1979, S. 499-501). Die von Panofsky ausgearbeitete und in vielen Untersuchungen bewährte Konzeption der Bildinterpretation findet allgemeine Anerkennung und weite Verbreitung (siehe Bialistock 1979, S. 47-51; Schulz 2005, S. 38-45). Viele neue Biluntersuchungen schließen sich an sie an, auch in der Erziehungswissenschaftwissenschaft (z.B. Mollenhauer 1986, S. 43; Wünsche 1991, S. 275 f.; Müller-Doohm 1993, S. 445 f. und 1997, S. 95; Bohnsack 2003 a, S. 87 ff.; Pilarczyk/Mietzner 2005, S. 188 f.).

---

2 In einer früheren Fassung seiner methodischen Konzeption kennzeichnet Erwin Panofsky die Stufen terminologisch noch in Anlehnung an einen Vorschlag von Karl Mannheim zur „Theorie der Weltanschauungs-Interpretation" aus dem Jahre 1921/22 (Mannheim 1964). Da geht es in der I. Stufe um die Erschließung des „Phänomensinns (zu teilen in Sach- und Ausdruckssinn)" eines Kunstwerkes, in der II. Stufe um die Erschließung seines „Bedeutungssinns" und in der III. Stufe um die Erschließung seines „Dokumentsinns" oder „Wesenssinns" (Kaemmerling 1979, S. 203).

1980 ergänzt Max Imdahl die methodische Konzeption Panofskys in einem wichtigen Punkt (siehe Imdahl 1995, S. 300-343; Schulz 2005, S. 45-50; Müller-Doohm 1997, S. 96 ff.; Bohnsack 2003 a, S. 89 f.): Er richtet die Aufmerksamkeit auf die allein dem Bild eigenen Aussagemöglichkeiten. Um die rein visuell formulierte Aussage eines Bildes jenseits aller sprachlichen und literarischen Hinweise oder Bezüge genau zu erfassen, bedarf es einer besonderen Aufmerksamkeit. „Der Erschließung einer solchen bildspezifischen und außerhalb eines Bildes nicht anzutreffenden Sinnstruktur", schreibt Imdahl, „entspricht eine spezifische ikonische Anschauungsweise. Man kann diese Ikonik nennen." (zit. nach Schulz 2005, S. 46). Das genaue Erfassen der formalen Bildstruktur, des „Formsinns", ist eine wichtige Voraussetzung für jede inhaltliche Bedeutungsanalyse von Bildern und insofern eine wesentliche Ergänzung des Gesamtkonzepts der methodischen Bildinterpretation.[3]

Die so hinreichend deutlich gekennzeichnete, methodisch gut ausgerüstete „Ikonologie" erweist sich als eine bedeutsame Erweiterung der Kunstgeschichte.

Die ikonologische Erweiterung der Kunstgeschichte fordert im Gegenzug eine ikonologische Orientierung in anderen Kultur- und Sozialwissenschaften heraus. So ist auch das seit den 80er Jahren sich entfaltende Interesse an einer ikonologischen Bildbetrachtung in der Erziehungswissenschaft zu verstehen. Im Zuge dieser Übertragung in eine nicht primär an Bildern, sondern an Sachverhalten orientierten Wissenschaft, verändert sich die Ausrichtung der Ikonologie. Sie zielt hier nicht auf die Eingliederung der Werke bildender Kunst in den Geist einer Epoche (Panofsky) oder auf den Umgang mit Werken der bildenden Kunst im Habitus einer Gruppe oder Klasse (Bourdieu), aber auch nicht allein auf den Wandel eines visuellen Motivs, eines Symbols oder eines Sujets der bildenden Kunst (Warburg). Es geht in ihr primär überhaupt nicht um äußere Bilder, sondern um innere Bilder, um bildhafte Vorstellungen, um „Ikonen" in einem spezifischen Sinne.

Unter einer „Ikone" verstehe ich hier eine bildhafte Vorstellung – Psychologen sprechen von „mentaler Repräsentation" oder von „geistigem Bild" (Mitchell 1990, S. 24 ff.). Eine bildhafte Vorstellung existiert nur im Inne-

---

3 Auch bei Panofsky geht es auf der ersten Stufe der „vor-ikonographischen Beschreibung" zunächst um das Erfassen des reinen „Phänomensinns" eines Kunstwerkes ohne zusätzliche Kenntnisse und Informationen. Aber bei ihm richtet sich die Aufmerksamkeit des Betrachters in dieser Phase auf die inhaltliche Bedeutung dessen, was er sieht, auf den „Sachsinn", und auf die Gefühle, die in ihm angesprochen werden, auf den „Ausdruckssinn" des Bildes. Bei Imdahl konzentriert der Betrachter seine Aufmerksamkeit vornehmlich auf die formale, farbliche, materielle und kompositorische Gestaltung des Bildes, auf den reinen „Formsinn" des Bildes – so könnte man sagen. Das meint eine zusätzliche Qualität und Bedeutung, die allein durch bildnerische Mittel erfahrbar wird.

ren eines individuellen Bewusstseins, für andere Menschen nicht zugänglich. Darum ist es schwierig, sich über Vorstellungen zu verständigen. Auch eine Wahrnehmung, eine visuelle Wahrnehmung ist nur im Inneren eines individuellen Bewusstseins gegeben; aber sie hat ein Gegenüber in der sichtbaren Außenwelt, das auch für andere Menschen zugänglich ist, und ein entsprechender Ausschnitt der Wahrnehmung lässt sich heute auch technisch im Foto als für jedermann wahrnehmbares Bild herstellen. Darüber hinaus sind Wahrnehmungen in der Regel deutlich und präzise, Vorstellungen hingegen undeutlich und verschwommen. Bildhafte Vorstellungen sind wahrnehmungsähnlich, aber keine aktuellen, sondern erinnerte Wahrnehmungen und zugleich so etwas wie Verallgemeinerungen und Zusammenfassungen zahlreicher variierender Wahrnehmungen desselben Gegenstandes. Wahrnehmungen sind an die Gegenwart des sichtbaren Gegenübers in der Außenwelt gebunden, Vorstellungen an die Sprache. Vorstellungen werden durch Worte und inneres Sprechen ins Bewusstsein gerufen und dort festgehalten. Vorstellungen begleiten die gesprochene oder gelesene Sprache; sie begleiten sowohl unsere Gespräche, Reden, Lesungen und Gedanken wie auch unsere Erinnerungen und Träume.

Eine „Ikone" ist zudem eine besondere Art bildhafter Vorstellung. Sie ist eine allgemeine Vorstellung höherer Ordnung, eine „ästhetische Generalisierung" (Oelkers 1999, S. 35 f.). Das meint: Eine Ikone ist eine verallgemeinernde Vorstellung von Vorstellungen. Sie fasst nicht nur wie jede normale Vorstellung eine Mehrzahl von Wahrnehmungen zusammen, sondern ebenso eine Vielzahl von noch relativ unbestimmten und flüchtigen Vorstellungen in einer umfassenderen und verhältnismäßig konstanten Vorstellung. Darüber hinaus ist eine „Ikone" aber auch allgemein in dem Sinne, dass diese visuelle Vorstellung nicht nur im Bewusstsein eines einzelnen Menschen existiert, sondern zugleich im Bewusstsein vieler oder aller Menschen und dass die Menschen über sie miteinander kommunizieren können. Eine Ikone ist eine kollektive Gegebenheit, ein Inhalt des kulturellen und gesellschaftlichen Lebens.

Wie ist das möglich? Eine zunächst nur im Inneren eines Menschen gegebene Vorstellung wird vornehmlich dadurch mitteilbar, das sie als ein äußeres Bild in Erscheinung tritt – zum Beispiel im Werk eines Künstlers. Die innere Vorstellung wird als ein äußeres Bild wahrnehmbar. Andere Menschen können das Bild sehen, können sich dazu verhalten, können es in ihre Handlungen einbeziehen und darüber sprechen. Der kollektive Gehalt einer Ikone entfaltet sich im Bild-Diskurs.

Doch die Wahrnehmbarkeit der Vorstellung im Bild ermöglicht nicht nur ihre Kommunikation. Sie wirkt auch auf die Vorstellung selbst zurück, indem sie diese deutlicher und beständiger werden lässt. Die als äußeres Bild wahrgenommene Vorstellung eines bestimmten Sachverhalts überformt oder verdrängt die bis dahin nur vage und flüchtige Vorstellung desselben Sachverhalts und verschafft ihr damit eine nachhaltigere Geltung. Die Vorstellung wird zu einer Art Leitvorstellung. In diesem Sinne ist eine Ikone eine in äußeren Bildern repräsentierte, kollektive Leitvorstellung oder – so könnte man auch sagen – ein visueller Allgemeinbegriff. Die so im Bild dargestellte Vorstellung geht ein in den „Wortschatz" der Bildersprache – zum Beispiel Freiheitsstatue für „Freiheit".

Die Hervorbringung der Vorstellung in einem Bild ist der Akt eines einzelnen, durch seine Fähigkeiten ausgezeichneten Individuums. Sie trägt seine individuelle Handschrift und erscheint als seine individuelle Äußerung, als seine Erfindung. Als solche wird sie zumindest im Zeitalter der Kunst bis in die Gegenwart im Zeichen der Originalität angesehen, geschätzt, gefeiert und teuer verkauft. Doch diese Einschätzung verdeckt, dass die individuelle Hervorbringung zugleich eine Hervorbringung des Kollektivs ist. Die individuelle Vorstellung des Künstlers ist zugleich Teil einer allgemeinen Vorstellung, die sich unter den Angehörigen einer Gruppe, eines Stammes, eines Volkes, einer Kultur in der Auseinandersetzung mit ihrer Umwelt im Verborgenen herausgebildet hat und herangewachsen ist, bis sie in einem manifesten Bild in Erscheinung treten kann. So ist denn auch die bildhafte Gestaltung einer Ikone und der Umgang mit ihr ursprünglich ein kultischer Vorgang, ein magisches Ritual oder eine religiöse Handlung, eingebettet in eine gemeinschaftliche Zeremonie, bevor sie zu einem künstlerischen Ereignis wird.

Als pädagogische Ikonen bezeichne ich solche Ikonen oder ikonische Themen, die eine nähere oder weitere Bedeutung für die Erziehung haben und gleichsam als Leitbilder im Verhältnis zwischen den Generationen und im Bildungsprozess der Heranwachsenden gelten können. Klaus Mollenhauer nennt drei solcher Themenkreise: „die Lage der jungen Generation (Bilder von Kindern und Jugendlichen, als Porträts oder innerhalb von anderen Inszenierungen u. Ä.), Beziehungskonstellationen zwischen dieser und der Generation der Erwachsenen (Mütter und Väter mit Kindern, Lehrer und Schüler u. Ä.) und das Bild, das die Erwachsenen oder Heranwachsenden von sich selbst haben, als eine der Bedingungen des je besonderen Generationenverhältnisses (Porträts, Selbstbildnisse, abstrakte Kunst, Installationen und Performances u. Ä.)" (Mollenhauer 1997, S. 253). Zu diesen Themenkreisen gibt es bereits eine Mehrzahl von aufschlussreichen Einzelstudien – so beispielsweise zum Bild vom Kind und zur Kinderwelt (Lenzen, Meyer-Drawe, Wünsche 1993; Oelkers 1999), zur Beziehung von Eltern oder Erwachsenen zu Kindern (Mollenhauer 1983, S. 40 ff. und S. 89 ff.; Gruschka 1999, 2003 und 2005; Liebau 2003) und zur Beziehung von Lehrern und Schülern (Schulze 1993, 1999) oder zum Selbstbildnis (Mollenhauer 1983, S. 160 ff.; Schulze 1996, 1998; Parmentier 1997). Das Spektrum der ikonischen Themenkreise ließe sich noch erweitern etwa auf Schule und Lehrer (z. B. Schiffler/Winkeler 1991 a, b), auf Bildung und Lernen (z. B. Mollenhauer 1983; Parmentier 1993; Schulze 2001) oder auf Bildungsinhalte und Weltbilder (z. B. Mollenhauer 1983, S. 52 ff.; Schulze 1990, S. 109 ff., 2002; Parmetier 2003).

3. Methodische Schritte der pädagogisch-ikonologischen Bildinterpretation

Im Folgenden stelle ich die Verfahrensschritte vor, die erforderlich sind, um bei der Interpretation von Bildern im Rahmen einer Untersuchung zur pädagogischen Ikonologie zu nachvollziehbaren und gültigen Aussagen oder Annahmen zu kommen. Das Verfahren beginnt zunächst mit der Vorgeschichte und der Auswahl von Schlüsselbildern und gliedert sich dann in die drei folgenden Schritte: 1. Bildbeschreibung und Bildanalyse, 2. Kontextanalyse, 3. Komparative oder historische Analyse.[4]

Vorgeschichte und Auswahl von Schlüsselbildern: Die Vorgeschichte einer Untersuchung ist zu deren Verständnis notwendig. Es ist wichtig, sich selbst und den späteren Lesern klar zu machen, wie es zu der Untersuchung gekommen ist und worum es in ihr geht. Woher kamen die Anstöße? Gibt es Bezüge auf die erziehungswissenschaftliche Literatur – bestimmte Begriffe, Behauptungen oder Fragestellungen – oder gehen die Anregungen von Bildern aus? Welche kollektive Leitvorstellung, welche Ikone, ist Gegenstand der Untersuchung? Worin liegt ihre pädagogische Relevanz und in welcher Art Bilder repräsentiert sie sich? Wie lässt sich das Untersuchungsfeld begrenzen – zeitlich, thematisch, auf einen bestimmten Künstler oder eine Künstlergruppe, auf eine bestimmte Bildsorte oder Bildersammlung?

Und dann die wichtige Frage: Welches unter den vielen für eine thematisch ausgerichtete Untersuchung in Betracht kommenden Bilder ist besonders geeignet, für eine genauere, ins Einzelne gehende Analyse? Welche der vielen relevanten Bilder kann als ein Schlüsselbild gelten und gibt es noch weitere oder alternative Schlüsselbilder? Unter einem Schlüsselbild, verstehe ich ein Bild, das am Anfang oder auch im Mittelpunkt der Untersuchung steht, ein Bild, in dem die zu untersuchende Thematik besonders deutlich in Erscheinung tritt und das als Vorlage oder Muster für den Aufbau von bedeutsamen Vergleichs- und Entwicklungsreihen dient. Es bestimmt damit entscheidend die Ausrichtung der Untersuchung. Es ist daher wichtig, die Auswahl eines Schlüsselbildes zu begründen.

Erster Schritt: Bildbeschreibung und Bildanalyse. In diesem ersten Schritt konzentriert sich der Interpret allein auf ein einzelnes Bild, ein Schlüsselbild. Dieser Schritt entspricht in etwa dem, was Erwin Panofsky den Akt der „vor-ikonographischen Analyse" genannt hat (Panofsky 1979, S. 210

---

4 Gliederung und Benennung unterscheiden sich von der Vorgehensweise, die ich in meinem Aufsatz „Bilder zur Erziehung" (1999) vorgestellt habe. Sie schließen sich stärker an andere Methodenkonzepte der Bildinterpretation an (besonders Panofsky 1979 und Rittelmeyer/Parmentier 2001, S. 74). Der Sache nach aber ist es dasselbe Vorgehen. Zur Erläuterung der einzelnen Schritte meines Vorgehens verweise ich auch auf die Beispiele im genannten Aufsatz und in meinem Aufsatz „Die Bedeutung von Bildquellen für die Erziehung der Kinder im 18. Jahrhundert" (1997).

und 214 ff.). Ich unterteile diesen Schritt in die Bildbeschreibung und Bildanalyse.

In der Bildbeschreibung geht es zunächst nur darum, dass der Interpret kurz erklärt, was das Bild vorstellt, wer der Urheber ist, wo er es gefunden hat und was er über das Bild denkt oder weiß, ohne zusätzliche Quellen heranzuziehen – Titel, Name, Jahreszahl, Fundort.

Bei der Bildanalyse geht es dann schon um sehr viel mehr. Hier ist genaues Hinsehen gefordert. Eine genaue Wahrnehmung aller Einzelheiten auf einem Bild – auch scheinbar nebensächlicher Details – ist von großer Bedeutung für die folgende Interpretation. Es ist als würde man ein Bild nicht nur betrachten, sondern gleichsam lesen, wie man einen Text liest – Wort für Wort. Doch da gibt es einen wesentlichen Unterschied zwischen dem Lesen eines Bildes und dem Lesen eines Textes. Das Textlesen folgt der linearen Abfolge der Worte, Sätze und Abschnitte, Zeile um Zeile. Es ist sequentiell ausgerichtet. Wenn wir dagegen ein Bild betrachten, sucht unser Blick die Bedeutung des Bildes zunächst im Ganzen zu erfassen, dann schweift er in der gesamten Bildfläche umher, von einem Blickpunkt zu einem anderen springend, um schließlich die Stellen im Bild, die uns besonders anziehen, wichtig sind oder rätselhaft erscheinen, immer wieder zu umkreisen. Das Bildlesen ist zirkulär ausgerichtet. So erscheinen mir auch methodische Vorschläge unsinnig, die eine Bildinterpretation mit einer ausführlichen Bildbeschreibung beginnen lassen, indem sie alles, was auf dem Bild zu sehen ist in Worten wiederholen, so als müssten sie das Bild einem Blinden vorstellen oder als hätten sie ein Inventar der abgebildeten Erscheinungen anzulegen. Diese Vorschläge verkennen, dass das genaue Lesen ein stillschweigender, immer wieder erneut einsetzender Vorgang ist, der sich gleichsam bohrend immer tiefer in das Bild hineinsieht, und dass sich die Mitteilungen des Bildes nicht in einem Zuge, sondern in immer neuen Anläufen und Entdeckungen erschließen. Eine sinnvolle Bildbeschreibung müsste diese Art der Bewegung zum Ausdruck bringen.

Was bei einem genauen Hinsehen alles in den Blick kommt, lässt sich unter ganz unterschiedlichen Aspekten und Gesichtspunkten betrachten. Ich unterscheide hier drei Aspekte: den Aspekt des „Sachsinns", den Aspekt des „Ausdruckssinns" – beide nach Panofsky – und den Aspekt des „Formsinns" – im Sinne von Imdahl (siehe Fußnote 3).

Aspekt des Sachsinns: Hier gilt die Aufmerksamkeit vor allem den sachlichen Details, die auf dem Bild zu sehen sind, den Gegenständen, Requisiten, Kleidungsstücken, Frisuren, ihrer Beschaffenheit und Anordnung, aber auch den Haltungen, Bewegungen und Tätigkeiten der Personen. Viele der sachlichen Details haben eine symbolische Bedeutung. So sieht Michael Parmentier (1993, S. 110) in Chardins Bild „L'enfant au toton" in dem Kreisel ein Symbol für die Kürze des Lebens und die Vergänglichkeit des Glücks und Andreas Gruschka (1999, S. 122) in der Kombination von Kreisel, Schreibfeder und Zeichenstift ein Bildungsprogramm.

Aspekt des Ausdruckssinns: Hier kommt es darauf an zu bestimmen, welche Art Gefühle die dargestellten Personen ausdrücken und in welcher Weise das Bild insgesamt gefühlsmäßig auf den Betrachter wirkt – ob eher düster oder heiter, klar oder verworren, steif oder lebendig. Bei der emotionalen Beurteilung der Personen spielen natürlich vor allem ihr Gesichtsausdruck und ihre Bewegung eine Rolle, aber auch ihre Beziehung zu den anderen Personen im Bild, die Art und Weise wie sie sich ihnen zuwenden, sie berühren oder anblicken, aber auch wie sie den Betrachter des Bildes ansehen. Doch hier ist der Interpretation Zurückhaltung geboten. Allzu leicht projizieren wir in ein Gesicht oder eine Geste etwas hinein, was auch anders gemeint sein könnte. Hier sollte man immer alternative Möglichkeiten in Betracht ziehen und zumindest ein „so wirkt es auf mich" hinzufügen. Gefühle sind ohnehin oft ambivalent (vgl. Rittelmeyer/Parmentier 2001, S. 82 ff.).

Der Aspekt des Formsinns: Hier setzt die Analyse voraus, dass wir die inhaltlichen Bedeutungen weitgehend einklammern, und zugleich verlangt sie eine eigene Art von Aufmerksamkeit, eine „spezifisch ikonische Anschauungsweise". Max Imdahl nennt drei Gesichtspunkte, die hier eine besondere Beachtung verdienen (nach Bohnsack 2003 a, S. 92 ff.). – Das ist zunächst der der „perspektivischen Projektion". Er betrifft die Räumlichkeit des Bildes, die Blickperspektiven im Bild und die Einbeziehung des Betrachters in das Bild durch eine Gesamtperspektive mit ihren Fluchtpunkten. – Dann ist da der Gesichtspunkt der „szenischen Choreographie". Er betrifft die Anordnung der Personen und Gegenstände, ihre Gruppierung und Gegenüberstellung, die bevorzugten Positionen innerhalb der Gruppe, die Hervorhebung durch Beleuchtung, die Größenverhältnisse und Abstände.[5] – Der dritte Gesichtspunkt ist der der „planimetrisch geregelten Gesamtstruktur". Da geht es um die Verteilung der Blickpunkte im Bild und die Richtung der Verbindungslinien zwischen ihnen, um Geraden und Diagonalen, die das Bild durchkreuzen und aufteilen, und um Schnittpunkte und ihr Verhältnis zum Mittelpunkt des Bildes, aber auch um die Verteilung der Gewichte und die Konfrontation geometrischer Formen. – Man könnte die „Lichtverhältnisse" und die „Farbgebung" noch als weitere Gesichtspunkte hinzufügen.

Besonders dieser Teil der Bildanalyse lässt sich entdeckend und bestätigend unterstützen durch eine „experimentelle Interpretation", indem man die Struktur des Bildes nachvollziehend, variierend und verändernd untersucht (Rittelmeyer/Parmentier 2001, S. 87 ff.). Das kann damit beginnen, dass man das Bild selbst oder einzelne Bilddetails nachzeichnet oder nachmalt,

---

5 So ist beispielsweise in der Zeichnung „Die ersten freien Schritte" von Rembrandt (1639/43 nach Vogel-Köhn 1981, Abb. 63) der Abstand zwischen der vorgesteckten Hand des kleinen Kindes und der entgegen gestreckten Hand der älteren Frau außerordentlich bedeutsam. Wäre er größer, würde das Kind fallen; wäre er geringer, käme es nicht zu einem ersten Schritt. Genau in dem Zwischenraum zwischen den Händen tritt, so könnte man sagen, der Lernvorgang in Erscheinung (Schulze 2001, S. 15).

um sie besser zu verstehen. Man kann mit Hilfe unterschiedlich großer Passepartouts verschiedene Ausschnitte, Stellen oder Blickpunkte isolieren. Man kann das Bild kopieren und zerschneiden und neu zusammensetzen, einzelne Bildteile herauslösen, vergrößern, gegen andere verschieben, durch andere ersetzen, sie vertauschen, die Abstände verringern oder vergrößern. Und so weiter – dem Erfindergeist sind keine Grenzen gesetzt.

Zweiter Schritt: Kontextanalyse. Der zweite Schritt der Bildinterpretation führt die Interpretation über das einzelne Bild hinaus und bezieht zusätzliche Quellen unterschiedlicher Art mit ein (vgl. Rittelmeyer/Parmentier 2001, S. 76 ff.). Er entspricht dem, was Erwin Panofsky den Akt der „ikonographischen Analyse" genannt hat (Panofsky 1979, S. 210, 212 und 217-220). Die ikonographische Analyse ist in der Kunstgeschichte ein besonders wichtiger Teil der Forschung. In ihm geht es unter anderem um die genaue Datierung und Zuordnung des Bildes und seine Echtheit, um die Vorgeschichte, Entstehung und Überlieferung des Bildes, um Vorbilder, Vorläufer, Nachahmer und spätere Besitzer, um alle möglichen Kommentare und Äußerungen zu dem Bild und um seine Beziehung zu literarischen Texten, um die Entschlüsselung von Allegorien und um die Veränderung der Handschrift, des Stils. Nicht dass alles dieses nicht wichtig wäre, aber es ist nicht die Aufgabe einer pädagogisch-ikonlgischen Forschung dies alles zu erarbeiten. Der Interpret muss alles das nicht selbst herausfinden; er kann es aus kunsthistorischen Untersuchungen übernehmen. Es genügt ihm, wenn er sich in einschlägigen Handbüchern und Monographien informiert.

Im Rahmen einer pädagogisch-ikonologischen Forschung ist es wichtig, etwas über die Entstehungsbedingungen des analysierten Bildes zu wissen und auch über seine spätere Verwendung und Verbreitung. Wie wurde das Bild aufgenommen, wo wird es besprochen und in welchen Zusammenhängen wird es als Illustration, charakteristisches Beispiel oder als Titelbild zitiert? – Dann aber ist es für die pädagogisch-ikonologische Forschung auch wichtig, das Umfeld der Bilder kennen zu lernen, in dem das Bild beheimatet ist. Da geht es um das Gesamtwerk des Malers und die Stellung des Bildes in ihm. Ist das Bild ein Einzelfall oder gibt es mehrere der Art oder behandelt es ein Hauptthema des Werkes? Ist es eine Auftragsarbeit oder eine freie Erfindung? Gibt es unter den anderen Bildern Varianten, die einen Aufschluss über die Bearbeitung des Themas geben können, oder Anregungen, die für die Interpretation des Bildes hilfreiche Hinweise enthalten? – Und natürlich geht es auch um die Bilder im weiteren Umfeld, um die Bilder anderer zeitgenössischer Maler und um Vorgänger und Nachfolger. Es geht um die Bilder, die einen Einfluss gehabt haben könnten, aber auch um die, die so etwas wie einen Kontrast bilden.

Dritter Schritt: Komparative oder historische Analyse. Dieser Schritt ist der wichtigste. Mit ihm gehen wir über das einzelne Bild hinaus in die Fülle der Bilder. Auf ihn kommt es besonders an in einer ikonologisch orientierten Bildinterpretation. Und mit ihm eröffnet sich auch der Raum für gewagte und oft genug unhaltbare Spekulationen. Ein einzelnes Bild kann alles Mögliche aussagen, doch nichts, was über das Bild hinausreicht. Das einzelne Bild spricht nur für sich. Erst im Vergleich mit anderen Bildern lassen sich haltbare Aussagen über die Bedeutung und Wandlung von Bildern machen und über die Beschaffenheit und Entwicklung kollektiver Leitvorstellungen, von Ikonen. Aber auch die Zusammenstellung und der Vergleich mit beliebigen anderen Bildern können in die Irre führen. Es bedarf einer sorgfältigen Auswahl der zu einem aufschlussreichen Vergleich geeigneten Bilder und einer genauen Abstimmung zwischen ihnen – fast so, als müsste man die Teilstücke in einem Puzzle zusammensetzen. Nur wenige passen genau zueinander.

Es gibt einen sorglosen und oberflächlichen Umgang mit Bildern – auch in der Wissenschaft. Da werden in unbegründeter Auswahl einzelne Bilder ohne vorausgehende Analyse zu anderen Bildern auf Grund einseitiger Kennzeichnungen und missverstandener Deutungen zueinander in Beziehung gesetzt, ohne dass diese Beziehungen hinreichend geklärt sind, und die Schlussfolgerungen und Behauptungen, die auf Grund solcher Zusammenstellungen getroffen werden, beruhen auf Vorurteilen und abstrakten Kategorien, deren konkrete bildliche Bedeutung nicht nachgewiesen wird. Solch eine Art Interpretation könnte man als „Wildern im Bilderwald" bezeichnen: Man schießt, was einem vor die Flinte kommt; manchmal trifft man etwas, manchmal trifft man etwas anderes und oft daneben.

Der dritte Schritt, den ich im Folgenden vorstelle, entspricht dem, was Erwin Panofsky den Akt der „ikonologischen Interpretation" genannt hat (Panofsky 1979, S. 211 ff. und 220 ff.). Doch er zielt in eine andere Richtung. Er zielt nicht auf die Gemeinsamkeit der kulturellen Objektivationen in einer Epoche und auch nicht auf den Habitus einer sozialen Gruppe, sondern auf „große allgemeine Entwicklungsgänge" (Warburg), auf die Entwicklung kollektiver, für die Erziehung bedeutsamer Leitvorstellungen. Es geht um die Ausarbeitung verlässlicher Bezugspunkte und Linien in einer Geschichte der pädagogischen Ikonen. In diesem Sinn ist die Analyse historisch. Und damit ist sie auch notwendig komparativ. Unterschiedliche Bilder müssen miteinander verglichen werden (vgl. Rittelmeyer/Parmentier 2001, S. 78-82). Ich unterteile diesen Schritt in vier Teilschritte: 1. Identifikation von Schlüsselfiguren und Schlüsselmotiven, 2. Erschließung von Entwicklungsreihen, 3. Profilierung durch Gegenbilder, 4. Einordnung in einen größeren Zusammenhang (vgl. Schulze 1999, S. 66-80).

Identifikation von Schlüsselfiguren und Schlüsselmotiven. In jedem Bild zeigt sich so etwas wie eine Schlüsselfigur. Damit bezeichne ich die bildhafte Struktur der im Bild gemeinten Vorstellung. Diese lässt sich in der Regel leicht auf ein abstraktes Bildschema zurückführen, auf eine Art Piktogramm, und sie kann wie ein Schlagwort als eine Art Suchformel fungieren. So erkennen wir sofort eine Verkündigung der Geburt Christi in der Gegenüberstellung von Engel und Jungfrau. Auf Grund der Schlüsselfigur eines Bildes sind wir in der Lage unter beliebigen Bildern auf den ersten Blick diejenigen herauszufinden, welche dieselbe Vorstellung zum Thema haben. – In einer ähnlichen Weise wie eine Schlüsselfigur können wir auch einzelne Elemente einer Schlüsselfigur oder Schlüsselmotive nutzen. Mit „Schlüsselmotiven" sind hier bestimmte Details im Bild gemeint, die den Charakter von Indizien oder Erkennungszeichen haben, wie beispielsweise die deutende Hand bzw. der belehrende Zeigefinger oder auch ein Buch in Bildern der Verkündigung, Belehrung oder Unterrichtung, und oft kommt ihnen eine zusätzliche symbolische Bedeutung zu.

Die Identifikation einer Schlüsselfigur oder eines Schlüsselmotivs entspricht der Definition eines Begriffs oder der Bestimmung eines Begriffsmerkmals. Ihre genauere Beschreibung ist eigentlich eine wichtige Aufgabe, die bereits dem ersten Schritt der Untersuchung zukommt. Ich führe sie an dieser Stelle an, weil sie zugleich den Ausgangspunkt für die komparative und historische Analyse bildet. Nur indem wir von einer wohl definierten Schlüsselfigur oder einem als bedeutsam identifizierten Schlüsselmotiv ausgehen, können wir sicher sein, uns auf der Ebene der Bilder und nicht auf der Ebene des Redens über Bilder fortzubewegen und Aufschlüsse über den geschichtlichen Wandel bildlicher Vorstellungen zu gewinnen, jenseits aller verbaler Vorurteile.

Erschließung von Entwicklungslinien. Padagogisch-ikonologische Forschung ist interessiert an der historischen Entwicklung von kollektiven Leitvorstellungen, die für die Erziehung bedeutsam sind. Da liegt es nahe unter dem Titel einer dieser Leitvorstellungen alle möglichen Bilder, die sie repräsentieren, zu sammeln und chronologisch zu ordnen – beispielsweise Bilder von Kindern. Es gibt mehrere Sammlungen von Kinderbildern (siehe Literaturverzeichnis in Gieser 1966). Das ist eine verdienstvolle Arbeit und eine wichtige Vorbereitung. Doch die chronologische Anordnung von Bildern macht noch keine Geschichte der Bilder. Eine Geschichte der Bilder setzt sich zusammen aus einer Vielzahl vergleichender Untersuchungen von spezifischen Themen, Figuren und Motiven, die sich erst nach und nach zu einem Netzwerk verdichten, das so etwas wie zusammenhängende historische Entwicklungslinien erkennen lässt. Und immer neue Untersuchungen schließen sich an. Noch fehlen uns im Bereich der pädagogischen Ikonologie zusammenfassende Überblicke. Einstweilen werden wir uns auf einzelne Entwicklungslinien konzentrieren müssen.

Entwicklungslinien beruhen auf Vergleichsreihen, und eine Vergleichsreihe entsteht, indem wir ausgehend von einem oder auch mehreren Schlüsselbildern eine Reihe von Bildern zusammenstellen, denen entweder dieselbe Schlüsselfigur zu Grunde liegt oder die sich auf dasselbe Schlüsselmotiv beziehen. Dabei sind in der Regel mehrere ganz unterschiedliche Vergleichsreihen möglich, je nachdem worauf sich der Vergleich konzentriert. – Der Vergleich so zusammengestellter Bilder führt uns zu differenzierenden Feststellungen und Unterscheidungen. So entdecken wir, dass es für die

Betrachtung von Familienbildern im Hinblick auf die Form und den Stil der Kommunikation in der Familie nicht unwichtig ist, ob die Familienmitglieder im Raum verstreut verschiedenen Tätigkeiten nachgehen oder um einen Tisch versammelt sind, ob der Tisch rund oder eckig ist, ob sie am Tisch essen oder sich unterhalten, lernen oder feiern, wie viele es sind und wer außer den Kindern noch mit am Tisch sitzt usw. Und an der chronologischen Zuordnung können wir dann ablesen, ob es sich bei diesen Differenzen eher um situativ oder sozial bedingte Unterschiede oder um historische Veränderungen handelt (siehe Schulze 1997).

Profilierung durch Gegenbilder. Jede Entwicklungsreihe bildet in ihrer Verallgemeinerung eine Art Hypothese. Es ist notwendig diese Hypothese zu prüfen. Die Prüfung geschieht dadurch, dass wir uns nach weiteren Bildern umsehen, die die von der Reihe angebotene Hypothese bestätigen, aber auch nach Gegenbildern, die ihr widersprechen oder nicht recht zu ihr zu passen scheinen.

Es gibt zwei Arten von Gegenbildern. Die eine Art zwingt uns dazu die Hypothese zu überdenken oder zu revidieren, indem wir die Reihe erweitern oder verändern. Andere Gegenbilder stehen nicht im Widerspruch zur Vergleichsreihe, aber sie lassen sich auch nicht ohne weiteres in sie einfügen. Sie enthalten eine ähnliche Thematik wie das Schlüsselbild; aber sie stellen sie in einer anderen Weise dar und folgen einer anderen Grundfigur. Sie stellen ein anderes ikonisches Modell vor und sie gehören damit einer alternativen Vergleichsreihe an. So hebt ein Erwachsener, der ein Kind auf dem Arm hält oder neben ihm sitzend etwas zeigt, eine andere pädagogische Beziehung hervor als ein Erwachsener, der dem Kind belehrend gegenübertritt. Neue Vergleichsreihen schließen sich an.

Einordnung in einen größeren Zusammenhang. Die Analyse von Schlüsselbildern und die Ausarbeitung von Vergleichsreihen verschaffen der Bildinterpretation eine solide Basis für Annahmen und Folgerungen, die nicht auf Zuschreibungen und Unterstellungen beruhen, sondern auf der Beschaffenheit der Bilder selbst. Doch die Schlüsselbilder stehen zunächst noch einzeln wie Sterne im Zeitraum – mehr oder weniger weit voneinander entfernt. Und auch die Vergleichsreihen verbinden zwar einzelne Bilder miteinander, aber sie binden sie nicht fest. Sie hängen wie lose Fäden aneinander, aber sie bilden noch kein Netz, und das mögliche Netz ist nicht befestigt. Es gilt daher in diesem letzten Teilschritt, die Ergebnisse der bisherigen Untersuchungen in größere Zusammenhänge einzubringen. Da ist zum einen der Diskurs der Bilder und zum anderen der Diskurs der Pädagogik und insgesamt der evolutionäre Gang der Menschheitsgeschichte.

Im Diskurs der Bilder (siehe Maasen/Mayerhausen/Renggli 2006) ist es wichtig herauszufinden, wann und wo ein bestimmter Bildtyp, eine prägnante Figuration, ein bedeutsames Motiv zum ersten Mal auftaucht oder wann auffallende Veränderungen und Transformationen an ihnen in Erscheinung treten, aber auch in welcher Periode sich eine neue Sichtweise und ein neues Bewusstsein von dem darzustellenden Gegenstand herauszubilden beginnt. So ist beispielsweise für die Darstellung des Kindes die Zeit Leonardo da Vincis und Dürers von großer Bedeutung. Das ist die Zeit, in der Maler sich intensiver mit den Proportionen des Menschen befassen und so auch mit den Proportionen des kindlichen Körpers und des Kindergesichts auf verschiedenen Altersstufen. Im Grunde ist damit auch der Gedanke der Entwicklung gegenwärtig, lange bevor Rousseau ihn dann in der Pädagogik zur Geltung bringt.

Der andere größere Zusammenhang, auf den es vornehmlich ankommt, ist der pädagogische Diskurs. Hier geht es darum, die Befunde, die sich aus der Analyse der Bilder ergeben haben, in Beziehung zu setzen zu den in der Pädagogik vorherrschenden Ideen und Praktiken und zu den die pädagogische Geschichtsschreibung bestimmenden Vorstellungen. So lenken beispielsweise Familienbilder aus dem 18. und 19. Jahrhundert die Aufmerksamkeit auf die Bedeutung der häuslichen Erziehung und Unterrichtung, während in den Werken zur Geschichte der Pädagogik für diese Zeit eher die Entfaltung des öffentlichen Schulwesens im Mittelpunkt steht. Und an Kinderzeichnungen von Rembrandt oder Kinderbildern von Chardin kann man ablesen, dass das Lernen nicht immer den Angeboten und Aufforderungen der Erziehung folgt, sondern seine eigenen Wege geht. Überhaupt sind es vor allem außerschulische und außerinstitutionelle Erziehungsverhältnisse und informelle Lernprozesse, die bei der Betrachtung von Bildern in den Blick kommen.

4. Ausblick

Mit der Einordnung der Befunde der Bildanalysen in den Diskurs der Bilder und den pädagogischen Diskurs ist die ikonologische Untersuchung an ihrem Ende – nicht jedoch die pädagogische Ikonologie. Ihr Interesse geht, wie bereits angedeutet, über eine nur inhaltliche und historische Analyse weit hinaus. Sie zielt letztlich auf die Erscheinungsweisen und die Wirksamkeit der Ikonen in der Gegenwart. Welche Bedeutung haben die für die Erziehung relevanten, allgemeinen kollektiven Leitvorstellungen in der Bilderflut des gegenwärtigen Lebens? Was bewirken sie in ihm? In welchem Sinne sind sie leitend? Um diese Fragen beantworten zu können, sind noch andere Zugänge und Vorgehensweisen erforderlich. Hier gilt die Aufmerksamkeit nicht nur den Inhalten, sondern auch dem Umgang mit den Bildern und viele andere Arten von Bildern kommen in den Blick: Fotos in Familienalben und Illustrierten, Bilder in Filmen, Video-Clips, computergenerierte Bilder, Internetanimationen und Arrangements der modernen Kunst. Foto-, Film- und Medienanalyse eröffnen hier ein weites Feld zu weitläufigen Untersuchungen.

Doch es zeigt sich, dass es für die Beurteilung der Bilder in Film und Werbung, in Illustrierten und Fotoalben, in Kunstausstellungen und Bühneninszenierungen nicht nur hilfreich sein kann, sondern mitunter unerlässlich ist, zu wissen, wo die Bildvorstellungen herkommen, was für eine Geschichte sie hinter sich haben und welche Bedeutungen sich in ihnen versammelt haben, die in ihrer aktuellen Gestaltung und Nutzung bewahrt oder verletzt, fortgebildet oder angegriffen, angezweifelt oder bagatellisiert werden. In diesen Zusammenhängen wären dann auch die Fragen zu erörtern, wie sie Jürgen Oelkers in seinem Aufsatz „Kinderbilder" gestellt hat (Oelkers 1999): Was haben Kinderbilder mit der Erziehung zu tun? Sind sie Mittel der Erziehung oder gar ihre Voraussetzung? Erziehen wir nur, weil wir Bilder von Kindern im Kopf haben? Und was haben Kinderbilder mit den Kindern selbst zu schaffen? Wie sieht ein Kind ein Foto an, das man von ihm gemacht hat?

Literatur

Alt, Robert 1966 und 1971: Bilderatlas zur Schul- und Erziehungsgeschichte Bd.1 und 2. Berlin.
Bialostocki, Jan 1979: Skizze einer Geschichte der beabsichtigten und der interpretierenden Ikonogaphie. In: Kaemmerling, Ekkehard (Hg.): Ikonographie und Ikonologie. Bildende Kunst als Zeichensystem 1. Köln. S. 15-63.
Boehm, Gottfried 1995: Die Wiederkehr der Bilder. In: Boehm, Gottfried (Hg.): Was ist ein Bild? München. S. 11-38.
Bohn, Volker (Hg.) 1990: Bildlichkeit. Frankfurt/M.
Bohnsack, Ralf 2003 a: Die dokumentarische Methode in der Bild- und Fotointerpretation. In: Ehrenspeck, Yvonne/Burkhard Schäffer (Hg.): Film- und Fotoanalyse in der Erziehungswissenschaft. Ein Handbuch. Opladen. S. 87-107.
Bohnsack, Ralf 2003 b: Qualitative Methoden der Bildinterpretation. In: Zeitschrift für Erziehungswissenschaft. Jg. 6/H.3. S. 230-256.
Bredekamp, Horst 2003: Bildwissenschaft. In: Pfisterer, Ulrich (Hg.): Metzler Lexikon Kunstwissenschaft. Stuttgart/Weimar. S. 56-58.
Ehrenspeck, Yvonne/Burkhard Schäffer (Hg.) 2003: Film- und Fotoanalyse in der Erziehungswissenschaft. Ein Handbuch. Opladen.
Friebertshäuser, Barbara/Heide von Felden/Burkhard Schäffer (Hg.) 2007: Bild und Text. Methoden und Methodologien visueller Sozialforschung in der Erziehungswissenschaft. Opladen/Farmington Hills.
Fröhlich, Volker/Ursula Stenger (Hg.) 2003: Das Unsichtbare sichtbar machen. Weinheim und München.
Gieser, Josef 1966: Europäische Kinderbilder. Die soziale Stellung des Kindes im Wandel der Zeit. München.
Gombrich, Ernst H. 1970: Aby Warburg: an intellectual biography. London.
Gruschka, Andreas 1999: Bestimmte Unbestimmtheit. Chardins pädagogische Lektionen. Münster.
Gruschka, Andreas 2003: Entdeckt aber nicht erobert. Paolo Veronese malt Kinder und Jugendliche. Münster.
Gruschka, Andreas 2005: Der heitere Ernst der Erziehung. Jan Steen malt Kinder und Erwachsene als Erzieher und Erzogene. Münster.
Herrlitz, Hans-Georg/Christian Rittelmeyer (Hg.) 1993: Exakte Phantasie. Weinheim und München.

Imdahl, Max 1995: Ikonik. Bilder und ihre Anschauung. In: Boehm, Gottfried (Hg.): Was ist ein Bild? München. S. 300-324.

Kaemmerling, Ekkehard (Hg.) 1979: Ikonographie und Ikonologie. Bildende Kunst als Zeichensystem 1. Köln.

Liebau, Eckart 2003: Die Wahrheit der Bilder. Mutter – Vater – Kind in Bildern aus Kunst und Wissenschaft. In: Fröhlich, Volker/Ursula Stenger (Hg.): Das Unsichtbare sichtbar machen. Weinheim und München. S. 225-233.

Maasen, Sabine/Torsten Mayerhausen/Cornelia Renggli (Hg.) 2006: Bilder als Diskurse – Bilddiskurse. Velbrück.

Mannheim, Karl 1964: Beiträge zur Theorie der Weltanschauungs-Interpretation. In: Mannheim, Karl: Wissenssoziologie. Berlin/Neuwied. S. 91-137.

Mitchell, W. J. T. 1990: Was ist ein Bild? In: Bohn, Volker (Hg.): Bildlichkeit. Frankfurt/M. S. 17-68.

Mollenhauer, Klaus 1983: Vergessene Zusammenhänge. Über Kultur und Erziehung. München.

Mollenhauer, Klaus 1986: Streifzug durch fremdes Terrain: Interpretation eines Bildes aus dem Quattrocento in bildungstheoretischer Absicht. In: Mollenhauer, Klaus: Umwege. Weinheim und München. S. 38-67.

Mollenhauer, Klaus 1997: Methoden erziehungswissenschaftlicher Bildinterpretation. In: Friebertshäuser, Barbara/Annedore Prengel (Hg.): Handbuch Qualitative Forschungsmethoden in der Erziehungswissenschaft. Weinheim und München. S. 247-264.

Müller-Doohm, Stefan 1993: Visuelles Verstehen. Konzepte kultursoziologischer Bildhermeneutik. In: Jung, Thomas/Stefan Müller-Doohm (Hg.): „Wirklichkeit" im Deutungsprozess. Frankfurt/M. S. 438-457.

Müller-Doohm, Stefan 1997: Bildinterpretation als struktural-hermeneutische Symbolanalyse. In: Hitzler, Ronald/Anne Honer (Hg.): Sozialwissenschaftliche Hermeneutik. Opladen. S. 81-108.

Oelkers, Jürgen 1999: Kinderbilder. Zur Geschichte und Wirksamkeit eines Erziehungsmediums. In: Schäfer, Gerd/Christoph Wulf (Hg.): Bild – Bilder – Bildung. Weinheim. S. 35-58.

Panofsky, Erwin 1979 (orig. 1939/1955): Ikonographie und Ikonologie. In: Kaemmerling, Ekkehard (Hg.): Ikonographie und Ikonologie. Theorie. Entwicklung. Probleme. Köln. S. 207-225.

Parmentier, Michael 1993: Sehen sehen. Ein bildungstheoretischer Versuch über Chardins ‚L'enfant au toton'. In: Herrlitz, Hans-Georg/Christian Rittelmeyer (Hg.): Exakte Phantasie. Weinheim und München. S. 105-121.

Parmentier, Michael 1997: Das gemalte Ich. Über die Selbstbilder von Rembrandt. In: Zeitschrift für Pädagogik Jg. 43. S. 721-738.

Parmentier, Michael 2003: Diskurstheorie avant la lettre. Das hidden curriculum der „Schule von Athen". In: Fröhlich, Volker/Ursula Stenger (Hg.) 2003: Das Unsichtbare sichtbar machen. Weinheim und München. S. 255-276.

Pictura Paedagogica Online (PPC). Digitales Bildarchiv zur Bildungsgeschichte. www.bbf.dipf.de/VirtuellesBildarchiv

Pilarczyk, Ulrike/Ulrike Mietzner 2005: Das reflektierte Bild. Bad Heilbrunn.

Rittelmeyer, Christian/Michael Parmentier 2001: Einführung in die pädagogische Hermeneutik. Darmstadt.

Rittelmeyer, Christian/Erhard Wiersing (Hg.) 1991: Bild und Bildung. Ikonologische Interpretationen vormoderner Dokumente von Erziehung und Bildung. Wiesbaden.

Sachs-Hombach, Klaus 2003: Das Bild als kommunikatives Medium. Elemente einer allgemeinen Bildwissenschaft. Köln.
Sachs-Hombach, Klaus (Hg.) 2005: Bildwissenschaft. Disziplinen, Themen, Methoden. Frankfurt/M.
Schäfer, Gerd/Christoph Wulf (Hg.) 1999: Bild – Bilder – Bildung. Weinheim.
Schäffer, Burkhard 2005: Erziehungswissenschaft. In: Sachs-Hombach, Klaus (Hg.): Bildwissenschaft. Disziplinen, Themen, Methoden. Frankfurt/M. S. 213-225.
Schiffler, Horst/Rolf Winkeler 1991 a: Tausend Jahre Schule. Eine Kulturgeschichte des Lernens in Bildern. Stuttgart/Zürich.
Schiffler, Horst/Rolf Winkeler 1991 b: Bilderwelt der Erziehung. Die Schule im Bild des 19. Jahrhunderts. München/Weinheim.
Schmitt, Hanno/Jörg-W. Link/Frank Tosch (Hg.) 1997: Bilder als Quelle der Erziehungsgeschichte. Bad Heibrunn.
Schulz, Martin 2005: Ordnungen der Bilder. Eine Einführung in die Bildwissenschaft. München.
Schulze, Theodor 1990: Das Bild als Motiv in pädagogischen Diskursen. In: Lenzen, Dieter (Hg.): Kunst und Pädagogik. Erziehungswissenschaft auf dem Weg zur Ästhetik? Darmstadt. S. 97-119.
Schulze, Theodor 1993: Ikonologische Betrachtungen zur pädagogischen Paargruppe. In: Herrlitz, Hans-Georg/Christian Rittelmeyer (Hg.): Exakte Phantasie. Weinheim und München. S. 147-171.
Schulze, Theodor 1996: Der gemalte Blick des Malers. Ein Beitrag zur Geschichte des Sehens. In: Mollenhauer, Klaus/Christoph Wulf (Hg.): Aisthesis/Ästhetik. Zwischen Wahrnehmung und Bewusstsein. Weinheim. S. 42-84.
Schulze, Theodor 1997: Die Bedeutung von Bildquellen für die Erziehung der Kinder im 18. Jahrhundert. In: Neumann, Josef N./Udo Sträter (Hg.): Das Kind in Pietismus und Aufklärung. Tübingen. S. 257-280.
Schulze, Theodor 1998: Selbstbildnis und Bildung. In: Hellekamps, Stephanie (Hg.): Ästhetik und Bildung. Weinheim. S. 67-77.
Schulze, Theodor 1999: Bilder zur Erziehung. Annäherungen an eine Pädagogische Ikonologie. In: Schäfer, Gerd/Christoph Wulf (Hg.): Bild – Bilder – Bildung. Weinheim. S. 59-87.
Schulze, Theodor 2001: Die außerordentliche Tatsache des Lernens. Oldenburger Universitätsreden Nr. 132. Oldenburg.
Schulze, Theodor 2002: Weltorientierung. Überlegungen und Anmerkungen zu einem Aspekt der Allgemeinbildung. In: Asdonk, Jupp/Hans Kroeger/Gottfried Strobl/Klaus-Jürgen Tillmann/Johannes Wildt (Hg.): Bildung im Medium der Wissenschaft. Weinheim/Basel. S. 25-34.
Vogel-Köhn, Doris 1981: Rembrandts Kinderzeichnungen. Köln.
Wünsche, Konrad 1991: Das Wissen im Bild. Zur Ikonographie des Pädagogischen. In: Oelkers, Jürgen/Heinz-Elmar Tenorth (Hg.): Pädagogisches Wissen. Weinheim/Basel. S. 273-290.
Wünsche, Konrad 1993: Die kleine Perthes. Anmerkungen zu einem Bild Philipp Otto Runges. In: Herrlitz, Hans-Georg/Christian Rittelmeyer (Hg.): Exakte Phantasie. Weinheim und München. S. 173-189.
Wulf, Christoph/Jörg Zirfas (Hg.) 2005: Ikonologie des Performativen. München.

Imbke Behnken und Jürgen Zinnecker

Narrative Landkarten

Ein Verfahren zur Rekonstruktion aktueller und
biographisch erinnerter Lebensräume

Bei der Methode der narrativen Landkarte handelt es sich um ein Verfahren der visuellen Sozialforschung (Ethnographie), dessen Ziel es ist, persönliche Lebensräume von Befragten und deren subjektive Relevanz zu rekonstruieren. Das geschieht mittels kartographischer, zeichnerischer und – ergänzend und parallel dazu – biographisch erzählender (narrativer) Darstellungsformen. Der Beitrag will zum einen allgemein in das Verfahren, dessen Voraussetzungen, Geschichte und Anwendungsmöglichkeiten einführen. Zum anderen stellen wir die besondere Verwendungsweise und die Weiterentwicklung der Methode dar, die diese im Rahmen pädagogisch-sozialwissenschaftlicher Kindheitsforschung erfahren hat. Dabei beziehen wir uns auf Erfahrungen eines Projektes der AutorInnen, in dessen Kontext die Methode entwickelt und erprobt wurde (Behnken/Zinnecker 1991a; Behnken/Leppin/Lutz u.a. 1991b; Behnken u.a. 1994). Entsprechend der Zielsetzung dieser Untersuchung wird die narrative Landkarte in doppelter Weise eingesetzt: als Instrument gegenwartsbezogener Kindheitsforschung und als Instrument retrospektiver Biographieforschung bei Erwachsenen, die sich an ihre Kindheitsräume erinnern.

1. Zielsetzung, Grundlage und Stand der Entwicklung

Das Instrument der narrativen Landkarte wurde entwickelt, um die Beziehungen von Menschen zu ihrer unmittelbaren sozialräumlichen Umwelt in biographischer Perspektive zu untersuchen. Dabei geht es um einen spezifischen Ausschnitt der persönlichen Welt, nämlich um jenen Teil, in dem wir tagtäglich leben und in dem wir körperlich präsent sind. Das Instrument der narrativen Landkarte ist grundsätzlich für alle Altersgruppen – für Kinder vom Ende der Grundschulzeit an – anwendbar.

Die unmittelbare sozialräumliche Umwelt des Menschen hat in den Humanwissenschaften unterschiedliche Bezeichnungen erfahren, die jeweils einen Aspekt dieser besonderen persönlichen Welt hervorheben. In der phänomenologisch-handlungswissenschaftlichen Tradition, auf die wir uns vorrangig beziehen, spricht man von einer „Welt in aktueller Reichweite" (Schütz/Luckmann 1975, S. 53 ff.), deren Gegenpol die „Welt in potentieller Reichweite" sei. Damit wird auf die körperliche Präsenz und die Sinnestätigkeit des Menschen, auf die Bezüge zur „Hörwelt", „Sehwelt" sowie

„Wirkwelt" hingewiesen. Um einen weiteren Gesichtspunkt dieses persönlichen Raumes hervorzuheben, sprechen die genannten Autoren von der „alltäglichen Lebenswelt". Es ist also zugleich der Raum, den wir tagtäglich, mit geringen zeitlichen Unterbrechungen, durchleben. Damit sind besondere Qualitäten des Handelns und Erlebens angesprochen – der hohe Grad an Routine; die selbstverständliche Gewissheit des In-der-Welt-Lebens; die geringe Aufmerksamkeitshaltung diesem Weltteil gegenüber, verbunden mit „flachem" Erlebnispegel.

Stadtplaner und Architekten beziehen sich, in einer etwas anderen Perspektive und gedanklichen Schnittmenge, auf das „Wohnumfeld" des Menschen. Das grenzt eine „private" von einer „öffentlichen" Nahwelt ab (Bahrdt 1961/1988). Mit der Bezeichnung des Instrumentes als „Landkarte" wollen wir deutlich machen, dass das Verfahren auf das öffentliche oder halböffentliche Segment der Wohnumwelt abzielt. Im Unterschied zur objektivierenden Tendenz, die der Analyse von Stadtplanern und Architekten professionsbedingt anhaftet, wird im Instrument der narrativen Landkarte die Subjektzentriertheit von Umwelterfahrung betont. Diesen Gesichtspunkt hebt auch die ökologische Psychologie hervor, wenn sie davon spricht, dass Menschen, die äußerlich in gleichen Nahwelten zusammen sind, gleichzeitig in sehr persönlichen, mit den anderen „nicht geteilten Umwelten" leben (Kreppner 1989, S. 301 f.). Generell folgen die AutorInnen mit ihrem Instrument Denk- und Untersuchungsansätzen, denen zufolge persönliche Umwelten sich durch einen lebenslangen Prozess von Transaktionen zwischen Mensch und Umwelt(ausschnitt) konstituieren (Altman/Wohlwill 1978; Görlitz u.a. 1993).

Bei einer Analyse des öffentlichen Nahraumes als einer persönlichen Lebenswelt ist deren Mehrschichtigkeit mit zu bedenken. Das Instrument der narrativen Landkarte ist offen genug, um die Thematisierung verschiedener Dimensionen seitens der Befragten zuzulassen und anzuregen. Nahräume können Orte der sozialen Begegnungen sein; dort stehen mögliche Ressourcen für alltägliches Handeln zur Verfügung; sie mögen als Träger eines Ortsimages und persönlicher Ortsidentität fungieren; sie implizieren bestimmte Erlebnisqualitäten. Dieser Weltausschnitt ist zugleich „pädagogischer Raum", denn in ihm befinden sich erziehende und lehrende Institutionen – Familienhaushalt, Vorschule, Grundschule, Kirchengemeinde – und durch diesen Raum werden Heranwachsende sozialisiert. Umweltpsychologen nennen diesen Weltausschnitt daher auch den „primären Raum" (Altman 1975), in Anlehnung an den Begriff der „primären Gruppe", den der Soziologe Cooley Anfang des 20. Jahrhunderts einführte. Damit soll auf das Primat hingewiesen werden, das diese Umwelt zeitlich und bedeutungsmäßig für die Persönlichkeitsentwicklung und die Mensch-Umwelt-Beziehung genießt.

Eine weitere Qualität kleinräumiger Nahwelten, die für die Entwicklung des Untersuchungsinstruments Bedeutung hat, ist deren zeitliche Dimensionierung. Orte haben ihre eigene Geschichte und sie sind zugleich Teil der Lebensgeschichte der dort lebenden Menschen (Bertels/Herlyn 1990). Im Zuge der Biographisierung moderner Lebensläufe erhält die Geschichte der persönlich gelebten und erlebten Räume eine besondere Bedeutung (Knizia/Schumann 2009). Um der lebensgeschichtlichen Dimension von öffentlichen Nahräumen gerecht zu werden, werden im hier vorgestellten Instrument die gezeichneten Landkarten der Nahwelt um ein narratives, das heißt biographisch erzählendes Moment erweitert. Die Befragten ergänzen bei diesem Verfahren die spontane „Stegreifzeichnung" um eine erläuternde „Stegreiferzählung". Die narrativen Elemente sind grundsätzlich dazu geeignet, die zeitlichen, lebensgeschichtlichen Aspekte stärker hervortreten zu lassen, die in der „Verräumlichung" des Zeichenaktes eher zum Verschwinden gebracht bzw. synoptisch auf einem Blatt zusammengeführt werden. Zwei Grundformen der Anwendung des Instruments sind dabei zu unterscheiden. Zum einen können die aktuell gelebten Nahwelten gezeichnet und verbal erläutert werden; zum anderen können biographisch frühere Nahwelten erinnert werden. Durch die Narration wird die gezeichnete subjektive Landkarte in Verbindung zur biographischen Methode gebracht. Die Namensgebung – narrative Landkarte – soll diese Doppelseite zum Ausdruck bringen.

Das Instrument gehört zu einer „Familie" von Verfahren, die sich aus soziologisch-sozialwissenschaftlicher Sicht der „visuellen Sozialforschung" oder der „visuellen Ethnographie" zurechnen lassen. Im Rahmen von Kindheitsforschung wurde wiederholt das Durch- und Erleben städtischer Quartiersräume seitens der ortsansässigen Kinder mit Mitteln visueller Sozialforschung untersucht (z.B. Muchow/Muchow 1935/1980/1998; Lynch 1977; Ward 1978, S. 22 ff.; Jacob 1987). Eine phänomenologisch ausgerichtete Psychologie (Kruse 1974) bzw. pädagogische Anthropologie (Bollnow 1963/1990) zeigte seit jeher eine spezifische Affinität zum räumlichen Aspekt menschlichen und kindlichen Seins (Lippitz 1989). Eine herausragende Bedeutung erlangte eine kognitionspsychologische Forschungsrichtung, die von Psychologen und Humangeographen gleichermaßen getragen ist, und die sich um das Konzept des „mental mapping" (kognitive Kartierung) gruppiert, das heißt der Herausbildung kognitiver Strukturen in Auseinandersetzung mit den Strukturen räumlicher Umwelten (Downs/Stea 1982; Liben/Downs 1989).

Das hier vorgestellte Instrument der narrativen Landkarte wurde – angeregt durch und in Kenntnis der oben skizzierten Traditionen – im Rahmen eines Forschungsprojektes an der Universität Siegen entwickelt, das es sich zur Aufgabe gestellt hat, die Modernisierung kindlicher Lebenswelten an familienbezogenen Fallbeispielen von jeweils drei noch lebenden Generationen zu untersuchen. In die Entwicklung des Instrumentes flossen einige Vorarbeiten der AutorInnen aus vorangegangenen Projekten ein. Hinweisen möchten wir besonders auf den Versuch, historische Kindheitsräume aus der Zeit der Jahrhundertwende mit Hilfe älterer Zeitzeugen zu rekonstruieren (Behnken/du Bois-Reymond/Zinnecker 1989; Behnken 2006).

2. Beschreibung der Methode

Das Verfahren der narrativen Landkarte besteht aus einer Kombination von Zeichnung und biographischem Interview (narratives und Leitfadeninterview). Dokumentiert werden sowohl die vorliegende Skizze, der wörtlich transkribierte Erzähltext wie der während des Interviews dokumentierte Prozess der Genese der Karte. Die Erarbeitung der narrativen Landkarte besteht aus zwei aufeinander folgenden Schritten:

a) der narrativen Stegreifskizze mit Erläuterungen und
b) der Folienzeichnung mit narrativen Nachfragen und Nachfragen aus einer Leitfragenliste (Formblatt).

Der erste und der zweite Schritt – narrative Stegreifskizze und narrative Nachfragen – sind, wie die gewählte Begrifflichkeit ausweist, in Analogie zum Verfahren des narrativen Interviews konzipiert, wie es Fritz Schütze entwickelt hat (Schütze 1987; → Jakob).

Die narrative Stegreifskizze

Ziel der ersten Phase des Interviews zur narrativen Landkarte ist es, den Befragten Gelegenheit zu geben, ihren persönlichen Kindheitsraum ohne Vorgaben seitens der Forschenden in selbst gewählter Abfolge in einer Stegreifskizze (F. Schütze 1987 spricht von „Stegreiferzählungen", S. 237) zeichnerisch darzustellen und begleitend dazu zu erzählen.

Der Forscher oder die Forscherin gibt den Befragten eine kurze Erläuterung zu Verfahren und Ablauf der Methode. Der Eingangsimpuls kann etwa lauten (Beispiel: Befragung von zehnjährigen Kindern): „Zeichne bitte einen Plan, der alle Wege, Orte enthält, die Du oft aufsuchst. Denke dabei an Häuser, Einrichtungen, Straßen, Schleichwege, Plätze, geheime Ecken usw. Erzähle zu Deiner Zeichnung Geschichten, die Dir einfallen: was Du dort tust, wen Du dort triffst, wie es dort aussieht, was Du dort erlebst. Mir kommt es nicht darauf an, dass Deine Zeichnung perfekt ist, sondern dass Du alles zeichnest, was Dir einfällt und dass Du mir dazu Geschichten erzählst." (vgl. Lutz 1991). Der Eingangsimpuls wird je nach Alter der Befragten sprachlich angepasst. Handelt es sich um ältere Befragte, die sich an lange zurückliegende Räume der Kindheit oder Jugend erinnern sollen, kann es hilfreich sein, eine Phase der „Imagination" vorzuschalten, in der eine antizipierende Wanderung durch diesen frühen Lebensraum angetreten und eine innere Konzentration auf die Aufgabe hergestellt wird.

Nach dem Eingangsimpuls soll von den Befragten der Lebensraum gezeichnet werden, den diese in einem bestimmten Alter oder Lebensabschnitt vorfanden bzw. vorfinden. Dabei ist es wichtig, vorab eine konkrete Alters- und Lebensphase zu fokussieren (z.B. „als Sie 10 Jahre alt waren", „nachdem Sie auf die weiterführende Schule gewechselt hatten", usw.). Auf dieser Stufe hält sich die Interviewerin, der Interviewer (analog zum Vorgehen, das

Schütze 1987 bei biographischen Interviews vorschlägt) mit Fragen strikt zurück. Erst wenn die Befragten das spontane Zeichnen und Erzählen beenden, beginnt die Interviewerin, der Interviewer mit Nachfragen (Phase b). Der Untersuchungsprozess wird mittels Tonaufnahme dokumentiert. Der Interviewer, die Interviewerin notiert Stichworte für Nachfragen und hält die aufeinander folgenden Schritte des Zeichenprozesses in einer vorbereiteten Liste fest.

Folienzeichnung mit narrativen Nachfragen und Nachfragen aus einer Leitfragenliste

Die Stegreifskizze mit Erläuterungen ist dann abgeschlossen, wenn dem oder der Befragten nach erneuter Aufforderung, noch einmal nachzudenken, nichts mehr einfällt. In der folgenden zweigestuften Interviewphase werden narrative Nachfragen entlang der notierten Stichworte (vgl. Schütze 1987, S. 239) und vorbereiteten Leitfragen gestellt. Die narrativen Nachfragen unterscheiden sich von den ergänzenden Leitfragen dadurch, dass noch keine thematisch neuen Bereiche angesprochen werden. Es geht zunächst um Klärung und Präzisierung, um zeichnerische Ergänzungen in der Skizze (wenn z. B. eine Einrichtung lediglich genannt, jedoch in die Zeichnung nicht eingetragen wurde) und in der Beschriftung. Das abschließende Leitfadeninterview regt zu ergänzenden Informationen in Bereichen an, die für die Fragestellungen der Forschenden von Bedeutung sind. Auf diese Weise wird eine gewisse Standardisierung der aufgrund der spontanen Produktionssituation zunächst voneinander abweichenden narrativen Landkarten sichergestellt. Das gewinnt an Bedeutung für den Fall, dass vergleichende Analysen zwischen den Landkarten angestrebt werden. Im Siegener Projekt zum Wandel von Kindheitsräumen im Verlauf von drei Generationen wurden beispielsweise folgende Leitfragen gestellt, die sich auf mögliche fehlende Informationen in Zeichnung und Narration bezogen:

- Standorte von Einrichtungen, von Treffpunkten u. Ä.: z. B. Wohnhaus der Familie, Schule, Wohnung von Freunden und Freundinnen, Orte mit Tieren, informelle Treffpunkte, Stätten von Arbeit
- Zeitgebundenheit der Nutzung von Orten: z. B. Nutzung im Winter oder Sommer (Jahreszeiten); wochentags oder sonntags (Wochenzeiten); nachmittags oder abends (Tageszeiten)
- Formen der Raumaneignung: z. B. Nutzung von Wegen und Straßen, Aktivitäten unterwegs, Entfernungen, Fortbewegung allein oder in Begleitung, Begrenzungen und Kontrolle
- Anmutungs- und Erlebnisqualität von Orten: z. B. positiv oder negativ erlebt, Orte der Geborgenheit oder des Rückzugs, geheimnisvolle und gefürchtete Orte, Orte zum Träumen, Trödeln oder Phantasieren. [„Besonders bedeutsame" Orte im positiven wie im negativen Sinn werden mit Symbolen markiert: „–" oder „+" für negativ oder positiv bedeutsame Orte, „*" für Lieblingsorte.]

- Soziales Netzwerk von Personen: z.B. „Ortswächter", Freunde, Freundinnen, Aktivitäten mit Gleichaltrigen, Zusammensetzung von Gleichaltrigengruppen.
- Subjektiv erfahrene Grenzen und Grenzziehungen des kindlichen Lebensraumes: z.B. seitens der Erwachsenen verbotene Orte und Wege, die man nicht gehen oder überschreiten durfte; selbstgesetzte Grenzen; „natürliche" Raumgrenzen; unbekanntes Terrain
- Einmalig oder selten aufgesuchte Orte: z.B. Ziele für Wochenendausflüge, für Urlaubsreisen und für Klassenfahrten; Krankenhausaufenthalt; Orte für besondere Einkäufe. [Diese Orte gehören im strengen Sinn nicht mehr zum alltäglichen Lebensraum, sondern bedeuten, dass man diese aus besonderem Anlass für mehr oder weniger kurze und einmalige Gelegenheiten verlässt. Die Sonderstellung der Orte „in potentieller Reichweite" wurde in der narrativen Landkarte des Siegener Kindheitsprojektes durch einen Rahmen kenntlich gemacht, der alle vier Richtungen des Zeichenblattes umschließt. Die Befragten wurden aufgefordert, diese „Ausflüge" aus dem Alltagsraum dadurch kenntlich zu machen, dass sie die entsprechenden Orte und Wege auf die Außenseiten des vorgegebenen Rahmens zeichneten.]
- Subjektiver Gesamteindruck des persönlichen Nahraumes: „Wie würden Sie", so lautete die Frage an Erwachsene, „den Typ des Dorfes/der Stadt, den Typ Ihres Wohnviertels beschreiben, in dem Sie mit zehn Jahren lebten?" Ferner: Wie wird die Qualität als kindlicher Lebensraum gewertet; welche Art von Kindheit lebte man in diesem Raum?

Dem Vorgehen im narrativen biographischen Interview folgend, demzufolge die narrative Eingangserzählung von der folgenden narrativen Nachfragephase für die Auswertung sichtbar getrennt zu halten sei, wird im Interview zur narrativen Landkarte nach Beendigung der Stegreifskizze eine Klarsichtfolie über die Zeichnung gelegt, die die weiteren Zeichenschritte festhält. In allen Fällen konnte die spontane Stegreifzeichnung der Interviewphase a) mit Hilfe des Nachfrage- und Leitfadeninterviews sowie der Folienzeichnung (Interviewphase b) noch erheblich angereichert werden. Der Zeitaufwand für das gesamte Interview zur narrativen Landkarte, so zeigen die Projekterfahrungen, ist mit eineinhalb bis zwei Stunden zu veranschlagen.

Abschließend soll kurz auf drei – überwindbare – Schwierigkeiten hingewiesen werden, die beim Prozess der Durchführung narrativer Karten auftreten und die den anschließenden Prozess der Auswertung beeinträchtigen können.

A. *Kompetenzängste bei der Anfertigung der Handskizze*
Die Aufforderung zum Zeichnen löst bei einigen Befragten Ängste aus, die sich auf das eigene Ungeschick beziehen. Eine Quelle der Unsicherheit bezieht sich auf das Zeichnen („ich kann nicht malen"); eine andere Angst wird dadurch hervorgerufen, dass die Befragten sich an der uner-

reichbaren „objektiven" Qualität offizieller Kartenwerke messen. Beiden kann durch angstmindernde Erläuterungen entgegengetreten werden, in denen z.b. der überhöhte Anspruch relativiert und auf den Arbeitscharakter der Handskizze verwiesen wird.

B. *Unterschiedliche Auffassungen von Stegreifzeichnungen*
Die Nähe oder Ferne zu den Darstellungskonventionen geographischer Kartierung fällt sehr unterschiedlich aus. Manche Befragte erfinden sehr eigenwillige Symboliken in ihren Handskizzen. Das Verfahren der narrativen Landkarte verträgt solche Abweichungen, solange durch zusätzliche mündliche Erläuterungen der Sinn des Gemeinten abgesichert werden kann. Wir finden ferner sehr große Ungleichgewichte, was die Anteile des Zeichnens und Erzählens anlangt. Während manche Befragte es bevorzugen, stumm und konzentriert zu zeichnen, würden andere die Untersuchungssituation am liebsten in Richtung reinen Erzählens unter Vernachlässigung detaillierten Zeichnens auflösen. Hier empfiehlt es sich, durch sanfte Formen der Interviewkontrolle eine gewisse Balance zwischen Narration und Zeichnen sicherzustellen.

C. *Erinnerungsprobleme*
Im Fall biographischer Rückerinnerung an frühere Lebensräume können Erinnerungsprobleme auftreten. Diese lassen sich, wie oben angesprochen, mittels vorbereitender Imagination verringern. Ferner ist an visuelle Hilfsmittel zu denken, die im konkreten Fall zur Verfügung stehen, z.B. historische Gemeindekarten, Ortsfotografien. Falls die Befragten noch in der Nähe ihrer Kindheitsräume leben, empfehlen sich „Blicke aus dem Fenster" oder Ortsbegehungen. Es ist wohl zu erwägen, zu welchem Zeitpunkt solche Erinnerungshilfen eingesetzt werden. Falls ein Forschungsprojekt an wenig bearbeiteten „ursprünglichen" Erinnerungen interessiert ist, sollten diese Hilfsmittel frühestens im gelenkten Nachfrageteil in Anschlag gebracht werden.

Beachtung verdienen zeitliche „Verschiebungen" im Prozess des biographischen Erinnerns, wodurch unterschiedliche Lebensabschnitte, z.B. Vorschul-, Grundschul- und Jugendzeit in die gleiche Raumzeichnung „gepackt" werden. Um die dadurch entstehenden Interpretationsprobleme bewältigen zu können, sollte a) der zu erinnernde Lebensabschnitt relativ eng fokussiert und b) im gelenkten Nachfrageteil des Interviews die lebenszeitliche(n) Lagerung(en) des gezeichneten Raumes so weit wie möglich abgeklärt werden.

3. Mögliche Auswertungsverfahren

Der schwierigere Teil der Untersuchungsmethodik bezieht sich auf die Phase der Auswertung. Dazu werden einige Möglichkeiten vorgestellt. Wir beginnen mit Verfahren, die sich auf die Auswertung der Raumzeichnung beziehen, stellen sodann einige Auswertungsideen vor, die auf der Dokumentation des Entstehungsprozesses der Raumzeichnung beruhen, um in einem dritten Teil „synthetisierende" Auswertungsmethoden vorzustellen, in denen die räumliche und die zeitlich-prozessuale Seite der Untersuchung zusammengeführt werden. Abschließend gehen wir auf die Frage monographischer Auswertung und auf die Möglichkeiten ein, die systematische Vergleiche bieten. Bei alledem ist zu bedenken, dass im Bereich der Auswertung narrativer Landkarten noch einige Entwicklungsarbeit notwendig ist, um den möglichen Ertrag des Verfahrens im Rahmen sozialwissenschaftlicher und biographischer Lebensweltforschung einzuholen.

3.1 Auswertung der gezeichneten Landkarte

In diesem Fall konzentriert sich die Auswertung auf das fertige Produkt. Diese Form der Analyse hat die längste Tradition, da in der Vergangenheit subjektive Landkarten vielfach als singuläres Untersuchungsinstrument, ohne narrative Teile, eingesetzt wurden. Die Zielrichtung der Auswertung ist in diesem Fall ganz auf die räumlichen Bildqualitäten ausgerichtet, unter Vernachlässigung aller zeitlichen Bezüge persönlicher Lebensräume.

Ausgewertet werden können alle Raumelemente, die in der Zeichnung zum persönlichen Nahraum enthalten sind. Das sind im allgemeinen: 1. Orte (z.B. Wohngrundstück, Schule, Friedhof, Versteck); 2. Wege (z.B. Hauptstraße, Feldweg); 3. Objekte (z.B. Haus, Baum, Verkehrsschild). Dazu kommen je nach Fragestellung einer Untersuchung: 4. Grenzen oder Barrieren (z.B. Hauptverkehrsstraße als Ende des Lebensraumes, tabuisierte Gegenden); 5. Personen (z.B. Nachbarn, Freunde); 6. (alltägliche) Handlungen (z.B. Einkaufen, Fußballspielen); 7. (biographische) Erlebnisse (z.B. Ort des ersten Kusses). Die Elemente werden in Inventarlisten eingetragen und sinnfällig vercodet, indem zum Beispiel Gruppen von Landschaftsobjekten oder Gruppen von Wegen (alle „offiziellen Verkehrsstraßen", alle „informellen Wege") gebildet werden. Es liegt nahe, hier quantifizierend zu verfahren, Häufigkeiten zu bilden, Rangreihen, auch Maßzahlen. Welche Elemente überwiegen in einer Zeichnung; welche Typen von Objekten kommen am zahlreichsten vor; wie viele Straßen durchziehen den persönlichen Lebensraum; wie viel Raum nehmen Wegelemente in der Gesamtzeichnung ein usw.?

Diese Raumelemente können in zweierlei Hinsicht weiter analysiert werden. Eine Analyserichtung fragt danach, wie diese Elemente gezeichnet worden sind. Solche Qualitäten in der Darstellung können beispielsweise sein, wie groß die Elemente ausfallen, wie detailliert, ob und wie sie beschriftet wurden. Eine zweite Analyserichtung bezieht sich auf die Lage der Elemente innerhalb der Gesamtzeichnung. Entsprechende Fragen lauten: Ist die Lage von Elementen zentral oder peripher? Welche Elemente sind einander zugeordnet (Clusterung), wie verhält es sich mit räumlicher Distanz und Nähe? Bei solchen Analysen bietet es sich an, auf bekannte geometrische Grundfiguren zur Interpretation zurückzugreifen. In der Kindheitsforschung, die Prozesse der Modernisierung von Kindheitsräumen untersucht, ist die typologische Gegenüberstellung von „verinselten" – unterschiedliche Handlungsorte, getrennt durch ein „Meer" von Wegen – und „geschlossenen" Lebensräumen – letztere etwa als konzentrische Kreise von nahem zu fernem Raum gedacht – populär (Zeiher/Zeiher 1994; Baacke 1989). Wir können die Zeichnung also daraufhin untersuchen, welchem Idealtypus von Nahraum sie eher entspricht. Bereits die persönlichen Landkarten der Kinder auf der „Barmbeker Insel" im Hamburg der 30er Jahre wurden von Martha Muchow und Hans Heinrich Muchow (1935/1980/1998) auf ihre geometrische Figuration als „Fünfecke", „Dreiecke" usw. hin betrachtet.

Die Analyse der räumlichen Qualitäten von subjektiven Landkarten steht und fällt mit der Plausibilität eines zentralen Axioms, das besagt, es gäbe eine Homologie des auf Papier gezeichneten Raumes und des psychologischen oder „inneren" Raumes des Zeichnenden. Wenn also ein Haus, das Elternhaus oder das Haus eines Freundes, groß, detailliert und in die Mitte des Blattes gezeichnet wurde, so schließen wir daraus, dass der dargestellten Zentralität höchstwahrscheinlich eine psychologische Zentralität des Hauses in der Lebenswelt entspricht. Für ebenso bedeutungsvoll halten wir es, wenn der oder die Zeichnende den Eingangsimpuls in der Weise abändert, dass nur ein vereinzelter Ort dargestellt wird, zum Beispiel ein kleiner Spielpark oder die Fassade des Elternhauses, während andere Elemente völlig ausgelassen werden. In diesem Fall schließen wir die Vermutung an, dass der persönliche Lebensraum sehr eingegrenzt und auf den dargestellten Ort psychologisch „fixiert" sein könnte. Wir haben eingangs darauf hingewiesen, dass die Homologie von gezeichnetem und psychologischem Raum aus verschiedenen Gründen mehr oder weniger unvollkommen ausfällt, ein Umstand, der die Gültigkeit unserer Interpretation immer aufs Neue in Frage stellt. Die Schlüssigkeit ist vielfach bei einer Beschränkung auf die gezeichnete Landkarte als einziger Quelle nicht gut zu belegen. Das ist ein Hauptgrund, warum wir eine Erweiterung der Methode gezeichneter Landkarten vorgenommen haben.

Ein Hilfsmittel zur Validierung steht allerdings zur Verfügung, das sich noch ganz auf die Ebene der gezeichneten Landkarte bezieht, und das auch vielfach genutzt wurde und wird. Die subjektive Landkarte lässt sich mit „objektiven" – besser: offiziellen Kartenwerken – konfrontieren. Verfügbare Karten des Wohnortes oder des Wohnquartiers liefern eine Möglichkeit zur „externen Validierung". Offizielle Karten sind relativ normiert und personunabhängig; ferner folgt der Weltausschnitt, der in ihnen thematisiert wird, anderen Selektions- oder Auswahlkriterien als im Fall der subjektiven Karten. Beide Differenzen ermöglichen es uns, die subjektiven Merkmale der Zeichnungen und die dahinter vermuteten subjektiven Eigenarten von Lebenswelten präziser zu bestimmen. Ein charakteristisches Verfahren der vergleichenden Auswertung besteht darin, „Verzerrungen" der subjektiven Landkarte zu fixieren. Ein probates Mittel, solche „Verzerrungen" aufzufinden, ist eine vollständige oder teilweise Übertragung der subjektiven

Landkarte in eine offizielle Karte, die den gleichen Raumausschnitt umfasst.

Durch offizielle Karten lässt sich ein zentrales Moment der subjektiven Landkarte, die Perspektive, unter der ein Lebensraum von Zeichnenden betrachtet wird, zuverlässig analysieren. Die Frage lautet hier: Wie stellen die Zeichnenden sich in den Raum, wohin blicken sie, wie ist die körperbezogene Achse ausgerichtet? Als Normfall wird hier das Nord-Süd und West-Ost-Schema der Kartographie unterstellt, wobei oben der Norden und rechts der Osten zu liegen hat. Die Zeichnenden können in ihren Skizzen einem solchen Schema folgen, sie können die Himmelsrichtungen aber auch verändern, sie können sogar die Blickrichtung im Verlauf des Zeichnens verändern und dadurch mehrere geographische Achsen simultan in einer Karte vereinen. Auch hier lautet die leitende Idee der Interpretation, dass uns die subjektive – mehr oder weniger spontane – Wahl von Himmels- und Blickrichtungen auf den eigenen Lebensraum etwas Bedeutsames über die Befragten und die Besonderheit ihres In-der-Welt-Seins mitteilen, das es zu entschlüsseln gilt.

3.2 Auswertung des Zeichen- und Erzählprozesses

Das Verfahren der narrativen Landkarte ermöglicht eine zweite Richtung der Auswertung, die sich auf den Prozess stützt, in dessen Verlauf die fertige Handskizze entsteht. Entscheidende Anhaltspunkte bieten in diesem Fall Merkmale der zeitlichen Linearität, die in der Dokumentation des Entstehungsprozesses, die oben beschrieben wurde, enthalten sind. Im Ergebnis, der fertigen Landkarte, ist der persönliche Lebensraum synchron oder simultan wiedergegeben, unter Ignorierung der zeitlichen Ausdehnung dieses Raumes. Im Prozess des Stegreifzeichnens finden wir dagegen Elemente einer „zeichnerischen Narration".[1] Biographische Lebensräume haben zudem eine mehr oder weniger lange zeitliche Ausdehnung, die in der Skizze ignoriert wird. Durch die Erzählungen und Erläuterungen beim Anfertigen der Landkarte gerät die zeitliche Dimension in den Blick. Die Zeichnenden verweisen auf räumliche Nutzungen, die mit dem eigenen Lebensverlauf Wandlungen unterworfen waren; sie erläutern Veränderungen, die durch Zerstörung oder Modernisierung nebst Bebauung zustande kamen („da, wo früher der Feldweg war, ist jetzt ein Parkplatz"); sie integrieren zyklische Zeiten, Tages- und Jahreszeiten in die Karte („hier spielten wir nur im Sommer, nur am Abend").

Auch bei diesem Typ von Auswertung unterstellen wir, dass die zeitliche Abfolge der Zeichenhandlungen nicht zufällig ist. Das Nacheinander der einzelnen Zeichenakte folgt einerseits einer inneren, psychologischen Ordnung und ihrem subjektiven Relevanzsystem. Hier interessieren Elemente

---

1 So lässt sich beobachten, dass Zeichnende im Geiste die Wege und Orte abschreiten, während sie diese im kleineren Maßstab und symbolisch verkürzt, zu Papier bringen.

mit Erlebnisqualität, die zunächst genannt und jene, die nicht zufällig „vergessen" wurden. Zur psychologischen Ordnung des Zeichenprozesses tritt eine äußere Logik hinzu, die sich aus der Struktur des Zeichnens und damit zusammenhängenden Gewohnheiten und Fertigkeiten ergibt. Analog zur Suche nach „Erzählzwängen" (Schütze 1987) in der biographischen Narration können wir hier von „Zeichenzwängen" sprechen. Mit den ersten Entscheidungen, etwa mit einem Haus oder einer Straße zu beginnen, diese in einer bestimmten Größe zu zeichnen, sie an einer bestimmten Stelle des Blattes zu platzieren – zumeist in der Mitte –, sind implizit Festlegungen für die weiteren Zeichenschritte enthalten. Je weiter der Prozess des Zeichnens voranschreitet, um so stärker engen sich die Wahlmöglichkeiten für die nachfolgenden Zeichenschritte ein. Nachfolgende Objekte können nur noch in einer bestimmten Größe gezeichnet werden (oftmals geraten sie entsprechend kleiner); räumliche Entfernungen zwischen Objekten werden von den Begrenzungen eines Zeichenblattes mitdiktiert („Appendixe" oder zeichnerische Exkurse entstehen; ein Blatt wird noch angehängt u.a.). Eine innere Logik des Zeichnens, die allerdings auch durchbrochen werden kann, besagt, dass nebeneinander Liegendes unmittelbar nacheinander gezeichnet wird – auch hier also eine Form zeichnenden „Abschreitens" des Skizzenblattes. Erst in einem fortgeschrittenen Stadium der Skizze werden noch einzelne Ergänzungen angebracht, und in diesem Fall „springen" die Zeichnenden dann über ihre Landkarte. Typischerweise erzeugt der Nachfrage- und Leitfragenteil solche zeichnerische Unstetigkeit. Die Aufgabe der Interpretation besteht darin, das Mit- und Gegeneinander von „Zeichenzwängen" und „innerpsychologischen Zwängen" so weit es geht zu entwirren und Schlussfolgerungen für die subjektiven Relevanzen der persönlichen Lebenswelten zu ziehen.

Ähnlich wie bei manchen textbasierten Interpretationsverfahren erhalten die erste – oder die ersten – Eintragung(en) ein besonderes Gewicht bei der prozessorientierten Interpretation.

Die Tonaufzeichnungen und die Interviewernotizen vom Prozess des Zeichnens enthalten die Möglichkeit, die für die verschiedenen Teile der Lebensraumzeichnung verwendete Zeit zu fixieren. Auf diese Weise können die Länge von Erzählzeiten, längere Phasen des Nachdenkens, sich Erinnerns und der gedanklichen Antizipation des Zeichenprozesses quantifiziert, miteinander verglichen und interpretiert werden.

3.3 Synthesebildende Auswertung – Triangulation

Da die Erhebungssituation narrativer Landkarten mehrschichtig angelegt ist, liegt es nahe, die Auswertung so anzulegen, dass die verschiedenen Schichten oder Ebenen wieder zusammengeführt werden. Wir können dieses Verfahren der Synthetisierung vorliegender Untersuchungsteile entsprechend einem viel gebrauchten Term als „Triangulation" (Flick 2004) bezeichnen (→ Schründer-Lenzen), nur dass in diesem Fall nicht unabhängige

Erhebungsmethoden oder differierende Datenquellen zusammengeführt werden, sondern dass die Vielschichtigkeit innerhalb der komplexen Methode selbst vorliegt. Im Fall der narrativen Landkarte werden im Sinne der Triangulierung folgende Elemente zusammengeführt:

1. die spontane Stegreifzeichnung (Landkarte) als Produkt
2. die angeleitete Stegreifzeichnung (Folie) als Produkt
3. die Dokumentation des Zeichenprozesses durch ForscherInnen (Interviewerblatt)
4. die Erläuterungen zum Zeichenprozess durch Befragte (Tonkassette; Umschrift)

Hinzu kommen gegebenenfalls methodische Verfahren, die ergänzend zur narrativen Landkarte angefertigt wurden und die zwecks Triangulation einbezogen werden können. Hierbei handelt es sich zum Beispiel um:

A Subjektiver Wohnungsgrundriss (privater Lebensraum)
B Begehungsprotokolle (ForscherIn; u. U. zusammen mit Interviewten)
C Fotografische Dokumentation des Lebensraumes
D Tageslaufprotokolle
E Offizielle Gemeinde- und Quartierskarten

Die erste Aufgabe der Triangulation ist eine kompensierende. Die verschiedenen Elemente der narrativen Landkarte sind phasen- oder fallweise von unterschiedlicher Qualität. Schwachstellen der Zeichnung lassen sich verbessern, wenn wir die anderen Untersuchungsmedien mit einbeziehen. Bei undeutlichen oder ausgelassenen Raumelementen in der Zeichnung können wir die verbalen Äußerungen der Interviewten hinzuziehen. Dort wird oftmals erläutert, was für Befragte schwer oder nicht zu zeichnen war, welche Bedeutung ein Element hatte usw. Umgekehrt lassen sich manche undeutlich gesprochenen, knappen, mehrdeutigen Erzählungen und Bemerkungen zuverlässiger interpretieren, wenn wir die Zeichnung zu Hilfe nehmen.

Generell lässt sich die größere Mehrdeutigkeit visueller Äußerungen gegenüber verbalen Äußerungen auf dem Weg der Triangulierung verringern. Wir sind sicherer, dass ein Pferdestall, der in der Mitte des Blattes groß und detailliert gezeichnet wurde, auch subjektiv hohe Relevanz signalisiert, wenn der oder die Befragte diesen Sachverhalt in ihren Erläuterungen zum Zeichnen zusätzlich in entsprechende Worte kleidete.[2]

Ein schwer zu lösendes Grundproblem jeder Triangulierung ist, wie die umfänglichen Prozeduren des wechselseitigen Abgleichens der verschiedenen Teil-Instrumente glaubhaft und zugleich lesbar für die Rezipienten (Lesenden) einer Untersuchung dokumentiert werden können. Von den AutorIn-

---

2 Die Grundregel der Validierung lautet in diesem Fall: Wenn bestimmte Eigenarten des Lebensraumes in möglichst vielen, wenn nicht allen Elementen des Instrumentes gleichsinnig auftreten, erhöht sich die Wahrscheinlichkeit, dass es sich um gültige Aussagen über diese Eigenarten handelt.

nen und einigen weiteren KollegInnen wurde hierzu ein Verfahren entwickelt, das auch im Fall von narrativen Landkarten anwendbar ist. Die Prozedur des Triangulierens soll danach in ein schriftliches Zwischenprodukt münden, das als „wissenschaftlicher Quellentext" bezeichnet wird (Friebertshäuser 1992, S. 101-106; Apel u. a. 1995). Der „wissenschaftliche Quellentext" soll so abgefasst sein, dass darin das gültige Material aus den unterschiedlichen (Teil-)Instrumenten, die in die Triangulation einbezogen wurden, in einem Text vereint und konsistent präsentiert wird und dadurch den Rezipienten/Lesenden einen eigenen Rückgang auf das Rohmaterial der Untersuchung – was in der Forschungspraxis ohnehin sehr selten erfolgt – erspart. Die Auswahl der Aspekte, die in den „wissenschaftlichen Quellentext" einfließen, erfolgt gemäß den zuvor formulierten (relativ breit ausgelegten) Auswertungsfragen. Interpretative Schlussfolgerungen bleiben einem eigenen Text vorbehalten; der Zusammenhang zwischen Quellentext und Interpretationstext muss für die Rezipienten der Untersuchung in jedem Fall direkt nachvollziehbar bleiben.

3.4 Monographien und Vergleiche als Auswertungsstrategien

Gemäß der holistischen Grundkonzeption, die der narrativen Landkarte zugrunde liegt, macht es Sinn, dieses Instrument in monographischer Form auszuwerten. Wissenschaftliche Quellentexte beziehen sich in diesem Fall auf den Lebensraum jeweils einer Person und umgreifen alle unter bestimmten Fragestellungen erhobenen Materialien. Einzelfälle gewinnen allerdings erst wissenschaftliche Relevanz, wenn sie miteinander verglichen werden (können). Die Grundlage hierfür bietet die beschriebene relative Standardisierung von narrativen Landkarten in allen Untersuchungsetappen. Verschiedene Formen des Vergleichens sind denkbar. So ist es beispielsweise möglich, nach externen soziodemographischen Kriterien Vergleichsgruppen zu bilden.

Das Verfahren der narrativen Landkarten bietet die Möglichkeit, verschiedene Lebensabschnitte oder den gesamten Lebenslauf einzubeziehen. Es eignet sich hervorragend, um den Wandel persönlicher Nahwelten in Abhängigkeit von Lebensalter und Lebenssituation nachzuzeichnen, wobei insbesondere gerontologische Fragestellungen von Bedeutung sein könnten.

Die neuere Umweltpsychologie betont die Bedeutung von persönlich geteilten und von nicht geteilten Umwelten von Menschen, die in einem sozialräumlichen Mikrokosmos zusammenleben (Kreppner 1989, S. 301f.). Mitglieder einer Familie, einer Clique oder einer Schulklasse, die den äußeren Alltag über weite Strecken miteinander teilen, können in sehr differierenden persönlichen Umwelten leben. Aus dieser Perspektive erscheint ein Vergleich narrativer Landkarten besonders viel versprechend, der mit der Methode der kleinstmöglichen Differenz arbeitet: z. B. wie stellen sich die subjektiven Landkarten von Kindern dar, die in der gleichen Straße, im gleichen Haus wohn(t)en, die die gleiche Schulklasse besuch(t)en?

4. Schlussbemerkungen

Wir möchten abschließend auf die Vielfalt der Anwendungsmöglichkeiten des vorgestellten Verfahrens hinweisen. Diese ergeben sich u.a. daraus, dass narrative Landkarten je nach Untersuchungsabsicht auf einfache Art und Weise modifiziert werden können; neben sehr „schlanken" und einfach zu handhabenden Versionen spontanen Skizzierens von Lebensräumen stehen komplexe und vielschichtige Varianten wie die hier vorgestellte narrative Landkarte. Durch seine Flexibilität ist das Instrument bei unterschiedlichen Populationen anwendbar, beginnend bei Grundschulkindern und endend bei Senioren, und kann sowohl als gegenwartsbezogen-sozialwissenschaftliche wie als biographisch-historische Methode eingesetzt werden. Nahe liegend ist auch der Kontext von Handlungsforschung. In diesem Fall erhalten die Befragten eine direkte Rückmeldung, werten vielleicht die Handskizzen – unter Anleitung – selbst aus, und vermögen über handlungspraktische Konsequenzen nachzudenken. Die Nähe zu bestimmten Unterrichtspraxen (Handzeichnung) und Unterrichtsfächern (Geographie, Kunst, Geschichte) ermöglicht es, die Methode als Teil „forschenden Lernens" in schulische Lernprozesse zu integrieren. Die besondere politisch-pädagogische Relevanz des Instrumentes ergibt sich aus der historischen Gefährdungssituation des öffentlichen Nahraumes in handelnder Reichweite. Dieser Weltabschnitt wird durch private Binnenräume, durch Fernräume, neuerdings auch durch virtuelle Räume in seiner Bedeutung gemindert. Das gilt jedoch nicht für signifikante Teile der Bevölkerung, die in besonderer Weise nach wie vor von der Qualität oder Nichtqualität dieses „primären" Segmentes des Lebensraumes abhängig sind: dazu gehören Kinder, Jugendliche oder ältere Menschen, aber genauso Behinderte oder „ghettoisierte" Immigrantengruppen. In diesem Umstand zeigen sich die verborgene Brisanz und die pädagogisch-politische Parteilichkeit des Verfahrens.

Literatur

Altman, Irwin 1975: Environment and social behavior: Privacy, territoriality, personal space and crowding. Monterey, California.
Altman, Irwin/Joachim F. Wohlwill 1978 (Hg.): Children and Environment. Human Behaviour and Environment. Advances in Theory and Research. Vol. 3. New York/London.
Apel, Helmut/Steffani Engler/Barbara Friebertshäuser/Burkhard Fuhs/Jürgen Zinnecker 1995: Kulturanalyse und Ethnographie. Vergleichende Feldforschung im studentischen Raum. In: König, Eckard/Peter Zedler (Hg.): Bilanz qualitativer Forschung. Band II: Methoden. Weinheim. S. 343-375.
Baacke, Dieter 1989: Die 6- bis 12jährigen. Einführung in Probleme des Kindesalters. Weinheim/Basel.
Bahrdt, Hans Paul 1961/1988: Die moderne Großstadt. Soziologische Überlegungen zum Städtebau. Reinbek.
Behnken, Imbke 2006: Urbane Spiel- und Straßenwelten. Zeitzeugen und Dokumente über Kindheit am Anfang des 20. Jahrhunderts. Weinheim und München.

Behnken, Imbke/Manuela du Bois-Reymond/Jürgen Zinnecker 1989: Stadtgeschichte als Kindheitsgeschichte. Lebensräume von Großstadtkindern in Deutschland und Holland um 1900. Opladen.

Behnken, Imbke/Jürgen Zinnecker 1991a: Modernisierung von Kindheit im Inter- und Intragenerativen Vergleich. Familien- und Regionbezogene Fallstudien von Kindern, Eltern und Großeltern. Programm. Informationen zur Studie. 1. Siegen.

Behnken, Imbke/Elke Leppin/Manuela Lutz/Judith Pasquale/Annette Wojtkowiak/Jürgen Zinnecker 1991b: Modernisierung von Kindheit im Inter- und Intragenerativen Vergleich. Familien- und Regionbezogene Fallstudien von Kindern, Eltern und Großeltern. Methoden Manuale. 2. Siegen.

Behnken, Imbke/Stefanie Bissigkummer-Moos/Manuela Lutz/Judith Pasquale/Jürgen Zinnecker 1994: Modernisierung von Kindheit im Inter- und Intragenerativen Vergleich. Familien- und Regionbezogene Fallstudien von Kindern, Eltern und Großeltern. Arbeitsbericht. 11. Siegen.

Bertels, Lothar/Ulf Herlyn 1990: Lebenslauf und Raumerfahrung. Opladen.

Bollnow, Otto-Friedrich 1963/1990: Mensch und Raum. Stuttgart.

Downs, Roger M./David Stea 1982: Kognitive Karten: Die Welt in unseren Köpfen. New York.

Flick, Uwe 2004: Triangulation. Eine Einführung. Wiesbaden.

Friebertshäuser, Barbara 1992: Übergangsphase Studienbeginn. Eine Feldstudie über Riten der Initiation in eine studentische Fachkultur. Weinheim und München.

Görlitz, Dietmar/Hans Joachim Harloff/Jaan Valsiner/Barbara Hinding/Günter Mey/Ute Bitterfeld/Richard Schröder 1993 (Hg.): Entwicklungsbedingungen von Kindern in der Stadt. Herten.

Jacob, Joachim 1987: Kinder in der Stadt. Freizeitaktivitäten, Mobilität und Raumwahrnehmung. Pfaffenweiler.

Knizia, Ursula/Michael Schumann 2009: Raum und Biografie. In: Behnken, Imbke/Jana Mikota (Hg.): Sozialisation – Lebenslauf – Biografie. Ein Studienbuch. Weinheim und München. (Im Erscheinen)

Kreppner, Kurt 1989: Familiale Sozialisation. In: Nave-Herz, Rosemarie/Manfred Markefka (Hg.): Handbuch der Familien- und Jugendforschung. Band 1: Familienforschung. Neuwied/Frankfurt/M. S. 289-309.

Kruse, Lenelis 1974: Räumliche Umwelt. Berlin/New York.

Liben, Lynn S./Roger M. Downs 1989: Understanding maps as symbols: The development of map concepts in children. In: Advances in Child Development and Behavior. Vol. 22. S. 145-201.

Lippitz, Wilfried 1989: Räume von Kindern erlebt und gelebt. Aspekte einer Phänomenologie des Kinderraumes. In: Rittelmeyer, Christian (Hg.): Phänomenologie der kindlichen Erfahrungswelt. Bad Heilbrunn. S. 93-106.

Lutz, Manuela 1991: Manual 4 – Erwachsene. Subjektive- und Objektive Landkarte des Kindheitsraumes. In: Behnken, Imbke/Jürgen Zinnecker: Modernisierung von Kindheit im Inter- und Intragenerativen Vergleich. Familien- und Regionbezogene Fallstudien von Kindern, Eltern und Großeltern. Programm. Informationen zur Studie. 1. Siegen. S. 81-111.

Lynch, Kevin 1977 (Hg.): Growing up in cities: Studies of the Spatial Environment of Adolescence in Cracow, Melbourne, Mexico City, Salta, Toluca and Warszawa. Cambridge, Massachusetts.

Muchow, Martha/Hans Heinrich Muchow 1935/1980/1998: Der Lebensraum des Großstadtkindes. Mit einer Einführung von Jürgen Zinnecker. Weinheim.

Schütz, Alfred/Thomas Luckmann 1975: Strukturen der Lebenswelt. Neuwied/ Darmstadt.
Schütze, Fritz 1987: Das narrative Interview in Interaktionsfeldstudien 1. Studienbrief der Fernuniversität Gesamthochschule Hagen. Kurseinheit 1. Hagen.
Ward, Colin 1978: Das Kind in der Stadt. Frankfurt/M.
Zeiher, Helga/Hartmut J. Zeiher 1994: Orte und Zeiten der Kinder. Soziales Leben im Alltag von Großstadtkindern. Weinheim und München.

Eva Marsal

Subjektive Theorien: Ein empirisch-konstruktivistisches Paradigma mit Dialog-Konsens-Methodik

1. Einleitung

Die Dialog-Konsens-Methoden leiten ihren Namen von dem Anliegen ab, Forschungsergebnisse in einem dialogischen Prozess zu gewinnen und damit die wissenschaftlichen Theorien durch das Potential der Alltagstheorien zu bereichern. Dieses Bestreben war zum Zeitpunkt der Entwicklung dieser Forschungsmethoden in den 70er Jahren durch Norbert Groeben und Brigitte Scheele sehr neuartig und wurde mit der hermeneutischen Forderung begründet, die Sinn- und Verstehensdimension in den Forschungsprozess zu integrieren und damit eine unnötige Beschneidung der Forschungsergebnisse auf manifeste, beobachtbare Daten zu vermeiden.

Damit die Versuchspersonen als gleichwertige Gesprächspartner/-innen fungieren können, sollen ihnen standardisierte Regelsysteme dabei helfen, ihre Alltagstheorien kohärent zu gestalten. Beispielsweise werden bei der *Heidelberger Struktur-Lege-Technik* Symbolkarten (= für *Definition*, Manif. für *zeigt sich daran* etc.) mit den entsprechenden Erläuterungen zur Darstellung der argumentativen Struktur ihrer Subjektiven Theorie angeboten. Außerdem kann die Versuchsperson durch den Umgang mit dem standardisierten Regelsystem ihre Selbstdeutungen gegenüber den Fremddeutungen angemessen vertreten. Inhaltlich wird dabei lediglich der Verstehensprozess thematisiert und sichergestellt, dass die Versuchsperson in der von ihr beabsichtigten Art und Weise von den Wissenschaftler/-innen verstanden worden ist, die *Rekonstruktions-Adäquanz* also gewährleistet ist. Dieser argumentative Prozess der Wahrheitsfindung wird in Anlehnung an die Frankfurter Schule *dialog-konsenstheoretisches Wahrheitskriterium* genannt. Inwiefern die dabei entwickelten Interpretationen der Innensicht allerdings der äußeren Realität entsprechen, wird in einem davon unabhängigen zweiten Forschungsschritt aus der Außenperspektive überprüft, also mit Hilfe des *falsifikationstheoretischen Wahrheitskriteriums*.

Die Bedeutung dieses Ansatzes liegt vor allem darin, *handlungsleitende Theorien* angemessen erforschen zu können. Die methodischen Verfahren zur Darstellung und Überprüfung der Selbstinterpretationen sind deshalb so angelegt, dass die Versuchsperson im Laufe des Forschungsprozesses über den thematischen Gegenstandsbereich eine präzise, elaborierte *Subjektive Theorie* entwickelt, die ihre Fähigkeit erhöht, Handlungsabsichten und

Handlungszusammenhänge zu durchschauen, und damit ihre Kompetenz zur Selbststeuerung zu steigern.

Im Bereich der Erziehungswissenschaften werden seit der Entwicklung dieses Paradigmas vor allem die handlungsleitenden Subjektiven Theorien von Lehrer/-innen und Schüler/-innen untersucht. So z.B. von Christoph Müller (2004), der diese unter konstruktivistischer Perspektive erhebt, um neue Wege für die Lehrerbildung und Qualitätsverbesserung des Physikunterrichts zu finden, oder von Helmut Fischler und Hans-Joachim Schröder (2003).

2. Die Wissenschaftstheoretische Einbettung

2.1 Philosophiegeschichtliche Hintergründe

Die Dialog-Konsens-Methoden wurden unter Rückgriff auf Sokrates entwickelt. Der griechische Philosoph entwickelte eine Gesprächsführung, mit der er seinen Gesprächspartnern/-innen dazu verhalf, vorhandene Wissensstrukturen neu zu organisieren und so zu erweitern, dass ein sinnvoller Erkenntnisfortschritt erzielt wurde. Diese Technik nannte Sokrates *Maieutik*, Hebammenkunst. Er verstand sich dabei als Geburtshelfer dieses Erkenntnisprozesses. So zitiert Platon ihn im Dialog *Theaiteos*:

> „Auf mich trifft dasselbe wie auf die Hebammen zu: Ich bringe keine klugen Gedanken hervor [...] ich frage nämlich immer nur die anderen [...] aber im Laufe unseres Zusammenseins machen alle [...] für sich selbst [...] überraschende Fortschritte. Und dabei lernen sie offensichtlich nie auch nur irgendetwas bei mir, sondern finden selbst viele hervorragende Wahrheiten bei sich selbst hervor." Platon (Hrsg. Ekkehard Martens 1981, S. 31 ff.)

Das *Sokratische Gespräch* wurde von der *Frankfurter Schule* aufgegriffen und in Weiterführung der psychoanalytischen Methodik zum *dialogkonsenstheoretischen Wahrheitskriterium* (s.o.) entwickelt. Damit die Gesprächsteilnehmer/-innen auch wirklich in einem *herrschaftsfreien Rahmen* zu einer partnerschaftlichen Einigung gelangen können, entwickelte Jürgen Habermas (1973, S. 222) einen Bedingungskatalog für die *ideale Sprechsituation des Diskurses,* der in abgewandelter Form in das Design der Dialog-Konsens-Methoden aufgenommen wurde.

2.2 Die Menschenbildannahmen

Kennzeichnend für das qualitative Forschungsparadigma ist ein Menschenbild, das vor allem die Merkmale betont, die auf die Autonomie des Menschen verweisen, also z.B. auf seine Reflexivität, potentielle Rationalität, Sprachfähigkeit, Emotionalität oder Handlungsfähigkeit. Zur adäquaten Deutung eines intendierten Prozesses ist deshalb die Einbeziehung der Innenperspektive unverzichtbar. Dieses hat zur Konsequenz, dass die Versuchsperson bei den Dialog-Konsens-Methoden als Untersuchungspartner/-in (Dann 1992, S. 38) diesen Deutungsprozess partnerschaftlich mitkonstruiert. Die Untersuchungspartner/-innen gelten also bei der Rekonstruktion ihrer *Subjektiven Theorie* als gleichberechtigte Forschungspartner/-innen, d. h. die Wissenschaftler/-innen müssen sich mit den Untersuchungspartner/-innen im Dialog-Konsens einigen.

Groeben (1986, S. 49-83) legte ein ausgearbeitetes Menschenbild-Modell vor, das eine philosophische Alternative zu behavioristischen Menschenbildannahmen darstellte.

3. Hilfestellungen durch die methodische Vorgehensweise

Die meisten Dialog-Konsens-Verfahren sind als Struktur-Lege-Techniken aufgebaut. Bei dieser Technik werden die sprachlichen Aussagen in graphische Strukturabbildungen transformiert, d. h. Schaubilder der Subjektiven Theorie erstellt, die aus inhaltlichen Konzepten und formalen Verknüpfungsregeln bestehen. Diese Schaubilder werden nach folgendem Grundmuster gewonnen: Der mehrphasige Forschungsverlauf beginnt mit einer Befragungseinheit zur Erhebung der Datenbasis. Hier können die Untersuchungspartner/-innen die Inhaltsaspekte ihres Wissenssystems herausarbeiten.

In dieser Eingangsphase soll dabei metakommunikativ durch die Einführung in den Forschungsablauf eine vertrauensvolle Basis zwischen den Dialogpartnern hergestellt werden und auf die konfrontative Technik der Störfragen hingewiesen werden, die die Essenz der hypothesenungerichteten und hypothesengerichteten Fragen pointieren. Während die Wissenschaftler/-innen bis zur nächsten Forschungseinheit aus diesem Interviewmaterial die relevanten Konzepte extrahieren, macht sich die untersuchte Person mit dem Regelwerk zur logischen Verknüpfung ihrer Subjektiven Theorie vertraut. Der erste Schritt der Datenauswertung gilt der Einigung über die extrahierten Konzepte; diejenigen, die Zustimmung fanden, werden nun mit Hilfe der Verknüpfungsregeln in getrennten Visualisierungsprozessen zu Strukturbildern gelegt. Der gemeinsame Arbeitsprozess endet mit der im gleichberechtigten Dialog zusammengefassten Konsens-Struktur. Dieser generelle Verlauf, der von Scheele und Groeben (1988) für die *Heidelberger Struktur-Lege-Technik* entwickelt wurde, variiert mit der Komplexität und Reichweite des jeweiligen Forschungsgegenstandes und der angezielten Population. So werden beispielsweise beim *Strukturierten Dialog* der Forschergruppe Gerhard Treutlin u. a. (1984), für Lehrer/-innen und Schüler/-innen unterschiedliche Interviewleitfäden entwickelt. Hilfreich für den Dialog-Konsens-Prozess sind vor allem folgende Komponenten:

1. Die *kognitive Entlastung*, die auf der generellen Ebene durch
   - die Inhalts-Struktur-Trennung gegeben ist, also durch die nacheinander geschaltete Bearbeitung der inhaltlichen Konzepte und ihrer formalen Relationen; und auf der speziellen Ebene durch
   - die Verdichtung von Textpassagen auf abstrakte Konzepte;
   - das didaktisch gut aufbereitete Regelwerk der formalen Relationen.
2. Die *Optimierung* der Erkenntnis- und Selbstveränderung wird erleichtert durch:
   - die Veranschaulichung der Subjektiven Theorie aufgrund der ikonischen Repräsentation als Schaubild;
   - die Elaboration und Präzisierung der bisher rudimentären und inkohärenten Wissenssysteme;
   - die Direktheit der Wissensrepräsentation, die mathematische oder inhaltsanalytische Verarbeitungsschritte zwischen den Konzepten überflüssig werden lässt.

4. Ausgewählte Forschungsbeispiele

Inhaltlich befasst sich der überwiegende Teil der Forschungsarbeiten im Bereich der Dialog-Konsens-Methoden mit HochschullehrerInnen-/LehrerInnen- und StudentenInnen-/SchülerIinnen-Handlungen, Lern- und Veränderungsprozessen, Problemlösestrategien sowie dem Erziehungsverständnis von Müttern und Heimerziehern/-innen. Aber auch die psychologischen bzw. philosophischen Forschungsarbeiten zu den Themen: Vertrauen, Glück, Lebensqualität, Zufriedenheit, Gesundheit, Partnerschaft, Emotion und Vergessen, Ironie, Persönlichkeit oder „Wer ist eine Person?" sind für die Pädagogik bedeutsam, weniger dagegen die Arbeiten im Bereich der klinischen Psychologie und der empirischen Ästhetik (Wahl 1988, S. 254-291; Fliege/Filipp 2004; Marsal 1995, 2006).

4.1 Das Fluss-Diagramm

Das Fluss-Diagramm wurde von Groeben und Scheele im Rahmen der psycholinguistischen Forschung ‚Reaktionsmöglichkeiten auf Ironie' entwickelt. Der Forschungsprozess entspricht dem oben dargelegten Aufbau. Da es allerdings inhaltlich um die konkreten Aspekte einzelner Handlungen geht, wird hier das Wissen über konkrete Handlungsmöglichkeiten/-abläufe erhoben und durch Flussdiagramm-Sinnbilder dargestellt. Graphisch abgebildet werden z. B. *Handlungen* (Rechtecke), der Übergang von einem System zu einem anderen als *Eingang* bzw. *Ausgang* (Kreise), *Ablauflinien* der Handlungsrichtung (Pfeile), abzweigende *Handlungsalternativen* (Rauten mit richtungsweisenden Pfeilen) sowie Untergliederungen von Handlungsschritten, zusätzliche Kommentierungen oder Kreuzungen.

Zur Verdeutlichung folgt ein kleiner Ausschnitt aus dem Flussdiagramm-Sinnbild des Interviewers (Scheele/Groeben 1988, S. 145):

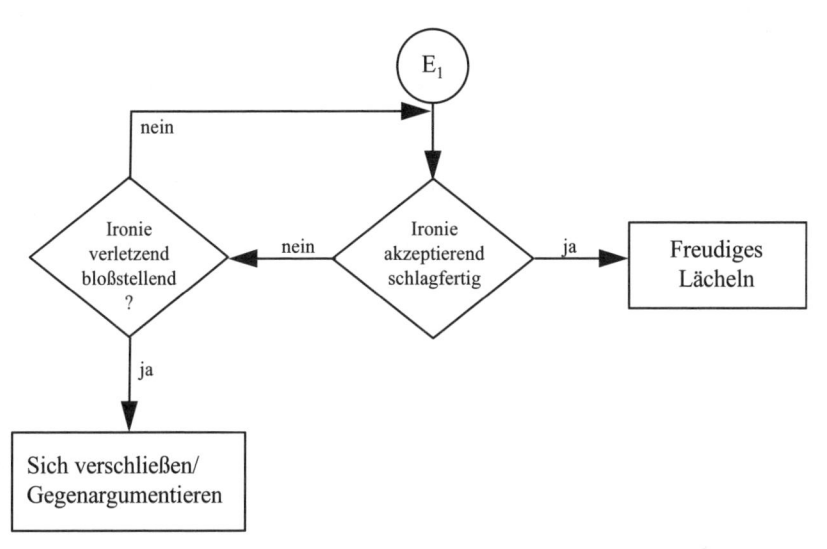

Abb. 1: Flussdiagramm

Ironie wird alternativ akzeptierend als gelungene schlagfertige Interaktion verstanden, die ein „Freudiges Lächeln" hervorlockt oder als verletzende bloßstellende Kommunikation, die zur Reaktion „sich verschließen" und „Gegenargumentieren" führt.

Die Aufgabe der Interviewer/-innen besteht darin, darauf zu achten, dass die Untersuchungspartner/-innen die Prozessabfolge der Handlungsteilschritte explizit und exakt benennen, d. h. jeden Strang einer Handlungsalternative bis zum Ende durchlaufen, so dass keine Verzweigung verloren geht. Das Interview und die Strukturbilder finden sich in Scheele/Groeben (1988, S. 139-145, 152-158). Wahl (1988, S. 267-275) stellt den gesamten Forschungsprozess vor und würdigt ihn kritisch.

4.2 Die Interview- und Legetechnik ILKHA

Die Interview- und Legetechnik ILKHA wurde im Forschungsprojekt *Aggression in der Schule* von der Gruppe um Dann entwickelt, um die aggressionsbezogenen Berufstheorien von Lehrern/-innen in ihren Auswirkungen auf den Schulalltag zu erheben und zu modifizieren.

Im ersten Forschungsschritt wird in einer Feldstudie erfasst, welche Handlungsmuster den Akteur/-innen zur Verfügung stehen, welche Ziele sie damit verfolgen und von welchen Entscheidungsbedingungen sie ihre Handlungsschritte abhängig machen. Da die Lehrer/-innen durch die Unterrichtsbesuche zeitlich schon stark belastet sind, wird von ihnen keine eigenständige Rekonstruktion ihrer kognitiven Handlungsstrukturen verlangt. Nach der Interview-

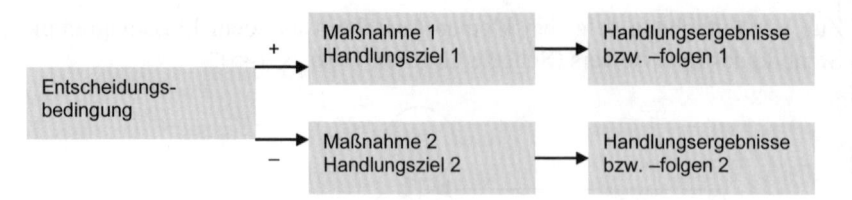

Abb. 2: Regelwerk zur „Interview- und Legetechnik zur Rekonstruktion kognitiver Handlungsstrukturen (ILKHA)": Grundstruktur des Handlungswissens (Dann 1992, S. 25)

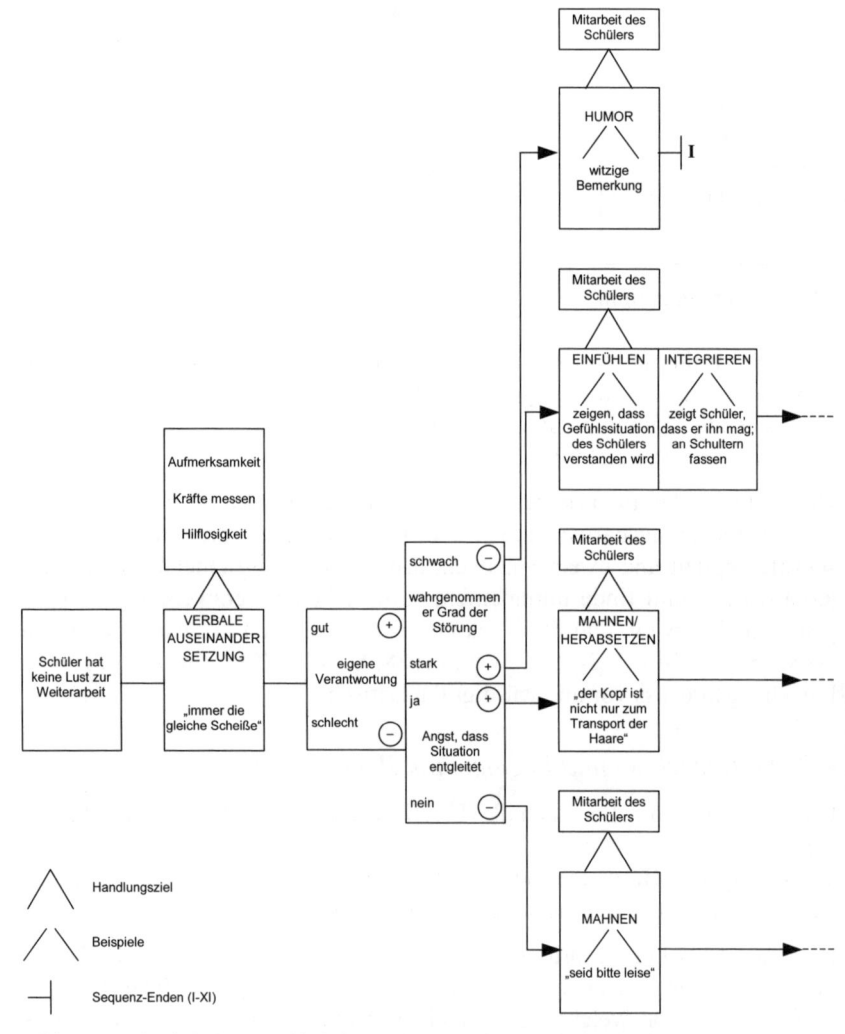

Abb. 3: Beispiel einer Subjektiven Theorie einer Lehrkraft über Unterrichtsstörungen: Rekonstruktion mit der ILKHA (Regelwerk s. Abb. 9-13 und Legende) (Dann 1992, S. 28)

phase arbeiten sie sich lediglich in das Regelsystem ein, so dass sie sich bei der Konsens-Bildung über die gelegte Struktur so aktiv wie möglich beteiligen können. Als Auslösefaktor dient störendes oder aggressives Schülerverhalten, das die Lehrer/-innen zu einer Handlungsentscheidung zwingt.

Das Ziel der Rekonstruktion besteht darin, über die Darstellung der aggressionsbezogenen Berufstheorien diese so zu verändern, dass sich die soziale Kompetenz der Lehrer/-innen verbessert. Im zweiten Forschungsschritt wird am beobachtbaren Handeln überprüft, ob dieses Vorhaben gelungen ist.

Mit der ILKHA lassen sich nicht nur einfache Situations-Handlungsabfolgen abbilden, sondern auch Interaktionssequenzen zwischen den Kommunikationspartnern/-innen.

4.3 Die Zusammenfassung der Subjektiven Theorien zu Modalstrukturen

Auch in der Philosophie wurde das Paradigma Subjektive Theorien zur Begriffsbestimmung des Titels *Person* angewandt, da keine eindeutigen Zuschreibungen vorliegen, diese Attribution aber mit einschneidenden juristischen und moralischen Konsequenzen verbunden ist. Eva Marsal (2006) erhob in einer repräsentativen Stichprobe 31 Alltagstheorien zum Begriff *Person*.

Die philosophisch geleiteten Fragen des Interviewleitfaden umfassten die Bereiche: Definition und Differenzierung des Personbegriffs, gegenseitige Attribuierung des Personstatus, Entwicklung der Person, Bereichsweite und Konsequenzen des Personbegriffes. Die Ergebnisse wurden dialogisch ausgewertet und nach einem Regelsystem in Strukturtafeln und deren Verbalisierungen festgehalten. Die interindividuelle Dateninterpretation der Dialog-Konsens-Strukturen konvergierte zu drei Modal-Strukturen: Menschen sind Personen

1. ab dem Zeitpunkt der Zeugung
2. mit der Bewusstwerdung ihrer Personalität
3. auch hochentwickelte Säugetiere besitzen einen Personstatus.

Da das provozierende 3. Personkonstrukt inzwischen auch in den philosophischen Schulen diskutiert wird, stelle ich dieses exemplarisch vor:

Die Modalstruktur zur Person der Klasse 3: Tier

Die Person ist entweder eine Entität der Modalklasse 1 (alle Menschen ab dem Zeitpunkt der Zeugung) oder der Modalklasse 2 (Menschen während der Zeitspanne, in der sie über Bewusstsein verfügen).

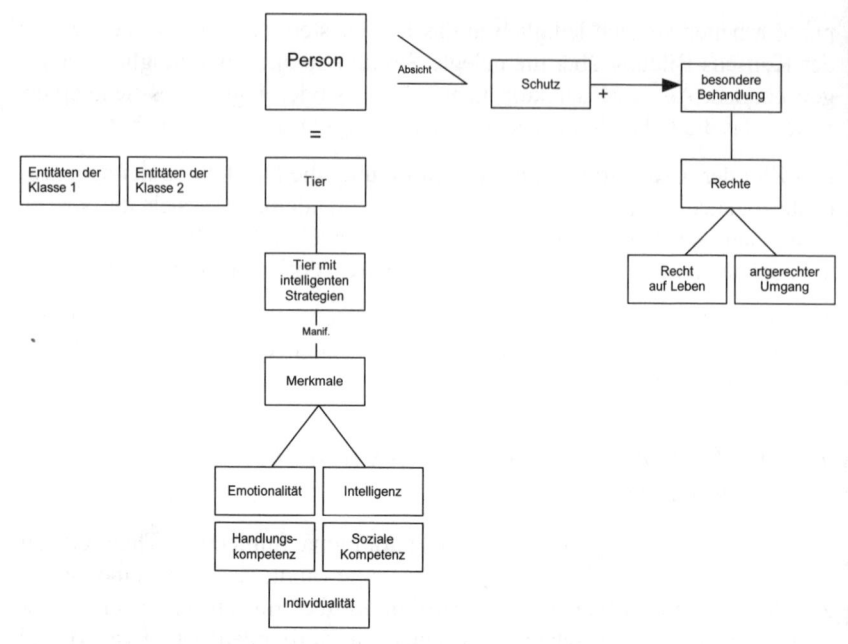

Abb. 4: Die Modalstruktur zur Person der Klasse 3: Tier
(Marsal 2006, S. 137)

In der Modalklasse 3 kann aber auch ein Tier eine Person sein, allerdings kommen dafür nur solche Tiere in Frage, die intelligente Strukturen besitzen. Diese zeichnen sich durch die Merkmale Emotionalität, potentielle Rationalität, soziale Kompetenz, Handlungskompetenz und Individualität aus. Durch die Anwendung des Personbegriffs auf das Tier soll dieses Schutz erhalten. Dieser zeigt sich ebenso wie bei anderen Personen in einer besonderen Behandlung. So stehen diesen Tieren bestimmte Rechte zu, wie das Recht auf Leben und auf den artgerechten Umgang.

Diese drei Modal-Strukturen konnten unter der hermeneutischen Perspektive eines liberalisierten non-statement-view zu einem Personkonstrukt großer Reichweite integriert werden. Mit der Zusammenfassung von idiographischen Subjektiven Theorien zu allgemeinen Modalstrukturen wurde der Forderung von Dann (1992, S. 40 f.) nachgekommen, „Verfahren zur Darstellung Subjektiver Theorien größerer Reichweite" zu entwickeln. Zur Umwandlung der idiographischen *Subjektiven Theorien* in allgemeine nomothetische hatten bereits Rainer Obliers und Georg Vogel (1992) sowie Angelika Stössel und Brigitte Scheele (1992) verschiedene Vorschläge unterbreitet. Auch Christoph Thomas Müller (2004) geht auf diesen Aspekt ein.

4.4 Ein Strukturmodell zu den Subjektiven Theorien und handlungsleitenden Kognitionen von Lehrern als Determinanten schulischer Lehr-Lern-Prozesse im Physikunterricht

Christoph Müller (2004) entwickelt sein Strukturmodell zur Untersuchung der schulischen Lehr-Lern-Prozesse im Rahmen eines DFG-Projekts „Lehr-Lern-Prozesse im Physikunterricht – eine Videostudie".

Strukturmodell: „Lehrertypisierung"		
„Cognitive Apprenticeship" • Lernen wird nachdrücklich unterstützt • Lernen als schrittweise Erarbeitung im argumentativen Diskurs • Fehler sind Lerngelegenheiten	**„Cognitive Self-Effort"** • Fachliche Erarbeitungsangebote werden bereitgestellt. Lernen wird aber nicht nachdrücklich unterstützt	
Typ C: Sehen sich selbst vorwiegend als Physiker • Ziel: Vermittlung der physikalischen Sichtweise (Begriffe, Prinzipien/physikalische Denk- und Arbeitsweisen)	**Typ B: Sehen sich selbst als „Antreiber", um Lernwiderstände zu überwinden** • Legen Wert auf die Einhaltung des formalen Ablaufs • Ziel: Interesse wecken /Physik im Alltag verstehen	Konzept-Wachstum
Typ A: Sehen sich selbst vorwiegend als Lehrer • Unterricht am Verständnis der Schüler orientiert • Freiräume für eigenständiges Experimentieren und Nachdenken • Ziel: Modellbildung, Verstehen des Alltags	**Typ D: Sehen sich selbst als Bereitsteller von Lerngelegenheiten** • Erwarten und vermissen zugleich Interesse und Eigenaktivität der Schüler • Schüler sollen es selbst herausfinden • offener, wenig strukturierter Unterricht • Ziel: Nachdenken, entdecken, Alltag verstehen.	Konzept-wechsel

Abb. 5: Strukturmodell: „Lehrertypisierung"

Hier analysiert er den Zusammenhang zwischen den methodisch-didaktischen Konzepten der Lehrkräfte und der Leistungsentwicklung sowie der affektiven Entwicklung der Schüler/-innen.

Müller geht davon aus, dass die Lehrer/-innen nicht nur inhaltliche Informationen vermitteln, sondern implizit auch ihre eigenen „Strategien des Erkenntnisgewinns". Damit können sich die Schüler/-innen durch eine – zum Teil unbewusste – „strukturelle Identifikation" die Lernwege ihrer Lehrkräfte als eigene Lernstrategien aneignen und lernen es, mit inhaltlichen Informationen sinnvoll umzugehen, d.h. das eigene Wissen zu erweitern.

Aus diesem Schluss ergibt sich die Hypothese, dass das Konzept „Lernen ist ein eigenständiger, durch Beratung geleiteter Prozess" zu einer besseren Leistungsentwicklung führen sollte als das Konzept, „Lernen findet vor allem durch lehrergeleitete Wissensvermittlung statt". Aufgrund dieser Hypothesen wurden die Interviews von 14 Lehrkräften mit dem Ziel einer „Lehrertypisierung" quantitativ (Kodiersystem) und qualitativ (Inhaltsanalyse) ausgewertet und in Beziehung zu den Ergebnissen der Leistungstests und der Schüler/-innen-Fragebögen zu Motivation, Selbstkonzept und Kompetenzerleben gesetzt.

Die Clusteranalyse der quantitativen Interviewauswertung ergab entsprechen den jeweiligen Clustern die vier „Lehrertypen" A bis C, deren „typischen" Vorstellungen in dem obigen Strukturmodell: „Lehrertypisierung" zusammengefasst sind.

Da in Abhängigkeit mit dieser „Lehrertypisierung" auch unterschiedliche Daten in der Lernentwicklung der Schüler/-innen festgestellt werden konnten, scheint die Vermutung berechtigt, dass das „Cognitive Apprenticeship" sowie der Konzeptwechsel die Lernentwicklung unterstützen.

Wegen der niedrigen Stichprobengröße handelt es sich allerdings lediglich um erste heuristische Annahmen, die in weiteren Untersuchungen mit einer größeren Stichprobe überprüft werden müssen.

5. Kritische Würdigung

Inzwischen gibt es ein beachtliches Repertoire an wissenschaftlich qualifizierten Dialog-Konsens-Verfahren, mit denen *Subjektive Theorien* erhoben werden. Kritisch angemerkt werden muss allerdings, dass diese Methoden aufgrund des erheblichen zeitlichen Aufwands nur an kleinen Stichproben durchgeführt werden können. Dadurch ist der normative Wert der gewonnenen Ergebnisse eingeschränkt. Statistisch relevante Aussagen werden also angemessener mit anderen wissenschaftlichen Methoden gewonnen. Sollen allerdings argumentative Erklärungsmuster bzw. Selbsterklärungsmuster z. B. hinsichtlich praktizierter Handlungsabläufe erhoben werden, lohnt sich – gerade in der heutigen Zeit der Globalisierung – die Rekonstruktion und Konstruktion von *Subjektiven Theorien*, da die Anzahl der potentiellen Erklärungsmuster beschränkt ist. Eine größere Stichprobe würde also keinen höheren Erkenntnisgewinn garantieren, sondern würde lediglich eine höhere Redundanz hervrrufen. Außerdem spricht auch die Verstehensadäquanz zwischen, „Forscher und Erforschtem", „Lehrenden und Lernenden" oder den Mitgliedern verschiedener Generationen und Kulturen für diese Methodik. Ein weiterer Wert dieser Methodik liegt aber vor allem darin, dass der Forschungsprozess für alle Beteiligten einen Lernzuwachs bietet und außerdem auch eine Alltagsnähe und Alltagsrelevanz gewährleistet ist.

Literatur

Dann, Hanns-Dietrich 1992: Variation von Lege-Strukturen zur Wissensrepräsentation. In: Scheele, Brigitte (Hg.): Struktur-Lege-Verfahren als Dialog-Konsens-Methodik. Ein Zwischenfazit zur Forschungsentwicklung bei der rekonstruktiven Erhebung Subjektiver Theorien. Münster. S. 2-41.

Edelmann, Walter 1993: Lernpsychologie. Weinheim.

Fischler, Helmut 1986: Schülervorstellungen und Lehrertheorien. Zum Programm einer Rekonstruktion subjektiver Theorien von Physiklehrern. In: physica didactica 13. Sonderheft. S. 67-79.

Fischler, Helmut/Hans-Joachim Schröder 2003: Wie lassen sich Vorstellungen von Lehrern zum Lehren und Lernen erfassen? In: Pitton, Anja (Hg.): Außerschulisches Lernen in Physik und Chemie. Münster. S. 144-146.

Fliege, Hartmut/Sigrun-Heide Filipp 2004: Subjektive Theorien zu Glück und Lebensqualität – Ergebnisse explorativer Interviews mit 65- bis 74jährigen. Zeitschrift für Gerontologie und Geriatrie. Volume 33. Number 4/August. 2000. S. 307-313. Online Thursday, February 19, 2004.

Groeben, Norbert 1986: Handeln, Tun, Verhalten als Einheiten einer verstehenderklärenden Psychologie. Tübingen.

Habermas, Jürgen 1973: Wahrheitstheorien. In: Fahrenbach, Helmut (Hg.): Wirklichkeit und Reflexion. Pfullingen. S. 211-266.

Majer, Sandra 2008: Verhaltensauffälligkeiten und Konzentrationsstörungen im Grundschulalter: Subjektive Theorien von Lehrkräften. Hamburg.

Marsal, Eva 1995: Das Selbstkonzept. Subjektive Theorien Jugendlicher zur Genese, Binnenstruktur und Handlungskonsequenzen. Leverkusen.

Marsal, Eva 2006: Person. Vom alltagssprachlichen Begriff zum wissenschaftlichen Konstrukt. Münster.

Müller, Christoph Thomas 2004: Subjektive Theorien und handlungsleitende Kognitionen von Lehrern als Determinanten schulischer Lehr-Lern-Prozesse im Physikunterricht. Studien zum Physiklernen. Band 33. Berlin.

Obliers, Rainer/Georg Vogel 1992: Subjektive Autobiographie – Theorien als Indikatoren mentaler Selbstkonfiguration. In: Scheele, Brigitte (Hg.): Struktur-Lege-Verfahren als Dialog-Konsens-Methodik. Ein Zwischenfazit zur Forschungsentwicklung bei der rekonstruktiven Erhebung Subjektiver Theorien. Münster. S. 296-332.

Oehme, Anja 2008: Schulverweigerung: Subjektive Theorien von Jugendlichen zu den Bedingungen ihres Schulabsentismus. Hamburg.

Platon: Theätet. Hrsg. von Ekkehardt Martens 1981. Stuttgart.

Rank, Astrid 2008: Subjektive Theorien von Erzieherinnen zu vorschulischem Lernen und Schriftspracherwerb. Berlin.

Scheele, Brigitte (Hg.) 1992: Struktur-Lege-Verfahren als Dialog-Konsens-Methodik. Ein Zwischenfazit zur Forschungsentwicklung bei der rekonstruktiven Erhebung Subjektiver Theorien. Münster.

Scheele, Brigitte/Norbert Groeben 1988: Dialog-Konsens-Methoden zur Rekonstruktion Subjektiver Theorien. Tübingen.

Schröder, Hans-Joachim/Helmut Fischler 2003: Handeln Lehrer im Unterricht wie sie es wollen? In: Pitton, Anja (Hg.): Außerschulisches Lernen in Physik und Chemie. Münster. S. 147-149.

Stössel, Angelika/Brigitte Scheele 1992: Interindividuelle Integration Subjektiver Theorien zu Modalstrukturen. In: Scheele, Brigitte (Hg.): Struktur-Lege-Verfahren als Dialog-Konsens-Methodik. Ein Zwischenfazit zur Forschungsentwicklung bei der rekonstruktiven Erhebung Subjektiver Theorien. Münster. S. 333-385.

Treutlein, Gerhard u. a. 1984: Abschlußbericht über das Forschungsprojekt ‚Methoden zur Erfassung handlungssteuernder Kognitionen bei Lehr- und Lernprozessen im Sport'. Pädagogische Hochschule Heidelberg.

Wahl, Diethelm 1988: Die bisherige Entwicklung des FST. In: Groeben, Norbert/ Diethelm Wahl/Jörg Schlee/Brigitte Scheele: Das Forschungsprogramm Subjektive Theorien: Eine Einführung in die Psychologie des reflexiven Subjekts. Tübingen. S. 254-291.

Unter: http://www.ipn.uni-kiel.de/aktuell/ipnblatt/ip104/ip104r06.htm

Burkhard Schäffer und Manuela Pietraß

Qualitative Medienforschung in der Erziehungswissenschaft

Jegliche qualitative Sozialforschung und so auch die qualitative Medienforschung (QMF) aktuellen Zuschnitts ist medienvermittelt. Kein Schritt, weder Erhebung, noch Interpretation oder Veröffentlichung kommt ohne Medientechnologien aus bzw. radikaler formuliert: Medien konstituieren wesentliche Teile heutiger Forschungsgegenstände qualitativer Sozialforschung. Angesichts einer generellen „Technikvergessenheit" in den Sozialwissenschaften (Rammert 1998; Schäffer 2007, S. 51 f.) wird dieser Umstand methodologisch oder erkenntnistheoretisch bisher wenig reflektiert. Dies geschieht, angesichts der durch die neuen digitalen Medientechnologien erzeugten Möglichkeiten, sowohl Erhebung, Interpretation und auch Repräsentation qualitativer Forschung zu beeinflussen, erst in jüngster Zeit (Bergmann 2006a). Beispielsweise sind die neueren interpretativen Verfahren der Sozialforschung (Interviews, Gruppendiskussionen) ohne die Technik der elektromagnetischen Aufzeichnung undenkbar, ganz zu schweigen von Screenrecordings, Videoethnographie, digitaler Bildbearbeitung etc. Auch die Verschriftlichung von Beobachtungen ist eine von Medientechnik durchdrungene Tätigkeit: Ob z.B. als „Aufschreibsystem" (Kittler 2003) ein Füllfederhalter, eine Schreibmaschine oder ein Computer genutzt wird, entscheidet über die Möglichkeiten der Weiterverarbeitung der „Daten" und damit über die Praxis der Forschung in entscheidendem Maße (vgl. hierzu Kuckartz 2007). Medien sind nicht nur Mittel qualitativer Methoden, Medien sind auch Gegenstand qualitativer Forschung. Primär ist hier die Medienpädagogik zu nennen, bei der die qualitative empirische Forschung innovativ und breit betrieben wird; daneben befassen sich jedoch auch andere Bereiche der Erziehungswissenschaft mit medienbezogenen Themen, etwa die historische und die allgemeine Pädagogik, die Schulpädagogik oder die Erwachsenenbildung (Schäffer 2005). Im Folgenden verstehen wir QMF als qualitative Sozialforschung, die *mit* und *über* Medien vollzogen wird. Hinsichtlich des Medienbegriffs schließen wir uns dabei Bergmann (2006b) an, der Medien auf die *technischen* „kommunikativen Vermittlungsträger" einschränkt (S. 14).

1. Qualitative Medienforschung

In den vergangenen 20 Jahren – 1984 wurde in der Gesellschaft für Medienpädagogik und Kommunikationskultur die Arbeitsgruppe „Qualitative Medienforschung" gegründet – gelang es der QMF sich zunehmend Anerkennung zu verschaffen. Neuere Handbücher (Mikos/Wegener 2005, Ayaß/ Bergmann 2006) und thematische Schwerpunkthefte (Forum qualitative Sozialforschung (FQS) 2004 und 3/2007; Medienpädagogik, Themenheft 14, 2008) zeigen, auch über den medienpädagogischen Diskurs hinausgehend, Methodenvielfalt und die Vergewisserung gültiger Forschungsstandards auf.

Die Beschäftigung mit Medienphänomenen, die pädagogisch relevant werden, soll folgend nach den zwei Bereichen Produktion und Rezeption systematisiert werden. Diese beiden Dimensionen auseinander zu halten (und die Ergebnisse später aufeinander zu beziehen) ist u.e. deshalb wichtig, weil die Analyse eines Angebots allein, bspw. von Computerspielen, noch nichts über deren kommunikative und handlungspraktische Aneignung seitens der Rezipierenden innerhalb von Milieus, Lebenswelten, Geschlechterpositionen, Generationen u.v.m. aussagt.

1.1 Medienangebots- und Produktanalyse

Aus der relativ kurzen Geschichte der Medienpädagogik (vgl. Hüther/Podehl 2005) ist bekannt, dass jedes neu entwickelte Medium auch bald unter pädagogischen Gesichtspunkten bewertet wird. Die Analyse von Medienangeboten ist dabei zunächst abhängig vom Medium, innerhalb dessen sie dargeboten werden: Es macht einen Unterschied, ob bspw. ein Film (Winter 2003), ein Foto (Pilarczyk/Mietzner 2005), ein Comic (Dörner 2007) oder eine Internetrepräsentanz (Marotzki 2008) analysiert werden. Aber auch für wen diese Angebote gedacht sind, wird berücksichtigt (zumeist grob differenziert nach Altersgruppe und Geschlecht). In der Medienpädagogik dominierten bisher Produktanalysen von Medienangeboten, die auf Kinder und Jugendliche zugeschnitten sind (vgl. expl. die Beiträge in Medienpädagogik 13, 2007). Aber auch Themen wie „Jugendmythen im Spielfilm" (Möller/Sander 2003) oder die „generationsspezifische Inszenierung pädagogischer Blickwechsel" (Schäffer 2003a) werden untersucht. Zunehmend kommen auch Medienangebote in den Blick erziehungswissenschaftlicher Forschung, die für andere Altersgruppen produziert werden. Unter dem Schlagwort einer „Pädagogik der Medien" werden, vor dem Hintergrund der These der Entgrenzung des Pädagogischen, bspw. die „Pädagogik des Fernsehens" und des „Internets" (Nolda 2002, S. 158 ff.) daraufhin untersucht, welche pädagogischen Kommunikations- und Interaktionsmuster im weitesten Sinne in diese Bereiche ‚eingesickert' sind. Zum Beispiel hat Kade die „Pädagogik der Talkshow" analysiert (Kade 1999) oder Nolda das „Fernsehen als Vermittler von Bildungswissen" (Nolda 2003). Eine andere Perspektive wird in einem Projekt zu Altersbildanalysen verfolgt: Vor dem Hintergrund der These, dass Weiterbildungsorientierungen mit Altersbildern zusammenhängen, wird mittels der dokumentarischen Bildinterpretation (Bohnsack 2009) zunächst in einer Angebotsanalyse eruiert, wie typische Alters-, Alterns- und Altenbilder medial konstruiert werden (Schäffer

2009). Im Anschluss wird das interpretierte Bildmaterial Angehörigen unterschiedlicher Altersgruppen als Diskussionsanlass vorgelegt, um herauszuarbeiten, wie diese Altersbilder von unterschiedlichen Altersgruppen (Jugendliche, mittleres Lebensalter, Senioren) kommunikativ angeeignet werden (vgl. Schäffer 2008 b).

1.2 Rezeptionsanalyse

Die individuelle Verarbeitung medialer Inhalte, die sich in den symbolischen Handlungen der Rezipienten zeigt, ist Gegenstand der qualitativen Rezeptionsanalyse. Zwei Rezeptionsphasen werden unterschieden: die Rezeption im engeren Sinn, also die Interaktion mit dem Angebot, und dessen Aneignung als „Folgekommunikation in den Anschlusssituationen" (Mikos 2001, S. 67). Die grundsätzliche Herausforderung der Rezeptionsanalyse ist es, Deutungsprozesse der Rezipienten der Forschung zugänglich zu machen. Sie finden während der Rezeption statt, meist ohne dass sie sichtbar werden, oder sie sind prinzipiell sichtbar im sozialen Kontext in der Aneignungsphase, weil sie hier in (Sprach-)Handlungen aufscheinen.

Betrachtet man die Verarbeitungsprozesse der Rezipienten unter Perspektive der empirischen Bildungsforschung, dann ist gerade die qualitative Zugangsweise lohnenswert: Das „Wie" dieser Prozesse aufzuweisen eröffnet einen Zugang zu Veränderungen des Selbst- und Weltverhältnisses des Menschen, welches im Zusammenhang von Lernen, der Identitätsentwicklung, von Sozialisation und Kultur relevant wird (Pietraß 2009).

Hinsichtlich der *Identitätsbildung* wurden Studien bekannt, die die eigenwillige Rezeption von Medientexten (Charlton/Neumann 1990) oder, in der späteren Aneignungsphase, Spuren von Mediensymbolen (Bachmair/Thüne-Schoenborn 1984) aufsuchen. In der Umgangsform mit den Medienthemen und -symbolen drücken sich Prozesse der Identitätsbildung und Krisenbewältigung aus. Bei der Medien*sozialisation* geht es insbesondere um rollen- und institutionenbezogene Fragestellungen. So begleitete Spanhel (1999) die Einführung einer „integrativen Medienerziehung" in der Hauptschule, was zugleich eine, unter Teilnahme der Betroffenen erfolgende, Organisationsentwicklung ermöglichte. Hinsichtlich der Berücksichtigung des *sozialen Kontextes* sind peergruppenorientierte Untersuchungen erwähnenswert, z. B. die Aneignung von öffentlichen Räumen (Baacke/Sander/Vollbrecht 1990).

Mit der *kulturellen Aneignung* von Mediensymbolen beschäftigen sich die qualitativen Studien unter dem Theorem der Cultural Studies, bei dem populäre Symbolmuster wie Mode, Medien, Popmusik als kulturelle Hervorbringungen verstanden werden. In der Aneignungsphase ist die Untersuchung von Jugendkulturen ein wichtiger Bereich (Baacke 1999), bei den Rezeptionsanalysen die Aufdeckung von Spuren des Widerstandes gegen soziale Macht- und Ungleichheitsverhältnisse in den Lesarten der Rezipienten (Winter 2005, S. 51).

Eine für die Pädagogik wichtige Differenzierung ist jene nach *Altersgruppen*. Die qualitative Medienforschung hat sich als fruchtbar erwiesen, weil die entwicklungsbedingte Besonderheit der symbolischen Verarbeitungsweise eine je spezifische methodische Zugangsweise verlangt. So spielen bei Kindern kreative Ausdrucksformen beim Zeichnen (Neuß 2005) und Spielen (Paus-Hasebrink 1998) eine Rolle, während es in den Jugendkulturen eigenwillige Stilbildungen und daran anschließende bzw. damit einhergehende „stilistische Einfindungsprozesse" sind (Schäffer 1996).

2. Methoden und Methodologien qualitativer Medienforschung

2.1 Methodologien

Eine leitende Differenzierung, die auch für Medienforschungskontexte produktiv ist, ist diejenige zwischen *Gegenstands- und Grundlagentheorien* auf der einen und *Methoden* und *Methodologien* auf der anderen Seite (vgl. hierzu Dörner/Schäffer 2009). Der ‚Gegenstand' einer empirischen Untersuchung wird durch Gegenstandstheorien konstituiert, d.h. durch mehr oder weniger auf ihn bezogene empirisch abgesicherte Systeme von Aussagen bzw. Hypothesen. Gegenstandstheorien müssen mittels *grundlagentheoretischer* Begrifflichkeiten abgesichert werden. Forscht man bspw. über den Gegenstand ‚Medienkompetenz von Jugendlichen', muss man sich grundlagentheoretisch mindestens mit dem Medien- und dem Kompetenzbegriff auseinandersetzen. Ein anfangs geklärtes *Verhältnis von Grundlagen- und Gegenstandstheorien* erleichtert auch die Entscheidung über die Wahl von Methodologie und Methoden. *Methoden* erzeugen vor allem bei der Auswertung von empirischem Material eine spezifische, Erkenntnismöglichkeiten und Grenzen enthaltende Selektivität. Eine *Methodologie* klärt schließlich, ob mit der Methode auch das herausgearbeitet werden kann, was die Ausgangsfragestellung grundlagen- und gegenstandstheoretisch impliziert, es geht also um die wissenschafts- bzw. metatheoretische ‚Logik' der Methode.

Für qualitative Methoden allgemein und auch für qualitative Methoden in der Medienforschung existiert keine einheitliche Methodologie (allgemeiner Überblick bei Bohnsack/Marotzki/Meuser 2006; Przyborski/Wohlrab-Sahr 2008; in Bezug auf Medienforschung: Ayaß/Bergmann 2006; Mikos/Wegner 2005). In der qualitativen erziehungswissenschaftlichen Medienforschung wird in unterschiedlicher Intensität auf eine große Vielfalt an Methodologien Bezug genommen. Nebeneinander stehen u.a. Verfahren der Grounded Theory (Strauss 1991; → Hülst), der Objektiven Hermeneutik (Oevermann u.a. 1979; Aufenanger 1994; → Garz), des narrationsstrukturellen Verfahrens (Schütze 1981; → Jakob), der Dokumentarischen Methode (Bohnsack/Nentwig-Gesemann/Nohl 2007; Bohnsack 2007; → Bohnsack), der Diskursanalyse (Keller 2005; → Langer/Wrana), der Ethnomethodologie (Garfinkel 1967) und der Konversationsanalyse (Bergmann 1987).

2.2 Methoden

Eine qualitative Studie ist in mehreren Schritten angelegt, die sich reflexiv aufeinander beziehen: Die Erstellung eines Untersuchungsdesigns sowie die Erhebung und Auswertung der Daten sind, je nach methodologischer Ausrichtung, unterschiedlich aufeinander bezogen und zeitlich fixiert (näher siehe Mikos/Wegener 2005; Przyborski/Wohlrab-Sahr 2008). Der Akzent bei der folgenden Darstellung ist auf die Bedeutung von Medien bei ‚klassischen Methoden' einerseits und auf die Darstellung der Entwicklung ‚neuerer' Methoden in Folge von medientechnischen Entwicklungen andererseits ausgerichtet.

2.2.1 Klassische Methoden

Die methodischen Zugänge in der erziehungswissenschaftlichen QMF sind breit gefächert. Nach wie vor nehmen Methoden, die sich im weitesten Sinne am Modell des mündlichen Austauschs in einer face-to-face Situation orientieren, großen Raum ein. Zu nennen sind vor allem verschiedene Formen des Interviews (→ Friebertshäuser/Langer), das Gruppendiskussionsverfahren (Schäffer 2006; Bohnsack/Przyborski/Schäffer 2006; → Bohnsack) und die Konversationsanalyse (Keppler 2006), aber auch ethnographische Zugänge spielen eine wichtige Rolle, wofür stellvertretend die Arbeit von Sherry Turkle (1999) genannt werden kann. Mit Zugängen, die sich am mündlichen Austausch orientieren, wird zumeist die Rezeptionsseite untersucht, jedoch kann auch die Produktion im Zentrum des Interesses stehen, bspw. bei Experteninterviews mit Softwareentwicklern (Schachtner 1993). Viele der klassischen Verfahren erfuhren in Bezug auf spezifisch medienbezogene Fragestellungen eine Anpassung. So entwickelte sich bspw. aus dem biographischen Interview das medienbiographische Interview (Aufenanger 1999), das Gruppendiskussionsverfahren wurde zum Fotogruppendiskussionsverfahren weiterentwickelt (Michel 2006; Schäffer 2008) oder ethnographische Verfahren wurden bei der Analyse von Produktion und Rezeption alter und neuer Medien eingesetzt („Medienethnographie", vgl. Bachmann/Wittel 2006).

Neben der Rezeptions- steht die klassische „Medienproduktionsforschung", die sich mit den „Kommunikatoren" (Kübler 2005) befasst. Zu nennen ist zunächst die qualitative Inhaltsanalyse von Medieninhalten (Wegener 2005). Allerdings ist ihr Status als qualitative Forschungsmethode umstritten, da sie zentrale Prinzipien interpretativer Sozialforschung (bspw. Beachtung des Kontextes und der Sequenzialiät von Daten) nicht beachtet (vgl. Christmann 2006, S. 282 f.). Im Methodendiskurs der Erziehungswissenschaften stehen dagegen in jüngster Zeit – angeregt durch Arbeiten im Kontext der pädagogischen Ikonographie und Ikonologie (etwa Mollenhauer 1983; Schulze 1999) – mehr genuin bildanalytische Verfahren im Fokus der Aufmerksamkeit (Ehrenspeck/Schäffer 2003; Marotzki/Niesyto 2006; Friebertshäuser/von Felden/Schäffer 2007; Bohnsack 2009).

2.2.2 Neuere Methoden

Die *qualitative Online-Forschung* bezeichnet Datenerhebungsformen, bei der Forschende und Untersuchungspartner voneinander räumlich getrennt sind, aber synchron (online) miteinander kommunizieren (Ehlers 2005). Dazu gehören Chatinterview, Interview/Gruppendiskussion per Audio-/Videokonferenz und die Kollaborationsumgebung. In einem weiteren Verständnis sind auch asynchrone Kommunikationsformen wie Emails und Diskussionsforen, Blogs, WIKIS und Mailinglisten einzubeziehen, welche Text- und Dokumentenanalysen erlauben. Die Bedingungen computervermittelter Kommunikation konstituieren die Charakteristika von Online-Forschung, wozu das weitgehende Fehlen nonverbaler Kommunikationselemente, die Besonderheit der Erhebungssituation und die Textform der Erhebungsdaten zählen.

Durch die Computertechnologie entstanden neue Möglichkeiten der Datenerhebung, -speicherung und -auswertung. Dabei besteht eine Ambivalenz zwischen dem Potenzial digitaler Repräsentationstechniken „für eine Belebung und Authentisierung der Untersuchungsgegenstände" (Bergmann 2006, S. 501) und der Veränderung des Untersuchungsgegenstandes durch die digitale Repräsentation. Medientechnologien sind bedeutungskonstitutiv, im Prozess ihrer Entwicklung entstehen neue Kommunikationsformen, sofern nicht lediglich die bisherigen durch die neuen Technologien ausgetauscht werden. Dann wird die Online-Forschung vor allem Defizite offenbaren, z. B. wenn bei Online-Gruppendiskussionen die Diskutanten sich noch nicht kennen und der virtuelle Raum mit seinen Einschränkungen auf der nonverbalen Ebene die gegenseitige Einschätzung auf der Beziehungsebene (Watzlawick 2007) erschwert. Eine weitere Herausforderung ist die „permanente Spannung zwischen der scheinbaren Mühelosigkeit der Datenerhebung und den Schwierigkeiten einer Teilnahme im Forschungsfeld" (Domínguez u. a. 2007).

Das Potenzial der Online-Forschung offenbart sich dann, wenn man die neuen Repräsentationstechniken in eine ergänzende Relation zu den bisherigen stellt, so dass unerkannte Aspekte des Untersuchungsgegenstandes sichtbar werden können. Insbesondere durch die Kombination verschiedener Datenquellen ist es möglich, eine „dichte Beschreibung" (Geertz 1983) im Sinne einer Multiperspektivität zu erreichen, z. B. in der Kombination von Online-Interaktionen mit Präsenzinterviews (Isabella 2007).

3. Exemplarische Darstellungen

Zwei qualitative Projekte sollen exemplarisch etwas eingehender dargestellt werden: eine Arbeit zur Analyse „generationsspezifischer Medienpraxiskulturen" von Schäffer und ein Projekt zur „realitäts- und fiktionsbezogenen Bildrezeption" von Pietraß.

3.1 Die Analyse generationsspezifischer Medienpraxiskulturen

Üblicherweise wird davon ausgegangen, dass ältere Menschen weniger gut mit den jeweiligen neuen Medientechnologien zurechtkommen als jüngere und dies mit ihrer Generationszugehörigkeit zu tun habe: Neue Generationen von Medientechnologien bringen, so wird suggeriert, auch neue Generationsgestalten hervor (exemplarisch: Tapscott 1998). Ob allerdings einige nebeneinander liegende Geburtsjahrgänge (Kohorten) gemeinsame handlungsleitende kollektive Orientierungen hinsichtlich neuer Medientechnologien entwickeln – und erst damit eine Generationengestalt ausbilden – ist eine nur empirisch und nicht ex ante entscheidbare Frage, der Schäffer (2003b) in einer Studie nachging. Vor dem theoretischen Hintergrund eines an Karl Mannheims Generationenbegriff angelehnten Konzepts, das durch den Einbezug von medien- und techniktheoretischen Überlegungen weiterentwickelt wurde zum Konzept „generationsspezifischer Medienpraxiskulturen", wurde in dem Projekt nach generationsspezifischen Praxisformen mit neuen Medien von Angehörigen dreier Altersgruppen gefragt: Jugendliche von 15 bis 18 Jahren, Erwachsene im mittleren Lebensalter (35 bis 45 Jahre alt) sowie ‚Senioren' im Alter zwischen 60 und 70 Jahren. Mit computerinteressierten Angehörigen dieser Altersgruppen, die sich zudem nach Geschlecht und Bildungsmilieu differenzierten, wurden Gruppendiskussionen durchgeführt mit dem Ziel, die Gruppen möglichst selbstläufig über ihre Erfahrungen mit den neuen Medientechnologien berichten zu lassen. Methodologisch ist die Untersuchung in der dokumentarischen Methode verankert. Bei der Interpretation der Diskussionen konnten verschiedene thematische Dimensionen herausgearbeitet werden, die als Grundlage für die Formulierung einer *Typologie generationsspezifischer Medienpraxiskulturen* dienten. Bspw. verweist die Dimension ‚Arbeit versus Spiel' auf die Bedeutung von Kontext und Zeitpunkt, in bzw. zu dem medienbezogene Kenntnisse angeeignet werden: Spielerisch in der Jugendzeit erworbene medientechnische Kenntnisse sind auf ganz andere Art habitualisiert als mühsam im Erwachsenenalter angeeignete Kenntnisse. Weitere Dimensionen bezogen sich auf ‚Vertrautheit versus Fremdheit' mit neuen Medien sowie auf die unterschiedliche Funktion der Distanzschaffung und Näheermöglichung durch die neuen Technologien. In der Haltung gegenüber diesen *thematischen Dimensionen* dokumentieren sich zentrale Orientierungsrahmen der Gruppen bezüglich des Handelns mit neuen Medien. Diese Orientierungsrahmen variieren je nach Generationszugehörigkeit, Bildungsmilieu und Geschlecht, was zur Bildung einer *Typologie* des generationsspezifischen Handelns mit neuen Medientechnologien herangezogen werden konnte.

Als Ergebnis lässt sich festhalten, dass sich auf der Grundlage der Medienerfahrungen und -praxen zu einer gegebenen Zeit für die jeweiligen Kohorten in ihrer Jugendzeit eigenständige Formen und Stile des Handelns mit den zur Verfügung stehenden Medien ausbilden, die sich zwar intern nach Geschlecht und Bildungsmilieu differenzieren, jedoch jeweils einige übergreifende – und damit generationsspezifische – Gemeinsamkeiten aufweisen. Diese Handlungsstile verdichten sich in *Medienpraxiskulturen* und erscheinen den Handelnden in ihrer Jugendzeit als quasi „natürliche" Form des Handelns mit Medien schlechthin. Derartige Medienpraxiskulturen haben die Tendenz, die Jahre zu überdauern, und prädisponieren auf Ebenen, die den Handelnden bewusstseinsmäßig nicht oder nur mühsam zugänglich sind, deren aktuelles Handeln mit den jeweils neuen Medien. Im Konzept generationsspezifischer Medienpraxiskulturen wird die Ebene des habituellen Handelns mit Medientechnologien betont. Sie ist in besonderer Weise mit solchen fundamentalen Lern- und Aneignungsprozessen gekoppelt, die vorreflexiv („fraglos") in die Alltagspraxis eingebettet sind. Die eingangs genannten common sense Annahmen konnten also dahingehend differenziert werden, dass Generationenunterschiede beim Handeln mit neuen Medientechnologien nicht plakativ nur nach Alter unterschieden werden können, sondern in ihren jeweiligen geschlechts- und bildungsmilieuspezifischen Ausprägungen gesondert ausgewiesen werden müssen.

3.2 Die Erzeugung „negativer Erfahrung" zur Analyse von kompetenzbezogenen Wissensbeständen der Rezipienten

Die Unterscheidung vielfältiger „Medienwirklichkeiten" ist eine grundlegende Fragestellung der Medienpädagogik. Dabei geht es weniger um Einordnungen zwischen real und fiktional, sondern die Problematik liegt in den Grauzonen, die sich zwischen Authentizität und Inszenierung, Information und Unterhaltung, Spiel und Ernst auftun. Mit diesem Problembereich beschäftigte sich eom von der Deutschen Forschungsgemeinschaft gefördertes Forschungsprojekt zur Rezeption von realen und fiktionalen Bildern (Pietraß 2003).

Als theoretischer Hintergrund wurde die Rahmen-Analyse Erving Goffmans gewählt und darauf ein interaktionistischer Ansatz begründet, der die Bild- mit der Rezeptionsanalyse verbindet. In der Rahmen-Analyse (1993) untersucht Goffman, nach welchen Prinzipien soziale Interaktionen organisiert sind. Rahmen sind Sinn gebende Kontexte, die Kommunikation in der jeweiligen Situation verstehbar werden lassen. Auch Medienangebote sind gerahmt, auch sie enthalten metakommunikative Hinweise darüber, wie etwas zu verstehen sei. Die drei Bedeutungsebenen von Bildern umfassen den Verwendungsort, z. B. eine Nachrichtensendung, die technischen Mittel der Bildgestaltung (Kameraperspektive, Montage etc.) und den Inhalt als die im Bild sichtbaren Gegenstände (näher Pietraß 2003, S. 97 ff.).

Rahmen sind gültig, wenn sich alle Interaktanten an eine Rahmenvereinbarung halten, in Bezug auf die Medien heißt das, wenn die gegebenen metakommunikativen Hinweise von den Rezipienten verstanden und akzeptiert werden. Wie in alltäglichen Situationen auch, ist dazu ein Rahmungswissen notwendig, das ein Bestandteil von Medienkompetenz ist.

Im normalen Alltag werden Rahmen nicht auffällig. Bei Täuschungen und Missverständnissen jedoch – Goffman bezeichnet solche Situationen als „negative Erfahrung" – müssen die Beteiligten sich darüber klar werden, was vor sich geht. In dem sich dabei entspinnenden Diskurs wird sichtbar, was einen Rahmen bestimmt. Genau dies wurde auf die Bildrezeption übertragen: Es wurde eine „negative Erfahrung" künstlich hergestellt, um den Interviewpartner dazu zu veranlassen, sich Klarheit über das Gesehene zu verschaffen. Erreicht wurde dies durch die Verwendung von kurzen Bildsequenzen aus Fernsehen und Film, die auch ohne kontextuelle Hinweise in sich sinnvoll waren. Die Interviewpartner sollten äußern, was ihnen beim Betrachten der Bilder einfiel, um so die wahrgenommenen Rahmenhinweise der Auswertung zugänglich werden zu lassen. Aus den Interviews wurden „Rahmungsprotokolle" erstellt, wobei dem qualitativen Ansatz gemäß nicht die Häufigkeit der auftretenden Argumente zählte, sondern ihre Singularität.

Die Interviewpartner versuchten, die „negative Erfahrung" zu bewältigen, indem sie Argumente dafür suchten, was mit den Bildern gemeint sein könnte. Wurde bei einem Filmausschnitt der Rahmen „Reportage über Kunst" gewählt, so fielen Argumente wie, „ich kann mir vorstellen, dass ich das selber auch machen könnte" – hier ging es darum, etwas in einen feuchten Spiegel zu zeichnen. Bei der Entscheidung Spielfilm hingegen wurde die Szene als gestellt aufgefasst. Dass „natürlich genau da ein Spiegel steht, auf dem Dampf ist, auf den man schreiben könnte" wurde als Argument dafür angeführt, dass die Szene gestellt worden sei.

Die Methode der negativen Erfahrung ist geeignet, um Kenntnisse über das Rahmungswissen von Rezipienten als Bestandteil ihrer Medienkompetenz zu erlangen und eignet sich insbesondere für Untersuchungen im Bereich von Angebots-Mischformen (z.B. Infotainment).

4. Fazit

Medien sind konstitutiv an Sozialisations-, Bildungs- und Erziehungsprozessen beteiligt, wandeln diese und werfen damit neue forschungsleitende Fragestellungen für die Erziehungswissenschaft auf. Vor allem in Folge des sich fortwährend beschleunigenden Wachstums- und Innovationstempos im medientechnologischen Bereich haben wir es generell mit einem Bedeutungszuwachs medial vermittelter Kommunikation in vielen für Sozialisations-, Erziehungs- und Bildungsprozesse relevanten gesellschaftlichen Bereichen zu tun. Welches Potenzial die digitalen Medien zur Unterstützung des Forschungsprozesses besitzen, zeigt sich erst schrittweise und wird die methodisch-methodologische Entwicklung und Diskussion in den nächsten Jahren vorantreiben.

Literatur

Aufenanger, Stefan 1994: Strukturanalytische Rezeptionsforschung – Familienwelt und Medienwelt von Kindern. In: Hiegemann, Susanne/Wolfgang H. Swoboda (Hg.): Handbuch der Medienpädagogik. Opladen. S. 403-412.
Aufenanger, Stefan 1999: Medienbiographische Forschung. In: Krüger, Heinz-Hermann/Winfried Marotzki (Hg.): Handbuch erziehungswissenschaftliche Biographieforschung. Opladen. S. 487-497.
Aufenanger, Stefan 2006: Interview. In: Ayaß, Ruth/Jörg Bergmann (Hg.): Qualitative Medienforschung. Hamburg. S. 97-114.
Ayaß, Ruth/Jörg Bergmann (Hg.) 2006: Qualitative Medienforschung. Hamburg.
Baacke, Dieter 1999: Jugend und Jugendkulturen: Darstellung und Deutung. München.
Baacke, Dieter/Uwe Sander/Ralf Vollbrecht 1990: Lebenswelten sind Medienwelten. Opladen.
Bachmair, Ben/Bernhard Thüne-Schoenborn 1984: Symbolische Verarbeitung von Fernseherlebnissen in assoziativen Freiräumen, Teil 1: Eine Bestandsaufnahme in einer Grundschule. Fernsehspuren im Handeln von Kindern. Kassel.
Bachmann, Götz/Andreas Wittel 2006: Medienethnographie. In: Ayaß, Ruth/Jörg Bergmann (Hg.): Qualitative Methoden der Medienforschung. Reinbeck. S. 183-219.
Bergmann, Jörg R. 1987: Klatsch: zur Sozialform der diskreten Indiskretion. New York.
Bergmann, Jörg R. 2006a: Qualitative Methoden in der Medienforschung. Einleitung und Rahmung. In: Ayaß, Ruth/Jörg Bergmann (Hg.): Qualitative Medienforschung. Hamburg. S. 13-41.
Bergmann, Jörg R. 2006b: Mediale Repräsentation in der qualitativen Medienforschung. In: Ayaß, Ruth/Jörg Bergmann (Hg.): Qualitative Medienforschung. Hamburg. S. 489-506.
Bohnsack, Ralf 2007: Rekonstruktive Sozialforschung: Einführung in qualitative Methoden. Opladen.
Bohnsack, Ralf 2009: Qualitative Bild- und Videointerpretation. Die dokumentarische Methode. Opladen.
Bohnsack, Ralf/Winfried Marotzki/Michael Meuser 2006: Hauptbegriffe qualitativer Forschung. Opladen.
Bohnsack, Ralf/Iris Nentwig-Gesemann/Arnd-Michael Nohl 2007: Die dokumentarische Methode und ihre Forschungspraxis. Grundlagen qualitativer Sozialforschung. Wiesbaden.
Bohnsack, Ralf/Aglaja Przyborski/Burkhard Schäffer 2006: Das Gruppendiskussionsverfahren in der Forschungspraxis. Opladen.
Charlton, Michael/Klaus Neumann 1990: Medienrezeption und Identitätsbildung. Tübingen.
Christmann, Gabriela B. 2006: Inhaltsanalyse. In: Ayaß, Ruth/Jörg Bergmann: Qualitative Methoden der Medienforschung. Reinbeck. S. 274-292.
Domínguez, Daniel/Anne Beaulieu/Adolfo Estalella/Edgar Gómez/Bernt Schnettler/Rosie Read 2007: Virtuelle Ethnografie. Forum Qualitative Sozialforschung / Forum: Qualitative Social Research, 8(3), http://www.qualitative-research.net/fqs-texte/3-07/07-3-E1-d.htm.
Dörner, Olaf 2007: Comics als Gegenstand qualitativer Forschung. Zu analytischen Möglichkeiten der dokumentarischen Methode am Beispiel der „Abrafaxe". In:

Friebertshäuser, Barbara/Heide von Felden/Burkhard Schäffer (Hg.): Bild und Text – Methoden und Methodologien visueller Sozialforschung in der Erziehungswissenschaft. Opladen. S. 179-196.

Dörner, Olaf/Burkhard Schäffer 2009: Neuere Entwicklungen in der qualitativen Erwachsenenbildungsforschung. In: Tippelt, Rudolf/Aiga von Hippel (Hg.): Handbuch Erwachsenenbildung/Weiterbildung. Wiesbaden.

Ehlers, Ulf 2005: Qualitative Online-Forschung. In: Mikos, Lothar/Claudia Wegener (Hg.): S. 279-290.

Ehrenspeck, Yvonne/Burkhard Schäffer (Hg.) 2003: Film- und Fotoanalyse in der Erziehungswissenschaft: Ein Handbuch. Opladen.

FQS. Forum qualitative Soziaforschung 2004: Qualitative Market, Media and Opinion Research. Vol 5, No 2 (2004), URL: http://www.qualitative-research.net/index.php/fqs/issue/view/15

FQS. Forum qualitative Soziaforschung 2007: Virtual Ethnography, Vol 8, No 3 (2007), URL: http://www.qualitative-research.net/index.php/fqs/issue/view/8

Friebertshäuser, Barbara/Heide von Felden/Burkhard Schäffer (Hg.) 2007: Bild und Text – Methoden und Methodologien visueller Sozialforschung in der Erziehungswissenschaft. Opladen.

Garfinkel, Harold 1967: Studies in ethnomethodology. Englewood Cliffs.

Geertz, Clifford 1983: Dichte Beschreibung. Frankfurt/M.

Goffman, Erving 1993: Rahmen-Analyse. Ein Versuch über die Organisation von Alltagserfahrungen. Frankfurt/M.

Hüther, Jürgen/Bernd Podehl 2005: Geschichte der Medienpädagogik. In: Hüther, Jürgen/Bernd Schorb (Hg.): Grundbegriffe Medienpädagogik. München. S. 116-127.

Isabella, Simona 2007: Ethnography of Online Role-playing Games: The Role of Virtual and Real Contest in the Construction of the Field [47 paragraphs]. Forum Qualitative Sozialforschung / Forum: Qualitative Social Research, 8(3), Art. 36, http://www.qualitative-research.net/fqs-texte/3-07/07-3-36-e.htm.

Kade, Jochen 1999: Irritationen – zur Pädagogik der Talkshow. In: Gogolin, Ingrid/Dieter Lenzen (Hg.): Medien-Generationen. Opladen. S. 151-181.

Keller, Reiner 2005: Wissenssoziologische Diskursanalyse: Grundlegung eines Forschungsprogramms. Wiesbaden.

Keppler, Angela 2006: Konversationsanalyse. In: Ayass, Ruth/Jörg Bergmann: Qualitative Methoden der Medienforschung. Reinbeck. S. 293-323.

Kittler, Friedrich A. 2003: Aufschreibesysteme 1800, 1900. München.

Kuckartz, Udo 2007: Einführung in die computergestützte Analyse qualitativer Daten. Wiesbaden.

Kübler, Hans-Dieter 2005: Medienproduktionsforschung. In: Mikos, Lothar/Claudia Wegener (Hg.) 2005: Qualitative Medienforschung. Ein Handbuch. Konstanz. S. 181-192.

Marotzki, Winfried 2008: Multimediale Kommunikationsarchitekturen. Herausforderungen und Weiterentwicklungen der Forschungen im Kulturraum Internet. In: Medienpädagogik. Zeitschrift für Theorie und Praxis der Medienbildung. Themenheft Nr. 14: Qualitative Forschung in der Medienpädagogik. www.medienpaed.com/14/marotzki0804.pdf.

Marotzki, Winfried/Horst Niesyto (Hg.) 2006: Bildinterpretation und Bildverstehen. Methodische Ansätze aus sozialwissenschaftlicher, kunst- und medienpädagogischer Perspektive. Wiesbaden.

Medienpädagogik 2007. Zeitschrift für Theorie und Praxis der Medienbildung. Medienpaed.com. Themenheft 13: Kinderfernsehen wieder zum Thema machen!.

Medienpädagogik 2008. Zeitschrift für Theorie und Praxis der Medienbildung. Medienpaed.com. Themenheft Nr. 14: Qualitative Forschung in der Medienpädagogik.

Meuser, Michael 2003: Inhaltsanalyse. In: Bohnsack, Ralf/Winfried Marotzki/ Michael Meuser: Hauptbegriffe qualitativer Forschung. Opladen. S. 89-91.

Michel, Burkard 2006: Bild und Habitus – Sinnbildungsprozesse bei der Rezeption von Photographien. Wiesbaden.

Mikos, Lothar 2001: Rezeption und Aneignung – eine handlungstheoretische Perspektive. In: Rössler, Patrick/Uwe Hasebrink/Michael Jäckel (Hg.) 2001: Theoretische Perspektiven der Rezeptionsforschung. München. S. 59-71.

Mikos, Lothar/Claudia Wegener (Hg.) 2005: Qualitative Medienforschung. Ein Handbuch. Konstanz.

Möller, Renate/Uwe Sander 2003: Jugendmythen im Spielfilm. In: Ehrenspeck, Yvonne/Burkhard Schäffer (Hg.): Film- und Fotoanalyse in der Erziehungswissenschaft: Ein Handbuch. Opladen. S. 381-394.

Mollenhauer, Klaus 1983: Streifzug durch fremdes Terrrain: Interpretation eines Bildes aus dem Quattrocento in bildungstheoretischer Absicht. In: Zeitschrift für Pädagogik 2. S. 173-194.

Neuß, Norbert 2005: Kinderzeichnung. In: Mikos, Lothar/Claudia Wegener (Hg.): Qualitative Medienforschung. Ein Handbuch. Konstanz. S. 333-342.

Nohl, Arnd-Michael 2006: Interview und dokumentarische Methode. Anleitungen für die Forschungspraxis. Wiesbaden.

Nolda, Sigrid 2002: Pädagogik und Medien. Eine Einführung. Stuttgart.

Nolda, Sigrid 2003: Das Fernsehen als Vermittler von Bildungswissen. In: Ehrenspeck, Yvonne/Burkhard Schäffer (Hg.): Film- und Fotoanalyse in der Erziehungswissenschaft: Ein Handbuch. Opladen. S. 165-182.

Oevermann, Ulrich/Tilman Allert/Elisabeth Konau/Jürgen Krambek 1979: Die Methodologie einer „objektiven Hermeneutik" und ihre allgemeine forschungslogische Bedeutung in den Sozialwissenschaften. In: Soeffner, Hans-Georg (Hg.): Interpretative Verfahren in den Sozial- und Textwissenschaften. Stuttgart/Frankfurt/M. S. 352-434.

Paus-Hasebrink, Ingrid 1998: Heldenbilder im Fernsehen: eine Untersuchung zur Symbolik von Serienfavoriten in Kindergarten, Peer-Group und Kinderfreundschaften. Wiesbaden.

Pietraß, Manuela 2003: Bild und Wirklichkeit. Zur Unterscheidung von Realität und Fiktion bei der Medienrezeption. Opladen.

Pietraß, Manuela 2009: Medienbildung. In: Tippelt, Rudolf/Bernd Schmidt (Hg.): Handbuch Bildungsforschung. Wiesbaden.

Pilarczyk, Ulrike/Ulrike Mietzner 2005: Das reflektierte Bild: die seriell-ikonografische Fotoanalyse in den Erziehungs- und Sozialwissenschaften. Bad Heilbrunn.

Przyborski, Aglaja/Monika Wohlrab-Sahr 2008: Qualitative Sozialforschung: ein Arbeitsbuch. München.

Rammert, Werner (Hg.) 1998: Technik und Sozialtheorie. New York.

Schachtner, Christel 1993: Geistmaschine: Faszination und Provokation am Computer. Frankfurt/M.

Schäfer, Gerd/Christoph Wulf (Hg.) 1999: Bild – Bilder – Bildung. Weinheim.

Schäffer, Burkhard 1996: Die Band. Stil und ästhetische Praxis im Jugendalter. Opladen.
Schäffer, Burkhard 2003 a: „Ein Blick sagt mehr als tausend Worte". Zur generationsspezifischen Inszenierung pädagogischer Blickwechsel in Spielfilmen. In: Ehrenspeck, Yvonne/Burkhard Schäffer (Hg.): Film- und Fotoanalyse in der Erziehungswissenschaft: Ein Handbuch. Opladen. S. 395-417.
Schäffer, Burkhard 2003 b: Generationen – Medien – Bildung. Medienpraxiskulturen im Generationenvergleich. Opladen.
Schäffer, Burkhard 2005: Erziehungswissenschaft. In: Sachs-Hombach, Klaus (Hg.): Bildwissenschaften und Bildwissenschaft. Frankfurt/M. S. 213-225.
Schäffer, Burkhard 2006: Gruppendiskussion. In: Ayaß, Ruth/Jörg Bergmann: Qualitative Methoden der Medienforschung. Reinbek. S. 115-145.
Schäffer, Burkhard 2007: ‚Kontagion' mit dem Technischen. Zur dokumentarischen Interpretation der generationsspezifischen Einbindung in die Welt medientechnischer Dinge. In: Bohnsack, Ralf/Iris Nentwig-Gesemann/Arnd-Michael Nohl (Hg.): Die dokumentarische Methode und ihre Forschungspraxis. Grundlagen qualitativer Sozialforschung. S. 45-67.
Schäffer, Burkhard 2008: Abbild – Denkbild – Erfahrungsbild. Methodisch-methodologische Anmerkungen zur Analyse von Altersbildern. In: Ecarius, Jutta/Burkhard Schäffer (Hg.): Typenbildung und Theoriegenerierung. Perspektiven qualitativer Biographie- und Bildungsforschung. Opladen.
Schäffer, Burkhard 2009: Bilder lebenslangen Lernens. Anmerkungen zu einem eigentümlichen Diskurs. In: Hof, Christiane/Joachim Ludwig/Christine Zeuner (Hg.): Strukturen lebenslangen Lernens. Hohengehren.
Schütze, Fritz 1981: Prozessstrukturen des Lebensablaufs. In: Matthes, Joachim u. a. (Hg.): Biographie in handlungswissenschaftlicher Perspektive. Erlangen. S. 67-156.
Schulze, Theodor 1999: Bilder zur Erziehung. Annäherungen an eine Pädagogische Ikonologie. In: Schäfer, Gerd/Christoph Wulf (Hg.): Bild – Bilder – Bildung. Weinheim. S. 59-87.
Spanhel, Dieter 1999: Integrative Medienerziehung in der Hauptschule. Ein Entwicklungsprojekt auf der Grundlage responsiver Evaluation. München.
Strauss, Anselm L. 1991: Grundlagen qualitativer Sozialforschung: Datenanalyse und Theoriebildung in der empirischen soziologischen Forschung. München.
Tapscott, Don 1998: Net kids: die digitale Generation erobert Wirtschaft und Gesellschaft. Wiesbaden.
Turkle, Sherry 1999: Leben im Netz: Identität in Zeiten des Internet. Reinbek.
Watzlawick, Paul 2007: Menschliche Kommunikation. Formen, Störungen, Paradoxien. Bern.
Wegener, Claudia 2005: Inhaltsanalyse. In: Mikos, Lothar/Claudia Wegener: Qualitative Medienforschung. Ein Handbuch. Konstanz. S. 200-208.
Winter, Rainer 2003: Filmanalyse in der Perspektive der Cultural Studies. In: Ehrenspeck, Yvonne/Burkhard Schäffer (Hg.): Film- und Fotoanalyse in der Erziehungswissenschaft: Ein Handbuch. Opladen. S. 152-164.
Winter, Rainer 2005: Cultural Studies. In: Mikos, Lothar/Claudia Wegener: Qualitative Medienforschung. Ein Handbuch. Konstanz. S. 50-57.

Alexander Geimer und Yvonne Ehrenspeck

Qualitative Filmanalyse in den Sozial- und Erziehungswissenschaften

Während die Filmanalyse in den Sozial- und Erziehungswissenschaften ein recht junges Forschungsgebiet ist, hat sie eine lange Tradition in der Filmwissenschaft (vgl. Hickethier 2001; Faulstich 2002; Korte 2004). Insbesondere für die Strukturanalyse von Filmen wurde ein feingliedriges Beschreibungsvokabular ausgearbeitet, welches Phänomene auf unterschiedlichen Beobachtungsebenen kennzeichnen lässt (z.B. Montage, Einstellung, Mise en scène/Bildkomposition, Ton, usw.). Wenngleich ein solches Beschreibungsvokabular sozial- und erziehungswissenschaftlichen Analysen dienlich sein kann, um den Erkenntnisgegenstand ‚Film' eingrenzen zu können (vgl. dazu Ehrenspeck/Lenzen 2003), so unterscheidet sich das Erkenntnisinteresse filmwissenschaftlicher Theorien (wie z.B. marxistischer, psychoanalytischer, semiotischer, kognitionspsychologischer oder poststrukturalistischer Prägung) derart von jenem der Sozial- und Erziehungswissenschaften, dass letztere kaum anschlussfähig sind an den Theoriehintergrund filmwissenschaftlicher Arbeiten. Der Film existiert für die Sozial- und Erziehungswissenschaft derzeit in erster Linie als rezipierter Film – oder wie Keppler feststellt: jegliches „mediale Produkt ist nichts ohne seinen sozialen Gebrauch" (Keppler 2001, S. 126). Eine (filmanalytische) Interpretation, die den Film unabhängig von seinem sozialen Gebrauch im Alltagshandeln als ästhetisches (Kunst-) Werk versteht, ist so gesehen das Produkt einer spezifischen Gebrauchsweise des Films, welche prinzipiell gleichberechtigt ist zu jeder anderen eines jedweden Mitglieds der Gesellschaft. Die alltäglichen Praktiken des Umgangs mit Filmen spielen indessen für die Filmwissenschaft, die zumeist von einem ‚idealen' oder zumindest ‚impliziten' (und sich der Theorie entsprechend verhaltenden) Zuschauer ausgeht, kaum eine Rolle – ein Umstand, der mittlerweile von der Disziplin selbst kritisiert wird. So ist auch Staiger der Ansicht, dass die Zuschauer in jener alltagsfernen filmwissenschaftlichen Interpretationspraxis, welche sie durch ihre eigenen Arbeiten (vgl. Bordwell/Staiger/Thompson 1985) selbst stark mitgeprägt hat, nicht ausreichend berücksichtigt worden sind und merkt in diesem Kontext (selbst)kritisch an: „we [...] placed too much emphasis on texts creating effects" (Staiger 2000, S. 30). Deshalb plädiert Staiger nunmehr für eine stärkere Berücksichtigung der soziokulturellen Kontexte und hebt hervor,

„that context is more significant than textual features in explaining interpretative events. This context most certainly includes the sense data of the film, but it also includes the interpretative strategies used by a spectator" (Staiger 2000, S. 30f.).

Ein Film bringt also nicht deterministisch seine und eine bestimmte Rezeption hervor, sondern es bestehen sozial, kulturell, psychisch sowie lokalkontextuell beeinflusste „interpretative strategies", mittels derer Zuschauer Filme sehr verschieden dekodieren. Diese entsprechend „strukturierte Heterogenität des Publikums" (Fiske 2001, S. 35) impliziert eine „strukturierte Heterogenität von Bedeutungen im Text" (ebd.). Daher suchen qualitative Filmanalysen nicht nach der einen und einzig gültigen Interpretation oder etwa objektiven Wirkung eines Films, sondern rekonstruieren vor allem spezifische Film-Zuschauer-Interaktionen. Diese können sich einerseits auf den unmittelbaren Moment der Rezeption beziehen, also die „konkrete Interaktion zwischen Text und Leser" (Mikos 2003, S. 142) und andererseits auf die Aneignung eines Films im Sinne einer „Benutzung" (ebd.) desselben in der alltäglichen Lebenswelt (vgl. auch Geimer 2009, Hepp 2005). Dabei haben sich unterschiedliche Ansätze entwickelt, wie z.B. in den diskursanalytischen und ethnographischen Arbeiten der Cultural Studies (vgl. Morley 1996; Fiske 2001; Winter 2003 a, b), in den Studien der handlungstheoretischen Rezeptionsforschung (Charlton/Neumann-Braun 1992; Charlton 1996, 1997), der Mediensozialisationsforschung (vgl. Bachmair 1996, 2007; Baacke/Sander/Vollbrecht 1991) oder systemtheoretischen Rezeptionsforschung (vgl. Schmidt 1994; Ehrenspeck/Hackenberg/Lenzen 2006; Geimer/Lepa/Hackenberg/Ehrenspeck 2007). Weiterhin konnten konversationsanalytische Arbeiten das generelle Verhältnis von Alltagspraxis und Filmen bzw. Medien genauer herausarbeiten (vgl. Keppler 2001 oder Holly/Püschel/Bergmann 2001).

Während der filmwissenschaftlichen Analyse zumeist ein methodisch kontrollierter Zugang zum konkreten Zuschauer fehlt, so mangelt es der sozialwissenschaftlichen Analyse oft an Kompetenzen der Werkanalyse. In diesem Sinne meint auch Mai:

> „Die Arbeitsteilung der organisierten Wissenschaft führt dazu, dass entweder das Gesellschaftliche in den semiotischen oder ästhetischen Strukturen unreflektiert vorausgesetzt wird oder dass eine elaborierte Gesellschaftstheorie den Eigenwert des filmischen Kunstwerks verfehlt." (Mai 2006, S. 26)

Dieses Problem der adäquaten Beschreibung von ästhetischen Werkstrukturen einerseits, die mit der Analyse „potenzieller Rezeptionen" (vgl. Keppler 2001) oft gleichgesetzt wird, und der Rekonstruktion von konkreten Rezeptions- bzw. Aneignungsweisen andererseits, sowie der Verbindung beider, haben die genannten sozial- und erziehungswissenschaftlichen Ansätze der qualitativen Film- und Medienanalyse unterschiedlich gelöst.

Die Analyse des Bedeutungspotenzials von Filmen ist Gegenstand der diskursanalytischen Tradition der Medienanalysen der *Cultural Studies*. Eine besondere Bedeutung kommt dabei den vielfältigen „Leerstellen" (Iser 1970, S. 15) eines Werks zu, denn in diesen Momenten der „Unbestimmtheit" (ebd.) ist der Zuschauer gefordert, anhand eigener Wissensbestände eine geschlossene Werkstruktur zu konstruieren. Leerstellen sind also „der Punkt, wo sich die Analyse der ästhetischen Struktur eines Films mit der Diskursanalyse verschränken kann." (Mikos 2003, S. 143). Während sich die diskursanalytische Strategie der Cultural Studies zum Ziel gesetzt hat, die Bedeutungsvielfalt von Film- und Medientexten (insbesondere unter ideologiekritischen Aspekten) zu explizieren, ist es Aufgabe der Aneignungsforschung[1] die Praxis der konkreten Ausnutzung des eröffneten Bedeutungspotenzials zu rekonstruieren, es geht also um „the examination of how interacting individuals connect their lives to these ideological texts and make sense of their experiences in terms of the texts' meanings" (Denzin 1992, S. 82)[2]. Diese Analyse geschieht zumeist in ethnographischen Studien:

„Die Kulturanalyse kommt dann zu einem befriedigenden Schluss, wenn sich die ethnographischen Untersuchungen von historisch und sozial verorteten Bedeutungen, die erzeugt werden, auf die semiotische Analyse des Textes beziehen." (Fiske 2001, S. 46; siehe auch Morley 1999)

In der so gefassten „Film-Zuschauer-Interaktion" (Winter 2003a, S. 154) ist der „Zuschauer sowohl Objekt als auch Subjekt von sozialen, politischen und ökonomischen Praktiken" (ebd.). Als Subjekt trägt er selbst Diskurse an den Film heran, als Objekt nutzt er die vom Film zur Verfügung gestellten Diskurse. Die Bedeutungskonstruktionen des Zuschauers sind also weder beliebig und völlig offen, noch wird der Zuschauer vom Film in einer spezifischen Zuschauer- und Subjektposition deterministisch verortet. Häufig wird als eine aktuelle ‚Variante' von Cultural Studies das heterogene Projekt der *Visual (Cultural) Studies* geführt. In den entsprechenden Arbeiten werden die Materialität, Visualität und Performativität des Sozialen, insbesondere in ihren medialen Repräsentationen in Filmen und Fotos, als spezifisch kulturelle Konstruktionen thematisiert (vgl. Mirzoeff 2002, Sachs-Hombach 2003). Die unterschiedlich als ‚visual' bzw. ‚pictorial' oder auch ‚iconic turn' bezeichnete Wendung in der Reflektion über Filme bzw. die Medien- und Alltagskultur im Allgemeinen schlägt sich auch in dieser selbst sowie in neueren Filmen nieder, indem etwa Motive des ‚Sehens' und

---

1 Das Konzept der Aneignung wird derzeit als ein „Schlagwort der Medienrezeptionsforschung" (Faber 2001, S. 28) – insbesondere im Rahmen der Cultural Studies – weitgehend inflationär verwendet. Aktuelle Vorschläge einer Präzisierung und Konkretisierung heben insbesondere auf die Anschlussfähigkeit ästhetischer Filmstrukturen an fundamentale Erfahrungs- und Wissensstrukturen ab, also die empirische Untersuchung von Formen der Konnektivität einer filmisch inszenierten Praxis und der selbst erlebten Alltagspraxis (vgl. Geimer 2009 und Bohnsack 2009, S. 129 ff.).

2 Die Position von Denzin wird hier nicht im Detail berücksichtigt, da er ausgehend von der „cinematization of American society" (Denzin 1992, S. 138) höchst voraussetzungsvoll annimmt: „First, reality has become a staged, social production. Second, the real is judged against its staged, cinematic or video counterpart. Third, the metaphor of a dramaturgical society [...] has now become an interactional reality." (Ebd.)

‚Erkennens' in den Mittelpunkt der Bildsprache rücken (vgl. Kerscher/ Richard 2003).

Angela Keppler betont in ihren *ethnomethodologisch-konversationsanalytisch* ausgerichteten Arbeiten eine Wahlverwandtschaft zu dem Vorgehen der Cultural Studies (vgl. 2001, S. 139). Wie letztere geht sie davon aus, dass die Rezeption „nicht nur die aktuelle Aufnahme medialer Produkte, sondern auch und vor allem deren kommunikative Weiterverarbeitung" (Keppler 2001, S. 126) umfasst. Diese Aneignungsformen eines medialen Produkts basieren auf der Struktur des medialen Materials, dieses stellt demzufolge die Aneignungs-Möglichkeiten bereit, die demnach zunächst zu analysieren sind. Die Untersuchung dieser „potenziellen Rezeption" verhält sich komplementär zur Analyse der „faktischen Rezeption": „die Wahrnehmungslenkung durch das Produkt, seine, wenn man so will, potenzielle Rezeption, ist nur der eine Teil der rezeptionsorientierten soziologischen Betrachtung. Ihr tritt die Untersuchung der faktischen Rezeptionsverläufe zur Seite" (Keppler 2001, S. 132), die insbesondere mittels Gesprächsanalysen rekonstruiert werden (vgl. Keppler 1993, 1994).

Eine herausragende Betonung der Benutzung eines Films im Alltagshandeln teilen auch der Ansatz der *handlungstheoretischen Rezeptionsforschung* (vgl. Charlton/Neumann-Braun 1992) sowie die *Mediensozialisationsforschung* (vgl. Baacke/Sander/Vollbrecht 1991; Bachmair 1996, 2007). Nach einem von Bachmair und Mitarbeitern entwickelten Verfahren wird in teilnehmenden Beobachtungen nach „Medienspuren" (Bachmair 2007, S. 132) in der alltäglichen Lebenswelt gesucht und dann der Film, auf den Bezug genommen wurde, als „Interpretationsfolie zum Verständnis von Handlungssituation und Aussagen einer Rezipientin" (ebd.) herangezogen. Es wird also untersucht, wie Rezipienten/-innen (nachträglich) Filme als symbolische Ressource im Alltagshandeln nutzen. Dabei ist die Analyse jener Filmsequenzen, auf die sich der Rezipient bezogen hat, von besonderer Relevanz: „Von der filmanalytisch erschlossenen Bedeutung der Filmstellen lässt sich dann auf mögliche Bedeutungen der Aussagen der Rezipienten in der Handlungssituation schließen" (ebd.). Das Ziel ist die Rekonstruktion der Bedeutung eines Films in der Alltagspraxis der Rezipienten, sowie die Suche nach aufschlussreichen „Widersprüchen" (ebd.) oder „Entsprechungen" (ebd.) zwischen der Funktion der Filmstellen im Werk und der Bezugnahme auf diese im Handlungskontext (vgl. Bachmair 1996, S. 202 f.).

Auch die handlungstheoretische Rezeptionsforschung untersucht in vergleichbarer Weise Interaktionsprotokolle zumeist ‚natürlich' abgelaufener sozialer Situationen, in denen Filme bzw. generell Medien von Relevanz sind, und rekonstruiert anhand der Strukturanalyse in Anlehnung an Oevermann (1979) die Bedeutung und Funktion, die Filmen/Medien in einer spezifischen Situation zukommt. Es ist das „Ziel der strukturanalytischen Rezeptionsforschung, die Regeln zu untersuchen, nach denen Menschen mit

Medien umgehen" (Charlton/Neumann-Braun 1992, S. 82). Dabei werden drei „Ebenen der Handlungskoordination" (ebd., S. 83) unterschieden: „der Rezeptionsprozess [...], der situative und kulturelle Kontext, [...] der weitere Zusammenhang mit Aufgaben der Lebensbewältigung und Identitätsbewahrung, denen sich der Rezipient gegenübersieht" (ebd.). Neben dieser strukturellen Unterscheidung bedeutsamer Einflussgrößen auf die Film-Zuschauer-Interaktion, werden des weiteren vier Phasen des Rezeptionsprozesses unterschieden, die je eigene Untersuchungsgegenstände darstellen können: die soziale Einbettung der Rezeption (ebd., S. 89 ff.), die thematische Voreingenommenheit gegenüber den rezipierten Inhalten (ebd., S. 93 ff.), Strategien der Rezeptionssteuerung (ebd., S. 96 ff.) und die Aneignung und Vermittlung zwischen Mediengeschichte, Biographie und eigener Lage (ebd., S. 98 ff.).

Die *systemtheoretische Rezeptionsforschung* deckt sich in ihren erkenntnistheoretischen Prämissen mit den genannten sozialkonstruktivistischen Ansätzen zur Film-Zuschauer-Interaktion in weiten Teilen, fokussiert jedoch deutlich stärker auf das einzelne rezipierende Subjekt und hat demnach einen eigenständigen methodischen Zugang entwickelt. Zentraler Gegenstand der systemtheoretischen Rezeptionsforschung ist die Rekonstruktion der Prozesse der Kommunikatbildung (vgl. Schmidt 1994; Hackenberg 2004; Ehrenspeck/Hackenberg/Lenzen 2006). Ausgehend von der Systemreferenz ‚Bewusstsein' und ‚Kognition' läuft im Zuge der Medienrezeption der Prozess der Kommunikatbildung an (Schmidt 1994, S. 126). Im Verlaufe der Rezeption findet im Bewusstseinssystem ein aktiver Interpretationsprozess und die intraindividuelle Konstruktion eines Medientextes statt. Dieser Prozess der Kommunikatbildung ist in höchstem Maße subjektabhängig, in dem Sinne, dass er in einem operativ geschlossenen Bewusstseinssystem stattfindet. Aber es handelt sich dabei nicht um einen bloß subjektiven Prozess: „Da Kommunikatbildung keine intentionale Handlung, sondern eher eine routinisierte Ereignisfolge ist, wirken sich Sozialisationsmuster und symbolische Ordnungen aus" (ebd., S. 139, vgl. auch S. 79 ff.). Ausgehend von der systemtheoretischen Annahme der operativen Geschlossenheit von Bewusstseinssystemen untersucht die systemtheoretische Rezeptionsforschung nicht den Film als solchen (etwa in einer Diskursanalyse oder Inhaltsanalyse), sondern sucht ihn so zu verstehen, wie er den Rezipienten erscheint. Dazu wurden Verfahren der qualitativen und quantitativen Analyse von mündlichen und schriftlichen Film-Nacherzählungen (so genannte *Refilmings*) in Triangulation mit Filmthemen fokussierende Interviews entwickelt (vgl. Ehrenspeck/Hackenberg/Lenzen 2006; Geimer/Lepa/Hackenberg/Ehrenspeck 2007), wobei sich die Themenfokussierung aus den Zuschauer-Relevanzen, wie sie in den Film-Nacherzählungen deutlich wird, ableitet.

Weiter finden sich von Seiten der *praxeologischen Wissenssoziologie* theoretische Ausführungen und erste Studien zu einer *dokumentarischen Filmanalyse*, welche die Arbeiten zur dokumentarischen Bildanalyse fortführen und an die frühe Kunst- und Filmtheorie anschließen kann (insbesondere an die Arbeiten von Mannheim, Panofsky und Imdahl; vgl. Bohnsack 2003, 2009). Anders als die bereits genannten Ansätze untersucht die dokumentarische Filmanalyse einen Film *nicht* im Hinblick auf seine „potenzielle Rezeption" (Keppler 2001), sondern um rezipientenunabhängige Orientierungen und den Habitus der Produzenten/-innen zu identifizieren. Das Ziel der dokumentarischen Interpretation ist insbesondere die Rekonstruktion der spezifisch bildlichen, ikonisch-ikonologischen Strukturierungsprinzipien, anhand derer im komparativen Vergleich auf die dokumentarische Typikalität eines Werks geschlossen wird (Bohnsack 2009). Diese dokumentarische Typikalität interessiert beispielsweise hinsichtlich des milieu-, geschlechts-, generationsbezogenen und zeitgeschichtlichen Erfahrungsraums der Produzenten/-innen.

Vor allem hinsichtlich der Interpretation von Filmen als *Dokument der Zeitgeschichte* vermag eine dokumentarische Filminterpretation viel zu leisten, denn hier bestehen bisher kaum Möglichkeiten der methodischen Kontrolle – weshalb eine solche Perspektive heute hauptsächlich das feuilletonistische Tagesgeschehen bestimmt (z.B. Diskussionen um die Postmoderne im Kino). Dennoch hat die Interpretation von Filmen als Ausdruck zeitgeschichtlicher Phänomene eine lange Tradition (vgl. Mai/Winter 2006, S. 8 ff.). Schon der frühe Filmtheoretiker Kracauer hat darauf hingewiesen, dass „was die Filme reflektieren weniger explizite Überzeugungen als psychologische Dispositionen [sind] – jene Tiefenschichten der Kollektivmentalität, die sich mehr oder weniger unterhalb der Bewußtseinsdimension erstrecken" (Kracauer 1947/2002, S. 194).

Die Analyse von Filmen ermöglicht, so Kracauer, anhand der „Popularität ihrer bildlichen und erzählerischen Motive" (ebd. 195) Rückschlüsse auf die Organisation der Gesellschaft, bzw.: „Kollektivdispositionen oder Tendenzen, die sich innerhalb einer Gesellschaft in einem gewissen Stadium ihrer Entwicklung durchsetzen" (ebd.). Faulstich demonstriert eine solche Analyse anhand des Genres des ‚Teufelsfilms' der späten 1960er und frühen 1970er Jahre, indem er die relevant gesetzten Themen als Verarbeitung von zeitspezifischen Kulturphänomenen begreift (vgl. Faulstich 2002, S. 195). In der Angst vor dem Antichristen, der in den Teufelsfilmen über die Menschheit kommt, äußert sich laut Faulstich das mangelnde Vertrauen der Menschen in die soziale Ordnung und speziell die Legitimität der politischen Elite, die durch Skandale (bspw. „Watergate") und Kriege (bspw. Vietnam) stark infrage gestellt war. Ganz ähnlich arbeitete Tudor das in den 70ern erfolgreiche Subgenre des ‚paranoiden Horrors' heraus: „Es gibt keine soziale und moralische Ordnung mehr, die es wert ist, verteidigt zu werden bzw. die man überhaupt zu verteidigen imstande ist. Der paranoide Horrorfilm enthüllt eine Welt, in der es keine verlässlichen Orientierungen und Sinnbestände mehr gibt" (Mai/Winter 2006, S. 10). Methodische Probleme – wie z.B. schon die Auswahl der zu untersuchenden Filme (vgl. Faulstich 2002) – führen jedoch dazu, dass solche „Totalanalysen" (Ehrenspeck/Lenzen 2003) von Filmen oder Genres eher ein randständiges Dasein in den Sozial- und Erziehungswissenschaften führen. Häufig verbleiben die entsprechenden Arbeiten im Bereich der (kaum mehr intersubjektiv überprüfbaren) Spekulation, weshalb Ehrenspeck/Lenzen anmerken, dass „dieser Aspekt sozialwissenschaftlichen Fragestellungen nicht fungibel gemacht werden [kann]" (ebd., S. 440). Auch Morley konstatiert diesbezüglich, „dass der ‚spekulative Ansatz' bisweilen zu unangemessenen Verallgemeinerungen der Analyse führen kann, die auf bestimmten Annahmen hinsichtlich der gesellschaftlichen Position des Zuschauers beruhen." (Morley 1999, S. 293).

Neben den oben genannten hermeneutisch anspruchsvollen und elaborierten qualitativen Ansätzen, in denen die Filmanalyse der Rekonstruktion der ‚Film-Zuschauer-Interaktion' oder im Falle der dokumentarischen Filminterpretation der Rekonstruktion des Habitus von Produzenten/-innen dient, ermöglichen *inhaltsanalytische Verfahren* die Kategorisierung von Filminhalten (vgl. Albrecht 1970). Klassisches Anliegen entsprechender Studien ist die Untersuchung der Häufigkeit eines Themas (Frequenzanalyse) oder das Zusammenfallen bestimmter Themen (Kontingenzanalyse) in verschiedenen Filmen, sowie das ‚Wie' der Darstellung eines Themas oder bspw. bestimmter Personen(gruppen) in unterschiedlichen Filmen (Valenz-/Bewertungsanalyse). Das Kategoriensystem wird entsprechend den Forschungsfragen festgelegt, die Auswertung kann quantitativ wie qualitativ erfolgen (vgl. auch Ehrenspeck/Geimer/Lepa 2008). Computergestützte Auswertungen werden bspw. durch das Programm ATLAS.ti ermöglicht (vgl. Gerhold/Bornemann 2004).

Die Übersicht über aktuelle Verfahren der qualitativen Filmanalyse verdeutlicht, dass heute eine Vielzahl an Ansätzen besteht, die sich teilweise erheblich in ihrer methodologischen und methodischen Ausrichtung unterscheiden. Die derzeit dringlichsten Forschungsfragen bestehen in der (Weiter-)Entwicklung von Methoden einer verlässlichen Triangulation von Film- und Zuschaueranalysen, sowie der Ausarbeitung einer erziehungs- und sozialwissenschaftlichen Filmanalyse (vgl. Ehrenspeck/Lenzen 2003; Geimer/Lepa/Hackenberg/Ehrenspeck 2007), die nicht nur die Potenzialität von Rezeptions- und Aneignungsformen auslotet, sondern unabhängig davon auf die Erzeugungsprinzipien eines filmischen Werkes – und also den Habitus der Produzenten/-innen – schließen lässt, ohne dabei das empirische (Film-)Material mit den Annahmen einer film- oder sozialwissenschaftlichen Großtheorie (wie Semiotik, Psychoanalyse oder Kritische Theorie/ Ideologiekritik) zu überformen. Insbesondere die Filmanalyse nach dem Verfahren der dokumentarischen Methode kann hier einen vielversprechenden Ansatz liefern, indem sie – wie die dokumentarische Bildanalyse (vgl. Bohnsack 2009, 2003) – der Eigengesetzlichkeit des Mediums gerecht zu werden vermag, so dass kulturelle Narrative die Analyse der bewegten Bilder nicht von Anbeginn (vor)strukturieren. Vor allem die dazu notwendige Herstellung eines methodisch kontrollierten Zugangs zum spezifisch Bildlichen der bewegten Bilder ist eine der aktuellsten Herausforderungen.

Literatur

Albrecht, Gerd 1970: Sozialwissenschaftliche Ziele und Methoden der systematischen Inhaltsanalyse von Filmen. In Moltmann, Günter/Karl Friedrich Reimers (Hg.): Zeitgeschichte in Film- und Tonkunst. Göttingen/Zürich/Frankfurt/M. S. 25-37.
Baacke, Dieter/Uwe Sander/Ralf Vollbrecht 1991: Medienwelten Jugendlicher. Opladen.
Bachmair, Ben 1996: Fernsehkultur. Subjektivität in einer Welt bewegter Bilder. Opladen.
Bachmair, Ben 2007: Mediensozialisation. Die Frage nach Sozialisationsmustern im Kontext dominanter Medienformen. In: Jahrbuch Medienpädagogik 6. Wiesbaden. S. 118-143.
Bohnsack, Ralf 2003: Die dokumentarische Methode in der Bild- und Fotointerpretation. In: Ehrenspeck, Yvonne/Burkhard Schäffer (Hg.): Film- und Fotoanalyse in der Erziehungswissenschaft. Opladen. S. 87-107.
Bohnsack, Ralf 2009: Qualitative Bild-, Film- und Videointerpretation: Die dokumentarische Methode. Opladen/Farmington Hills.
Bordwell, David/Janet Staiger/Kristin Thompson 1985: The Classical Hollywood Cinema. New York.
Charlton, Michael 1996: Massenkommunikation aus Sicht der ‚Masse'. Ein handlungstheoretischer Ansatz. In: Hasebrink, Uwe/Friedrich Krotz (Hg.): Die Zuschauer als Fernsehregisseure? Zum Verständnis individueller Zuwendungs- und Rezeptionsmuster. Baden-Baden/Hamburg. S. 77-93.
Charlton, Michael/Klaus Neumann-Braun 1992: Medienkindheit – Medienjugend: Eine Einführung in die aktuelle kommunikationswissenschaftliche Forschung. München.
Denzin, Norman K. 1992: Symbolic Interactionism and Cultural Studies. The Politics of Interpretation. Oxford/Cambridge.
Ehrenspeck, Yvonne/Achim Hackenberg/Dieter Lenzen 2006: Wie konstruieren Jugendliche filmische Todesdarstellungen? Ergebnisse eines DFG-Forschungsprojektes zur erziehungswissenschaftlichen Medienrezeptionsforschung. In: Zeitschrift für Erziehungswissenschaft 9/3. S. 424-446.
Ehrenspeck, Yvonne/Dieter Lenzen 2003: Sozialwissenschaftliche Filmanalyse. Ein Werkstattbericht. In: Ehrenspeck, Yvonne/Burkhard Schäffer (Hg.): Film- und Fotoanalyse in der Erziehungswissenschaft. Opladen. S. 440-450.
Ehrenspeck, Yvonne/Alexander Geimer/Steffen Lepa 2008: Inhaltsanalyse. In: Sander, Uwe/Friederike von Gross/Kai-Uwe Hugger (Hg.): Handbuch Medienpädagogik. Wiesbaden. S. 351-356.
Faber, Marlene 2001: Medienrezeption als Aneignung. In: Holly, Werner/Ulrich Püschel/Jörg Bergmann (Hg.): Der sprechende Zuschauer. Wie wir Fernsehen kommunikativ aneignen. Wiesbaden. S. 25-40.
Faulstich, Werner 2002: Grundkurs Filmanalyse. München.
Fiske, John 2001: Die britischen Cultural Studies und das Fernsehen. In: Winter, Rainer/Lothar Mikos (Hg.): Die Fabrikation des Populären. Der John Fiske-Reader. Bielefeld. S. 17-68.
Geimer, Alexander 2009: Cultural Practices of the Reception and Appropriation of Films from the Standpoint of a Praxeological Sociology of Knowledge. In: Bohnsack, Ralf/Nicole Pfaff/Wivian Weller (Hg.): Qualitative Research and Documentary Method in Educational Science. Opladen/Farmington Hills. (im Ersch.).

Geimer, Alexander/Steffen Lepa/Achim Hackenberg/Yvonne Ehrenspeck 2007: THE OTHERS reconstructed – Eine qualitative Analyse erfahrungs- und entwicklungsbezogener Prädiktoren der unterschiedlichen Lesarten eines Postmortem-Spielfilms. In: Zeitschrift für Erziehungswissenschaft 10/4. S. 493-511.

Gerhold, Lars/Stefan Bornemann 2004: Qualitative Analyse audiovisueller Informationen mit ATLAS.ti. In: MedienPädagogik. Zeitschrift für Theorie und Praxis der Medienbildung. online unter: http://www.medienpaed.com/04-1/gerhold04-1.pdf (Stand: 27.04.08).

Hackenberg, Achim 2004: Filmverstehen als kognitiv-emotionaler Prozess – Zum Instruktionscharakter filmischer Darstellungen und dessen Bedeutung für die Medienrezeptionsforschung. Berlin.

Hall, Stuart 1999: Codieren/Dekodieren. In: Bromley, Roger/Udo Göttlich/Carsten Winter (Hg.): Cultural Studies. Grundlagentexte zur Einführung. Lüneburg. S. 92-110.

Hepp, Andreas 2005: Kommunikative Aneignung. In: Mikos, Lothar/Claudia Wegener (Hg.): Qualitative Medienforschung: Ein Handbuch. Konstanz. S. 67-79.

Hickethier, Knut 2001: Film- und Fernsehanalyse. Tübingen.

Holly, Werner/Ulrich Püschel/Jörg Bergmann (Hg.) 2001: Der sprechende Zuschauer. Wie wir Fernsehen kommunikativ aneignen. Wiesbaden.

Iser, Wolfgang 1970: Die Appellstruktur der Texte. Unbestimmtheit als Wirkungsbedingung literarischer Prosa. Konstanzer Universitätsreden 28. Konstanz.

Keppler, Angela 1993: Fernsehunterhaltung aus Zuschauersicht. In: Hügel, Hans-Otto/Eggo Müller (Hg.): Fernsehshows: Form- und Rezeptionsanalyse. Hildesheim. S. 11-24.

Keppler, Angela 1994: Tischgespräche. Frankfurt/M.

Keppler, Angela 2001: Mediales Produkt und sozialer Gebrauch. Stichworte zu einer inklusiven Medienforschung. In: Sutter, Tilmann/Michael Charlton (Hg.): Massenkommunikation, Interaktion und soziales Handeln. Wiesbaden. S. 125-145.

Korte, Helmut 2004: Einführung in die Systematische Filmanalyse. Tübingen.

Kracauer, Siegfried 1947/2002: Film als Indikator und Faktor von Mentalitäten. In: Helmes, Günther/Werner Küster (Hg.): Texte zur Medientheorie. Stuttgart. S. 192-196.

Kerscher, Gottfried/Birgit Richard 2003: MoVie und MuVie. Zur Interpretation bewegter Bilder in Film und Musikvideoclip. In: Ehrenspeck, Yvonne/Burkhard Schäffer (Hg.): Film- und Fotoanalyse in der Erziehungswissenschaft. Opladen. S. 203-225.

Mai, Manfred 2006: Künstlerische Autonomie und soziokulturelle Einbindung. Das Verhältnis von Film und Gesellschaft. In: Mai, Manfred/Rainer Winter (Hg.): Das Kino der Gesellschaft. Die Gesellschaft des Kinos. Interdisziplinäre, Positionen und Zugänge. Köln. S. 24-47.

Mai, Manfred/Rainer Winter 2006: Kino, Gesellschaft und soziale Wirklichkeit. Zum Verhältnis von Soziologie und Film. In: Mai, Manfred/Rainer Winter (Hg.): Das Kino der Gesellschaft. Die Gesellschaft des Kinos. Interdisziplinäre, Positionen und Zugänge. Köln. S. 7-23.

Mikos, Lothar 2003: Zur Rolle ästhetischer Strukturen in der Filmanalyse. In: Ehrenspeck, Yvonne/Burkhard Schäffer (Hg.): Film- und Fotoanalyse in der Erziehungswissenschaft. Opladen. S. 135-147.

Mirzoeff, Nicholas (Hg.) 2002: The Visual Culture Reader. Routledge.

Morley, David 1996: Medienpublika aus Sicht der Cultural Studies. In: Hasebrink, Uwe/Friedrich Krotz (Hg.): Die Zuschauer als Fernsehregisseure. Zum Ver-

ständnis individueller Nutzungs- und Rezeptionsmuster. Baden-Baden/Hamburg. S. 37-51.
Morley, David 1999: Bemerkungen zur Ethnographie des Publikums. In: Bromley, Roger/Udo Göttlich/Carsten Winter (Hg.): Cultural Studies. Grundlagentexte zur Einführung. Lüneburg. S. 281-316.
Oevermann, Ulrich/Tilman Allert/Elisabeth Konau/Jürgen Krambek 1979: Die Methodologie einer ‚Objektiven Hermeneutik' und ihre allgemeine forschungslogische Bedeutung in den Sozialwissenschaften. In: Soeffner, Hans-Georg (Hg.): Interpretative Verfahren in den Sozial- und Textwissenschaften. Stuttgart. S. 352-434.
Sachs-Hombach, Klaus 2003: Vom Bild zum Film. Zur begrifflichen Analyse wahrnehmungsnaher Kommunikationsformen. In: Ehrenspeck, Yvonne/Burkhard Schäffer (Hg.): Film- und Fotoanalyse in der Erziehungswissenschaft. Opladen. S. 121-134.
Schmidt, Siegfried J. 1994: Kognitive Autonomie und soziale Orientierung. Konstruktivistische Bemerkungen zum Zusammenhang von Kognition, Kommunikation, Medien und Kultur. Frankfurt/M.
Staiger, Janet 2000: Perverse Spectators. The practices of film reception. New York.
Winter, Rainer 2003 a: Filmanalyse in der Perspektive der Cultural Studies. In: Ehrenspeck, Yvonne/Burkhard Schäffer (Hg.): Film- und Fotoanalyse in der Erziehungswissenschaft. Opladen. S. 151-164.
Winter, Rainer 2003 b: Polysemie, Rezeption und Handlungsmächtigkeit. Zur Konstitution von Bedeutung im Rahmen der Cultural Studies. In: Jannidis, Fotis v./Gerhard Lauer/Matías Martínez/Simone Winko (Hg.): Regeln der Bedeutung. Zur Theorie der Bedeutung historischer Texte. Tübingen. S. 431-453.

Matthias Herrle, Jochen Kade und Sigrid Nolda

Erziehungswissenschaftliche Videographie

Geht man davon aus, dass lehr-lernbezogene Interaktion als räumlich situierte Kommunikation unter körperlich anwesenden Personen stattfindet (vgl. Kieserling 1999), dann kann sich die erziehungswissenschaftliche Forschung, die sich mit lehr-lernbezogenen Interaktionszusammenhängen wie etwa dem Unterricht befasst, dem Einbezug des bewegten Bildes nicht (länger) verschließen. Die Besonderheit von Videoaufzeichnungen besteht darin, dass sie – anders als Tonbandaufzeichnungen – auch Informationen über visuelle Phänomene wie z.B. die räumliche Einbettung des Geschehens, das Aussehen der anwesenden Personen und ihr körperliches Agieren zugänglich machen. Zwar berücksichtigen Beobachtungsprotokolle ebenfalls die visuelle Verfasstheit von Interaktionszusammenhängen, allerdings stärker gebunden an den jeweiligen Beobachter und sein Erkenntnisinteresse, das darüber entscheidet, was von der Vielzahl der stattfindenden Ereignisse konserviert und was ausgeblendet wird. Ein Teil der Selektionen, die jeder Beobachter in der Situation des Beobachtens treffen muss, werden mit der Erhebung von Videodaten verzeitlicht und „reversibel" gemacht. Videodaten ermöglichen es, eine begrenzte Menge gleichzeitig auftretender Ereignisse, von denen sich manche im Zeitverlauf aufeinander beziehen, beschleunigt, verlangsamt und wiederholt zu betrachten und zu analysieren.

Ein nicht unerheblicher Grund für die vermehrte Nutzung von Videographien für die erziehungswissenschaftliche Erkenntnisgenerierung ist die gestiegene Verfügbarkeit technischer Geräte im Forschungsbetrieb sowie die Veralltäglichung bild- bzw. videoproduzierender Technologien. Im Folgenden werden wir zunächst einige Ansätze aus den Bereichen der Anthropologie, Psychologie, Linguistik sowie Sozial- und Erziehungswissenschaften anführen, die sich schon in der Vergangenheit des (bewegten) Bildes bedient haben (1), um dann den gegenwärtigen Stand videobasierter erziehungswissenschaftlicher Forschung zu skizzieren (2). Vor diesem Hintergrund gehen wir im Hauptteil unseres Beitrags (3) auf Besonderheiten der Datenerhebung (3.1) sowie auf Möglichkeiten der Datenaufbereitung (3.2), einhergehend mit unterschiedlichen Verfahren der Datenanalyse (3.3) ein und skizzieren eine idealtypische Kombination der unterschiedlichen Verfahrensbausteine zur Untersuchung von Strukturen lehr-lernbezogener Interaktionszusammenhänge.

1. Frühe Ansätze videobasierter Interaktionsforschung

Seit den 1930er Jahren dient der Film als Datenmaterial und Ausgangspunkt zur Analyse von Verhalten und Kommunikation in Interaktionssituationen (vgl. Knoblauch/Schnettler/Raab 2006, S. 17ff.). Ein prominentes Beispiel aus den fünfziger Jahren ist die breit angelegte anthropologische Feldstudie von Margaret Mead und Gregory Bateson auf Bali, bei der über zwei Jahre etwa 25.000 Bilder und 670.000 Meter Film als Datenmaterial gesammelt wurden (vgl. Jacknis 1988; Bateson/Mead 1942).[1] Umfassende Analysen auf der Grundlage von Filmsequenzen lieferten im Anschluss Albert E. Scheflen (1976), der die Rolle von Körperhaltungen und -positionen in Psychotherapiesettings untersuchte, und Ray Birdwhistell, der sich der Analyse des Wechselspiels zwischen verbalem und nonverbalem Verhalten im Interaktionszusammenhang widmete und ein differenziertes Kategorienraster zur Erfassung nonverbaler Verhaltensweisen entwickelte (vgl. etwa Birdwhistell 1979).[2] Wichtige Beiträge für die Erforschung von Interaktionszusammenhängen liefern auch die Studien von Erving Goffman zur Analyse der Selbstpräsentation auf der Basis von Fotografien. Mit der Etablierung der auf Goffman sowie insbesondere auf Harold Garfinkel zurückgehenden ethnomethodologischen Konversationsanalyse (vgl. Bergmann 1981), die zunächst nur verbale Sprache zum Gegenstand hatte, wurde ein zunehmend mikroskopischer Blick auf die Vollzugswirklichkeit und Selbstorganisation sozialer Interaktion institutionalisiert. Die Weiterentwicklung der Videotechnologie führte zu einer Ausweitung der von der Entwicklung des Tonbandgeräts geprägten Konversationsanalyse auf visuelles Material und damit verbundene Fragestellungen. So untersuchte etwa Charles Goodwin (1979) den Zusammenhang zwischen Blickrichtung und Satzkonstruktion; Christian Heath (1986) und George Psathas (1990) analysierten die audiovisuelle Verfasstheit von Arzt-Patient-Interaktionen; Mehan (1979) sowie Shultz, Florio und Erickson (1982) filmten und analysierten Interaktionen im Klassenzimmer. Ein früher Ansatz originär erziehungswissenschaftlich-qualitativer Analyse von Unterrichtsinteraktionen auf der Grundlage von Fotos findet sich z.B. in den Arbeiten von Fritz Stückrath (vgl. Schaak 1977), der sich mit der Bedeutung der Gestik des Lehrers befasste.

---

1 Zu Studien im Bereich der visuellen Anthropologie vgl. Banks/Murphy 1997.
2 Einen Überblick über wegweisende Ansätze, die z.T. eher die soziale, z.T. eher die psychische Seite sichtbaren nonverbalen Agierens in Interaktionszusammenhängen thematisieren, liefert der von Klaus Scherer und Harald Wallbott (1979) herausgegebene Band. Zum historischen Überblick bedeutsamer Studien vgl. zudem Kendon 1990a.

2. Gegenwärtiger Einbezug audiovisueller Daten in den Erziehungswissenschaften

Bereits 1977 skizzierten Thomas Luckmann und Peter Gross, was heute in der Interaktionsforschung unter Multimodalität verstanden wird (vgl. etwa Schmitt 2005): den systematischen Einbezug des durch Videoaufnahmen sichtbaren nonverbalen Anteils an Interaktion. Eine aktuelle Bestandsaufnahme unterschiedlicher sozialwissenschaftlicher Ansätze zur Analyse von Videodaten geben Hubert Knoblauch u.a. (2006) in ihrem Herausgeberwerk zur qualitativen audiovisuellen Datenanalyse in der Soziologie. Für den Bereich der (Sozio-)Lingustik sei auf Kristin Bührigs und Sven F. Sagers Band zur nonverbalen Kommunikation im Gespräch (2005) sowie auf die von Reinhold Schmitt (2007) herausgegebene Sammlung unterschiedlicher Analysen multimodaler Interaktion unter dem Aspekt der Koordination verwiesen.

Auch in den Erziehungswissenschaften spielt die Nutzung von Videodaten für die Analyse lehr-lernbezogener Interaktionszusammenhänge eine zunehmend wichtiger werdende Rolle (vgl. etwa Aufschnaiter/Welzel 2001). Insbesondere die quantitativ ausgerichtete Unterrichtsforschung bedient sich des Videos als (zusätzliches) Datenmaterial (vgl. etwa Prenzel u.a. 2001; Helmke u.a. 2003; Petko u.a. 2003; Klieme/Pauli/Reusser 2006). Kaum berücksichtigt wird dort allerdings die Bildebene als eigenständiges Datenmaterial und theoriegenerierende Quelle. Die Anzahl qualitativer Analysen von Lehr-Lernsituationen ist noch eher gering, was nicht zuletzt an der bei Videodaten sichtbar werdenden komplexen Verschränkung von diachronen und synchronen Aspekten liegen könnte. Deren Bewältigung stellt in methodologischer und methodischer Hinsicht eine besondere Herausforderung dar, die jedoch, vom Informationsgehalt der Forschungsergebnisse her betrachtet, als überaus lohnenswert erscheint. Neben der Analyse von Film- und Fotomaterial (vgl. Bohnsack 2009; Ehrenspeck/Schäffer 2003; Friebertshäuser/Felden/Schäffer 2007; → Fuhs; → Geimer/Ehrenspeck; Peez 2006; Pilarczyk/Mietzner 2005; → Schulze sowie Zeitschrift für qualitative Bildungs-, Beratungs- und Sozialforschung 4 (2003) und 5 (2004)) bildet die Analyse von Videos eher noch eine Ausnahme. Hervorzuheben sind hier etwa Monika Wagner-Willis Untersuchung von Übergangssituationen zwischen Pause und Unterricht (2005) sowie die Arbeiten, die im Kontext des von Christoph Wulf geleiteten Sonderforschungsbereiches „Kulturen des Performativen" entstanden sind (vgl. etwa Wulf u.a. 2004). Mit der Rekonstruktion von Interaktionszusammenhängen im Bereich des Lernens Erwachsener befasst sich das Projekt „Bild und Wort" unter der Leitung von Jochen Kade und Sigrid Nolda (vgl. Kade/Nolda 2007a). Eine Innovation gegenüber bisheriger Veröffentlichungspraxis stellt Elisabeth Mohns und Klaus Amanns kamera-ethnographische Studie zum Schülerjob (2006; vgl. auch Breidenstein 2006) insofern dar, als ihre Untersuchung nicht in Schrift-, sondern in Videoform – im Sinne eines „dichten Zeigens" – veröffentlicht wurde. Mit audiovisuellen Daten befasst sich auch das von Fritz-Ulrich Kolbe und Sabine Reh geleitete Forschungsprojekt „Lernkultur- und Unterrichtsentwicklung in Ganztagsschulen" (vgl. www.lernkultur-ganztag schule.de). Götz Krummheuer untersucht in seiner Studie „Narrativität und Lernen" (1997) videodokumentierte Unterrichtsepisoden des Mathematikunterrichts an Grundschulen.

3. Umgang mit audiovisuellen Daten im Forschungsprozess

Die Videographie von Lehr-Lerninteraktionen ermöglicht es, konstitutive Aspekte, die bei der Herstellung von Kurs- und Unterrichtsrealität mitwirken, unter dem Mikroskop zu betrachten (vgl. Nolda 2007). Neben der ablaufbezogenen Untersuchung von Kursstunden und der Rekonstruktion besonderer Phasen im Kursverlauf[3] können Gesichtspunkte wie etwa die Rolle bestimmter Äußerungsdisplays (z.B. Blicke, Gestik, Mimik etc.) für die Interaktionsorganisation, die Relation von verbaler zu nonverbaler Äußerungsebene[4], das Verhalten der Gesamtgruppe und die Ausdifferenzierung unterschiedlicher Teilgruppen und Zugehörigkeiten sowie der Umgang mit Gegenständen und Nutzungsmöglichkeiten des Raumes[5] mit hoher Detailschärfe untersucht werden.

Um allerdings Antworten auf forschungsleitende Fragen zu bekommen, sollte man sich zunächst überlegen, ob die arbeits- und zeitintensive Erhebung, Aufbereitung und Analyse audiovisueller Daten die Bearbeitung der gewählten Fragestellung befördert oder ob eventuell alternative Erhebungs- und Auswertungsmethoden zu bevorzugen oder mit einzubeziehen sind. Zudem ist es sinnvoll, vor dem Beginn mit der Untersuchung, die eigene Fragestellung in Differenz zu bereits bestehenden Forschungsarbeiten und Perspektiven auf den Gegenstand zu schärfen.[6] Die eigentliche videographische Untersuchung von Interaktionszusammenhängen kann als Zusammenhang dreier Handlungslogiken verstanden werden: die Datenerhebung, die Datenaufbereitung und die Datenanalyse. Im Folgenden skizzieren wir zunächst Entscheidungen, die im Rahmen der Datenerhebung getroffen werden müssen (→ 3.1) und stellen dann unterschiedliche Formen der Datenaufbereitung dar (→ 3.2), die für unterschiedliche Verfahren der Datenanalyse (→ 3.3) genutzt werden können. Zur Rekonstruktion von Strukturen lehr-lernbezogener Interaktionszusammenhänge skizzieren wir schließlich

---

3 Zur Rekonstruktion von Kursanfängen vgl. etwa Dinkelaker/Herrle 2007.
4 Zu visuellen Äußerungen als Kommentar und Irritation des verbalen Ausdrucks vgl. etwa Kade/Nolda 2007b.
5 Zu Formen pädagogischer Raumaneignung vgl. Nolda 2006.
6 Für den Schulunterricht vgl. Naujok/Brandt/Krummheuer 2004; → Böhme; für Kurse der Erwachsenenbildung/Weiterbildung vgl. Egloff/Kade 2004, Schlutz 1992, Schrader/Berzbach 2005, → Nolda.

ein idealtypisches Modell der Kombination dieser unterschiedlichen Analyseformen.[7]

3.1 Datenerhebung

Vor der Durchführung der Videoaufnahmen im Feld sind Entscheidungen zu treffen (vgl. auch Wolff 2000): so z.B. die Auswahl des mit der Kamera zu beobachtenden sozialen Ereignisses bzw. die Auswahl des Falles (vgl. Merkens 2000) in Abhängigkeit von der jeweiligen Fragestellung. Die Datenerhebung kann in vier Schritte gegliedert werden:

a) Wurde ein Feld ausgewählt, geht es in einem ersten Schritt darum, Kontakt zwischen Institutionsvertretern (z.B. Schul- und Fachbereichsleitern) bzw. Akteuren im Feld (z.B. Lehrern und Schülern) und Forscher/-innen herzustellen und die Genehmigung sowohl zur Teilnahme an als auch zur audiovisuellen Aufzeichnung von entsprechenden Kursstunden bzw. Unterrichtseinheiten zu erhalten. Dabei sollten sich die Forschenden vorab gedanklich in die Rolle des Institutionsvertreters bzw. der Feldakteure begeben, um eventuell aufkommende Fragen und Probleme zu antizipieren (vgl. Erickson 1992). Da es sich beim schulischen Unterricht wie auch bei Kursen in der Erwachsenenbildung um nicht-öffentliche Situationen handelt, ist es notwendig, alle beteiligten Personen, bei Kindern auch ihre Eltern, vor den Aufnahmen um Erlaubnis zu bitten und bei der Veröffentlichung von Bildern oder Videosequenzen die Identität der Personen unkenntlich zu machen – sofern keine diesbezügliche schriftliche Einwilligung erfolgt ist.

b) Vor dem vereinbarten Aufnahmetermin sollten sich die beteiligten Forscher/-innen darüber einigen, welche und wie viele Aufzeichnungsgeräte eingesetzt werden und sich gut in deren Bedienung einarbeiten. Zudem ist zu klären, wo die Kameras im Idealfall aufgestellt werden sollen, welcher Fokus jeweils gewählt wird und ob/wie mit dem Kamerazoom gearbeitet werden soll. Um einen Einblick in die Wechselseitigkeit des interaktiven Geschehens zu bekommen, bietet es sich an, zwei Kameras zu verwenden. So kann eine auf dem Stativ montierte Kamera, an einem Ende des Raumes, auf die gesamte Schülergruppe, die andere, am anderen Ende des Raumes, auf die Lehrerin gerichtet werden.[8] Je nach Größe des Raumes ist es ratsam, zusätzliche Geräte zur Tonaufzeichnung einzusetzen.

---

[7] Zur ausführlichen Darstellung und Illustration dieser und weiterer Aspekte, die bei der Durchführung einer qualitativen Videostudie zu berücksichtigen sind, vgl. die Einführung von Dinkelaker/Herrle 2009.

[8] Vgl. z.B. auch das Kameraskript der Unterrichtsqualitäts-Videostudien „Lehr-Lernprozesse im Physikunterricht" (Seidel/Dalehefte/Meyer 2001) sowie „Unterrichtsqualität, Lernverhalten und mathematisches Verständnis" (Petko 2006).

c) Unmittelbar vor der Aufzeichnung müssen die Positionen der beteiligten Akteure im Raum antizipiert werden, um eine dem Forschungsinteresse entsprechende Auswahl des konkreten Kamerastandpunktes zu bestimmen. Daher empfiehlt es sich, einige Zeit vor Kurs-/Unterrichtsbeginn am Veranstaltungsort einzutreffen. Bei der Aufzeichnung ist neben der Kameraführung bzw. der Wahl des Bildausschnitts die Interaktion zwischen Kameramann/-frau und Feld zu berücksichtigen. So geben Reaktionen der im Feld anwesenden Personen auf die Beobachter bereits einen Aufschluss darüber, wie jene sich gegenüber dem Kameramann bzw. der Kamerafrau als fremde Person und als Vertreter/-in des Wissenschaftssystems betrachtet sehen wollen.

d) In einem Datenerhebungsprotokoll, das nach der Erhebung vervollständigt wird und Zusatzinformationen für die Analyse bereitstellt, können neben Kontextmaterialien zum Unterricht bzw. Kurs (z.B. Institutionsflyer, Kursankündigungen, Unterrichtsmaterialien), der Dokumentation der Kontaktherstellung, technischen Besonderheiten und weiteren Absprachen Irritationen und Besonderheiten fixiert werden.

3.2 Datenaufbereitung

Ein erster notwendiger Schritt bei der Aufbereitung der mit der Kamera erhobenen Daten für die Analyse ist das Überspielen des Materials von der Kamera bzw. vom digitalen Camcorder auf einen multimediafähigen Computer. Dabei sollten die Daten in einem möglichst vielfach kompatiblen, platzsparenden und zugleich ausreichend hochwertigen Format gespeichert werden (aktuell z.B. MPEG-2). Je nach Anzahl der eingesetzten Kameras sind die einzelnen Aufzeichnungen bzw. erzeugten Dateien mit Hilfe eines herkömmlichen Videobearbeitungsprogramms zu synchronisieren.[9] Anschließend können sie als Gesamtdatei auf DVD kopiert werden und so, im Gegensatz zu analogen Medien, nahezu verlustfrei vervielfältigt und einem größeren Kreis von Projektmitarbeiter/-innen zugänglich gemacht werden.

Verbunden mit unterschiedlichen Formen der videobasierten Analyse von Interaktionszusammenhängen sind jeweils unterschiedliche Formen des Datenzugriffs – Anschauen in normaler, beschleunigter oder entschleunigter Geschwindigkeit mit oder ohne Ton – und der Datenaufbereitung (siehe Abb. 1). Während bei Tonbandmitschnitten die Datenaufbereitung in der Regel mit der Erstellung eines Worttranskripts in Schriftform identisch ist, bieten Videomaterialien eine große Vielfalt unterschiedlicher Aufbereitungsmöglichkeiten, die je nach eingesetztem Analyseverfahren und nach Bedarf – on demand – angewendet werden können.

---

9 Realisierbar z.B. mit dem von der Firma Magix entwickelten Programm „Video deLuxe".

Erziehungswissenschaftliche Videographie

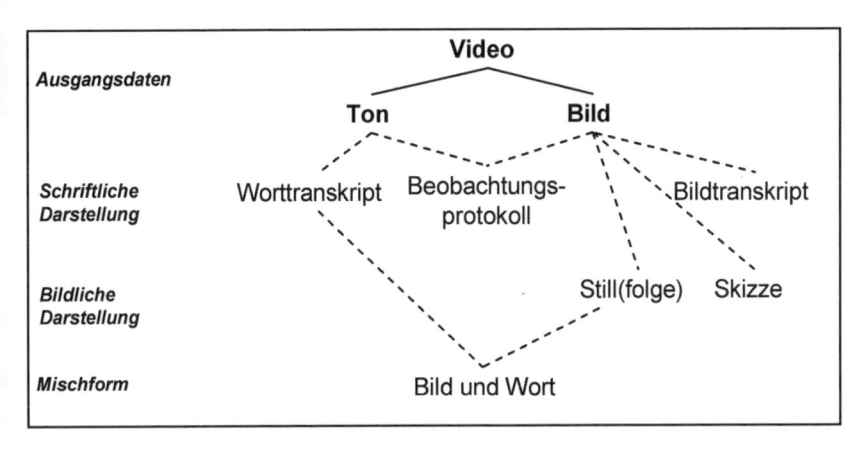

```
Ausgangsdaten                         Video
                              ┌─────────┴─────────┐
                             Ton                 Bild

Schriftliche        Worttranskript  Beobachtungs-      Bildtranskript
Darstellung                          protokoll

Bildliche                                      Still(folge)    Skizze
Darstellung

Mischform                           Bild und Wort
```

Abb. 1: Aufbereitungsformen

Das *Ausgangsmaterial*, das dem Interaktionsforscher zur Verfügung steht, ist das Video einer vergangenen Kursinteraktion, das sowohl über eine Bild- als auch über eine Tonspur verfügt. Eine Möglichkeit der Aufbereitung dieses audiovisuellen Materials sind *schriftliche Darstellungen*. Sicht- und Hörbares wird dabei in Worte gefasst, also versprachlicht. Solche Verschriftlichungen kann man danach unterscheiden, ob sie sich auf den Ton- und/oder Bildkanal beziehen. So bezieht sich das Worttranskript zumeist lediglich auf den Tonkanal des Videos. Das, was gesprochen wird, wird nach Maßgabe unterschiedlicher Transkriptionskonventionen (vgl. Dittmar 2004; → Langer) schriftlich fixiert – allerdings kann hier das Bild unterstützend mit einbezogen werden, um z. B. Sprecher identifizieren zu können. Ein partiturförmiges Transkript, bei dem jede auditive Äußerung unterschiedlicher Akteure berücksichtigt wurde, illustriert Abbildung 2. Dem gegenübergestellt findet sich ein inhaltsorientiertes Transkript der gleichen Passage.

KL:	Gut, im ersten Satz steckt ja meistens schon fast die halbe Geschichte.

	01
KL [m]	Gut (.) ähm (.) im ersten Satz steckt ja meistens schon äh fast die halbe Geschichte.
TN-1 [w]	mhm
TN-2 [w]	[räuspert sich]
TN-4 [m]	hmm
TN-5 [m]	[Lautes Ausatmen]
[1]	

Abb. 2: Inhaltsfixiertes Worttranskript und sozialorientiertes Partiturtranskript

Das Bildtranskript bezieht sich auf Aspekte des sichtbaren Interaktionsgeschehens. Dabei wird sich meist auf bestimmte Äußerungsdisplays konzentriert (z. B. Hand-/Armbewegungen als Gestik; siehe Abb. 3), die dann mit Hilfe von Beschreibungs- bzw. Codiersystemen verschriftet werden und alles andere außen vorlassen.

Schultergelenk: 1. Freiheitsgrad	Elevation	angehoben
	Delevation	gesenkt
Schultergelenk: 2. Freiheitsgrad	Abduktion	nach vorne gespreizt
	Abduktion	nach hinten gezogen
Oberarmgelenk: 1. Freiheitsgrad	Anteversion	nach vorne geschwenkt
	Anteversion 180°	Anteversion im Winkel von ca. 180°
	Retroversion	nach hinten geschwenkt
Oberarmgelenk: 2. Freiheitsgrad	Abduktion	vom Körper abgespreizt
	Abduktion 180°	Abduktion im Winkel von ca. 180°
	Adduktion	am Körper angelegt
Oberarmgelenk: 3. Freiheitsgrad	Innenrotation	nach vorne gespreizt
	Außenrotation	nach hinten gezogen
Ellenbogengelenk: ein Freiheitsgrad	Flexion	gebeugt
	Extension	gestreckt
Handgelenk: 1. Freiheitsgrad	Flexion	gebeugt (Handfläche in Richtung Unterarm)
	Extension	gestreckt (Handrücken in Richtung Unterarm)
Handgelenk: 2. Freiheitsgrad	Radiale Abduktion	gespreizt (Daumen zeigt zum Unterarm)
	Ulnare Abduktion	gespreizt (kleiner Finger zeigt zum Unterarm)
Handgelenk: 3. Freiheitsgrad	Pronation	Handfläche nach unten gedreht
	Suppination	Handfläche nach oben gedreht

Abb. 3: Legende zur Transkription von Gestik[10]

Beobachtungsprotokolle beziehen bei ihrer Anfertigung in der Regel sowohl die Tonebene als auch die Bildebene mit ein. Sicht- und hörbare Ereignisse und Abläufe werden unter einem bestimmten Beobachtungsfokus in Worte gefasst. Abbildung 4 illustriert zwei unterschiedliche Beobachtungsprotokolle der gleichen Kursstunde – einmal unter Orientierung an bestimmten Kategorien, einmal unter „freischwebender Aufmerksamkeit" auf Ereignisse, die sich im Ablauf der Kursstunde aneinanderreihen.

---

10 Vgl. Sager 2005, S. 40.

Protokoll zum Kurs „Jüdische Autoren im Expressionismus"	Protokoll zum Kurs „Jüdische Autoren im Expressionismus"
1. Raum/Ort/Ausstattung/Rahmen Der Kurs findet in einem nahezu quadratischen und hohen Raum statt. Nahe der Tür steht das (Lehrer-)Pult vor einer an der Wand angebrachten Tafel, an dem der KL sitzt. Ihm gegenüber stehen mehrere Stühle mit daran befestigten kleinen Tischen, auf denen die TN sitzen. Nicht alle Stühle sind besetzt. [...] **2. Kursleiter** Der KL ist relativ groß und korpulent. Er ist komplett schwarz gekleidet, trägt eine Brille und sitzt hinter dem Pult, auf dem einige Bücher liegen. Außerdem steht dort ein Wecker/eine Uhr, die er während des gesamten Kurses im Blick haben kann. Während des Kurses sitzt er überwiegend, die Arme verschränkt auf den Tisch gelegt. Ab und zu steht er auf, um etwas an die Tafel zu schreiben. [...] **3. Teilnehmer** Insgesamt gibt es sieben TN, davon sind vier Frauen und drei Männer. Zwei der TN kommen zu spät: Ein TN betritt etwa zehn Minuten nach Kursbeginn den Raum, wird vom KL eigens begrüßt und setzt sich dann ganz nach hinten an die Wand. [...] **4. Inhalt und Ablauf des Kurses** Die Analyse eines Textes erfolgt in einem bestimmten Muster: Ein Abschnitt wird von einem Teilnehmer oder einer Teilnehmerin auf Bitte des KL vorgelesen, dann stellt der KL Fragen zum Text, auf die TN beschreibende Antworten oder Interpretationen geben. Diese werden vom KL kommentiert und ergänzt. Schließlich beendet der KL diese Sequenz, indem er einzelne Teilnehmer auffordert, den nächsten Abschnitt zu lesen. [...]	20.12/ Situation: Personen männlich und weiblich, älter auf Stühlen mit Schreibarmlehne ohne Tische in Raum halten Bücher, eine männliche Person vorgestellt, zentral an einem Tisch → „Klassensituation mit Lehrer"/ / Gespräch über Autor „Alfred Döblin" (laut Tafelanschrieb) und konkreten Text, Klärung von Textbedeutung durch Vortrag und Rückfragen, Verlesen von Textpassagen → moderierte Interpretation / / Stimme des „Lehrers" laut, dröhnend, dumpf/ / Beitragswechsel von „Lehrer" und älterem Mann rechts über Zeitraum von 3-4 min/ / dann ebenso mit jüngerer Frau ganz rechts / / Lehrer bündelt Antworten auf seine Fragen, nimmt einige in Tafelbild auf, fügt Interpretationen an → vereinheitlicht die Sicht der Teilnehmer auf den Stoff zum Status quo/ / Leseaufforderung an Frau halb links/ / allgemeine Aufforderung von „Lehrer", an Sammlung von Wortbeiträgen teilzunehmen/ /20:32/ lautes anschwellendes Geräusch im Hintergrund – Flugzeug oder Eisenbahn/ [...]
	„/" Trennung von Beobachtungseinheiten „-" es folgt ein Zitat „→" es folgt Deutung „( )" undeutlich

Abb. 4: Kategoriengeleitetes und ablaufbezogenes Beobachtungsprotokoll

Neben der Möglichkeit der schriftlichen Aufbereitung, besteht die Möglichkeit der *bildlichen Darstellung*. Zu nennen sind hier Stills bzw. Stillfolgen einerseits und Skizzen andererseits. Stoppt man beim Anschauen den Film, so bekommt man das Abbild einer bestimmten Situation zu Gesicht – ein sogenanntes Still (siehe Abb. 5).

Abb. 5: Zweiperspektivisches Still einer Kurssituation

Diese Momentaufnahme kann man am PC mit Hilfe eines „Screenshot" als Einzelbild speichern und so wiederholt zugänglich machen. Reiht man mehrere zeitlich aufeinanderfolgende Stills aneinander, so erhält man Stillfolgen, die über den visuellen Ablauf eines Geschehens informieren. Eine Stillfolge, die unter Orientierung an der Veränderung der Blickrichtung des Kursleiters erstellt wurde, zeigt Abbildung 6.

Abb. 6: Stillfolge unter Orientierung an der Blickrichtungsveränderung des Kursleiters

Eine andere Form der bildlichen Darstellung des Interaktionsgeschehens ist die Anfertigung von Skizzen. Sie zeigen den Raum, die in ihm vorhandenen Gegenstände und Personen sowie deren Positionierung und Anordnung aus der Vogelperspektive. Dabei kann nie alles Sichtbare eingezeichnet werden. Skizzen sind daher als abstrahierende, schematische Darstellungen des Interaktionsgeschehens zu betrachten, die einen Überblick über Positionen von Gegenständen und Personen im Raum zu einem bestimmten Zeitpunkt verschaffen (siehe z.B. Abb. 7).

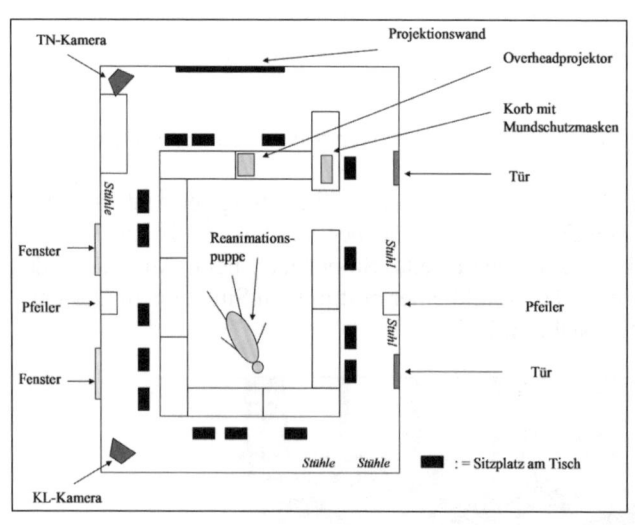

Abb. 7: Skizze einer Anfangssituation bei einem Reanimationskurs

Eine dritte Weise, Videodaten aufzubereiten, besteht in der Möglichkeit, bereits aufbereitete Daten miteinander zu kombinieren: Stillfolgen und Worttranskripte (Bild und Wort). Diese *Mischform* bezieht sowohl die Tonebene als auch die Bildebene mit ein und dokumentiert einerseits den Wortlaut von all dem, was gesprochen wurde und andererseits die Raum-Körper-Konstellationen, die sich im Ablauf des Interaktionsgeschehens gezeigt haben. Abbildung 8 illustriert die Kombination von Worttranskript und Stillfolge unter Orientierung an Signifikanzpunkten der Kursleiterinnengestik.

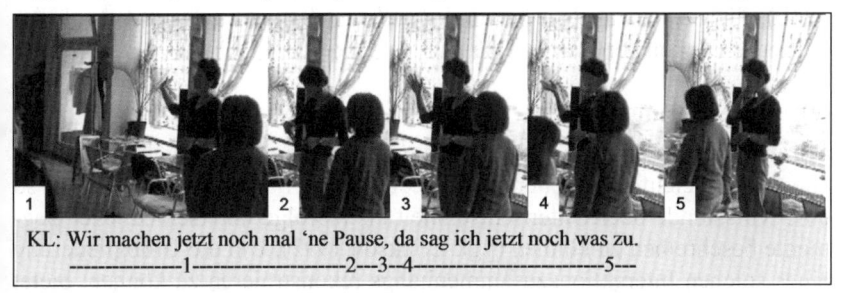

KL: Wir machen jetzt noch mal 'ne Pause, da sag ich jetzt noch was zu.
---------------1----------------------2---3--4-------------------------5---

Abb. 8: Worttranskript und Stills unter Orientierung an Signifikanzpunkten der Gestik

Die oben angeführten Aufbereitungsformen können je nach Bedarf zur Untersuchung unterschiedlicher Fragestellungen mit Hilfe unterschiedlicher Analyseverfahren „on demand" eingesetzt werden. Oftmals stellt sich erst im Forschungsprozess heraus, welche Analyseverfahren und Aufbereitungsformen jeweils anzuwenden sind.

3.3 Datenanalyse

Bei der qualitativen Analyse lehr-lernbezogener Interaktionszusammenhänge geht es zumeist darum, Sinnstrukturen bzw. Strukturmuster des audiovisuell verfassten und räumlich situierten Interaktionszusammenhangs zu rekonstruieren. Ein zentraler Mechanismus bei der Herausbildung von Sinnstrukturen in Interaktionszusammenhängen ist das Aneinanderanschließen von Äußerungen, dem das für rekonstruktive Methoden zentrale Analyseprinzip der Sequenzialität entspricht (vgl. etwa Deppermann 2001 bzw. Bergmann 1981; Wernet 2000 bzw. Oevermann 2000; vgl. allgemeiner Hitzler 2002 sowie Mruck/Mey 2000 und Flick/Kardorff/Steinke 2000). Bei der Betrachtung von Interaktionen auf der Basis von Videodaten ist man allerdings mit der Beobachtung konfrontiert, dass sich Äußerungen nicht nur sequentiell, sondern auch simultan vollziehen: Eine Person kann im selben Moment verschiedene Körperteile bewegen und dabei die Stimme in bestimmter Tonhöhe, Lautstärke und Klangfarbe erklingen lassen. Zugleich kann auch derjenige, an den das Agieren der Person gerichtet ist, verschiedene Körperbewegungen vollziehen und die Rede des anderen durch Laute kommentieren. Im Falle größerer Interaktionssysteme, wie bei Kursen oder beim Unterricht, ist es zudem möglich, dass parallel dazu andere Personen in ähnlicher Weise miteinander interagieren. Zur methodischen Bearbeitung des Problems der Verschränkung von Simultaneität und Sequentialität können verschiedene Verfahrensweisen eingesetzt werden.[11] Im Folgenden werden vier Grundverfahren dargestellt, die den Interaktionsprinzipien der Gleichzeitigkeit und Nachzeitigkeit von Äußerungen in Raum und Zeit Rechnung tragen: die Segmentierungsanalyse (a), die Konfigurationsanalyse (b), die Sequenzanalyse (c) und die Konstellationsanalyse (d) (vgl. detaillierter Dinkelaker/Herrle 2009).

(a) Segmentierungsanalyse

Mit dem Verfahren der Segmentierungsanalyse begibt man sich auf die Suche nach Gleichförmigkeiten und Wechseln im Interaktionsablauf, um so eine Kursstunde oder Unterrichtseinheit als Abfolge unterschiedlicher Segmente beschreiben zu können (vgl. Erickson 1992). Um die Grobgliederung eines solchen Interaktionszusammenhangs rekonstruieren zu können, bietet es sich an, das Video zunächst in beschleunigter Geschwindigkeit anzuschauen und auf Haltungs-/Positionsveränderungen anwesender Personen zu achten, die auf grundlegende Veränderungen im Interaktionsgeschehen hinweisen. Nach einer ersten Grobgliederung empfiehlt es sich, weiteren Besonderheiten nachzugehen, die die jeweiligen Segmente als eigenständige charakterisieren. Die Aufmerksamkeit des Forschers richtet sich dabei insbesondere auf Beteiligungsrollen sowie auf jeweils aktualisierte Themen. Schließlich sind Segmentgrenzen und Übergänge zu bestimmen. Leitend hierfür ist die Frage, wann das Merkmal, das für das vorherige Segment bezeichnend war, nicht mehr auftritt und wann das Merkmal, das das darauf folgende Segment charakterisiert, erstmals in Erscheinung tritt. Verbale und nonverbale Gliederungssignale können dabei als Grenzmarkierungen betrachtet werden. Eine Darstellung von Ergebnissen einer Segmentierungsanalyse findet sich in Abbildung 9 am Beispiel eines Reanimationskurses.

Abb. 9: Grobsegmentierung einer Kursstunde

---

11 Eine Möglichkeit des theoriebasierten, methodologischen und forschungspraktischen Umgangs mit dem Problem der Verschränkung von Simultaneität und Sequentialität am Fall von Interaktionen in Kursen der Erwachsenenbildung schildert auch Herrle (2007) unter dem Leitkonzept der selektiven Kontextvariation.

(b) Konfigurationsanalyse

Während es bei der Segmentierungsanalyse darum geht, sich einen Überblick über den *zeitlichen Ablauf* des Kurses als Zusammenhang unterschiedlicher Segmente zu verschaffen, dient die Konfigurationsanalyse der Gewinnung eines Überblicks über die Interaktionsordnung, die durch die *räumliche Präsenz* anwesender Personen und Objekte zu einem bestimmten Zeitpunkt erzeugt wird. Da sich das Erscheinungsbild des Raumes von Moment zu Moment ändert, ist es entscheidend, zu welchem Zeitpunkt man das Video anhält, um die räumliche Konfiguration näher zu untersuchen. Hat man einen Zeitpunkt gewählt – z.B. den Beginn eines neuen Segmentes – geht es zunächst darum, sich anhand eines Stills (siehe z.B. Abb. 10) zu vergegenwärtigen, was alles wo und wie sichtbar ist und eine Skizze anzu-

Abb. 10: Zweiperspektivisches Still einer Kurssituation

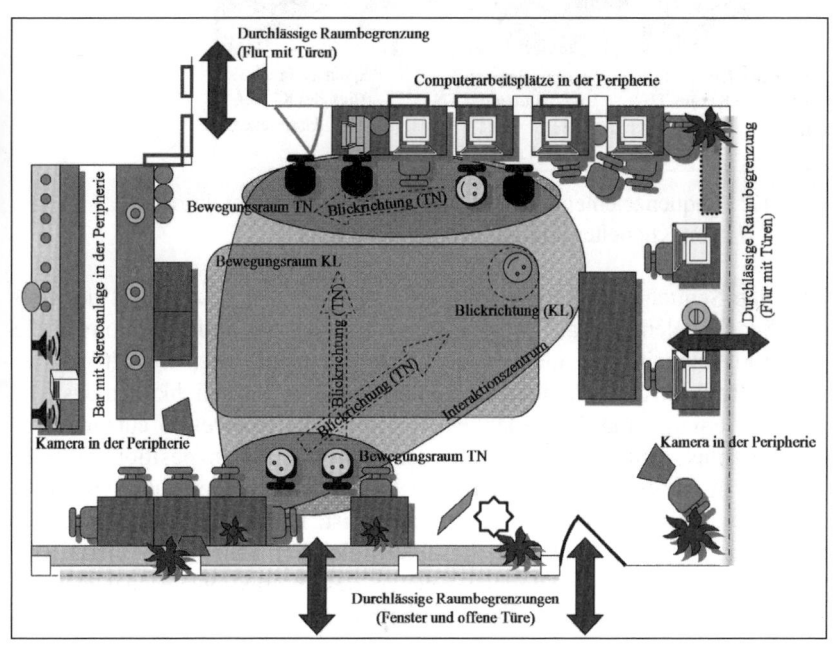

Abb. 11: Skizze der Kurssituation unter Berücksichtigung beobachtungsleitender Kategorien

fertigen, die einen Überblick über die aktuelle räumliche Situation verschafft. Um eine Konfigurationsanalyse auf der Basis der erstellten Stills und Skizzen durchzuführen, beobachtet man die Interaktionssituation unter Rückgriff auf drei beobachtungsleitende Kategorien, die sich als zweckdienlich zur Beschreibung von Lehr-Lernsituationen erwiesen haben (vgl. auch Kendon 1990b): (1) Gestaltung der Außengrenzen des Raumes, (2) Positionen, Bewegungsmöglichkeiten und Ausrichtung anwesender Personen, (3) Aufmerksamkeitszentren/Peripherie (exemplarisch zeigt dies Abb. 11). Ergebnis einer Konfigurationsanalyse ist die inhaltliche, soziale und zeitliche Bestimmung der aktuellen Interaktionssituation, die sich in der räumlichen Anordnung von Personen und Gegenständen abbildet.

(c) Sequenzanalyse
Während die Segmentierungsanalyse in eher makroskopischer Einstellung danach fragt, wie sich das Ganze des Interaktionsverlaufs in mehrere Teile gliedert, geht es bei der Sequenzanalyse in mikroskopischer Einstellung um die Frage, wie sich sinnstrukturierte Sequenzverläufe in der Abfolge aufeinander bezogener Äußerungen ausbilden.

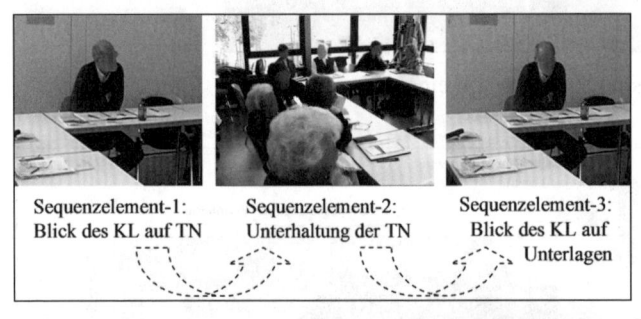

Abb. 12: Sequenzelemente unter Orientierung an der Interaktion von Kursleiter und Teilnehmendengruppe

Um eine Sequenzanalyse durchführen zu können, ist es zunächst notwendig, Sequenzelemente als personenbezogene verbale und/oder nonverbale Äußerungseinheiten zu identifizieren.[12] In einem nächsten Schritt geht es um die Rekonstruktion unterschiedlicher Bedeutungsmöglichkeiten des einzelnen Elements und das gedankenexperimentelle Ausweisen entsprechender Anschlussoptionen, um dann an der nächsten Sequenzposition die Spezifik der Auswahl bestimmen zu können, vor deren Hintergrund wiederum die nächste Sequenzposition zu betrachten ist. Durch die schrittweise Betrachtung von Äußerung und Anschlussselektion kann der Aufbau von Strukturen auf unterschiedlichen Ebenen des Interaktionsgeschehens und zwischen unterschiedlichen Akteuren betrachtet werden. Auf welche Inter-

---

12 Zur Unterscheidung von Sequenzen auf der Ebene des körpersprachlichen Ausdrucks vgl. die Unterscheidung von Argument, Position und Präsentation nach Scheflen 1976.

aktionsachsen sich der Fokus des Forschers richtet und ob er dabei primär verbale oder nonverbale Äußerungen analysiert, ist von seinem jeweiligen Erkenntnisinteresse abhängig. Abbildung 12 zeigt die Aneinanderreihung von Sequenzelementen unter Orientierung an der Interaktion von Kursleiter und Teilnehmendengruppe.

(d) Konstellationsanalyse

Während bei der Konfigurationsanalyse vom Gesamteindruck der visuell zugänglichen Situation ausgegangen wird, um Aussagen über die Gestalt der aktuellen Interaktionssituation machen zu können, geht die Konstellationsanalyse, die sich ebenfalls auf die Untersuchung der räumlich-simultanen Dimension von Interaktionszusammenhängen richtet, von einem einzelnen ausgewählten Element – z.B. der Gestik des Kursleiters – aus und fragt danach, welche Bedeutung diesem Element zum Zeitpunkt t_1 im

Abb. 13: Dekontextualisierung und Rekontextualisierung[13]

---

13 Quellenangabe gedankenexperimentell erhobener Stills:
1: Aus http://www.thecarpsociety.com/articles/pages.phtml?CAT=6&ID=188, Zugriff: 06.12.06, Google-Bilder Suchbegriff: „Angler".

Kontext aller anderen sichtbaren Elemente zukommt. Angewendet werden kann die Konstellationsanalyse um eine Äußerungsform, die in einem Sequenzelement zu erkennen ist, in seiner Bedeutung näher zu bestimmen und zugleich erste Thesen über strukturelle Besonderheiten eines Interaktionszusammenhangs, ausgehend von seiner raum-körperlichen Erscheinung, aufzustellen. Forschungspraktisch ist also zunächst ein Konstellationselement zu einem bestimmten Zeitpunkt auszuwählen. In einem zweiten Schritt geht es – ähnlich wie bei der Sequenzanalyse – um das Ausloten möglicher Sinnverweise des dekontextualisierten Elements, z. B. der Gestik eines Kursleiters, durch gedankenexperimentelle Kontextvariation. Um herauszufinden, in welchen Kontexten eine solche Gestik vorstellbar wäre, kann man zudem Bildsuchmaschinen aus dem Internet hinzuziehen, die bei der Eingabe von Begriffen zu gedankenexperimentell bestimmten Kontexten Resultate liefern, die in Relation zur ursprünglichen Gestik betrachtet werden können. Schließlich werden die imaginierten Kontexttypen bzw. Lesarten schrittweise mit dem tatsächlichen simultanen Kontext konfrontiert, der durch die Anwesenheit spezifischer sicht- und hörbarer Phänomene bestimmt ist, und daraufhin befragt, ob sie sich bestätigen, ob sie modifiziert oder zu Gunsten anderer Lesarten verworfen werden müssen (zur Illustration siehe Abb. 13).

Die oben erläuterten vier Grundformen werden in der Forschungspraxis in unterschiedlicher Weise miteinander kombiniert. Ein idealtypisches Vorgehen zur Strukturrekonstruktion von Kurs- bzw. Unterrichtsinteraktion würde – ausgehend von der gedankenexperimentellen Sensibilisierung für den je konkreten Untersuchungsgegenstand aufgrund des Datenerhebungsprotokolls und übriger Kontextmaterialien – zunächst mit einer Segmentierungsanalyse beginnen, um so einen Überblick über den zeitlichen Verlauf des Kurses herzustellen. Anschließend können die jeweiligen Segmente durch eine Gegenüberstellung ihrer räumlichen Gestalt näher bestimmt werden, wozu die Konfigurationsanalyse eingesetzt wird. Nach diesen ersten Sondierungen kann dann der forschende Blick auf einen bestimmten Ausschnitt des Interaktionsgeschehens gerichtet werden, um so – in mikroskopischer Einstellung – den Aufbau von Interaktionsstrukturen zu rekonstruieren. Dies wird durch die forschungspraktische Kombination von Sequenzanalyse und Konstellationsanalyse möglich. Aufgefundene Strukturmuster können schließlich fallintern und fallübergreifend miteinander mi-

---

2: Aus http://www.swissinfo.org/ger/schweiz/detail/Schweizer_Bischoefe_fordern_ Entlassung_von_Franz_Sabo.html?siteSect=111&sid=6793276&cKey= 1149837935000, Zugriff: 06.12.06, Google-Bilder Suchbegriff: „Pfarrer beim Gottesdienst".
3: Aus: http://www.dw-world.de/popups/popup_lupe/0,,2067926_ind_2,00.html, Zugriff: 06.12.06, Google-Bilder-Suchbegriff: „Ratlosigkeit".
4: Aus: http://www.antiseptica.com/antiseptica.php/cat/10/title/Products, Zugriff: 07.12.06, Google- Suchbegriffe: „Hände" + „Desinfektion".

nimal oder maximal kontrastiert werden (vgl. Strauss/Corbin 1996; Nolda 2000, S. 61 ff.), um die herausgestellten Befunde weiter zu differenzieren.

Während die Arbeit mit neuen Datentypen und erziehungswissenschaftlichen Methoden zur Generierung neuer Erkenntnisse über den jeweiligen Gegenstand beitragen kann und bei Studierenden den Aufbau von Forschungskompetenz fördert, trägt die Auseinandersetzung mit verschiedenen Formen lehr-lernbezogener Interaktion außerdem zum Aufbau eines Horizonts von Handlungsalternativen, zur Sensibilisierung für strukturelle Probleme typisierbarer Interaktionszusammenhänge sowie zur Einnahme einer reflexiven Haltung gegenüber dem eigenen Agieren als Professionelle(r) bei.[14]

Literatur

Aufschnaiter, Stefan v./Manuela Welzel (Hg.) 2001: Nutzung von Videodaten zur Untersuchung von Lehr-Lernprozessen: Aktuelle Methoden empirischer pädagogischer Forschung. Münster.
Baecker, Dirk 2005: Form und Formen der Kommunikation. Frankfurt/M.
Banks, Marcus/Howard Murphy (Hg.) 1997: Rethinking Visual Anthropology. New Haven.
Bateson, Gregory/Margaret Mead 1942: Balinese Character. A Photographic Analysis. New York.
Bergmann, Jörg R. 1981: Ethnomethodologische Konversationsanalyse. In: Schröder, Peter/Hugo Steger (Hg.): Dialogforschung. Düsseldorf. S. 9-51.
Birdwhistell, Ray L. 1979: Kinesik. In: Scherer, Klaus R./Harald G. Wallbott (Hg.): Nonverbale Kommunikation: Forschungsberichte zum Interaktionsverhalten. Weinheim. S. 192-202.
Bohnsack, Ralf 2009: Qualitative Bild- und Videointerpretation: die dokumentarische Methode. Opladen
Breidenstein, Georg 2006: Teilnahme am Unterricht. Ethnographische Studien zum Schülerjob. Wiesbaden.
Bührig, Kristin/Sven F. Sager (Hg.) 2005: Nonverbale Kommunikation im Gespräch. Osnabrücker Beiträge zur Sprachtheorie 70. Duisburg.
Deppermann, Arnulf 2001: Gespräche analysieren. Eine Einführung. Opladen.
Dinkelaker, Jörg/Matthias Herrle 2007: Rekonstruktion von Kursanfängen auf der Grundlage von mehrperspektivischen Videoaufzeichnungen. In: Wiesner, Gise-

---

14 Im Sinne eines mikropädagogischen Ansatzes, der im Rahmen unseres Projekts zur Kurs- und Interaktionsforschung unter dem Titel ‚Didaktisches Labor' zur Anwendung kommt und ein Pendant zur fallorientierten Lehrerbildung darstellen mag (vgl. Helsper 2003, S. 150 ff.), lassen sich auf der Grundlage von Videographien durch die Analyse von Ausgangssituationen, dem gedankenexperimentellen Entwerfen und Bewerten von Handlungsmöglichkeiten und der Beobachtung faktischer Kursverläufe strukturelle Probleme und Lösungsmuster unterscheiden, die sich als charakteristisch für entsprechende lehr-lernbezogene Interaktionszusammenhänge erweisen. Zur Förderung der Deutungskompetenz (pädagogisches Wissen) von Lehrenden durch videobasierte Fallarbeit vgl. Schrader/Hartz 2007.

la/Christine Zeuner/Hermann J. Forneck (Hg.): Empirische Forschung und Theoriebildung in der Erwachsenenbildung. Baltmansweiler. S. 114-129.

Dinkelaker, Jörg/Matthias Herrle 2009: Erziehungswissenschaftliche Videographie. Eine Einführung. Wiesbaden.

Dittmar, Norbert 2004: Transkription. Ein Leitfaden mit Aufgaben für Studenten, Forscher und Laien. Wiesbaden.

Egloff, Birte/Jochen Kade 2004: Erwachsenenbildungsforschung. In: Krüger, Heinz Hermann/Cathleen Grunert (Hg.): Wörterbuch Erziehungswissenschaft. Wiesbaden. S. 135-141.

Ehrenspeck, Yvonne/Burkhard Schäffer (Hg.) 2003: Film- und Fotoanalyse in der Erziehungswissenschaft. Ein Handbuch. Opladen.

Erickson, Frederick 1992: Ethnographic Microanalysis of Interaction. In: Lecompte, Margaret/Wendy L. Millroy/Judith Preissle (Hg.): The Handbook of Qualitaitive Research in Education. San Diego. S. 201-225.

Flick, Uwe 2002: Qualitative Sozialforschung. Eine Einführung. Reinbek.

Flick, Uwe/Ernst von Kardorff/Ines Steinke 2000: Was ist qualitative Forschung? Einleitung und Überblick. In: Dies. (Hg.): Qualitative Forschung. Ein Handbuch. Reinbek. S. 13-29.

Friebertshäuser, Barbara/Heide von Felden/Burkhard Schäffer (Hg.) 2007: Bild und Text. Methoden und Methodologien visueller Sozialforschung. Opladen.

Goodwin, Charles 1979: The Interactive Construction of a Sentence in Natural Conversation. In: Psathas, George (Hg.): Everyday Language. New York. S. 97-122.

Heath, Christian 1986: Body Movement and Medical Interaction. Cambridge.

Helmke, Andreas/Kerstin Goebel/Ingmar Hosenfeld/Friedrich-Wilhelm Schrader/ Tuyet Vo/Wolfgang Wagner 2003: Zur Rolle des Unterrichts im Projekt DESI. In: Empirische Pädagogik 17. H. 3. S. 396-411.

Helsper, Werner 2003: Ungewissheit im Lehrerhandeln als Aufgabe der Lehrerbildung. In: Ders./Reinhard Hörster/Jochen Kade (Hg.): Ungewissheit: Pädagogische Felder im Modernisierungsprozess. Weilerwist. S. 142-161.

Herrle, Matthias 2007: Selektive Kontextvariation. Die Rekonstruktion von Interaktionen in Kursen der Erwachsenenbildung auf der Basis audiovisueller Daten. Frankfurt/M.

Hitzler, Ronald 2002: Sinnrekonstruktion. Zum Stand der Diskussion (in) der deutschsprachigen interpretativen Soziologie. In: Forum Qualitative Sozialforschung / Forum: Qualitative Social Research [Online Journal], 3(2) 2002. Aus: http://www.qualitative-research.net/fqs-texte/2-02/2-02hitzler-d.htm. 35 Absätze. [30. 06. 05]

Jacknis, Ira 1988: Margaret Mead and Gregory Bateson in Bali: Their Use of Photography and Film. Cultural Anthropology 3. No. 2. S. 160-177.

Kade, Jochen/Sigrid Nolda 1998: Imaginäre und reale Interpretationswerkstatt. In: Arnold, Rolf. u. a. (Hg.): Lehren und Lernen im Modus der Auslegung. Erwachsenenbildung zwischen Wissensvermittlung, Deutungslernen und Aneignung. Baltmannsweiler. S. 222-233.

Kade, Jochen/Sigrid Nolda 2007a: Kursforschung – ein neues Paradigma der Erforschung des Lernens im Erwachsenenalter. Bericht über ein Projekt. In: Wiesner, Gisela/Christine Zeuner/Hermann J. Forneck (Hg.): Empirische Forschung und Theoriebildung in der Erwachsenenbildung. Baltmannsweiler. S. 103-113.

Kade, Jochen/Sigrid Nolda 2007b: Das Bild als Kommentar und Irritation. Zur Analyse von Kursen der Erwachsenenbildung/Weiterbildung auf der Basis von

Videodokumentationen. In: Friebertshäuser, Barbara/Heide von Felden/Burkhard Schäffer (Hg.): Bild und Text – Methoden und Methodologien visueller Sozialforschung in der Erziehungswissenschaft. Leverkusen. S. 159-177.

Kendon, Adam 1990a: Some context for Context Analysis: a view of the origins of structural studies of face-to-face interaction. In: Ders.: Conducting interaction: patterns of behavior in focused encounters. Cambridge. S. 15-49.

Kendon, Adam 1990b: Spatial organization in social encounters: the F-formation system. In: Ders.: Conducting interaction: patterns of behavior in focused encounters. Cambridge. S. 209-237.

Kieserling, André 1999: Kommunikation unter Anwesenden: Studien über Interaktionssysteme. Frankfurt/M.

Klieme, Eckhard/Christine Pauli/Kurt Reusser (Hg.) 2006: Dokumentation der Erhebungs- und Auswertungsinstrumente zur schweizerisch-deutschen Videostudie „Unterrichtsqualität, Lernverhalten und mathematisches Verständnis". Teil 3: Videoanalysen. Frankfurt/M.

Knoblauch, Hubert 2004: Die Video-Interaktions-Analyse. In: sozialersinn. H. 1. S. 123-138.

Knoblauch, Hubert/Bernt Schnettler/Jürgen Raab 2006: Video-Analysis. Methodological Aspects of Interpretive Audiovisual Analysis in Social Research. In: Ders. u. a. (Hg.): Video Analysis: Methodology and Methods. Qualitative Audiovisual Data Analysis in Sociology. Frankfurt/M. S. 9-26.

Knoblauch, Hubert u. a. (Hg.) 2006: Video Analysis: Methodology and Methods. Qualitative Audiovisual Data Analysis in Sociology. Frankfurt/M.

Krummheuer, Götz 1997: Narrativität und Lernen. Mikrosoziologische Studien zur sozialen Konstitution schulischen Lernens. Weinheim.

Luckmann, Thoma/Peter Gross 1977: Analyse unmittelbarer Kommunikation und Interaktion als Zugang zum Problem der Konstitution sozialwissenschaftlicher Daten. In: Bielefeld, Hans-Ulrich/Ernest W. B. Hess-Lüttich/Andre Lundt (Hg.): Soziolinguistik und Empirie. Beiträge zu Problemen der Corpusgewinnung und -auswertung. Wiesbaden. S. 198-207.

Mehan, Hugh 1979: Learning Lessons: Social organization in the classroom. Cambridge.

Merkens, Hans 2000: Auswahlverfahren, Sampling, Fallkonstruktion. In: Flick, Uwe/Ernst von Kardorff/Ines Steinke (Hg.): Qualitative Forschung. Ein Handbuch. Reinbek. S. 286-299.

Mohn, Bina Elisabeth 2002: Filming Culture. Spielarten des Dokumentierens nach der Repräsentationskrise. Stuttgart.

Mohn, Bina Elisabeth/Klaus Amann 2006: Lernkörper – kamera-ethnographische Studien zum Schülerjob. DVD: 6 Videos. Göttingen.

Mruck, Katja u. Mb. v. Günter Mey 2000: Qualitative Sozialforschung in Deutschland. In: Forum Qualitative Sozialforschung / Forum: Qualitative Social Research [Online Journal], 1(1) 2000. Aus: http://www.qualitative-research.net/fqs-texte/1-00/1-00mruckmey-d.htm. 54 Absätze. [15. 11. 06]

Naujok, Natascha/Birgit Brandt/Götz Krummheuer 2004: Interaktion im Unterricht. In: Helsper, Werner/Jeanette Böhme (Hg.): Handbuch der Schulforschung. Wiesbaden. S. 753-773.

Nolda, Sigrid 2000: Interaktion in pädagogischen Institutionen. Opladen.

Nolda, Sigrid 2006: Pädagogische Raumaneignung. Zur Pädagogik von Räumen und ihrer Aneignung – Beispiele aus der Erwachsenenbildung. In: Zeitschrift für qualitative Bildung- und Beratungsforschung. H. 2. S. 313-334.

Nolda, Sigrid 2007: Videobasierte Kursforschung. Mögliche Erträge von interpretativen Videoanalysen für die Erforschung des organisierten Lernens Erwachsener. In: Zeitschrift für Erziehungswissenschaft. H. 4. S. 478-492.

Oevermann, Ulrich 2000: Die Methode der Fallrekonstruktion in der Grundlagenforschung sowie der klinischen und pädagogischen Praxis. In: Kraimer, Klaus (Hg.): Die Fallrekonstruktion. Sinnverstehen in der sozialwissenschaftlichen Forschung. Frankfurt/M. S. 58-156.

Peez, Georg 2006: Fotografien in pädagogischen Fallstudien. Sieben qualitativ-empirische Analyseverfahren zur ästhetischen Bildung. München.

Petko, Dominik 2006: Kameraskript. In: Klieme, Eckhard/Christine Pauli/Kurt Reusser (Hg.): Dokumentation der Erhebungs- und Auswertungsinstrumente zur schweizerisch-deutschen Videostudie „Unterrichtsqualität, Lernverhalten und mathematisches Verständnis". Teil 3: Videoanalysen. Frankfurt/M. S. 15-37.

Petko, Dominik/Monika Waldis/Christine Pauli/Kurt Reusser 2003: Methodologische Überlegungen zur videogestützten Forschung in der Mathematikdidaktik. Ansätze der TIMSS 1999 Video Studie und ihre schweizerische Erweiterung. In: Zentralblatt für Didaktik der Mathematik 35. H. 6. S. 265-280.

Pilarczyk, Ulrike/Ulrike Mietzner 2005: Das reflektierte Bild. Die seriell-ikonografische Fotoanalyse in den Erziehungs- und Sozialwissenschaften. Bad Heilbrunn.

Prange, Klaus/Gabriele Strobel-Eisele 2006: Die Formen des pädagogischen Handelns. Eine Einführung. Stuttgart.

Prenzel, Manfred u. a. (Hg.) 2001: Erhebungs- und Auswertungsverfahren des DFG-Projekts „Lehr-Lernprozesse im Physikunterricht – eine Videostudie". Kiel.

Psathas, George 1990: The Organization of Talk, Gaze and Activity in a Medical Interview. In: Ders. (Hg.): Interaction Competence. Washington. S. 205-230.

Sager, Sven F. 2005: Ein System zur Beschreibung von Gestik. In: Bührig, Kristin/ Sven Sager (Hg.): Nonverbale Kommunikation im Gespräch. Osnabrücker Beiträge zur Sprachtheorie 70. S. 19-47.

Schaak, Ernst 1977: Zur Interpretation nichtverbalen Verhaltens im pädagogischen Kommunikationszusammenhang. Mit einem Beitrag von Fritz Stückrath: Die Gestik des Lehrers. In: Reinert, Gerd-Bodo/Joachim Thiele (Hg.): Nonverbale pädagogische Kommunikation. München. S. 35-51.

Scheflen, Albert E. 1976: Die Bedeutung der Körperhaltung in Kommunikationssystemen. In: Auwärter, Manfred/Edit Kirsch/Klaus Schröter (Hg.): Seminar: Kommunikation, Interaktion, Identität. Frankfurt/M. S. 221-253.

Scherer, Klaus R./Harald G. Wallbott (Hg.) 1979: Nonverbale Kommunikation: Forschungsberichte zum Interaktionsverhalten. Weinheim.

Schlutz, Erhard 1992: Leitstudien zur Erwachsenenbildung. In: Gieseke, Wiltrud/ Erhard Meuler/Ekkehard Nuissl (Hg.): Empirische Forschung zur Bildung Erwachsener. Beiheft zum Report. Frankfurt/M. S. 39-55.

Schmitt, Reinhold 2005: Zur multimodalen Struktur von turn-taking. In: Gesprächsforschung – Online-Zeitschrift zur verbalen Interaktion 6. S. 17-61. Aus: http://www.gespraechsforschung-ozs.de/heft2005/ga-schmitt.pdf [03.01.07]

Schmitt, Reinhold 2007: Koordination. Analysen zur multimodalen Interaktion. Tübingen.

Schrader, Josef/Frank Berzbach 2005: Empirische Lernforschung in der Erwachsenenbildung/Weiterbildung. Aus: http://www.die-bonn.de/esprid/dokumente/doc-2005/schrader05_01.pdf. [30. 10. 06]

Schrader, Josef/Stefanie Hartz 2007: Lehr-Lernforschung in der Erwachsenenbildung als nutzeninspirierte Grundlagenforschung. In: Wiesner, Gisela/Christine Zeuner/Hermann J. Forneck (Hg.): Empirische Forschung und Theoriebildung in der Erwachsenenbildung. Baltmannsweiler. S. 65-75.

Seidel, Tina/Inger Marie Dalehefte/Lena Meyer 2001: Richtlinien für Videoaufzeichnungen. In: Prenzel, Manfred u. a. (Hg.): Erhebungs- und Auswertungsverfahren des DFG-Projekts „Lehr-Lernprozesse im Physikunterricht – eine Videostudie". Kiel.

Shultz, Jeffrey/Susan Florio/Frederick Erickson 1982: Where's the floor? Aspects of the cultural organization of social relationship in communication at home and in school. In: Gilmore, Perry/Allan Glatthorn (Hg.): Children in and out of school. Washington. S. 88-123.

Strauss, Anselm/Juliet M. Corbin 1996: Grounded theory: Grundlagen qualitativer Sozialforschung. Weinheim.

Tenorth, Heinz-Elmar/Christian Lüders 2000: Methoden Erziehungswissenschaftlicher Forschung I: Hermeneutische Methoden. In: Lenzen, Dieter (Hg.): Erziehungswissenschaft. Ein Grundkurs. Reinbek. S. 519-542.

Wagner-Willi, Monika 2005: Kinder-Rituale zwischen Vorder- und Hinterbühne. Der Übergang von der Pause zum Unterricht. Wiesbaden.

Wernet, Andreas 2000: Einführung in die Interpretationstechnik der objektiven Hermeneutik. Opladen.

Wolff, Stephan 2000: Wege ins Feld und ihre Varianten. In: Flick, Uwe/Ernst v. Kardorff/Ines Steinke (Hg.): Qualitative Forschung. Ein Handbuch. Reinbek. S. 334-349.

Wulf, Christoph/Birgit Althans/Kathrin Audehm/Constanze Bausch/Benjamin Jörissen/Michael Göhlich/Ruprecht Mattig/Anja Tervooren/Monika Wagner-Willi/Jörg Zirfas 2004: Bildung im Ritual. Schule, Familie, Jugend, Medien. Wiesbaden.

Zeitschrift für Qualitative Bildungs-, Beratungs- und Sozialforschung (ZBBS) 2003 (4), H. 1. Schwerpunkt: Körperdiskurse.

Zeitschrift für Qualitative Bildungs-, Beratungs- und Sozialforschung (ZBBS) 2004 (5), H. 1. Schwerpunkt: Methoden der Bildinterpretation.

Burkhard Fuhs

Digitale Fotografie und qualitative Forschung

In den letzten zehn Jahren hat sich mit der Digitalisierung die Welt der Fotografie grundlegend verändert: Es ist eine neue Kultur des fotografischen Bildes entstanden, die für eine qualitative Forschung neue Chancen und neue Herausforderungen darstellt. Fotografien haben – so scheint es – in besonderem Maße das Bild der Moderne von der Welt geprägt und ihre Bedeutung ist im Laufe des 20. Jahrhunderts stetig gewachsen. Bereits in den 1970er Jahren wurde eine ständig wachsende „Flut der Bilder" diagnostiziert und deren „dumpfe Hinnahme" beklagt (Lübeck 1974, S. 5). Dieser Bedeutungswandel der Bilder führte in den Wissenschaften dazu, dass nicht mehr die Kunstgeschichte allein Bilder und Bilderwelten erforschte, sondern – unter dem Eindruck einer „Wiederkehr der Bilder" (Boehm 1994) ein „Iconic Turn" gefordert wurde (also eine wissenschaftliche Hinwendung zum Bild) und erste Ansätze einer transdisziplinären Bildwissenschaft deutlich wurden (Maar/Burda 2005). Die wissenschaftliche Neubewertung der Bilder und der grundlegenden Bildhaftigkeit menschlicher Kultur lassen sich beispielsweise an der „Bild-Anthropologie" von Hans Belting (2001) ablesen oder an den Versuchen der Volkskunde, für die Erforschung des modernen „Bilderalltags" eine visuelle Zeitenwende einzuläuten und eine bildmediale Forschung zu etablieren (Gerndt/Haibl 2005). Iconic turn, meint nicht, dass die Welt „visueller" geworden sei; in der Geschichte steht das Bildhafte immer wieder im Zentrum menschlicher Kommunikation. Iconic turn meint vielmehr, dass sich die Wissenschaften im Sinne einer umfassenden Bildtheorie stärker der visuellen Kultur und ihrer Analyse widmen sollten (Mitchell 2008).

Auch in der Erziehungswissenschaft hat sich in den letzten Jahren das Verhältnis zum Bild tiefgreifend verändert: Bildinterpretationen sind kein fremdes Terrain mehr im pädagogischen Handeln und Forschen, und die traditionelle Distanz zu den Bildern ist einer intensiven Beschäftigung mit dem Bild gewichen (Bilstein 2004). Bilder werden auch in der Erziehungswissenschaft – zumeist unter einer theoretisch-hermeneutischen Perspektive – analysiert (Mollenhauer 1997; → Schulze). Sie werden zunehmend als ein „eigenes wissenschaftliches Feld" gesehen, das Teil einer umfassenderen Beschäftigung mit der visuellen Kultur ist (Bilstein 2004, S. 122). Bilder sind in diesem Sinne nicht nur wichtig als Dokumente historischer und gegenwärtiger Erziehungspraxis (Gruschka 2005), sondern die Bilder transportieren Bedeutungen, die über das Bild im eigentlichen Sinne hinaus gehen und einen neuen, eigenen visuellen Zugang zur Lebenswelt (Marotzki/ Stoetzer 2006, S. 19) ermöglichen.

Neben der Frage, was ein (fotografisches) Bild eigentlich ist (Pilarczyk/ Mietzner 2003, S. 20), welche Kommunikationsweisen sich mit Bildern verbinden und wie Bilder in ihrer symbolischen Dimension verstanden werden können (Röll 1998), stand für die Erziehungswissenschaft vor allem die Frage nach den Methoden der Bildinterpretation und nicht der Bildnutzung im Vordergrund. Welche Wirklichkeit – so lautet etwa eine Frage – wird durch Bilder konstituiert (Bohnsack 2003, S. 118) und wie lässt sich das unhinterfragte, selbstverständliche Alltagsverstehen von Bildern einer systemischen wissenschaftlichen Analyse zuführen, die nicht auf der Ebene der Kunstwissenschaft stehen bleibt, sondern den für die Erziehungswissenschaft bedeutsamen „Brückenschlag zur sozialwissenschaftlichen Handlungstheorie leistet" (ebd., S. 19)? Ulrike Pilarczyk und Ulrike Mietzner (2003, 2005) haben für die erziehungswissenschaftliche Fotointerpretation grundlegende Zugangsweisen vorgestellt und Verfahren entwickelt, die die Bearbeitung großer Bildmengen in einer seriell-ikonografischen Fotoanalyse ermöglichen. Gute Beispiele für die erziehungswissenschaftliche Relevanz einer systematischen Fotoanalyse, die unterschiedliche Dimensionen des Bildverstehen nutzt (Niesyto 2006), finden sich in Arbeiten zum Generationenverhältnis im Bild (Pilarczyk 2003), zum Ost-West-Vergleich in der Jugendfotografie (Pilarczyk 2006) und zum Wandel des Kinderbildes im 20. Jahrhundert (Mietzner/Pilarczyk 1999). Ebenso wie Mietzner und Pilarczyk schließt auch Ralf Bohnsack (2006) an die kunsthistorischen Arbeiten etwa von Erwin Panofsky (1978) und Max Imdahl (1996) an und entwickelt die dokumentarische Methode, die zunächst für den Bereich der Textinterpretation gedacht war, für die Bildinterpretation weiter. Die exemplarische Interpretation einer Werbefotografie zeigt die Vorgehensweise und die Stärken dieser Form der Bildinterpretation sehr anschaulich (Bohnsack 2003).

Die in den letzten Jahren erschienenen erziehungswissenschaftlichen Sammelbände zur visuellen Kultur (etwa Ehrenspeck/Schäffer 2003; ZBBS 1/2004; Marotzki/Niesyto 2006; Friebertshäuser/Felden/Schäffer 2007) zeigen die intensive und breite Auseinandersetzung mit dem (fotografischen) Bild aus pädagogischer Perspektive. Neben theoretischen und methodischen Überlegungen finden sich auch einzelne Studien zur historischen, biographischen und lebensweltlichen Bedeutung von Fotos und Bildern.

Unter der Perspektive Qualitativer Forschung wird deutlich, dass vor allem historische Blicke auf Fotografie im Vordergrund der Forschung gestanden haben und dass die Möglichkeiten des Einsatzes von Fotografien keineswegs auch nur annähernd ausgeschöpft sind. Insbesondere finden sich wenige Beispiele für die Perspektive der Bild-Nutzer, deren Produktion und deren Rezeption von Fotografien (Michel 2004). Alfred Holzbrecher und Jan Schmolling (2004) haben hier einen interessanten Band zur Digitalen

Fotografie in Schule und Jugendarbeit vorlegt. Auch der aktive Einsatz von Fotografien im Sinne der visuellen Analyse pädagogischer Praxis hat in der Erziehungswissenschaft nur wenig Bedeutung (Breidenstein 2004). Eine Umsetzung der visuellen Ethnographie (Pink 2001; Langer 2007) für die Erziehungswissenschaft steht noch aus (zur Videographie in der Forschung vgl. Wagner-Willi 2004, Langer 2007).

Für die empirische Qualitative Forschung ist das von Jutta Buchner-Fuhs (1997, 2007a) entwickelte Fotointerview von besonderer Bedeutung, weil diese Methode über die reine Bildinterpretation hinausgeht und die Fotoanalyse mit der Rezeption von Bildern, das biographische Erinnern mit dem öffentlichen historischen Bilderdiskurs verbindet. Die Methode wurde am Thema der geschlechtsspezifischen „Erinnerung an die Technisierung des Landes" erprobt (Buchner-Fuhs 2001, 2003, 2009) und hat sich bei der Erforschung der Erinnerungen an die Kindheit in der DDR bewährt. Im Rahmen eines studentischen Projektes wurden von den Studierenden mittels der Fotobefragung Aussagen zu Erinnerungen der Elterngeneration in den 50er und 60er Jahren erhoben. Die Ergebnisse wurden in einer Foto- und Textausstellung öffentlich gemacht (ebd., 2007b). Inzwischen wird das Foto-Interview auch in der Schul- und Jugendforschung als eine Methode zur Anregung von Erzählungen in Interviews eingesetzt (→ Friebertshäuser/Langer).

Die Mediatisierung (Krotz 2007) des Lebens macht es nötig, die Medien nicht mehr als einen gesonderten (Problem-) Bereich zu verstehen, sondern alle Lern- und Bildungsprozesse unter den Vorzeichen der grundlegenden Durchdringung der Lebenswelten durch Medien zu verstehen. So können etwa jugendliche Entwicklungsprozesse heute nur noch in der Analyse jugendlicher Medienkultur (Krotz u.a. 2008) besprochen werden und auch für Kinder (vgl. etwa Frey-Vor/Schumacher 2006; KIM-Studie 2006) sollte von einer mediatisierten Sozialisation als Grundannahme ausgegangen werden (Fromme/Sesink 2008). Der Perspektivwechsel von der Mediensozialisation zur mediatisierten Sozialisation zeigt sich erziehungswissenschaftlich zum einen bei der Analyse biographischer Prozesse (Medien begleiten den gesamten Lebenslauf – Rosenstock u.a. 2007) – zum anderen bei der Untersuchung informeller Lernprozesse. Das informelle Lernen (ZfE Heft 3/2005) von Kindern und Jugendlichen außerhalb der traditionellen Bildungsinstitutionen ist zumeist ein Lernen mit Medien und als solches ein selbstgesteuertes visuelles Lernen im Zusammenspiel unterschiedlicher Medien (Theunert/Wagner 2006).

Bilder und nicht mehr Texte stehen heute im Mittelpunkt der globalen öffentlichen Kultur: es seien die „Bilder, die die Wende zum 21. Jahrhundert markieren" (Burda 2005, S. 11). Insbesondere die Digitalisierung der fotografischen Bilder und das Internet (Bredekamp 2005, S. 21) haben eine neue Fotokultur entstehen lassen.

Ein gutes Beispiel für die Veränderung eines Bereiches der Fotokultur durch die Digitalisierung ist das Luftbild (Fuhs 1993, 2003). Am häuslichen

Computer können beliebige Regionen der Erde aus der Luft betrachtet werden, für einzelne Großstädte besteht bereits die Möglichkeit virtuell durch die Straßen zu gehen. Christoph Köck (2005, S. 200) spricht (mit Bezug auf Flusser 1988) von einer Krise der Linearität. Die neue digitale und interaktive Fotokultur geht – so die These – mit einer neuen Wahrnehmung und mit neuen Kompetenzen einher. Nicht mehr das lineare Lesen und Texten stehe im Vordergrund, sondern Informationsverarbeitung einer bildhaften „Hypermedia-Textualität" breite sich aus, die nur durch Navigationskompetenz zu bewältigen sei (vgl. Köck 2005).

Während die Fotografie als Leitmedium ihre Bedeutung verloren hat und das klassische „fotografische Zeitalter" der chemischen Fotografie an sein Ende gekommen ist (Wolf 2002), ist das fotografische Bild durch Handykamera, Internet und digitale Fotografie präsent wie nie in der Geschichte.

Neben der Digitalkamera ist es vor allem das Fotohandy, das die Beliebtheit des „fotografischen Bildes" und seine Präsenz im Alltag gegenüber der analogen Fotografie noch gesteigert hat. Die Veränderung der Fotopraxis und der Bedeutung der digitalen Bildkultur lässt sich an der medialen Jugendkultur ablesen. Das Handy ist das verbreitetste Medium von Jugendlichen: 94% aller 12- bis 19-Jährigen haben ein Mobiltelefon, 83% dieser Geräte besitzen eine Kamerafunktion und sind internetfähig (JIM 2007).

Fotografieren ist zu einem festen Bestandteil technisierter Kulturen geworden, und ohne Übertreibung kann man sagen, dass die (bewegten und unbewegten) Bilder den Blick auf die Welt radikal verändert und neue Wirklichkeiten geschaffen haben (vgl. Sontag 1980, S. 16). Die Kamera ist immer gegenwärtig, wenn sich die Welt von ihrer schrecklich-schönen Seite zeigt, sie begleitet uns in den Urlaub, sie hält Feiertage wie Weihnachten oder Ostern und besondere biographische Augenblicke wie Hochzeiten oder Geburtstage fest, sie dokumentiert im globalen Maßstab die Schrecken unserer Zeit und gibt den (Konsum-)Sehnsüchten in aufwändigen Werbeinszenierungen und raffinierten elektronischen Bildbearbeitungen Gestalt. Eine steigende Bildermenge aus Werbe-, Nachrichten- und Privatfotos hat den Alltag bis in die letzten Winkel mediatisiert. Bilder – so eine Erkenntnis – können nicht mehr von der „realen" Wahrnehmung der Welt getrennt werden (Krämer 2000): Wir sehen die Welt so wie wir sie sehen, weil sie durch Medien vermittelt und kommentiert wird. In den Medien wird unsere Sicht auf die Welt eingeübt und mit Emotionen und Bedeutungen besetzt. Trotzdem – und hier muss man Susan Sontag (2003) zustimmen – bleibt es ein Unterschied, ob jemand das Leid anderer medial betrachtet oder ob er oder sie selber am eigenen Körper leidet.

Die Fotografie hat – so die These – durch die Digitalisierung eine ganz neue Bedeutung für den Alltag gewonnen. Über digitale Fotografien werden in der globalen Kommunikation zentrale Informationen und Emotionen transportiert.

Die Digitalisierung hat alle Bereiche der Fotografie verändert. Die Geräte sind leicht und kompakt, es lassen sich leichter und billiger eine Vielzahl von Fotos machen, am eigenen PC bearbeiten, ausdrucken oder online stellen. Durch die Digitalisierung haben sich insbesondere drei Aspekte der Fotografie verändert. Erstens sind Fotos noch stärker zu einem allgegenwärtigen Massenphänomen geworden. Zweitens hat sich der Selektions- und Konstruktionsaspekt der Fotografie grundlegend verändert. Direkt nach dem Fotografieren lässt sich das Foto auf dem Bildschirm der Kamera begutachten. Bilder können ohne Kosten gelöscht und wiederholt werden. Fotos können heute von vielen Menschen am PC bearbeitet, verändert, geschönt, manipuliert werden, so dass die Vorstellung von der Fotografie als technische Abbildung deutlich an Bedeutung verloren hat. Drittens hat sich durch die Digitalisierung das Verhältnis von Privatheit und Öffentlichkeit dramatisch verändert. Bilder werden online gestellt und sind so für die Familie, die Freunde oder – je nach Einstellung – für die gesamte Online-Welt sichtbar. Social Networks wie die Schülerverzeichnisse gehören heute zur Kindheit und Jugend dazu, ohne dass die Folgen für die Privatsphäre und die Identität der Fotografierten deutlich wäre. Auch wenn sich der Mythos der „digitalen Unsterblichkeit" der Fotos im Netz nicht bewahrheiten sollte, gehört der Umgang mit Privatheit und Öffentlichkeit zu den neuen pädagogischen Aufgaben des Media-Empowerments von Kindern und Jugendlichen. Diese neuen digitalen Foto-Kulturen sind in jedem Fall in ihrer Bedeutung größtenteils unbekannt und stellen eine große Herausforderung für die Erziehungswissenschaft dar.

Versteht man Qualitative Forschung „im weitesten Sinne als eine theoretisch geleitete und methodisch systematisch kontrollierte Form der wissenschaftlichen Arbeit an der Grenze zweier Bedeutungswelten" (Fuhs 2007, S. 19) so stellt die Mediatisierung der Lebenswelten die Erziehungswissenschaft vor neue Aufgaben, da heutige Biographien und Lebenswelten sowie das informelle Lernen in ihren sehr unterschiedlichen Formen vor allem auf visueller Kommunikation beruhen. Aufgrund der Polyvalenz der Bilder eignen sich Fotos sehr gut dazu, an einem sichtbaren Objekt unterschiedliche Bedeutungen zu thematisieren und Erfahrungen von Fremdheit an der Bedeutungsgrenze zweier Lebenswelten zu untersuchen. Hier ist die interkulturelle Arbeit und Forschung in der Erziehungswissenschaft zu nennen, etwa das Projekt von Alfred Holzbrecher (1997), bei dem Jugendliche mit Migrationshintergrund ihre Erfahrungen an Hand von Fotos thematisieren konnten. Hier ist die Forschung erst am Anfang. Auch in den Gender Studies hat die Fotomethode noch Potenzial (Richard 2004). Aber auch in anderen Bereichen finden sich Bedeutungsgrenzen, unterschiedliche Wahrnehmungen, Werte und Emotionen und die Erfahrung von Fremdheit. Etwa in den Beziehungen unterschiedlicher Generationen, wie sie Ulrich Schwab (1995) in einem Fotoprojekt am Beispiel der Familienreligiösität herausgearbeitet hat. Fremdheitserfahrungen können als konstitutiv für moderne Lebenswelten und Biographieverläufe verstanden werden und sind über visuelle Methoden leichter zu erforschen als durch verbale Zugänge, da das Bild über die kulturellen Grenzen hinweg (wenn auch unterschiedlich) verstanden und gelesen wird.

Je deutlicher auch für die erziehungswissenschaftliche Forschung wird, dass Lern- und Bildungsverläufe nicht als isolierte Interaktionen zwischen Lehrenden und Lernenden zu verstehen sind, sondern als Teil vielfältiger Kulturprozesse in komplexen Gesellschaften analysiert werden müssen, desto wichtiger wird es, auch nicht-verbale Daten in die Untersuchungen aufzunehmen.

Fotos können immer dann eingesetzt werden, wenn es darum geht, komplexe soziale Phänomene zu untersuchen, die sich in sichtbaren Objektivationen symbolisieren und die sprachlich nur schwer zu fassen sind. Pädagogische Kultur lässt sich so als „öffentliche Kultur" verstehen, „die sich weder primär in den Köpfen der Gesellschaftsmitglieder abspielt, noch sich auf die kognitiven Systematisierungen der Forscher reduziert", sondern durch „szenische Handlungen [...] vor Ort sichtbar und erlebbar gemacht" wird (Wolf 1995, S. 137).

1. Die Wirklichkeit der Fotografie

Ein Foto vermittelt dem Betrachter ein hohes Maß an Wirklichkeitsgefühl: „So und nicht anders ist es!" „Genau so war es!", scheinen die Bilder zu sagen und ihre visuelle Wahrheit ist nur schwer widerlegbar (vgl. Barthes 1989). So real wie die Bilder scheinen, so sehr ist ihre Wahrheit immer wieder in Frage gestellt worden. Das Foto, lange Zeit unumstößliches Beweismittel, ist als Beleg für die Realität in die Kritik geraten und in den Medien wird immer wieder vorgeführt, wie man mit einem Bild durch geschickte Auslassung oder durch elektronische Manipulation „lügen kann". Fotografische Bilder sind nicht einfache Abbilder der Realität und erst recht nicht dürfen sie mit dieser verwechselt werden (vgl. Schnelle-Schneyder 1990, S. 22ff.). Ein Foto reduziert die vier Dimensionen der Wirklichkeit (Höhe, Breite, Tiefe, Zeit) auf die zwei Dimensionen des fotografischen Bildes (vgl. Flusser 1994). Im Foto wird so über einen optischen und elektronischen Vorgang eine eigene neue Wirklichkeit geschaffen. Ob ein Foto aber als „gut" angesehen wird, ob es die Aufmerksamkeit eines Betrachters auf sich zieht, oder ob der Blick ohne Interesse über die belichtete Oberfläche streicht, hängt gar nicht oder nur unwesentlich von der Technik des Fotografierens ab. Für Wiegand liegt das Wesen des Fotografierens nicht im Handwerklichen, sondern in der „Suche nach einem bestimmten, im Prinzip schon „vorher gewussten" Bild. Ob Kunstphotograph oder Reporter, ob Amateuer oder Röntgenarzt: Wer photographiert, sucht in der Wirklichkeit ein Bild und hält es mit den physikalischen und chemischen Hilfsmittels der Photographie fest" (Wiegand 1981, S. 8). Es ist der fotografische Blick, der ein Foto ausmacht. Der Blick des Fotografen oder der Fotografin hängt von der Ausbildung, Übung und vom Interesse ab. In einem Foto lassen sich der Geschmack und die ästhetische Vorstellung des Fotografierenden ablesen. Jedes Foto ist beispielsweise eine Momentaufnahme. Es „friert" den Fluss der Realität in einen starren Augenblick ein. Dies ist für menschliche Sehgewohnheiten eine ungewöhnliche, überraschende Situation, und es ist immer wieder ein besonderer Augenblick, zu sehen, wie jemand oder etwas auf einem Foto aussieht. Dieses Auf-Dauerstellen eines winzigen Augenblicks verleiht dem Foto etwas Verfremdendes und lässt jedes Foto zu einem symbolischen Abbild werden.

So real ein Foto als Objekt aussieht, so trügerisch ist Realität, die es abzubilden vorgibt. Sie wird bedingt durch den Standort des Fotografen und durch das, was er weglässt. Auch durch den fotografischen Blick des individuellen Fotografen und durch die ästhetische Gestaltung des Bildes wird der kulturelle Kontext, in dem ein Foto entsteht, dokumentiert. Fotos müssen immer in ihren jeweiligen historischen Entstehungsbedingungen gesehen und interpretiert werden. Aus historischen Fotos lassen sich beispielsweise Mentalitäten erschließen; so präsentierten sich die Bürger auf den Gruppenfotos um 1900 in typischen Situationen wie Familie, Schule, Hochzeit, Verein, Freizeit oder Militär; sie machen dies in charakteristischen Haltungen voll Stolz und Selbstbewusstsein und dokumentierten dabei das fotografische Selbstverständnis einer aufsteigenden sozialen Gruppe (vgl. Fabian 1982). Für eine qualitative erziehungswissenschaftliche Forschung ist vor allem die lebensgeschichtliche Funktion, die sich mit der weiten Verbreitung der Fotografie als Alltagstechnik entwickelt hat, von besonderer Bedeutung. Fotos und Fotoalben sind wichtige Instrumente des kollektiven und individuellen Erinnerns geworden (vgl. Larsen 1991; Steen 1983); sie sind unverzichtbare Bestandteile für die Konstruktion der modernen Lebensweise geworden, die von den Individuen erwartet, dass sie ihr Leben entlang typischer Stationen (Geburt, Schule, Beruf, Heirat) erzählen und die Glaubwürdigkeit ihrer Biografie auch mit Fotografien aus den unterschiedlichen Lebensabschnitten dokumentieren können.

Wie ein Foto gesehen wird, hängt nicht nur von den historischen Entstehungsbedingungen oder der Gestaltung durch den Fotografen oder der Fotografin ab, sondern auch von der sozialen Situation des Betrachters. Pierre Bourdieu zeigt in seiner Untersuchung der feinen Unterschiede, dass je nach sozialer Herkunft dasselbe Foto ganz unterschiedlich gesehen werden kann, und dass Bilder, die beispielsweise in einem gehobenen sozialen Milieu für schön befunden werden, von Angehörigen unterer sozialer Milieus als hässlich angesehen werden können (Bourdieu 1984, S. 88).

2. Beispiele für den Einsatz von Fotos und Fotografie

Fotografien können in sehr unterschiedlicher Weise in der erziehungswissenschaftlichen Forschung eingesetzt werden.

2.1 Fotos als Illustration

Die erste und einfachste Möglichkeit, Fotos in der erziehungswissenschaftlichen Forschung zu nutzen, ist die Verwendung von Fotos als Beleg und Illustration. Fotos sollen den Text auflockern, das Buch interessanter und besser verkaufbar machen. So sind beispielsweise bei Bois-Reymond u. a. (1994) die einzelnen Kapitel zum Kinderleben im europäischen Vergleich mit wenigen Fotos illustriert, deren Zusammenhang zu dem qualitativen Interview offenbleibt. Der illustrative Einsatz von Fotos gehört zur Inszenierung von Texten, die sich an ein breites Publikum wenden; diese Fotos haben eine Art Signalwirkung, sie deuten an, dass es sich bei der vorliegenden Publikation nicht um einen „trockenen" wissenschaftlichen Text, sondern um eine anschauliche Präsentation von Forschung handelt.

2.2 Fotos als Beleg

Die Übergänge von der reinen Illustration einer Publikation und des Einsatzes von Fotos als Beleg sind fließend, da die Illustration immer auch etwas beweisen soll. Trotzdem gibt es Fotos, die eindeutig Belegcharakter haben. So, wenn Urlaubfotos belegen, dass man wirklich am angegebenen Ort im Urlaub war (Frisch 1976) oder wenn Pressefotos eine Gräueltat in die Öffentlichkeit bringen. Ein berühmtes Beispiel aus der Sozialfotografie sind die im Auftrag der Ortskrankenkassen erstellten Fotos zum Berliner Wohnungselend in der Kaiserzeit (Asmus 1982), auf denen mit einem nüchternen, dokumentarischen Blick Hinterhofwirklichkeit öffentlich gemacht wird. Den Fotos kommt in dem AOK-Wohnungsbericht eine besondere, eigenständige Aufgabe zu: „Die Bilder unterstützen also – indem sie ‚mancherlei besser wiedergeben' – die politische Stoßrichtung der Enquête. Sie lösen Betroffenheit aus, zielen aber nicht auf sentimentales Mitleid, sondern auf die Einsicht in die allgemeine Misere." (Asmus 1982, S. 35)

Für ein qualitative Nutzung von Beleg-Fotos ist es wichtig, den illustrierten „Fall" nicht mit den aus anderen Quellen gewonnenen wissenschaftlichen Ergebnissen zu verwechseln und in seiner Spezifik zu interpretieren.

2.3 Fotos als historische Quelle

In der erziehungswissenschaftlichen Forschung werden Fotos als systematisches qualitatives Quellen-Material in den letzten Jahren intensiv genutzt. In der Kindheitsforschung, die hier als ein erziehungswissenschaftlich relevantes Forschungsfeld näher betrachtet werden soll, gibt es einige interessante Ansätze für die Verwendung von Bildern als Quelle. Schon Ariès (1975) bediente sich in seiner Geschichte der Kindheit einer ikonografischen Methode, bei der er mittelalterliche Bilder als Ausdruck von Kindheitsvorstellungen untersucht. Auch Ingeborg Weber-Kellermann (1979, 1985) setzte in ihren historischen Studien systematisch Bilder als Quellenmaterial ein.

Eine Nutzung von Fotos als qualitative Quelle ist dann besonders ergiebig, wenn es gelingt, den Kontext in die Interpretation der Bilder mit einzubeziehen. So ist es von Bedeutung, ob beispielsweise öffentliche Werbefotos als qualitative Quelle genutzt werden oder ob private Fotos aus dem Familienkreise vorliegen. Für einen wissenschaftlichen Einsatz von Fotos ist es – wie erwähnt – nicht nur wichtig, die Bilder inhaltsanalytisch und von ihrem ästhetischen Aufbau zu untersuchen, sondern auch die Entstehungsbedingungen und die Verwendungskultur zu analysieren. Wie wurden beispielsweise Kommunions-, Geburtstags-, Familien-, Urlaubsfotos zu einer bestimmten Zeit gemacht und wie und zu welchem Zweck wurden sie von wem betrachtet.

Fotos können dabei als eine Art von Text verstanden werden, da sie aus Einzelelementen zusammengesetzt sind, die als sinnvolles Ganzes deutbar sind. Es sind einzelne Aufsätze erschienen, die sich den Interpretationsproblemen von Fotos annehmen (vgl. Berg 1994).

Besonders ergiebig ist die qualitative Nutzung von Fotos, wenn die Ergebnisse einer eigenständigen Fotoanalyse mit Materialien aus anderen Quellen kombiniert werden. Ein interessantes Beispiel von Triangulation stellt auch die Untersuchung von Bernhard Haupert und Franz Josef Schäfer (1991) dar, die bei der biographischen Rekonstruktion einer „Jugend zwischen Kreuz und Hakenkreuz" Fotoanalysen mit vielfältigem anderen Quellenmaterial in Verbindung bringen.

2.4 Fotos als Mittel von Befragung

Eine Verbindung von Fotoanalyse und Interview ermöglicht, das Foto mit der spezifischen Lesart der Befragten zu verbinden. Das Foto dient dabei als offener Erzählanreiz, der die Interviewten anregen soll, ihre Deutung des Bildes zu äußern und sich im Anschluss an das Bild assoziativ an eigene Lebensbilder zu erinnern. Das Foto als Erzähl-Stimulus in der qualitativen Forschung legt durch seine gegenständliche, themengebundene Darstellung eine Erinnerungsarbeit entlang konkreter Situationen und Gegenstände nahe, ist aber gleichzeitig aufgrund der Vieldeutigkeit eines jeden Bildes offen für eine Vielzahl von Projektionen. Fotos können zu sehr unterschiedlichen Zwecken in der qualitativen Forschung eingesetzt werden:

a) *Fotointerview als Mittel der Feldforschung:* Fotos, die der Forscher oder die Forscherin zu bestimmten Themen gemacht haben, werden den Befragten als Erzählstimulus vorgelegt (Collier 1957); die Interviewten werden aufgefordert, das zu kommentieren, was die Forscher gesehen und fotografiert haben und eine Deutung der Situationen und Dinge aus der Perspektive eines Angehörigen der untersuchten Kultur abzugeben.

b) *Fotobefragung als Mittel der historischen Kulturforschung:* Es werden den Befragten eine Auswahl von Fotos vorgelegt, die ein bestimmtes Problem in seinen unterschiedlichen Aspekten visuell im Interview präsent machen. Die Fotos rufen dabei eine Vielzahl von Erinnerungen wach und unterstützen die Erzählarbeit durch ihre konkreten Details. Die Bilder geben dabei einen Anreiz, über die eigene Biographie hinaus über kulturelle Phänomene nachzudenken und Erinnerungen zu erzählen (Buchner-Fuhs 2003).

c) *Fotos als Mittel zur Erfassung von Geschmackspräferenzen:* Fotos, die ästhetische Motive transportieren, werden den Befragten als Erzählstimulus vorgelegt, um unterschiedliche Geschmackspräferenzen zu ermitteln (Bourdieu 1984). Eine Variante dieser geschmacksorientierten Fotobefragung stellt beispielsweise das Vorgehen von Liselotte Wilk dar, die in ihrer Studie Kindern Fotos mit Wohnmotiven vorlegte und sie nach ihrer Beurteilung des Wohnumfeldes fragte (Wilk/Bacher 1994, S. 45). Fotos können in diesem Zusammenhang auch als *Mittel zur Erfassung subjektiver* Perspektiven genutzt werden: Die Befragten werden aufgefordert, zu bestimmten Themen wie Wohnungseinrichtung selbst Fotos zu machen und diese zu kommentieren (Wuggenig 1988). Diese Methode eignet sich beispielsweise sehr gut, um die subjektive Welt von Kindern und Jugendlichen zu untersuchen.

d) *Biographische Fotobefragung:* Fotos, die dem privaten Besitz der Befragten entnommen werden (Fotoalbum) und somit aus der Alltagssituation der Befragten kommen, werden von diesen kommentiert (vgl. für die Kindheitsforschung Kindheit im Siegerland 1991, Nr. 2, S. 210).

e) *Fotografische Dokumentation von Interviewthemen:* Eine weitere Variante der Fotobefragung wurde in einem erziehungswissenschaftlichen Projekt zur Hochschulsozialisationsforschung erprobt, bei der diejenigen Wohnungsgegenstände fotografiert wurden, die in einem Interview zum studentischen Lebensstil thematisiert wurden (Apel u. a. 1995).

Abschließend kann man sagen, dass Fotos in vielfältiger Weise in der qualitativen erziehungswissenschaftlichen Forschung eingesetzt werden können. Schon Walter Benjamin hat in seiner kleinen Geschichte der Photographie auf diese wissenschaftliche Aufgabe aufmerksam gemacht, wenn er schreibt: „Nicht der Schrift-, sondern der Photographieunkundige wird, so hat man gesagt, der Analphabet der Zukunft sein." (Benjamin 1963, S. 64). Für die Zukunft ist die Erforschung digitaler Alltagswelten von besonderer Bedeutung, so stellt etwa die Analyse von Internetseiten und das visuelle Medienhandeln die Qualitative Forschung vor neue Herausforderungen. Auch die Medienkonvergenz, das Zusammenrücken unterschiedlicher Medien und die Kombination von Bild, Text, Symbol, Animation, Clips und Film müssen in der Erziehungswissenschaft theoretisch und methodisch neu in ihrer Bedeutung beispielsweise für das informelle Lernen von Kindern, Jugendlichen und Erwachsenen in den Blick genommen werden.

Literatur

Apel, Helmut/Steffani Engler/Barbara Friebertshäuser/Burkhard Fuhs/Jürgen Zinnecker 1995: Kulturanalyse und Ethnographie. Vergleichende Feldforschung im studentischen Raum. In: König, Eckard/Peter Zedler (Hg.) Grundlagen qualitativer Forschung. Weinheim. S. 343-378.
Ariès, Philippe 1975: Geschichte der Kindheit. München.
Asmus, Gesine (Hg.) 1982: Hinterhof, Keller und Mansarde. Einblicke in Berliner Wohnungselend 1901 bis 1920. Die Wohnungs-Enquête der Ortskrankenkassen für den Gewerbebetrieb der Kaufleute, Handelsleute und Apotheker. Reinbek bei Hamburg.
Barthes, Roland 1989: Die helle Kammer. Bemerkung zur Photographie. Frankfurt/M.
Belting, Hans 2001: Bild-Anthropologie. München.
Benjamin, Walter 1963: Das Kunstwerk im Zeitalter seiner technischen Reproduzierbarkeit. Drei Studien zur Kunstsoziologie. Frankfurt/M.
Berg, Ronald 1994: Die Photographie als alltagshistorische Quelle. In: Berliner Geschichtswerkstatt (Hg.): Alltagskultur, Subjektivität und Geschichte. Zur Theorie und Praxis von Alltagsgeschichte. Münster. S. 187-222.
Bilstein, Johannes 2004: Nicht mehr ganz so fremdes Terrain: Bildinterpretation in der Erziehungswissenschaft – Rezensionsaufsatz. In: ZBBS 5. Jg. 1/2004. S. 117-129.
Boehm, Gottfried 1994: Die Wiederkehr der Bilder. In: Boehm, Gottfried (Hg.): Was ist ein Bild. München.
Bohnsack, Ralf 2003: „Heidi". Eine exemplarische Bildinterpretation auf der Basis der dokumentarischen Methode. In: Ehrenspeck, Yvonne/Burkhard Schäffer (Hg.): Film- und Fotoanalyse in der Erziehungswissenschaft. Opladen. S. 109-120.
Bohnsack, Ralf 2006: Die dokumentarische Methode der Bildinterpretation in der Forschungspraxis. In: Marotzki, Winfried/Horst Niesyto (Hg.): Bildinterpretation und Bildverstehen. Methodische Ansätze aus sozialwissenschaftlicher, kunst- und medienpädagogischer Perspektive. Wiesbaden. S. 45-76.
Bourdieu, Pierre 1984: Die feinen Unterschiede. Kritik der gesellschaftlichen Urteilskraft. Frankfurt/M.
Bredekamp, Horst 2005: Drehmoment – Merkmale und Ansprüche des iconic turn. In: Maar, Christa/Hubert Burda (Hg.): Iconic Turn. Die neue Macht der Bilder. Köln. S. 15-26.
Breidenstein, Georg 2004: KlassenRäume – eine Analyse räumlicher Bedingungen und Effekte des Schülerhandels. ZBBS. 5 Jg. 1/2004. S. 87-107.
Buchner-Fuhs, Jutta 1997: Die Fotobefragung – eine kulturwissenschaftliche Interviewmethode? In: Zeitschrift für Volkskunde 93/1997. S. 189-216.
Buchner-Fuhs, Jutta 2001: Technik und Geschlecht. Zur kulturellen Bedeutung von Alltagstechnik in Erinnerungserzählungen. In: dgv Informationen. Mitteilungen der Deutschen Gesellschaft für Volkskunde. Folge 110. Heft 4/2001. S. 28-30.
Buchner-Fuhs, Jutta 2003: Fotografierte Dinge – visualisierte Erzählanreize. In: Jan Carstensen (Hg.): Die Dinge umgehen? Sammeln und Forschen in kulturhistori-

schen Museen (Schriften des Westfälischen Freilichtmuseums Detmold – Landesmuseum für Volkskunde – Bd. 23). Münster u. a. S. 65-69.

Buchner-Fuhs, Jutta 2007 a: Typische Ostkindheit, typische Westkindheit? Fremdheit, Distanz und Nähe. Eine Ausstellung zum Kinderleben in der DDR kommentiert mit lebensgeschichtlichen Erinnerungen und Bildern des Erfurter Fotografen Heinz Lutz. In: Ziehe, Irene/Ulrich Hägele (Hg.): Der engagierte Blick. Fotoamateure und Autorenfotografen dokumentieren den Alltag. Münster. S. 159-174.

Buchner-Fuhs, Jutta 2007 b: Zum Problem des Erinnerns an den Alltag in der DDR – Reflexion einer Kindheits-Ausstellung. In: Andreas Hartmann u. a. (Hg.): Historizität. Vom Umgang mit Geschichte (Münsteraner Schriften zur Volkskunde/Europäischen Ethnologie, 13). Münster u. a. S. 111-129.

Buchner-Fuhs, Jutta 2009: Technik und Geschlecht in ländlichen Lebensverhältnissen. Zur Dinggeschichte der fünfziger und sechziger Jahre in Erinnerungserzählungen (Habilitationsschrift).

Burda, Hubert 2005: „Iconic turn weitergedreht" – Die neue Macht der Bilder. In: Maar, Christa/Hubert Burda (Hg.): Iconic Turn. Die neue Macht der Bilder. Köln. S. 9-13.

Collier, John 1957: Photography in Anthropology: A Report on two Experiments. American Anthropologist. S. 843-859.

Du Bois-Reymond, Manuela/Peter Büchner/Heinz-Hermann Krüger/Jutta Ecarius/ Burkhard Fuhs 1994: Kinderleben. Modernisierung von Kindheit im interkulturellen Vergleich. Opladen.

Ehrenspeck, Yvonne/Burkhard Schäffer (Hg.) 2003: Film- und Fotoanalyse in der Erziehungswissenschaft. Opladen.

Fabian, Rainer 1982: Wir, damals ... Gruppenaufnahmen in der frühen Fotografie. Dortmund.

Flusser, Vilém 1988: Krise der Linearität. Bern.

Flusser, Vilém 1994: Gesten. Versuch einer Phänomenologie. Frankfurt/M.

Frey-Vor, Gerlinde/Gerlinde Schumacher 2006: Kinder und Medien 2003/2004. Baden-Baden.

Friebertshäuser, Barbara/Heide von Felden/Burkhard Schäffer (Hg.) 2007: Bild und Text. Methoden und Methodologien visueller Sozialforschung in der Erziehungswissenschaft. Opladen.

Frisch, Max 1976: Knipsen oder sehen? In: Gesammelte Werke in zeitlicher Folge. Band 1. Frankfurt/M. S. 70-74.

Fromme, Johannes/Werner Sesink (Hg.) 2008: Pädagogische Medientheorie. Wiesbaden.

Fuhs, Burkhard 1993: Bilder aus der Luft. Anmerkungen zur Konstruktion einer Perspektive. In: Zeitschrift für Volkskunde. 89. Jg. 1993/II. S. 233-250.

Fuhs, Burkhard 2003: Fotografie als Dokument qualitativer Forschung. In: Ehrenspeck, Yvonne/Burkhard Schäffer (Hg.): Film- und Fotoanalyse in der Erziehungswissenschaft. Opladen. S. 37-54.

Fuhs, Burkhard 2007: Qualitative Methoden in der Erziehungswissenschaft. Darmstadt.

Gerndt, Helge/Michaela Haibl 2005: Der Bilderalltag. Perspektiven einer volkskundlichen Bildwissenschaft. Münster.

Gruschka, Andreas 2005: Der heitere Ernst der Erziehung. Jan Steen malt Kinder und Erwachsene als Erzieher und Erzogene. Münster.

Haupert, Bernhard/Franz Josef Schäfer 1991: Jugend zwischen Kreuz und Hakenkreuz. Biographische Rekonstruktion als Alltagsgeschichte des Faschismus. Frankfurt/M.
Holzbrecher, Alfred 1997: Wahrnehmung des Anderen. Zur Didaktik interkulturellen Lernens. Opladen.
Holzbrecher, Alfred/Jan Schmolling (Hg.) 2004: Imaging. Digitale Fotografie in Schule und Jugendarbeit. Wiesbaden.
Kindheit im Siegerland 1991. Methoden Manuale Nr. 2. Siegen.
Köck, Christoph 2005: Bilderfolgen. Wahrnehmungswandel im Wirkungsfeld Neuer Medien. In: Gerndt, Helge/Michaela Haibl (Hg.): Der Bilderalltag. Perspektiven einer volkskundlichen Bildwissenschaft. Münster. S. 199-209.
Imdahl, Max 1996: Gesammelte Schriften. Frankfurt/M.
JIM 2007: Jugend, Information, (Multi-)Media. Basisstudie zum Medienumgang 12- bis 19-Jähriger in Deutschland. MPFS, Medienpädagogischer Forschungsverbund Südwest (Hg.) 2007. Stuttgart 2007 [online] http://www.mpfs.de (10.12.08).
Krämer, Sybille (Hg.) 2000: Medien, Computer, Realität. Wirklichkeitsvorstellungen und Neue Medien. Frankfurt/M.
Krotz, Friedrich 2007: Mediatisierung: Fallstudien zum Wandel von Kommunikation. Theoretischer Ansatz und empirische Fall. Wiesbaden.
Krotz, Friedrich/Claudia Lampert/Uwe Hasebrink 2008: Neue Medien. In: Silbereisen, Rainer K./Marcus Hasselhorn (Hg.): Entwicklungspsychologie des Jugendalters. Göttingen u. a. S. 331-363.
Langer, Antje 2007: Fotografie in der ethnographischen Forschung. In: Friebertshäuser, Barbara/Heide von Felden/Burkhard Schäffer (Hg.) 2007: Bild und Text. Methoden und Methodologien visueller Sozialforschung in der Erziehungswissenschaft. Opladen.
Larsen, Peter 1991: Der private Blick. In: Fotogeschichte. H. 40. S. 3-12.
Lübeck, Dieter 1974: Das Bild der Exakten – Objekt: der Mensch. Zur Kultur der maschinellen Abbildungstechnik. München.
Maar, Christa/Burda, Hubert (Hg.) 2005: Iconic Turn. Die neue Macht der Bilder. Köln.
Marotzki, Winfried/Niesyto, Horst (Hg.) 2006: Bildinterpretation und Bildverstehen. Methodische Ansätze aus sozialwissenschaftlicher, kunst- und medienpädagogischer Perspektive. Wiesbaden.
Marotzki, Winfried/Katja Stoerzer 2006: Die Geschichten hinter den Bildern. Annäherungen an eine Methode und Methodologie der Bildinterpretation in biographie- und bildungstheoretischer Absicht. In: Marotzki, Winfried/Horst Niesyto (Hg.): Bildinterpretation und Bildverstehen. Methodische Ansätze aus sozialwissenschaftlicher, kunst- und medienpädagogischer Perspektive. Wiesbaden. S. 15-44.
Michel, Burkard 2004: Bildrezeption als Praxis. Dokumentarische Analyse von Sinnbildungsprozessen bei der Rezeption von Fotografien. In: ZBBS 5 Jg. 1/2004. S. 67-86.
Mietzner, Ulrike/Ulrike Pilarczyk 1999: Kinderblicke – fotografisch. In: Liebau, Eckart/Michaela Unterdörfer/Matthias Winzen (Hg.): Vergiss den Ball und spiel' weiter. Das Bild des Kindes in zeitgenössischer Kunst und Wissenschaft. Köln. S. 74-82.
Mitchell, William J. T. 2008: Bildtheorie. Frankfurt/M.

Mollenhauer, Klaus 1997: Methoden erziehungswissenschaftlicher Bildinterpretation. In: Friebertshäuser, Barbara/Annedore Prengel (Hg.): Handbuch Qualitative Forschungsmethoden in der Erziehungswissenschaft. Weinheim und München. S. 247-264.

Niesyto, Horst 2006: Bildverstehen als mehrdimensionaler Prozess. Vergleichende Auswertung von Bildinterpretationen und methodische Reflexion. In: Marotzki, Winfried/Horst Niesyto (Hg.): Bildinterpretation und Bildverstehen. Methodische Ansätze aus sozialwissenschaftlicher, kunst- und medienpädagogischer Perspektive. Wiesbaden. S. 253-286.

Erwin Panowski 1978: Sinn und Deutung in der bildenden Kunst. Köln.

Pilarczyk, Ulrike 2003: Blick-Beziehungen. Generationsverhältnisse in Fotografien. In: Ehrenspeck, Yvonne/Burkhard Schäffer (Hg.): Film- und Fotoanalyse in der Erziehungswissenschaft. Opladen. S. 309-324.

Pilarczyk, Ulrike 2006: Selbstbilder im Vergleich. Junge Fotograf/innen in der DDR und in der Bundesrepublik vor 1989. In: Marotzki, Winfried/Horst Niesyto (Hg.): Bildinterpretation und Bildverstehen. Methodische Ansätze aus sozialwissenschaftlicher, kunst- und medienpädagogischer Perspektive. Wiesbaden. S. 227-252.

Pilarczyk, Ulrike/Ulrike Mietzner 2003: Methoden der Photoanalyse. In: Ehrenspeck, Yvonne/Burkhard Schäffer (Hg.): Film- und Fotoanalyse in der Erziehungswissenschaft. Ein Handbuch. Opladen. S. 19-36.

Pilarczyk, Ulrike/Ulrike Mietzner 2005: Das reflektierte Bild. Die seriell-ikonografische Fotoanalyse in der Erziehungs- und Sozialwissenschaft. Bad Heilbrunn.

Pink, Sarah 2001: Doing Visual Ethnography. IMAGES. Media and Representation Research. London u. a.

Richard, Birgit 2004: Clipping Gender. Mediale Einzelbilder, Sequenzen und Bild-Nachbarschaften im Rahmen einer fokussierten Relationsanalyse. In: ZBBS. 5. Jg. 1/2004. S. 29-48.

Röll, Franz Josef 1998: Mythen und Symbole in populären Medien. Der wahrnehmungsorientierte Ansatz in der Medienpädagogik. Frankfurt/M.

Rosenstock, Roland/Christiane Schubert/Klaus Beck 2007 (Hg.): Medien im Lebenslauf. Demographischer Wandel und Mediennutzung. München.

Schnelle-Schneyder, Marlene 1990: Photographie und Wahrnehmung am Beispiel der Bewegungsdarstellung im 19. Jahrhundert. Marburg.

Schwab, Ulrich 1995: Familienreligiosität. Religiöse Traditionen im Prozess der Generationen. Stuttgart.

Sontag, Susan 1980: Über Fotografie. Frankfurt/M.

Sontag, Susan 2003: Das Leiden anderer betrachten. München/Wien.

Steen, Jürgen 1983: Fotoalbum und Lebensgeschichte. In. Fotogeschichte. H. 10. S. 55-67.

Theunert, Helga/Ulrike Wagner 2006: Neue Wege durch die konvergente Medienwelt. München.

Wagner-Willi, Monika 2004: Videointerpretation als mehrdimensionale Mikroanalyse am Beispiel schulischer Alltagsszenen. In: ZBBS 5. Jg. 1/2004. S. 49-66.

Weber-Kellermann, Ingeborg 1979: Die Kindheit. Kleidung und Wohnen, Arbeit und Spiel. Eine Kulturgeschichte. Frankfurt/M.

Weber-Kellermann, Ingeborg 1985: Der Kinder neue Kleider. Zweihundert Jahre deutsche Kindermoden in ihrer sozialen Zeichensetzung. Frankfurt/M.

Wiegand, Wilfried (Hg.) 1981: Die Wahrheit der Photographie. Klassische Bekenntnisse zu einer neuen Kunst. Frankfurt/M.

Wilk, Liselotte/Johann Bacher (Hg.) 1994: Kindliche Lebenswelten. Eine sozialwissenschaftliche Annäherung. Opladen.

Wolf, Herta 2002 (Hg.): Paradigma Fotografie. Fotokritik am Ende des fotografischen Zeitalters. Frankfurt/M.

Wolf, Stephan 1995: Gregory Bateson & Margret Mead: „Balinese Character" (1942) – Qualitative Forschung als disziplinierte Subjektivität. In: Flick, Uwe (Hg.) u. a. 1995: Handbuch Qualitative Sozialforschung: Grundlagen, Konzepte, Methoden und Anwendungen. Weinheim, S. 135-141.

Wuggenig, Ulf 1988: Die Fotobefragung. In: Kreutz, Henrik (Hrsg.): Pragmatische Soziologie. Beiträge zur wissenschaftlichen Diagnose und praktischen Lösung gesellschaftlicher Gegenwartsprobleme. Opladen. S. 333-354.

ZBBS Zeitschrift für qualitative Bildungs-, Beratungs- und Sozialforschung. 5. Jg. 1/2004 Schwerpunkt Methoden der Bildinterpretation.

Ziehe, Irene/Ulrich Hägele (Hg.) 2007: Der engagierte Blick. Fotoamateure und Autorenfotografen dokumentieren den Alltag. Münster (Publikationen des Museums Europäischer Kulturen der Staatlichen Museen zu Berlin Bd. 3).

Teil 5
Gegenstände und Felder erziehungswissenschaftlicher Forschung

Benjamin Jörissen und Christoph Wulf

Qualitative Methoden
in der Ritualforschung

Ritualforschung ist ein zentraler Bereich qualitativer Forschung, der für die Methodenentwicklung seit vielen Jahrzehnten eine zentrale Bedeutung hat. Da es in den interdisziplinär konstituierten Ritualwissenschaften keine allgemein verbindliche Theorie des Rituals gibt, sind für die Konzeptualisierung und Kategorisierung des Forschungsfeldes unterschiedliche Theoriebezüge relevant. Deshalb muss die Methodenauswahl in wechselseitiger Auseinandersetzung mit den Zielen und Inhalten der Forschung erfolgen. In der Geschichte der Ritualforschung lassen sich vier wichtige Positionen unterscheiden, an denen deutlich wird, wie sehr die jeweiligen Voraussetzungen und Grundannahmen die Ritualforschung und die in ihr verwendeten Methoden bestimmen (Wulf/Zirfas 2004). Wir charakterisieren im Folgenden zunächst die relevanten ritualtheoretischen Positionen, diskutieren auf dieser Basis die methodologischen Grundlagen der erziehungswissenschaftlichen Ritualforschung und stellen anschließend reaktive und nichtreaktive Erhebungsverfahren sowie in Frage kommende Auswertungsverfahren vor.

Positionen der Ritualforschung

Die erste Position stellt die Erforschung von Ritualen im Zusammenhang mit *Religion, Mythos und Kultur* in den Mittelpunkt (Frazer 1996; Otto 1979; Eliade 1959). Bei der zweiten dienen Rituale dazu, *Strukturen und Werte der Gesellschaft* zu analysieren; herausgearbeitet wird hier der Zusammenhang zwischen Ritualen und Gesellschaftsstruktur (Durkheim 1912; van Gennep 1986). Beim dritten Schwerpunkt werden *Rituale als Text* gelesen; Ziel ist die Entschlüsselung der kulturellen und sozialen Dynamik der Gesellschaft sowie die Untersuchung der Bedeutung ritueller Praxen für kulturelle Symbolisierungen und soziale Kommunikation (Geertz 1983; Sahlins 1976). Hier setzen viele neuere Forschungen zur Praxis von Ritualen und Ritualisierungen an (Bell 1992; Grimes 1995; Turner 1989), die bereits den nächsten Schwerpunkt vorbereiten. Dieser vierte Schwerpunkt betont vor allem die *praktische und die inszenatorische performative Seite der Rituale*; im Mittelpunkt dieser Betrachtungsweise stehen die Formen rituellen Handelns, die es Gemeinschaften ermöglichen, sich zu generieren, zu restituieren und ihre Differenzen zu bearbeiten (Bourdieu 1976; Schechner 1985; Tambiah 1979; Wulf u. a. 2001, 2004, 2007).

Die Performativität von Ritualen

Bei dieser heute allgemein anerkannten Position findet eine *Fokussierung der Performativität und der Dynamik der Rituale* statt. Für die Entstehung des Sozialen in Ritualen ist ihr Inszenierungs- und Aufführungs-, ihr performativer Charakter von besonderer Bedeutung. Wenn von der Performativität von Ritualen die Rede ist, dann umfasst dieser Begriff drei Dimensionen (Wulf/Göhlich/Zirfas 2001; Wulf/Zirfas 2005, 2007):

1. Einmal lassen sich Rituale als kommunikative kulturelle Aufführungen begreifen. Als solche sind sie das Ergebnis von *Inszenierungen und Prozessen körperlicher Darstellung*, in deren Verlauf es um das Arrangement ritueller Szenen geht, in denen die Ritualteilnehmer unterschiedliche Aufgaben erfüllen. Wie Werke der Kunst und der Literatur lassen sich diese *Rituale als Ergebnisse kulturellen Handelns* ansehen, in dessen Verlauf die heterogenen gesellschaftlichen Kräfte in eine akzeptierte Ordnung gebracht werden.
2. Zum anderen kommt dem *performativen Charakter der Sprache bei rituellen Handlungen* eine zentrale Bedeutung zu. Deutlich wird dieser z. B. bei den Ritualen der Taufe und der Kommunion, des Übergangs und der Amtseinführung, in denen die beim Vollzug des Rituals gesprochenen Worte wesentlich dazu beitragen, eine neue soziale Wirklichkeit zu schaffen. Entsprechendes gilt auch für die Rituale, in denen das Verhältnis der Geschlechter zu einander organisiert wird und in denen die wiederholte Ansprache eines Kindes als „Junge" oder „Mädchen" dazu beiträgt, Geschlechtsidentität herauszubilden.
3. Schließlich umfasst das *Performative auch eine ästhetische Dimension*, die für künstlerische *performances* konstitutiv ist. Diese Perspektive verweist auf die Grenzen einer funktionalistischen Betrachtungsweise der Performativität ritueller Handlungen. Wie die ästhetische Betrachtung künstlerischer Performances dazu führt, dass diese nicht auf intentionsgeleitetes Handeln reduziert werden, so erinnert sie auch daran, dass Rituale „mehr" sind als die Verwirklichung von Intentionen. Zu diesem „Mehr" rituellen Handelns gehört u. a. die Art und Weise, in der in rituellen Arrangements Handelnde ihre Ziele verfolgen.

Trotz gleicher Intentionalität zeigen sich bei der Inszenierung der körperlichen Aufführung von Ritualen häufig erhebliche Unterschiede. Zu den Gründen dafür gehören allgemeine historische, kulturelle und soziale sowie besondere mit der Einmaligkeit der Handelnden verbundene Bedingungen. Das Zusammenwirken beider Faktorengruppen erzeugt den performativen Charakter sprachlichen, sozialen und ästhetischen Handelns in rituellen Inszenierungen und Aufführungen. Im Ereignis- und Prozesscharakter von Ritualen werden die *Grenzen ihrer Planbarkeit und Voraussehbarkeit* deutlich. Bei der Berücksichtigung der ästhetischen Dimension wird die Bedeutung des *Stils* ritueller Aufführungen sichtbar. Die zwischen der bewussten Intentionalität und den vielen Bedeutungsdimensionen der szenischen Arrangements von Körpern erkennbar werdende Differenz ist offensichtlich. Der performative Charakter rituellen Handelns bietet Anlass zu unterschiedlichen Deutungen und Interpretationen, ohne dass dadurch jedoch die rituellen Arrangements ihre Wirkungen verlieren. Vielmehr besteht gerade ein Teil ihrer Effekte darin, dass die gleichen rituellen Handlungen von den Beteiligten unterschiedlich gedeutet werden können, ohne dass dadurch die soziale Magie der Rituale zerstört würde.

Soziale Kommunikation hängt wesentlich davon ab, wie Menschen beim rituellen Handeln ihren Körper einsetzen, welche körperlichen Abstände sie einhalten, welche Körperhaltungen sie zeigen, welche Gesten sie entwickeln. Über diese Merkmale vermitteln Menschen anderen Menschen viel von sich. Sie teilen ihnen etwas mit von ihrem Lebensgefühl, ihrer Art und Weise, die Welt zu sehen, zu spüren und zu erleben. Trotz ihrer zentralen Bedeutung für die Wirkung sozialen Handelns fehlen diese Aspekte körperlicher Performativität in vielen traditionellen Ritualtheorien, in denen die Handelnden unter Absehung der sinnlichen und kontextuellen Bedingungen ihrer Handlungen noch immer auf ihre kognitiven Seiten reduziert werden. Um diese Reduktion zu vermeiden, muss man erforschen, wie rituelles Handeln emergiert, wie es mit Sprache und Imagination verbunden ist, wie seine Einmaligkeit durch gesellschaftliche und kulturelle Muster ermöglicht wird.

Methodologie und Methodenspektrum der Ritualforschung

Wie bereits die unterschiedlichen Theoretisierungsansätze verdeutlichen, bilden Rituale einen äußerst komplexen, und zudem hochgradig dynamischen Forschungsgegenstand. Dies gilt zumal für den hier vertretenen performativitätstheoretischen Zugang, insofern dieser das Blickfeld für eine große Spannbreite an rituellen Phänomenen öffnet. Um dieser Reichhaltigkeit gerecht zu werden und der Gefahr eines methodenbedingten Reduktionismus, der zu einem einseitigen Verständnis führen könnte, zu begegnen, sind komplexe, qualitativ-empirische Methodendesigns zu empfehlen. Einerseits tragen dazu triangulierende Verfahren (Flick 2004; → Schründer-Lenzen) wesentlich bei. Andererseits aber steht die Möglichkeit zur Verfügung, durch einen flexiblen Umgang mit methodischen Zugängen Mehrperspektivität gezielt zu fördern und so zugleich in diesem noch jungen Forschungsfeld aktiv zur *Methodendiskussion und -entwicklung* beizutragen (vgl. → Helsper/Hummrich/Kramer). Um dabei die Konsistenz der Forschungsergebnisse zu gewährleisten, muss allerdings ein gemeinsamer methodologischer Rahmen gewahrt bleiben. Im Folgenden skizzieren wir eine solche Rahmung anhand des Grundgedankens der *rekonstruktiven Methodologie* (Wagner 1999), bevor wir nachfolgend das Spektrum der Erhebungs- und Auswertungsmethoden im Einzelnen erläutern. Abschließend gehen wir in einem Ausblick kurz auf neue methodologische Gedanken ein, die zukünftig in einer kulturwissenschaftlich orientierten Ritualforschung bedeutsam werden könnten.

Rekonstruktive Methodologie

Der auch für die aktuelle qualitativ-empirische Bildungs- und Sozialforschung noch maßgebliche Gedanke einer empirisch basierten Theoriebildung (*Grounded Theory*), wie er von Glaser und Strauss 1967 vorgelegt wurde, versteht qualitative Methoden nicht als dogmatische Vorschrift oder Sammlung von Paradigmen und Regeln, die Forschungsdesigns und -prozesse von vornherein festlegen, sondern vielmehr als einen *Forschungsstil*, dessen Grundlagen bereits in den 1920er/1930er Jahren von der *Chicago School* entwickelt wurden (vgl. Bohnsack 2005 b; → Hülst). Der maßgebliche Gedanke liegt dabei in der *komparativen Analyse* von empirisch gewonnenen Daten. Methodologisch bedeutet dies eine radikale Dezentrierung der (kulturellen und lebensweltlichen) Perspektiven der Forschenden zugunsten der Perspektiven der Beforschten bzw. des Feldes: Handlungen und Orientierungen können nur in Beziehung zu den Welt- und Selbstsichten *der Beteiligten* adäquat verstanden werden. Somit geht es um die Rekonstruktion derjenigen Sinnstrukturen, welche das Selbst- und Weltverhältnis von Individuen *für diese* überhaupt erst konstituieren. Insofern solche Selbst- und Weltverhältnisse nicht unmittelbar beobachtbar sind, ist rekonstruktive Forschung prinzipiell als *unabgeschlossener Prozess* zu betrachten: es ist letztlich eine forschungspragmatische Entscheidung, wann das Verständnis eines Sachverhalts so weit „theoretisch gesättigt" ist (Glaser/Strauss 1998, S. 68 ff.), dass wesentliche neue Einsichten über praxisgenerierende Strukturen voraussichtlich nicht mehr zu gewinnen sind. Gerade aus diesem Grund ist die Generierung möglichst *vielfältiger* Perspektiven ein Merkmal aller in diesem Geist verfahrenden qualitativen Methoden.

Die aktuelle Ritualforschung bezieht aus diesem Grunde ein breites Spektrum rekonstruktiv-methodischer Zugänge ein, wobei die Gewichtungen je nach theoretischem Verständnis des Rituals variieren. Forschungszugänge, die einen texttheoretischen Zugang zum Ritual präferieren, verwenden eher sequenzanalytische Verfahren wie etwa die Objektive Hermeneutik (Oevermann 2000; vgl z. B. Helsper/Böhme/Kramer/Lingkost 2001; → Garz). Der Perspektive auf die sozialstrukturelle und sinngenetische Ebene sozialer Rituale kommt die Dokumentarische Methode mit ihrer starken Betonung milieutheoretischer Aspekte (konjunktive Erfahrungsräume) sehr entgegen (Bohnsack 2005 a, b; → Bohnsack). Die performative Seite des Rituals hingegen wird – nach unserer Erfahrung – aufgrund ihres stark bild-, körper- und differenztheoretischen Charakters durch ethnographische Methoden (Spindler/Spindler 1987; Berg/Fuchs 1993; Zinnecker 2000; → Friebertshäuser/Panagiotopoulou) sowie Methoden der visuellen Anthropologie und Ethnographie (Wulf/Zirfas 2005) differenzierter erfassbar und rekonstruierbar. Da die Ergebnisse dieser unterschiedlichen methodischen Zugänge alle gleichermaßen dem Grundverständnis der rekonstruktiven Analyse praxisgenerierender Sinnstrukturen verpflichtet sind, bleiben sie in ihrer Verschiedenheit anschlussfähig und untereinander wiederum komparativ vergleichbar – sie repräsentieren mithin unterschiedliche Perspektiven – oder auch unterschiedliche wissenschaftliche Konstruktionsweisen – des diskursiven Forschungsobjekts „Ritual".

Wir werden uns im Folgenden im Wesentlichen darauf beschränken, das Methodenspektrum der Ritualforschung am Beispiel der *Berliner Ritualstudie* zu erläutern. Dieser Wahl liegt einerseits der Umstand zugrunde, dass beide Autoren dieses Artikels Mitglieder dieser Forschergruppe sind (und folglich in diesem Kontext viele Erfahrungen gesammelt haben); zum anderen arbeitet die Berliner Ritualstudie mit einem sehr breiten Verständnis sozialer Rituale, so dass ein entsprechend breites und komplexes Methodendesign hier dargestellt werden kann.

Erhebungs- und Auswertungsmethoden

In der auf zwölf Jahre angelegten, auch international viel beachteten Berliner Ritualstudie, die im Rahmen des Sonderforschungsbereichs *Kulturen des Performativen* an der Freien Universität Berlin durchgeführt wurde (Wulf 2005a, 2005b, 2006, 2007, 2008), wurde die Bedeutung von Ritualen in Erziehung und Bildung in unterschiedlich fokussierten Teilstudien erforscht und ein wichtiger Beitrag zur Verwendung qualitativer Methoden in der erziehungswissenschaftlichen Forschung geleistet (Audehm 2007; Bausch 2006; Jörissen 2007a; Kellermann 2008; Mattig 2008; Nentwig-Gesemann 2007; Tervooren 2006; Wagner-Willi 2005). Die Studie untersucht die Bedeutung und Funktion von Ritualen in den vier Sozialisationsfeldern *Familie, Schule, Jugend* und *Medien*. Sie arbeitet heraus, *wie* das Soziale in Ritualen entsteht (Wulf u.a. 2001, 2009), *wie* sich Bildung in Ritualen vollzieht (Wulf u.a. 2004) und *wie* Rituale Lernprozesse steuern (Wulf u.a. 2007).

Da die Berliner Ritualstudie ein besonderes Gewicht auf die Erforschung des performativen Charakters von Ritualen legt, spielen neben narrativen Interviews und Gruppendiskussionen besonders die Verfahren der *Teilnehmenden Beobachtung*, der *videogestützten Teilnehmenden Beobachtung* (Wagner-Willi 2006) der *Bildanalyse* (Nentwig-Gesemann 2007) und der *Videoinszenierung* eine wichtige Rolle (Bausch/Sting 2001; Bausch 2006). Im Zusammenhang mit der Weiterentwicklung der methodischen Zugänge zum Feld erziehungswissenschaftlicher Ritualforschung wurden auch zahlreiche grundsätzliche Fragen der Anthropologie (Wulf 2004, 2005a, b; Hüppauf/Wulf 2006) und der Erziehung (Wulf/Zirfas 2007) untersucht. Wir diskutieren im Folgenden zunächst die Feldzugänge, sodann die einzelnen Erhebungsmethoden in Bezug auf die Ritualperspektive und abschließend die zur Anwendung kommenden Auswertungsmethoden.

Feldzugänge

Die erziehungswissenschaftliche Ritualforschung fokussiert im Wesentlichen folgende Phänomene:

- rituelle Inszenierungen von *Gemeinschaft* (bspw. in der Schule, in der Familie, in der Peergroup, in medialen Kontexten);
- *Differenzbearbeitungen* (bspw. generationale, kulturelle, ethnische und genderbezogene Differenzen) und Aushandlungen von *Identität* bzw. *Andersheit*;
- rituelle *Gestaltungsweisen pädagogischer Situationen* (z. B. Lehr-Lern-Arrangements, selbstorganisierte informelle Lernsettings) sowie ihre symbolischen und normativen Implikationen und Machstrukturen; sowie
- symbolische und *transzendente Aspekte* ritualisierter Alltagsvollzüge (z. B. Tabus, Sakralität und Kult in der Jugendkultur).

Sie hat es folglich primär mit alltäglichen oder auch nichtalltäglichen *Situationen* zu tun. Dabei können zur Differenzierung (d. h. zumindest analytisch) folgende Situationsebenen bzw. Ritualtypen unterschieden werden:

- auf einer *makrorituellen* Ebene sind traditionelle Feste, Einschulungsfeiern, etc. anzusiedeln;
- auf einer *mesorituellen* Ebene lassen sich „kleinere" Ritualformen wie Pausen, Unterricht, Spielen, gemeinsame Mahlzeiten, Aktivitäten in einer Online-Community etc. thematisieren;
- auf einer *mikrorituellen* Ebene schließlich können kleinste Interaktionsformen – „rituelle Sequenzen" wie Begrüßungen, mimetische Nachahmungshandlungen, ritualisierte Zeigegesten oder ritualisierte Grenzsetzungen (z. B. die Sicherung der Grenzen des Klassenraums bei Unterrichtsbeginn durch körperlichen Ausschluss klassenfremder Schüler an der Türschwelle) beobachtet werden.

Auf allen drei Ebenen stehen im Zentrum der Beobachtung:

- *szenische Arrangements* (Anordnungen von Körpern und rituellen Gegenständen im Raum, Gestaltung von Räumen sowie von zeitlichen Rhythmen und Abläufen),
- *Haltungen, Bewegungen und Gesten* der Akteure,
- *symbolische Aspekte* (z. B. Körperinszenierungen durch Kleidung, Schmuck, Ausstattung etc.) sowie
- involvierte *kulturelle und mediale Artefakte* (Fotografien, „Gadgets" wie Mobiltelefone oder Spielgeräte, materielle und mediale Spiele oder Spielzeuge).

Reaktive Erhebungsverfahren I: Teilnehmende Beobachtung, Teilnehmende Videographie und Videoinszenierung

Die primäre Materialsorte ist folglich in hohem Maße szenisch-visueller bzw. audiovisueller Natur. Neben der klassischen Form *Teilnehmender Beobachtung*, bei der eine unmittelbare Erfahrung der Ritualsituation eine Innensicht auf das rituelle Geschehen gewährt (die in Form von Feldnotizen und Gedächtnisprotokollen dokumentiert und reflektierbar gemacht werden), hat sich daher die *Teilnehmende Videographie* als unumgängliches Erhebungsmittel erwiesen (Ehrenspeck/Schäffer 2003; Wagner-Willi 2006; → Herrle/Kade/Nolda). Insbesondere die mikrologische Analyse der häufig nur sekundenlangen rituellen Sequenzen wird erst durch Videoaufzeichnungen *möglich*, weil die entsprechenden gestischen Interaktionen im Sekundenbruchteil ablaufen (vgl. ähnlich die Umbrüche, die videogestützte Erhebungsverfahren etwa in der entwicklungspsychologischen Forschung hervorgebracht haben; Stern 1998).

Teilnehmende Videographie bedeutet im Gegensatz zur bloßen Installation von Kameras die Anwesenheit und Sichtbarkeit der Forschenden in der beforschten Situation. Ähnlich wie in den Diskussionen um den „Einfluss" der anwesenden ForscherInnen auf die Situation bei der klassischen Teilnehmenden Beobachtung muss hierbei die Bedeutung der anwesenden Aufzeichnungsgeräte methodisch reflektiert werden. Dabei ist zunächst die naive Vorstellung einer „natürlichen", unbeeinflussten Situation kritisch zu hinterfragen. Der inszenatorische und performative Charakter sozialer Handlungen verdankt sich, wie Erving Goffman an vielen Beispielen gezeigt hat, der Tatsache, dass die Situationsteilnehmer selbst *zugleich* Zuschauer und Akteure sind. Im Rahmen eines performativen Forschungsansatzes können mithin Aufzeichnungsgeräte wie Videokameras oder Audiorekorder als technologische Beobachter den inszenatorischen Charakter der beforschten Situation in einem für die Erhebung durchaus positiven Sinne unterstreichen oder sogar forcieren.

Die situative Reaktivität der Kamera als rituell-mediales Objekt wurde im Rahmen der Berliner Ritualstudie zur Entwicklung einer neuen Erhebungsform genutzt: der *Videoinszenierung* (Bausch/Sting 2001; Bausch 2006). Dabei wurden – nach einer kurzen technischen Einführung – Schülergruppen Kameras zur freien Verwendung überlassen. Dieses Verfahren erinnert zunächst an medienpädagogische Verfahren der Jugendforschung mit eigenproduzierten Videos (Niesyto 2001). In der Videoinszenierung allerdings wird das gewonnene Material nicht im medienpädagogischen Sinn als *Dokumentation* eines Lern- oder Bildungsprozesses, der primär in der vorhergehenden aktiven Medienarbeit stattfand – also quasi als Sekundärmaterial – betrachtet, sondern als *primäres* Material. Es geht also darum, die alltäglichen, spontanen rituellen Medieninszenierungen von Jugendlichen in Peergroups durch das Angebot medialer Inszenierung zu provozieren. Bausch und Sting gehen dabei von der Annahme aus, dass das praktische

Wissen körperlicher Medieninszenierungen in provozierten Situationen grundsätzlich aus dem gleichen Repertoire schöpfen muss wie in den alltäglichen Situationen, in denen Tanzbewegungen, Songs, Gesten und Slogans der Werbung etc. mimetisch wiederholt und eingeübt werden: „Indem die Kinder in ihren Inszenierungen mediale Modelle in kreativen Bearbeitungen wiederholen, führen sie zugleich sich selbst, ihre Stellung in der Gruppe und die Gruppe in ihrer Dynamik und internen Differenziertheit auf" (Bausch/Sting 2001, S. 251). Die Videoinszenierung ist, obwohl die Forscher selbst nicht unbedingt anwesend sein müssen, ein *reaktives* Erhebungsverfahren, insofern die Kamera die Beobachterrolle übernimmt, bzw. die von der Gruppe selbst übernommene Kameraführung eine Situation der expliziten Selbstbeobachtung evoziert.

Reaktive Erhebungsformen II: Interviews und Gruppendiskussionen

Zusätzlich zu den genannten Formen Teilnehmender Beobachtung werden im Sinne einer Triangulierung auf Erhebungsebene Gruppendiskussionen und/oder Interviews durchgeführt. Während in Gruppendiskussionen insbesondere kollektive Erfahrungsbestände rekonstruierbar werden, erlauben problemzentrierte Einzelinterviews eine zusätzliche Kontrastierung der kollektiven mit individuellen Sichtweisen. Die genannten reaktiven Erhebungsformen erlauben es, die Beobachtungen der sozialen Vollzüge und die kollektive bzw. individuelle Reflexion der Beteiligten im Rahmen einer komparativen Analyse zu diskutieren. Insofern es sich beim Interview und bei der Gruppendiskussion um in der qualitativen Bildungs- und Sozialforschung etablierte Instrumente handelt, erübrigt sich an dieser Stelle eine weitergehende Erläuterung (vgl. u. a. Bohnsack/Przyborski/Schäffer 2006; Nohl 2006).

Nicht-reaktive Erhebungsformen: Bild- und Medienanalyse

Bilder und Medien spielen in sozialen Ritualen – entsprechend der allgemeinen Tendenz der Zunahme von visuellen und medialen Alltagspraxen – eine immer größere Rolle. Erstens in dem Sinne, dass das Soziale sich häufig in bildhafter Weise inszeniert (z.B. wenn Posen oder Gesten von Popstars nachgeahmt werden). Zweitens aber in den Sinne, dass Bilder und Medien selbst konkrete Funktionen übernehmen. Unter dem Titel einer „Ikonologie des Performativen" wurde ein erster Versuch unternommen, diese Verschränkung theoretisch zugänglich zu machen (Wulf/Zirfas 2005).

Was die Bedeutung von Bildern und Medien für Rituale angeht, ist eine Unterscheidung zwischen einerseits *medialen rituellen Objekten* – also etwa Musikstücken, Filmen, Videos, Fotografien – die in ritualisierten Handlungspraxen eine Rolle spielen, und andererseits *medialisierten Formen des Rituals*, wie sie insbesondere bei Interaktionsprozessen in den Neuen Medien (z. B. in Onlinecommunities oder Sozialen Online-Netzwerken) zu beobachten sind, notwendig. In beiden Fällen müssen spezielle Methoden integriert werden, die eine Interpretation der visuellen Objekte bzw. medialen Umgebungen ermöglichen. Obwohl die Bildanalyse einen noch recht jungen Zweig der qualitativen Bildungs- und Sozialforschung darstellt, kann dabei mittlerweile auf einige Ansätze zurückgegriffen werden (Pilarczyk/ Mietzner 2005; Marotzki/Niesyto 2006; Bohnsack 2007; Friebertshäuser u.a. 2007; → Schulze, → Fuhs).

Weniger entwickelt sind derzeit Methodenbestände zur Erforschung der sich rasant verbreitenden Online-Aktivitäten in Sozialen Netzwerken, auf Video-Plattformen und in vielen anderen Bereichen des Internet. Aus ritualtheoretischer Sicht besteht hier ein dringender Bedarf an Methodenentwicklung, denn die sozialen Arenen des Internet bringen neue Kultur- und Bildungsräume hervor (Sandbothe/Marotzki 2000; → Schäffer/Pietraß), die ebenfalls vielfältige rituelle Aspekte aufweisen (Wessely 2000; Heidbrink 2007). In einem ersten Ansatz konnte die online-ethnographische Strukturanalyse (Marotzki 2003; Jörissen/Marotzki 2009) zur Analyse ritueller Lernkulturen in Onlinecommunities fruchtbar gemacht werden (Jörissen 2007b).

Transkription und Auswertungsverfahren

Eine besondere Problematik einer solchen Vielfalt von Erhebungsverfahren sind adäquate Verfahren der Transkription. Während für Interviews und Gruppendiskussionen bewährte Transkriptionssysteme zur Verfügung stehen (vgl. Bohnsack 2005a; → Langer), erweist es sich als schwierig, visuelle und gestische Interaktionen zu verschriftlichen. Zwar existieren komplexe Transkriptionssysteme aus dem Bereich der Bewegungs- und Tanzwissenschaft, doch weisen diese häufig einen quantitativen Charakter auf, der insgesamt wenig anschlussfähig zu sein scheint. Ziel der Transkription muss – im Kontext der Ritualforschung – in jedem Fall sein, die komplexen räumlichen, körperlichen, gestischen etc. Abläufe dem gesamten weiteren Interpretationsverlauf so weit wie möglich zugänglich zu machen.

Bei der Auswertung stehen, gemäß der oben geführten methodologischen Diskussion, mehrere rekonstruktive Optionen zur Verfügung. Im Kontext der Berliner Ritualstudie haben sich zentrale Konzepte der Dokumentarischen Methode, insbesondere das des „konjunktiven Erfahrungsraums" sowie das der „Fokussierungsmetapher", als sehr produktiv erwiesen. Die von der Dokumentarischen Methode vorgesehenen Auswertungsschritte der formulierenden und reflektierenden Interpretation bieten sich insbesondere in Gruppenforschungsprozessen aufgrund ihrer sehr guten intersubjektiven Überprüfbarkeit an. Als nicht durchgehend relevant erwies sich im Kontext der Berliner Ritualstudie das von der Dokumentarischen Methode geforderte Ziel der *Typenbildung*. Grundsätzlich bewähren sich auch andere rekonstruktiv-strukturorientierte Auswertungsverfahren, wie etwa das Kodierparadigma der *Grounded Theory*, das auf die Herausbildung feldstrukturierender *Kernkategorien* abzielt, oder das ethnologische Verfahren der *Dichten Beschreibung* (Geertz 1983), das auf die Rekonstruktion handlungsleitender kultureller Sinnstrukturen im Rahmen eines analytischen Begriffssystems abhebt. Wie bereits die Entscheidung für bestimmte Erhebungsverfahren den Blick auf das Feld maßgeblich vorstrukturiert, so lassen sich auch mit verschiedenen Auswertungsmethoden unterschiedliche Relevanzbereiche sozialer Rituale hervorheben, ohne dass per se einem dieser Aspekte der Vorzug gegeben werden könnte. Während die Dokumentarische Methode beispielsweise in besonderem Maße eine Fokussierung auf konjunktive Erfahrungsräume sowie auf gemeinschafts- und milieuspezifische Habitus und Handlungspraxen ermöglicht, ließen sich im Rahmen „dichter" ethnographischer Beschreibungen körperlich-szenische Aspekte angemessener rekonstruieren – hierbei schlägt sich in besonderem Maße eine Grundproblematik der Ritualforschung nieder, die in der Gefahr besteht, den Eigencharakter der bildhaften, szenischen und körperlichen Vollzüge unter abstrakte sprachliche Interpretationen zu subsumieren. Die *Grounded Theory* als Auswertungsmethode erscheint (gegenüber der starken Fokussierung auf Gemeinschaftliches in der Dokumentarischen Methode) besonders geeignet, auch subtile *Differenzaspekte* zu bewahren. Verwiesen sei in diesem Zusammenhang auf die „Situational Analysis" (Clarke 2005) als vielversprechende differenztheoretische Fortentwicklung der traditionellen *Grounded Theory*.

Zusammenfassung

Die erziehungswissenschaftliche Ritualforschung ist ein junger Forschungszweig innerhalb des Faches, der sich im Kontext des so genannten *performative turn* herausgebildet hat. Theoriegeschichtlich in der Ethnologie und Soziologie, methodologisch in Ethnographie und qualitativer Bildungs- und Sozialforschung verankert, trägt die erziehungswissenschaftliche Ritualforschung dazu bei, qualitative Forschungsmethoden auch in innovativen und wenig erschlossenen gesellschaftlichen Feldern weiterzuentwickeln. Dabei zeigen die bisherigen Forschungen die Vielfältigkeit und Relevanz sozialer Rituale für Prozesse der Sozialisation, der Bildung und des Lernens einerseits, für das pädagogische Verständnis und die pädagogische Gestaltung von Lern- und Bildungssituationen sowohl in der Breite sozialisationsrelevanter Felder als auch in der Detailtiefe qualitativer Mikroanalyse andererseits, eindrucksvoll auf. Zukünftige Felder erziehungswissenschaftlicher Ritualforschung liegen derzeit im Bereich einer Ikonologie des Sozialen (mit einem besonderen Fokus auf der Entwicklung von Methoden zur Analyse und Interpretation von Gesten).

Literatur

Audehm, Kathrin 2007: Erziehung bei Tisch. Zur sozialen Magie eines Familienrituals. Bielefeld.

Bausch, Constanze 2006: Verkörperte Medien. Die soziale Macht televisueller Inszenierungen. Bielefeld.

Bausch, Constanze/Benjamin Jörissen 2004: Erspielte Rituale. Kampf und Gemeinschaftsbildung auf LAN-Partys. In: Wulf, Christoph u. a. (Hg.): Bildung im Ritual. Schule, Familie, Jugend, Medien. Wiesbaden. S. 303-357.

Bausch, Constanze/Stephan Sting 2001: Rituelle Medieninszenierungen in Peergroups. In: Wulf, Christoph u. a. (Hg.): Das Soziale als Ritual. Zur performativen Bedeutung von Gemeinschaft. Opladen. S. 249-323.

Bell, Catherine 1992: Ritual Theory, Ritual Practice. New York.

Berg, Eberhard/Martin Fuchs (Hg.) 1993: Kultur, Soziale Praxis, Text. Die Krise der ethnographischen Repräsentation. Frankfurt/M.

Bohnsack, Ralf 2005a: Rekonstruktive Sozialforschung. Eine Einführung in qualitative Methoden. Opladen.

Bohnsack, Ralf 2005b: „Social Worlds" und „Natural Histories". Zum Forschungsstil der Chicagoer Schule anhand zweier klassischer Studien. In: ZBBS 2005 H. 1. S. 105-127.

Bohnsack, Ralf 2007: Die Dokumentarische Methode in der Bild- und Fotointerpretation. In: Bohnsack, Ralf/Iris Nentwig-Gesemann/Arnd-Michael Nohl (Hg.): Die dokumentarische Methode und ihre Forschungspraxis: Grundlagen qualitativer Sozialforschung. Wiesbaden. S. 69-92.

Bohnsack, Ralf/Aglaja Przyborski/Burkhard Schäffer (Hg.) 2006: Das Gruppendiskussionsverfahren in der Forschungspraxis. Opladen.

Bourdieu, Pierre 1976: Entwurf einer Theorie der Praxis auf der ethnologischen Grundlage der kabylischen Gesellschaft. Frankfurt/M.

Clarke, Adele E. 2005: Situational analysis: grounded theory after the postmodern turn. Thousand Oaks.

Durkheim, Emile 1912/1994: Die elementaren Formen des religiösen Lebens. Frankfurt/M.

Ehrenspeck, Yvonne/Burkhard Schäfer (Hg.) 2003: Film- und Fotoanalyse in der Erziehungswissenschaft. Ein Handbuch. Opladen.

Eliade, Mircea 1959: The Sacred and the Profane. New York.

Flick, Uwe 2004: Triangulation. Eine Einführung. Wiesbaden.

Frazer, James George 1996: The Golden Bough. A Study in Magic and Religion. New York.

Friebertshäuser, Barbara/Heide von Felden/Burkhard Schäffer (Hg.) 2007: Bild und Text. Methoden und Methodologien visueller Sozialforschung in der Erziehungswissenschaft. Opladen/Farmington Hills.

Geertz, Clifford 1983: Dichte Beschreibung. Beiträge zum Verstehen kultureller Systeme. Frankfurt/M.

Gennep van, Arnold 1986: Übergangsriten. Frankfurt/M./New York.

Glaser, Barney G./Anselm L. Strauss 1998: Grounded Theory. Bern.

Grimes, Ronald 1995: Beginnings in Ritual Studies. Columbia.

Heidbrink, Simone 2007: Exploring the Religious Framework of the Digital Realm. Offline-Online-Offline Transfers of Ritual Performance. In: Masaryk University Journal of Law and Technology. Masaryk University Journal of Law and Technology. Vol. 1. No. 2.

Helsper, Werner/Jeanette Böhme/Rolf-Torsten Kramer/Angelika Lingkost 2001: Schulkultur und Schulmythos. Rekonstruktionen zur Schulkultur 1. Opladen.

Hüppauf, Bernd/Christoph Wulf (Hg.) 2006: Bild und Imagination. München.

Jörissen, Benjamin 2007a: Beobachtungen der Realität. Die Frage nach der Wirklichkeit im Zeitalter der Neuen Medien. Bielefeld.

Jörissen, Benjamin 2007b: Informelle Lernkulturen in Online-Communities. Mediale Rahmungen und rituelle Gestaltungsweisen. In: Wulf, Christoph u. a. 2007: Lernkulturen im Umbruch. Rituelle Praktiken in Schule, Medien, Familie und Jugend. Wiesbaden. S. 184-219.

Jörissen, Benjamin/Wilfried Marotzki 2009: Medienbildung – eine Einführung. Theorien – Methoden – Analysen. Stuttgart.

Kellermann, Ingrid 2008: Vom Kind zum Schulkind. Die rituelle Gestaltung des Schulanfangs in einer jahrgangsgemischten Lerngruppe. Eine ethnographische Studie. Opladen.

Luhmann, Niklas 1987: Soziale Systeme. Frankfurt/M.

Marotzki, Winfried 2003: Online-Ethnographie – Wege und Ergebnisse zur Forschung im Kulturraum Internet. In: Bachmair, Ben/Peter Diepold/Claudia de Witt (Hg.): Jahrbuch Medienpädagogik 3. Opladen. S. 149-165.

Marotzki, Winfried/Horst Niesyto (Hg.) 2006: Bildverstehen und Bildinterpretation. Methodische Ansätze aus sozialwissenschaftlicher, kunst- und medienpädagogischer Perspektive. Wiesbaden.

Mattig, Ruprecht 2008: Der Zauber der Rock- und Popmusik. (im Erscheinen)

Mead, George Herbert 1934: Mind, self and society from the standpoint of the social behaviorist. Chicago.

Mohn, Bina Elisabeth 2002: Filming Culture. Spielarten des Dokumentierens nach der Repräsentationskrise. Stuttgart.

Nentwig-Gesemann, Iris 2007: Der Familienurlaub. Rituelle Praxis, Differenzbearbeitung und Lernprozesse. In: Wulf, Christoph u. a. (Hg.): Lernkulturen im Umbruch. Rituelle Praktiken in Schule, Medien, Familie und Jugend. Wiesbaden. S. 220-252.

Niesyto, Horst (Hg.) 2001: Selbstausdruck mit Medien: Eigenproduktionen mit Medien als Gegenstand der Kindheits- und Jugendforschung. München.

Nohl, Arnd-Michael 2006: Interview und dokumentarische Methode. Anleitungen für die Forschungspraxis. Wiesbaden.

Oevermann, Ulrich 2000: Die Methode der Fallrekonstruktion in der Grundlagenforschung sowie der klinischen und pädagogischen Praxis. In: Kaimer, Klaus (Hg.): Die Fallrekonstruktion. Frankfurt/M. S. 58-156.

Otto, Rudolf 1979: Das Heilige. Über das Irrationale in der Idee des Göttlichen und sein Verhältnis zum Rationalen. München.

Pilarczyk, Ulrike/Ulrike Mietzner 2005: Das reflektierte Bild. Die seriell-ikonografische Fotoanalyse in den Erziehungs- und Sozialwissenschaften. Bad Heilbrunn.

Sahlins, Marshall 1981: Kultur und praktische Vernunft. Frankfurt/M.

Sandbothe, Mike/Winfried Marotzki (Hg.) 2000: Subjektivität und Öffentlichkeit: Kulturwissenschaftliche Grundlagenprobleme virtueller Welten. Köln.

Schechner, Richard 1985: Between Theatre and Anthropology. Philadelphia.

Spindler, George D./Louise Spindler 1987: Interpretive Ethnography of Education at Home and Abroad. Mahwah.

Stern, Daniel N. 1998: Die Lebenserfahrung des Säuglings. Stuttgart.

Tambiah, Stanley 1979: A Performative Approach to Ritual. In: Proceedings of the British Academy 65. S. 113-163.
Tervooren, Anja 2006: Im Spielraum von Geschlecht und Begehren. Ethnographie der ausgehenden Kindheit. Weinheim und München.
Turner, Victor 1989: Das Ritual. Struktur und Antistruktur. Frankfurt/M./New York.
Wagner, Hans-Josef 1999: Rekonstruktive Methodologie. Opladen.
Wagner-Willi, Monika 2005: Kinder-Rituale zwischen Vorder- und Hinterbühne. Der Übergang von der Pause zum Unterricht. Wiesbaden.
Wagner-Willi, Monika 2006: On the Multidimensional Analysis of Video-Data. Documentary Interpretation of Interaction in Schools. In: Knoblauch, Hubert/Bernt Schnettler/Jürgen Raab/Hans-Georg Soeffner (Hg.) 2006: Video Analysis. Methodology and Methods. Frankfurt/M. S. 143-153.
Wessely, Christian (Hg.) 2000: Ritus, Kult, Virtualität. Regensburg.
Wulf, Christoph 2004: Anthropologie. Geschichte, Kultur, Philosophie. Reinbek.
Wulf, Christoph (Hg.) 2005a: Zur Genese des Sozialen. Mimesis, Performativität, Ritual. Bielefeld.
Wulf, Christoph 2005b: Rituels. Performativité et dynamique des pratiques sociales. In: Boëtsch, Gilles/Christoph Wulf (Hg.) 2005b: Hermès No. 43 „Rituels" – Paris. S. 9-20.
Wulf, Christoph 2006: Praxis. In: Kreinath, Jens/Jan Snoek/Michael Strausberg (Hg.): Theorizing Rituals: Issues, Topics, Approaches, Concepts. Leiden.
Wulf, Christoph 2007: Une anthropologie historique et culturelle. Rituels, mimésis sociale, performativité. Paris.
Wulf, Christoph 2008: Rituale im Grundschulalter: Performativität, Mimesis und Interkulturalität. In: Zeitschrift für Erziehungswissenschaft. 11. Jg. S. 67-82.
Wulf, Christoph/Jörg Zirfas (Hg.) 2004: Die Kultur des Rituals. München.
Wulf, Christoph/Jörg Zirfas (Hg.) 2005: Ikonologie des Performativen. München.
Wulf, Christoph/Jörg Zirfas (Hg.) 2007: Die Pädagogik des Performativen. Theorien, Methoden, Perspektiven. Weinheim/Basel.
Wulf, Christoph/Michael Göhlich/Jörg Zirfas (Hg.) 2001: Grundlagen des Performativen. Eine Einführung in die Zusammenhänge von Sprache, Macht und Handeln. Weinheim und München.
Wulf, Christoph/Birgit Althans/Kathrin Audehm/Constanze Bausch/Michael Göhlich/Stephan Sting/Anja Tervooren/Monika Wagner-Willi/Jörg Zirfas 2001: Das Soziale als Ritual. Zur performativen Bedeutung von Gemeinschaft. Opladen.
Wulf, Christoph/Birgit Althans/Kathrin Audehm/Constanze Bausch/Benjamin Jörissen/Michael Göhlich/Ruprecht Mattig/Anja Tervooren/Monika Wagner-Willi/ Jörg Zirfas 2004: Bildung im Ritual. Schule, Familie, Jugend, Medien. Wiesbaden.
Wulf, Christoph/Birgit Althans/Gerald Blaschke/Nino Ferrin/Michael Göhlich/ Benjamin Jörissen/Ruprecht Mattig/Iris Nentwig-Gesemann/Sebastian Schinkel/Anja Tervooren/Monika Wagner-Willi/Jörg Zirfas 2007: Lernkulturen im Umbruch. Rituelle Praktiken in Schule, Medien, Familie und Jugend. Wiesbaden.
Wulf, Christoph/Birgit Althans/Kathrin Audehm/Constanze Bausch/Michael Göhlich/Stephan Sting/Anja Tervooren/Michael Wagner-Willi/Jörg Zirfas 2009: Rituals in Education. New York.
Zinnecker, Jörg 2000: Pädagogische Ethnographie. In: Zeitschrift für Erziehungswissenschaft. 3. Jg. S. 381-400.

Marianne Leuzinger-Bohleber und Ariane Garlichs

Theoriegeleitete Fallstudien im Spannungsfeld qualitativer und quantitativer Forschung

Zum Dialog zwischen Psychoanalyse und Erziehungswissenschaft

Das Handeln im pädagogischen Feld wirft zahlreiche Fragen auf, die mit erziehungswissenschaftlichen Forschungsmethoden und Theoriekonzeptionen nicht zureichend beantwortet werden können. Erzieherisches und unterrichtliches Handeln ist – zumindest, wo es auf Widerstand stößt – auf differentielles Verstehen von Individuen angewiesen, deren Verhalten an der Oberfläche nicht sogleich die Motive und Beweggründe preisgibt und sich der schnellen Erklärung widersetzt. Hier können psychoanalytische Theoriekonzepte und Forschungsmethoden eine wesentliche Hilfe sein, weil sie Individuen auf dem Hintergrund ihrer je eigenen, teilweise unbewusst gewordenen Biographie und im Schnittpunkt ihrer aktuellen Lebenssituation zu verstehen bemüht sind. Im Zentrum des psychoanalytischen Interesses stehen nicht isolierte Verhaltensweisen, sondern Fragen nach den Bedingungen ihres Zustandekommens und ihrer Veränderung, nach der mit ihnen verbundenen Erlebnisqualität und nach den symbolischen, unbewussten Gehalten, die sich in ihnen ausdrücken. Die tiefenhermeneutische Sichtweise (→ Klein) fügt dem pädagogischen Denken eine Dimension hinzu, die – wie wir an zwei Beispielen zeigen wollen – ein adäquateres Verstehen erziehungswissenschaftlich relevanter Phänomene erlaubt und im gleichen Maße Handlungskonzepte entwerfen hilft (s. u. a. Fürstenau 1977).

Anhand von zwei interdisziplinären Forschungsprojekten möchten wir das Zusammenspiel beider Disziplinen exemplarisch konkretisieren. Wir gehen in unseren Projekten jeweils von einem spezifischen Theoriekonzept aus und bedienen uns genuin psychoanalytischer Forschungsmethoden (wie des Tiefeninterviews, projektiver Tests, eines von Psychoanalytikern konzipierten Fragebogens zur Erfassung psychosomatischer Beschwerden, einem interdisziplinären Verständnis der Entstehung von Hyperaktivität u. a.). Qualitative und quantitative Instrumente ergänzen sich, werden in Beziehung zueinander gesetzt und erlauben eine bessere Abstützung einzelfallbezogener Daten. Dadurch werden auch viele der generellen Forschungsprobleme konkretisiert, die Fatke in seinem Beitrag zu Fallstudien in der Erziehungswissenschaft theoretisch entfaltet.

Bevor wir die beiden konkreten interdisziplinären Projekte kurz vorstellen (3.), soll versucht werden, wenigstens fragmentarisch auf einige wissenschaftstheoretische und methodologische Probleme hinzuweisen, die immer mit psychoanalytischer Forschung – auch im Dialog mit den Erziehungswissenschaften – verbunden sind. In allen Humanwissenschaften kann die These Geltung beanspruchen, dass der Wahrnehmungs- und Erkenntnisprozess sowohl in der qualitativen als auch in der quantitativen Forschung analoge Stadien durchläuft und die Qualität der Forschung eher von der Fähigkeit zur Selbstkritik (auch den eigenen wissenschaftlichen Methoden gegenüber) als von der Wahl einer bestimmten Forschungsstrategie abhängt (→ Prengel/Uhlendorff). Aus dieser Perspektive ergibt sich auch ein neuer Blick auf das von Fatke diskutierte Problem des „Besonderen und des Allgemeinen". Die Spannung zwischen individueller und generalisierbarer wissenschaftlicher „Wahrheit" erweist sich dabei als unauflösbares Dilemma und zwar sowohl in der qualitativen als auch in der quantitativen Forschung. Diese Überlegungen waren daher auch entscheidend, warum wir uns in unseren Studien für ein theoriegeleitetes, einzelfallbezogenes Vorgehen entschieden haben (→ 2.), worauf wir abschließend noch einmal Bezug nehmen (→ 4.).

1. Analoge Wahrnehmungs- und Forschungsprozesse in qualitativer und quantitativer psychoanalytischer Forschung

Viele Fragen, die im Bemühen um „qualitative Forschungsmethoden in den Erziehungswissenschaften" diskutiert werden, erinnern an einen jahrelangen Diskurs in der psychoanalytischen Community zur spezifischen wissenschaftstheoretischen und methodologischen Position der Psychoanalyse als einer Wissenschaft des Unbewussten. (Leuzinger-Bohleber 1995; Leuzinger-Bohleber/Stuhr/Rüger/Beutel 2002; Leuzinger-Bohleber/Dreher/Canestri 2003; Leuzinger-Bohleber 2009).

Modell (1984) charakterisiert die Psychoanalyse als „eine Wissenschaft zwischen den Wissenschaften", die zum einen, ähnlich wie die hermeneutischen Wissenschaften, die Empathie als Beobachtungsmethode verwende und den Menschen von innen sehe, aber zum anderen ihre Beobachtungen den organisierenden Prinzipien der Metapsychologie unterwerfe, die den Menschen von außen sehen. Dieser rasche Wechsel von der Ich-Du-Beziehung (der empathischen Identifikation) zur Ich-Es-Beziehung (der naturwissenschaftlichen Beobachtungsposition) sei ein Charakteristikum der Psychoanalyse, die aus diesem Grunde in keine der vorhandenen wissenschaftstheoretischen Positionen passe. Diese Zwischenposition stellt die psychoanalytische Forschung vor schwierige und klippenreiche Probleme (vgl. dazu auch Lorenzer 1985, 1987), die in jeder psychoanalytischen Studie zu bedenken sind, da von ihrer Beantwortung nicht nur das konkrete

Forschungsdesign, sondern auch die darin enthaltenen Wahrheitskriterien und das eigene Erkenntnisinteresse (vgl. Habermas 1968) – unreflektiert oder reflektiert – determiniert werden. So legte Strenger (1991) eine detaillierte Analyse zu den Unterschieden zwischen verschiedenen psychotherapeutischen Ansätzen, vor allem den behavioristischen und psychoanalytischen, aus einer philosophischen, erkenntnistheoretischen und wissenschaftstheoretischen Perspektive vor. Er zeichnet nochmals nach, wie die akademische Psychologie, geprägt durch eine *behavioristische Tradition, ein hochspezifisches Kriterium von „Wahrheit", das Empirieparadigma,* erstmals von John Locke u. a. im 17. Jahrhundert formuliert, *als alleiniges Merkmal von „Wissenschaft" definiert* (Hervorhebung d. V.; vgl. dazu auch Wurmser 1989; Körner 1985, 1990; Leithäuser/Bender 1985; Mertens 1994; Leuzinger-Bohleber u. a. 2003). Dieses scheinbar „objektive empirische Wahrheitskriterium" verdeckt u. a. die unterschiedlichen weltanschaulichen, philosophischen und ethischen Basisannahmen, die unterschiedlichen Therapieformen zugrunde liegen.[1]

Hampe und Lotter (2000) zeichnen nach, welche Diskurse der Entwicklung diesem einheitswissenschaftlichen Verständnis von Forschung und dem Mythos der „*einen* wissenschaftlichen Methode und Wahrheit" zugrunde liegen. Dieser Mythos basiert auf einer Idealisierung des Experiments in der klassischen Physik, dessen Kriterien aus dem engen Kontext seiner Entstehung und Berechtigung herausgelöst und auf andere Wissenschaftsgebiete übertragen werden, etwa auf die Vergleichende Psychotherapieforschung (vgl. Mythos der kontrollierten Doppelblind-Studien). In den letzten hundert Jahren haben sich aber die methodischen Vorgehensweisen und die spezifischen Qualitätskriterien für wissenschaftliche Untersuchungen in den verschiedenen wissenschaftlichen Disziplinen stark differenziert und zu einer „Pluralität der Wissenschaften" geführt (Hampe 2000).

„Die Einheitsideale waren zuerst vor allem theoretischer Natur […] doch der logische Empirismus unseres Jahrhunderts verband diesen Gedanken einer logischen Einheitssprache, wie der Name dieser Richtung schon sagt, mit dem Gedanken einer vereinheitlichten Empirie, einer universalen wissenschaftlichen Erfahrung […] Wie alle Euphorien, so waren auch die der philosophischen Einheitswissenschaft ohne Bestand, sie vergingen wieder. Es wäre eine eigene Geschichte von ihrem Untergang zu berichten. Hier will ich nur feststellen, dass mir heute kein ernstzunehmender Vertreter der Philosophie bekannt ist, der noch ein einheitswissenschaftliches Programm vertritt […] Schon lange ist offensichtlich, dass es nicht mehr möglich ist, einen einheitlichen Theoriebegriff für all

---

1 In dieser Dimension liegen die „essentiellen Unterschiede", die die Psychoanalyse von der Verhaltenstherapie auch in ihren modernistischen Formen trennen. Wir können in diesem Rahmen aber nicht auf den zentralen Diskurs zu diesen Fragen eingehen, der sich vor allem um die kulturkritische Position der Psychoanalyse verglichen mit behavioristischen Ansätzen dreht (vgl. dazu u. a. Leuzinger-Bohleber 1995, 2007).

diese Wissenschaften zu formulieren. Es gibt nicht die Form einer wissenschaftlichen Theorie, die sich in Mathematik, Physik, Biologie, Psychologie, Soziologie, Altertumswissenschaft, Geschichte und Neuphilologie wiederholen würde, ganz zu schweigen von Medizin, Jurisprudenz und Theologie, Disziplinen, die es nicht nur mit spezifischen Formen der Theoretizität, sondern darüber hinaus mit Anwendungen von Wissen zur Pflege der Gesundheit, der Gerechtigkeit und der Seelsorge zu tun haben." (S. 28)

Diese Perspektive legt nahe, dass die Psychoanalyse darauf besteht, dass sie in ihrer Wissenschaftsgeschichte eine *spezifische* Forschungsmethode zur Untersuchung unbewusster Prozesse in der psychoanalytischen Situation (z. B. durch systematische Beobachtung von Übertragung/Gegenübertragung, freien Assoziationen etc. sowie der Analyse von Träumen, Fehlleistungen und Fehlhandlungen) entwickelt hat. Nur mit Hilfe dieser spezifischen Forschungsmethode können unbewusste Prozesse systematisch beobachtet und analysiert werden: per definitionem entziehen diese sich der direkten, quantifizierenden Messbarkeit[2]. Die Psychoanalyse hat, wie andere wissenschaftliche Disziplinen in Zeiten des wissenschaftlichen Pluralismus auch, außer dieser spezifischen Forschungsmethode, die ihrem spezifischen Forschungsgegenstand (unbewussten Phantasien und Konflikten) angemessen ist, spezifische Qualitäts- und Prüfkriterien entwickelt, die sie inzwischen offensiv und gleichzeitig selbstkritisch im interdisziplinären Dialog heutiger Wissenschaften vertritt.

So zeigte z. B. Moser (1991) auf, dass das Kriterium der „Wissenschaftlichkeit" in der psychoanalytischen Forschung nicht einseitig mit irgendeiner Form von Quantifizierung gleichgesetzt werden kann, sondern auf einer anderen Ebene liegt. Er benutzte für seine Argumente zwei neutrale, aus der Welt der Informatik stammende Termini: die genuin psychoanalytische, *qualitative* „Junktim-Forschung"[3] charakterisierte er als *„On-Line-Forschung"*[4]

---

2 Eine analoge Problematik finden wir auch in anderen Humanwissenschaften, in denen lange Zeit aus ähnlichen wissenschaftshistorischen Gründen die „empirische Messbarkeit" von komplexen Phänomenen, i. a. W. *quantitative Methoden*, als die allein wissenschaftlichen betrachtet wurden – (dazu u. a. Faller/Frommer 1994; Jüttemann 1990; Hastenteufel 1980; Heinzel 2006; Steiner 2004; → Uhlendorff/Prengel).
3 Dieser Begriff geht bekanntlich auf eine berühmt gewordene Äußerung von Freud (1927) im „Nachwort zur Frage der Laienanalyse" zurück: „In der Psychoanalyse bestand von Anfang an ein *Junktim zwischen Heilen und Forschen*, die Erkenntnis brachte den Erfolg, man konnte nicht behandeln, ohne etwas Neues zu erfahren, man gewann keine Aufklärung, ohne ihre wohltätige Wirkung zu erleben. Unser analytisches Verfahren ist das einzige, bei dem dies kostbare Zusammentreffen gewahrt bleibt. Nur wenn wir analytische Seelsorge betreiben, vertiefen wir unsere eben aufdämmernde Einsicht in das menschliche Seelenleben. Diese Aussicht auf wissenschaftlichen Gewinn war der vornehmste, erfreulichste Zug der analytischen Arbeit" (S. 386, Hervorhebung d. V.).
4 On-Line-Forschung zeichnet sich u. a. dadurch aus, dass der forschende Psychoanalytiker in der analytischen Situation immer zum Handeln gezwungen ist, i. a. W. beeinflus-

und stellte ihr die „*Off-Line-Forschung*" gegenüber, die sich der nachträglichen Untersuchung von Materialien aus Psychoanalysen oder psychoanalytisch orientierten Psychotherapien (auf der Basis von Tonbändern, Videoaufzeichnungen, Tagebüchern etc.) mit Hilfe eines breit gestreuten, i. d. R. *quantitativen* methodischen Arsenals widmet. Aus den oben angedeuteten wissenschaftspolitischen Gründen reklamierte die Off-Line-Forschung bis kürzlich in der Psychotherapieforschungsliteratur für sich einen exklusiven Anspruch auf „Wissenschaftlichkeit". Moser relativiert diese Überzeugung: Für ihn können beide Forschungsstrategien Ausdruck eines wissenschaftlichen Bemühens darstellen, sich dem komplexen Forschungsgegenstand der Psychoanalyse, dem Unbewussten, anzunähern. On-Line- und Off-Line-Forschung stellen daher unterschiedliche, gleichwertige und sich potentiell ergänzende Forschungsstrategien dar. [Beide Forschungsstrategien weisen ihre Vorzüge, aber auch ihre Schwächen auf, die durch Forscherpersönlichkeiten mit einer skeptischen, selbstkritischen Forschungsidentifikation wahrgenommen und kritisch reflektiert, jedoch durch andere Persönlichkeiten, die eher auf der Suche nach letzten Sicherheiten und Glaubensüberzeugungen sind, eher negiert und überspielt werden. In anderen Worten: Sowohl in der On-Line- als auch in der Off-Line-Forschung, sowohl in der nomothetischen als auch in der hermeneutisch ausgerichteten psychoanalytischen Forschung finden wir Forscher im aufklärerischen Sinne neben „Gläubigen". Das unerschütterliche Vertrauen in narrative Sinnstrukturen ist nicht weiter von einer selbstkritischen Forschung entfernt als das unerschütterliche Vertrauen in objektive Zahlen.] Im Gegensatz dazu ist nach Moser (1991) die forschende Grundhaltung immer durch „Verdacht und Irrtum" gekennzeichnet, sowohl in der On-Line- als auch in der Off-Line-Forschung.

Moser diskutiert, dass sowohl On-Line- als auch Off-Line-Wissenschaftler, i. a. W. klinische und extraklinische Forscher *analoge Wahrnehmungs- und Erkenntnisprozesse durchlaufen, wenn sie von ihren Beobachtungen zu einem theoretischen Verständnis,* i. a. W. zu Theorien über diese Einzelbeobachtungen, gelangen. In der klinischen wie in der pädagogischen Praxis und in der Forschungssituation ist unsere Wahrnehmung nie „neutral", sondern abhängig von unseren bisherigen Erfahrungen, von unseren „Theorien im Hinterkopf": „Wir nehmen stets durch die ‚Brille' unseres Gedächtnisses wahr, denn das, was wir wahrnehmen, ist durch frühere Wahrnehmungen entscheidend mitbestimmt." (Roth 1992, S. 147; vgl. dazu auch Rosenfield 1988; Leuzinger-Bohleber/Pfeifer 2002)

Ausgehend von den Arbeiten von Ulrich Moser haben wir in den letzten Jahren verschiedene Formen psychoanalytischer Forschung weiter differen-

---

sen die Ergebnisse seines ständigen Forschungsprozesses (z. B. seiner Minitheorien, Konzepte etc.) fortlaufend seine psychoanalytische Interaktion (z. B. durch seine Interpretationen, aber auch durch Gegenübertragungsreaktionen, nonverbale Äußerungen etc.).

ziert. Wir unterschieden vor allem zwischen klinischer (on-line) und extraklinischer (off-line) Forschung, d.h. der genuin psychoanalytischen Forschung, die innerhalb des psychoanalytischen Behandlungssettings stattfindet und extraklinischer Forschung, die – nachträglich – Materialien aus den psychoanalytischen Behandlungen (Aufzeichnungen, Tonband- oder Videoaufzeichnungen etc.) mit verschiedenen Methoden untersucht (Leuzinger-Bohleber/Fischmann 2006; Leuzinger-Bohleber 2007).

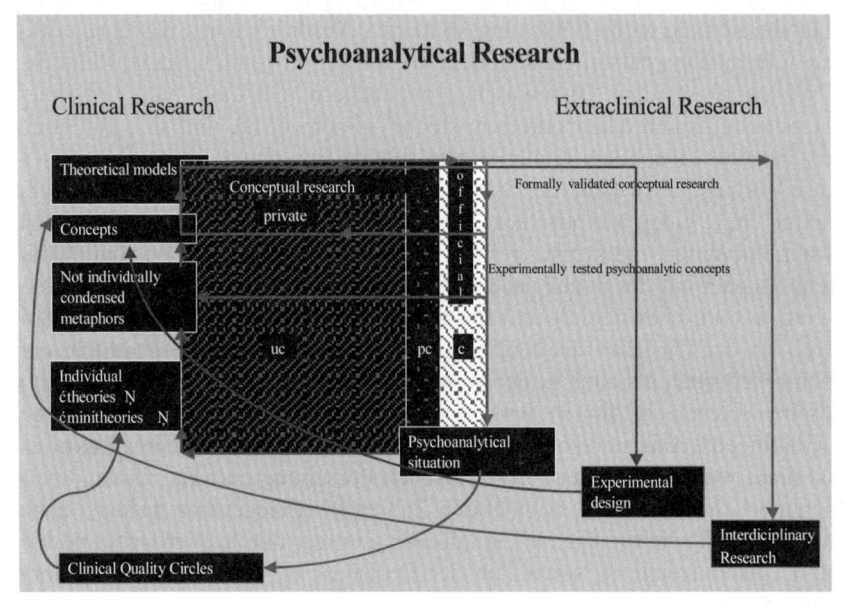

Abb. 1: Psychoanalytical Research

Festzuhalten ist, dass psychoanalytische Theorien bisher fast ausschließlich auf der *klinisch-psychoanalytischen* Forschung (I) beruhen.

Wie in der Abbildung angedeutet, ist ein Vorteil der klinisch psychoanalytischen Forschung, dass ihre Theorien ständig in der klinischen Praxis durch eine Vielzahl von einzelnen Psychoanalytikern überprüft und zur Diskussion gestellt werden, wohl ein Grund für die große Vielfalt der so genannten psychoanalytischen Konzeptforschung[5]. In den letzten Jahren ist zudem eine Flut von extraklinischer Forschung entstanden: Studien, die in empirischen Designs oder in interdisziplinären Studien psychoanalytische Konzepte weiter überprüfen und mit ihren Ergebnissen wiederum die psychoanalytische Konzeptforschung bereichern (vgl. dazu u.a. Leuzinger-Bohleber/Pfeifer 2002, 2006; Leuzinger-Bohleber/Roth/Buchheim 2008).

---

5 Als Konzeptforschung wird in der neueren psychoanalytischen Literatur jene Art der Forschung bezeichnet, die sich mit der Präzisierung, Weiterentwicklung, der Geschichte etc. von Konzepten in der Psychoanalyse beschäftigt (vgl. dazu Leuzinger-Bohleber/Dreher/Canestri 2003).

Für die Diskussion der folgenden Studien ist entscheidend, dass der zirkuläre Fluss der Erkenntnis, wie er vor allem die psychoanalytische Junktim-Forschung aber auch extraklinische Forschung kennzeichnet, uns dazu motiviert, von *theoriegeleiteter* Forschung zu sprechen, wenn wir psychoanalytische Theorien in einer interdisziplinären Studie zur Anwendung bringen. Die Anwendung von Theorien in interdisziplinären Studien bietet für die beteiligten Forscher und Forscherinnen die Chance, durch die Begegnung mit der fremden Disziplin, einen neuen, *verfremdenden* Blick auf die eigene Wissenschaft bzw. die eigenen Theorien zu werfen. Davon möchten wir anhand zweier exemplarischer Projekte berichten.

2. Theoriegeleitete, einzelfallbezogene Forschung[6]: Beispiele aus einer interdisziplinären, psychoanalytisch-pädagogischen Forschungspraxis

Die erste theoriegeleitete Studie wurde bereits vor einigen Jahren abgeschlossen und illustriert die interdisziplinäre Zusammenarbeit im Rahmen einer Studie, die wir als ethnopsychoanalytisch charakterisieren könnten.

2.1 Aufgewachsen in „zwei Deutschlands"

Problemstellung

In der empirisch-psychoanalytischen Studie „*Zukunftshoffnungen und Zukunftsängste von Kindern und Jugendlichen aus beiden Teilen Deutschlands – eine psychoanalytische Pilotstudie im pädagogischen Feld*", die wir im Herbst 1990 mit 180 Schülern aus den Jahrgangsstufen 2, 4 und 8 in Jena und Kassel durchführten, interessierte uns u. a. die Frage, wie Kinder und Jugendliche in Jena und Kassel die großen Veränderungen 1989/90 erlebt haben. Wir fragten uns, wie die Heranwachsenden auf die tiefgreifenden Umwälzungen reagierten, die auch uns Erwachsene in ein Wechselbad von Hoffnung und Sorge, Freude und Angst versetzten.

Theoretischer Hintergrund

Sehr früh im Laufe unserer Untersuchung sind wir auf die unterschiedliche, kollektive Frühsozialisation in der BRD und der DDR im Bereich von Autonomie- und Beziehungsfähigkeit gestoßen. Daraufhin haben wir unsere Beobachtungen mit Hilfe psychoanalytischer Theorien zur Autonomie- und Identitätsentwicklung zu verstehen versucht. Wir haben sowohl Konzepte und Theorien der „klassisch-psychoanalytischen" Entwicklungstheorie (z. B. das Konzept der analen Phase) als auch spätere Studien, die z. B. von Margaret Mahler und ihren Mitarbeitern durchgeführt wurden und in ihrer

---

6 Vgl. dazu auch Brügelmann 1982; Fischer 1982, 1989; Flick 1990; Leuzinger-Bohleber 1987, 1990; Stuhr/Deneke 1993; Leuzinger-Bohleber 2009.

Theorie der Individuation und Separation mündeten, als auch den aktuellen Diskurs zwischen der Psychoanalyse und der neuen Säuglingsforschung eingezogen. Die Untersuchungen von Stern (1985) weisen z. B. auf frühe Vorläufer der Autonomieentwicklung hin, die schon im ersten Lebensjahr zu beobachten sind (vgl. seine verschiedenen Stadien der Selbstentwicklung) und von uns bei der Interpretation unserer Beobachtungen herangezogen wurden (vgl. Leuzinger-Bohleber/Garlichs 1993; Garlichs/Leuzinger-Bohleber 1999; vgl. dazu auch Köhler 1990; Fonagy 2008; Leuzinger-Bohleber 2009).

Diese theoretischen Überlegungen dienten uns als Folie, um unsere empirischen, einzelfallbezogenen Beobachtungen mit Faktoren der kollektiven Früherziehung in beiden deutschen Staaten in Verbindung zu setzen und dadurch sowohl Phänomene bei einzelnen Kindern und Jugendlichen als auch charakteristische Unterschiede zwischen den Schülerinnen und Schülern in Ost und West theoriegeleitet, integrativ und einzelfallbezogen zu interpretieren.

Methodisches Vorgehen

Methodisch wurde mit einem breit gefächerten Instrumentarium vorgegangen (siehe folgende Seiten).

	Übersicht über das Design					
	Jena Bertolt-Brecht-Schule			Kassel Herkules-Schule/ Offene Schule Waldau		
	2. Kl.	4. Kl.	8. Kl.	2. Kl.	4. Kl.	8. Kl.
Zeichenaktion „Traumreise in die Zukunft"	××	××	×	×	×	××
Einzelgespräche zu den Zeichnungen	××	××	××	×	×	××
Schwarzfuß-Test	××	××	×	×	×	××
Schüler-Aufsatz „Ein Tag, wenn ich 35 bin ..."	××	××	×	×	×	××
Gießener Beschwerdebogen für Kinder und Jugendliche	(××)	××	×	(×)	×	××
Psychoanalytische Tiefeninterviews	××	××	××	×	×	××

Erläuterung: × = durchgeführt in einer Klasse mit je ca. 20 Schülern
  ×× = durchgeführt mit zwei Klassen
  ( ) = exemplarische Durchführung

Abb. 2: Forschungsdesign

Um den Schülern nicht unsere eigenen Zukunftsvisionen zu suggerieren, war es uns wichtig, sie zu ganz persönlichen Phantasien über ihre Zukunft anzuregen. Daher führten wir als meditativen Einstieg eine *Traumreise in die Zukunft* durch. Anschließend gestalteten die Kinder in einer Zeichnung, wie sie sich die Welt vorstellen, wenn sie erwachsen sind, und erläuterten in *Tiefeninterviews* diese Zukunftsphantasien detailliert. Außerdem sprachen wir mit ihnen über ihre momentane familiäre Situation, Eindrücke des letzten Jahres, ihre persönlichen Wünsche und Sorgen für die Zukunft etc. Ergänzend wurde in den 2. und 4. Schuljahren ein *projektives Testverfahren* durchgeführt (der Schwarzfuß-Test, SFT) und der *Gießener Beschwerdebogen* zur Erfassung psychosomatischer Befunde ausgefüllt. Zudem fanden intensive *Lehrergespräche* zur schulischen, familiären und sozialen Situation der Kinder und Jugendlichen statt. (Für die Auswertungsprobleme verweisen wir auf unsere Ausführungen u.a. zur Indikatorenforschung an anderer Stelle (Leuzinger-Bohleber/Garlichs 1993, S. 37f.).)

Einige Ergebnisse

Das eindrücklichste Ergebnis unserer Studie ist, dass sich einmal mehr die psychoanalytische und pädagogische Erfahrung bestätigt, dass *Kinder und Jugendliche oft sensibler gesellschaftliche Prozesse wahrnehmen und zukünftige Gefahren erahnen als Erwachsene.* (vgl. dazu Leuzinger-Bohleber/ Garlichs 1993) Als globaler Trend der Untersuchung zeigte sich, dass sich die beiden unterschiedlichen Gesellschaftssysteme in der BRD und der DDR institutionelle Formen der Frühsozialisation geschaffen hatten, die – mit großer Wahrscheinlichkeit – jene Menschen hervorgebracht haben, die das jeweilige System brauchte: hochindividualistische, konkurrenzfähige Individuen im spätkapitalistischen Westen, ins Kollektiv sich einfügende, in ihrer Eigeninitiative oftmals gebremste, zu solidarischem Verhalten bereite Menschen im Osten. Auf beiden Seiten gibt es spezifische gesellschaftlich geprägte Stärken und Defizite im Autonomie- und Beziehungsbereich, die – allerdings in verhüllter Form psychischer Tiefenstrukturen bei einzelnen Menschen in Ost und West – wohl noch lange unbemerkt ihre Wirkung entfalten können, wie die letzten beiden Jahrzehnte und einige neuere Studien gezeigt haben (vgl. dazu u.a. Israel/Kerz-Rühling 2008)

Angesichts der zzt. vehement geführten Diskussion um die Ausweitung der Frühbetreuung von Kindern (teilweise mit idealisierendem Rückblick auf den diesbezüglichen institutionellen Wohlstand in der früheren DDR) erscheint es uns wichtig, nicht allein die Zahl der Betreuungsplätze und Einrichtungen zu erhöhen, sondern gleichzeitig die Qualität der Betreuung im Sinne einer identitätsstärkenden Pädagogik zu reflektieren.

2.2 Frankfurter Präventionsstudie[7]

Problemstellung

Angesichts der traumatisierenden Erfahrungen, denen ein Teil der Kinder sehr früh und oft kontinuierlich ausgesetzt ist, und angesichts der schwerwiegenden Folgen bietet es sich sowohl für Erziehungswissenschaftler als auch für Psychoanalytiker an, Konzepte für eine frühe Gewaltpräventionen zu entwickeln und zu untersuchen. Die Erprobung einer solchen interdisziplinären frühen Gewaltprävention durch Förderung von sozialem Lernen sowie der sozialen Integration von Kindern aus Randgruppen gehörte zu den Zielen der Frankfurter Präventionsstudie (vgl. dazu auch Leuzinger-Bohleber/Brandl/ Hüther 2006; Leuzinger-Bohleber et al. 2008).[8]

Theoretischer Hintergrund

Sowohl aggressiv-destruktives als auch hyperaktives, unkonzentriertes Verhalten beruht oft auf einer mangelhaft ausgebildeten inneren Regulationsfähigkeit von Affekten, Phantasien und Impulsen sowie der Mentalisierungs- und Symbolisierungsfähigkeit, die meist in Zusammenhang mit Mängeln oder Pathologien in den frühen Objektbeziehungen stehen. So belegen neuere Studien der empirischen Bindungsforschung, dass eine hohe Kontinuität von aggressivem Verhalten vor allem bei den ca. 3 % desorganisiert gebundenen Kindern besteht. In anderen Worten: Zeigen Dreijährige schon auffallend aggressiv-destruktives Verhalten in der Trennungssituation vom Primärobjekt, ist die Wahrscheinlichkeit sehr hoch, dass sie ihr aggressiv-destruktives Verhalten auch in späteren Entwicklungsphasen, besonders in der Adoleszenz, beibehalten (vgl. u. a. Fonagy 2008; Leuzinger-Bohleber u. a. 2008). – Gleichzeitig zeigen vor allem kindertherapeutische Erfahrungen, dass solche Störungen der inneren Regulationsfähigkeit im Kindergartenalter noch mit relativ geringem Aufwand gemildert oder sogar korrigiert werden können.

---

7 Die Frankfurter Präventionsstudie wurde 2003-2006 von einer großen Gruppe von Forschern und Therapeuten getragen: Leitung: Marianne Leuzinger-Bohleber, Gerald Hüther und Angelika Wolff. Verantwortliche für die Datenerhebung und das Design: Yvonne Brandl, Stephan Hau und Bernhard Rüger. Psychologische und pädagogische MitarbeiterInnen: Lars Aulbach, Betty Caruso, Katrin-Marleen Einert, Oliver Glindemann, Gerlinde Göppel, Paula Hermann, Pawel Hesse, Jantje Heumann, Gamze Karaca, Julia König, Jochen Lendle, Alex Schwenk, Adelheid Staufenberg, Sibylle Steuber, Christiane Uhl, Judith Vogel, Christina Waldung, Lisa Wolff. Zudem engagierten sich Kinder- und JugendlichentherapeutInnen des Instituts für Analytische Kinder- und Jugendlichenpsychotherapie (IAKJP) als TherapeutInnen und/oder SupervisorInnen in der Studie. Wir danken ihnen allen für ihr Engagement und ihre Mitarbeit.

8 Institutionell wurde die Studie von der Universität Kassel und dem Sigmund-Freud-Institut, Frankfurt in enger Kooperation mit dem Institut für Analytische Kinder- und Jugendlichenpsychotherapie und dem Städtischen Schulamt getragen. Sie wurde vorwiegend von der Zinnkan Stiftung sowie der Research Advisory Board der International Psychoanalytical Association, der Hertie Stiftung und der Polytechnischen Gesellschaft gefördert.

Methodische Überlegungen

In dieser Studie ging es einerseits darum, die Wirksamkeit eines ganzheitlichen Gewaltpräventionsprogramms anhand eines (quantitativ) statistisch fundierten Designs nachzuweisen. Andererseits war es ein Anliegen der Studie mit qualitativen Einzelfallstudien aufzuzeigen, dass sowohl gewalttätiges als auch hyperaktives Verhalten von Kindern ganz unterschiedliche Wurzeln haben mag.

Um für den angestrebten Wirksamkeitsnachweis eine repräsentative Stichprobe von rund n = 500 Kindern und eine ebenso große Vergleichsstichprobe von rund n = 500 Kindern aus je 14 Städtischen Kindertagesstätten ziehen zu können, wurde im Herbst 2003 eine Basiserhebung in allen Städtischen Kindertagesstätten durchgeführt (n = 2.777 Kinder, 114 Einrichtungen). In der Studie wurde die Hypothese überprüft, ob durch ein zweijähriges ganzheitliches, psychoanalytisches und pädagogisches (nicht medikamentöses) Präventions- und Interventionsprogramm die Anzahl der Kinder mit psychosozialen Integrationsstörungen (insbesondere mit „ADHS") im ersten Schuljahr statistisch signifikant gesenkt werden kann.[9]

Das Präventions- und Interventionsprogramms in den 14 zufällig ausgewählten Kindertagesstätten bestand aus verschiedenen Bausteinen: vierzehntägigen Supervisionen durch erfahrene Supervisorinnen und Supervisoren, wöchentlichen psychoanalytisch-pädagogischen Angeboten durch Mitarbeiter/-innen der Studie, intensiver Elternarbeit, psychoanalytischen Einzeltherapien für therapiebedürftige Kinder sowie dem Gewaltpräventions-

---

9 Wir finden es alarmierend, dass in Deutschland schätzungsweise 150 000 Kindergarten- und Grundschulkinder mit der Diagnose ADHS regelmäßig Psychostimulanzien wie Ritalin einnehmen, oft ohne vorherige adäquate kinderpsychiatrische oder kinderärztliche Untersuchung. Obschon eine medikamentöse Behandlung – nach sorgfältiger ärztlicher und psychologischer Untersuchung – in Einzelfällen angezeigt sein mag, stimmt die rasante Zunahme der Medikamentenvergabe (Verbrauch von 34 Kilogramm 1993 auf 1221 Kilogramm 2006, Zunahme um 3591%) nachdenklich. Um das Hauptergebnis der qualitativen Teile der Studie vorwegzunehmen: Es hat sich gezeigt, dass sich sehr verschiedene Probleme und Kinderschicksale hinter der Diagnose „ADHS" verbergen können: hirnorganische Probleme, emotionale Frühverwahrlosungen, erlittene Traumatisierungen der Kinder oder ihrer Eltern, nicht verarbeitete Verluste eines Elternteils, Hochbegabung oder kulturelle bzw. institutionelle Anpassungsprobleme (vgl. Leuzinger-Bohleber/Staufenberg/Fischmann 2007). Mit der hoch wirksamen Vergabe von z. B. Ritalin verschwinden die unterschiedlichen Hintergründe dieser Störung aus dem Blickfeld und werden dann, obwohl dies indiziert wäre, auch nicht angemessen psychotherapeutisch behandelt. Zudem sind die langfristigen Auswirkungen einer medikamentösen Behandlung über die bekannten Nebenwirkungen (Appetitmangel, Schlafstörung) hinaus bis heute kaum bekannt. Mahnende Stimmen warnen vor möglichen Spätfolgen des frühen chemischen Eingriffs in das sich entwickelnde Gehirn. Bedenkenswert erscheint uns dabei auch das Risiko psychischer „Nebenwirkungen": Bei Kindern, die täglich die Erfahrung machen, dass sie nur mit Hilfe eines Medikaments für ihre Umwelt erträglich sind, können die ohnehin schwachen Fähigkeiten, sich selbst zu regulieren, eine systematische weitere Schwächung erfahren.

programm „Faustlos", das in allen Kindertagesstätten durchgeführt wurde. Falls notwendig wurde mit dem Sozial- und Jugendamt sowie der Waisenhausstiftung zusammengearbeitet.

Einige Ergebnisse

Quantitative Teilstudie[10]

Wie die folgende Abbildung zeigt, können wir unsere Haupthypothese durch einen Vergleich der Interventions- mit der Kontrollgruppe belegen. Als Hauptkriterium diente der postulierte Rückgang von Aggressivität auf der Döpfner Skala (VBV)[11]. Aggression (Skala 1) ist die wichtigste Variable, wenn wir soziale Anpassungsfähigkeit betrachten. Lebhafte („hyperaktive") Kinder können sowohl im Kindergarten als auch in der Grundschule belebende Elemente darstellen und die Gruppe mit ihrer Phantasie und Lebendigkeit befruchten, falls sie sich nicht gleichzeitig übermäßig in aggressive Auseinandersetzungen mit anderen Kindern oder den Erwachsenen verwickeln.

Dieses Ergebnis ist insofern erstaunlich, als es sich bei unserer Präventionsstudie um eine Feldstudie und nicht um eine experimentelle „Laborstudie" handelt, d.h. eine Studie, bei der mit vielen intervenierenden Variablen zu rechnen ist. Dass sich dennoch statistisch nachweisen lässt, dass sich die Kinder der Interventionsgruppe bezüglich ihres aggressiven Verhaltens signifikant von jenen der Kontrollgruppe unterscheiden, zeigt, dass das nicht medikamentöse, psychoanalytisch-pädagogische Präventionsprogramm die soziale Integration verbessern kann. Diese Veränderungen sind besonders deutlich bei den extrem sozial auffälligen Kindern zu beobachten (zu weiteren Ergebnissen siehe u.a. Leuzigner-Bohleber/Staufenberg/Fischmann 2007).

Aggressivität

$N_{Präv} = 186$; $N_{Kon} = 192$
Zeit*Gruppe: $F = 3,7$; $p = ,021$*

Der Unterschied zwischen der Präventionsgruppe und der Kontrollgruppe ist statistisch signifikant.

---

10 Wir danken Dr. Tamara Fischmann für die statistischen Auswertungen der Daten.
11 Der VBV 3-6 umfasst 4 Skalen, die auf der Basis einer Faktoren- und Trennschärfeanalyse gebildet wurden. Skala 1: oppositionell-aggressives Verhalten; Skala 2: Hyperaktivität versus Spieldauer; Skala 3: sozial-emotionale Kompetenzen und Skala 4: emotionale Auffälligkeiten (vgl. Döpfner u.a. 1993).

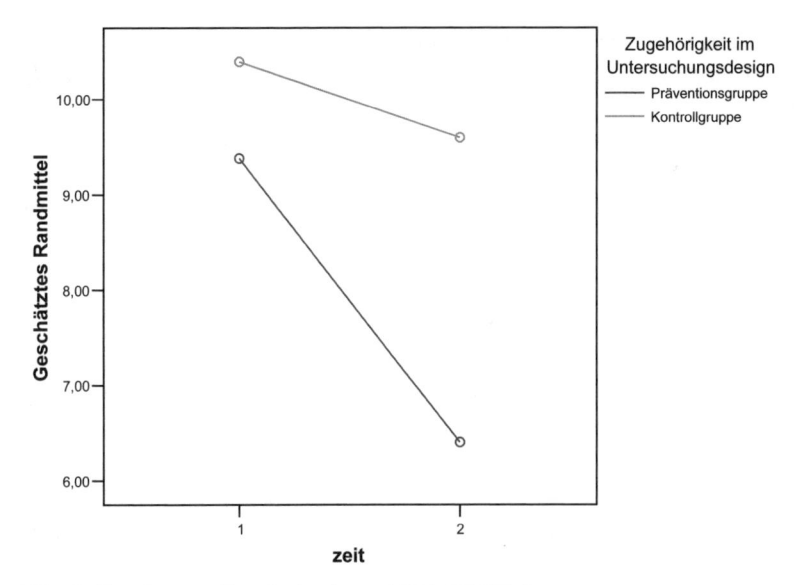

Abb. 3: Geschätztes Randmittel von MEASURE_1

Qualitative Teilstudie

So wichtig (auch bezogen auf politische Überlegungen) diese quantitativen Ergebnisse sind, bezogen auf eine detailliertere, theoriebezogene Ursachenanalyse von aggressivem, ängstlichem und hyperaktivem Verhalten sind sie wenig ergiebig. Daher ergänzten wir auch in dieser Studie die quantitativen Untersuchungsanteile mit qualitativen Einzelfallstudien (Leuzinger-Bohleber/Staufenberg/Fischmann 2007).

a) Die Einzelfallstudien konnten u. a. eindrücklich zeigen, wie weit die „soziale Schere" auch hier in Frankfurt auseinanderklafft. In manchen Kindertagesstätten finden wir fast ausschließlich Kinder, denen es wahrscheinlich so gut geht, wie noch kaum einer Kindergeneration vor ihnen: hoch geliebt und gefördert von empathischen, verständnisvollen Eltern, die ihnen eine sichere und geborgene Kindheit bieten können. In anderen Einrichtungen haben wir bis zu 30% Kinder, die am Rande unserer Gesellschaft leben, deutsche Kinder und Kinder aus den 57 Nationen, die 2003 die 14 KiTas in Frankfurt besuchten. In allen KiTas finden wir einzelne Kinder, die durch Krankheit, Verlust von nahen Bezugspersonen oder durch familiäre Gewalt, dramatisch verlaufende Scheidungen, Flucht und Emigration in ihren ersten drei Lebensjahren schwere Traumatisierungen erlebt haben und daher schon in diesem frühen Alter keine sicheren Bindungsmuster aufbauen konnten.

Drei kurze anonymisierte Beispiele aus unserer Studie sollen dies illustrieren:
Johann lebt mit einer Mutter, die mehrmals psychiatrisch hospitalisiert worden war, die Familie immer wieder verlässt und unfähig ist, ihr Kind körperlich zu berühren. Sein Vater ist soeben arbeitslos geworden und

körperlich schwer krank. Er kämpft verzweifelt darum, dass nicht auch noch sein viertes und letztes Kind in einem Heim untergebracht werden muss.

Ali hat kürzlich ein anderes Kind, schwer verletzt (er tritt Kinder in den Bauch, haut ihnen besinnungslos auf den Kopf, spuckt und beißt). Er lebte eineinhalb Jahre auf der Straße in einem Kriegsgebiet und spricht, wie seine vermutlich traumatisierte Mutter, kaum ein Wort Deutsch.

Sebastian, der sich wegen seines aggressiven Verhaltens für die KiTa als kaum tragbar erweist, ist der fünfjährige Sohn einer 19-jährigen, allein erziehenden und alkoholkranken Mutter, für die er das „Ein und Alles" ist. – Sie gehört zu den 13,5 % der Menschen hier in Deutschland, die nach dem eben erschienenen Bericht der Armutskommission der Bundesregierung unter der Armutsgrenze leben.

b) Ein weiteres wichtiges Ergebnis der Studie ist, dass alle Teams (mit einer Ausnahme) sich im Sommer 2006 eine Fortsetzung der psychoanalytischen Supervisionen wünschten, die meisten auch eine Fortsetzung der wöchentlichen Unterstützung durch die speziell geschulten Psychologinnen und Psychologen in den Kindertagesstätten.

c) Eine offene Frage unseres Projektes war, ob es uns gelingen wird, Kindergartenkinder aus bildungsfernen Schichten, die dringend psychotherapeutische Hilfe benötigen, aber kaum die Schwelle zum niedergelassenen Therapeuten oder einer Ambulanz finden, durch unser Angebot zu erreichen. Inzwischen ist es gelungen, bei 17 solcher Kinder eine Therapie einzuleiten. Bei acht weiteren Kindern waren die Eltern nicht bereit, therapeutische Hilfe anzunehmen. Nach den Werten des Döpfner Fragebogens für Erzieher und Eltern, des Conners-Wells-Fragebogen für Eltern und Lehrer und den beiden Child Behaviour Check Lists (CBC) für Eltern und Lehrer sowie zwei weiteren unabhängigen Beobachtern zeigen die meisten dieser Kinder hyperaktive Störungen nach ICD-10. Die Wirksamkeit der analytischen Psychotherapien wird zzt. in einer Folgestudie noch eingehender untersucht[12].

Die theoriegeleiteten Fallstudien erlaubten einen differenzierten Einblick in die verschiedensten biographischen Hintergründe, die zur gleichen hyperaktiven Symptomatik geführt hatten, d.h. sie ermöglichten Einsichten, die nicht durch die quantitativen Vorgehensweisen zu gewinnen waren (vgl. dazu Leuzinger-Bohleber u. a. 2008).

---

12 Zudem können wir im Rahmen des LOEWE Exzellenzprogramms des Landes Hessen zusammen mit dem Deutschen Institut für Internationale Pädagogik (M. Hasselhorn, E. Klieme u. a.) und der Goethe Universität (A. Gold, G. Krummheuer u. a.) im Rahmen des IDeA Projektes (Centre for Research in Individual Development and Adaptive Education of Children at Risk) die Präventionsstudie in modifizierter Form weiterführen.

3. Abschließende Überlegungen

Die beiden Beispiele können zwei verschiedene Möglichkeiten illustrieren, wie sich Forscher und Forscherinnen in interdisziplinären empirischen Studien von psychoanalytischen Theorien leiten lassen. Beim ersten Beispiel, der Studie über „Zukunftshoffnungen und -ängste bei Kindern und Jugendlichen in beiden Teilen Deutschlands", haben wir eine aktuelle Problematik aufgegriffen, an die wir uns nur im Rahmen einer *Pilotstudie* wissenschaftlich angenähert haben. Die theoretische Durchdringung der vielen miteinander verwobenen Fragen konnte erst im Laufe der Untersuchung geschehen. Zum Beispiel stießen wir erst während der Durchführung der Untersuchung und bei den ersten Auswertungsschritten auf die zentrale Bedeutung der frühen Autonomie- und Selbstentwicklung, um auffallende Unterschiede bei den untersuchten Aufwachsenden in den beiden deutschen Ethnien besser zu erklären. Daher konnten wir auch erst nach diesem Zeitpunkt geeignete psychoanalytische Konzepte (aus der „klassisch-psychoanalytischen" Entwicklungstheorie und aus der Neuen Säuglingsforschung) zur systematischen Reflexion unserer Daten beiziehen. *Das probeweise Anwenden solcher psychoanalytischer Konzepte auf die Fallstudien und die Interpretation der empirischen Daten war eine faszinierende interdisziplinäre und produktive Forschungserfahrung.*

Im zweiten Beispiel schließlich bezogen wir uns – im Hinblick auf Hypothesen zur Entstehung desintegrativen (aggressiven und hyperaktiven) Verhaltens – auf einen jahrelangen intensiven Dialog zwischen der Psychoanalyse und den Neurowissenschaften zur Frühentwicklung und ihrer Störungen (vgl. dazu u.a. Leuzinger-Bohleber/Roth/Buchheim 2008). *Dieser theoretische Hintergrund* leitete uns sowohl bei der Konzeptualisierung des Designs als auch bei Folien, auf denen wir die beobachtbaren Veränderungen der einzelnen Kinder reflektierten. Zudem erlaubte die Repräsentativität der Stichprobe die Einzelfallstudien mit den Ergebnissen der quantitativen Analysen in stringenterer Weise in Beziehung zu setzen und sowohl die Ergebnisse der qualitativen als auch der quantitativen Analysen wiederum mit unseren interdisziplinären Entwicklungstheorien in Beziehung zu setzen (ausführlich dazu in Leuzinger-Bohleber 2008), ein Licht auf Bedingungen und Möglichkeiten pädagogischen Handelns zu werfen.

Eine zentrale Gemeinsamkeit beider Projekte ist, dass wir hinter manifesten (direkt beobachtbaren) Phänomenen (z.B. Verhaltensweisen von Kindern) latente Sinnstrukturen und Bedeutungszusammenhänge aufspüren, die Aufschluss über die Bedeutung der jeweiligen Problematik beim Individuum geben können sowie einen Einblick in Entstehungszusammenhänge und Veränderungsmöglichkeiten vermitteln. An dieser Stelle trifft sich das psychoanalytische Forschungsinteresse mit dem pädagogischen. In beiden Disziplinen geht es um mehr als Oberflächenphänomene. Das Erkennen von Tiefenstrukturen führt zu Interpretationen, die auch im pädagogischen Handlungskontext hilfreich sind. Wie wir zu diskutieren versuchten, durchlaufen die (vorwiegend unbewussten) zirkulären Wahrnehmungs- und Erkenntnisprozesse des pädagogischen und des psychoanalytischen Forschers teilweise analoge Stadien, wenn einzelfallspezifische Beobachtungen in Konzepten und Theorien generalisiert werden sollen. Dabei bleibt allerdings ein Anliegen, die Idiosynkrasie des Subjekts, das heißt die unverwechselbare, einmalige Besonderheit von Personen, bei der Theoriebildung in diesen angewandten Wissenschaften nicht zu verleugnen. Die daraus resultierende Spannung sollte daher in beiden Disziplinen nicht harmonisiert, sondern reflektiert und ausgehalten werden.

Pädagogisch-psychoanalytische Forschung respektiert die Einzigartigkeit unwiederholbarer Lebensgeschichten und versucht gleichzeitig die Fülle und Vielgestaltigkeit verschiedener Entwicklungsverläufe auf strukturelle Gemeinsamkeiten zu beziehen. Sie geht davon aus, dass Forschung und Theoriebildung immer Versuche der Annäherung bleiben, die nie ganz an ihr Ende kommen. Menschen sind „nicht festgestellte Wesen" (Gehlen), die sich in jeder neuen familiären, sozialen, kulturellen und historischen Situation ein Stück weit neu konstituieren. Der Beitrag der Forschung, gerade auch über detaillierte, theoriegeleitete Fallstudien, kann sein, in spezifischen Ausschnitten diesen (zirkulären, nie endenden) Konstitutionsprozess zu rekonstruieren und theoretisch zu konzeptualisieren. Diese Forschung steht im Dienste einer Pädagogik des Dialogs, deren Ziel es ist, die Subjekte in ihrer sowohl individuell als auch gesellschaftlich bedingten Lebenssituation im realen Lebenskontext zu verstehen, zu stärken sowie ihre Identitätsentwicklung zu fördern.

Literatur

Brügelmann, Hans 1982: Fallstudien in der Pädagogik. In: Z.f.Päd. 28. 4. S. 609-623.
Deutsche Psychoanalytische Vereinigung (DPV) 2008: Memorandum der DPV zum Krippenausbau in Deutschland. Psyche – Z Psychoanal 62. S. 202-205.
Döpfner, Manfred/Walter Berner/Thomas Fleischmann/Martin Schmidt 1993: Verhaltensbeurteilungsbogen für Vorschulkinder. Göttingen.
Faller, Hermann/Jörg Frommer (Hg.) 1994: Qualitative Psychotherapieforschung. Grundlagen und Methoden. Heidelberg.
Fischer, Dietlind (Hg.) 1982: Fallstudien in der Pädagogik. Aufgaben, Methoden und Wirkungen. Konstanz.
Fischer, Gottfried 1989: Dialektik der Veränderung in Psychoanalyse und Psychotherapie. Modell, Theorie und systematische Fallstudie. Heidelberg.
Flick, Uwe 1990: Fallanalysen: Geltungsbegründung durch Systematische Perspektiven-Triangulation. In: Jüttemann, Gerd (Hg.): Komparative Kasuistik. Heidelberg. S. 184-204.
Fonagy, Peter 2008: Psychoanalyse und Bindungstrauma unter neurobiologischen Aspekten. In: Leuzinger-Bohleber, Marianne/Gerhard Roth/Anna Buchheim (Hg.): Trauma im Fokus von Psychoanalyse und Neurowissenschaften. Stuttgart. S. 132-149.
Freud, Sigmund 1927: Nachwort zur Frage der Laienanalyse. GW XIV. S. 287-296.

Fürstenau, Peter 1977: Über die politische Relevanz psychoanalytischer Praxis. In: Gruppendynamik 1/1977. S. 49-65.

Garlichs, Adriane/Marianne Leuzinger-Bohleber 1999: Identität und Bindung. Die Entwicklung von Beziehungen in Familie, Schule und Gesellschaft. Weinheim.

Habermas, Jürgen 1968: Technik und „Wissenschaft" als Ideologie. Frankfurt/M.

Hampe, Michael 2000: Pluralismus der Erfahrung und Einheit der Vernunft. In: Hampe, Michael/Maria-Sibylla Lotter (Hg.): „Die Erfahrungen, die wir machen, sprechen gegen die Erfahrungen, die wir haben". Über Formen der Erfahrung in den Wissenschaften. Berlin. S. 27-39.

Hampe, Michael/Maria-Sibylla Lotter (Hg.) 2000: „Die Erfahrungen, die wir machen, sprechen gegen die Erfahrungen, die wir haben". Über Formen der Erfahrung in den Wissenschaften. Berlin.

Hastenteufel, Paul 1980: Fallstudien aus dem Erziehungsalltag. Bad Heibrunn.

Heinzel, Friederike 2006: Lernen am schulischen Fall. Wenn Unterricht zum kommunizierbaren Geschehen wird. In: Cloos, Peter/Werner Thole (Hg.): Ethnografische Zugänge. Professions- und adressatenbezogene Forschung im Kontext von Pädagogik. Wiesbaden. S. 35-47.

Israel, Agathe/Ingrid Kerz-Rühling (Hg) 2008: Krippen-Kinder in der DDR. Frankfurt/M.

Jüttemann, Gerd (Hg.) 1990: Komparative Kasuistik. Heidelberg.

Köhler, Lotte 1990: Neuere Ergebnisse der Kleinkindforschung. Ihre Bedeutung für die Psychoanalyse. In: Forum der Psychoanalyse. 6. S. 32-51.

Körner, Jürgen 1985: Vom Erklären zum Verstehen in der Psychoanalyse. Göttingen.

Körner, Jürgen 1990: Die Bedeutung kasuistischer Darstellungen in der Psychoanalyse. In: Jüttemann, Gerd (Hg.): Komparative Kasuistik. Heidelberg. S. 93-104.

Leithäuser, Thomas/Thomas Bender 1985: Vorwort zu Jahoda, Marie: Freud und das Dilemma der Psychologie. Frankfurt/M.

Leuzinger-Bohleber, Marianne 1987/1989: Veränderung kognitiver Prozesse in Psychoanalysen. Bd. 1: Eine hypothesengenerierende Einzelfallstudie. Bd 2: Veränderung kognitiver Prozesse in Psychoanalysen. Fünf aggregierte Einzelfallstudien. Berlin.

Leuzinger-Bohleber, Marianne 1990: „Komparative Kasuistik" in der Psychoanalyse? In: Jüttemann, Gerd (Hg.): Komparative Kasuistik. Heidelberg. S. 104-122.

Leuzinger-Bohleber, Marianne 1995: Die Einzelfallstudie als psychoanalytisches Forschungsinstrument. In: Psyche – Zeitschrift für Psychoanalyse 49. 5. S. 434-480.

Leuzinger-Bohleber, Marianne 2007: Forschende Grundhaltung als abgewehrter „common ground" von psychoanalytischen Praktikern und Forschern? Psyche – Zeitschrift für Psychoanalyse 61. S. 966-994.

Leuzinger-Bohleber, Marianne 2009: Trauma. Embodiment und soziale Desintegration. Zur Psychoanalyse der Frühprävention. Stuttgart.

Leuzinger-Bohleber, Marianne/Yvonne Brandl/Gerald Hüther (Hg.) 2006: ADHS-Frühprävention statt Medikalisierung. Theorie, Forschung, Kontroversen. Göttingen.

Leuzinger-Bohleber, Marianne/Anna Ursula Dreher/Jorge Canestri (Hg.) 2003: Pluralism and Unity? Methods of Research in Psychoanalysis. London.

Leuzinger-Bohleber, Marianne/Tamara Fischmann 2006: What is conceptual research in psychoanalysis? International Journal of Psychoanalysis. 87. S. 1355-1386.

Leuzinger-Bohleber, Marianne/Ariane Garlichs 1993: Früherziehung West – Ost. Zukunftserwartungen, Autonomieentwicklung und Beziehungsfähigkeit von Kindern und Jugendlichen. München.
Leuzinger-Bohleber, Marianne/Rolf Pfeifer 2002: Remembering a depressive primary object? Memory in the dialogue between psychoanalysis and cognitive science. In: International Journal of Psychoanalysis. 83. S. 3-33.
Leuzinger-Bohleber, Marianne/Rolf Pfeifer 2006: Recollecting the past in the present. Memory in the dialogue between psychoanalysis and cognitive science. In: Mancia, Mauro (Hg.): Psychoanalysis and Neuroscience. Milan u. a. S. 63-95.
Leuzinger-Bohleber, Marianne/Gerhard Roth/Anna Buchheim (Hg.) 2008: Trauma im Fokus von Psychoanalyse und Neurowissenschaften. Stuttgart.
Leuzinger-Bohleber, Marianne/Adelheid Staufenberg/Tamara Fischmann 2007: ADHS – Indikation für psychoanalytische Behandlungen? Einige klinische, konzeptuelle und empirische Überlegungen ausgehend von der Frankfurter Präventionsstudie. In: Praxis der Kinderpsychologie und Kinderpsychiatrie 56. S. 356-385.
Leuzinger-Bohleber, Marianne/Ulrich Stuhr/Bernhard Rüger/Manfred Beutel 2002: „Forschen und Heilen" in der Psychoanalyse. Berichte und Ergebnisse aus einer repräsentativen Katamnesestudie. Stuttgart.
Leuzinger-Bohleber, Marianne/Ulrich Stuhr/Bernhard Rüger/Manfred Beutel 2003: How to study the ‚quality of psychoanalytic treatments' and their long-term effects on patients' well-being: A representative, multi-perspective follow-up study. In: International Journal of Psychoanalysis. 84. S. 263-290.
Leuzinger-Bohleber, Marianne/Tamara Fischmann/Gerlinde Goeppel/Katrin Luise Läzer/Christina Waldung 2008: Klinische und extraklinische Annäherungen an ADHS. Psyche – Zeitschrift für Psychoanalyse 62. S. 621-653.
Lorenzer, Alfred 1985: Spuren und Spurensuche bei Freud. In: fragmente. 17/18. S. 160-197.
Lorenzer, Alfred 1987: Zum Widerstandspotential der Psychoanalyse. In: fragmente. 19. S. 185-197.
Mertens, Wolfgang 1994: Psychoanalyse auf dem Prüfstand? Eine Erwiderung auf die Meta-Analyse von Klaus Grawe. Berlin.
Modell, Arnold H. 1984: Gibt es die Metapsychologie noch? Psyche – Zeitschrift für Psychoanalyse 38. S. 214-235.
Moser, Ulrich 1991: Vom Umgang mit Labyrinthen. Praxis und Forschung in der Psychoanalyse – eine Bilanz. Psyche – Zeitschrift für Psychoanalyse 45. S. 315-335.
Rosenfield, Israel 1988: The Intervention of Memory. A New View of the Brain. New York.
Roth, Gerald 1992: Neuronale Grundlagen des Lernens und des Gedächtnisses. In: Schmidt, Siegfried J. (Hg.): Gedächtnis. Frankfurt/M.
Steiner, Edmund 2004: Erkenntnisentwicklung durch Arbeit am Fall. Ein Beitrag zur Theorie fallbezogenen Lehrens und Lernens in Professionsausbildungen mit besonderer Berücksichtigung des Semiotischen Pragmatismus von Charles Sanders Peirce. Dissertation. Zürich. Online unter: http://www.dissertationen.unizh.ch/2005/steiner/abstract.html (Stand 04.07.07).
Stern, Daniel N. 1985: The interpersonal world of the infant. A view from psychoanalysis and developmental psychology. New York.
Strenger, Carlo 1991: Between Hermeneutics and Science. An Essay on the Epistemology of Psychoanalysis. New York.

Stuhr, Ulrich/Friedrich W. Deneke 1993: Die Fallgeschichte. Beiträge zu ihrer Bedeutung als Forschungsinstrument. Heidelberg.

Wurmser, Leon 1989: „Either-Or": Some Comments in Professor Grünbaum's Critique of Psychoanalysis. In: Psychoanalytic Inquiry. 9. S. 220-249.

Jutta Ecarius

Historische Sozialisationsforschung: Theoretische Bezüge, qualitative Verfahrensweisen und empirische Ergebnisse

Die Historische Sozialisationsforschung beschäftigt sich mit der wechselseitigen Vermittlung von Individual- und Gesellschaftsgeschichte (Cloer 1999). Sie hat sich dem Programm verpflichtet, die Verarbeitungsformen von Erlebnissen und Erfahrungen, den Aufbau der Person aus lebensgeschichtlicher Perspektive im Kontext der sozialen Welt sowie der historischen Strukturen und Kontexte zu rekonstruieren. Die Historische Sozialisationsforschung unterscheidet sich von der Historischen Bildungsforschung als Ideen- und Institutionengeschichte darin, dass sie historische Phänomene von Erziehung und Bildung aus der Perspektive ihrer Sozialisationsbedingungen und -muster analysiert, während die Historische Bildungsforschung die Geschichte von Erziehungs- und Bildungstheorien sowie von Bildungsinstitutionen und -systemen zum Gegenstand hat (vgl. Groppe 2008).

In einem ersten Schritt werden die theoretischen Grundlinien skizziert. Vor diesem Hintergrund werden dann methodische Ansätze der Historischen Sozialisationsforschung vorgestellt. In einem dritten Schritt werden exemplarisch empirische Felder aufgezeigt.

1. Theoretische Bezüge

Die Konstituierung einer Historischen Sozialisationsforschung ist eng verknüpft mit Entwürfen zur Individual- und Gesellschaftsgeschichte, die im 18. Jahrhundert mit der Aufklärung einsetzen (Herrmann 1991b). Die Vorstellung von Gesellschaft, die mit der Moderne als planbar und zeitlich strukturiert gedeutet wird (Koselleck 1989), verbindet sich mit einer Subjektvorstellung, die mit Annahmen von Rousseau und Kant sowie Schiller und Goethe die Erziehung und Bildung des Einzelnen/der Einzelnen in das Zentrum rückt. Die Aufklärungsbewegung ab dem 17. Jahrhundert ist eine Ära der Herausbildung des modernen Subjekts- und Persönlichkeitsbildes sowie der Theorien, in denen Freiheit und Gerechtigkeit, Mündigkeit und eine demokratische Legitimation von Herrschaft postuliert werden (Krüger 1995). Kant, der Dogmen und Traditionen, die Kirche und despotische Staaten kritisiert, plädiert für die Vernunft, das Ideal der Aufklärung, mit der der Mensch aus der selbstverschuldeten Unmündigkeit heraustreten soll. Neben einer Forderung nach einer Veränderung gesellschaftlicher Machtverhältnisse stärkt er den Gedanken der Erziehung. Langfristig setzt sich in der öffentlichen und privaten Erziehung eine Disziplinierung, Kultivierung und Zivilisierung durch, die durch eine inhaltlich moralisch gesetzte Erziehung zur Bildung als Selbstbildung ihre Zielbestimmung erhält (Kant 1963/1982).

Das Projekt Pädagogik, die Herausbildung des Subjekts und die Aufklärung als Epoche der Umwälzung von Kultur, Politik und der Lebensbedingungen sind eng miteinander verbunden. Die zunehmende sozialstrukturelle Differenzierung der modernen Gesellschaft hat eine zunehmende Individuierung des Subjekts (Durkheim 1977/1988) zur Folge. Stark differenzierte Gesellschaften benötigen Individuen, die sich aus sich selbst heraus definieren, über ein breites individuelles Rollenrepertoire verfügen und die Erfahrungen mit ihrem Gewordensein verknüpfen können. Die Maßstäbe, die herangezogen werden für Identitätskonstruktionen, sind zugleich solche der Weltkonstruktion (Leitner 1982, S. 70). Ist in der Zeit des Humanismus die klassische Biographie noch einzigartig, wird im Rahmen sozialer Differenzierung die Individualität eines Subjekts zum Produkt sozialer und psychischer Lebensumstände. Sozialisationsprozesse der Subjekte geben somit Auskunft über Gesellschaftlichkeit und ihre Strukturen, Normen und Werte sowie die sozialen Anforderungen und wirtschaftlichen Bedingungen. Das Subjekt als vergesellschaftetes Subjekt ist immer auch ein historisches Subjekt in seiner Sozialwelt.

Eine der Grundannahmen der Historischen Sozialisationsforschung ist, dass Individuum und Gesellschaft zwei nicht voneinander zu trennende Objektbereiche sind. Soziales Handeln kann generell nur im strukturierten Wandel begriffen werden (Elias 1976). Beide Bereiche, die Beziehungen der Individualstrukturen und die Gesellschaftsstrukturen sind als sich wandelnde, werdende und gewordene zu begreifen (Herrmann 1991b, S. 235). Mit dieser Perspektive entsteht die Frage, wie unter den jeweiligen historisch-konkreten Bedingungen Erziehung und Bildung gestaltet wurde, welche pädagogischen Konzepte und Erziehungsmuster angewendet wurden und wie die jeweiligen gesellschaftlichen Strukturen auf die Lern- und Bildungserfahrungen von Kindern und Jugendlichen wirkten, welche Bildungsprozesse in Gang gesetzt und welche behindert wurden? Welche Formen der Entfremdung, Überwachung und Bestrafung waren je nach Epoche vorherrschend und welche Spielräume gab es im Handeln? Diese Fragen sind fokussiert auf die Rekonstruktion und Analyse der Prozesse des Aufbaus der Person, der Ich-Werdung und Identitätsfindung einschließlich ihrer Brüche und Ambivalenzen (erste Schwerpunktsetzung). Es geht um „die Rekonstruktion und Analyse der Prozesse des Aufbaus von kognitiven und Verhaltensschemata, von Verarbeitungsformen von Erlebnissen und Erfahrungen, von Aktions- und Reflexionspotentialen, also Prozesse des Aufbaus der Person, des Ich-Selbst in seinem lebensgeschichtlichen Prozess" (Herrmann 1991b, S. 236). Im Mittelpunkt steht die Analyse der Subjektbildung und -formung. Von dort aus wird der sozialgeschichtliche Rahmen, werden die jeweiligen sozialen Milieus, die mentalitätsspezifischen Bedeutungen und kollektiven Verarbeitungsformen einbezogen. So hat Gippert (2005) Kindheit und Jugend untersucht und Muster der Identitätsbildung im Kontext von sozialistischen und konservativen Milieus in Danzig zwischen 1920 und 1933 analysiert.

Ein zweiter Schwerpunkt (Herrmann 1991b, S. 238) besteht in einer theoretischen Orientierung an dem Konzept der Generationen von Mannheim (1928), generationsspezifische Gefühlseinheiten von Altersgruppen zu betrachten, anhand derer sich Generationsgestalten und Muster des sozialen Wandels ablesen lassen. Die Historische Sozialisationsforschung analysiert Stile und Gemeinsamkeiten von Gruppen, die die kollektiven zeitlichen und räumlichen Erfahrungshorizonte verdeutlichen. Hierbei wird unterstellt, dass die individuellen Lebensgeschichten, die in Mentalitäten, Institutionen sowie geschlechts- und berufsspezifischen Lebensumständen eingebettet sind, sich mit denen anderer Biographien vergleichen lassen und auf diese Weise Kollektivschicksale bzw. typische Generationeneinheiten aufgezeigt werden können (vgl. Groppe 2004; Habermas 2000). Da jede Lebensgeschichte mit dem Gesellschaftlichen verbunden ist, gibt es kollektive Schicksale und gemeinsame Erfahrungen, so dass aus einem gemeinsamen Erfahrungshorizont, den man auch als Generationszusammenhang bezeichnen kann (Mannheim 1928), bestimmte gemeinsame lebensgeschichtliche Erfahrungen hervorgehen, die man typologisch dann in einem nächsten Schritt als Generationseinheiten bezeichnet. Es sind kleine Gruppen von Individuen, die in dem selben historischen Zeitraum leben und aufgrund ihrer Sozialisationsbedingungen in der Kindheit und Jugend ähnliche biographische Denk-, Wahrnehmungs- und Handlungsmuster entwickeln, so dass sie in bestimmten Bezügen Gemeinsamkeiten aufweisen. Diese Generationseinheiten können als generationsspezifische Subkulturen und lebenslaufbezogene Stile bezeichnet werden, die von kollektiven Mustern des Denkens, Handelns und Fühlen gekennzeichnet sind. Mit Generation wird die einzelne Biographie in den Kontext von psychosozialen und kulturellen Rahmenbedingungen gestellt und auf ihre identitätsstiftende und sozialisierende Kraft hin untersucht (vgl. → Bohnsack).

Nach Groppe (2008) gliedern sich gesamtgesellschaftliche Generationslagerungen in regional-, klassen- und gruppenspezifische Generationszusammenhänge auf, die sich in innerfamilialen Generationsprofilen widerspiegeln und dort über Erziehung und Bildung in alltägliche Lebenszusammenhänge transformiert werden. Anhand einer detaillierten Analyse der Unternehmerfamilie Colsman zeigt Groppe auf, wie in einem geographischen Raum des 17. und 18. Jahrhunderts durch Erziehung auf historisch-aktuelle Problemstellungen reagiert wird und Sozialisationsbedingungen für die jüngere Generation geschaffen werden, durch die in der Generation der ab 1796 geborenen Kinder erstmals Prozesse des Aufwachsens sichtbar werden, die von einer Adoleszenzkrise und einem Generationskonflikt geprägt sind (vgl. Groppe 2004).

Als dritte Schwerpunktsetzung sind Generationsbeziehungen (Ecarius 2001b) zu nennen. Mit der Geburt von Kindern, die von älteren Generationen zur Welt gebracht werden, entsteht eine generative Differenz, die gebürtliche Differenz (Wimmer 1998) zwischen Älteren, die Kinder gebären und solchen, die geboren werden. Die darin enthaltene individuelle Zeitlichkeit und die Lern- und Erfahrungsprozesse im biographischen Werden, die sich vor dem Hintergrund historischer Zeit vollziehen, umgreifen Leiblichkeit, Ethnizität, Sozialität und Geschlechtlichkeit. Diese Komplexität im historischen Geschehen führt zu unterschiedlichen Ich-Sichten und Ich-Wahrnehmungen. Nach Gebhardt stellen „sich in der frühkindlichen Erziehung und Sozialisation unausweichlich Fragen der Kontinuität und des Neuanfangs, Fragen der Weiterführung oder Veränderung von Sinnzuschreibungen" (2007, S. 241). Verdeutlicht hat Gebhardt dies mit einer Diskursanalyse von Erziehungsratgebern und sogenannten „Elterntagebüchern", in denen die ersten Entwicklungsschritte und Verhaltensweisen des Babys aufgezeichnet wurden und die auch für die ärztliche Betreuung genutzt wurden. So wurde in den 1920er Jahren die Vorstellung von der „Menschwerdung durch Gewöhnung" praktiziert, wobei das Kind als gefühllos und schmerzunempfindlich interpretiert wurde. Die Angewiesenheit der jüngeren Generation auf die ältere vollzieht sich somit durch den Filter kultureller Interpretationsmuster der Pflege, Fürsorge und Erziehung, die die junge Generation durch die ältere Generation – aufgrund der generativen Differenz – als Sozialisationsbedingungen erlebt. Die ältere Generation lässt Sozialität und Kulturalität in die Erziehung der nachkommenden Generation einfließen.

Darüber hinaus geht es der Historischen Sozialisationsforschung nicht nur um empirische Analysen, sondern sie erhebt den Anspruch, kritisch mit ihrer eigenen Methodologie, ihren gesellschafts- und subjekttheoretischen Ansätzen und ihren empirischen Erkenntnissen umzugehen. Sie ist wissenschafts- und erkenntniskritisch, ideologie-, methoden- und theoriekritisch (Herrmann 1991b, S. 237). Wissenschafts- und erkenntniskritisch ist sie, da sie über ihren Gegenstand danach fragt, inwiefern die eigenen Kategorien, die für die Analyse verwendet werden, selbst einen geschichtlichen Horizont haben und insofern Konstruktionen über Bildung und Erziehung enthalten. Sie stellt die Annahmen durch die empirische Forschung selbst zur Diskussion. Diesbezüglich ist sie zugleich erkenntniskritisch. Hinterfragt wird die Bedeutung von Ergebnissen und Annahmen, inwiefern bspw. das Subjekt über Lernen und Bildung in der Lage ist, aus prägenden Sozialisationserfahrungen herauszutreten oder nicht oder die Frage, ob Kindheitserfahrungen den späteren Lebensverlauf maßgeblich beeinflussen oder nicht. Zudem hat sie eine ideologiekritische Funktion. Die subjektiven Selbstdeutungen und das jeweilige Verständnis der Person in ihrem Bildungsprozess sind mit einem kritischen Blick zu analysieren und zu hinterfragen. Normen über die Gestaltung der Biographie sind in den Zusammenhang der Historie zu stellen und auf ihren Ideologiegehalt hin zu prüfen.

2. Methodologische Annahmen und Ansätze

Die qualitative Historische Sozialisationsforschung verwendet als Forschungsquellen vor allem Materialien wie Autobiographien, Briefe, Tagebücher, biographische Dokumente oder persönliche Essays (→ Klika). Die biographischen Dokumente geben Auskunft über das, was für die Einzelnen Lebenserfahrung, Lebensbewältigung, Emanzipation und Selbstverwirklichung oder auch Leiden und Scheitern bedeuten, welche Wege eingeschlagen werden, welche gesellschaftlichen Bedingungen prägend, unterstützend oder behindernd wirken und durch welche Ursachen Zusammenbrüche und Scheiternsprozesse hervorgerufen werden.

In der qualitativen Forschung kommt der Biographie eine besondere Bedeutung zu (→ Krüger, → Schulze). Das Subjekt ist Produzent von Selbstzeugnissen, biographischen Materialien, Dokumenten, Fotos und anderen autobiographischen Zeugnissen. Die Biographie ist „die Urzelle der Geschichte" (Dilthey 1927/1973, S. 246). Sie zeigt das Individuum „in dem Milieu, von dem es Einwirkungen empfängt und auf das es zurückwirkt" (Dilthey 1973, S. 246). Die Biographie enthält beides: die Einwirkungen der sozialen Umwelt auf das Subjekt und die Einwirkungen des Subjekts auf die soziale Umwelt. Durch das Erleben der Realität entstehen Auffassungen, die zu Kategorien gerinnen. Gegenwärtiges und Vergangenes wird durch eine gemeinsame Bedeutung zusammengehalten. Die Biographie enthält eine objektive Struktur und eine subjektive Verarbeitung. Aus dieser Perspektive ist die Biographie ein alltagsweltliches Konstrukt, „das die lebensweltliche Ambiguität vorgegebener Regelhaftigkeit und Emergenz gleichermaßen beinhaltet" (Fischer/Kohli 1987, S. 35). Biographie ist eine soziale Tatsache, die im Zuge der Modernisierung als gesellschaftliche Konstruktion zu einem für jede Person wirksamen Organisationsprinzip geworden ist (Dausien 2002). Die Verbindung von Struktur und Emergenz in Biographien führt zu strukturiertem und strukturierendem Handeln, Lernen und Sichbilden. „Biographien sind also immer beides zugleich: die besondere Lebensgeschichte einer Person und konkretes ‚Dokument' einer ‚allgemeinen' – im Sinn von kollektiv geteilten – gesellschaftlich-historischen Geschichte." (Alheit 2002, S. 223)

Die Historische Sozialisationsforschung lässt sich mit Annahmen der neueren ethnographischen Forschung (→ Friebertshäuser/Panagiotopoulou) erweitern, denn sie liefert mit ihren Theoretisierungen wertvolle Hinweise über die Perspektivität von und Zugangsweise mit qualitativen Materialien. Es geht um den Phänomenbereich gelebter und praktizierter Sozialität (Hirschauer/Amann 1997). Methodisch wird die ethnologische Leitdifferenz von Fremdem und Vertrautem apostrophiert, die als heuristisches Prinzip der Entdeckung von Unbekanntem dient. Unbekanntheit meint Unvertrautheit, wobei es nicht fremde Welten sind, sondern Situationen, Lebensbeschreibungen und alltägliche Erfahrungen in einer Gesellschaft. Das weitgehend Vertraute wird zum Fremden über einen methodischen Kunstgriff. Der Beobachter/die Beobachterin geht auf Distanz zu seinem/ihrem empirischen Feld. Mit der distanzierenden Befremdung des Vertrauten oder scheinbar Bekannten wird zugleich unterstellt, dass kulturelle Phänomene erst noch zu entdecken sind, unterzieht man sie einer methodologischen Interpretation.

In der Interpretation wird unterstellt, dass, worauf schon Dilthey (1973) aufmerksam macht, das sinnhafte Verstehen von Texten deshalb möglich ist, weil der Autor/die Autorin mit dem Interpret/der Interpretin sein/ihr Menschsein teilt, dass aber zugleich auch von einer Differenz im anthropologischen Sinn auszugehen ist. Zwischen dem Weltverständnis des Textes und dem des Interpreten liegt eine strukturelle Differenz vor, die in den Interpretationsgang einfließt und zu berücksichtigen ist. Die Wahrnehmung dieser Differenz unterstützt den Interpretationsvorgang, um in ihrer Rückführung latente Strukturen und Deutungsgehalte offenzulegen und neue Thematiken aufzudecken, die erst aus der gegenwärtigen Sicht offenbar werden (Koselleck 1977). Eine dichte Beschreibung (Geertz 1999) eines Phänomens durch Dokumente, Verträge, Chroniken, Reiseberichte und Selbstzeugnisse sowie Kirchendokumente, Zeitungsartikel oder parlamentarische Dokumente ermöglicht eine Analyse der übereinander gelagerten und ineinander verwobenen Ereignisse und Sozialisationsbedingungen.

Vorgestellt wird im Folgenden das Erinnerungsinterview der Oral History von Niethammer. Genutzt werden aber ebenso das Narrative Interview nach Schütze (→ Jakob), Verfahren der Objektive Hermeneutik (→ Garz) oder die qualitative Sozialforschung von Anselm L. Strauss (→ Hülst). Zur Anwendung gelangt selten nur ein methodischer Ansatz, häufiger werden verschiedene qualitative Methoden miteinander kombiniert.

Oral History

Die Oral History, die ihren Ursprung in Amerika hat, konzentriert sich auf die Analyse des alltäglichen Erlebens von Geschichte und persönlichen Erfahrungsberichten. In der direkten Übersetzung bedeutet Oral History „mündliche Geschichte". Jedoch ist sie weniger mit einer besonderen Art von Geschichte, der mündlichen Überlieferung zu assoziieren, sondern vielmehr als eine besondere Forschungstechnik zu verstehen (vgl. Niethammer 1985), auch wenn ihr Gegenstand die mündliche Erzählung ist. Die Oral History eignet sich zur Erhebung von geschichtlichen Ausschnitten, für die keine andere Form an Überlieferung besteht. Niethammer, der einer der wichtigsten bundesdeutschen Vertreter der Oral History ist, sieht in dieser Methode die Möglichkeit, den „Volksperspektiven" (Niethammer 1985, S. 427) Raum zur Selbstdarstellung zu geben, die für die klassische Historiographie eher eine Residualkategorie ist. Für die klassische Geschichtsschreibung stehen der Nationalstaat, die großen Persönlichkeiten und die Außenpolitik im Mittelpunkt. Die Organisation der alltäglichen Lebensführung, das Selbstverständliche zeitgeschichtlichen Lebens und die Mentalität verschiedener Gruppen gehen in diese Form der Geschichtsschreibung nicht ein. Diese blinden Stellen sind Gegenstand der historischen Sozialisationsforschung und können bei noch lebenden Menschen mit der Oral History erforscht werden.

Zugleich erlaubt sie eine breitere Erhebung der jüngsten Vergangenheit, der soziokulturellen Verarbeitung von Geschichte. Ihr Programm ist, das Verständnis von Geschichte und den Umgang mit historischen Ereignissen anhand von Erzählungen einzelner Personen oder Altersgruppen herauszuarbeiten. Indirekt wirkt die Oral History mit ihrer Vorgehensweise und den Ergebnissen dann auch auf das Geschichtsverständnis, da sie den Blick schärft für das alltägliche Leben Einzelner wie auch von Gruppen im zeitgeschichtlichen Fluss. Auf diese Weise werden nicht mehr nur die historischen Großereignisse als Dreh- und Angelpunkt von Geschichte verstanden.

Während in Amerika die Oral History anfangs eingesetzt wurde, um Eliteinterviews durchzuführen oder dazu diente, die Geschichte nichtschriftlicher Kulturen wie die der Indianer oder der Sklaven nachzuzeichnen, wird sie anfangs in Westdeutschland wie auch in England und Frankreich genutzt, um die Alltags- und Erfahrungsgeschichte der „kleinen Leute" zu untersuchen (vgl. Niethammer 1976; Wierling 1991). Im Mittelpunkt stehen die Rekonstruktionen der Lebensformen von „Durchschnittsbürgern"/ „Durchschnittsbürgerinnen". Gefragt wird, wie sozialpolitische Maßnahmen und historische Wandlungsprozesse in ihr Leben eingreifen und sie sich damit auseinander setzen.

Die Lebensgeschichten Einzelner oder ganzer Gruppen werden in der Oral History mit dem Erinnerungsinterview erhoben (Niethammer u.a. 1991). Das Interviewgespräch wird in der Regel damit eingeleitet, dass der Interviewte/die Interviewte über die Forschungsfrage, z.B. wie während des 2. Weltkrieges der Lebensalltag bewältigt wurde, informiert wird und ihm/ihr in Form eines offenen Einstiegsimpulses die Gelegenheit gegeben wird, entweder sein/ihr ganzes Leben oder in Bezug auf die Forschungsfrage aus seinem/ihrem Leben zu erzählen. Im Anschluss daran folgt ein zweiter Teil, in dem auf Widersprüche, Unverständliches und auf Lücken der Anfangserzählung eingegangen wird. Im dritten Teil des Interviews wird ein Leitfadenfragebogen verwendet, mit dem explizit Fragen des Forschungsprojektes angesprochen werden. Auch hier sind die Fragen so gestellt, dass sie zum Erzählen anregen. Mit diesem Ablauf ähnelt das Erinnerungsinterview dem narrativen Verfahren von Fritz Schütze (1983, 1995), auch wenn andere Schwerpunkte gesetzt werden, die besonders in der Interpretationsweise hervortreten (→ Jakob).

In der Auswertung der produzierten Texte, die aufgrund der enormen Textmenge nur auszugsweise verschriftlicht werden und von deren unverschriftlichen Passagen Protokolle angefertigt werden, werden vor dem Hintergrund des wissenschaftlichen Vorwissens sowohl die einzelnen Bausteine als auch das Ganze analysiert und interpretativ mit vergleichbaren Bausteinen aus anderen Interviews in Verbindung gesetzt. Die Zwischenstufen bestehen im Datenabstract, der Kurzbiographie, Indexierung der Sachaussagen, Exzerpierung der erzählten Geschichten und einer Zusammenfassung des Interviewverlaufs. In der Auswertung wird versucht, die Zeitschichten der jeweiligen Textausschnitte zu bestimmen und Angaben einander zuzuordnen, mit denen über Kernaussagen der Subjekte soziale Verhältnisse rekonstruiert werden (Niethammer 1985).

Der biographische Ansatz wird verfolgt, um ein Bild darüber zu erlangen, woher z. B. Basiseliten kommen, durch welche biographischen und politischen Erfahrungen sie geprägt sind und was beispielsweise mit Angehörigen aus linksgerichteten politischen Lagern der Weimarer Republik im Faschismus geschah. Zugleich wird der Analyse des Alltags viel Platz eingeräumt (Niethammer/Hombach u. a. 1985). Hier werden vor allem ‚dichte Beschreibungen' vorgenommen, wobei auf den Rhythmus und die Richtung von Alltagsveränderungen geachtet wird (Wierling 1991, 1993).

Das retrospektive Interview birgt aber auch Problematiken in sich, die die Oral History thematisiert. Die erfahrungsgeschichtliche Dimension ist beeinflusst von gegenwärtigen Orientierungen und dem heutigen Erkenntnisstand. Erinnerungen werden durch die Brille des gegenwärtigen Lebens geschildert. Vergangene Erfahrungen verlieren an Bedeutung, Details verblassen oder werden aus der Gegenwart idealisiert. Dennoch geht die Oral History auch davon aus, dass „wichtige persönliche Erlebnisse in gleichsam ungedeuteter Form erinnert werden" (Niethammer 1985, S. 396). Sie sind im Erzählmaterial genauso enthalten wie gegenwärtige Sichtweisen. Jedes Erinnerungsinterview weist mehrere Sichtweisen an Verarbeitungsmustern und Interpretationsweisen auf, die auf je nach Zeitpunkt im Leben unterschiedliche gesellschaftliche wie auch individuelle Erfahrungsschichten und Umgangsweisen hinweisen.

Ergebnisse der Historischen Sozialisationsforschung

Auch wenn die Historische Sozialisationsforschung eine relativ junge Disziplin ist, liegt eine Fülle an Forschungsergebnissen vor, deren Dokumentation aufgrund der unterschiedlichen Zeitepochen und Schwerpunkte kaum zu überblicken ist. Besonders gut erfasst ist der Bereich der Jugend (Krüger 1992). Aber es liegen auch über Kindheit (Herrmann 1986, 1991a) und Familie wichtige Ergebnisse vor (Funck/Malinowski 2000; Groppe 2004). So analysiert Ecarius (2002) den historischen Wandel der Familienerziehung über einen Zeitraum von 1908 bis 1994 im Kontext von Sozialmilieu und Sozialgeschichte unter besonderer Berücksichtigung von Regeln, Erziehungsinhalten und Beziehungsstrukturen in Dreigenerationenfamilien, wobei die Verbindung zu schulischer Bildung, Religion, Geschlecht und familialen Aufgaben herausgearbeitet wird. Der Wandel in der Familienerziehung liegt hiernach neben sozialgeschichtlichen Erziehungsmustern und Erfahrungen auch in den Kindheitserfahrungen begründet, die im Fortlauf des Lebens im Erwachsenenalter in die Erziehung der eigenen Kinder einfließen und einen Wandel in den Erziehungsinhalten bewirken können.

Zur Kindheit sind die Arbeiten von Behnken, du Bois Reymond und Zinnecker (1989) zur Stadtgeschichte als Kindheitsgeschichte, die Untersuchungen von Ariès (1975) zu Familiensystemen und dem emotionalen Binnenklima (Borscheid/Teuteberg 1983; Ecarius 1995), die Arbeiten von Cloer, Klika und Seyfahrt-Stubenrauch (1991) sowie die von Gippert (2005) zu nennen.

Über das Verhältnis von Geschlechterdiskursen der Aufklärung und weiblichen Lebenswelten haben Opitz, Weckel und Kleinau (2000) gearbeitet. Untersuchungen zu sozialmilieuspezifischen Erfahrungen der Sozialisation und Bildung in Schule und Familie im Kaiserreich hat Becher (1995) über Kindermädchen in bürgerlichen Familien vorgenommen. Glaser (2004) analysiert Erfahrungen einer Studentin im Zeitraum 1899-1908 (ähnlich Huerkamp 1996). Krome (1995) fokussiert die Bedeutung der Vaterrolle in bürgerlichen Familien und Dumath (2000) untersucht Prozesse der Resozialisierung von straffälligen Kindern im klassischen Weimar.

Historische Gestalten jugendlicher Lebensformen wurden von Mitterauer (1986) herausgearbeitet. Jugendliche und erwachsene Generationeneinheiten sind von Rößler (1957) untersucht worden. Klafki (1991) hat die Mentalitätsprofile von Kindern und Jugendlichen im Dritten Reich aufgezeigt, König (2000) analysiert Strukturen der Lehrerschulung/Lehrerinnenschulung im Nationalsozialismus und Miller-Kipp (2002) recherchiert die Geschichte des BDM. Rang und Maris (2006) untersuchen Erfahrungen von jüdischen Lehrerinnen zwischen 1880 und 1935. Zur unterlaufenen Entnazifizierung des westdeutschen Schulsystems aus der Perspektive von Lehrern/Lehrerinnen arbeitet Leschinsky (2006).

Die Historische Sozialisationsforschung hat sich insgesamt zu einem eigenen Forschungsfeld entwickelt, sie hat eine theoretische Diskussion über ihre Paradigmen etabliert und debattiert zugleich methodologische Fragen, indem sie Ansätze der qualitativen Forschung für sich beansprucht, diese für die Analyse von Sozialisationsbedingungen nutzt und in diesem Kontext einer methodologischen Diskussion unterzieht.

Literatur

Alheit, Peter 2002: Biographieforschung und Erwachsenenbildung. In: Kraul, Margret/Winfried Marotzki (Hg.): Biographische Arbeit. Opladen. S. 211-240.

Ariès, Philippe 1975: Geschichte der Kindheit. München.

Becher, Jutta 1995: Kindermädchen in bürgerlichen Familien des zweiten Deutschen Kaiserreiches (1871-1918). In: Jahrbuch für Historische Bildungsforschung. Bd. 2. Weinheim. S. 191-212.

Behnken, Imbke/Manuela du Bois-Reymond/Jürgen Zinnecker 1989: Stadtgeschichte als Kindheitsgeschichte. Opladen.

Borscheid, Peter/Hans Teuteberg (Hg.)1983: Ehe, Liebe und Tod. Münster.

Büchner, Peter: Vom Befehlen und Gehorchen zum Verhandeln. In: Preuss-Lausitz, Ulf u. a. (Hg.) 1983: Kriegskinder, Konsumkinder, Krisenkinder. Weinheim. S. 196-212.

Cloer, Ernst 1999: Pädagogisches Wissen in biographischen Ansätzen. In: Krüger, Heinz-Hermann/Winfried Marotzki (Hg.): Handbuch erziehungswissenschaftliche Biographieforschung. Opladen. S. 165-190.

Cloer, Ernst/Dorle Klika/Michael Seyfahrt-Stubenrauch 1991: Versuch zu einer pädagogisch-biographisch-historischen Sozialisations- und Bildungsforschung. Kindsein in Arbeiter- und Bürgerfamilien des Wilhelminischen Reiches. In: Berg, Christa (Hg.): Kinderwelten. Frankfurt. S. 68-103.

Dausien, Bettina 2002: Biographie und/oder Sozialisation? In: Kraul, Margret/ Winfried Marotzki (Hg.): Biographische Arbeit. Opladen. S. 65-91.

Dilthey, Wilhelm 1927/1973: Der Aufbau der geschichtlichen Welt in den Geisteswissenschaften. Bd. 7. Göttingen.

Dumath, Daniela 2000: Resozialisierung von straffälligen Kindern und Jugendlichen im klassischen Weimar. Zur Sozialpädagogik von Johannes Daniel Falk (1768-1836). In: Jahrbuch für Historische Bildungsforschung. Bd. 6. Bad Heilbrunn. S. 27-44.

Durkheim, Emile 1977/1988: Über soziale Arbeitsteilung. Frankfurt/M.

Ecarius, Jutta 1995: Generationenbeziehungen in ostdeutschen Familien. In: Löw, Martina/Dorothee Meister/Uwe Sander (Hg.): Pädagogik im Umbruch. Opladen. S. 171-186.

Ecarius, Jutta 2001a: Erziehung in einer Institution. Drei Generationen in Familien. In: Liebau, Eckart/Doris Schuhmacher-Chilla/Christoph Wulf (Hg.): Anthropologie Pädagogischer Institutionen. Weinheim. S. 309-332.

Ecarius, Jutta 2001b: Pädagogik und Generation. In: Kramer, Rolf-Torsten/Werner Helsper/Susann Busse (Hg.): Generationsbeziehungen in Familie und Schule. Opladen. S. 27-49.

Ecarius, Jutta 2002: Familienerziehung im historischen Wandel. Eine qualitative Studie über Erziehung und Erziehungserfahrungen von drei Generationen. Opladen.

Elias, Norbert 1976: Über den Prozess der Zivilisation. Frankfurt/M.

Fischer, Wolfram/Martin Kohli 1987: Biographieforschung. In: Voges, Wolfgang (Hg.): Methoden der Biographie- und Lebenslaufforschung. Opladen. S. 25-50.

Fuchs, Werner 1984: Biographische Forschung. Opladen.

Funck, Marcus/Stephan Malinowski 2000: „Charakter ist alles!" Erziehungsideale und Erziehungspraktiken in deutschen Adelsfamilien des 19. und 20. Jahrhunderts. In: Jahrbuch für Historische Bildungsforschung. Bd. 6. Bad Heilbrunn. S. 71-91.

Gebhardt, Miriam 2007: „Ganz genau nach Tabelle" – Frühkindliche Sozialisation in Deutschland zwischen Normerfüllung und Dissonanzerfahrungen der Eltern, 1915-1965. In: Jahrbuch für Historische Bildungsforschung. Band 13. Bad Heilbrunn. S. 239-266.

Geertz, Clifford 1999: Dichte Beschreibung. Beiträge zum Verstehen kultureller Systeme. Frankfurt/M.

Gippert, Wolfgang 2005: Kindheit und Jugend in Danzig 1920 bis 1933: Identitätsbildung im sozialistischen und im konservativen Milieu. Essen.

Glaser, Edith (Hg.) 2004: Gertrud Stockmayer. Briefe einer Studentin (1899-1908). Königstein.

Groppe, Carola 2004: Der Geist des Unternehmertums. Eine Bildungs- und Sozialgeschichte. Köln/Weimar/Wien.

Groppe, Carola 2008: Theoretische und methodologische Voraussetzungen und Probleme einer bildungshistorischen Familienbiographie – Versuch einer Modellbildung. In: Ecarius, Jutta/Carola Groppe/Hans Malmede (Hg.): Familie und öffentliche Erziehung. Wiesbaden. S. 91-114.

Habermas, Rebekka 2000: Frauen und Männer des Bürgertums. Eine Familiengeschichte (1750-1850). Göttingen.

Herrmann, Ulrich 1986: Die Pädagogisierung des Kinder- und Jugendlebens in Deutschland seit dem ausgehenden 18. Jahrhundert. In: Martin, Jochen/August Nitschke (Hg.): Zur Sozialgeschichte der Kindheit. Freiburg/München. S. 661-683.

Herrmann, Ulrich 1991 a: „Innenansichten". Erinnerte Lebensgeschichte und geschichtliche Lebenserinnerung, oder: Pädagogische Reflexion und ihr „Sitz im Leben". In: Berg, Christa (Hg.): Kinderwelten. Frankfurt/M. S. 41-67.

Herrmann, Ulrich 1991 b: Historische Sozialisationsforschung. In: Hurrelmann, Klaus/Dieter Ulich (Hg.): Handbuch der Sozialisationsforschung. Weinheim/Basel. S. 231-248.

Hirschauer, Stefan/Klaus Amann (Hg.) 1997: Die Befremdung der eigenen Kultur. Frankfurt/M.

Huerkamp, Claudia 1996: Frauen in akademischen Berufen. In: Jahrbuch für Historische Bildungsforschung. Bd. 3. Weinheim. S. 209-240.

Kant, Immanuel 1963/1982: Ausgewählte Schriften zur Pädagogik und ihrer Begründung. Paderborn.

Kaufmann, Franz-Xaver 1993: Generationenbeziehungen und Generationenverhältnisse im Wohlfahrtsstaat. In: Lüscher, Kurt/Franz Schultheis (Hg.): Generationenbeziehungen in ‚postmodernen' Gesellschaften. Konstanz. S. 95-110.

Klafki, Wolfgang 1991: Typische Faktorenkonstellation für Identitätsprozesse von Kindern und Jugendlichen im Nationalsozialismus im Spiegel autobiographischer Berichte. In: Berg, Christa/Sieglind Ellger-Rüttgardt (Hg.): ‚Du bist nichts, Dein Volk ist alles'. Weinheim. S. 159-172.

König, Karlheinz 2000: „Erziehung unseres Standes zu einem Werkzeug unseres Führers". Lehrerschulung im Nationalsozialistischen Lehrerbund zwischen 1926/27 und 1943/45. In: Jahrbuch für Historische Bildungsforschung. Bd. 6. Bad Heilbrunn. S. 143-169.

Koselleck, Reinhard 1977: Standortbindung und Zeitlichkeit. In: Koselleck, Reinhard u. a. (Hg.): Theorie der Geschichte. Objektivität und Parteilichkeit. Bd. 1. München. S. 17-46.

Koselleck, Reinhard 1989: Vergangene Zukunft. Frankfurt/M.

Krome, Regina 1995: „Alte Väter – Neue Väter? In: Jahrbuch für Historische Bildungsforschung. Bd. 2. Weinheim. S. 169-190.

Krüger, Heinz-Hermann 1992: Geschichte und Perspektiven der Jugendforschung – historische Entwicklungslinien und Bezugspunkte für eine theoretische und methodische Neuorientierung. In: Krüger, Heinz-Hermann (Hg.): Handbuch der Jugendforschung. Opladen. S. 17-30.

Krüger, Heinz-Hermann 1995: Erziehungswissenschaft in den Antinomien der Moderne. In: Krüger, Heinz-Hermann/Werner Helsper (Hg.): Einführung in Grundbegriffe und Grundfragen der Erziehungswissenschaft. Opladen. S. 319-326.

Leitner, Harald 1982: Lebenslauf und Identität. Frankfurt/New York.

Leschinsky, Achim 2006: Alte Kameraden. Zur unterlaufenen Entnazifizierung im westdeutschen Schulwesen nach dem Ende des Zweiten Weltkriegs. In: Jahrbuch für Historische Bildungsforschung. Bd. 12. Bad Heilbrunn. S. 91-116.

Mannheim, Karl 1928: Das Problem der Generationen. In: KZfSS. 2. S. 175-185.

Miller-Kipp, Gisela 1996: „Jugend soll Jugend führen". In: Liebau, Eckart/Christoph Wulf (Hg.): Generation. Weinheim. S. 286-303.

Miller-Kipp, Gisela (Hg.) 2002: „Auch Du gehörst dem Führer" die Geschichte des Bundes Deutscher Mädel (BDM) in Quellen und Dokumenten. Weinheim.

Mitterauer, Michael 1986: Sozialgeschichte der Jugend. Frankfurt/M.

Niethammer, Lutz 1976: Oral History in den USA. Archiv für Sozialgeschichte 18. S. 454-501.

Niethammer, Lutz 1985: Fragen – Antworten – Fragen. In: Niethammer, Lutz/ Alexander von Plato (Hg.): ‚Wir kriegen jetzt andere Zeiten'. Bd. 3. Berlin/ Bonn. S. 392-447.

Niethammer, Lutz/Bodo Hombach/Tilman Fichter/Ulrich Bosdorf 1985: ‚Die Menschen machen ihre Geschichte nicht aus freien Stücken, aber sie machen sie selbst'. Berlin/Bonn.

Niethammer, Lutz/Alexander von Plato/Dorothee Wierling 1991: Die volkseigene Erfahrung. Eine Archäologie des Lebens in der Industrieprovinz der DDR. Berlin.

Oevermann, Ulrich 1991: Genetischer Strukturalismus und das sozialwissenschaftliche Problem der Erklärung der Entstehung des Neuen. In: Müller-Doohm, Stefan (Hg.): Jenseits der Utopie. Frankfurt/M. S. 267-336.

Oevermann, Ulrich/Edit Kirch/Klaus Schröter 1976: Beobachtungen zur Struktur der sozialisatorischen Interaktion. In: Auwärter, Martin u.a. (Hg.): Seminar: Kommunikation, Interaktion, Identität. Frankfurt/M. S. 15-69.

Opitz, Claudia/Ulrike Weckel/Elke Kleinau (Hg.) 2000: Tugend, Gefühl und Vernunft. Geschlechterdiskurse der Aufklärung und weibliche Lebenswelten. Münster/New York.

Rang, Brita/Maria Maris 2006: Jüdische Lehrerinnen an öffentlichen Schulen der Stadt Frankfurt am Main (1880-1935). In: Jahrbuch für Historische Bildungsforschung. Bd. 12. Bad Heilbrunn. S. 37-63.

Roeßler, Wilhelm 1957: Jugend im Erziehungsfeld. Düsseldorf.

Schulze, Theodor 1995: Erziehungswissenschaftliche Biographieforschung. In: Krüger, Heinz-Hermann/Winfried Marotzki (Hg.): Erziehungswissenschaftliche Biographieforschung. Opladen. S. 10-31.

Schulze, Theodor 1999: Erziehungswissenschaftliche Biographieforschung. Anfänge – Fortschritte – Ausblicke. In: Krüger, Heinz-Hermann/Winfried Marotzki (Hg.): Handbuch erziehungswissenschaftliche Biographieforschung. Opladen. S. 33-56.

Schütze, Fritz 1983: Biographieforschung und narratives Interview. In: Neue Praxis 13. S. 283-293.

Schütze, Fritz 1984: Kognitive Figuren des autobiographischen Stehgreiferzählens. In: Kohli, Martin u. a. (Hg.): Biographie und soziale Wirklichkeit. Stuttgart. S. 78-117.

Schütze, Fritz 1995: Verlaufskurven des Erleidens als Forschungsgegenstand der interpretativen Soziologie. In: Krüger, Heinz-Hermann/Winfried Marotzki (Hg.): Erziehungswissenschaftliche Biographieforschung. Opladen. S. 116-157.

Wierling, Dorothee 1991: Geschichte. In: Flick, Ulrich u. a. (Hg.): Handbuch Qualitative Sozialforschung. München. S. 47-52.

Wierling, Dorothee 1993: Von der HJ zur FDJ? In: BIOS 1. S. 107-118.

Wimmer, Michael 1998: Fremdheit zwischen den Generationen. In: Ecarius, Jutta (Hg.): Was will die jüngere mit der älteren Generation. Opladen. S. 81-114.

Winterhager-Schmid, Luise (Hg.) 2000: Erfahrung mit Generationendifferenz. Weinheim.

Dorle Klika

Methodische Zugänge der historischen Kindheitsforschung

Die „Geschichte der Kindheit" ist ein relativ junger Forschungsgegenstand[1], der sich seit Ariès „Geschichte der Kindheit" (1960/1975) in den Sozialwissenschaften, der Volkskunde und schließlich in der Erziehungswissenschaft enorm ausbreitete. Während in klassischen Studien zur Sozialgeschichte „Kindheit" nur als Randerscheinung (Kinderarbeit; vgl. Kuczinski 1968; Quandt 1978) thematisiert wurde, trug die historische Familienforschung (Weber-Kellermann 1974; Rosenbaum 1978; Mitterauer/Sieder 1982; Weber-Kellermann/Bimmer 1985) zum Aufschwung der historischen Kindheits- und Jugendforschung bei (vgl. Bibliographie Herrmann/Renftle/Roth 1980; Magdeburger Bibliographie zur Biographieforschung 1996, 1998)[2].

1. Entdeckung des Forschungsgegenstandes

Ausgelöst durch die kontrahenten Deutungen von Kindheit als Verfallsgeschichte (Ariès) versus Fortschrittsgeschichte (de Mause 1977) und Mythos (Lenzen 1994; vgl. Neumann 1993) boomt die Kindheitsforschung seit den 1980er Jahren – allerdings eher mit Blick auf die Gegenwart und jüngere Geschichte als auf weiter zurückliegende Epochen (Überblick bei Grunert/Krüger 1999, Krüger 2002, Berg 2003), was sich u.a. in einer Reihe von Handbüchern niederschlägt (vgl. Heinzel 1999; Honig/Lange/Leu 1999; Behnken/Zinnecker 2001; Krüger/Grunert 2002; Prengel 2003).

Die unterschiedlichen Deutungen schärften insbesondere den theoretisch-methodologischen Blick: Quellenmaterial ‚spricht' nicht von sich aus (eine für alle Forschung geltende Regel), sondern bedarf der *Interpretation*, die abhängig ist vom *Standort* und der *Perspektive* der Interpreten, d.h. Kind-

---

1 Historische Jugendforschung ist dagegen älter, weibliche Jugend ist immer noch weniger erforscht als männliche (vgl. Muchow 1962; Bertlein 1966; Gillis 1980; Mitterauer 1986; Levi/Schmitt 1996/97). Studien zur Geschlechtergeschichte unter vergleichenden Aspekten sind noch eher rar (vgl. Klika 1990; Benninghaus/Kohtz 1999); zur vormodernen Jugend vgl. Horn/Christes/Parmentier 1998. Abhandlungen dazu werden hier nicht explizit dargestellt, die erörterten methodischen Zugänge sind aber größtenteils übertragbar.
2 Es gibt allerdings eine Reihe von Vorläufern in Erziehungswissenschaft, Germanistik und Kunstgeschichte: vgl. ex. Alt 1966, v.d. Berg 1960; Boesch 1900; Eichbaum 1930; Kind 1936; Wahl 1922; vgl. dazu Bibliographie Herrmann/Renftle/Roth 1980 und Richter 1987.

heit wird zu verschiedenen Zeiten aus den je verschiedenen theoretischen Perspektiven gedeutet.

Als Ergebnis dieses Diskurses lässt sich die Differenzierung des Konzepts von Kindheit festhalten: Kindheit erscheint als Utopie, als Mythos, als Erinnerung oder als Forschungsgegenstand (vgl. Berg 2003).[3] Kind*sein*, also das je historische Aufwachsen eines Kindes, ist von Kind*heit*, der alltagsweltlichen und/oder wissenschaftlichen Konstruktion dieser Phase, analytisch zu unterscheiden, auch wenn es in der untersuchten Praxis zu Überschneidungen kommt. Letztere fragt etwa nach der Variationsbreite des Konstrukts, dessen Konstruktionsparametern, den verwendeten Kontexten, den Abgrenzungsmodi von Jugend, ersteres nach den Bedingungen und Konstellationen des Aufwachsens, dem Bildungsprozess, den Erziehungsprozessen, -wirkungen und -folgen. Beide, Kind*heit* und Kind*sein*, werden zunehmend gefasst als relationale Begriffe zum Erwachsenen (zur weiteren Differenzierung vgl. Behnken/Zinnecker 2001). Dieses Konzept betont die Eingebundenheit von Kindsein und Kindheit in die generationale Ordnung (vgl. Honig 1999). Das hat Konsequenzen für die Forschungsperspektiven, weil dadurch andere Themen in den Blick geraten, etwa die generationsvergleichende Perspektive als Interpretationsfolie (vgl. Honig 2002; Ecarius 2002).

Wichtige Studien der historischen Kindheitsforschung, die sich auf den deutschsprachigen Raum beziehen[4] (Überblick bei Honig 1993; Neumann 1993; Klika 1997; Grunert/Krüger 1999; Krüger/Grunert 2002; Honig 2002; Dudek 2002) werden im folgenden Abschnitt (2.) exemplarisch skizziert. Vorgestellt werden nicht Untersuchungsergebnisse, sondern methodische Konzeptionen (Fragestellungen, Quellen) und deren Differenzierung. Im Anschluss daran (3.) werden diese in einem Schema für Forschungsfragen systematisiert und Anregungen für weitere Forschungen gegeben.

2. Konzeptionen und Forschungsdesigns

Die ersten deutschsprachigen Studien zur Kindheitsgeschichte sind sozialgeschichtliche (Johansen 1978) bzw. ethnologische (Weber-Kellermann 1979), die einen großen historischen Zeitraum (16. bis 20. Jahrhundert) umfassen und sich bewusst gegen die Deutungen von Ariès und de Mause abgrenzen. Johansen thematisiert die Bereiche Wohnraum, Nahrung, Seuchen und Überlebenskämpfe, Familiengründung, Kindersterblichkeit, Kinderarbeit und Bettelkinder, die „Entdeckung" der Kindheit in den oberen Schichten, Kinderspiel, Kinderliteratur, Kindheit im Nationalsozialismus und gibt einen Ausblick auf Kinder in aller Welt. Weber-Kellermann untersucht die

---

3 Zu Jugend vgl. Dudek 1990, 2002; Zinnecker 2003.
4 Aus Platzgründen werden internationale Untersuchungen hier vernachlässigt; vgl. dazu Pinchbeck/Hewitt 1969/1973; Hunt 1974; Shorter 1977; Gelis u. a. 1980; Cunningham 1995; Becchi 1998.

Alltagsgeschichte von Kindern (Kleidung, Wohnung, Arbeit und Spiel) differenziert nach sozialen Ständen, Klassen bzw. Schichten und Epochen. Beide Arbeiten beziehen wirtschafts-, sozial- und kulturgeschichtliche Untersuchungsergebnisse ein und verwenden als Quellen ikonographisches Material, Autobiographien, Zeitschriften (etwa Modejournale), Anthologien über Spiel und Spielzeug. Beide sind geeignet für den Einstieg in das Thema. Aus erziehungswissenschaftlicher Perspektive erforschen sie aber nur zum Teil Prozesse von Bildung, Erziehung, Sozialisation und behandeln eher deren Bedingungen als deren Verlauf bzw. deren Wirkungen.

Eine Reihe von *Anthologien* erleichtern den Zugang zu historischem Quellenmaterial. Die sozialgeschichtlich motivierte autobiographische Quellensammlung von Hardach/Hardach-Pinke (1981) enthält Textauszüge aus 36 Autobiographien[5] zu Erfahrungsbereichen von Kindern: „Bezugspersonen, materielle und soziale Umwelt, Lernen, Arbeit, Spiel" (ebd., S. 68). Die Autobiographien beziehen sich auf Kindheit im 18. und 19. Jahrhundert und sind nach sozialen Ständen bzw. Klassen (Arbeiter, Bauern, Kleinbürger, Bürger und Adel) differenziert. Die Einleitung der HerausgeberInnen vermittelt einen Überblick über Entwicklungen von Gesellschaft und Familie jener Zeit, wobei deren jeweilige Bedeutung für Kinder im Mittelpunkt stehen. Die reichhaltige Quellensammlung[6] Schlumbohms (1983) enthält neben autobiographischem zahlreiches weiteres historisches, etwa auch demographisches Material. Differenziert wird ebenfalls nach sozialen Ständen (Bauern, Landarbeiter, Adel, Kleinbürgertum, Bildungs- und Besitzbürgertum). Die Studie bezieht sich auf die „Gründerzeit" der bürgerlichen Gesellschaft (1700 bis 1850), in der sich ein staatliches, medizinisches und pädagogisches Interesse an Kindheit entwickelte und zu wirken begann. Eine kommentierte Quellensammlung zur „Erziehung und Bildung des weiblichen Geschlechts" erleichtert den Zugang zur Geschichte der Mädchenerziehung (Kleinau/Mayer 1996). Die beiden Bände versammeln Quellenmaterial von der Renaissance bis zur Gegenwart. Die Dokumente stammen ausschließlich von Frauen und thematisieren u.a. familiale, schulische und berufliche Bildung von Mädchen. Es finden sich sowohl theoretische Konzepte und Entwürfe als auch Beiträge aus Ratgeberliteratur, Praxisberichte und Auszüge aus Autobiographien. Alle Dokumente werden einleitend kommentiert.

Gegen die Thesen von Aries argumentiert Shahar (1991) in ihrer Geschichte der „Kindheit im Mittelalter" (vgl. auch Loffl-Haag 1991). Bezogen auf den Zeitraum 1100 bis 1425 (Hoch- und Spätmittelalter) auf der Basis vielfältigen Quellenmaterials (Predigten, Traktate, Selbstzeugnisse, Briefe, medizinische, theologische u.a. Abhandlungen) rekonstruiert Shahar für den westeuropäischen Raum drei Phasen der Kindheit (infantia, pueritia, ado-

---

5 Eine Bibliographie von Autobiographien befindet sich dort im Anhang.
6 Weitere Anthologien: Hürlimann 1948; Köhler 1993; Könnecker 1978; Schenk 1992; Voß 1979, 1982.

lescentia). Thematisiert werden Geburt, Stillzeit, Krankheit, Kindsaussetzung und -mord, Eltern-Kind-Beziehungen, Erziehungskonzepte. Shahar differenziert nach Ständen, Stadt-Landdifferenzen und Geschlechtern.

Die Untersuchung zum Kindheitsverständnis im Altertum und früher Neuzeit von Hoof (1999) steht in der Traditionslinie von de Mause und fragt nach dem „Lebensrecht des Kindes". Als Quellen wurden archäologische Befunde, Gesetzestexte, mythologische Überlieferungen, religiöse Texte, Texte antiker und mittelalterlicher Autoren sowie Kunstwerke genutzt.

Europäisch vergleichend angelegt ist die Studie von Budde (1994), die die weibliche Erziehung und Sozialisation in deutschen und englischen Bürgerfamilien untersucht. Als Quellenmaterial verwendet Budde über 400 Selbstzeugnisse, ohne allerdings systematisch zwischen den verschiedenen Textsorten (Autobiographien, Briefe, Chroniken, Tagebücher u.a.) zu unterscheiden (vgl. Glaser/Schmid 1999, S. 356[7]).

Mit dem Programm der „Historischen Sozialisationsforschung" wandte sich die Erziehungswissenschaft der Geschichte von Kindheit, Jugend und Familie unter spezifischen pädagogischen Fragestellungen zu (vgl. Cloer 1979; Dittrich/Dittrich-Jacobi 1979; Herrmann 1990). Zentrales Anliegen war ein explizit bildungshistorisches und -theoretisches Interesse, das die Heranwachsenden als aktiv handelnde und realitätsverarbeitende Subjekte zu fassen suchte. Aufwachsen, Lernen, Erzogen-Werden und Sich-Bilden, angeeignete und verworfene Präsentationen der jeweiligen Lebenswelt, individuelle und kollektive Sicht-, Erlebnis-, Erfahrungs- und Handlungsweisen von Individuen, Gruppen, Sozialschichten in bestimmten Epochen, Regionen, Generationen wurden rekonstruiert (vgl. Berg 1991; Cloer u.a. 1991; Herrmann 1991a, b; vgl. Ecarius 1997; Klika 1997). Solche detaillierten Studien wenden sich historisch begrenzten Zeiträumen zu:[8]

Die bürgerliche Mädchenkindheit des 19. Jahrhunderts untersucht Kößler (1979) in seiner Studie (vgl. auch Jacobi-Dittrich 1983; Spieker 1990). Ausgehend von der Weiblichkeitsideologie des 19. Jahrhunderts befragt Kößler Ratgeberliteratur und Erziehungslehren zu den Bereichen weibliche Arbeit, Körper und Sexualität. Anhand autobiographischen Quellenmaterials recherchiert der Autor in einem zweiten Teil, wie sich die in der Ratgeberliteratur dargestellte Ideologie der Weiblichkeit auf die Mädchensoziali-

---

7 Dort werden weitere kleinere Studien (zu Vatererfahrungen, Kindermädchen) vorgestellt, die hier aus Platzgründen unerwähnt bleiben müssen.
8 Vorgestellt werden nur umfangreiche Untersuchungen. Darüber hinaus gibt es eine Fülle von kleineren Studien, etwa, angeregt von der Frauenforschung, über historische Mädchenkindheit und -sozialisation; vgl. dazu die Bibliographie Frauen im pädagogischen Diskurs 1989, 1994. Zu neueren Arbeiten über Kindheit in weiter zurückliegenden Epochen, etwa das alte Ägypten vgl. Fischer-Elfert 2001.

sation bürgerlicher Familien auswirkte und fragt nach Freiräumen und Brüchen in der Disziplinierung der Mädchen.⁹ Arbeiterkindern im 19. Jahrhundert ist die Studie von Flecken (1981) gewidmet. Als Quellenmaterial dienen (unter Rekurs auf sozial- und wirtschaftsgeschichtliche Studien) Autobiographien; untersuchte Bereiche: sozio-ökonomische Lage, Wohnbedingungen, familiale Binnenstruktur, Kinderarbeit (als Land-, Fabrik-, Heim-, Hilfs- und Hausarbeit und Betteln), schulische Sozialisation, freie Zeit und Kinderspiel. Der Schwerpunkt der Untersuchung liegt im letzten Drittel des 19. Jahrhunderts (vorher gab es keine Arbeiterlebenserinnerungen). Flecken (1981, S. 175) kennzeichnet jene Phase als allmähliche Herausbildung einer abgegrenzten Kindheitsphase im Proletariat, in der es im Gegensatz zur bürgerlichen Familie bis dahin keine prinzipielle, sondern lediglich eine graduelle Abgrenzung zwischen Erwachsenen und Kindern gab.

Kindheit im ländlichen Raum eines schwäbischen Dorfes um 1900 untersuchte die Projektgruppe um Herrmann (vgl. Herrmann u. a. 1983; Gestrich/ Mutschler 1984; Mutschler 1985; Gestrich 1986). Zentrale Fragestellungen waren subjektive Deutungen von Lernerfahrungen, Erziehungs- und Bildungsprozessen, ihre Verarbeitungsformen und deren Verhältnisse zu funktionalen Sozialisationsprozessen, sowie die Wirksamkeit der dörflichen Sozialisationsinstanzen. Um die Verschränkung gesellschaftsgeschichtlicher „Außenansichten" und kollektiver „Innenansichten" (Herrmann 1991 b, S. 41) zu verdeutlichen, wurden quantitative und qualitative Methoden kombiniert (vgl. auch Herrmann 1991 a, S. 161 ff.). Als Quellenmaterial dienten Akten und Unterlagen aus Orts-, Staats- und Kirchenarchiven sowie mit Ortsansässigen geführte biographische Interviews. Neben den Verarbeitungsformen von Sozialisation-, Erziehungs- und Bildungsprozessen rekonstruiert die Studie Entwicklungsprozesse eines zeitlich, lokal und sozial umgrenzten kollektiven „Wir"-Bewusstseins.

Eine ökologisch orientierte, historisch-vergleichende Untersuchung zu „sozialen Kindheitsräumen" (Wiesbaden-Leiden) stammt von der Forschungsgruppe Behnken/du Bois-Reymond/Zinnecker (1989). Die Arbeit versteht sich als Beitrag zur „Sozialgeschichte klassenspezifischer Sozialisation" und „Sozialgeschichte der Kindheit in zivilisationstheoretischer Perspektive" (ebd., S. 401) bzw. „historische Sozialökologie kindlicher Entwicklung" (ebd., S. 404). Als Quellenmaterial dienten biographische Interviews (oral history-Gespräche) und Fotomaterialien zum Straßenleben in den untersuchten Stadtquartieren. Zur Rekonstruktion biographisch erinnerter Lebensräume wurde die Erstellung narrativer Landkarten entwickelt (vgl. Lutz/Behnken/Zinnecker 1997; Behnken/Zinnecker 2001). Jüngst erschien die Fallstudie von Imbke Behnken (2006), die im Rahmen des historisch-

---

9 Methodologisch ähnlich angelegt ist die Untersuchung Andresens (1997) zur weiblichen Jugend in der Jugendbewegung.

interkulturellen Projektes entstand. Das Teilprojekt von Behnken erforscht die Modernisierung von Kindheit im frühen 20. Jahrhundert. Untersucht werden die Sozialisationsprozesse von Kindern in Nahräumen bezogen auf den Zeitraum 1900 bis 1980. Fokussiert wird vor allem die Straßenkindheit: Alltagsleben, Spielgruppen und Spiel von Arbeiter- und Kleinbürgerkindern in Altstadtquartieren.

Zwei weitere Studien zur Arbeiter- und Bürgerkindheit und -jugend im Wilhelminischen Kaiserreich entstanden in der Forschergruppe Cloer 1979, Cloer u. a. 1991, Seyfahrt-Stubenrauch (1985) und mir selbst (Klika 1990). Auf der Basis autobiographischen Quellenmaterials wurden Individual- und Kollektivbiographien rekonstruiert. Zentral waren Fragestellungen nach Bildungsprozessen der Heranwachsenden, differenziert nach den Bereichen „räumlich-stoffliche Umgebung", „Familiensystem" (Ehe-, Eltern-Kind-, Geschwisterbeziehungen), „Außenbeziehungen" (Freundschaften, Nachbarn, Verwandte), „Schule" und „ideologisches System". Rekonstruiert wurden klassenspezifische (Seyfarth-Stubenrauch), klassenübergreifende und geschlechtsspezifische (Klika) strukturell-bedingte allgemeine Erfahrungsmodi und ihnen widersprechende bzw. ambivalente und individuell besondere Erfahrungsmodi (vgl. Seyfarth-Stubenrauch 1985, S. 177ff.) in Sozialisations-, Erziehungs- und Bildungsprozessen und deren Bedeutung für die weitere Biographie der Autobiographinnen und Autobiographen.[10]

Zur Geschlechtergeschichte liegen erst wenige Studien vor. Vielversprechende Ansätze dazu finden sich in dem Sammelband von Benninghaus und Kohtz (1999), der eher Jugend als Kindheit thematisiert.[11] Der Band fokussiert drei Themenschwerpunkte, die jeweils in vier Beiträgen bearbeitet werden: Aushandlungs- und- Konstruktionsprozesse von Weiblichkeit und Männlichkeit im Jugendalter, Jugendfürsorge als Ort der Definition von Geschlechterdifferenz, Formen der Erinnerung, Rekonstruktion von Jugend in Autobiographien. In den Beiträgen werden biographische Interviews, Mädchenzeitschriften, Fürsorge- und Gerichtsakten, Tagebuchaufzeichnungen bzw. Autobiographien als Quellenmaterial verwendet (vgl. ausführlich Klika 2000).

Weitere neuere empirische Studien erforschen überwiegend die jüngere Geschichte des Aufwachsens von Kindern, etwa in den 1950-1970er Jahren, das Aufwachsen in der DDR im Vergleich zur BRD. Inhaltlich werden Veränderungen der kindlichen Lebenswelt seit der Nachkriegszeit thematisiert, dabei dienen frühere Geburtskohorten als Vergleichsfolie (vgl. Andresen 2001; Büchner/Krüger 1991; Büchner u.a. 1998; Kirchhöfer 1998, 2001; Kötters 2000; Merkens 2002).

Die explizit erziehungswissenschaftliche qualitative Studie von Jutta Ecarius über Generationenbeziehung und Erziehung untersucht Erziehungsmus-

---

10 Zur Sozialisation von Bürger- und Arbeitertöchtern im Vergleich Klika 1996.
11 Geschlechtervergleichend ist auch die Studie von Klika 1990 angelegt.

ter, Familienthemen, kognitive Schemata und Erziehungserfahrungen von Männern und Frauen über drei Generationen hinweg. Die Untersuchung basiert auf narrativen und Leitfadeninterviews, die mit 27 Drei-Generationen-Familien (insgesamt 132 Interviews) in der Region Halle/Sachsen durchgeführt wurden. Die Befragten entstammen den Jahrgängen 1908 bis 1929, 1939 bis 1953 und 1967 bis 1975. Ecarius knüpft mit ihrer Studie an die empirisch nicht weitergeführten Arbeiten zur Familienerziehung von Mollenhauer/Brumlik/Wudtke (1975) an und belebt den Ansatz neu. Ausgangspunkt sind der im Kontext von Individualisierung und Pluralisierung verhandelte Wandel der Familienform und die Veränderung familialer Interaktionsmuster (Relativierung des Erwachsenenstatus, Verschwinden der Generationendifferenz, Verhandlungshaushalt statt Befehlshaushalt), die zwar breit diskutiert, aber bisher kaum empirisch erforscht wurden (vgl. Ecarius 2002).

Weitere aktuelle Fragestellungen thematisieren etwa die historische Bedeutung des Raumes im Kinderleben (vgl. Berg 2001; Klika 2003; Pilarczyk 2003), Stabilität in Familienformen und kindlichen Lebenswelten (Lange/Lauterbach 2000). Wissenschaftsgeschichtlich relevant für die Herausbildung der Konstruktion von Kindheit sind Untersuchungen zu den Anfängen empirischer Kinderforschung im ausgehenden 18. Jahrhundert (Schmid/Diele/Krüger 2003) und der Etablierung der Kinderliteratur als „Medium der Entdeckung von Kindheit" (Ewers 2001). Der Bedeutung von Kindheitsautobiographien für eine Sozialgeschichte der Familie in regionalen Studien (Rosenbaum 2001), der von Kindern als aktiven Mitgestaltern familialer Dynamik (Klika 2001) sind kleinere Studien gewidmet.

3. Anregungen und Desiderata

Ohne theoretische Bezüge kommt eine historische Kindheits- (und Jugend-)forschung nicht aus. Dabei geht es nicht darum, Kind*heiten* vorschnell aus je unterschiedlichen Perspektiven zu bewerten, d. h. etwa Kinder als Opfer von Industrialisierung zu betrachten oder als künftige Heilsbringer zu glorifizieren (solche Bilder von Kindheit hat es in der Geschichte genügend gegeben; vgl. Lassahn 1983, S. 28 ff.; Richter 1987; Neumann 1993; Lenzen 1994, S. 343 ff.; Baader 1996). Jenseits der Thesen vom Verschwinden der Generationendifferenz – sie impliziert das Verschwinden von Kind*heit* (Hengst u. a. 1981; Postman 1983) – hat sich Kindheit als Phase im Lebenslauf in modernen Gesellschaften etabliert und ist sozial-strukturell verankert. Zinnecker (2000) bezeichnet sie als pädagogisches Moratorium.

Durch die sozialwissenschaftliche, insbesondere die soziologische Entdeckung des Forschungsfeldes „Kindheit" (Jugend wurde in der Soziologie schon länger untersucht) und infolge der Entwicklung sozial- und gesellschaftswissenschaftlicher Ansätze in der Geschichtswissenschaft (Historische Familienforschung) wurden neue Theorieperspektiven und methodische Designs entwickelt sowie neues Quellenmaterial erschlossen, um den Gegenstand „Kindheit in der Geschichte" fassen zu können.

Für alle Studien zur Historischen Kindheitsforschung gilt, dass sie „neues" Quellenmaterial erschließen mussten und erfolgreich erschlossen haben. Verwendet wurden in den bisherigen Studien ikonographisches Material (Gemälde, Fotos, Zeichnungen, Stiche, Grabsteine u. Ä.[12]), Archivmaterialien (Predigttexte, Gerichtsakten, medizinische Berichte, Schulakten u.a.m.), Belletristik (Romane, Erzählungen), autobiographisches Material (Tagebücher, Briefe, Autobiographien[13]), Zeitschriften aller Art (Wochen-, Monatsblätter, Volks- und andere Kalender), Lexika, wissenschaftshistorische Abhandlungen (etwa zu Medizin, Pädiatrie, Recht), museale Gegenstände[14] (Spielzeug, Kleidung, Möbel u.a.). Für jedes dieser Quellenmaterialien sind spezifische, z.T. verschiedene methodische Zugänge erprobt worden (vgl. dazu die entsprechenden Beiträge in diesem Band).

Folge dieses neuen Booms der Kindheitsforschung ist jedoch, dass sich die Fülle der jüngeren Studien überwiegend auf das 20. Jahrhundert bezieht. In ihrer theoretischen Konzeption folgen die meisten Studien dem Aspekt von Modernisierung und Individualisierung. Dabei werden Kinder als eigene sozialstrukturelle Bevölkerungsgruppe in den Blick genommen, zumindest konzeptionell als selbständige Akteure beschrieben und als gesellschaftliche Wesen in Auseinandersetzung mit ihrer Umwelt wahrgenommen. Der konstatierte Wandel bezieht sich fast ausschließlich auf das 20. Jahrhundert, nicht selten lediglich auf die Zeit seit 1945. Dies mag u.a. dem Milleniumswechsel geschuldet sein, ist aber auch auf die tendenziell ahistorische Orientierung soziologischer Studien zurückzuführen.

Die meisten der Studien folgen dem konstruktivistischen Ansatz, auch die biographietheoretische Perspektive wird zunehmend präferiert (vgl. Cloer 1999, S. 168). Methodologisch orientiert sich die neuere historische Kindheits- (und Jugend-)forschung zunehmend auch an kulturanthropologischen und ethnologischen Ansätzen. Dadurch kommen neue Themen und Fragestellungen in den Blick: das Interesse am Körper, Körperpraktiken und -inszenierungen, Sexualität (diesem Ansatz folgen etwa die Arbeiten von Andresen 1997; Benninghaus/Kohtz 1999). Im Anschluss an Foucault wird die Geschichte der Kindheit hier als Diskursgeschichte thematisiert. Damit verknüpft finden Bild- und Filmmaterial als Quellen zunehmende Beachtung (vgl. Baader 2004).

---

12 Die Bedeutung dieses Quellenmaterials für die erziehungswissenschaftliche Forschung nimmt zu; vgl. dazu Cloer 1999; Mietzner/Pilarczyk 2000; Ehrenspeck/ Schäffer 2003.
13 Vgl. Bibliographie Sagara 1986.
14 Umfangreiche Sammlungen (Text- u. Bildarchiv) zu Familie, Kindheit bei Weber-Kellermann in Marburg, vgl. Weber-Kellermann/Bimmer 1985, S. 127.

Qualitative Methoden dominieren in der Historischen Kindheitsforschung, u. a. weil es sich um ein relativ junges Forschungsgebiet handelt, Kinder etwa in früheren Statistiken kaum oder nicht systematisch erfasst wurden und sich die Erhebungskategorien gewandelt haben, so dass systematische Vergleiche schwierig sind. Nachholbedarf besteht in den Bereichen von Kohortenanalyse, Replikationsstudien, Längsschnittuntersuchungen sowie Triangulation verschiedener Methoden. Bisher kaum untersucht wurden jüngere Kinder (bis acht Jahre) (vgl. Krüger 2002, S. 292 ff.), europäisch und international vergleichende historische Forschung zur Kindheit gibt es erst in Ansätzen (vgl. du Bois-Reymond u. a. 1994). Aus der Perspektive der historischen Sozialisationsforschung bzw. aus biographietheoretischer Perspektive mangelt es an Studien, die die Verbindungen zwischen verschiedenen Institutionen (Familie, Schule etc.) in den Blick nehmen. Wegweisend ist hier die Studie von Ecarius (2002).

Interdisziplinäre Bezüge sind wegen der Komplexität des Forschungsfeldes (fast) durchgängig notwendig, wobei für eine erziehungswissenschaftlich akzentuierte Forschung freilich die pädagogischen Begriffe das integrierende Zentrum bilden sollten.

In der Historischen Sozialisationsforschung nimmt autobiographisches Quellenmaterial im weiten Sinn (vgl. Cloer 1999 und die entsprechenden weiteren Beiträge in diesem Band) einen besonderen Status ein, weil in ihm im Gegensatz zu dem übrigen Quellenmaterial die Subjektperspektive und damit Erziehungs-, Bildungs- und Sozialisations*prozesse* und *-wirkungen* fassbar werden (vgl. Loch 1999; Schulze 1999). Die Rekonstruktion von Lern- und Bildungsgeschichten aus erziehungswissenschaftlicher Sicht geht über die Rekonstruktion der Lebensbedingungen hinaus und zielt auf historisch fundierte Erziehungs- und Bildungstheorien und -analysen (vgl. Klika 2004, S. 43). Die fundierte Studie von Ecarius etwa verdeutlicht, dass die Formel vom „Verhandlungshaushalt" die Komplexität von Familienerziehung kaum trifft. Aus Sicht der Erzogenen erscheinen auch Kennzeichen von Erziehung als autoritär versus liberal als zu pauschal: beide können positiv und negativ erlebt werden, da nicht nur Befehlen versus Verhandeln, sondern auch Nähe versus Distanz die Beurteilungskriterien der Erzogenen über ihre Erziehung sind. Jenseits der methodologischen Kritik Jacobis (1999), autobiographisches Quellenmaterial eigne sich eher zur Rekonstruktion der Diskursgeschichte über Kindheit als zur Rekonstruktion vergangener Kindheit, gilt, dass Autobiographien ein ausgezeichnetes Quellenmaterial zur Rekonstruktion von Bildungsprozessen eines Subjekts sind.

Alle vorgestellten Studien lassen sich dem folgenden Schema zuordnen, das versucht, das umfangreiche „Programm" der historischen Kindheits-, (Jugend-) und Sozialisationsforschung zusammenzufassen. Die Themenbereiche des Schemas sind orientiert an dem umfassenden Modell einer ökologischen Sozialisationsforschung (Bronfenbrenner 1976), das in einem Mehr-Ebenen-Modell Mikroebene (unmittelbare Umgebung), Mesoebene (soziale

Begegnungen, Erfahrungen, Präsentationen, Aneignungen in einer bestimmten Zeit/Region in/im/mit	
Sozialisationsebenen/ bereichsspezifische Fragestellungen	Biographisch bedeutsame, bildungstheoretische Fragestellungen
1. Mikroebene 1.1 *räumlich-stofflich-zeitlich strukturierte Nahumwelt:* z. B. → Wohnort, -viertel, Straße, Wohnortwechsel → Haus-, Wohnungseinrichtung → Umgang mit Dingen u. Sachen → Bewegungsfreiraum, verbotene/geheime Räume → Körper, Tabus, Konzepte → Reisen, etc. biographische Landkarte (Lippitz 1993, S. 172 ff.) → Arbeitszeiten, Freizeiten – Ver- und Entmischungen Zeitordnungen, Rituale	→ erinnerte Präsentationen/ Deutungen der Erwachsenen und anderer Kinder → angeeignete Deutungen, Umdeutungen → Erfahrungen von Widersprüchen/Ambivalenzen und deren Verarbeitung
1.2 *Familien-System: Beziehungen* → der Eheleute zueinander, Familienthemen Konflikte, Krankheiten u. a. Wert-/Norm-/Erziehungsvorstellungen etc. → zwischen Kind und Mutter/Vater Nähe/Distanz, Geborgenheit etc. → zwischen Geschwistern, Beziehungen der Geschwister zu den Eltern (Lieblingskinder, Schwarze Schafe etc.) und untereinander (Solidarität, Konkurrenz, Pionier-/Führerfunktionen etc., Interaktionsnormen/-regeln) → zu weiteren Haushaltsmitgliedern (Dienstboten, Verwandten, „Schlafgängern" etc.)	→ allgemeine, schicht-, geschlechts-, gruppen- (etc.) typische Erfahrungsmodi → individuell besondere Erfahrungsmodi → signifikante Ereignisse (Schulze 1979, S. 60) → unstetige Formen von Erziehung (Bollnow), Krisen, Konflikte besondere Begegnungen, Vorbilder
1.3 *„Außen"-Beziehungen zu* → Großeltern, Verwandten, Nachbarn → FreundInnen, Spielgruppen etc.	→ Umgang mit/Verarbeitung von Angst, Freude, Wut, Leid etc.
2. Mesoebene 2.1 *Schulerfahrungen* → Beziehung zu Lehrkräften, KlassenkameradInnen → Schulräume → Orientierungen: Leistung, Konkurrenz, Solidarität etc.	→ Erkunden von Entscheidungs- und Handlungsfreiräumen → Gestaltung von Sozialisationsnischen
2.2 *weitere relevante Institutionen* wie etwa: → Kindergarten, Vereine, Religionsgemeinschaften etc.	→ Generationen-Wandel
3. Makroebene → gesellschaftliche Werte/Normen, → Ideologien, Weltanschauungen (Kirchen, Parteien, Gewerkschaften etc.) → Medien → soziale Ungleichheit → Faktoren gesellschaftlichen Wandels → besondere politische Ereignisse etc.	

Netzwerke, Institutionen) und Makroebene (ideologisches System) als Sozialisationsbereiche differenziert. Erweitert wurde das Modell durch den Ansatz zur Familienforschung von Mollenhauer/Brumlik/Wudtke (1975), um die Betrachtung des Familiensystems zu differenzieren (vgl. Cloer u. a. 1991, S. 89 f.). Die linke Spalte unterscheidet die verschiedenen Sozialisationsebenen und nennt Beispiele für bereichsspezifische Fragestellungen. Da die Ebenen im wechselseitigen Austausch miteinander stehen, sind Verknüpfungen/Rückkoppelungen (im Schema nicht dargestellt) selbstverständlich. Die rechte Spalte nennt bereichsübergreifende Fragestellungen zu Bildung, Erziehung, Sozialisation, die lebensgeschichtlich bedeutsam sind und zu allen Sozialisationsebenen gestellt werden können[15].

Das Schema kann dazu beitragen weitere Forschungsschwerpunkte zu entwickeln. Abschließend sollen einige der Bereiche, die bisher kaum systematisch untersucht sind, genannt werden: adelige Kindheit (und Jugend) ist bis auf die Studie von Shahar nicht untersucht, ebenso wenig bürgerliche Kindheit und Arbeiterkindheit vor 1850 (für Bürgerliche liegt dafür umfangreiches autobiographisches Quellenmaterial vor (vgl. Herrmann 1991 a, S. 147 ff.). Insbesondere der *Wandel* von Kindheit und Kindsein im 19. Jahrhundert (etwa von 1800 bis 1900) über verschiedene Generationen hinweg im Zusammenhang mit der beginnenden Moderne ist kaum untersucht. Die vorgestellten Studien haben den zeitlichen Schwerpunkt zwischen 1870 und 1920, systematische Untersuchungen zu den 1920er Jahren bis 1950er, insbesondere zur Kindheit im Nationalsozialismus, fehlen ebenfalls (bis auf einzelne Studien, auch sie eher zu Jugend; vgl. Klaus 1983; Klafki 1988; Reese 1989; Kinz 1990; und die Anthologie von Miller-Kipp 2001).

Sinnvoll wären zunächst auch Anschlussstudien an die vorgestellten Untersuchungen. „Anschluss" kann dabei Verschiedenes bedeuten: Solche Folgeuntersuchungen zum Beispiel mit gleichen/ähnlichen Konzeptionen sind denkbar als Studien, die im gleichen Raum (historisch, regional) andere Gruppen untersuchen, um so etwa Schicht-, Geschlechts- oder Altersdifferenzen zu erarbeiten, oder aber als Studien, die die gleiche Gruppe (wie die Vergleichsstudie) in anderen Regionen bzw. anderen historischen Zeiten untersuchen. Erst dann können zum Beispiel Regionaltypisches, Stadt-Landdifferenzen, Geschlechterdifferenzen bzw. Formen und Wandel von Kindheit und Kindsein in all ihrer Vielfalt in den Blick kommen.

Literatur

Alt, Robert 1966: Bilderatlas zur Schul- und Erziehungsgeschichte. 2 Bde. Berlin.
Andresen, Sabine 1997: Mädchen und Frauen in der bürgerlichen Jugendbewegung. Soziale Konstruktion von Mädchenjugend. Neuwied.
Andresen, Sabine 2001: „Sozialisten werden nicht geboren, sondern erzogen". Kindheit und Politik – Pionierbiographien in der DDR. In: Behnken, Imbke/Jürgen Zinnecker (Hg.): Kinder. Kindheit. Lebensgeschichte. Seelze-Velber. S. 998-1016.
Andresen, Sabine 2002: Kindheit in der DDR. In: Kraul, Margret/Winfried Marotzki (Hg.): Biographische Arbeit. Perspektiven erziehungswissenschaftlicher Biographieforschung. Opladen. S. 285-308.
Ariès, Philippe 1960/1975: Geschichte der Kindheit. München.

---

15 Die Literaturverweise beziehen sich auf Kategorien, die zusätzlich zu den o. a. Forschungsfragen aufgenommen wurden.

Baader, Meike S. 1996: Die romantische Idee des Kindes und der Kindheit. Auf der Suche nach der verlorenen Unschuld. Neuwied.

Baader, Meike S. 2004: Historische Genderforschung und „cultural turn". In: Glaser, Edith/Dorle Klika/Annedore Prengel (Hg.): Gender und Erziehungswissenschaft. Bad Heilbrunn. S. 322-336.

Becchi, Egle 1998: Histoire de l'enfance en Occident. Paris.

Behnken, Imbke 2006: Urbane Spiel- und Straßenwelten. Zeitzeugen und Dokumente über Kindheit am Anfang des 20. Jahrhunderts. Weinheim.

Behnken, Imbke/Manuela du Bois-Reymond/Jürgen Zinnecker 1989: Stadtgeschichte als Kindheitsgeschichte: Lebensräume von Großstadtkindern in Deutschland und Holland um 1900. Opladen.

Behnken, Imbke/Jürgen Zinnecker (Hg.) 2001: Kinder. Kindheit. Lebensgeschichte. Seelze-Velber.

Benninghaus, Christina/Kerstin Kohtz (Hg.) 1999: „Sag mir wo die Mädchen sind …". Beiträge zur Geschlechtergeschichte der Jugend. Köln.

Berg, Christa 1991: Kinderleben in der Industriekultur. Der Beitrag der historischen Sozialisationsforschung. In: Berg, Christa (Hg.): Kinderwelten. Frankfurt/M. S. 15-40.

Berg, Christa 2001: Erinnerte Kindheit im Raum. Bürgerkindheiten und Arbeiterkindheiten. In: Behnken, Imbke/Jürgen Zinnecker (Hg.): Kinder. Kindheit. Lebensgeschichte. Seelze-Velber. S. 912-935.

Berg, Christa 2003: Kindheit. In: Benner, Dietrich/Jürgen Oelkers (Hg.): Historisches Wörterbuch der Pädagogik. Weinheim. S. 497-517.

Berg, Jan Hendrik van den 1960: Metabletika. Über die Wandlungen des Menschen. Grundlegung einer historischen Psychologie. Göttingen.

Bertlein, Hermann 1966: Jugendleben und soziales Bildungsschicksal. Reifungsstil und Bildungserfahrungen werktätiger Jugendlicher 1860-1910. Hannover.

Bimmer, Andreas C. 1988: Familienforschung. In: Brednick, Rolf (Hg.): Grundriß der Volkskunde. Einführung in die Forschungsfelder der europäischen Ethnologie. Berlin. S. 235-250.

Boesch, Hans 1900: Kinderleben in der deutschen Vergangenheit. Leipzig.

Bois-Reymond du, Manuela/Peter Büchner/Heinz-Hermann Krüger/Jutta Ecarius/Burkhard Fuhs 1994: Kinderleben. Modernisierung von Kindheit im interkulturellen Vergleich. Opladen.

Bronfenbrenner, Urie 1976: Ökologische Sozialisationsforschung. Stuttgart.

Bronfenbrenner, Urie 1981: Die Ökologie der menschlichen Entwicklung. Stuttgart.

Büchner, Peter/Manuela du Bois-Reymond/Jutta Ecarius/Burkhard Fuhs/Heinz-Hermann Krüger (Hg.) 1998: Teenie-Welten. Aufwachsen in drei europäischen Regionen. Opladen.

Büchner, Peter/Heinz-Hermann Krüger (Hg.) 1991: Aufwachsen hüben und drüben. Deutsch-deutsche Kindheit vor und nach der Vereinigung. Opladen.

Budde, Friederike 1994: Auf dem Weg ins Bürgertum. Kindheit und Erziehung in deutschen und englischen Bürgerfamilien 1840-1914. Göttingen.

Chvojka, Erhard 2002: Die Geschichte der Großelternrolle vom 16. bis zum 20. Jahrhundert. Wien.

Cloer, Ernst 1979: Ausgewählte systematische Fragestellungen der Geschichte der Kindheit und der historischen Familien- und Sozialisationsforschung. In: Cloer, Ernst (Hg.): Familienerziehung. Bad Heilbrunn.

Cloer, Ernst 1999: Pädagogisches Wissen in biographischen Ansätzen der Historischen Sozialisationsforschung: Methodologische Zugänge, theoretische und empirische Erträge. In: Krüger, Heinz-Hermann/Winfried Marotzki (Hg.): Erziehungswissenschaftliche Biographieforschung. Opladen. S. 165-190.

Cloer, Ernst/Dorle Klika/Michael Seyfahrt-Stubenrauch 1991: Kindsein in Arbeiter- und Bürgerfamilien des wilhelminischen Reiches. In: Berg, Christa (Hg.): Kinderwelten. Frankfurt/M. S. 68-131.

Cunningham, Hugh 1995: Children and Childhood in Western Society since 1500. New York.

De Mause, Lloyd 1977: Evolution der Kindheit. In: Ders. (Hg.): Hört Ihr die Kinder weinen. Eine psychogenetische Geschichte der Kindheit. Frankfurt/M.

Dittrich, Eckhard/Juliane Dittrich-Jacobi 1979: Die Autobiographie als Quelle zur Sozialgeschichte der Erziehung. In: Baacke, Dieter/Theodor Schulze (Hg.): Aus Geschichten lernen. Zur Einübung pädagogischen Verstehens. München. S. 99-119.

Dudek, Peter 1990: Jugend als Objekt der Wissenschaften. Opladen.

Dudek, Peter 2002: Geschichte der Jugend. In: Krüger, Heinz-Hermann/Cathleen Grunert (Hg.): Handbuch Kindheits- und Jugendforschung. Opladen. S. 333-349.

Ecarius, Jutta 1997: Qualitative Methoden in der Historischen Sozialisationsforschung. In: Friebertshäuser, Barbara/Annedore Prengel (Hg.): Handbuch Qualitative Forschungsmethoden in der Erziehungswissenschaft. Weinheim. S. 309-322.

Ecarius, Jutta 2002: Familienerziehung im historischen Wandel. Eine qualitative Studie über Erziehung und Erziehungserfahrungen von drei Generationen. Opladen.

Ehrenspeck, Yvonne/Burkhard Schäffer (Hg.) 2003: Film- und Fotoanalyse in der Erziehungswissenschaft. Ein Handbuch. Opladen.

Eichbaum, Gerda 1930: Die Krise der modernen Jugend im Spiegel der Dichtung. Zur Problemgeschichte des Jugendalters. Erfurt.

Elias, Norbert 1969: Über den Prozeß der Zivilisation. Soziogenetische und psychogenetische Untersuchungen. 2 Bde. Frankfurt/M.

Elschenbroich, Donata 1977: Kinder werden nicht geboren. Frankfurt/M.

Ewers, Hans-Heino 2001: Kinderliteratur als Medium der Entdeckung von Kindheit. In: Behnken, Imbke/Jürgen Zinnecker (Hg.): Kinder. Kindheit. Lebensgeschichte. Seelze-Velber. S. 48-62.

Fischer-Elfert, Hans-Werner 2001: Kindheit im alten Ägypten. In: Forster, Johanna/ Uwe Krebs (Hg.): Kindheit zwischen Pharao und Internet. Bad Heilbrunn. S. 21-39.

Flecken, Margarete 1981: Arbeiterkinder im 19. Jahrhundert. Weinheim.

Flitner, Andreas/Walter Hornstein 1965: Neue Literatur zur Geschichte des Kindes- und Jugendalters. In: ZfPäd 11 (1965). S. 66-85.

Frauen im pädagogischen Diskurs 1994. Eine interdisziplinäre Bibliographie 1988-1993. Frankfurt/M. (Erste Ausgabe 1984-1988. Frankfurt/M. 1989).

Friebertshäuser, Barbara/Annedore Prengel (Hg.) 1997: Handbuch Qualitative Forschungsmethoden in der Erziehungswissenschaft. Weinheim.

Gelis, Jacques/Mireille Larget/Marie France Morell 1980: Der Weg ins Leben. Geburt und Kindheit in früher Zeit. München.

Gestrich, Andreas 1986: Traditionelle Jugendkultur und Industrialisierung. Sozialgeschichte der Jugend in einer ländlichen Arbeitergemeinde Württembergs, 1800-1920. (Kritische Studien zur Geschichtswissenschaft, Bd. 69.) Göttingen.

Gestrich, Andreas/Susanne Mutschler 1984: Ohmenhausen. Kindheit, Jugend und Familie im 19. Jahrhundert. Reutlingen.

Giesen, Josef 1966: Europäische Kinderbilder. Die soziale Stellung des Kindes im Wandel der Zeit. München.
Gillis, John R. 1980: Geschichte der Jugend. Weinheim.
Glaser, Edith/Pia Schmid 1999: Biographieforschung in der Historischen Pädagogik. In: Krüger, Heinz-Hermann/Winfried Marotzki (Hg.): Handbuch Erziehungswissenschaftliche Biographieforschung. Opladen. S. 347-376.
Grunert, Cathleen/Heinz-Hermann Krüger 1999: Biographieforschung und pädagogische Kindheitsforschung. In: Krüger, Heinz-Hermann/Winfried Marotzki (Hg.): Handbuch Erziehungswissenschaftliche Biographieforschung. Opladen. S. 227-242.
Hardach-Pinke, Irene/Gerd Hardach (Hg.) 1981: Kinderalltag. Deutsche Kindheiten in Selbstzeugnissen 1700 bis 1900. Reinbek.
Hausen, Karin 1977: Historische Familienforschung. In: Rürup, Reinhard (Hg.): Historische Sozialwissenschaft. Beiträge zur Einführung in die Forschungspraxis. Göttingen. S. 59-95.
Heinzel, Friederike (Hg.) 1999: Methoden der Kindheitsforschung. Ein Überblick über Forschungszugänge zur kindlichen Perspektive. Weinheim.
Hengst, Heinz/Michael Köhler/Barbara Riedmüller/Manfred M. Wambach 1981: Kindheit als Fiktion. Frankfurt/M.
Herrmann, Ulrich 1990: Probleme und Aspekte historischer Ansätze in der Sozialisationsforschung. In: Hurrelmann, Klaus/Dieter Uhlig (Hg.): Handbuch der Sozialisationsforschung. Weinheim. S. 227-252.
Herrmann, Ulrich 1991 a: Historische Bildungsforschung und Sozialgeschichte der Bildung. Programme, Analysen, Ergebnisse. Weinheim.
Herrmann, Ulrich 1991 b: „Innenansichten". Erinnerte Lebensgeschichte und geschichtliche Lebenserinnerung, oder: Pädagogische Reflexion und ihr „Sitz im Leben". In: Berg, Christa (Hg): Kinderwelten. Frankfurt/M. S. 41-67.
Herrmann, Ulrich/Andreas Gestrich/Susanne Mutschler 1983: Kindheit, Jugendalter und Familienleben in einem schwäbischen Dorf im 19. und 20. Jahrhundert (bis zum Ersten Weltkrieg). In: Borscheid, Peter/Hans-Jürgen Teuteberg (Hg.): Ehe Liebe Tod. Zum Wandel der Familie, der Geschlechts- und Generationsbeziehungen in der Neuzeit. (Studien zur Geschichte des Alltags, Bd. 1.) Münster. S. 66-79.
Herrmann, Ulrich/Susanne Renftle/Lutz Roth 1980: Bibliographie zur Geschichte der Kindheit, Jugend und Familie. München.
Honig, Michael-Sebastian 1993: Sozialgeschichte der Kindheit im 20. Jahrhundert. In: Markefka, Manfred/Bernhard Nauck (Hg.): Handbuch der Kindheitsforschung. Neuwied. S. 207-220.
Honig, Michael-Sebastian 1999: Entwurf einer Theorie der Kindheit. Frankfurt/M.
Honig, Michael-Sebastian 2002: Geschichte der Kindheit im 20. Jahrhundert. In: Krüger, Heinz-Hermann/Cathleen Grunert (Hg.) 2002: Handbuch Kindheits- und Jugendforschung. Opladen. S. 309-332.
Honig, Michael-Sebastian/Andreas Lange/Hans R. Leu (Hg.) 1999: Aus der Perspektive von Kindern? Zur Methodologie der Kindheitsforschung. Weinheim.
Hoof, Dieter 1999: Opfer – Engel – Menschenkind. Studien zum Kindheitsverständnis in Altertum und früher Neuzeit. Bochum.
Horn, Klaus-Peter/Johannes Christes/Michael Parmentier (Hg.) 1998: Jugend in der Vormoderne. Annäherungen an ein bildungshistorisches Thema. Köln.
Hürlimann, Bettina 1948: Kinderbildnisse aus fünf Jahrhunderten europäischer Malerei. Zürich.

Hunt, David 1974: Parents and Children in History, The Psychology of Family in Early France. New York.
Jacobi, Juliane 1999: Zur Konstruktion und Dekonstruktion des Selbstentwurfs - Historische Kindheits- und Jugendforschung und autobiographische Quelle. In: Benninghaus, Christina/Kerstin Kohtz (Hg.): „Sag mir wo die Mädchen sind …". Beiträge zur Geschlechtergeschichte der Jugend. Köln. S. 275-290.
Jacobi-Dittrich, Juliane 1983: „Hausfrau, Gattin und Mutter". Lebensläufe und Bildungsgänge von Frauen im 19. Jahrhundert. In: Brehmer, Ilse/Juliane Jacobi-Dittrich/Elke Kleinau/Annette Kuhn (Hg.): Wissen heißt Leben. Frauen in der Geschichte. Bd. 4. Düsseldorf. S. 262-281.
Johansen, Erna M. 1978: Betrogene Kinder. Eine Sozialgeschichte der Kindheit. Frankfurt/M.
Kind, Hansgeorg 1936: Das Kind in der Ideologie und der Dichtung der deutschen Romantik. Leipzig.
Kinz, Gabriele 1990: Der Bund deutscher Mädel. Ein Beitrag zur außerschulischen Mädchenerziehung im Nationalsozialismus. Frankfurt/M.
Kirchhöfer, Dieter 1998: Aufwachsen in Ostdeutschland. Langzeitstudie über Tagesläufe 10- bis 14jähriger Kinder. Weinheim.
Kirchhöfer, Dieter 2001: Kinderbiographien in der DDR. In: Behnken, Imbke/Jürgen Zinnecker (Hg.): Kinder. Kindheit. Lebensgeschichte. Seelze-Velber. S. 982-997.
Klafki, Wolfgang (Hg.) 1988: Verführung, Distanzierung, Ernüchterung. Kindheit und Jugend im Nationalsozialismus. Weinheim.
Klafki, Wolfgang 1991: Typische Faktorenkonstellation für Identitätsprozesse von Kindern und Jugendlichen im Nationalsozialismus im Spiegel autobiographischer Berichte. In: Berg, Christa/Sieglind Ellger-Rüttgart (Hg.): „Du bist nichts, Dein Volk ist alles". Forschungen zum Verhältnis von Pädagogik und Nationalsozialismus. Weinheim. S. 159-172.
Klaus, Martin 1983: Mädchenerziehung zur Zeit der faschistischen Herrschaft in Deutschland. Der Bund Deutscher Mädel. 2 Bde. Frankfurt/M.
Kleinau, Elke/Christine Mayer (Hg.) 1996: Erziehung und Bildung des weiblichen Geschlechts. Eine kommentierte Quellensammlung zur Bildungs- und Berufsbildungsgeschichte von Mädchen und Frauen. Weinheim.
Kleinau, Elke/Claudia Opitz (Hg.) 1996: Geschichte der Mädchen und Frauenbildung. Bd. 2. Frankfurt/M.
Klika, Dorle 1990: Erziehung und Sozialisation im Bürgertum des wilhelminischen Kaiserreiches. Eine pädagogisch-biographische Untersuchung zur Sozialgeschichte der Kindheit. Frankfurt/M.
Klika, Dorle 1996: Die Vergangenheit ist nicht tot. Autobiographische Zeugnisse über Sozialisation, Erziehung und Bildung um 1900. In: Kleinau, Elke/Claudia Opitz (Hg.): Geschichte der Mädchen- und Frauenbildung. Bd. 2: Vom Vormärz bis zur Gegenwart. Frankfurt. S. 283-296.
Klika, Dorle 1997: Methodische Zugänge zur Historischen Kindheitsforschung. In: Friebertshäuser, Barbara/Annedore Prengel (Hg.): Handbuch Qualitative Forschungsmethoden in der Erziehungswissenschaft. Weinheim. S. 298-308.
Klika, Dorle 2000: Literaturbesprechung: Benninghaus, Christina/Kerstin Kohtz (Hg.), „Sag mir, wo die Mädchen sind … ." Beiträge zur Geschlechtergeschichte der Jugend. In: BIOS. Zeitschrift für Biographieforschung und Oral History 13 (2000). Heft 2. S. 309-313.

Klika, Dorle 2001: Topographie der autobiographisch erinnerten Familienkindheit. Historische und systematische Aspekte. In: Behnken, Imbke/Jürgen Zinnecker (Hg.): Kinder. Kindheit. Lebensgeschichte. Seelze-Velber. S. 758-773.

Klika, Dorle 2003: Erlaubte und verbotene Räume. Der erinnerte Raum in Autobiographien. In: Jelich, Franz-Josef/Heidemarie Kemnitz (Hg.): Die pädagogische Gestaltung des Raums. Geschichte und Modernität. Bad Heilbrunn. S. 207-220.

Klika, Dorle 2004: DerDieDas Subjekt und die Welt. Bildungstheoretische Perspektiven. In: Glaser, Edith/Dorle Klika/Annedore Prengel (Hg.): Gender und Erziehungswissenschaft. Ein Handbuch. Bad Heilbrunn. S. 33-46.

Köhler, Ursula (Hg.) 1993: Kinderleben. Dichter erzählen von Kindern. Frankfurt/M.

Könnecker, Marie-Luise 1978: Mädchenjahre. Ihre Geschichte in Bildern und Texten. Darmstadt.

Kößler, Gottfried 1979: Mädchenkindheiten im 19. Jahrhundert. Gießen.

Kötters, Catrin 2000: Wege aus der Kindheit. Biographische Schritte der Verselbständigung im Ost-West-Vergleich. Opladen.

Krüger, Heinz-Hermann 1995: Bilanz und Zukunft der erziehungswissenschaftlichen Biographieforschung. In: Krüger, Heinz-Hermann/Winfried Marotzki (Hg.): Erziehungswissenschaftliche Biographieforschung. Opladen. S. 32-54.

Krüger, Heinz-Hermann 2002: Methoden und Ergebnisse der historischen Kindheits- und Jugendforschung. In: Krüger, Heinz-Hermann/Cathleen Grunert (Hg.): Handbuch Kindheits- und Jugendforschung. Opladen. S. 283-305.

Krüger, Heinz-Hermann/Cathleen Grunert (Hg.) 2002: Handbuch Kindheits- und Jugendforschung. Opladen.

Krüger, Heinz-Hermann/Cathleen Grunert 2002: Geschichte und Perspektiven der Kindheits- und Jugendforschung. In: Krüger, Heinz-Hermann/Cathleen Grunert (Hg.) 2002: Handbuch Kindheits- und Jugendforschung. Opladen. S. 11-42.

Krüger, Heinz-Hermann/Jutta Ecarius/Cathleen Grunert 1993: Kindheit in Ostdeutschland. Forschungsbericht. Halle.

Krüger, Heinz-Hermann/Winfried Marotzki (Hg.) 1999: Handbuch Erziehungswissenschaftliche Biographieforschung. Opladen.

Kuczinski, Jürgen 1968: Studien zur Geschichte der Lage des arbeitenden Kindes in Deutschland von 1700 bis zur Gegenwart. Berlin.

Lange, Andreas/Wolfgang Lauterbach (Hg.) 2000: Kinder in Familie und Gesellschaft zu Beginn des 21. Jh. Stuttgart.

Lassahn, Rudolf 1983: Pädagogische Anthropologie. Eine historische Einführung. Heidelberg.

Lenzen, Dieter 1994: Das Kind. In: Lenzen, Dieter (Hg.): Erziehungswissenschaft. Ein Grundkurs. Reinbek. S. 341-361.

Levi, Giovanni/Jean-Claude Schmitt (Hg.) 1996/97: Geschichte der Jugend. Bd. 1: Von der Antike bis zum Absolutismus. Bd. 2: Von der Aufklärung bis zur Gegenwart. Frankfurt/M.

Lippitz, Wilfried 1993: Phänomenologische Studien in der Pädagogik. Weinheim.

Loch, Werner 1999: Der Lebenslauf als anthropologischer Grundbegriff einer biographischen Erziehungstheorie. In: Krüger, Heinz-Hermann/Winfried Marotzki (Hg.): Handbuch Erziehungswissenschaftliche Biographieforschung. Opladen. S. 69-88.

Loffl-Haag, Elisabeth 1991: Hört ihr die Kinder lachen? Zur Kindheit im Spätmittelalter. Pfaffenweiler.

Lutz, Manuela/Imbke Behnken/Jürgen Zinnecker 1997: Narrative Landkarten. Ein Verfahren zur Rekonstruktion aktueller und biographisch erinnerter Lebensräume. In: Friebertshäuser, Barbara/Annedore Prengel (Hg.): Handbuch Qualitative Forschungsmethoden in der Erziehungswissenschaft. Weinheim. S. 414-435.

Magdeburger Bibliographie zur Biographieforschung. Hrsg. von Marotzki, Winfried 1996/1998. Magdeburg.

Maynes, Mary J. 1999: Das Ende der Kindheit. Schichten- und geschlechtsspezifische Unterschiede in autobiographischen Darstellungen des Heranwachsens. In: Benninghaus, Christina/Kerstin Kohtz (Hg.) 1999: „Sag mir wo die Mädchen sind ...". Beiträge zur Geschlechtergeschichte der Jugend. Köln. S. 215-236.

Merkens, Hans 2002: Kindheit und Jugend in Ost- und Westdeutschland. In: Krüger, Heinz-Hermann/Cathleen Grunert (Hg.): Handbuch Kindheits- und Jugendforschung. Opladen. S. 353-370.

Mietzner, Ulrike/Ulrike Pilarczyk 2000: Bildwissenschaftliche Methoden in der erziehungs- und sozialwissenschaftlichen Forschung. In: ZBBS 1 (2000). S. 243-264.

Miller-Kipp, Gisela (Hg.) 2001: „Auch Du gehörst dem Führer". Die Geschichte des Bundes Deutscher Mädel (BDM) in Quellen und Dokumenten. Weinheim.

Mitterauer, Michael 1986: Sozialgeschichte der Jugend. Frankfurt/M.

Mitterauer, Michael/Reinhard Sieder (Hg.) 1982: Historische Familienforschung. Frankfurt/M.

Mollenhauer, Klaus 1983: Vergessene Zusammenhänge über Kultur und Erziehung. München.

Mollenhauer, Klaus/Micha Brumlik/Hubert Wudtke 1975: Die Familienerziehung. München.

Muchow, Hans H. 1962: Jugend und Zeitgeist. Morphologie der Kulturpubertät. Reinbek.

Mutschler, Susanne 1985: Ländliche Kindheit in Lebenserinnerungen. Familien- und Kinderleben in einem württembergischen Arbeiter-Bauern-Dorf an der Wende vom 19. zum 20. Jahrhundert. Tübingen.

Neumann, Karl 1993: Zum Wandel der Kindheit vom Ausgang des Mittelalters bis an die Schwelle des 20. Jahrhunderts. In: Markefka, Manfred/Bernhard Nauck (Hg.): Handbuch der Kindheitsforschung. Neuwied. S. 191-206.

Pilarczyk, Ulrike 2003: Räume für die Zukunft. Die Entwicklung pädagogischer Raumvorstellungen auf Fotografien aus dem kibbuz und aus Internatsschulen in Palästina und Israel von 1930 bis 1979. In: Jelich, Franz-Josef/Heidemarie Kemnitz (Hg.): Die pädagogische Gestaltung des Raums. Geschichte und Modernität. Bad Heilbrunn. S. 93-116.

Pinchbeck, Ivy/Margaret Hewitt 1969/1973: Children in English society. 2 vols. London

Postman, Neil 1983: Das Verschwinden der Kindheit. Frankfurt/M.

Prengel, Annedore (Hg.) 2003: Im Interesse von Kindern? Forschungs- und Handlungsperspektiven in Pädagogik und Kinderpolitik. Weinheim.

Preuss-Lausitz, Ulf/Peter Büchner/Marina Fischer-Kowalski/Dieter Geulen/Maria Eleonora Karsten/Christine Kuhne/Ursula Rabe-Kleberg/Hans-Günter Rolff/ Bernd Thunemeyer/Yvonne Schütze/Peter Seidl/Helga Zeiher/Peter Zimmermann 1991: Kriegskinder – Konsumkinder – Krisenkinder. Zur Sozialisationsgeschichte seit dem Zweiten Weltkrieg. Weinheim.

Quandt, Siegfried (Hg.) 1978: Kinderarbeit und Kinderschutz in Deutschland 1783-1976. Paderborn.

Reese, Dagmar 1989: „Straff, aber nicht stramm – Herb, aber nicht derb". Zur Vergesellschaftung von Mädchen durch den Bund Deutscher Mädel im soziokulturellen Vergleich zweier Milieus. Weinheim.
Richter, Dieter 1987: Das fremde Kind. Zur Entstehung der Kindheitsbilder des bürgerlichen Zeitalters. Frankfurt/M.
Rosenbaum, Heidi (Hg.) 1978: Seminar: Familie und Gesellschaftsstruktur. Materialien zu den sozioökonomischen Bedingungen von Familienformen. Frankfurt/M.
Rosenbaum, Heidi 1982: Formen der Familie. Frankfurt/M.
Rosenbaum, Heidi 2001: Kindheitsbiographien und -autobiographien in der Sozialgeschichte von Familie und Kindheit In: Behnken, Imbke/Jürgen Zinnecker (Hg.): Kinder. Kindheit. Lebensgeschichte. Seelze-Velber. S. 744-757.
Sagara, Eda 1986: Quellenbibliographie autobiographischer Schriften von Frauen im deutschen Kulturraum 1730-1918. In: Internationales Archiv für Sozialgeschichte der deutschen Literatur. Bd. 11. S. 178-231.
Schenk, Herrard (Hg.) 1992: Lebensläufe. Ein Lesebuch. München.
Schlumbohm, Jürgen 1983: Kinderstuben. Wie Kinder zu Bauern, Bürgern, Aristokraten wurden. 1700 bis 1850. München.
Schmid, Pia/Heidrun Diele/Petra Krüger 2003: Erziehungskunst kann noch lange nichts als Sammlung einzelner Erfahrungen sein. Anfänge der empirischen Kinderforschung im ausgehenden 18. jahrhundert. In: Prengel, Annedore (Hg.): Im Interesse von Kindern? Forschungs- und Handlungsperspektiven in Pädagogik und Kinderpolitik. Weinheim und München. S. 137-159.
Schulze, Theodor 1979: Autobiographie und Lebensgeschichte. In: Baacke, Dieter/ Theodor Schulze (Hg.): Aus Geschichten lernen. Zur Einübung pädagogischen Verstehens. München. S. 51-98.
Schulze, Theodor 1999: Erziehungswissenschaftliche Biographieforschung. Anfänge, Fortschritte, Ausblicke. In: Krüger, Heinz-Hermann/Winfried Marotzki (Hg.): Handbuch Erziehungswissenschaftliche Biographieforschung. Opladen. S. 33-56.
Schuster-Keim, Ute/Alexander Keim 1988: Zur Geschichte der Kindheit bei Lloyd de Mause. Psychoanalytische Reflexion. Frankfurt/M.
Seyfahrt-Stubenrauch, Michael 1985: Erziehung und Sozialisation in Arbeiterfamilien im Zeitraum 1870 bis 1914 in Deutschland. Frankfurt/M.
Shahar, Shulamit 1991: Kindheit im Mittelalter. München/Zürich.
Shorter, Edward 1977: Die Geburt der modernen Familie. Reinbek.
Spieker, Ira 1990: Bürgerliche Mädchen im 19. Jahrhundert. Erziehung und Bildung in Göttingen 1806-1866. Göttingen.
Tenorth, Heinz-Elmar 1990: Der sozialgeschichtliche Zugang zur historischen Pädagogik. In: Böhme, Günther/Heinz-Elmar Tenorth (Hg.): Einführung in die historische Pädagogik. Darmstadt. S. 117-181.
Ullrich, Heiner 1999: Das Kind als schöpferischer Ursprung. Studien zur Genese des romantischen Kinderbildes und zu seiner Wirkung auf das pädagogische Denken. Bad Heilbrunn.
Voß, Ursula (Hg.) 1979: Kindheiten. Gesammelt aus Lebensberichten. München.
Voß, Ursula (Hg.) 1982: Die unbequemen Jahre. Jugend im Selbstporträt. Frankfurt/M.
Wagner-Winterhager, Luise/Heinz Stopper 1981: Kindheit – Eine eigene Welt? – Historische und gegenwärtige Bedingungen von Kindheit. In: Neumann, Karl

(Hg.): Kindsein. Zur Lebenssituation von Kindern in modernen Gesellschaften. Göttingen. S. 50-61.

Wahl, Viktor 1922: Die Gestaltung des Kindes in der deutschen Dichtung. Freiburg.

Weber-Kellermann, Ingeborg 1974: Die deutsche Familie. Versuch einer Sozialgeschichte. Frankfurt/M.

Weber-Kellermann, Ingeborg 1979: Die Kindheit. Kleidung und Wohnen – Arbeit und Spiel. Frankfurt/M.

Weber-Kellermann, Ingeborg/Andreas Bimmer 1985: Einführung in die Volkskunde europäischer Ethnologie. Eine Wissenschaftsgeschichte. Stuttgart.

Zeiher, Helga/Hartmut J. Zeiher 1994: Orte und Zeiten der Kinder. Weinheim.

Zinnecker, Jürgen 2000: Kindheit und Jugend als pädagogische Moratorien. Zur Zivilisationsgeschichte der jüngeren Generation im 20. Jahrhundert. In: Benner, Dietrich/Heinz-Elmar Tenorth (Hg.): Bildungsprozesse und Erziehungsverhältnisse im 20. Jahrhundert. Zeitschrift für Pädagogik. 42. Beiheft. Weinheim. S. 36-68.

Zinnecker, Jürgen 2003: Jugend. In: Benner, Dietrich/Jürgen Oelkers (Hg.): Historisches Wörterbuch der Pädagogik. Weinheim. S. 482-496.

Friederike Heinzel

Zugänge zur kindlichen Perspektive – Methoden der Kindheitsforschung

Kinder und Kindergruppen werden von der „neuen" Kindheitsforschung als „Akteure" in ihrer Umwelt und „Konstrukteure" ihres Lebens betrachtet. Vor diesem Hintergrund wurden methodologische und methodische Probleme zunehmend systematisch behandelt, mit dem Ziel, eine auf die *„Perspektive von Kindern"* ausgerichtete Forschungspraxis zu entwickeln. Wenn von der „Perspektive von Kindern" gesprochen wird, bezieht sich dies auf die von Kindern erlebte und entworfene Wirklichkeit, aber auch auf die Verfahren der Datengewinnung und Interpretation (vgl. Behnken u. a. 1991; Petermann/Windmann 1993; Zinnecker 1996; Heinzel 1997a, 2000a, 2003a; Richter 1997; Honig/Leu/Lange 1999; Christensen/James 2000; Mey 2001, 2005a; Grunert/Krüger 2006).

Die „neue" Kindheitsforschung bedient sich meist klassischer Methoden der Sozialforschung, reflektiert und modifiziert diese aber auch, um Kindern in Forschungssituationen besser zu entsprechen und Zugang zu den „Stimmen von Kindern" zu finden. Die Frage, wie Kinder in Forschungssituationen gebührend zu Wort kommen und ob ihre Sichtweisen von den erwachsenen Forscherinnen und Forschern angemessen verstanden werden, sind zentrale Probleme einer Forschung „aus der Perspektive von Kindern".

In der Erziehungswissenschaft führt die Suche nach den Anfängen empirischer Kinderforschung zurück in das 18. Jahrhundert zur Entstehung der Pädagogik als Wissenschaft. Auch die Entwicklungspsychologie blickt auf eine lange Tradition des Forschens *über Kinder* zurück. Doch erst neuerdings beruft man sich wieder auf qualitative Forschungsansätze (in Anlehnung an Clara und William Stern, Martha Muchow oder Siegfried Bernfeld), die auf Verstehen, In-Beziehung-Treten und eine Forschung *mit Kindern* setzen (Mey 2001, 2005b).

Die „neue" sozial- und erziehungswissenschaftliche Kindheitsforschung seit Anfang der 1980er Jahre trennt bewusst zwischen *„Kind"* und *„Kindheit"*. Wenn von der Erforschung von Kindern gesprochen wird, dann geht es um einzelne Kinder oder Gruppen von Kindern. Die Untersuchung von Kindheit bezieht sich auf den sozialen Status (im Gefüge der Generationen) und analysiert die gesellschaftlichen oder historischen Konstruktionen von Kindheit.

Im vorliegenden Beitrag werden zunächst Ansätze der Kindheitsforschung skizziert und grundlegende Methodenprobleme der Kindheitsforschung dargestellt. Dann wird auf spezifische Schwierigkeiten der Erhebungssituation eingegangen. Anschließend werden Probleme der Interpretationsmethoden, die im Kontext der Kindheitsforschung immer noch zu wenig diskutiert werden, thematisiert. Zuletzt sollen einige Problemlösungen aufgezeigt werden. Es wird ausschließlich auf qualitative Forschungsmethoden eingegangen, denn beim Forschen mit Kindern sollte Offenheit für ihre Perspektiven hergestellt werden, weil die Sinn- und Regelsysteme von Kindern Erwachsenen teilweise fremd bzw. fremd geworden sind (vgl. Heinzel 2000b). Neben qualitativen Verfahren gibt es aber auch standardisierte Kinderbefragungen, die Auskünfte von Kindern zu ihren Lebenslagen, Lebensbedingungen und Lebensformen einholen (zu Methoden der Datenerhebung in der quantitativen Kindheitsforschung s. Grunert/Krüger 2006, S. 51 ff.).

Ansätze der Kindheitsforschung

Seit Anfang der 1980er Jahre bilden sich im Zusammenhang mit der Neuorientierung der Kindheitsforschung verschiedene Ansätze heraus:

Die *sozialisationstheoretische Perspektive* untersucht den Prozess der Entstehung und Entwicklung der kindlichen Persönlichkeit in Abhängigkeit von der gesellschaftlich vermittelten sozialen und materiellen Umwelt (vgl. Geulen/Hurrelmann 1980, S. 51; Hurrelmann 1986). Hier werden einerseits sämtliche Umweltfaktoren als gesellschaftlich durchdrungen und beeinflusst interpretiert und in ihren Auswirkungen auf kindliche Wahrnehmungsmuster analysiert. Andererseits werden Kinder als aktive Subjekte ihrer Lerntätigkeit und Realitätsverarbeitung angesehen. Besondere Aufmerksamkeit erhält – im Kontext der Kindheitsforschung – die Sozialisation durch die Gleichaltrigen (vgl. Krappmann 1998; Krappmann/Oswald 1995).

Der *qualitativ-entwicklungspsychologische* Zugang versteht das Kind in seiner Lebenswelt als diese Welt deutendes und in ihr aktiv handelndes, selbstreflexives Subjekt. Das Interesse gilt dem individuellen Erleben und Handeln aus der Sicht der Subjekte (vgl. Mey 2005a).

Einen weiteren Schwerpunkt bildet die *historische Kindheitsforschung*, die gestützt auf Quellen, oral-history-Interviews oder autobiographische Materialien auf die Rekonstruktion von Bedingungen und Verläufen des Aufwachsens zielt (u. a. Behnken/du Bois-Reymond/Zinnecker 1989; Klika 1990).

Ethnographische Ansätze beanspruchen, an den lebensweltlichen Bedeutungen der Kinder selbst anzuknüpfen und verstehen die Kinder als Akteure, die ihre Wirklichkeit in Interaktionen konstruieren. Ihr Anliegen ist es, Kinder im Kontext ihrer sozialhistorischen Umwelt zu betrachten, Wandlungsprozesse zu erfassen und den Wissensbeständen, Interaktionen und kulturellen Praktiken von Kindern mehr Gewicht zu verleihen (vgl. Zinnecker 1995; Kelle/Breidenstein 1996; → Friebertshäuser/Panagiotopoulou).

Sozialökologische Sichtweisen widmen sich den ökologischen Systemen, in die ein Kind eingebettet ist. Die räumlichen Merkmale der Umwelt von Kindern und die personalen Beziehungen erhalten hier besondere Aufmerksamkeit (u. a. Zeiher/Zeiher 1994). Untersucht werden auch die Wechselbeziehungen zwischen den Lebensbereichen von Kindern (u. a. Heinzel 2003 b).

Die *biographietheoretische Perspektive* betrachtet Kindheit als Teil des Lebenslaufs und ist um die Rekonstruktion kindlicher Lebensläufe bemüht. Hier geht es darum, den Wandel von Kindheit biographieanalytisch zu untersuchen, die subjektiven, biographisch geformten Erfahrungen und Werte von typischen Kindheiten exemplarisch herauszuarbeiten. Chancen wie Risiken von Individualisierungs- und Modernisierungsprozessen sollen verdeutlicht werden (Krüger/Ecarius/Grunert 1994).

Den *gesellschaftstheoretischen Ansätzen* in der Kindheitsforschung ist gemeinsam, dass sie den Blick vor allem auf die gesamtgesellschaftlichen Bedingungen von Kindheit richten. Einerseits entsteht eine strukturbezogene Kindheitsforschung, die Kinder als eine sozialstrukturelle Gruppe mit typischen strukturellen Benachteiligungen und eigenen Bedürfnissen ansieht (u. a. Kränzl-Nagl/Mierendorff/Olk 2003; Nauck 1993; Nauck/Meyer/Joos 1996). In diesem Zusammenhang erscheinen zunehmend mehr Berichterstattungen über die Lebenslagen von Kindern und Kindersurveys (u. a. Zinnecker/Silbereisen 1996; World Vision 2007; dazu auch Zinnecker 1996). Davon lassen sich solche gesellschaftstheoretischen Ansätze abgrenzen, die sich auf modernisierungstheoretische, zivilisationstheoretische oder kultursoziologische Konzepte beziehen und untersuchen, wie sich Kindheit unter den Bedingungen von Individualisierung und Pluralisierung verändert (vgl. du Bois-Reymond/Büchner/Krüger 1994; Sünker 1993; Zinnecker 1995).

Insgesamt zeigt sich, dass es eher akteursbezogene und stärker strukturbezogene Ansätze gibt, doch scheint es zunehmend sinnvoll, solche Trennungen zu überwinden, weil erst Binnen- und Außenperspektive zusammen ein komplexes Bild ergeben. Allerdings lässt sich fragen, ob das Erfassen der Binnenperspektive nicht mit der Schwierigkeit kollidiert, die Äußerungen von Kindern angemessen zu erfassen und zu verstehen (vgl. Hülst 2000).

Probleme des Forschens mit Kindern[1]

Sogar eine als „kindgerecht" ausgewiesene Forschung geht auf Kindheitsbilder von Erwachsenen zurück. Die Bilder der erwachsenen Forscher/-innen über Kinder und Kindheit, ihre Erwachsenenzentriertheit, Unterschiede in den Ausdrucksformen sowie die gleichzeitige Einbindung von Kindern in Generationen- und Gleichaltrigenbeziehungen möchte ich als wesentliche Problembereiche des Forschens mit Kindern hervorheben (vgl. Heinzel 2000b, S. 24 ff.).

---

1 Im Folgenden handelt es sich um eine überarbeitete Fassung von Heinzel 2003 a.

Bilder der Forscher/-innen über Kinder und Kindheit

Schon in die Fragestellungen fließen ein spezifisches Generationenverhältnis, Bilder über und emotionale Besetzungen von Kindheit ein (vgl. Fuhs 1999). In den Forschungsfragen, den Methodensettings und den Ergebnissen spielen eigene vergangene Kindheitserfahrungen, aktuelle Erfahrungen mit Kindern und auf Zukunft bezogene Utopien über Kindheiten eine Rolle und es kommt zu Gegenübertragungs- und Übertragungsreaktionen. Hierbei ist zu berücksichtigen, dass die Bilder über Kinder und Kindheit kulturell und historisch variieren.

Erwachsenenzentriertheit von Forschung und Forschenden

Die Beschäftigung mit Kindern nimmt in der Hierarchie der Forschungsgegenstände keinen sehr hohen Rang ein und erfordert eine Einbindung in anerkannte Forschungszusammenhänge. Die Forschungsinteressen von Erwachsenen sind Maßstab der Forschungsarrangements. Sogar die Unterstellung der Kompetenz und des Expertentums orientiert sich am Wertesystem von Erwachsenen und entschärft letztlich „methodologischen Sprengstoff" (vgl. Mey 2001). Während der Datenerhebung fließen normative Unterstellungen von Erwachsenen in die Untersuchungen ein und auch die Interpretationen orientieren sich an Regeln und Bedeutungssystemen der Erwachsenenkommunikation.

Kindtypische Ausdrucksformen

Die sprachlichen und schriftlichen Äußerungen von Kindern sind vom Stand ihrer kognitiven Entwicklung und von ihrer Sprach-, Lese- und Schreibfähigkeit abhängig. Außerdem unterscheiden sich kindliche Erklärungsmuster und Sinnstrukturen von denen der Erwachsenen. Deshalb werden Kinderaussagen manchmal in Frage gestellt. Als Vorbehalte werden formuliert, dass Angaben von Kindern nicht verlässlich seien, Kinder Wahrheit und Fiktion nicht unterscheiden könnten, bei ihren Äußerungen die soziale Erwünschtheit eine große Rolle spiele, Kinder Fragen anders behandeln als Erwachsene und sie anderen moralischen Prinzipien folgen (vgl. Kränzl-Nagl/Wilk 2000; Lipski 1998; Fuchs 2004). Zudem äußern sich Kinder nicht nur auf der diskursiven Ebene sondern auch auf der präsentativen, sinnlich-symbolischen Ebene.

Interaktiv und kollektiv verankerte Orientierungen

Kinder agieren „in einem Netz von Erwachsenenbeziehungen" (Fuhs 1999, S. 158) und sind in Generationenbeziehungen und -verhältnisse eingebunden. Ihr Leben ist durchzogen mit Erziehungserfahrungen, die sie auch in Untersuchungssituationen einbringen. Auch in der konkreten Erhebungssituation wird eine Generationenbeziehung gestaltet. Die Kommunikation zwischen forschenden Erwachsenen und beforschten Kindern ist als eine

Verständigung zwischen ungleichen Partnern zu kennzeichnen. Diese hierarchische Situation wird von den Kindern auf dem Hintergrund ihrer je individuellen Lebenserfahrung bewältigt.

Hinzu kommt, dass Kinder in den Interaktionsgeflechten mit Gleichaltrigen handlungsleitende Orientierungen entwickeln, die sich teilweise gegen Erwachsene richten. Deshalb führt die Isolierung von Kindern in Forschungssituationen einerseits dazu, dass Störungen und soziale Rücksichtnahmen vermieden werden. Andererseits bedeutet ihre Vereinzelung gleichzeitig eine Integration in das hierarchische Forschungsarrangement.

Im Folgenden gehe ich zunächst auf Probleme der Erhebung und dann auf Schwierigkeiten der Interpretation ein.

Datenerhebung in der qualitativen Kindheitsforschung

Der Einsatz *qualitativer Interviews* in der Kindheitsforschung gestaltet sich als Herausforderung. Unklar ist, ab welchem Alter (auto-)biographisches Erinnern, Erzählen und Reflektieren möglich ist (vgl. Köhler 2001). Jedenfalls sind spezifische Hilfen und Anreize nötig, um Kinder zu Erzählungen anzuregen (vgl. Heinzel 1997; Grunert 2002; Mey 2005b). Besondere Aufmerksamkeit bedürfen der Zugang zur Kinderwelt, die Interviewdauer, der Ort des Interviews sowie das Gesprächsverhalten der Interviewenden. In Anlehnung an Schulerfahrungen neigen Kinder zu der Annahme, sie müssten im Interview fehlerfreie Antworten geben. Vor dem Hintergrund der Zurückhaltung von Kindern bei bestimmten Themenbereichen und ihrer spezifischen Art des Präsentierens, Erzählens und Erinnerns schlägt Fuhs (2000) eine neue Systematisierung von qualitativen Interviews in der Kindheitsforschung vor, die sich an der Erinnerungs- und Erzählkompetenz von Kindern orientiert: situationsnahe Interviewformen, Sequenz-Interviews, lebensweltliche Interviews, biographische Interviews und symbolische Interviewformen.

Gruppendiskussionen mit Kindern sind eher selten. Die fehlende Diskussionskultur von Kindern, Hemmungen durch die Gruppensituation und Geschlechterdifferenzen werden als Probleme formuliert. Allerdings verfügen Kinder häufig über Erfahrungen mit Kreisgesprächen, die sie aus dem Kindergarten oder der Grundschule kennen und die Züge von Gruppendiskussionen aufweisen (vgl. Heinzel 2000c). Gruppendiskussionen eignen sich besonders, um kollektive Erfahrungen von Kindern zu erfassen und können als „Interaktionen zwischen Generationen" verstanden werden (Bock 2008). Die Möglichkeiten des Verfahrens liegen darin, dass Kinder in dieser Forschungskonstellation zahlenmäßig überwiegen und die Mehrheitsverhältnisse sowie die Stärkung durch die Gleichaltrigen der generationenbedingten Dominanz der forschenden Erwachsenen entgegenstehen (vgl. Heinzel 2000c; Köbl/Billmann-Mahecha 2005; Michalek/Schönknecht 2006; Nentwig-Gesemann 2006; Bock 2008).

Die *teilnehmende Beobachtung* wird in der Kindheitsforschung gerne eingesetzt, weil hier keine Sprachbarrieren überwunden werden müssen. Sie findet in natürlichen Lebenssituationen von Kindern statt. Da die Forschenden Teil einer Situation sind und sich in einem Interaktionsprozess mit den untersuchten Kindern befinden, kann es gelingen, den Sinn der Situation zu verstehen. Zu berücksichtigen ist, dass jede Beobachtung bereits Interpretation ist und bei der Anfertigung von Beobachtungsprotokollen die Gefahr besteht, erwachsenenzentrierte Wahrnehmungen zu fixieren. Bei der offenen teilnehmenden Beobachtung ist es notwendig, dass die beforschten Kinder angemessen informiert werden. Zudem ist zu klären, in welcher Rolle die Beobachter von den Kindern wahrgenommen werden. Weiter sollte beachtet werden, dass es für Kinder kaum Räume gibt, die nicht durch pädagogische Arrangements vorstrukturiert sind (vgl. Rohrmann 1996; Beck/Scholz 2000; Mey 2005 b; Grunert/Krüger 2006; Oswald 2008).

In *non-reaktiven qualitativen Verfahren* wird mit Erhebungsverfahren gearbeitet, an denen die Forscher und Forscherinnen nicht direkt beteiligt sind und damit die Reaktivität der Untersuchten umgangen. In „Dokumentenanalysen" werden die „Spuren" analysiert, die Kinder bei ihren Handlungen hinterlassen, u.a. freie Kindertexte, Tagebücher, Briefe, Kinderzeichnungen, Poesiealben, Objekte im Internet. Solche Selbstzeugnisse von Kindern eröffnen einen Zugang zu ihrer Erlebnis-, Erfahrungs- und Gedankenwelt. Dabei ist es besonders wichtig, die Kontextualität der Produkte zu berücksichtigen, d.h. ihren Entstehungszusammenhang sowie familiäre und kulturelle Kontexte (vgl. Röhner 2000; Billmann-Mahecha 2005).

Datenauswertung in der qualitativen Kindheitsforschung

In der Kindheitsforschung wird das breite Spektrum an qualitativen Auswertungsmethoden genutzt, welches die qualitative Sozialforschung zur Verfügung stellt. Allerdings stellt sich die Frage, ob Forscher/-innen die Sichtweisen und Bedeutungssysteme von Kindern aus der Perspektive erwachsener Deutungsgewohnheiten und Relevanzsysteme überhaupt angemessen interpretieren können (vgl. Honig 1999; Hülst 2000). Als zentrales Problem qualitativer Zugänge erweist sich, dass die Methoden des Verstehens bei der Untersuchung von Erwachseneninteraktion entwickelt wurden. Dies gilt für narrative Analysen, Dokumentarische Methode und qualitative Inhaltsanalyse ebenso wie für Konversations-, Diskurs- und Dokumentenanalysen oder die Objektive Hermeneutik und die Tiefenhermeneutik, um nur die prominentesten Verfahren zu nennen (dazu Grunert/Krüger 2006, S. 45 ff.).

Jede angewandte Methode der Interpretation ist generell durch Forschungsperspektiven geprägt. Die Forschungszugänge zur kindlichen Perspektive sind folglich perspektivisch verfasst. Im Folgenden sollen die drei wesentlichen Forschungsperspektiven (in Anlehnung an Flick/Kardorff/Steinke 2000,

S. 19) mit ihren Interpretationsmethoden und Hauptproblemen bei der Anwendung auf Kinder dargestellt werden.

Forschungsperspektive 1:
Zugänge zu den subjektiven Sichtweisen von Kindern

Vor dem Hintergrund der theoretischen Positionen des Symbolischen Interaktionismus oder der Phänomenologie wird versucht, durch *narrative Analysen oder hermeneutische Verfahren* das Alltagswissen, die Ausdrucksmöglichkeiten und die Biographien von Kindern zu analysieren. Es geht z. B. darum, die sinnlich-leiblichen Dimensionen des Weltverhaltens von Kindern zu beschreiben (Lippitz 1997) oder den Wandel von Kindheit biographieanalytisch zu untersuchen und die subjektiven, biographisch geformten Erfahrungen und Verläufe von Kindheiten exemplarisch herauszuarbeiten (vgl. Grunert/Krüger 2000).

Als Probleme ergeben sich, dass die Interpretationen der Erwachsenen Konstruktionen über die Eigenartikulation des kindlichen Welt- und Selbstverhältnisses sind. Teilweise kommt es zu einem romantischen Blick auf Kindheit oder es fließen (positive oder negative) Bewertungen von Modernisierungstendenzen ein. Außerdem beeinflussen eigene Kindheitserfahrungen die Interpretationen.

Forschungsperspektive 2:
Beschreibung der Herstellung von Kinderkultur und Kindheit

Aus der theoretischen Perspektive von Ethnomethodologie und Konstruktivismus heraus werden Aufzeichnungen von Interaktionen mit Hilfe von Konversationsanalysen, Diskursanalysen, Gattungsanalysen und Dokumentarischer Interpretation interpretiert oder es wird ethnographisch gearbeitet. Alle diese Verfahren zielen auf die Beschreibung der Herstellung sozialer Situationen und sinnhafter Ordnungen durch Kinder. Das Ziel besteht in der Rekonstruktion ihrer Kommunikation und Diskursorganisation oder der Analyse ihrer Orientierungsmuster und Handlungspraxis. Eine besondere Schwierigkeit besteht darin, dass sich die Diskurse der Kinder und Erwachsenen überlagern. Hinzu kommt, dass die Deutungen der Forscher/-innen in der Generationendifferenz kulturell verankert sind. Nicht zuletzt orientieren sich diese Methoden an den Kommunikationszügen und der Diskursorganisation und Kultur von Erwachsenen und müssten differenziert werden hinsichtlich des kollektiven, spielerischen, szenischen, körperlichen und sinnlich-symbolischen Erzählens von Kindern und ihren ritualisierten Formen der Spiel- und Sprachpraxis. Die „Erwachsenenzentrierung" kann jedoch als empirisches Phänomen rekonstruiert werden (vgl. Hausendorf/Quasthoff 2005, S. 600 f.).

Forschungsperspektive 3:
Hermeneutische Analyse tiefer liegender Strukturen
in den Generationenbeziehungen

Die Interpretationsmethoden der Objektiven Hermeneutik und Tiefenhermeneutik zielen auf die Rekonstruktion von deutungs- und handlungsgenerierenden Tiefenstrukturen. Mit der *Methode der Objektiven Hermeneutik* kann die latente normative Strukturiertheit der sozialisatorischen Generationenverhältnisse rekonstruiert werden. Es wird davon ausgegangen, dass latente Sinnstrukturen die Handlungen von Subjekten innerhalb der Lebenspraxis steuern (vgl. Oevermann u.a. 1979; Garz/Kraimer 1994; Wernet 2000). Allerdings wird vor dem Hintergrund des Entwurfs eines kompetenztheoretischen mit sich identischen Subjekts ein Regelwissen bemüht, welches sich Kinder erst aneignen; der unterstellte Noch-nicht-Status von Kindern ist dem Ansatz immanent (vgl. Böhme 2003).

Mit der Methode der *Tiefenhermeneutik* (Lorenzer 1986; König 1997; Heinzel 1997b; Belgrad u.a. 1987; Klein 2000; → Klein), einer sozialwissenschaftlichen Methode der psychoanalytischen Kulturforschung, wird ein intuitives, symbolorientiertes und methodisch geleitetes Verstehen von Kindern und Kinderkultur möglich. Die Wirkung von Texten und Szenen wird zur Quelle der Analyse. Ausgangspunkt der Interpretation sind Assoziationen und Irritationen (Widersprüche, Ungereimtheiten, Ordnungsverstöße, Missverständnisse), die bei der Rezeption des Textes entstehen und einen Zugang zum latenten Sinn des Textes eröffnen. Einerseits zeigen die langjährigen Erfahrungen der Kinderanalyse den Ertrag psychoanalytischer Zugänge. Andererseits wird die sozialwissenschaftliche Fassung der Methode bislang nur selten zur Analyse kultureller Zeugnisse und Lebensentwürfe von Kindern eingesetzt. Meist fokussiert die Psychoanalyse auf Entwicklung und Leiden von Kindern.

Forschen als Differenzerfahrung

Die Forschungszugänge zur kindlichen Perspektive gestalten sich schwierig, weil hier die Generationenproblematik besonders deutlich wird (Fuhs 1999). Alle Forschungsergebnisse sollten deshalb als Konstruktionen dargestellt und ihre Perspektivengebundenheit offengelegt werden.

Reflexion des eigenen Forschungshandelns

Kinder- und Kindheitsforschung setzt zuallererst eine konsequente Reflexion des Forschungshandelns der Erwachsenen während der gesamten Untersuchung voraus. Aufmerksamkeit ist auf die Zuschreibungsprozesse sowohl bei der Formulierung der Fragestellung als auch in der Erhebungs- und Auswertungsphase zu richten. Nicht nur die Kinder, sondern auch die Forschenden sollten durch konsequente Selbstbeobachtung zum Untersuchungsobjekt werden. Die Beziehungsebenen der Forschungssituation müssen reflektiert und Übertragungs- und Gegenübertragungsreaktionen analysiert werden, wozu es sinnvoll sein kann, Erinnerungen an die eigene Kindheit wachzurufen. Wichtig erscheint zudem, die Entstehungsbedingungen der Forschung einer genauen Analyse zu unterziehen.

Zur Reflexion des eigenen Forschungshandelns gehört ein offensiver Umgang mit der eigenen Standortgebundenheit. Eine Analyse der eigenen Normen und Konstruktionen (wie z. B. Kinder als Minderheitengruppe, Kinder als Entwicklungswesen, Kinder als zu Erziehende, Kinder als Konsumenten, Kinder als Vertreter von Kinderkultur, Kinder als kompetente Bürger, Kinder als Problemgruppe ...) ist ebenso notwendig, wie eine Reflexion der Forschungsperspektiven und der Methodenwahl. Außerdem ist zu beachten, dass in Forschungssituationen ko-konstruiert wird. Durch den Forscher oder das Kind ausgelöste Handlungen sollten ebenso festgehalten werden wie Verstrickungen und Missverständnisse im Verstehensprozess. Gefühle oder Störungen können dann als Irritationen wahrgenommen und zum Gegenstand der Deutungsarbeit werden.

Vermittlung zwischen Generationen

Forschung mit Kindern sollte als Begegnung von Generationen gestaltet werden. Da die Forschungssituation als Realisierung und Inszenierung von Beziehungen zwischen Erwachsenen und Kindern zu verstehen ist, sollten besser Designs entwickelt werden, die eine Vermittlung zwischen den Generationen erlauben. Eine wesentliche Voraussetzung hierfür besteht darin, Kinder nicht als defizitär zu bewerten, sondern als Menschen, denen – im historischen Prozess und abhängig von der Kultur, in der sie aufwachsen – bestimmte Handlungsmöglichkeiten entzogen und andere zugänglich wurden. Als grundlegend erscheint mir die Annahme, dass Kinder in ihren Kontexten „sinnvoll" handeln.

Um in der Forschungssituation zwischen Erwachsenen- und Kinderkultur vermitteln zu können, ist Offenheit der Forscher/-innen für die Erzählungen, Handlungen und Haltungen der Kinder erforderlich. Fremdheit muss thematisiert und eine Balance zwischen Fremdheit und Vertrautheit hergestellt werden. Eigenes Verstehen und Nicht-verstehen-Können sollten problematisiert und Differenzen zum Gegenstand der Interpretation gemacht werden. Die Beziehungsdynamik zwischen erwachsenen Forscher/-innen und beforschten Kindern darf nicht ausgeblendet werden, sondern müsste als Konstitutionsbedingung für Interpretationen angesehen werden (vgl. Heinzel 1997b). Sinnvoll ist auch die Konfrontation der Forschenden mit Kindergruppen in natürlichen Situationen, weil die Sichtweisen von Kindern dann mehr Geltung beanspruchen und dominanter werden können. Während die Forscher-Kinder-Interaktionen eher hierarchisch strukturiert sind, verlaufen die Interaktionen der Kinder mehr egalitär und verweisen auf kollektive Erfahrungen im generationalen Zusammenhang. Dennoch bleiben trotz dieser Bemühungen alle Interpretationen Deutungen aus Erwachsenenperspektive, denn der Sinn der kindlichen Handlungen erschließt sich für sie dadurch, dass die Forschenden ihnen Bedeutung verleihen, wenn auch – im besten Fall – in enger Anbindung an die Relevanzsysteme der beforschten Kinder.

Szenisches Verstehen

Die Auseinandersetzungen der Kinder mit Mit- und Umwelt offenbaren sich – offensichtlicher als die von Erwachsenen – in Szenen. Sie thematisieren Lebensentwürfe nicht nur sprachlich narrativ sondern inszenieren sie leibhaftig und sinnlich-symbolisch, produzieren Selbst- und Weltdeutungen also gleichsam in „gespielten Figuren" (vgl. Belgrad 1998, S. 151; Heinzel 2001), wobei sie sich (auch) auf konjunktive Erfahrungen beziehen (vgl. Mannheim 1980). Viel deutlicher als Erwachsene koppeln Kinder sinnlich-symbolische und sprachsymbolische Interaktionsformen und gestalten Situationen, wobei präsentative und diskursive Symbole sowie kommunikative und konjunktive Erfahrungen verbunden werden.

Für die Analyse von Kinderäußerungen erscheint deshalb ein Verfahren sinnvoll, welches sich in „szenischem Verstehen" (Lorenzer 1995, S. 138 ff.) seinem Gegenstand nähert.[2] Durch das szenische Verstehen gerät die Aktivität des Kindes in seinem Beziehungsfeld in den Blick. Dieses Verstehen gründet sich auf szenische Anteilnahme und verlangt das Einlassen auf die Selbstdarstellung der Kinder (vgl. Lorenzer 1986, S. 62 f.). Notwendig ist die Teilnahme am „Sprachspiel" der Kinder, auch um die Schranke des Verstehens zu unterlaufen, die von der Verdrängung (der eigenen kindlichen Erfahrungen) gesetzt wird (Lorenzer 1995, S. 199). Die Szenen sind zu begreifen als Momente der subjektiven Lebenspraxis der Kinder und als Momente eines objektiven Kulturzusammenhangs. Gerade der Zusammenhang von Erkenntnis und emotionaler affektiver Betroffenheit wird im szenischen Verstehen produktiv.

Forschung über den Umgang von Kindern mit Untersuchungssituationen

Um die Methoden für das Forschen mit Kindern verbessern zu können, sind Untersuchungen notwendig, die der Frage nachgehen sollten, wie Kinder Forschungssituationen interpretieren und wie sie Forscher und Forscherinnen sehen. Die Ergebnisse dieser Studien müssten abgestimmt werden mit Analysen der Erwachsenenbilder von Kindern. Außerdem sollte beim Forschen mit Kindern das Wissen über Regeln, die für Kommunikationspro-

---

2 Lorenzer unterscheidet logisches Verstehen als Verstehen des Gesprochenen, psychologisches Verstehen als Verstehen des Sprechers, szenisches Verstehen als Verstehen der Interaktion der Subjekte mit ihrer Mit- und Umwelt (Lorenzer 1995, S. 138 ff.).

zesse zwischen Kindern und Erwachsenen sowie unter Kindern gelten, berücksichtigt und erweitert werden. Nicht zuletzt ist es notwendig, die Verstehensvoraussetzungen der Auswertungsmethoden zu explizieren.

Literatur

Beck, Gertrud/Gerold Scholz 2000: Teilnehmende Beobachtung von Grundschulkindern. In: Heinzel, Friederike (Hg.): Methoden der Kindheitsforschung. Ein Überblick über Forschungszugänge zur kindlichen Perspektive. Weinheim und München. S. 147-170.

Behnken, Imbke u. a. 1991: Methoden Manuale. Fallstudien zur Modernisierung in einer Region. Nr. 2. Projekt Kindheit im Siegerland. Universität-Gesamthochschule-Siegen.

Behnken, Imbke/Manuela du Bois-Reymond/Jürgen Zinnecker 1989: Stadtgeschichte als Kindheitsgeschichte. Lebensräume von Großstadtkindern in Deutschland und Holland um 1900. Opladen.

Behnken, Imbke/Jürgen Zinnecker (Hg.) 2001: Kinder – Kindheit – Lebensgeschichte. Ein Handbuch. Bonn.

Belgrad, Jürgen u. a. 1987: Zur Idee einer psychoanalytischen Sozialforschung. Dimensionen szenischen Verstehens. Frankfurt/M.

Belgrad, Jürgen 1998: Identität als Theater. In: Belgrad, Jürgen u. a. (Hg.): Sprache – Szene – Unbewußtes. Sozialisationstheorie in psychoanalytischer Perspektive. Gießen. S. 131-200.

Belgrad, Jürgen/Hans J. Busch/Bernard Görlich/Rolf Haubl/Hans J. Kalckh (Hg.) 1998: Sprache – Szene – Unbewußtes. Sozialisationstheorie in psychoanalytischer Perspektive. Gießen.

Bernfeld, Siegfried 1921: Kinderheim Baumgarten. Bericht über einen ernsthaften Versuch mit neuer Erziehung. Berlin.

Billmann-Mahecha, Elfriede 2005: Die Interpretation von Kinderzeichnungen. In: Mey, Günter (Hg.): Handbuch Qualitative Entwicklungspsychologie. Positionen und Verfahren. Köln. S. 435-453.

Bock, Karin 2008: Kinderalltag – Kinderwelten. Rekonstruktive Analysen von Gruppendiskussionen mit Kindern aus Sachsen. Opladen. (im Erscheinen)

Böhme, Jeanette 2003: Erlöserkinder: Rekonstruktion eines Newsgroup-Märchens. Reflexionen zur Objektiven Hermeneutik als Methode der Kindheitsforschung. In: Prengel, Annedore (Hg.): Im Interesse von Kindern? Forschungs- und Handlungsperspektiven in Pädagogik und Kinderpolitik. Weinheim und München. S. 161-174.

Bois-Reymond, Manuela du/Peter Büchner/Heinz-Hermann Krüger 1994: Kinderleben. Modernisierung von Kindheit im interkulturellen Vergleich. Opladen.

Breidenstein, Georg/Helga Kelle 1999: Alltagspraktiken von Kindern in ethnomethodologischer Sicht. In: Honig, Michael-Sebastian/Andreas Lange/Hans Rudolf Leu (Hg.): Aus der Perspektive von Kindern? Zur Methodologie der Kindheitsforschung. Weinheim und München. S. 97-111.

Breidenstein, Georg/Annedore Prengel (Hg.) 2005: Schulforschung und Kindheitsforschung – Ein Gegensatz? Opladen.

Breuer, Franz 2001: Qualitativ-methodische Untersuchung von Kinderwelten. In: Mey, Günter (Hg.): Qualitative Forschung in der Entwicklungspsychologie. Potentiale, Probleme, Perspektiven. Forschungsbericht aus der Abteilung Psycho-

logie im Institut für Sozialwissenschaften der Technischen Universität Berlin. S. 19-23.
Christensen, Pia/James Allison (Hg.) 2000: Research with Children. Perspectives and Practices. London/New York.
Flick, Uwe/Ernst von Kardorff/Ines Steinke (Hg.) 2000: Qualitative Forschung. Ein Handbuch. Reinbek bei Hamburg.
Fuchs, Marek 2004: Kinder und Jugendliche als Befragte. In: Zuma-Nachrichten 54. S. 60-88.
Fuhs, Burkhard 1999: Die Generationenproblematik in der Kindheitsforschung. In: Honig, Michael-Sebastian/Andreas Lange/Hans Rudolf Leu (Hg.): Aus der Perspektive von Kindern? Zur Methodologie der Kindheitsforschung. Weinheim/München. S. 153-161.
Fuhs, Burkhard 2000: Qualitative Interviews mit Kindern. Überlegungen zu einer schwierigen Methode. In: Heinzel, Friederike (Hg.): Methoden der Kindheitsforschung. Ein Überblick über Forschungszugänge zur kindlichen Perspektive. Weinheim und München. S. 87-103.
Garz, Detlef/Klaus Kraimer 1994: Die Welt als Text. Theorie, Kritik und Praxis der objektiven Hermeneutik. Frankfurt/M.
Geulen, Dieter/Klaus Hurrelmann 1980: Zur Programmatik einer umfassenden Sozialisationstheorie. In: Hurrelmann, Klaus/Dieter Ulich (Hg.): Handbuch der Sozialisationsforschung. Weinheim. S. 52-67.
Grunert, Cathleen 2002: Methoden und Ergebnisse der qualitativen Kindheits- und Jugendforschung. In: Krüger, Heinz-Hermann/Cathleen Grunert: Handbuch Kindheits- und Jugendforschung. Opladen. S. 225-248.
Grunert, Cathleen/Heinz-Hermann Krüger 2000: Biographieforschung und pädagogische Kindheitsforschung. In: Krüger, Heinz-Hermann/Winfried Marotzki (Hg.): Handbuch erziehungswissenschaftliche Kindheitsforschung. Opladen. S. 227-242.
Grunert, Cathleen/Heinz-Hermann Krüger 2006: Kindheit und Kindheitsforschung in Deutschland. Forschungszugänge und Lebenslagen. Opladen.
Hausendorff, Heiko/Uta M. Quasthoff 2005: Konversations-/Diskursanalyse: (Sprach-)Entwicklung durch Interaktion. In: Mey, Günter (Hg.): Handbuch Qualitative Entwicklungspsychologie. Positionen und Verfahren. Köln. S. 585-618.
Heinzel, Friederike 1997a: Qualitative Interviews mit Kindern. In: Friebertshäuser, Barbara/Annedore Prengel: Handbuch Qualitative Forschungsmethoden in der Erziehungswissenschaft. Weinheim und München. S. 396-413.
Heinzel, Friederike 1997b: Wiederholte Gesprächsinteraktion und tiefenhermeneutische Analyse. In: Friebertshäuser, Barbara/Annedore Prengel: Handbuch Qualitative Forschungsmethoden in der Erziehungswissenschaft. Weinheim und München. S. 468-480.
Heinzel, Friederike (Hg.) 2000a: Methoden der Kindheitsforschung. Ein Überblick über Forschungszugänge zur kindlichen Perspektive. Weinheim und München.
Heinzel, Friederike 2000b: Methoden und Zugänge der Kindheitsforschung im Überblick. In: Heinzel, Friederike (Hg.): Methoden der Kindheitsforschung. Ein Überblick über Forschungszugänge zur kindlichen Perspektive. Weinheim und München. S. 21-35.
Heinzel, Friederike 2000c: Kreisgespräche und Gruppendiskussionen. In: Heinzel, Friederike (Hg.) (2000a): Methoden der Kindheitsforschung. Ein Überblick über Forschungszugänge zur kindlichen Perspektive. Weinheim und München. S. 117-130.

Heinzel, Friederike 2001: Kinder im Kreis. Kreisgespräche in der Grundschule als Sozialisationssituation und Kindheitsraum. Halle.

Heinzel, Friederike 2003 a: Methoden der Kindheitsforschung – Probleme und Lösungsansätze. In: Prengel, Annedore (Hg.): Im Interesse von Kindern? Forschungs- und Handlungsperspektiven in Pädagogik und Kinderpolitik. Weinheim und München. S. 123-135.

Heinzel, Friederike 2003 b: Zwischen Kindheit und Schule – Kreisgespräche als Zwischenraum. ZBBS 1. S. 105-122.

Honig, Michael-Sebastian 1999: Forschung „vom Kinde aus"? In: Honig, Michael-Sebastian/Andreas Lange/Hans Rudolf Leu (Hg.): Aus der Perspektive von Kindern? Zur Methodologie der Kindheitsforschung. Weinheim und München. S. 33-50.

Honig, Michael-Sebastian/Andreas Lange/Hans Rudolf Leu (Hg.) 1999: Aus der Perspektive von Kindern? Zur Methodologie der Kindheitsforschung. Weinheim und München.

Hoppe-Graf, Siegfried 1998: Tagebücher, Gespräche und Erzählungen: Zugänge zum Verstehen von Kindern und Jugendlichen. In: Keller, Heidi (Hg.): Lehrbuch Entwicklungspsychologie. Bern. S. 261-294.

Hülst, Dirk 2000: Ist das wissenschaftlich kontrollierte Verstehen von Kindern möglich? In: Heinzel, Friederike (Hg.): Methoden der Kindheitsforschung. Ein Überblick über Forschungszugänge zur kindlichen Perspektive. Weinheim und München. S. 37-55.

Hurrelmann, Klaus 1986: Einführung in die Sozialisationstheorie. Über den Zusammenhang von Sozialstruktur und Persönlichkeit. Weinheim und München.

Kelle, Helga 2005: Kinder in der Schule. Zum Zusammenhang von Schulpädagogik und Kindheitsforschung. In: Breidenstein, Georg/Annedore Prengel (Hg.): Schulforschung und Kindheitsforschung – Ein Gegensatz? Opladen.

Kelle, Helga/Georg Breidenstein 1996: Kinder als Akteure: Ethnographische Ansätze in der Kindheitsforschung. In: Zeitschrift für Sozialisationsforschung und Erziehungssoziologie. 16/1. S. 47-67.

Klein, Regina 2000: Am Anfang stand das letzte Wort – eine Annäherung an die Wahrheit der tiefenhermeneutischen Erkenntnis. In: Bios 13/1. S. 77-97.

Klika, Dorle 1990: Erziehung und Sozialisation im Bürgertum des wilhelminischen Kaiserreiches. Eine pädagogisch-biographische Untersuchung zur Sozialgeschichte der Kindheit. Frankfurt/M./Bern/New York.

Köbl, Carlos/Elfriede Billmann-Mahecha 2005: Die Gruppendiskussion. Schattendasein einer Methode und Plädoyer für ihren Einsatz in der Entwicklungspsychologie. In: Mey, Günter (Hg.): Handbuch Qualitative Entwicklungspsychologie. Positionen und Verfahren. Köln. S. 321-350.

Köhler, Lotte 2001: Zur Entstehung des autobiographischen Gedächtnisses. In: Behnken, Imbke/Jürgen Zinnecker (Hg.): Kinder – Kindheit – Lebensgeschichte. Ein Handbuch. Bonn. S. 65-83.

König, Hans-Dieter 1997: Tiefenhermeneutik. In: Hitzler, Ronald/Anne Honer (Hg.): Sozialwissenschaftliche Hermeneutik. Opladen. S. 213-241.

Kränzl-Nagl, Renate/Johanna Mierendorff/Thomas Olk (Hg.) 2003: Kindheit im Wohlfahrtsstaat. Gesellschaftliche und politische Herausforderungen. Frankfurt/M.

Kränzl-Nagl, Renate/Liselotte Wilk 2000: Möglichkeiten und Grenzen standardisierter Befragungen unter besonderer Berücksichtigung der Faktoren soziale und personale Wünschbarkeit. In: Heinzel, Friederike (Hg.): Methoden der Kindheitsforschung. Ein Überblick über Forschungszugänge zur kindlichen Perspektive. Weinheim und München. S. 59-75.

Krappmann, Lothar 1998: Sozialisation in der Gruppe der Gleichaltrigen. In: Hurrelmann, Klaus/Dieter Ulich (Hg.): Handbuch der Sozialisationsforschung. Studienausgabe. Weinheim/Basel. S. 355-375.

Krappmann, Lothar/Hans Oswald 1995: Alltag der Schulkinder. Beobachtungen und Analysen von Interaktionen und Sozialbeziehungen. Weinheim und München.

Krüger, Heinz-Hermann/Jutta Ecarius/Cathleen Grunert 1994: Kinderbiographien: Verselbständigungsschritte und Lebensentwürfe. In: Bois-Reymond, Manuela du u. a.: Kinderleben. Modernisierung von Kindheit im interkulturellen Vergleich. Opladen. S. 221-271.

Lippitz, Wilfried 1997: Verschiedene Welten? Über Unterschiede in der Wahrnehmung von Kindern und Erwachsenen. In: „Und Kinder" Nr. 57. 17/1997. S. 39-50.

Lipski, Jens 1998: Kindern eine Stimme geben. Erfahrungen mit sozialwissenschaftlichen Kinderbefragungen. In: Zeitschrift für Soziologie der Erziehung und Sozialisation. 18/4. S. 404-422.

Lorenzer, Alfred 1986: Tiefenhermeneutische Kulturanalyse. In: König, Hans-Dieter u. a.: Kultur-Analysen. Psychoanalytische Studien zur Kultur. Frankfurt/M. S. 11-98.

Lorenzer, Alfred 1970/1995: Sprachzerstörung und Rekonstruktion. Frankfurt/M.

Mannheim, Karl 1980: Strukturen des Denkens. (zuerst 1922-1925, unveröff. Manuskript) Frankfurt/M.

Mey, Günter (Hg.) 2001 a: Qualitative Forschung in der Entwicklungspsychologie. Potentiale, Probleme, Perspektiven. Forschungsbericht aus der Abteilung Psychologie im Institut für Sozialwissenschaften der Technischen Universität Berlin. Berlin

Mey, Günter 2001 b: Den Kindern eine Stimme geben! Aber können wir sie hören? Zu den methodologischen Ansprüchen der neueren Kindheitsforschung. In: Forum Qualitative Sozialforschung 2/2. (http://qualitative-research.net/fqs).

Mey, Günter (Hg.) 2005 a: Handbuch Qualitative Entwicklungspsychologie. Positionen und Verfahren. Köln.

Mey, Günter 2005 b: Forschung mit Kindern – Zur Relativität von kindangemessenen Methoden. In: Mey, Günter (Hg.): Handbuch Qualitative Entwicklungspsychologie. Positionen und Verfahren. Köln. S. 151-183.

Michalek, Ruth/Gudrun Schönknecht 2006: Die Gruppendiskussion als Methode in der Schul- und Kindheitsforschung: Kinder sprechen über Schule. In: Rahm, Sibylle/Ingelore Mammes/Michael Schratz (Hg.): Schulpädagogische Forschung. Organisations- und Bildungsprozessforschung. Perspektiven innovativer Ansätze. Innsbruck. S. 149-164.

Muchow, Martha/Hans Heinrich Muchow 1935/1998: Der Lebensraum des Großstadtkindes. Weinheim und München.

Nauck, Bernhard 1993: Sozialstrukturelle Differenzierung der Lebensbedingungen von Kindern in West- und Ostdeutschland. In: Markefka, Manfred/Bernhard Nauck (Hg.): Handbuch der Kindheitsforschung. Neuwied u. a. S. 143-164.

Nauck, Bernhard/Wolfgang Meyer/Magdalena Joos 1996: Sozialberichterstattung über Kinder in der Bundesrepublik Deutschland. Zielsetzungen, Forschungsstand und Perspektiven. In: Aus Politik und Zeitgeschichte. Beilage zur Wochenzeitung Das Parlament B. 11. S. 11-30.

Nentwig-Gesemann, Iris 2006: Regelgeleitete, habituelle und aktionistische Spielpraxis. Die Analyse von Kinderspielkultur mit Hilfe videogestützter Gruppendiskussionen. In: Bohnsack, Ralf/Aglaja Przyborski/Burkhard Schäffer (Hg.): Das Gruppendiskussionsverfahren in der Forschungspraxis. Opladen. S. 25-44.

Oevermann, Ulrich/Tilman Allert/Elisabeth Konau/Jürgen Krambeck 1979: Die Methodologie einer „objektiven Hermeneutik" und ihre allgemeine forschungslogische Bedeutung in den Sozialwissenschaften. In: Soeffner, Hans-Georg (Hg.): Interpretative Verfahren in den Sozial- und Textwissenschaften. Stuttgart. S. 352-433.

Oswald, Hans 2008: Helfen, Streiten, Spielen, Toben. Die Welt der Kinder einer Grundschulklasse. Opladen/Farmington Hills.

Petermann, Franz/Sabine Windmann 1993: Sozialwissenschaftliche Erhebungstechniken bei Kindern. In: Markefka, Manfred/Bernhard Nauck (Hg.): Handbuch der Kindheitsforschung. Neuwied. S. 125-139.

Richter, Rudolf 1997: Qualitative Methoden in der Kindheitsforschung. In: Östereichische Zeitschrift für Soziologie. 22/4. S. 74-98.

Röhner, Charlotte 2000: Freie Texte als Selbstzeugnisse des Kinderlebens. In: Heinzel, Friederike (Hg.): Methoden der Kindheitsforschung. Ein Überblick über Forschungszugänge zur kindlichen Perspektive. Weinheim und München. S. 205-215.

Rohrmann, Timm 1996: Beobachtungsverfahren und Befragungsmöglichkeiten von Kindern im Kleinkindalter. Deutsches Jugendinstitut. München.

Stern, Clara/William Stern 1909: Erinnerung, Aussage und Lüge in der ersten Kindheit. Leipzig.

Sünker, Heinz 1993: Kindheit zwischen Individualisierung und Institutionalisierung. In: Zentrum für Kindheits- und Jugendforschung (Hg.): Wandlungen der Kindheit. Opladen. S. 15-31.

Wernet, Andreas 2000: Einführung in die Interpretationstechnik der Objektiven Hermeneutik. Opladen.

World Vision e.V. (Hg.) 2007: Kinder in Deutschland 2007. 1. World Vision Kinderstudie. Frankfurt/M.

Zeiher, Hartmut J./Helga Zeiher 1994: Orte und Zeiten der Kinder. Soziales Lernen im Alltag von Großstadtkindern. Weinheim und München.

Zinnecker, Jürgen 1995: Pädagogische Ethnographie. In: Behnken, Imbke/Olga Jaumann (Hg.): Kindheit und Schule. Kinderleben im Blick von Grundschulforschung und Kindheitsforschung. Weinheim und München. S. 21-38.

Zinnecker, Jürgen 1996: Kindersurveys. Ein neues Kapitel Kindheit und Kindheitsforschung. In: Clausen, Lars (Hg.): Gesellschaften im Umbruch. Verhandlungen des 27. Kongresses der Deutschen Gesellschaft für Soziologie in Halle an der Saale 1995. Frankfurt/M./New York. S. 783-795.

Zinnecker, Jürgen 2000: Pädagogische Ethnographie. In: Zeitschrift für Erziehungswissenschaft. 3/3. S. 381-400.

Zinnecker, Jürgen/Rainer K. Silbereisen (Hg.) 1996: Kindheit in Deutschland. Aktueller Survey über Kinder und ihre Eltern. Weinheim und München.

Monika Witzke und Hildegard Macha

Methoden zur Untersuchung von Interaktionen in der Familienforschung[1]

Die Familie ist diejenige Institution, die den Menschen in der Regel am nachhaltigsten beeinflusst. Die Erziehungswissenschaft weist in Bezug auf das Thema *Familie* ein Forschungsdesiderat auf, obwohl es sich um ein genuin pädagogisches Thema handelt; hier überwiegen zurzeit noch psychologische und soziologische Forschungen. Die Themenbereiche von Familienforschung sind breit gefächert und reichen von der historischen Entwicklung von Familie über aktuelle Formen, Strukturen, Bedingungskontexte und Funktionen derselben bis hin zu Familie als sozialpädagogisches Arbeitsfeld (vgl. auch für einen Überblick über Themen der Familienforschung Macha/Witzke 2009, Ecarius 2007). Als ein erziehungswissenschaftlicher Kern dieser Themen können *Interaktionen*, also reziproke Beeinflussungen zwischen Akteuren und/oder sozialen Gebilden, betrachtet werden (vgl. Anger 1976), schon weil Erziehung, Bildung, Sozialisation und Transmission auch, aber nicht nur im familialen Kontext, in Interaktionen geschehen. Im Folgenden sollen exemplarisch innerfamiliäre Interaktionen im Focus stehen.

Interaktionen in der Familie wurden zunächst thematisiert im Symbolischen Interaktionismus, dann auch in der Systemtheorie, und im interaktionistischen Konstruktivismus (vgl. Reich 2002; Sutter 2009). Identitäten der Familienmitglieder werden im Sinne dieser Forschungstradition in der interaktiven Kommunikation ausgehandelt und gebildet: „Der Standpunkt des sog. ‚Interaktionismus' – zuerst von J. M. Baldwin, C. H. Cooley, W. I. Thomas und G. H. Mead vertreten – betont die ständigen Wechselwirkungen zwischen Individuum und Gesellschaft, lehnt jede einseitige Determinierung […] ab und führt auch die Entwicklung der individuellen Persönlichkeit auf zwischenmenschliche Wechselbeziehungen zurück." (Anger 1976, S. 476)

Interaktion wird somit als Kernelement der Familie erkennbar. In Wechselwirkungsprozessen entwickeln sich die Einzelnen auf der Basis der Familienbiographie mit ihren je eigenen Regeln, Normen und Ritualen. Die Übernahme innerfamilialer Normen und die Abgrenzung von ihnen sind dabei wichtige Themen, denn in der Interaktion kommt es zu einer „Doppelung" der eigenen Erfahrung, „der Sinn des eigenen Handelns" erschließt sich „erst durch die Reaktion einer Bezugsperson auf das Handeln"

---

[1] Auf eine weibliche Grammatik wird hier mit Rücksicht auf die Lesbarkeit verzichtet. Wir bitten um Verständnis für dieses Konstrukt.

(Grundmann 2006, S. 69). In diesem Sinne ist auch Forschung selbst Interaktion, dies soll hier jedoch nicht näher ausgeführt werden (vgl. dazu z.B. Helfferich 2005, S. 67f.). In diesem Beitrag soll nun erörtert werden, mit welchen Methoden sich Familienforschung an Interaktionen annähert.

Methoden zur Erforschung von innerfamiliären Interaktionen

Es stellt sich zunächst die Frage, welche Daten zur Annäherung an Familieninteraktionen genutzt werden können. Zum einen sind hier Daten von festgehaltenen, realen oder fiktiven Alltagssituationen, die nicht zu wissenschaftlichen Zwecken produziert wurden, geeignet, wie z.B. Tagebücher, Briefe, Fotoalben, Spielfilme etc. Diese können im Nachhinein wissenschaftlich untersucht werden. Gerade auch die historische Familienforschung greift auf solche Daten zurück. Zum Beispiel untersucht Miriam Gebhardt (2007) Erziehungstagebücher, in denen auch Interaktionen aus der Perspektive des Schreibers sichtbar werden und Iris Nentwig-Gesemann (2007) nimmt u.a. Fotos vom Familienurlaub als Ausgangspunkt ihrer Analyse der jeweils familienspezifischen Handlungspraxis.

Zum anderen können Daten zu wissenschaftlichen Zwecken erhoben werden. Damit beschäftigt sich dieser Beitrag. Im Folgenden soll also ein Einblick in Möglichkeiten von Methoden der Datenerhebung zur empirischen Annäherung an innerfamiliäre Interaktionen gegeben werden, jedoch ohne Anspruch auf Vollständigkeit. Dabei werden sowohl Vor- und Nachteile der vorgestellten Methoden für die Erforschung von Interaktionen als auch exemplarische Studien aufgeführt.

Da lediglich symbolische Äußerungen[2] erfasst werden können, wird hier unterschieden zwischen Methoden, mit denen symbolische Äußerungen *über* Interaktionen gewonnen werden, wie z.B. Interviews, und solchen, mit denen Interaktionen *in* innerfamiliären Interaktionen erhoben werden, wie Beobachtungen und Gruppendiskussionen.

Methoden zur Erhebung von symbolischen Äußerungen über *innerfamiliäre Interaktionen und deren Elemente*

Eine Option, sich innerfamiliären Interaktionen anzunähern, ist es, symbolische Äußerungen über Interaktionen und/oder Interaktionselemente, wie Imaginationen der Interaktionsteilnehmer, zu erheben, nicht aber die symbolischen Äußerungen in Interaktionen selbst. Vorwiegend in der quantita-

---

2 Symbolische Äußerungen können z.B. sprachlicher oder körpersprachlicher Natur sein und sind zu unterscheiden vom Imaginären, also von unserem inneren Verhalten, zu dem wir keinen direkten Zugang haben, sowie vom Realen, das laut Reich nur in Perturbationen für uns sichtbar wird (vgl. Reich 2002; Witzke 2009).

tiven Forschung wird in diesem Kontext mit Fragebögen (vgl. z.B. Rebenstorf u.a. 2000; Gniewosz/Noack 2006) oder Tests (vgl. z.B. Sturzbecher u.a. 1998) gearbeitet. In diesem Beitrag soll das Augenmerk allerdings auf qualitativen Forschungsmethoden liegen. Hier wird die Möglichkeit eröffnet, Bedeutungen und Gründe für das Handeln in Interaktionen aus der Perspektive des jeweils Befragten zu erheben. Als positiv kann auch vermerkt werden, dass die Perspektive der Einzelnen ohne Beisein der anderen Familienmitglieder freier geäußert werden kann. Besonders bei konfliktträchtigen Themen kann dies sinnvoll sein. Innerfamiliäre Machtstrukturen, die freies Äußern verhindern könnten, kommen weniger zum Tragen als beispielsweise bei Familiengesprächen, so dass sich diese Art der Datengewinnung gerade auch für eine Annäherung an den Blick von Kindern auf Familieninteraktionen anbietet, sofern bereits eine passende sprachliche Ausdrucksfähigkeit vorliegt.

Fokussiert die Fragestellung nicht auf die Perspektive einer bestimmten Personengruppe, wie beispielsweise die von Vätern, sollten im Idealfall die Perspektiven aller Interaktionsteilnehmer berücksichtigt werden. Dies ist allerdings äußerst arbeits-, zeit- und daher auch kostenaufwändig bzw. minimiert die Anzahl der zu untersuchenden Familien in der Stichprobe. So verwundert es nicht, dass multiperspektivische Zugänge eher selten sind. Positiv hervorzuheben ist hier z.B. die Studie von Büchner und Brake (2006).

Im Rahmen einer multiperspektivischen Einzelerhebung werden Daten von Mitgliedern einer familiären Interaktionsgemeinschaft unabhängig voneinander erhoben und dann in der Auswertung aufeinander bezogen. Die Datengewinnung kann sowohl zeitgleich als auch zeitversetzt organisiert werden. Vorteile einer *zeitgleichen* Erhebung sind die Vermeidung von Absprachen der Beforschten zwischen den Erhebungen sowie eine Zeitersparnis gegenüber zeitversetzen Erhebungen, da hier nicht viele Einzeltermine organisiert werden müssen. Allerdings ist zu bedenken, dass v.a. bei mündlichen Befragungen eine räumliche Trennung nötig ist und damit genauso viele Räume wie Befragte sowie eine entsprechende Anzahl an Interviewern bzw. Forschungsleitern. Weiterhin müssen alle Beforschten zum gleichen Termin Zeit haben. Bei der *zeitversetzten* Erhebung können hingegen individuell Termine vereinbart werden und ein Forschungsleiter sowie ein Raum sind ausreichend. Zu berücksichtigen ist jedoch die Möglichkeit von Absprachen unter den Beforschten zwischen den einzelnen Erhebungen sowie die zeitliche Ausdehnung des Projektes gegenüber einer zeitgleichen Datengewinnung.

Zur Annäherung an symbolische Äußerungen über Interaktionen werden in der qualitativen Familienforschung in erster Linie *Interviews* in ihren diversen Facetten verwendet (zur Kategorisierung verschiedener Interviewarten vgl. Flick 2002, S. 117 ff.; → Friebertshäuser/Langer). Die in der Sampleauswahl festgelegten Familienmitglieder werden im Fall eines multiperspektivischen Zugangs parallel befragt, d. h. es werden inhaltlich weitestgehend dieselben Erzählanreize gegeben bzw. dieselben Fragen gestellt.

In der Familienforschung werden häufig leitfadengestützte, aber auch narrative Interviews verwendet, um Interaktionen zu untersuchen.

Mit *narrativen Interviews* arbeitet beispielsweise Heidrun Herzberg (2004) bei der Erforschung von Bildungsprozessen in Familien des Rostocker Werftarbeitermilieus. Die Stärke von narrativen Interviews liegt in der Erfassung von Primärdaten, deren Analyse auf zeitliche Prozesse zurückschließen lässt. Dabei werden nicht nur Ereignisabläufe, sondern auch Reaktionen des Beforschten und seine entsprechenden Deutungsmuster als symbolische Äußerung erfasst (vgl. Lucius-Hoene/Deppermann 2004). Besonders für die Annäherung an die Entwicklung von Interaktionsmustern in Familien über einen längeren Zeitraum sind also narrative Interviews gut geeignet. Durch die drei Zugzwänge des Erzählens – Gestalterschließungs-, Kondensierungs- und Detaillierungszwang – wird bewirkt, dass einmal begonnene Erzählungen zu Ende geführt werden und die aus der Perspektive des Interviewten angemessene Komposition aus verdichteter und notwendiger Information geäußert wird. So kommen auch dem Beforschten nicht voll bewusste Erfahrungen und Relevanzsetzungen zum Ausdruck. Jedoch sind narrative Interviews weniger gut vergleichbar und zeit-, arbeits- und damit kostenaufwändiger als z. B. *leitfadengestützte Interviews*. Leitfadengestützte Interviews werden zum Beispiel zur Erforschung von Ko-Konstruktionen von Familienbiographien von Macha/Witzke (2008a, b) angewendet. Eine Kombination von narrativen und leitfadengestützten Interviews findet sich u. a. bei Ecarius (2002) und Becker (2008).

Im Sinne des qualitativen Paradigmas ist zu erwarten, „dass in der relativ offenen Gestaltung der Interviewsituation die Sichtweisen des befragten Subjekts eher zur Geltung kommen als in standardisierten Interviews oder Fragebögen" (Flick 2002, S. 117). Es sind hier symbolisch geäußerte Perspektiven der Beforschten, die erhoben werden. Von diesen können zwar z. T. Rückschlüsse auf den jeweiligen Interaktionsprozess getroffen werden, bei multiperspektivisch angelegten Arbeiten sind jedoch häufig Abweichungen in den Äußerungen der Interaktionsteilnehmer erkennbar, die bei monoperspektivischem Zugang im Verborgenen bleiben.

Methoden zur Erhebung symbolischer Äußerungen in *innerfamiliären Interaktionen*

Neben Methoden zur Erfassung symbolischer Äußerungen der Beforschten über Interaktionen können auch Methoden zur Erhebung symbolischer Äußerungen im Interaktionsprozess selbst verwendet werden. Das heißt, Interaktionen werden nicht aus der Perspektive der Beforschten erfasst, sondern vom Forscher unmittelbar beobachtet und aus seiner Perspektive protokolliert oder Audio- bzw. Videoaufnahmen der Interaktionen erzeugt und diese vom Forscher interpretiert. Zur Erfassung symbolischer Äußerungen in innerfamiliären Interaktionsprozessen werden meist alle Interaktionsteilnehmer zur gleichen Zeit am gleichen Ort[3] beforscht. In der Regel werden hier Beobachtungen oder Familiengespräche eingesetzt.

Bei *Beobachtungen* steht das Verhalten in der jeweiligen Interaktion im Focus. Es kann u. a. zwischen „natürlichen" und „künstlichen" Beobachtungssituationen differenziert werden (zu weiteren Differenzierungskriterien von Beobachtungen vgl. Kromrey 2002, S. 339 ff.).

Beobachtungen „künstlicher" Situationen sind kontrolliert und finden in der Regel nicht in der gewohnten Umgebung der Beforschten statt (Laborsituationen). Beispiele hierfür finden sich v. a. in der Psychologie u. a. im Bereich der Bindungsforschung (vgl. z. B. Ainsworth/Wittig 1969). In der Erziehungswissenschaft sind solche kausalanalytischen Experimente weniger verbreitet. Ein Beispiel für eine „künstliche Beobachtung" aus der Erziehungswissenschaft ist eine Studie um Oswald und Krappmann: Hier wird einige Wochen nach der Durchführung von Interviews mit Kindern zur Beteiligung derselben an Entscheidungen zu Alltagsfragen im Labor ein so genanntes Aushandlungsspiel mit 50 Kindern und ihren Müttern videographiert. Mütter und Kinder sollen gemeinsam, unter Vorgabe bestimmter Regeln durch die Forscher, den Ablauf eines einwöchigen Urlaubs planen, damit hier Interaktionsstrategien beobachtet werden können (vgl. Schuster/Uhlendorff u. a. 2000).

Im Gegensatz zu „künstlichen" zeichnen sich so genannte *„natürliche" Beobachtungssituationen* durch potentiell mehr Realitätsnähe aus, u. a. auf Grund der gewohnten Umgebung, in der beobachtet wird, und in der Regel durch weniger Vorgaben für die Beobachteten. Allerdings wird eine wissenschaftliche Beobachtung vermutlich nie eine Familieninteraktion so erfassen, wie sie ohne die Anwesenheit von Forscher und/oder Aufnahmegerät stattgefunden hätte (vgl. dazu Girtler 2001). Es ist davon auszugehen dass jede Forschung den Forschungsgegenstand, also hier die Familieninteraktion, mit den Beforschten ko-konstruiert. So genannte „natürliche" Beobachtungssituationen sind weniger gut vergleichbar als „künstliche". Weiterhin kann der Forscher „nicht oder nur begrenzt sein spezifisches Thema bzw. sein Erkenntnisziel aufoktroyieren" (Lamnek 2005, S. 27). Beispiele für die Beobachtung von „natürlichen" Interaktionssituationen in Familien sind eine Studie von Nucci und Weber, in der Interaktionsmuster moralischer, konventioneller und persönlicher Ereignisse des Alltags von 20 Mutter-Kind-Paaren untersucht werden (vgl. Nucci/Lee 1993, S. 85 f.) und eine Studie von Schütze und Paulsen (1984), in der Interaktionen von Geschwisterkindern im Familienalltag zwei Jahre lang beobachtet werden. Für Untersuchungen mit kleinen Kindern scheint eine Beobach-

---

3 Ausnahmen sind beispielsweise Telefongespräche – hier befinden sich die Interaktionsteilnehmer im Regelfall nicht am selben Ort.

tung potentiell besser geeignet als beispielsweise eine Gruppendiskussion, da hier nicht notwendigerweise Diskussionsfähigkeit gefordert ist.

Während der Schwerpunkt von Beobachtungen auf dem Verhalten in der jeweiligen Interaktion liegt, geht es bei *Familiengesprächen* um die Erhebung verbaler Daten. Familiengespräche können sowohl Gruppendiskussionen (vgl. Brake 2006, S. 55) und damit fremdinitiiert sein (vgl. Loos/ Schäffer 2001), als auch „natürlich" zustande gekommene Gespräche in der Familie.

„Natürlich" zustande gekommene Familiengespräche sind beispielsweise aufgezeichnete Telefongespräche von Familienmitgliedern, Gespräche bei Familienfesten (vgl. z.B. Bergmann u.a. 1999) oder Tischgespräche (vgl. Keppler 1995), die auch ohne Anregung durch den Forscher stattgefunden hätten und in der Regel durch die Beforschten selbst aufgezeichnet werden. Diese Art der Gesprächsaufzeichnung kann problematisch sein, da so die Beforschten letztendlich kontrollieren, was aufgezeichnet wird und nicht der Forscher. Für die Beforschten unangenehme Aufnahmen könnten wieder gelöscht oder gar nicht erst aufgenommen werden. Weiterhin kann es sein, dass auf diese Weise viel Material produziert wird, das nicht zum Forschungsgegenstand gehört. Auf präzise Anweisungen ist also, soweit möglich, zu achten. Geht es bei der Untersuchung allerdings um Interaktionsformen und -muster im Familienalltag und weniger um den Inhalt der Gespräche, kann diese Methode durchaus sinnvoll sein (vgl. Loos/Schäffer 2001). Ein Vorteil wird auch in der Vermeidung von Verzerrungen durch die Anwesenheit eines Forschers gesehen. Allerdings bleibt selbst ein Aufnahmegerät, v.a. ein Camcorder, meist nicht unbemerkt, besonders nicht, wenn das Gerät vom Beforschten selbst bewusst betätigt wird, obgleich eine gewisse Aufnahmeroutine den Effekt abschwächen kann.

Anders als bei „natürlich" zustande gekommenen Familiengesprächen wird bei *Gruppendiskussionen* „die Thematik durch das Interesse des Forschers bestimmt" (Morgan zitiert nach Lamnek 2005, S. 27; zum Gruppendiskussionsverfahren vgl. auch → Bohnsack; Lamnek 2005). Gruppendiskussionen werden also erst vom Forscher initiiert, beispielsweise durch Aufforderung zur Diskussion von Vignetten[4], Aufforderung zu Narrationen und zur Diskussion erlebter Situationen. Diese thematisch gesetzten Anreize sollten – wie bei allen Methoden zur Erforschung von Familieninteraktionen – für die Beforschten lebensrelevant sein (Billmann-Mahecha/Horster 2005). Familie als Realgruppe, d.h. als Gruppe mit gemeinsamem Erfahrungshintergrund, untersuchen z.B. Büchner und Brake (2006) und Audehm und Zirfas (2001) jeweils mittels Gruppendiskussionen und weiteren Methoden. Der Gewinn an Kontrolle gegenüber „natürlich" zustande gekommenen

---

4 Bei Vignetten handelt es sich um Fallgeschichten über hypothetische Personen in einer vorgegebenen Sachlage, auf die der Befragte reagieren soll (vgl. Finch 1987; Witzke 2009).

Familiengesprächen, u. a. durch die vorgegebene Fragestellung, geht auch bei Gruppendiskussionen zu Lasten der Realitätsnähe.

Realitätsnähe des Datenmaterials wird auch durch die Art der Konservierung der Daten bei der Erhebung beeinflusst. Deppermann (2008, S. 21 f.) argumentiert bei (Familien-)Gesprächen für Audio- und Videoaufnahmen. Gedächtnisprotokolle, Kodierschemata, Selbstauskünfte oder Intuitionen über kommunikative Prozesse seien hingegen als Ausgangsdaten für eine Gesprächsanalyse unbrauchbar, da sie einen exakten Rückschluss auf die ursprüngliche Interaktion verunmöglichen und entscheidende Details verloren gehen könnten. Weiterhin sollten im Sinne des qualitativen Paradigmas vorab keine festgelegten Hypothesen bereits die Datenerfassung, beispielsweise durch vorgefertigte Codes, einschränken. Deppermanns Beurteilung kann weitestgehend auf Beobachtungen übertragen werden, wobei hier auch eine Audioaufnahme alleine nicht ausreichend ist, da diverse Verhaltensaspekte (Gestik, Mimik, wortlose Taten etc.) ohne visuelle Erfassung verloren gehen.

Im Hinblick auf eine Methodenbewertung ist festzuhalten, dass es zum einen je nach konkreter Fragestellung, Forschungsansatz etc. unterschiedlich ist, was als Vor- und was als Nachteil betrachtet werden kann und zum anderen gibt es nicht *die* Methode der Gruppendiskussion oder gar des Familiengesprächs, so dass eine generelle Bewertung problematisch scheint. Wenn sich die Fragestellung *nicht* auf subjektive Blicke der zu Beforschenden auf Familieninteraktionen beschränkt, also eine Annäherung an gruppendynamische Prozesse als solche angestrebt wird, birgt eine Gruppendiskussion hier großes Potential. Es besteht eine größere Nähe zu Alltagsgesprächen als z.B. in der Situation des Einzelinterviews. Ähnlich dem Erzählzwang beim narrativen Interview kann hier Gruppenzwang und die Dynamik des Gesprächs dazu führen, dass Beforschte sich sehr frei äußern (für einen Überblick über Vor- und Nachteile von Gruppendiskussionen vgl. Lamnek 2005, Flick 2002).

Methodenkombination

Beide hier vorgestellten Methodenkategorien haben Stärken und Schwächen. Wird Interaktion in Familien aus der Perspektive der Beforschten erfasst, ist ein sehr aufwändiges, multiperspektivisches Vorgehen je nach Fragestellung ratsam. Doch selbst symbolische Äußerungen aller Interaktionsteilnehmer *über* eine Interaktion können nicht vollends dasselbe offenbaren wie die symbolischen Äußerungen *in* innerfamiliären Interaktionen selbst. Dies gilt auch umgekehrt, denn symbolische Äußerungen in Interaktionen können zwar auf Bedeutungen und Hintergründe hinweisen, müssen dies aber nicht. Bei Beobachtungen, „natürlich" zustande gekommenen Familiengesprächen, aber auch bei Gruppendiskussionen kann nicht in gleichem Maße wie in Interviews nachgefragt werden. Es geht vorrangig darum, dass die Gruppenmitglieder miteinander sprechen bzw. interagieren (zur Unterscheidung von Gruppendiskussion und Gruppeninterview vgl. z. B. Loos/Schäffer 2001). So kann es von Vorteil sein, Methoden beider Kategorien zu triangulieren (zur Triangulation vgl. auch Flick 2004; → Schründer-Lenzen).

Beispielsweise verwenden Büchner und Brake (2006) Einzelinterviews, Fotobefragungen und Familiengespräche, um die Transmission von kulturellem Kapital zwischen Großeltern, Eltern und Kindern zu erfassen. Ein anderes Beispiel stellt das MoKKiE[5]-Projekt dar. Hier werden 24 Familien, d. h. beide Elternteile und deren Kinder, mittels leitfadengestützten Interviews und fremdinitiierten Familiengesprächen untersucht. Ziel der Studie ist eine Annäherung an Familieninteraktionen in als moralisch definierten Situationen (vgl. Witzke 2009).

Auch wenn eine Abbildung von Familieninteraktion nicht möglich ist, so kann doch eine angemessene Kombination von Methoden zur Erfassung symbolischer Äußerungen über und in innerfamiliären Interaktionen zu einer vollständigeren Beleuchtung des Forschungsgegenstandes beitragen und gegenseitige Korrekturfähigkeit der erfassten Daten ermöglichen.

Fazit

Familieninteraktion stellt in der Erziehungswissenshaft ein relativ neues und wichtiges Forschungsthema dar, dessen methodische Erfassung komplex und schwierig ist, gleichwohl aber sehr spannend und lohnend, u. a. weil die Familie im Fokus der Politik und der demographischen gesellschaftlichen Entwicklung steht. Tatsächlich scheint es so, dass wir sehr wenig über die konkreten Aushandlungsprozesse in Familien wissen, über Strukturen der Interaktion, über die gemeinsame Gestaltung des Alltags und insbesondere über Werte, Normen und Regeln und die konkreten Erziehungspraxen. Auch Konflikte und Kohärenz bzw. Dissens sind in ihrer konkreten Bewältigung noch zu wenig erforscht. Ziel ist es, durch mehr Wissen Familien besser in der Erziehungs- und Bildungsaufgabe unterstützen zu können und sie besser in stützende Netzwerke einzubinden im Sinne einer gesellschaftlichen Balance (vgl. BMFSFJ 2005).

Literatur

Ainsworth, Mary D. S./Barbara A. Wittig 1969: Attachment and the exploratory behaviour of one-year-olds in a strange situation. In: Foss, B. M. (Hg.): Determinants of infant behavior, 4. London. S. 113-136.
Anger, H. 1976: Interaktion, soziale. In: Ritter, Joachim/Karlfried Gründer (Hg.): Historisches Wörterbuch der Philosophie. Band 4. Darmstadt. S. 476.

---

5 „MoKKiE" steht für „Moralbezogene Konzepte und Ko-Konstruktionen in Eltern-Kind-Beziehungen".

Audehm, Kathrin/Jörg Zirfas 2001: Familie als ritueller Lebensraum. In: Wulf, Christoph u. a. (Hg.): Das Soziale als Ritual. Zur performativen Bildung von Gemeinschaften. Opladen. S. 37-116.

Becker, Reiner 2008: Ein normales Familienleben. Interaktion und Kommunikation zwischen „rechten" Jugendlichen und ihren Eltern. Schwalbach/Ts.

Bergmann, Jörg R./Thomas Luckmann/Ruth Ayaß (Hg.) 1999: Kommunikative Konstruktion von Moral. Opladen.

Billmann-Mahecha, Elfriede/Detlef Horster 2005: Wie entwickelt sich moralisches Wollen. Eine empirische Annäherung. In: Horster, Detlef/Jürgen Oelkers (Hg.): Pädagogik und Ethik. Wiesbaden. S. 193-211.

Brake, Anna 2006: Der Bildungsort Familie. Methodische Grundlagen der Untersuchung. In: Büchner, Peter/Anna Brake (Hg.): Bildungsort Familie. Transmission von Bildung und Kultur im Alltag von Mehrgenerationenfamilien. Wiesbaden. S. 49-79.

Büchner, Peter/Anna Brake (Hg.) 2006: Bildungsort Familie. Transmission von Bildung und Kultur im Alltag von Mehrgenerationenfamilien. Wiesbaden.

Bundesministerium für Familie, Senioren, Frauen und Jugend (Hg.) 2005: Siebter Familienbericht – Familie zwischen Flexibilität und Verlässlichkeit. Berlin.

Deppermann, Arnulf 2008: Gespräche analysieren. Opladen.

Ecarius, Jutta 2002: Familienerziehung im historischen Wandel. Eine qualitative Studie über Erziehung und Erziehungserfahrungen von drei Generationen. Opladen.

Ecarius, Jutta (Hg.) 2007: Handbuch Familie. Wiesbaden.

Finch, Janet 1987: Research Note. The Vignette Technique in Survey Research. In: Sociology. Jg. 21. H. 1. S. 105-114.

Flick, Uwe 2002: Qualitative Sozialforschung. Eine Einführung. Reinbek.

Flick, Uwe 2004: Triangulation. Eine Einführung. Wiesbaden.

Gebhardt, Miriam 2007: „Ganz genau nach Tabelle" – Frühkindliche Sozialisation in Deutschland zwischen Normerfüllung und Dissonanzerfahrungen der Eltern, 1915-1965. In: Bilstein, Johannes u. a. (Hg.): Jahrbuch für Historische Bildungsforschung. Band 13. Bad Heilbrunn. S. 239-266.

Girtler, Roland 2001: Methoden der Feldforschung. Wien u. a.

Gniewosz, Burkhard/Peter Noack 2006: Intergenerationale Transmission- und Projektionsprozesse intoleranter Einstellungen zu Ausländern in der Familie. In: Zeitschrift für Entwicklungspsychologie und Pädagogische Psychologie. 38 (1). S. 33-42.

Grundmann, Matthias 2006: Sozialisation. Konstanz.

Helfferich, Cornelia 2005: Die Qualität qualitativer Daten. Manual für die Durchführung qualitativer Interviews. Wiesbaden.

Herzberg, Heidrun 2004: Biographie und Lernhabitus: eine Studie im Rostocker Werftarbeitermilieu. Frankfurt/M./New York.

Keppler, Angela 1995: Tischgespräche. Über Formen kommunikativer Vergemeinschaftung am Beispiel der Konversation in Familien. Frankfurt/M.

Kromrey, Helmut 2002: Empirische Sozialforschung. Modelle und Methoden der standardisierten Datenerhebung und Datenauswertung. Opladen.

Lamnek, Siegfried 2005: Gruppendiskussion. Theorie und Praxis. Weinheim/Basel.

Loos, Peter/Burkhard Schäffer 2001: Das Gruppendiskussionsverfahren. Theoretische Grundlagen und empirische Anwendung. Opladen.

Lucius-Hoene, Gabriele/Arnulf Deppermann 2004: Rekonstruktion narrativer Identität. Ein Arbeitsbuch zur Analyse narrativer Interviews. Wiesbaden.

Macha, Hildegard/Monika Witzke 2008 a: Familie und Gender. Rollenmuster und segmentierte gesellschaftliche Chancen. In: ZfPäd. 2/2008. S. 261-278.

Macha, Hildegard/Monika Witzke 2008 b: Familienbiographie: Ko-Konstruktionsprozesse im Kontext von Werten, Normen und Regeln. In: Dörr, Margret u. a. (Hg.): Erinnerung – Reflexion – Geschichte. Wiesbaden. S. 243-261.

Macha, Hildegard/Monika Witzke (Hg.) 2009: Familie – Kindheit – Jugend – Gender. Teilband 1. In: Mertens, Gerhard u. a. (Hg.): Handbuch der Erziehungswissenschaft. Band III. Paderborn u. a.

Nentwig-Gesemann, Iris 2007: Der Familienurlaub. Rituelle Praxis, Differenzbearbeitung und Lernprozesse. In: Wulf, Christoph u. a. (Hg.): Lernkulturen im Umbruch. Rituelle Praktiken in Schule, Medien, Familie und Jugend. Wiesbaden. S. 220-252.

Nucci, Larry/John Lee 1993: Moral und personale Autonomie. In: Edelstein, Wolfgang u. a. (Hg.): Moral und Person. Frankfurt/M.

Rebenstorf, Hilke/Christine Schmid/Hans-Peter Kuhn 2000: Autoritäre Reaktion und Erziehungsstil. Zur Entwicklung autonomer Persönlichkeit. In: Kuhn, Hans-Peter u. a. (Hg.): Sozialisation zur Mitbürgerlichkeit. Opladen. S. 37-57.

Reich, Kersten 2002: Systemisch-konstruktivistische Pädagogik. Einführung in Grundlagen einer interaktionistisch-konstruktivistischen Pädagogik. Neuwied/Kriftel.

Schütze, Yvonne/Sibylle Paulsen 1984: Auch Geschwister sind Kinder. Vorläufer von Interaktionsbeziehungen zwischen Geschwistern mit geringem Altersabstand. In: Büttner, Christian/Aurel Ende (Hg.): Kinderleben in Geschichte und Gegenwart. Weinheim u. a.

Schuster, Beate/Harald Uhlendorff/Brita Schmidt/Angelika Traub 2000: Bedingungen mitbürgerlichen Engagements: Interaktionserfahrungen in der Familie und Verantwortungsübernahme durch Heranwachsende. In: Kuhn, Hans-Peter u. a. (Hg.): Sozialisation zur Mitbürgerlichkeit. Opladen. S. 19-35.

Sturzbecher, Dietmar/Ronald Freytag/Heidrun Großmann/Irene Ehmke-Pfeifer/Dorothea Stahnke-Jungheim/Christine Waltz 1998: Kindliche Wahrnehmung von Interaktion mit Erziehungspersonen (KIWIE). In: Fthenakis, Wassilios/Hans Eirich (Hg.): Erziehungsqualität im Kindergarten. Forschungsergebnisse und Erfahrungen. Freiburg.

Sutter, Tilmann 2009: Interaktionistischer Konstruktivismus. Zur Systemtheorie der Sozialisation. Wiesbaden.

Witzke, Monika 2009: Konstruktivistische Implikationen von Theoriegenerierung mit Blick auf Typenbildung am Beispiel des MoKKiE-Projektes. In: Ecarius, Jutta/Burkhard Schäffer (Hg.): Typenbildung und Theoriegenerierung. Familie und öffentliche Erziehung. Perspektiven qualitativer Bildungs- und Biographieforschung. Opladen.

Jeanette Böhme

Schul- und Unterrichtsforschung

Dieser Beitrag soll sowohl eine Zwischenbilanz der qualitativen Schul- und Unterrichtsforschung, aber vor allem eine Orientierungshilfe für WissenschaftlerInnen sein, um Studien in diesem komplexen Feld einordnen zu können. Dazu wird erstens kurz die Diskursgeschichte der Schul- und Unterrichtsforschung skizziert, zweitens werden ausgewählte Forschungsfelder umrissen, drittens wird auf methodisch-methodologische Ansätze verwiesen und viertens werden Geltungsbezüge empirischer Ergebnisse qualitativer Schul- und Unterrichtsforschung aufgezeigt.

1. Abriss zur Diskursgeschichte der Schul- und Unterrichtsforschung

Die ersten Beobachtungsprotokolle sind von Szenen aus dem mittelalterlichen Schulsystem um 1500 überliefert. Dies überrascht nicht, wurde doch in der Epoche des Renaissance-Humanismus die „Viel- und Allseitigkeit des Subjektes" (Garz 1995, S. 14ff.) betont und damit die Aufmerksamkeit auf den Fall gerichtet. Aus dieser subjektzentrierten Perspektive verfasste etwa Erasmus von Rotterdam ‚dichte Beschreibungen schulischer Szenen' (vgl. dazu Rumpf 1979). Die Humanisten des 16. Jahrhunderts wurden als Begründer der modernen Geisteswissenschaften ausgewiesen (Toulmin 1991, S. 79) und somit ihr zentraler Stellenwert auch für die geisteswissenschaftliche Pädagogik betont. Mit Bezug auf die Allgemeine Hermeneutik differenzierten sich geisteswissenschaftliche Verstehensmodelle aus, die gegenwärtig noch forschungspraktische Relevanz haben (Danner 1998; für weitere historische Hintergründe der qualitativen Schulforschung → Prengel/Friebertshäuser/Langer). Eine Erweiterung der geisteswissenschaftlich ausgerichteten Schul- und Unterrichtsforschung erfolgte durch die ‚Alltagswende' der Sozialwissenschaften in den 1970er Jahren (Arbeitsgruppe Bielefelder Soziologen 1981). Alltagswissen, Interaktion und Handlungskrise waren Leitbegriffe von nunmehr erziehungswissenschaftlichen Forschungsansätzen des neuen ‚Interpretativen Paradigmas' (vgl. Abs. 3). Diese wurden insbesondere von den VertreterInnen quantitativer Ansätze in teilweise heftig geführten methodologischen Kontroversen hinterfragt (Hurrelmann 1975; Roeder/Leschinsky/Schümer/Treumann 1977; Schön/Hurrelmann 1979). Ende der 1970er verschob sich dann die Aufmerksamkeit auf die forschungspraktische Erprobung und Ausdifferenzierung von qualitativen Methoden zur Datenerhebung und -auswertung (Garz/Kraimer 1983; → Bennewitz). Studien aus dieser Zeit markieren Standards qualitativer

Forschung und zeigten die Potenzialität der neuen Ansätze auf. Es etablierten sich ‚Methodenschulen'. In den 1990er Jahren lassen sich in der nun ausdifferenzierten Schul- und Unterrichtsforschung zwei Tendenzen behaupten: Erstens zeigte sich ein starkes Interesse an der Triangulation sowohl differenter qualitativer Methoden, insbesondere aber auch mit quantitativen Forschungsansätzen (vgl. Krüger/Pfaff 2008). Die qualitative und quantitative Kontroverse wurde in dieser Phase konstruktiv gewendet und schien überwunden (vgl. etwa Helsper/Stelmaszyk 1999, S. 15). Zweitens begann eine forschungspraktische Suche nach alternativen Methoden, die in eine innovative Erweiterung insbesondere von qualitativen Verfahren zur Erhebung von Fallmaterial kulminierte (Rahm/Mammes/Schratz 2006). Mit den genannten Triangulations- und Innovationsdiskursen in der qualitativen Schul- und Unterrichtsforschung sind jedoch auch die Herausforderungen angezeigt, forschungspraktisch interessante Methodendesigns auch methodologisch zu begründen. So ist zur Sicherung der „Qualität qualitativer Forschung" (Steinke 1999) bei der Begründung der Methodenwahl auch eine grundlagentheoretische Verortung des eigenen Forschungsansatzes vorzunehmen (Lüders 2000; Böhme 2008; → Helsper/Hummrich/Kramer).

2. Felder qualitativer Schul- und Unterrichtsforschung

Die komplexe Ausdifferenzierung der Forschungsfelder zu Schule und Unterricht zeigen vorliegende Systematisierungen auf (Helsper/Böhme 2008). So liegen Studien vor zur historischen Entwicklung und Differenzierung des Schulsystems, zur schulischen Bedeutung soziokultureller Differenzen etwa in Hinsicht auf Geschlecht, Ethnie, Generation, zu schulischen Übergängen und Verläufen, zu Unterrichts- und Lehr-Lernprozessen sowie zur Lehrer- und Schülerforschung. Hervorgehoben seien im Folgenden beispielhafte Forschungslinien, die Kernbereiche der qualitativen Schul- und Unterrichtsforschung durchziehen:

- Unterrichtsinteraktion/-struktur: In dieser Schnittstelle von Schul- und Unterrichtsforschung tradiert das weitreichend didaktische Interesse an der Gestaltung von Unterricht und Lernprozessen. Mit dem ‚interpretativen Paradigma' wurde die Aufmerksamkeit auf die latenten Prozessmuster und Bedeutungsstrukturen unterrichtlicher Interaktion gerichtet, die teilweise im Widerspruch oder in Differenz zu den pädagogisch-curricularen Intentionen stehen. Eine Initialzündung für diese Forschungslinie war der Topos des ‚heimlichen Lehrplans' (Zinnecker 1975). Darüber hinaus stehen in dieser Linie Studien zu lehrerseitigen Strukturierungen von Unterrichtsprozessen (Mehan 1979; Ehlich/Rehbein 1986), zur Interaktionen zwischen SchülerInnen in differenten Lehr-Lernarrangements (Naujok 2000) oder zu differenten ‚Lernformaten' (Krummheuer 1997).
- Schülersubkulturen/-szenen: Eine weitere Forschungslinie wurde durch die Heuristik der Vorder- und Hinterbühne inspiriert (Reinert/Zinnecker 1978). Darin wird gezeigt, wie SchülerInnen einerseits gemäß den leh-

rerseitigen Erwartungen im Unterricht ‚mitspielen' und parallel dazu auf der schulischen Hinterbühne Spielräume kreativ nutzen (Heinze 1980). Dort kämpft das jugendliche Selbst mit den Peers um stabilisierende Anerkennung, die den Jugendlichen im ‚offiziellen' schulischen Raum teilweise versagt bleibt (Willis 1979). In der Fortschreibung dieser Forschungslinie liegen Rekonstruktionen zu einer Typologie von Schülersubkulturen ebenso vor (Helsper 1989; Böhme 2000), wie Studien in denen ethnographisch herausgearbeitet wird, wie SchülerInnen in Peers Beziehungs- und Statuskonstellationen durch Praktiken hervorbringen, die insbesondere alters- und geschlechtsspezifisch differieren (Krappmann/ Oswald 1995; Adler/Adler 1998; Breidenstein/Kelle 1998; → Heinzel).
- Etikettierungsprozesse: Als ein weiterer Bereich der schulischen Sozialisationsforschung profilierte sich der Fokus auf abweichendes Schülerverhalten. Insbesondere in der Labelingforschung (Becker 1963) wurden schulische Regeln bzw. lehrerseitige Normalitätsentwürfe als voraussetzungsreiche Grundlage für die Etikettierung von Abweichung herausgestellt. Darüber hinaus wurde deutlich, dass lehrerseitige Etikettierungen von Schülerverhalten nicht zwingend Änderung provozieren, vielmehr fallspezifisch stigmatisierende Zuschreibungen in die jugendlichen Selbstbilder übernommen und so die entwerteten Handlungsmuster paradoxerweise stabilisiert werden (Asmus/Peukert 1979; Hargreaves/Hester/ Mellor 1981).
- Lehrer-/Schülerbiographien: Studien zur Lehrerbiographie stellen wichtige Einsichten für die Forschung zur Pädagogischen Professionalität bereit (Kraul/Marotzki/Schweppe 2002). Eindrücklich zeigen Studien etwa, dass lehrerseitige Handlungs- und Deutungsmuster weniger durch die Lehrerbildung, vielmehr durch (berufs-)biographische Erfahrungen in Schule, Familie, Peers oder von gesellschaftlichen Modernisierungsprozessen beeinflusst sind (Hirsch 1990; Terhart/Czerwenka/Ehrich/Jordan/ Schmidt 1994; Reh 2003; Fabel 2004). Die Schülerbiographieforschung entfaltet ihr Potenzial insbesondere bei der Erforschung von Schulkarrieren und -laufbahnen. Erwähnenswert sind hier etwa frühe Studien zur Deutung des eigenen Bildungs(miss-)erfolges von HauptschülerInnen (Hurrelmann/Wolf 1986) und Rekonstruktionen schulbiographischer Erfahrungsmuster von Gymnasiasten (Nittel 1992). In diesen Studien wird einerseits die Grenze der Standardisierbarkeit von schulischen Bildungsprozessen deutlich und andererseits die Wirkmächtigkeit des spezifischen Zusammenspiels von Schule und außerschulischen Erfahrungsfeldern, die ihrerseits falldifferent bearbeitet werden. Neuere Studien verweisen darauf, dass schülerseitige Schulverläufe in der „schulbiographischen Passung" (Kramer 2002) mit der spezifischen kulturellen Ordnung der Einzelschule begründet sind.
- Einzelschulen/Schulkultur: Im Bereich der Einzelschulstudien liegen insbesondere ethnographische Studien vor, in denen beeindruckend die Komplexität der Institution Schule aufzeigt wird (Diederich/Wulf 1979; Altrichter/Radnitzky/Specht 1994; Kalthoff 1997). Darüber hinaus lässt

sich ein Schwerpunkt im Bereich der Transformationsforschung kennzeichnen, in der auch Differenzen zwischen Schulkulturen innerhalb einer Schulform rekonstruiert wurden (Helsper/Böhme/Kramer/Lingkost 2001).

3. Methodisch-methodologische Ansätze

In der qualitativen Schul- und Unterrichtsforschung lassen sich drei grundlegende Methodenparadigmen hervorheben: Erstens die Verstehensmodelle der geisteswissenschaftlichen Pädagogik, zweitens die rekonstruktiven und ethnographischen Ansätze des ‚interpretativen Paradigmas' der Sozialwissenschaft, drittens qualitative Forschungsansätze der Psychologie.

Die wohl längste Traditionslinie in der qualitativen Schul- und Unterrichtsforschung geht auf die geisteswissenschaftliche Pädagogik zurück (Terhart 1997). Forschungsmethodisch sind hier die Verstehensmodelle von Schleiermacher, Dilthey und Gadamer zentral. Schleiermachers Verstehenszugang zielte auf die grammatische und psychologische Reproduktion der AutorInnenperspektive, der Interpret nimmt also idealtypisch die Perspektive des Autors ein. Gerade darauf bezieht sich die Kritik Diltheys, der vielmehr zu einer Kontrastierung der Perspektiven von Autor und Interpret auffordert, um die jeweilige historisch-psychologische Spezifik zu verstehen. Gadamer wiederum hinterfragte sowohl das Modell, dass der Interpret im Autor aufgeht, als auch den Entwurf einer kongenialen Verhältnissetzung und begründet die unhintergehbare Geschichtlichkeit der hermeneutischen Situation. Die hermeneutische Leitfrage lautet somit, was kann „der Interpret aus seiner Situation heraus unter dem Gesagten verstehen" (Danner 1998, S. 89)? In der Praxis qualitativer Schul- und Unterrichtsforschung sind Forschungsarbeiten zwar eher die Ausnahme, die explizit an die geisteswissenschaftlich-hermeneutische Linie anschließen (vgl. Meyer/Schmidt 2000), jedoch gibt es Studien, in denen erkennbar diese Forschungslogik umgesetzt wird. Rittelmeyer und Parmentier (2001) knüpfen daran die These: „Es mag auch an diesen Überschneidungen mit anderen Forschungsmethoden liegen, dass die Hermeneutik bisher keine institutionell etablierte, eigenständige Forschungsmethode der Pädagogik geworden ist." (Ebd., S. 2; → Rittelmeyer; → Schulze).

Aus dem o.g. sozialwissenschaftlichen ‚interpretativen Paradigma' gingen für die qualitative Schul- und Unterrichtsforschung zwei grundlegende Forschungszugänge hervor: einerseits die Ethnographie, andererseits rekonstruktiv-analytische Verfahren. Im Vergleich zum angloamerikanischen Verständnis von Ethnographie als Metabegriff für qualitative Forschung (Denzin/Lincoln 2000), bezeichnet Ethnographie im deutschsprachigen Bereich eher einen spezifischen Ansatz, der auch als Feldforschung übersetzt wird. Hier gibt es zwei Richtungen: einerseits die eher subjekttheoretisch und damit phänomenologische Lebensweltanalyse, andererseits die ethnomethodologisch orientierte Ethnographie, die den Menschen eben nicht als

,Sinnzentrum', vielmehr als ,Appendix' sozialer Situationen betrachtet (vgl. Kontroverse: Knoblauch 2002 und Breidenstein/Hirschauer 2002). Die Ethnographie ist seit den 1970er Jahren ein starker Ansatz in der qualitativen Schul- und Unterrichtsforschung (→ Friebertshäuser/Panagiotopoulou). Inwiefern allerdings das Programm einer ,Pädagogischen Ethnographie' begründet werden kann (Marotzki 1998; Zinnecker 2000), bleibt umstritten (vgl. Lüders 1999).

Neben der Ethnographie haben sich im ,interpretativen Paradigma' der qualitativen Schul- und Unterrichtforschung insbesondere drei rekonstruktivanalytische Verfahren etabliert: erstens die Objektive Hermeneutik von Ulrich Oevermann, das Narrationsstrukturelle Verfahren von Fritz Schütze und die Dokumentarische Methode von Ralf Bohnsack. Auch wenn die jeweiligen Forschungspraxen durchaus Parallelen aufweisen und alle drei Ansätze auf die Erschließung latenter Strukturen bezogen sind, werden jedoch in der Beschäftigung mit der jeweiligen Methodologie die Differenzen deutlich. So bezieht sich die Forschungspraxis der Objektiven Hermeneutik auf die Grundannahmen des genetischen Strukturalismus. Die Rekonstruktion zielt auf die Erschließung latenter Fallstrukturgesetzlichkeiten, die wie grammatische Regelsysteme Lebenspraxen strukturieren und sich in differenten Ausdrucksgestalten manifestieren (Oevermann 1991, 2000). Bewährt hat sich die Objektive Hermeneutik in der Schulforschung insbesondere bei den Rekonstruktionen von Strukturproblemen, durch die Schulkulturen sowie Interaktionsprozesse zwischen schulischen Akteuren teilweise spannungsvoll gekennzeichnet sind. Das Narrationsstrukturelle Verfahren bzw. das Narrative Interview hat sich als die zentrale Methode in der Biographieforschung konsolidiert (→ Jakob; → Krüger/Deppe). Ziel ist hier latente Prozessmuster der Erfahrungsaufschichtung des Biographieträgers über die Rekonstruktion von Erzähldynamiken herauszuarbeiten (Schütze 1983, 1987). Die Grundannahmen der Dokumentarischen Methode verweisen auf die Ethnomethodologie und Wissenssoziologie von Mannheim. Dieses Verfahren eignet sich insbesondere zur Erschließung kollektiver Orientierungsmuster, die sich insbesondere in der Diskursdynamik bei Gruppendiskussionen ausdrücken (Bohnsack 2000; Bohnsack/Nentwig-Gesemann/Nohl 2001; → Bohnsack). Gerade die rekonstruktiven Ansätze qualitativer Schul- und Unterrichtsforschung heben sich im deutschsprachigen Raum durch ihre methodologisch differenzierten Begründungszusammenhänge hervor.

Aus der Psychologie bzw. aus der analytischen Sozialpsychologie sind zwei qualitative Methodenansätze in der Schul- und Unterrichtsforschung aufgegriffen worden: Zum einen sind hier etwa psychoanalytische Ansätze wie die Ethnopsychoanalyse (vgl. Erdheim 1984; Bosse/Knauss 1994 zu ,modernen' Schulen in Papua-Neuguinea; → Leuzinger-Bohleber/Garlichs) oder die tiefenhermeneutische Textinterpretation (Lorenzer/Prokop/Görlich 2006; König 1998 zu Politikunterricht) zu nennen. Zum anderen haben sich aus der Lehrerforschung heraus innovative Datenerhebungsverfahren aus dem kognitionspsychologischen Forschungsprogramm „Subjektive Theorie"

(Groeben/Schlee/Wahl 1988) etabliert, wie etwa das Laute Denken als handlungsbegleitende Verbalisierung etwa von Problemlösungen sowie das Konfrontationsinterview (Breuer 1995) und die Struktur-Lege-Technik (Feldmann 1979; Scheele/Groeben 1988; Dann/Barth 1995; Kelle 2000 zur computergestützten Graphisierung subjektiver Sichtweisen).

Perspektivisch ist für die qualitative Schul- und Unterrichtsforschung die neue methodisch-methodologische Aufmerksamkeit an ikonischem Datenmaterial sowohl im ethnographischen als auch rekonstruktiven Zugriff von Interesse (→ Teil 4). Nicht zuletzt eröffnen sich darüber weit reichende Möglichkeiten auch einer kulturvergleichenden Forschung, die eben nicht mehr in dem Übersetzungsproblem von Transkripten verstrickt bleibt.

4. Geltungsansprüche von Forschungsergebnissen in der Spannung von Schulpraxis, Bildungspolitik und Erziehungswissenschaft

In der Schul- und Unterrichtsforschung positionieren sich WissenschaftlerInnen unterschiedlich dazu, wie Forschungsergebnisse im Interessendreieck von Schulpraxis, Bildungspolitik und Erziehungswissenschaft geltend zu machen sind. Holzschnittartig lassen sich zwei zentrale Positionen konturieren: einerseits die Handlungs-, Praxis- und Aktionsforschung (→ Altrichter/Aichner/Soukup-Altrichter/Welte; → Döpp; → Prengel) andererseits die erziehungswissenschaftliche Grundlagenforschung zu Unterricht und Schule.

Die Handlungs-, Aktions- und Praxisforschung schreibt dahingehend die geisteswissenschaftliche Tradition fort, dass sowohl Fragestellungen als auch die Ergebnisse von Forschung auf Problemlösungen in der schulunterrichtlichen Praxis bezogen werden. Die Definition der Praxisprobleme gründet sich in anwendungsbezogenen Schul- und Unterrichtskonzepten, die entweder LehrerInnen, SchulpädagogInnen oder eben BildungspolitikerInnen konkretisieren und Anlass bzw. Orientierungsstiftung für Schulentwicklung werden. Und welche Unterschiede lassen sich zwischen der Handlungs-, Aktions- und Praxisforschung ausmachen? Auch wenn die Bezeichnungen nicht trennscharf auf differente Forschungslogiken verweisen, lässt sich am ehesten noch eine Differenz dahingehend behaupten, wie schulische Akteure in den Forschungsprozess einbezogen werden. Bei der Handlungsforschung sind zwar die WissenschaftlerInnen diejenigen, die inhaltlich und methodisch den Forschungsprozess entwerfen und umsetzen. Jedoch werden dabei die schulischen Akteure nicht zum ‚Forschungsgegenstand', vielmehr wird ihre Perspektive in den Forschungsprozess systematisch einbezogen. Hervorzuheben ist dabei das methodische Prinzip der ‚kommunikativen Validierung', durch die der Geltungsanspruch von Forschungsergebnissen im Diskurs mit VertreterInnen der beforschten Praxis erst hergestellt wird. Diese Vorgehensweise konfligiert allerdings mit einer rekonstruktiven Forschungspraxis, insofern es dort um die Erschließung latenter Bedeutungen geht, die durchaus auch in spannungsvoller Differenz zu den subjektiv präsenten, also manifesten Sinnzuschreibungen schulischer Akteure stehen können. Damit ist auch eine grundlegende Schwierigkeit ausgemacht, die Rekonstruktionsverfahren des ‚Interpretativen Paradigmas' (Objektive Hermeneutik, Narrationsstrukturelles Verfahren, Dokumentarische Methode) in der Handlungs-, aber auch Aktions- und Praxisforschung einzusetzen. In der Aktionsforschung treten die schulischen Akteure in ein explizit wechselseitiges Kooperationsverhältnis zu den ForscherInnen. Und Praxisforschung wird eher in Verantwortung von SchulpraktikerInnen durchgeführt, die durch WissenschaftlerInnen bei Bedarf etwa durch methodische Hilfestellungen unterstützt werden.

Insgesamt zielen die genannten Ansätze auf eine Profilierung der Schul- und Unterrichtspraxis (vgl. etwa Altrichter/Posch 2007). Dieses Selbstverständnis rückt damit an das der Evaluationsforschung heran. Und betrachtet man das Spektrum, was als Evaluationsforschung bezeichnet werden kann (Kuper 2005; Flick 2006 mit Bezug auf qualitative Ansätze) wird deutlich, dass eine Differenzmarkierung schwierig ist. Gemein ist der Handlungs-, Aktions- und Praxisforschung mit der Evaluationsforschung, dass ihre Ergebnisse Grundlage für Bewertungen sind, die entweder empirisch mit Vergleichen zwischen verschiedenen Unterrichts- und Schulpraxen oder zwischen einer Praxis und dem darauf bezogenen Entwurf begründet werden. Trotz der Gemeinsamkeiten wird hier dafür plädiert, den Begriff der Evaluation zukünftig ausschließlich für eine konzeptionell-normativ ausgerichtete Auftragsforschung zu verwenden, die vordergründig bildungs- und schulpolitische Entscheidungsfindungen grundlegen soll. Dagegen sollte Handlungs-, Aktions- und Praxisforschung eine forschungsorientierte Interventionspraxis bezeichnen, die auf eine Verwirklichung wissenschaftlich begründeter Modellentwürfe ausgerichtet ist. Da die strukturellen Verflechtungen zwischen Politik und Wissenschaft gerade in Schul- und Unterrichtsfragen teilweise dicht sind, macht eine begriffliche Kennzeichnung differenter Geltungsbezüge erforderlich.

Ist die Handlungs-, Praxis- und Aktionsforschung vordergründig als eine forschungsorientierte Interventionspraxis zu verstehen, die sich im Rahmen von Schul- und Unterrichtsentwicklung zu bewähren hat, begründet sich das Selbstverständnis der erziehungswissenschaftlichen Grundlagenforschung zu Schule und Unterricht im ‚Wertfreiheitspostulat' (Weber). Damit stellt diese Forschungspraxis kein anwendungsbezogenes Interventionswissen bereit, jedoch Reflexionswissen, das die pädagogische Praxis über Potenziale, aber auch Grenzen ihrer Gestalt- und Steuerbarkeit aufklärt. Als „reflexive Beobachtungswissenschaft" (Krüger 1998) ist erziehungswissenschaftliche Grundlagenforschung für die Professionalisierung von Schule und Unterricht mittelbar ‚nützlich' und zudem als kritisch-reflexive Instanz für Handlungs-, Aktions- und Praxisforschung wichtig. Genuines Ziel erziehungswissenschaftlicher Grundlagenforschung ist die empirische Begründung und Ausdifferenzierung von Schul- und Unterrichtstheorien. Gerade in dieser Hinsicht sind zukünftig verstärkt Ergebnisse vorzulegen bzw. sichtbar zu machen und so zur weiteren Profilierung der Erziehungswissenschaft im disziplinären Kanon der Wissenschaften beizutragen.

Literatur

Adler, Patricia A./Peter Adler 1998: Peer Power. Preadolescent Culture and Identity. Brunswick.
Altrichter, Herbert/Peter Posch 2007: Lehrerinnen und Lehrer erforschen ihren Unterricht. Bad Heilbrunn.
Altrichter, Herbert/Edwin Radnitzky/Werner Specht 1994: Innenansichten guter Schulen. Wien.
Arbeitsgruppe Bielefelder Soziologen (Hg.) 1981: Alltagswissen, Interaktion und gesellschaftliche Wirklichkeit. Bd. 1/2. Opladen.
Asmus, Hans-Joachim/Rüdiger Peukert (Hg.) 1979: Abweichendes Schülerverhalten. Heidelberg.
Becker, Howard S. 1963: Outsiders. Studies in the Sociology of Deviance. New York.
Böhme, Jeanette 2000: Schulmythen und ihre imaginäre Verbürgung durch oppositionelle Schüler. Bad Heilbrunn.
Böhme, Jeanette 2008: Qualitative Schulforschung auf Konsolidierungskurs. In: Helsper, Werner/Jeanette Böhme (Hg.): Handbuch der Schulforschung. Wiesbaden. S. 125-155.
Bohnsack, Ralf 2000: Rekonstruktive Sozialforschung. Opladen.
Bohnsack, Ralf/Iris Nentwig-Gesemann/Arnd-Michael Nohl (Hg.) 2001: Die dokumentarische Methode und ihre Forschungspraxis. Opladen.
Bosse, Hans/Werner Knauss 1994: Der fremde Mann. Frankfurt/M.
Breidenstein, Georg/Stefan Hirschauer 2002: Endlich fokussiert? Weder ‚Ethno' noch ‚Graphie'. In: sozialer sinn (2002). 1. S. 125-128.
Breidenstein, Georg/Helga Kelle 1998: Geschlechteralltag in der Schulklasse. Ethnographische Studie zur Gleichaltrigenkultur. Weinheim und München.
Breuer, Franz 1995: Das Selbstkonfrontations-Interview als Forschungsmethode. In: König, Eckard/Peter Zedler (Hg.): Bilanz qualitativer Forschung. Bd. 2. Weinheim. S. 159-182.
Dann, Hanns-Dietrich/Anne-Rose Barth 1995: Die Interview- und Legetechnik zur Rekonstruktion kognitiver Handlungsstrukturen (ILKHA). In: König, Eckard/ Peter Zedler (Hg.): Bilanz qualitativer Forschung. Bd. II, Weinheim 1995, S. 31-62
Danner, Helmut 1998: Methoden geisteswissenschaftlicher Hermeneutik. München/ Basel.
Denzin, Norman K./Yvonna S. Lincoln (Hg.) 2000: Handbook of Qualitative Research. New York/Thousand Oaks.
Diederich, Jürgen/Christoph Wulf 1979: Gesamtschulalltag. Die Fallstudie Kierspe. Paderborn/München/Wien/Zürich.
Ehlich, Konrad/Jochen Rehbein 1986: Muster und Institutionen. Untersuchungen zur schulischen Kommunikation. Tübingen.
Erdheim, Mario 1984: Die gesellschaftliche Produktion von Unbewusstheit. Frankfurt/M.

Fabel, Melanie 2004: Professionalisierungspfade ostdeutscher Lehrer. Biographische Verläufe und Professionalisierung im doppelten Modernisierungsprozess. Wiesbaden.

Feldmann, Klaus 1979: MEAP – Eine Methode zur Erfassung der Alltagstheorien von Professionellen. In: Schön, Bärbel/Klaus Hurrelmann (Hg.): Schulalltag und Empirie. Weinheim/Basel. S. 105-122.

Flick, Uwe 2006: Qualitative Evaluationsforschung. Konzepte – Methoden – Umsetzungen. Reinbek.

Frey, Karl/Henning Haft/Uwe Hameyer 1998: Handbuch der Curriculumforschung. Übersichten zur Forschung 1970-1981. Beltz.

Garz, Detlef 1995: Entwicklungslinien qualitativ-empirischer Sozialforschung. In: König, Eckard/Peter Zedler (Hg.): Bilanz qualitativer Forschung. Weinheim. S. 11-32.

Garz, Detlef/Klaus Kraimer (Hg.) 1983: Brauchen wir neue Forschungsmethoden? Beiträge zur Diskussion interpretativer Verfahren. Frankfurt/M.

Groeben, Norbert/Jörg Schlee/Diethelm Wahl 1988: Das Forschungsprogramm Subjektive Theorien. Tübingen.

Hargreaves, David H./Stephen K. Hester/Frank J. Mellor 1981: Abweichendes Verhalten im Unterricht. Weinheim.

Heinze, Thomas 1980: Schülertaktiken. München.

Helsper, Werner 1989: Jugendliche Gegenkultur und schulisch-bürokratische Rationalität. In: Breyvogel. Wilfried (Hg.): Pädagogische Jugendforschung. Opladen. S. 161-186.

Helsper, Werner/Jeanette Böhme (Hg.) 2008: Handbuch der Schulforschung. Wiesbaden.

Helsper, Werner/Jeanette Böhme/Rolf-Torsten Kramer/Angelika Lingkost 2001: Schulkultur und Schulmythos. Rekonstruktionen zur Schulkultur. Opladen.

Helsper, Werner/Bernhard Stelmaszyk 1999: Entwicklung und Stand qualitativer Schulforschung – eine einleitende Skizze. In: Combe, Arno/Werner Helsper/ Bernhard Stelmaszyk (Hg.): Forum qualitativer Schulforschung. Weinheim. S. 9-28.

Hirsch, Gertrude 1990: Biographie und Identität des Lehrers. Eine typologische Studie über den Zusammenhang von Berufserfahrungen und beruflichem Selbstverständnis. Weinheim und München.

Hurrelmann, Klaus 1975: Erziehungssystem und Gesellschaft. Hamburg.

Hurrelmann, Klaus/Hartmut K. Wolf 1986: Schulerfolg und Schulversagen im Jugendalter. Weinheim und München.

Kalthoff, Herbert 1997: Wohlerzogenheit. Eine Ethnographie deutscher Internatsschulen. Frankfurt/M./New York.

Kelle, Udo 2000: Computergestützte Analyse qualitativer Daten. In: Flick, Uwe/ Ernst von Kardorff/Ines Steinke (Hg.): Qualitative Forschung. Reinbek. S. 485-501.

Knoblauch, Hubert 2002: Fokussierte Ethnographie als Teil einer soziologischen Ethnographie. In: sozialer sinn (2002). 1. S. 129-136.

König, Hans-Dieter 1998: Pädagogisches Moralisieren nach Auschwitz. In: Henkenborg, Peter/Hans-Werner Kuhn (Hg.): Der alltägliche Politikunterricht. Beispiele qualitativer Unterrichtsforschung zur politischen Bildung in der Schule. Opladen. S. 135-149.

Kramer, Rolf-Thorsten 2002: Schulkultur und Schülerbiographien. Das „schulbiographische Passungsverhältnis". Opladen.

Krappmann, Lothar/Hans Oswald 1995: Alltag der Schulkinder. Weinheim und München.
Kraul, Margret/Winfried Marotzki/Cornelia Schweppe (Hg.) 2002: Biographie und Profession. Bad Heilbrunn.
Krüger, Heinz-Hermann 1998: Erziehungswissenschaft in den Antinomien der Moderne. In: Krüger, Heinz-Hermann/Werner Helsper (Hg.)1998: Einführung in die Grundbegriffe und Grundfragen der Erziehungswissenschaft. Opladen. S. 319-327.
Krüger, Heinz-Hermann/Pfaff, Nicolle 2008: Triangulation quantitativer und qualitativer Zugänge in der Schulforschung. In: Helsper, Werner/Jeanette Böhme (Hg.): Handbuch der Schulforschung. Wiesbaden. S. 157-179.
Krummheuer, Götz 1997: Narrativität und Lernen. Mikrosoziologische Studien zur sozialen Konstitution schulischen Lernens. Weinheim.
Kuper, Harm 2005: Evaluation in Bildungssystem. Bd. 28. Grundriss der Pädagogik. Stuttgart
Lorenzer, Alfred/Ulrike Prokop/Bernard Görlich 2006: Szenisches Verstehen. Marburg.
Lüders, Christian 1999: Pädagogische Ethnographie und Biographieforschung. In: Krüger, Heinz-Hermann/Winfried Morotzki (Hg.): Handbuch erziehungswissenschaftliche Biographieforschung. Opladen. S. 135-146.
Lüders, Christian 2000: Herausforderungen qualitativer Forschung. In: Flick, Uwe/ Ernst von Kardorff/Ines Steinke (Hg.): Qualitative Forschung. Ein Handbuch. Reinbek. S. 632-642.
Marotzki, Winfried 1998: Ethnographische Verfahren in der Erziehungswissenschaftlichen Biographieforschung. In: Jüttemann, Gerd/Hans Thomae (Hg.): Biographische Methoden in der Humanwissenschaften. Weinheim. S. 44-59.
Mehan, Hugh 1979: Learning lessons. Cambridge.
Meyer, Meinert A./Ralf Schmidt (Hg.) 2000: Schülermitbeteiligung im Fachunterricht. Opladen.
Naujok, Natascha 2000: Schülerkooperation im Rahmen von Wochenplanunterricht. Analyse von Unterrichtsausschnitten aus der Grundschule. Weinheim.
Nittel, Dieter 1992: Gymnasiale Schullaufbahn und Identitätsentwicklung. Eine biographieanalytische Studie. Weinheim.
Oevermann, Ulrich 1991: Genetischer Strukturalismus und das sozialwissenschaftliche Problem der Erklärung der Entstehung des Neuen. In: Müller-Doohm, Stefan (Hg.): Jenseits der Utopie. Frankfurt/M. S. 267-339.
Oevermann, Ulrich 2000: Die Methode der Fallrekonstruktion in der Grundlagenforschung sowie der klinischen und pädagogischen Praxis. In: Kraimer, Klaus (Hg.): Die Fallrekonstruktion. Frankfurt/M. S. 58-156.
Rahm, Sibylle/Ingelore Mammes/Michael Schratz 2006: Schulpädagogische Forschung. Bd. 1: Unterrichtsforschung. Perspektiven innovativer Ansätze. Bd. 2: Organisations- und Bildungsforschung. Weinheim.
Reh, Sabine 2003: Berufsbiographische Texte ostdeutscher Lehrer und Lehrerinnen als „Bekenntnisse". Bad Heilbrunn.
Reinert, Gerd-Bodo/Jürgen Zinnecker (Hg.) 1978: Schüler im Schulbetrieb. Reinbek. S. 29-116.
Rittelmeyer, Christian/Michael Parmentier 2001: Einführung in die pädagogische Hermeneutik. Stuttgart.
Roeder, Peter Martin/Achim Leschinsky/Gundel Schümer/Klaus Treumann 1977: Überlegungen zur Schulforschung. In: Roeder, Peter Martin/Achim Leschinsky/

Gundel Schümer/Klaus Treumann/Helga Zeiher/Hartmut J. Zeiher (Hg.): Überlegungen zur Schulforschung. Stuttgart. S. 7-126.

Rumpf, Horst 1979: Erasmus von Rotterdam. In: Scheuerl, Hans (Hg.): Klassiker der Pädagogik. München. S. 15-31.

Scheele, Brigitte/Norbert Groeben 1988: Dialog-Konsens-Methoden zur Rekonstruktion Subjektiver Theorien. Tübingen.

Schön, Bärbel/Hurrelmann, Klaus (Hg.) 1979: Schulalltag und Empirie. Weinheim/Basel.

Schütze, Fritz 1983: Biographieforschung und narratives Interview. In: Neue Praxis 3 (1983). S. 283-293.

Steinke, Ines 1999: Kriterien qualitativer Forschung. Ansätze zur Bewertung qualitativ-empirischer Sozialforschung. Weinheim und München.

Terhart, Ewald 1997: Entwicklung und Situation des qualitativen Forschungsansatzes in der Erziehungswissenschaft. In: Friebertshäuser, Barbara/Annedore Prengel (Hg.): Handbuch Qualitative Forschungsmethoden in der Erziehungswissenschaft. Weinheim und München. S. 27-42.

Terhart, Ewald/Kurt Czerwenka/Karin Ehrich/Frank Jordan/Hans Joachim Schmidt (Hg.) 1994: Berufsbiographien von Lehrerinnen und Lehrern. Frankfurt/M. u. a.

Toulmin, Stephen 1991: Kosmopolis: die unerkannte Aufgabe der Moderne. Frankfurt/M.

Willis, Paul E. 1979: Spaß am Widerstand. Frankfurt/M.

Zinnecker, Jürgen 1975: Der heimliche Lehrplan. Untersuchungen zum Schulunterricht. Beltz.

Zinnecker, Jürgen 2000: Pädagogische Ethnographie. Zeitschrift für Erziehungswissenschaft 3 (2000). S. 381-400.

Sigrid Nolda

Interaktionsanalysen in der Erwachsenenbildung

Unter Interaktion wird „die wechselseitige Beeinflussung des Handelns mindestens zweier Personen" (Sarges/Fricke 1980, S. 488) oder „die elementare Einheit des sozialen Geschehens, in der Menschen ihr Verhalten aneinander orientieren" (Endruweit/Trommersdorff 1989, S. 310) verstanden. Die erste Definition stützt sich auf handlungspsychologische Ansätze und impliziert die Anwendungen messtechnischer Verfahren. So werden beispielsweise Abläufe von Interaktionen nach dem Grad der Reziprozität differenziert oder ihre Entwicklung in bestimmte Stufen eingeteilt. Die zweite Definition, beeinflusst vom symbolischen Interaktionismus (vgl. Blumer 1969) hebt auf die wechselseitige Orientierung sozialer Handlungen ab und betont ihren symbolvermittelten Charakter. Soziale Beziehungen stellen sich demnach als aushandlungsfähig und an gemeinsame Anerkennung gebunden dar.

Symbolische Vorwegnahmen und wechselseitige Klärungsprozesse kennzeichnen nicht nur das allgemeine Verständnis menschlicher Interaktionen, sie sind zugleich auch Voraussetzungen für die Deutung konkreter Interaktionen in ihrem Ablauf. Die Spannung zwischen der Ausführung vorgegebener Muster und der Hervorbringung von ‚Neuem' kennzeichnet nicht nur die unzähligen konkreten Einzelinteraktionen im Alltag, sie ist auch konstitutiv für die Entstehung von Identität sowie für die Generierung gesellschaftlicher Wirklichkeit (vgl. Mead 1968; Berger/Luckmann 1970).

In Abhebung von Kommunikation ist bei einer Interaktion die gleichzeitige Anwesenheit der Betroffenen vorausgesetzt, die auf der Grundlage eines Sockels von allgemein geteilten Bedeutungen und fundamentalen Verhaltensmustern jeweils die Reaktionen des anderen vorausgreifend berücksichtigen bzw. sich mit dem anderen über die Bedeutung der Situation verständigen können. Der Begriff der Interaktion ist auch als Reverenz an den symbolischen Interaktionismus zu verstehen, dessen Grundannahmen das qualitative Forschungsparadigma und dementsprechend die qualitativ-hermeneutische Erwachsenenbildungsforschung bestimmen (vgl. Kade 1994, S. 300f.) und dessen Bedeutung für die Erwachsenenbildung allgemein von Tietgens (1981) und Schmitz (1984) begründet wurde.

Neben dem symbolischen Interaktionismus, der inzwischen auch postmoderne Konzeptionen aufgegriffen hat, die die gesellschaftlichen Rahmenbedingungen für individuelle Interaktionen hervorheben (vgl. Sandstrom/Martin/Fine 2001) haben auch systemtheoretische Beschreibungen von Interaktionen an Bedeutung gewonnen. Hier wird Interaktion explizit als ‚Kommunikation unter Anwesenden' definiert, die Tatsache, dass Themen hintereinander behandelt werden, als ‚Zwang zur Serialität' und die prinzipielle Offenheit von Interaktionen als ‚doppelte Kontingenz' bezeichnet (vgl. Kieserling 1999).

Während der symbolische Interaktionismus Deutung und Verständigung hervorhebt, betont die systemtheoretisch-konstruktivistische Sicht die grundsätzliche Kluft zwischen autopoietisch operierenden Lehrenden und Lernenden, die unmittelbare pädagogische Einwirkungen wie Belehrungen unmöglich machen (vgl. Siebert 1996). Stattdessen wird dem Phänomen der Beobachtung und des Wahrgenommen-Werdens Aufmerksamkeit geschenkt und der schulische Unterricht als soziales System von gegenseitigen Beobachtungen aufgefasst, die eine Einschränkung auf die Lehrer-Schüler-Dyade verbietet (vgl. Herzog 2002, S. 392 ff.). Diese Erweiterung des Blick auf Haupt- und Nebeninteraktionen, die empirisch von der ethnographischen Schulforschung (vgl. Breidenstein 2006) fundiert worden ist, kann auch auf die kursförmig organisierte Erwachsenenbildung angewandt werden.

1. Forschungsmethoden

Der symbolische Interaktionismus ist nicht nur eine theoretische, sondern auch eine methodologische Richtung (vgl. Schütze 1987, S. 520), in der sich eine Vielzahl von Forschungsmethoden entwickelt hat, die das Ziel haben, die betroffenen Menschen selbst zu Wort kommen zu lassen und ihre Situationsdeutungen wissenschaftlich kontrolliert zu erfassen. Dies geschieht mit der Analyse persönlicher Dokumente, mit der teilnehmenden Beobachtung, mit Interviews und mit Ton- und Bildaufzeichnungen von (vorzugsweise sprachlichen) Interaktionen. Auf der Basis dieser technischen Möglichkeiten ist die Konversationsanalyse entwickelt worden, „die empirische Erforschung von sprachlichen Texten, die in natürlichen Kommunikationssituationen hervorgebracht, mit elektronischen Mitteln aufgezeichnet und gespeichert sowie unter dem Gesichtspunkt der Strukturen des Kommunikationsablaufs, der Aktivitäten der beteiligten Interaktionspartner und/oder der von diesen getätigten Bedeutungsvoraussetzungen und -zuschreibungen transkribiert und analysiert werden" (Kallmeyer/Schütze 1976, S. 4). Mit der ethnomethodologischen Konversationsanalyse (vgl. Bergmann 1981) steht eine Methode zur Verfügung, die überprüfbare gesprächsorganisationelle und handlungskonstituierende Mikroanalysen von sprachlichen Interaktionen ermöglicht. Sie präzisiert nicht nur Beobachtungsnotizen und -protokolle und macht Rekonstruktionen nachvollziehbar, sondern erweitert den Untersuchungsbereich (etwa auf Gesprächsphänomene wie Überlappungen, Abbrüche oder Pausen) und geht mit einer Untersuchungsmentalität einher, die nicht Vorkommensverteilungen vorher festgelegter Phänomene feststellt, sondern eher auf bisher nicht ins Blickfeld Geratenes, scheinbar Selbstverständliches, für die Beteiligten Unproblematisches, aber die jeweilige Interaktion wesentlich Konstituierendes achtet. Als hypothesengenerierende Methode ist auch die objektive oder strukturale Hermeneutik angetreten, Interaktionen auf die ihnen unterliegenden latenten Strukturen hin zu untersuchen. In der sequenziellen Analyse familialer Interaktionen werden durch die Erstellung von externen Lesarten objektive latente Sinnstrukturen ermittelt, die den Beteiligten nicht bewusst sind (vgl. Oevermann u. a. 1975; → Garz).

Demgegenüber hat die Unterrichtsforschung zunächst mit vorgegebenen Kategoriensystemen gearbeitet (vgl. Bellack u. a. 1966; Flanders 1970). Vorzugsweise wurden didaktische Handlungssequenzen analysiert und Rollen- bzw. Machtverhältnisse untersucht. Auch linguistische Konversations-, Gesprächs- bzw. Diskursanalysen gehen eher von vorgegebenen Kategorien aus und stellen deren Vorkommenshäufigkeiten in bestimmten Situationen und Konstellationen fest. So wurde beispielsweise von der Pragmalinguistik untersucht, wann Frauen in gemischtgeschlechtlichen Gesprächsgruppen das Wort ergreifen, ob und wie sie Themen initiieren und kontrollieren, wann sie mit welchen Folgen Gesprächspartner unterbrechen oder von diesen unterbrochen werden und inwiefern sie sich gesprächskooperativer verhalten als Männer (vgl. Klann-Delius 1987, S. 772 f.).

So wie die Erwachsenenbildungsforschung von der Unterrichtsforschung und der linguistischen Gesprächsanalyse profitiert, so kann sie neuerdings auf den Forschungsansatz der „Workplace Studies" zurückgreifen, der sich mit den Schnittstellen zwischen Arbeit, Technologie und Interaktion in komplexen Organisationen beschäftigt. Neben teilnehmenden Beobachtungen und ethnographischen Interviews werden auch audiovisuelle Daten erhoben und analysiert, die den ‚natürlichen' Vollzug der alltäglichen Arbeitsaktivitäten in den untersuchten Organisationen rekonstruieren (vgl. Knoblauch/Heath 1999). Große Bedeutung kommt hier den visuellen Daten zu, da sich die beobachtete Interaktion nur zum Teil verbal vollzieht. Die im Zusammenhang mit der Auswertung von Videos entwickelten methodologischen Vorschläge (vgl. Knoblauch u. a. 2006) können auch für die Analyse von Videos genutzt werden, die (erwachsenen-)pädagogische Situationen in Bildungsinstitutionen erfassen (→ Herrle/Kade/Nolda).

2. Untersuchungen im Bereich der Erwachsenenbildung

Ein wesentliches Motiv für die Durchführung von Interaktionsanalysen in der Erwachsenenbildung war es zunächst, die diffus wahrgenommenen Lern- und Verständnisbarrieren bildungsungewohnter TeilnehmerInnen auf den Begriff zu bringen und auf dieser Grundlage didaktische Verfahren oder Verhaltensempfehlungen für KursleiterInnen zu entwickeln, die realen TeilnehmerInnen und interessierten AdressatInnen die Partizipation an Bildung und Wissen ermöglichen oder erleichtern sollten.

So hat Schalk (1975) Diskussionsgruppen, die in jeweils veränderter Mischung mit Unterschichts- und Mitttelschichtssprechern besetzt waren, animiert, über unterschiedlich komplexe Themen zu sprechen, und die an schriftsprachliche Normen angelehnten Transkriptionen nach den von Bernstein (1972) vorgegebenen Kennzeichen des elaborierten und des restringierten Sprachgebrauchs (z. B. die Verwendung hypotaktischer oder parataktischer Satzkonstruktionen) analysiert. Er stellte im Ergebnis u. a. fest, dass Mittelschichtsangehörige im Gespräch mit Unterschichtsangehörigen – jedenfalls bei konkreteren Themenstellungen – ihren elaborierten Kode in Richtung des restringierten Kode der Unterschicht verschieben und dass solche Anpassungsleistungen von Vertretern der Unterschicht nicht geleistet werden können (vgl. Schalk/Tietgens 1978, S. 19).

Andere Studien haben mit Beobachtungsprotokollen gearbeitet: Um festzustellen, ob und unter welchen Bedingungen eine didaktisch-methodische Mitbestimmung von KursteilnehmerInnen stattfindet und gefördert wird, wurden von Siebert/Gerl (1975) für Veranstaltungen der sozio-kulturellen Erwachsenenbildung standardisierte Verlaufsprotokolle erstellt. Festgestellt wurde, dass die überwiegende Mehrheit der beobachteten Kursstunden stoff- und kursleiterorientierte Lehrgespräche waren, bei dem die meisten Lehrenden sich als Fachexperten gaben, dass Teilnehmerfragen überwiegend an KursleiterInnen gerichtet waren und Teilnehmende sich mehr an einer Kenntnisvermittlung, Lehrende dagegen mehr an einer Problematisierung der Informationen interessiert zeigten.

In einer Untersuchung zu Kursen in der politischen Erwachsenenbildung (Weymann 1977) sollte ermittelt werden, ob in der politischen Erwachsenenbildung tatsächlich den in primären und sekundären Bildungssystemen Benachteiligten eine ‚zweite Chance' geboten wird. Die in diesem Rahmen durchgeführten ‚Kommunikationsanalysen' erforschten unter Berücksichtigung der Kodetheorie Bernsteins, der Sprechakttheorie und des Konzepts der Metakommunikation die Dimensionen Intentionalität, Reziprozität, Digitalität, Analogik, Dominanz, Retrospektivität (vgl. Weymann 1977, S. 106 ff.) und konnten belegen, dass DozentInnen auf die Beiträge von nicht-elaborierten SprecherInnen nur zögernd eingehen und dem Wunsch der DozentInnen nach kritischer Bestandsaufnahme des Lernprozesses von der Lerngruppe kaum entsprochen wird.

Ebenfalls auf bildungsunerfahrene TeilnehmerInnen bezogen war das von der Bundesregierung geförderte „Bildungsurlaubs-Versuchs- und Entwicklungsprogramm" (vgl. Kejcz u. a. 1979 ff.), in dem auf der Basis umfangreicher Beobachtungsprotokolle und Gesprächsmitschriften von Bildungsurlauben, geordnet nach den in den einzelnen Bildungsurlauben vorfindlichen Lehr-Lern-Strategien, vier ‚Problemfelder' identifiziert wurden, die eine jeweils unterschiedliche Anwendung des Prinzips der Teilnehmerorientierung enthalten. Dass die Beteiligten in mehrfacher Hinsicht aneinander vorbeireden und Verständnisstörungen kaum thematisiert werden, war ein wichtiges Ergebnis der Interaktionsanalyse der Studie, die nicht zuletzt aufgrund ihres Umfangs dem qualitativen Forschungsdesign in der Erwachsenenbildungsforschung zu einem Bedeutungszuwachs verholfen hat.

In der Folgezeit erschien eine Reihe von Studien, die weniger auf die Durchsetzung politisch-didaktischer Prinzipien als auf die Frage gerichtet waren, wie Erwachsenenbildung von den Beteiligten hergestellt wird und wie bei der Darstellung der Ergebnisse die erhobenen Daten – in der Regel Transkripte von Tonbandmitschnitten – nicht vereinzelt und exemplarisch, sondern vollständig und systematisch präsentiert werden können: Dazu gehören die Zusammenstellung mehrerer in Anlehnung an von Oevermanns ‚objektiver Hermeneutik' vorgehender Analysen einer Gruppeninteraktion in einem Arbeitslosenselbsthilfeprojekt (Ebert u.a. 1986), eine Studie zur „Sprachinteraktion in Prüfungen" (Nolda 1990), in der das Sprach- und Interaktionsverhalten von PrüferInnen und KandidatInnen in Zertifikatsprüfungen im Bereich Fremdsprachen auf der Basis eines Korpus entsprechender Ton- und Videoaufnahmen untersucht wurde und eine kleinere konversationsanalytische Arbeit, die sich auf eine Lernsequenz in einem ökologischen Arbeitskreis bezieht (Nittel 1993).

In der Arbeit „Interaktion und Wissen" (Nolda 1996a) wurden anhand von größeren line-by-line-Analysen von Mitschnitten aus zwei unterschiedlichen Kursen im kontrastiven Vergleich Kategorien entwickelt, die dann an weiteren Beispielen aus Kursmitschnitten überprüft, differenziert und erweitert wurden. Die solchermaßen aus dem Material geschöpften Kategorien beziehen sich auf Dimensionen wie „Reaktionen auf institutionelle Machtlosigkeit", „Ablauforganisation als indirekte Machtausübung und Sinngebung", „Abgeschwächte Asymmetrie, bedingter Widerstand, thematisierte Differenz" sowie „Selbstdarstellung und Wir-Identität". Im Ergebnis wurde eine Reihe von allgemeinen Einschätzungen und konkreten Ergebnissen aus früheren Untersuchungen bestätigt, revidiert oder durch die Beschreibung neuer Phänomene ergänzt (z.B. zur Funktion quasi-persönlicher Beziehungen, zur Manipulation durch vorgeblich neutrale Positionsbestimmungen, zur Familiarisierung von Wissen, zur didaktischen Funktion von Alltagswissen, zur Selbstdarstellung durch Konfessions- und Emanzipationsdiskurse). Die in diesem Zusammenhang möglich gemachten Beobachtungen und Interpretationen müssen allerdings nicht notwendig als Folge einer verfeinerten Untersuchungsmethode, sondern vor allem auch als Zeichen einer veränderten gesellschaftlichen Situation gesehen werden, die – bei gestiegenem Bildungsniveau der Teilnehmenden – durch Unverbindlichkeit und Autoritätsverlust von Wissen gekennzeichnet ist (vgl. Nolda 1996b). Interaktionsanalysen sind demnach nicht nur für institutionsspezifische, sondern auch für zeitdiagnostische Bildungsforschung von Nutzen.

Ein weiterer Strang von Interaktionsanalysen ist der in der Erwachsenenbildung angesichts nicht-vorgeschriebener Berufsausbildungen besonders prekären Frage der Professionalität gewidmet: So wurde im Rahmen einer mehrere Untersuchungsmethoden umfassenden Untersuchung zur Programmplanung (Gieseke/Robak 2000) das ‚wechselseitige widerständige Lernen' in einem Berufseinführungsseminar zum Thema Managementkreislauf auf der Basis von Videoaufnahmen analysiert, in einer explorativen Studie zum Modus der Deutung in der Erwachsenenbildung (Schüssler 2000) wurden Muster des impliziten und des expliziten Deutungslernens anhand von Mitschnitten aus einem Volkshochschulseminar und einer Veranstaltung der betrieblichen Weiterbildung herausgearbeitet und zur empirisch belegten Grundlage professionstheoretischer Überlegungen zum Deutungslernen in der Erwachsenenbildung gemacht. Der Identifizierung professionell zu bearbeitender Probleme diente auch eine interaktionsanalytische Studie aus dem Bereich der Feststellungsmaßnahmen für Arbeitslose, von der in Nolda (2002b) berichtet wird.

So wie Interaktionsstudien zur Erfassung professionellen Handelns und professioneller Probleme genutzt werden können, so können interaktionsanalytische Verfahren auch zum Zwecke der Fortbildung von Erwachsenenpädagogen im Rahmen sogenannter ‚Interpretationswerkstätten' eingesetzt werden. Diese übertragen gewissermaßen das Prinzip der Bearbeitung des gleichen Materials durch unterschiedliche ForscherInnen mit unterschiedlichen Fokussierungen, wie sie in Ebert u.a (1986) und in Arnold u.a. (1998) (am Beispiel einer Interaktion aus einem Seminar zur Ausbildung von Tagesmüttern) dokumentiert sind, auf die Situation real anwesender und gemeinsam diskutierender InterpretInnen (vgl. Kade/Nolda 1998) und führen ähnlich wie die Publikationen die Breite und Tiefe des Gehalts von Interaktionsprotokollen vor Augen.

Neben der kursförmigen Vermittlung bezieht sich Interaktionsforschung auch auf Beratungssituationen: in der Erwachsenenbildung selbst und in Bereichen, die erwachsenenpädagogische Elemente aufweisen. Neben einer Studie zur Einstufungsberatung in Englischkurse an Volkshochschulen (Plüghan 1990) sind hier eine Arbeit zur Weiterbildungsberatung (Müller 2005), zur Beratung in Feststellungsmaßnahmen für Arbeitslose (Disse 2005) und zur Existenzgründungsberatung (Maier-Gutheil 2007) zu nennen. Disse untersucht anhand eines repräsentativen Einzelfalls ein Beratungsgespräch, das von einer Person durchgeführt wird, die sowohl qualifizierend als auch beratend tätig ist, Maier-Gutheil konkretisiert die in den von ihr untersuchten Beratungen für ExistenzgründerInnen zutage tretende pädagogische Professionalität in einem nicht-genuin pädagogischen Bereich durch die Herausarbeitung des Typs der „umfassenden Autonomisierung" einerseits und der „Erziehung zum Unternehmer" andererseits.

Was bei Beratungssituationen wegen der Anonymität gebietenden Vertraulichkeit schwierig ist, ist bei Kursen der Erwachsenenbildung leichter, wenn auch nicht selbstverständlich – nämlich die Anfertigung von Videoaufnahmen. Erste interaktionsanalytisch relevante Arbeiten beziehen sich auf Unterschiede zwischen dem über Worttranskripte und dem über die Berücksichtung der visuellen Ebene Erfassbaren (Kade/Nolda 2007b), auf die die Rekonstruktion von Kursinteraktion bzw. Kursanfängen auf der Basis audiovisueller Daten (Herrle 2007 bzw. Dinkelaker/Herrle 2006) und auf die Frage, inwieweit sich über Videographien von Kursen der Erwachsenenbildung eine originäre Kursforschung begründen lässt (Kade/Nolda 2007a; Nolda 2007b), die neben der verbalen, meist dyadischen Interaktion den Kurs auch als System wechselseitiger Wahrnehmungen berücksichtigt.

3. Perspektiven

Als Tendenz ist erkennbar, dass jüngere Untersuchungen im Bereich der Erwachsenenbildung durch eine größere methodische Bewusstheit, durch eine Berücksichtigung neu entstehender, über die klassische Erwachsenenbildung in Kursen hinausgehender Bereiche, durch eine Abnahme des Erkenntnisinteresses an schichtspezifischen Unterschieden und eine Zunahme der Aufmerksamkeit für geschlechtsspezifische Differenzen (vgl. Derichs-Kunstmann 1995; Auszra 2001) bzw. das ‚doing gender' sowie durch die Berücksichtigung visueller bzw. nonverbaler Anteile gekennzeichnet sind.

Das Interesse der Erwachsenenbildung an Fragen der Interaktion ist gewöhnlich ein normatives oder kritisches. Gefragt wird nach der Etablierung einer für Bildungs-, Lern- bzw. Beratungszwecke optimalen Interaktion, die beispielsweise die Ziele der Teilnehmerorientierung oder der diskursiven Verständigung im Sinne des Modells der idealen Sprechsituation (vgl. Habermas 1971) erfüllen soll. Stark anwendungsorientiert sind auch Überlegungen, die sich den Formen sprachlichen Austauschs in Betrieben widmen – wie sie zum Beispiel im Rahmen des Konzepts der ‚lernenden Organisation' bzw. des Wissensmanagements empfohlen werden. Entsprechende Forschungsarbeiten verwenden allerdings in der Regel Befragungsinstrumente, die die interessierenden Interaktionen indirekt über nachträgliche Einschätzungen der unmittelbar Beteiligten erfassen (vgl. z.B. Wilkesmann/Rascher 2004).

Mit ihrer Konzentration auf organisiertes Lernen könnte erwachsenenpädagogische Interaktionsforschung angesichts der gesteigerten Bedeutung informellen, selbstorganisierten und selbstgesteuerten Lernens in neuen, realen und virtuellen, Lernumgebungen als überholt erscheinen. Tatsächlich aber ist es eher die Aufmerksamkeit von Politik, Öffentlichkeit und Forschung, die die genannten Formen in den Vordergrund rückt, und nicht ihr realer Anteil im Leben Erwachsener. Statt einer Substitution des fremdorganisierten durch das selbstorganisierte Lernen und einer Ersetzung personaler durch mediale Lehr-/Lernsituationen ist eine Zunahme von Vermischungen festzustellen – z.B. indem in organisierten Lernarrangements auf selbstgesteuertes Lernen vorbereitet wird (vgl. z.B. Forneck/Springer 2005) oder indem die ausschließlich computervermittelte Kommunikation durch Präsenzphasen eingeleitet und unterbrochen wird (‚blended learning'). Interaktionsanalysen an diesen Schnittstellen sind noch rar, dürften aber in Zukunft zunehmen.

Die Ausweitung der Erwachsenenbildung auf die ‚Bildung Erwachsener' (vgl. Wittpoth 2003, S. 22 f.) hat auch eine neue Aufmerksamkeit für die mediale Vermittlung und Aneignung von Wissen erzeugt, die den pädagogischen Mustern in den Medien nachgeht. In diesem Zusammenhang interessieren Interaktionen zwischen im Fernsehen agierenden Personen (z. B. Experten, Moderatoren, Laien) und zwischen medialen Akteuren und realen Zuschauern im Modus der Parasozialität sowie wissensvermittelnde und -aneignende ergänzende Kommunikationen in chat rooms und virtuellen Foren (vgl. Nolda 2002a, S. 158 ff.).

Angesichts der Bedeutung der Medien als Vermittlungsinstanzen liegt es nahe, Erwachsenenbildung als Interaktion unter Anwesenden, traditionellerweise im Unterschied zur Alltagsinteraktion wahrgenommen, auch im Unterschied zur medialen interaktionsindifferenten oder interaktionssimulierenden Kommunikation zu sehen. Eine solche ‚Perspektivverschränkung' (vgl. Nolda 2007a) kann dazu beitragen, den spezifischen Stellenwert der aushandelnden Interaktion unter Anwesenden für die Erwachsenenbildung zu erfassen.

Literatur

Arnold, Rolf/Jochen Kade/Sigrid Nolda/Ingeborg Schüssler (Hg.) 1998: Lehren und Lernen im Modus der Auslegung. Erwachsenenbildung zwischen Wissensvermittlung, Deutungslernen und Aneignung. Baltmannsweiler.

Auszra, Susanne 2001: Interaktionsstrukturen zwischen den Geschlechtern in Lernsituationen. In: Gieseke, Wiltrud (Hg.): Handbuch zur Frauenbildung. Opladen.

Becker-Mrotzeck, Michael 1990: Kommunikation und Sprache in Institutionen. In: Deutsche Sprache. Heft 2. S. 158-190; Heft 3. S. 241-259.

Bellack, Arno A./Herbert M. Kliebard/Ronald T. Hyman/Frank L. Smith 1966: The Language of the Classroom. New York.

Berger, Peter/Thomas Luckmann 1970: Die gesellschaftliche Konstruktion der Wirklichkeit. Frankfurt/M.

Bergmann, Jörg R. 1981: Ethnomethodologische Konversationsanalyse. In: Schröder, Peter/Hugo Steger (Hg.): Dialogforschung. Düsseldorf. S. 9-51.

Bernstein, Basil 1972: Studien zur sprachlichen Sozialisation. Düsseldorf.

Blumer, Hans 1969: Symbolic Interactionism. Perspective and Method. Englewood Cliffs.

Breidenstein, Georg 2006: Teilnahme am Unterricht: Ethnographische Studien zum Schülerjob. Wiesbaden.

Derichs-Kunstmann, Karin 1995: „Im Betrieb müssen Männer und Frauen doch auch zusammenarbeiten!" Zu einem Forschungsprojekt über das Geschlechterverhältnis in der Erwachsenenbildung. In: Literatur- und Forschungsreport Weiterbildung. Heft 35. S. 49-56.

Dinkelaker, Jörg/Matthias Herrle 2006: Rekonstruktion von Kursanfängen auf der Grundlage von mehrperspektivischen Videoaufzeichnungen. In: Wiesner, Gisela/Christine Zeuner/Hermann J. Forneck (Hg.): Empirische Forschung und Theoriebildung in der Erwachsenenbildung. Baltmansweiler. S. 114-129.

Disse, Ferdinand 2005: „Das stimmt nicht, Sie haben mich falsch verstanden". Interaktion und ihre Bedeutung für Beratungsprozesse am Beispiel von Arbeitsberatung. Eine interaktionsanalytische Interprettaion. Dipl.-Arb. Dortmund.

Ebert, Gerhard/Wilhelm Hester/Klaus Richter (Hg.) 1986: Subjektorientiertes Lernen und Arbeiten – Ausdeutung einer Gruppeninteraktion. Frankfurt/M.

Endruweit, Gerd/Trommersdorff, Gisela (Hg.) 1989: Wörterbuch der Soziologie. Stuttgart.

Flanders, Ned A. 1970: Analysing Teaching Behavior. Reading, Mass.

Forneck, Hermann J./Angela Springer 2005: Gestaltet ist nicht geleitet – Lernentwicklungen in professionell strukturierten Lernarchitekturen. In: Faulstich, Peter u. a.: Lernwiderstand – Lernumgebung – Lernberatung. Bielefeld. S. 94-161.

Geissler, Karlheinz A. 1992: Schlußsituationen. Die Suche nach dem guten Ende. Weinheim.

Gieseke, Wiltrud/Steffi Robak 2000: Wechselseitiges widerständiges Handeln am Beispiel des Managementkreislaufs – Verlaufsanalyse. In: Gieseke, Wiltrud (Hg.): Programmplanung als Bildungsmanagement? Qualitative Studie in Perspektivverschränkung. Bonn. S. 210-260.

Habermas, Jürgen 1971: Vorbereitende Bemerkungen zu einer Theorie der Kommunikativen Kompetenz. In: Habermas, Jürgen/Niklas Luhmann: Theorie der Gesellschaft oder Sozialtechnologie – Was leistet die Systemforschung? Frankfurt/M. S. 101-141.

Herrle, Matthias 2007: Selektive Kontextvariation. Rekonstruktion von Kursinteraktion auf der Basis audiovisueller Daten. Frankfurt/M.

Herzog, Walter 2002: Zeitgemäße Erziehung. Die Konstrukltion pädagogischer Wirklichkeit. Weilerswist.

Kade, Sylvia 1994: Qualitativ-hermeneutische Erwachsenenbildungsforschung. In: Tippelt, Rudolf (Hg.): Handbuch Erwachsenenbildung/Weiterbildung. Opladen. S. 296-311.

Kade, Jochen/Sigrid Nolda 1998: Imaginäre und reale Interpretationswerkstatt. In: Arnold, Rolf u. a. (Hg.): Lehren und Lernen im Modus der Auslegung. Erwachsenenbildung zwischen Wissensvermittlung, Deutungslernen und Aneignung. Baltmannsweiler. S. 222-233.

Kade, Jochen/Sigrid Nolda 2007a: Kursforschung – ein neues Paradigma der Erforschung des Lernens im Erwachsenenalter. Bericht über ein Projekt. In: Forneck, Hermann J./Gisela Wiesner/Christine Zeuner (Hg.): Empirische Forschung und Theoriebildung in der Erwachsenenbildung. Baltmannsweiler. S. 103-113.

Kade, Jochen/Sigrid Nolda 2007b: Das Bild als Kommentar und Irritation. Zur Analyse von Kursen der Erwachsenenbildung/Weiterbildung auf der Basis von Videodokumentationen. In: Friebertshäuser, Barbara/Heide von Felden/Burkhard Schäffer (Hg.): Bild und Text – Methoden und Methodologien visueller Sozialforschung in der Erziehungswissenschaft. Opladen. S. 159-177.

Kallmeyer, Werner/Fritz Schütze 1976: Konversationsanalyse. In: Studium Linguistik. Heft 1. S. 1-28.

Kejcz, Yvonne/Karl-Heinz Monshausen/Ekkehard Nuissl/Hans-Ulrich Paatsch/Peter Schenk 1979 ff.: Bildungsurlaubs-Versuchs- und Entwicklungprogramm der Bundesregierung. Endbericht. Bde. 1-8. Heidelberg.

Kieserling, André 1999: Kommunikation unter Anwesenden. Studien über Interaktionssysteme. Frankfurt/M.

Klann-Delius, Gisela 1987: Sex and Language. In: Ammon, Ulrich u. a.: Sociolinguistics – Soziolinguistik. Berlin. S. 767-780.
Knoblauch, Hubert/Christian Heath 1999: Technologie, Interaktion und Organisation: Die Workplace Studies. In: Schweizerische Zeitschrift für Soziologie. Heft 25. S. 163-181.
Knoblauch, Hubert/Bernt Schnettler/Jürgen Raab 2006: Video Analysis – Methodology and Methods. Qualitative Audiovisual Data Analysis in Sociology. Frankfurt/M.
Maier-Gutheil, Cornelia 2007: Zwischen Beratung und Begutachtung. Pädagogische Professionalität in Existenzgründungsberatungen. Eine erziehungswissenschaftliche Interaktionsanalyse. Diss. Frankfurt/M.
Markowitz, Jürgen 1986: Verhalten im Systemkontext. Zum Begriff des sozialen Epigramms, diskutiert am Beispiel des Schulunterrichts. Frankfurt/M.
Mead, George Herbert 1968: Geist, Identität und Gesellschaft – aus der Sicht des Sozialbehaviorismus. Frankfurt/M.
Müller, Andrea 2005: Weiterbildungsberatung. Qualitative Analyse von Interaktions- und Prozessverläufen situativer und biographieorientierter Weiterbildungsberatungsgespräche. Berlin.
Nittel, Dieter 1993: „... die leuchten ja gar nicht." Interaktionsanalytische Betrachtung einer Lernsequenz im Arbeitskreis TU WAS. Frankfurt/M.
Nolda, Sigrid 1990: Sprachinteraktion in Prüfungen. Eine qualitative Untersuchung zum Sprach- und Interaktionsverhalten von Prüfern und Kandidaten in Zertifikatsprüfungen im Bereich Fremdsprachen. Frankfurt/M.
Nolda, Sigrid 1996 a: Interaktion und Wissen. Eine qualitative Studie zum Lehr-/Lernverhalten in Veranstaltungen der allgemeinen Erwachsenenbildung. Frankfurt/M.
Nolda, Sigrid 1996 b: Lehren und Lernen unter den Bedingungen von Unverbindlichkeit und Autoritätsverlust. In: Brödel, Rainer (Hg.): Erwachsenenbildung und Modernisierung. Opladen.
Nolda, Sigrid 2002 a: Pädagogik und Medien. Eine Einführung. Stuttgart.
Nolda, Sigrid 2002 b: Zur Identifizierung professionell zu bearbeitender Probleme in Feststellungsmaßnahmen für Arbeitslose anhand von Interaktionsprotokollen. In: Faulstich, Peter/Gisela Wiesner/Jürgen Wittpoth (Hg.): Professionswissen und erwachsenenpädagogisches Handeln. Bielefeld. S. 174-184.
Nolda, Sigrid 2007 a: Green Disaster Three Times. Vermittlungsformen kulturellen Wissens in Perspektivverschränkung. In: Heuer, Ulrike/Ruth Siebers (Hg.): Weiterbildung am Beginn des 21. Jahrhunderts. Münster. S. 61.
Nolda, Sigrid 2007 b: Videobasierte Kursforschung. Mögliche Erträge von interpretativen Videoanalysen für die Erforschung des organisierten Lernens Erwachsener. In: Zeitschrift für Erziehungswissenschaft. H.4. S. 478-492.
Oevermann, Ulrich/Tilman Allert/Helga Gripp/Elisabeth Konau/Jürgen Krambek, Yvonne Schütze 1975: Die Beobachtung innerfamilialer Interaktionen als Methode der Sozialforschung. unveröff. Manuskript. Frankfurt/M.
Plüghan, Wolfgang 1990: Einstufungsberatung in Englischkurse an Volkshochschulen. Frankfurt/M.
Sandstrom, Kent L./Daniel D. Martin/Gary A. Fine 2001: Symbolic Interactionism at the End of the Century. In: Ritzer, George/Barry Smart (Hg.): Handbook of Social Theory. London. S. 217-231.
Sarges, Werner/Reiner Fricke 1986: Psychologie für die Erwachsenenbildung/ Weiterbildung. Göttingen.

Schalk, Hans Christian 1975: Schichtspezifische Sprachunterschiede bei Erwachsenen. Diss. Wien.

Schalk, Hans Christian/Hans Tietgens 1978: Schichtspezifischer Sprachgebrauch als Problem der Erwachsenenbildung. Arbeitspapier 73 der PAS/DVV. Frankfurt/M.

Schmitz, Enno 1984: Erwachsenenbildung als lebensweltbezogener Erkenntnisprozeß. In: Schmitz, Enno/Hans Tietgens (Hg.): Erwachsenenbildung. Bd. 11 der Enzyklopädie Erziehungswissenschaft. Stuttgart. S. 95-123.

Schüssler, Ingeborg 2000: Deutungslernen. Erwachsenenbildung im Modus der Deutung. Eine explorative Studie zum Deutungslernen in der Erwachsenenbildung. Baltmannsweiler.

Schütze, Fritz 1987: Symbolischer Interaktionismus. In: Ammon, Ulrich/Norbert Dittmar/Klaus J. Mattheier (Hg.): Soziolinguistik. Ein internationales Handbuch zur Wissenschaft von Sprache und Gesellschaft. Berlin/New York. S. 520-553.

Siebert, Horst 1996: Über die Nutzlosigkeit von Belehrungen und Bekehrungen. Beiträge zur konstruktivistischen Pädagogik. Soest.

Siebert, Horst/Herbert Gerl 1975: Lehr- und Lernverhalten bei Erwachsenen. Braunschweig.

Tietgens, Hans 1981: Die Erwachsenenbildung. München.

Weymann, Ansgar 1977: Lernen und Sprache. Empirische Untersuchungen zur Schichtenspezifität von Lernerfolg und verbaler Interaktion. Hannover.

Wilkesmann, Uwe/Ingolf Rascher 2004: Wissensmanagement. Theorie und Praxis der motivationalen und strukturellen Voraussetzungen. München.

Wittpoth, Jürgen 2003: Einführung in die Erwachsenenbildung. Opladen.

Jochen Kade und Dieter Nittel

Biographieforschung –
Zugänge zum Lernen Erwachsener

Es gehört zu den konstitutiven Merkmalen der menschlichen Existenz in der Moderne, dass die Gestaltung des Lebens auch im zeitlichen Verlauf den Menschen als Einzelwesen nicht nur gesellschaftlich ermöglicht, sondern auch zugemutet wird. Für immer neue Schichten und weitere Kreise der Bevölkerung ist ihre Biographie inzwischen zum Thema dauerhafter Selbstreflexion und zum Gegenstand wiederholter praktischer Gestaltungsbemühungen geworden. Anfänge dieser Entwicklung in Deutschland werden im späten 18. Jahrhundert in der Zeit der Aufklärung und der Romantik verortet. Was sich gegenüber diesen historischen Ursprüngen verändert hat, ist zunächst einmal die breitenwirksame Durchsetzung des Projekts der individuellen Gestaltung der eigenen Biographie im Zuge der zunehmenden Diversifikation der bürgerlichen Kultur. Je individueller und reversibler Biographien werden, desto weniger kann man das Erwachsenenleben mit Modellen von Normalbiographien, etwa weiblichen oder männlichen Zuschnitts, noch angemessen beschreiben. Unter dem Druck einer zunehmenden Verzeitlichung des Lebens (vgl. Schäffter 1993) wird biographische Diskontinuität paradoxerweise schon wieder zu einem stabilen Kennzeichen inmitten einer instabilen Welt.

Vor dem Hintergrund dieser Entwicklungen liegt es nahe, dass die Institutionen, Einrichtungen und Projekte der Erwachsenenbildung immer mehr zu einem gesellschaftlich bedeutsamen Ort werden, an dem sich Individuen mit ihren Biographien auseinandersetzen können. Die Erwachsenenbildung bekommt somit zusätzlich zur Funktion der Wissensvermittlung die der Begleitung von Biographien. Ihre Aufgabe wird es, etwa die Wucht kritischer Lebensereignisse bzw. Statuspassagen abzufedern und zur Lösung der dabei auftretenden individuellen Probleme beizutragen; „Lösungen", die vielfach in Prozessen der Renormalisierung von Biographien bestehen, d.h. der Synchronisierung von individuellen Veränderungsprozessen mit der Dynamik kollektivgeschichtlicher Entwicklungsverläufe.

Es verwundert aufgrund des skizzierten zeitdiagnostisch außerordentlich brisanten, aber komplexen Zusammenhangs von Bildung und Biographie nicht, dass in der Erwachsenenbildung inzwischen ein relativ breit entwickeltes Spektrum an erziehungswissenschaftlicher Biographieforschung (vgl. Krüger/Marotzki 1999; Marotzki 2002) zu beobachten ist. Biographische Bildungsforschung findet sich zwar auch außerhalb der Erziehungswissenschaften, etwa in der Soziologie oder der Psychologie (vgl. Alheit 2006), in methodologischer, grundlagentheoretischer und empirischer Hinsicht besonders einflussreich ist die Biographieforschung aber für die akademische Erwachsenenbildung geworden. Diese Forschung trägt durch ihre erziehungswissenschaftlich akzentuierten Fragestellungen der wachsenden Abhängigkeit individueller Biographien von Bildungsinstitutionen Rechnung (vgl. Kade/Seitter 1998; Nittel/Seitter 2005; zur Relativierung von Biographieforschung vgl. Harney/Rahn 2003). Ortfried Schäffters frühzeitiges Plädoyer, angesichts des äußerst geringen Formalisierungsgrades der Erwachsenenbildung die Selbstvergewisserung des wissenschaftlichen Diskurses mehr als bisher durch biographisch-hermeneutische Ansätze empirisch zu „erden" (vgl. Schäffter 1992, S. 25 ff.), scheint – wie die Forschungslage zeigt – weitgehend umgesetzt worden zu sein.

1. Biographiebezogene Adressaten- und Teilnehmerforschung

Biographiebezogene Studien zur Adressaten- und Teilnehmerforschung nehmen einen breiten Raum im gesamten Forschungsspektrum ein. In einer frühen Arbeit, die als forschungsbezogenes Lehr-/Lernprojekt entstand, gehen Hermann Buschmeyer u. a. (1987) der Bedeutung nach, welche die Teilnahme an Bildungsveranstaltungen im Zusammenhang mit der Lebensgeschichte Erwachsener hat. Theoretisch anspruchsvoller behandelt wird die Frage nach der Bedeutung der Erwachsenenbildung bei der Konstruktion und Rekonstruktion von Biographien in mehreren Studien von Jochen Kade. In einer kleineren Studie (vgl. Kade 1985a) wird der biographische Zugang zur Rekonstruktion der nicht-linearen Bewegungslogik von Bildungsprozessen genutzt. Unter Bezugnahme auf biographische Umbruchsituationen wird mit Hilfe der Kategorie „diffuse Zielgerichtetheit" am Fall einer Hausfrau der innere Zusammenhang einer längeren Beteiligungssequenz an Bildungsveranstaltungen rekonstruiert, die auf den ersten Blick völlig kontingent erscheint. Das negative Zentrum solcher diffuser Bildungsbiographien ist der Beruf als Identität stiftendes Merkmal. Weil und insofern die Subjekte diese Negativität aus ihrem Bildungshandeln auszugrenzen versuchen, tritt sie in den Brüchen ihrer Bildungsprozesse dennoch in Erscheinung – nämlich als das, was sich gegen die Oberfläche gelingenden Lebens immer erst durchsetzen muss, als rastlose, unbestimmte biographische Suche nach dem Kern des eigenen Selbst. Allerdings gibt es auch Gegenkräfte zur Berufsabhängigkeit von Biographien; dies wird in weiteren Analysen am Fall von beruflich, kulturell und politisch zentrierten Bildungsbiographien aufgezeigt (vgl. Kade 1987). Dass und inwiefern in modernen Gesellschaften die Aneignung von Angeboten der Erwachsenenbildungseinrichtungen mehr durch die Bildungs- und Berufsbiographien der Teilnehmenden bestimmt ist als durch institutionelle Arrangements und professionelle Handlungsstrategien, wird in zwei größeren empirischen Studien in mikroskopischer Detailliertheit aufgezeigt. In der 1989 veröffentlichten Studie zur biographischen Aneignung von Bildungsangeboten wird am Beispiel der Volkshochschule (vgl. Kade 1992, 1994) untersucht, in welchem Sinne die Erwachsenenbildung in modernen Gesellschaften von den Teilnehmenden zur Lösung von biographisch situierten Problemen in Anspruch genommen wird. Für die Teilnehmenden – so zeigt die Studie – ist Bildung nur eine Form der identitätsorientierten Aneignung von Erwachsenenbildung. Es hängt vom individuellen Teilnehmer und seiner je besonderen Biographie ab, welche Aneignungsbeziehung für ihn charakteristisch ist. Die These von der biographisch bestimmten Autonomie und Pluralität der Aneignung von Bildungsangeboten wird aus der Perspektive des lebenslangen Lernens in einer zweiten Studie weiter verfolgt, die Jochen Kade und Wolfgang Seitter bezogen auf den institutionellen Kontext des Funkkollegs durchgeführt haben (vgl. Kade/Seitter 1995, 1996). Rekonstruiert wird die Konstitution des lebenslangen Lernens bei Erwachsenen, die über längere Zeit Bildungsangebote des Funkkollegs und anderer Einrichtungen wahrgenommen haben. Die Studie gibt Aufschluss über die Bedeutung des Lernens im Kontext individuell und generationsmäßig unterschiedlicher biographischer Prozesse sowie über die Strategien zur Durchsetzung langjährigen Lernens gegenüber konkurrierenden Lebensansprüchen im Alltag. Biographische Passung, Isolierung des Lernens und soziale Vermittelbarkeit des Lernens kommen als wesentliche Gestaltungsleistungen in den Blick, die von den Subjekten eigenständig erbracht werden müssen, damit längerfristiges Lernen möglich wird. Dass auch Studienerfahrungen als biographische Bildungsprozesse zu verstehen sind, zumindest lebensgeschichtlich gerahmt werden, dies ist der Grundgedanke, der hinter den Beiträgen steht, die in zwei Bänden (vgl. Kokemohr/Marotzki 1989; Marotzki/Kokemohr 1990) zu Interviews mit Studierenden aus der ersten Hälfte der 1980er Jahre versammelt sind. Die Beiträge fragen nach den Konstellationen, unter denen Studierende die komplexen Bedingungen der Institution Universität biographisch verarbeiten. Sie zeigen, in welch hohem Maße die moderne Massenuniversität ein Ort riskanter Biographien ist, in dem Erfolg und Scheitern eng beieinander liegen (vgl. auch Koller/Kokemohr 1994). Über die individuellen Motive und die sozialstrukturell angelegten Ursachen für die Wahl des Fernstudiums klären Interpretationen der Bildungsgeschichte einer Fernstudentin an der Fernuniversität Hagen auf, die auf der Grundlage eines ausgewählten offenen Interviews von verschiedenen Autoren primär in methodologischer und methodischer Absicht im Blick auf die Entwicklung einer sozialwissenschaftlichen Hermeneutik vorgenommen worden sind (vgl. Heinze/Klusemann/Soeffner 1980). Wiederum eine andere Teilnehmergruppe hat Hartmut K. Wolf (1985) im Blick. Er untersucht Lebensgeschichten von Absolventen des Zweiten Bildungsweges. Besonders instruktiv sind die Befunde, die sich auf die „individuellen Kosten" des sozialen Aufstiegs via Bildung beziehen. Ein typischer Erfahrungsmodus ist die „biographische Asynchronität", womit die mit dem verspäteten Studium verbundene partielle oder vollständige Trennung von der eigenen Geburtskohorte gemeint ist. Die Umsetzung des bildungspolitischen Prinzips der Chancengleichheit hat, biographisch betrachtet, eben auch ihre Schattenseiten, wie zum Beispiel den Ausschluss aus vorgezeichneten Lebenslaufmustern und damit verbundene Erfahrungen von individueller und sozialer Fremdheit. Auf die Institution Universität sind zwei Untersuchungen über biographische Motive des Studierens bezogen. Birte Egloff (2002) zeigt am Fall des Praktikums im Rahmen des Studiums der Diplom-Pädagogik und der Humanmedizin auf, wie sich bei den Studierenden biographische Interessen mit Interessen am Beruf, am Studium und des Alltags verbinden. Heide von Felden (2003) zeigt am Fall eines Weiterbildungsstudienganges „Frauenstudien" auf, dass universitäre Angebote nur dann biographische Prozesse beeinflussen, wenn durch das Studium das professionelle Selbstverständnis gefestigt werden soll. Karin Wagner (2004) zeichnet in ihrer Studie, die sich im Spannungsfeld von biographieanalytischer Generationsforschung, Lehr-/Lernforschung und Geschlechterforschung bewegt, das Portrait einer generationsübergreifenden männlichen Alterskohorte der Jahrgänge 1930 bis 1939. Erziehungswissenschaftlich ist diese Männerkohorte deswegen interessant, weil es sich hier um die Aufbaugeneration handelt, die in den Veranstaltungen der allgemeinen und der zielgruppenorientierten Weiterbildung eher unterrepräsentiert ist. Um die Verzahnung von Identitätsformationen und konkreten Ausdrucksformen des lebenslangen Lernens über die gesamte Lebensspanne aufzuzeigen, entwickelt Wagner fünf generationsspezifische Lernmodi: Aufstiegsorientierung, Kreativität, konditionelle Reaktions- und Anpassungsprozesse, biographische Suchbewegung und die Verstetigung von Reflexivität. Harry Friebel hat mit Mitarbeitern in einer aufwendigen Langzeitstudie über Bildungs- und Lernprozesse Erwachsener mittels standardisierter Fragebögen und Intensivinterviews den Lebensweg Hamburger Schulabgänger des Jahres 1979 im Blick auf deren Weiterbildungskarrieren „wissenschaftlich begleitet". Zusätzlich werden Experteninterviews mit Weiterbildungsmanagern von Betrieben durchgeführt, um die institutionellen Zusammenhänge von Weiterbildungsaktivitäten gleichsam aus erster Hand zu erschließen (vgl. Friebel/Epskamp/Knobloch 2000). Die Bedeutung des Lernens im Lebenshaushalt älterer Menschen hat ein größeres Forschungsprojekt von Sylvia Kade (vgl. S. Kade 1992, 1994, 2004) zum Gegenstand. Es trägt dem für die gegenwärtige Gesellschaft kennzeichnenden Sachverhalt Rechnung, dass der Anspruch auf Dauerreflexion von Biographie inzwischen auch den Alltag im Alter eingeholt hat. Den Umgang mit kritischen Lebensereignissen im Medium von Erwachsenenbildung hat Erika Schuchardt (1985) auf der Grundlage schriftlich verfasster Autobiographien von Behinderten untersucht.

Eine biographie- und institutionstheoretische Aspekte integrierende Studie über Bildungsbiographien spanischer Migranten in Vereinen hat Wolfgang Seitter (1999) durchgeführt. Er weist auf, dass Biographien von Migranten unter dem Aspekt der starken autodidaktischen Anstrengungen dieser Gruppe, unter dem der Beteiligung am eigenethnischen Vereinswesen und unter dem der biographischen Dauerreflexion, in hohem Maße Bildungsbiographien sind.

Die in den Erziehungswissenschaften seit den späten 1990er Jahren stetig gewachsene Aufmerksamkeit für die Einbettung von Biographien in Generationszusammenhänge hat auch für die Erforschung von Lern- und Bildungsprozessen Erwachsener nachhaltige Relevanz bekommen. So hat Heidrun Herzberg mit Hilfe eines Mehrgenerationenansatzes den Einfluss untersucht, den das über die „Generationenschwelle tradierte Wissen (...) oder das Herkunftsmilieu bei der biographischen Verarbeitung des gesellschaftlichen Transformationsprozesses" der deutschen Wiedervereinigung haben (Herzberg 2004, S. 13). Die Studie arbeitet die Beharrungskräfte und das Veränderungspotential heraus, das sich in der Generationenabfolge bezogen auf die Erwartung des lebenslangen Lernens und damit verbunden auf die Inanspruchnahme von Weiterbildungsangeboten ergibt. In einer Untersuchung von Burkhard Schäffer (2003b) wird hingegen auf der Basis von Gruppendiskussionen der generationenspezifische Wandel des Umgangs mit den neuen Medien Computer und Internet analysiert. Schäffer weist in dieser Hinsicht signifikante Unterschiede auf zwischen denjenigen, die bereits mit dem Computer aufgewachsen sind, und denjenigen, die in ihrer Jugendzeit andere Medientechnologien, wie Video, Fernsehen, Kassettenrekorder, Plattenspieler, Radio, genutzt haben. Während für die jüngere Generation der lernende Bezug auf den Computer auf dem Wege der „Habitualisierung der Technologie" im Modus von Spiel, Basteln und Arbeit stattfindet, ist die ältere Generation „immer noch auf Lern- und Aneignungsprozesse im Modus kognitiver Vergegenwärtigung angewiesen" (Schäffer 2003a, S. 109). In größerer Distanz zu institutionellen Lehr-Lernarrangements rekonstruiert Arnd-Michael Nohl (2006) auf der Basis von narrativen biographischen Interviews mit Jugendlichen, Erwachsenen in der Lebensmitte und Seniorinnen sieben Phasen von aus dem spontanen Handeln heraus entstehenden Bildungsprozessen in einer Generationen vergleichenden Perspektive. Stärker noch wird der Zeitabhängigkeit von Bildungsbiographien, auch methodisch durch die Analyse wiederholter Interviews, in einer Follow-up-Studie Rechnung getragen (vgl. Hof/Kade 2009; Kade/Hof 2009).

2. Biographiebezogene Professionsforschung

Berufsbiographien und ihr Wandel in modernen Gesellschaften sind inzwischen wiederholt Gegenstand erziehungswissenschaftlicher Biographieforschung, wobei auf die Beziehung zur Weiterbildung ein besonderes Augenmerk gelegt wird (vgl. Nittel/Marotzki 1996). Sibylle Peters (1991) hat bezogen auf die Gruppe der Un- und Angelernten am Fall der Metallfacharbeiterausbildung mittels mehrfach kombinierter Quer- und Längsschnittauswertungen von fünf Interviewreihen untersucht, wie sich das biographische Selbstverständnis von Arbeitslosen im Prozess betrieblicher Umschulung verändert. Diese Veränderungen – so zeigt die Studie – hängen in starkem Maße von den lebensgeschichtlich erworbenen Lernerfahrungen der Arbeitslosen ab. Damit wird es zu einer wesentlichen Aufgabe von Umschulung, die subjektiven Lernbarrieren der Teilnehmenden aufzubrechen. Demgegenüber zeigt eine Untersuchung generationsspezifischer Bildungs- und Karriereerfahrungen von Industriemeistern und Meisterkursabsolventen im betrieblichen Kontext (vgl. Harney/Kade 1990) den durch die Expansion des Weiterbildungssystems seit den 1960er Jahren forcierten Übergang von konventionellen, auf Abschluss hin angelegten Berufsbiographien zur Weiterbildung als biographisches Endlosprogramm auf. Die alte Industriemeisterkultur, in der der berufliche Werdegang zum Meister eine durch das Gemisch von Erfahrung, Schicksal und heroischer Bewältigung bestimmte „Laufbahn" war, wird verdrängt durch lernbiographische Selbstbezüglichkeit. Aus biographischer Perspektive erweitert sich damit auch der Inhalt von Arbeit. Peter Alheit, der in einer ganzen Reihe von Publikationen unter dem Blickwinkel von Arbeit und Bildung berufsbiographische Themen behandelt, hat auf der Grundlage von empirischen Forschungsbefunden für eine Erweiterung des Arbeitsbegriffs plädiert, damit auch die Gestaltung von Biographien als ein notwendiges Element von Arbeit anerkannt werden kann (vgl. Alheit 1994, 1988).

Berufsbiographien sind für die Erwachsenenbildung auch mit Blick auf die in ihr tätigen Personen von Belang. Dass etwa Bildungsmanager, Fachgebietsleiter, Dozentinnen oder Kursleiterinnen eine Biographie haben, ist jedoch erst in neuerer Zeit Thema erziehungswissenschaftlicher (Professions-) Forschung geworden. Den Habitus von Erwachsenenpädagogen, die als hauptberufliche pädagogische Mitarbeiter mit der Planung und Organisation von Bildungsveranstaltungen zu tun haben, hat Wiltrud Gieseke (1989) auf der Basis narrativer Interviews detailliert untersucht. Sie rekonstruiert als spezifische Modi der biographischen Verarbeitung von Orientierungsproblemen vier Formen, mit denen Pädagogen in der Erwachsenenbildung sich ihre berufliche Realität aneignen: den Differenzierungsmodus, den Spezifizierungsmodus, den Reduktionsmodus und den Reflexionsmodus. Der biographisch konstituierten Berufsidentität einer anderen Gruppe, nämlich der von Kursleitern, geht Jochen Kade bezogen auf thematisch und methodisch unterschiedliche Bildungsveranstaltungen in mehreren Fallstudien nach (vgl. Kade 1985b, 1989). So wird die Kursleitertätigkeit als biographische Konsequenz aus der spannungsreichen Suche nach einer Einheit von Arbeit und Leben, als notwendiges Moment einer dynamisierten Biographie, als berufsbiographischer Schwebezustand oder als Möglichkeit der Selbstverwirklichung zwischen Hobby und Beruf rekonstruiert. Weil Kursleiter über ein biographisch tief verankertes pädagogisches Selbst- und Handlungsbewusstsein verfügen, sind einer konventionellen Fortbildung, die stark von wissenschaftlicher Belehrung geprägt ist, enge Grenzen gesetzt.

Biographieverläufe von Pädagogen in der betrieblichen Weiterbildung sind Thema mehrerer Studien. So problematisiert etwa Rolf Arnold (1983) die verbreitete Gleichsetzung von Professionalisierung und Verwissenschaftlichung im Sinne eines technologischen Verständnisses pädagogischen Handelns. Den Prozess der Professionalisierung für die Personalwirtschaft im Kontext von Studium und Biographie haben Klaus Harney und Dieter Nittel (1995) in einer Fallstudie rekonstruiert. Sie widerlegen die gängige Annahme, die Personengruppe der Erwachsenenbildner im Kontext der betrieblichen Weiterbildung zeichne sich durch besonders wirtschaftsfreundliche Einstellungen und diesbezügliche Gesinnungen aus (vgl. auch Nittel/ Marotzki 1996). Analysiert werden verschiedene biographisch erworbene Habitusformen, so die biographische Basisdisposition zum mündlichen Virtuosentum, ein heroisches Professionsverständnis und eine besondere Sensibilität im Umgang mit Paradoxien.

3. Biographiebezogene Institutions- und Organisationsforschung

Es gibt eine Reihe zeitdiagnostisch interessierter Arbeiten, die einzelne Einrichtungen der Erwachsenenbildung in den Zusammenhang gesellschaftlicher Veränderungen stellen und zur Aufhellung entsprechender Zusammenhänge Konzepte und Methoden der Biographieforschung nutzen. So weist eine Berliner Studie über selbstorganisierte Projekte (vgl. Becher/ Dinter 1991) die starke Verknüpfung dieser Projekte mit biographischen Dispositionen ihrer Akteure nach, und zwar im Hinblick auf die Entstehungszusammenhänge, die didaktischen Entscheidungen, die Arbeitsformen und die Entwicklungsperspektiven der Projekte. Die Studie erhellt, dass tief liegende Passungen zwischen den Biographien von Pädagogen aus dem breiten Spektrum der alternativen Weiterbildungsszene in Berlin und den Problemlagen und Weiterbildungsinteressen ihrer jeweiligen Klientel existieren. Diese Entwicklungsdynamik biographie- und milieuabhängiger Bildungseinrichtungen (über die Veränderungen selbstorganisierter Bildungsarbeit im Spannungsfeld von sozialen Bewegungen und öffentlichem Bildungssystem vgl. Beyersdorf 1991) prägt aber offenbar auch die etablierten Institutionen, wie Untersuchungen von Kursleitern an Volkshochschulen (vgl. Kade 1989) und der evangelischen Erwachsenenbildung am Fall ihrer ehrenamtlichen Mitarbeiter (vgl. Harney/Keiner 1992) zeigen. Die Befunde dieser Studien sind ein deutlicher Hinweis darauf, dass Biographieorientierung ebenso wie Individualisierung auch die makrodidaktischen Handlungsebenen der Programmplanung und Institutionsdidaktik erreicht haben (vgl. Becher/Dinter/Schäffter 1991). Sie bilden das generierende Potential von institutionellen Strukturen, die Selbstorganisation erzwingen. Biographie erweist sich damit zunehmend als ein übergreifendes Konzept zur Erforschung gerade auch der institutionellen Dimensionen der Erwachsenenbildung. So kann Dieter Nittel (1996a) mit den Mitteln biographischer Analyse den Zusammenhang zwischen der Pädagogisierung der Privatwirtschaft und der Ökonomisierung der öffentlichen Erwachsenenbildung im Detail nachzeichnen.

4. Biographiebezogene Geschichtsforschung und Erzählforschung

Unter Bezug auf die sich Anfang der 1980er Jahre in den Erziehungswissenschaften abzeichnende Renaissance des Erzählens hat Erhard Schlutz der biographischen Methode bei der Rekonstruktion der Erwachsenenbildungsgeschichte eine Schlüsselrolle zugesprochen (vgl. Schlutz 1985). Inzwischen gibt es einige Ansätze in diese Richtung. Am besten informieren über Zeitzeugen zur Geschichte der Erwachsenenbildung dabei immer noch das „Biographische Handwörterbuch der Erwachsenenbildung" von Joachim Knoll und Günther Wolgast (1986) sowie der Interviewband von Sabine Hering (1992). Neben solchen Beispielen einer biographieorientierten Aufarbeitung der Erwachsenenbildungsgeschichte gibt es auch eine historisch-systematisch angelegte Monographie zur Bedeutung biographischen Erzählens in der Erwachsenenbildung (vgl. Hof 1995). Auf der Grundlage der Analyse von Bildungsprogrammen aus unterschiedlichen Epochen der Erwachsenenbildung rekonstruiert Christiane Hof eine Entwicklung, die von der pädagogischen Erzählung im Dienst der Vermittlungsbemühungen der Erwachsenenbildner zur biographischen Teilnehmererzählung geht, die im Kontext einer subjekt- und lebensweltorientierten Erwachsenenbildung gleichsam zum Königsweg von Bildung wird. In einem gemeinsam mit dem Hessischen Staatsarchiv durchgeführten Projekt (vgl. Nittel/Maier 2006; Nittel 2002, 2004) wurden 146 autobiographisch-narrative Interviews mit ehemaligen Praktikern der Weiterbildung in ein Lebensgeschichtliches Archiv der hessischen Erwachsenenbildung überführt. Hier wurde die Geschichtsschreibung „von oben" mit der „von unten" kombiniert, weil neben prominenten Zeitzeugen auch so genannte namenlose Erwachsenenbildner zu Worte kamen. Die Ergebnisse sind professionstheoretisch aufschlussreich und unter dem Fokus des Verhältnisses von individuellem und kulturellem Gedächtnis relevant.

5. Biographische Methode und Lebensgeschichte als Themen der Erwachsenenbildung

Von der biographischen Forschung, d.h. der Analyse von Lebensgeschichten zum Zwecke der Erkenntnisgewinnung, ist die Erzeugung biographischen Wissens in Bildungsveranstaltungen zu unterscheiden. Ihr Zweck ist die „Lösung" von Problemen, die im Zusammenhang der pädagogischen Vermittlungsaufgabe und der Aneignungsleistungen der Teilnehmer entstehen. Lebensgeschichten kommen hierbei als Lerninhalt in Betracht.

Der didaktisch-methodische Umgang mit Biographien kann in der Weise erfolgen, dass schriftliche Autobiographien „bedeutender" oder weniger bedeutender Persönlichkeiten des öffentlichen Lebens mit dem Ziel thematisiert werden, das Spannungsverhältnis zwischen Lebensgeschichte und Geschichte transparenter zu machen (vgl. Nittel 1986; Scheuch/Scheuch 1988). Eine Steigerung des alltagsweltlichen Effekts „taking the role of the other" (Mead) ist immer dann zu vermuten, wenn die Teilnehmer sich ihre Lebensgeschichte wechselseitig erzählen und das Ganze durch einen gruppenspezifischen Selbstverständigungsprozess gerahmt wird. Dieser Ansatz wurde bereits in der von Rosenstock-Huessy und von Trotta initiierten Arbeitslagerbewegung Ende der Weimarer Republik in der Erwachsenenbildung erprobt (vgl. Feidel-Mertz 1977), und zwar mit dem Ziel, die Fremdheit zwischen jungen Arbeitern, Bauern und Studenten abzubauen.

Ausgehend von der für die Erwachsenenbildung grundlegenden Einsicht, dass Bildung und Lernen eines Menschen in komplexen Verknüpfungen mit seinen biographischen Erfahrungen geschieht, haben sich folgende, jedoch immer noch auf fundierte Didaktisierung angewiesene Ansätze des „biographischen Lernens" in der Praxis als relativ erfolgreich erwiesen (vgl. Buschmeyer 1995; Osborn/Schweitzer/Trilling 1997): Die aus Kanada importierte Methode der „guided biography" (vgl. Mader 1989), die in einem deutsch-deutschen Verständigungsprojekt erprobte Methode des strukturierten Erinnerns (vgl. Behrens-Cobet 1995) und das „angeleitete biographische Gespräch" (vgl. Völzke 1995; Nittel/Völzke 1993). Geschichtswerkstätten und die relativ weit verbreiteten Erzählcafés sind dabei die bekanntesten Orte biographischen Arbeitens. Besonders Wilhelm Mader (1989) hat sich um die Weiterentwicklung und die theoretische Fundierung der biographischen Methode in der Erwachsenenbildung verdient gemacht. Solchen festen Organisationsformen und pädagogisch intentionalen Formen biographischen Arbeitens stehen relativ unscheinbare Arten der biographischen Selbst- und Fremdthematisierung gegenüber, wie etwa Vorstellungsrunden am Anfang von Seminaren, biographisches Sprechen im informellen Rahmen von Alltagssituationen (vgl. Keppler 1994). Wirkungsvoller nutzen die modernen Massenkommunikationsmittel Biographie als Lerngegenstand. Gerade Talkshows sind ein prägnantes Beispiel dafür, wie Biographien als Medium einer pädagogisch interessierten Kommunikation genutzt werden (vgl. Seitter 1997; Kade 1999). So weckt etwa Alfred Biolek beim Fernsehpublikum Verständnis für notorische Ladendiebe, indem er einen Betroffenen dazu bringt, seine Lebensgeschichte zu enthüllen. Ebenso erbringt die durch Steven Spielbergs Film „Schindlers Liste" in Gang gesetzte und durch andere Medien inszenierte öffentliche Diskussion über das biographische Einzelschicksal einer in den Nationalsozialismus verstrickten historischen Person pädagogische Leistungen, die man üblicherweise nur von den klassischen Institutionen der politischen Bildung erwartet (vgl. Kade/Lüders 1996; Kade 1997).

Literatur

Alheit, Peter 1988: Alltagszeit und Lebenszeit. Über die Anstrengung, widersprüchliche Zeiterfahrungen „in Ordnung zu bringen". In: Zoll, Rainer (Hg.): Zerstörung und Wiederaneignung von Zeit. Frankfurt/M. S. 371-386.

Alheit, Peter 1990: Biographizität als Projekt. Der „biographische Ansatz" in der Erwachsenenbildung. Hrsg. von der Universität Bremen, Forschungsschwerpunkt Arbeit und Bildung. Bremen.

Alheit, Peter 1994: Zivile Kultur. Verlust und Wiederaneignung der Moderne. Frankfurt/M./New York.

Alheit, Peter 2006: Biographie-/Lebenslaufforschung. In: Krüger, Heinz-Hermann/Cathleen Grunert (Hg.): Wörterbuch Erziehungswissenschaft. Opladen. S. 90-95.

Arnold, Rolf 1983: Pädagogische Professionalisierung betrieblicher Bildungsarbeit. Explorative Studie zur Ermittlung weiterbildungsrelevanter Deutungsmuster des betrieblichen Bildungspersonals. Frankfurt/M.

Becher, Martin/Irina Dinter 1991: Neuer Arbeitsplatz Weiterbildung. Selbstorganisierte Projekte in der Berliner Weiterbildung. Berlin.

Becher, Martin/Irina Dinter/Ortfried Schäffter 1991: Individualisierung und Biographieorientierung als organisierende Prinzipien der Angebotsentwicklung. In: Brödel, Rainer (Hg.): Erwachsenenbildung am Beginn der Transformation. Hannover.

Behrens-Cobet, Heidi 1995: Gemeinsame thematische Rückblicke: Strukturiertes Erinnern. In: Buschmeyer, Hermann: Lebensgeschichte und Politik. Erinnern – Erzählen – Verstehen. Methodische Zugänge zum biographischen Lernen. Soest. S. 14-22.

Beyersdorf, Martin 1991: Selbstorganisierte Bildungsarbeit zwischen neuen sozialen Bewegungen und öffentlichem Bildungssystem. Eine explorative Bestandsaufnahme. Hamburg.

Buschmeyer, Hermann 1995: Lebensgeschichte und Politik. Erinnern – Erzählen – Verstehen. Methodische Zugänge zum biographischen Lernen. Soest.

Buschmeyer, Hermann u. a. 1987: Erwachsenenbildung im lebensgeschichtlichen Zusammenhang. Bonn.

Dausien, Bettina 2002: Biographie und/oder Sozialisation? Überlegungen zur paradigmatischen und methodischen Bedeutung von Biographie in der Sozialisationsforschung. In: Kraul, Margret/Winfried Marotzki (Hg.): Biographische Arbeit. Perspektiven erziehungswissenschaftlicher Biographieforschung. Opladen. S. 65-91.

Egloff, Birte 1997: Biographische Muster funktionaler Analphabeten. Frankfurt/M.

Egloff, Birte 2002: Praktikum und Studium. Diplom-Pädagogik und Humanmedizin zwischen Studium, Beruf, Biographie und Lebenswelt. Opladen. (Studien zur Erziehungswissenschaft und Bildungsforschung, Bd. 20)

Feidel-Mertz, Hildegard 1977: „Ein Stück gemeinsamen Lebens". Bemerkungen zur Arbeitslagerbewegung in der Weimarer Republik und dem folgenden Text „Das Arbeitslager". In: Bergmann, Klaus/Günter Frank (Hg.): Bildungsarbeit mit Erwachsenen. Reinbek. S. 37-44.

Felden, Heide von 1993: Bildung und Geschlecht zwischen Moderne und Postmoderne: zur Verknüpfung von Bildungs-, Biographie- und Genderforschung. Opladen.

Friebel, Harry/Heinrich Epskamp/Brigitte Knobloch 2000: Bildungsbeteiligung: Chancen und Risiken. Eine Längsschnittstudie über Bildungs- und Weiterbildungskarrieren in der „Moderne". Opladen.

Gieseke, Wiltrud 1989: Habitus von Erwachsenenbildnern. Oldenburg.

Harney, Klaus/Jochen Kade 1990: Von der konventionellen Berufsbiographie zur Weiterbildung als biographischem Programm – Generationenlage und Betriebserfahrung am Beispiel von Industriemeistern. In: Krüger, Heinz-Hermann (Hg.): Abschied von der Aufklärung? Perspektiven der Erziehungswissenschaft. Opladen. S. 211-223.

Harney, Klaus/Edwin Keiner 1992: Zum Profil nicht-hauptberuflicher Arbeit in der kirchlichen Erwachsenenbildung. In: Jütting, Dieter (Hg.): Situation, Selbstverständnis, Qualifikationsbedarf. Nicht-hauptberufliche MitarbeiterInnen in der DEAE. Frankfurt/M. S. 197-227.

Harney, Klaus/Dieter Nittel 1995: Pädagogische Berufsbiographie und moderne Personalwirtschaft. In: Krüger, Heinz-Hermann/Winfried Marotzki (Hg.): Erziehungswissenschaftliche Biographieforschung. Opladen. S. 332-358.

Harney, Klaus/Sylvia Rahn 2003: Lebenslanges Lernen als Kultivierung von Wissen und Nichtwissen. Biographische Ungewissheit als Fokus der Bildungsreform. In: Helsper, Werner/Reinhard Hörster/Jochen Kade (Hg.): Ungewissheit. Pädagogische Felder im Modernisierungsprozess. Weilerswist. S. 273-296.

Hartz, Stefanie 2004: Biographizität und Professionalität. Eine Fallstudie zur Bedeutung von Aneignungsprozessen in organisatorischen Modernisierungsstrategien. Wiesbaden.

Heinze, Thomas/Hans W. Klusemann/Hans-Georg Soeffner (Hg.) 1980: Interpretationen einer Bildungsgeschichte. Überlegungen zur sozialwissenschaftlichen Hermeneutik. Bensheim.

Hering, Sabine/Hans-Georg Lützenkirchen (Hg.) 1992: Wegweiser: Die politische Erwachsenenbildung nach dem Kriege. Gespräche. Bonn.

Herzberg, Heidrun 2004: Biographie und Lernhabitus. Eine Studie im Rostocker Werftarbeitermilieu. Frankfurt/M.

Hof, Christiane 1995: Erzählen in der Erwachsenenbildung. Geschichte – Verfahren – Probleme. Neuwied.

Hof, Christiane/Jochen Kade 2009: Prekäre Kontinuität. Das lebenslange Lernen aus biographietheoretischer Perspektive im Rahmen einer Follow-Up-Studie. In: Hof, Christiane/Joachim Ludwig/Christine Zeuner (Hg): Strukturen lebenslangen Lernens. Hohengehren. S. 150-160.

Kade, Jochen 1985a: Diffuse Zielgerichtetheit. Rekonstruktion einer unabgeschlossenen Bildungsbiographie. In: Baacke, Dieter/Theodor Schulze (Hg.): Pädagogische Biographieforschung. Orientierungen, Probleme, Beispiele. Weinheim. S. 124-140.

Kade, Jochen 1985b: Gestörte Bildungsprozesse. Empirische Untersuchungen zum pädagogischen Handeln und zur Selbstorganisation in der Erwachsenenbildung. Bad Heilbrunn.

Kade, Jochen 1986: Über den Einzelfall hinaus. Zur Interpretation von Interviews über Bildungsbiographien Erwachsener. In: Schlutz, Erhard/Horst Siebert (Hg.): Stand und Aufgaben der empirischen Forschung zur Erwachsenenbildung. Bremen. S. 54-70.

Kade, Jochen 1987: Ökologie, Bildung und Beruf. Zu Veränderungen im lebensgeschichtlichen Verhältnis von Allgemeinbildung und beruflicher Arbeit. In:

Schlutz, Erhard/Horst Siebert (Hg.): Zur Entwicklung der Erwachsenenbildung aus wissenschaftlicher Sicht. Bremen. S. 85-104.

Kade, Jochen 1989: Kursleiter und die Bildung Erwachsener. Fallstudien zur biographischen Bedeutung der Erwachsenenbildung. Bad Heilbrunn.

Kade, Jochen 1992: Erwachsenenbildung und Identität. Eine empirische Studie zur Aneignung von Bildungsangeboten. Weinheim.

Kade, Jochen 1994: Suche nach Zugehörigkeit. Zur Aneignung der Erwachsenenbildung durch die Teilnehmer. In: Garz, Detlef/Klaus Kraimer (Hg.): Die Welt als Text. Theorie, Kritik und Praxis der objektiven Hermeneutik. Frankfurt/M. S. 315-340.

Kade, Jochen 1997: Biographien, Institutionen und Pädagogik zweier Kriminalserien in beiden deutschen Staaten. In: Behnken, Imbke/Theodor Schulze (Hg.): Tatort: Biographie. Spuren – Zugänge – Orte – Ereignisse. Opladen. S. 136-157.

Kade, Jochen 1999: Irritationen – zur Pädagogik der Talkshow. In: Gogolin, Ingrid/Dieter Lenzen (Hg.): Medien-Generation. Beiträge zum 16. Kongress der Deutschen Gesellschaft für Erziehungswissenschaft. Opladen. S. 151-182.

Kade, Jochen/Christiane Hof 2009: Die Zeit der (erziehungswissenschaftlichen) Biographieforschung. Theoretische, methodologische und empirische Aspekte ihrer Fortschreibung. In: Ecarius, Jutta/Burkhard Schäffer (Hg.): Typenbildung und Theoriegenerierung. Perspektiven qualitativer Biographie- und Bildungsforschung. Opladen/Farmington Hills. (im Erscheinen)

Kade, Jochen/Christian Lüders 1996: Lokale Vermittlung. Pädagogische Professionalität unter den Bedingungen massenmedialer Wissensvermittlung. In: Combe, Arno/Werner Helsper (Hg.): Pädagogische Professionalität. Frankfurt/M. S. 317-345.

Kade, Jochen/Wolfgang Seitter 1995: Fortschritt und Fortsetzung. Biographische Spuren lebenslangen Lernens. In: Krüger, Heinz-Hermann/Winfried Marotzki (Hg.): Erziehungswissenschaftliche Biographieforschung. Opladen. S. 308-331.

Kade, Jochen/Wolfgang Seitter 1996: Lebenslanges Lernen – mögliche Bildungswelten. Erwachsenenbildung, Biographie und Alltag. Opladen.

Kade, Jochen/Wolfgang Seitter 1998: Erwachsenenbildung und Biographieforschung. Metamorphosen einer Beziehung. In: Bohnsack, Ralf/Winfried Marotzki (Hg.): Biographieforschung und Kulturanalyse. Transdisziplinäre Zugänge qualitativer Forschung. Opladen. S. 167-182.

Kade, Sylvia 1992: Altern und Geschlecht. Über den Umgang mit kritischen Lebensereignissen. In: Schlutz, Erhard/Hans Peter Tews (Hg.): Perspektiven zur Bildung Älterer. Frankfurt/M.

Kade, Sylvia 1994: Individualisierung wider Willen – Lernen im Lebenshaushalt Älterer. In: dies. (Hg.): Individualisierung und Älterwerden. Bad Heilbrunn. S. 139-158.

Kade, Sylvia 2004: Alternde Institutionen – Wissenstransfer im Generationenwechsel. Bad Heilbrunn/Recklinghausen.

Keppler, Angela 1994: Tischgespräche. Frankfurt/M.

Knoll, Joachim H./Günther Wolgast 1986: Biographisches Handwörterbuch der Erwachsenenbildung. Stuttgart.

Kokemohr, Rainer/Winfried Marotzki (Hg.) 1989: Biographien in komplexen Institutionen. Studentenbiographien I. Frankfurt/M.

Koller, Hans-Christoph/Rainer Kokemohr (Hg.) 1994: Lebensgeschichte als Text. Zur biographischen Artikulation problematischer Bildungsprozesse. Weinheim.

Krüger, Heinz-Hermann/Winfried Marotzki (Hg.) 1999: Handbuch erziehungswissenschaftliche Biographieforschung. Opladen.

Mader, Wilhelm 1989: Autobiographie und Bildung – Zur Theorie und Praxis der „Guided Autobiography". In: Hoerning, Erika M./Hans Tietgens (Hg.): Erwachsenenbildung: Interaktion mit der Wirklichkeit. Bad Heilbrunn. S. 145-154.

Marotzki, Winfried 2002: Allgemeine Erziehungswissenschaft und Biographieforschung. In: Kraul, Margret/Marotzki, Winfried (Hg.): Biographische Arbeit. Perspektiven erziehungswissenschaftlicher Biographieforschung. Opladen. S. 49-64.

Marotzki, Winfried/Rainer Kokemohr (Hg.) 1990: Biographien in komplexen Institutionen. Studentenbiographien II. Weinheim.

Nittel, Dieter 1986: „Wissen Sie, ich geh ja gar nicht gern da hin." – Welche Konsequenzen lassen sich aus Einzelfallstudien für die Nutzung von Alteneinrichtungen ziehen? In: Ostermann, Klaus u. a. (Hg.): Lebensqualität und Alter. Kassel. S. 49-64.

Nittel, Dieter 1991: Report: Biographieforschung. Bonn.

Nittel, Dieter 1996a: Die Pädagogisierung der Privatwirtschaft und die Ökonomisierung der öffentlich verantworteten Erwachsenenbildung – Versuch einer Perspektivenverschränkung mit biographieanalytischen Mitteln. In: Zeitschrift für Pädagogik 42, H. 5. S. 412-437.

Nittel, Dieter 1996b: Berufsbiographie und Weiterbildungsverhalten. Einige Befunde und ein methodologischer Zwischenruf. In: REPORT. Literatur- und Forschungsreport Weiterbildung, H. 37. S. 10-21.

Nittel, Dieter 2002: Professionalität ohne Profession? Gekonnte Beruflichkeit im Medium narrativer Interviews. In: Kraul, Margret/Winfried Marotzki/Cornelia Schweppe (Hg.): Biographie und Profession. Bad Heilbrunn/Obb. S. 253-286.

Nittel, Dieter 2004: Berufliche Selbstbeschreibungen und Biographie: Über die Kongruenz erwachsenenpädagogischer Ansprüche und deren Verwirklichung. In: Bender, Walter u. a. (Hg.): Lernen und Handeln – Eine Grundfrage der Erwachsenenbildung. Schwalbach/Ts. S. 343-359.

Nittel, Dieter/Cornelia Maier 2006: Persönliche Erinnerung und kulturelles Gedächtnis. Einblicke in das lebensgeschichtliche Archiv der hessischen Erwachsenenbildung. Opladen.

Nittel, Dieter/Winfried Marotzki (Hg.) 1996: Lernstrategien und Subjektkonstitution. Lebensverläufe von in der Wirtschaft tätigen Erwachsenenpädagogen. Hohengehren.

Nittel, Dieter/Wolfgang Seitter 2005: Biografieanalysen in der Erwachsenenbildungs-Forschung. Orte der Verschränkung von Theorie und Empirie. In: Zeitschrift für Pädagogik 51. H. 4. S. 513-527.

Nittel, Dieter/Reinhard Völzke 1993: Professionell angeleitete biographische Kommunikation – ein Konzept pädagogischen Fremdverstehens. In: Tippelt, Rudolph u. a. (Hg.): Die Fremde – das Fremde – der Fremde. Dokumentation der Jahrestagung der DGfE 1992. Frankfurt/M. S. 123-136.

Nohl, Arnd-Michael 2006: Bildung und Spontaneität. Phasen biographischer Wandlungsprozesse in drei Lebensaltern – Empirische Rekonstruktionen und pragmatische Reflexionen. Opladen.

Osborn, Caroline/Pam Schweitzer/Angelika Trilling 1997: Erinnern. Eine Anleitung zur Biographiearbeit mit alten Menschen. Freiburg.

Peters, Sibylle 1991: Arbeitslose und ihr Selbstbild in einer betrieblichen Umschulung. Lern- und Leistungsfähigkeit in Bilanzierung und Antizipation in einer Metallfacharbeiterausbildung. Weinheim.

Sauer-Schiffer, Ursula 2000: Biographie und Management: eine qualitative Studie zum Leitungshandeln von Frauen in der Erwachsenenbildung. Münster.

Schäffer, Burkhard 2003a: Generation: Ein Konzept für die Erwachsenenbildung. In: Nittel, Dieter/Wolfgang Seitter (Hg.): Die Bildung des Erwachsenen. Erziehungs- und sozialwissenschaftliche Zugänge. Bielefeld. S. 95-113.

Schäffer, Burkhard 2003b: Generationen – Medien – Bildung. Medienpraxiskulturen im Generationenvergleich. Opladen.

Schäffter, Ortfried 1992: Arbeiten zu einer erwachsenpädagogischen Organisationstheorie. Ein werkbiographischer Bericht. Frankfurt/M.

Schäffter, Ortfried 1993: Die Temporalität von Erwachsenenbildung. Überlegungen zur zeittheoretischen Rekonstruktion des Weiterbildungssystems. In: Zeitschrift für Pädagogik 39, H. 3. S. 443-462.

Scheuch, Ute K./Erwin K. Scheuch 1988: Problematisierung des „historischen Lernens" in der Erwachsenenbildung. In: Erwachsenenbildung. H. 1. S. 37-40.

Schlutz, Erhard 1985: Biographie und Bildungsgeschichte. In: Tietgens, Hans (Hg.): Zugänge zur Geschichte der Erwachsenenbildung. Bad Heilbrunn. S. 148-162.

Schuchardt, Erika 1985: Krise als Lernchance. Eine Analyse von Lebensgeschichten. Düsseldorf.

Seitter, Wolfgang 1997: ‚Willemsens Woche'. Die Talkshow als Ort pädagogisch strukturierter Wissensvermittlung und biographischer (Selbst-)Präsentation. In: Behnken, Imbke/Theodor Schulze (Hg.): Tatort: Biographie. Spuren, Zugänge, Orte, Ereignisse. Opladen. S. 117-135.

Seitter, Wolfgang 1999: Riskante Übergänge in der Moderne. Vereinskulturen, Bildungsbiographien, Migranten. Opladen. (Studien zur Erziehungswissenschaft und Bildungsforschung, Bd. 15).

Völzke, Reinhard 1995: Das biographische Gespräch in der Bildungsarbeit. Zum professionellen Umgang mit alltagssprachlichem Erzählen. In: Buschmeyer, Hermann: Lebensgeschichte und Politik. Erinnern – Erzählen – Verstehen. Methodische Zugänge zum biographischen Lernen. Soest. S. 23-60.

Wagner, Karin 2004: Biographische Prozessstrukturen, Generationslagerung und lebenslanges Lernen/Nichtlernen. Eine biographieanalytische Studie auf der Grundlage autobiographisch-narrativer Interviews mit Männern der Alterskohorte 1930 – 1939. (Dissertation) Frankfurt/M.

Wolf, Hartmut K. 1985: Bildung und Biographie. Der Zweite Bildungsweg in der Perspektive des Bildungslebenslaufs. Weinheim u. a.

Gabriele Abels und Julia Lepperhoff

Frauen-, Geschlechter- und Intersektionalitätsforschung
Methodologische Entwicklungen und offene Fragen

Gibt es eine spezielle Methode für feministische Forschung? Wenn ja, welche? Angestoßen durch die programmatischen „methodischen Postulate" von Maria Mies (1978) entzündete sich Ende der 1970er Jahre um diese Fragen eine rege Debatte. Im Kern handelte es sich um eine ebenso methodologische wie politische Diskussion um das Verhältnis zwischen Forschungssubjekten zueinander, um Parteilichkeit und Empathie und um das Verhältnis zwischen Frauenforschung und feministischer Bewegung. Wenngleich die Frage nach einer speziellen Methode sehr bald verneint wurde, so zeigte sich doch eine Affinität feministischer Forschung insbesondere zu qualitativen Forschungsstrategien aufgrund ihrer hohen Kontextsensibilität und Offenheit. In der Folgezeit wurde dann sehr wohl pragmatisch und flexibel auf das einschlägige Methodenrepertoire der empirischen Sozialforschung zurückgegriffen. Anfang der 1990er Jahre ist eine Wiederbelebung der Methodologie-Debatte zu beobachten, in der zum einen der Innovationsgehalt feministischer Forschungsstrategien bilanziert wird und sich zum anderen die Entwicklung von der Frauen- zur Geschlechterforschung niederschlägt (vgl. ausführlich Abels 1997; Althoff u.a. 2001; Behnke/Meuser 1999; für die Erziehungswissenschaft vgl. Glaser/Klika/Prengel 2004).

Diese Entwicklung wird in den letzten Jahren radikalisiert durch tiefgreifende methodologische Verunsicherungen aufgrund der Verflüssigung zentraler Begriffe wie Frau und Mann, Subjekt und Identität in postmodernen und dekonstruktivistischen feministischen Theorien. Hinzu tritt die verstärkte Analyse hierarchischer Unterschiede zwischen Frauen sowie eine theoretische Perspektive auf Intersektionalität (Crenshaw 1989, 1991) und Interdependenzen (Rommelspacher 2006; Walgenbach u.a. 2007), die auf das Ineinanderwirken von verschiedenen Ungleichheitsstrukturen und die Verschränkung von Ungleichheitskategorien wie Geschlecht, Klasse und Nationalität bzw. *race* verweist. Daraus resultiert eine Stärkung identitätskritischer Ansätze, die derzeit allerdings noch einer systematischen methodologischen Diskussion und methodischen Operationalisierung bedürfen.

1. Grundlagentheoretische Prämissen

Feministische Forschung stützt sich auf zwei wesentliche Annahmen: Herkömmliche Wissenschaft sei erstens „geschlechtsblind" und negiere die Relevanz sozialer Kategorien, an die Ungleichbehandlung und Ausgrenzung – und zwar auch im Forschungsprozess – anknüpfen. Zweitens wird Forschung immer als eine Interaktionsbeziehung zwischen Subjekten gedacht. Diese beiden Prämissen gilt es im Folgenden kurz zu entfalten.

1.1 Androzentrismus-Kritik

Seit den 1970er Jahren wird von Feministinnen im Rahmen einer allgemeinen Wissenschafts- und Gesellschaftskritik eine umfassende Kritik am „erkenntnistheoretischen Androzentrismus" formuliert. Im Mittelpunkt steht die Annahme, dass Männlichkeit und Wissenschaft in einem engen Verhältnis zueinander stehen und sich unter Ausschluss des „Weiblichen" entwickelt haben. Während einige Autorinnen davon ausgehen, dass feministische Wissenschaft die vollständigere und damit objektivere sei (Empirizismus), unterstellen andere, dass wissenschaftliche Rationalität per se männlich-patriarchal sei, und es demgegenüber einen weiblichen oder feministischen Erkenntnisstandpunkt gibt (Standpunkt-Epistemologien). Dieser Einwand gilt grundsätzlich auch für gesellschaftskritische Traditionen wie etwa die Frankfurter Schule oder den herrschaftskritischen Ansatz von Michel Foucault, wenngleich feministische Wissenschaftskritik in ihren erkenntnistheoretischen und methodologischen Positionen solchen macht- und herrschaftskritischen Ansätzen näher steht.

Als „Gegenwehr" gegen die Parteilichkeit herrschender Wissenschaft machte die Frauenforschung Frauen und ihre Erfahrungen zum Mittel- und Ausgangspunkt des Erkenntnisprozesses. Hierin kommt eine „Sicht von unten" auf Gesellschaft zum Tragen, die bald wegen ihrer Beschränktheit kritisiert wurde. Mit der Institutionalisierung und Akademisierung der Frauenforschung wich die Parteinahme für Frauen als homogene Gruppe dem erkenntnisleitenden Interesse, Hierarchien im Geschlechterverhältnis in allen gesellschaftlichen Bereichen und Praxisfeldern abzubauen. Feministische Wissenschaft versteht sich somit als *kritisch-normative Wissenschaft*, die Hand in Hand mit empirischer Beschreibung und Analyse geht (Dackweiler 2004). So soll der eigene normative Standpunkt explizit sichtbar gemacht werden, ohne die Orientierung an wissenschaftlichen Qualitätsstandards aufzugeben.

Der Androzentrismus ist der einzig *originäre* feministische Kritikpunkt an der Wissenschaft, doch er ist ein fundamentaler: Damit wird deren Grundlage, die behauptete Objektivitätsnorm, der Universalitätsanspruch und die Unterscheidung zwischen wissenschaftlichem und Alltagswissen, radikal in Frage gestellt. Vor diesem Hintergrund muss feministische Wissenschaft zum einen „Leerstellen" auffüllen und den eingeschränkten Gegenstandsbereich bisheriger Forschung erweitern und zum anderen bestehende Theorien ideologiekritisch auf ihre implizit androzentrischen Annahmen hin überprüfen, kritisieren und neu formulieren.

1.2 Forschung als Interaktion

Mit der erkenntnistheoretischen Kritik ging auch die Frage einer, inwieweit Methoden androzentrisch geprägt sind und verzerrend wirken. Diese Kritik richtet sich insbesondere auf quantitative Verfahren; sie entsprächen dem kulturellen Geschlechterstereotyp von Männern (objektiv, unabhängig, hierarchisch, wissenschaftlich), während qualitative Methoden das weibliche Stereotyp (empathisch, subjektiv, in Beziehung zur Person stehend und nicht ausbeuterisch) erfüllten (vgl. Lepperhoff/Scheele 2003, S. 15). Die Gütekriterien quantitativer Forschung (Quantifizierbarkeit, Repräsentativität, Validität etc.) werden als reduktionistisch und die Beziehungen im Forschungsprozess als hierarchisch kritisiert; ferner fehle diesen Verfahren der Bezug zur gesellschaftlichen Praxis.

Feministische Methodologien begreifen den Forschungsprozess als Interaktion zwischen *geschlechtlichen* Subjekten, was mit einer tendenziellen Präferenz für qualitative Forschungsstrategien einhergeht. Gemäß dem *interpretativen Paradigma* ist soziale Wirklichkeit nicht einfach gegeben, sondern wird von menschlichen – und damit stets geschlechtlichen – *Subjekten* durch *Kommunikation* und *Interaktion* konstruiert, interpretiert und modifiziert. Damit kommt Verfahren der Selbstreflexion eine zentrale Rolle im Forschungsprozess zu.

Feministische Forschung stellt sowohl die herkömmliche Aufteilung in Forschungssubjekt und -objekt als auch Hierarchien in der Forschungsgruppe selbst in Frage. Sie betont die Subjektivität *aller* im Forschungsfeld interagierenden Personen. Die Subjektivität der Forschungsteilnehmer/innen ist dabei weder Forschungsziel noch zu kontrollierender Störfaktor, sondern wird vielmehr als erkenntnistheoretisches Instrument betrachtet. Geschlecht ist dabei ein untrennbarer Bestandteil von Subjektivität. Postmoderne Theorien und die Intersektionalitätsforschung verweisen zudem darauf, dass das Geschlecht keine starre Kategorie ist und gegenüber anderen Kategorien wie Klasse und Ethnizität nicht länger automatisch privilegiert werden könne. Ob dies eher eine Relativierung oder Erweiterung der Kategorie Geschlecht mit sich bringt, wird dabei in der feministischen Wissenschaft durchaus kontrovers diskutiert.

Diese methodologischen Prämissen bringen gerade, aber nicht nur im Bereich der Lebenslauf- und Biographieforschung, die einigen gar als „Königinnenweg" feministischer Forschung gilt (Dausien 1995), besondere Probleme der Forschungsethik mit sich (Finch 1993). Für alle qualitativen Forschungsstrategien – und damit auch für feministische Forschung – gilt der prinzipielle Einwand, dass gerade die über induktive Verfahren ermöglichte subtile Vermittlung der Binnenperspektive der Subjekte in ihrer Alltagspraxis die Möglichkeit größerer sozialer Kontrolle in sich birgt. Entgegen den – besonders in der Anfangszeit feministischer Forschung formulierten politischen Zielen der Emanzipation – kann also gerade hierin ein herrschaftsstabilisierender Beitrag liegen. Während in den frühen Arbeiten die Wirkungs- und Gestaltungsmöglichkeiten der Forschungsbeziehung sich noch auf die enge Interaktionsbeziehung in der unmittelbaren Forschungssituation bezogen haben, werden diese Möglichkeiten heute als prinzipiell über die Forschungssituation hinausgehend konzeptionalisiert. Eine Folge dieser Veränderungen ist auch, dass sich das Problem der Interaktion zwischen Subjekten im Forschungsprozess – wie es im interpretativen Paradigma angelegt ist – methodologisch kompliziert. Dieses Problem soll im Folgenden entlang der dominanten Diskurse genauer entfaltet werden; denn an dessen produktiver Bewältigung muss sich unseres Erachtens das weitere innovative Potential feministischer Forschung für die Sozialwissenschaften erweisen.

2. Von der Frauenforschung zur Geschlechterforschung

Die Anfänge der Frauenforschung, in denen Betroffenheit und Parteilichkeit als zentrale erkenntnisleitende Prinzipien propagiert wurden, beruhten auf identitätspolitischen Prämissen. Frauen galten als Opfer patriarchaler Verhältnisse; über die gemeinsame Erfahrung von Unterdrückung könne im Forschungsprozess Nähe hergestellt werden und Frauenforschung sei (im Sinne der Aktionsforschung) an das politische Ziel der Frauenforschung gekoppelt. So lautet – sehr zugespitzt – die Argumentationslinie der „methodischen Postulate". Diese wurden in verschiedene Richtungen weiterentwickelt. Aus dem anfänglich so vehement proklamierten Ziel von Parteilichkeit und Empathie resultieren erhebliche methodologische Probleme (Holland-Cunz 2003). Betroffenheit und Parteilichkeit wurden in der Folge sehr viel vorsichtiger interpretiert und dahingehend kritisiert, dass das darin angelegte induktive, verstehende Verfahren nicht ausreiche, um die versteckten Determinanten von Unterdrückung aufzuspüren (vgl. die Beiträge in Zentraleinrichtung 1984).

Seit Ende der 1980er Jahre begann sich – angestoßen durch die schon früher geäußerte Kritik US-amerikanischer farbiger Frauen am weißen Feminismus (Black Feminism) – ein Diskurs zu entwickeln, der einer generalisierten Betroffenheit von Frauen als Opfer eine Absage erteilte. In der deutschen Debatte wurde diese Kritik durch die Mittäterschafts-These von Christina Thürmer-Rohr (1989) formuliert, die angesichts der Rolle von Frauen in der Kolonialzeit und im nationalsozialistischen Regime darauf verweist, dass Unterdrückende und Unterdrückte in einer Person zusammenfallen können. Auch die feministische Migrationsforschung hat hierzu wertvolle Impulse geliefert. Nunmehr wurde der Blick über die Unterschiede zwischen den Geschlechtern hinaus auf die Unterschiede *zwischen* Frauen gerichtet (Knapp 2005), insbesondere auf klassenspezifische und ethnische Differenzen.

Regina Becker-Schmidt (1995) betont die „doppelte Vergesellschaftung" von Frauen durch patriarchale *und* kapitalistische Gesellschaftsverhältnisse; diese sei hoch komplex und extrem widersprüchlich. Methodisch gewendet bedeutet dies, dass Gemeinsamkeit nicht einfach gegeben sei, sondern hergestellt werden müsse. Dabei bestehe das Risiko, dass die Subjekthaftigkeit der Frau eben dadurch verfehlt werde, wenn sie als Objekt der Realität und der Forschung verleugnet werde. Methodische Reflexion sei nicht zwangsläufig ausreichend, um sich im Spannungsfeld von Gleichem und Anderem angemessen zu bewegen und allen Forschungsteilnehmer/-innen gerecht zu werden. Erweitert wurde diese Analyse durch das Konzept der „dreifachen Vergesellschaftung von Frauen und Männern" von Ilse Lenz (2006), in dem neben der Geschlechts- und Klassenzugehörigkeit auch die Staatsangehörigkeit als gesellschaftlich strukturierende Kategorie eingeführt wurde. Die Debatten um Differenz lassen sich also als wichtigste Auseinandersetzung der 1980er und 1990er Jahre charakterisieren. Zugleich bildeten sie den Ausgangspunkt für die etwa seit dem Jahr 2000 verstärkte Auseinandersetzung mit dem theoretischen Zugang der Intersektionalität (Münst 2008).

3. Die Etablierung eines Diskurses der Vielfalt

Der Blick auf die Verschiedenheit und Vielfalt weiblicher Lebenswelten einerseits und der Wunsch nach egalitären Forschungsbeziehungen andererseits führte vor dem Hintergrund des skizzierten Blickwechsels und der Offenheit für faktische Unterschiede in ein methodologisches Dilemma. Selbstreflexion über die Spannungen zwischen den Subjekten im Forschungsprozess ist hieraus der einzig mögliche Ausweg. Dabei wurde zu Beginn dieses Diskurses Geschlecht immer noch als Voraussetzung gedacht. Regina Becker-Schmidt und Helga Bilden (1991) konstatieren für diese Zeit drei grundlegende Verfahren der Selbstreflexion: (1) die kollektive Diskussion im Forscherinnenteam; (2) die aus der Kritischen Psychologie stammende Methode der kollektiven „Erinnerungsarbeit"; (3) die ethnopsychoanalytische Methode, bei der im gewissen Sinn die problematisierte Subjekt-Objekt-Spaltung aufgehoben werden soll. Diese Aufzählung ist unseres Erachtens zu aktualisieren, so z. B. um das Verfahren der „wiederholten Gesprächsinteraktion", welches die üblicherweise unterdrückte Beziehungsdynamik zwischen Interviewter und Interviewerin auf verschiedenen Ebenen des Forschungsprozesses für wissenschaftliche Erkenntnisse nutzbar macht (vgl. Heinzel 1996, → Klein). Auch sekundäranalytische Reflexionsverfahren sind möglich, wenn auch nicht unproblematisch (s. hierzu im Kontext von Experteninterviews Abels/Behrens 2009). Nicht zuletzt sind in der feministischen Nutzung von Verfahren wie z. B. teilnehmender Beobachtung oder diskursanalytischen Instrumenten Selbstreflexionsmomente als zentraler methodischer Bestandteil integriert worden (Münst 2004; Jäger 2004; Sturm 2004).

Seit Anfang der 1990er Jahre wird auch in der deutschsprachigen Forschung ein angloamerikanischer (und französischer) Diskurs rezipiert, der die Gefahr einer Ontologisierung, Essentialisierung und Homogenisierung von Geschlechterdifferenzen verstärkt problematisiert. Die Kategorie Geschlecht wird fluider, da jegliche Bezugnahme auf Geschlecht – und damit auch auf das „biologische Geschlecht" (sex) – immer als diskursiv und damit sozial konstruiert gedacht wird (vgl. Hark 1996; Knapp 2001). Die ständige Hervorbringung von Geschlecht in sozialen Interaktionen wird u. a. mit dem Ansatz des „doing gender" (West/Zimmerman 1987) theoretisch gefasst, um eindeutige geschlechtsspezifische Festschreibungen zu vermeiden. Die empirischen und theoriegeschichtlichen Wurzeln dieses Denkens, das sich in der Folgezeit wiederum ausdifferenziert hat, liegen in der Ethnomethodologie, dem symbolischen Interaktionismus, der phänomenologischen Soziologie, der Sozialisationstheorie und der Kulturanthropologie; sie wurden in der feministischen Forschung aufgegriffen und im Gender-Konzept weiterentwickelt.

Aus methodologischer Sicht bringt diese Perspektive eine weitere Komplexitätserhöhung im Hinblick auf die Subjektspannungen im Forschungsprozess mit sich, denn „sowohl die Gruppe, die zu erforschen wir uns vornehmen, wie auch die Grundfesten der eigenen Identität lösen sich gewissermaßen auf, wenn wir das Geschlecht nicht mehr als gegebenes Merkmal der Person betrachten" (Hagemann-White 1993, S. 75). Das heißt, die *Gender-Zugehörigkeit* ist nicht länger eine vertraute und voraussetzbare Ressource, aus der die Forscherin in der direkten Forschungsinteraktion schöpfen kann und über das sich Nähe zu den „Forschungsobjekten" herstellen lässt. Mit dem Ziel der Demontage werden Geschlechtlichkeit sowie die Mechanismen und Regeln zu ihrer Herstellung (Sexuierungsprozesse) – auch in der Forschungsinteraktion selbst – zum Gegenstand der Analyse. Auch für quantitative Methoden hat diese Perspektive Konsequenzen: Die Erfassung und der Ausweis von Daten getrennt nach Geschlecht wird kritisch als „Sex-counting" hinterfragt. Mit dieser Art von geschlechterdifferenzierten Daten werde suggeriert, Frauen und Männern seien in sich homogene Gruppen, womit die Gefahr einer Festschreibung von Geschlechterstereotypen verstärkt werde. Insgesamt dürfe, wie Stefan Hirschauer (1993, S. 60 ff.) betont, nicht davon ausgegangen werden, dass die Regelsysteme der Geschlechterkonstruktion „das Weibliche" immer als „sekundäre Kategorie" darstellten. Darüber hinaus müsse konzeptionell eine Abkehr von der Zwei- zur Vielgeschlechtlichkeit hin stattfinden.

Die dekonstruktivistische Perspektive verlangt je nach Forschungsphase von der Forscherin den Wechsel zwischen der Innenansicht und dem „Blick von außen" (Hagemann-White 1993, S. 74 f.). Wichtigstes Verfahren der Auswertung ist, wie schon Carol Hagemann-White frühzeitig formulierte, die „Desexualisierung" der Daten, wodurch „lehrreiche Verfremdungseffekte" erzielt werden konnten, die in einer „erzwungenen Reflexion über die scheinbaren Selbstverständlichkeiten in der Zuordnung" einmündeten

(Hagemann-White 1995, S. 312 ff.). Um das *Wie* der Geschlechterkonstruktion entlarven zu können, müsse die Forscherin zwischen dem Subjekt und dessen Äußerungen unterscheiden, was allerdings mit bisherigen forschungsethischen Ansprüchen konfligiert.

Neben der Dekonstruktion von Geschlecht hat eine weitere theoretische Perspektive die Debatte der letzten Jahre bestimmt: die Bezugnahme auf Intersektionalität. Dieser Ansatz trägt der Erkenntnis Rechnung, dass alle Individuen nicht nur einer einzigen Gruppe angehören, sondern immer mehreren Gruppen zugleich (Krell 2004; Cox 1993). Die feministische Forschung fasst dieses Phänomen theoretisch als Überkreuzung und Wechselwirkung verschiedener Ungleichheitskategorien. Diese „kombinierte Formen von Ungleichbehandlung" (Klinger/Knapp 2005) systematisch methodologisch zu wenden, steht jedoch derzeit noch aus. Insbesondere die Frage, wie das Verhältnis der Kategorien zueinander erfasst werden kann, welche und wie viele Kategorien in eine feministische Forschung einbezogen werden sollten oder müssen, ist noch offen (Lepperhoff u. a. 2007). Mit Blick auf die aktuellen Antidiskriminierungspolitiken in den EU-Mitgliedstaaten werden weitere Kategorien wie Alter, Religion, Behinderung oder sexuelle Orientierung inzwischen stärker Gegenstand der Forschung.

Leslie McCall (2005) hat versucht, diese komplexen Verschränkungen, bemerkenswerterweise durch quantitative Forschung, empirisch zu operationalisieren. Dabei unterscheidet sie zwischen drei methodologischen Zugängen: (1) der *anti-kategoriale* Ansatz, der sich vor allem in dekonstruktivistischen Theorien findet und auf Dauer gestellte Kategorien als zu starr ablehnt; (2) der „*intra-kategoriale*" Ansatz, der Ungleichheit innerhalb einer der Kategorien untersucht. Dies bedeutet konkret, Untergruppen innerhalb einer einzelnen Kategorie in den Blick zu nehmen (z. B. unterschiedliche Alterskohorten innerhalb der Genusgruppe der Frauen). (3) Der *interkategoriale* Zugang will empirisch Wechselwirkungen zwischen Kategorien erklären, dabei werden Unterschiede zwischen Gruppen erst einmal nur als Hypothese formuliert. Im Sinne einer „differenzierten Subgruppenanalyse" (Hardmeier/Vinz 2007, S. 25) werden Interaktions-Effekte sichtbar gemacht. Vor diesem Hintergrund können intersektionale Analysen auch als „bestmögliche Annäherung an komplexe Lebensverhältnisse" (Münst 2008, S. 50) beschrieben werden.

4. Schlussfolgerungen

In den letzten 30 Jahren hat sich der feministische Blick ebenso wie der Gegenstand feministischer Forschung gewandelt. Die Entwicklung von der Frauenforschung zur Geschlechterforschung stellt einen ersten Paradigmenwechsel dar (auch wenn „Frauenforschung" auch damals schon relationale „Geschlechterforschung" im Sinne einer Fokussierung auf Differenzen zwischen Frauen und Männern war). Nunmehr gilt es, die Geschlechterforschung um eine Intersektionalitätsperspektive zu erweitern. Feministische

Forschung bringt hierfür prinzipiell gute methodologische Voraussetzungen mit: Feministische Forscherinnen waren sehr kreativ in der Entwicklung und Ausdifferenzierung von Methodologien, die dem Verhältnis zwischen Forschungsteilnehmer/-innen gerecht werden sollen und gerade Interaktion und Subjektivität als Erkenntnisinstrumente nutzen. In der Weiterentwicklung von Ansätzen der Selbstreflexion und der bewusstseinsverändernden Gestaltung des Forschungsprozesses nimmt feministische Forschung weiterhin eine Vorreiterrolle ein. Hagemann-White (1988, S. 14) zufolge ist die „Entwicklung zu einer stärkeren Berücksichtigung von lebensweltlichen Zusammenhängen" einer feministischen Wissenschaftskritik geschuldet. Die Stärke feministischer Methodologien liegt in der radikalen Konzeptualisierung der Forschungs- als sozialer Situation, was weitreichende methodologische und methodische Konsequenzen mit sich bringt. Insbesondere durch deren Reflexion vermögen sie auf die empirischen Sozialwissenschaften positiv auszustrahlen und ihr innovative Impulse zu geben. Das besondere feministischer Forschung liegt also weniger in ihrem methodischen Repertoire – auch wenn durchaus hier vereinzelt neue Methoden entwickelt wurden (vgl. Reinharz 1992) –, sondern in der Spezifik der Anwendung, Modifizierung und Weiterentwicklung erprobter und neuer Methoden. Denn in besonderer Weise fallen hier epistemologische, methodologische und ontologische Anliegen zusammen.

Die Debatte um die (De-)Konstruktion von Geschlecht ist ebenso wie die jüngste Intersektionalitätsdebatte in Deutschland bisher vorrangig als theoretische und nicht als methodische geführt worden. Methodologisch findet bisher einerseits eine Konzentration auf die Face-to-face-Interaktion und dementsprechend auf die Ebene des Subjekts und auf sein interaktives Alltagshandeln statt. Andererseits ergibt sich eine Präferenz für diskursanalytische Verfahren (→ Langer/Wrana), um Machtwirkungen von Diskursen für das Handeln von vergeschlechtlichten Subjekten zu analysieren. Zur Bewältigung der sich verschärfenden Probleme der Selbstreflexion über die Subjektspannungen im Forschungsprozess bedarf es allerdings der Entwicklung neuer Verfahren; zugleich liegt in diesem Zugang gerade die Chance eines weiteren selbstreflexiven Zuwachses.

Mit der Entwicklung einer relationalen Geschlechterforschung wurden zweifelsohne neue Denkhorizonte eröffnet, die – falsch verstanden – zum Glauben an die Beliebigkeit und Relativität der Konstruktion und Inszenierung von Geschlecht verführen können. Hier besteht ein erheblicher Bedarf an einer Zusammenführung mit Ansätzen, die Geschlecht als Strukturkategorie begreifen. Des Weiteren stellt sich die Herausforderung, die Intersektionalität von sozialen Kategorien, bei denen Geschlecht nicht per se die „Master"-Kategorie darstellt, nicht nur hinsichtlich ihrer Politikfähigkeit, sondern auch hinsichtlich ihrer methodologischen und methodischen Konsequenzen zu denken. An der produktiven Bewältigung des langen Abschieds von Identitätspolitik muss sich unseres Erachtens das weitere innovative Potential feministischer Forschung für die Sozialwissenschaften erweisen.

Literatur

Abels, Gabriele 1997: Zur Methodologie-Debatte in der feministischen Forschung. In: Friebertshäuser, Barbara/Annedore Prengel (Hg.): Handbuch Qualitative Forschungsmethoden in der Erziehungswissenschaft. Weinheim und München. S. 131-143.

Abels, Gabriele/Maria Behrens 2009: ExpertInnen-Interviews in der Politikwissenschaft: Eine sekundäranalytische Reflexion über geschlechtertheoretische und politikfeldanalytische Effekte. In: Bogner, Alexander/Beate Littig/Wolfgang Menz (Hg.): Das Experteninterview: Theorie, Methode, Anwendung. Wiesbaden.

Althoff, Martina/Mechthild Bereswill/Birgit Riegraf 2001: Feministische Methodologien und Methoden: Traditionen, Konzepte, Erörterungen. Opladen.

Becker-Schmidt, Regina 1995: Diskontinuität und Nachträglichkeit. Theoretische und methodische Überlegungen zur Erforschung weiblicher Lebensläufe. In: Diezinger, Angelika/Hedwig Kitzler/Ingrid Anker/Irma Bingel/Erika Haas/Simone Odierna (Hg.): Erfahrung mit Methode. Freiburg. S. 155-182.

Becker-Schmidt, Regina/Helga Bilden 1991: Impulse für die qualitative Sozialforschung aus der Frauenforschung. In: Flick, Uwe/Ernst von Kardoff/Heiner Keupp/Lutz von Rosenstiel/Stephan Wolff (Hg.): Handbuch Qualitative Sozialforschung. München. S. 23-30.

Behnke, Cornelia/Michael Meuser 1999: Geschlechterforschung und qualitative Methoden. Opladen.

Cox, Taylor 1993: Cultural Diversity in Organizations. Theory, Research and Practice. San Francisco.

Crenshaw, Kimberlé 1989: Demarginalizing the Intersection of Race and Sex: a Black Feminist Critique of Antidiscrimination Doctrine, Feminist Theory and Antiracist Politics. University of Chicago Legal Forum. S. 138-167.

Crenshaw, Kimberlé 1991: Mapping the Margins: Intersectionality, Identity Politics, and Violence against Women of Colour. Stanford Law Review. H. 6. S. 1241-1299.

Dackweiler, Regina-Maria 2004: Wissenschaftskritik – Methodologie – Methoden. In: Rosenberger, Sieglinde K./Birgit Sauer (Hg.): Politikwissenschaft und Geschlecht. Wien. S. 45-63.

Dausien, Bettina 1995: Biographieforschung als ‚Königinnenweg'? Überlegungen zur Relevanz biographischer Ansätze in der Frauenforschung. In: Diezinger, Angelika/Hedwig Kitzler/Ingrid Anker/Irma Bingel/Erika Haas/Simone Odierna (Hg.): Erfahrung mit Methode. Freiburg. S. 129-128.

Finch, Janet 1993: ‚It's Great to have Someone to Talk to': Ethics and Politics of Interviewing Women. In: Hammersley, Martyn (Hg.): Social Research. Philosophy, Politics and Practice. London. S. 166-180.

Glaser, Edith/Dorle Klika/Annedore Prengel (Hg.) 2004: Handbuch Gender in der Erziehungswissenschaft. Bad Heilbrunn.

Hagemann-White, Carol 1988: Zur Geschichte und zum Selbstverständnis von Frauenforschung. In: Rapin, Hildegard (Hg.): Frauenforschung und Hausarbeit. Frankfurt/M. S. 9-24.

Hagemann-White, Carol 1993: Die Konstrukteure des Geschlechts auf frischer Tat ertappen? Methodische Konsequenzen einer theoretischen Einsicht. Feministische Studien. H. 2. S. 68-78.

Hagemann-White, Carol 1995: Der Umgang mit Zweigeschlechtlichkeit als Forschungsaufgabe. In: Diezinger, Angelika/Hedwig Kitzler/Ingrid Anker/Irma Bingel/Erika Haas/Simone Odierna (Hg.): Erfahrung mit Methode. Freiburg. S. 301-318.

Hardmeier, Sibylle/Dagmar Vinz 2007: Diversity und Intersectionality. Eine kritische Würdigung der Ansätze für die Politikwissenschaft. Femina Politica. H. 1. S. 23-33.

Hark, Sabine 1996: Deviante Subjekte. Die paradoxe Politik der Identität. Opladen.

Heinzel, Friederike 1996: Die Inszenierung der Besonderheit. Zur politischen Sozialisation von Frauen in Gewerkschaftspositionen. Bielefeld.

Hirschauer, Stefan 1993: Dekonstruktion und Rekonstruktion. Plädoyer für die Erforschung des Bekannten. Feministische Studien. H. 2. S. 56-67.

Holland-Cunz, Barbara 2003: Wissenschaft versus Politik im Feminismus. Von der Dominanz des Politischen zur Eigenlogik engagierter Wissenschaft. Femina Politica. H. 2. S. 14-21.

Jäger, Margarete 2004: Diskursanalyse: Ein Verfahren zur kritischen Analyse von Machtbeziehungen. In: Becker, Ruth/Beate Kortendiek (Hg.): Handbuch Frauen- und Geschlechterforschung. Theorie, Methoden, Empirie. Wiesbaden. S. 336-341.

Klinger Cornelia/Gudrun-Axeli Knapp 2005: Achsen der Ungleichheit – Achsen der Differenz. Verhältnisbestimmungen von Klasse, Geschlecht, ‚Rasse'/Ethnizität. Transit. Europäische Revue. H. 29. S. 72-95.

Knapp, Gudrun-Axeli 2001: Grundlagenkritik und stille Post. Zur Debatte um den Bedeutungsverlust der Kategorie ‚Geschlecht'. In: Heintz, Bettina (Hg.): Geschlechtersoziologie. Sonderband 41 der KZfSS. Opladen. S. 53-74.

Knapp, Gudrun-Axeli 2005: ‚Intersectionality' – ein neues Paradigma feministischer Theorie. Zur transatlantischen Reise von ‚Race, Class, Gender'. Feministische Studien. H. 1. S. 68-81.

Krell, Gertraude 2004: Managing Diversity. Chancengleichheit als Wettbewerbsfaktor. In: Krell, Gertraude (Hg.): Chancengleichheit durch Personalpolitik. Gleichstellung von Frauen und Männern in Unternehmen und Verwaltungen. Wiesbaden. S. 41-54.

Lenz, Ilse 2006: Machtmenschen, Marginalisierte, Schattenmenschen und moderne Gleichheit. Wie werden Ungleichheiten und Egalisierungen in der Moderne strukturiert? In: Aulenbacher, Brigitte/Martina Löw/Michael Meuser/Gabriele Mordt/Reinhild Schäfer/Sylka Scholz (Hg.): FrauenMännerGeschlechterforschung. State of the Art. Münster. S. 100-115.

Lepperhoff, Julia/Anneli Rüling/Alexandra Scheele 2007: Von Gender zu Diversity Politics? Kategorien feministischer Politikwissenschaft auf dem Prüfstand. Einleitung. Femina Politica. H. 1. S. 9-22.

Lepperhoff, Julia/Alexandra Scheele 2003: Kooperieren(d) lernen: Methodologische Überlegungen für die Arbeitsforschung. Discussion Papers 2/2003. GendA. Marburg. Internet:
www.uni-marburg.de/fb03/genda/publ/dispaps/dispap_02-2003.pdf [11.09.2008].

McCall, Leslie 2005: The Complexity of Intersectionality. Signs. H. 3. S. 1771-1800.

Mies, Maria 1978: Methodische Postulate zur Frauenforschung. Dargestellt am Beispiel der Gewalt gegen Frauen. Beiträge zur feministischen Theorie und Praxis. H. 1. S. 41-63.

Münst, Agnes Senganata 2004: Teilnehmende Beobachtung. Erforschung der sozialen Praxis. In: Becker, Ruth/Beate Kortendiek (Hg.): Handbuch Frauen- und Geschlechterforschung. Theorie, Methoden, Empirie. Wiesbaden. S. 330-335.

Münst, Agnes Senganata 2008: Intersektionalität als Perspektive der Migrationsforschung. Femina Politica. 17. Jg. H. 1. S. 41-54.

Reinharz, Shulamit 1992: Feminist Methods in Social Research. Oxford, New York.

Rommelspacher, Birgit 2006: Interdependenzen – Geschlecht, Klasse und Ethnizität. Internet: www.birgit-rommelspacher.de/intedependenzen.pdf [13.03.2007].

Sturm, Gabriele 2004: Forschungsmethodologie: Vorüberlegungen für eine Evaluation feministischer (Sozial-)Forschung. In: Becker, Ruth/Beate Kortendiek (Hg.): Handbuch Frauen- und Geschlechterforschung. Theorie, Methoden, Empirie. Wiesbaden. S. 342-349.

Thürmer-Rohr, Christina (Hg.) 1989: Mittäterschaft und Entdeckungslust. Berlin.

West, Candace/Don H. Zimmerman 1987: Doing gender. Gender & Society. H. 2. S. 125-151.

Walgenbach, Katharina/Gabriele Dietze/Antje Hornscheidt/Kerstin Palm 2007 (Hg.): Gender als interdependente Kategorie. Intersektionalität – Diversität – Heterogenität. Opladen.

Zentraleinrichtung zur Förderung von Frauenstudien und Frauenforschung an der FU Berlin 1984 (Hg.): Methoden in der Frauenforschung. Symposium an der FU Berlin vom 30.11.-2.12.1983. Berlin.

Teil 6
Forschendes Handeln in Praxisfeldern

Annedore Prengel

Praxisforschung in professioneller Pädagogik[1]

Professionelles pädagogisches Handeln in schulischen und außerschulischen Arbeitsfeldern beruht auf *Situationsanalysen*, denn fallbezogene Explorationen machen begründete adressatenbezogene *Handlungsentwürfe* erst möglich. Ereignisse in pädagogischen Settings sind einmalig und unvorhersehbar: „... the essential feature of teaching is its uncertainty and unpredictability" (Shulman 2004, S. 464; vgl. auch Herzog 2002). Diese grundlegende Bedingung macht im pädagogischen Alltag kontinuierlich Analysen von Lernsituationen durch die Angehörigen pädagogischer Berufe erforderlich. Im Folgenden wird auf der Grundlage des im einführenden Artikel des Handbuchs dargelegten perspektivitätstheoretisch fundierten Verständnisses pluraler Forschungskonzepte (→ Prengel/Friebertshäuser/ Langer) dafür plädiert, Praxisforschung als in professionelles pädagogisches Handeln eingelassene forschende Erkundung[2] zu bestimmen.

Im ersten Teil des Beitrags wird Praxisforschung als einzelfallbezogene forschende Tätigkeit im professionellen Alltag begründet, Grenzen ihrer Erkenntnisreichweite und Gütekriterien werden reflektiert. Im zweiten Teil wird die Unterscheidung zwischen Praxisforschung, wissenschaftlicher Forschung und Handlungsforschung herausgearbeitet, die Kritik einer solchen Auffassung von Praxisforschung wird erörtert. Im dritten Teil wird eine Auswahl schulpädagogischer und sozialpädagogischer Methoden der Praxisforschung vorgestellt.[3]

---

[1] Ich widme diesen Aufsatz Ute Wirbel, denn Gedanken aus langjährigem Austausch mit ihr sind in ihn eingewandert. Ich danke Barbara Friebertshäuser, Antje Langer, Friederike Heinzel, Jörn Garber, Karl-Heinz Braun, Reinhard Hörster, Hildegard Detzkies, Hartmut Wenzel, Beate West-Leuer, Harald Uhlendorff und Hanno Schmitt für Hinweise und Kritik.

[2] Auch andere Professionen praktizieren forschende Erkundungen in ihrem Alltag: Ärzte untersuchen individuelle Krankheitsbilder, Juristen Kriminalfälle usw. (vgl. Shulman 2004).

[3] Indem dieser Beitrag den pädagogischer Praxis selbst innewohnenden Forschungsanteil aufdeckt, trägt er auch bei zur Klärung des prekären Theorie-Praxis-Verhältnisses in der Pädagogik (vgl. dazu den Überblick bei Prondczynsky 1993 sowie Eberwein/Mand 1995, S. 11 ff.; Benner 1991; Lüders 1989). Pädagogik und Erziehungswissenschaft unterscheiden sich (vgl. Tenorth 1996; Ulrich 1972). Zugleich betone ich aber die Verbindungen zwischen beiden Bereichen, die ohne die jeweils andere Seite nicht existenzfähig sind. Die hier vorgelegte Analyse versucht in der bis heute aktuellen Arbeitsweise der Kritischen Theorie *philosophische und empirische* Per-

1. Professionelle Praxis und forschendes Erkennen

Allgemeine Lehrpläne und Richtlinien sowie wissenschaftlich untersuchte Ergebnisse über die *allgemeinen* Voraussetzungen des Lernens können *nur* dann für Bildungsprozesse Bedeutung erlangen, wenn sie auf das *je konkrete* Feld mit *je einzigartigen* Personen in *je unvorhersehbaren* Situationen bezogen werden. Praktiker/-innen sind frei und verantwortlich dafür, selbst jeweils zu untersuchen, wie die sozialökologischen Lernsituationen ihrer Adressaten beschaffen sind, wie ihre Adressaten lernen und wie sie selbst Lernprozesse beeinflussen – auf dieser Basis können sie ihre Handlungskonzepte entwickeln und deren Wirkungen überprüfen (vgl. Schütze 1994; Hentig 1982; Nicolas 1996; Knauer 1995). Es gehört zu den Berufsaufgaben der Pädagoginnen und Pädagogen, die komplexen situativen Bedingungen ihrer konkreten Erziehungsarbeit[4] zu analysieren und auf dieser Basis adäquate Handlungsweisen hervorzubringen und zu erproben. Praxisforschung ist die ins schul- und sozialpädagogische arbeiterische Berufshandeln „eingelassene Erkundungs- und Analysetätigkeit" (Schütze 1994, S. 263).

Im Sinne von Praxisforschung sind vor allem solche Praktiker/-innen tätig, die selbst absichtsvoll neue Aspekte pädagogischer Situationen erkunden und nach neuen pädagogischen Erfindungen suchen – die innovativen Pädagoginnen und Pädagogen (vgl. Hameyer 1992). Sie entdecken häufig neue Problemlagen, schaffen neue pädagogische Konzeptionen und entwickeln neue Aktionsfelder wie zum Beispiel Mädchen- und Jungenarbeit, integrative Pädagogik und reformpädagogische Handlungsstrategien[5]. Impulse zu Innovationen erhalten PädagogInnen direkt aus dem Feld, denn sie sind kontinuierlich im Feld anwesend, haben einen langfristigen Zugang zu den alltäglichen Ereignissen und werden unverzüglich (früher als es zum Beispiel Wissenschaftlern möglich ist) mit sozialisatorischen Veränderungen bei den Kindern, Jugendlichen und Erwachsenen, mit denen sie arbeiten, konfrontiert.

Fritz Schütze legt die Tradition der Praxisforschung seit den Anfängen der sozialen Arbeit dar und spricht von den besonders begabten Sozialarbeiterinnen; sie sind bereits durch die sorgfältige Durcharbeitung ihrer dichten Praxiserfahrungen faktisch zu umsichtigen Praxisforscherinnen geworden, oft ohne das selbst zu wissen oder es sich einzugestehen (Schütze 1994, S. 287). Pädagoginnen und Pädagogen haben immer wieder auch für Erzie-

---

spektiven auf Praxisforschung zu integrieren (vgl. Honneth 1990). Umfangreiche Hinweise auf die internationale Literatur zu dieser Thematik finden sich bei Altrichter/Posch 1994 und Moser 1995.
4 Zur Bedeutung des Begriffs der „Bildung" vgl. Tenorth 2006.
5 Vgl. zum Beispiel die Entwicklung, Umsetzung und forschende Begleitung der Jena-Plan-Pädagogik durch Else Müller-Petersen und Peter Petersen (1965) oder die Entwicklung der weit verzweigten Bewegung Offener Unterricht (Wallrabenstein 1991).

hungswissenschaft relevante neue Gesichtspunkte entdeckt, einflussreiche Neuerungen entwickelt und erprobt und in Praxisberichten veröffentlicht. Hochentwickelte fachkulturelle Netze aus informellen und institutionalisierten Arbeitszusammenhängen schaffen die Voraussetzungen, Erkenntnisse der Praxisforschung vorstellen, rezipieren, überprüfen und weiterentwickeln zu können und sie mit wissenschaftlichen Forschungsergebnissen in Beziehung zu setzen. Beispiele dafür sind die Workshops von Fritz Schütze (1994), die „Regionalen Pädagogischen Zentren" der Bundesländer (Klafki 1982, S. 51), der „Grundschulverband" (Faust-Siehl u. a. 1990), die „Gemeinnützige Gesellschaft Gesamtschule" (1995), die Berliner Arbeitsgruppe „Spinnendifferenzierung" oder der reformpädagogische Schulverbund „Blick über den Zaun" (Harder 2004) mit ihren Tagungen und Workshops sowie eine Fülle von Fortbildungsangeboten, die in ihren Konzeptionen rezipierende mit erfahrungsorientierten, interaktiven Formen von Wissensproduktion verknüpfen (vgl. Buschbeck 1990; Burow 1996).

Die Grenzen der Perspektive von Praxisforschung sind in den von großer Nähe und Handlungsdruck bestimmten, die Wahrnehmung auf spezifische Weise limitierenden Standpunkten, Motiven und Bedeutungshorizonten der Praktiker/-innen zu sehen. Praxisforschung ist durch situativ und subjektiv geprägte Sichtweisen limitiert, zur Perspektivendezentrierung können ihr kollegiale Fallberatungen (s. u.) und die Rezeption wissenschaftlicher Studien dienen.

Im pädagogischen Prozess ist von der Güte der fallbezogenen Situationsanalysen die Angemessenheit der situationsspezifischen professionellen Handlungsweisen abhängig. Ihre Qualität beeinflusst maßgeblich zum Beispiel Schulschicksale, Entzugsverläufe, Kriminalitätsentwicklungen, Rehabilitationsprozesse, Umschulungs- und Weiterbildungswirkungen. In der Regel hängen von der Leistungsfähigkeit alltäglicher Praxisforschung Erfolg oder Scheitern von Bildungsprozessen ab, darin erweist sich ihre Güte. Zentrales Gütekriterium von Praxisforschung ist die Nützlichkeit ihrer Befunde für die Zielgruppen pädagogischen Handelns. Gegenwärtig verstärken gesellschaftliche Pluralisierungs- und Individualisierungsprozesse diese Anforderungen (Beck 1996; Wehrspaun u. a. 1990).

2. Zur Unterscheidung zwischen Praxisforschung und wissenschaftlicher Forschung

Wissenschaftliche Forschung und Praxisforschung sind klar voneinander zu unterscheiden. Pädagogische Praxisforschung und erziehungswissenschaftliche Forschung untersuchen zwar beide Erziehungs- und Bildungsprozesse, aber ihre unterschiedliche Zielsetzung, Erkenntnisreichweite, professionelle Identität und Expertise sind folgenreich. Wissenschaftliche Forschung bemüht sich vor allem um empirisch fundierte generalisierende Theoriebildung. Gegenstand von Praxisforschung hingegen ist die konkrete fallbezogene „Passung" zwischen den Kindern, Jugendlichen bzw. erwachsenen Zielgruppen und dem pädagogischen Angebot (Gudjons 1992). Während in wissenschaftlicher Forschung externe Erziehungswissenschaftler/-innen aus Positionen mit (relativer[6]) Außenperspektive mit wissenschaftlichen Forschungsmethoden Erkenntnisse über Vorgänge in pädagogischen Feldern sammeln, erkunden in der Praxisforschung Personen, die selbst Teil des Feldes sind, aus Positionen mit Innenperspektive Elemente ihrer konkreten Arbeitssituation. Beide Perspektiven bewegen sich im Spannungsfeld von individualisierend-kasuistischen und generalisierend-strukturbildenden Denkfiguren.[7] Jeder Ansatz verfolgt dabei eigene Erkenntnisinteressen.[8] Beide sind in ihren spezifischen Erkenntnisreichweiten unverzichtbar und als legitim anzuerkennen: die Innenperspektive der Praxisforschung mit ihrem handlungsgenerierenden Wissen über Einzelfälle und die Außenperspektive der wissenschaftlichen Forschung mit ihrem theoriegenerierenden in der scientific community zu publizierenden Wissen.

Solche Perspektivität grundsätzlich anzuerkennen heißt allerdings nicht, schon Arbeitsweisen und Ergebnisse einzelner Vorhaben zu akzeptieren. *Sowohl innerhalb von* Praxisforschung *als auch innerhalb von* wissenschaftlicher Forschung gibt es Qualitätsunterschiede, zahlreiche Wissenschaftler ebenso wie zahlreiche Praktiker verzichten auch weitgehend auf Forschungsengagement. Selbstverständlich werden in jeder der beiden Perspektiven immer auch Irrtümer produziert. Diese Argumentation beruht auf den im einführenden Artikel des Handbuchs erläuterten perspektivitätstheoretischen Grundlagen eines pluralistischen Wissenschaftsverständnisses (→ Prengel/Friebertshäuser/Langer). An der Frage, wie sinnvoll die aufgrund der Erkundungen entwickelten pädagogischen Handlungsentwürfe sich im Alltag erweisen entscheidet sich ihre Güte (s. o.).

Mischformen aus Praxisforschung und wissenschaftlicher Forschung entstehen, wenn Wissenschaftler/-innen und Praktiker/-innen zusammenarbeiten, zum Beispiel in traditioneller pädagogischer Kooperation (Lichtenstein-Rother 1969), in der Handlungsforschung (Klafki 1976; Morét 1980; Heinze u. a. 1975; → Grell), in der Aktionsforschung (→ Altrichter/Aichner/ Soukup-Altrichter/Welte; → Grell), in der Teamforschung (Fichten/Geb-

---

6 Auch Wissenschaftler bilden, während sie „von außen" forschen, einen Teil des Feldes, dessen Einfluss auf die Forschungsergebnisse mit berücksichtigt werden muss.
7 Vgl. zum Zusammenhang von Individualisierung und Generalisierung als traditionsreiches Thema der Kasuistik Herberger u. a. 1992 und Klein 1958; für die Erziehungswissenschaft vgl. Terhart 1980.
8 Ich hebe damit sowohl rationales als auch intuitives Erkennen als wichtige Bestandteile von wissenschaftlicher und pädagogischer Praxis hervor und plädiere für die Anerkennung der Pluralität von Forschungskonzeptionen. Praxisforschung arbeitet relativ anders als wissenschaftliche Forschung und ist ihr nicht unterzuordnen. Darum sind jene Vorstellungen von (Erziehungs-)Wissenschaftlern, die wie Aloys Fischer (1914/1966) das Erkenntnispotential professioneller pädagogischer Praxis missachten, zu kritisieren.

ken/Meyer/Obolenski 2002) oder in der Practitioner Oriented Research (Johannson u. a. 2007). Wenn Praktiker/-innen in ihrem eigenen Handlungsfeld mit wissenschaftlichen Methoden und mit dem Ziel, einen Beitrag zum wissenschaftlichen Diskurs zu leisten, forschen (vgl. Stübig 1995; Warzecha 1990), lässt sich diese Form der Eigenforschung der Handlungsforschung zuordnen.

Erziehungs- bzw. sozialwissenschaftliche Begründungen von Praxisforschung finden sich z. b. bei Schütze (1994), Wünsche (1979), Hentig (1982), Beck (1996), Zinnecker (1996), Eberwein/Mand (1995) und anderen; → Döpp.

Ob alltäglichen professionellen Analysen das Attribut „forschen" zugesprochen werden sollte, ist umstritten. Seit der Ausdifferenzierung der wissenschaftlichen Pädagogik Anfang des 20. Jahrhunderts finden sich Belege dafür, dass sie ihr Profil zu schärfen suchte durch Abgrenzung von pädagogischer Praxis. Deren Tätigkeitsmodus wurde so entworfen, dass für die Forschenden Distinktionsgewinne folgten. Ein eklatantes Beispiel dafür stammt aus der Feder von Aloys Fischer:

„Wer lehrt und unterrichtet, erzieht und bessert, der erkennt nicht, er hat nicht die Aufgabe zu erkennen, weder das Kind, das er belehrt und erzieht, noch den Stoff, den er lehrend weitergibt, noch die Methode, nach der er verfährt. ... So steht der praktische Pädagoge zwischen der Theorie seines Faches und der seines Tuns, aber seine eigentliche Aufgabe, seine grundlegende Bestimmung ist es nicht, zu theoretisieren, zu erkennen, weder die Fachwissenschaft, noch das Kind, noch die Methode. Der Lehrer als solcher, der Erzieher als solcher unterrichtet, belehrt, bessert, verbessert, macht vor, redet zu, belohnt, bestraft heraus aus den didaktischen *Instinkten* [Herv. A. P.] unter dem Einfluß von konkreten Situationen mit Verwertung selbstgemachter oder fremder Erfahrungen, auch nach *vorgängiger* Überlegung und Plansetzung." (Fischer 1914/1966, S. 83)

Aloys Fischer entwirft in einer Phase der Herausbildung der wissenschaftlichen Pädagogik auf der einen Seite einen erkennend-rationalen und auf der anderen Seite einen praktisch-instinktgeleiteten Pädagogen und stellt sie als dualistische Gegenbilder einander gegenüber. Bis heute lassen sich ähnliche Polarisierungen in wissenschaftlichen Publikationen – wenn auch meist nicht vergleichbar dramatisierend – finden, so zum Beispiel bei Heinz Moser, der den Praktikern die „Praxis*reflexion*" zugesteht, die „Praxis*forschung*" aber den Wissenschaftlern vorbehält (Moser 1995, S. 198 ff.). Andererseits lässt sich auch Missachtung *wissenschaftlicher* Forschungskonzeptionen durch Vertreter der Praxisforschung nachweisen, sie gehörte vor allem zum empörten Debattenstil der siebziger Jahre (vgl. zum Beispiel Heinze/Loser/Thiemann 1981).

Im hier vorgelegten Beitrag wird eine Alternative dazu gewählt: Professionelle Erkenntnisweisen von Praktikern werden als eine wichtige Form forschenden Handelns im Spektrum pädagogischer und erziehungswissenschaftlicher Erkenntnisperspektiven verstanden. Dabei geht es darum, den Anteil an Elementen forschenden Handelns in professioneller pädagogischer Tätigkeit mit ihren spezifischen Erkenntnispotentialen und -grenzen und mit ihrem auf Analysen beruhenden Beitrag zur Optimierung von Bildungsprozessen herauszuarbeiten. Analog zum psychoanalytischen Junktim von „forschen und heilen" (→ Leuzinger-Bohleber/Garlichs) wird eine Beziehung zwischen „forschen und bilden" postuliert. Einer solchen Kompetenz sind wissenschaftliche Studiengänge, die Professionelle für Praxisfelder ausbilden verpflichtet.

3. Methoden der Praxisforschung

Praxisforschung verfügt über Methoden, die sich der Aufgabe widmen, Wissen über Aspekte konkreter pädagogischer Situationen hervorzubringen. Sie hat sich in verschiedenen Ausprägungen entwickelt. Neben den informellen, implizit ins alltägliche Handeln eingelassenen Erkundungen sind systematische Konzepte entstanden. Im Folgenden werden ausgewählte Methodenaspekte pädagogischer Praxisforschung, der forschende Habitus, Schritte der Fallarbeit und Methodenbeispiele vorgestellt.

3.1 Forschender Habitus

Ein forschender Habitus lässt PraktikerInnen während ihrer Arbeit latent aufmerksam sein für die Geschehnisse im Feld. Fritz Schütze betont, wie wichtig es ist, von der Fremdheit der Anderen auszugehen, um so aufmerksamer dafür zu sein, wie *sie* die Welt sehen. Die grundlegende Erkenntnishaltung des emphatischen Fremdverstehens „rangiert erkenntnislogisch – gewissermaßen als epistemische Metaperspektive vor jeder spezifischen Wahl von Methodentechniken" (Schütze 1994, S. 201). Diese unsystematische Form der Konzentration entspricht einem steten gleichsam elastischen Gleiten der Perspektiven und der „Offenheit" für neu sichtbar werdende Aspekte im Forschungsprozess, wie sie auch für wissenschaftliche Ansätze qualitativer Forschung (→ Hülst) typisch sind. Die so permanent sich ansammelnden Informationen werden gedanklich, in informellen Gesprächen, in Teambesprechungen oder in schriftlichen Berichten „ausgewertet" und für die Weiterentwicklung der Praxis genutzt.

3.2 Fallarbeit als Perspektivenerweiterung in sechs Schritten

Praxisforschung realisiert sich immer als Fallarbeit, dabei kann wohl jeder Ausschnitt eines pädagogischen Feldes jeder Problem- oder Konfliktfall, zum zu untersuchenden „Fall" werden: die klassischen Untersuchungseinheiten wie die 45-Minuten-Schulstunde oder der sozialpädagogische „Einzelfall", kleine Einheiten wie Interaktionsszenen und größere Einheiten wie ein ganzes Schuljahr, ein Projekt oder eine Institution. Untersuchungseinheiten, „Fälle", auf die jeweils fokussiert wird, können unter anderem als Szenen-, Selbst-, Schüler-, Gruppen-, Stunden-, Projekt- und Einrichtungsportraits oder als Portraits pädagogischer Beziehungen in Zeiteinheiten verschiedener Dauer gefasst werden.

Alle systematischen Methoden der Praxisforschung enthalten im Kern zwei Phasen: erstens diagnostizieren sie „was ist", zweitens entwerfen sie „wie es weitergeht". Die vorhandene Perspektive auf den „Fall" wird analysiert und zum Ausgangspunkt genommen für die intendierte und inszenierte Suche nach neuen Perspektiven. Diagnose[9] und Neuorientierung bilden also die beiden umfassenden Phasen von Fallarbeit als Perspektivenerweiterung. Diese können in *drei diagnostische Arbeitsschritte* – Fragestellung und Methode klären, Erfahrungen beobachten und beschreiben, neue Deutungen finden – sowie in *drei Interventionsschritte* – Handlungskonzepte entwerfen, realisieren und überprüfen – aufgefächert werden.

Mit der evaluativen Bewertung beginnt zugleich der Forschungsprozess in einer iterativen Spiralbewegung auf einer nächsten Ebene wieder mit der Wahl eines Untersuchungsausschnitts neu. Die neuen Erfahrungen werden also zur Ausgangsperspektive für die nächsten Erkundungen, so dass der Forschungs- und Handlungsprozess spiralförmig weitergeführt wird. Zentral sind also stets Analyse (als Klärung der Ausgangsperspektive) und Neuorientierung (als Perspektivenerweiterung). Beide sind eng aufeinander bezogen, da die erhellende Einsicht in das, was ist, oft bereits einer wirksamen Intervention gleichkommt[10].

3.3 Methodenbeispiele

In schul- und sozialpädagogischen Arbeitsfeldern werden ausformulierte Modelle der Praxiserkundung in großer Zahl benutzt, so dass hier nur ein kleiner Einblick gegeben werden kann. Alle ausgewählten hier vorzustellenden Methodenbeispiele leisten es, Wissen über Praxisausschnitte in pädagogischen Arbeitsfeldern hervorzubringen und so begründete Neuorientierungen möglich zu machen. Schritte pädagogischer Fallarbeit werden dabei nicht etwa als starre Rezepte verstanden, sondern sind selbstverständlich situationsspezifisch zu modifizieren. In den folgenden Abschnitten werden zunächst allgemeine Konzeptionen, anschließend in sozialpädagogischen sowie in schulischen Arbeitsfeldern entwickelte Ansätze und schließlich einzelne konkrete Verfahren vorgestellt. Die Beispiele werden in aller Kürze aufgeführt; berufsbezogene Selbsterfahrung und Supervision werden zuletzt ein wenig ausführlicher behandelt, um zu begründen, warum gerade

---

9 Der klassische methodische Dreischritt der Fallstudie – beobachten, beschreiben, interpretieren – (Binneberg 1979, 1985) ist Kern der Diagnosephase.
10 Vgl. dazu den Verweis auf Freud bei → Leuzinger-Bohleber/Garlichs.

diesen Arbeitsformen relevante Forschungspotentiale zugesprochen werden.

Projekt-Berichterstattung (Hörster 1997)

Eine lange Tradition haben Praxisberichte, häufig als „reformpädagogische Experimentberichte", die Aspekte des Gelingens und Scheiterns sozialpädagogischer und schulpädagogischer Vorhaben aus der Sicht der Praktiker-Autoren darstellen (z.B. Redl, Aichhorn, Korczak, Bettelheim, Mannoni, Nicolas 1996).

Ethnographie in der Sozialen Arbeit (Schütze 1994)

Umfassende Begründung und Methodenvorschläge zur systematischen Perspektivenvertiefung und -erweiterung in der Sozialen Arbeit sind durch ethnographisches Fremdverstehen möglich.

Sozialpädagogische Fallarbeit (Müller 1993)

Anamnese, Diagnose, Intervention und Evaluation sind die Schritte professioneller multiperspektivischer Fallarbeit.

Selbstevaluation in der sozialen Arbeit (Heiner 1988, 1994)

PraktikerInnen untersuchen als „Forscher in eigener Sache" Verlauf und Ergebnisse ihres Handelns. Mit vielfältigen Methoden wie Fragenkatalogen, Zwiegesprächen, Szenischen Situationsportraits, prozessbegleitenden Dokumentationen, Zeitleisten, Selbstbefragungen, Aktenevaluationen, Auswertungskonferenzen und Jahresstatistiken lassen sich unterschiedlichste Ausschnitte von Sozialarbeit/Sozialpädagogik analysieren und evaluieren, um auf diese Weise zur Qualitätsentwicklung beizutragen.

Dialogische Interviews (Braun u.a. 1989)

Didaktische Bausteine, vor allem dialogische Interviews, dienen der analytischen Fundierung von Innovationen in der Sozialen Arbeit.

Inventare zur Evaluierung des eigenen Unterrichts (Kornmann 1995)

Ein detaillierter Fragenkatalog verhilft Lehrkräften dazu, die Wechselwirkungen zwischen Kind und schulischem/sozialem Umfeld genau zu erkunden. Er regt dazu an, enge diagnostische Perspektiven auf Defizite des (isoliert gesehenen) Kindes aufzugeben.

Pädagogische Ethnographie (Zinnecker 1995, 1996)

Vorschläge, die subjektive Sicht von Kindern auch angesichts restriktiver institutioneller Strukturen zu dokumentieren. Zinnecker plädiert für eine „pädagogische Ethnographie", um durch den Perspektivenwechsel das „fremde Kind" im Kontext gegenwärtiger Tendenzen des Aufwachsens von Kindern zu erkennen. Durch die Reflexion eigener Kindheitserfahrungen und die Aufklärung über die nicht antizipierten Folgen pädagogischen Handelns soll bei den Erwachsenen Empathie, erweiterte Subjektivität und Reflexivität gefördert werden (vgl. Zinnecker 1995, S. 32 f.).

Schülerportraits (Döpp u. a. 1996)

Heterogene Weltsichten und biographische Horizonte von Schülern werden aufgrund von Beobachtungen, Dokumentenanalysen und Interviews rekonstruiert, denn das Konzept „Eine Schule für alle Kinder" lässt vielfältige Perspektiven von Kindern zu.

Systematische alltägliche Untersuchungen durch Lehrer (Altrichter/Posch 1994)

Altrichter und Posch schlagen neben ihrem Konzept der Aktionsforschung, das auf der Kooperation zwischen Wissenschaftlern und Praktikern beruht, auch Methoden vor, die Lehrpersonen eigenständig zur Optimierung ihres alltäglichen professionellen Handelns einsetzen können. Ihre reichhaltige Methodensammlung zur systematischen Untersuchung beruflicher Einzelsituationen durch Lehrer kann ausgehend von der sorgfältigen Klärung des „Ausgangspunktes", zahlreiche neue Perspektiven eröffnen helfen.

Didaktische Analyse (Klafki 1964)

Klafkis didaktische Grundfragen erschließen fünf Perspektiven (auf den Unterrichtsinhalt, auf die Gegenwart der Kinder, auf die Zukunft der Kinder, auf die pädagogische Struktur des Inhalts, auf die Zugänglichkeit des Inhalts für Kinder). Erst nach Klärung dieser Voraussetzungen jeder ganz konkreten Unterrichtssituation wird Unterricht konzipiert, realisiert und reflektiert. Interessant ist auch das später von Klafki vorgelegte „Perspektivenschema zur Unterrichtsplanung" in diesem Zusammenhang (Klafki 1980). Auch andere didaktische Modelle gehen von der Voraussetzungsanalyse aus, um zum Unterrichtskonzept zu kommen (vgl. z. B. Heimann/ Otto/Schulz 1966).

Diagnostik im Offenen Unterricht (Wallrabenstein 1991)

Im Offenen Unterricht wird nicht die 45-Minuten Unterrichtsstunde für eine Klasse geplant, sondern eine Lernumgebung geschaffen, die den Schülerinnen und Schülern individuelles und selbständiges Lernen ermöglichen soll. „Fehler" werden als Ergebnisse individueller regelhafter Lernstrategien gedeutet (Scheerer-Neumann 1991; Scheerer-Neumann/Petrow 1992; Lorenz 1993). Grundlage des Offenen Unterrichts ist in Weiterentwicklung der klassischen didaktischen Analyse die Erforschung der unterschiedlichen sozialen und kognitiven Perspektiven der Schüler.

Beobachten im Schulalltag (Beck/Scholz 1995)

Anleitung zur Beschreibung und Deutung von Schulszenen, die sowohl die Perspektive der Kinder als auch die der PädagogInnen berücksichtigt.

Leistungsdokumentation (Bambach 1994)

Die Leistungs- und Persönlichkeitsentwicklung einzelner Kinder mit ihren heterogenen Persönlichkeitsanteilen, Stärken, Begrenztheiten, kognitiven und psychosozialen Entwicklungen wird genau dokumentiert. Die Autorin macht in Briefform den SchülerInnen ihre (kindorientierte) Lehrerperspektive verständlich.

Lern- und Verhaltensdokumentation mit Karteikarten (Nicolas 1996)

Regelmäßige Aufzeichnungen der Lehrerin mit Hilfe eines in der Praxis entwickelten Karteikartensystems tragen dazu bei, Schülerentwicklungen in den verschiedenen Lernbereichen langfristig zu überschauen.

Kind-Umfeld-Diagnose (→ Carle)

In einem Förderausschuss wird aus der Zusammenschau der Perspektiven vieler Beteiligter (Eltern, Erzieher, Lehrer, Sozialpädagoge, Psychologe usw.) der Förderbedarf eines Kindes diagnostiziert.

Reflexion unbewusster Interaktionsthemen
(Reiser 1995, Warzecha 1990)

Um die in jeder Lerngruppe einflussreichen unbewussten Gruppenthemen zu erforschen werden Vorschläge gemacht.

Teilnehmende Beobachtung (Buschbeck 1990)

Hospitationen sind eine alte und verbreitete Möglichkeit systematischer Perspektivenerweiterung, sowohl wenn PraktikerInnen die Arbeit in anderen Einrichtungen beobachten mit dem Ziel Neues zu lernen als auch wenn sie KollegInnen bitten, ihre eigene Arbeit zu beobachten um Rückmeldung aus dem Blickwinkel einer anderen Person zu erhalten.

Lernwerkstatt (Ernst 1988)

In der besonders von Karin Ernst propagierten Variante der Lernwerkstattarbeit hat das forschende Lernen von LehrerInnen besondere Bedeutung. Sie finden in der Lernwerkstatt eine Umgebung vor, in der sie im „Selbstversuch" eigene neue Perspektiven auf Inhalte, die sie sonst lehren, erarbeiten können. Sie entwickeln und erproben neue Lernmaterialien und neue Lernwege.

Organisationsentwicklung
(Horstkemper 1997, Rolff 1993, Schnoor 1995)

Kollegien diagnostizieren den Zustand ihrer Schulen oder Einrichtungen und suchen die passenden Zukunftsperspektiven. Ein häufig verwendeter methodischer Weg ist die Zukunftswerkstatt (Burow 1996), die mit ihrer ausgeprägten Diagnosephase ein Instrument zur kollegialen Erforschung organisatorischer Strukturen bereitstellt.

Moderationsmethode (Gottschall 1995)

Die Moderationsmethode ist ein Beispiel dafür, dass innovative Fortbildungskonzeptionen Wissensvermittlung kombinieren mit der Wissensproduktion durch die Teilnehmenden, deren umfassende Kenntnis ihrer eigenen Arbeitsfelder als Wissensschatz gehoben wird.

Visualisierungsmethode (von Thun 1994)

Visualisierungen helfen in Fortbildungen und Konferenzen, die perspektivischen Sichtweisen der PraktikerInnen auf Feldausschnitte zu dokumentieren.

Das Tagebuch als Erkundungsinstrument (→ Fischer/Bosse)

Das schriftliche Festhalten von Erfahrungen und Beobachtungen ist ein verbreitetes Mittel von Praxisforschung, das auch erlaubt, aktuelle Interpretationen spontan festzuhalten, um solche Ausgangsperspektiven späteren Neuinterpretationen zugänglich zu machen.

Selbsterfahrung und Supervision
(Gudjons 1992, Reiser/Lotz 1995, Schütze 1994, Dlugosch 2006)

Die Arbeit in Supervisions- und berufsbezogenen Selbsterfahrungsgruppen ist methodisch-systematische Perspektivenerweiterung. Supervision lässt sich auch analysieren als forschende Tätigkeit im Interesse der Verbesserung pädagogischer Praxis. In Supervisionsstunden stellen Praktiker/-innen einen „Fall" vor, erkunden ihre Ausgangsperspektive und erarbeiten neue Hinsichten auf den Fall, u.a. mit Hilfe der Kollegengruppen oder der Supervisoren. Es geht darum, dass man ausdrücklich Abstand nimmt von allem Vorwissen und sich so unvoreingenommen wie möglich auf die Wahrnehmung des Falles einlässt, um ihn neu sehen zu lernen (Schütze 1994). In der einschlägigen Literatur findet sich eine Fülle an konkreten methodischen Formen solcher Fallarbeit, die durchweg als Klärung einer Ausgangsperspektive und Erarbeitung von Multiperspektivität gekennzeichnet werden kann (vgl. z.B. Gudjons 1992; Ehinger/Hennig 1994; Reiser/Lotz 1995; West-Leuer 1995; West-Leuer/Kreienbaum 1995). Dabei werden auch Aspekte der Persönlichkeiten der Praktikerinnen selbst Gegenstand der Erkenntnissuche. Das Phänomen, dass wir dem, was wir bei anderen Menschen wahrnehmen, stets auch den Stempel eigener intrapsychischer

Voraussetzungen interpretierend aufdrücken, wird psychoanalytisch im interaktiven Wechselspiel zwischen Übertragung und Gegenübertragung gefasst (vgl. → Leuzinger-Bohleber/Garlichs). Da PraktikerInnen Teil ihres eigenen Forschungsfeldes sind und interpretierend sowohl als Handelnde als auch als Erkundende Einfluss ausüben, ist es unerlässlich, dass sie sich auch selbst zum Forschungsgegenstand machen, wenn sie die wesentlichen Elemente des Feldes erkunden wollen. Im Spiegel der Wahrnehmungen der Kollegengruppen können bisher verdeckt gebliebene Schichten der pädagogischen Situation der Erkenntnis zugänglich gemacht werden. Auch Arbeitshypothesen zu Struktur und subjektivem Sinn von Lernstörungen (Reiser 1995) können entwickelt werden.

Abschließend ergibt sich folgendes Resümee: Ziel von Praxisforschung ist die fallbezogene Erkenntnisgewinnung zur Verbesserung konkreter pädagogischer Praxis im Interesse ihrer Adressat/-innen. Erfolge und Misserfolge der Praxisforschung sind vor allem an dieser Intention zu messen. Praxisforschung kommt darum nicht einem verdünnten Aufguss wissenschaftlicher Forschung gleich, sondern gewinnt ihre Erkenntnisse mit eigenen Zielen. Praxistaugliche Methoden existieren, wie die obige (unvollständige) Dokumentation zeigt, bereits in großer Zahl. Dennoch ist es notwendig, zukünftig Gütekriterien für Praxisforschung und praxistaugliche Untersuchungsmethoden weiter zu entwickeln.

Literatur

Altrichter, Herbert/Peter Posch 1994: Lehrer erforschen ihren Unterricht. Eine Einführung in Methoden der Aktionsforschung. Bad Heilbrunn.
Bambach, Heide 1994: Ermutigungen – Nicht Zensuren. Zeugnisse ohne Noten in der Grundschule. Lengwil.
Beck, Gertrud/Gerold Scholz 1995: Beobachten im Schulalltag. Frankfurt/M.
Beck, Ulrich 1996: Das „Eigene Leben" in die eigene Hand nehmen. In: Pädagogik 7-8. S. 40-47.
Benner, Dietrich 1991: Hauptströmungen der Erziehungswissenschaft. Weinheim.
Binneberg, Karl 1979: Pädagogische Fallstudien. Ein Plädoyer für das Verfahren der Kasuistik in der Pädagogik. In: Zeitschrift für Pädagogik 25 Jg. 3/1979. S. 395-402.
Binneberg, Karl 1985: Grundlagen der pädagogischen Kasuistik. In: Zeitschrift für Pädagogik 31. Jg. 1985. S. 773-788.
Braun, Karl-Heinz/Gerd Gekeler/Konstanze Wetzel 1989: Subjekttheoretische Begründungen sozialarbeiterischen Handelns. Didaktische Bausteine und Dialogische Interviews zur Praxisreflexion und Innovation. Marburg.
Breit, Gotthard 1991: Mit den Augen des Anderen sehen – Eine neue Methode zur Fallanalyse. Schwalbach/Ts.
Burow, Olaf-Axel 1996: Lernen für die Zukunft – oder die „fünfte Disziplin des Lernens". In: Bund Berlin (Hg.): Nachhaltige Entwicklung. Aufgabe der Bildung, An SchuB 3/1996. S. 33-42.

Buschbeck, Helene 1990: Grundschulreform. Nachdenken über Anspruch und Machbarkeit pädagogischer Reformen. In: Unterstufe/Grundschule in Ost und West. Berlin. S. 67-74.

Cordier-Kanand, Ulrike 1992: Soziales Lernen von Mädchen und Jungen im Unterricht, Projektbericht und Fotodokumentation. Ms. Ahlen/Paderborn.

Dlugosch, Andrea 2006: „So hab' ich das noch nie gesehen ..." Kollegiale Fallberatung auf der Grundlage der Themenzentrierten Interaktion. Friedrich Jahresheft 2006 – Diagnostizieren und Fördern. S. 128-131.

Döpp, Wiltrud/Sylvie Hansen/Karin Kleinespel 1996: Eine Schule für alle Kinder. Die Laborschule im Spiegel von Bildungsbiographien. Weinheim/Basel.

Eberwein, Hans/Johannes Mand (Hg.) 1995: Forschen für die Schulpraxis. Was Lehrer über Erkenntnisse qualitativer Sozialforschung wissen sollten. Weinheim.

Ehinger, Wolfgang/Claudius Hennig 1994: Praxis der Lehrersupervision: Leitfaden für Lehrergruppen mit und ohne Supervisor. Weinheim/Basel.

Ernst, Karin 1988: Wie lernt man Offenen Unterricht? Erfahrungen an der Lernwerkstatt an der TU Berlin. In: Pädagogik 6/1988. S. 14-18.

Faust-Siehl, Gabriele/Rudolf Schmitt/Renate Valtin (Hg.) 1990: Kinder heute – Herausforderung für die Schule. Dokumentation des Bundeskongresses 1989 in Frankfurt am Main. Frankfurt/M.

Fichten, Wolfgang/Ulf Gebken/Hilbert Meyer/Alexandra Obolenski 2002: Oldenburger Teamforschung und lebenslanges Lernen. In: Einblicke Nr. 36/ Herbst 2002. Carl von Ossietzky Universität Oldenburg.

Fischer, Aloys 1914/1966: Deskriptive Pädagogik. In: Oppholzer, Siegfried (Hg.): Denkformen und Forschungsmethoden der Erziehungswissenschaft. München. S. 3-99.

Flitner, Andreas 1978: Eine Wissenschaft für die Praxis? In: Zeitschrift für Pädagogik 4. Jg. 1978. S. 183-193.

Fölling-Albers, Maria 1993: Der Individualisierungsanspruch der Kinder – Neue Anforderungen an die Grundschule. In: Landesinstitut für Schule und Weiterbildung (Hg.): Bilanz und Perspektive. 3. Grundschulsymposium. Soest. S. 15-36.

Garlichs, Adriane 1996: Forschendes Lernen in der Lehrerausbildung. In: Die Grundschulzeitschrift 95. 1996. S. 52-58.

Gemeinnützige Gesellschaft Gesamtschule 1995: Berichte aus den Lernwerkstätten. In: Köpke, Andreas/Klaus Winkel (Hg.): Gesamtschule – Schule der Vielfalt. Bundeskongreß 1995 in Rödinghausen. Aurich. S. 57-142.

Gottschall, Arnulf 1995: Die wichtigsten Techniken der Moderationsmethode. In: Pädagogik 6/1995. S. 9-11.

Groddeck, Norbert/Michael Schumann (Hg.) 1994: Modernisierung Sozialer Arbeit durch Methodenentwicklung und -reflexion. Freiburg.

Gudjons, Herbert 1992: Berufsbezogene Selbsterfahrung durch Fallbesprechung in Gruppen. In: Ders.: Spielbuch Interaktionserziehung. Bad Heilbrunn.

Hameyer, Uwe 1992: Die innere Qualität guter Grundschulen. Ergebnisse aus Fallstudien zur Selbstneuerungsfähigkeit. In: Hameyer, Uwe/Roland Lauterbach/ Jürgen Wiechmann (Hg.) 1992: Innovationsprozesse in der Grundschule. Bad Heilbrunn. S. 77-103.

Harder, Wolfgang 2004: Von anderen Schulen lernen. Blicke über den Zaun auf pädagogischen Erkundungsreisen. In: Pädagogik 1/2004. S. 45-48.

Heimann, Paul/Gunter Otto/Wolfgang Schulz 1966: Unterricht. Analyse und Planung. Hannover.

Heiner, Maja (Hg.) 1988: Selbstevaluation in der sozialen Arbeit. Freiburg.

Heiner, Maja (Hg.) 1994: Selbstevaluation als Qualifizierung in der sozialen Arbeit. Freiburg.

Heinze, Thomas/Fritz W. Loser/Friedrich Thiemann 1981: Praxisforschung. Wie Alltagshandeln und Reflexion zusammengebracht werden können. München/ Wien/Baltimore.

Heinze, Thomas/Bernd Stickelmann/Jürgen Zinnecker 1975: Handlungsforschung im pädagogischen Feld. Weinheim und München.

Hentig, Hartmut von 1982: Erkennen durch Handeln. Versuche über das Verhältnis von Pädagogik und Erziehungswissenschaft. Stuttgart.

Herberger, Maximilian/Ulfried Neumann/Helmut Rüssmann (Hg.) 1992: Generalisierung und Individualisierung im Rechtsdenken. Stuttgart.

Herzog, Walter 2002: Zeitgemäße Erziehung. Die Konstruktion pädagogischer Wirklichkeit. Weilerswist.

Honneth, Axel 1990: Die zerrissene Welt des Sozialen. Sozialphilosophische Aufsätze. Frankfurt/M.

Hörster, Reinhard 1997: Das Methodenproblem sozialer Bildung im pädagogischen Experiment. Zum praxeologisch-empirischen Gehalt von August Aichhorns Aggressivenbericht. In: Schmid, Volker (Hg.): Verwahrlosung, Devianz, antisoziale Tendenz. Stränge zwischen Sozial- und Sonderpädagogik. Würzburg.

Horstkemper, Marianne 1997: Schulische Reformen unterstützen: Konzepte und Methoden der Schulentwicklungsforschung. In: Friebertshäuser, Barbara/Annedore Prengel (Hg.): Handbuch Qualitative Forschungsmethoden in der Erziehungswissenschaft. Weinheim und München. S. 769-784.

Jaumann, Olga 1995: Perspektiven der Grundschulpädagogik. In: Behnken, Imbke/ Olga Jaumann (Hg.): Kindheit und Schule. Kinderleben im Blick von Grundschulpädagogik und Kindheitsforschung, Weinheim und München. S. 183-197.

Johansson, Inge/Anette Sandberg/Tuula Vuorinen 2007: Practitioner-oriented research as a tool for professional development. In: European Early Childhood Education Research Journal. Volume http://www.informaworld.com/smpp/title~content=t776628938~db=all~tab=issueslist~branches=15 - v1515, Issue 2 June 2007, S. 51-166. Abstract online unter: http://www.informaworld.com/smpp/content~content=a779853985~db=all [13.10.2008]

Jorkowski, Renate/Renate Knigge-Tesche/Annedore Prengel 1989: Wir können's ja doch – Projekterfahrungen an der Sonderschule. Oberbiel.

Klafki, Wolfgang 1964: Didaktische Analyse als Kern der Unterrichtsvorbereitung. In: Roth, Heinrich/Alfred Blumenthal (Hg.): Didaktische Analyse. Hannover. S. 5-34.

Klafki, Wolfgang 1973: Handlungsforschung im Schulfeld. In: Zeitschrift für Pädagogik. 1973. S. 487-516.

Klafki, Wolfgang 1976: Schulnahe Curriculumentwicklung und Handlungsforschung im Marburger Grundschulprojekt. In: Das Marburger Grundschulprojekt. Hannover. S. 3-33.

Klafki, Wolfgang 1980: Die bildungstheoretische Didaktik im Rahmen kritisch-konstruktiver Erziehungswissenschaft. In: Gudjons, Herbert/Rita Teske/Rainer Winkel (Hg.): Didaktische Theorien. Braunschweig. S. 10-26.

Klafki, Wolfgang 1982: Thesen und Argumentationsansätze zum Selbstverständnis „Kritisch-konstruktiver Erziehungswissenschaft". In: König, Eckard/Peter Zedler (Hg.) 1982: Erziehungswissenschaftliche Forschung: Positionen, Perspektiven, Probleme. Paderborn. S. 15-52.

Klein, Joseph 1958: Ursprung und Grenzen der Kasuistik. In: Ders.: Skandalon. Tübingen. S. 366-392.

Knauer, Sabine 1995: Teilnehmende Beobachtung im Zwei-Lehrer-System am Beispiel integrativen Unterrichts. In: Eberwein, Hans/Johannes Mand (Hg.): Forschen für die Schulpraxis. Was Lehrer über Erkenntnisse qualitativer Sozialforschung wissen sollten. Weinheim. S. 289-306.

Kornmann, Reimer 1995: Was nur Lehrerinnen und Lehrer über Lernprobleme ihrer Schülerinnen und Schüler wissen können: Inventare zur Evaluierung eigenen Unterrichts. In: Eberwein, Hans/Johannes Mand (Hg.): Forschen für die Schulpraxis. Was Lehrer über Erkenntnisse qualitativer Sozialforschung wissen sollten. Weinheim. S. 364-376.

Korte, Jochen 1980: Alltag in der Sonderschule. Weinheim/Basel.

Lichtenstein-Rother, Ilse 1969: Schulanfang. Frankfurt/M.

Lorenz, Jens Holger 1993: Möglichkeiten die Lernausgangslage festzustellen. In: Lorenz, Jens Holger/Hendrik Raddatz: Handbuch des Förderns im Mathematikunterricht. Hannover. S. 36-71.

Lüders, Christian 1989: Der wissenschaftlich ausgebildete Praktiker. Entstehung und Auswirkung des Theorie-Praxiskonzeptes des Diplom-Studiengangs Sozialpädagogik. Weinheim.

Mollenhauer, Klaus/Uwe Uhlendorff 1992: Sozialpädagogische Diagnosen. Über Jugendliche in schwierigen Lebenslagen. Weinheim und München.

Mollenhauer, Klaus/Uwe Uhlendorff 1995: Sozialpädagogische Diagnosen II. Selbstdeutungen verhaltensschwieriger Jugendlicher als empirische Grundlage für Erziehungspläne. Weinheim und München.

Morét, Esther 1980: Über die Möglichkeit gemeinsam zu lernen oder: Zur Verknüpfbarkeit von Wissenschaft und Alltag. In: Thiemann, Friedrich (Hg.): Konturen des Alltäglichen – Interpretationen zum Unterricht. Königstein.

Moser, Heinz 1995: Grundlagen der Praxisforschung. Freiburg.

Müller, Burkhard 1993: Sozialpädagogisches Können. Ein Lehrbuch zur mulitiperspektivischen Fallarbeit. Freiburg.

Muth, Jacob 1991: Tines Odysee zur Grundschule. Behinderte Kinder im allgemeinen Unterricht. Essen.

Nicolas, Bärbel 1996: Beobachtung ist das Fundament aller Förderung. Verhaltens- und Lernentwicklungen dokumentieren. In: Die Grundschulzeitschrift Heft 91, Januar. S. 44 f.

Pallasch, Waldemar/Heino Reimers 1990: Pädagogische Werkstattarbeit. Weinheim und München.

Petersen, Peter 1927/1980: Der kleine Jena-Plan. Weinheim.

Petersen, Peter/Else Müller-Petersen 1965: Die pädagogische Tatsachenforschung. Paderborn.

Prondczynsky, Andreas von 1993: Pädagogik und Poiesis. Eine verdrängte Dimension des Theorie-Praxis-Verhältnisses. Opladen.

Reiser, Helmut 1995: Entwicklung und Störung – Vom Sinn kindlichen Verhaltens. In: Reiser, Helmut/Walter Lotz: Themenzentrierte Interaktion als Pädagogik. Mainz. S. 177-191.

Reiser, Helmut/Walter Lotz 1995: Themenzentrierte Interaktion als Pädagogik. Mainz.

Rolff, Hans-Günter 1993: Wandel durch Selbstorganisation. Theoretische Grundlagen und praktische Hinweise für eine bessere Schule. Weinheim und München.

Scheerer-Neumann, Gerheid 1991: Entwicklungsverläufe beim Lesenlernen im offenen Unterricht. In: Sandhaas, Bernd u. a. (Hg.): Lesenlernen – Schreibenlernen. Wien/Bonn.
Scheerer-Neumann, Gerheid/Olga Petrow 1992: Lesen- und Schreibenlernen im offenen Unterricht, Lernangebote und Entwicklungsverläufe. In: Lütgert, Will (Hg.): Einsichten. Impulse. Bd 21. Bielefeld. S. 112-123.
Scheffer, Ursula 1976: Praxis und Erkenntnis – Ist prozeßorientierte Curriculumentwicklung verallgemeinerbar? In: Das „Marburger Grundschulprojekt". Hannover. S. 34-55.
Schnoor, Detlev 1995: Gegen den negativen Trend. Eine Gesamtschule gibt sich ein pädagogisches Profil. In: Pädagogik 2/1995. S. 13-16.
Schütze, Fritz 1994: Ethnographie und sozialwissenschaftliche Methoden der Feldforschung. Eine mögliche methodische Orientierung der Ausbildung und Praxis der Sozialen Arbeit. In: Groddeck, Norbert/Michael Schumann (Hg.): Modernisierung Sozialer Arbeit durch Methodenentwicklung und -reflexion. Freiburg. S. 189-297.
Schulz von Thun, Friedemann 1994: Auch Sie können aus dem Stegreif visualisieren. In: Pädagogik 10/1994. S. 11-17.
Shulman, Lee S. 2004: The Wisdom of Practice. Essays on Teaching, Learning and Learning to Teach. San Francisco.
Spinnendifferenzierung in Berlin 1989. (Freinet Gruppe Berlin, Arbeitskreis Neue Erziehung, Lernwerkstatt TU, PZ Berlin, GEW FG Grundschulen, Arbeitskreis Grundschule). Berlin.
Stübig, Frauke 1993: Schulalltag und Lehrerinnenbewußtsein. Das Tagebuch einer Lehrerin und seine Reflexion im Gespräch mit Birke Mersmann. Weinheim/Basel.
Tenorth, Heinz-Elmar 1996: Pädagogik als Wissenschaft und Praxis – Über Pädagogische Ausbildung und pädagogische Kompetenz. In: Jäger, Georg/Jörg Schönert (Hg.): Wissenschaft und Berufspraxis. Angewandtes Wissen und praxisorientierte Studiengänge in den Sprach-, Literatur-, Kultur- und Medienwissenschaften. Paderborn.
Tenorth, Heinz-Elmar 2006: Bildung. Brockhaus. Enzyklopädie in 30 Bänden. Bd. 4. Leipzig/Mannheim. S. 3-6.
Terhart, Ewald 1980: Erfahrungswissen und wissenschaftliches Wissen über Unterricht. In: Thiemann, Friedrich (Hg.): Konturen des Alltäglichen – Interpretationen zum Unterricht. Königstein. S. 83-105.
Ulrich, Dieter (Hg.) 1972: Theorie und Methode der Erziehungswissenschaft. Weinheim/Basel.
Wallrabenstein, Wulf 1991: Offene Schule, offener Unterricht. Reinbek.
Warzecha, Birgit 1990: Ausländische Verhaltensgestörte Mädchen im Grundschulalter. Eine Prozeßstudie über heilpädagogische Unterrichtsarbeit. Frankfurt/M.
Wehrspaun, Charlotte/Michael Wehrspaun/Andreas Lange/Angelika Kürner 1990: Kindheit im Individualisierungsprozeß: Sozialer Wandel als Herausforderung der sozialökologischen Sozialisationsforschung. In: Zeitschrift für Sozialisationsforschung und Erziehungssoziologie 10/1990. S. 115-129.
Weiland, Irmi 1995: Lernwege aus der Grundschule in die Gesamtschule – Offene Arbeitsformen aus der Grundschule für die Gesamtschule. In: Gemeinnützige Gesellschaft Gesamtschule (Hg.): Gesamtschule – Schule der Vielfalt. Bundeskongreß 1995 in Rödinghausen. Aurich. S. 93-93.

West-Leuer, Beate 1995: Supervision – Grundlage und Förderung professioneller Standards für eine gute Schule. In: Pädagogik und Schulalltag 4/1995. S. 553-560.

West-Leuer, Beate/Maria Anna Kreienbaum 1995: Was tragen Supervision und Evaluation zu einer guten/besseren Schule bei? In: Landesfrauenausschuß der GEW Baden Württ. (Hg.): Durchbruch zu einer feministischen Bildung. Bielefeld. S. 112-114.

Wünsche, Konrad 1972: Die Wirklichkeit des Hauptschülers. Köln.

Wünsche, Konrad 1979: Aufforderung an die Lehrer: Macht Eure eigene Unterrichtswissenschaft! In: päd. extra 7/1979. S. 22-26.

Zinnecker, Jürgen 1995: Pädagogische Ethnographie. Ein Plädoyer. In: Behnken, Imbke/Olga Jaumann (Hg.): Kinderleben im Blick von Grundschulpädagogik und Kindheitsforschung. Weinheim und München. S. 21-38.

Zinnecker, Jürgen 1996: Grundschule als Lebenswelt des Kindes. Plädoyer für eine pädagogische Ethnographie. In: Bartmann, Theodor/Herbert Ulonska (Hg.): Kinder in der Grundschule. Anthropologische Grundlagenforschung. Bad Heilbrunn. S. 41-74.

Herbert Altrichter, Waltraud Aichner,
Katharina Soukup-Altrichter und Heike Welte

PraktikerInnen als ForscherInnen

Forschung und Entwicklung durch Aktionsforschung

Unter Aktionsforschung (Synonyme: Praktiker-, Lehrer- oder Handlungsforschung) wird ein traditionsreicher empirischer Forschungsansatz verstanden, der durch folgende Merkmale gekennzeichnet ist (vgl. Altrichter/Feindt 2008):

(1) *Forschung und Entwicklung* werden nicht methodologisch getrennt, sondern als aufeinander zu beziehende Teile ein und desselben Vorhabens verstanden.

(2) Die *„Betroffenen"* von Forschung, die in anderen Ansätzen oft als „Forschungsobjekte" erscheinen, werden als Subjekte und (Mit-)ForscherInnen in die Untersuchungstätigkeit einbezogen. Dies erfordert veränderte Beziehungen zwischen WissenschaftlerInnen und PraktikerInnen: eine offene, gleichberechtigte (aber vielleicht differenzierte Rollen zulassende) Kommunikation, durch die eine Demokratisierung von Forschung angestrebt wird.

(3) Realität ist für Alltagsmenschen wie für ForscherInnen nur von einem Standpunkt aus erkennbar (vgl. Prengel 2003). Forschungsstrategisch versucht Aktionsforschung dieser *Perspektivität von Erkenntnis und Forschung* durch verschiedene Formen des Einbeziehens alternativer Perspektiven gerecht zu werden, z.B. jener unterschiedlicher Personen (SchülerInnen, SchulleiterInnen, Eltern, Externer usw.), unterschiedlicher Forschungsmethoden und unterschiedlicher Situationen.

(4) Aktionsforschung bettet individuelle Forschung einzelner LehrerInnen in den Diskurs von *professional communities* ein. Dies reflektiert die These, dass die Wissens- und Könnensentwicklung einzelner Personen im Medium einer dafür relevanten Gemeinschaft stattfindet (vgl. Lave/Wenger 1991).

Im folgenden Beitrag werden die Ziele und Merkmale, Stärken und Schwächen, Anwendungsbereiche und Herausforderungen sowie Entwicklungspotentiale der Aktionsforschung vorgestellt.

1. Wie handeln PraktikerInnen in komplexen Situationen?

Im Zentrum aller Aktionsforschungsansätze stehen *handlungstheoretische Überlegungen*. Wie gehen PraktikerInnen mit ihren komplexen Berufsaufgaben um und wie können sie jene Kompetenzen erlernen, um diese Aufgaben in qualitätsvoller Weise zu bewältigen?

Eine traditionelle Antwort auf diese Fragen lautet: Um die Probleme professioneller Praxis zu lösen, brauchen PraktikerInnen das „beste Wissen ihrer Zeit". Daher lernen professionelle PraktikerInnen in ihrer Ausbildung allgemeines, durch Forschung produziertes, generalisiertes, auf Aussagen kondensiertes („propositionales") Wissen – je länger, desto besser. Dieses sog. ‚Modell technischer Rationalität' setzt allerdings, wie Donald A. Schön (1983, S. 39 ff.) gezeigt hat, unzweifelhafte Ziele und feststehende Arbeitsbedingungen voraus. Diese Anforderungen mögen bei einfachen und routinehaften Aufgaben gegeben sein. Die Mehrzahl der Situationen professioneller Praxis, und gerade die wichtigen und jene für die Professionelle eigentlich bezahlt werden, sind im Gegenteil komplex, ungewiss, mehrdeutig sowie von Wert- und Interessenskonflikten geprägt.

Schön hat erfolgreiche, hochqualifizierte praktische Tätigkeit in realen Situationen untersucht. Seine Schlussfolgerungen scheinen gut mit den Ergebnissen der sog. *Expertenforschung* (vgl. Berliner 1992; Bromme 1992) vereinbar:

- *Problemdefinition:* In komplexen Situationen können PraktikerInnen gar nicht einfach Wissen zur Problemlösung anwenden, weil das ‚Problem' als solches nicht unzweideutig vorliegt. Es muss durch den Prozess der Problemdefinition geschaffen werden, der erst die Voraussetzung für das Wirksamwerden allgemeinen Wissens schafft.
- *Vorläufigkeit, Prozesshaftigkeit, Weiterentwicklung:* Diese erste Problemdefinition ist üblicherweise nicht der Weisheit letzter Schluss. Erfolgreiche PraktikerInnen beobachten ihre Handlung und damit gleichzeitig, wie zutreffend ihre Problemdefinition ist. Durch die Reflexion ihrer Handlungserfahrungen entwickeln sie diese Problemdefinition weiter.
- *Entwicklung ‚lokalen Wissens':* Gerade erfolgreiche PraktikerInnen haben die Fähigkeit, aus ihren Handlungserfahrungen ‚lokales Wissen' gleichsam auszufällen. Sie bauen einen speziellen Erfahrungsschatz auf, der ihnen hilft, die Probleme ihres Berufsbereiches kompetent und situationsbezogen anzugehen.

Erfolgreiche PraktikerInnen benötigen, wie Schön es nennt, die Fähigkeit zur *‚Forschung im Kontext der Praxis'*. Aktionsforschung verstehen wir als eine umfassende Strategie, um diese Kompetenz zu erwerben.

Die Argumentationen der AktionsforscherInnen sind von einer Vorstellung *professionellen* Handelns getragen, die sich in zwei Punkten von gängigen berufssoziologischen Definitionen unterscheidet: Das Professionen üblicherweise zugeschriebene *spezielle Wissen* besteht nicht allein aus generellem Wissen, sondern auch aus *lokalem Wissen*, das durch reflektierte Erfahrung erworben wurde. Zweitens wird die für Professionen typische *Autonomie* nicht individualistisch verstanden, sondern in der kritischen Auseinandersetzung in der *professionellen Gemeinschaft* (vgl. Lave/Wenger 1991; Altrichter 2002) und in der sozial verantwortlichen *Aushandlung mit den KlientInnen* verankert. Diese Konzeption von Professionalität ist jedoch keineswegs schon in allen Berufsfeldern problemlos geübte Alltagspraxis. Aktionsforschung bekommt dadurch normative Akzente und wird zu einem Konzept der Professionalisierung komplexer Berufsbereiche: Professionen müssen eine neue Balance zwischen *kodifiziertem Wissen* und *beruflicher Reflexion* einerseits (Professionsdimension ‚Wissen') sowie zwischen *individueller Autonomie* und *kollegialer und klientenbezogener Vernetzung* auf der anderen Seite (Professionsdimension ‚Autonomie') finden (vgl. Altrichter/Krainer 1996).

2. Merkmale von Aktionsforschung

Wie geht nun diese Aktionsforschung vor? Nicht so sehr einzelne Methoden und Forschungsinstrumente sind für Aktionsforschung charakteristisch, sondern deren Einbindung in eine *übergreifende Forschungsstrategie*.

2.1 Typische Schritte von Aktionsforschungsprozessen

Jeder Aktionsforschungsprozess hat sein eigenes Gesicht. Dennoch lassen sich *typische Schritte* skizzieren, deren Reihenfolge und Gewichtung sich manchmal ändern, deren Grundstruktur aber charakteristisch für Aktionsforschung bleibt. Für die *Einstiegsphase* eines Aktionsforschungsprojekts sind folgende Aktivitäten kennzeichnend (siehe Bereich A in Abb. 1):

1. *Einen Ausgangspunkt für die Forschung und Entwicklung festlegen*
Der Forschungsprozess setzt ein mit dem *Erkennen einer Fragestellung* und der Bereitschaft, daran zu arbeiten. Die Untersuchungsfragen der Aktionsforschung stammen üblicherweise nicht aus den gerade aktuellen Diskussionen der wissenschaftlichen Disziplinen. Vielmehr formulieren PraktikerInnen eine Fragestellung aus ihrer eigenen Praxis, die sie als bedeutsam für ihre Berufstätigkeit ansehen. Eine Folge dieser ‚Problemorientierung' ist, dass die meisten Fragestellungen in der Aktionsforschung *interdisziplinär* sind. Des Weiteren zeigt sich, dass bei der Bearbeitung komplexer praktischer Probleme die *Spezifität des Kontextes* besonderes Augenmerk erfordert. Den AktionsforscherInnen geht es zunächst einmal um *situational understanding*, um neue Handlungsperspektiven zu erschließen, und nicht primär darum, allgemeine Aspekte der Situation herauszupräparieren.

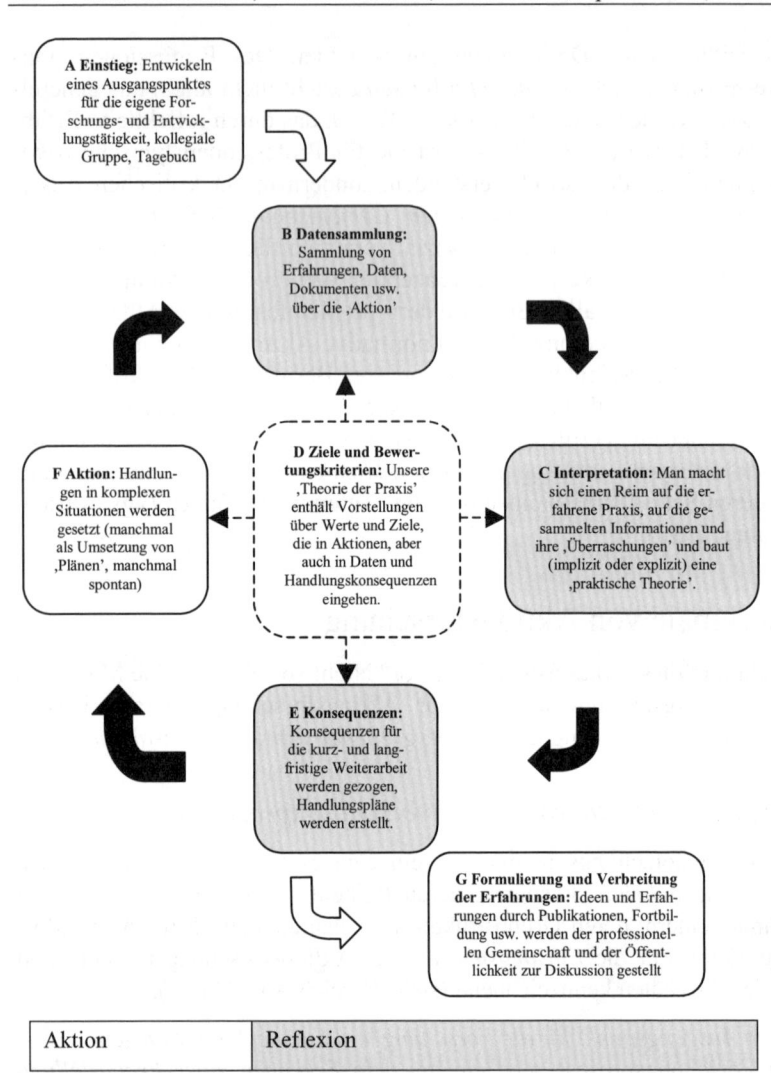

A Einstieg: Entwickeln eines Ausgangspunktes für die eigene Forschungs- und Entwicklungstätigkeit, kollegiale Gruppe, Tagebuch

B Datensammlung: Sammlung von Erfahrungen, Daten, Dokumenten usw. über die ‚Aktion'

F Aktion: Handlungen in komplexen Situationen werden gesetzt (manchmal als Umsetzung von ‚Plänen', manchmal spontan)

D Ziele und Bewertungskriterien: Unsere ‚Theorie der Praxis' enthält Vorstellungen über Werte und Ziele, die in Aktionen, aber auch in Daten und Handlungskonsequenzen eingehen.

C Interpretation: Man macht sich einen Reim auf die erfahrene Praxis, auf die gesammelten Informationen und ihre ‚Überraschungen' und baut (implizit oder explizit) eine ‚praktische Theorie'.

E Konsequenzen: Konsequenzen für die kurz- und langfristige Weiterarbeit werden gezogen, Handlungspläne werden erstellt.

G Formulierung und Verbreitung der Erfahrungen: Ideen und Erfahrungen durch Publikationen, Fortbildung usw. werden der professionellen Gemeinschaft und der Öffentlichkeit zur Diskussion gestellt

Aktion	Reflexion

Abb. 1: Der Kreislauf von Reflexion und Aktion

2. *Unterstützung von ForschungspartnerInnen suchen*
Die Zusammenarbeit mit ForschungspartnerInnen bietet Gelegenheit zur Diskussion inhaltlicher und methodischer Forschungsprobleme, zur kritischen Rückmeldung und zu konkreten Hilfen (z. B. bei der Durchführung eines Schülerinterviews). GesprächspartnerInnen sind einerseits forschende LehrerkollegInnen, andererseits auch „Externe" (z. B. aus Wissenschaft oder Lehrerfortbildung), die LehrerforscherInnen als „kritische FreundInnen" unterstützen.

3. *Den Ausgangspunkt näher klären*
Ist einmal die Entscheidung für einen Untersuchungsbereich und eine Fragestellung gefallen, so wird versucht, durch Analyse von Informationen,

die entweder schon vorliegen oder relativ leicht zugänglich sind, ein ‚erstes Bild' der Untersuchungssituation zu gewinnen, um von da her weitere Forschungs- und Entwicklungsschritte zu konzipieren.

In der *Kernphase* eines Aktionsforschungsprojekts fallen folgende Tätigkeiten an:

4. *Daten sammeln*
Mit unterschiedlichen Methoden werden Informationen über Praxissituationen und deren Wahrnehmung durch die Beteiligten beschafft (siehe Bereich B in Abb. 1). Die am häufigsten verwendeten *Forschungsmethoden* sind Interviews, Beobachtungen sowie Tonbandaufnahmen und Inhaltsoder Prozessanalysen von Unterrichtssequenzen, doch werden auch andere in empirischer Forschung geläufige Vorgehensweisen zur Datensammlung benutzt (vgl. Altrichter/Posch 2007, S. 110 ff.). Auch beschränken sich AktionsforscherInnen nicht prinzipiell auf qualitative Forschungsmethoden, sondern können ebenso mit quantitativen Daten arbeiten, wenn diese für die Reflexion und Weiterentwicklung einer sozialen Situation förderlich sind.

5. *Daten analysieren*
Die Analyse und Interpretation der Erfahrungen und Daten, die im Zuge einer Evaluation anfallen, gehört zu den faszinierendsten, anfänglich aber auch schwierigsten Teilen eines Aktionsforschungsprozesses: Kategorien müssen gebildet werden; mit ihnen müssen die eingeholten Informationen gedeutet werden. Dabei erfolgt ein Rückgriff auf die „praktische Theorie" der Forschenden, vor allem auf ihre Werthaltungen (siehe Bereich D in Abb. 1), weil die Interpretation der Bedeutung von Handlungen immer wieder auf die pädagogischen Werte verweist, die in der jeweiligen Situation verwirklicht werden (sollen). Auch können unbewusste Aspekte pädagogischer Situationen, zum Beispiel durch tiefenhermeneutische Fallarbeit erschlossen werden (→ Klein; → Nitsch/Scheller; → Fischer/Bosse; → Prengel).

6. *Handlungsstrategien entwickeln und in die Praxis umsetzen*
Neue Vermutungen über und Einsichten in die eigene Praxis wollen in die Tat umgesetzt werden. Als Konsequenz werden verschiedene Handlungsstrategien entwickelt (siehe Bereich E) und schließlich in der Praxis erprobt (siehe Bereich F). In aller Regel kann nicht erwartet werden, dass neue Handlungen ein Problem sofort auf zufrieden stellende Weise lösen. Daher werden diese – in einem weiteren „Kreislauf von Reflexion und Aktion" – auf ihre Wirkungen und Nebenwirkungen untersucht, damit aus den Erfahrungen gelernt werden kann und die Handlungsstrategien selbst verbessert werden können.

Auch wenn ein Entwicklungsvorhaben für die AktionsforscherInnen persönlich sehr lohnend war, wird es erst dadurch zur „Aktionsforschung", wenn Erfahrungen und Ergebnisse anderen zugänglich gemacht werden (siehe Bereich G in Abb. 1).

7. Erkenntnisse und Erfahrungen veröffentlichen

Elliotts (1991) Konzept von Aktionsforschung zielt darauf das professionelle Wissen einzelner Berufstätiger aus seiner privatistischen Isolation zu befreien. Aktionsforschung regt PraktikerInnen an, die bei der Erforschung ihrer eigenen Praxis gewonnenen Erfahrungen, z.B. in Fallstudien, Fortbildungskursen oder anderen Medien, zu veröffentlichen und einer kollegialen Diskussion auszusetzen. Dafür gibt es drei Gründe: Erstens ist die Teilnahme an einer ‚professional community' ein Mittel, um *individuelle Einsichten auf ihre Brauchbarkeit und ihren Gültigkeitsbereich zu überprüfen und Hinweise für deren Weiterentwicklung zu bekommen.* Zweitens macht sie praktisches Wissen KollegInnen zugänglich und *verbreitert damit die Wissensbasis der Profession.* Schließlich erlaubt die Veröffentlichung von Praktikerwissen, Sichtweise von PraktikerInnen mit gut begründeten Argumenten und Beispielen aus ihrer Praxis *zum Ausdruck zu bringen* und *den Fragen und Anliegen der Öffentlichkeit gegenüber* auf glaubwürdige Weise Rechenschaft abzulegen.

2.2 Stärken und Schwächen der Aktionsforschungsstrategie

Unserer Meinung nach verfügt das dargestellte Konzept der Aktionsforschung über einige *Stärken*: Erstens bietet es einen Orientierungs- und Rechtfertigungsrahmen für professionelle Berufstätige, die ihre Praxis in sozial verantwortlicher Weise weiterentwickeln wollen. Zweitens erlaubt die enge Beziehung von ‚Anwendungs-‘, ‚Entdeckungs-‘ und ‚Begründungszusammenhang' ein kohärenteres Bild des ganzen Forschungsprozesses und eine realistische Diskussion dessen, was ‚Qualität' in der Forschung sinnvollerweise heißen kann (vgl. Altrichter 1993). Drittens bringt die Kooperation zweier unterschiedlich qualifizierter Berufsgruppen, von ForscherInnen und PraktikerInnen, auch spezifische Potentiale für die Forschung: Die Möglichkeiten des Feldzugangs und damit des schrittweisen Erprobens und Weiterentwickelns pädagogischer Strategien verbessern sich. Gerade in Entwicklungsprojekten ist nicht zu unterschätzen, dass durch die mitarbeitenden PraktikerInnen eine kontinuierliche Präsenz des Forschungsteams im Feld gewährleistet werden kann. Die Chance, praxisrelevante Ergebnisse zu erzielen und sie in einer Sprache zu formulieren, die für andere PraktikerInnen anschlussfähig ist, steigt. Schließlich können PraktikerInnen mit ihrer Feldkompetenz und ihrer Erfahrung der Komplexität pädagogischer Situationen eine spezifische Expertise in ein Forschungsteam einbringen, die Begriffsbildung, Forschungsstrategien und Ergebnisinterpretation weitertreiben können.

Natürlich sind diese Potentiale der Aktionsforschungsstrategie auch von spezifischen Gefahren begleitet. Diese sind in der kritischen Literatur oft zu prinzipiellen Einwänden gegen das Forschungskonzept hochstilisiert worden. Wir haben uns an anderer Stelle (vgl. Altrichter 1990) ausführlich mit solchen Einwänden auseinandergesetzt und sie als Varianten genereller

Forschungsprobleme erklärt, mit denen auch andere Ansätze zurechtkommen müssen. Interessanter erscheint uns, dass sich in der Aktionsforschungstradition verschiedene *praktische und organisatorische Strategien* herausgebildet haben, die PraktikerInnen und multiprofessionellen Forschungsgruppen helfen sollen, mit solchen Forschungsproblemen (wie z.B. dem Verhältnis von Distanz und Involvierung; Fragen der Validität) in reflektierter und produktiver Weise umzugehen:

(1) *Forschungsfaustregeln und ethische Codes* formulieren Bedingungen für produktive Aktionsforschung (z.B. Altrichter 1990, S. 230 ff.). Sie dienen zur Absicherung der Rechte sozial weniger einflussreicher Akteursgruppen und als Reflexionsanlass für die ForscherInnen. Beispielsweise animiert die Faustregel *„Konfrontiere unterschiedliche Perspektiven auf die untersuchte Situation"*, ihre eigenen Wahrnehmungen z.B. mit solchen von SchülerInnen oder externen BeobachterInnen zu vergleichen. Etwaige ‚Diskrepanzen' sind Nahrung für die Reflexion; sie bilden oft besonders anregende Ausgangspunkte für die Weiterentwicklung von praktischen Theorien und Handlungsstrategien (z.B. die Diskrepanz zwischen dem Selbstbild einer Lehrerin und der ‚distanzierteren Perspektive' einer Tonbandaufnahme).

(2) *Soziale Einbettung von Aktionsforschung in eine „Community of Practice"*: Die Aktionsforschung einzelner LehrerInnen ist meist *in eine Gesprächsstruktur eingebettet* (vgl. Altrichter 2002). Durch verschiedene Arbeitsregeln und Strukturvorschläge für die Kooperation von LehrerforscherInnen soll die Chance erhöht werden, dass unterschiedliche Forschungs- und Handlungsstrategien erwogen, alternative Lesarten von Daten und Handlungskonsequenzen für Erfahrungen diskutiert werden und dadurch die Qualität der Projektergebnisse erhöht wird.

(3) Aktionsforschung hat den Anspruch, PraktikerInnen für ihre Arbeitssituation möglichst praktikable Methoden und Kontexte – in einer *Werkzeugkiste von Forschungsmethoden und Arbeitsformen in kooperativen Projekten* (vgl. Altrichter/Posch 2007) – anzubieten, die es erlauben, Reflexion-Aktions-Kreisläufe systematischer, reflexiver und auf einer besseren Informationsbasis durchzuführen.

3. Geschichte und Varianten

Woher kommt Aktionsforschung? Am häufigsten wird Kurt Lewin (1946) als Begründer der Aktionsforschung genannt, die für ihn eine ‚vergleichende Erforschung der Bedingungen und Wirkungen verschiedener Formen des sozialen Handelns und eine zu sozialem Handeln führende Forschung' ist. Seit Mitte der 1940er Jahre versuchte er diesem Forschungstyp in Projekten, beispielsweise zur Verbesserung der Beziehungen zwischen ethnischen und religiösen Gruppen oder zur Veränderung der Ernährungsgewohnheiten im 2. Weltkrieg (vgl. Lewin 1988), konkrete Gestalt zu geben. Petzold (1980) und Gunz (1986) sehen die Wurzeln der Aktionsforschung dagegen bei Jakob L. Moreno, einem Arzt, Sozialphilosoph, Poet and ‚Erfinder' von Konzepten wie Soziometrie, Psychodrama, Soziodrama, Rollenspiel usw.

Lewins Aktionsforschung wurde sehr rasch im nordamerikanischen Bildungswesen rezipiert – vielleicht weil sie dort auf die Traditionen der *progressive education* traf, die wie Action Research an demokratischer Beteiligung der Betroffenen und sozialer Gerechtigkeit interessiert war und sich auf einen ähnlichen Begriff denkend-handelnder Erfahrung stützte (vgl. Dewey 1986). Im Verlaufe der 1950er und 1960er Jahre ließ das Interesse an Aktionsforschung wieder nach (vgl. Kemmis 1988, S. 33 ff.). Projekte der Aktionsforschung fanden in dieser Zeit eher in den Randbereichen der anerkannten Sozialwissenschaften statt (vgl. Sanford 1970, S. 5).

Aus der Kritik an einer Curriculumreform, die die Betroffenen bevormundete, entstand in den 1970er Jahren in England und Australien eine Bildungsreformbewegung, die wieder unter den Bezeichnungen *action research* oder *teacher research* firmierte. In Projekten der Curriculum- und Unterrichtsentwicklung wurde versucht, zu einer reflektierten Entwicklung der Bildungspraxis beizutragen, bei der die ‚Betroffenen' eine tragende Rolle spielen (vgl. Stenhouse 1975; Elliott 1991). Die Entwicklung der angloamerikanischen Aktionsforschungsbewegung geschah weitgehend unabhängig von den deutschsprachigen Ländern und führte zu einer besseren Etablierung an den akademischen Institutionen und in der fachlichen Literatur. Beispielsweise findet sich in der letzten Ausgabe des „Handbook of Research on Teaching" ein Überblicksartikel über „practitioner research" (vgl. Zeichner/Noffke 2001). Seit den 1990er Jahren fasst Action Research in Nordamerika auch als Methode Fuß, mit der College- und UniversitätslehrerInnen, speziell aus der Lehrerbildung, ihr eigenes Unterrichten reflektieren, untersuchen und weiterentwickeln *(„Self-Study Research")*. Aus dieser Richtung zeigte sich in den letzten Jahren ein „tremendous growth in publications" und in akademischer Respektabilität; Forderungen nach Anerkennung solcher Selbststudien für Karriere und *tenure*-Entscheidungen waren schrittweise erfolgreich. 1992 erfolgte schließlich die Gründung einer Special Interest Group der AERA „Self-Study of Teacher Education Practices", die in der Zwischenzeit eine der größten Fachgruppen dieser Gesellschaft geworden ist (vgl. Zeichner 2004, S. 276).

Auch in den deutschsprachigen Ländern hatten sich in den beginnenden 1970er Jahren Stimmen erhoben, die unter der Bezeichnung *Handlungsforschung* eine Kritik am traditionell-empirischen Ansatz formulierten und für eine praxisverändernde Forschung plädierten (z.B. Fuchs 1970/71; Haag u.a. 1972; Klafki 1973; Moser 1978). Im Reformklima dieser Zeit hatte ursprünglich ein breites Interesse an diesem Forschungsansatz bestanden, der behauptete, soziale Veränderungen auf der Basis von Forschung vorantreiben zu können. Zwischen 1972 und 1982 erschienen mehr als 400 Aufsätze und Bücher handlungsforscherischen Inhalts (Nonne 1989, S. 140). Seit den frühen 1980er Jahren erfuhr die Handlungsforschung jedoch Kritik und ihre

Attraktivität in der deutschsprechenden akademischen Welt nahm wieder ab (vgl. Altrichter/Gstettner 1993).

Die englische Lehrerforschung strahlte seit Mitte der 1980er Jahre zunächst nach Österreich aus und schlug sich in Projekten zur Reform von Unterricht, Schule und Lehrerbildung nieder (vgl. Altrichter/Thaler 1996). Unter diesen sticht das *OECD/CERI-Projekt ‚Environment and School Initiatives'* hervor, in dem LehrerInnen und SchülerInnen aus einundzwanzig Ländern eine zweifache Zielsetzung anstrebten: ‚Umweltbewusstsein' und ‚dynamische Qualitäten' (wie z.B. Eigeninitiative, Selbstvertrauen, Selbstverantwortlichkeit usw.) sollten entwickelt werden (Posch 1990; OECD 1991). Seit Beginn der 1990er Jahre trifft diese „neue Aktionsforschung" auch in Deutschland (Legutke 1998; Fichten u.a. 2002) und der Schweiz (Dick 1996; Moser 1995) auf zunehmendes Interesse. Bei einem Überblick über qualitative Forschungsansätze in Kontinentaleuropa (vgl. Kelchtermans u.a. 1994, S. 248f.) findet der Ansatz breite Erwähnung als Beispiel sog. ‚interventionistischer Studien'.

4. Anwendungsbereiche und neuere Entwicklungen

Für welche Realitätsbereiche sind die Strategien und Methoden der Aktionsforschung angemessen? Aktionsforschung erscheint für alle sozialen Felder und *„people-oriented professions"* (Winter 1989, VIII) geeignet, wenn folgende Bedingungen erfüllt sind:

- Es gibt ein *Interesse an sozial verantwortlicher Entwicklung*: professionelle Berufstätige wollen mit ihren ‚KlientInnen' an einer für beide Seiten befriedigenden Weiterentwicklung der Praxis arbeiten.
- Es gibt eine Bereitschaft, diese Entwicklung durch eine enge *In-Beziehung-Setzung von reflektierter Praxis und praxisorientierter Reflexion* leiten zu lassen, was auch eine gewisse Toleranz für kritische Informationen und Veränderungszumutungen mit einschließt.

Typische Anwendungskontexte von bildungsbezogener Praxisforschung im Bildungswesen sind gegenwärtig (vgl. Altrichter/Feindt 2008):

- *Lehrerfortbildung:* Im angloamerikanischen Raum hat sich ein Sektor der Lehrerfortbildung entwickelt, der sich auf die Philosophie und Praktiken von *action research* beruft (z.B. Hollingsworth 1997; McTaggart 1997). Dass dies im deutschen Sprachraum nicht im gleichen Ausmaß geschehen ist, hängt damit zusammen, dass eine forschungsorientierte Fortbildung von LehrerInnen auch entsprechende institutionelle Bedingungen benötigt. Diese sind in den punktuelleren Angeboten von vorwiegend der Bildungsadministration verbundenen Trägern, die in deutschsprachigen Ländern vorherrschen, weniger leicht herzustellen als in längerfristigen Lehrgängen, die im angelsächsischen Raum oft zu zusätzlichen Zertifikaten und Graden führen („award-bearing courses") und von

Institionen des tertiären Sektors angeboten werden. Dennoch gibt es einige Ansätze zu einer forschungsorientierten Lehrerfortbildung (vgl. Krainer/Posch 1996; Altrichter/Posch 1998; Köhler 1997; Krammling-Jöhrens 1997).

- *Schulentwicklung:* Entwicklungsprozesse – und zwar nicht nur im Bildungswesen, sondern auch bei profit-Organisationen (vgl. Probst/Raub 1995) – bedürfen begleitender Reflexion zu ihrer Orientierung und Kritik. Die Komplexität dieser Prozesse und die Notwendigkeit, schon im Entwicklungsverlauf Prozessinformationen zu verarbeiten und für die weitere Steuerung zu verwenden, schließt oft aufwändige empirisch-quantitative Methodendesigns aus (vgl. z. B. Hentig 1982, S. 38). Handlungs- und Praxisforschung ist hier für viele die Methode der Wahl.

Die herausragenden Beispiele von Schulen, denen forschende Weiterentwicklung von Anfang an als Auftrag mitgegeben wurde, sind im deutschsprachigen Raum die Bielefelder Versuchsschulen. Seit dreißig Jahren arbeiten LehrerInnen mit Forschungsauftrag an Laborschule und Oberstufen-Kolleg in Kooperation mit WissenschaftlerInnen an der Entwicklung, Erprobung und Evaluation neuer Formen des Lehrens und Lernens sowie des schulischen Zusammenlebens (vgl. Hentig 1990; Thurn/Tillmann 1997; Huber u.a. 1999; Döpp u.a. 1996; → Döpp mit weiteren Projektbeispielen).

- *Entwicklung von Schulsystemen:* Eine neue Dimension kann Handlungs- und Praxisforschung gewinnen, wenn sie zur systemweiten Stimulierung von Entwicklungstätigkeit eingesetzt wird. In der „Bremer Schulbegleitforschung" werden den beteiligten LehrerInnen Verlagerungsstunden für ihre Forschungstätigkeit von der Schulbehörde gewährt. Ein Koordinierungsgremium begleitet die Arbeit in den Forschungsteams und regelmäßige Foren unterstützen den kommunikativen Austausch zwischen den Forschungsteams (vgl. Kemnade 2000).

- *Lehrerbildung:* Im Zuge von Überlegungen zur Reform der universitären Lehrerbildung sind nach den ersten Ansätzen im englischen Sprachraum (z.B. Nias/Groundwater-Smith 1988; Zeichner 1992) auch im deutschsprachigen Gebiet Vorschläge zu einer reflexiven Lehrerbildung (vgl. Dick 1996; Dirks/Hansmann 1999; Ohlhaver/Wernet 1999; Beck u.a. 2000) vorgetragen worden, in denen die Reflexion und Erforschung beruflicher Praxis durch LehrerstudentInnen in die universitäre Lehrerbildung integriert wird, z.B. durch *reflektierende* oder *forschungsorientierte Praktika* (vgl. Altrichter/Lobenwein 1999), *Forschungswerkstätten* (vgl. Dick 1996; Bastian 2000; Reh/Schelle 2000; Schneider/Wildt 2001), *Team-Forschung* (vgl. Feindt 2000; Meyer/Feindt 2000; Fichten u.a. 2002) oder Fallarbeit (→ Geiling/Heinzel/Reh).

- *Didaktik und Fachdidaktik:* Didaktiker wie Hilbert Meyer (2007, S. 215 ff.) beziehen sich, wo es um Unterrichtsreflexion und -auswertung geht, auf Modelle und Vorgangsweisen der Aktionsforschung. Auch bei *fachdidaktischer Entwicklungsarbeit* erfolgt oft der Rückgriff auf Konzepte und Strategien der Aktionsforschung: So gibt es in der *Mathema-*

tikdidaktik eine Tradition aktionsforscherischer Argumentation (vgl. Krainer 1996; Weber 2007). In der *Fremdsprachendidaktik* waren schülerbezogene Ansätze des *empowerment* und des aktiven Lernens Anlass dafür, die Modelle der Aus- und Fortbildung sowie der Innovation des Unterrichts zu überdenken (vgl. Legutke 1998; Ehlers/Legutke 1998; Delanoy 1995, 1996; Hermes 1997).
- Aktionsforschung hat auch eine gewisse Tradition in *anderen Arbeitsfeldern*, z.B. in der Sozialarbeit und in therapeutischen Berufen (vgl. Steward 1994) sowie in Wirtschaftsunternehmen (vgl. Probst/Raub 1995). Auch gibt es Aktionsforschungsarbeiten in den Pflegeberufen (vgl. Sparrow/Robinson 1994) und in auf den ersten Blick wohl überraschenden Berufsfeldern, wie jenen von Polizisten und Priestern (vgl. West 1993). Projekte der Entwicklungszusammenarbeit und des Aufbaus gemeinwesenorientierter Gesundheitsdienste (vgl. Valla 1994) bedienen sich ebenfalls der Aktionsforschung.

5. Herausforderungen und Entwicklungsfelder

5.1 Unterrichts- und Schulentwicklung im Zeichen von PISA

Im Gefolge von PISA erleben wir einen bedeutenden Aufschwung empirisch-quantitativer Forschung. Auf der anderen Seite wächst die Einsicht, dass durch neue Forschungsergebnisse allein, Schulen und Unterricht unter Druck kommen, sich aber nicht automatisch und folgerichtig in eine gewünschte Richtung ändern. Dort wo die internationalen Leistungsvergleichsstudien TIMSS und PISA (z.B. OECD 2001) in den deutschsprachigen Ländern Nachdenken angeregt haben, sind v.a. zwei Aspekte schulischen Lernens in Diskussion gekommen: Erstens scheinen Schulen in den gemessenen Leistungsmerkmalen häufig rezeptives Lernen zu fördern, und zweitens produzieren sie relativ große Leistungsunterschiede in der Schülerpopulation, die eng mit sozialen Merkmalen der SchülerInnen zusammenhängen. Daraus scheinen sich folgende *Aufgaben* herauszuschälen, für die die verschiedenen Strömungen der Praxisforschung in Fortbildung und Entwicklungsprojekten erprobte Strategien anzubieten haben:

a) Es müssen solche Unterrichtsverfahren entwickelt und (fach-)didaktisch aufbereitet werden, die tiefer gehendes Verstehen der gelernten Phänomene und Anwenden in nicht-schulischen Situationen fördern.
b) Sowohl Unterrichtsverfahren als auch Schul- und Unterrichtsorganisation müssen in Hinblick auf unerwünschte differenzierende Effekte untersucht werden, die dazu führen, dass ein – im Vergleich mit anderen Ländern hoher – Teil der Schülerpopulation mit einem alarmierend niedrigen Niveau basaler Kompetenzen (z.B. Lesefähigkeit) die Schule verlässt.
c) Wir werden in den nächsten Jahren einen stark steigenden Bedarf an *didaktischer und fachdidaktischer Entwicklungsarbeit* unter diesen Zielperspektiven sehen. Der Bedarf betrifft *nicht (alleine) Neuentwicklungen*,

sondern es geht auch darum, LehrerInnen zum Teil schon bekannte Unterrichtsverfahren so nahe zu bringen, dass sie ihnen praktikabel und gewinnbringend für ihre SchülerInnen und sich selbst erscheinen. Diese *Vermittlung (fach-)didaktischer Entwicklungen an die Berufsgruppe* kann nicht in Form einer kulturellen Invasion oder allein durch Auftrag von oben geschehen. Sie darf LehrerInnen nicht durch unverstandene, von außen vorgegebene Programme deprofessionalisieren, sondern muss auf Expertise und Entwicklungsfähigkeiten der Lehrenden aufbauen, sie aktivieren und stützen.

d) Angesichts der Defizite bei der Förderung leistungsschwächerer SchülerInnen scheint es ausgesprochen notwendig zu sein, die *Diagnosekompetenzen von LehrerInnen* weiter zu entwickeln. Nur wenn LehrerInnen in der Lage sind, Genese und Bedingungen niedriger Leistungsniveaus zu erkennen, können passende Förderstrategien entwickelt werden. Praxisforschung als Diagnose- und Interventions-Strategie kann in diesem Zusammenhang einen wichtigen Beitrag leisten.

5.2 Methodologische Begründung und Weiterentwicklung

Die PraxisforscherInnen haben in den letzten Jahren auf Auseinandersetzungen um die methodologische Begründung ihrer Forschungsstrategie weithin verzichtet (vgl. Feindt 2007 als Ausnahme) und sie vor allem als praktikables *Entwicklungs*konzept dargestellt. Diese methodologische Abstinenz ist auf Dauer nicht günstig, weil dadurch Anpassung an aktuelle Anforderungen und Weiterentwicklung verhindert werden. Dass für solche Diskussionen neuer Bedarf herrscht, deutet die Arbeit von Wright (2006; vgl. auch Unger/Wright 2008; Altrichter/Posch 2008) an. Auch haben angesehene Peer Reviewer jüngst den „speziell[n] Forschungsansatz der Laborschule – die Praxisforschung im ‚Lehrer-Forscher-Modell' – als besonderes Merkmal der Versuchsschularbeit hervorgehoben und entsprechend gewürdigt" und empfohlen, „diesen Ansatz theoretisch und methodisch weiterzuentwickeln" (Terhart/Tillmann 2007, S. 167).

5.3 Verstärkung „normalwissenschaftlicher" Aktivitäten

An der Zahl und Akzeptanz von ‚normalwissenschaftlichen Instrumenten', wie z.B. Publikationsorgane, Tagungen, Anträge um Forschungsförderung usw., kann die aktuelle Bedeutung einer Forschungsrichtung im Wissenschaftssystem abgelesen werden. Beim Ausbau solcher Instrumente – ohne Segregierung von anderen Forschungsansätzen – liegt eine große Zukunftsaufgabe. Hier gibt es schon Ansätze, wie die Fachtagungen des „Nordverbunds Schulbegleitforschung" oder die Publikationen zum „Forschenden Lernen". Eine Zeitschrift, die sich Modellen reflektierter Unterrichtsentwicklung und der Implementation von Neuerungen widmet, könnte ein zusätzliches Instrument sein. Forschungs- und Entwicklungsprojekte, in denen sich verschiedene Standorte zu Konsortien zusammenschließen, könnten eine Chance bieten, größere Aufmerksamkeit als durch die sonst üblichen standortbezogenen Kleinprojekte zu gewinnen. Netzwerke von verschiedenen Standorten sowie auch mit anderen sozialwissenschaftlichen Arbeitsfeldern, wie z.B. Sozialarbeit oder Public Health, könnten Möglichkeiten eröffnen, feldübergreifende forschungsstrategische und methodologische Fragen systematischer in Angriff zu nehmen.

Literatur

Altrichter, Herbert 1990: Ist das noch Wissenschaft? München.
Altrichter, Herbert 1993: The Concept of Quality in Action Research. In: Schratz, Michael (Hg.): Qualitative Voices in Educational Research. London. S. 40-55.
Altrichter, Herbert 2002: Die Rolle der ‚professional community' in der Lehrerforschung. In: Dirks, Una/Wilfried Hansmann (Hg.): Forschendes Lernen in der Lehrerbildung. Bad Heilbrunn. S. 17-36.
Altrichter, Herbert/Andreas Feindt 2008: Handlungs- und Praxisforschung. In: Helsper, Werner/Jeanette Böhme (Hg.): Handbuch der Schulforschung. Wiesbaden. S. 449-466.
Altrichter, Herbert/Peter Gstettner 1993: Aktionsforschung – ein abgeschlossenes Kapitel in der Geschichte der deutschen Sozialwissenschaft? In: Sozialwissenschaftliche Literatur Rundschau 16. 26. S. 67-83.
Altrichter, Herbert/Konrad Krainer 1996: Wandel von Lehrerarbeit und Lehrerfortbildung. In: Krainer, Konrad/Peter Posch (Hg.): Lehrerfortbildung zwischen Prozessen und Produkten. Bad Heilbrunn. S. 33-73.
Altrichter, Herbert/Waltraud Lobenwein 1999: Forschendes Lernen in der Lehrerbildung? In: Dirks, Una/Wilfried Hansmann (Hg.): Reflexive Lehrerbildung. Weinheim. S. 169-196.
Altrichter, Herbert/Peter Posch 1998: Einige Orientierungspunkte für ‚nachhaltige Lehrerfortbildung'. In: Herber, Hans-Jörg/Franz Hofmann (Hg.): Schulpädagogik und Lehrerbildung. Innsbruck. S. 245-259.
Altrichter, Herbert/Peter Posch 2007: Lehrerinnen und Lehrer erforschen ihren Unterricht. Bad Heilbrunn.
Altrichter, Herbert/Peter Posch 2008: Forschende Entwicklung und Entwicklungsforschung. In: Hofmann, Franz/Claudia Schreiner/Josef Thonhauser (Hg.): Qualitative und quantitative Aspekte. Münster. S. 75-97.
Altrichter, Herber/Michaela Thaler 1996: Aktionsforschung in Österreich: Entwicklungsbedingungen und Perspektiven. In: Juna, Johanna/Paul Kral (Hg.): Schule verändern durch Aktionsforschung. Innsbruck. S. 89-120.
Bastian, Johannes 2000: Forschungswerkstatt ‚Schulentwicklung'. In: Feindt, Andreas/Hilbert Meyer (Hg.): Professionalisierung und Forschung. Oldenburg. S. 203-208.
Beck, Christian/Werner Helsper/Bernhard Heuer/Bernhard Stelmaszyk/Heiner Ullrich 2000: Fallarbeit in der universitären LehrerInnenbildung. Opladen.
Berliner, David C. 1992: The Nature of Expertise in Teaching. In: Oser, Fritz/Andreas Dick/Jean-Luc Patry (Hg.): Effective and Responsible Teaching. San Francisco. S. 227-248.
Bromme, Rainer 1992: Der Lehrer als Experte. Bern.

Delanoy, Werner 1995: Interkulturelles Lernen in der Lehrerfortbildung. In: Bredella, Lothar (Hg.): Verstehen und Verständigung durch Sprachenlernen? Bochum. S. 475-489.

Delanoy, Werner 1996: Plädoyer für ein interkulturelles PFL-Englisch. In: Krainer, Konrad/Peter Posch (Hg.): Lehrerfortbildung zwischen Prozessen und Produkten. Bad Heilbrunn. S. 361-376.

Dewey, John 1986: Erziehung durch und für Erfahrung. Stuttgart.

Dick, Andreas 1996: Vom unterrichtlichen Wissen zur Praxisreflexion. Bad Heilbrunn.

Dirks, Una/Wilfried Hansmann (Hg.) 1999: Reflexive Lehrerbildung. Weinheim.

Döpp, Wiltrud/Sylvie Hansen/Karin Kleinespel 1996: Eine Schule für alle Kinder. Weinheim.

Ehlers, Swantje/Michael K. Legutke 1998: Fortbildung von Fremdsprachenlehrern. In: Zeitschrift für Fremdsprachenforschung 9. 1. S. 1-34.

Elliott, John 1991: Action research for educational change. Philadelphia.

Feindt, Andreas 2000: Team-Forschung. In: Feindt, Andreas/Hilbert Meyer (Hg.): Professionalisierung und Forschung. Oldenburg. S. 89-113.

Feindt, Andreas 2007: Studentische Forschung im Lehramtsstudium. Opladen.

Fichten, Wolfgang/Ulf Gebken/Alexandra Obolenski 2002: Entwicklung und Perspektiven der Oldenburger Team-Forschung. In: Dirks, Una/Wilfried Hansmann (Hg.): Forschendes Lernen in der Lehrerbildung. Bad Heilbrunn. S. 115-128.

Fuchs, Werner 1970-71: Empirische Sozialforschung als politische Aktion. In: Soziale Welt 21/22. 1. S. 1-17.

Gunz, Josef 1986: Handlungsforschung. Wien.

Haag, Fritz/Helga Krüger/Wiltrud Schwärzel/Johannes Wildt (Hg.) 1972: Aktionsforschung. München.

Hentig, Hartmut von 1982: Erkennen durch Handeln. Stuttgart.

Hentig, Hartmut von 1990: Die Bielefelder Laborschule. Impuls Nr. 7. Universität Bielefeld.

Hermes, Liesel 1997: Action Research und Lehrerausbildung. In: Fremdsprache und Hochschule. 49. S. 5-17.

Hollingsworth, Sandra (Hg.) 1997: International Action Research. London/Washington DC.

Huber, Ludwig/Jupp Asdonk/Helga Jung-Paarmann/Hans Kroeger/Gabriele Obst (Hg.) 1999: Lernen über das Abitur hinaus. Bielefeld.

Kelchtermans, Geert/Roland Vandenberghe/Michael Schratz 1994: The development of qualitative research. In: Qualitative Studies in Education 7. 3. S. 239-255.

Kemmis, Stephen 1988: Action research in retrospect and prospect. In: The Action Research Reader. Geelong, Vic. S. 27-39.

Kemnade, Ingrid 2000: Überlegungen zur konzeptionellen Weiterentwicklung von Schulbegleitforschung. In: Landesinstitut für Schule (Hg.): Jahrbuch 2000. Schulbegleitforschung in Bremen. Bremen. S. 8-10.

Klafki, Wolfgang 1973: Handlungsforschung im Schulfeld. In: Zeitschrift für Pädagogik 19. 4. S. 487-516.

Köhler, Ulrike 1997: Die Glocksee-Schule und ihre AbsolventInnen. Diss: Universität Kassel.

Krainer, Konrad 1996: Action Research als Chance zur Verbindung von Forschung und (Aus- und) Fortbildung im Bereich der Mathematikdidaktik?! In: Juna, Johanna/Paul Kral (Hg.): Schule verändern durch Aktionsforschung. Innsbruck. S. 121-144.

Krainer, Konrad/Peter Posch (Hg.) 1996: Lehrerfortbildung zwischen Prozessen und Produkten. Bad Heilbrunn.

Krammling-Jöhrens, Doris 1997: Atmosphäre als Wirklichkeitsebene. Diss: Universität Kassel.

Lave, Jean/Etienne Wenger 1991: Situated Learning. Cambridge.

Legutke, Michael K. 1998: The English Teacher as Learner and Researcher. In: Piepho, Hans-Eberhard/Angelika Kubanek-German (Hg.): I beg to differ. München. S. 153-167.

Lewin, Kurt 1946: Action research and minority problems. In: Journal of Social Issues 11. S. 34-46.

Lewin, Kurt 1988: Group decision and social change. In: The Action Research Reader. Geelong, Vic. S. 47-56.

McTaggart, Robin (Hg.) 1997: Participatory Action Research. Albany.

Meyer, Hilbert 2007: Leitfaden Unterrichtsvorbereitung. Berlin.

Meyer, Hilbert/Andreas Feindt 2000: Die Oldenburger Team-Forschung. In: Meri, Matti/Kari Uusikylä/Maarit Talvio/Riitta Jyrhämä (Hg.): Discussions on some pedagogical issues. Helsinki. S. 49-79.

Moser, Heinz 1978: Aktionsforschung als kritische Theorie der Sozialwissenschaften. München.

Moser, Heinz 1995: „Forschende Lehrer" – eine realistische Handlungsperspektive. In: Schweizer Schule 5. S. 29-35.

Nias, Jennifer/Susan Groundwater-Smith (Hg.) 1988: The Enquiring Teacher. London.

Nonne, Friedhelm 1989: Antiautoritärer Denkstil, kritische Wissenschaft und Aktionsforschung. Diss: Universität Bielefeld.

OECD 1991: Environment, Schools and Active Learning. Paris.

OECD 2001: Lernen für das Leben. Paris.

Ohlhaver, Frank/Andreas Wernet (Hg.) 1999: Schulforschung, Fallanalyse, Lehrerbildung. Opladen.

Petzold, Hilarion 1980: Moreno – nicht Lewin – der Begründer der Aktionsforschung. In: Gruppendynamik 11. 2. S. 142-166.

Posch, Peter 1990: The Project „Environment and School Initiatives". ENSI-series No. 10. Wien.

Prengel, Annedore 2003: Perspektivität anerkennen. In: Friebertshäuser, Barbara/ Annedore Prengel (Hg.): Handbuch Qualitative Forschungsmethoden in der Erziehungswissenschaft. Weinheim. S. 599-627.

Probst, Gilbert/Steffen Raub 1995: Action Research. Ein Konzept angewandter Managementforschung. In: Die Unternehmung 1. S. 3-19.

Reh, Sabine/Carla Schelle 2000: ‚Lehr-Forschungs-Projekte' als Beitrag zur Professionalisierung von Studierenden. In: Feindt, Andreas/Hilbert Meyer (Hg.): Professionalisierung und Forschung. Oldenburg. S. 77-85.

Sanford, Nevitt 1970: Whatever happened to action research? In: Journal of Social Issues 26. 4. S. 3-23.

Schneider, Ralf/Johannes Wildt 2001: Das Dortmunder Projekt „Berufspraktisches Halbjahr". In: Journal für Lehrerinnen- und Lehrerbildung 1. 2. S. 20-27.

Schön, Donald A. 1983: The Reflective Practitioner. London.

Sparrow, Shelagh/Jane Robinson 1994: Action research: an appropriate design for research in nursing? In: Educational Action Research 2. 3. S. 347-356.

Stenhouse, Lawrence 1975: An introduction to curriculum research and development. London.
Steward, Barbara 1994: Researching fieldwork practice in occupational therapy. In: Educational Action Research 2. 2. S. 259-266.
Terhart, Ewald/Klaus-Jürgen Tillmann (Hg.) 2007: Schulentwicklung und Schulforschung. Bad Heilbrunn.
Thurn, Susanne/Klaus-Jürgen Tillmann (Hg.) 1997: Unsere Schule ist ein Haus des Lernens. Reinbek.
Unger, Hella von/Michael T. Wright (Hg.) 2008: An der Schnittstelle von Wissenschaft und Praxis. Wissenschaftszentrum, Discussion Paper SP 2008-307. Berlin.
Valla, Victor V. 1994: Popular Education and knowledge. In: Educational Action Research 2. 3. S. 403-414.
Weber, Christof 2007: Mathematische Vorstellungen bilden. Bern.
West, Michael 1993: Second-class priests with second-class training? In: Educational Action Research 1. 3. S. 361-373.
Winter, Richard 1989: Learning from Experience. London.
Wright, Michael T. 2006: Auf dem Weg zu einer theoriegeleiteten, evidenzbasierten, qualitätsgesicherten Primärprävention in Settings. In: Jahrbuch für Kritische Medizin. 43. S. 55-73.
Zeichner, Kenneth M. 1992: Rethinking the Practicum in the Professional Development School Partnership. In: Journal of Teacher Education 43. 4. S. 296-307.
Zeichner, Kenneth M. 2004: Educational Action Research. In: Reason, Peter/Hilary Bradbury (Hg.): Handbook of Action Research. London. S. 273-283.
Zeichner, Kenneth M./Susan E. Noffke 2001: Practitioner research. In: Richardson, Virginia (Hg.): Handbook of Research on Teaching. Washington, DC. S. 298-330.

Wiltrud Döpp

Das Lehrer-Forscher-Modell
an der Laborschule Bielefeld

Das Lehrer-Forscher-Modell, das hier vorgestellt werden soll, entstand an der Laborschule Bielefeld. Sie wurde 1974 eröffnet und bis 1986 von ihrem Gründer, Hartmut von Hentig, wissenschaftlich geleitet. Die Laborschule ist eine Versuchsschule des Landes Nordrhein-Westfalen an der Universität Bielefeld und hat die Aufgabe, in enger Verbindung von Theorie und Praxis neue Formen des Lehrens und Lernens zu entwickeln und zu erproben. Als Versuchsschule fungiert sie, wie andere Versuchsschulen, etwa die Glockseeschule, die Reformschule Kassel oder die Helene-Lange-Schule in Wiesbaden auch, einerseits als eine relativ schulnahe „Innovationsagentur" für das Regelschulwesen, genießt andererseits aber auch so viel Freiraum, dass sie eigensinnige, sperrige oder gar utopisch erscheinende Reformideen entwickeln und erproben kann (Tillmann 2003, S. 467). Beide Aspekte betreffen auch die Konzeption des „Lehrer-Forschers", die von Anfang an eng mit der pädagogischen Reformkonzeption der Schule verbunden war.

Nachdem es bis zum Ausscheiden Hartmut von Hentigs innerhalb des Kollegiums keine institutionelle Trennung zwischen schulischer und wissenschaftlicher Arbeit gab, kam es Ende der 80er Jahre zu einer Umstrukturierung. Es wurden zwei Teileinrichtungen geschaffen – die Schulische und die Wissenschaftliche Einrichtung –, deren Mitarbeiterinnen und Mitarbeiter ihre Verantwortung für die Erfüllung des Versuchsschulauftrages gemeinsam wahrnehmen. Für ihre Mitarbeit in der Wissenschaftlichen Einrichtung werden Lehrerinnen und Lehrer stundenweise entlastet. Sie bearbeiten – oft in Kooperation mit Wissenschaftlerinnen und Wissenschaftlern der Universität – eigene Forschungsprojekte, die sich ausschließlich auf die Laborschulpädagogik, ihre kritische Analyse und ihre Weiterentwicklung beziehen. Der grundsätzliche Anspruch an sie: Die Forschungsergebnisse sollen nicht nur für die Schule selbst, sondern auch für den erziehungswissenschaftlichen Diskurs sowie für das Regelschulsystem bedeutsam sein und zu dessen Weiterentwicklung beitragen.

Der Forschungs- und Entwicklungsauftrag der Laborschule ist auf Dauer gestellt und unterscheidet sich vor allem dadurch von ähnlichen Ansätzen der Praxis- und Handlungsforschung, wie sie vor allem von Altrichter/ Posch (1990) und Schratz (2004) sozialwissenschaftlich ausgearbeitet wurden und gegenwärtig an verschiedenen Universitätsstandorten (z. B. in Oldenburg, Bremen, Hamburg, Osnabrück, Potsdam, Kassel, Bamberg, Innsbruck, Linz) intensiv betrieben werden. So gesehen stellt sich die Laborschulforschung von heute aus betrachtet als eine spezifische Variante einer schulnahen Praxisforschung dar, die in der Erziehungswissenschaft ihren weitgehend akzeptierten Platz gefunden hat (Terhart/Tillmann 2007, S. 20).

Mit dem neuen Organisationsmodell wurde also eine Forschungskonzeption festgeschrieben, die eine kooperative Verschränkung von Theorie und Praxis vorsieht. Die nachfolgenden Ausführungen sind aus der Perspektive der Schulischen Einrichtung geschrieben und stellen die gegenwärtige Forschungspraxis von den Handlungsorientierungen und -perspektiven der Lehrerinnen und Lehrer aus dar. Diese ergeben sich im Prinzip immer noch aus den Gründungsideen der Schule: Die pädagogische und konzeptionelle Arbeit der Versuchsschule wird als ein prinzipiell offenes und unabschließbares Geschehen verstanden, über dessen Grundsätze, Ansprüche und Zielvorstellungen gemeinschaftlich und im Konsens entschieden wird (Hentig 1973, S. 176). Diese Vorstellungen schlossen an Konzepte der Handlungsforschung (,action research') an, die in den 70er Jahren von großer Bedeutung für die im Prozess der Bildungsreform engagierte Erziehungswissenschaft waren. Sie gingen u.a. auf Untersuchungspläne zurück, die Lewin schon 1946 gefordert hatte (Lewin 1982), schlossen aber auch an englische Traditionslinien an (vergl. Stenhouse 1985; Elliott 1981). Diese Art von Forschung sollte ihre Ergebnisse bereits im Forschungsprozess in Praxis umsetzen, als Wissenschaft also verändernd in die Praxis eingreifen und darüber den Prozess der gesellschaftlichen Veränderung mitsteuern und mitverantworten.

Seit den 1990er Jahren hat sich die Laborschulforschung zunehmend professionalisiert und dabei an Kontinuität und Qualität gewonnen (Terhart/ Tillmann 2007, S. 19). Dies lässt sich auch auf die Arbeit des sozialwissenschaftlich orientierten Erziehungswissenschaftlers Klaus-Jürgen Tillmann zurückführen, der die Schule von 1994 bis 2008 wissenschaftlich leitete.

1. Der Praxisbegriff der Laborschule

Eine wichtige Erfahrung der Lehrerinnen und Lehrer der Laborschule seit Schuleröffnung bestand darin, dass ihre theoretisch antizipierten Vorstellungen einer zu verändernden gesellschaftlichen Praxis mit ihren konkreten, alltäglichen Erfahrungen nicht übereinstimmten. Gefragt war darum die Fähigkeit der einzelnen Personen, ihre unmittelbaren Erfahrungen auch „ohne Begriff" zunächst einmal auszuhalten, sie zu beschreiben und mitteilbar zu machen. Dies war zu Beginn durchaus eine schockartige Erkenntnis, und sie muss im Prinzip von jeder oder jedem Angehörigen der Laborschule auch heute noch immer wieder neu bewältigt werden: „Praxis" ist nicht einfach gegeben – weil während der eigenen Ausbildung praktisch erkundet und erziehungswissenschaftlich analysiert und „aufgeklärt" – sondern verdankt sich der immer erneuten Deutung und Interpretation eigener Alltagserfahrungen.

Auf diese Anfangserfahrung hat der damalige Wissenschaftliche Leiter Hartmut von Hentig mit der Entwicklung einer eigenen Forschungskonzeption für die Laborschule reagiert: Angesichts der Übermacht des von der Wissenschaft hervorgebrachten Wissens bedürfe es der Rehabilitierung der Erfahrung für die Erkenntnis. Das Handeln selbst müsse wieder zum Ausgangspunkt für das Denken genommen, zum „Instrument des Denkens" werden, wie er mit Verweis auf den amerikanischen Pragmatismus formulierte (Hentig 1982, S. 59). Kritik einer gegebenen Praxis müsse Folgen haben können in der Realität. Diese sei mit Hilfe von Beobachtung, Diskussion, Kritik, Aufzeichnung von Wahrnehmungen und Gedanken offenzulegen und daraufhin zu befragen, was Kinder heute seien (ebd., S. 39). Gemeint war dabei die „reflektierte Erfahrung" der praktisch Handelnden. In der von Hentig begründeten Theorietradition sieht sich die Laborschule bis heute. Eine engagierte Reformulierung dieses Forschungskonzepts hat vor kurzem Annemarie von der Groeben vorgelegt (Groeben 2009).

Über die Frage, was eine gute Schule sei, besteht in der Laborschule nach jahrelangen Auseinandersetzungen Konsens: Einer guten Schule muss es gelingen, eine Pädagogik zu praktizieren, die den reformerischen Ansprüchen der beiden großen Reformbewegungen des 20. Jahrhunderts zu genügen vermag. Aus der Reformpädagogik ist der im Kern ethisch formulierte Anspruch zu bewahren, jedem Kind in seiner individuellen Besonderheit und in der Besonderheit seiner gegenwärtigen Lebenssituation gerecht zu werden – ihm um seiner selbst willen „wohlwollen" (Kluge 1973, S. 7). Aus der Bildungsreform der 70er Jahre ist der Anspruch einer Pädagogik zu wahren, die am Prinzip sozialer Gerechtigkeit orientiert ist, d.h. die versucht, jedem Kind gleichermaßen gerechte Chancen für die Bewältigung seines Lebens nach der Schule zu eröffnen. Die Orientierung einer Pädagogik an beiden ethischen Prinzipien – Wohlwollen und Gerechtigkeit – stellt zugleich die Voraussetzung für die Absicht der Laborschule dar, eine Gesamtschule, d.h. eine „Schule für alle Kinder" zu sein. Eine solche Schule versucht nicht, Kinder an vorgängig entwickelte Ansprüche und Standards anzupassen, sondern die eigene Funktion und Praxis im Interesse der Kinder ständig zu verändern. Darum haben die Lehrerinnen und Lehrer im Alltag immer wieder genau hinzusehen und darüber nachzudenken, welche Lernbedingungen und Maßnahmen notwendig sind, um diesen Erziehungsauftrag zu erfüllen. In Einlösung dieses Anspruchs hat sich die Laborschule seitdem zu einem „Haus des Lernens" entwickelt, das unter der programmatischen Leitvorstellung Hartmut von Hentigs „Die Menschen stärken, die Sachen klären" (Hentig 1985) ein Lebens- und Erfahrungsraum für die in ihr lebenden und lernenden Menschen sein will – und auch ist, wie in den vielen Publikationen und Selbstdarstellungen der Schule deutlich wird (Thurn/Tillmann 2005).

2. Die gegenwärtige Forschungspraxis der Laborschule

Inzwischen kann die Laborschule auf die Erfolge der eigenen reformorientierten Praxis und auf die inzwischen etablierten Formen institutioneller Reflexion und Ergebnispräsentation verweisen (Groeben 2005, S. 264 ff.), die der Laborschule Bekanntheit und reformerische Wirksamkeit weit über die Grenzen Deutschlands hinaus eingebracht haben. Sie vertraut auf die Lebendigkeit und Offenheit des Kollegiums, das auf der Basis eines sich alle zwei Jahre wiederholenden „brainstormings" Fragen, Probleme und Entwicklungsaufgaben benennt, aus denen sich im Rahmen einer intensiven Konferenzarbeit „Forschungsschwerpunkte" herauskristallisieren, die wiederum die inhaltlichen Schwerpunkte des Forschungs- und Entwicklungsplans für die nächsten zwei Jahre ergeben. Die Wissenschaftliche Einrichtung beharrt ihrerseits auf der in Verallgemeinerung und Systematisierung angelegten Funktion wissenschaftlicher Erkenntnis und fordert die Rückbindung der in der Praxis gewonnenen Ergebnisse in die aktuellen erziehungswissenschaftlichen Diskurse. Das Kollegium durchläuft auf diese Weise einen ständigen Qualifizierungsprozess; zugleich werden zahlreiche Forschungsberichte zu erziehungswissenschaftlichen und didaktischen Fragestellungen publiziert. Eine externe Begutachtung der Wissenschaftlichen Einrichtung ermöglicht erstmals eine bilanzierende Bewertung der Forschungsarbeit der Laborschule (Terhart/Tillmann 2007).

Je nach Fragestellung des Forschungsprojektes werden in der Laborschulforschung sowohl quantitative als auch qualitative Methoden verwendet. So basiert die seit nunmehr 29 Jahren durchgeführte Abgängeruntersuchung der Laborschule auf der Anwendung quantitativer Verfahren (Wischer 2003). Unstrittig war auch die Teilnahme der Laborschule am internationalen PISA-Test, dessen Ergebnisse seitdem als wichtige Quelle und Anstoß für die internen Prozesse der Schulentwicklung genommen werden, freilich mit der Maßgabe, dass die Laborschule an der Vorbereitung beteiligt und die Ergebnisse nicht nur von den externen Wissenschaftlerinnen und Wissenschaftlern, sondern vor allem auch von den Lehrerinnen und Lehrern selbst, also „vor Ort" und mit Blick auf die eigenen Bedingungen und Zielvorstellungen, interpretiert und ausgewertet werden (Terhart/Tillmann 2007, S. 117 ff.).

Die überwiegende Anzahl von Forschungsprojekten verwendet allerdings vorwiegend qualitative Methoden, um die Komplexität und Mehrdimensionalität der pädagogischen Alltagspraxis angemessen erfassen und analysieren zu können.

2.1 Forschung als Evaluation und Dokumentation der eigenen Alltagspraxis

Forschungen dieses Typs gehen von der komplexen und vielschichtigen Ernstsituation des Alltages, in die alle Erwachsenen und Kinder als beteiligte und betroffene Personen selbst involviert sind (Berger/Luckmann 1970), aus. Diese Ausgangssituation hat die Laborschule mit einem Handlungsmodell zu beantworten gesucht, das die Aufforderung zum Thematisieren eigener Erfahrungen enthält: Der Großraum der Schule ohne Wände und Türen symbolisiert sozusagen die ständige Nötigung zum Diskurs. In den häufigen Konferenzen der Laborschule in den unterschiedlichsten Zusammensetzungen spielen Situationsbeschreibungen und -klärungen eine große Rolle und ermöglichen auf diese Weise Distanz zum eigenen Alltag als erste und entscheidende Voraussetzung dafür, jene im Erleben ungeordnet andrängenden Erfahrungen mittels erzählender Sprache klären und auf den Begriff bringen zu können. Damit ist der Weg beschrieben, auf dem im Prinzip alle weiterführenden Forschungen der Laborschule basieren: Immer geht es darum, dass – in mündlicher oder schriftlicher Form – Erzählungen und Berichte entstehen, in denen in problemorientierter Perspektive Einzelfälle, Interaktionen, Situationen und Prozesse beschrieben werden. Die zu erforschende „Wirklichkeit" der Laborschule ist somit eine sprachlich erzeugte und wird auf diese Weise interpretativen Verfahren zugänglich (Lamnek 1993, Bd. 1, S. 130).

Eine erste Stufe der Reflexion stellt der Versuch dar, die eigenen Erfahrungen sprachlich und gedanklich zu verdichten und sie in Form eines Films, einer kommentierten Materialsammlung oder Fotodokumentation, einer Geschichte oder eines mit erzählerischen Mitteln arbeitenden Erfahrungsberichtes der Öffentlichkeit zu präsentieren (Autorenteam Laborschule 2005; Bambach 1989, 1994; Biermann/Schütte 1996; Büttner/Lenzen/Schulz 1995; Döpp 1988; Goetze-Emer/Klaus/Walluks/Zibell-Schrank 1999; Groeben 1991; Lambrou 1987; Lenzen 1992, 1993; Völker 1994; Zimmer 2005).

Durch die erzählerische Grundhaltung werden infolge des Zwanges, den Ablauf der Erzählung zu motivieren, Verkettungen zu begründen, Anfang und Ende über eine Pointe zu verbinden usw. subjektive Bedeutungen und Sinnzusammenhänge sichtbar bzw. Handlungszusammenhänge benannt, die ein umfassenderes und genaueres Verständnis der beschriebenen Situation erlauben als im gesprächsweise verarbeiteten Alltag (Schütze 1976). Was auf erzählerische Weise sprachlich Gestalt gewonnen hat, lässt sich von den Erzählerinnen und Erzählern ablösen und betrachten, es wird – vor allem auch für sie selbst – versteh- und kritisierbar und bildet mithin eine wichtige Voraussetzung für die geforderte reflexive Verarbeitung von Erfahrung. Aufgrund ihrer Anschaulichkeit und der sichtbar gemachten Ganzheitlichkeit der handelnden Personen stellen Geschichten besonders gut geeignete

Medien für die Reflexion von Einzelbiographien und pädagogischer Arrangements dar (Baacke/Schulze 1979; Baacke 1995, S. 46).

Ein anderer Ansatz der primär externen Evaluation von Alltagspraktiken findet sich in ethnographischen Zugängen der Kindheitsforschung. So bezieht sich ein im Bereich der Grundlagenforschung angesiedeltes und von der DFG gefördertes Projekt ausdrücklich auf die gegebenen Handlungsbedingungen an der Laborschule und will mit ethnographischen Methoden die Alltagspraktiken von acht- bis 12-jährigen Jungen und Mädchen rekonstruieren (Breidenstein/Kelle 1998). Lehrer und Forscher kooperieren in der Weise miteinander, dass sie die auf dem Wege teilnehmender Beobachtung entstehenden Texte von zwei „Feldforschern" gemeinsam interpretieren. Das Situationsverständnis der beteiligten Lehrerinnen wird auf diese Weise in spezifischer Form erweitert: Zu jenem oben beschriebenen und in der Laborschule jederzeit anwesenden „öffentlichen Blick" kommt im Fall dieser Form der teilnehmenden Beobachtung ein „fremder Blick" hinzu: Der Beobachtungsfokus beider Forscher liegt auf den Alltagspraktiken der Kinder, sie erweitern mit ihren Forschungsergebnissen zugleich den wissenschaftlichen Erkenntnisstand. Für die Lehrerinnen bedeutet die konsequente Ausblendung ihrer pädagogischen Intentionen im Sinne der Kindheitsforschung eine Irritation: Der eigene Alltag erscheint in neuem Licht und muss demzufolge auch von ihnen neu interpretiert werden. Voraussetzung dafür ist die konsensorientierte und darum prinzipiell gleichberechtigte Position der Gesprächspartner. Der „Ertrag" für die Praxis ist deutlich: Das erweiterte Wissen um grundlegende Praktiken des „Machens" von Differenzen, Hierarchien und Gleichheiten ist geeignet, Situationen besser zu verstehen und verhilft darum zu situationsadäquaterem Handeln. Über die Gewinnung inhaltlicher Erkenntnisse zu grundlegenden Prozessen politischer Sozialisation regt jenes Forschungsprojekt zudem eine Überprüfung des bestehenden Konzepts zur politischen Bildung und damit weiterführende didaktische Fragestellungen an.

2.2 Systematische Überprüfung und Weiterentwicklung didaktisch-methodischer Ansätze

Eine Sonderform erzählender Texte stellen an der Laborschule biographische Beschreibungen dar. Die Praxis der Beurteilungen basiert auf schriftlichen Berichten, in denen die Lehrerinnen und Lehrer die Ziele ihres Unterrichts, das Verhalten der Gesamtgruppe und – darauf bezogen – die Entwicklung und Leistung des betreffenden Kindes oder Jugendlichen beschreiben. Begleitet werden derartige Aufgaben von systematisch anberaumten Konferenzen – auf Jahrgangsebene, zum Zwecke der Erstellung von Abschlussprognosen, bei Übergangsentscheidungen zwischen den Stufen usw. –, in denen regelmäßig Kinderbilder aus den unterschiedlichen Perspektiven von Fach- und Betreuungslehrern vorgestellt werden. Eine besonders herausfordernde Aufgabe bildet dabei die Beschreibung von Kindern, die aus verschiedenen Gründen als auffällig gelten und deren Verhaltensweisen im Rahmen von förderdiagnostischen Prozeduren in Form von „Kinderportraits" festgehalten werden. Die Anzahl der eingereichten „Kinderportraits" entscheidet über das zusätzliche sonderpädagogisches Deputat, das der Schule aufgrund ihres integrativen Ansatzes zusteht. Diese Formen der Beschreibung von Kindern sind mehrfach, zum Teil auch mit erzählerischen Mitteln, dargestellt und pädagogisch reflektiert worden (Bambach 1994; Demmer-Dieckmann/Struck 2001).

Der o. g. Anspruch, jedem Kind in seiner Besonderheit und allen Kindern gleichermaßen gerecht zu werden, führt angesichts der Schwierigkeit der Aufgabe oft genug zu der Frage, ob dieser Anspruch mit den Mitteln und Maßnahmen des derzeit geltenden Strukturplanes tatsächlich erfüllt wird. Ihr wurde darum im Rahmen eines eigenen Forschungsprojektes systematisch nachgegangen, wobei der Schwerpunkt der Forschung bewusst in der Sekundarstufe I angesiedelt war, da sich die Primarstufe jenen Herausforderungen seit Jahren gestellt und richtungsweisende Praxiselemente erarbeitet hat.

Um langfristig handlungsrelevantes Wissen zur Verfügung zu stellen und dieses Wissen in den Praxisstrukturen der Laborschule verankern zu können, geht jenes Forschungsprojekt ausdrücklich von den bestehenden Formen der Interaktion zwischen Lehrerinnen und Lehrern aus, methodisiert diese jedoch systematisch, indem ihre Gespräche gezielt mit Hilfe von Leitfäden vorbereitet und durch Tonbandmitschnitte einer methodisch geregelten Interpretation zugänglich gemacht werden. Die mit der Methode des Interviews bzw. der Gruppendiskussion verbundene Forderung, dass sie „einer Alltagssituation gleichen sollten" (Lamnek 1993, Bd. 2, S. 103), erscheint somit in seiner Idealform umgesetzt.

Maßstab und Zielpunkt des gesamten Forschungsprojektes sind die von den Lehrerinnen und Lehrern ausgewählten Kinder, für die alle beteiligten Erwachsenen Verantwortung tragen. Indem sorgfältiger als in der Alltagspraxis zwischen Phasen der Exploration, Hypothesenbildung, Überprüfung dieser Hypothesen an der Wirklichkeit, Auswertung und Dokumentation unterschieden wird, werden systematisch neue Formen der Problembewältigung erarbeitet und „an der Praxis validiert" (Lamnek 1993, Bd. 1, S. 167). Letztlich sind diese Prozeduren also auf die Mobilisierung didaktischer Phantasie gerichtet, die helfen soll, im Alltag der Versuchsschule unter Berücksichtigung auch von sonderpädagogischem Fachwissen dem betreffenden Kind in seiner Besonderheit noch besser gerecht zu werden. Jene Prozeduren werden schließlich in Form von Schülerbiographien nachgezeichnet und so die konkreten Maßnahmen im Rahmen einer „lebensweltbezogenen, integrationsorientierten Förderdiagnostik" – so der Titel des Projekts – sowohl schulintern weiterverbreitet als auch einer reformpädagogisch interessierten Öffentlichkeit zugänglich gemacht.

Forschungsprojekte mit vergleichbarem Forschungsdesign wurden in der Vergangenheit mehrfach durchgeführt, so zum Beispiel zur Problematik der Rechenschwierigkeiten bei Kindern (Biermann/Schipper 2003, S. 155 ff.) oder bei einer Längsschnittuntersuchung zum Thema „Literalität und Leistung", wobei hier außerdem noch die erfahrungsverarbeitenden erzählerischen Elemente aus Typ 1 hinzugenommen wurden (Döpp/Groeben/Husemann/Schütte/Völker 2009).

2.3 Evaluation institutioneller Handlungsbedingungen und -folgen

Projekte dieser Art dienen u. a. auch der Rechenschaftspflicht gegenüber Auftragsgebern und bildungspolitisch interessierter Öffentlichkeit. Sie versuchen, ein Forschungsdesign zu entwickeln, das den besonderen Bedingungen der Laborschule entspricht (Kleinespel 1990, S. 47). Im Folgenden soll ein solches Projekt wiederum beispielhaft beschrieben werden. Seine Wahl bietet sich insofern an, als es ebenfalls den Weg von der Alltagspraxis zur methodisch geregelten Schulforschung geht, dabei aber die Frage der Kontrolle der erhobenen Daten und Aussagen von vornherein im Forschungsdesign verankert, indem unter dem Gesichtspunkt der Mehrperspektivität verschiedene Quellen – Dokumente, Interviews, Gruppendiskussionen – aneinander gespiegelt werden (Döpp/Hansen/Kleinespel 1996).

Auch in diesem Projekt werden Bildungsbiographien rekonstruiert, wobei das Material dafür wieder Texte bilden: Die o. g. Berichte zum Lernvorgang, die verschriftlichten, halbstrukturierten Interviews mit Jugendlichen aus dem 8. Schuljahr, und die Transkriptionen der Diskussionsrunden ihrer Lehrerinnen und Lehrer, die sie im Laufe ihrer Schulzeit betreut haben. Die acht Fallstudien von Schülerinnen und Schülern sind unter der Maßgabe eines möglichst breiten Spektrums ausgewählt: Jugendliche unterschiedlicher Leistungsdimensionen (vom potentiellen Sonderschüler bis zum potentiellen Gymnasiasten), Jungen und Mädchen, deutsche und nichtdeutsche Jugendliche, Kinder mit „Lebensproblemen" sowie Kinder, die als wenig auffällig beschrieben werden.

Durch die jeweiligen Diskussionsrunden wird etwa die Hälfte des Kollegiums erreicht. Diese Gruppendiskussionen nehmen innerhalb des Forschungsprojektes aufgrund ihrer positiven Aufnahme bei den Kolleginnen und Kollegen eine besondere Stellung ein und regen dazu an, über die Bedeutung solcher Gesprächsrunden für selbstevaluative Prozesse genauer nachzudenken. Bei diesen Gesprächen kommen sehr unterschiedliche, bisweilen sogar äußerst widersprüchliche Vorstellungen und Handlungsperspektiven zur Sprache; sie lassen sich auf dem Wege der interpretativen Verknüpfung vorsichtig zu „Handlungsmodellen" verdichten. Derartige „Handlungsmodelle" bilden in sich ein überaus komplexes Geflecht aus beruflichem Selbstverständnis, professionellem Wissen, bildungspolitischen Überzeugungen, Menschen- und Weltbildern, Lebens- und Arbeitserfahrungen u. Ä., sie sind biographisch sedimentiert und tragen jeweils als Ganzes die Haltungen, Wertungen und Zielvorstellungen der Personen. Einzelne Elemente daraus lassen sich zwar gesondert betrachten und stehen in Redesituationen zur Verfügung, aber sie lassen sich nicht einfach ohne Folgen für das übrige Gefüge herauslösen und durch andere ersetzen. Neue Handlungsorientierungen entwickeln sich darum prinzipiell nur aus dem Willen und dem Bewusstsein der „ganzen" Person heraus – unter anderem auch durch solche mit den Gesprächsrunden intendierten Akte wechselseitig angestoßener Reflexion, die ihre Glaubwürdigkeit und Ernsthaftigkeit der gemeinsamen Verantwortung dem betreffenden Jugendlichen gegenüber verdanken. Nicht der Nachweis der Angemessenheit oder Unangemessenheit einzelner konzeptioneller oder struktureller Elemente des Strukturplanes führt also auf geradem Wege zu Selbstveränderung und Lernen, sondern die Eröffnung der Möglichkeit, im Interesse der betreffenden Jugendlichen mit den langjährig erworbenen eigenen Ansprüchen und Erfahrungen kreativ und produktiv umgehen zu können. Indem die Moderatorinnen der einzelnen Gesprächsrunden – die gleichzeitig die Rekonstruktion der betreffenden Fallstudie verantworten – sich bemühen, diese Ebene zu erreichen, wird das Legitimationsprojekt der Wissenschaftlichen Einrichtung gleichzeitig zu einem Projekt schulinterner Weiterbildung, das dem Vorgehen themenzentrierter Interaktion nahe kommt.

Bezogen auf die „Abnehmer" draußen präsentiert sich die Laborschule mit diesem Vorgehen als eine „Handlungseinheit" (Fend 1986; Rolff/Buhren/Lindau-Bank/Müller 1998), die sich als „selbständige Schule" verstehen lässt. Das vorstehende Projekt verbindet also bewusst die Praxisperspektive der Laborschule mit dem aktuellen erziehungswissenschaftlichen Diskurs zur Autonomisierung der Schule. Indem sich die Fragen jeweils auf die subjektiven Problemwahrnehmungen und -lösungen im Hinblick auf sehr verschiedene Kinder in einer gemeinsamen Lernumwelt richten, sollen Möglichkeiten gezeigt werden, wie Schulen mit der Heterogenität ihrer Schülerinnen und Schüler produktiv umgehen können. Diese Problemlösekapazität ist das Potential, das die Laborschule für den Prozess der Schulentwicklung insgesamt bereitstellt (Döpp/Hansen/Kleinespel 1996, S. 26).

In der Zusammenschau lassen die drei beschriebenen „Typen" noch einmal deutlich werden, warum in der Forschungspraxis der Laborschule qualitative Methoden so deutlich überwiegen. Dem eben beschriebenen spezifischen Verständnis von Schulentwicklung entspricht offensichtlich jene Form von qualitativer Schulforschung in besonderer Weise, die wie die hier beschriebene Studie davon ausgeht, dass wissenschaftliche Erkenntnis und Alltagserkenntnis denselben Prinzipien gehorchen (Lamnek 1993, Bd. 1, S. 189). Sie zielt auf das Verstehen von Situationen, die von Lehrerinnen und Lehrern in problemorientierter Perspektive bewältigt werden müssen. Indem methodisch kontrolliert Handeln und Verstehen aufeinander zubewegt werden, wird im Idealfall „richtige Erkenntnis" möglich (Lamnek 1993, Bd. 1, S. 188) – ein Prozess, durch den intersubjektiv nachprüfbar Befunde in größtmöglicher Nähe zur Praxis offen gelegt werden.

Im Zuge der oben bereits erwähnten „Professionalisierung" des Kollegiums haben sich die einzelnen Lehrerinnen und Lehrer in diesem Sinne ein großes methodisches Arsenal angeeignet, das sie, dabei intensiv betreut und unterstützt von den Wissenschaftlichen Mitarbeiterinnen der Wissenschaftlichen Einrichtung, jeweils flexibel einsetzen. Zeitlich und inhaltlich umfangreichere Forschungsvorhaben mit einem aufwendigen Methodenapparat sind allerdings mit der ja ständig fortlaufenden schulischen Arbeit nicht ohne weiteres zu vereinbaren. Vor allem aus diesem Grund wurden und werden inhaltlich und methodisch aufwendige Projekte oft im Rahmen von Dissertationsvorhaben durchgeführt. Zu nennen wären hier die vorwiegend mit qualitativen Methoden arbeitende wissenschaftliche Begleitung des „Versuchs im Versuch", die in der Eingangsstufe der Laborschule praktizierte Altersmischung auf die Jahrgänge 3 bis 5 auszudehnen (Demmer-Diekmann 2005), eine ethnographische Feldstudie in der Eingangsstufe (Huf 2003), aber auch solche Projekte, die institutionelle Handlungsbedingungen und -folgen mit vorwiegend quantitativen Methoden evaluieren (Kleinespel 1990; Lübke 1996; Wischer 2003).

In einigen Fällen wurden oder werden aber auch weiterhin aufwendig angelegte Studien von Angehörigen der Schulischen Einrichtung selbst durchgeführt. Zu nennen wäre hier das qualitativ angelegte Forschungsprojekt über die Beurteilungspraxis der Laborschule, in der die „Adressaten" der Berichte – die Schülerinnen und Schüler sowie ihre Eltern – befragt wurden (Döpp/Groeben/Thurn 2002) oder auch das schon erwähnte Projekt „Literalität und Leistung". Aber auch für jene umfangreichen und methodisch aufwendigen Arbeiten gilt der grundsätzliche Anspruch, dass die komplexen Ergebnisse ans Kollegium zurückgemeldet werden müssen und dort zu Veränderungen führen sollen. Wie dies auch prozessual abgesichert werden kann, wird gegenwärtig intensiv in der Schule diskutiert (Döpp 2009).

Literatur

Altrichter, Herbert/Peter Posch 1990: Lehrer erforschen ihren Unterricht: eine Einführung in die Methoden der Aktionsforschung. Bad Heilbrunn.
Autorenteam Laborschule 2005: So funktioniert die Offene Schuleingangsstufe. Das Beispiel Laborschule Bielefeld. Mühlheim.
Baacke, Dieter 1995: Pädagogik. In: Flick, Uwe u. a. (Hg.): Handbuch qualitative Sozialforschung. Weinheim. S. 44-46.
Baacke, Dieter/Theodor Schulze 1979: Aus Geschichten lernen. Zur Einübung pädagogischen Verstehens. München.
Bambach, Heide 1989: Erfundene Geschichten erzählen es richtig. Lesen und Leben in der Schule. Konstanz.
Bambach, Heide 1994: Ermutigungen. Nicht Zensuren. Bielefeld.
Berger, Peter/Thomas Luckmann 1970: Die soziale Konstruktion der Wirklichkeit. Frankfurt/M.

Biermann, Christine/Wilhelm Schipper (Hg.) 2003: „Ich erklär' dir, wie ich rechne" – Prävention von Rechenstörungen. Werkstattheft (Publikationsreihe der Laborschule) Nr. 29. Bielefeld.

Biermann, Christine/Marlene Schütte 1996: Verknallt und so weiter ... Liebe, Freundschaft, Sexualität im fächerübergreifenden Unterricht der Jahrgänge 5 und 6. Wuppertal.

Breidenstein, Georg/Helga Kelle 1998: Geschlechteralltag in der Schulklasse. Weinheim.

Büttner, Gerd/Dieter Lenzen/Gerhild Schulz 1995: Einfach sprachlos. Interkulturelle Begegnungen zwischen Grundschulkindern in Deutschland und Frankreich. Münster/New York.

Demmer-Diekmann, Irene 2005: Wie reformiert sich eine Reformschule? Eine Studie zur Schulentwicklung an der Laborschule. Bad Heilbrunn.

Demmer-Dieckmann/Bruno Struck (Hg.) 2001: Gemeinsamkeit und Vielfalt. Pädagogik und Didaktik einer Schule ohne Aussonderung. Weinheim.

Döpp, Wiltrud 1988: Die Ameise im Feuer. Schulgeschichten. Essen.

Döpp, Wiltrud 2009: Lehrerforschung: Erfahrungen aus mehr als 30 Jahren. In: Hollenbach, Nicole/Klaus-Jürgen Tillmann (Hg.): Die Schule forschend verändern: Praxisforschung aus nationaler und internationaler Perspektive. Bad Heilbrunn. S. 259-272.

Döpp, Wiltrud/Annemarie von der Groeben/Gudrun Husemann/Marlene Schütte/Hella Völker 2009: Literalität und Leistung. Bad Heilbrunn.

Döpp, Wiltrud/Annemarie von der Groeben/Susanne Thurn 2002: Lernberichte statt Zensuren. Erfahrungen von Schülern, Eltern und Lehrern. Bad Heilbrunn.

Döpp, Wiltrud/Sylvie Hansen/Karin Kleinespel 1996: Eine Schule für alle Kinder. Die Laborschule im Spiegel von Bildungsbiographien. Weinheim.

Elliott, John 1981: Action-research: A framework for self-evaluation in schools. Cambridge: TIQL-Working Paper Nr. 1.

Fend, Helmut 1986: Gute Schulen – schlechte Schulen. Die einzelne Schule als pädagogische Handlungseinheit. In: Die deutsche Schule. 78. Jg. Heft 3. S. 275-293.

Goetze-Emer Brigitte/Eva Klaus/Dagmar Walluks/Christiane Zibell-Schrank 1999: Projektunterricht in altersgemischten Gruppen – ein Erfahrungsbericht. In: Laging, Rainer(Hg.): Lernen in der Schule. Grundlagen, Schulmodelle, Unterrichtspraxis. Hohengehren. S. 205-219.

Groeben, Annemarie von der 1991: Ein Zipfel der besseren Welt? Leben und Lernen in der Bielefelder Laborschule. Essen.

Groeben, Annemarie von der 2005: Die Laborschule – ein Grundkurs. In: Thurn, Susanne/Klaus-Jürgen Tillmann (Hg.): Laborschule – Modell für die Schule der Zukunft. Bad Heilbrunn. S. 252-268.

Groeben, Annemarie von der 2009: Die Forschungskonzeption Hartmut von Hentigs. In: Hollenbach, Nicole/Klaus-Jürgen Tillmann (Hg.): Die Schule forschend verändern: Praxisforschung aus nationaler und internationaler Perspektive. Bad Heilbrunn. S. 194-214.

Heinze, Thomas/Ernst Müller/Bernd Stickelmann/Jürgen Zinnecker (Hg.) 1975: Handlungsforschung im pädagogischen Feld. München.

Hentig, Hartmut von 1973: Die Wiederherstellung der Politik. Stuttgart.

Hentig, Hartmut von 1982: Erkennen durch Handeln. Stuttgart.

Hentig, Hartmut von 1985: Die Menschen stärken – die Sachen klären. Ein Plädoyer für die Wiederherstellung der Aufklärung. Stuttgart.

Hentig, Hartmut von 2007: Mein Leben – bedacht und bejaht. Bd. 2. München.
Hentig, Hartmut von u. a. 1971: Das Bielefelder Oberstufenkolleg. Stuttgart.
Huf, Christina 2003: Didaktische Arrangements aus der Perspektive von SchulanfängerInnen. Eine ethnographische Feldstudie über Alltagspraktiken, Deutungsmuster und Handlungsperspektiven von SchülerInnen der Eingangsstufe der Laborschule. Universität Bielefeld. Dissertation. Bad Heilbrunn.
Kleinespel, Karin 1990: Schule als biographische Erfahrung. Die Laborschule im Urteil ihrer Absolventen. Weinheim.
Kluge, Norbert 1973: Das pädagogische Verhältnis. Darmstadt.
Lambrou, Ursula 1987: Gegen den Strich gelesen, gesprochen, geschrieben. Weinheim.
Lamnek, Siegfried 1993: Qualitative Sozialforschung. Bd.1: Methodologie. Bd. 2: Methoden und Techniken. Weinheim.
Lenzen, Klaus-Dieter 1992: Zirkusschule – Schulzirkus. Essen.
Lenzen, Klaus-Dieter 1993: Erzähl mir k(l)eine Märchen. Literarische Ausflüge mit Grundschulkindern. Weinheim.
Lewin, Kurt 1982: Aktionsforschung und Minderheitenprobleme. Kurt-Lewin-Gesamtausgabe Bd. 7. (Hg.: C.-F. Graumann) Bern.
Lübke, Sylvia-Iris 1996: Schule ohne Noten. Opladen.
Mayring, Philipp 1993: Einführung in die qualitative Sozialforschung. Weinheim.
Moser, Heinz 1977: Methoden der Aktionsforschung. München.
Rahm, Sabine/Michael Schratz (Hg.) 2004: LehrerInnenforschung. Innsbruck.
Rolff, Hans-Günter/Klaus-Günter Buhren/Detlev Lindau-Bank/Sabine Müller 1998: Manual Schulentwicklung. Weinheim/Basel.
Schratz, Michael 2004: „Research as a basis for teaching". Der Beitrag von Lawrence Stenhouse zur LehrerInnenforschung. In: Rahm, Sabine/Michael Schratz (Hg.): LehrerInnenforschung. Innsbruck. S. 58-68.
Schütze, Fritz 1976: Zur Hervorlockung und Analyse von Erzählungen thematisch relevanter Geschichten im Rahmen soziologischer Feldforschung. In: Arbeitsgruppe Bielefelder Soziologen (Hg.): Kommunikative Sozialforschung. München. S. 159-260.
Stenhouse, Lawrence 1985: Research as a Basis for Teaching. London.
Terhart, Ewald/Klaus-Jürgen Tillmann (Hg.) 2007: Schulentwicklung und Lehrerforschung. Das Lehrer-Forscher-Modell der Laborschule auf dem Prüfstand. Bad Heilbrunn.
Thurn, Susanne/Klaus-Jürgen Tillmann (Hg.) 2005: Laborschule – Modell für die Schule der Zukunft. Bad Heilbrunn.
Tillmann, Klaus-Jürgen 2003: Rochows Erben. Über Versuchsschulen und das Regelschulwesen. Neue Sammlung/43. Jahrgang. Heft 4. S. 461-475.
Völker, Hella 1994: Theater in der Schule – Schule des Lebens. Ein Erfahrungsbericht. Impuls 25 (Schriftenreihe der Laborschule). Bielefeld.
Wischer, Beate 2003: Soziales Lernen an einer Reformschule. Evaluationsstudie über Unterschiede von Sozialisationsprozessen in Reform- und Regelschulen. Weinheim und München.
Zimmer, Brunhild 2005: „Juchhu, ich kann Minus rechnen!" Mike – ein Kind mit besonderem Förderbedarf. In: Die Grundschulzeitschrift. Heft 182. S. 18-23.

Ursula Carle

Pädagogische Diagnostik als forschende Tätigkeit

Diagnostische Prozesse sind ein unverzichtbarer Bestandteil pädagogischen Handelns. Sie liefern die Basisinformationen für die Beurteilung von Lernen und Leisten wie für die Einschätzung der psychosozialen Gesamtsituation, also des inneren und äußeren Lernkontextes. Pädagogische Diagnostik dient traditionell zwei Zielrichtungen, zum einen der alltäglichen pädagogischen und didaktischen Arbeit, zum anderen der Beratung bei Laufbahnentscheidungen. Immer geht es um das Zusammenwirken von individuellen Ausgangsbedingungen in einer aktuellen Situation und den Bedingungen, die das reale und gegebenenfalls auch das virtuelle Umfeld bietet.

Pädagogische Diagnostik als professionelles Handeln bedient sich wissenschaftlicher Methoden und entspricht wissenschaftlichen Gütekriterien. Je nach Ziel kommen standardisierte Tests und weichere Erhebungsinstrumente zum Einsatz. Pädagogische Diagnostik kann sich verschiedener Methoden bedienen, die sich nicht von in der Sozialforschung üblichen unterscheiden.

Ein Unterschied zwischen Sozialforschung und pädagogischer Diagnostik besteht also nur in der Zielstellung. Fokussiert Forschung immer auf Verallgemeinerbarkeit der Ergebnisse, so nimmt pädagogische Diagnostik den Einzelfall in den Blick mit dem Ziel für eine Person, Institution oder Gruppe die informatorische Grundlegung für die Verbesserung ihrer Lern- und Entwicklungsbedingungen zu erreichen. Wissenschaftliche Fundierung wird erreicht, indem die gewonnenen Ergebnisse vor dem Hintergrund wissenschaftlicher Erkenntnisse aus größeren Studien interpretiert, mithilfe in vergleichbaren Kontexten gewonnener Erfahrungen konfrontiert oder mithilfe von Theorien erklärt werden.

Sonderpädagogische Diagnostik, ebenso wie Förderdiagnostik, beide als Spezialfall pädagogischer Diagnostik, bedienen sich traditionell etwas spezifischerer Verfahren, zielen weniger auf Leistungsbewertung und münden stets in ein Gutachten (Kottmann 2006) oder in einen individuellen Förderplan. Mit der Öffnung des Unterrichts werden individuelle Lernpläne in der Primarstufe eingeführt (sehr selten auch in der Sekundarstufe), die einem Förderplan nahekommen.

Doch nicht jede unterrichtliche Beobachtung eines Schülers oder einer Schülerin durch eine Lehrperson kann als pädagogisch-diagnostisches Handeln bezeichnet werden, ebenso wenig wie pädagogisch-diagnostisches

Handeln notwendig didaktisch orientiert sein muss. Pädagogisch-diagnostisches Handeln sucht in einem iterativen Prozess die Ansatzpunkte für Förderung. Es geht darum, das Besondere dieses Kindes oder dieser Einrichtung herauszufinden, Stärken, von denen ausgegangen werden kann, Angebote, die das Kind oder die Einrichtung annehmen werden. Eine vertrauensvolle Beziehung und eine positive Interaktion sind daher die Basis pädagogischer Diagnostik, in der folglich immer schon die Förderung mitgedacht wird. Die Pädagogin oder der Pädagoge bringt dazu in die diagnostische Situation bereits didaktische, organisatorische und methodische Erfahrungen aber auch Vorstellungen über eine mögliche Zone der nächsten Entwicklung ein.

1. Diagnostisches Handeln zur Entwicklung der pädagogischen Qualität in Kindergarten und Schule

Der Kernprozess von Kindergarten und Schule ist die Tätigkeit der Kinder. Diagnostisches Handeln soll u.a. helfen, die Kinder in ihren tätigen Bildungsprozessen zu unterstützen. Die Welt der Kinder ist Erwachsenen jedoch nicht unmittelbar zugänglich. Zudem ist der Prozess des Verstehens nie abgeschlossen. Selbst wenn zwischen einem/r erfahrenen Diagnostiker/in und dem Kind eine vertrauensvolle Beziehung besteht, bleiben viele Unsicherheiten in der Diagnose. In der empirischen Sozialforschung versucht man durch eine klar formulierte Fragestellung und eine nachvollziehbare, methodische Vorgehensweise sowie den Einbezug mehrerer Quellen bzw. Perspektiven Unsicherheiten zu minimieren. Erhebungen werden engpass- und ergebnisorientiert gestaltet, um der Gefahr einer Datenflut zu entgehen. In der pädagogischen Diagnostik erreicht man Mehrperspektivität durch fallbezogene Arbeit im Team und durch den Einsatz verschiedener Tests, Beobachtungen und Befragungen nicht nur des Kindes, sondern auch seines außerschulischen und des schulischen Umfeldes. Durch die klare Fragestellung „Wer oder was kann wodurch und wie die Lernprozesse des Kindes fördern" orientiert pädagogische Diagnostik auf individuelle Lern- und Entwicklungspläne und konkrete Förderangebote, die im ökosystemischen Sinne auch Einflüsse und Möglichkeiten des Umfeldes einbeziehen sollten (Bronfenbrenner 1981; Sander 1993; Christ/Hildeschmidt/Meister/ Sander/Theis 1986).

Pädagogisch-diagnostisches Handeln ist in einen systematischen Entwicklungsprozess eingebunden, aber nicht mehr in der Erwartung einfacher Rückwirkungen auf das anstehende Problem. Ziele, Probleme und Lösungen liegen auf ganz unterschiedlichen Ebenen. Erst die wiederholte Prüfung der Handlungswirkung in Richtung Problemstellung sondert praktisch „richtige" von „falschen" Interventionen. Pädagogisches Handeln wird dadurch zum Quasiexperiment. Das ist nicht neu. Eine prozessorientierte Handlungslogik hat schon Dewey überzeugend legitimiert. Sie fand als „Deming-Kreis" sogar Eingang in die wissenschaftlich-technische Problemlösungsmethodik des Qualitätsmanagements (Dewey 1993, S. 354 ff.; Malorny 1996, S. 123 ff.). ‚Plan-Do-Check-Act (PDCA)' zeigt schematisch die vier Stadien, die die großen und kleinen Schritte bei der Umgestaltung komplexer Realität sinnvollerweise durchlaufen. Das Vorgehen ist immer zugleich vorsichtig und vorläufig, quasi ein laufender Dialog mit der Realität. Dem vorausschauenden Ausarbeiten von Handlungsmöglichkeiten (Plan) folgt das gut vorbereitete Ausprobieren (Do). Planen und Probieren stellen die Fragen an die Realität, deren Antwort wird im dritten Schritt faktenreich und vorgehenskritisch beobachtet (Check). Aufgrund des solcherart angereicherten Wissens werden Erkenntnisse für das weitere Handeln gewonnen (Act) (vgl. Carle 2000, S. 391 f.). Im Rahmen dieses Prozesses werden insbesondere für den diagnostischen Anteil (Check) verschiedene Instrumente eingesetzt, die zur normativen und methodischen Transparenz beitragen. Es muss ziel- und situationsbezogen geklärt werden, welches davon geeignet ist, den pädagogisch-diagnostischen Prozess zu unterstützen. Ein wichtiges Qualitätskriterium ist eine nachvollziehbare methodische Vorgehensweise.

1.1 Diagnostische Arbeit mit dem Kind – ausgewählte Verfahren

Im Vorschul- und Grundschulbereich, auf die ich mich hier exemplarisch beschränken möchte, stehen standardisierte Testverfahren zur Verfügung für die Erfassung sprachlicher Kompetenzen und einiger Vorläuferfähigkeiten für den Schriftspracherwerb („early literacy"), für die Erfassung früher mathematischer Fähigkeiten („early numeracy"), grundlegender Aspekte allgemein-kognitiver Fähigkeiten und Fertigkeiten („Intelligenztests") sowie für die Erfassung grundlegender Aspekte des Sozialverhaltens, der Interessen, der Lernbereitschaft und des Selbstkonzeptes. Einen Überblick gibt das Periodikum der Testzentrale[1]. Detailliert sind sie bei Weinert u.a. (2008) beschrieben. Die meisten Verfahren sind Individualtests. Einige den sozial-emotionalen Bereich betreffende Verfahren beziehen die Eltern und die ErzieherInnen mit ein, z.B. enthält der Verhaltensbeurteilungsbogen für Vorschulkinder (VBV 3-6) sowohl einen Eltern- als auch einen Erzieher/innenfragebogen (vgl. Weinert 2008, S. 188). Demgegenüber werden mit den genannten Tests kognitive Leistungen mit entsprechenden Aufgaben erhoben, ohne die Eltern einzubeziehen. Hierfür müssen folglich andere Methoden eingesetzt werden.

Besonders im letzten Kindergartenjahr und am Schulanfang werden seit 2003 in Folge von PISA in den meisten Bundesländern Sprachstandserhebungen durchgeführt, da man der Sprachentwicklung auch unter Bedingungen der Mehrsprachigkeit eine besondere Bedeutung für den Lernerfolg in den schulisch besonders herausgehobenen Bereichen zuspricht. Der aktuelle

---

1 www.testzentrale.de

Stand der Sprachstandserhebungen ist auf dem Deutschen Bildungsserver[2] dokumentiert.

Sowohl die Vorschultests als auch die Sprachstandserhebungen lassen nicht zwangsläufig Schlüsse darauf zu, wie eine geeignete Förderung aussehen könnte. Darüber hinaus ist auch das so erfassbare Spektrum der Kompetenzen eines Kindes alleine durch die Form der Tests begrenzt. Es ist nur mit einer umfänglichen Testbatterie möglich, alle relevanten Bereiche für einen erfolgreichen Schulstart zu erfassen. Ihre Handhabung ist oft Spezialist/innen vorbehalten. Daher werden Tests in der Regel nur dann eingesetzt, wenn Probleme zu erwarten sind und nicht als Basis für die Angebotsplanung im Alltag.

Demgegenüber gibt es gerade im Vorschulalter eine ganze Reihe weicher Verfahren, die forschend von den ErzieherInnen eingesetzt werden, um die Ressourcen des Kindes zu erfahren. „Diese ins pädagogische Handeln eingelassene Forschungstätigkeit ermöglicht Annäherungen an die Kinderperspektive im Kontext pädagogischer Situationen. Sie läßt Ausschnitte aus der Nähe des Alltags zu und dient den unmittelbaren Handlungsentwürfen." (Prengel 2000, S. 310)

Hier werden exemplarisch vier Beobachtungskonzepte vorgestellt, die eine solche ins pädagogische Handeln eingelassene Forschungstätigkeit erleichtern: Drei Instrumente für den Kindergarten: das Leuvener Modell, der Beobachtungsbogen von Beate Andres (Laewen/Andres 2002) und die Learning Stories von Margaret Carr. Alle drei wurden im Kindergarten entwickelt, werden heute aber auch in der Grundschule eingesetzt. Sie beruhen auf verschiedenen anthropologischen Vorannahmen, Zielen und Methoden (vgl. Krieg 2007, S. 87 ff.). Ein viertes Instrument, „Individuelle Lernstandsanalysen" (ILeA) wurde zunächst für die ersten Wochen in der Schule – zwischenzeitlich für die ganze Grundschulzeit – entwickelt und ermöglicht Lehrpersonen, die unterschiedlichen Lernvoraussetzungen der Kinder zu erheben (Prengel/Liebers 2008). Alle hier aufgeführten Konzepte gehen davon aus, dass Kinder sich nicht gleichschrittig, sondern unterschiedlich schnell und unterschiedlich profiliert entwickeln. Dabei ist jedes Kind auf der Stufe seiner Entwicklung kompetent. Diese Einsicht hat unmittelbar zur Folge, dass Kinder anknüpfend an ihre aktuelle Entwicklung Herausforderungen benötigen, um die nächste Stufe ihrer Entwicklung zu erreichen. Es handelt sich insbesondere bei den hier ausgewählten drei Kindergarteninstrumenten um kompetenzorientierte Ansätze, d.h. es geht nicht darum isolierte Fähigkeiten zu ermitteln, sondern Ressourcen, die das Kind zur Bewältigung seiner Aufgaben mobilisieren kann.

Das Leuvener Modell wurde an der Universität Leuven in Belgien von der Gruppe um Ferre Laevers entwickelt. Es basiert auf der Annahme, dass Kinder dann besonders gut lernen, wenn sie sich in eine Sache entdeckend

---

2 http://www.bildungsserver.de/zeigen.html?seite=2308

hinein vertiefen und daraus Befriedigung ziehen. Beobachtung dient dazu, den Kindern zu helfen, auf diese Art ihre Entwicklungsmöglichkeiten auszuschöpfen (vgl. Vandenbussche u. a. 1999). „Emotionales Wohlbefinden" und „Engagiertheit" sind die Dimensionen kindlichen Verhaltens, die beobachtet werden. „Wohlbefinden wird als gefühlsmäßiger Ausdruck eines Kindes beschrieben, das sich u. a. durch Offenheit, Aufgeschlossenheit, Kontaktfreudigkeit, Vitalität, Entspannung, innere Ruhe und einem sich Selbstsein auszeichnet." (Krieg 2007, S. 89) Engagiertheit zeige sich in dem „Ausmaß, mit dem Kinder sich auf ihre Gruppe und ihre Umgebung einlassen" (Vandenbussche u. a. 1999, S. 19). „Dieses wird u. a. mit Konzentration, Energie, Komplexität, Kreativität und Ausdauer, mit der sich ein Kind einer Sache widmet, und der Zufriedenheit, die es dabei erfährt (...), beschrieben. Die Engagiertheit wird in Bezug zu vier Entwicklungsbereichen gesetzt: motorische Entwicklung – Ausdruck, Sprache und Kommunikation – Denken und Verstehen – Selbststeuerung." (Krieg 2007, S. 89) Beobachtungsvorlagen wurden entwickelt, mit deren Hilfe „Emotionales Wohlbefinden" und „Engagiertheit" in drei bzw. fünf Niveaustufen eingeschätzt werden sollen. Es handelt sich zudem um ein mehrstufiges Verfahren. So werden mit diesem Einschätzbogen zunächst Kinder ermittelt, die in ihrer Entwicklung bedroht sind. Für sie werden zusätzlich Informationen zur Familie eingeholt, das Verhältnis zu Spielmaterial und anderen Kindern im Kindergarten eingeschätzt, sowie die Engagiertheit des Kindes mit Blick auf verschiedene Entwicklungs- und Verhaltensbereiche weiter überprüft, um herauszufinden, ob sich die Verzögerung nur auf einzelne Bereiche bezieht. Die Ergebnisse der Beobachtungen werden zusammengefasst und in Stärken und Schwächen sortiert. Mit Blick auf acht Kompetenzfelder werden aus den Stärken und Schwächen Förderansätze abgeleitet.

Stärker auf die Themen der Kinder zielen Laewen und Andres mit ihrem Beobachtungsbogen. „Die zentrale Aufgabe von Erzieherinnen in Kindertageseinrichtungen besteht darin, die Kinder bei ihren Bildungsprozessen zu unterstützen und einen Rahmen bereitzustellen, der ihre Bildungsmöglichkeiten erweitert. Dazu müssen die Erzieherinnen aber zunächst einmal wissen, womit sich die einzelnen Kinder beschäftigen und welche Themen im Mittelpunkt ihres Interesses stehen. Das herauszufinden ist nicht immer einfach und erfordert genaues Beobachten der Kinder." (Laewen/Andres 2002, S. 88) Im Rahmen eines Projekts zum Bildungsauftrag von Kindertageseinrichtungen untersuchten Laewen und Andres wie Kinder sich bilden und welche Rolle die Erwachsenen dabei spielen. In Anlehnung an Wygotski stellten sie fest, dass es die Aufgabe der Erwachsenen ist, die Themen der Kinder zu erkennen, sie aber dann anzuregen, die nächste Zone der Entwicklung zu erreichen. Bedeutsam ist es, dass alle Themen der Kinder von den Erwachsenen als relevant betrachtet werden, denn nicht Aufgegriffenes werde auch nicht weiterentwickelt. „Themen, die nicht in den Dialog zwischen Erwachsenen und Kind eingehen dürfen oder die regelmäßig übersehen werden, können nicht weiter bearbeitet werden" (Laewen/Andres 2002,

S. 44). Damit weisen Laewen/Andres auch darauf hin, dass Beobachten alleine nicht ausreicht, vielmehr die Erwachsenen mit den Kindern in einen Dialog eintreten müssen, damit sie das Kind mit seinen Themen verstehen lernen. Der Beobachtungsbogen dazu umfasst eine Anleitung zu schrittweisem Vorgehen: Dokumentiertes Beobachten der Kinder, Reflexion der eigenen Beobachtung des Kindes und Selbstbeobachtung und Reflexion des Beobachtungsergebnisses im Kollegium.

Die neuseeländische Professorin für Frühpädagogik Margaret Carr (2001) entwickelte als Teil des neuseeländischen Bildungsplans „Te Whäriki" für Kinder bis fünf Jahre die Methode der „Learning Stories". Das Deutsche Jugendinstitut e.V. (DJI) hat den Ansatz auf deutsche Verhältnisse übertragen und erprobt (Leu u.a. 2007). „Das Lernen der Kinder und die Frage, wie der Erwachsene dieses Lernen konkret begleiten und unterstützen kann, stehen im Mittelpunkt der Betrachtung. Dabei ist es wesentlich, dass diese Unterstützungen an den Deutungsmustern und Kompetenzen der Kinder ansetzen. Deshalb beinhaltet das Beobachtungsverfahren die intensive Auseinandersetzung mit den jeweiligen individuellen kindlichen Entwicklungsprozessen. Die Interessen und die Intensität, mit der die Kinder ihre Handlungen verfolgen, sowie die Fähigkeiten und Kompetenzen, die sie dabei einsetzen, gilt es wahrzunehmen und zu verstehen. Im Vordergrund stehen dabei der Selbstbildungsprozess der Kinder und der Eigenanteil an ihrer Entwicklung." (Wenzel/Levermann 2007, S. 147)

Margaret Carr (2001 a, S. 107 ff.) gliedert das Verfahren in fünf Schritte.

1. Offene Beobachtung des Kindes durch die Erzieherin, wobei Aktivitäten und Verhalten schriftlich dokumentiert werden
2. Diskussion der Ergebnisse im Team mit anderen Erzieherinnen
3. Besprechung der Beobachtungen mit dem Kind und dessen Eltern. Die Eltern sind aufgefordert, eigene Beobachtungen den Unterlagen beizufügen
4. Leitfadengestützte Beobachtung des Kindes nach fünf Lerndispositionen[3], die dem Curriculum zugeordnet sind, Aufzeichnung der Learning Story, angereichert durch Materialien der Kinder oder Fotografien und mit Hinweisen auf nächste Lernschritte
5. Entscheidung, welche Schritte eingeleitet werden, um das Kind in seiner Entwicklung zu fördern

Das Verfahren wird derzeit auch in der Grundschullehrerausbildung erprobt (Graf 2007).

---

3 1) Interesse an und Auseinandersetzung mit Personen, Orten und Dingen. 2) Engagiertheit, d.h. sich auf eine Sache vertieft einlassen. 3) Durchhaltevermögen, Fehler als Lernhelfer. 4) Kommunikation mit anderen. 5) Verantwortlichkeit und Perspektivität (vgl. Carr 2001 b, S. 22 ff.).

Annedore Prengel, Katrin Liebers u. a. entwickelten seit dem Schuljahr 2003/2004 „Individuelle Lernstandsanalysen" (ILeA) für das Land Brandenburg. Der Leitfaden für die Lehrerinnen und Lehrer beschreibt ILeA wie folgt: „Die vorliegenden individuellen Lernstandsanalysen ILeA 1 sind keine Tests. Sie wurden vielmehr entwickelt, um Lehrkräfte bei der Unterrichtsarbeit zu unterstützen. Wenn der Leitfaden nach seiner Verwendung in den ersten sechs Schulwochen im laufenden Schuljahr weiter genutzt wird, um die sich verändernden Lernstände zu dokumentieren, erleichtert er die Diskussion in der Klassenkonferenz und Elterngespräche erheblich. Dieser Leitfaden beruht auf einem Ansatz der didaktischen Diagnostik, denn bei diesen Lernstandsanalysen geht es darum zu erfassen, was jedes einzelne Kind kann – unabhängig davon, was bereits im Unterricht „durchgenommen" wurde und was nicht." (Prengel/Liebers 2008, S. 9) Die Individuellen Lernstandsanalysen bestehen aus verschiedenen Erhebungsinstrumenten und zwar einerseits für Schulfächer und andererseits für die psychosoziale Gesamtsituation des Kindes. ILeA dienen explizit der Unterrichtsentwicklung, wenn sie so wie vorgeschlagen eingesetzt werden. Zielen sie doch auf einen binnendifferenzierten Unterricht für dessen Aufgaben sie die diagnostische Grundlage ermöglichen.

Sechs Arbeitsprinzipien liegen ILeA zugrunde:

1. Anerkennung: „Jedes Kind soll im Unterricht immer wieder erleben, dass es kompetent und liebenswert ist und geachtet wird." (ebd., S. 10)
2. Didaktisch orientierte Diagnostik: Lernstände von Kindern werden nicht zur Bewertung des Kindes analysiert, sondern um im Unterricht eine geeignete Grundlage für individuelle Förderung zu haben.
3. Verwendung didaktischer Stufenmodelle: Als Referenzrahmen zur Analyse der Lernstände von Kindern dienen didaktische Stufenmodelle soweit sie wissenschaftlich ausgearbeitet vorliegen. Da Stufenmodelle nur ein sehr grobes Gerüst bereichsspezifischer Entwicklung abbilden, werden sie um nicht chronologische Bausteine ergänzt.
4. Kind-Umfeld-Diagnose zur Erfassung der Wechselwirkungen zwischen Kind und Umfeld. Mit Umfeld ist nicht nur das inner- und außerschulische soziale Lebensumfeld des Kindes gemeint, sondern auch die Lernumgebung inklusive des didaktisch-methodischen Angebots. Die didaktischen Diagnosen sollen mit der Analyse der psychosozialen Gesamtsituation einhergehen (Prengel 2008).
5. Die Arbeitshypothesen nach Durchführung der Lernstandsdiagnosen beinhalten auf der Basis aktueller Ausschnitte Bilder und Vermutungen über das Kind, die immer von Theorien der Lehrperson abhängig sind.
6. Für die Förderung der Selbsteinschätzung werden spezielle Einschätzungsbögen für die Hand der Kinder zur Verfügung gestellt.

Da ILeA sehr ausdifferenziert ist, spezifischen fachdidaktischen und pädagogischen Ansätzen folgt und zugleich landesweit eingesetzt wird, wäre zu untersuchen, ob sich durch das Instrument eine Veränderung des fachdidaktischen Vorgehens feststellen lässt und welche Folgen damit einhergehen. Zudem wäre zu überlegen, ob für eine weitere Überarbeitung eine Beziehung zu den derzeit in Entwicklung befindlichen Kompetenzrastern (analog zum Europäischen Referenzrahmen Sprache) hergestellt werden kann. Im Sinne einer förderungsbezogenen Kind-Umfeld-Analyse wäre darüber hinaus zu bedenken, ob nicht auch systematisch nach möglichen Unterstützungen des Kindes im Umfeld gesucht werden sollte, die durch die Lehrperson aktiviert werden können (vgl. Carle 2008). Die Stärke von ILeA liegt vor allem darin, dass mit diesem Instrument den Lehrpersonen ein Fundus an diagnostisch auch in Gruppen nutzbaren Aufgaben zur Verfügung gestellt wurde, der ihre Arbeit entscheidend erleichtern kann.

1.2 Auf die Einrichtung bezogene diagnostische Arbeit

So wie es Indikatoren für den Lernstand des Kindes gibt, lassen sich auch Indikatoren für die Zuträglichkeit einer Einrichtung bestimmen. Auch hierfür gibt es Referenzmodelle. Zum Berufsbild der Lehrperson und der ErzieherIn gehört es nicht nur vom Kind aus zu diagnostizieren, sondern auch mit Blick auf die Entwicklung der Qualität der Einrichtung.

Instrumente, mit denen die Kindertageseinrichtung unter die Lupe genommen werden kann, gibt es gleich mehrere. Auf dem Deutschen Bildungsserver[4] sind Übersichten zugänglich.

Ein Verfahren wurde in Thüringen im Rahmen der Entwicklung der Schuleingangsphase mit Schulen zusammen ausgearbeitet und wird laufend verbessert (TQSE[5]). Es besteht zum einen aus einer Beschreibung von Dimensionen der Entwicklung der Schuleingangsphase: Jahrgangsmischung, Integrative Didaktik, Leistungsdokumentation, Mehrpädagogensystem, Elternarbeit und Community Education, zum anderen aus Instrumenten für die Unterstützung des Schulentwicklungsprozesses. Für jede Dimension ist knapp beschrieben, welche Voraussetzungen erforderlich sind und wie ein positives Beispiel aussehen könnte. Künftig erhält jede Dimension eine mehrstufige Skala zur Qualitätseinschätzung, die mit Ankerbeispielen hinterlegt ist und zur Selbst- und Fremdbeurteilung eingesetzt werden kann. Für Jahrgangsübergreifenden Unterricht steht sie bereits zur Verfügung und wird im Rahmen des Evaluationsinstruments EVAS (Eigenverantwortliche Schule) als dialogisches Verfahren eingesetzt.

---

4 Qualitätsmerkmale von Kindergärten: http://www.bildungsserver.de/zeigen.html?seite =3768, unter Berücksichtigung der Qualität der Inklusion: http://www.bildungs server.de/zeigen.html?seite=3549, für Schule: http://dbs.schule.de/zeigen.html?seite=1276
5 Thüringer Qualitätsinstrumente für die Schuleingangsphase http://www.tqse.uni-bremen.de/

Der Index für Inklusion[6] stellt ein bekanntes, speziell auf Inklusion, jedoch weniger auf Unterrichtsqualität ausgerichtetes Verfahren dar, mit dem zunächst eine Ist-Standsanalyse erstellt und dann ein interner Entwicklungsprozess in der Schule oder im Kindergarten angeregt werden kann. Der Prozess gliedert sich in fünf Phasen, in denen Analysegegenstände und Realisierungsinhalte verbunden werden – auf der Ebene der Einrichtung:

„Phase 1: Mit dem Index beginnen: Ein Index-Team bilden, den Planungsansatz überprüfen, für den Index sensibilisieren, das vorhandene Wissen aktivieren, die Schlüsselkonzepte und den Planungsrahmen nutzen, die Untersuchung mit Hilfe der Indikatoren und Fragen vertiefen, die Zusammenarbeit mit anderen Teams vorbereiten.

Phase 2: Die Einrichtungssituation beleuchten: Das Wissen und die Ideen der Mitarbeiter/innen, der Leitung, der Trägervertreter/innen und der Fachberatung zusammentragen, das Wissen und die Ideen der Kinder und Jugendlichen sammeln, das Wissen und die Ideen der Eltern und der Bewohner/innen des Stadtteils herausfinden, Prioritäten für die Entwicklung festlegen.

Phase 3: Einen inklusiven Plan entwerfen: Die Prioritäten mit Hilfe des Planungsrahmens überarbeiten, die Prioritäten in den Entwicklungsplan einfügen.

Phase 4: Den inklusiven Plan in die Praxis umsetzen: Die Prioritäten in die Tat umsetzen, die Entwicklung am Laufen halten.

Phase 5: Den Index-Prozess evaluieren: Den Prozess reflektieren und dokumentieren, die Arbeit mit dem Index evaluieren, den Index-Prozess fortsetzen." (Booth u. a. 2006, S. 29 ff.)

Alle Qualitätsentwicklungsinstrumente erfordern ein diagnostisches Vorgehen. Auch hier kommt es darauf an, eine möglichst hohe Qualität zu erreichen. Qualitätskriterien wurden insbesondere in der Praxisforschung formuliert (Altrichter/Posch 1998).

1.3 Eltern und außerschulisches Umfeldes

Das zunächst für den Schuleintritt entstandene ILeA-Beobachtungsheft zur psychosozialen Gesamtsituation (Prengel 2008) sieht vor, dass nicht nur die Situation des Kindes, sondern auch seine psychosoziale Einbettung im Elternhaus, in der Peer-Gruppe und in der Schulklasse Berücksichtigung bei der Analyse des Lernstandes findet. Schließlich sind Lernleistungen nicht nur inhaltlicher Art und nicht nur durch psychische, sondern auch durch soziale Faktoren beeinflusst.

---

6 Index für Inklusion Kindergarten: http://www.eenet.org.uk/index_inclusion/Index%20EY%20German2.pdf. Für Schule http://www.inklusionspaedagogik.de/content/blogcategory/19/58/lang,de/ (01.07.2008)

Vornehmlich für solche Übergangssituationen wie dem Schulanfang, in denen die Eltern selbst eine wichtige Rolle spielen und mitbetroffen sind, wurden im frühkindlichen Bereich Methoden ausgearbeitet. Eltern als Experten für ihr Kind spielen bei kleinen Kindern eine besondere Rolle. Insbesondere beim Übergang von der Familie in die Krippe oder in den Kindergarten wird das Instrument einer (aktivierenden) Befragung der Eltern eingesetzt. Die Entwicklung und der Einsatz von Elternfragebögen ist in der Literatur beschrieben (Aderholz-Matz/Nölting 2007), ebenfalls der Einsatz von Experteninterviews (Grabeleu-Szczes 2007). Es ist erforderlich, dass das Pädagogenteam Sensibilität für Bezugspersonen des Kindes zeigt (Ott 2007).

Weniger methodisch entwickelt ist die pädagogisch-diagnostische Erschließung des Lebensumfeldes des Kindes unter der Fragestellung, ob dort Ressourcen vorhanden sind, die in den Bildungsprozess des Kindes eingebunden werden können. Dies ist so, obwohl die Bezüge zwischen schulischem und außerschulischem Förderangebot in den letzten Jahren sehr deutlich hervorgetreten sind. Besonders an Extremfällen wurde deutlich, dass die Schule alleine gerade hinsichtlich der psychosozialen Situation der Kinder zu wenig Einfluss hat (vgl. Campus Rütli). Zugleich muss gefragt werden, inwieweit diese Ressourcen auch bisher schon aktiviert worden sind. Zugang zum Umfeld des Kindes bieten z.B. Regionalanalysen (z.B. über das Jugend- oder Sozialamt erhältlich) oder eigene ressourcenbezogene Erkundungen im Viertel (z.B. Kirchen, Vereine, Familienzentren, Spielplätze etc.). Die Kinder und die Eltern können in eine solche Analyse und ihre Auswertung eingebunden werden. Sie lernen systematisches Arbeiten, z.B. mit Karteikarten oder Datenbanken, unter Nutzung einer Landkarte und Erkundungen vor Ort.

Sinnvoll ist es, im Gespräch mit dem Kind außerhalb von Problemsituationen zu erwägen, von wem es gegebenenfalls außerschulische Unterstützung annehmen würde. Gespräche, Rollenspiele auch unter Einsatz von Puppen, bei älteren Kindern freie Texte zu dieser Frage und Diskussion der Texte in einer Schreibkonferenz bieten sich an. Die Ergebnisse können gemeinsam, z.B. an einer Wandtafel ausgewertet werden (z.B. Kategorisieren, gedanklich anreichern, Auszählen von Häufigkeiten, Diskutieren von Gemeinsamkeiten und Unterschieden).

Eine Voraussetzung für eine realistische Einschätzung von Fördermöglichkeiten wäre eine möglichst ohne konkreten Problemanlass durchgeführte Untersuchung, wie und wo die Kinder der Klasse am Nachmittag und Abend ihre Freizeit verbringen. So könnten die Kinder aufgefordert werden, selbst eine Untersuchung in der Klasse durchzuführen. Zunächst wird ein Selbstbeobachtungsbogen entwickelt. Zu beachten ist, dass die Kinder andere Klassifizierungen vornehmen als Erwachsene. So kann es sein, dass Kinder ‚Bücher lesen' einmal als Spiel ansehen und in anderem Kontext als Arbeit für die Schule. Deshalb ist die Entwicklung des Beobachtungsinstruments mit den Kindern besonders wichtig. Der Bogen kann dann täglich in einer anderen Farbe den Kindern mitgegeben und am kommenden Tag wieder eingesammelt werden. Bei einer schnellen überblickartigen Auswertung sieht die Lehrperson Lücken und kann noch im Laufe des Vormittags nachfragen. Bei diesem Vorgehen kommt es vor, dass Kinder Ressourcen benennen, die die anderen gar nicht kennen, obwohl sie in der Nachbarschaft wohnen. Die gemeinsame Auswertung der Untersuchung mit den Schülerinnen und Schülern führt nicht nur dazu, dass alle voneinander lernen, sondern es kann auch ein systematisches Register stadtteilbezogener Ressourcen für Kinder entstehen. Das Spektrum der Tätigkeitsangebote im häuslichen Umfeld lässt sich z. B. auf diese Weise sehr leicht erheben und den Kindern zugänglich machen (Rojahn 2008).

2. Auswertung im Team und Entwicklung des Förderkonzepts

Mehrperspektivität als ein wichtiges Qualitätsmerkmal von pädagogischer Diagnostik wird insbesondere durch eine gemeinsame Auswertung des diagnostischen Prozesses in einem Expertenteam erreicht, wie es die beschriebenen Beobachtungsverfahren für den Kindergarten vorsehen.

Im Verfahren der Kind-Umfeld-Analyse (Sander 1993), welches im Rahmen integrativen Unterrichts entwickelt wurde, übernimmt diese Aufgabe ein Förderausschuss. Die Förderausschussmitglieder fungieren dabei als Expertinnen und Experten für die Verhältnisse im jeweiligen Umfeld. Das setzt voraus, dass sie sich die Umfeldstrukturen anhand der vorhandenen Daten und aus ihrer Erfahrung heraus bewusst machen, um darüber sprechen zu können. Das Verfahren der Teamdiagnose soll helfen, die Lebensrealität des Kindes angemessener zu erfassen. Dabei soll die hinter den Entwicklungszusammenhängen stehende Komplexität, also die vielfältigen Beziehungen zwischen den verschiedenen individuellen und damit (im Sinne Bronfenbrenners) zugleich sozialen Entwicklungsbereichen stärker hervortreten. So beleuchtet das Team die Bedingungen der Tätigkeit des Kindes in seinen verschiedenen Lebensfeldern und fragt nach Verbesserungsmöglichkeiten. Nicht nur in der Familie, sondern auch in der Schulklasse schlägt der Förderausschuss Veränderungen vor. Gelingt dieser Prozess, so wird die Kind-Umfeld-Diagnose auch zu einer geeigneten Planungsgrundlage für den Unterricht. Voraussetzung für eine gleichberechtigte und sich kooperativ ergänzende Zusammenarbeit ist, dass die Bezugspersonen des Kindes im Team des Förderausschusses Vertrauen gewinnen. Dabei hilft, dass nicht nur diagnostiziert wird, sondern zugleich praktische Hilfen für das Kind erarbeitet werden (Kornmann 1991).

Es darf davon ausgegangen werden, dass das Interpretieren eigener alltäglicher Handlungsmuster bereits zu Veränderungen führt (Loser 1980). Ein solcher Interpretationsprozess muss bei allen Beteiligten einsetzen, damit sie in der Lage sind, ihr eigenes pädagogisches Handeln im Team zu diskutieren. So könnte im Idealfall der Arbeitsprozess im Förderausschuss nicht nur Diagnoseergebnisse im vordergründigen Sinne erbringen, sondern darüber hinaus bei allen Beteiligten einen Reflexionsprozess über das eigene Handeln in Gang setzen und Routinen zugänglich und bearbeitbar machen. Der teamdiagnostische Prozess bereitet somit die Anwendung und Erprobung der geplanten Förderung auf zwei Ebenen vor, erstens durch eine zielgerichtete Planung von Fördervorhaben für das Kind und Suche nach geeigneten Handlungsstrategien (inklusive Umbau von Rahmenbedingungen) und zweitens durch die Fokussierung des Interesses der Beteiligten auf eine Verbesserung ihrer eigenen Tätigkeit im jeweiligen Mikrosystem.

Über das gemeinsame Ziel muss im Team Konsens herrschen. Entscheidend für eine gute Kooperation ist die gegenseitige Akzeptanz der unterschiedlichen Sichtweisen und Erfahrungshintergründe, die wiederum zu unterschiedlichen Beiträgen für den Weg zum gemeinsamen Ziel führen (Jung/Molaro-Philippi 1988). Das kann gelingen, wenn die Deutungen der einzelnen Beteiligten nicht zu grundsätzlich voneinander abweichen, also für den jeweils anderen noch akzeptabel sind. Starke Diskrepanzen lassen sich manchmal auch auf methodische Schwächen zurückführen. Wenn nicht geklärt werden kann, woher solche unterschiedlichen Sichtweisen kommen, darf das nicht unter den Tisch fallen, sondern muss für die Endauswertung festgehalten werden. Das Gütekriterium „Hinzuziehung alternativer Perspektiven" (Altrichter/Posch 1994) ist also nicht alleine durch die Anwesenheit unterschiedlicher Personen erfüllt, sondern die unterschiedlichen Perspektiven müssen außerdem nachvollziehbar festgehalten werden, um spätere Neubewertungen vornehmen zu können. Dasselbe gilt auch für die Erprobung der geplanten Maßnahmen. Fehlt ein geeignetes Protokoll, das die Verläufe nachvollziehbar festhält, dann ist keine Überprüfung in der Praxis oder im Team möglich.

Literatur

Aderholz-Matz, Nicole/Maren Nölting 2007: Ein neuer Elternfragebogen zur Unterstützung des Übergangs in die Kindergruppe der Dreijährigen. In: Carle, Ursula/Dana Grabeleu-Szczes/Simone Levermann (Hg.): Sieh mir zu beim Brückenbauen – Kinder in Bildungs- und Übergangsprozessen wahrnehmen, würdigen und fördern. München. S. 26-43.
Altrichter, Herbert/Peter Posch 1998: Lehrer erforschen ihren Unterricht. Eine Einführung in die Methoden der Aktionsforschung. Bad Heilbrunn.
Booth, Tony/Mel Ainscow/Denise Kingston 2006: Index für Inklusion (Tageseinrichtungen für Kinder), Lernen, Partizipation und Spiel in der inklusiven Kindertageseinrichtung entwickeln. Deutschsprachige Ausgabe, hrsg. von der Gewerkschaft Erziehung und Wissenschaft. Frankfurt/M.
Bronfenbrenner, Urie 1981: Die Ökologie der menschlichen Entwicklung. Stuttgart.
Campus Rütli http://www.campusruetli.de/dokumente.html (05.10.2008)

Carle, Ursula 2000: Was bewegt die Schule? Internationale Bilanz – praktische Erfahrungen – neue systemische Möglichkeiten für Schulreform, Lehrerbildung, Schulentwicklung und Qualitätssteigerung. Baltmannsweiler.

Carle, Ursula 2008: Kind-Umfeld-Analyse als Handwerkszeug für die Unterrichtsplanung. In: Graf, Ulrike/Elisabeth Moser-Opitz (Hg.): Diagnostik und Förderung im Elementarbereich und Grundschulunterricht. Baltmannsweiler.

Carr, Margaret 2001a: Assessment in early childhood settings. Learning stories. London.

Carr, Margaret 2001b: Bildungs- und Lerngeschichten. Bearbeitet von H.R. Leu (2002). URL: http://www.dji.de/cgi-bin/projekte/output.php?projekt=320 (Zugriff: 16.02.2007).

Christ, Klaus/Anne Hildeschmidt/Hans Meister/Alfred Sander/Christiane Theis unter Mitwirkung weiterer Mitarbeiter 1986: Ökosystemische Beratung. Berichte aus dem Projekt „Integrationsorientierte Frühberatung". Reihe: Arbeitsberichte aus der Fachrichtung Allgemeine Erziehungswissenschaft Universität des Saarlandes, Arbeitseinheit Sonderpädagogik.

Dewey, John 1993: Demokratie und Erziehung. Eine Einleitung in die philosophische Pädagogik. Weinheim.

Grabeleu-Szczes, Dana 2007: Ansichten von Eltern und Erzieherinnen zum Gelingen des Übergangs in die Kindertageseinrichtung. In: Carle, Ursula/Dana Grabeleu-Szczes/Simone Levermann (Hg.): Sieh mir zu beim Brückenbauen – Kinder in Bildungs- und Übergangsprozessen wahrnehmen, würdigen und fördern. München. S. 44-64.

Graf, Ulrike 2007: Schlüsselsituationen pädagogisch-diagnostischen Lernens im Lehramtsstudium. In: Graf, Ulrike/Elisabeth Moser-Opitz (Hg.): Diagnostik und Förderung im Elementarbereich und Grundschulunterricht. Entwicklungslinien der Grundschulpädagogik. Bd. 4. Baltmannsweiler. S. 40-53.

Jung, Joachim/Iris Molaro-Philippi 1988: Die ‚partnerschaftliche Zusammenarbeit' mit den Eltern in schulischen Integrationsmaßnahmen – Vorstudie zu einem besseren Verständnis aus der Sicht von Eltern behinderter Kinder. In: Sander, Alfred u. a. (Hg.): Behinderte Kinder und Jugendliche in der Regelschule. Saarbrücker Beiträge zur Integrationspädagogik. Bd. 2. St. Ingbert. S. 153-194.

Kornmann, Reimer 1991: Förderdiagnostik bei ausländischen Kindern. In: Psychologie, Erziehung, Unterricht. Jg. 38. S. 133-151.

Kottmann, Brigitte 2006: Selektion in die Sonderschule: Das Verfahren zur Feststellung von sonderpädagogischem Förderbedarf als Gegenstand empirischer Forschung. Bad Heilbrunn.

Krieg, Elsbeth 2007: Begabungen beobachten und einschätzen. In: Hahn, Heike/Regina Möller/Ursula Carle (Hg.): Begabungsförderung in der Grundschule. Baltmannsweiler. S. 87-101.

Laevers, Ferre (Hg.) 1997: Die Leuvener Engagiertheits-Skala für Kinder, LES-K. Leuven, Belgien.

Laewen, Hans Joachim/Beate Andres (Hg.). 2002: Forscher, Künstler, Konstrukteure – Ein Werkstattbuch zum Bildungsauftrag von Kindertageseinrichtungen. Berlin/Düsseldorf/Mannheim.

Leu, Hans Rudolf/Katja Flämig/Yvonne Frankenstein/Sandra Koch/Irene Pack/Kornelia Schneider/Martina Schweiger 2007: Bildungs- und Lerngeschichten. Bildungsprozesse in früher Kindheit beobachten, dokumentieren und unterstützen. Berlin.

Loser, Fritz W. 1980: Alltäglicher Unterricht und die Erforschung des unterrichtlichen Alltags. In: Thiemann, Friedrich (Hg.): Konturen des Alltäglichen. Interpretationen zum Unterricht. Königstein. S. 133-166.

Malorny, Christian 1996: TQM umsetzen. Der Weg zur Business Excellence. Stuttgart.

Ott, Isabella 2007: Ausarbeitung eines teameigenen Konzepts für den Übergang in die Kindertageseinrichtung. In: Carle, Ursula/Dana Grabeleu-Szczes/Simone Levermann (Hg.): Sieh mir zu beim Brückenbauen – Kinder in Bildungs- und Übergangsprozessen wahrnehmen, würdigen und fördern. München. S. 65-73.

Prengel, Annedore 1993: Pädagogik der Vielfalt. Reihe: Schule und Gesellschaft Bd. 2. Opladen.

Prengel, Annedore 2000: Erkunden und Erfinden: Praxisforschung in der pädagogischen Arbeit mit Kindern. In: Heinzel, Friederike (Hg.): Methoden der Kindheitsforschung. Ein Überblick über Forschungszugänge zur kindlichen Perspektive. Weinheim und München. S. 309-321.

Prengel, Annedore 2008: ILeA Individuelle Lernstandsanalysen. Beobachtungsheft zur psychosozialen Gesamtsituation. Hrsg. vom Landesinstitut für Schule und Medien Berlin-Brandenburg: LISUM.

Prengel, Annedore/Katrin Liebers 2008: ILeA Individuelle Lernstandsanalysen, Leitfaden 1. Hrsg. vom Landesinstitut für Schule und Medien Berlin-Brandenburg: LISUM.

Rojahn, Bastian 2008: Spielen oder Lernen? Die Bedeutung des Spielens im schulischen und außerschulischen Kontext unter besonderer Berücksichtigung eines veränderten Kinderalltags durch die Ganztagsschule. Schriftliche Hausarbeit im Rahmen der Ersten Staatsprüfung für das Lehramt an öffentlichen Schulen. Bremen: Universität (unveröff.)

Sander, Alfred 1993: Kind-Umfeld-Diagnose: Ökologischer Ansatz in der Diagnostik. In: Pädagogisches Landesinstitut Brandenburg (Hg.): Kinder mit Förderbedarf. Neue Wege in der sonderpädagogischen Diagnostik. Fachserien Lernort Schule, Heft 2. S. 23-36.

Vandenbussche, Els/Marina Kog/Luk Depondt/Ferre Laevers 1999: Beobachtung und Begleitung von Kindern. Erkelenz.

Walter, Heinz/Rolf Oerter (Hg.) 1979: Ökologie und Entwicklung. Donauwörth.

Weinert, Sabine/Hildegard Doil/Sabine Frevert 2008: Kompetenzmessungen im Vorschulalter. Eine Analyse vorliegender Verfahren. In: Rossbach, Hans-Günther/Sabine Weinert (Hg.): Kindliche Kompetenzen im Elementarbereich. Förderbarkeit, Bedeutung und Messung. Reihe: Bildungsforschung Band 24. Berlin.

Wenzel, Diana/Simone Levermann 2007: Bedeutung der Beobachtung in Übergangs- und Bildungssituationen. In: Carle, Ursula/Dana Grabeleu-Szczes/ Simone Levermann (Hg.): Sieh mir zu beim Brückenbauen – Kinder in Bildungs- und Übergangsprozessen wahrnehmen, würdigen und fördern. München. S. 144-156.

Wygotski, Lew Semjonowitsch 1993: Denken und Sprechen. Frankfurt/M.

Klaus Kraimer

Narratives als Erkenntnisquelle

Eine Narration (lat. Erzählung) ist ein Medium, in dem lebens- und kulturgeschichtliche Erfahrungen zur Sprache kommen. Elementare Formen der Strukturierung von Ereignissen sind in Narrationen repräsentiert. Das, was ‚das Leben' zu erzählen hat, lässt sich in einer Zeitachse von der Bedeutung des Anfangs bis zum Fluchtpunkt des Schließens rekonstruieren. Es gilt, diese ‚Welt als Text' wie ein Kunstwerk lesen und sie zur Aufschließung von Forschungsfragen zu nutzen (z.B. Wie gestaltet sich der Gedächtnisaufbau, die individuelle Biographiegestaltung, der Dialog der Generationen, die geschichtliche Überlieferung?). Für den Phänomenologen Schapp ist der Ort, „wo wir Wirklichkeit ... suchen müssten, das Verstricktsein in Geschichten" (1976, S. 5).

In Geschichten bilden sich vielfältige Formen der Tradierung erinnerter Erfahrungen ab, deren Deutung die Aufgabe der wissenschaftlichen Sinn-Rekonstruktion und Bedeutungsbildung ist. Der Text des Narrativen bedarf seit jeher der Übersetzung – hier ist Hermes nicht weit: Die Auslegungskunst der Hermeneutik bezeichnet einen Weg zum Verständnis dessen, was eine Erzählung bedeutet.

In dem folgenden Beitrag wird aufgezeigt, welchen Stellenwert Narratives im historischen Kontext als Darstellungsform besitzt (Abschnitt 1). Im Anschluss daran erfolgt ein kurzer Überblick über das Spektrum der Narrations-Forschung (Abschnitt 2). Wie sich der Erkenntnisgewinn durch die Orientierung an narrativem Material gestaltet, ist Gegenstand der Ausführungen in Abschnitt 3. Das methodische Vorgehen ist mit Hinweisen auf die Datensammlung und -interpretation im vierten Abschnitt beschrieben. Abschließend werden Herausforderungen der Narrations-Forschung behandelt, die aus der Dynamik hypermoderner Gesellschaften resultieren (Abschnitt 5).

1. Narratives als Forschungsgegenstand – historische Annäherungen

Erzählpraxis bildet in unterschiedlichen Gestalten einen Bezugspunkt der Sozialforschung, die den darin enthaltenen Sinn ‚einsammelt'. Besonderes und Allgemeines, Erinnerung, Geschichte und Identität lassen sich rekonstruieren – als individuelles und kulturelles Gut. Die ‚allmähliche Verfertigung von Bedeutungen beim Leben' ist eingewoben in Texturen biographischer Szenarien, Kontingenzen oder Auszeiten.

Erstmals bei Platon ist von Rhetorik – jener Kunst, die sich der persuasiven Sprachpraxis widmet – die Rede. Im „Phaidros" – seit dessen Erscheinen die inwendige Erinnerungskraft gelobt wird – heißt es, der Redner müsse, um recht reden zu können, die Wahrheit der Dinge erkannt haben. Die Poetik des Aristoteles gilt allgemein als einzige antike Theorie der Kulturtechnik der Bilderzählung. Erzählformen wie Mythos und Epik bilden seit der Aristoteles-Rezeption, die im 16. Jahrhundert beginnt, den Focus für die Erzähltheorie in der Kunst und Literaturwissenschaft, die sich von den klassischen Formen des Dramas, des Romans und des Historienbildes auf weitere Epochen ausweitet (vgl. Kemp 1994; Bogen 2001). Als Voraussetzung für die Entstehung einer öffentlichen Gesprächs- und Redekultur gilt die Einrichtung demokratischer Strukturen in der Antike: Cicero („De oratore – Über den Redner") nennt für die Rede folgende Teile: prooemium: Einleitung, narratio: Darstellung des Sachverhalts, probatio: Beweisführung, refutatio: Widerlegung von Gegenargumenten, peroratio: Schlussdarstellung.

Stets verweist eine Narration auf Quellen, deren Authentizität erwartet wird. Seit jeher trifft die Erzählung als entfernte Verwandte des Romans (und dessen kleiner Schwester, der Novelle) auf tiefes Misstrauen: „Wer Romane liest, der liest Lügen" dekretiert zum Ende des 17. Jahrhunderts Gotthard Heidegger. So kann der Roman als Schlusslicht einer poetischen Gattung erscheinen, die Erzählung derzeit als unwirklich – angesichts des radikalen Verschwindens der Wirklichkeit. Die Krise kultureller Identität – von Sartre als ‚Derealisierung' diagnostiziert – setzt sich fort mittels verstümmelter Mitteilungen der Massenmedien. Hysterische Inszenierungen ersetzen vielfach das Erlebnis urwüchsiger, hautnah überlieferter Erzählung.

2. Stand der Forschung

Der nahezu unerschöpfliche Stoff des Narrativen ist Gegenstand einer interdisziplinären Forschung, die verschiedene Formen der (Erzähl-)Analyse bereithält. Sicher ist es in der hier gebotenen Kürze kaum möglich, den Stand der Untersuchung narrativer Medien und erzählerischer Sinngebung in dem gesamten Spektrum der Forschungsgebiete, -ansätze und -ergebnisse aufzuzeigen. Die Darstellung konzentriert sich auf jüngere Entwicklungen seit der kognitiven (vgl. Wineburg 1998, S. 311) bzw. narratologischen Wende der 80er Jahre im Anschluss an den französischen Strukturalismus (z.B. Barthes, Greimas) mit einigen Beispielen. In der kunsthistorischen Erzählforschung (z.B. Kemp 1994) und in der Medienforschung (vgl. z.B. Ayaß/Bergmann 2006) werden unterschiedliche Wege beschritten. Hier ist die Frage der Erzählperspektive, das Thema des ‚point of view', für die Rekonstruktion narrativer Strukturen als Verbindung von Modi des Erzählens und Modi der Verbildlichung wie Identifikation, Projektion und Koordination zentral (vgl. Bogen 2001). Die kunsthistorische Forschung richtet sich auf das Arrangement der Erzähleinheiten (Kombination, Zuordnung, Stränge), die Medienforschung auf die gesteigerten Möglichkeiten, menschliche Kommunikation auszudrücken. Unterschieden werden ‚Ausdrucksmedien', als Möglichkeiten, leibgebundene Kundgaben zu steigern, ‚Speichermedien', die als Option gedeutet werden, zeitliche Beschränkungen zu überschreiten und ‚Transportmedien', die räumliche Bindungen aufzulösen scheinen und die Tele-Kommunikation bezeugen (vgl. Bergmann 2006). Die Ethnologie klassifiziert ‚Texte' der mündlichen Überlieferung und Erinnerung nach oralen Formen, nach Aufbau und nach der Position der Protagonisten, die befugt sind, bei öffentlichen Anlässen zu sprechen (vgl. z.B. Tonkin 1992). In den Medien der Dokumentationstechnik (Fotografie) werden Botschaften – ebenso wie in Form von Installationen (Archive, Bibliotheken, Museen) festgehalten und einer Rekonstruktion der erzählten Erinnerung zugeführt. Neben der Erörterung von Geschichte als abstrakter Größe bildet die Malerei, ebenso wie ‚Pop-Art', die Spurensicherung und die autobiographische Dokumentation von Gedächtnisleistungen den Gegenstand der Erforschung narrativer Zusammenhänge in der Wechselwirkung individueller und kollektiver Erinnerung. Forschungsschwerpunkte liegen z.B. in der Rekonstruktion der Art und Weise der Ausgestaltung von Erzähltexten, der Identifikation von Inhalten, der Bedeutung von Auslassungen historischer Fakten und in der Untersuchung von Konstruktionslinien bei der Weitergabe von Erinnerung. Das Konzept des ‚kulturellen Gedächtnisses' (vgl. Assmann/Harth 1991, Velthaus 2007) unterscheidet – in Bezug auf Lévi-Strauss – zwischen ‚heißer' und ‚kalter' Erinnerung. Beides kann sich vermischen und in unterschiedlicher Gewichtung den kulturellen Rückblick konstruieren. In der kalten Version wird geschichtlicher Wandel kaltgestellt und vom Gedächtnis gleichsam ferngehalten, um Neues nicht zuzulassen, während die aufheizende Variante Veränderungsimpulse anreizt.

Das sogenannte ‚kommunikative Gedächtnis' beruht auf mündlicher Kommunikation, die einen Transport über höchstens drei Generationen zulässt und im Sinne einer Trennlinie (floating gab) zwischen der ‚grauen Vorzeit' und dem erinnerten Geschehen operiert (vgl. Vansina 1985). Die Überlieferung der mündlichen Geschichte (Oral History) als erzählte Geschichtserfahrung spielt in der Geschichtswissenschaft als ‚lebendige', ‚unmittelbare' Erinnerung oder als ‚Geschichte von unten' eine Rolle, wenn es z.B. um die Ergänzung schriftlicher Quellen geht oder wenn schriftliche Spurentexte fehlen. In historiographischen Forschungsfeldern erlangt die Oral History in Feldern der Frauenforschung und den Gender Studies eine Hochkonjunktur. Ein wichtiges Mittel des Erinnerns bilden die durch mündliche Dichtung transportierten Formen eines poetischen Sprachgebrauchs (z.B. Reim, Vers), die von der Oral-Poetry-Forschung untersucht werden und in Verbindung mit Lied-Texten der populären Musik beispielsweise für die Rekonstruktion der ästhetischen Sozialisation aufschlussreich sind. Ebenso wie in der Pädagogik, Psychologie, Soziologie und Sozialarbeit besteht in der Oral History/Oral Poetry, mit der Bezugnahme auf mündliche Aussagen von Zeitzeugen und der Tradierung von Dichtung eine lange Tradition für die Nutzung des Narrativen als Erkenntnisquelle. Hier interessiert die narrative Strukturierung interpersoneller und institutioneller, sozialer und persönlicher sowie geschichtlicher Konstellationen und Probleme. Die Praxis der Oral History ist bezogen auf „Lebenserfahrung und kollektives Gedächtnis" (Niethammer 1980) und auf die Rolle von Zeitzeugen (v. Plato 2000).

Die Gründung der Zeitschrift für Biographieforschung und Oral History (1988), in der Forschungsergebnisse aus verschiedenen Disziplinen vorliegen und der Aufbau der „International Oral History Association" (1998) mit einem englischen und spanischen Journal, sowie die Zeitschrift „Narrative Inquiry" zeigen die Bedeutung des Narrativen als Erkenntnisquelle auf. Die „narrative Identität" (vgl. Ricœur 2005) in Gestalt autobiographischer Stegreiferzählungen bildet einen der zentralen Bezugspunkte der Biographieforschung (vgl. z.B. Straub 2000; Griese 2007). Das Interesse an der Erzählung ist – wie schon früh in Freuds Fallstudien (vgl. z.B. Brooks 1984; Booth 1984) – neu erwacht: Für die Narrative Psychologie und den Postmodernismus (vgl. Polkinghorne 1998, S. 13f.) lässt sich der Rückgriff auf die Narration mit Entwicklungen in den folgenden Gebieten zeigen: Psychoanalytische Therapie (vgl. z.B. Schafer 1983), Persönlichkeitstheorie (vgl. z.B. McAdams 1985, 1993), Kognitive Psychologie (vgl. z.B. Bruner 1986) sowie psychologische Theoriebildung/philosophische Grundlagenreflexion (vgl. Gergen/Gergen 1986; Polkinghorne 1988). Die hermeneutische Wissenssoziologie (vgl. z.B. Hitzler u.a. 1999) gründet u.a. in der von Schütz (vgl. 1971) herausgearbeiteten Bedeutung subjektiver Konstruktionsleistungen. Auf der Logik der „gesellschaftlich konstruierten Wirklichkeit" (Berger/Luckmann 1966) basieren zahlreiche Weiterentwicklungen der Sozialforschung. Die Entdeckung der ‚Erfahrungsbiographie' durch Schütz z.B. wird in die Sozialisationsforschung in eine strukturgenetische Konzeption integriert (vgl. Grundmann 2000).

3. Aus narrativen Quellen lernen

Wie sich aus Geschichten lernen lässt, um pädagogisches Verstehen einzuüben, zeigen Baacke und Schulze (1979) in ihrer Wiederentdeckung des ‚subjektiven Faktors' auf. Die didaktische Bedeutung narrativer Elemente für Bildung und Erziehung ist bei Velthaus (2007) ebenfalls das zentrale Thema und Garz (2007) weist auf den häufig vergessenen Aspekt des Erinnerns hin – mit Blick auf die Biographieforschung. Das Interesse an narrativen Quellen zeigt sich generell z.B. in der allgemeinen Erziehungswissenschaft (vgl. z.B. Kraul/Marotzki 2002), der Erwachsenenbildung (vgl. z.B. Nittel/Seitter 2005), der didaktischen Entwicklungsforschung (z.B. Theile 2004) oder der Sozialpädagogik/Sozialen Arbeit (vgl. z.B. Schweppe 2003; Riemann 2005).

Für die Schulpädagogik ist die elementare didaktische Bedeutung der Erzählung als Darstellung von Sachverhalten und Sinnzusammenhängen zu betonen. Eine Unterrichts-Kommunikation, in der SchülerInnen zu Wort kommen und ihr Wissen-Wollen zum Ausdruck bringen, steht für eine maieutische Pädagogik. Nicht das Wissen-Sollen als technischer, zugeschnittener Vorgang, sondern das Lernen aus Geschichten, das aus der Sache inspiriert ist, ermöglicht authentische Erfahrung. Generell fällt der Schule die Aufgabe zu, die Fantasiearbeit über Narration zu inspirieren, um über flüchtige Informationen hinaus den Zusammenhalt von Vergangenheit, Gegenwart und Zukunft aufzuweisen.

In der Theologie wird Narratives als Grundform der biblischen Didaktik des Erinnerns (Greve 1999) z.B. in der Jesus-Überlieferung – wie überhaupt in der Erinnerung an geschichtliche Erfahrungen bewahrt. Mit Bezug auf Buber nimmt ‚Narrative Theologie' auf erzählte Geschichten als Grundform einer theologischen Lehre Bezug. Das Weitererzählen ‚heiliger Worte' und deren Reflexion durch die Religionswissenschaft ist für nicht-christliche Religionen ebenfalls unabdingbar z.B. in der mündlich tradierten Gestalt von Mitteilungen etwa über den Lehrer Mohammed, den vorgelesenen Geschichten des Brahmanen oder durch das Erlernen traditioneller Texte durch Nachahmen und Erklären in der buddhistischen Meditation und Kontemplation. Der Wandel des Erzähl-Typischen in Bezug zur Erzähl-Routine in kommunikativen Akten des modernen Menschen wird – indirekt – mit der Individualisierungsthese (Beck 1986) in den Fokus der soziologischen Forschung gerückt. Risiken und Unwägbarkeiten des Arbeits- Heirats- und Ideenmarktes finden ihren Ausdruck in der Artikulation biographischer Erzählungen. Im Kern der Untersuchung personaler Identität steht beispielsweise das Phänomen der narrativen Strukturierung als kognitiver Vorgang. Dieser wird gleichsam vom Fluss der Zeit ausgehöhlt und ist stetig neu zu rekonstruieren: Ricœurs ‚Zeit als Störenfried der Identität' (1991, S. 20 ff.). Mit Bezug auf die von Erikson entwickelten Kategorien für alle Entwicklungsstufen des Lebens nimmt McAdams (1993) drei Unterteilungen der Identitätsentwicklung vor: Die pränarrative (Periode der Kindheit bis zum frühen Erwachsenenalter mit einer Art Materialsammlung für Selbst-Narrative), die narrative (Periode des Jugend- und Erwachsenenalters mit der Bildung von Selbst-Narrativen) und die postnarrative Phase.

„Sie entspricht Eriksons Stadium des reifen Erwachsenenalters, in welchem die Entwicklungsaufgabe darin besteht, Integrität des eigenen Lebens zu erlangen ... In dieser dritten Phase kann man auf das Leben als etwas schauen, das sich dem Höhepunkt und Ende nähert; die Lebensgeschichte ist nun eine nahezu abgeschlossene Erzählung. Während dieser Phase kann die eigene Lebensgeschichte angenommen (Integrität) oder abgelehnt werden (Verzweiflung), aber sie kann nicht mehr wesentlich geändert werden." (Polkinghorne 1998, S. 34 f.)

Nicht in jedem Leben kommt diese Phase vor, jedoch hat sie in der Erforschung der lebensgeschichtlichen Reflexion eine entscheidende Bedeutung, die von der weitgehend geschlossenen Narration getragen ist.

Aus narrativen Quellen lernen bedeutet vor allem:

1. Die Sensibilisierung für Bedeutungen.
2. Die Eröffnung zusätzlicher Erfahrungsräume, um unentdeckte Modi einer biographischen Realität zu entdecken – z. B. als ‚affektive Wahrheit'.
3. Die Sicherung eines ‚zweiten Blicks', um die Fantasie anzuregen.
4. Die Vergegenwärtigung der eigenen situativen Verfasstheit und
5. der historischen Gebundenheit, um den Gesichtskreis zu erweitern: Narration und Interpret sind ‚Kinder' ihrer Zeit.
6. Verborgenes entdecken, um (Deutungs-)Routinen entgegenzuwirken.
7. Den Wert von (Fall-)Geschichten erkennen, um allgemeines Vor-Wissen empirisch zu prüfen.

4. Methodisches Vorgehen

Narrationen werden als ‚Sinn-Träger' und ‚Erfahrungs-Öffner' zur Einsicht in die soziale Realität durch die anwendungsbezogene Forschung genutzt (vgl. z. B. die Beiträge in Hoerning 2000, Geulen/Veith 2004). Für die Biographieforschung sind bei v. Felden (2007) Beispiele des methodischen Vorgehens versammelt, die Erschließungsvarianten narrativen Materials aufzeigen, die sich als Interpretationen zweiter Ordnung (Schütz 2004) verstehen. Ein Leben z. B. kann als zusammenhängende Einheit nur dann erzählt werden, wenn verallgemeinerte, sozial vermittelte Handlungsstrukturen mit individuellen Erfahrungen koordiniert werden: Zwar ist Ausübung (der Kunst) des Erzählens frei, gleichursprünglich aber enthält sie sozial vermittelte Gestaltungsregeln.

Generell ist die Phase der Datensammlung (Erhebung) von der der Interpretation bzw. Rekonstruktion (Auswertung) zu unterscheiden (vgl. Kraimer 2007).

4.1 Datenerhebung

Charakteristisch für die Erhebung ist die Orientierung an der Authentizität narrativer Daten. Speziell die mündliche Überlieferung bedingt eine ihr korrespondierende Kultur des Zuhörens. Die Aufforderung, eine Geschichte zu erzählen (Stimulus) ist zugleich Ausdruck eines elementaren Erkenntnisinteresses. Das Ziel der Auswertung liegt in der Erschließung individuell und/oder kollektiv gültiger Sinnzusammenhänge. Forschungsverfahren der Oral History (vgl. Spuhler u. a. 1994, S. 9) z. B. erfassen ihren Gegenstand mittels der in Kraft tretenden Organisation mündlicher Kundgaben durch Verschriftung (Transkription) und Interpretation. Signifikante Einsichten in primäre Erfahrungen sind auf diese Weise gegeben. Erzählte Geschichte(n) im Medium der Sprache sowie in bebilderter Form werden als eine abgrenzbare Untersuchungseinheit verstanden, die es methodisch kontrolliert zu bearbeiten gilt (vgl. z. B. Mietzner 1997).

4.2 Datenauswertung

Eine bewährte Methode der Datenauswertung stellt die Narrationsanalyse dar (vgl. Schütze 1983; → Jakob). Wichtige Schritte liegen in der formalen Textanalyse, der strukturell-inhaltlichen Beschreibung, der analytischen Abstraktion, der Wissensanalyse und in dem kontrastiven Vergleich (Lösung vom Einzelfall, Strategie des minimalen und des maximalen Vergleichs). So kann das Typische und das Allgemeine einer Narration deutlich in Form von Prozessmodellen herausgearbeitet werden.

Eine weitere Möglichkeit bietet die dokumentarische Methode der Interpretation (vgl. Bohnsack 2003; → Bohnsack). Die Arbeitsschritte liegen in der formulierenden und reflektierenden Interpretation. Diese Auswertungsform weist Parallelen auf zur Grounded Theory (Glaser/Strauss 1998). Der Orientierungsrahmen, der das ‚wie' eines Themas bestimmt, steht hier im Zentrum der Analyse, nachdem das interpretiert wird, ‚was' wörtlich zur Sprache kommt. So lässt sich das Orientierungswissen für den jeweiligen Erfahrungsraum kontextuell erschließen. Ebenso ist die Methodologie der objektiven Hermeneutik zur Aufschließung von Narrationen geeignet, wenn eine Fallrekonstruktion angestrebt wird (vgl. Kirsch 2007; Kraimer 2009; → Garz).

5. Ausblick auf forschungsrelevante Themen: Neue Bauformen erkennen

Eine Überformung narrativer Genres steht durch die mediale Bilderflut im Zeichen der Post- bzw. Hypermoderne: Hier ist ‚Narration' ihrer natürlichen Selbstverständlichkeit beraubt. In einer vermeintlich ‚postnarrativen' Sphäre erscheint Erzähltes antiquiert, in medialen Formaten vielfach zombiehaft, ohne Substanz. Genuin Narratives verliert mit der Inszenierung des schönen Scheins an Autorität und Stabilität. Andererseits trotzt das narrative Selbstbewusstsein dem – als ‚leise Stimme der Vernunft' mit Zutrauen in die Bindungskraft erzählter Erinnerung. Neu entstehende Bauformen der Narration eröffnen noch kaum bestellte Felder der Forschung. So ist die hypertextuelle Struktur des Internet generell in der Lage, eine veränderte Wissensordnung zu erzeugen, die nach einer ausdifferenzierten, interdisziplinären Narrations-Forschung verlangt. Die systematische Entstehung von Neuem lässt sich mit Oevermanns Konzeption in der Logik zwischen Krise und Routine fassen (2004).

Neben der Konzeptualisierung einer interdisziplinären Narrationsforschung ist die Gewinnung tragfähiger Grundbegriffe notwendig. Kulturelle Universalien (z. B. Universalgrammatik) und historisch spezifische Bedingungsgefüge und deren Verhältnis zueinander sind zu bezeichnen. Die Absicht, Menschen aus dem globalen und dezentrierten Kommunikationsgeflecht zumindest zeitweise zu lösen, verbindet sich mit Optionen, zu erkennen, wie eine Überschreitung von ‚Gefangenschaft' in die hypertextuelle Realität Neuer Medien, die ‚eigenbeweglich' voranschreitet, möglich erscheint. Das Gründungsdokument der humanwissenschaftlichen Erforschung des Internet „Leben im Netz" (Turkle 1999) basiert auf der Beobachtung und Befragung von Chat-Room- und Multi-User-Domain-Nutzern. Turkle arbeitet entlang narrativer Sequenzen identitätsverändernde Phänomene heraus, die das ‚flexible Selbst' beschreiben.

Die Rekonstruktion veränderter ‚Bauformen der Erzählung' (Lämmert 1955), und deren Bewahrungsmöglichkeiten gegen eine ‚Welt der Tortur' (Adorno) sind forschungsrelevante Themen der digitalen Epoche. Der ‚Zeitkern der Erinnerung' (Benjamin) ist für die Entwicklung der Narrationsforschung einer der zentralen Bezugspunkte, um Erzählung und narrative Identität für die Gegenwart zu behaupten. Damit verknüpft ist das Studium der Vergangenheit, der Zeit, die „geschah bevor man selbst geboren war" (Cicero). Dass ohne erzählte Erinnerung keine lohnenswerte Erkenntnis möglich ist, lässt sich Adornos nachgelassenen Schriften entnehmen.

Literatur

Adorno, Theodor W. 1998: Metaphysik. Begriff und Probleme. (Nachgelassene Schriften, B. 14) Frankfurt/M.
Assmann, Aleida/Dietrich Harth (Hg.) 1991: Mnemosyne. Formen und Funktionen der kulturellen Erinnerung. Frankfurt/M.
Ayaß, Ruth/Jörg R. Bergmann (Hg.) 2006: Qualitative Methoden der Medienforschung. Reinbek.
Baacke, Dieter/Theodor Schulze (Hg.) 1979: Aus Geschichten lernen. München.
Beck, Ulrich 1986: Die Risikogesellschaft. Auf dem Weg in eine andere Moderne. Frankfurt/M.
Benjamin, Walter 1936: Der Erzähler. In: Ders.: Gesammelte Schriften. Frankfurt/M. S. 438-465.
Berger, Peter L./Thomas Luckmann 1966: The social Construction of Reality. Garden City, NY.
Bergmann, Jörg R. 2006: Qualitative Methoden der Medienforschung – Einleitung und Rahmung. In: Ayaß, Ruth/Jörg Bergmann (Hg.): Qualitative Methoden der Medienforschung. Reinbek bei Hamburg. S. 13-41.
Bogen, Steffen 2001: Träumen und Erzählen. Selbstreflexion in der Bildkunst vor 1300. München.
Bohnsack, Ralf 2003: Rekonstruktive Sozialforschung. Einführung in qualitative Methoden. Opladen.
Boothe, Brigitte 1998: Die Biographie – ein Traum? Selbsthistorisierung im Zeitalter der Psychoanalyse. In: Straub, Jürgen (Hg.): Erzählung, Identität und historisches Bewusstsein. Die psychologische Konstruktion von Zeit und Geschichte. Erinnerung, Geschichte, Identität 1. Frankfurt/M. S. 338-361.

Brooks, Peter 1984: Reading for the plot: Design and Intention in Narrative. New York.
Bruner, Jerome S. 1986: Actual Minds, Possible Worlds. Cambridge.
Erikson, Erik H. 1973: Identität und Lebenszyklus. Frankfurt/M.
Felden, Heide von (Hg.) 2007: Methodendiskussion in der Biografieforschung. Klassische und innovative Perspektiven rekonstruktiver Forschung. Mainz.
Garz, Detlef 2007: Olga Lang-Wittvogel – eine objektiv hermeneutische Biografieanalyse. In: Zeitschrift für Qualitative Sozialforschung. 8. Jg. S. 207-224.
Gergen, Kenneth J./Mary M. Gergen 1986: „Narrative Form and the Construction of Psychological Science". In: Sarbin, Theodore R. (Hg.): Narrative Psychologie. The Storied Nature of Human Conduct. New York. S. 22-44.
Geulen, Dieter/Hermann Veith (Hg.) 2004: Sozialisationstheorie interdisziplinär. Aktuelle Perspektiven. Stuttgart.
Glaser, Barney G./Anselm L. Strauss 1998: Grounded Theory: Strategien qualitativer Forschung. Bern u. a.
Greve, Astrid 1999: Erinnern lernen. Didaktische Entdeckungen in der jüdischen Kultur des Erinnerns. Neukirchen-Vluyn.
Griese, Birgit 2007: Forschungsökonomie im Paradigma Narrative Identität: Zur Rekonstruktion der Gestalt autobiographischer Steggreiferzählungen. In: Felden, Heide von (Hg.): Methoden-Diskussion in der Biographieforschung: Klassische und innovative Perspektiven rekonstruktiver Forschung. Mainz. S. 103-136.
Grundmann, Matthias 2000: Alfred Schütz und die Entdeckung der Erfahrungsbiographie. In: Hoerning, Erika M. (Hg.): Biographische Sozialisation. Stuttgart. S. 209-225.
Hitzler, Ronald/Jo Reichertz/Norbert Schröer (Hg.) 1999: Hermeneutische Wissenssoziologie. Konstanz.
Hoerning, Erika M. (Hg.) 2000: Biographische Sozialisation. Stuttgart.
Jameson, Fredric 1997: Postmoderne – zur Logik der Kultur im Spätkapitalismus. In: Huyssen, Andreas/Klaus R. Scherpe (Hg.): Postmoderne. Reinbek bei Hamburg. S. 45-102.
Kemp, Wolfgang 1994: Über Bilderzählungen. In: Glasmeier, Michael (Hg.): Erzählen. Stuttgart. S. 55-69.
Kirsch, Sandra 2007: Themenanalyse als Erschließungsvariante in der objektivhermeneutischen Analyse und Interpretation (auto-)biographischer Texte. In: Felden, Heide von (Hg.): Methodendiskussion in der Biographieforschung. Klassische und innovative Perspektiven rekonstruktiver Forschung. Mainz. S. 25-43.
Kraimer, Klaus 2007: Form und Stoff der Fallrekonstruktion. In: Giebeler, Cornelia u. a. (Hg.): Fallverstehen und Fallstudien. Opladen. S. 35-51.
Kraimer, Klaus 2009: Objektive Hermeneutik. In: Miethe, Ingrid/Irmgard Bock (Hg.): Handbuch Qualitative Methoden in der Sozialen Arbeit. Opladen/Farmington Hills. (im Erscheinen).
Kraul, Margret/Winfried Marotzki (Hg.) 2002: Biographische Arbeit. Perspektiven erziehungswissenschaftlicher Biographieforschung. Opladen.
Lämmert, Eberhart 1955: Bauformen des Erzählens. Stuttgart.
Lucius-Hoene, Gabriele/Arnulf Deppermann 2004: Rekonstruktion narrativer Identität. Ein Arbeitsbuch zur Analyse narrativer Interviews. Opladen.
McAdams, Dan P. 1985: Power, Intimacy and the Life Story. Homewood, IL.
McAdams, Dan P. 1993: The Stories We Live By. Personal Myths and the Making of the Self. New York.

Mietzner, Ulrike: 1997: Fotografierte Lebensgeschichte. In: Hansen-Schaberg, Inge (Hg.): „Etwas erzählen": die lebensgeschichtliche Dimension in der Pädagogik. Hohengehren. S. 208-217.
Nadolny, Sten 1990: Das Erzählen und die guten Absichten. Münchener Poetik Vorlesungen. München.
Niethammer, Lutz 1980: Lebenserfahrung und kollektives Gedächtnis. Die Praxis der ‚Oral History'. Frankfurt/M.
Nittel, Dieter 2005: Der Entwicklungspfad individuelle Professionalisierung. Befunde aus einem erwachsenenpädagogischen Zeitzeugenprojekt. In: Riemann, Gerhard u. a. (Hg.): Festschrift zum 60. Geburtstag von Fritz Schütze. Opladen.
Nittel, Dieter/Wolfgang Seitter 2005: Biografieanalysen in der Erwachsenenbildungsforschung. Orte der Verschränkung von Theorie und Empirie. In: Zeitschrift für Pädagogik 51. Jg. H. 4. S. 513-527.
Oevermann, Ulrich 2004: Sozialisation als Prozeß der Krisenbewältigung. In: Geulen, Dieter/Hermann Veith (Hg.): Sozialisationstheorie interdisziplinär. Stuttgart. S. 155-181.
Plato, Alexander von 2000: Zeitzeugen und die Historische Zunft. In: Zeitschrift für Biografieforschung und Oral History (BIOS). 13. Jg. H. 1. S. 5-29.
Polkinghorne, Donald E. 1988: Narrative Knowing and the Human Sciences. Albany.
Polkinghorne, Donald E. 1998: Narrative Psychologie und Geschichtsbewusstsein. Beziehungen und Perspektiven. In: Straub, Jürgen (Hg.): Erzählung, Identität und historisches Bewusstsein. Frankfurt/M. S. 12-45.
Ricœur, Paul 1987: Narrative Identität. In: Ders.: Vom Text zur Person. Hermeneutische Aufsätze. Hamburg. S. 209-225.
Ricœur, Paul 1991: Life in Quest of Narrative. In: Wood, David (Hg.): On Paul Ricœur. Narrative and Interpretation. London. S. 20-33.
Riemann, Gerhard 2005: Zur Bedeutung ethnographischer und erzählanalytischer Arbeitsweisen für die (Selbst-) Reflexion professioneller Arbeit. Ein Erfahrungsbericht. In: Völter, Bettina u. a.: Biographieforschung im Diskurs. Wiesbaden. S. 248-270.
Schafer, Roy 1983: The Analytic Attitude. New York.
Schapp, Winfried 1976: In Geschichten verstrickt. Zum Sein von Mensch und Ding. Wiesbaden.
Schütz, Alfred 1971: Gesammelte Aufsätze. 3 Bände. Den Haag.
Schütz, Alfred 2004: Der sinnhafte Aufbau der sozialen Welt. Eine Einleitung in die verstehende Soziologie. Konstanz.
Schütze, Fritz 1976: Zur soziologischen und linguistischen Analyse von Erzählungen. In: Internationales Jahrbuch für Wissens- und Religionssoziologie. 10. Jg. H. 10. S. 7-41.
Schütze, Fritz 1983: Biographieforschung und narratives Interview. In: Neue Praxis 13. Jg. H. 3. S. 283-293.
Schulze, Theodor 1997: Interpretation autobiographischer Texte. In: Friebertshäuser, Barbara/Annedore Prengel (Hg.): Handbuch Qualitative Forschungsmethoden in der Erziehungswissenschaft. Weinheim und München. S. 323-340.
Schweppe, Cornelia (Hg.) 2003: Qualitative Sozialforschung in der Sozialpädagogik. Opladen.
Spence, Donald P. 1984: Narrative Truth and Historical Truth. New York.
Spuhler, Gregor/Simone Chiquet/Kuno Trüeb 1994: Vielstimmiges Gedächtnis. Beiträge zur Oral History. Zürich.

Straub, Jürgen 2000: Identitätstheorie, empirische Identitätsforschung und die postmoderne armchair psychology. In: Zeitschrift für qualitative Bildungs-, Beratungs- und Sozialforschung. 1. Jg. H. 1. S. 157-194.

Theile, Elke 2004: Die ‚Schreibwerkstatt' als Möglichkeit des biografischen Lernens. In: Der pädagogische Blick. 12 Jg. S. 195-206.

Tonkin, Elizabeth 1992: Narrating Our Pasts. The Social Construction of Oral History. Cambridge/New York.

Turkle, Sherry 1999: Leben im Netz. Identität in Zeiten des Internet. Reinbek bei Hamburg.

Vansina, Jan 1985: Oral Tradition as History. Madison.

Velthaus, Gerhard 2007: Das ‚kulturelle Gedächtnis' und die narrativen Elemente. In: Pädagogische Rundschau. 61. Jg. H. 2. S. 167-184.

Andreas Hanses

Biographie als Gegenstand von Forschung und Diagnose in der Sozialen Arbeit

Biographie besitzt für die Soziale Arbeit durchaus eine gewisse Vertrautheit. Als fallbezogene Profession haben es sozialpädagogische Dienstleistungen mit NutzerInnen zu tun, die sich immer wieder als BiographInnen einbringen. Es ist gerade die lebensgeschichtliche Konkretheit und die in ihr eingelagerte Kontextualität des Falles, die für die professionelle Praxis zu einer Situation der Ungewissheit führt (vgl. Müller 2001, S. 3 f.). Der „Fall" ist ohne Thematisierungen aus der Lebensgeschichte, die konkreten Erfahrungen, die Geschichten mit Institutionen, Schilderung von Verlaufsprozessen, den Eigensinnigkeiten und vielen anderen biographischen Fragmenten nicht zu denken. Professionelles Wissen trifft immer wieder auf die Struktur und Eigenwilligkeit biographischer Wissensbestände der NutzerInnen. Diese alltägliche „Begegnung" zwischen biographischen Selbstpräsentationen und professioneller Praxis bedeutet aber nicht, dass in der Sozialen Arbeit ein explizites Biographiekonzept bzw. -verständnis vorliegt. Zwar versucht die professionelle Praxis die Komplexität des Falles und sein biographisches Wissen zu „bändigen", um handlungsfähig zu sein; die Dilemmata professioneller Praxis bestehen jedoch darin, dass zur „Falllösung" dezidiertes Wissen über die Biographie notwendig ist und eine explizite Thematisierung des Biographischen (meist) unterbleibt (vgl. Homfeldt 2004; Bitzan/Bolay/Thiersch 2006).

Insbesondere die gesellschaftlichen Veränderungen der späten Moderne, die hier nur anhand der Stichworte „Individualisierung" und „Globalisierung" angedeutet werden können, fordern von den gesellschaftlichen Akteuren ein biographisches Wissen, um die Disparitäten komplexer sozialer Welten hin zu einer eigenen (lebensgeschichtlichen) Sinnordnung transformieren zu können. Biographisches Wissen wird für die Menschen zu einer zentralen Ressource, sich in Gesellschaft zu behaupten und zu entwerfen. Gleichzeitig bedarf es der „Biographisierung" der Institutionen. Sie müssen ihrerseits Wissen über die Bedeutung des biographischen Kapitals ihrer NutzerInnen entwickeln und ihre Dienstleistung entsprechend den Bedarfslagen und Sinnorientierungen der „NutzerInnen" organisieren (vgl. Alheit 2000; Alheit/Hanses 2004). Die jüngsten gesellschaftlichen Entwicklungen und Diskurse haben die Bedeutung der Biographie für die Soziale Arbeit ebenfalls verstärkt. Hier sind vor allem die Debatten zur rekonstruktiven Sozialpädagogik (vgl. Jakob/Wensierski 1997) oder zur Dienstleistungsorientierung (vgl. Oelerich/Schaarschuch 2005) sowie die Etablierung biographischer

Forschungen im Bereich Sozialer Arbeit (vgl. Wensierski 1999; Hanses 2004; Bitzan/Bolay/Thiersch 2006) und die Methodenentwicklung im Bereich Fallanalysen und biographische Diagnosen (vgl. Krumenacker 2004; Hanses 2006 a) zu nennen.

1. Biographie als sensibilisierendes Konzept in der Forschung Sozialer Arbeit

Der Begriff Biographie bezieht sich hier weniger auf den Lebenslauf, sondern zielt auf eine *soziale Wissensform*, die es den AkteurInnen moderner Gesellschaften „erlaubt", sich in einer Gesellschaft biographisch zu verorten und die notwendige Selbstkonsistenz in der Zeit hervorzubringen (vgl. Alheit 2000, S. 152 ff.; Hanses 2008 a, 2008 b). Biographien sind als narrative Konstruktionen von Wirklichkeiten zu verstehen: Autobiographische Stegreiferzählungen sind Zeugnisse einer subjektiven Konstruktion von (eigener) Wirklichkeit, die Auskunft über die Selbstkonstitution und -sicht des Subjekts liefern. Gleichzeitig ist das Hervorbringen des Eigenen im Erzählen nur deshalb möglich, da wir selbstverständlich auf ein Allgemeines zurückgreifen. So wie biographische Erzählungen als narrative Hervorbringung zu interpretieren sind, so sind sie gleichzeitig als soziale Konstruktion zu begreifen. Damit ist eine Komplexität biographischer Perspektiven angedeutet. Im Folgenden sollen einige Dimensionen von Biographie als theoretisch-sensibilisierendes Konzept vorgestellt werden.

(1) *Sozialwelt:* „Wir müssen andere sein, um wir selbst sein zu können" (Mead, zitiert nach Wenzel 1990, S. 85) Mit diesem Zitat von George Herbert Mead lässt sich eine der Biographien innewohnenden Paradoxien treffend ausdrücken: Das eigene Leben lässt sich nur deshalb dem Anderen gegenüber plausibel vorstellen, da gemeinsame Erfahrungen zugrunde liegen. Die eigenen Schulerfahrungen können beispielsweise nur deshalb als eigener Leidensprozess oder Erfolgsgeschichte thematisiert werden, da der Besuch von Bildungsinstitutionen geteilte kulturelle Praxis ist. Das Eigene kann nur vor dem Hintergrund gemeinsam geteilter Sozialwelten reformuliert werden. Der gesellschaftliche Erfahrungszusammenhang wird zum Grund, auf dem die Figur der eigenen Biographie erst exponiert werden kann. Anders ausgedrückt, das Eigene in den biographischen Erzählungen unterliegt stärker Prozessen sozialer Strukturiertheit als es uns im Alltag bewusst ist. Die Erfahrungen der Sozialwelt sind Teil eines „praktischen Bewusstseins" (Giddens 1988, S. 91 ff.), auf das immer wieder Bezug genommen werden kann, ohne dass wir es permanent und ausdrücklich (reflexiv) explizieren müssen; das Soziale in der Biographie agiert als inkorporierte soziale Praxis, als habituell verankerte Wahrnehmungs-, Handlungs- und Deutungsdisposition (vgl. Bourdieu 1997). Diese Form des einverleibten gesellschaftlichen „Ungewussten" verschließt sich eigener Reflexionen und damit potenziellen Veränderungen. Das „Rückwertige" des Sozialen in der

Lebensgeschichte wird zum konstitutiven Merkmal für die häufig zu beobachtende Konstanz biographischer Prozesse und Selbstthematisierungen. Diese soziopoietische Qualität von Biographie (vgl. Alheit 1997, S. 20 ff.) weist auf zwei heuristische Aspekte hin: (a) Biographische Erzählungen eröffnen einen bedeutsamen Zugang zu den jeweiligen *Lebenswelten* der AkteurInnen, zu ihren Sinnwelten und -orientierungen (vgl. Thiersch 2002) und (b) zeigen sie, inwieweit Biographien durch die Strukturen sozialer Differenzen wie Geschlecht, soziale Lage, Alter und kulturelle Zugehörigkeit geprägt sind (vgl. u. a. Dausien 1996; Schweppe 2000; Herzberg 2004; Griese 2006). Mit diesen Perspektiven werden wichtige Aspekte sozialer Strukturiertheit biographischen Eigensinns deutlich. Diese zeigen, dass individuelle Rekonstruktionen von „Problemlagen" im Kontext Sozialer Arbeit gleichzeitig Ausdruck eines sozial Allgemeinen sind.

(2) *Institution und Biographie:* Generell erscheinen „Institutionen" bzw. „Organisationen" häufig als Objektivationen sozialer Prozesse oder als überindividuelle Realität, deren Wirklichkeit nicht als Träger von Sinn und Bedeutung fungiert, kurz formuliert eben als soziale Fakten. Sie scheinen nur punktuell Bezüge zu biographischen Sinnwelten und Bedeutungssetzungen aufzuweisen (vgl. Klatetzki 2003, S. 93 ff.). Wenn Einrichtungen moderner Gesellschaften und ihr Verhältnis zu den Biographien der NutzerInnen zum Gegenstand wissenschaftlicher Diskurse werden, so geschieht dies vor allem unter dem Gesichtspunkt der sozialen Strukturierung und Institutionalisierung von Lebensläufen. Prozesse der Vergesellschaftung oder Zurichtung der AkteurInnen durch Institutionen spiegeln indessen nur einen Aspekt des Verhältnisses. Der vertrauten hierarchischen Perspektive, der Annahme, dass Organisationen biographische Wirklichkeiten determinieren, ist entgegenzuhalten, dass jene viel stärker von biographischen Wissensbeständen abhängig sind, als es bisher in soziologischen und (sozial-)pädagogischen Diskursen diskutiert worden ist. Organisationswissen und biographisches Wissen stehen in einem sich wechselseitig konstituierenden Verhältnis. So zeigen biographische Studien auf, wie der Zugang der NutzerInnen zu unterschiedlichen sozialen und gesundheitlichen Dienstleistungen entscheidend durch die biographischen Erfahrungen und Sinnhorizonte bestimmt ist. Sie lassen sich oftmals als Ausdruck von (institutionellen) Interaktionsgeschichten im Rahmen professioneller Systeme „lesen" (vgl. Riemann 2000; Hanses/Börgartz 2001; Hanses 2005 b). Ebenso können professionelle Strategien nicht allein auf Expertenwissen, institutionalisierte Routinen und Habitualisierungen zurückgeführt werden. Biographische Untersuchungen, die sich mit Berufsbiographien Professioneller – z. B. im Feld Sozialer Arbeit – auseinandersetzen, illustrieren wie stark berufliche Praxis als biographisches Wissen die konkrete Alltagspraxis und Gestaltung der Berufssituation konturiert (vgl. Schweppe 2006 u. a.). Doch nicht nur die Ausgestaltung personenbezogener Dienstleistungen, sondern die Organi-

sationen selbst unterliegen Formen der Biographisierung. Jochen Kade und Wolfgang Seitter (1998) dokumentieren am Beispiel von Weiterbildungseinrichtungen, dass die institutionell-organisatorische Ebene sowohl durch die Biographien der ErwachsenbildnerInnen als auch durch die sich verändernden Bedürfnisse und Erwartungen ihrer KundInnen modifiziert wird (sowie Seitter/Kade 2002). Biographien bestimmen somit in einem wesentlichen Teil Institutionen- und Organisationstransformationen (vgl. Harney/Rahm 2002; Hartz 2004; Alheit/Hanses 2004). Methodologisch gewendet kann also konstatiert werden, dass Biographien forschungsstrategisch – weit über die Erfassung biographischer Verläufe hinaus – ein sinnvolles Analyseinstrument im Hinblick auf professionelle Praxis, Institutionen und organisatorische Strukturen darstellen.

(3) *biographischer Eigensinn:* Über den Sachverhalt der sozialen Strukturiertheit von Biographie hinaus, zeigt sich ein weiterer zentraler Aspekt: Biographie ist gleichsam strukturierende Struktur. Wesentliches Kennzeichen von Biographie ist, dass sie Prozesse der Vergesellschaftung, der Herstellungen von Interaktionsordnungen und Institutionalisierungen zugleich subjektiv bricht. Es sind eben nicht nur die durch Habitualisierungen bedingten Persistenzen innerhalb einer Lebensgeschichte, sondern genauso die krisenhaften Umbrüche (vgl. Weizsäcker 1997), die Wandlungsprozesse (vgl. Schütze 1984), die Biographie ausmachen. Theoretisch formuliert ist dem Modell der Konstanz von Lebensgeschichten die „Kohärenzzerreißung" (vgl. Weizsäcker 1997) und der damit verbunden krisenhaften Neusetzung biographischer Ausrichtungen gegenüber zu stellen. In diesem Zusammenhang wären der Leib (vgl. Hanses 1999b) und die autobiographische Stegreiferzählung (vgl. Schütze 1984) als zwei wichtige Bereiche zu nennen, die (routinierte) Handlungsvollzüge durch den Aspekt der „Unmittelbarkeit" (Mead) „perturbieren". Auch der von Peter Alheit entwickelte Begriff der „Biographizität" spielt auf diese (relative) Veränderbarkeit strukturierter Prozesse unserer Lebensgeschichte an: Strukturen können durch (biographische) Umdeutungen – wenn auch nur begrenzt – modifiziert werden (vgl. Alheit 1995, S. 300). Empirisch sind es zum Beispiel jene „Suchtgeschichten", in denen unerwartet eine selbst gesetzte Abstinenz gelingt, jene Krankengeschichten, in denen auf unerklärliche Weise Prozesse der Gesundung einsetzten oder jene Frauenlebensgeschichten, die – allen professionellen Einschätzungen zum Trotz – neue Handlungsräume und Lebensperspektiven ausloten und aufgreifen und die letztlich für die Theorie und Praxis Sozialer Arbeit eine große Herausforderung darstellen. Die Ambiguität von Biographie, die Gleichzeitigkeit von Strukturiertheit und Selbst-Subjektivierung, macht Narrationen zu einem anspruchvollen sensibilisierenden Konzept, mit dem die Vielschichtigkeit sozialer und biographischer „Realitäten" ausgelotet werden kann (vgl. Hanses 2008a, 2008b).

2. Dimensionen biographischer Forschung in der Sozialen Arbeit

Biographische Forschung hat über die Soziologie hinaus auch in angewandten Disziplinen, wie den Erziehungswissenschaften und Sozialer Arbeit ihren Platz im Kanon des Methoden-Repertoires gefunden. Im Zentrum der Erhebung autobiographischer Stegreiferzählungen steht für gewöhnlich das „narrative Interview", während sich hinsichtlich der Auswertungen biographischer Selbstpräsentationen unterschiedliche methodische Strategien etablieren konnten. Methodische Überlegungen und Verfahren sollen hier nicht ausführlich vorgestellt werden, da sie in anderen Publikationen bereits hinreichend dokumentiert wurden und zum Teil in diesem Band ausführlich dargestellt werden. Vielmehr soll der Nutzen biographischer Forschung im Feld Sozialer Arbeit im Mittelpunkt der weiteren Abhandlungen stehen. Vor dem Hintergrund der vorausgegangen theoretischen Überlegungen, lässt sich Biographieforschung für eine Soziale Arbeit auf folgenden Ebenen nutzbar machen: (1) AdressatInnenforschung, (2) Professionsforschung und (3) Praxisforschung.

(1) *AdressatInnenforschungen*: AdressatInnenforschung ist für die Soziale Arbeit – wie für jede angewandte Wissenschaft – von großer Bedeutung (vgl. Hanses 2005a; Bitzan/Bolay/Thiersch 2006). Wissenschaftlich hergeleitetes Wissen über die „Fälle" ist notwendig, um professionelles Handeln sinnvoll zu konzeptualisieren und umzusetzen. Biographieforschung eröffnet für eine AdressatInnenforschung in der Sozialen Arbeit gleich mehrere Perspektiven: (a) Autobiographische Erzählungen geben Auskunft über Verlaufsprozesse. Insbesondere der von Fritz Schütze formulierte Ansatz der „Verlaufskurve" eröffnet eine notwendige Perspektive für die Entfaltung von Problemkonstellationen und ihren Verläufen, auf die Geordnetheit dieser Prozesse, die interaktiven Strukturen mit professionellen Systemen sowie auf die Veränderung der Selbstkonzepte der BiographInnen (vgl. Schütze 1999; → Jakob). Gleichzeitig liefern biographische Erzählungen Auskunft über den Verlauf und die Struktur möglicher Bewältigungsprozesse, die konzeptionell als „Wandlungsprozesse" (vgl. Schütze 1984) oder krisenhafte Umbrüche (vgl. Weizsäcker 1997; Hanses 1999a) gefasst werden und zur Analyse der Entfaltung von Bewältigungs- und sogar „Gesundungs"-Potenzialen beitragen können (vgl. u.a. Hanses 1996; Schulze 2006; Seltrecht 2006). Gleichzeitig können Entfaltungsprozesse nicht nur vor dem Hintergrund des „gelebten Lebens" betrachtet werden, sondern ebenso als Ausdruck dessen, was nicht Wirklichkeit werden konnte, als „ungelebtes Leben" (vgl. Weizsäcker 1956; Hanses 1996, 1999a) reformuliert werden. Diese Perspektive ist insofern für die AdressatInnenforschung der Sozialen Arbeit von Bedeutung, da Exklusionsprozesse, Erfahrungen der Deautonomisierung sowie personale und institutionelle Übergriffe die Lebensgestaltung der NutzerInnen Sozialer Arbeit erschweren

und zu einem „Fremdwerden der eigenen Biographie" führen können (vgl. Riemann 1987). (b) Gleichzeitig machen biographische Erzählungen aufgrund ihrer soziopoietischen Qualität deutlich, dass die erzählten biographischen Selbstpräsentationen und Verlaufsprozesse nicht nur Ausdruck personaler Lebensverläufe sind, sondern tief in lebensweltliche und kollektive Bedingtheiten eingelagert sind (vgl. Schütze 1999; Thiersch 2002). Interaktionen der Alltagswelten, Prozesse von Institutionalisierungen und ihre biographische Durchdringung sowie die Genese lebensweltlich begründeter Sinnhorizonte lassen sich im Verlauf einer biographischen Analyse elaborieren. Ein Verstehen dieser Sinnwelten und Sinnhorizonte der AkteurInnen ist notwendige Bedingung für sinnvolles professionelles Handeln. (c) Neben lebensweltlichen Alltagstrukturen bilden Institutionen eine bedeutende gesellschaftliche Rahmung biographischer Konstruktionen. Insbesondere angesichts der aktuellen Dienstleistungsdebatten (vgl. Oelerich/Schaarschuch 2005) zeigt sich unter biographischer Perspektive sehr schnell, dass das Verhältnis zwischen sozialen personenbezogenen Dienstleistungen und ihren NutzerInnen konzeptionell als Verhältnis zwischen *Biographie, Institution* und *Profession* zu beschreiben ist. Ist der Zugriff insbesondere totaler Institutionen auf die Integrität und Autonomie des Menschen inzwischen gut dokumentiert (vgl. Goffman 1973; Riemann 1987), so zeigen biographische Studien, wie stark die Angebotsstruktur von Unterstützungsleistungen durch die Aneignungsstrukturen der NutzerInnen geprägt wird (vgl. Hanses 2005b; Hanses/Richter 2008). Drüber hinaus ist jedoch auch zu konstatieren, dass professionelle Systeme häufig den NutzerInnen mit einer Ignoranz gegenüber ihren biographischen Sinnhorizonten begegnen. Diese Haltung wirkt sich auf die sozialen Dienstleistungen oftmals kontraproduktiv aus und kann die ohnehin schwierigen Lebenslagen der NutzerInnen folgenreich destabilisieren (vgl. Hanses/Börgartz 2001; Hanses/Richter 2008; Riemann 2000). Dieses Verhältnis zwischen biographischem Wissen, professionellen Perspektiven und institutionellen Rahmungen werden für die Soziale Arbeit wichtige Fragestellungen werden und bleiben. Biographieforschung kann hier wichtige Perspektiven eröffnen.

(2) *Professionsforschung*: Insbesondere im Zusammenhang mit den Professionalisierungsdebatten in der Sozialen Arbeit sind zahlreiche biographische Studien durchgeführt worden, um die Relationen zwischen Biographie, Ausbildung und Beruf zu erforschen (vgl. Thole/Küster-Schapfl 1996; Nagel 1997; Schweppe 2006; Müller 2006; Riemann 2000). Im Zentrum der Untersuchungen stehen die Entwicklung professioneller Habitualisierung, die Beschreibung professionellen Handelns und das Zusammenspiel von Alltagswissen, Kompetenzerwerb während des Studiums und professionellem Handeln im Berufsfeld. Es zeigt sich häufig, dass biographisches Wissen und Sinnhorizonte die Gestaltung beruflichen Handelns entscheidend prägen und das Studium nur bedingt

Einfluss auf den Prozess der Professionalisierung nimmt. Biographieforschung bietet sich also als Bestandteil des Forschungsdesigns an, da so die „Gewordenheit", die Veränderung und Konstanz eines Professionsverständnisses beobachtet werden kann. Trotz des provokativen Potenzials, das den Studien innewohnt, hat sich bisher eine systematische Theoriebildung zum Aspekt Biographie und Professionalisierung nur begrenzt entwickelt.

(3) *Praxisforschung:* Unter dem Druck der Qualitätssicherung und Evaluierung professioneller Praxis besitzen Evaluationsstrategien eine große Aktualität in der Sozialen Arbeit (vgl. Munsch 2002; Lüders/Haubrich 2003; Wensierski 2003; Heiner 2004). Hier stehen jedoch vor allem jene Evaluationsstrategien zur Diskussion, die erlauben, Projekte wissenschaftlich zu begleiten und zu evaluieren. Die Bedeutung eines biographischen Ansatzes für eine Praxisforschung liegt darin, dass biographische Selbstthematisierungen – wie schon eingangs hervorgehoben – Zusammenhänge zwischen Biographie, Institution und Professionellem Handeln transparent machen können. Die biographischen Erfahrungen der NutzerInnen mit ihren „Problemlagen" und die Erfahrungen mit unterschiedlichen professionellen Systemen und institutionellen Rahmungen können herausgearbeitet werden. Der „Nutzen" einer sozialen personenbezogenen Dienstleistung wird angesichts biographischer Sinnhorizonte und Aneignungskompetenzen verstehbar. Neben der Evaluation des „Erfolgs" einer Einrichtung kann zudem eine notwendige Biographieorientierung personenbezogener Dienstleistungen eröffnet werden (vgl. Oelerich/Schaarschuch 2005; Hanses 2005b; Hanses/Richter 2008; Bitzan/Bolay/Thiersch 2006). Darüber hinaus lassen sich biographische Forschungsansätze von Professionellen selbst zur Analyse bestimmter Teilaspekte ihrer Institutionen oder ihres Handelns nutzen. Die Elaboriertheit biographischer Analysen mag als Einwand gegen den Einsatz als Evaluationsinstrument geltend gemacht werden, da Praxisforschungsprojekte häufig finanziell, zeitlich und personell knapp ausgestattet sind. Diesem Argument ist entgegenzuhalten, dass „Abkürzungsverfahren" zur Analyse biographischen Materials sinnvoll zu nutzen sind. Die Nutzung fokussiert-narrativer Interviewführungen, die Entwicklung eines elaborierten sensibilisierten Konzepts und die Möglichkeit, Abkürzungsstrategien im Auswertungsprozess einzusetzen, unterstützen einen forschungsökonomischen Umgang mit biographischen Selbstpräsentationen (vgl. Griese 2000; Hanses 2003).

3. Biographische Diagnosen als verstehende Fallanalyse

Die Integration sozialwissenschaftlicher Methoden in die Soziale Arbeit sowie die Debatten zur Professionalisierung haben eine Diskussion über die Notwendigkeit des Fallverstehens und dessen methodische Umsetzungen initiiert. Schon Anfang der 1990er Jahre entwickelten Klaus Mollenhauer und Uwe Uhlendorff (1992/1995) ein Konzept der Sozialpädagogischen Diagnose (siehe ebenfalls Uhlendorff 1997; Krumenacker 2004), in dessen Zentrum die Nutzung hermeneutischer Verfahren zur Analyse der Selbstdeutungen verhaltensauffälliger Jugendlicher steht. Ziel dieser Analysen war und ist es, anhand der Rekonstruktionen begründbare und konkrete Hilfepläne zu entwerfen. Diagnose wird hier als Teil der notwendigen professionellen Strategien verstanden, das Assessment selbst wird jedoch nicht auf Basis einer Expertenansicht subsumptionslogisch entwickelt, sondern aus „der Sprache des Falles" gewonnen (vgl. Gildemeister/Robert 1997, S. 35). Die Integration (explizit) biographischer Ansätze führte zur Entwicklung von Konzepten, Methoden und Projektrealisierungen der Fallanalyse (vgl. u. a. Schütze 1993), der Fallrekonstruktion (vgl. Kraimer 2000; Loch/Schulze 2002) und der „biographischen Diagnostik" (vgl. Hanses 2000, 2002, 2006 a; Fischer 2004; Fischer/Goblirsch 2007). Gemeinsam ist diesen Konzepten, dass die hermeneutischen Rekonstruktionen biographischer Selbstthematisierungen Einblicke in die lebensgeschichtliche Konstituierung des Falles, in die eingelagerten Strukturzusammenhänge und die Prozessverläufe vermitteln.

Die „Biographische Diagnostik" kann in drei Phasen beschrieben werden: (1) die Strukturierung einer biographischen Gesprächsituation, (2) die Analyse biographischer Selbstpräsentationen und (3) die Entwicklung eines Hilfeplans, der einem dialogischen Prinzip folgend zusammen mit den NutzerInnen gestaltet wird (vgl. Hanses 2000; Fischer 2004). Ohne auf einzelne methodische Aspekte einzugehen, sollen drei Dimensionen vorgestellt werden, die bei der Analyse narrativer Selbstpräsentation im Kontext „biographischer Diagnostik" als nützliche sensibilisierende Konzepte eingesetzt werden können: a) die Erfassung der leitenden biographischen Themen, b) die Analyse generativer Muster der Erzählung und c) die Aufmerksamkeit für in die Erzählung eingelagerte Ressourcen (vgl. Hanses 2000, 2002).

a) Die Erfassung der „leitenden biographischen Themen" stellt für eine professionelle Praxis insofern eine Herausforderung dar, als dass professionelle Perspektiven häufig durch einen problemspezifischen Blickwinkel geprägt sind. In dieser selbstverständlichen Unterstellung eines sachspezifischen Bedarfs liegt eine Gefahrenquelle: die eigentliche NutzerInnenperspektive, die Vielschichtigkeiten von Problemlagen und vor allem auch die in sie eingelagerten Widersprüchlichkeiten werden häufig nicht wahrgenommen. In der Konsequenz entsteht ein Dienstleistungsangebot, das keine Passung mit biographischen Sinnhorizonten aufweist, kontraproduktiv verpufft oder die ohnehin destabilisierte Lebenslage verschlechtert. Vor diesem Hintergrund wird es wichtig, die zentralen biographischen Themen der NutzerInnen sozialer Dienstleistungen wahrzunehmen – und diese können auf einem ganz anderen Gebiet liegen, als dem vordergründigen Bezugspunkt des professionellen Angebots. Nicht der Fokussierung von Themen- und Problemfeldern, sondern der Wahrnehmung von Erzählgestalten gilt die eigentliche Aufmerksamkeit.

b) Die soziopoietische Qualität von Biographien (s. o.) weist darauf hin, dass Erzählungen mehr Sinn aufweisen, als den Erzählenden bewusst wird oder bewusst ist. Die der Erzählung implizite Struktur ist für eine biographische Diagnostik insofern bedeutsam, da sie auf „generative Muster" verweisen können. Diese, dem Erzählenden gerade nicht zur reflexiven Verfügung stehenden Strukturzusammenhänge liefern wichtige Hinweise, was den Fall immer wieder zum Fall werden lässt (vgl. Gildemeister/Robert 1997). Die Analyse biographischer Selbstbeschreibung im Hinblick auf im- und explizite generative Muster erlaubt es, die Spannung zwischen explizitem biographischem Wissen und „ungewussten" Strukturen zu erfassen und sie für die Erstellung gemeinsam entwickelter Hilfepläne zu nutzen. Professionelle Interventionen können nicht einfach auf individuelle Strategien abheben, sondern müssen den tief greifenden Formen der Vergesellschaftung von Subjektivität Rechnung tragen. Es wird künftig verstärkt darum gehen müssen, Möglichkeiten zu schaffen, die Sinnüberschüsse, die in biographischen Erzählungen produziert werden, in reflexive und damit verfügbare Wissensbestände der NutzerInnen zu transformieren (vgl. Hanses 2000, S. 372).

c) Gleichzeitig gilt es, die Erzählungen nicht als Datenbasis für eine Verstetigung pathologischer Perspektiven zu nutzen. Es geht darum, biographische Selbstpräsentationen als Konstruktionsleistungen der Subjekte zu verstehen, in denen gleichzeitig Ressourcen zum Ausdruck kommen. Dabei ist im Wesentlichen hervorzuheben, dass die Ressourcen nicht nur in den biographischen Gegenerfahrungen auszuloten sind. Biographische Analysen machen deutlich, dass das Kritische und die Potentiale einer Lebensgeschichte nah beieinander liegen. Für die Analyse bedeutet dies die anspruchsvolle Haltung einer Doppelperspektive einzunehmen: den problemorientierten Blick ständig durch eine ressourcenorientierte Perspektive zu erweitern und zu kontrastieren (vgl. Hanses 2000, S. 373).

Die Bedeutung biographischer Fallanalyse oder biographischer Diagnostik lässt sich nicht angemessen einschätzten, wenn sie lediglich im Sinne der Etablierung diagnostischer Kompetenz im Rahmen von Professionalisierungsprozessen oder als rekonstruktive Perspektive im Hinblick auf das Fallverstehen und die Konzeptualisierung einer Hilfeplanung in der „Sprache des Falles" verstanden wird. Die provokative Potenz biographischer Diagnostik besteht darin, dass sie zur Störung oder Modifikation tradierter Interaktionsordnungen führt (vgl. Hanses 2002). Es beginnt damit, dass für die Erhebung einer biographischen Erzählung, klassische Settings einer durch die ExpertInnen bestimmten Frage-Antwort-Struktur aufgelöst werden muss. Die Erzählung des eigenen Lebens bedeutet für die ProtagonistInnen „Erinnerungsarbeit" zu leisten. Auf diese Weise kann möglicherweise das „Fremdwerden der eigenen Biographie" durch institutionalisierte Zugriffe in der Sozialen Arbeit partiell aufgehoben werden; die Möglichkeit, sich interaktiv durch das Erzählen der eigenen Geschichte dem Anderen gegenüber zu positionieren, besteht. Das biographische Gespräch kann zugleich als Materialgrundlage für die Interpretation der Interaktionssituation genutzt werden (vgl. Fischer 2004). Biographische Diagnostik ermöglicht also nicht nur Fallverstehen, sondern resultiert gleichzeitig in einem „talk the walk" und eröffnet somit eine Perspektive für eine „institutionelle Selbstreflexivität" (Alheit/Hanses 2004). Biographische Analysen in diagnostischen wie Forschungs-Prozessen eröffnen darüber hinaus Einblicke in die Praxen und Wirkungen von Macht und somit in bedeutsame Perspektiven auf Formen der „unterdrückten Wissensarten" (Foucault 1978). Damit sind gleichsam mit einem biographischen Zugang wichtige Spuren für eine politische Kritik aus der Perspektive der Subjekte lanciert (Hanses 2006b, 2007, 2008b).

Literatur

Alheit, Peter 1995: „Biographizität" als Lernpotential: Konzeptionelle Überlegungen zum biographischen Ansatz in der Erwachsenenbildung. In: Krüger, Heinz-Hermann/Winfried Marotzki (Hg.): Erziehungswissenschaftliche Biographieforschung. Opladen. S. 276-307.
Alheit, Peter 1997: Founded Applied Biographical Research: The Conceptual Strategy of the Institute for Applied Biographical and Lifeworld Research. Bremen.
Alheit, Peter 2000: Biographie und ‚modernisierte Moderne': Überlegungen zum vorgeblichen ‚Zerfall' des Sozialen. In: ZBBS Zeitschrift für qualitative Bildungs, Beratungs- und Sozialforschung. Jg. 1. S. 151-166.
Alheit, Peter/Andreas Hanses 2004: Institution und Biographie: Zur Selbstreflexivität personenbezogener Dienstleistungen. In: Hanses, Andreas (Hg.): Biographie und Soziale Arbeit. Institutionelle und biographische Konstruktionen von Wirklichkeit. Baltmannsweiler. S. 8-28.
Bitzan, Maria/Eberhard Bolay/Hans Thiersch (Hg.) 2006: Die Stimme der Adressaten. Empirische Forschung über die Erfahrungen von Mädchen und Jungen mit der Jugendhilfe. Weinheim und München.
Bourdieu, Pierre 1997: Sozialer Sinn. Kritik der theoretischen Vernunft. Frankfurt/M.
Dausien, Bettina 1996: Biographie und Geschlecht. Zur biographischen Konstruktion sozialer Wirklichkeit in Frauenlebensgeschichten. Bremen.
Fischer, Wolfram 2004: Fallrekonstruktion im professionellen Kontext: Biographische Diagnostik, Interaktionsanalyse und Intervention. In: Hanses, Andreas (Hg.): Biographie und Soziale Arbeit. Baltmannsweiler. S. 62-87.
Fischer, Wolfram/Martina Goblirsch 2007: Mehrgenerationale biografische Strukturierung [32 Absätze]. Forum Qualitative Sozialforschung / Forum: Qualitative Social Research. 9(1). Art. 49.
http://nbn-resolving.de/urn:nbn:de:0114-fqs0801493.
Foucault, Michel 1978: Dispositive der Macht. Über Sexualität, Wissen und Wahrheit. Berlin.
Giddens, Anthony 1988: Die Konstitution der Gesellschaft. Grundzüge einer Theorie der Strukturierung. Frankfurt/M.
Gildemeister Regina/Günther Robert 1997: „Ich geh da von einem bestimmten Fall aus ..." – Professionalisierung und Fallbezug in der Sozialen Arbeit. In: Jakob, Gisela/Hans-Jürgen von Wensierski (Hg.): Rekonstruktive Sozialpädagogik.

Konzepte und Methoden sozialpädagogischen Verstehens in Forschung und Praxis. Weinheim und München. S. 23-38.

Goffman, Erving 1973: Asyle. Über die soziale Situation psychiatrischer Patienten und anderer Insassen. Frankfurt/M.

Griese, Birgit 2000: Redenormen – Interpellation – Aussagenanalyse. Entwurf einer forschungsökonomischen Methode zur Analyse biographisch-narrativer Interviews. Bremen.

Griese, Birgit 2006: Zwei Generationen erzählen. Narrative Identität in autobiographischen Erzählungen Russlanddeutscher. Frankfurt/M.

Hanses, Andreas 1996: Epilepsie als biographische Konstruktion. Eine Analyse von Erkrankungsprozessen anfallserkrankter Menschen anhand erzählter Lebensgeschichten. Bremen.

Hanses, Andreas 1999 a: Biographik als Wissenschaft. In: Janz, Dieter (Hg.): Die Krankengeschichte. Biographie, Geschichte, Dokumentation. Würzburg. S. 105-126.

Hanses, Andreas 1999 b: Das Leiberleben als biographische Ressource in der Krankheitsbewältigung. Biographieanalytische Betrachtungen über den Leib bei Menschen mit Epilepsien. In: Alheit, Peter/Bettina Dausien/Wolfram Fischer-Rosenthal/Andreas Hanses/Annelie Keil (Hg.): Biographie und Leib. Gießen. S. 111-132.

Hanses, Andreas 2000: Biographische Diagnostik in der Sozialen Arbeit. Über die Notwendigkeit und Möglichkeit eines hermeneutischen Fallverstehens im institutionellen Kontext. In: neue praxis. Jg. 30. S. 357-379.

Hanses, Andreas 2002: Biographische Diagnostik als Veränderung professioneller „Interaktionsordnung". In: Dörr, Margret (Hg.): Klinische Sozialarbeit – eine notwendige Kontroverse. Baltmannsweiler. S. 86-102.

Hanses, Andreas 2003: Angewandte Biographieforschung in der Sozialen Arbeit. Erörterungen zu „Abkürzungsverfahren" biographischer Analysen in praxisorientierter Forschung. In: Otto, Hans-Uwe/Gertrud Oelerich/Heinz-Günther Micheel (Hg.): Empirische Forschung und Soziale Arbeit. München. S. 112-130.

Hanses, Andreas (Hg.) 2004: Biographie und Soziale Arbeit. Institutionelle und biographische Konstruktionen von Wirklichkeit. Baltmannsweiler.

Hanses, Andreas 2005 a: AdressatInnenforschung in der Sozialen Arbeit. Zwischen disziplinärer Grundlegung und Provokation. In: Schweppe, Cornelia/Werner Thole (Hg.): Sozialpädagogik als forschende Disziplin. Weinheim und München. S. 185-200.

Hanses, Andreas 2005 b: Perspektiven biographischer Zugänge für eine nutzerInnenorientierte Dienstleistungsorganisation. In: Oelerich, Gertrud/Andreas Schaarschuch (Hg.): Sozialpädagogische Nutzerforschung. München. S. 65-78.

Hanses, Andreas 2006 a: Diagnose. In: Krüger, Heinz-Hermann/Cathleen Grunert (Hg.): Wörterbuch Erziehungswissenschaft. Opladen. S. 100-106.

Hanses, Andreas 2006 b: Diagnose als Zugang zu den unterdrückten Wissensarten? Sozialextra (10). S. 18-20.

Hanses, Andreas 2007: Macht, Profession und Diagnose in der Sozialen Arbeit. Zur Notwendigkeit einer Epistemologie unterdrückter Wissensarten. In: Miethe, Ingrid/Wolfram Fischer/Cornelia Giebeler/Martina Goblirsch/Gerhard Riemann (Hg.): Rekonstruktion und Intervention. Interdisziplinäre Beiträge zur rekonstruktiven Sozialforschung. Opladen. S. 49-60.

Hanses, Andreas 2008 a: Biografie. In: Hanses, Andreas/Hans Günther Homfeldt (Hg.): Lebensalter und Soziale Arbeit. Eine Einführung. Baltmannsweiler. S. 6-26.

Hanses, Andreas 2008 b: Biografie. In: Bock, Karin/Ingrid Miethe (Hg.): Handbuch qualitative Methoden in der Sozialen Arbeit. Opladen. (im Erscheinen).

Hanses, Andreas/Holger Börgartz 2001: Soziale Arbeit im Krankenhaus. Eine biographische PatientInnenstudie zur Praxis klinischer Sozialarbeit. In: neue praxis. Jg 31. S. 573-595.

Hanses, Andreas/Petra Richter 2008: Die soziale Konstruktion von Krankheit: Analysen biographischer Selbstthematisierungen an Brustkrebs erkrankter Frauen und ihre Relevanz für eine Neubestimmung professioneller Praxis. In: Oelerich, Gertrud/Hans-Uwe Otto (Hg.): Soziale Arbeit und Empirische Forschung. Ein Studienbuch. Wiesbaden. (im Erscheinen).

Harney, Klaus/Sylvia Rahm 2002: Wissen zwischen Biografie und Organisation. Zur Brauchbarkeit des Biografiebegriffs für die synchrone Analyse von Praktiken des Managements und der Organisationsentwicklung. In: Kraul, Margret/ Winfried Marotzki/Cornelia Schweppe (Hg.): Biographie und Profession. Bad Heilbrunn. S. 304-319.

Hartz, Stefanie 2004: Biographizität und Professionalität. Eine Fallstudie zur Bedeutung von Aneignungsprozessen in organisatorischen Modernisierungsstrategien. Wiesbaden.

Heiner, Maja 2004: Professionalität in der sozialen Arbeit: theoretische Konzepte, Modelle und empirische Perspektiven. Stuttgart.

Herzberg, Heidrun 2004: Biographie und Lernhabitus. Eine Studie im Rostocker Werftarbeitermilieu. Frankfurt/M.

Hörster, Reinhard 2001: Kasuistik/Fallverstehehen. In: Otto, Hans-Uwe/Hans Thiersch (Hg.): Handbuch Sozialarbeit/Sozialpädagogik. Neuwied. S. 916-926.

Hohn, Kirsten/Andreas Hanses 2008: Zur Konstruktion von Wissen im Kontext biografischer Krankheitsdeutungen. Professionelle Interventionen und kollektive therapeutische Prozesse bei psychosomatisch erkrankten Frauen [36 Absätze]. Forum Qualitative Sozialforschung / Forum: Qualitative Social Research, 9(1), Art. 48, http://nbn-resolving.de/urn:nbn:de:0114-fqs0801480.

Homfeldt, Hans Günther 2004: Erziehungshilfe als Biographiearbeit. In: Hanses, Andreas (Hg.): Biographie und Soziale Arbeit. Baltmannsweiler. S. 29-46.

Jakob, Gisela/Hans-Jürgen von Wensierski (Hg.) 1997: Rekonstruktive Sozialpädagogik. Konzepte und Methoden sozialpädagogischen Verstehens in Forschung und Praxis. Weinheim und München.

Kade, Jochen/Wolfgang Seitter 1998: Erwachsenenbildung und Biographie. Metamorphosen einer Beziehung. In: Bohnsack, Ralf/Winfried Marotzki (Hg.): Biographieforschung und Kulturanalyse. Transdiziplinäre Zugänge qualitativer Forschung. Opladen. S. 167-182.

Klatetzki, Thomas 2003: Skripts in Organisationen. Ein praxistheoretischer Bezugsrahmen für die Artikulation des kulturellen Repertoirs sozialer Einrichtungen und Dienste. In: Schweppe, Cornelia (Hg.): Qualitative Forschung in der Sozialpädagogik. Opladen. S. 93-118.

Kraimer, Klaus (Hg.) 2000: Die Fallrekonstruktion. Sinnverstehen in der sozialwissenschaftlichen Forschung. Frankfurt/M.

Krumenacker, Franz-Josef (Hg.) 2004: Sozialpädagogische Diagnosen in der Praxis. Weinheim.

Loch, Ulrike/Heidrun Schulze 2002: Biographische Fallrekonstruktionen im handlungstheoretischen Kontext der Sozialen Arbeit. In: Thole, Werner (Hg.): Grundriss Soziale Arbeit. Ein einführendes Handbuch. Opladen. S. 559-576.

Lüders, Christian/Karin Haubrich 2003: Qualitative Evaluationsforschung. In: Schweppe, Cornelia (Hg.): Qualitative Forschung in der Sozialpädagogik. Opladen. S. 305-330.

Mollenhauer, Klaus/Uwe Uhlendorff 1992/1995: Sozialpädagogische Diagnosen I & II. Weinheim und München.

Müller, Burkhard 2001: Praktiker als Forscher – Forschen als Praxis. Eine Wahlverwandtschaft? In: neue praxis. Jg 31. S. 3-9.

Müller, Jutta 2006: Coaching, Biografie und Interaktion. Eine qualitative Studie zum Coach in Ausbildung. Opladen.

Munsch, Chantal 2002: Praxisforschung in der Sozialen Arbeit. In: Thole, Werner (Hg.): Grundriss Soziale Arbeit. Ein einführendes Handbuch. Opladen. S. 923-936.

Nagel, Ulrike 1997: Engagierte Rollendistanz. Professionalität in biographischer Perspektive. Opladen.

Oelerich, Gertrud/Andreas Schaarschuch (Hg.) 2005: Soziale Dienstleistungen aus Nutzersicht. Zum Gebrauchswert Sozialer Arbeit. München.

Riemann, Gerhard 1987: Das Fremdwerden der eigenen Biographie. Narrative Interviews mit psychiatrischen Patienten. München.

Riemann, Gerhard 2000: Die Arbeit in der sozialpädagogischen Familienberatung. Interaktionsprozesse in einem Handlungsfeld der sozialen Arbeit. Weinheim/München.

Schütze, Fritz 1984: Kognitive Figuren des autobiographischen Stegreiferzählens. In: Kohli, Martin/Günther Robert (Hg.): Biographie und soziale Wirklichkeit. Stuttgart. S. 78-117.

Schütze, Fritz 1993: Die Fallanalyse. Zur wissenschaftlichen Fundierung einer klassischen Methode der Sozialen Arbeit. In: Rauschenbach, Thomas/Friedrich Ortmann/Maria-Eleonora Karsten (Hg.): Der sozialpädagogische Blick. Lebensweltorientierte Methoden der Sozialen Arbeit. Weinheim und München. S. 191-222.

Schütze, Fritz 1999: Verlaufskurven des Erleidens als Forschungsgegenstand der interpretativen Soziologie. In: Krüger, Heinz-Hermann/Winfried Marotzki (Hg.): Handbuch erziehungswissenschaftliche Biographieforschung. Opladen. S. 191-223.

Schulze, Heidrun 2006: Migrieren – Arbeiten – Krankwerden. Eine biographietheoretische Untersuchung. Bielefeld.

Schweppe, Cornelia 2000: Biographie und Alter(n) auf dem Land. Lebenssituation und Lebensentwürfe. Opladen.

Schweppe, Cornelia 2006: Studienverläufe in der Sozialpädagogik. Biographische Konstruktionen. Weinheim.

Seitter, Wolfgang/Jochen Kade 2002: Biographie – Institution – Wissen. Theoretische Konzepte und empirische Projekte zur Erwachsenenbildung. In: Kraul, Margret/Winfried Marotzki (Hg.): Biographische Arbeit. Perspektiven erziehungswissenschaftlicher Biographieforschung. Opladen. S. 241-269.

Seltrecht, Astrid 2006: Lehrmeister Krankheit? Eine biographieanalytische Studie über Lernprozesse von Frauen mit Brustkrebs. Opladen/Farmington Hills.

Thiersch, Hans 2002: Biographieforschung und Sozialpädagogik. In: Kraul, Margret/Winfried Marotzki (Hg.): Biographische Arbeit. Perspektiven erziehungswissenschaftlicher Biographieforschung. Opladen. S. 142-156.

Thole, Werner/Ernst-Uwe Küster-Schapfl 1996: Sozialpädagogische Profis. Opladen.

Uhlendorff, Uwe 1997: Sozialpädagogische Diagnosen III. Ein sozialpädagogisch-hermeneutisches Diagnoseverfahren für die Hilfeplanung. Weinheim und München.
Weizsäcker, Viktor von 1956: Pathosophie. Göttingen.
Weizsäcker, Viktor von 1997: Der Gestaltkreis. Theorie der Einheit von Wahrnehmen und Bewegen. In: Weizsäcker, Viktor von: Gesammelte Schriften. Bd. 4. Frankfurt/M. S. 83-338.
Wensierski, Hans Jürgen von 1999: Biographische Forschung in der Sozialpädagogik. In: Krüger, Heinz-Hermann/Winfried Marotzki (Hg.): Handbuch erziehungswissenschaftliche Biographieforschung. Opladen. S. 433-454.
Wensierski, Hans Jürgen von 2003: Rekonstruktive Sozialpädagogik im intermediären Feld eines Wissenschafts-Praxis-Diskurses. Das Beispiel Praxisforschung. In: Schweppe, Cornelia (Hg.): Qualitative Forschung in der Sozialpädagogik. Opladen. S. 67-90.
Wenzel, Harald 1990: Mead zur Einführung. Hamburg.

Dietlind Fischer und Dorit Bosse

Das Tagebuch als Lern- und Forschungsinstrument

Tagebücher haben in der Pädagogik und der Entwicklungspsychologie wie in der Kulturgeschichte insgesamt eine lange Tradition als Dokumentation von Erfahrungen, die für andere nutzbar gemacht werden können. Angefangen bei den Chroniken der Geschichtsschreiber der Antike über die „confessiones" des Augustinus im Mittelalter bis hin zu Reisetagebüchern, Logbüchern der Schiffahrt, Tagebüchern von Eltern, Schriftstellern, Zeitzeugen, Jugendlichen: Tagebücher verzeichnen Ereignisse in subjektiver Perspektive, stellen Beobachtungen der eigenen Gedanken, Gefühle, Befindlichkeiten und Stimmungen dar (vgl. Seemann 1997). In klinischer Therapie, Psychoanalyse und Fallstudien werden strukturierte Tagebücher als Hilfen im diagnostischen und therapeutischen Prozess verwendet (Wilz/ Brähler 1997). *Kindertagebücher*, die Erzieher oder Eltern aus der Beobachterperspektive mit dem Interesse an der kindlichen Entwicklung schreiben, gibt es seit dem späten 18. Jahrhundert. Klassiker der Psychologie führten im frühen 20. Jahrhundert ausgiebig Kindertagebücher (vgl. Schmid 2001; Wenglorz 2001). Die subjektive Sichtweise auf Kinder geriet Ende des 19. Jahrhunderts teilweise in Misskredit und galt als unwissenschaftlich. Seit den 1970er Jahren ist die Akzeptanz von reflexiven Subjektmodellen in der Forschung gestiegen (z.B. Groeben/Scheele 1977), und Tagebuch-Studien nahmen wieder zu. *Elterntagebücher* werden als Quelle der Kindheitsforschung interessant (vgl. Grabrucker 1985; Hoppe-Graff 1989; Becchi 1999). *Jugendtagebücher* sind Gegenstand der Jugend- und Sozialisationsforschung (z.B. Seiffge-Krenke 1997; Soff 1989; Winterhager-Schmid 1992). Sie werden geschrieben als Hilfe zur Erinnerung, zur Klärung von Erfahrungen, zur Selbstklärung und Selbsterziehung. Die Verarbeitung kritischer Lebensereignisse in der Adoleszenz wird vor allem von Mädchen über das Tagebuchschreiben geleistet. Veröffentlichte *Tagebücher von Lehrerinnen* und *Lehrern* haben in den 70er und 80er Jahren des 20. Jahrhunderts eine Blütezeit. Sie sind als Dokumente der Selbstbeobachtung und der Bearbeitung von beruflichen Krisensituationen zu lesen, aber auch als Dokumente des schulischen Alltags, als Lern-, Erfahrungs- oder Schulgeschichten. Seit den 1990er Jahren wird im deutschsprachigen Raum das *Lerntagebuch im Portfolio* als ein Instrument der Lernentwicklung genutzt, das Lernprozess und Lernprodukt miteinander verbindet (Häcker 2006). Die verstärkte Nutzung des Internets öffnet neue Möglichkeiten zeitnaher Kommunikation über Tagebücher (Bosse 2008).

Im Folgenden sollen Funktion und Nutzung des Tagebuchs als Methode zur Unterstützung *selbstständigen Lernens* und *pädagogischer Professionalisierung* erörtert werden. Das Tagebuch findet als *Lerninstrument* und als *Forschungsinstrument* Verwendung, und in der praxisentwickelnden Lehrer/-innenforschung gehen beide Verwendungsformen ineinander über. Ausgehend von veröffentlichten Lehrertagebüchern (1.) und deren Funktion als Instrument der Reflexion von Schul- und Unterrichtspraxis wird (2.) über Erfahrungen mit der Anleitung von Lerntagebüchern von Schüler/-innen zur Förderung selbständigen Lernens berichtet. Anschließend werden (3.) Möglichkeiten der Tagebuchmethode als Reflexionshilfe in der Lehreraus- und -fortbildung erkundet. (4.) Tagebücher sind nicht nur für wissenschaftliche Experten ein Instrument der Feldforschung, sondern sie unterstützen auch forschende Lehrkräfte bei der Beobachtung von Lernentwicklungen der Schülerinnen und Schüler. Abschließend (5.) werden methodische Hinweise zur Auswertung von Tagebüchern gegeben.

1. Lehrertagebücher

Unter den veröffentlichten Tagebüchern von Lehrern ist das „Tagebuch eines Studienrats" (Rumpf 1966, 1968) das einzige aus dem Erfahrungsfeld Gymnasium. Rumpf bearbeitet darin seine Beobachtungen und Schwierigkeiten als Lehrer und entwickelt dazu kontrastierende Handlungsalternativen. In den 1970er Jahren erschien eine Fülle von Lehrertagebüchern aus Hauptschulen, darunter eins von einer Lehrerin (Kagerer 1978). Die Schreibmotive der Autorinnen und Autoren sind sehr unterschiedlich (vgl. Krauss/Schön 1979): Den einen geht es um Sozialbiographien von Hauptschülern als „Kindern der schweigenden Mehrheit" (Wünsche 1972; Wimmer 1976), den anderen um eine Überlebenstechnik für sich selbst (Ermer 1975; Janssen 1977), um die Legitimation ihrer Flucht aus der Schule (Schonebeck 1980), um Anklagen an die Schulverwaltung (Hensel 1981), um die Entwicklung eines tragfähigen pädagogischen Konzepts unter schwierigen Lernbedingungen (Klink 1974; Kuhlmann 1975) oder auch um die kollegiale Verständigung als Grundlage für kollektive Problemlösungen (Gürge/Held/Wollny 1978). Aus dem Grundschulbereich stammen die „Schulgeschichten" von Lehrerinnen (Döpp 1988; Kaiser 1989), denen Tagebücher zugrunde liegen. Es sind Berichte, Szenen und Geschichten aus dem Schulalltag engagierter Lehrerinnen, deren Interesse an der umfassenden Unterstützung und Begleitung kindlicher Erfahrungs- und Lernprozesse zum Maßstab ihres Handelns wird. Die selbst gesteuerte Entwicklung der pädagogischen Professionalität kommt in dem Tagebuch von Stübig (1995) in besonderer Weise zum Ausdruck. Die Lehrerin an einer Gesamtschule schreibt ihr Tagebuch über einen Zeitraum von zehn Schulwochen und zusätzlich über besondere Vorhaben, die im Verlauf des Schuljahrs stattfinden (Projektwoche, Eltern- und Schülersprechtag). Der Text dient als „Dokumentation von Lehrerbewußtsein" (ebd., S. 210) als Ausgangsmaterial für reflexive Gespräche mit einer Gesprächspsychotherapeutin und Freundin zur vertiefenden Entzifferung der eigenen beruflichen Aktivitäten. Die Dokumentation von Tagebuch und reflektierendem Dialog ist ein Beispiel für Erkenntnisgewinnung aus Praxisreflexion. Das Tagebuchschreiben und -veröffentlichen ist allein für sich keine Garantie für Erkenntnisgewinn oder für ergiebige Praxisforschung. Gerade wenn das Schreiben als Ventil für die Verarbeitung von Enttäuschungen und Krisen gebraucht wird, zur Selbstrechtfertigung oder zur Selbstbespiegelung, liegt für manche Autoren nahe, „dass das Alltägliche begriffslos bleibt und schreibend nur verdoppelt wird" (Haug 1990, S. 46). Auch eine „narrative Betulichkeit" (Bude 1993, S. 425) des Erzählenden wird ebenso als häufige Gefahr betrachtet wie das Reproduzieren des immer schon Gewussten. Heinze/Loser/Thiemann (1981) halten das veröffentlichte Tagebuchschreiben von Lehrern nicht für eine angemessene Form der Praxisforschung. Das Aufschreiben schulischer Alltagserfahrungen sei eher eine Form der Desorganisation der Praxis, weil es sie privatisiere. „Praxisforschung als kollektive Auseinandersetzung mit Alltagserfahrungen findet nicht statt" (ebd., S. 41). Die Autoren plädieren demgegenüber für eine Praxisforschung, die nicht das Einzelkämpferideal kultiviert, sondern die institutionelle Dynamik des beruflichen Handlungsfeldes einbezieht, als gemeinsamer Prozess von Lehrenden und Lernenden organisiert wird und praktische wie politische Folgen intendiert.

2. Lerntagebücher von Schülerinnen und Schülern

Während man im deutschsprachigen Raum von *Lerntagebüchern* spricht, ist im Angelsächsischen von *learning journal* die Rede, gelegentlich auch von *learning log* (Bräuer 1998). Lerntagebücher von Schülerinnen und Schülern sind eine Methode, mit der sie selbst eigene Lernleistungen wahrnehmen und würdigen sowie Lernstrategien bewusst machen können, um sie verändern zu können und insgesamt Selbstverantwortung für das eigene Lernen zu übernehmen. Die Fähigkeit zur Metakognition im Sinne eines Wissens zweiter Ordnung, das die Kognition steuert, ist eine wichtige Voraussetzung für selbst gesteuertes Lernen und eigenständiges Problemlösen. Allerdings stellen sich die Bereitschaft und die Fähigkeit zum Nachdenken über das eigene Lernen nicht von selbst ein. Dies kann durch Anleitung – beispielsweise in Form eines vorstrukturierten Fragenkatalogs – gefördert werden (z.B. Winter 2004, S. 273). Der Einsatz von Lerntagebüchern hat vor allem im Zuge der Differenzierung unterrichtlichen Lernens zugenommen. Das Lerntagebuch dient der reflexiven Lernbegleitung, um individualisiertes Lernen in heterogenen Lerngruppen zu ermöglichen (Bosse 2004). Für Lehrende sind Lerntagebücher der Schüler/-innen ein Verfahren der individuellen Lernstandsermittlung und damit ein Instrument der Praxisforschung.

Inspiriert sind die reflexiven Lernmedien durch die Entwicklung dialogischer Lernformen in der Schweiz, die maßgeblich von Ruf vorangetrieben wurden (Ruf/Gallin 1999; Ruf 2001; Ruf/Weber 2006; Goetz/Ruf 2007) sowie durch den Ansatz *Lernen durch Schreiben* der US-amerikanischen Schreibpädagogik (vgl. Bräuer 1996). Im deutschsprachigen Raum liegen inzwischen zahlreiche Berichte über unterschiedliche Formen des Einsatzes von Lerntagebüchern als Lerninstrument vor (Kasper/Lipowsky 1997; Labudde 1997; Berning 1998; Winter 1999, 2003; Bräuer 2000; Messner/Wiater 2000; Nádas/Nietzschmann 2001; Heske 2001; Braun 2002; Merziger 2007).

Beck u. a. (1991) stellen eine Schweizer Studie mit 400 Schülerinnen und Schülern in 18 Klassen vor, bei der die Lernenden angehalten waren, ihre Lernerfahrungen in einem Arbeitsheft schriftlich festzuhalten, sich darüber in Lernpartnerschaften auszutauschen und die Prozesse in Klassenkonferenzen gemeinsam mit den Lehrkräften zu evaluieren. Die Anwendung dieser metakognitiven Verfahren ist ermutigend: Es gelingt den Schülerinnen und Schülern in dem zweijährigen Projekt nachweislich, ihre Lern- und Arbeitsstrategien kontrollierter zu entwickeln und eigenständiger einzusetzen. Perels/Schmitz/Bruder (2003) untersuchen die Wirksamkeit eines Trainingsprogramms zur Förderung der Selbstregulationskompetenz von Schülerinnen und Schülern der achten Gymnasialklasse über einen Zeitraum von sechs Wochen. Dabei kann vor allem die positive Wirkung des eingesetzten standardisierten Lerntagebuchs zur Unterstützung des *Self-Monitoring* im Lernen nachgewiesen werden. Bartnitzky (2004) evaluiert den Einsatz eines Lerntagebuchs, das aus Lernbogen, Lernkonferenz und Wochenrückblick besteht, im Grundschulunterricht der dritten Klasse über einen Zeitraum von drei Monaten. Die Untersuchung ergibt keine systematischen Unterschiede in der Entwicklung der Lern- und Leistungsmotivation zwischen den elf Klassen mit Lerntagebuch und der Kontrollgruppe, die ohne Lerntagebuch gearbeitet hat.

Winter (2004) hat über 100 Lerntagebücher von Studierenden und Oberstufenschülern ausgewertet und eine Kategorienliste der Einträge in Lerntagebüchern erstellt (vgl. S. 259), anhand derer er die Funktion des Lerntagebuchschreibens für das Lernen ihrer Verfasser und als Erkenntnismedium für den Lehrer auslotet. Hervorzuheben ist vor allem Winters Ergebnis, dass der Lehrer durch das Lesen der Lerntagebücher mit der inneren Realität seiner Schüler/-innen konfrontiert wird sowie auch Rückmeldungen zu seinem Unterricht erhält.

Die zunehmende Verwendung des Tagebuchs in Blended-Learning-Arrangements in schulischer und universitärer Lehre hat gezeigt, dass der Verschriftlichungsprozess der Reflexion des eigenen Lernens, der manchem Schüler oder Studierenden schwer fällt, durch die Verwendung des Computers als Schreibmedium erleichtert wird. Das computergestützte Schreiben hat vorläufigeren Charakter, Geschriebenes kann mühelos verändert und überarbeitet werden. Der Austausch über Tagebucheinträge erfolgt in Lerntandems über eine Lernplattform, oder neben den Präsenzlernphasen im

Unterricht kann man sich online von externen Experten beraten lassen. In Hochscheids (2005) Projekt unterstützt ein fragennavigiertes E-Lerntagebuch das unterrichtliche Lernen. Das E-Lerntagebuch-Projekt von Holzäpfel/Nückles (2007) ist als Ergänzung zum traditionellen Fachunterricht konzipiert. Durch das schreibende Reflektieren des Unterrichts durch die Schüler/-innen soll es zu einer vertieften und nachhaltigen Verarbeitung des Lernstoffs kommen. Der Lehrer fungiert dabei als Online-Tutor, der Feedback gibt und unterstützt. Bosse (2008) untersucht in Oberstufenkursen im Deutschunterricht der Jahrgangsstufe 11 das Lernen mit einem computergestützten Arbeitsjournal, das im Umgang mit Sachtexten eingesetzt wird. Das Arbeitsjournal unterscheidet sich vom Lerntagebuch insofern, als es neben lernreflexiven Einträgen auch Arbeitsergebnisse aufnimmt, die im Unterricht und als Hausaufgabe entstehen, z.T. in Form ko-konstruktiven Lernens durch die Kooperation mit einem Tandempartner. Als Unterstützung zum Erstellen des Arbeitsjournals bekommen die Schülerinnen und Schüler einen aufgabennavigierten digitalen Lernbegleiter, der Aufgaben zur Bearbeitung von Sachtexten und ein Lernstrategietraining in Form von Anleitungen zum strategischen Vorgehen enthält.

3. Tagebücher in der Lehreraus- und -fortbildung

Tagebücher sind Schriftstücke, die in chronologischer Datierung das persönliche Erleben der Autorin bzw. des Autors über einen kürzeren oder längeren Zeitraum festhalten. Die eigenen Beobachtungen und Erfahrungen werden durch das Aufschreiben fixiert, auf den Begriff gebracht, sortiert, gegliedert, strukturiert, auch selektiv ausgespart und verworfen, und so der Erinnerung und reflektierenden Bearbeitung zugänglich gemacht. Diese Handhabbarkeit macht das Tagebuch zu einer bevorzugten Methode in Handlungs- und Praxisforschungsvorhaben (vgl. Rahm/Schratz 2004). Einige Merkmale zeichnen das Tagebuch als Instrument in (Selbst-)Erkundungsprozessen aus (vgl. Altrichter/Posch 1990):

- Das Tagebuchschreiben ist vor allem *praktisch*: Es knüpft an alltägliche Fertigkeiten des Erzählens und Aufschreibens an, kann jederzeit und spontan erfolgen, wann immer Zeit und Papier vorhanden ist, bedarf keiner besonderen Vorbereitung und keiner Ausbildung, allenfalls der Einübung.
- Das Tagebuch ist eine *offene* Form, d.h. die Notierungen können unterschiedlicher Art sein, in beliebigem Darstellungsstil und unterschiedlichem Umfang. Die Grundform des Tagebuchschreibens ist in der Regel das Erzählen von Begebenheiten, Ereignissen, Beobachtungen und Prozessen. Diese Grundform ist jedoch beliebig zu erweitern mit Daten, die mit anderen Forschungsverfahren gewonnen wurden, mit Interpretationen und Kommentaren, mit reflexiven Verdichtungen, Illustrationen, Bilddokumenten und anderem.

- Das Tagebuch hält Ereignisse und Abläufe über einen längeren Zeitraum fest. Die *Kontinuität* des Aufschreibens ermöglicht die Begleitung eines veränderlichen Prozesses bzw. einer Entwicklung von Wahrnehmungen und Erkenntnissen. In der Rückschau können so erfolgreiche oder unwirksame Lernwege und Bildungsprozesse erschlossen werden.
- Das Tagebuch ist für den Schreibenden eine *Gedächtnisstütze*, Erinnerungshilfe und auch ein *Ventil* für die Auseinandersetzung mit der eigenen Befindlichkeit, mit kritischen Ereignissen, mit Störungen oder Krisen. Es kommt einem Bedürfnis nach Selbstklärung entgegen, weil durch das Aufschreiben schon eine (selbstkritische) Distanz zum Fluss der Ereignisse und Erfahrungen geschaffen wird.
- Das Tagebuch ist ursprünglich eine *persönliche* und *private* Form der Darstellung: Die persönliche Geschichte mit den Dingen und Personen steht im Mittelpunkt. Darin steckt eine besondere Chance. Die persönliche Vertrautheit mit einem Handlungsfeld, die Nähe zu dem zu Beobachtenden, das Beteiligtsein an Ereignissen und Prozessen stellt eine einzigartige Quelle für dichte und vielfältige Informationen dar, die von keinem Unbeteiligten oder Dritten zu beschaffen wären. Darin steckt zugleich aber auch eine Gefahr für die Erkenntnisgewinnung: die persönliche Nähe kann auch Befangenheit, Betriebsblindheit oder ideologische Verhaftung bedeuten, die durch das Aufschreiben nur wiederholt und fortgesetzt wird.

Im Zusammenhang erziehungswissenschaftlicher Theoriebildung ist das Tagebuchschreiben eine – zunächst pragmatische – Möglichkeit, die Beziehung von Erkenntnis und Handeln in der Pädagogik als Handlungswissenschaft in thematischer Fokussierung wiederherzustellen, Beobachtungen und Aktionen aufeinander zu beziehen und so die Theorien der Praxis weiterzuentwickeln (vgl. Tenorth 1995). „Praktische Erfahrung in den Rang und in die Geltung wissenschaftlichen Erkennens" (Hentig 1982, S. 166) zu heben, der Praxis Sprache zu geben ohne Wissenschaft zu vernachlässigen: Dafür ist das Erzählen im Tagebuch eine Möglichkeit.

Das Tagebuchschreiben in einer handlungsentlasteten Situation fordert die Epistemologie der Praxis heraus. Ausgangspunkt für die Erforschung ist ein Ereignis, eine Szene, eine Situation, ein Fall, nicht aber eine vorab definierte Arbeitstheorie. Die eigene Handlungspraxis wird nicht von vornherein in Begriffen der Theorie analysiert, sondern die Akzente werden auf die Entwicklung von Theorien in Praxiskategorien verschoben (vgl. Connelly/ Clandinin 1987, S. 131). Die reflexive Verarbeitung von Praxiserfahrung mit Hilfe des Tagebuchs gibt der Praxis Sprache und strukturiert die persönliche Philosophie in einer narrativen Einheit. Diese Wirksamkeit des Tagebuchschreibens von Lehrenden wurde vor allem in der angelsächsischen Tradition der *Lehrerforschung* beschrieben (Schön 1983; Holly 1984; Walker 1985; Connelly/Clandinin 1987, 1988, 1990; Enns-Conolly 1991). Das Tagebuchschreiben ist dabei ein Instrument, die Reflexivität der Lehrerin/des Lehrers in einer forschenden Haltung als professionelle Grundqualifikation zu entwickeln und sie/ihn als Modell für die lernenden Schülerinnen und Schüler zu begreifen.

Die Unterstützung von Reflexionsprozessen mit Hilfe der Tagebuchmethode wird zunehmend auch in der *Lehrerausbildung* erprobt (vgl. Korthagen 1999; Fischer 1999; Behrens 2001; Kaiser/Kaiser 2001; Heinzel/Brencher 2008). Die Reflexivität und Selbststeuerungsfähigkeit von Lehrerstudenten bei ihren praktischen Unterrichtsversuchen wird mit Hilfe eines *Logbuchs* gefördert, in das die Studierenden ihre Überlegungen zu Unterrichtsstunden notieren: ihre Irritationen, ihre Ungeduld oder auch Freude über etwas Gelungenes. Das Logbuch, eine vorstrukturierte Form des Tagebuchs, gibt Perspektiven für die Auseinandersetzung mit der eigenen Lerngeschichte vor, gleichsam als formale Spurrillen, die individuell gefüllt werden. In einigen Lehrerforschungsprojekten wird die Form des Tagebuchs *Diary* oder *Journal* genannt (z. B. Holly 1984; Tripp 1987), *Portfolios* mit selbstreflexiven Elementen finden sich u. a. bei Brouer (2007). Die Balance zwischen einem völlig selbst bestimmten, offenen Schreiben und der Notwendigkeit, dieses fördernd zu ermutigen und Schreibhemmungen zu überwinden, wird durch mehr oder weniger strukturierende Vorgaben gesteuert, beispielsweise durch Leitfragen (Korthagen 1999):

- Phase 1: Was wollte ich erreichen? Was wollte ich besonders beachten? Was wollte ich ausprobieren?
- Phase 2: Was waren die konkreten Ereignisse? (Was wollte ich? Was dachte ich? Wie habe ich empfunden? Was tat ich? Wie ging es den Schülerinnen und Schülern dabei?)
- Phase 3: Welcher Zusammenhang besteht zwischen den Antworten und den vorangestellten Fragen? Welchen Einfluss hat die Schule als Ganzes? Was bedeutet das für mich? Was ist das Problem?
- Phase 4: Welche Handlungsalternativen gibt es? Welche Vor- und Nachteile haben sie? Welche Aufgabe stellt sich mir als nächste?

Das schriftliche Nachdenken der Studierenden wird durch individuelle *Kommentare der Anerkennung, Unterstützung und Empathie* durch den Lehrerausbilder begleitet (Oberg/Underwood 1992; Fischer 2000). In der Lehrerfortbildung wird die Arbeit mit elektronischen Portfolios als reflexiv angelegtem Entwicklungsinstrument zur Ausprägung der beruflichen Profession gefördert (z. B. Brunner/Born 2007; Jans/Awouters 2008).

Auch in der universitären Lehre nehmen im Zusammenhang mit der Lerntagebuchmethode Blended-Learning-Szenarien zu (Lehmann/Bloh 2002; Rambow/Nückles 2002; Apel 2003; Apel/Kraft 2003). Das *netzbasierte Tagebuchschreiben* findet zumeist in Ergänzung zu besuchten Lehrveranstaltungen statt. Die Lernarrangements enthalten im Allgemeinen eine digitale Anleitung, die beim *vertiefenden Nacharbeiten* des Seminar- oder Vorlesungsstoffs, etwa durch gezielte Reflexionen, helfen soll. Computergestützte Lernarrangements mit Tagebuchmethode sehen häufig Peer-Review-Phasen (Kommilitonen) zur wechselseitigen Kommentierung vor, z. T. auch

Online-Moderatoren (Dozenten oder andere Fachexperten), die abschließende Einschätzungen der Tagebucheinträge vornehmen.

Schwonke u. a. (2005) berichten über die Evaluation eines netzbasierten Lernarrangements mit der Lerntagebuchmethode. Studierende verfassen Lernprotokolle, die sie mit Hilfe von Bearbeitungshinweisen aus der Software überarbeiten. Außerdem findet ein netzbasierter kommentierender Austausch mit Kommilitonen statt, in dem sie sich als Teil einer *Knowledge Building Community* (Scardamalia/Bereiter 1994) wahrnehmen können. Ziel des Lernprotokollansatzes ist die vertiefte Aneignung des in den besuchten Lehrveranstaltungen vermittelten Wissens (Pfister u. a. 2003; Ertl/Mandl 2006).

Zusammenfassend: Lerntagebücher in der Lehrerbildung sind Instrumente der reflektierenden (Selbst-) Erkundung von Praxiserfahrungen, eingesetzt zur Unterstützung von Lern- und Aneignungsprozessen in einem kooperativen Arbeitszusammenhang.

4. Forschungstagebücher

Im Unterschied zu Lerntagebüchern haben Forschungstagebücher in der Regel nicht die Funktion der Entäußerung eines lernenden Subjekts, sondern sie sind für einen *bestimmten Zweck* geschrieben in einem *begrenzten Zeitraum* als eine Form eines *Beobachtungsprotokolls* zu einem bestimmten Thema. Man kann zwischen offenen, teilweise standardisierten und standardisierten Tagebuchformen unterscheiden. Während die offene Form bei Erkundungen in unbekanntem Gelände in der Feldforschung (Girtler 2001) bevorzugt wird, sind teilweise oder streng standardisierte Formen beispielsweise beim Führen eines Belastungstagebuchs (Schmitz/Bretz 1997) oder bei der Arbeitszeiterfassung von Lehrkräften oder Schülerinnen und Schülern (Spiel/Wagner 2002) erforderlich. In der Feldforschung ist der/die Forscher/in selbst das Instrument: im Tagebuch werden Beobachtungen notiert, Gespräche memoriert, Zeichnungen angefertigt oder Bilder und Dokumente verzeichnet. Das Forschungstagebuch wird allein oder in Ergänzung zu weiteren Formen der Dokumentation (z. B. Interviews, Fotos, Videofilme) verwendet (→ Friebertshäuser/Panagiotoupoulu). Die Bearbeitung und Nutzung erfolgt in drei Schritten:

(1) Beobachtungen und Ereignisse notieren: Was fällt mir auf? Was nehme ich wahr?
(2) Kurzkommentare ergänzen: Was fällt mir dazu ein? Woran erinnert mich das?
(3) Verknüpfungen herstellen: Was fange ich damit an? (z. B. Nachfragen, weitergehende Informationen einholen, rückkoppeln, mit anderen Forschern erörtern, neue Hypothesen aufstellen)

Ein Beispiel für ein Forschungstagebuch im Klassenzimmer ist das *Pädagogische Tagebuch als Beobachtungshilfe*. Buschbeck (1985; 1995) begründet das Pädagogische Tagebuch mit der didaktischen Aufgabe der Lehrerin und des Lehrers, zwischen gesetzten Anforderungen und den Lern- und Arbeitsmöglichkeiten der einzelnen Kinder eine „Passung" herzustellen. Die Lehrenden notieren ihre Beobachtungen an einzelnen Kindern zu bestimmten Zeitpunkten im Schuljahr ebenso wie ihre pädagogischen Impulse, um das eigene Verhalten und seinen Einfluss auf das Lernen des jeweiligen Kindes besser überprüfen zu können.

Altrichter/Posch (1990, S. 20 ff.) geben für forschende Lehrerinnen und Lehrer Anregungen, die den spontanen Schreibfluss unterstützen. Als Anregung für *beschreibende Passagen* empfehlen sie *Memos*, d. h. kurze und detaillierte Gedächtnisprotokolle über einzelne Ereignisse, Unterrichtsstunden oder Vorgänge (vgl. Bauer 1995). Das *Clustern* (Rico 1984) wird als eine Methode zum Sammeln und Strukturieren von Beobachtungen und Gedanken und zum Abbau von Schreibhemmungen empfohlen. Die nachgehende individuelle Bearbeitung der eigenen Aufzeichnungen enthält *interpretierende Passagen*, die mit theoretischen, methodischen oder planerischen Notizen und Verweisen versehen werden. Bei der Bearbeitung von Tagebuchaufzeichnungen zum Zweck der Verdichtung von Erkenntnissen können *Marginalien* auf dem Rand die Übersicht erleichtern. Das *schriftliche Nachden*ken in Anlehnung an Rico (1984) ist geeignet, Hypothesen zu entwickeln und interpretierend zu prüfen. Das Gespräch über das Tagebuch oder über Ausschnitte daraus mit einem *kritischen Freund* ist zu empfehlen. Es wird von Kroath (1995) kritisch untersucht und von Stübig (1995) ausführlich demonstriert. Die monologische Form des Tagebuchs wird dadurch in eine dialogische Situation überführt, so dass das reflexive Potential weiter entfaltet werden kann. Der Dialogpartner kann auch eine Gruppe sein, die beispielsweise im Rahmen veranstalteter Lehrerfortbildung Entwicklungsprozesse reflexiv begleitet und unterstützt.

5. Auswertung von Tagebüchern

Die Auswertung von Tagebüchern geschieht auf unterschiedliche Weise, je nachdem ob sie als Instrument der Selbst- oder Fremdbeobachtung, freiwillig oder verpflichtend, als Protokoll von Ereignissen und Beobachtungen, als kontinuierliche private Selbstreflexion oder halboffen zur Beratung durch Dritte eingesetzt werden. Für Tagebücher als Instrumente der *Selbstbeobachtung eigenen Lernverhaltens* wurden Verfahren der Aktivierung von Schreib- und Reflexionsstrategien bereits genannt. Die Prinzipien von Akzeptanz, Empathie und Verstärkung positiver Ansätze gelten für diejenigen, die die Autorinnen und Autoren von Lerntagebüchern beratend unterstützen. Die Auswertungsperspektiven können in dialogischen Situationen gemeinsam erarbeitet werden, z.B. unter Fragestellungen wie: Ist eine Absicht, eine Intervention, ein Handlungsmuster wirksam? Zeigen sich Entwicklungen oder Veränderungen? Welche Bedeutung wird dem beigemessen? Die metakognitive Kompetenz entwickelt sich konkret, aufgabenbezogen und dialogisch.

Für die Auswertung von *Forschungstagebüchern* oder von Tagebüchern als Gegenstand der Forschung gelten andere Verfahren der Quellen-, Text- und Dokumentenanalyse (z.B. Ballstaedt 1982) und der Inhaltsanalyse (z.B. Mayring 2003; → Mayring/Brunner). In der Regel sind gestufte Vorgehensweisen zu empfehlen, um kontrolliert zu plausiblen, verständlichen und allgemeingültigen Deutungen zu gelangen. Man beginnt zunächst mit dem *Paraphrasieren* eines Textes oder Textabschnittes. Nacherzählend vergewissert man sich der Fragen und Erfahrungen, die die Tagebuchautorin bzw. den -autor bewegen. Kritische oder schwer verständliche Passagen werden aufmerksam hervorgehoben.

Im nächsten Schritt werden *Kategorien* wie Überschriften oder Leitmotive den Textpassagen zugeordnet. Diese interpretierende Verdichtung erleichtert es, die Textfülle nach Überschriften, Themen, Problemen, Szenen oder Situationen zu strukturieren. Es ist nützlich, sich diese *Markierungen* an den Rand des Textes zu schreiben. Dann wird mit dem weitergehenden *Interpretieren* und Deuten begonnen: Wie ist ein Text oder eine Passage gemeint? Was geht ihm voraus, was folgt danach? Wie kommt der Autor/die Autorin zu seiner/ihrer Sichtweise? Welchen Sinn gibt er/sie sich selbst in der Passage? Welcher Sinn könnte noch darüber hinaus darin enthalten sein? Es kommt darauf an, möglichst vielfältige „Lesarten" des Textes zu produzieren, um eine Fülle von Deutungsmöglichkeiten zu erschließen, bevor diese wieder argumentativ eingegrenzt und solange reduziert werden, bis man zu einer plausiblen Deutung gelangt. Es ist empfehlenswert, in einer Gruppe von Interpreten zu arbeiten, um den Beurteilungsprozess sozial überprüfbar zu halten und nicht der Bestätigung seiner eigenen Vorurteile aufzusitzen. Schließlich ist – je nach Fragestellung der Untersuchung von Tagebüchern – der *Vergleich* von einzelnen Textpassagen zum gleichen Thema erforderlich, um zu einer abschließenden Deutung zu gelangen. Auch das Vergleichen von möglichst kontrastiven Passagen, Szenen oder Situationen führt weiter in eine komplexe und angemessene Erkenntnis hinein.

Qualitative Textanalysen großer Datenmengen erfolgen inzwischen vielfach unter Verwendung elektronischer Datenverarbeitungsprogramme wie beispielsweise ATLAS/ti, NUD*IST oder MAXqda (→ Kuckartz/Grunenberg). Die Programme ermöglichen neben der Funktion des Datenmanagements die Segmentierung und Codierung von Tagebucheintragungen. Das sequenzanalytische Verfahren der *Objektiven Hermeneutik* (Oevermann u.a. 1979; Oevermann 1991) ist eine Kunstlehre der „Textinterpretation mit dem Anspruch, die Geltung der Interpretation an intersubjektive Überprüfbarkeit zu binden" (Wernet 2000, S. 11; → Garz) und die methodisch-empirische Operation des Verstehen sozialer Wirklichkeit regelgeleitet zu kontrollieren. Die Methode der *Grounded Theory* (Glaser/Strauss 1967; Strauss/ Corbin 1996; → Hülst) geht davon aus, dass die Interpretation von Handlungseinheiten dazu führt, die hinter dem Handeln hervorscheinenden Begründungen und leitenden Theorien erkennbar zu machen. Haug (1990; Haug/Hauser 1992) hat mit dem Programm der *kollektiven Erinnerungsarbeit* eine sozialwissenschaftliche Methode entwickelt, die geeignet ist, Mustern der Konfliktverarbeitung nachzugehen. Die kollektive Erinnerungsarbeit beginnt mit dem themenbezogenen Aufschreiben subjektiver Erfahrung in Szenen oder in Geschichten. Es kommt dann jedoch auf die Bearbeitung dieser Geschichten in einer Gruppe an, um Distanz zu gewinnen, die Mutmaßungen, impliziten Theorien, ideologischen Beschränkungen und „blinden Flecke" aufzudecken, Zusammenhänge zu untersuchen, die Forschungsfragestellung auszubauen. Obgleich auch Gruppen durchaus ihre „blinden Flecken" haben können, besteht die Chance, dass die Szenen neu geschrieben, angereichert, ergänzt, vorhandene Theorien zu Rate gezogen werden, um so durch „Problemverschiebung" (Haug 1990, S. 53) zu einer anderen Qualität der Erkenntnis zu gelangen. Die kollektive Erinnerungsarbeit wurde für und mit Frauengruppen entwickelt mit dem Ziel, weiblichen Erfahrungen Eingang in die Theoriebildung zu verschaffen.

Literatur

Altrichter, Herbert/Peter Posch 1990: Lehrer erforschen ihren Unterricht. Eine Einführung in die Methoden der Aktionsforschung. Bad Heilbrunn/Obb.
Apel, Heino 2003: Das Forum als zentrales Instrument asynchroner Onlineseminare. In: Apel, Heino/Susanne Kraft (Hg.): Online lehren. Bielefeld. S. 93-116.
Apel, Heino/Susanne Kraft 2003 (Hg.): Online lehren. Bielefeld.
Ballstaedt, Peter 1982: Dokumentenanalyse. In: Huber, Günter L./Heinz Mandl (Hg.): Verbale Daten. Eine Einführung in die Grundlagen und Methoden der Erhebung und Auswertung. Weinheim/Basel. S. 165-176.
Bartnitzky, Jens 2004: Einsatz eines Lerntagebuchs in der Grundschule zur Förderung der Lern- und Leistungsmotivation – eine Interventionsstudie. Dortmund. Verfügbar unter http://hdl.handle.net/2003/2944 (letzter Zugriff 4.3.2007).
Bauer, Karl-Oswald 1995: Qualitativer Zugang zum pädagogischen Handlungsrepertoire von Lehrerinnen und Lehrern. In: Eberwein, Hans/Johannes Mand (Hg.): Forschen für die Schulpraxis. Weinheim. S. 254-267.
Becchi, Egle 1999: Kinder, die schreiben und Kinder, über die man schreibt. In: Honig, Michael-Sebastian/Andreas Lange/Hans Rudolf Leu (Hg.): Aus der Perspektive von Kindern. Zur Methodologie der Kindheitsforschung. Weinheim/ München. S. 81-96.
Beck, Erwin/Titus Guldimann/Michael Zutavern 1991: Eigenständig lernende Schülerinnen und Schüler. In: Z.f.Päd. 37. S. 735-768.
Behrens, Matthis 2001: Denkfiguren zum Portfoliosyndrom. In: journal für lehrerInnenbildung 1/4. S. 8-16.
Berning, Johannes 1998: Schreibjournale – eigene Wege zum Schreiben finden. In: Praxis Deutsch Heft 149. S. 62-64.

Bosse, Dorit 2004: Umgang mit Heterogenität in der gymnasialen Oberstufe. In: Bosse, Dorit (Hg.): Unterricht, der Schülerinnen und Schüler herausfordert. Bad Heilbrunn/Obb. S. 177-189.

Bosse, Dorit 2008: Computergestützte Arbeitsjournale zur Förderung selbst regulierten Lernens in der gymnasialen Oberstufe. In: Kasseler Forschergruppe (Hg.): Lernumgebungen auf dem Prüfstand. Kassel. S. 67-80.

Bräuer, Gerd 1996: Warum Schreiben? Frankfurt/M.

Bräuer, Gerd 1998: Schreibend lernen. Grundlagen einer theoretischen und praktischen Schreibpädagogik. Innsbruck.

Bräuer, Gerd 2000: Schreiben als reflexive Praxis. Arbeitsbuch, Arbeitsjournal, Portfolio. Freiburg i. Br.

Braun, Karin 2002: Liebes Tagebuch, ich habe eine Frage: „Wer hat eigentlich das Lernen erfunden?" Erfahrungen mit Lerntagebüchern in der Grundschule. In: Winter, Felix/Annemarie von der Groeben/Dieter Lenzen (Hg.): Leistung sehen, fördern, werten. Tagungsdokumentation. Bad Heilbrunn/Obb. S. 80-87.

Brouer, Birgit 2007: Portfolios zur Unterstützung der Selbstreflexion – Eine Untersuchung zur Arbeit mit Portfolios in der Hochschullehre. In: Gläser-Zikuda, Michaela/Tina Hascher (Hg.): Lernprozesse dokumentieren, reflektieren und beurteilen. Bad Heilbrunn. S. 235-265.

Brunner, Ilse/Julia Born 2007: Arbeiten mit Portfolios – Erfahrungen mit einem Online-Seminar. In: Gläser-Zikuda, Michaela/Tina Hascher (Hg.): Lernprozesse dokumentieren, reflektieren und beurteilen. Bad Heilbrunn. S. 267-293.

Bude, Heinz 1993: Die soziologische Erzählung. In: Jung, Thomas/Stefan Müller-Doohm (Hg.): „Wirklichkeit" im Deutungsprozeß. Verstehen und Methoden in den Kultur- und Sozialwissenschaften. Frankfurt/M. S. 409-429.

Buschbeck, Helene 1985: Reflektierende Beobachtung. Strukturierungshilfen für Reflektierende Beobachtung. Pädagogisches Zentrum Berlin.

Buschbeck, Helene 1995: Das Pädagogische Tagebuch – ein Notwendiges Handwerkszeug im Schulalltag. In: Eberwein, Hans/Johannes Mand (Hg.): Forschen für die Schulpraxis. Was Lehrer über Erkenntnisse qualitativer Sozialforschung wissen sollten. Weinheim. S. 171-288.

Connelly, F. Michael/D. Jean Clandinin 1987: On Narrative Method, Biography and Narrative Unities in the Study of Teaching. In: Journal of Educational Thought 21/3. S. 130-139.

Connelly, F. Michael/D. Jean Clandinin 1988: Teachers as curriculum planners: Narratives of experience. Toronto/New York.

Connelly, F. Michael/D. Jean Clandinin 1990: Stories of Experience and Narrative Inquiry. In: Educational Researcher 19/5. S. 2-14.

Döpp, Wiltrud 1988: Die Ameise im Feuer. Schulgeschichten. Essen.

Enns-Conolly, Esther 1991: Fortbildung als Prozess der Selbstentwicklung: Eine Projektbeschreibung. In: Schweizer Schule 78/12. S. 3-10.

Ermer, Rudolf Georg 1975: Hauptschultagebuch oder der Versuch in der Schule zu leben. Weinheim/Berlin/Basel.

Ertl, Bernhard/Heinz Mandl 2006: Kooperationsskripts. In: Mandl, Heinz/Helmut Felix Friedrich (Hg.): Handbuch Lernstrategien. Göttingen. S. 273-281.

Fischer, Dietlind 1999: Reflexivität in Lehrerfortbildungsprozessen. In: Dirks, Una/Winfried Hansmann (Hg.): Reflexive Lehrerbildung. Fallstudien und Konzepte im Kontext berufsspezifischer Kernprobleme. Weinheim. S. 267-280.

Fischer, Dietlind 2000: Narrativ-biographische Fortbildungsarbeit. In: Fischer, Dietlind (Hg.): Im Dienst an Schule und LehrerInnen. Münster. S. 119-127.

Girtler, Roland 2001: Methoden der Feldforschung. Wien/Köln/Weimar.
Glaser, Barney G./Anselm L. Strauss 1967: The Discovery of Grounded Theory. Chicago.
Goetz, Nadja Badr/Urs Ruf 2007: Das Lernjournal im dialogisch konzipierten Unterricht. In: Gläser-Zikuda, Michaela/Tina Hascher (Hg.): Lernprozesse dokumentieren, reflektieren und beurteilen. Bad Heilbrunn. S. 133-148.
Grabrucker, Marianne 1985: „Typisch Mädchen ...". Prägung in den ersten drei Lebensjahren. Ein Tagebuch. Frankfurt/M.
Groeben, Norbert/Brigitte Scheele 1977: Argumente für eine Psychologie des reflexiven Subjekts. Darmstadt.
Gürge, Fritz/Peter Held/Marietta Wollny 1978: Lehrertagebücher. Möglichkeiten und Grenzen der Arbeit mit Hauptschülern. Bearb. von Gerold Scholz. Bensheim.
Häcker, Thomas 2006: Vielfalt der Portfoliobegriffe. In: Brunner, Ilse/Thomas Häcker/Felix Winter (Hg.): Das Handbuch Portfolioarbeit. Seelze-Velber. S. 33-39.
Haug, Frigga 1990: Erinnerungsarbeit. Hamburg.
Haug, Frigga/Kornelia Hauser 1992: Marxistische Theorien und feministischer Standpunkt. In: Knapp, Gudrun-Axeli/Angelika Wetterer (Hg.): Traditionen Brüche. Entwicklungen feministischer Theorie. Freiburg i. Br. S. 115-149.
Heinze, Thomas/Fritz W. Loser/Friedrich Thiemann 1981: Praxisforschung. Wie Alltagshandeln und Reflexion zusammengebracht werden können. München/Wien/Baltimore.
Heinzel, Friederike/Gundula Brencher 2008: Reflexionen zum Thema „Veränderte Kindheit" im Rahmen von Lerntagebüchern. In: Hartinger, Andreas/Rudolf Bauer/Rudolf Hitzler (Hg.): Veränderte Kindheit: Konsequenzen für die Lehrerbildung. Bad Heilbrunn. S. 33-49.
Hensel, Horst 1981: Neunmal Schulwetter. Bürokratische Verhinderung der Gesamtschule. Bensheim.
Hentig, Hartmut von 1982: Erkennen durch Handeln. In: König, Eckard/Peter Zedler (Hg.): Erziehungswissenschaftliche Forschung: Positionen, Perspektiven, Probleme. Paderborn/München. S. 166-195.
Heske, Henning 2001: Lerntagebücher. Eine Unterrichtsmethode, die das Selbstlernen im Mathematikunterricht fördert. In: Mathematik lehren. H. 104. S. 14-17.
Hochscheid, Ulrike 2005: Eigenständiges Lernen fördern mit Hilfe eines fragennavigierten E-Lerntagebuchs. In: Computer und Unterricht. 60. S. 54-56.
Holly, Mary 1984: Keeping a Personal-Professional Journal. Seelong: Deaking University Press.
Holzäpfel, Lars/Matthias Nückles 2007: E-Learning als Beitrag zur Medienerziehung. Verfügbar unter http://www.fachportal-paedagogik.de/metasuche/fpp_list.html (letzter Zugriff 20.3.2007).
Hoppe-Graff, Siegfried 1989: Die Tagebuchaufzeichnung. Plädoyer für eine vergessene Form der Längsschnittbeobachtung. In: Keller, Heidi (Hg.): Handbuch der Kleinkindforschung. Berlin. S. 233-252.
Jans, Ruben/Valere Awouters 2008: Digital Portfolio: A Strategy for Teachers Professional Development. In: iJET. Vol. 3. Issue 1. S. 19-20.
Janssen, Bernd 1977: Praxisberichte aus der Hauptschule. Politische Pädagogik zwischen Illusion und Realität. Frankfurt/M./Köln.
Kagerer, Hildburg 1978: In der Schule tobt das Leben. Berlin.
Kaiser, Arnim/Ruth Kaiser 2001: Lerntagebuch und Selbstbefragung als metakognitive Studientechniken. Fernuniversität Hagen, Orientierungsstudium „Gründer werden?" Hagen.

Kaiser, Astrid 1989: aussiedeln, umsiedeln – ansiedeln, einsiedeln. Pädagogisches Tagebuch über eine Anfangsklasse mit Kindern aus Osteuropa, Kirgisien und Kasachstan. Bielefeld.

Kasper, Hildegard/Frank Lipowsky 1997: Das Lerntagebuch als schülerbezogene Evaluationsform in einem aktiv-entdeckenden Grundschulunterricht – Beispiele aus einem Geometrieprojekt. In: Schönbeck, Jürgen (Hg.): Facetten der Mathematikdidaktik. Weinheim. S. 83-103.

Klink, Job-Günter 1974: Klasse H 7 E. Bad Heilbrunn.

Korthagen, Fred A. J. 1999: Linking Reflection and Technical Competence: the logbook as an instrument in teacher education. In: European Journal of Teacher Education Vol. 22 NO 2/3. S. 191-207.

Krauss, Hannes/Bärbel Schön 1979: Karriere-Tickets, Erbauungs-Traktate, Selbst-Reflexionen. Anspruch und Probleme schreibender Lehrer. Ein Überblick. In: Päd.extra 7, 7. S. 33-36.

Kroath, Franz 1995: The Role of the Critical Friend in the Development of Teacher Expertise. In: Olechowski, Richard/Gabriele Khan-Svik (Hg.): Experimental Research on Teaching and Learning. Bern u. a. S. 83-94.

Kuhlmann, Henning 1975: Klassengemeinschaft. Über Hauptschüler und Hauptschullehrer und den Versuch herauszufinden, wann Schule Spaß machen kann. Berlin.

Labudde, Peter 1997: Zettelwand, Plakat und Lerntagebuch. Nachdenken über das Lernen im Physikunterricht. In: Meyer, Meinert A. u. a. (Hg.): Lernmethoden Lehrmethoden. Wege zur Selbständigkeit. Friedrich Jahresheft. Seelze. S. 92-94.

Lehmann, Burkhard/Egon Bloh 2002 (Hg.): Online-Pädagogik. Hohengehren.

Mayring, Philipp 2003: Qualitative Inhaltsanalyse. Grundlagen und Techniken. Weinheim.

Merziger, Petra 2007: Entwicklung selbstregulierten Lernens im Fachunterricht. Lerntagebücher und Kompetenzraster in der gymnasialen Oberstufe. Opladen/ Farmington Hills.

Messner, Alexia/Werner Wiater 2000: Das Lerntagebuch. Schüler reflektieren ihr eigenes Lernen. In: Lernchancen 3. H. 15. S. 16-19.

Nádas, Elke/Renate Nietzschmann 2001: Erfahrungen mit Lerntagebüchern. Ein Instrument der gegenseitigen Rückmeldung und der Bewertung. In: Pädagogik 53. H. 5. S. 25-28.

Oberg, Antoinette/Susan Underwood 1992: Facilitating Teacher Self-Development: Reflections on Experience. In: Hargreaves, Andy/Michael Fullan (Hg.): Understanding Teacher Development. New York. S. 162-177.

Oevermann, Ulrich 1991: Genetischer Strukturalismus und das sozialwissenschaftliche Problem der Erklärung der Entstehung des Neuen. In: Müller-Doohm, Stefan (Hg.): Jenseits der Utopie. Theoriekritik der Gegenwart. Frankfurt/M. S. 267-336.

Oevermann, Ulrich/Tilman Allert/Elisabeth Konau/Jürgen Krambek 1979: Die Methodologie einer „objektiven Hermeneutik" und ihre allgemeine forschungslogische Bedeutung in den Sozialwissenschaften. In: Soeffner, Hans Georg (Hg.): Interpretative Verfahren in den Sozial- und Textwissenschaften. Stuttgart. S. 352-434.

Perels, Franziska/Bernhard Schmitz/Regina Bruder 2003: Trainingprogramm zur Förderung der Selbstregulationskompetenz von Schülern der achten Gymnasialklasse. In: Unterrichtswissenschaft. 31. Jg. 2003. H. 1. S. 23-37.

Pfister, Hans-Rüdiger/Martin Mühlpfordt/Werner Müller 2003: Lernprotokollunterstütztes Lernen – ein Vergleich zwischen unstrukturiertem und systemkontrolliertem diskursivem Lernen im Netz. In: Zeitschrift für Psychologie. 211 (2). S. 98-109.

Rahm, Sibylle/Michael Schratz (Hg.) 2004: LehrerInnenforschung. Theorie braucht Praxis. Braucht Praxis Theorie? Innsbruck.

Rambow, Riklef/Matthias Nückles 2002: Der Einsatz des Lerntagebuchs in der Hochschullehre. In: Das Hochschulwesen. 50. 3. S. 113-120.

Rico, Gabriele L. 1984: Garantiert schreiben lernen. Reinbek.

Ruf, Urs 2001: Verstehen und sich verständlich machen. Dialogisches Schreiben im geschützten Raum wohlwollender Lernpartner. In: Pädagogik 6. S. 14-18.

Ruf, Urs/Peter Gallin 1999: Dialogisches Lernen in Sprache und Mathematik. Bd. 2: Spuren legen – Spuren lesen. Unterricht mit Kernideen und Reisetagebüchern. Seelze-Velber.

Ruf, Urs/Christine Weber 2006: Schriftlich kommunizieren. Funktionen des Schreibens für den Lernprozess. In: Journal für LehrerInnenbildung. 6. Jg. 3. S. 20-25.

Rumpf, Horst 1966: 40 Schultage. Tagebuch eines Studienrats. Braunschweig.

Rumpf, Horst 1968: Schule gesucht. Tagebuch eines Studienrats (2) ... aus einer erfundenen Schule. Braunschweig.

Scardamalia, Marlene/Carl Bereiter 1994: Computer support for knowledge-building communities. In: The Journal of the Learning Sciences. 3. S. 265-283.

Schmid, Pia 2001: Vätertagebücher des ausgehenden 18. Jahrhunderts. Zu den Anfängen der empirischen Erforschung von Säuglingen und Kleinkindern. In: Behnken, Imbke/Jürgen Zinnecker (Hg.): Kinder – Kindheit – Lebensgeschichte. Ein Handbuch. Seelze-Velber. S. 325-339.

Schmitz, Bernhard/H. Joachim Bretz 1997: Auswertungsmöglichkeiten für standardisierte Tagebücher. In: Wilz, Gabriele/Elmar Brähler (Hg.): Tagebücher in Therapie und Forschung. Ein anwendungsorientierter Leitfaden. Göttingen u. a. S. 61-78.

Schön, Donald A. 1983: The Reflective Practitioner. How professionals think in action. New York.

Schonebeck, Hubertus von 1980: Der Versuch, ein kinderfreundlicher Lehrer zu sein. Ein Tagebuch. Frankfurt/M.

Schwonke, Rolf/Matthias Nückles/Sabine Hauser/Kirsten Berthold/Alexander Renkl 2005: Computergestütztes Schreiben von Lernprotokollen. In: Zeitschrift für Medienpsychologie. 17 (N.F. 5) 2. S. 42-53.

Seemann, Hanne 1997: Tagebuchverfahren – Eine Einführung. In: Wilz, Gabriele/Elmar Brähler (Hg.): Tagebücher in Therapie und Forschung. Ein anwendungsorientierter Leitfaden. Göttingen u. a. S. 13-33.

Seiffge-Krenke, Inge u. a. 1997: Das „Tagebuch": ein Überblick über die Anwendung der Tagebuchmethode in Forschung und Therapiepraxis. In: Wilz, Gabriele/Elmar Brähler (Hg.): Tagebücher in Therapie und Forschung. Ein anwendungsorientierter Leitfaden. Göttingen u. a. S. 34-60.

Soff, Marianne 1989: Jugend im Tagebuch. Analysen zur Ich-Entwicklung in Jugendtagebüchern verschiedener Generationen. Weinheim und München.

Spiel, Christiane/Petra Wagner 2002: Wie lange und wofür lernen Schülerinnen und Schüler? In: Empirische Pädagogik 16. 3. S. 329-355.

Strauss, Anselm L./Juliet M. Corbin 1996: Grounded Theory: Grundlagen Qualitativer Sozialforschung. Weinheim.

Stübig, Frauke 1995: Schulalltag und Lehrerinnenbewußtsein. Das Tagebuch einer Lehrerin und seine Reflexion im Gespräch mit Birke Mersmann. Weinheim/Basel.

Tenorth, Heinz-Elmar 1995: Engagierte Beobachter, distanzierte Akteure. Eine Ermunterung, pädagogische Grundprobleme wieder zu erörtern. In: Z.f.Päd. 41. S. 3-12.

Tripp, David 1987: Teachers, journals and collaborative research. In: Smyth, John (Hg.): Educating Teachers: Changing the Nature of Pedagogical Knowledge. London. S. 179-192.

Walker, Rob 1985: Doing Research: A Handbook for Teachers. Cambridge.

Wenglorz, Markus 2001: Tagebuch, Foto und Video als Dokumentationsmethode autistischer Entwicklungsstörungen. In: Behnken, Imbke/Jürgen Zinnecker (Hg.): Kinder-Kindheit-Lebensgeschichte. Seelze-Velber. S. 352-366.

Wernet, Andreas 2000: Einführung in die Interpretationstechnik der Objektiven Hermeneutik. Opladen.

Wilz, Gabriele/Elmar Brähler (Hg.) 1997: Tagebücher in Therapie und Forschung. Ein anwendungsorientierter Leitfaden. Göttingen.

Wimmer, Wolfgang 1976: Nicht allen das Gleiche, sondern jedem das Seine. Sozialbiographien aus einer Hauptschulklasse. Reinbek.

Winter, Felix 1999: Mit Leistung anders umgehen lernen – das Beispiel Lerntagebuch. In: Huber, Ludwig u. a. (Hg.): Lernen über das Abitur hinaus. Seelze. S. 196-207.

Winter, Felix 2003: Lerntagebücher. Lernende Schule 6. H. 21. S. 38-41.

Winter, Felix 2004: Leistungsbewertung. Eine neue Lernkultur braucht einen anderen Umgang mit den Schülerleistungen. Hohengehren.

Winterhager-Schmid, Luise 1992: „Mädchen als Trägerinnen der Kulturpubertät?" Das Tagebuch als Ort der Selbstdeutung und der Selbstverständigung, seine Bedeutung für die Erforschung der weiblichen Adoleszenz. In: Neue Sammlung 32. S. 3-16.

Wünsche, Konrad 1972: Die Wirklichkeit des Hauptschülers. Berichte von Kindern der schweigenden Mehrheit. Köln.

Petra Grell

Forschende Lernwerkstatt

Die Forschende Lernwerkstatt ist ein partizipativer Forschungsansatz, der im Kontext der Forschung über das Lernen Erwachsener entwickelt wurde und der eine Reihe von Bezügen zur Handlungsforschung/Aktionsforschung aufweist. Verschiedene Untersuchungsverfahren (Bildkarten, Gruppendiskussion, Kartenabfrage, Bild-Text-Collagen) werden kombiniert und im Rahmen eines Workshops mit Gruppen durchgeführt. Typische Untersuchungsgegenstände sind Fragen des Lernens, der Lehr-Lern-Verhältnisse, des Nicht-Lernens/Verweigerns sowie institutionelle Veränderungsprozesse durch die Implementierung neuer Lehr- und Lernkulturen. Begrifflich verweist sie auf die Verbindung von Forschung und Lernprozessen im Rahmen einer Werkstattphase, innerhalb derer die Beiteiligten die ihnen gegebene Situation auf verschiedenen Ebenen analysieren. Die Forschende Lernwerkstatt stellt das Prinzip der Partizipation der Beteiligten und konkrete Handlungsproblematiken in den Vordergrund, sie weist jedoch hinsichtlich der Forcierung von Veränderungsprozessen wesentliche Differenzen gegenüber klassischer Handlungsforschung auf. Sie verknüpft systematisch Reflexions- und Erkenntnisprozesse der Beteiligten in einer Workshop-Situation mit Forschungsprozessen und tritt an, Beteiligten in Lehr- und Lernprozessen neue Erkenntnisse und Handlungsperspektiven hinsichtlich einer aktuellen und zumindest teils problematisch wahrgenommenen Situation zu verschaffen. Der Untersuchungsgegenstand muss daher ein Potenzial enthalten, von den Beteiligten als bedeutsames Handlungsproblem angesehen zu werden. Auf dieser Basis entstehen für Individuen und für Gruppen unmittelbar neue Handlungsanlässe. Diese werden im Rahmen der Forschenden Lernwerkstatt vorbereitet, etwaige Umsetzungsprozesse werden aber nicht begleitet. Eine weitere Differenz ist, dass Interessen der Forschenden (etwa spezifische Forschungsfragen) nicht zugunsten der Interessen der Beteiligten aufgegeben oder modifiziert werden.

In diesem Beitrag werden zentrale Grundprinzipien der Forschenden Lernwerkstatt erläutert, insbesondere wird die Bedeutung von Partizipation im Forschungsprozess thematisiert. Knapp wird anschließend dargestellt, wie Methoden- und Perspektiventriangulierungen in dem komplexen Gruppenverfahren zu immer neuen Interaktionen und damit vielschichtigen Erkenntnisprozessen anregen. Im letzten Abschnitt werden die Schritte der Durchführung einer Forschenden Lernwerkstatt skizziert, ohne dass dabei das aufwändige Auswertungsvorgehen (vgl. dazu Grell 2006) thematisiert werden kann.

1. Partizipation als Grundprinzip

Das Prinzip der Beteiligung der von der Forschung betroffenen Personen ist in der Handlungsforschung und Aktionsforschung bedeutsam. In der deutschsprachigen Diskussion galt das emanzipatorische Ideal und die Verbindung von Erkennen und Verändern oft als zentral. Diesem Ideal gegenüber findet sich in der amerikanischen Diskussion um „action research" zeitweilig ein recht ungezwungener Umgang, der zwar auch auf „participation" und „democratic impulse" (Meyer 2004, S. 454) verweist, action research aber auch als Begriff für evaluierende Begleitung von Veränderungsprozessen begreift: „Action research is designed to facilitate the development of the goals of an organization rather than simply measure the level of success in achieving such goals." (David/Sutton 2004, S. 29) Kemmis und McTaggart (2000) haben im Handbuch von Denzin und Lincoln eine Synopse verschiedener Ansätze von „participatory action research" zusammengestellt, die das Spektrum verdeutlicht.

Partizipation als zentrales Prinzip der Forschenden Lernwerkstatt bedeutet, dass die Untersuchten Mitsprache- und Mitbestimmungsrechte in der Forschung haben. Grundlage jeglicher Partizipation ist ein Interesse aller Beteiligten an einer Partizipation, auch in einem zeitlich eng begrenzten forschenden Zusammenhang. Dieses Interesse an Partizipation ist keineswegs selbstverständlich. Bevor hierauf eingegangen wird, bleibt zu konstatieren, dass die Bereitschaft, an einer Forschung teilzunehmen oft wie eine Selbstverständlichkeit behandelt wird und dass lediglich Handlungsforschung/ Aktionsforschung hier eine Ausnahmestellung einnimmt, allerdings ohne dass hiervon aktuell spürbare Impulse für die wissenschaftliche Diskussion des Mainstream wahrzunehmen wären (vgl. Altrichter/Gstettner 1993). Die involvierten Personen, Befragte oder Beobachtete, werden von den Forschenden als Informationsquellen genutzt. Eine gewisse Aufmerksamkeit gilt diesem Prozess nur, wenn das Entgegenkommen der Untersuchten nicht selbstverständlich gelingt; dann werden die Schwierigkeiten des Feldzugangs wie einseitig zu bewältigende Herausforderungen an den Forscher betrachtet, thematisiert im Kontext von Randgruppenforschung (z.B. Girtler 1995). Zugangsprobleme zum Feld werden als „Chance für Lernprozesse" der Forschenden (Wolffersdorff-Ehlert 1995, S. 388) betrachtet. In der lebensweltnahen Marienthal-Studie (Jahoda/Lazarsfeld/Zeisel 1933/1975) wird die „konstruktive Funktion" (Jahoda 1995, S. 120), die jeder Mitarbeiter im Ort übernimmt, als Strategie genutzt, um „das Vertrauen der Bevölkerung zu gewinnen" (ebd.) und um „das unvermeidliche Unbehagen, von Außenseitern studiert zu werden, zu reduzieren" (ebd.). Selten (z.B. bei Schachtner 1994; Wolff 2003) finden sich Reflexionen in der Perspektive, dass die Untersuchten sich aktiv und begründet für oder gegen eine Teilnahme an einer Forschung entscheiden.

Wenn man die (freiwillige) Beteiligung von Personen an einer Forschung als interessegeleitetes Handeln im Kontext einer aktiven Gestaltung der Lebenswelt begreift – und jede Handlungstheorie legt dies nahe –, so erscheint es zwingend sinnvoll, die Interessen der Beteiligten nicht länger zu ignorieren, sondern im Rahmen eines Forschungsprozesses offen mit diesen umzugehen. Es ist also entscheidend, die bestehende Selbstverständlichkeit, mit der die Interessen der Teilnehmenden ausgeblendet werden, in Frage zu stellen und neu begründungspflichtig zu machen.

Im Rahmen verschiedener Handlungsforschungsprojekte werden die Interessen und konkreten Handlungsmöglichkeiten der Betroffenen in den Mittelpunkt gestellt; die Forschenden werden aufgefordert, sich mit diesen Interessen zu „solidarisieren" (Siebert 1981, S. 166). Die Vorstellung einer Interessensolidarisierung – entwickelt als Gegenpol zu einer die bestehenden hierarchischen Strukturen und Entfremdungsmuster festschreibenden Forschung – wirkt in diesen Projekten von Beginn an prägend auf den Forschungsprozess. Vergleichbar ist die Prämisse der „methodisch ungeschützte[n] Verflochtenheit mit dem Forschungsfeld" (Gstettner 1995, S. 267) zu verstehen. Sie verlangt von den Forschenden in der Phase des Feldkontakts auf jegliches methodisches Instrumentarium zu verzichten, „das in irgendeiner Weise zur Definition von Forschungssituationen" (ebd.) dient. Sämtliche Entscheidungsprozesse seien gemeinsam mit den Betroffenen auszuhandeln. Diese Richtung der Handlungsforschung ist in gewisser Weise radikal, da sie die Partizipation der Beteiligten so umfassend ernst nimmt, dass auch Forschungsfragen nur gemeinsam zu entwickeln sind.

Eine Richtung der subjektwissenschaftlichen Forschung (Markard 2000, 2004) als „Forschung vom Standpunkt des Subjekts" (2000, Abs. 18 ff., 2004, S. 150) orientiert sich ebenfalls an der Einheit von Erkennen und Verändern (2000, Abs. 21). Die am Forschungsprozess Beteiligten werden „methodologisch als Mitforscher" (Markard 2000, Abs. 29) begriffen. Gemäß der Marxschen Feuerbach-These, dass es nicht nur darauf ankomme, die Welt zu interpretieren, sondern auch zu verändern, wird Forschung als Prozess der Verständigung über Probleme von Beteiligten begriffen. Ausgangspunkt ist die Deutung eines von Mitforschern eingebrachten problematischen Sachverhalts, welcher analysiert wird, wobei auch ein „Durcharbeiten der ggf. gegen die entwickelten Interpretationen gerichteten Kritik/Abwehr der Betroffenen" (2000, Abs. 21) erfolgt. Die Umstrukturierung der Praxis ist Teil des Prozesses ebenso wie die Rückmeldung über Effekte (ebd., vgl. 2004, S. 156). Dass im Prozess eine Reihe von Konflikten im Feld entstehen, wird reflektiert (vgl. 2000, Abs. 20). Die Fragestellung der Forschung wird von den betroffenen Mitforschern direkt oder indirekt über Daten eingebracht. Das Mitforscherprinzip, das nicht nur kompetente sondern insbesondere langfristig an einer Zusammenarbeit interessierte Beteiligte voraussetzt, wird eingesetzt, um „ein Regulativ gegenüber der naheliegenden Dominanz professioneller Forscher" (a. a. O., Abs. 30) zu schaffen. Dennoch reflektiert Markard, dass die Forschenden „nicht einfach auf der Seite der jeweiligen Mitforschenden stehen können" (a. a. O., Abs. 20), dass es um einen verallgemeinerten Subjektstandpunkt (ebd.) gehe. Auch hier wird die Differenz zwischen Forschenden und Beteiligten reflektiert, aber an einer gemeinsamen Intention und Veränderungsbestrebung festgehalten.

Demgegenüber werden im Kontext einer Forschenden Lernwerkstatt Differenzen zwischen Forschenden und Beteiligten offen artikuliert, es wird aber von der Möglichkeit produktiver Zusammenarbeit ausgegangen. Zwischen einer Forschung, die hierarchische Strukturen festschreibt, und einer Solidarisierung mit den Beteiligten in der Forschung gibt es Zwischentöne und in diesem Spannungsfeld bewegt sich der Ansatz der Forschenden Lernwerkstatt. Auf diese Weise wird das Interesse der Forscher an einer für relevant gehaltenen Forschungsfrage weder ausgeblendet noch subtil oder belehrend übertragen. Ausgangspunkt ist die Überlegung, wie Forschung auf eine Art und Weise betrieben werden kann, dass ich als Forschende einerseits meinen Forschungsfragen nachgehen kann und Daten erhebe und die Teilnehmer andererseits Erkenntnisse über aus ihrer Sicht relevante und problematische Sachverhalte gewinnen. Durch die gemeinsame forschend-reflektierende Arbeit können die Beteiligten profitieren, sie können relevant erscheinende Handlungsprobleme einbringen und bearbeiten, so dass bedeutsame Erkenntnisse gewonnen werden können. Die Forschungssituation wird für die Beteiligten fruchtbar gemacht, ohne dabei eine eigene Forschungsfrage und ein eigenes Forschungsinteresse zu verleugnen.

Partizipation der Beteiligten in der Forschungssituation heißt, dass ihnen Mitsprache und Mitbestimmung eingeräumt wird. Und im wörtlichen Sinne eines „partem capere" geht es um ein Ergreifen, eine Eroberung eines Teils. Voraussetzung einer solchen Partizipation ist, dass die Teilnehmenden ein eigenes Interesse an der gemeinsamen Arbeit mitbringen. Dies lässt sich nicht herstellen, sondern muss durch das zu bearbeitende Thema gegeben sein. Die Partizipation bleibt auf die Situation der direkten Begegnung beschränkt, in der eigene Schwerpunkte und Strukturen gesetzt werden können. Inbegriffen ist die Entscheidung der Beteiligten, erstellte Erkenntnisse und Materialien freizugeben, sodass diese zur Klärung der Forschungsfrage ausgewertet werden dürfen. Am Ende der Werkstattphase, mit der eingeschränkten oder vollständigen Freigabe erarbeiteter Ergebnisse und dokumentierter Prozesse (Aufzeichnungen) für eine weitergehende wissenschaftliche Analyse, endet die Einflussnahme der Beteiligten. (Ihnen werden Ergebnisse einer deskriptiven Auswertung zügig nach der Werkstatt gesendet). Zentral ist, dass die systematische Stärkung der Interessen der Beteiligten in einer Forschungssituation in erheblicher Weise die Interaktions- und Kommunikationsprozesse zwischen Forschenden und Teilnehmenden verändert.

Für die Forschungssituation und die Forschenden bedeutet es, auf eine Reihe sonst scheinbar selbstverständlicher Überlegenheiten zu verzichten. Sie sind beständig aufgefordert, ihr Erkenntnisinteresse offen darzulegen und auf Nachfrage sämtliche Aspekte und Entscheidungen zu begründen, um so als interessegeleitet Handelnde wahrgenommen zu werden. Partizipation ermöglichen heißt also auch, bestehende Hierarchien und Hierarchievorstellungen in der Forschungssituation bewusst und gezielt aufzulösen. Dies erfolgt, indem die Forschenden die ihnen zugeschriebene oder real vorhandene Entscheidungsmacht partiell zur Verfügung stellen. Dieser Abbau von Hierarchien kann u. a. durch folgende Momente unterstützt werden: (1) Die Forschenden verstecken sich nicht hinter abstrakten allgemeinen Forschungsnotwendigkeiten, sondern treten als interessegeleitet handelnde Personen auf. Indem sie um Mitwirkung bitten, wird deutlich, dass sie auf die Teilnehmenden und deren Bereitschaft substanziell angewiesen sind. Differierende Interessen der Forschenden und der Teilnehmenden werden besprochen und ein Umgang damit ausgehandelt. Die Forschungssituation ist offen genug, um die Interessenschwerpunkte zu berücksichtigen. (2) Sämtliches Forschungshandeln wird aus einer Position der Unantastbarkeit in ein prinzipiell begründungspflichtiges Handeln überführt. Die Teilnehmenden werden zu keinem Zeitpunkt über Fragestellung, Methoden oder Ziele der Untersuchung im Unklaren gelassen. Auftretende Fragen oder Widerstände werden ernst genommen und nicht taktisch oder rhetorisch bewältigt. Es herrscht Transparenz über das Verfahren und die Interessen. (3) Die Forschungssituation wird alltagsnah gestaltet, so dass die Personen sich als Gruppe in einem vertrauten wie sicheren Rahmen bewegen können.

2. Offenheit und Strukturierung, Methoden- und Perspektiventriangulierung

Offenheit und Strukturierung stehen in einem Spannungsverhältnis im Rahmen der Forschenden Lernwerkstatt. Auf Partizipation setzend, ist ein Offenheit ermöglichendes Arrangement notwendig, das den beteiligten Personen auch Freiheit lässt, gemäß ihren eigenen Interessen den gemeinsamen Prozess zu gestalten. Strukturierung erfolgt, da innerhalb der Werkstattsituation verschiedene Verfahren und Methoden (Bildkarten, Gruppendiskussion, Kartenabfrage, Bild-Text-Collagen) zur Situationsanalyse und -reflexion angeboten werden, die den Prozess des Analysierens und Reflektierens auch von hierin ungeübten Personen hilfreich unterstützen sollen. Perspektiven-Triangulation kann durch Einbeziehen verschiedener Akteursgruppen (z. B. Dozenten und Lernende), aber auch innerhalb einer bestehenden Gruppe erfolgen. So können durch personelle Interpretationsleistungen in der Gruppe sehr unterschiedliche Perspektiven erkennbar werden. Es können auch durch thematische Rahmungen und spezifische Verfahren (Bildsprache) unterschiedliche Perspektiven entstehen. Methoden- und Perspektiventriangulierung sind grundlegende Prinzipien der Forschenden Lernwerkstatt. Triangulierung wird unter verschiedenen Gesichtspunkten diskutiert: als Strategie zur Validierung der Erkenntnisse, als Strategie zur Generalisierung von Erkenntnissen und als Strategie zur Gewinnung zusätzlicher Erkenntnisse (vgl. Flick 2003). Glaser und Strauss haben schon früh auf die

Bedeutung unterschiedlicher Perspektiven und unterschiedlichen Datenmaterials hingewiesen: „Aus nur aus einer Art von Daten generierte Theorie läßt sich niemals so gut wie aus diversen Datenschnitten generierte Theorie auf benachbarte Bereiche übertragen. Eine Theorie auf diverse Datenschnitte zu stützen heißt, eine größere Anzahl von materialen und formalen Aspekten in Betracht zu ziehen, oder anders gesagt, einer größeren Diversität der Bedingungen und Ausnahmen von Hypothesen gerecht zu werden." (Glaser/Strauss 1967/1998, S. 75 f.) Die verschiedenen Methoden produzieren unterschiedliche Datensorten, die im Sinne einer komparativen Analyse miteinander verglichen werden.

Die vielschichtigen Methoden bringen immer wieder neue Interaktionen zwischen Forschenden und Beteiligten mit sich und schaffen in produktiver Weise stets auch andere „Erzählrahmen". Devereux hat darauf hingewiesen, dass, „ein Bericht, den er [der Forscher] zu hören bekommt, niemals mit dem identisch sein kann, den derselbe Berichterstatter einer anderen Person gibt" (Devereux 1967/1992, S. 29). Indem im Rahmen der Forschenden Lernwerkstatt immer wieder neue Erzähl- und Symbolisierungsanlässe geschaffen werden, wird entsprechend ein immer neues Aussagenensemble geschaffen. So können vielfältige Phänomene und Begründungsstrukturen abgebildet werden, die auf individuelle und soziale, konkrete und biographische wie kulturelle und gesellschaftliche Erfahrungen und Strukturen verweisen.

Das Gruppenverfahren der Forschenden Lernwerkstatt eignet sich ebenso wie Gruppendiskussionen (Loos/Schäffer 2001; Lamnek 1998) oder Gruppenwerkstatt (Bremer 2004) für bestimmte und nicht für alle Forschungsfragen. Ein Pluspunkt ist, dass die Kommunikation in bestehenden Gruppen alltagsnäher gestaltet werden kann als im Rahmen eines Einzelgesprächs mit einer fremden Person. Dass eine alltagsnahe Kommunikation entsteht, setzt allerdings voraus, dass die Forschenden den Prozess der eigenständigen Strukturierung der Kommunikation in der Gruppe durch ihre Interventionen nicht gravierend stören (vgl. dazu bspw. Bohnsack 2003, S. 380ff.). Vagheit und Unbestimmtheit von Alltagskommunikation ist dabei nicht als Mangel zu interpretieren. Oft ist sie situationsangemessen und notwendig, um Verständigung im Alltag zu erzielen (vgl. Bergmann 2003, S. 128). Das Ermöglichen einer nicht-künstlichen und alltagsnahen Kommunikationssituation ist positiv zu bewerten. Lamnek spricht von einer „relative[n] Gewähr für realitätsgerechte Befunde" (1998, S. 50).

Die Gruppenmitglieder kommunizieren in der Situation auf zwei Ebenen: zum einen mit der Forschenden, zum anderen untereinander/miteinander. Die Kommunikation untereinander, bei welcher auf einen geteilten Erfahrungsschatz zurückgegriffen werden kann, produziert die Alltagsnähe. Es müssen in noch anderer Weise als im Einzelgespräch mit einer fremden Person die eigenen Standpunkte gegenüber den anderen vertreten werden. Dieses mehrperspektivische Zugreifen auf die gleiche Situation, die ggf.

ganz unterschiedlich wahrgenommen und erlebt wurde, produziert einerseits Vielschichtigkeit, andererseits kommt es bei Nicht-Übereinstimmung der Einschätzungen zu Kontrastierungen, welche die Teilnehmenden herausfordern, in der Auseinandersetzung untereinander die eigenen Standpunkte zu überdenken, zu revidieren oder zu präzisieren. Pollock – der Mitte der 1950er Jahre die Gruppendiskussion in die deutsche Forschungslandschaft einbrachte – hat auf den Prozesscharakter der Meinungsbildung hingewiesen: Meinungen „gewinnen aber erst Kontur, wenn das Individuum – etwa in einem Gespräch – sich gezwungen sieht, seinen Standpunkt zu bezeichnen und zu behaupten. Während dieses Prozesses der Auseinandersetzung, durch den die Einstellungen selbst sich ändern mögen, zeichnen die Meinungen sich deutlicher ab, um danach wieder den Charakter des Inaktuellen, Undeutlichen, Verschwommenen anzunehmen" (Pollock 1955, S. 32). Auch wenn zwischen Meinungen zu allgemeinen gesellschaftlichen Themen – wie bei Pollocks Untersuchung – und sehr konkreten Einschätzungen alltäglicher Handlungen und Situationen unterschieden werden muss, ist das Prinzip übertragbar, im Rahmen einer „möglichst der Realität ähnlichen Situation" (ebd.) Interaktionen zu schaffen, „in welcher die Einstellungen gleichsam aktiviert und von ihren Trägern formuliert werden" (ebd.). Die Diskussion, ob es möglich ist – wie Pollock es anstrebte –, individuelle Meinungen in Gruppenprozessen zu erfassen, oder ob Mangold (1960) zuzustimmen ist, dass durch die gegenseitigen Beeinflussungsprozesse kollektive Gruppenmeinungen entstehen, die quasi arbeitsteilig vorgestellt werden (vgl. Mangold 1960, S. 49) und geringen Rückschluss auf die individuelle Auffassung zulassen, wird hier nicht geführt. Es wäre vielmehr zu diskutieren, ob eine radikale Trennung und strikte Gegenüberstellung von individuellen Meinungen und Gruppenmeinungen, eine Dichotomisierung von Individuum und sozialer Gruppe sinnvoll ist. Davon ausgehend, dass sich Einstellungen und Bedeutungsmuster Einzelner in diversen Interaktionsprozessen konstituiert haben und konstituieren, ist das Interaktionsgeschehen im Rahmen der Forschenden Lernwerkstatt nicht als „Störfaktor" zu begreifen, sondern als methodologisch begründete und theoretisch verankerte Gegebenheit der Erhebungssituation.

3. Durchführung und Auswertung

Innerhalb der Forschenden Lernwerkstatt werden verschiedene bekannte Methoden neu miteinander zu einem mehrstufigen Verfahren kombiniert. Der Zeitrahmen beträgt etwa sechs Stunden. Grundsätzlich ist eine andere Kombination als die vorgestellte möglich, sie ist ein Strukturierungsvorschlag für die prinzipiell offene Werkstattsituation, der keineswegs schematisch abgearbeitet werden muss. Die Forschende Lernwerkstatt, wie sie bislang in Untersuchungen (Grell 2006; Faulstich/Grell 2005; Barre/Greb/Hoops/Grell 2008) durchgeführt wird, kombiniert die folgenden Phasen: (1) Einführung und Aushandlung der Zusammenarbeit, (2) Thematischer Einstieg mit Bildkarten, (3) Gruppendiskussion zur allgemeinen Situation, (4) Fokussierte Situationsanalyse durch schriftliche Kartenabfrage, (5) Symbolisch-bildliche Gestaltung in Form von Bild-Text-Collagen (die Beteiligten erstellen in freigewählten Kleingruppen oder individuell Collagen aus Bild und Textelementen, die eine idealtypische Situation abbilden), (6) Rückmeldung und Reflexion des Prozesses, (7) Weiterführende Absprachen und Freigabe von Materialien, (8) Sozialstatistischer Fragebogen. Vergleichbare Kombinationen von Methoden (Gruppendiskussion, Kartenabfrage, Collagen) finden sich in den habitus- und milieuanalytischen Arbeiten von Helmut Bremer (2004) aber ohne dass sie durch den Gedanken der Partizipation begründet werden. Gerade die Einbeziehung von Bild- und Textmaterialien in ein Forschungsensemble zeigt sich dabei als produktiv (vgl. auch Friebertshäuser/von Felden/Schäffer 2007). Da die Forschende Lernwerkstatt mehr als ein Daten-Erhebungs-Instrument ist, werden Auswertungsprozesse zu allen Detailphasen bereits in den Workshop integriert. Insbesondere zur Auswertung der Bild-Text-Collagen gemeinsam mit den Beteiligten wurde ein differenziertes Vorgehen (vgl. Grell 2006, 2008) entwickelt. Die nachfolgende nur forschungsbezogene Auswertung der unterschiedlichen Materialien erfordert ein differenziertes und gegenstandsbezogenes begründetes Vorgehen (Grell 2006), da insbesondere die Kontrastierung unterschiedlicher Datensorten (z.B. Bild und Sprache) methodologische Probleme aufwirft, die nicht durch einfache Verfahrensregeln zu lösen sind. Eine systematische Reflexion der Geltungsbegründungen der Erkenntnisse aus der Forschenden Lernwerkstatt ist im Auswertungs- und Dokumentationsprozess daher erforderlich und kann als konstitutiv für dieses Vorgehen gelten.

Literatur

Altrichter, Herbert/Peter Gstettner 1993: Aktionsforschung – ein abgeschlossenes Kapitel in der Geschichte der deutschen Sozialwissenschaft? In: Sozialwissenschaftliche Literatur-Rundschau 26. S. 67-83.

Barre, Kisten/Ulrike Greb/Wolfgang Hoops/Petra Grell 2008: Innovationsbereitschaft unter Praxisdruck. In: Berufs- und Wirtschaftspädagogik Online. Bwp@t Spezial 4 – Hochschultage Berufliche Bildung 2008. Online-Dokument unter http://www.bwpat.de/ht2008/ws09/barre_etal_ws09-ht2008_spezial4.shtml

Bergmann, Jörg R. 2003: Ethnomethodologie. In: Flick, Uwe/Ernst von Kardorff/ Ines Steinke (Hg.): Qualitative Forschung. Ein Handbuch. Reinbek. S. 118-135.

Bohnsack, Ralf 2003: Gruppendiskussion. In: Flick, Uwe/Ernst von Kardorff/Ines Steinke (Hg.): Qualitative Forschung. Ein Handbuch. Reinbek. S. 369-384.

Bremer, Helmut 2004: Von der Gruppendiskussion zur Gruppenwerkstatt. Ein Beitrag zur Methodenentwicklung in der typenbildenden Mentalitäts-, Habitus- und Milieuanalyse. Münster/Hamburg/London.

David, Matthew/Carole D. Sutton 2004: Social Research. The Basics. London.

Devereux, Georges 1967/1992: Angst und Methode in den Verhaltenswissenschaften. Frankfurt/M.

Faulstich, Peter/Petra Grell 2005: Widerständig ist nicht unbegründet. Lernwiderstände in der Forschenden Lernwerkstatt. In: Faulstich, Peter/Hermann J. Forneck/Petra Grell/Katrin Häßner/Jörg Knoll/Angela Springer: Lernwiderstand – Lernumgebung – Lernberatung. Empirische Fundierungen zum selbstgesteuerten Lernen. Bielefeld.

Flick, Uwe 2003: Triangulation in der qualitativen Forschung. In: Flick, Uwe/Ernst von Kardorff/Ines Steinke (Hg.): Qualitative Forschung. Ein Handbuch. Reinbek. S. 309-318.

Friebertshäuser, Barbara/Heide von Felden/Burkhard Schäffer (Hg.) 2007: Bild und Text. Methoden und Methodologien visueller Sozialforschung in der Erziehungswissenschaft. Leverkusen.

Girtler, Roland 1995: Forschung in Subkulturen. In: Flick, Uwe/Ernst von Kardoff/ Heiner Keupp/Lutz von Rosenstiel/Stephan Wolff (Hg.): Handbuch qualitative Sozialforschung. Grundlagen, Konzepte, Methoden und Anwendungen. Weinheim. S. 385-388.

Glaser, Barney G./Anselm L. Strauss 1979: Die Entdeckung der gegenstandsbezogenen Theorie. Eine Grundstrategie qualitativer Sozialforschung. In: Hopf, Christel/Elmar Weingarten (Hg.): Qualitative Sozialforschung. Stuttgart. S. 91-111.

Glaser, Barney G./Anselm L. Strauss 1967/1998: Grounded theory: Strategien qualitativer Forschung. Bern u. a.

Grell, Petra 2004: Forschen mit der Forschenden Lernwerkstatt. In: Faulstich, Peter/Joachim Ludwig (Hg.): Expansives Lernen. Baltmannsweiler. S. 161-171.

Grell, Petra 2006: Forschende Lernwerkstatt. Eine qualitative Untersuchung zu Lernwiderständen in der Weiterbildung. Münster u. a.

Grell, Petra 2008: „Im Bild erinnert – aus der Sprache gefallen?" Bild-Text-Collagen als Forschungs- und Reflexionsinstrument. In: Dörr, Margret/Heide von Felden/Regina Klein/Hildegard Macha/Winfried Marotzki (Hg.): Erinnerung – Reflexion – Geschichte. Erinnerung aus psychoanalytischer und biographietheoretischer Perspektive. Opladen. S. 179-193.

Gstettner, Peter 1995: Handlungsforschung. In: Flick, Uwe/Ernst von Kardoff/ Heiner Keupp/Lutz von Rosenstiel/Stephan Wolff (Hg.): Handbuch qualitative Sozialforschung. Grundlagen, Konzepte, Methoden und Anwendungen. Weinheim. S. 266-268.

Haeberlin, Urs 1975: Empirische Analyse und pädagogische Handlungsforschung. In: Z.f.Päd. 21. S. 653-676.

Jahoda, Marie 1995: Marie Jahoda, Paul F. Lazarsfeld & Hans Zeisel: „Die Arbeitslosen von Marienthal". In: Flick, Uwe/Ernst von Kardoff/Heiner Keupp/Lutz von Rosenstiel/Stephan Wolff (Hg.): Handbuch qualitative Sozialforschung. Grundlagen, Konzepte, Methoden und Anwendungen. Weinheim. S. 117-122.

Jahoda, Marie/Paul F. Lazarsfeld/Hans Zeisel 1933/1975: Die Arbeitslosen von Marienthal. Ein soziographischer Versuch über die Wirkungen langandauernder Arbeitslosigkeit. Mit einem Anhang zur Geschichte der Soziographie. Frankfurt/M.

Kemmis, Stephen/Robin Mc Taggart 2000: Participatory action research. In: Denzin, Norman K./Yvonne S. Lincoln (Hg.): Handbook of Qualitative Research. S. 567-605.

Lamnek, Siegfried 1998: Gruppendiskussion. Theorie und Praxis. Weinheim.

Loos, Peter/Burkhard Schäffer 2001: Das Gruppendiskussionsverfahren. Opladen.

Mangold, Werner 1960: Gegenstand und Methode des Gruppendiskussionsverfahrens. Frankfurt/M.

Markard, Morus 2000: Kritische Psychologie. Methodik vom Standpunkt des Subjekts [31 Absätze]. In: Forum Qualitative Sozialforschung/Forum: Qualitative

Social Research [Online Journal], 1. Jg. (2000). H. 2. Verfügbar über: http://www.qualitative-research.net/index.php/fqs/article/view/1088/2381 [10.12.2008]

Markard, Morus 2004: Lehren/Lernen als methodisch organisierte (Selbst-)Kritik ideologischer Standpunkte der Subjekte. In: Faulstich, Peter/Joachim Ludwig (Hg.): Expansives Lernen. Baltmannsweiler. S. 150-160.

Meyer, Julienne 2004: What is action research? In: Seale, Clive (Hg.): Social Research Methods. A Reader. London/New York. S. 453-455.

Moser, Heinz 1976: Anspruch und Selbstverständnis der Aktionsforschung. In: Z.f.Päd. 22. Jg. S. 357-368.

Moser, Heinz 1983: Zur methodologischen Problematik der Aktionsforschung. In: Zedler, Peter/Heinz Moser (Hg.): Aspekte qualitativer Sozialforschung. Studien zur Aktionsforschung, empirischen Hermeneutik und reflexiver Sozialtechnologie. Opladen. S. 51-78.

Müller, Siegfried/Hans-Uwe Otto (Hg.) 1986: Verstehen oder Kolonialisieren? Grundprobleme sozialpädagogischen Handelns und Forschens. Bielefeld.

Pollock, Friedrich 1955: Gruppenexperiment. Ein Studienbericht. Frankfurt/M.

Schachtner, Christel 1994: Zum empirischen Vorgehen einer interpretativen Psychologie. In: Keupp, Heiner (Hg.): Zugänge zum Subjekt. Perspektiven einer reflexiven Sozialpsychologie. Frankfurt/M. S. 275-294.

Wolff, Stephan 2003: Wege ins Feld und ihre Varianten. In: Flick, Uwe/Ernst von Kardorff/Ines Steinke (Hg.): Qualitative Forschung. Ein Handbuch. Reinbek. S. 334-349.

Wolffersdorff-Ehlert, Christian von 1995: Zugangsprobleme bei Erforschung von Randgruppen. In: Flick, Uwe/Ernst von Kardoff/Heiner Keupp/Lutz von Rosenstiel/Stephan Wolff (Hg.): Handbuch qualitative Sozialforschung. Grundlagen, Konzepte, Methoden und Anwendungen. Weinheim. S. 388-391.

Zedler, Peter/Heinz Moser (Hg.) 1983: Aspekte qualitativer Sozialforschung. Studien zur Aktionsforschung, empirischen Hermeneutik und reflexiver Sozialtechnologie. Opladen.

Wolfgang Nitsch und Ingo Scheller

Forschendes Lernen mit Mitteln des szenischen Spiels als Medium und Methode qualitativer Forschung

Mit dem Szenischen Spiel – einschließlich einem ähnlich gestalteten pädagogischen Rollenspiel – sind komplexe Lernformen entwickelt worden, die als zusätzliche Verfahren der Datenerhebung in der qualitativen Bildungs- und Sozialforschung genutzt und ausgestaltet werden können. Im Folgenden wird nach einer ersten begrifflichen Klärung (1) zunächst an einem Projektbeispiel vorgestellt, wie forschendes Lernen mit Mitteln des szenischen Spiels in einem Studienprojekt gestaltet werden kann (2); sodann wird erläutert, wie solche Lernprozesse als Vorform oder Medium und als eigenständiges methodisches Verfahren qualitativer Forschung genutzt werden können (3), welche sozialen Voraussetzungen und Grenzen dabei zu beachten sind (4) und wie die Geltungsbegründung dieses Verfahrens gefördert werden kann (5).

1. Szenisches Spiel als Lernform

Szenisches Spiel wird verstanden als eine spezifische Form des forschenden Lernens. Die Beteiligten untersuchen soziale Situationen und Haltungen, indem sie sich mit szenischen Verfahren einfühlen, in den vorgestellten Rollen und Situationen körperlich, sprachlich und mental handeln und das Dargestellte szenisch und verbal reflektieren. Die Situationen werden durch eigene oder fremde Situationsschilderungen, Texte, Bilder, Filme oder Gegenstände vorgegeben. Das Spiel findet in einem geschützten sozialen und ästhetischen Raum, in einer Gruppe und mit kompetenter Anleitung durch SpielleiterInnen statt, die auch als Rollen-Gesprächspartner, als Hilfs-Ichs und Konfrontationsfiguren im Spielprozess mitwirken (vgl. Scheller 1998, 2004). Einige der dabei genutzten Techniken gehen auf das therapeutische Psychodrama (Moreno) zurück, andere auf die Theaterarbeit von Brecht oder das Theater der Unterdrückten von Boal (vgl. zu diesen verschiedenen dramapädagogischen Traditionen und Arbeitsrichtungen Moreno 1959; Leutz 1974; Boal 1989; Koch u.a.1983; Steinweg 1995; Brenner u.a. 1996; Scheller 1998; Stahlke 2001; Wrentschur 2004, 2007; Odierna/Letsch 2006 sowie entsprechende Stichworte im Wörterbuch der Theaterpädagogik: Koch/Streisand 2003). Sie sind Teil einer breiteren Tradition und Bewegung zur Erschließung kreativer Medien und Körperarbeit für pädagogische, beratende und therapeutische professionelle Arbeit (Burow 1993,

Mann u.a. 1995, Richter 1997, Vaßen u.a. 1998 und Nitsch-Berg/Kühn 2000 haben dazu Handbücher und Wirkungsstudien vorgelegt). Die hier aufgrund von Zusatzqualifizierungen tätigen LehrerInnen, PädagogInnen und BeraterInnen und die mit ihnen verbundenen Projekte und Gruppen bieten ein leicht zugängliches und interessiertes Kooperationsfeld für Projekte der Sozial- und Bildungsforschung, in denen auch Verfahren des szenischen Spiels als Forschungsverfahren ausgestaltet und praktiziert werden können.

Beim Handeln in vorgestellten Situationen und bei der szenischen Reflexion solcher Handlungen können erlebte, vorgestellte und zukünftig mögliche soziale Situationen in ihrer sozialen Dynamik, können innere und äußere Haltungen und Beziehungen der beteiligten Personen aktiviert, erkundet und analysiert werden (Scheller 1982, S. 230-253; Scheller 1989, S. 26-29). Das Verfahren eignet sich deshalb besonders für Forschungsvorhaben, die sich auf Bildungsprozesse in Gruppen beziehen, bzw. die diese nutzen, um die Haltungen und Beziehungen der Gruppenmitglieder zu sozialen Feldern und Problemen zu untersuchen. Die im Spiel sichtbar werdenden sozialen Beziehungen, Haltungen und Einstellungen können anschließend zum Gegenstand einer distanzierten, systematischen Auswertung gemacht werden – über Interviews und Inhaltsanalysen schriftlich oder audiovisuell dokumentierter Spielszenen und Gruppengespräche.

2. Ein exemplarisches Lehr- und Forschungsprojekt

Wie das szenische Spiel als forschendes Lernen eingesetzt werden kann, wird im Folgenden an einem Lehr- und Forschungsprojekts dargestellt, in dem wir in zwei Semestern mit ca. 30 Studentinnen und Studenten „Haltungen und Wirkungen von Männern als Dozenten" untersucht haben. Dabei übernahmen Ingo Scheller und im ersten Semester eine Tutorin die Spielleitung; Wolfgang Nitsch wirkte als Forschender mit (vgl. Nitsch/ Scheller u.a. 1998 und ein ähnliches Vorhaben mit LehrerInnen Nitsch/ Scheller 1982).

Im ersten Semester ging es um die Einführung in die Verfahren des szenischen Spiels und die Auseinandersetzung mit den Männer-Bildern und Haltungen der TeilnehmerInnen. Im zweiten Semester beobachteten i.d.R. jeweils zwei Studierende einen Hochschullehrer in allen Sitzungen eines Seminars. Diese Beobachtungen wurden im Projekt mit Mitteln des szenischen Spiels vorbereitet und ausgewertet, bevor Interviews mit den Hochschullehrern vorbereitet, durchgeführt und in einen Abschlussbericht aufgenommen wurden, in dem die Haltungen der Hochschullehrer im Seminar beschrieben wurden. Diese Lehrenden waren i.d.R. nicht Prüfer für die betreffenden Studierenden und hatten frühzeitig ihre Kooperation zugesichert.

Im ersten Semester war die Hauptaufgabe, sich in der Konfrontation mit fremden Männerhaltungen eigene Projektions-, Identifikations- und Abwehrprozesse bewusst zu machen und abgespaltene Phantasien, Gefühle und Verhaltensweisen wahrzunehmen und ins eigene Selbstbild zu integrieren (vgl. Müller/Scheller 1993, S. 8-10). Mit *Standbildern* wurde zunächst die Funktion von Klischee-Bildern und problematischen Männer-Haltungen für das eigene Selbstbild untersucht (vgl. Scheller 1998, S. 101-102). Danach wurden bei der szenischen Interpretation einer Dramenszene (vgl. Scheller 1986) und über die szenische Rekonstruktion eigener Erfahrungen mit situationsbezogenen Standbildern dominante Haltungen gegenüber Frauen reflektiert (Scheller 1998, S. 61-68). Schließlich konnten über die systematische Einfühlung in die Situation von Jungen und Mädchen während der Pubertät Entstehungsbedingungen von Männer- und Frauen-Haltungen erkundet werden (vgl. Scheller 1998, S. 118-123). Und schließlich wurden mit *situationsbezogenen Standbildern* unter Anleitung der SpielleiterInnen in Gruppen Situationen rekonstruiert und interpretiert, in denen die am Projekt beteiligten Männer und Frauen Schwierigkeiten hatten, sich gegenüber einem oder mehreren Männern zu verhalten. Dabei gingen wir von der Annahme aus, dass Verhaltensschwierigkeiten etwas mit der Tatsache zu tun haben können, dass die Männerhaltungen an eigene ambivalente oder auch abgewehrte Wünsche, Phantasien und Gefühle erinnerten (zum Verfahren vgl. Scheller 1998, S. 61-68).

Im zweiten Semester wurde dann auf der Basis der im ersten Semester gemachten Erfahrungen Haltungen und Wirkungen von Hochschullehrern in Lehrveranstaltungen erkundet. Diese Beobachtungen wurden mit Mitteln des szenischen Spiels vorbereitet und ausgewertet. Szenische Verfahren wurden unter anderen bei folgenden Themen verwendet:

Um die Studierenden für die Wahrnehmung und Deutung von *Körper- und Sprechhaltungen* von Hochschullehrern zu sensibilisieren, stellten wir Projektleiter uns als Beobachtungsmodelle zur Verfügung. Wir gestalteten jeweils in unserer persönlichen Weise den Beginn einer Sitzung, wobei die Studierenden auf unsere Körperhaltungen und Gesten, auf die Rede-, Argumentations- und Kommunikationsweisen, aber auch auf die Gefühle achten sollten, die diese bei ihnen auslösten. Die Beobachtungen wurden auf Zettel geschrieben, in die Mitte des Kreises gelegt und innerhalb von Gruppen nach Haltungsmustern befragt. Die charakteristischen Körper- und Sprechhaltungen der Hochschullehrer wurden in Standbildern und Sprechhaltungen fixiert, bevor die Studierenden für sich nach Haltungen suchten, die ihre Reaktionen darauf zum Ausdruck brachten. Die Ergebnisse der Gruppenarbeit wurden im Plenum präsentiert, wobei die Studierenden den Haltungsbildern der Dozenten zunächst deren mögliche Gedanken zuschrieben und anschließend durch ihre Haltungen und verbal zum Ausdruck brachten, wie sie auf die Haltungen der Dozenten reagierten. Zum Schluss erläuterten wir in einer Befragung durch die Studierenden situative, institutionelle und biographische Bedingungen, die in unseren Haltungen ihren Niederschlag gefunden haben könnten.

Einstiegsrituale in Lehrveranstaltungen, also die Art und Weise, wie die beobachteten Hochschullehrer in den Seminarraum kommen, sich ihren Ort suchen, ihre Seminarunterlagen ordnen und schließlich die Sitzung eröffnen und wie sie dabei ihre Haltung und ihre Beziehungen zu den Studierenden im Seminar definieren, wurden *szenisch rekonstruiert* und interpretiert. Nacheinander demonstrierten Studierende szenisch Einstiegsrituale der von ihnen beobachteten Dozenten, wobei sie den Seminarraum aufbauten, den TN des Projektes Rollen von Studierenden übergaben und ihnen Sitzplätze im Raum zuwiesen und dann in der Rolle des Hochschullehrers agierten, wobei sie das Verhalten immer wieder auch kommentierten. Nach dem Spiel äußerten sich zunächst die BeobachterInnen über die Haltung und Wirkung des Hochschullehrers, bevor die SpielerInnen des Hochschullehrers erläuterten, wie es ihnen in der Rolle gegangen war und welche Vermutungen sie über die Einstellung der jeweiligen Dozenten in der Situation hatten.

Sitzordnungen und Kommunikationsstrukturen, also die Art und Weise, wie sich aktiv und passiv verhaltende Studierende im Raum verteilen, wie Kommunikationskorridore gebildet und aufrecht erhalten werden, auf welche Männer und Frauen sich die Hochschullehrer beziehen, mit welchen sie in die Konfrontation gehen, welche sie ignorieren, von welchen sie Unterstützung erhoffen, welche ihnen Angst machen usw., d.h. wie sich Hochschullehrer ihre Beziehung zu Studierenden aufbauen und aufrecht erhalten, wurden *szenisch rekonstruiert*. Ein TN, der das Seminar besuchte, baute den Seminarraum mit der entsprechenden Sitzordnung auf, beschrieb ihn dann detailliert (vgl. Scheller 1998, S. 41-42), gab entsprechenden ProjektteilnehmerInnen die Rollen von aktiven Studierenden, anderen von solchen, die als AußenseiterInnen, KontrahentInnen, unauffällige Randfiguren für die Gruppenstruktur wichtig waren, und positionierte sie auf „ihren" Sitzplätzen. Dann nahm er „seinen" Platz im Seminar ein und charakterisierte die positionierten Studierenden und ihr Verhältnis zum Dozenten. Danach begab er sich in die Position des Dozenten und beschrieb diese aus dessen Perspektive, wobei besonders das Verhältnis zu Frauen und Männern zur Sprache kam. Im Anschluss daran beschrieben und deuteten die BeobachterInnen Vorlieben und Abneigungen des Dozenten und die gruppendynamische Situation im Seminar.

Körperhaltungen, Gesten und Sprechhaltungen, die die beobachteten Hochschullehrer beim *Referieren* gezeigt hatten, wurden *szenisch präsentiert und interpretiert*. Dazu wurde der Seminarraum aufgebaut, ProjektteilnehmerInnen übernahmen die Rollen der Studierenden und setzten sich auf ihre Plätze. Der Student bzw. die Studentin, der bzw. die den Dozenten beobachtet hatte, begab sich auf dessen Platz und referierte in der Art, wie er/sie es beobachtet hatte. Im Anschluss daran beschrieben die BeobachterInnen Körperhaltung, Gestik und Sprechhaltung und sprachen über deren Wirkung.

Um auch die Anteile der Studierenden bei der Wahrnehmung von und Kritik an den Haltungen von Hochschullehrern zu thematisieren, wurde exemplarisch eine Situation, in der ein Student *Schwierigkeiten, beim Umgang mit dem Verhalten eines Hochschullehrers* hatte, *szenisch interpretiert,* wobei wir von der These ausgingen, dass Studierende in solchen Fällen nicht selten mit Verhaltensweisen konfrontiert werden, die sie an eigene Unsicherheiten, Ängste und Wünsche erinnern, die sie z.T. abzuwehren versuchen. Weil die eigene Person in Frage gestellt wird, werden andere in Frage gestellt: der verantwortliche Hochschullehrer oder andere Studierende. Die eigenen Anteile brauchen so nicht thematisiert zu werden (zu diesem Verfahren vgl. Scheller 1998, S. 149-150).

Um eine Strategie zu entwickeln und den Erwartungsdruck und die Ängste zu reduzieren, mit denen die Studierenden in das Gespräch gingen, in denen sie dem Hochschullehrer ihre Beobachtungen mitteilen sollten, von dem sie aber auch etwas über seine Einstellungen zur Lehre und den Studierenden, über biographische Entstehungsbedingungen der Haltungen erfahren wollten, wurden die Interviews in *Rollengesprächen* vorbereitet (Scheller 1998, S. 56-59). In diesen Gesprächen übernahmen wir als Lehrende die Rolle der Dozenten, die wir auch aus anderen Zusammenhängen kannten, und spielten diese konfrontativ so aus, dass den Studierenden die Grenzen und Möglichkeiten ihres Vorgehens deutlich wurden. Nach jedem Rollengespräch beschrieben zunächst die BeobachterInnen, wie sie den Gesprächsverlauf erlebt hatten, wo Verständnisschwierigkeiten auftauchten, wo Abwehr produziert wurde bzw. wo sich der Hochschullehrer öffnete. Im Anschluss daran erläuterten wir als Spieler der Dozenten, wie wir die Haltung der Studierenden wahrgenommen hatten, auf welche Impulse wir uns einlassen konnten, an welcher Stelle wir die Auskunft verweigern mussten. Schließlich sagten die Studierenden wie es ihnen bei dem Gespräch gegangen war.

3. Forschung mit Mitteln des szenischen Spiels

Obwohl Sader aufgrund seiner gründlichen Methoden-Studie von 1986 im Handbuch Qualitative Sozialforschung 1991 konstatierte, „dass Rollenspiel als Forschungsmethode einen eigenständigen Stellenwert beanspruchen kann" und „dass seine Brauchbarkeit unter bestimmten Rahmenbedingungen mittlerweile überzeugend nachgewiesen" sei (Sader 1991, S. 198) ist es ebenso wie das damit eng verwandte Szenische Spiel in seinen Möglichkeiten für die qualitative Forschungspraxis noch weitgehend unerschlossen. Ohne den Begriff szenisches Spiel zu verwenden hat Sader das Rollenspiel in der Tradition von Jakob Moreno (1959) als real erlebten intensiven Prozess zwischen Spielenden beschrieben, die sich nach sorgfältiger Einführung durch den Spielleiter stark mit ihren übernommenen Rollen identifizieren, und er hat dies deutlich von den rein kognitiven Rollenvorstellungsexperimenten und Rollen-Gesprächen abgegrenzt, die in der experimentellen psychologischen Forschung auch als Rollenspiel bezeichnet werden (vgl. Sader 1986, Kap. 1, 4 und 5). Seit den achtziger Jahren sind durch die Ausgestaltung und Verbreitung des szenischen Spiels als einer differenzierten Methodik forschenden Lernens die Möglichkeiten zu seiner Weiterentwicklung und Anwendung in der qualitativen Forschung eher gewachsen.

Szenisches Spiel kann in vierfacher Weise für qualitative Forschung relevant werden.

(1) Zunächst können Prozesse des forschenden Lernens mit szenischem Spiel als soziale Medien oder Bildungsräume für die Vorbereitung und Anbahnung sowie zur Gewinnung der Kooperation von Gruppen im Forschungsfeld für qualitative Forschungsprojekte genutzt werden, die eine intensive Kooperation und Partizipation erfordern

(2) Zum anderen können Verfahren des szenischen Spiels unter den Forschenden zur Vorbereitung, Übung, Sensibilisierung für eine teilnehmende und kommunikative Beobachtung im Feld und für Interview- und Gruppendiskussionsverfahren sowie bei der Auswertung von Beobachtungs- und Interviewdaten in Forschungsteams genutzt werden

(3) Schließlich können bestimmte Verfahren des szenischen Spiels so ausgestaltet und gehandhabt werden, dass sie zum eigenständigen zusätzlichen methodischen Verfahren der Erhebung qualitativer Daten werden (neben und ergänzend zu Interviews und Beobachtungen), für das auch geeignete spezifische Auswertungsverfahren (mit dem Focus auf äußere Haltungen und Körpersprache) zu entwickeln wären.

(4) Außerdem kann auch eine getrennte empirische Begleitung und Auswertung von rein pädagogisch gestalteter und angeleiteter Bildungsarbeit mit Mitteln des szenischen Spiels, als Gegenstand themenzentrierter oder methodenzentrierter Bildungsforschung erfolgen. Eine solche Wirkungsforschung ist auch als Voraussetzung und Teil von Forschungsmethodenforschung zur Optimierung des Forschungsverfahrens szenisches (Rollen)Spiel erforderlich.

Dabei ist es wichtig, die spezifische und originäre Leistung oder die ‚Alleinstellungsmerkmale' des Szenischen Spiels gegenüber allen anderen qualitativen Forschungsverfahren deutlich zu machen. Es integriert einerseits Elemente aller anderen Verfahren (Interviewformen, Gruppendiskussion, Beobachtungsverfahren, Evozierung von Erzählen, Zeichnen, Schreiben sowie auch eher kognitive Rollenvorstellungsexperimente und Rollengespräche), aber andererseits werden sie mit einem neuen Kern-Verfahren eng zusammengeführt: dem körperlichen und mentalen Handeln in vorgestellten, erinnerten und erlebten Situationen (mit der Möglichkeit der Unterbrechung und des Rollenwechsels) aufgrund intensiver Einfühlung und mit anschließender Ausführlung und distanzierter Selbst- und Fremdreflexion innerhalb einer Gruppe und unter Anleitung von SpielleiterInnen. Damit erschließt szenisches Spiel stärker als andere Verfahren latente, nur teilweise bewusst werdende und leiblich gebundene Sinngehalte (durch präsentative Symbolisierung). Außerdem werden im szenischen Spiel die präsentativsymbolischen (mimetisch-gestischen und performativen) und die diskursivsymbolischen (verbalen und schriftlichen) Wahrnehmungs-, Kommunikations- und Gestaltungspraktiken innerhalb einer forschend lernenden Gruppe aktiviert, kontrastiert und wechselseitig in einander übersetzt.

Weil szenisches Spiel als Handeln in vorgestellten (erinnerten, beobachteten, phantasierten) Situationen im Unterschied zu Interviews und Beobachtung auch latente, z.T. abgewehrte und verborgene innere Einstellungen und Gefühle über das Körpergedächtnis wieder belebt und zum sinnlichen Ausdruck bringt (Scheller 1982, 1989, S. 26-28; Oelke u. a. 2000), ist es eine primär von den Lern- und Forschungssubjekten selbst praktizierte Untersuchungs- und Auswertungsmethode *ihrer* Selbst- und Fremderfahrungen und ihrer reflektierenden und z.T veränderden Arbeit an ihren inneren und äußeren Haltungen. Auch wenn die Anleitung durch SpielleiterInnen wichtig ist und eine zusätzliche Auswertung dokumentierter Spielprozesse von ForscherInnen vorgenommen wird, sind die TeilnehmerInnen nicht Objekte oder Versuchspersonen, sondern Subjekte einer Untersuchung, die sie im ersten Schritt selbst auswerten. Damit kann die Forschungsarbeit mit szenischem Spiel auch als stark *partizipative* oder die Beteiligten *aktivierende* Forschung bezeichnet werden. Als solche muss sie zwei Erkenntniserträge erbringen: die unmittelbar für die Beteiligten relevanten Erkenntnisse und Veränderungsperspektiven und die für Forschungsgemeinschaften oder Fachöffentlichkeiten relevanten und nutzbaren intensiven Fall- und Kontextbeschreibungen, die zu kumulativen theoriegeleiteten Erkenntnisfortschritten beitragen können.

Szenisches Spiel kann in besonderem Maße die komplexen Phänomene latenter, vorgestellter, erinnerter Wirklichkeitsmomente im Bewusstsein und der Gefühlswelt von Menschen sinnlich wahrnehmbar und kommunizierbar machen, die soziales Handeln ebenso prägen wie kognitive Handlungsstrategien. Kritische forschungssoziologische Studien (Berger 1974, S. 31-98) haben aufgezeigt, wie in der üblichen Interview-Kommunikation eine von Alltags- und Handlungskontexten abgelöste und einseitig kognitive Konstruktion sozialer Wirklichkeit entsteht. Auf der anderen Seite verfehlen aber reine Interaktionsbeobachtungen die mit äußerem Verhalten verbundenen latenten Bedeutungen, Erinnerungen und Phantasien.

Forschungsmethodologisch betrachtet ermöglicht dagegen szenisches Spiel eine erweiterte kommunikative Validierung und methodische Triangulation zwischen unterschiedlichen Annäherungsweisen an einen sozialen Gegenstand durch den häufigen, reflektierten Wechsel zwischen relevanten Wahrnehmungs- und Kommunikationsweisen (Beobachten, Gespräche, szenisches Spiel-Handeln, Beschreiben), durch die Möglichkeit, im Spielprozess Haltungen und Handlungen zu unterbrechen, einzufrieren, zu wiederholen, zu variieren und Wahrnehmungen aus den Perspektiven unterschiedlicher Personen in einer gleichzeitigen Situation zu vergleichen.

Weil Forschungsarbeit mit szenischem Spiel bereits Elemente anderer qualitativer Untersuchungsformen in sich integriert, kann sie zur Einübung, Intensivierung und zur thematischen und emotional selbstreflektierten Auswertung teilnehmender Beobachtung im Feld und von offenen Interviews und Gruppengesprächen genutzt werden. Auch dies sollte jedoch unter der Anleitung ausgebildeter TeamerInnen geschehen, die als SpielleiterInnen die Spielprozesse mit steuern und den TN helfen können, die im Feld, in der Gruppe und im Spiel ausgelöste emotionale Dynamik zu reflektieren und zu ‚lösen'. Daher sollten bei Forschungsvorhaben in Verbindung mit Bildungsarbeit, in denen mit Mitteln des szenischen Spiels gearbeitet wird, entsprechend ausgebildete PädagogInnen oder BeraterInnen zum Untersuchungsteam gehören (vgl. z. B. Steinweg u. a 1986; Volmerg u. a. 1983).

4. Soziale Voraussetzungen und Grenzen

Seit der Erprobung der ersten Forschungsvorhaben mit Mitteln des szenischen Spiels in den achtziger Jahren haben sich die *praktischen Formen und sozialen Orte* qualitativer Bildungs- und Sozialforschung wie auch der dramapädagogischen Praxis weiter ausdifferenziert und vervielfältigt. Es bedarf daher einer Klärung darüber, wie und wo Verfahren des szenischen Spiels hier verortet und zugeordnet werden können.

Szenisches Spiel als Lern- oder Forschungspraxis findet in folgenden organisatorischen Kontexten und Settings Anwendung:

(1) als partizipative oder aktivierende Forschung im Zusammenwirken von ForscherInnen (z.T. Lehrenden und Studierenden) und Gruppen in pädagogischen und sozialen Feldern (z.B. Wrentschur 2004; Stahlke 2001),
(2) innerhalb von Forschungsgruppen, die ihre Feld- und Interviewforschung mit Verfahren des szenischen Spiels vorbereiten, begleiten und auswerten (z.B. Schulte-Fortkamp/Nitsch 1994),
(3) als forschendes Lernen in der Aus- und Fortbildung von Professionellen in sozialen und pädagogischen Tätigkeitsfeldern (z.B. Nitsch/Scheller 1982; Brenner u.a. 1996; Oelke u.a. 2000),
(4) als Teil fall-bezogener Supervision oder Intervention im Rahmen der Fortbildung unter professionellen PraktikerInnen (z.B. Müller/Scheller 1993; Brenner u.a. 1996).

Dabei handelt es sich überwiegend um Projekte und Prozesse mit regelmäßigen werkstattartigen Gruppentreffen oder Blockseminaren, in denen Verfahren des szenischen Spiels in unterschiedlichen Phasen einen spezifischen Stellenwert haben:

Bei der Planung und Strukturierung längerfristiger Feld- oder Handlungsforschung mit Mitteln des szenischen Spiels sollten idealiter aus einem engeren Bereich pädagogischer oder beraterischer Arbeit (z. B. Schulen, Heime, Beratungszentren, Selbsthilfe-Initiativen) einige individuelle oder kollektive Akteure (z. B. pädagogische Teams und KlientInnen) als ‚Forschungskooperanden' für die Beteiligung an Veranstaltungen mit szenischem Spiel, für Gruppen-Diskussionen oder Interviews ausgewählt werden. Von diesen sollten wiederum je nach Möglichkeit einige als Mit-Forschende an dem Projekt beteiligt (und entsprechend eingeführt und honoriert) werden, darunter sowohl professionelle Praktiker als auch KlientInnen, Lernende, BewohnerInnen, die mit den professionellen ForscherInnen zusammenwirken und sich auseinandersetzen.

Daran wird deutlich, dass die Integration von ästhetischer Praxis wie z. B. szenisches Spiel als forschende Lernform in Projekte der pädagogischen Feld- oder Handlungsforschung einen komplexeren und weniger hierarchischen sozialen Organisationsgrad erfordert und faktisch eine alternative soziale Form der Verbindung von Forschung mit Bildungsarbeit auch außerhalb von Hochschulen darstellt. Gerade damit aber stoßen solche Projekte auch auf *gesellschaftliche Grenzen.* In dem Maße in dem in vielen Bereichen beruflicher Aus- und Fortbildung zwar selbstreguliertes, peer-basiertes forschendes Lernen auch mit kreativen Medien propagiert und wissenschaftlich legitimiert wird, könnten sich Bildungsarbeit und Forschung mit Mitteln ästhetischer Praxis aufeinander zubewegen. Allerdings wird dies in Gesellschaften, in denen Bildung teils als öffentliches Gut, teils (wie) in privaten Unternehmen organisiert ist, in entsprechend unterschiedlichen Verkehrsformen geschehen: Die Lernenden oder KlientInnen und die Forschenden können sich in Projektgruppen einerseits partnerschaftlich aufeinander beziehen, aber andererseits werden sie vom Management von Unternehmen und Ausbildungsstätten dazu angehalten, mit diesen kreativen Medien und Rollenspiel-Übungen an Prüfungs und Assessment-Verfahren und einem Personaldatenaustausch für das Qualitätsmanagement teilzunehmen (vgl. zum pädagogischen Rollenspiel in der betrieblichen Praxis Brenner u. a. 1996). Aber auch innerhalb des öffentlichen Bildungssektors mit seinen Selektionsfunktionen stoßen kooperative komplexe Bildungs- und Forschungsprogramme mit ästhetischen und szenischen Praxen auf gesellschaftliche Grenzen. Wenn unter Bedingungen sozialer Spaltung und Bildungsprivilegien sowie mit unzureichenden finanziellen Mitteln versucht wird, mit Menschen aus sozial benachteiligten Milieus qualitative aktivierende Bildungsforschung mit ästhetischen Medien zu praktizieren, werden sich dabei unfreiwillig wiederum hierarchische oder asymmetrische Beziehungen zwischen den forschenden Professionellen und den Menschen in diesen sozialen Lebenswelten reproduzieren und auch in die ästhetischen Bildungspraxen eindringen, so dass die BeraterInnen und AnimateurInnen doch wieder wie Meisterdenker und Projektdesignerinnen die Lernpraxis der abhängigen ‚Betroffenen' gestalten, analysieren und ausstellen.

5. Zur Geltungsbegründung von szenischem Spiel als Forschungsverfahren

Diese Widersprüche durchziehen teilweise auch die Bemühungen um die Klärung und Verbesserung der Geltungsbegründung, der Reliabilität und Validität der Forschungsverfahren szenisches Spiel und Rollenspiel. Darum haben sich insbesondere Sader (1986, 1991), Ensel (1996), Stahlke (2001) und Wrentschur (2004) verdient gemacht. Die Verfahrensweisen, die sie vorschlagen und z. T. erprobt haben, beziehen sich auf (a) eine Teil-Standardisierung und Konventionalisierung der Datenaufzeichnungspraktiken (Forschungs- und Lerntagebücher oder Portfolios, Beobachtungsprotokolle, audiovisuelle Dokumentation), (b) die regelmäßige, wiederholte Anwendung bestimmter erprobter Techniken des szenischen Spiels bzw. der szenischen Reflexion, wie sie inzwischen in den Handbüchern von Scheller (1998, 2004, 2008), Brinkmann u. a. (2001) und Athiemoolam/Nitsch (2005) in Weiterentwicklung von Verfahren des Psychodramas, der Lehrstückarbeit und des pädagogischen Rollenspiels ausgearbeitet sind, unterstützt (c) durch entsprechende Trainingsprogramme für SpielleiterInnen, damit sie auch mit Forschungsteams (als ‚ForschungsandragogInnen') zusammenarbeiten können. Schließlich können bei der Auswertung der so generierten und dokumentierten Daten die generell in der qualitativen Forschung üblichen Auswertungsverfahren zur Steigerung der Reliabilität angewendet werden.

Möglichkeiten zur *Validierung* sind im szenischen Spiel als kooperativem Prozess sogar in höherem Maße angelegt als in anderen Verfahren, da hier sowohl eine Validierung durch Vergleich von Daten aus unterschiedlichen Quellen als auch vielfache wiederholte begleitende und nachträgliche kommunikative Validierungen durch Beteiligung unterschiedlicher Mitglieder des Forschungsteams und der kooperierenden Gruppen im sozialen Feld prinzipiell möglich sind. Der mehrfache Wechsel zwischen (a) verbalen Berichten, Schilderungen und Erzählungen sowie Dialogen mit dem/der SpielleiterIn und anderen TeilnehmerInnen, (b) den eigentlichen Spiel-Sequenzen, (c) zwischenzeitlichen bzw. sich anschließenden verbalen, szenisch-demonstrativen und schriftlichen Äußerungen von Selbst- und Fremdwahrnehmungen aus unterschiedlichen Spieler- und Beobachterperspektiven bietet eine Fülle von Methoden- und Perspektiven-Triangulationen als interne Validierung. Deren Zusammenhang und Einbettung in die Dynamik des gesamten Gruppenprozesses und seiner Mitsteuerung durch die Spielleitung müsste allerdings durch eine externe Forschungssupervision reflektiert werden. Weitere externe Validierungen könnten erfolgen durch (a) Interviews mit TeilnehmerInnen vor und nach längeren Phasen mit szenischem Spiel (so Wrentschur 2004), (b) Nachgespräche, z. T. nach dem Verfahren des nachträglichen lauten Denkens und Assoziierens (NLD, vgl. Wagner 1981; Schulte-Fortkamp/Nitsch 1994) bei der Wiedergabe von Video- oder Ton-Aufzeichnungen von Spiel-Sequenzen (so z. B. Sader

1986, S. 80-91) und (c) kommunikative Beobachtungen von TeilnehmerInnen in thematisch relevanten vergleichbaren Praxis-Situationen. Schließlich tragen auch Vergleiche zwischen (a) schriftlichen Protokollen und Feldnotizen und (b) den Video-Aufzeichnungen zu Spiel-Szenen und den geäußerten Selbst- und Fremdwahrnehmungen in der Gruppe zur Validierung bei.

Allerdings setzen fast alle diese Verfahren partnerschaftliche, vertrauensvolle und zeitaufwendige Beziehungen und Austauschprozesse zwischen den beteiligten Personen und Statusgruppen voraus, die in den pädagogischen und sozialen Feldern wie auch an den Forschungsinstituten und Hochschulen kaum gegeben sind. Dennoch zeigen einige gut dokumentierte und transparent dargestellte Feld- und Handlungsforschungsprojekte sowie Lehr-Forschungsprojekte an Hochschulen, die mit Mitteln des szenischen Spiels gearbeitet haben, dass entgegen diesen ‚sozialen Lerngrenzen' (Mergner 1999), vorübergehend solche dichten kooperativen Bildungsbeziehungen geschaffen werden können (vgl. die Projektberichte von Nitsch/Scheller 1982; Volmerg u.a. 1983; Steinweg u.a. 1986; Ensel 1995, 1996; Müller/Scheller 1993; Stahlke 2001; Wrentschur 2004, 2007; Bülow-Schramm/Gipser 1997, 2007).

Zur Geltungsbegründung bei (selbst)erfahrungsbezogenen und aktivierenden Forschungspraxen, die Veränderungsprozesse bei den Forschenden auslösen sollen, gehört auch ein Stück begleitender *Wirkungsforschung* über Haltungs- und Einstellungsveränderungen durch szenische Spiel-Praxis (zum Stand theater- und dramapädagogischer Wirkungsforschung vgl. Wagner 1998, Koch 2007 sowie Heft 48, 2006 der Zeitschrift für Theaterpädagogik). Dies kann insbesondere durch systematische Vergleiche zwischen Haltungen und Einstellungen bei Beginn und gegen Ende eines themenbezogenen Forschungsprozesses erfolgen (‚diachrone Perspektiven-Triangulation'). Die Beteiligten konstruieren sich inter-personal zu Beginn und gegen Ende jeweils andere Aspekte und Dimensionen der ‚sozialen Wirklichkeiten', die in dem Forschungsprojekt thematisiert werden (vgl. insbes. die Projekte von Ensel 1996 und Wrentschur 2004). Die zeitlich gestreckte intensive Auseinandersetzung mit einem sozialen Thema und Feld (und eine darauf bezogene szenische Spielerfahrung) löst neue Erkenntnisimpulse aus – oder aber deren spürbar werdende Abwehr, bei bedrohlichen, das Selbstbild kränkenden oder sozial tabuierten Themen (wie Krankheit, Tod, Gewalt, Vorurteile), die mit den jeweils institutionalisierten und verinnerlichten ‚sozialen Lerngrenzen' verbunden sind (vgl. hierzu die ethnoanalytische Forschungspraxis und Methodenreflexion seit Devereux 1984; dazu auch Nitsch 1989). Dabei könnte eine psycho-soziale *Forschungssupervision* hilfreich sein. In ihr werden die als Abwehrmechanismen genutzten irritierenden Problem- und Themenverschiebungen und formalen methodischen Praktiken z.T. bewusst gemacht und bearbeitet oder aber reflektiert und respektiert (zu Versuchen mit Forschungs-Supervision vgl. Leithäuser/Volmerg 1988; Stahlke 2001).

6. Resümee

Szenisches Spiel als Forschungspraxis ist ein uneingelöstes gut begründetes Programm, eine Baustelle mit unterschiedlichen Rohbauten geblieben und hat (noch) nicht zu einer Methoden und Theoriebausteine entwickelnden kumulativen Forschungspraxis geführt. Dennoch stellt es als konkrete Forschungsutopie eine Herausforderung für die qualitative Bildungs- und Sozialforschung dar, weist es doch auf die unausgeschöpften Möglichkeiten hin, die eine höhere Stufe komplexer sozialer Forschungsorganisation bieten könnte. In besonderen sozialen und ästhetischen Räumen auf Zeit könnte in einer zusätzlichen Ebene symbolisch verdichteter und reflexiver psychosozialer Wirklichkeit forschende Erinnerungsarbeit und Probehandeln praktiziert werden.

Literatur

Athiemoolam, Logan/Wolfgang Nitsch (Hg.) 2005: Nord-Süd-Kooperation in der Lehrerfortbildung. Bericht über einen ... Lehrerfortbildungskurs über szenisches Spiel als Lernform. Oldenburg.

Berger, Hartwig 1974: Untersuchungsmethode und soziale Wirklichkeit. Frankfurt/M.

Boal, Augusto 1989: Theater der Unterdrückten. Übungen und Spiele für Schauspieler und Nicht-Schauspieler. Frankfurt/M.

Brenner, Ingo u. a. 1996: Konflikte bearbeiten. Das pädagogische Rollenspiel in der betrieblichen Praxis. Hamburg.

Brinkmann, Rainer O./Markus Kosuch/Wolfgang Martin Stroh 2001: Methodenkatalog der Szenischen Interpretation von Musiktheater. Oldenburg.

Bülow-Schramm, Margret/Dietlinde Gipser 1997: Spielort Universität. 10 Jahre Lehr-/Lernprojekt „Der brüchige Habitus". Hamburg.

Bülow-Schramm, Margret/Dietlinde Gipser 2007: Theater mit dem Habitus. Zur forschungsbasierten szenischen Arbeit am brüchigen Habitus von HochschullehrerInnen. In: Bülow-Schramm, Margret u. a. (Hg.): Bühne frei für Forschungstheater. Oldenburg. S. 87-104.

Burow, Olaf-Axel 1993: Gestaltpädagogik. Trainingskonzepte und Wirkungen. Ein Handbuch. Paderborn.

Devereux, Georges 1984: Angst und Methode in den Verhaltenswissenschaften. Frankfurt/M.

Ensel, Leo 1995: „Warum wir uns nicht leiden mögen ..." Was Ossis und Wessis voneinander halten. Münster.

Ensel, Leo 1996: Bilder vom fremden deutschen Alltag. Szenische Erkundung des innerdeutschen Ost-West-Konflikts. Oldenburg.

Leithäuser, Thomas/Birgit Volmerg 1988: Psychoanalyse in der Sozialforschung. Opladen.

Koch, Gerd/Reiner Steinweg/Florian Vaßen (Hg.) 1983: Assoziales Theater: Spielversuche mit Lehrstücken und Anstiftung zur Praxis. Köln.

Koch, Gerd 2007: Wirkungen erforschen – auch eine theaterpädagogische Aufgabe. In: Bülow-Schramm, Margret u. a. (Hg.): Bühne frei für Forschungstheater. Oldenburg.

Koch, Gerd/Marianne Streisand (Hg.) 2003: Wörterbuch (der) Theaterpädagogik. Berlin.
Leithäuser, Thomas/Birgit Volmerg 1988: Psychoanalyse in der Sozialforschung. Opladen.
Leutz, Gertrud A. 1974: Psychodrama. Theorie und Praxis. Bd. I: Das klassische Psychodrama nach J. L. Moreno. Berlin.
Mann, Christine/Erhart Schröter/Wolfgang Wangerin 1995: Selbsterfahrung durch Kunst. Methodik für die kreative Gruppenarbeit mit Literatur, Malerei und Musik. Weinheim.
Mergner, Gottfried 1999: Lernfähigkeit der Subjekte und gesellschaftliche Anpassungsgewalt. Hamburg.
Moreno, Jakob L. 1959: Gruppenpsychotherapie und Psychodrama. Einleitung in die Theorie und Praxis. Stuttgart.
Müller, Angelika I./Ingo Scheller 1993: Das Eigene und das Fremde. Flüchtlinge, Asylbewerber, Menschen aus anderen Kulturen und wir. Szenisches Spiel als Lernform. Oldenburg.
Nitsch, Wolfgang 1989: Vom beamteten Gelehrtentum zum soziokulturellen Dienstleistungsbetrieb. Die Geistes- und Sozialwissenschaften in der Krise. In: Das Argument H. 173. S. 21-32.
Nitsch, Wolfgang/Ingo Scheller 1982: Gemeinsame Arbeit an Haltungen – abschließende Bemerkungen zu einer Form selbstorganisierter Lehrerfortbildung. In: Westermanns Pädagogische Beiträge 10/1982. S. 448-449.
Nitsch, Wolfgang/Ingo Scheller u. a. 1998: Lehrkörper. Haltungen und Wirkungen von Männern als Dozenten. Ein Projektbericht. Oldenburg.
Nitsch-Berg, Helga/Hiltraud Kühn 2000: Kreative Medien und die Suche nach Identität. Methoden Integrativer Therapie und Gestaltpädagogik für psychosoziale Praxisfelder. Band I und II. Köln.
Odierna, Simone/Fritz Letsch (Hg.) 2006: Theater macht Politik. Forumtheater nach Augusto Boal. Ein Werkstattbuch. Neu-Ulm.
Oelke, Uta/Ingo Scheller/Gisela Ruwe 2000: Tabuthemen als Gegenstand szenischen Lernens in der Pflege. Theorie und Praxis eines neuen pflegedidaktischen Ansatzes. Bern.
Richter, Kurt F. 1997: Erzählweisen des Körpers. Kreative Gestaltarbeit in Theorie, Beratung, Supervision und Gruppenarbeit. Seelze-Velber.
Sader, Manfred 1986: Rollenspiel als Forschungsmethode. Opladen.
Sader, Manfred 1991: Rollenspiel. In: Flick, Uwe u. a. (Hg.): Handbuch Qualitative Sozialforschung. München. S. 193-198.
Scheller, Ingo 1981: Erfahrungsbezogener Unterricht. Königstein/Ts.
Scheller, Ingo 1982: Arbeit an Haltungen oder über Versuche, den Kopf wieder auf die Füße zu stellen – Überlegungen zur Funktion des szenischen Spiels. In: Scholz, Reiner u. a. (Hg.): Körpererfahrung. Die Wiederentdeckung des Körpers: Theater, Therapie und Unterricht. Reinbek. S. 230-253.
Scheller, Ingo 1986: Szenische Interpretation mit Standbildern – dargestellt an Ibsens „Nora". In: Praxis Deutsch 76. S. 60-65.
Scheller, Ingo 1989: Wir machen unsere Inszenierungen selber. Szenische Interpretation von Dramentexten. Theorie und Verfahren zum erfahrungsbezogenen Umgang mit Literatur und Alltagsgeschichte(n). Oldenburg.
Scheller, Ingo 1998: Szenisches Spiel. Handbuch für die pädagogische Praxis. Berlin.

Scheller, Ingo 2004: Szenische Interpretation. Theorie und Praxis eines handlungs- und erfahrungsbezogenen Literaturunterrichts in Sekundarstufe I und II. Seelze-Velber.

Scheller, Ingo 2008: Szenische Interpretation von Dramentexten: Materialien für die Einfühlung in Rollen und Szenen. Baltmannsweiler.

Schulte-Fortkamp, Brigitte/Wolfgang Nitsch 1994: Erweiterung psychoakustischer Labor-Studien um Settings qualitativer Sozialforschung – explorative Interviews und erfahrungsbezogene Bildungsveranstaltungen. In: Kulturelle Vermittlungsformen gesellschaftlicher Naturverhältnisse. Oldenburg. S. 43-66.

Stahlke, Iris 2001: Das Rollenspiel als Methode der qualitativen Sozialforschung. Möglichkeiten und Grenzen. Münster.

Steinweg, Reiner 1995: Lehrstück und episches Theater. Brechts Theorie und die theaterpädagogische Praxis. Frankfurt/M.

Steinweg, Reiner/Wolfgang Heidefuss/Peter Petsch 1986: Weil wir ohne Waffen sind. Ein theaterpädagogisches Forschungsprojekt zur politischen Bildung. Frankfurt/M.

Vaßen, Florian u.a. (Hg.) 1998: Wechselspiel: KörperTheaterErfahrung. Frankfurt/M.

Volmerg, Birgit u.a. 1983: Kriegsängste und Sicherheitsbedürfnis. Frankfurt/M.

Wagner, Angelika C. 1981: Unterrichtspsychogramme. Reinbek.

Wagner, Betty Jane 1998: Educational Drama and Language Arts. What Research Shows. Portsmouth, NH.

Wrentschur, Michael 2004: Theaterpädagogische Wege in den öffentlichen Raum. Zwischen struktureller Gewalt und lebendiger Beteiligung. Stuttgart.

Wrentschur, Michael 2005: Szenisches Forschen – zwischen Erfahrungs-, Wahrnehmungs- und Handlungsbezug. In: Stigler, Hubert/Hannelore Reicher (Hg.): Praxisbuch Empirische Sozialforschung in den Erziehungs- und Bildungswissenschaften. Innsbruck.

Wrentschur, Michael 2007: Forschen mit Methoden des Theaters und des szenischen Spiels. Ein Zwischenbericht. In: Bülow-Schramm, Margret u.a. (Hg.): Bühne frei für Forschungstheater. Oldenburg. S. 127-160.

Sabine Reh, Ute Geiling und Friederike Heinzel

Fallarbeit in der Lehrerbildung

Unter „Fallarbeit" in der pädagogischen Ausbildung verstehen wir die Konfrontation mit einzelnen „Fällen", wie die Praxis sie bietet, und die rekonstruierende Interpretation pädagogischer „Fälle" aufgrund von Dokumenten und Beobachtungsprotokollen, mit der zumeist eine Ausbildung von Fähigkeiten zur Deutung oder „Diagnose" einer pädagogischen Situation und von „Reflexivität" bezweckt ist. Es wird gefragt, wie in der Ausbildung eine Einführung in Ansätze zum Generieren neuen Wissens durch Fallarbeit als Einführung in Methoden der rekonstruktiven Bildungsforschung und der Handlungs- oder Praxisforschung möglich ist und wie Studierende Erfahrungen mit der ins pädagogische Handeln eingelassenen Forschungstätigkeit machen können (→ Prengel). Kasuistik hat in verschiedenen Disziplinen, auch in der Sozialpädagogik, eine lange Tradition (→ Fatke). Seit einiger Zeit fassen vor diesem Hintergrund in pädagogischen Ausbildungen der deutschsprachigen Länder Verfahren eines „fallorientierten Arbeitens" Fuß (vgl. die ausführliche Darstellung bei Steiner 2004). Im Anschluss an die in der amerikanischen Lehrerbildung schon länger praktizierten „casebased" genannten Lehrertrainings finden sich nun auch in Deutschland besondere Formen eines Umganges mit Fällen – im „situierten" oder „problem based learning" etwa mit Videos (vgl. Reusser 2005).

Wir wollen im Folgenden in einem kurzen Rückblick auf die Geschichte der Diskussionen um eine pädagogische Kasuistik Begründungs- und Argumentationsrichtungen aufzeigen. Danach werden wir kurz die Ergebnisse der Professionalisierungsforschung und der Forschungen zu den Strukturen pädagogischen Wissens und Könnens, des in besonderer Weise risikobehafteten pädagogischen Handelns und des Verhältnisses dieser zueinander in Erinnerung rufen und anschließend Formen der Kasuistik in der heutigen Lehrerbildung und den unterschiedlichen didaktischen Ort, der diesen zugewiesen wird, skizzieren. Illustrieren werden wir die Ausführungen mit der Beschreibung eines Modells von Fallarbeit in der Lehrerausbildung. Das ist Grundlage für ein Fazit, in dem Bedingungen, aber auch Schwierigkeiten von Fallarbeit in der Lehrerausbildung angedeutet werden sollen.

1. Pädagogische Kasuistik nach 1945

Gemessen an einer „klassisch" zu nennenden Kasuistik – mit Prange formuliert einem Verfahren, die Praxis, den Fall und ein theoretisches Wissen, eine theoretisch begründete, allgemein gültige Regel, so aufeinander zu beziehen, dass neue Fälle in Anlehnung an alte entschieden werden können, also eine Zusammenstellung von vorbildlichen Musterlösungen (vgl. Prange 1989) – scheint eine pädagogische Kasuistik mindestens nach 1945 zu fehlen. Flitner und Scheuerl konstatieren im Nachwort ihrer erstmals 1967 herausgegebenen Textsammlung „Einführung in pädagogisches Sehen und Denken" einen eher geringen Stellenwert der pädagogischen Kasuistik und charakterisieren deren entscheidende Anliegen: „In der Lehrtradition der deutschen Pädagogik sind die einfachen Fallbeschreibungen, das Beobachten von Ereignissen und Zusammenhängen, aus denen das pädagogisch Wichtige herausgehoben wird, wenig geübt worden. So gibt es bei uns, wenn man von der psychologischen Erziehungsberatung einmal absieht, auch kaum eine kasuistische Literatur. Man möchte denken lernen, aber man fürchtet die Rezepte; der einzelne Fall geht in der pädagogischen Maxime ohnehin nicht auf. Und doch lässt sich gerade an Fällen und Unfällen des Erziehungsalltags das pädagogische Sehen lernen und auch das historisch-systematische Denken auf die Probe stellen" (Flitner/Scheuerl 1993, S. 241). In typischen Fällen und Situationen veranschaulichen sich „pädagogische Phänomene". Zu diesen gehören 1. die pädagogische Beziehung zwischen Erwachsenem und Kind, 2. die sozialen Ordnungen der Erziehung, etwa der Schule und schließlich 3. die Denk- und Erlebnisformen der Kinder. Versammelt sind in dem Band Texte, die durchaus unterschiedlichen Textsorten angehören und längst nicht alle als Darstellungen, als Beobachtungen und Erzählungen einzelner „Fälle" gelten können, aber auch autobiographische Berichte, Beschreibungen einzelner Szenen und Situationen wie etwa der fiktiven Situation „Peter stört" (Henningsen 1993), in deren Konstruktion und Interpretation, wie Henningsen schreibt, „erziehungswissenschaftliche Reflexion" vorgeführt wird.

Offensichtlich erhält die Diskussion um eine pädagogische Kasuistik in den 70er/Anfang der 80er Jahre – etwa bei Gamm (1967), Binneberg (1979, 1985), Günther (1978), Hastenteufel (1980), Ertle/Möckel (1981), Kaiser (1983) oder Brügelmann (1982) – angesichts einer „realistischen Wende" der Pädagogik, einer stärkeren Ausrichtung an empirisch-analytischen Verfahren in der Erziehungswissenschaft als ein Versuch der „Wiedergewinnung des Pädagogischen" Auftrieb. Gleichzeitig wird aber deren wissenschaftlicher Status angezweifelt oder muss eigens bewiesen werden. So versucht Binneberg, die Wissenschaftlichkeit der Kasuistik, deren Grundbegriff die „analoge Methode" sei, als „methodische Kunst" zu begründen, in der die Fallbeobachtung in eine Falldarstellung und diese in eine Fallanalyse überführt wird (Binneberg 1985, S. 775), und er stellt Gütekriterien eines „widerlegungsdefiniten Verfahrens" auf. Baacke/Schulze entwerfen 1979 ein Programm „Aus Geschichten lernen" ausdrücklich nicht „als Kampfansage an empirisch-analytische Wissenschaft" oder „als Rückkehr zur geisteswissenschaftlichen Hermeneutik", mit der die Pädagogik zu ihren Ursprüngen als interpretierende Textwissenschaft zurückkehren würde (Baacke 1979, S. 44). Die Alternative stellt eine sozialwissenschaftliche Hermeneutik dar, die es dennoch erlauben könnte, das „Eigene" der Pädagogik im

Narrativen, in den Geschichten zu sehen, die es erlauben könnte, den Zusammenhang von Erkennen und Handeln zu rekonstruieren. Baacke schreibt: „Erzählende Texte weisen uns wieder hin auf den Wert häufig umstrittener pädagogischer Kasuistik (...) Es darf als unbestritten gelten, dass erzählende Texte hervorragende Fall-Dokumente darstellen, eine pädagogisch bisher kaum ausgeschöpfte Materialsammlung von eminent theoriekritischem und zugleich praxisanleitendem Wert!" (Baacke 1979, S. 21/22)

Günther und Kaiser rücken die Möglichkeiten kasuistischer Arbeit deutlicher noch in den Kontext von Lehrerausbildung, einer komplexen Vermittlungsproblematik, der „Theorie-Praxis-Vermittlung als Ausbildungsproblem" (Günther 1978, S. 166). Fälle werden hier betrachtet als „Schnittpunkte von Theorie und Praxis", hier sei die Theorie immer schon auf Praxis verwiesen (Günther 1978, S. 168). Allerdings stellt Günther fest: „Das Zurechtkommen in Situationen kann nur in Situationen gelernt werden" (Günther 1978, S. 170), die Simulation könne den Ernstfall nicht ersetzen (Günther 1978, S. 172). Die Ausbildung inszeniert eine vom Zugzwang entlastete Situation, in der Argumentationsräume eröffnet, für Unvorhergesehenes sensibilisiert wird und die gleichzeitig „Möglichkeiten des Denkens in sozialen Prozessen, der Problemzerlegung und der Entwicklung von Handlungsstrategien eröffnet und einer vordergründig-rezeptologisch am ‚Richtig-Falsch'-Schema orientierten Sichtweise entgegenwirken kann" (Günther 1978, S. 171).

Anfang der 80er Jahre beschäftigen sich zwei Tagungen mit der Frage wissenschaftlicher Dignität von Fallstudien (Fischer 1982, vgl. auch Brügelmann 1982) und deren Bedeutung für die Ausbildung (Fischer 1983). Sie konzentrieren noch einmal die vorangegangene Diskussion. Einerseits wird die besondere Aussagekraft von pädagogischen Fallstudien – Lerngeschichten von einzelnen, auffälligen Kindern, „Sozialgeschichten und Situationsanalysen", Fälle von Organisationen und Institutionen und Fälle von Programmen und Entwicklungen – gegenüber empirisch-analytischer Forschung hervorgehoben: Die Abbildungsgenauigkeit von Beschreibungen sei höher, Verständlichkeit, Erklärungskraft und Verlässlichkeit von Deutungen scheinen ebenso gesteigert wie die Übertragbarkeit auf neue Situationen. Die Kategorie des Verstehens bilde das Zentrum der Methodologie der Einzelfallstudie – auch wenn diese nicht auf qualitative Methoden beschränkt sei (vgl. Lehmann/Vogel 1984, S. 353). Charakteristisch für sie seien vor allem die Methode der teilnehmenden Beobachtung und des narrativen Interviews. Die Einzelfallstudie ist stärker kontextbezogen, komplexitäts- und prozessorientiert angelegt und weist von daher eine besondere Nähe zu Erzählungen als einer entscheidenden Form zur Darstellung von Prozessen auf.

Der Nutzen der Fallarbeit für die Aus- und Fortbildung wird vor allem darin gesehen, dass nicht einfach Wissen, sondern stellvertretend Erfahrungen vermittelt werden könnten, die Wiedergewinnung von Fülle und Sinnlichkeit durch Falldarstellungen Mehrperspektivität und die Erkundung von Handlungs- und Deutungsspielräumen erlaube und die Studierenden zu eigenen Forschungen angeregt würden.

Zusammenfassend lässt sich für diese historische Phase also beschreiben:

- Die Arbeit mit Fällen wird als Arbeit an Fallstudien im Sinne eines wissenschaftlichen Verfahrens und als Ausbildungspraxis, als didaktisches Prinzip, diskutiert.
- Dabei bleibt letztlich, wie Binneberg schreibt, „notorisch" ungeklärt, was der Fall ist, wie er dokumentiert ist, welchen Status welche Texte als Fälle haben und wie, mit welchen Methoden, Fälle zu analysieren oder zu interpretieren seien.
- Prinzipiell kann man unterscheiden zwischen einer Betrachtung der Fälle als „Fälle von", in denen hervorgehoben wird, was an ihnen als Allgemeines erkennbar ist, wo die Fälle erscheinen als Veranschaulichung, als Exempel für etwas anderes, für eine allgemeine Struktur etwa, und einer Betrachtung, die das Besondere der Fälle als einzelne, die gerade nicht aufgehen in der Allgemeinheit der Struktur, herausstellt.
- Im Kontext von Ausbildung erscheinen die Fälle oder die Fallstudien dann einerseits als Beispiele für eine gute Praxis oder auch eine schlechte, jedenfalls für eine gut interpretierte Praxis oder aber andererseits als Material, an dem eine bestimmte Art zu sehen und zu deuten, zu reflektieren als Spezifikum pädagogischer Arbeit geschult werden kann; Fallarbeit erscheint quasi als eine Methode, die geübt werden muss, und als eine „Lehrmethode".

2. Wissen und Fälle – Ergebnisse der Professionalisierungsforschung

Vor dem Hintergrund der sich in den 90er Jahren ausbreitenden modernisierungstheoretischen Positionen in der Erziehungswissenschaft (vgl. Helsper/Hörster/Kade 2003) erschien nicht nur das geisteswissenschaftlich-hermeneutische Fallverstehen, sondern auch und gerade die Suche nach Regeln einer Anwendung allgemein gültigen Wissens über Bildungs- und Erziehungsprozesse, die in der pädagogischen Ausbildung der Pädagoginnen und Pädagogen zu vermitteln seien, obsolet. Eine „neuere sozialpädagogische Kasuistik" nahm ihren Ausgangspunkt in Methoden qualitativer Bildungsforschung, vor allem in der Biographieforschung und in narrativen Gesprächsverfahren (vgl. v. Wensierski 2006, S. 464-466), und zielte auf ein wissenschaftlich fundiertes „multiperspektivisches Fallverstehen" (Müller 2006). Unter Bezugnahme auf die Professions- und Wissensverwendungs- bzw. als Expertiseforschung erhielt „Fallarbeit" in der pädagogischen Ausbildung vor allem der Lehrerinnen und Lehrer einen veränderten Stellenwert, den der Ausbildung von „Reflexivität" (→ Kraimer).

Immer wieder wird eine reflexive Haltung der eigenen Berufstätigkeit gegenüber zum Charakteristikum von Profession bzw. Professionalität erklärt. Diese trotz unterschiedlicher Ansätze vergleichsweise große Einigkeit der Professionalisierungsforschung kann in der Formel „Professionalität durch Reflexivität", die als Selbstthematisierung und Prozessreflexion der beruflichen Arbeit unentbehrlich geworden sei (vgl. Bastian/Combe/Reh 2001; Reh 2003; Reh 2004), zusammengefasst werden. So etwa gehen an Oevermann (1996) orientierte Ansätze davon aus, dass für das Handeln des Professionellen der doppelte Habitus eines praktischen Könnens und wissenschaftlicher Reflexivität notwendig sei im Hinblick auf nachträgliche Handlungsbegründung und im Hinblick auf die Bewältigung von Handlungskrisen, die aufgrund der Fallstruktur professioneller Handlungsprobleme der Normalfall sind und immer neue Lösungen erfordern (vgl. Helsper 2002). Davon ausgehend ist die Einübung fallverstehender Reflexivität in der pädagogischen und auch fachdidaktischen Ausbildung von großer Bedeutung (vgl. etwa Schierz/Thiele 2002). Sie diene nicht dem „Aufbau von Erfahrungsmustern", erlaube aber eine Einübung des notwendigen wissenschaftlich-reflexiven Habitus.

Parallel zu dieser Position konnte in verschiedenen psychologischen und soziologischen Forschungsbereichen, der Wissensverwendungsforschung etwa, der Abschied vom Modell der Wissensapplikation im Handeln des Professionellen erlebt werden (vgl. Combe/Kolbe 2004); auch das Konstrukt eines handlungsleitenden Wissens hinter einem Können werde fragwürdig, vielmehr scheint in der situativen Komplexität und der Prozesshaftigkeit des Unterrichts, intuitiv gehandelt zu werden. Es wird eine grundlegende Differenz von Wissen und Können angenommen. „Implizites Wissen" sei durch Vorbilder und Musterbeispiele, durch Übung und persönliche Erfahrung entstanden. Können sei als Wissen gar nicht zu beschreiben und durch dieses Wissen jedenfalls nicht zu instruieren (vgl. Neuweg 2002, S. 17). Wichtig sei dementsprechend das nicht vom Funktionsfeld getrennte Lernen in Expertenkulturen. Aber auch wenn professionelles Wissen fallbasiertes Wissen darstellt, sei – so etwa Neuweg – keinesfalls ausgemacht, ob es über „flächendeckende Fallstudiencurricula" erworben werden könne.

Etwas zuversichtlicher zeigen sich andere Autoren. „Durchreflektierte Interpretationsmuster" seien „Basis eines abkürzenden professionellen Verständnisses" in komplexen Kommunikationssituationen, betont Kolbe. Worin nun genau besteht dieses „abkürzende Verstehen"? Es bedarf einer besonderen Form der Wahrnehmung, einer besonderen „Urteilskraft", eines Vermögens, Situationen, Situationskonstellationen, Szenen „gestalthaft als typisch wahrzunehmen und sie mit Prozess- und Handlungsvorstellungen zu verknüpfen" (Combe 2001). Combe geht davon aus, dass genau diese Urteilskraft, die als Fähigkeit, das Besondere als enthalten im Allgemeinen zu erkennen, verstanden werden kann, angebahnt werden könne im Blick auf konkrete pädagogische Problemlagen eines Falles auch in universitärer Ausbildung. In der Arbeit mit „Fällen", im Entwurf von Lesarten, in der gedankenexperimentellen Simulation „praktischer Erfahrungskrisen" entstehen unter Rückgriff auf Vorstellungen, innere Bilder, eine Art „Referenzbeispiele". Und diese können als das, auf das „zurückgegriffen" wird, in Handlungssituationen eine gestaltförmige, analogisierende Übertragung ermöglichen. Operiert wird in professionellen Handlungssituationen mit zu variierenden Bildern der Einbildungskraft, also holistisch, phantasievoll und in gewisser Weise ästhetisch. „Bedeutungsvolle Verwandtschaften", „Familienähnlichkeiten" – so beschreiben es Neuweg und Combe – werden erkannt und Analogisierungen, erkennende Übertragungen vorgenommen.

In der pädagogischen Ausbildung könnte es nun darum gehen, für diese Operationen „Referenzobjekte", Bilder und Szenen, bereit zu stellen und die wenig beachtete kulturelle Fähigkeit zum „szenischen Verstehen" (→ Klein), zur analogisierenden Übertragung von Mustern und Bildern, einem Abgleichen und phantasievollen Neuentdecken der Besonderheit der jeweiligen Situation auszubilden – auch die Phantasie zu üben. Davon könne man sich nun einerseits eine Irritation und unter Umständen die Dekonstruktion internalisierter, alltäglicher, lieb gewonnener Deutungsmuster oder subjektiver Theorien über Schule, Unterricht, Lehrerhandeln, Schülerrolle und andererseits dennoch Strukturerkenntnisse über Erziehungsverhältnisse in der Schule versprechen.

Zu fragen bleibt allerdings, ob die Lektüre oder auch die hermeneutische Umgangsweise mit Texten, die die Fallarbeit an den Universitäten oft kennzeichnet, demgegenüber nicht wiederum eine kognitivistische Verengung darstellen. Können sie überhaupt eine ernsthafte Provokation für den Um- und Neubau von Verstehensmustern darstellen und in welchem Zusammenhang mit der Ausbildung von Können stehen sie? Auch die quantitativ-empirische Erforschung von Professionalisierungsprozessen (vgl. Baumert/Kunter 2006) kann bisher nicht zeigen, wie „praktisches Wissen und Können, das an Fälle, Episoden und Skripts gebunden ist, Routinen integriert, aber dennoch so flexibel sich erweist, dass es die erfolgreiche intuitive Feinabstimmung im Handlungsvollzug erlaubt", entsteht (Baumert/Kunter 2006, S. 484): Erfolgreiches Expertenhandeln basiere offensichtlich auch „auf einer intuitiven Interpretation der Situation" (ebd.).

3. Didaktischer Einsatz und Formen der Fallarbeit in der Lehrerausbildung

Aktuell finden sich in Studienordnungen Fallseminare, Fallmodule oder schulpraktische Studien, Praxisprojekte und Lehrforschungsprojekte, in denen mit Fällen gearbeitet wird. Es werden in den Lehrveranstaltungen verschiedene Verfahren der Beobachtung, Protokollierung und Beschreibung von als pädagogisch betrachteten Situationen und deren Interpretation auf unterschiedliche Weise eingesetzt und geübt. Zudem sind Fallarchive und Fallsammlungen entstanden, welche die kasuistische Arbeit in der Lehrerbildung unterstützen wollen (Online-Fallarchiv Schulpädagogik der Universität Kassel: *cms.uni-kassel.de/index.php?id=1575,* Archivdatenbank für pädagogische Kasuistik der Universität Frankfurt (Main): *archiv.apaek.unifrankfurt.de).*

In vielen Veranstaltungen geht es darum, Methoden zur Konstruktion und zur Rekonstruktion von „Fällen" kennen zu lernen und diese Form der Wissensproduktion, der ein „forschender" Zugang zum Gegenstand innewohnt, zu üben (vgl. Beck u. a. 2000, S. 45; vgl. auch Ohlhaver/Wernet 1999).

Dabei sind folgende forschungsmethodische Zugänge und Ziele zu unterscheiden:

- Geht es darum, Bildungsprozesse, subjektiven Sinn, subjektive Sichtweisen und deren Transformation nachzuvollziehen, dann können Narrationsanalysen oder hermeneutische Verfahren – etwa die Tiefenhermeneutik oder die Objektive Hermeneutik – zur Interpretation verschiedener textlicher und bildlicher Quellen, z. B. auch von biographischen Interviews oder von Lernberichten von Schülern und Schülerinnen, verwandt werden.
- Sollen Prozesse der Herstellung und Strukturen pädagogischer Situationen und von Unterricht analysiert werden eignen sich in teilnehmender Beobachtung oder mit Hilfe der Videographie entstandene ethnographische Beschreibungen oder mit technischer Hilfe erstellte Transkripte der Interaktionen, die wiederum auf unterschiedliche Weise interpretiert werden können, etwa mit Hilfe der Konversationsanalyse.

Das Verstehen der Fälle zielt auf eine mehr oder weniger wissenschaftlichmethodisch gesicherte Ausdeutung der in Textform dokumentierten Praxisszenen. Lehrerfahrungen und Aussagen von Studierenden zeigen, dass Lehramtsstudierende im Kontext von Fallseminaren häufig erstmals mit Forschungsmethoden in Berührung kommen. Deshalb sind Kontaktaufnahmen mit Fallarbeit seitens der Studierenden teilweise von starken Unsicherheiten und wenig konturierten Vorstellungen über Sinn und Bedeutung der forschungsmethodisch fundierten Zugänge begleitet.

Durch die Erarbeitung von Fallanalysen in Seminaren und die Vorstellung von Fallstudien kann eine Einführung in Verfahren der qualitativen Schul- und Unterrichtsforschung erfolgen. Zugleich wird Interesse an erziehungswissenschaftlicher Forschung und Theoriebildung angeregt. Dabei kann eine Irritation internalisierter Deutungs- und Handlungsmuster über Schule und Unterricht und die Reflexion dieser Muster stattfinden. Erreicht werden soll eine Sensibilisierung für die Komplexität schulischer Interaktionsprozesse, Perspektivenwechsel sollen erschlossen werden. Vor dem Hintergrund der Irritation des Gewohnten können alternative Handlungs- und Deutungsmöglichkeiten von unterrichtlichem Handeln entworfen werden.

Eine Systematisierung der pädagogischen Kasuistik könnte nach Art der Fälle vorgenommen werden – so unterscheidet etwa Wernet eine akteurs- und eine klientenorientierte Kasuistik (vgl. Wernet 2006, S. 183), also eine, die das pädagogische Handeln, eine, die dessen Adressaten fokussiert. Die Formen pädagogischer Fallarbeit in der Ausbildung lassen sich aber auch – wie im Folgenden skizziert – nach ihrem didaktischen Einsatzort unterscheiden:

1. die Rekonstruktion von thematisch ausgewählten „Fällen" als Ausgangspunkt einer in der Lehrveranstaltung zu leistenden Analyse eines bestimmten Gegenstandsbereiches zu nehmen – dessen Konstruktion im Vorweg von einem spezifischen, theoretisch begründeten Verständnis fundiert ist, z.B. „Unterricht als Interaktion", „Schule als Einübung in Rollenhandeln";
2. stärker entweder Methoden zur Konstruktion und zur Rekonstruktion von „Fällen" zu thematisieren und diese Form der Wissensproduktion zu üben, also Verfahren der Beobachtung, Protokollierung und Beschreibung von als pädagogisch betrachteten Situationen und/oder deren Interpretation auf unterschiedliche Weise zu erproben;
3. Begegnungen mit der pädagogischen Praxis als solche eines „pädagogischen Falles" zu kanalisieren und derart eine kontextualisierende Analyse zu ermöglichen. Begleitseminare zu solcher Fallarbeit in der Praxis können genutzt werden, um sowohl Teilnehmerinnen und Teilnehmer in eine methodengeleiteten Fallanalyse einzuführen, unterschiedliche Lösungsmöglichkeiten für als ein Problem definierte pädagogische Situationen oder Prozesse zu entwickeln und möglicherweise die eigenen Anteile an der Konstruktion der Fälle zur Sprache zu bringen.

Gerade der Gewinn, aber auch die Komplexität des letzteren soll im Folgenden – an einem Fallbeispiel – beschrieben werden.

Beispiel: Fälle in der Praxis

Praxisangebote, jenseits der obligatorischen Praktika der Lehramtsstudiengänge, können im besonderen Maße Erfahrungsräume schaffen, innerhalb derer Studierende angeregt werden, sich dem forschenden Habitus anzunähern. Viele alternative Praxisprojekte stehen in der Tradition des Kassler Schülerhilfeprojektes (Garlichs 1995). Sie zeichnen sich jeweils durch eigene Profilbildungen aus (vgl. Heinzel/Garlichs/Pietsch 2007), ermöglichen aber immer vielfältige Begegnungen mit persönlich bedeutsamen „pädagogischen Fällen", die gleichsam forschende Zugänge eröffnen. Dieses Möglichkeitsfeld soll im Folgenden am Beispiel des Schülerhilfeprojekts Halle konkretisiert werden, das seit 2003 im Institut für Rehabilitationspädagogik der Universität Halle-Wittenberg existiert und jährlich 14 bis 16 Studierende und 50 bis 60 Kinder aufnimmt (Geiling/Sasse 2007, S. 62-74; Sasse/Geiling 2007, S. 157-166; Geiling/Sasse 2008, S. 327-339).

Das Schülerhilfeprojekt Halle ist als universitäres, Schule ergänzendes, Bildungsangebot für benachteiligte Kinder der Schuleingangstufe konzipiert. Auf hochschuldidaktischer Ebene wird mit dem Projekt das Ziel verfolgt,

Studierenden des Lehramtes an Förderschulen jenseits der obligatorischen Praktika einen Erfahrungsraum zur Verfügung zu stellen, in dem sie sich in kooperativ geteilter studentischer Verantwortung dem Praxisfeld der Grundschule annähern und dabei aus der Position einer „Quasilehrperson" Erfahrungen mit Kindern aus benachteiligten Familien sammeln und diese angeleitet wahrnehmen und reflektieren. Die allgemeine Zielsetzung lässt sich bezogen auf das Erfahrungslernen der Studierenden wie folgt ausdifferenzieren:

- Die Studierenden setzen sich als professionelle Erwachsene zu Kindern ins Verhältnis (ohne dabei während der pädagogischen Arbeit von anderen professionellen Erwachsenen kontrolliert und bewertet zu werden),
- halten die Beziehung zu verschiedenen Kindern über die Dauer eines Schuljahres aufrecht und beobachten die Entwicklung jedes einzelnen Kindes sowie die Entwicklung der Beziehungen der Kinder untereinander genau,
- lernen, im Pädagogenteam auf der Basis der Beobachtungen Verantwortung für die Gestaltung von Lernsituationen in der Kleingruppe zu übernehmen,
- entwickeln angemessene Angebote für die Kinder ihrer Kleingruppe; dabei sammeln sie Erfahrungen bei der Gestaltung von unterschiedlichen Lernsituationen wie Kleingruppen-, Einzel-, Projekt- und Freiarbeit, entwickeln und probieren verschiedene Materialien und Arbeitstechniken aus,
- sammeln Eindrücke und Informationen über die sozialen und psychischen Kind-Umfeld-Beziehungen sowie über die Vorlieben, Fähigkeiten, Bedürfnisse und Schwierigkeiten der einzelnen Kinder,
- erfahren, dass Nähe sowie Distanz in pädagogischen Beziehungen enthalten sind,
- reflektieren ihre Arbeit im Schülerhilfeprojekt (Beziehungen zu den Kindern, Wirksamkeit der Angebote für die Entwicklung der Kinder, Zusammenarbeit im Team, eigenes Lern- und Erfahrungsinteresse im Schülerhilfe-Projekt),
- kommunizieren mit den verantwortlichen Lehrerinnen und Erzieherinnen, teilweise auch mit den Eltern der Kinder
- dokumentieren die Ausgangslagen und Entwicklungen der Kinder sowie ihre pädagogische Arbeit
- fassen ihre Erfahrungen zusammen und setzten diese zu theoretischen Diskursen in Beziehung und
- entwickeln und formulieren eigene Forschungsfragen, die auch in andere Lehrveranstaltungen eingebracht und im Rahmen wissenschaftlicher Qualifikationsarbeiten bearbeitet werden können.

Kernstück des Projektes sind die so genannten Spiel- und Lernstunden, die über den Zeitraum eines gesamten Schuljahres einmal wöchentlich in den Räumlichkeiten von Schulhorten stattfinden. Die Studierenden übernehmen im Zweier- oder auch Dreierteam die Verantwortung für maximal zehn

Kinder mit Lernschwierigkeiten und Entwicklungsverzögerungen. Sie treffen sich an einem Nachmittag der Woche mit „ihren" Kindern. Der Projektidee zu Folge besteht ihr Auftrag darin, über spielerische und handlungsbetonte Lernangebote das Selbstbewusstsein und die Lernfreude der Kinder zu stärken, Lernfortschritte und Erfolgserlebnisse zu ermöglichen und sozial kompetentes Verhalten heraus zu fordern und zu bekräftigen.

Projektbegleitend findet einmal wöchentlich eine Seminarsitzung statt, die dem Erfahrungsaustausch, der theoretischen Reflexion, der Arbeit an Konzepten und der kollektiven Fallanalyse und -beratung dient. Klar strukturierte Sitzungen mit theoretischen Angeboten und eher offene Gesprächsangebote halten sich in etwa die Waage. Förderdiagnostische Befunde, Produkte der Kinder, didaktische Materialien und Gestaltungsideen werden vorgestellt und in der Projektgruppe kritisch diskutiert. Die Studierenden berichten von ihren Einblicken in die familiäre und schulische Lebenswelt der Kinder und reflektieren, ob und wie die Kinder die Angebote der Spiel- und Lernstunden angenommen haben und mit welchen Problemen sie sich aktuell konfrontiert sehen. Dabei beschreiben sie häufig eigene Lernprozesse, sowohl krisenhafte als auch beglückende Situationen in der Arbeit mit den Kindern und der Teamarbeit.

Dem Handlungsdruck und Reflexionsbedürfnis der Studierenden angemessen, beziehen sich theoretische Angebote im ersten Halbjahr auf eher praxisnahe Themen (Methoden im Umgang mit Verhaltensauffälligkeiten, förderdidaktische und förderdiagnostische Konzepte). Im zweiten Halbjahr aber werden ausgewählte Aspekte zur Struktur und potentiellen Krisenhaftigkeit pädagogischen Handelns vorgestellt und als Reflexionsfolie in die Diskussion der handlungspraktischen Probleme eingebracht. Dabei wurde die Erfahrung gemacht, dass die Studierenden sehr offen auf diese Reflexionsangebote reagieren. Das Wechselspiel von Krise und Routine, wie es Oevermann (1996) beschreibt oder die grundlegende Widersprüchlichkeit des pädagogischen Handelns (Helsper 1996) sind Themenkomplexe, an welche die Studierenden häufig im Zuge ihrer ersten pädagogischen Erfahrungen aus dem Projekt sehr gut anknüpfen können. Alle Studierenden erfahren im Projekt, dass es kein leichtes Unterfangen ist in einem pädagogischen Feld unter professionellem Anspruch zu analysieren und zu agieren. Der Enthusiasmus und Ideen der einfachen Anwendbarkeit pädagogischen Wissens werden im Praxisprojekt relativ schnell abgedämpft und relativiert. Die Auseinandersetzung mit Strukturproblemen der pädagogischen Profession ist daher für die Studierenden oft auch ein entlastendes Moment mit Hilfe derer sie akzeptieren können, dass es vollständige und „richtige" Fallanalysen, „perfekte" Lehrpersonen oder „optimale" Situationsgestaltungen nicht geben kann.

Zur Projektstruktur des zweiten Halbjahres gehört weiter, dass sich die Studierenden in ihren Gruppen besuchen und die Arbeit einer anderen Gruppe untersuchen, indem sie diese aufmerksam beobachten und protokollieren.

Die Ergebnisse dieser wechselseitigen Beobachtungen werden in moderierten Sitzungen des Begleitseminars ausgetauscht und aufgezeichnet. Wenn die Studierenden über ihre Beobachtungen berichten und diese in der Diskussion gemeinschaftlich analysieren, setzen sie sich auch systematisch mit fremden Fällen auseinander. Diese stehen allerdings dem eigenen Erfahrungshorizont sehr nahe und sind durch Kontextwissen gesättigt. Da die Praxisrelevanz dieser Fälle in der Wahrnehmung der Studierenden außer Zweifel steht, sind die Studierenden auch bereit, sich mehrdimensional mit dem Fall auseinanderzusetzen.

Gut ein Drittel aller „Ehemaligen" zeigt mit etwas zeitlicher Distanz ein deutliches disziplinäres Interesse an „ihrem" Schülerhilfeprojekt. Ähnliche Effekte werden auch in der Dokumentation des Kasseler Schülerhilfeprojekts (Garlichs 2000, S. 181) oder anderer Projekte (vgl. Heinzel/Garlichs/ Pietsch 2007) sichtbar. Die angeleitete bzw. begleitete Reflexion der Praxisbegegnung in derartigen Projekten hat, so kann vermutet werden, die Aneignung eines forschenden Habitus unterstützt. Die im Zusammenhang mit der Projektarbeit entwickelten Forschungsfragen werden in den wissenschaftlichen Abschlussarbeiten distanziert theoretisch reflektiert. Im Kontext des Halleschen Schülerhilfeprojekts beinhalten einige der Examensarbeiten Einzelfallstudien, andere sind innerhalb der Debatten zur Pädagogischen Professionalität bzw. der Resilienzforschung verortet und teilweise werden die Studien als Dissertationen weitergeführt.

4. Fazit: Chancen, Probleme und Grenzen der Fallarbeit

Fallarbeit ist inzwischen in vielen Studienorten ein wichtiger Bestandteil der Ausbildung geworden. Der Struktur pädagogischer Handlungsanforderungen entspricht die Arbeit mit und an Fällen. Beobachtet und berichtet wurde über auftretende Probleme im Umgang mit Fällen, in fallorientierten Seminaren, etwa aufgrund einer typischen Rezeptionshaltung gegenüber Texten, mit der die intensive, Zeit kostende Lektüre einzelner Texte nur schwer vereinbar ist, oder aufgrund der Schwierigkeiten des Bezuges auf Theorien, weil es etwa nicht gelingt ein einzelnes, theoretisches Problem im Fall zu isolieren (vgl. Rabenstein/Reh 2005, S. 51/52). Sicherlich kann in der pädagogischen Ausbildung nicht auf den systematischen Aufbau von Theoriewissen verzichtet werden. Im Sinne einer klaren Struktur sollte der Stellenwert des Fallbezuges in der Gesamtausbildung und im didaktischen Rahmen einzelner Veranstaltungen geklärt werden: Was wird von den Studierenden an welchem Ort ihrer Ausbildung erwartet? Was soll in welchem Seminar oder welchem Modul und Teil der Ausbildung mit dem Fallbezug oder der Fallarbeit erreicht werden? Geht es um „Erhebungsmethoden" oder um das Erlernen der Interpretationsmethode, geht es um die Dekonstruktion internalisierter Deutungen oder um die Illustration von systematischen Wissen und dessen Unterstützung?

Empirisch wäre außerdem – und zusätzlich zur Frage des Zusammenhangs zwischen Wissen und Können, zwischen formal knowledge und practical knowledge bzw. knowledge in action – weiter zu untersuchen, ob und in welcher Weise die gewünschten und mit der Fallarbeit angestrebten Fähigkeiten, wie Perspektivendezentriertung, Fallbeobachtung und -anlyse erzeugt werden.

Literatur

Baacke, Dieter 1979: Ausschnitt und Ganzes – Theoretische und methodologische Probleme bei der Erschließung von Geschichten. In: Baacke, Dieter/Theodor Schulze (Hg.): Aus Geschichten lernen: Zur Einübung pädagogischen Verstehens. München. S. 11-50.
Baacke, Dieter/Theodor Schulze (Hg.) 1979: Aus Geschichten lernen: Zur Einübung pädagogischen Verstehens. München.
Bastian, Johannes/Arno Combe/Sabine Reh 2002: Professionalisierung und Schulentwicklung. In: Zeitschrift für Erziehungswissenschaft 5. S. 417-435.
Baumert, Jürgen/Mareike Kunter 2006: Stichwort: Professionelle Kompetenz von Lehrkräften. In: Zeitschrift für Erziehungswissenschaft 9. S. 469-520.
Beck, Christian/Werner Helsper/Bernhard Heuer/Bernhard Stelmaszyk/Heiner Ullrich 2000: Fallarbeit in der universitären Lehrerausbildung. Opladen.
Binneberg, Karl 1979: Pädagogische Fallstudien. Ein Plädoyer für das Verfahren der Kasuistik in der Pädagogik. In: Zeitschrift für Pädagogik. 25 (3). S. 395-402.
Binneberg, Karl 1985: Grundlagen der pädagogischen Kasuistik. Überlegungen zur Logik der Kasuistischen Forschung. In: Zeitschrift für Pädagogik. 31 (6). S. 773-788.
Brügelmann, Hans 1982: Fallstudien in der Pädagogik. In: Zeitschrift für Pädagogik. 28. S. 609-623.
Combe, Arno 2001: Fallgeschichten in der universitären Lehrerbildung und die Rolle der Einbildungskraft. In: Hericks, Uwe/Josef Keuffer/Hans Christian Kräft/ Ingrid Kunze (Hg.): Bildungsgangdidaktik – Perspektiven für Fachunterricht und Lehrerbildung. Opladen. S. 19-32.
Combe, Arno/Fritz-Ulrich Kolbe 2004: Lehrerprofessionalität: Wissen, Können, Handeln: In: Helsper, Werner/Jeanette Böhme (Hg.): Handbuch der Schulforschung. Wiesbaden. S. 833-853.
Ertle, Christoph/Andreas Möckel (Hg.) 1981: Fälle und Unfälle der Erziehung. Stuttgart.
Fischer, Dietlind (Hg.) 1982: Fallstudien in der Pädagogik. Aufgaben, Methoden, Wirkungen. Konstanz-Litzelstetten.
Fischer, Dietlind (Hg.) 1983: Lernen am Fall. Zur Interpretation und Verwendung von Fallstudien in der Pädagogik. Konstanz-Litzelstetten.
Flitner, Andreas/Hans Scheuerl (Hg.) 1993: Einführung in pädagogisches Sehen und Denken. Texte. München u. a.
Gamm, Hans-Jochen 1967: Zur Frage einer pädagogischen Kasuistik. In: Bildung und Erziehung 20. H. 4. S. 321-329.
Garlichs, Adriane 1995: An der Seite der Kinder. Das Kassler Schülerhilfe-Projekt. In: Hänsel, Dagmar/Ludwig Huber (Hg.): Lehrerfortbildung neu denken und gestalten. Bd. 1: Schulentwicklung und Lehrerfortbildung. Weinheim/Basel. S. 153-164.

Garlichs, Adriane 2000: Schüler verstehen lernen. Das Kasseler Schülerhilfeprojekt im Rahmen einer reformorientierten Lehrerausbildung. Donauwörth.
Geiling, Ute/Ada Sasse 2007: Bildungsförderung benachteiligter Kinder im Grundschulalter durch Studierende. In: Heinzel, Friederike/Adriane Garlichs/Susanne Pietsch (Hg.): Lernbegleitung und Patenschaften. Reflexive Fallarbeit in der universitären Lehrerausbildung. Bad Heilbrunn. S. 62-74.
Geiling, Ute/Ada Sasse 2008: Das Schülerhilfeprojekt Halle als Ort sozialen Lernens. In: Rohlfs, Carsten/Marius Harring/Christian Palentien (Hg.): Kompetenz-Bildung. Soziale, emotionale und kommunikative Kompetenzen von Kindern und Jugendlichen. Wiesbaden. S. 327-339.
Günther, Karl Heinz 1978: Pädagogische Kasuistik in der Lehrerausbildung. Vorbemerkungen zum Diskussionsstand. In: Zeitschrift für Pädagogik. 15. Beiheft. S. 165-174.
Hastenteufel, Paul 1980: Fallstudien aus dem Erziehungsalltag/von Paul Hastenteufel. Mit 12 Zeichnungen von Wolfgang Ariwald. Bad Heilbrunn.
Heinzel, Friederike/Adriane Garlichs/Susanne Pietsch (Hg.) 2007: Lernbegleitung und Patenschaften. Reflexive Fallarbeit in der universitären Lehrerausbildung. Bad Heilbrunn. S. 62-74.
Helsper, Werner 1996: Antinomien des Lehrerhandelns in modernisierten pädagogischen Kulturen. Paradoxe Verwendungsweisen von Autonomie und Selbstverantwortlichkeit. In: Combe, Arno/Werner Helsper (Hg.): Pädagogisch Professionalität. Untersuchungen zum Typus pädagogischen Handelns. Frankfurt/M. S. 521-569.
Helsper, Werner 2002: Antinomien, Widersprüche, Paradoxien: Lehrerarbeit – ein unmögliches Geschäft? In: Kolbe, Fritz-Ulrich/Barbara Koch-Priewe/Johannes Wildt (Hg.): Grundlagenforschung und mikrodidaktische Reformansätze zur Lehrerbildung. Bad Heilbrunn.
Helsper, Werner/Reinhard Hörster/Jochen Kade (Hg.) 2003: Ungewissheit. Pädagogische Felder im Modernisierungsprozess. Weilerswist.
Henningsen, Jörg 1993: Peter stört. In: Flitner, Andreas/Hans Scheuerl (Hg.): Einführung in pädagogisches Sehen und Denken. Texte. München u. a. S. 46-66.
Kaiser, Franz-Josef (Hg.) 1983: Die Fallstudie. Theorie und Praxis der Fallstudiendidaktik. Bad Heilbrunn.
Lehmann, Rainer/Dankwart Vogel 1984: Einzelfallstudie. In: Haft, Henning/Hagen Kordes (Hg.): Enzyklopädie Erziehungswissenschaft. Band 2. Methoden der Erziehungs- und Bildungsforschung. Stuttgart. S. 349-355.
Müller, Burkhard 2006: Sozialpädagogisches Können. Freiburg.
Neuweg, Georg Hans 2002: Lehrerhandeln und Lehrerbildung im Lichte des Konzepts des impliziten Wissens. In: Zeitschrift für Pädagogik. 48 (1). S. 10-29.
Oevermann, Ulrich 1996: Theoretische Skizze einer revidierten Theorie professionellen Handelns. In: Combe, Arno/Werner Helsper (Hg.) 1996: Pädagogische Professionalität. Untersuchungen zum Typus pädagogischen Handelns. Frankfurt/M. S. 70-183.
Ohlhaver, Frank/Andreas Wernet (Hg.) 1999: Schulforschung – Fallanalyse – Lehrerbildung. Diskussionen am Fall. Opladen.
Rabenstein, Kerstin/Sabine Reh 2005: Fälle in der Lehrerausbildung – Schwierigkeiten und Grenzen ihres Einsatzes. In: journal für lehrerInnenbildung. 5. Jg. H. 2. S. 47-54.
Prange, Klaus 1989: Zillers Schule. Wissenschaftliche Pädagogik am Beispiel des „Leipziger Seminarbuchs". In: Zedler, Peter/Eckard König (Hg.) 1989: Rekon-

struktionen pädagogischer Wissenschaftsgeschichte. Fallstudien, Ansätze, Perspektiven. Weinheim. S. 21-41.

Reh, Sabine 2003: Berufsbiographische Texte ostdeutscher Lehrer und Lehrerinnen als „Bekenntnisse". Interpretationen und methodologische Überlegungen zur erziehungswissenschaftlichen Biographieforschung. Bad Heilbrunn.

Reh, Sabine 2004: Abschied von der Profession, von Professionalität oder vom Professionellen? Theorien und Forschungen zur Lehrerprofessionalität. In: Zeitschrift für Pädagogik 50 (3). S. 358-372.

Reusser, Kurt 2005: Situiertes Lernen mit Unterrichtsvideos. Unterrichtsvideographie als Medium des situierten beruflichen Lernens. In: journal für lehrerInnenbildung. 5. Jg. H. 2. S. 8-18.

Sasse, Ada/Ute Geiling 2007: Soziale Benachteiligung, Armut und Professionalität. Grundkategorien studentischer Schülerhilfe. In: Heinzel, Frederike/Ariane Garlichs/Susanne Pietsch (Hg.): Lernbegleitung und Patenschaften. Reflexive Fallarbeit in der universitären Lehrerausbildung. Bad Heilbrunn. S. 157-166.

Schierz, Matthias/Jörg Thiele 2002: Hermeneutische Kompetenz durch Fallarbeit. Überlegungen zum Stellenwert kasuistischer Forschung und Lehre an Beispielen antinomischen Handelns in sportpädagogischen Berufsfeldern. In: Zeitschrift für Pädagogik. 48 (1). S. 30-47.

Steiner, Edmund 2004: Erkenntnisentwicklung durch Arbeiten am Fall: Ein Beitrag zur Theorie fallbezogenen Lehrens und Lernens in Professionsausbildungen mit besonderer Berücksichtigung des Semiotischen Pragmatismus von Charles Sanders Peirce (DIS). Zürich.

Wensierski, Hans-Jürgen von 2006: Biographische Forschung in der Sozialpädagogik. In: Krüger, Heinz-Hermann/Winfried Marotzki (Hg.): Handbuch erziehungswissenschaftliche Biographieforschung. Wiesbaden. S. 459-481.

Wernet, Andreas 2006: Hermeneutik – Kasuistik – Fallverstehen. Eine Einführung. Stuttgart.

Teil 7
Hinweise zur Forschungstätigkeit

Ingrid Miethe

Forschungsethik

Obwohl forschungsethische Fragen eigentlich schon immer relevant für qualitative Forschung waren – bereits die ersten Studien der Chicagoer Schule wurden mit derartigen Problemen konfrontiert (vgl. Punch 1994) – verblieb diese Thematik lange Zeit auf einer eher informellen Diskussionsebene innerhalb der *scientific community*. In den USA kam es, angeregt durch die Debatten in der Medizin, bereits Ende der 1960er Jahre zur Diskussion ethischer Kodizes auch in den Sozialwissenschaften (vgl. Hopf 2000, S. 590), wobei diese Diskussion zunächst eher randständig blieb (vgl. Kusenbach 2005) und erst ab Ende der 1970er Jahre in einer größeren Anzahl an Publikationen ihren Niederschlag fand (Barnes 1977, 1979; Sieber 1982; Callahan/Jennings 1983; speziell für die Erziehungswissenschaft Burgess 1989a; Adelmann 1984). In den späten 1990er Jahren setzten verstärkt Bestrebungen ein, verbindliche Richtlinien für Forschungsethik zu entwickeln (vgl. Roth 2004). Im Ergebnis dieser Bestrebungen kam es an Universitäten und Colleges vor allem in den USA und in Kanada zur Etablierung eigener Ausschüsse für Forschungsethik.[1]

Die Einführung derartiger Regelungen hat in den letzten Jahren im englischsprachigen Raum zu einer wahren Publikationsflut zu dieser Thematik geführt (z.B. Josselson 1996; de Laine 2000; van den Hoonaard 2002; speziell für die Erziehungswissenschaft Simons/Usher 2000; McNamee/ Bridges 2002). Betrachtet man diese Literatur, fällt allerdings auf, dass sie im Vergleich zu der in den zwei Jahrzehnten zuvor erschienenen Literatur zwar größere empirische Vielfalt, aber kaum neue inhaltliche Themen aufgreift. Neu sind vor allem die Auseinandersetzungen um das Pro und Contra der institutionalisierten Regelungen. Die ursprünglich aus der Medizin und der quantitativen Forschung kommenden Regelungen, so die Kritik, erweisen sich für qualitative Forschungsprojekte (vgl. Small 2002; Pring 2002; de Laine 2000; Milne 2005; Coupal 2004; Kusenbach 2005) und insbesondere auch einer qualitativen erziehungswissenschaftlichen Forschung (Pritchard 2002; Tickle 2002) immer wieder als zu eng.

In Deutschland kam es bisher nicht zur verpflichtenden Einführung derartiger institutionalisierter Komitees. Stattdessen wurde hier von den verschiedenen Fachgesellschaften der Weg beschritten, Ethik-Kodizes zu erlassen, die eher Empfehlungscharakter haben. Auch die DGfE verabschiedete im

---

1 Diese werden in den USA als Institutional Review Board (IRB), in Kanada als Research Ethic Boards (REB) bezeichnet. Zur detaillierten Geschichte der IRB vgl. http://cnri.edu/IRB_History.htm [10.8.2008].

Jahre 1999 einen derartigen Ethik-Kodex,[2] der im Jahre 2006 durch Empfehlungen für den Umgang mit qualitativen Daten ergänzt wurde (DGfE 2006). Rechtliche Anforderungen bestehen in Deutschland in Form der bundes- und landesrechtlich geregelten Datenschutzgesetze.[3] Sie sind forschungsethisch unmittelbar relevant, da sie die Wahrung von Persönlichkeitsrechten absichern sollen sowie Fragen der Erhebung, Aufbewahrung, Weitergabe und Veröffentlichung von Daten regeln (vgl. Gola/Schomerus 2007). Auch in Deutschland brachte diese Entwicklung forschungsethische Fragen sehr viel stärker in das Bewusstsein der *scientific community*, was beispielhaft daran sichtbar wird, dass die Neuauflagen bewährter Handbücher zu Forschungsmethodik um Beiträge zu Forschungsethik ergänzt wurden[4] bzw. weitere Publikationen in diesem Kontext erschienen (Miethe 2003 a; Roth 2004; Gahleitner/Kiegelmann 2005; Miethe/Riemann 2007).[5]

Forschungsethische Überlegungen durchziehen alle Phasen des Forschungsprozesses von der Planung bis zur Publikation und müssen im Verlaufe desselben immer wieder reflektiert werden (Miethe/Riemann 2007). Genauso müssen kulturelle Dimensionen berücksichtigt werden, denn ethische Diskussionen wie auch Forschungsdesigns und -fragen sind auch geprägt durch kulturelle Normen (Piquemal 2001; Stephens 2003; Marshall/Batten 2004). Dies gilt prinzipiell für jede Form der Sozialforschung, ist aber für qualitative Forschung besonders relevant, da hier eine konkrete Beziehung zwischen Forschenden und Beforschten eingegangen wird. Bei aller Vielfalt der Publikationen und Forschungsdesigns lassen sich die zentral diskutierten Punkte in die Themenfelder 1) *informed consent*, 2) Anonymisierung und 3) Publikation und Rückmeldung zusammenfassen, die alle zum Ziel haben, das „Prinzip der Nicht-Schädigung" (Hopf 2000) umzusetzen. Auf diese drei Aspekte soll im Folgenden näher eingegangen werden.

---

2 http://dgfe.pleurone.de/ueber/Ethikkodex_DGfE.pdf. Der Ethik-Kodex der DGFE trat mit seiner Publikation im Heft 20/1999 der „Erziehungswissenschaft" in Kraft.

3 Vgl. Bundesdatenschutzgesetz in der Fassung der Bekanntmachung vom 14. Januar 2003, zuletzt geändert durch Artikel 1 des Gesetzes vom 22. August 2006. (www.bundesrecht.juris.de/bdsg_1990).

4 Dies trifft sowohl für das hier vorliegende Handbuch zu, das in seiner ersten Auflage noch keinen solchen Beitrag enthielt, als auch für das Handbuch „Qualitative Sozialforschung" von Flick u. a., das in der Neuauflage im Jahre 2000 um einen solchen Beitrag erweitert wurde (Hopf 2000).

5 Vgl. dafür auch die FQS-Debatte zu Forschungsethik in Band 6, Heft 1, wobei die Beiträge in diesem Heft ausschließlich die Erfahrungen im US-amerikanischen und kanadischen Kontext beinhalten (http://www.qualitative-research.net/index.php/fqs/issue/view/13).

1. *Informed Consent* als Basis der Forschungsbeziehung

Die informierte Einwilligung (*informed consent*) besagt, dass personenbezogene Daten in der Sozialforschung nur mit Einwilligung der Beforschten erhoben werden dürfen und die Forschungsteilnehmer/-innen angemessen über den Zweck der Erhebung informiert werden müssen (Hopf 2000). Dies bedeutet ein Offenlegen der Ziele der Untersuchung, der Dauer und der Belastungen und Risiken sowie des Umgangs mit Daten und Ergebnissen. Dabei ist besonders auf die Freiwilligkeit hinzuweisen, d. h. die Erlaubnis, die Untersuchung jederzeit abzubrechen. Dazu sollte auch die Möglichkeit zählen, Informationen, die bereits gegeben wurden, nachträglich zurückziehen zu können. Dieser Aspekt ist insbesondere für Studien von Relevanz, die beispielsweise mit narrativen Interviews arbeiten, da hier aufgrund der Zugzwänge des Erzählens (Kallmeyer/Schütze 1977; → Jakob) das Risiko von Aktualisierungen belastender Erlebnisse besteht (vgl. Josselson 1996) und somit leicht Informationen preisgegeben werden, die die Interviewten dann doch nicht publiziert sehen möchten. In der Regel werden derartige Vereinbarungen, die letztlich nicht nur die Beforschten, sondern auch die Forschenden schützen sollen, in schriftlicher Form fixiert, wobei diese von den Untersuchten auch wieder zurückgezogen werden kann. Bei der schriftlichen Fixierung besteht allerdings das Problem, dass mit der Unterschrift die geforderte Anonymität de facto aufgehoben wird, was Untersuchungsteilnehmer/-innen davon abhalten kann an der Untersuchung teilzunehmen (van den Hoonaard 2002, S. 10; Kusenbach 2005, Abs. 92).

Die im Ethik-Kodex der DGfE weiter gegebene Empfehlung, dass besondere Anstrengungen unternommen werden müssen, „wenn die in die Untersuchung einbezogenen Personen über einen geringen Bildungstand verfügen, sozial benachteiligten Schichten, Minoritäten oder Randgruppen angehören", verdient dabei besondere Beachtung. Personen, die aufgrund ihrer Sprachkompetenz oder verbalen Fähigkeiten kaum in der Lage sind, die Folgen von Untersuchungen einzuschätzen, müssen diese entsprechend detaillierter dargelegt werden, da die Zustimmung sonst leicht Gefahr läuft, pro forma zwar vorzuliegen, de facto aber weit entfernt von einem *informed consent* zu sein. Dies ist beispielsweise für die Heil- und Sonderpädagogik (Thompson 2002; Brown/Thompson 1997; Jenkinson 1993; Swain u. a. 1998)[6] oder die Soziale Arbeit (Riemann/Miethe 2007; Gahleitner 2007) von besonderer Relevanz. Es betrifft aber auch alle Untersuchungen, in die Kinder einbezogen sind, da diese besonders sensibel gegenüber schädigenden Einflüssen sind, die Reichweite von Untersuchungsergebnissen kaum adäquat einschätzen können und bei denen oft Erwachsene (Eltern, Lehrkräfte) die Zustimmung zur Untersuchung geben (vgl. Gahleitner/Kiegelmann 2005; Kirk 2007; Mishna 2004; Kelly 1989; Kramer 2003). Letztlich

---

6 Vgl. dafür auch die Publikation des Instituts Mensch, Ethik und Wissenschaft (http://www.imew.de [10.08.2008]).

ist ein *informed consent* auch immer dann mit Vorsicht zu betrachten, wenn es sich um Untersuchungen hierarchischer Organisationen handelt, bei denen die Vorgesetzten (z. B. Schulamt für die Lehrkräfte, Lehrkräfte für die Schüler) die Zustimmung zur Untersuchung geben, was es den „Untergeordneten" erschwert bis unmöglich macht, die Untersuchung abzulehnen (Kelly 1989; Stratton 2002).

So erweist sich der Anspruch eines *informed consent* für die qualitative Forschung, gerade auch in den Handlungsfeldern der Erziehungswissenschaft, immer wieder als schwierig. Selbiges gilt auch für bestimmte methodische Verfahren. So wird aus Richtung der ethnologischen Forschung darauf hingewiesen, dass dieser Anspruch de facto die Möglichkeit einer versteckten Beobachtung ausschließt. Dies ist jedoch ein Forschungsverfahren, auf das viele ethnologisch arbeitende Wissenschaftler/-innen nicht verzichten möchten, im Hinblick auf spezifische Fragestellungen und Samples (z.B. kriminelle Milieus) auch nicht verzichten können (vgl. Kusenbach 2005, Abs. 91), genauso wie es auch bei einer offenen Beobachtung immer wieder zu Situationen kommen kann, die de facto einer versteckten Beobachtung ähneln (vgl. z. B. Hopf 2000, S. 596f.; Burgess 1989b, S. 67).

Wie Kelly (1989) am Beispiel eines Aktionsforschungsprojektes in einer Schule aufzeigt, kann es auch Situationen geben, bei denen die Untersuchten gar nicht daran interessiert sind, über Details der Forschung informiert zu werden, oder aber bei denen die volle Explikation des Forschungsansatzes ein (Aktions)forschungsprojekt für sich wäre. Entsprechend formuliert sie, ein *informed consent* „should be viewed in combination with other ethical considerations, rather than as an over-riding principle" (Kelly 1989, S. 108).

2. Die Frage der Anonymisierung

Eine andere zentrale Frage, bei der die Meinungen und Erfahrungen immer wieder auseinander gehen ist die Forderung nach Anonymität der Untersuchten.[7] Diese Forderung resultiert aus dem Bemühen, dass den Untersuchten keine Nachteile oder Schädigungen aus der Untersuchung erwachsen sollen. Auch die Erfüllung dieser Forderung erweist sich bei genauerer Betrachtung als ausgesprochen schwierig. So heißt es zur Umsetzung dieser Forderung beispielsweise im Ethik-Kodex der DGfE: „Grundsätzlich sollen solche Verfahren genutzt werden, die eine Identifizierung der Untersuchten ausschließen."[8] Bereits an dieser Stelle entstehen Probleme, denn eine derartige Forderung impliziert die Bevorteilung bestimmter Verfahren. So ist es beispielsweise für quantitative Verfahren, deren Ergebnisse sich im Ende

---

7 Diese Forderung ist auch explizit im Ethik-Kodex der DGfE, § 4 Abs. 3 sowie im Bundesdatenschutzgesetz § 40 formuliert.
8 Ethik-Kodex der DGfE, § 4 Abs. 3.

in statistischen Daten widerspiegeln, sehr viel leichter als für qualitative, einer derartigen Forderung nachzukommen. Dieses Problem, dass nämlich Ethik-Kodexe nicht neutral sein können, sondern spezielle, in der Regel quantitative Methoden strukturell bevorteilen, wurde auch bereits in der internationalen Diskussion als Problem benannt (vgl. Milne 2005; Coupal 2004). Zudem ist dabei zu reflektieren, wer die Befragten sind und wie ihre soziale Stellung Einfluss auf den Umgang mit ihnen im Forschungsprozess hat. Marginalisierte Gruppen können beispielsweise leichter übergangen werden und man kann vermuten, dass sich die Wahrung der Persönlichkeitsrechte von Kindern schwieriger gestaltet als bei Erwachsenen.

Die Schwierigkeit der Anonymisierung ergibt sich vor allem daraus, dass damit für den Inhalt wichtige Informationen zurückgehalten werden müssen. Wie bereits Barnes (1979) feststellt, sind sowohl der Schutz der individuellen Privatsphäre wie auch wissenschaftliches Erkenntnisinteresse gleichermaßen wichtige Güter – die Kunst ist es, zwischen diesen beiden Polen verantwortlich abzuwägen. Dies ist nicht einfach, denn eine hundertprozentige Anonymisierung ist in vielen Untersuchungen nicht möglich. So können sich beispielsweise Untersuchungsteilnehmer, z.B. ein Kollegium einer Schule, leicht untereinander erkennen. Die Forderung nach Anonymisierung der Daten würde auch beinhalten, auf die Untersuchung von Samples zu verzichten, die so bekannt sind, dass diese gar nicht zu anonymisieren sind (vgl. Miethe 2003a) – was de facto die Untersuchung von Personen des öffentlichen Lebens unmöglich macht. Gerade auch für historisch ausgerichtete Studien, bei denen die zitierten Interviewpartner/-innen den Status von Zeitzeugen haben bzw. bei denen es um die „Darstellung einzelner Institutionen oder Personen geht" (DGfE 2006, S. 33), ist es häufig wichtig, diese auch konkret zu benennen, da damit die Glaubwürdigkeit und Relevanz der Quelle gestärkt wird. Hier, so auch die Empfehlung des Vorstandes der DGfE, „muss im Einzelfall genau abgewogen werden, ob das zeitgeschichtliche Interesse eine Einschränkung von Persönlichkeitsrechten erlaubt."[9]

Diesem Wunsch nach klarer Benennung der untersuchten Personen entspricht oft auch das Bedürfnis der Untersuchten, die mitunter nicht nur keine Einwände gegen eine nicht anonymisierte Darstellung haben, sondern die eine anonymisierte Darstellung sogar als Entwertung ihrer Informationen wahrnehmen (vgl. Kusenbach 2005, Abs. 94; Miethe 2003a) bzw. explizit fordern, mit vollem Namen genannt zu werden (vgl. Duneier 1999). Wenn in solchen Fällen eine nicht anonymisierte Darstellung gewählt wird, steht dies zwar dem exakten Wortlaut des Ethik-Kodex entgegen, dürfte aber den Bedürfnissen der Untersuchten mehr entsprechen. Allerdings wird auch davor gewarnt, dem Wunsch nach De-Anonymisierung von Seiten der Untersuchten zu schnell nachzukommen. Dies vor allem aus zwei Gründen.

---

9 Das Bundesdatenschutzgesetzt sieht hier auch in § 40 entsprechende Sonderregelungen vor.

Zum einen können die Untersuchten mitunter die tatsächliche Reichweite der Publikationen und der von ihnen gemachten Aussagen nicht sicher einschätzen, so dass sie gar nicht wissen wozu sie ihre Zustimmung geben (vgl. Burgess 1989a; Miethe 2003a). Dies gilt insbesondere für Kinder, die häufig stolz darauf sind, dass sich die Forschenden für ihr Leben interessieren, Anonymisierungen dann als Kränkungen verstehen und sich selbst demaskieren können, ohne sich über die Folgen im Klaren zu sein. Zum anderen werden mit der De-Anonymisierung einer einzelnen Person immer auch andere Personen (z.B. Familienmitglieder, Kollegen) mit de-anonymisiert. Diese haben jedoch keine Zustimmung für eine Publikation gegeben. Selbiges gilt auch für Organisationen, die ebenfalls erkennbar würden. Einer Organisation zu schaden, so Mirvis und Seashore (1982, S. 79), ist ethisch aber genauso verwerflich, wie einzelnen Personen Schaden zuzufügen. Besonders brisant wird das Problem der Anonymisierung bei allen Forschungen, die auf Fotos und andere Bildmaterialien arbeiten (→ Fuhs, → Herrle/ Kade/Nolda).

3. Publikation und die Frage der Rückmeldung von Ergebnissen

Spätestens bei der Publikation werden viele ethische Probleme, vor allem die Frage der Anonymisierung, akut. Konnten bzw. sollten ethische Fragen im Prozess der Forschung und vor allem auch der Auswertungsphase teilweise suspendiert werden, da diese auch den Forschungsprozess blockieren können (vgl. Punch 1994; Miethe 2003a; Kelly 1989), müssen nun Entscheidungen getroffen werden. Prinzipiell gilt, dass nicht alles, was im Forschungsprozess gefunden wurde, auch publiziert werden muss oder kann. Vertrauliche Informationen können zwar für die Auswertung genutzt, nicht aber publiziert werden. Im Sinne der Aufrechterhaltung der Anonymität muss mitunter auf die Publikation interessanter und wichtiger Ergebnisse verzichtet werden. Allerdings stellt sich hier auch die Frage, ob Forschende nicht auch eine Verantwortung dafür haben, Wissen zu publizieren, das der Lösung sozialer Probleme dienen kann (z.B. rassistische und stigmatisierende Einstellungen bei Lehrkräften, Straftaten gegenüber Kindern) (vgl. z.B. Kramer 2003). Das Zurückhalten solcher Informationen, so Kelly (1989, S. 111), kann möglicherweise ethisch fragwürdiger sein als der Schutz der Anonymität der Untersuchten. Wenn sich die Forschenden jedoch dazu entschließen solche Informationen zu publizieren, können wiederum enge Freunde, Familienangehörige oder Kenner/-innen der Szene in der Lage sein die Untersuchten zu demaskieren, was wiederum negative Auswirkungen auf diese haben kann.

Die Frage, ob es ethisch verantwortlicher ist, die Ergebnisse der Forschung an die Untersuchten selbst zurückzugeben und wie dies geschehen könnte, wird sehr kontrovers diskutiert. Während für Flick (1995, S. 170), „die Rückmeldung an die Betroffenen nach Abschluss des Forschungsprozesses eigentlich eine Selbstverständlichkeit" ist, stehen andere Autor/-innen dieser Forderung deutlich kritischer gegenüber (Miethe 2003 a; Hildenbrand 1999; Wohlrab-Sahr 1993).

Beide Seiten begründen ihre Position mit forschungsethischen Überlegungen. Auf Seiten der Befürworter/-innen dieses Schrittes wird vor allem die Möglichkeit gesehen, die Untersuchten auf diese Weise informieren zu können (Hopf 2000, S. 599). Auch spielt hier die Tradition der Frauenforschung eine große Rolle, Forschung und politisches Handeln miteinander zu verbinden und die Ergebnisse der Forschung auch für die konkrete (politische) Praxis nutzbar zu machen (Wohlrab-Sahr 1993; Miethe 2003 b). In diese Richtung sind auch viele Praxisforschungsprojekte ausgerichtet (z. B. Hoffmann-Riem 1994), wobei hier oft die Frage der Rückmeldung nicht als Möglichkeit besteht, sondern als klare Forderung von Seiten der Praxis formuliert wird.

Die Autor/innen, die einer Rückmeldung eher skeptisch gegenüber stehen, verweisen auf das damit verbundene Verletzungsrisiko. Dieses besteht insbesondere dann, wenn mit biographischen Verfahren gearbeitet wird, die latente Sinnstrukturen rekonstruieren und sich somit weit von den Selbstdeutungen der Untersuchten entfernen. Durch die Rückgabe derartiger Ergebnisse, so hier die Position, bestehe die Gefahr der Schaffung quasi therapeutischer Settings, deren Bearbeitung eine therapeutische Qualifikation und einen institutionellen Rahmen erfordern würde, über die Forschende in der Regel nicht verfügen und deren Einsatz auch den Rahmen von Forschungskontexten überschreiten würde (Hildenbrand 1999; Wohlrab-Sahr 1993; Bar-On 1996). Die Frage die hier entsteht ist somit die danach, ob das Rückmelden von den Interviewten nur teilweise oder gar nicht bewussten (biographischen) Strukturen ethisch wirklich vertretbarer ist als das Vorenthalten derartiger Informationen (Miethe 2003 a). Deutlich wird an diesen gegensätzlichen Positionen, die sich gleichermaßen auf ethische Kriterien berufen, ein Grundproblem qualitativen Forschens, dass nämlich kaum starre ethische Kriterien postuliert werden können, sondern immer wieder im Einzelfall ethisch verantwortliche Entscheidungen getroffen werden müssen.

4. Fazit: Ethisch verantwortliche Forschung als Prozess- und Selbstreflexion

Betrachtet man die inzwischen erschienene Literatur zum Thema Forschungsethik in der qualitativen Forschung wird deutlich, dass niemand die Notwendigkeit ethischer Normen bezweifelt. Ethikkodizes geben Orientierung und haben, wie die Vielzahl der Publikationen der letzten Jahre zeigt, auf jeden Fall bewirkt, dass forschungsethische Fragen stärker im Bewusstsein der *scientific community* verankert sind und Teil der Methodenausbildung werden (Brinthaupt 2002; Wolf 2004; McGinn/Bosacki 2004). Das

Problem, auf das immer wieder hingewiesen wird, besteht eher in der Umsetzung derartiger Regelungen in die konkrete Forschungspraxis. Für qualitative Forschungsprozesse mit ihren Unwägbarkeiten und Besonderheiten, stellen solche Regelungen jedoch nur bedingt eine Lösung dar. Vielmehr geht es in der Forschungspraxis wohl eher darum, das wahrzunehmen, was Guillemin und Gillam (2004, S. 262) als „ethically important moments" bezeichnet haben, nämlich die Situationen, in denen die Forschenden zumeist spontan Stellung beziehen und verantwortliche Entscheidungen treffen müssen. Für ein derartiges flexibles und selbstreflexives Handeln ist es erforderlich, dass die Forschenden in sich selbst ethische Grundwerte verinnerlicht haben, die es ihnen ermöglichen, in schwierigen Situationen situativ ethisch verantwortlich gegenüber den Untersuchten und sich selbst zu handeln. Voraussetzung dafür ist wiederum, dass bereits die Studierenden in ihrer Methodenausbildung mit forschungsethischen und selbstreflexiven Fragen konfrontiert werden (McGinn/Bosacki 2005), um auf diese Weise die notwendige Sensibilität im Erkennen forschungsethischer Probleme zu entwickeln und einen professionellen Habitus auszuprägen, der durch Wertschätzung gegenüber den Untersuchten, Selbstreflexivität und Vorsicht gegenüber vorschnellen und allzu einfachen Antworten gekennzeichnet ist.

Literatur

Adelman, Clem (Hg.) 1984: The politics and ethics of evaluation. London/Canberra.
Barnes, John A. 1977: The Ethics of Inquiry in social science. Three lectures. New Delhi/Oxford.
Barnes, John A. 1979: Who should know what? Social Science, privacy and ethics. Harmondsworth.
Bar-On, Dan 1996: Ethical issues in biographical interviews and analysis. In: Josselson, Ruth (Hg.): Ethics and process in the narrative study of lives. Thousand Oaks. S. 9-21.
Brinthaupt, Thomas M. 2002: Teaching research ethics: Illustrating the nature of the researcher-IRB relationship. In: Teaching of Psychology. 29. S. 243-245.
Brown, Hilary/David Thompson 1997: The Ethics of Research with Men Who Have Disabilities and Sexual Behavior: A Minefield in a Vacuum. In: Disability and Society 12. S. 695-707.
Burgess, Robert G. 1989a: Grey Areas: Ethical Dilemmas in Educational Ethnography. In: Burgess, Robert G. (Hg.): The ethics of educational research. Basingstoke. S. 60-76.
Burgess, Robert G. (Hg.) 1989b: The ethics of educational research. Basingstoke.
Callahan, Daniel/Bruce Jennings 1983: Ethics, the Social Sciences, and Policy Analysis. New York/London.
Carey, James T. 1975: Sociology and Public Affairs. The Chicago School. Volume 16. Sage Library of Social Research. Beverly Hills/London.
Coupal, Linda 2004: Practitioner-Research and the Regulation of Research Ethics: The Challenge of Individual, Organizational, and Social Interests [34 paragraphs]. Forum Qualitative Sozialforschung/Forum: Qualitative Social Research, 6(1), Art. 6, http://nbn-resolving.de/urn:nbn:de:0114-fqs050163.

De Laine, Marlene 2000: Fieldwork, participation and practice: Ethics and dilemmas in qualitative research. Thousand Oaks, CA.
DGfE, Der Vorstand 2006: Anonymisierung von Daten in der qualitativen Forschung: Probleme und Empfehlungen. In: Erziehungswissenschaft. 17. Jg. Heft 32. S. 33-34.
Duneier, Mitchell 1999: Sidewalk. New York.
Flick, Uwe 1995: Stationen des qualitativen Forschungsprozesses. In: Flick, Uwe u. a. (Hg.): Handbuch Qualitative Sozialforschung. München. S. 148-173.
Gahleitner, Silke 2005: Ethik in der sozialwissenschaftlichen Forschung. In: Gahleitner, Silke/Susanne Gerull/Begonia Petuya Ituarte/Lydia Schamback-Hardtke/ Claudia Streblow (Hg.): Einführung in das Methodenspektrum sozialwissenschaftlicher Forschung. Uckerland. S. 109-116.
Gahleitner, Silke/Mechthild Kiegelmann 2005: Ethische Fragen in der qualitativen Entwicklungspsychologie. In: Mey, Günter (Hg): Qualitative Forschung in der Entwicklungspsychologie. Köln. S. 265-285.
Gola, Peter/Rudolf Schomerus 2007: Bundesdatenschutzgesetz. Kommentar. München.
Guillemin, Marilys/Lynn Gillam 2004: Ethics, reflexivity and „ethically important moments" in research. In: Qualitative Inquiry. Nr. 10 (2). S. 261-280.
Hildenbrand, Bruno 1999: Was ist für wen der Fall? Problemlagen bei der Weitergabe von Ergebnissen von Fallstudien an die Untersuchten und mögliche Lösungen. In: Psychotherapie und Gesellschaft.Heft 4. S. 265-280.
Hoffmann-Riem, Christa 1994: Rückmeldung – Ein für ausländische Frauen verfaßter Auswertungsbericht über die Interviews mit ihnen (in Deutsch und Türkisch). In: dies.: Elementare Phänomene der Lebenssituation. Ausschnitte aus einem Jahrzehnt soziologischen Arbeitens. Hrsg. von Hoffmann-Riem, Wolfgang/Marianne Pieper/Gerhard Riemann. Weinheim. S. 277-299.
Hopf, Christel 2000: Forschungsethik und qualitative Forschung. In: Flick, Uwe/ Ernst von Kardorff/Ines Steinke (Hg.): Qualitative Forschung. Ein Handbuch. Reinbek. S. 589-599.
Jenkinson, Josephine 1993: Who Shall Decide? The Relevance of Theory and Research to Decision-making by People with an Intellectual Disability. In: Disability, Handicap and Society 8. S. 361-375.
Josselson, Ruth 1996: On writing other people's lifes: Self-analytic reflections of a narrative researcher. In: Josselson, Ruth (Hg.): Ethics and process in the narrative study of lives. Thousand Oaks. S. 172-184.
Kallmeyer, Werner/Fritz Schütze 1977: Zur Konstitution von Kommunikationsschemata. In: Wegner, Dirk (Hg.): Gesprächsanalysen. Hamburg. S. 159-274.
Kelly, Alison 1989: Education or Indoctrination? The Ethics of School Based Action Research. In: Burgess, Robert G. (Hg.): The ethics of educational research. Basingstoke. S. 100-113.
Kirk, Susan 2007: Methodological and ethical issues in conducting qualitative research with children and young people: A literature review. In: International Journal of Nursing Studies. Vol. 44 (7). S. 1250-1260.
Kramer, Sonia 2003: Autorschaft und Autorisation: Ethische Aspekte der Forschung mit Kindern. In: Fichtner, Bernd/Maria Teresa Freitas/Roberto Monteiro (Hg.): Kinder und Jugendliche im Blick qualitativer Forschung. Oberhausen. S. 82-99.
Kusenbach, Margarethe 2005: Across the Atlantic: Current Issues and Debates in US Ethnography [98 paragraphs]. Forum Qualitative Sozialforschung/Forum:

Qualitative Social Research, 6(3), Art. 47,
http://nbn-resolving.de/urn:nbn:de:0114-fqs0503470.
Marshall, Anne/Suzanne Batten 2004: Researching Across Cultures: Issues of Ethics and Power [17 paragraphs]. Forum Qualitative Sozialforschung / Forum: Qualitative Social Research, 5(3), Art. 39,
http://nbn-resolving.de/urn:nbn:de:0114-fqs0403396.
McGinn, Michelle K./Sandra L. Bosacki 2004: Research Ethics and Practitioners: Concerns and Strategies for Novice Researchers Engaged in Graduate Education [52 paragraphs]. Forum Qualitative Sozialforschung / Forum: Qualitative Social Research, 5(2), Art. 6, http://nbn-resolving.de/urn:nbn:de:0114-fqs040263.
McNamee, Mike/David Bridges (Hg.) 2002: The ethics of educational research. Oxford.
Miethe, Ingrid 2003 a: Das Problem der Rückmeldung. Forschungsethische und -praktische Erfahrungen und Konsequenzen in der Arbeit mit hermeneutischen Fallrekonstruktionen. In: Zeitschrift für qualitative Bildungs-, Beratungs- und Sozialforschung. 4. Jg. Heft 2. S. 223-240.
Miethe, Ingrid 2003 b: Vom Ende der Parteilichkeit zur Parteilichkeit ohne Ende. Forschungsethische Probleme bei der Arbeit mit hermeneutischen Fallrekonstruktionen. In: Hilbig, Antje/Claudia Kajatin/Ingrid Miethe (Hg.): Frauen und Gewalt. Interdisziplinäre Untersuchungen zu geschlechtsgebundener Gewalt in Theorie und Praxis. Würzburg. S. 231-248.
Miethe, Ingrid/Gerhard Riemann 2007: Mehr Fragen als Antworten. Überlegungen zu einem selbstkritischen Umgang mit forschungsethischen Problemstellungen in unserer Arbeit. In: Giebeler, Cornelia/Wolfram Fischer/Martina Goblirsch/ Ingrid Miethe/Gerhard Riemann (Hg.): Fallverstehen und Fallstudien. Interdisziplinäre Beiträge zur rekonstruktiven Sozialarbeitsforschung. Opladen/Farmington Hills. S. 219-236.
Milne, Catherine 2005: Overseeing Research: Ethics and the Institutional Review Board [33 paragraphs]. Forum Qualitative Sozialforschung/Forum: Qualitative Social Research, 6(1), Art. 41,
http://nbn-resolving.de/urn:nbn:de:0114-fqs0501412.
Mirvis, Philip H./Stanley E. Seashore 1982: Creating Ethical Relationships in Organizational Research. In: Sieber, Joan E. (Hg) The Ethics of Social Research. Surveys and Experiments. New York/Heidelberg/Berlin, 79-104.
Mishna, Faye 2004: Tapping the Perspectives of Children: Emerging Ethical Issues in Qualitative Research. In: Qualitative Social Work: Research and Practice. Vol 3(4). S. 449-468.
Piquemal, Nathalie 2001: Free and informed consent in research involving Native American communities. American Indian Culture and Research Journal. 25(1). S. 65-79.
Pring, Richard 2002: The virtues and vices of an educational researcher. In: Mike McNamee/David Bridges (Hg.): The ethics of educational research. Oxford. S. 111-127.
Pritchard, Ivor A. 2002: Travelers and trolls: Practitioner research and institutional review boards. In: Educational Researcher. 31(3). S. 3-13.
Punch, Maurice 1994: Politics and Ethics. In: Denzin, Norman K./Yvonna S. Lincoln (Hg.): Handbook of qualitative research. Thousand Oaks. S. 83-97.
Roth, Wolff-Michael 2004: Qualitative Research and Ethics [15 paragraphs]. Forum Qualitative Sozialforschung/Forum: Qualitative Social Research, 5(2), Art. 7, http://nbn-resolving.de/urn:nbn:de:0114-fqs040275.

Sieber, Joan E. (Hg) 1982: The Ethics of Social Research. Surveys and Experiments. New York/Heidelberg/Berlin.
Sieber, Joan E. 1992: Planning ethically responsible research. A guide for students and International Review Boards. Newbury Park.
Simons, Helen/Robin Usher (Hg.) 2000: Situated ethics in educational research. London.
Small, Robin 2002: Codes are not enough: What philosophy can contribute to the ethics of educational research. In: Mike McNamee/David Bridges (Hg.): The ethics of educational research. Oxford. S. 89-110.
Stephens, Dionne P. 2003: Sister-to-sister talk: Transcending boundaries and challenges in qualitative research with Black women. In: Family Relations. Vol 52(3). S. 205-215.
Stratton, Mary 2002: Breaking In: Compromises in Participatory Field Research within closed institutions. In: van den Hoonaard, Will C. (Hg.) 2002: Walking the tightrope: Ethical issues for qualitative researchers. Toronto. S. 124-136.
Swain, John/Bob Heymann/Maureen Gillman 1998: Public Research, Private Concerns: Ethical Issues in the Use of Open-ended Interviews with People Who Have Learning Difficulties. In: Disability and Society 13. S. 21-36.
Thompson, Anthony S. 2002: My Research Friend? My Friend the Researcher? My Friend, My Researcher? Mis/Informed Consent and People with Developmental Disabilities. In: van den Hoonaard, Will C. (Hg.): Walking the tightrope: Ethical issues for qualitative researchers. Toronto. S. 95-106.
Tickle, Les 2002: Opening windows, closing doors: Ethical dilemmas in educational action research. In: Mike McNamee/David Bridges (Hg.): The ethics of educational research. Oxford. S. 41-57.
Van den Hoonaard, Will C. (Hg.) 2002: Walking the tightrope: Ethical issues for qualitative researchers. Toronto/Buffalo/London.
Welch, Sharon 1989: A feminist ethic of risk. Minneapolis.
Wohlrab-Sahr, Monika 1993: Empathie als methodisches Prinzip? Entdifferenzierung und Reflexivitätsverlust als problematisches Erbe der ‚methodischen Postulate zur Frauenforschung'. In: Feministische Studien 11 (2). S. 128-139.

Christian Ritzi

Literaturrecherche im Internet

Die Produktion wissenschaftlicher Texte setzt als Mindestanforderung voraus, dass man in effizienter Weise Literatur zu seinem Thema findet, diese Literatur lesend rationell verarbeitet und darauf aufbauend neue Wissensbestände schreibend generiert. Der Bedarf an diesen Schlüsselqualifikationen wird durch eine Vielzahl von Publikationen belegt, die in das wissenschaftliche Arbeiten einführen. In diesen Darstellungen nimmt die Literaturrecherche üblicherweise den geringsten Raum ein. Dies hängt auch damit zusammen, dass es in diesem Bereich durch die neuen Technologien rasante Veränderungen gab und gibt, wodurch manche Hinweise schon kurz nach Drucklegung veraltet sind. Gerade deshalb ist eine Hilfestellung notwendig, die sich allerdings weniger um eine mehr oder weniger vollständige Auflistung aktueller Internetadressen bemüht, sondern exemplarisch Wege aufzeigt, die zur Strukturierung der Informationsmasse beiträgt. Im Sinne einer ‚Internetpädagogik' werden wissenschaftlich relevante Dienstleistungen als ‚virtuelle Räume' und Bündelungen solcher Angebote als ‚Internet-Portale' veranschaulicht (Teil 1). Die folgenden Abschnitte gehen auf Bibliotheks- und Fachportale sowie auf Suchstrategien ein.

In der Erziehungswissenschaft dominieren nach wie vor gedruckte Texte gegenüber elektronischen Texten. Der Nachweis des pädagogischen Wissensbestandes hat sich allerdings seit den 1990er Jahren erheblich verändert. Waren bis dahin Zettelkataloge oder gedruckte Bibliographien die grundlegenden Informationsressourcen für wissenschaftliches Arbeiten, so sind es heute Datenbanken, die über das Internet erreichbar sind. Zwar müssen für spezifische Fragestellungen immer noch manche alten Auskunftsmittel benutzt werden, aber ihre Bedeutung wird mehr und mehr randständig, so dass sie im Folgenden vernachlässigt werden.

Virtuelle Räume und Portale

Mit der Verbreitung des Internets eröffneten sich für die traditionellen Wissensspeicher wie Bibliotheken, Archive und Fachinformationsstellen Erweiterungsmöglichkeiten bisher unbekannten Ausmaßes. Es entstand eine Vielzahl von Datenbanken, die auf lokalen Servern bereitgestellt werden und über das World Wide Web zugänglich sind. Bald wurden solche, von Informationsanbietern bereitgestellten und auf eigenen Homepages zugänglichen Dienstleistungen mit Begriffen wie ‚virtueller Raum' umschrieben, die die Vielgestaltigkeit der Recherchemöglichkeiten versinnbildlichen. Den realen Räumen der Bibliotheken oder Archive mit ihren traditionellen

Zettelkatalogen und gedruckten oder handschriftlichen Findbüchern entsprechen die ‚virtuellen Räume', die nicht nur, aber vor allem Datenbankangebote aufweisen.

Angesichts des ständigen Zuwachses an ‚virtuellen Räumen' hat sich früh die Notwendigkeit ergeben, die damit einhergehende Informationsflut zu kanalisieren. Denn die dem Internet zugrunde liegende Strukturierung in Domains und Subdomains ist kaum geeignet, die Informationsflut zu begrenzen. Auch Suchmaschinen wie etwa Google ergeben vielfach Treffermengen, die weder quantitativ noch qualitativ ein für wissenschaftliches Arbeiten verwertbares Suchergebnis liefern. Stattdessen wurden und werden ‚Portale' entwickelt, die die Türen zu einer überschaubaren Anzahl von ‚virtuellen Räumen' öffnen. Die Auswahl erfolgt entsprechend der Ausrichtung der jeweiligen Portale und wird unter qualitativen Gesichtspunkten von Redakteuren vorgenommen. Damit wird gewährleistet, dass der Zugang auf hochwertige Internetangebote beschränkt bleibt. Die nachfolgend aufgeführten Portale können angesichts des rasanten Wachstums der Internetangebote und des damit einhergehenden Bedarfs an immer neuen Strukturierungsmaßnahmen nur exemplarische Hinweise sein. Sie sollen lediglich Wege aufzeigen, die einen effizienten Zugang zu Informationen im World Wide Web für wissenschaftliches Arbeiten erleichtern.

Bibliotheksportale

Portale, die einen Zugang zu Onlinekatalogen bestimmter Bibliotheken ermöglichen, sind etwa nach Orten geordnete Linksammlungen. In solchen Übersichten, wie etwa dem hbz-Werkzeugkasten (www.hbz-nrw.de/recherche/linksammlung) werden Internetadressen, sogenannte URLs (Uniform Resource Locator), nachgewiesen. Wer also im Bibliotheksbestand einer bestimmten Bibliothek recherchieren möchte, wird im Abschnitt „Bibliotheks-OPACs und Informationsseiten" zu deren Onlinekatalogen weitergeleitet. Dabei werden nicht nur Internetadressen von Bibliotheken aus Deutschland, sondern auch aus vielen weiteren Ländern verzeichnet.

Eine andere Form von Portalen sind Bibliotheksverbünde, die die Literatursuche über den Bestand einer einzelnen Bibliothek hinaus erweitern. In Deutschland gibt es derzeit sechs, im Wesentlichen an den Bundesländern orientierte Bibliotheksverbünde, die zumindest die Bestände aller größeren wissenschaftlichen Bibliotheken zusammenfassen:

- den Bibliotheksverbund Bayern
  (www.bib-bvb.de/bvb.htm),
- den Gemeinsamen Bibliotheksverbund der Länder Niedersachsen, Sachsen-Anhalt, Thüringen, Hamburg, Bremen, Schleswig-Holstein, Mecklenburg-Vorpommern
  (www.gbv.de/vgm).

- das Hochschulbibliothekszentrum mit den Hochschulbibliotheken in Nordrhein-Westfalen (www.dreilaenderkatalog.de),
- das Hessische Bibliotheks-Informationssystem (www.hebis.de/welcome.php),
- den Kooperativen Bibliotheksverbund Berlin-Brandenburg (www.kobv.de) sowie
- den Südwestdeutschen Bibliotheksverbund (www2.bsz-bw.de), der vor allem die wissenschaftlichen Bibliotheken der Länder Baden-Württemberg, Saarland und Sachsen umfasst.

Bilden die Bibliotheksverbünde eine Meta-Ebene, die eine Recherche in einer Vielzahl von einzelnen Bibliothekskatalogen ermöglicht, so stellt der Karlsruher Virtuelle Katalog (www.ubka.uni-karlsruhe.de/kvk.html) eine Meta-Meta-Ebene dar. Eine Literatursuche in diesem Portal kann alle deutschen Bibliotheksverbünde einbeziehen und sich auf weitere internationale Bibliotheks- sowie auf Buchhandelsdatenbanken ausdehnen.

Schließlich wurden Bibliotheksportale entwickelt, die eine fachliche Begrenzung ermöglichen. In Deutschland wurde ein System von sogenannten Sondersammelgebietsbibliotheken errichtet, die durch Fach- und Spezialbibliotheken ergänzt werden. Jede der an dem System beteiligten Bibliotheken wurde ein Fachgebiet, eine Teildisziplin oder eine regionale Zuständigkeit zugeordnet mit der Verpflichtung, die für das Sammelgebiet relevante Literatur umfassend anzuschaffen. Um aus diesen Teilbeständen wieder ein Ganzes zu bilden, wurde als Meta-Ebene das Bibliotheksportal WEBIS (webis.sub.uni-hamburg.de) aufgebaut. Über das WEBIS-Portal gelangt man schnell zu den für den eigenen Sachzusammenhang wichtigsten Bibliotheken. Der Bereich Bildungsforschung wird von der Universitätsbibliothek Erlangen-Nürnberg als Sondersammelgebietsbibliothek sowie von der Bibliothek für Bildungsgeschichtliche Forschung des Deutschen Instituts für Internationale pädagogische Forschung als Spezialbibliothek für bildungsgeschichtliche Literatur abgedeckt.

Fachportale

Einen breiteren Ansatz verfolgen sogenannte Fachportale, die nicht nur den Zugang zu Beständen von Bibliotheken ermöglichen, sondern Internetangebote unterschiedlichster Art disziplinär bündeln. Dazu zählen Verzeichnisse für fachwissenschaftlich relevante Angebote zur Forschung wie Übersichten über einschlägige Institutionen oder laufende Forschungsprojekte. In zunehmendem Maß werden auch Online-Ressourcen etwa von Textdokumenten nachgewiesen, die ohne den Umweg über eine Bibliothek direkt vom Arbeitsplatz aus gelesen werden können.

In der Erziehungswissenschaft gibt es im deutschsprachigen Bereich mittlerweile eine Reihe von Fachportalen, von denen zwei aufgrund ihrer die gesamte Disziplin umfassenden Ausrichtung hervorzuheben sind. Der Deutsche Bildungsserver (www.bildungsserver.de) richtet sich an einen breiteren Adressatenkreis pädagogisch Interessierter. Dazu zählen neben Wissenschaftlern auch Lehrer, Ausbilder, Schüler, Eltern, Administratoren und Journalisten. Als Meta-Server verweist er primär auf Informationen zum deutschen Bildungswesen, die u. a. von Bund und Ländern, der Europäischen Union, von Hochschulen, Schulen, außeruniversitären Forschungs- und Serviceeinrichtungen, Landesinstituten, wissenschaftlichen Fachgesellschaften und Bibliotheken bereitgestellt werden. Für Recherchen steht ein umfangreicher Datenpool mit Nachweisen zu Onlineressourcen, Institutionen, Personen und Veranstaltungen zur Verfügung. Damit lassen sich auch Informationen zu Qualitativen Forschungsmethoden in der Erziehungswissenschaft finden wie etwa das Kasseler Online-Fallarchiv Schulpädagogik.

Ergänzend zum Deutschen Bildungsserver, aber stärker an Forschung und universitäre Lehre gerichtet, bietet das seit Mitte 2005 online zugängliche Fachportal Pädagogik (www.fachportal-paedagogik.de) einen weiteren Einstieg in die pädagogische Fachinformation. Im Mittelpunkt stehen Literaturdatenbanken sowie Informationssammlungen zu den verschiedenen Aspekten der Erziehungswissenschaft. Die im Kontext des Fachportals Pädagogik umfassendste Datenbank ist FIS Bildung. Erstellt wird dieser Informationsdienst vom Fachinformationssystem Bildung als Koordinierungsstelle im Deutschen Institut für Internationale Pädagogische Forschung mit seinen fast 30 Kooperationspartnern aus Deutschland, Österreich und der Schweiz.

Sehr viel umfangreicher ist das erziehungswissenschaftliche Fachportalangebot im englischsprachigen Raum. Als Beispiel soll The Educator's Reference Desk (www.eduref.org) genügen, das vom Information Institute of Syracuse bereitgestellt wird. Die Rubrik ‚Evaluation-Research Methods' bietet u. a. Zugang zu Websites zu Qualitativen Forschungsmethoden.

Neben jenen Fachportalen, die die ganze Breite einer Disziplin abzudecken suchen, gibt es zahlreiche thematisch begrenztere Portale, die dann allerdings in der Regel einen interdisziplinären Zugang anbieten. Als Beispiel für ein Fachportal zur Qualitativen Forschung sei auf die Website „Qualitative Forschung" (www.qualitative-forschung.de) des Instituts für Qualitative Forschung in der Internationalen Akademie an der FU Berlin verwiesen. Angeboten wird eine Informationssammlung, die Open-Access-Zeitschrift Forum Qualitative Sozialforschung sowie eine Mailingliste.

Angesichts der Vielzahl entstehender Fachportale wurden Meta-Meta-Ebenen aufgebaut, die sowohl die Übersicht als auch den Zugang erleichtern. Ein solches übergreifendes Fachportal stellt das Projekt Vascoda (www.vascoda.de) dar, das zu Informationen und Volltexten aus unterschiedlichsten Fachbereichen führt. Unter einer einheitlichen Oberfläche kann wahlweise fachspezifisch oder interdisziplinär gesucht werden.

In der Erziehungswissenschaft haben Fachzeitschriften bis heute einen hohen Stellenwert als Institutionen und Orte des fachlichen Diskurses der Disziplinangehörigen. Die im Internet derzeit noch mehr experimentell praktizierten neuen Kommunikationsformen wie Foren oder Mailinglisten sind derzeit noch nicht in der Lage, diese Funktionen auszufüllen. Ein Blick in andere, vor allem naturwissenschaftlich-technische Disziplinen lässt jedoch vermuten, dass ein Ablöseprozess zu erwarten ist.

Auch in der Erziehungswissenschaft werden in zunehmender Zahl wissenschaftliche Beiträge auch oder ausschließlich im Internet publiziert. Damit ist die Absicht verbunden, der internationalen wissenschaftlichen Community einen freien Zugang zu mit Steuergeldern finanzierten Forschungsergebnissen zu ermöglichen. Diese ‚Open-Access-Idee' fand seit Anfang 2000 starke wissenschaftspolitische Unterstützung und führte u. a. zur Gründung einer Vielzahl von Open-Access-Journalen, darunter auch einer Reihe von erziehungswissenschaftlichen. Im Internetportal Directory of Open Access Journals (www.doaj.org) sind mehrere tausend, nach Disziplinen geordnete Zeitschriften nachgewiesen, auf deren Beiträge unmittelbar zugegriffen werden kann. Für die Literaturrecherche von besonderer Bedeutung sind als Open-Access-Journale erscheinende Rezensionszeitschriften wie etwa die Erziehungswissenschaftliche Revue (www.klinkhardt.de/ewr).

Recherchetechnik

Die Datenbank FIS Bildung enthält über 650.000 Literaturnachweise, im Karlsruher Virtuellen Katalog kann man in mehr als 500 Millionen Büchern und Zeitschriften weltweit recherchieren (Stand: jeweils Ende 2007). Um diese riesigen Informationsressourcen des Internets sinnvoll nutzen zu können, muss man sich ein Verständnis über die Suchlogik der Datenbanken aneignen. Datenbanken setzen voraus, dass man nicht nur weiß, was man wissen will, sondern auch wie man die Informationsressourcen auf die „ihnen gemäße Art" befragt. Dazu zählen Kenntnisse über das Vokabular, das für die Inhaltserschließung von Literatur benutzt wird, also welche Schlagwörter oder Deskriptoren verwendet werden. Die Verschlagwortung oder die Vergabe von Deskriptoren bezeichnet den Vorgang, mit dem Bibliotheken und Fachinformationseinrichtungen die in einem Text behandelten Gegenstände und Themen beschreiben. Die Begriffswahl erfolgt dabei nicht willkürlich, sondern auf der Grundlage eines kontrollierten Vokabulars. Manche Datenbanken ermöglichen in den Suchmasken eine Einsicht in die Schlagwortliste oder den Index, so dass eine Überprüfung des verwendeten Vokabulars erfolgen kann.

Viele Datenbanken bieten Suchmasken unterschiedlichen Differenzierungsgrades. Neben einer ‚einfachen Suche' mit nur einem Suchfeld gibt es meist als „erweiterte Suche" bezeichnete Eingabeformulare, die nicht nur eine

Eingrenzung der Recherche etwa auf Schlagwörter, sondern auch Wortkombinationen (Boolsche Operatoren) und weitere Möglichkeiten der Suchtechnik erlauben. Dadurch lassen sich die Ergebnismengen und damit der Aufwand zur Verarbeitung einer Literaturliste drastisch reduzieren. Die erzielbare Zeitersparnis und die Optimierung der Suchergebnisse lohnen in der Regel den Aufwand, den es kostet, sich mit den in den Hilfeseiten angegebenen Spezifikationen der jeweils benutzten Datenbanken vertraut zu machen.

Am Beispiel einer Recherche nach Literatur zur PISA-Studie sollen einige Filtermöglichkeiten der Datenbank FIS Bildung vorgestellt werden. Wenn nach dem Begriff ‚PISA' in der Maske ‚Einfache Suche' recherchiert wird, ergeben sich mehrere tausend Treffer. Diese Ergebnismenge lässt sich über die Maske ‚Erweiterte Suche' reduzieren, etwa wenn man die gesuchte Literatur zeitlich einschränkt (>2005 = nur Titel die nach 2005 erschienen sind) oder auf bestimmte Dokumenttypen (Bücher, Sammelwerksbeiträge, Zeitschriftenaufsätze) begrenzt. Dieses Beispiel ist im Übrigen auch geeignet, um die Notwendigkeit zu erkennen, das der Datenbank verständliche Schlagwort zu verwenden. Wenn man in das Schlagwortfeld nur den Begriff ‚PISA' eingibt, erhält man keinen Treffer. Stattdessen ist das Schlagwort in folgender Form einzugeben, inkl. Unterstriche und Klammem: ‚PISA_(Programme_for_international_student_assessment)'.

Nachbemerkung

Wissenschaftliches Arbeiten setzt als eine Grundanforderung voraus, relevante Informationen zum eigenen Forschungsgegenstand zu ermitteln. Die Möglichkeiten dazu sind durch die Vielzahl von internetzugänglichen Datenbanken und Textservern einerseits erheblich erleichtert worden, andererseits ist die Nutzung dieser Ressourcen jedoch vor allem aufgrund des schnellen Wandels von Internetangeboten schwierig und erfordert ein immer neu zu aktualisierendes Wissen über effiziente Formen der Literaturrecherche.

Effiziente Literaturrecherche im Sinne möglichst stark gefilterter Suchanfragen birgt allerdings die Gefahr, dass die erzielten Ergebnisse zu eng ausfallen. Dadurch fallen scheinbar randständige Dokumente aus dem Blickfeld, die jedoch für die eigene Fragestellung bereichernd sein können. Das Stöbern in Bibliotheksregalen und das Surfen im Internet mögen als Zeitverschwendung bewertet werden, aber manchmal ergeben sich nur auf diesem Wege Zufallsfunde, die dem vorhandenen Wissensbestand etwas wirklich Neues hinzufügen. Der Vergleich von Bibliothek und Internet sollte jedoch nicht dazu verführen, die Qualität der auffindbaren Inhalte gleichzusetzen. Informationen aus dem Internet erfordern eine noch kritischere Hinterfragung, als dies beim wissenschaftlichen Arbeiten ohnehin notwendig ist. Wenn die Überprüfung eine Verwendung der Internetquelle rechtfertigt und sie als Belegstelle verwendet oder Teile daraus zitiert werden sollen, so ist weiterhin zu klären, ob die Seite in der vorgefundenen Form dauerhaft zur Verfügung steht. Denn schlimmstenfalls werden später Veränderungen am Text vorgenommen oder die verwendete Quelle ist für künftige Leser gar nicht mehr nachvollziehbar, weil sie gelöscht oder der Server vom Netz genommen wurde. „Sicher" in diesem Sinne sind elektronische Publikationen dann, wenn sie von einem der traditionellen Informationsanbietern wie etwa Bibliotheken, Archiven oder Fachinformationszentren archiviert und mit einem sogenannten „Persistent Identifier" versehen wurden. Darunter ist ein eindeutiges standortunabhängiges Adressierungsschema zu verstehen, das eine unveränderbare, also persistente Referenz gewährleistet. Ein solches Schema bieten die Uniform Resource Names (URN), die vergleichbar zu der bei gedruckten Büchern verwendeten ISBN (International Standard Book Number) eindeutige Zuordnungen auf Internetquellen ermöglichen.

Allerdings ist bislang nur ein geringer Teil der Internetseiten in dieser Weise gesichert. Wenn trotz des Risikos mangelnder Nachhaltigkeit Quellen ohne Persistent Identifier verwendet werden, muss zusätzlich zu den Basisdaten – Autor, Titel, Jahr und die vollständige URL – das Zugriffsdatum angegeben werden, damit spätere Veränderungen nachvollziehbar sind.

Auf Möglichkeiten und Probleme der Literaturrecherche im Internet gehen die meisten Einführungen in das wissenschaftliche Arbeiten mehr oder weniger ausführlich ein. Aus der Vielzahl der Neuerscheinungen oder überarbeiteten Neuauflagen sollen aus eher subjektiver Sicht drei hervorgehoben werden, die für den Kontext des vorliegenden Handbuchs hilfreich sein können. Der 2008 in 14. Auflage erschienene Band ‚Die Technik wissenschaftlichen Arbeitens' (Frank/Stary 2008) spannt den Bogen sehr weit, richtet sich an Studierende aller Disziplinen und widmet der Literaturrecherche ein eigenes Kapitel. Die Einführung von Thorsten Bohl (Bohl 2008) konzentriert sich auf Anforderungen in pädagogischen Studiengängen. Das Kapitel „Recherche und Bestellmöglichkeiten (im Internet)" beschränkt sich allerdings auf die Angabe weniger Webangebote. Sehr viel ausführlicher geht Friedrich Rost (Rost 2008) in seinem in fünfter Auflage erschienenen Band „Lern- und Arbeitstechniken für das Studium" in die Thematik ein. Angesichts der schnellen Veränderungen der Webangebote bietet er parallel zur Buchausgabe auf einer eigenen Internetseite eine umfangreiche Übersicht zu Nachschlagewerken, Literaturauskunftsmitteln und fachspezifischen Datenbanken. Obwohl die Aufstellung nicht kontinuierlich aktualisiert wird, ist sie als informative Ergänzung der oben genannten Fachportale nützlich.

Literatur

Bohl, Thorsten 2008: Wissenschaftliches Arbeiten im Studium der Pädagogik. Arbeitsprozesse, Referate, Hausarbeiten, mündliche Prüfungen und mehr. Weinheim u. a.

Frank, Norbert/Joachim Stary (Hg.) 2008: Die Technik wissenschaftlichen Arbeitens. Eine praktische Anleitung. Paderborn.

Rost, Friedrich 2008: Lern- und Arbeitstechniken für das Studium. Opladen.

Hannelore Faulstich-Wieland und Carola Zimmermann

Forschungsmittel beantragen – Hinweise und Kriterien

Um Forschungsvorhaben realisieren zu können, brauchen Forschende finanzielle Mittel. Bei der Suche nach Finanzierungsmöglichkeiten für geplante Projekte fehlen häufig Basisinformationen über Fördereinrichtungen und wissenschaftsfördernde Institutionen. Auch die Qualifizierung und Förderung des wissenschaftlichen Nachwuchses benötigen finanzielle Ressourcen. Erstaunlicherweise sind aber die Quellen manchmal so unbekannt wie die Wege, die zu ihnen führen.

Dieser Beitrag möchte dafür einige Hinweise geben und Kriterien der Forschungsförderung benennen, um Wege zur Finanzierung von Forschung aufzuzeigen. Das Spektrum der Möglichkeiten ist vielfältig, Förderprogramme einzelner Forschungsförderer sind teilweise inhaltlich oder formal stark reguliert.

Der Schwerpunkt der Darstellung liegt auf Hinweisen zur Beantragung von Forschungsmitteln bei der Deutschen Forschungsgemeinschaft (DFG) – beschränkt sich allerdings nur auf die Beantragung von sogenannten Sachbeihilfen im Normalverfahren, d.h. Forschungsprojekten, die von Einzelnen oder einer kleinen Gruppe durchgeführt werden. Die Konzentration auf die DFG begründet sich in doppelter Weise: Zum einen ist die DFG die zentrale Selbstverwaltungsorganisation der Wissenschaft – die Mitglieder der Gremien sind gewählte Vertreter der Wissenschaftler/innen in Deutschland. Sie fördert Wissenschaft in allen ihren Zweigen von A-Z, von Archäologie bis Zoologie. Zum anderen kann man davon ausgehen, dass die dort geltenden Kriterien einen Maßstab definieren, dessen Erfüllung auch bei anderen Forschungsförderern und Finanziers Erfolg verspricht. Am Ende des Beitrages stehen einige Internetadressen und Buchhinweise, über die eine Vielfalt an weiteren Informationen zur Forschungsförderung erhältlich ist. An geeigneter Stelle wird immer wieder auf alternative Fördermöglichkeiten verwiesen. Dabei können diese Angaben allerdings nicht den Anspruch auf Vollständigkeit erheben und sollen auch dazu ermutigen, in der eigenen Institution nach den Beratungs- und Unterstützungsmöglichkeiten nachzufragen.

Die Deutsche Forschungsgemeinschaft (DFG)

Die DFG ist mittlerweile hervorragend im Internet präsent, so dass eine Skizzierung ihrer Aufgaben und ihres Aufbaus hier sehr kurz gehalten werden kann (http://www.dfg.de).

Die DFG charakterisiert sich selbst durch fünf Punkte: Sie
- „ist die zentrale Förderorganisation für die Forschung in Deutschland,
- fördert wissenschaftliche Exzellenz durch Wettbewerb,
- berät Parlamente und Behörden in wissenschaftlichen Fragen,
- setzt Impulse für die internationale wissenschaftliche Zusammenarbeit und
- hat sich die Förderung junger Wissenschaftler/innen zum Ziel gesetzt."

Als Selbstverwaltungsorganisation der Wissenschaft hat die DFG verschiedene Organe zur Erfüllung dieser Aufgaben. Zentral für die Bewältigung dieser Aufgaben sind die Gremien, die Geschäftsstelle sichert den reibungslosen Ablauf des Tagesgeschäfts (Abb. 1).

Mitgliederversammlung
Richtlinienbestimmung / Annahme von Jahresbericht und -rechnung / Entlassung des Präsidiums
- Hochschulen, die Forschungseinrichtungen von allgemeiner Bedeutung sind
- andere Forschungseinrichtungen von allgemeiner Bedeutung
- Akademien, wissenschaftliche Verbände

Senat
Forschungsstrategie
Politikberatung
Zusammenarbeit im In- und Ausland
- 42 Wissenschaftler, davon 3 als ständige Gäste

Präsidium
Verantwortung für laufende Geschäfte
- Präsident, Vizepräsident
- Präsident des Stifterverbandes (beratend)
- Generalsekretär (beratend)

Hauptausschuss
Finanzielle Förderung der Forschung
Förderpolitik und Programmplanung aufgrund von Senatsbeschlüssen
Wirtschaftsplan
- 39 Senatoren
- 16 Stimmen: Vertreter Bund
- 16 Stimmen: Vertreter Land
- 2 Stimmen: Vertreter Stifterverband

Fachkollegien
Bewertung aller Förderanträge
< 577 Wissenschaftler

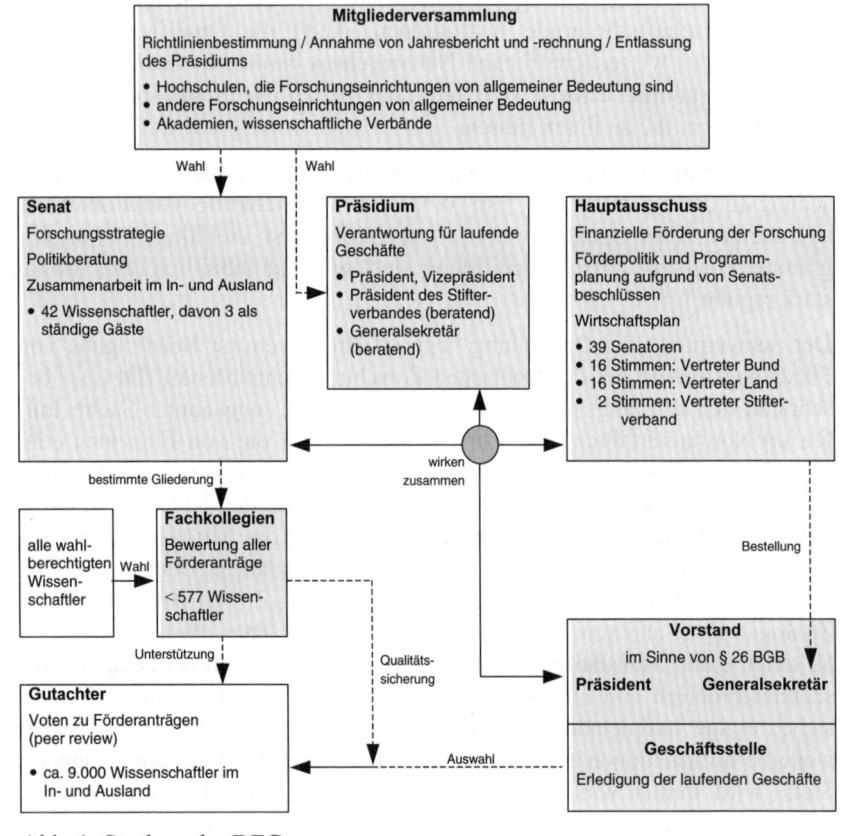

alle wahlberechtigten Wissenschaftler

Gutachter
Voten zu Förderanträgen (peer review)
- ca. 9.000 Wissenschaftler im In- und Ausland

Vorstand
im Sinne von § 26 BGB
Präsident   Generalsekretär

Geschäftsstelle
Erledigung der laufenden Geschäfte

Abb. 1: Struktur der DFG

Die historische Entwicklung der DFG und die nach wie vor weltweit anerkannte Bedeutung besteht in der Selbstverwaltungsorganisation und dem Rückgriff auf das peer review Verfahren. Bis 2004 wurde dies vor allem durch das Fachgutachtersystem in Form von Fachausschüssen gewährleistet. 2004 wurden Fachkollegien als Nachfolgegremien der Fachausschüsse eingeführt. Sie tragen – so die Festlegung der DFG – „in allen Förderverfahren der DFG dafür Sorge …, dass die Begutachtung ausschließlich nach wissenschaftlichen Kriterien erfolgt und in allen Verfahren gleiche Qualitätsmaßstäbe angelegt werden." Während bis 2004 die Fachausschüsse im wesentlichen selbst die Gutachten zu Förderanträgen erstellten – häufig allerdings bereits unterstützt durch externe Gutachten –, nehmen die Fachkollegien nunmehr primär die Bewertung der Förderanträge auf der Basis von im peer review Verfahren erstellten Gutachten vor, die von den fachlich ausgewiesenen Kolleginnen und Kollegen der Antragstellenden abgegeben wurden.

Für die Erziehungswissenschaft setzt sich das Fachkollegium aus drei Fächern zusammen:
- Allgemeine und Historische Pädagogik mit zwei Personen
- Allgemeine und fachbezogene Lehr-, Lern- und Qualifikationsforschung mit drei Personen
- Sozialisations-, Institutions- und Professionsforschung mit drei Personen.

Im Jahr 2006 hat die DFG für Forschungsförderungen insgesamt 1.587,9 Mio. Euro verwendet (vgl. Tabelle 1). Die allgemeine Forschungsförderung, zu der auch die Sachbeihilfen rechnen, macht den größten Anteil aus.

Tabelle 1: Bewilligung nach Verfahren bei der DFG 2006

	Mio EUR	%
Einzelförderung	567,6	35,6
Direkte Nachwuchsförderung	104,8	6,7
Koordinierte Programme	817,4	51,5
Preise	15,7	1,1
Infrastrukturförderung	56,0	3,5
Ausschüsse und Kommissionen	2,8	0,2
Internationale wissenschaftliche Kontakte	23,6	1,5
Förderungen gesamt	1.587,9	100,0

Quelle: DFG Jahresbericht 2006, S. 134f.

In der Förderung von Sachbeihilfen im Normalverfahren betrug die Förderquote im Jahr 2006 in den Geistes- und Sozialwissenschaften 47,2%, d.h. knapp die Hälfte der beantragten Forschungen wurde bewilligt (ebd., S. 136). In der Erziehungswissenschaft liegt die Förderquote etwas niedriger. Eingereicht werden im Durchschnitt ca. 157 Anträge pro Jahr, gefördert werden etwa 62 (vgl. Abb. 2)[1].

---

1 Siehe auch: Koch, Stefan/Krüger, Heinz-Hermann/ Krapp, Andreas: Forschungsförderung in den Erziehungswissenschaften durch die DFG – Zwischenbilanz nach zwei Jahren Arbeit des Fachkollegiums. In: Erziehungswissenschaft 18 (2007) Heft 33, S. 7-15.

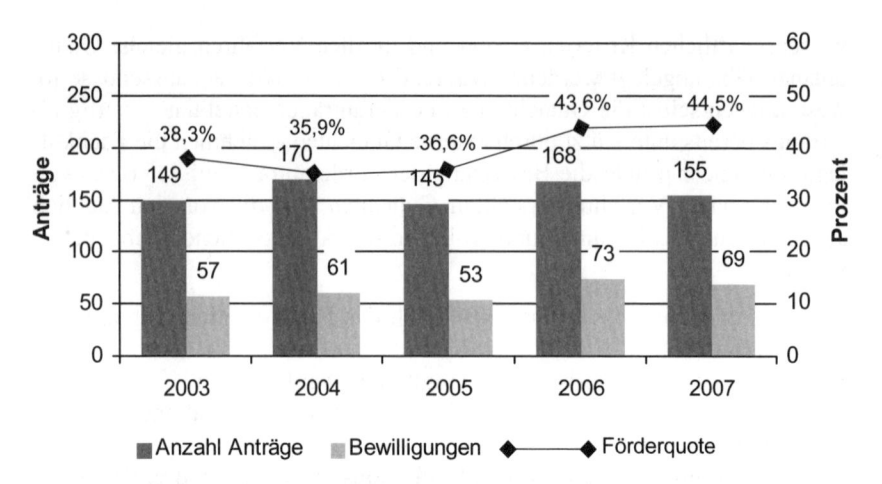

[Diagramm: Anträge und Bewilligungen 2003–2007]

- 2003: Anträge 149, Bewilligungen 57, Förderquote 38,3%
- 2004: Anträge 170, Bewilligungen 61, Förderquote 35,9%
- 2005: Anträge 145, Bewilligungen 53, Förderquote 36,6%
- 2006: Anträge 168, Bewilligungen 73, Förderquote 43,6%
- 2007: Anträge 155, Bewilligungen 69, Förderquote 44,5%

Quelle: Vortrag von Stefan Koch (DFG) auf dem DGfE-Kongress in Dresden, März 2008

Abb. 2: Anträge in der Erziehungswissenschaft 2003-2007 (Einzelförderung ohne Schwerpunktprogramme)

Fördermöglichkeiten – DFG und andere

Die DFG bietet ca. 40 verschiedene Fördermöglichkeiten. Für Erziehungswissenschaftler/innen seien hier die wichtigsten genannt und kurz beschrieben – ergänzt werden diese Informationen durch Hinweise auf Förderalternativen. Bei der DFG antragsberechtigt ist grundsätzlich jede Wissenschaftlerin und jeder Wissenschaftler in der Bundesrepublik Deutschland oder an einer deutschen Forschungseinrichtung im Ausland, deren wissenschaftliche Ausbildung – in der Regel mit der Promotion – abgeschlossen ist. Für Doktorand/innen gibt es eine große Zahl von externen Stipendiengebern, u. a. die Studienstiftung des deutschen Volkes, die Rosa-Luxemburg-Stiftung, die Konrad-Adenauer-Stiftung (Wissenschaftliche Dienste/Begabtenförderung), die Hanns-Seidel-Stiftung, das Evangelische Studienwerk e.V. Villigst, die Heinrich Böll Stiftung, die Hans Böckler Stiftung, die Friedrich-Naumann-Stiftung. Zu den Fördermöglichkeiten finden sich Hinweise auf den jeweiligen Homepages. Darüber hinaus gibt es eine Reihe universitätsinterner Stipendienmöglichkeiten, die bei jeder Hochschule separat erfragt werden müssen. Die DFG sieht eine Doktorandenförderung im Rahmen von Graduiertenkollegs und ggf. im Rahmen der Projektförderungen vor, Doktoranden sind jedoch bei der DFG nicht selbst antragsberechtigt.

- *DFG-Sachbeihilfen:* Sachbeihilfen sind das wohl flexibelste verfügbare Förderinstrument: Beantragt werden können Personalmittel/Vertretungskosten, Mittel für wissenschaftliche Geräte, Verbrauchsmaterial, Reisen, sonstige Kosten (z.B. Aufträge an Dritte) und Publikationskosten ohne Einreichungsfristen und ohne festgelegte Förderdauer.

- *DFG-Eigene Stelle:* Seit 2001 besteht als Variante der Einzelförderung die Möglichkeit, dass promovierte Wissenschaftler/innen – mittlerweile ohne Zeitbegrenzung hinsichtlich des Abstands zur Promotion – für sich selbst eine Stelle in einem maximal drei Jahre laufenden Forschungsprojekt beantragen. Voraussetzung ist die Bereitschaft einer Universität, einen Arbeitsplatz zur Verfügung zu stellen.
- *Wissenschaftliche Netzwerke* sind für promovierte Nachwuchswissenschaftler/innen vorgesehen und zielen auf ein klar erkennbares Ergebnis ab, z. B. eine gemeinsame Publikation, ein Forschungsprojekt, eine Ausstellung etc.; gefördert werden Reise- und Aufenthaltskosten für mindestens drei bis sechs Arbeitstreffen sowie ggf. sonstige Kosten.
- Das *DFG-Forschungsstipendium* ermöglicht jungen promovierten Wissenschaftler/innen, an einem Ort ihrer Wahl im Ausland ein umgrenztes Forschungsprojekt durchzuführen, sich in diesem Zusammenhang in neue wissenschaftliche Methoden einzuarbeiten oder ein größeres Forschungsvorhaben abzuschließen.
- Das *Emmy Noether-Programm* fördert promovierte Wissenschaftler/innen, die so durch die verantwortliche Leitung einer Nachwuchsgruppe über fünf Jahre die Voraussetzung für die Berufung auf eine Professur erwerben können.
- Das *Heisenberg-Programm* richtet sich vor allem an Wissenschaftler/-innen, die ihre Berufbarkeit über das Emmy Noether-Programm, DFG-Projektstellen, Forschungstätigkeit in der Wirtschaft oder Stellen im akademischen Mittelbau erlangt haben. Finanziert wird die Professur über fünf Jahre.
- *Reinhart Koselleck-Projekte* richten sich an Wissenschaftler/innen, die sich durch einen herausragenden wissenschaftlichen Lebenslauf auszeichnen, über großes wissenschaftliches Potential verfügen und besonders innovative oder risikobehaftete Projekte planen.

Wer gezielt internationale Kooperationen anstrebt, kann verschiedenste Fördermöglichkeiten nutzen; genannt seien hier einige wenige, die von der DFG zur Verfügung gestellt werden:

- *Bilaterale Veranstaltungen:* Die DFG fördert auf bilateraler Ebene sowohl gemeinsame Forschungsprojekte als auch projektvorbereitende Maßnahmen: bilaterale Symposien und Seminare, Vorbereitungsreisen und Kooperationsaufenthalte.
- *Kooperationsvorhaben* – Regionalspezifische Fördermöglichkeiten: Gemeinsam mit dem Bundesministerium für wirtschaftliche Zusammenarbeit und Entwicklung (BMZ) stellt die DFG Mittel zur Verfügung, um Forschungsprojekte zu fördern, die von Wissenschaftler/innen in Deutschland in Zusammenarbeit mit Wissenschaftler/innen oder wissenschaftlichen Einrichtungen in Entwicklungsländern durchgeführt werden.
- *Trilaterale Zusammenarbeit:* Seit 1995 fördert die DFG die Zusammenarbeit mit Israel und Palästina auf trilateraler Basis. Der/die koordinierende Wissenschaftler/in in Deutschland kann dabei auch Mittel für seine

israelischen und palästinensischen Kooperationspartner beantragen. Trilaterale Projekte können bis zu einer Dauer von fünf Jahren gefördert werden. Erstanträge laufen über einen Zeitraum von zwei Jahren.
- *Mittel- und Osteuropa/GUS:* Für qualifizierende Maßnahmen zur Heranführung von Wissenschaftsstandorten in Mittel- und Osteuropa/GUS an den internationalen Forschungsstandard oder zu dessen Sicherung können besondere Mittel zur Verfügung gestellt werden.

Neben dem vielfältigen Angebot der DFG gibt es spezifische Fördermaßnahmen anderer Forschungsförderer. Die folgende Auswahl gibt nur einen Ausschnitt wieder, aktuelle Ausschreibungen sollten immer über die Datenbank ELFI bzw. den Informationsdienst FIT recherchiert werden (s. den Abschnitt: Weitere Informationsmöglichkeiten über Forschungsförderungen).

- Die *Deutsch-Israelische Stiftung* bietet mit dem „Young Scientists' Program" jungen Wissenschaftler/innen die Gelegenheit, sich selbst und ihre Arbeit in den Partnerländern Israel bzw. Deutschland einzuführen, um erste Kontakte zu potentiellen Forschungskollegen herzustellen. Hierfür stellt das Programm deutschen und israelischen Wissenschaftler/innen aller Fachgebiete bis zum Alter von 40 Jahren Projektmittel von bis zu 40.000 Euro für ein einjähriges Forschungsprojekt zur Verfügung.
- *Dilthey-Fellowships* der Volkswagen Stiftung richten sich an exzellente junge Forscherinnen und Forscher nach ihrer Promotion, die mit ihrem – längerfristigen und unter Umständen risikoreichen – Vorhaben den Geisteswissenschaften neue Gebiete erschließen wollen.
- *Feodor Lynen-Forschungsstipendien* der Alexander von Humboldt Stiftung richten sich an hoch qualifizierte promovierte deutsche Nachwuchswissenschaftler/innen im Ausland (bis 38 Jahre). Sowohl für Langzeit- als auch bei Kurzzeitstipendien muss der Gastgeber im Ausland ein/e ausländische/r Wissenschaftler/in sein, der/die bereits früher von der Humboldt-Stiftung gefördert wurde.
- Wer sich für das Emmy-Noether Programm der DFG interessiert, sollte sich auch mit den *„Lichtenberg-Professuren"* der Volkswagenstiftung vertraut machen.
- Das *„opus magnum"*-Programm der Volkswagenstiftung ist für Forscher/innen geeignet, die herausragende wissenschaftliche Arbeit leisten und ein größeres wissenschaftliches Werk zu einem anspruchsvollen Thema verfassen möchten. Die „Opus magnum"-Förderung bietet die notwendigen Freiräume und die Finanzierung einer Lehrvertretung.

Hinweise für Forschungsanträge

Jede der oben genannten Förderer verfügt über eigene Förderrichtlinien und Merkblätter. Als wichtigster Förderer sei hier wiederum die DFG-Förderung skizziert, zumal die DFG-Förderung für viele andere Förderer Vorbildcharakter hat. Die Merkblätter der DFG geben zumeist detaillierte Hinweise, wie Anträge zu verfassen sind. Bei der Begutachtung von Anträgen gibt es entsprechend eine Reihe von Kriterien, auf die besonders geachtet wird. Im Folgenden sollen die wichtigsten kurz benannt werden (vgl. auch Abb. 3 bzw. das Merkblatt 10_20 „Hinweise zur Begutachtung", das die Gutachtenden zusammen mit einem Antrag erhalten):

- *Thema und Fragestellung:* Beim Thema sollte es sich um eine präzise Fragestellung handeln, globale Themen sind eher ungeeignet. Die DFG fördert theoriegeleitete, methodisch kontrollierte Forschung, deren praktische und thematische Relevanz im Antrag verdeutlicht werden sollte.
- *Stand der Forschung und eigene Vorarbeiten:* Dieser Teil sollte aus sich heraus verständlich sein und deutlich werden lassen, wo das geplante Vorhaben einsetzt (noch offene/ungeklärte Punkte der bisherigen Forschung) und wieso die Antragsteller/innen bzw. die Bearbeiter/innen geeignet sind, die Lücken bisheriger Forschung zu füllen. Die Ausführungen zum Stand der Forschung müssen deutlich werden lassen, dass die wichtigen Forschungen rezipiert wurden, ohne dass diese alle im Antrag zu referieren sind.
- *Ziele und Arbeitsprogramm:* Dies ist der entscheidende Teil des Antrags! Bei der Begutachtung wird hier geprüft, ob die vorgesehenen Methoden adäquat sind für die Bearbeitung der Fragestellung, ob die vorgesehenen Arbeiten zeitlich angemessene Einheiten aufweisen, ob bei einer Aufteilung der Arbeiten auf mehrere Personen dies von der Arbeitsteilung möglich und sinnvoll, von den vorhandenen Qualifikationen her angemessen ist.

Bei allen Projekten ist es wichtig, die logische Entwicklung der methodischen Instrumentarien aus der Fragestellung zu verdeutlichen. Zur Explikation der methodischen Instrumente gehört auch die Angabe, ob für die Auswertung qualitativ erhobenen Materials Auswertungsstrategien und Analyseinstrumente vorliegen. Nach Expertenaussagen muss man bei qualitativen Verfahren ein zeitliches Verhältnis von Erhebungsphase und Auswertungsphase von 1:2 veranschlagen, d.h. die Auswertungszeit dauert mindestens doppelt so lange wie die Erhebungszeit, eher länger.

Der *Gesamtumfang* des Antrags sollte ca. 20 Seiten umfassen, für das Arbeitsprogramm ist etwa die Hälfte vorzusehen.

- Praktische und thematische Relevanz des Themas (die allerdings erfahrungsgemäß bei Anträgen in der Erziehungswissenschaft in der Regel gegeben ist)
- Klare Darstellung und Verständlichkeit
- Präzise Explikation der Fragestellung
- Logische Entwicklung der methodischen Instrumentarien aus der Fragestellung
- Explikation der methodischen Instrumente, die eingesetzt werden sollen
- Machbarkeit des Vorhabens und Bearbeitbarkeit der Fragestellung mit den angeführten Mitteln im vorgegebenen Zeitrahmen
- Vermittelbarkeit der Ergebnisse (Einschätzung anhand bisheriger Publikationen, ob der/die Antragsteller/in die Sache auswerten und darstellen kann)

Abb. 3: Kriterien für die Begutachtung eines Antrags

Sachbeihilfen sollten bei einem Erstantrag nicht gleich ein „Großprojekt" beinhalten, sondern können auch für ein Jahr z. B. für studentische oder für wissenschaftliche Hilfskräfte beantragt werden. Entscheidend ist dafür der Umfang des Arbeitsprogramms – die Qualitätsanforderungen an den Antrag im Hinblick auf die Einordnung des Vorhabens in die Forschung und die Begründung des Arbeitsprogramms bleiben gleich. Dennoch sind kleinere Anträge mit präzisen Fragestellungen leichter zu überblicken und zu bewältigen. Sie schaffen vorzeigbare Erfolge, auf denen dann größere Anträge aufbauen können. Bei der Begutachtung von erneuten Anträgen werden die Ergebnisse/Erträge der bisherigen DFG-geförderten Forschungen berücksichtigt.

Für die Bewilligungschance eines Projektes ist es sehr günstig, wenn auf eine *Vorstudie* zurückgegriffen werden kann. Die DFG betont immer wieder, dass ihr die zusätzliche forschungsinterne Förderung an der Hochschule der Antragsteller/innen wichtig ist. Hier bereits eingeworbene Mittel oder einen Projektkontext, in den der Antrag eingebettet ist, vorweisen zu können, erhöht die Bewilligungschancen. Das Gleiche gilt für die Kooperation mit anderen Wissenschaftler/innen, die von der DFG gewünscht und positiv beurteilt wird.

Weg eines Antrags bei der DFG

Abbildung 4 verdeutlicht, welchen Weg ein Antrag im Normalverfahren bei der DFG durchläuft: Nach der Erstellung – unter Beachtung der bereits genannten Kriterien – und Zusendung des Antrags an die DFG wird dieser von der Geschäftsstelle an zwei Expert/innen zur unabhängigen Begutachtung verschickt. Diese Gutachten sollen innerhalb eines Zeitrahmens von nicht mehr als sechs Wochen erstellt werden und gehen zusammen mit dem Antrag zurück an die Geschäftsstelle. Diese verteilt die eingegangenen Anträge für die jeweils nächste Fachkollegiumssitzung – das Fachkollegium tagt viermal im Jahr – an zwei Mitglieder des Fachkollegiums. Eine Person erstellt als Erstberichterstatter/in ein schriftliches Votum, eine zweite ist mündliche Berichterstatter/in. Alle anderen Fachkollegiumsmitglieder erhalten die *Zusammenfassung* des Antrags (die also eine zentral wichtige Funktion hat!) sowie die Gutachten der beiden externen Gutachter/innen plus unmittelbar vor der Sitzung das schriftliche Votum der Erstberichterstatter/innen. Da seit April 2008 das Begutachtungsverfahren elektronisch abgewickelt wird, erhalten die Fachkollegiumsmitglieder nunmehr alle Anträge (mit Ausnahme derjenigen, bei denen sie befangen sind) und können diese zur Kenntnis nehmen. Die Regel bleibt allerdings, dass man bei den Anträgen, über die man nicht berichten muss, sich auf die Zusammenfassung und die Gutachten konzentriert. Auf der Sitzung des Fachkollegiums werden alle Anträge einzeln besprochen. In der Regel sind Anträge, die von beiden Expert/innen negativ oder positiv begutachtet wurden, schnell und unproblematisch zu entscheiden. In den Fällen aber, in denen widersprüchliche Begutachtungen vorliegen, gibt es eine ausführliche Diskussion über die Qualität des Antrags sowie die Stichhaltigkeit der Gutachten. Es kann sein, dass ein weiteres Gutachten eingefordert wird oder – in selteneren Fällen – der Antrag zunächst für eine Präzisierung bestimmter Fragen zurückgegeben wird.

```
┌─────────────┐  ┌─────────────┐  ┌─────────────┐
│ Begutachtung│  │  Bewertung  │  │ Entscheidung│
│ GutachterInnen│ │ Fachkollegium│ │ Hauptausschuss│
└─────────────┘  └─────────────┘  └─────────────┘

┌──────┐   Qualität des    Zuständigkeit   Vergleich über   ┌──────────┐
│      │   Vorhabens                        Fachgebiete     │          │
│Antrag│                   Gutachter-       hinweg          │Mitteilung│
│      │   Qualifikation   auswahl                          │          │
│      │   der Antragsteller Antrag                         │          │
│      │                   Gutachten                        │          │
│      │   Arbeits-        Priorität                        │          │
│      │   möglichkeiten   Volumen                          │          │
│      │                                                    │          │
│      │ Rückfrage Ziele und                                │          │
│      │         Arbeits-                                   │          │
│      │         programme                                  │          │
│      │                   Entscheidungs-                   │          │
│      │         Mittelansatz vorschlag                     │          │
│      │                                                    │          │
│      │              vertraulich                           │          │
└──────┘                                                    └──────────┘

  Auswahl der    Entwurf         Entscheidungs-  Entscheidung-
  GutachterInnen Entscheidungs-  vorschlag       schreiben
                 vorschlag                       Gutachten

                        Geschäftsstelle
```

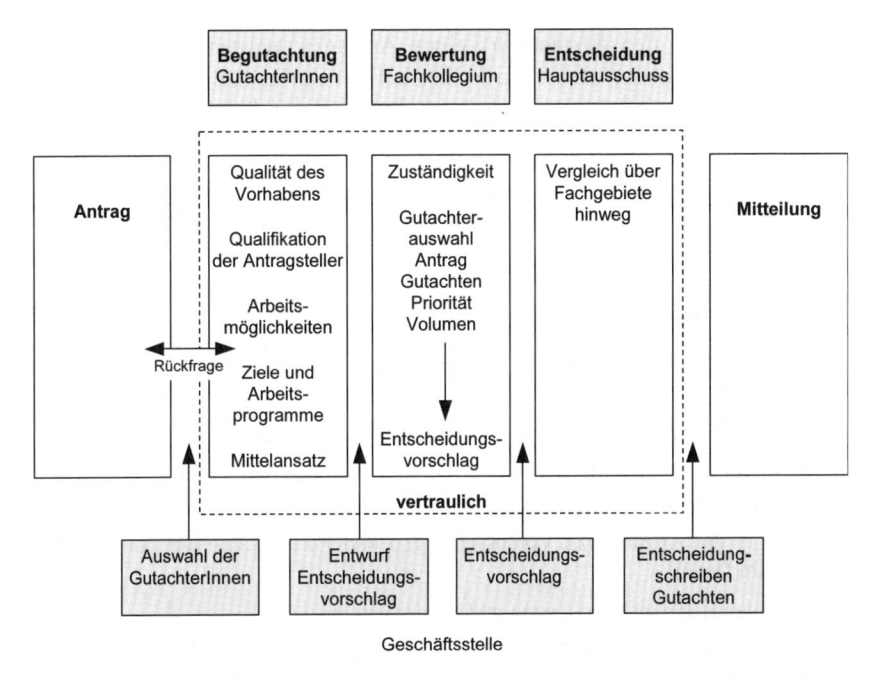

Abb. 4: Weg eines Antrags (Quelle: Koch u. a. 2007)

Das endgültige Votum des Fachkollegiums wird dann unter Verwendung aller anderen schriftlichen Aussagen von der Geschäftsstelle zu einem Vorschlag für den Hauptausschuss zusammengestellt. Dieser entscheidet letztlich über die Bewilligung oder Ablehnung eines Antrags. Die Entscheidung wird den Antragsteller/innen von der Geschäftsstelle mitgeteilt. Dabei werden im Falle einer Ablehnung die relevanten Passagen der Gutachten – selbstverständlich in anonymer Form – mitgeteilt, so dass diese Hinweise genutzt werden können für eine mögliche Überarbeitung und Neubeantragung.

Hilfestellung bei Beantragungen

Der zuständige Fachreferent der DFG (zurzeit Dr. Stefan Koch) ist in der Regel bereit, vor dem Einreichen von Anträgen Informationen, Hilfestellungen, Tipps zu geben und umfassend zu beraten. Ein Anruf im Vorfeld der Beantragung kann viele Fragen klären helfen. Die Universitäten haben DFG-Vertrauensdozenten, die jeweils die Kopie eines Antrages und das Ergebnis der Bewilligung erhalten – sie sind sicher in der Lage, Kontakte zu erfolgreichen DFG-Antragstellenden herzustellen, sofern diese nicht sowieso im eigenen Arbeitszusammenhang bestehen. Die Deutsche Gesellschaft für Erziehungswissenschaft (DGfE, siehe www.dgfe.de) führt seit einiger Zeit jährlich Forschungskolloquien durch, auf denen ein Antrag vorgestellt und diskutiert werden kann. Die Beratung erfolgt in der Regel durch ehemalige Fachgutachter/innen bzw. Fachkollegiat/innen der DFG. Oft hilft es allerdings auch, den Erstentwurf eines Antrages mehreren Kolleg/innen zum Lesen zu geben, weil viele Fehler bei der Antragstellung vermeidbar sind, wenn „Fremde" das Papier kritisch gegengelesen haben.

Essentiell für die Beantragung ist – neben der Projektidee, ohne die eine erfolgreiche Beantragung mit externer Begutachtung unmöglich ist – die Passgenauigkeit zum Förderprogramm und die Erfüllung der Programmkriterien.

Praktische Tipps:

- Prüfe die Projektidee mit wohlgesonnenen, aber kritischen Gesprächspartner/innen!
- Prüfe, in welchem Programm eine Förderung möglich sein könnte!
- Prüfe, ob die Projektidee und die beteiligten Personen den Anforderungen der in Frage kommenden Förderprogramme genügen!
- Beachte die Angaben zu Voraussetzungen und Formalitäten der Antragstellung im Detail!
- Beachte Fristen zu Einreichung und Förderbeginn!

! Merke: Ein kurzer Anruf beim Forschungsreferat/-dezernat der Universität und der Geschäftsstelle des Forschungsförderers erspart allen Beteiligten viel Arbeit !

Weitere Informationsmöglichkeiten über Forschungsförderungen

Im Folgenden stellen wir eine Reihe von Internetadressen zusammen, die geeignet sind, Forschungsförderungsinstitutionen ausfindig zu machen oder weitere Hilfestellungen für Beantragungen bereitstellen.

Die Datenbank ELFI – Servicestelle für *El*ektronische *F*orschungsförder*in*formationen – geht auf eine Initiative der Forschungsreferent/innen an Universitäten zurück.
Die Nutzung ist gebührenpflichtig, d.h. eine Institution wie die Universität erwirbt die Zugangsberechtigung, die ihren Angehörigen dann ermöglicht, die Forschungsmöglichkeiten zu recherchieren. Für die Erziehungswissenschaft sind die Forschungsthemen in folgende Bereiche eingeordnet – die Systematik ist an der bisherigen Fachgruppengliederung der DFG orientiert:

- Erziehungswissenschaft und Bildungsforschung
- Lern-Lehr-Forschung, Didaktik und Hochschuldidaktik

Als kostenlosen Service bietet das Projekt folgende Informationen an:
- Liste der Transferstellen an deutschen Hochschulen
- Scanndienst: gescannte Ausschreibungen aus Printmedien
- Fördermöglichkeiten für Studierende (Stipendien, Austausch etc.).
  http://www.elfi.ruhr-uni-bochum.de/

Darüber hinaus haben einige Universitäten einen Informationsdienst Forschung, Internationales, Transfer – FIT für die Wissenschaft, der regelmäßig über aktuelle Ausschreibungen per E-Mail informiert. An der Universität Frankfurt/Main können Sie sich über folgende Webseite, auf der auch diese Ausschreibungen veröffentlicht werden, registrieren lassen:
- http://www.forschungsfoerderung.uni-frankfurt.de/fit/index.php

Prüfen Sie für Ihre eigene Universität, ob sie dem FIT-Service angeschlossen ist.

Den Förderkatalog des BMBF kann man unter folgender Adresse abrufen:
- http://foerderportal.bund.de; vgl. auch: http://www.bmbf.de/

Eine Reihe von Universitäten bieten ausgezeichnete Aufbereitungen für Forschungsförderungen an der eigenen Hochschule bzw. Informationen und Links zu anderen Forschungsförderern an:

Besonders hervorzuheben ist hier die Seite des Forschungsreferates der Universität Kassel:
- http://www.uni-kassel.de/wiss_tr/.

Sie enthält auch Hinweise zu Drittmittelbeantragungen und viele Tipps mehr.

Das Forschungsreferat der Goethe-Universität Frankfurt/M. bietet aktuelle Informationen und Links zu verschiedenen Forschungsfördereinrichtungen – auch auf EU-Ebene:
- http://www.forschungsfoerderung.uni-frankfurt.de

Folgende weiteren Internetseiten bieten Übersichten und Links an:
- Freie Universität Berlin:
  http://www.fu-berlin.de/forschung/foerderung/
- Beratungs- und Informationsstelle Forschungsförderung (BIF) der Ruhr-Universität Bochum:
  http://www.ruhr-uni-bochum.de/bif/
- Technische Universität Clausthal:
  http://www.ztw.tu-clausthal.de/fofoe/
- Arbeitsbereich Forschungs- und Nachwuchsförderung der Universität Hamburg:
  http://www.verwaltung.uni-hamburg.de/vp-2/4/41/index.html
- Dezernat für Öffentlichkeitsarbeit und Forschungsförderung der Universität Leipzig:
  http://www.uni-leipzig.de/dez6/
- Johannes Gutenberg Universität Mainz:
  http://zope.verwaltung.uni-mainz.de/forschung/forschung/foerderung

- Forschungsreferat der Universität Paderborn:
  http://www-zv.uni-pader born.de/%7Efr/2_4neuhome.htm
  Hier ist eine spezielle Seite mit einem Stipendienführer für Frauen zu finden.
- Dezernat VII, Abteilung 2 Europäische Forschungsförderung, Regionalforum, Existenzgründungsprogramme der Eberhard Karls Universität Tübingen:
  http://www.uni-tuebingen.de/uni/qzf/foerderung/foerder.html

Auf die verschiedenen Seminare des Deutschen Hochschulverbandes sei ebenfalls hingewiesen:
- www.hochschulverband.de.

Wer sich insbesondere für Fördermöglichkeiten interessiert, um Gäste nach Deutschland zu holen oder um selbst ins Ausland zu gehen, sei vor allen auf zwei Webseiten verwiesen, die der Alexander von Humboldt-Stiftung und die des DAAD:
- http://www.humboldt-foundation.de
- http://www.daad.de.
- http://www.dfg.de/internationales/.

Meist verfügen die Universitäten über eigene Informationsseiten, z. B. in Frankfurt/M. die Webseite des International Office, http://www.uni-frank furt.de/international/, in Heidelberg http://www.uni-heidelberg.de/interna tional/. Das Angebot sollte jeweils an der Heimatuniversität erfragt werden; zumal das International Office bzw. die je zuständige Stelle vielfach bei Fragen rund um Visumsangelegenheiten etc. weiterhelfen kann.

Wer nach wie vor lieber „handfeste" Bücher zu Rate ziehen möchte, sei auf folgende Literatur hingewiesen:

- Hermann, Dieter/Christian Spath: Forschungshandbuch 2008/2009. Förderprogramme und Förderinstitutionen für Wissenschaft und Forschung. 2007. 11. aktualisierte und erweiterte Auflage. ISBN 978-3-9803983-1-2. 19,40 Euro
- Hermann, Dieter/Christian Spath/Bernhard Lippert (Hg.): Handbuch der Wissenschaftspreise und Forschungsstipendien einschließlich Innovations- und Erfinderpreise 2006. 4., überarbeitete und erweiterte Auflage. ISBN 978-3-9803983-3-1. 14,40 Euro

Sachregister

Abbildtheorie 174
Abduktion 168, 292 f.
Ablaufmodell 328, 330
Abstraktion, analytische 227
Action Research 810, 820, 888
Adressatenforschung 758, 861
Aggregierungsebene 121, 126, 131
Aktionsforschung 154 f., 738 f., 774, 788, 793, 803 ff., 808, 811, 813, 887 f., 930
Alltagsrelevanz 20, 153, 572, 820, 827
Altersbild 576
Androzentrismus 772
Aneignungsforschung 591
Anonymisierung 312, 522, 928, 930 f.
Anonymität 929
Appraisal Legetechnik 153
Archive und Portale
  Archives Portal 368
  Datenbank 939, 943, 945
  Datenbank ELFI 957
  Datenbank SOFIS 43
  Deutscher Bildungsserver 942
  Fachportal Pädagogik 942
  Fallarchiv 916
  FIS Bildung 942 ff.
  Informationsdienst Forschung, Internationales, Transfer – FIT 957
  Sozialwissenschaftliches Forschungsinformationssystem (SOFIS) 52
Argumentationsanalyse 94, 351 ff.
Argumentationstheorie 351
Assoziation 271
Audioaufnahme 380, 557, 726, 807
Auftragsforschung 739
Auswertung 48 ff., 125, 179, 226, 387, 391, 467, 473, 484, 579, 712, 906
Autobiographie 66, 82, 239, 243, 366, 371, 397, 399, 403, 419, 421 ff., 689
Autobiographieforschung 61, 406
Befremdung 107
Begehungsprotokoll 558
Begleitforschung 457
Beobachtung 724, 727, 807, 834 ff., 902

Beobachtungsprotokoll 313, 380, 388, 606 f., 733, 748, 878
Beschreibung, vor-ikonographische 532
Bewusstheitskontext 390
Bias 22, 394
Bild 335, 338
Bild- und Medienanalyse 646
Bildanalyse 49, 215, 529, 536 f., 595, 621 f., 647
Bildtranskript 605
Bildungsforschung 45, 52, 73, 75, 79, 89, 577, 914
  biographieanalytische 76
  empirische 51, 52, 53
  historische 368, 673
Bildungstheorie 97
Bildwissenschaft 366, 530
Bindungsforschung 662
Binnenperspektive 774
Biographie 365, 418, 421 ff., 432, 677, 757, 857
  Normalbiographie 432
Biographieforschung 45, 61 f., 73, 77, 163, 212, 219 f., 341, 399, 414, 418, 422 f., 426, 547, 757, 761, 763, 861, 863, 914
  historische 403
  kulturvergleichende 67
Biographische Gesamtformung 125, 212
Biographische Illusion 245
Biographisches Porträt 388
Biographisierung 428, 857, 860
Biographizität 64, 860
Brief 256
Case Summary 509
Chicago School 43, 62, 192, 198, 302, 642, 927
Cluster 879
Clusteranalyse 497, 572
Code 502, 506, 507
Community of Practice 809
Computergestützte Analyse 524
Computergestützte Auswertung 491
  MAXdictio 491

MaxQDA 294
QDA-Programm 501, 524
SPSS 493
TEXTPACK 491
Cronbach-Alpha-Wert 140
Cultural Studies 577, 590, 591, 592
Darstellungsform 392, 393, 482, 512
Datenaufbereitung 515
Datendisplay 511
Datenerhebung 178, 213, 224, 283, 306 ff., 437 ff., 464, 550 ff., 579, 602 ff., 623 ff., 643 ff., 711 f.
Datengewinnung 47
Datenkorpus 389
Datenliste 431
Deduktion 168, 289, 293
Dekonstruktion 95
Deutsche Forschungsgemeinschaft 947, 948
Deutungsmuster 132, 225, 726
Devianzforschung 165
Dezentrierung 30, 97, 642
Diagnose 814
 biographische 863, 864, 865
Diagnostik, pädagogische 831
Dialog-Konsens-Methode 563, 564, 565, 566
Dichte Beschreibung 46, 108, 109, 114, 116, 156, 192, 313, 386, 391, 393, 648, 678, 680
Differenzschema 340, 344
Digitalisierung 624, 625
Dimensionsanalyse 296, 510
Diskurs 335, 351, 352
Diskursanalyse 50, 80, 335, 372, 426, 578, 591, 593, 676, 712, 747, 778
Diskursive Arena 338
Diskursive Formation 338
Diskursorganisation 214
Dokument 380, 388
 statistisches 367
Dokumentarische Methode 64, 75, 79, 80, 205, 208, 229, 426, 578, 581, 622, 642, 647, 648, 712, 737, 739
Dokumentenanalyse 50, 65, 120, 311, 325, 366, 371, 373, 712, 880
Doxa 394
Ebenendifferenzierung 126
Eigenforschung 789
Eingangsimpuls 550

Einzelfall 121, 159, 184, 187, 193, 482
Einzelfallanalyse 483, 510
Einzelfallforschung 160, 185
Einzelfallstudie 179, 665
Empirismus 23, 174
Empirizismus 772
Erfahrung 46, 821, 823
Erfahrungsraum, konjunktiver 125, 211
Erhebung 285, 645, 708
Erinnerungsarbeit 775
Erkenntnisgewinn 379
Erkenntnisinteresse 28, 46, 82, 379, 391, 519
Erkenntnisreichweite 23, 785
Erkenntnistheorie 30, 31, 103
Erlebnisschichtung 211
Erwachsenenbildungsforschung 75, 745, 747
Erwachsenenzentriertheit 709, 713
Erwägungsmethode 480
Erzählanalyse 846
Erzählaufforderung 225
Erzählcafé 765
Erzählforschung 846
Erzählkoda 225
Erzählpraxis 845
Ethik 314, 773, 927, 929 ff.
Ethnographie 50, 65, 81, 101, 107, 113 ff., 115, 155, 191, 301, 426, 547, 677, 708, 713, 736 f., 792, 824
 pädagogische 107, 737
Ethnographische Collage 380, 390 f.
Ethnomethodologie 49, 106, 413, 578, 713
Ethnopsychoanalyse 270, 737
Ethnozentrismus 315
Eurozentrismus 315
Evaluation 162
Evaluationsforschung 215, 457, 739
Evaluationskriterien 295
Exhaustationsprinzip 260
Experiment 142
Experte 460 ff.
Expertenforschung 804
Experteninterview 50, 310, 457, 519, 760
Expertenwissen 458 ff.
Exploration 82, 195, 458
Fachportal 945

Sachregister

Fall
 kontrastierender 193
 negativer 184, 196
Fallanalyse 52, 64, 161, 165 ff., 289, 473, 478, 482, 857 f., 863, 865, 912, 917, 920
Fallarbeit 162, 790, 911
Fallberatung 787
Fallrekonstruktion 259
Fallstudie 160, 762 f., 871, 913
 theoriegeleitete 653, 666, 668
Fallübersicht 483, 511
Fallverstehen 863
Falsifikation 138, 260
Familienforschung 696, 723, 724
 historische 687, 693, 724
Familiengespräch 725, 727 ff.
Feinanalyse 255
Feldforschung 184, 389, 664, 736, 878
 ethnographische 155, 164, 301
Feldnotiz 380, 389, 479
Feldzugang 384, 464, 643, 808
Feministische Wissenschaftskritik 44
Film 367, 823
Filmanalyse 215, 589
Filminterpretation, dokumentarische 594
Film-Zuschauer-Interaktion 590, 595
Fluss-Diagramm 566
Focus Group 205
Fokussierungsmetapher 209
Formsinn 533, 537 f.
Forschung
 aktivierende 903
 bildungshistorische 368
 feministische 772, 774
 hermeneutische 236, 415, 416
 pädagogisch-ikonologische 539
 pädagogisch-psychoanaltische 668
 subjektwissenschaftliche 889
 theoriegeleitete 659
 theorieorientierte 91
Forschungsdesign 178
Forschungsförderung 947
Forschungsgegenstand 47, 392
Forschungsparadigma 564
Forschungsstand 177
Forschungsstrategie, zirkuläre 48
Forschungssupervision 906

Forschungstagebuch 184, 271, 312, 314, 878, 880
Forum Qualitative Sozialforschung 942
Foto 256, 724, 932
Fotoanalyse 65
 seriell-ikonographisch 622
Fotobefragung 449, 730
Fotodokumentation 558, 823
Fotografie 312, 366 f., 380, 388 ff., 447
Fotogruppendiskussionsverfahren 579
Fotointerview 447, 623, 629
Fragebogen 329, 388, 572, 725, 760, 894
Fragestellung 176, 338, 383, 475, 503, 822
Frankfurter Schule 43, 44, 206, 563 f.
Fremdreflexion 902
Fremdverstehen 271, 790
Frequenzanalyse 595
Gattungsanalyse 426
Gedächtnis
 kommunikatives 847
 kulturelles 847
Gegenstandsbereich 380
Gegenstandskonstruktion 392
Gegenübertragung 29, 271, 710, 796
Gegenübertragungsanalyse 29
Gelegenheitsstichprobe 141
Geltungsbegründung 897, 906 f.
Generalisierung 187, 197, 295, 788, 891
 theoretische 467
Generationenforschung 67
Generationenverhältnis 710
Genre 346
Geschichtswerkstatt 765
Geschichtswissenschaft 847
Geschlechterforschung 30, 67, 81, 337, 771, 774, 933
Gespräch 335
 ero-episches 446
Gesprächsanalyse 214, 592, 747
Gestalttheorie 229
Gliederung, thematische 214
Glossar 431, 475
Going Native 48, 156
Grounded Theory 46 f., 65, 113, 151, 193 f., 229, 281, 313, 324, 327, 379, 382, 389 f., 417, 490, 502 ff., 578, 642, 648, 881

Grundgesamtheit 179
Grundlagenforschung 738 f.
Gruppendiskussion 50, 79, 82, 124 f.,
  205, 265, 311, 380, 388, 513, 581,
  643, 646, 724, 728 f., 761, 826,
  891 ff.
  mit Kindern 711
Gruppeninterpretation 274
Gruppenmeinung, informelle 206
Gruppenthema 794
Gültigkeit 209
Gütekriterium 49, 52, 94, 98, 294, 326,
  480, 488, 773, 785, 842
Habitualisierung 860, 862
Habitus 213
  forschender 790, 918, 921
Habitusforschung 449
Haltung 898, 902, 903
  forschende 52
Handeln, kommunikatives 210
Handlung, symbolisierende 433
Handlungsforschung 34, 560, 738 f.,
  788, 803, 810, 812, 820, 875, 887 ff.,
  911
Handlungsstruktur 567
Hermeneutik 49, 63, 95, 104 f., 236,
  242, 244, 247, 265, 296, 372, 413,
  418, 429, 733, 736, 759, 912
Hermeneutischer Zirkel 275, 416
Historiographie 95
Historizität 29
Hochschulsozialisationsforschung 66
Hypothese 47, 90, 94, 98, 138, 243,
  250, 283, 306, 383, 387 ff., 475, 482,
  483, 571, 572
Iconic Turn 529, 621
Idealtypus 463
Ideengeschichte 95, 673
Ikone 533 f.
  pädagogische 535
Ikonik 533
Ikonographie 372, 532
  pädagogische 579
Ikonologie 531 ff.
  pädagogische 531, 579
Implementationsforschung 457
Individuelle Lernstandsanalysen (ILeA)
  834, 837
Induktion 289, 292
Informed Consent 929

Inhaltsanalyse 324, 332, 473, 508, 572,
  593, 807, 880
  qualitative 50, 65, 164, 323 ff., 331,
  372, 477, 579, 712
  quantitative 325 f., 480
Interaktionismus, symbolischer 44, 47,
  49, 63, 173, 210, 413, 723, 746
Interaktionsanalyse 745 ff.
Interaktionsform, symbolische 266
Interaktionsforschung 600, 750, 751
Interkoder-Reliabilität 326, 480
Interpretation 517
  bildanalytische 579
  biographische 862
  didaktische 793
  experimentelle 240
  formale 354
  formulierende 213 f.
  ikonographische 532, 539
  ikonologische 531 f., 540
  induktive 166
  komparative 239
  kontextuelle 243
  kulturanalytische 244
  mimetische 241
  multivariate 143
  narrationsstrukturelle 737, 739
  narrative 679
  offene 209 f.
  psychologische 241
  quantitative 330
  reflektierende 213 f.
  rekonstruktiv-analytische 736
  rekonstruktive 50, 209, 643
  sequenzanalytische 880
  standardisierte 209 f.
  strukturale 237
  theoriegeleitete 383, 391
  theorieorientierte 383 f.
  tiefenhermeneutische 263
  topische 354
Interpretationsprozess 226
Interrater-Reliabilität 188, 480
Intersektionalität 771
Intersektionalitätsforschung 773
Intersubjektivität 31, 274, 358
Intervallskala 143
Interview 82, 256, 264 f., 310, 325,
  380, 388, 515, 567, 724 f., 807, 901
  autobiographisches 125

Sachregister 963

autobiographisch-narratives 764
biographisches 124, 215, 397, 419,
  429, 550, 552, 691, 761
biographisch-narratives 50
dialogisches 792
episodisches 444
erzählgenerierendes 440
ethnographisches 445, 747
fokussiertes 441
Fotointerview 447, 623, 629
halbstrukturiertes 826
individual-biographisches 212
Konstruktinterview 443
leitfadengestütztes 265, 439, 485,
  508, 693, 726, 730
medienbiographisches 579
mit Kindern 727
narratives 50, 73, 164, 215, 219,
  221 ff., 265, 286, 419, 444, 550, 552,
  643, 678, 726, 761, 861
offenes 215, 759
Probeinterview 439
problemzentriertes 50, 442, 508
qualitatives 476, 711
retrospektives 680
standardisiertes 726
Tiefeninterview 661
Interview- und Legetechnik 153, 567
Interviewführung 465
Introspektion 271, 404
Inventarliste 554
Ist-Standsanalyse 839
Iterabilität 341, 343
Jugendforschung 62, 66, 871
  historische 687
Kartenabfrage 891
Kasuistik 19, 43, 161 ff., 168, 911 f.,
  917
  komparative 167
Kategorialdaten 186
Kategorie 47, 114, 165, 197, 227, 286,
  306, 325, 330, 474 f., 482, 502, 512,
  607, 611 f., 807, 880
  Schlüsselkategorie 287, 289
  Subkategorie 286, 510
Kategoriensystem 187, 189, 326 ff.,
  477, 506, 507, 595
Kategorisierung 168, 327, 331, 474,
  477, 484, 502
Kernkategorie 286

Kinderforschung 693
Kinderportrait 825
Kindheits- und Jugendforschung 45,
  156
Kindheitsautobiographie 693
Kindheitserinnerung 399, 404
Kindheitsforschung 66, 399, 547, 555,
  694, 707 f., 824, 871
  historische 687, 688, 694, 708
Kind-Umfeld-Diagnose 794, 841
Kodetheorie 748
Kodiereinheit 325
Kodierparadigma 288
Kodiersystem 572, 605
Kodierteam 480
Kodierung 113 f., 285 f., 313, 328, 390,
  466, 473, 477, 479, 483, 508, 880
  automatische 502
  axiale 287
  konsensuelle 479 f.
  offene 285
  selektive 288
Kognitionspsychologische
  Forschungsrichtung 549
Kollektivbiographie 692
Kommunikation, nonverbale 450, 519,
  899 ff.
Kommunikationsanalyse 748
Komparative Analyse 213, 539, 892
Komplexität 22, 114, 386, 482, 695,
  776, 808, 822
Komplexitätsproduktion 104, 110 ff.
Komplexitätsreduktion 102, 110 ff.,
  380, 382
Konfigurationsanalyse 611 f.
Konflikttypologie 265
Konsensbildung 569
Konsensuale Ziel-Mittel-Argumentation
  153
Konstellationsanalyse 613
Konstruktion 44 f., 91, 95 f., 99, 392
  figurale 342
  kognitive 103
  soziale 103
Konstruktionsweise 643
Konstruktivismus 24, 101 ff., 115, 173,
  284, 713, 723, 746
  radikaler 174
Kontextanalyse 539
Kontextualisierung 109

Kontextvariable 291
Kontingenzanalyse 595
Kontrastierung 129, 214, 228, 490
Konversationsanalyse 50, 324, 426, 519, 578, 600, 712, 746 f., 917
Konzeptforschung, psychoanalytische 658
Körpergedächtnis 903
Korpus 346
Kreuztabelle 481, 494
Kritische Theorie 22, 44, 63, 595, 785
Kritischer Rationalismus 44, 138
Kulturanalyse 264, 591
Kulturkritik 93
Kunst des Verstehens 236
Kursforschung 751
Kybernetik 103
Labelingforschung 735
Laboruntersuchung 141
Landkarte 549, 555
  kognitive 430
  narrative 547 ff., 554, 559, 560, 691
Längsschnittstudie 67, 141, 403
Large-Scale-Assessment-Studien 129
Learning Stories 836
Lebensgeschichte 74, 220, 230, 860
Lebenslaufforschung 63
Lebensverlaufsforschung 426
Lebenswelt 104, 548, 859
Lebensweltanalyse 44
  phänomenologische 736
Lebensweltforschung 554
Lehrer(innen)forschung 803, 811, 872, 876
Lehrer-Forscher-Modell 819
Lehr-Forschungsprojekt 907, 916
Lehr-Lernforschung 52, 82, 96
Lehr-Lernprozess 571
Leistungsdokumentation 794
Leistungsmessung 82
Leitfaden 459, 464 f.
  Auswertungsleitfaden 476 f.
Leitfadenfragebogen 679
Leitfadeninterview 265, 439, 485, 508, 693
Lernen, forschendes 560, 898, 902, 905
Lernwerkstatt, forschende 887
Lesart 255, 257, 809, 880
Leuvener Modell 834
Literaturrecherche 939, 944

Machtanalyse 335
Maieutik 564
Marienthalstudie 120, 367
Materialsammlung 823
Materialübersicht, quantifizierende 481
Materialverdichtung 388
Mediatisierung 625
Medienanalyse 590
Medienerfahrung 581
Medienforschung 575, 578, 846
Medienkonvergenz 630
Mediensozialisationsforschung 577, 590, 592
Mehrebenenanalyse 119
  qualitative 52, 119, 128
Mehrperspektivität 826, 832, 914
Memo 285, 290 f., 313, 389, 502, 510, 879
Memoiren 397
Metaanalyse 94
Metaperspektive 790
Methode
  nichtstandardisierte 187
  quantitative 137
Methodenausbildung 933
Methodenentwicklung 639
Methodenkombination 146, 330, 487, 502, 729
Methodologie 331, 578
  rekonstruktive 642
Migrationsforschung 66, 774
Milieu 207
Milieuanalyse 79, 132, 211 f.
Missing Data 188
Monitoring-Technik 388
Multiperspektivität 795
Nacherhebung 389
Narration 344, 845, 860
Narrationsanalyse 74, 851
Narrationsstrukturanalyse 64
Netzwerk, semantisches 340
Netzwerk-Grafik 489
Nominalskalenniveau 143
Objektive Hermeneutik 64, 164, 229, 236, 243, 249, 254 f., 372, 414, 426, 429, 578, 642, 678, 712, 714, 737, 739, 747, 749, 880, 917
  philosophische 237
  sozialwissenschaftliche 429
Objektivität 30, 94, 140, 295

Offenheit, theoretische 475
Offline-Forschung 657
Online-Ethnographie 81, 647
Online-Forschung 580, 656
Operationalisierung 139, 189
Oral-History 66, 400, 678 ff., 691, 847, 850
Oral-History-Forschung 61
Ordinalskala 143
Organisationsforschung 443
Orientierungsmuster, kollektives 208
Orientierungsrahmen, kollektiver 125
Pädagogische Tatsachenforschung 43
Paradigma 21, 173, 415, 642
  interpretatives 44, 51, 104, 207, 210, 220, 413, 733 ff.
  qualitatives 109
  quantitatives 109
Paraphrase 327, 466
Performativität 335, 640 f.
Perspektivenerweiterung 790
Perspektiven-Triangulation 891, 906
Perspektivität 29, 714
Perspektivitätstheorie 23, 33
Phänomenologie 49, 63, 104
Plausibilitätsüberprüfung 479
Policy-Forschung 459
Portfolio 871, 877
Positionierung 344
Positivismusstreit 44
Postskriptum 442, 451, 521
Praktiker(innen)forschung 803
Praxeologie 97
Praxisbericht 792
Praxisforschung 34, 155, 738 f., 785, 811, 813, 820, 861, 863, 873, 875, 911, 916, 933
Professionalisierungsforschung 911, 914
Professionsforschung 735, 762, 861
Prozess, abduktiver 223
Prozessanalyse 209, 807
Prozessstruktur 426
Psychoanalyse 63, 164, 264, 595, 790
Psychoanalytische Forschung 714
Qualitätskriterien 98
Quantifizierung 139, 187, 331
Quantitative Forschung 20, 33 f., 43, 46, 51, 53, 67, 110, 137, 151 f., 183 ff., 189 ff., 283, 310, 331, 371, 491, 595, 653 f., 664, 708, 807

Quasiquantifizierung 188 f.
Quellenanalyse 366, 371
Quellenkritik 366, 369 f., 373
Quellenmaterial 628
Querschnittsuntersuchung 141
Rahmenanalyse 109, 582
Raumskizze 380, 608
Raumzeichnung 553
Realgruppe 207, 211
Reflexion 520, 714
Reflexivität 296, 914
Rekonstruktion 82, 95, 127, 388
  empiriegeleitete 383, 386
  theoretische 383, 386
Reliabilität 140, 190, 294
Repräsentation 580
  Krise der Repräsentation 393
Repräsentativität 140, 185, 294
Reproduzierbarkeit der Ergebnisse 208 f.
Resilienzforschung 921
Rezeptionsanalyse 577
Rezeptionsforschung 590 ff.
Rhetorikanalyse 426
Ritualforschung 382, 639, 642, 644, 648
Ritualtheorie 641
Rollenspiel, pädagogisches 897
Sättigung, theoretische 64, 389, 642
Säuglingsforschung 667
Schaubild 488
Schlüsselbild 536
Schlüsselinformant 191
Schlüsselperson 309
Schlüsselszene 275
Schneeballsystem 450
Schul- und Unterrichtsforschung 45, 77, 733 ff., 746, 747, 917
Schulentwicklung 822, 827
Schüleraufsatz 401
Schülerbiographie 339, 825
Schülerbiographieforschung 735
Schülerportrait 793
Schulevaluationsforschung 366
Schulkulturforschung 66
Schul-und Unterrichtsforschung 66
Segmentierung 880
Segmentierungsanalyse 610
Sekundäranalyse 67, 518
Selbsterfahrung 795
Selbstevaluation 792

Selbstreflexion 112, 382, 775, 902, 934
Selbstzeugnisse 690
Selektionskriterien 111
Semiotik 595
Sensibilität, theoretische 292
Sequenzanalyse 254, 256, 259, 473, 612
Sequenzialität 226, 609
Signifikanztest 190
Simultaneität 609
Sinngehalt
   dokumentarischer/immanenter 209, 213
   latenter/manifester 269
Sinnstruktur 44, 609
   latente 426, 667
Sinnverstehen 236
Situationsanalyse 296, 648, 785, 891
Skalenniveau 143, 492
Sokratisches Gespräch 564
Sozialdaten 389
Sozialforschung 44, 642, 646, 707
   empirische 366
   interpretative 186, 219
   qualitative 120, 335, 413, 678
   rekonstruktive 53, 468
   visuelle 547, 549
Sozialisationsforschung 45, 399, 871
   historische 61, 402 f., 673, 674 ff., 690, 695
   ökologische 695
Sozialpädagogische Forschung 66, 857
Spiel, szenisches 897, 901 f.
Spielleiter(innen) 897, 904, 906
Spiralbewegung, iterative 791
Sprachspiele 265
Sprachstandserhebung 833
Sprechakttheorie 748
Sprechhaltung 899
Standardisierung 187, 189, 210, 551, 559
Standbild 899
Standortgebundenheit 715
Standpunkt-Epistemologien 772
Statistik 121, 160
   analytische 143
   deskriptive 143, 487, 495
   historische 367
Stegreiferzählung 224 f., 422, 549, 860
   autobiographische 858, 861

Stegreifzeichnung 549 ff., 556
Stichprobe 94, 179
   Zufallsstichprobe 140
Stichprobenauswahl 384, 450
Stiftungen 950, 952
Still 607, 608
Strukturanalyse 589
Strukturbild 567
Strukturhypothese 259
Struktur-Lege-Technik 153, 444, 563, 565, 738
Strukturrekonstruktion 614
Subjektivierung 335
Subjektivität 82, 346
Subjektperspektive 76
Suggestivfrage 446
Supervision 795
Symbolbildung, szenische 266
Symboltheorie, szenische 267
Symmetriepostulat 104, 107
Systemtheorie 96, 103, 745
Tabelle 488
Tagebuch 73, 366, 370 f., 397 f., 419, 724, 795, 871, 875, 879
   Arbeitstagebuch 429 f.
   Jugendtagebuch 401
Tagebuchforschung 77, 871
Tageslaufprotokoll 558
Teamforschung 789
Teilnehmende Beobachtung 50, 82, 110 f., 124, 215, 265, 309, 643, 645, 747, 794, 824, 904, 917
   in der Kindheitsforschung 712
Teilnehmer(innen)forschung 758
Test 139, 725, 832 f.
Text 335, 338
Textanalyse 226, 323, 505
Textsinn, latenter 267
Themenanalyse 502
Themenmatrix 512
Theoretical Coding 477
Theoretical Sampling 64, 151, 191, 193, 229, 285, 289 f., 311, 450, 464, 483, 490
Theorie 23, 46 f., 89, 98, 138, 160, 167 f., 177, 185, 193, 284, 295, 475, 693, 892, 921
   filmwissenschaftliche 589
   handlungsleitende 563
   mittlerer Reichweite 390

postmoderne 773
probalistische 138
subjektive 153, 444, 563, 565, 568, 569 ff., 737, 916
Theoriebildung 166, 286, 379, 381, 477, 787
gegenstandsbezogene 390
Theorietradition 43, 381
Theorie-Empirie-Verhältnis 379, 380, 382 ff.
Theorie-Praxis-Verhältnis 785
Tiefenhermeneutik 29, 50, 65, 263, 265, 268, 372, 414, 712, 714, 917
Tiefenstruktur 123, 667
Topik 354
Topos 431
Toposanalyse 432
Trajectory-Konzept 227
Transformationsforschung 736
Transkript 389, 482, 515, 605, 738, 749
Transkription 466, 501, 504, 515, 606, 647, 748
Transkriptionsregeln 520 f.
Triangulation 52, 81, 101, 119 ff., 149 ff., 156, 380, 388, 392, 429, 487, 502, 558, 595, 641, 730, 734, 887, 891, 903, 906
Perspektiven-Triangulation 151
Triangulierung 646, 891
Typ 187, 197
Typenbildung 167, 213 f., 647
Typik 211
Typisierung 572
Typologie 19, 64, 214, 467, 581
Übertragung 710, 796, 916
Ungleichheitsforschung 124, 211
Untersuchungseinheit 388, 791
Untersuchungsgegenstand 381

Validierung 150 f., 157, 555, 558, 891, 906
kommunikative 153, 393, 738, 903
Validität 122, 149, 195, 295, 480
Variable 492
Verallgemeinerung 167, 184
Vergleich 490, 880
thematischer 467
Vergleichsfolie 432
Verlaufskurve 227, 861
Verlaufsstruktur 426
Verstehen, szenisches 268 f., 272, 433, 716
Versuchsschule 19
Verwendungsforschung 457
Videoanalyse 215
Videoaufzeichnung 380, 599, 601 f., 726, 747, 750
Videographie 50, 265, 643, 645, 751, 917
Videoinszenierung 645
Vignette 728
Visualisierung 388, 511 f., 795
Visuelle Sozialforschung 591
Vorverständnis 49, 394
Wahrheit 22, 31, 150
Wahrheitskriterien 563, 564
Wirklichkeit 32, 45, 90, 123, 173, 380, 394, 745
soziale 45, 106
Wirkungsforschung 902, 907
Wissen, implizites 463
Wissenschaftsforschung 94
Wissenschaftstheorie 94
Wissenssoziologie 44, 49, 460 ff., 593
Wortbildanalyse 273
Zugzwang des Erzählens 726
Zwischensinn 273

Personenregister

Abels, Gabriele 458, 771, 775
Abels, Heinz 402
Aboud, Francis E. 142, 144
Ackermann, Friedhelm 249, 258
Ackermann, Volker 375
Adelmann, Clem 927
Aderholz-Matz, Nicole 840
Adler, Patricia A. 735
Adler, Peter 735
Adorno, Theodor W. 44, 108 f., 207, 852
Aichhorn, August 792
Ainscow, Mel 842
Ainsworth, Mary D. S. 476, 727
Albert, Hans 53
Albrecht, Gerd 595
Alemann, Heine von 458
Alexy, Robert 351
Alheit, Peter 64 ff., 73, 76, 677, 757, 857 ff., 866
Alisch, Lutz-Michael 94
Allert, Tilman 57, 71, 232, 435, 586, 598, 754, 884
Alt, Robert 368, 530, 687
Althans, Birgit 321, 619, 651
Althoff, Martina 771
Altman, Irwin 548
Altrichter, Herbert 154, 735, 739, 786, 793, 803, 805, 807 f., 811 f., 814, 819, 839, 842, 875, 879, 888
Amann, Klaus 48, 106 f., 281, 303 f., 393, 601, 677
Amos, Karin 335, 337
Anastasiadis, Maria 314
Anderson, Nels 192
Andres, Beate 834 f.
Andresen, Sabine 691 ff.
Anger, H. 723
Angermüller, Johannes 337
Apel, Hans Jürgen 352
Apel, Heino 877
Apel, Helmut 384, 387, 559, 630
Arbeitsgruppe Bielefelder Soziologen 44, 207, 413, 733
Ariès, Philippe 629, 681, 688

Aristoteles 97, 159, 846
Arnold, Klaus 365, 369
Arnold, Rolf 750, 763
Asdonk, Jupp 816
Asmus, Gesine 628
Asmus, Hans-Joachim 735
Assmann, Aleida 847
Aster, Reiner 309
Athiemoolam, Logan 906
Atkinson, Paul 50, 281, 302 f.
Atteslander, Peter 178, 366, 458
Audehm, Kathrin 304, 321, 619, 643, 651, 728
Aufenanger, Stefan 161, 167, 256, 258
Aufschnaiter, Stefan von 601
Aulbach, Lars 662
Auszra, Susanne 751
Autorenteam Laborschule 823
Awouters, Valère 877
Ayaß, Ruth 576, 578, 731, 846
Baacke, Dieter 62, 65, 161, 163, 165, 399, 577, 590, 592, 824, 848, 912 f.
Baader, Meike 693 f.
Babchuk, Wayne A. 293
Bacher, Johann 496, 630
Bachmair, Ben 368, 577, 590, 592
Bachmann, Gerhild 314
Bachmann, Götz 579
Badawia, Tarek 85
Bahrdt, Hans Paul 548
Baldwin, James M. 258, 723
Ballauff, Theodor 354
Ballstaedt, Peter 880
Bambach, Heide 794, 823, 825
Banks, Marcus 600
Barnes, John A. 927, 931
Bar-On, Dan 933
Barre, Kirsten 893
Barth, Anne-Rose 738
Barthes, Roland 448, 626, 846
Bartmann, Sylke 66, 74
Bartnitzky, Jens 874
Barton, Allen H. 195
Bastian, Johannes 812, 915
Bateson, Gregory 302, 600

Bätschmann, Oskar 237
Batten, Suzanne 928
Bauer, Martin 52
Bäumer, Gertrud 399
Baumert, Jürgen 119, 135, 916
Bausch, Constanze 321, 619, 643, 645f., 651
Beaulieu, Anne 584
Becchi, Egle 688, 871
Becher, Jutta 681
Becher, Martin 763
Beck, Christian 256, 258, 812, 917
Beck, Erwin 874
Beck, Gertrud 313, 712, 794
Beck, Klaus 634
Beck, Ulrich 63, 75, 787, 789, 849
Becker, Howard S. 184, 188, 194, 196, 199, 302, 735
Becker, Reiner 726
Becker, Rolf 119
Becker-Schmidt, Regina 775
Beer, Bettina 50, 306
Behnke, Cornelia 771
Behnken, Imbke 66, 132, 156, 303, 305, 447, 547, 549, 681, 687f., 691, 703, 707, 708
Behrens, Maria 458, 775
Behrens, Matthis 877
Behrens-Cobet, Heidi 765
Beisswenger, Michael 80
Belgrad, Jürgen 264, 714, 716
Bell, Catherine 639
Bellack, Arno A. 747
Bellmann, Johannes 95
Belting, Hans 621
Bender, Thomas 655
Benjamin, Walter 630, 852
Benner, Dietrich 19, 91, 785
Benninghaus, Christina 402, 687, 692, 694
Benninghaus, Hans 493
Bentler, Annette 177, 281
Bereiter, Carl 878
Bereswill, Mechthild 283, 779
Berg, Christa 687ff., 693
Berg, Eberhard 281, 313, 393, 642
Berg, Jan Hendrik van den 687
Berg, Ronald 629
Berger, Hartwig 903
Berger, Heinrich 106

Berger, Peter L. 44, 104f., 115, 284, 745, 823, 848
Bergmann, Jörg R. 50, 113, 383, 575f., 578, 580, 590, 597, 600, 609, 728, 746, 846f., 892
Bergold, Jarg B. 175
Berliner, David C. 804
Berner, Walter 668
Bernfeld, Siegfried 43, 62, 371, 398, 405, 707
Bernheim, Ernst 370
Berning, Johannes 874
Bernstein, Basil 748
Bertaux, Daniel 63
Bertels, Lothar 549
Berthold, Kirsten 885
Bertlein, Hans 62
Bertlein, Hermann 402, 687
Bertram, Mechthild 66, 77
Berzbach, Frank 602
Bettelheim, Bruno 792
Beutel, Manfred 654, 670
Beyersdorf, Martin 763
Bialistock, Jan 531, 532
Biermann, Christine 823, 826
Bilden, Helga 775
Biller, Karlheinz 161f., 165f.
Billmann-Mahecha, Elfriede 711f., 728
Bilstein, Johannes 621
Bimmer, Andreas 687, 694
Binneberg, Karl 160, 167f., 791, 912, 914
Birdwhistell, Ray L. 600
Birus, Hendrik 245, 414
Bissigkummer-Moos, Stefanie 561
Bitterfeld, Ute 561
Bittner, Günther 398, 405
Bitzan, Maria 79, 857f., 861, 863
Blanck, Bettina 480
Blaschke, Gerald 321, 651
Blasius, Jörg 495, 496
Bloh, Egon 877
Blömer, Ursula 52, 73, 402
Bluhm, Claudia 337
Blum, Werner 135
Blumer, Hans 745
Blumer, Herbert 173, 199, 210, 413
Boal, Augusto 897
Bock, Karin 711
Bock, Marlene 438

Bodenheimer, Aron Ronald 452
Boehm, Gottfried 529, 621
Boesch, Hans 687
Bogen, Steffen 846
Bogner, Alexander 457 ff.
Bohl, Thorsten 945
Böhm, Andreas 285
Böhm, Wolfgang 361
Böhme, Jeanette 45, 119, 122, 134, 642, 650, 714, 734 ff., 741
Böhm-Kasper, Oliver 134, 137
Bohn, Volker 529
Bohne, Gerhard 401
Bohnsack, Ralf 45, 49, 50, 53, 63 f., 74 f., 79, 80, 123 ff., 132, 205 ff., 226, 229, 413, 426, 459, 468, 497, 530, 532 f., 538, 576, 578 f., 591, 594 f., 601, 622, 642, 646, 647, 737, 851, 892
Bolay, Eberhard 83, 857 f., 861, 863, 866
Bollenbeck, Georg 93
Bollig, Sabine 304
Bollnow, Otto Friedrich 696
Bonss, Wolfgang 22
Booth, Tony 839, 848
Bordwell, David 589
Borelli, Michele 99
Börgartz, Holger 859, 862
Born, Julia 877
Bornemann, Stefan 294, 595
Borowsky, Peter 367
Borscheid, Peter 681
Bortz, Jürgen 137, 283, 285, 294, 495 f.
Bos, Wilfried 473
Bosacki, Sandra L. 933 f.
Bosdorf, Ulrich 684
Bosse, Dorit 871, 873, 875
Bosse, Hans 737
Bourdieu, Pierre 22, 44, 119, 245 f., 314, 393 f., 423, 447, 449, 452, 533, 627, 630, 639, 858
Bowlby, John 476
Brähler, Elmar 871
Brake, Anna 725, 728, 730
Brandes, Holger 264
Brandl, Yvonne 662, 669
Brandt, Ahasver von 369
Brandt, Birgit 602, 617
Brandt, Morten 65

Bräu, Karin 52
Bräuer, Gerd 873 f.
Braun, Karin 874
Braun, Karl-Heinz 792
Brecht, Bertolt 897
Breckner, Roswitha 449
Bredekamp, Horst 529, 623
Breidenstein, Georg 50, 81, 110, 192, 303 f., 312, 601, 623, 708, 735, 737, 746, 824
Breit, Gotthard 25
Bremer, Helmut 892, 894
Brencher, Gundula 877
Brenner, Ingo 897, 904 f.
Bretz, H. Joachim 878
Breuer, Franz 295 f., 738
Brezinka, Wolfgang 92
Bridges, David 927
Brinkmann, Christian 458
Brinkmann, Rainer O. 906
Brinthaupt, Thomas M. 933
Bromme, Rainer 804
Bronfenbrenner, Urie 196, 695, 832
Brooks, Peter 848
Brouer, Birgit 877
Brown, Hilary 929
Bruder, Regina 874, 884
Brügelmann, Hans 161, 659, 912 f.
Bruhns, Wibke 422
Brumlik, Micha 693, 696, 703
Bruner, Jerome S. 420, 848
Brunner, Beat 458
Brunner, Claudia 328, 332
Brunner, Eva 328
Brunner, Ilse 877
Brüsemeister, Thomas 175
Buber, Martin 240
Bublitz, Hannelore 337
Buchheim, Anna 658, 667, 670
Büchner, Peter 165, 632, 692, 698, 703, 717, 725, 728, 730
Buchner-Fuhs, Jutta 447 f., 630
Budde, Friederike 690
Budde, Jürgen 84, 314
Bude, Heinz 127, 168, 424, 873
Bühler, Charlotte 43, 62, 77, 398
Bühler, Karl 62
Buhren, Klaus-Günter 827, 830
Bührigs, Kristin 601
Bührmann, Andrea D. 337, 347

Bukow, Wolf-Dietrich 67
Bulmer, Martin 43
Bülow-Schramm, Margret 907
Bunzmann, Katharina 347
Burda, Hubert 621, 623
Burgess, Ernest W. 199, 200
Burgess, Robert G. 927, 930, 932
Burow, Olaf-Axel 787, 897
Busch, Hans-Joachim 264, 270, 717
Buschbeck, Helene 787, 794, 879
Buschmeyer, Hermann 758, 765
Busemann, Adolf 402
Busse, Dietrich 337
Busse, Susann 85, 134
Busshoff, Heinrich 351
Butler, Judith 337, 341
Büttner, Gerd 823
Caesar-Wolf, Beatrice 257
Callahan, Daniel 927
Campe, Joachim Heinrich 159, 368
Campell, Donald 150
Canestri, Jorge 654, 658, 669
Carle, Ursula 833, 838
Carnap, Rudolf 173, 293
Carr, Margaret 834, 836
Caruso, Betty 662
Casale, Rita 30
Caspar, Franz 329
Certeau, Michel de 44
Charlton, Michael 577, 590, 592 f.
Charmaz, Kathy 307, 315
Chiquet, Simone 854
Chladenius, Johann M. 28
Christ, Klaus 832
Christes, Johannes 687, 700
Christmann, Gabriela B. 579
Christmann, Ursula 360
Cicero 852
Cicero, Marcus Tullius 846
Cicourel, Aaron V. 197
Clandinin, D. Jean 876
Clarke, Adele E. 296, 648
Clifford, James 109
Cloer, Ernst 76, 401, 419, 673, 681, 690, 692, 694 ff.
Cloos, Peter 66, 81, 85, 221, 304 f., 309, 320
Coffey, Amanda 315
Cohen, Jacob 329
Collier, John 447, 449, 629

Combe, Arno 915 f., 922
Connelly, F. Michael 876
Cook, Stuart W. 318, 453
Cooley, Charles H. 548, 723
Corbin, Alain 365, 373
Corbin, Juliet M. 46, 151, 193, 195, 229, 282, 284, 287 ff., 307, 389, 417, 503, 510, 518, 615, 881
Coupal, Linda 927, 931
Cox, Taylor 777
Crenshaw, Kimberlé 771
Cressey, Paul G. 192
Creswell, John 330, 501
Cunningham, Hugh 688
Czerwenka, Kurt 735, 743
Dackweiler, Regina-Maria 772
Dahlhaus, Carl 237
Dahrendorf, Ralf 53
Dalehefte, Inger Marie 603, 619
Dammann, Rüdiger 306
Dann, Hanns-Dietrich 153, 565, 567 f., 570, 738
Danner, Helmut 236, 414, 733, 736
Daston, Lorraine 30, 94
Dausien, Bettina 52, 64 ff., 76, 233, 677, 773, 859
David, Matthew 888
De Haan, Gerhard 496
De Laine, Marlene 927
De Mause, Lloyd 687, 688
Deeke, Axel 458
Dehm-Gauwerky, Barbara 264
Deissler, Dirk 347
Dejung, Emanuel 368
Delamont, Sara 315
Delanoy, Werner 813
DeMause, Lloyd 402
Demmer-Dieckmann, Irene 825, 828
Deneke, Friedrich-Wilhelm 164, 659
Denzin, Norman K. 122, 146, 150 f., 153, 487, 591, 736
Depondt, Luk 844
Deppermann, Arnulf 50, 175, 519, 521, 609, 726, 729
Derichs-Kunstmann, Karin 751
Derrida, Jacques 341
Deutsch, Morton 318, 453
Devereux, Georges 29, 270, 314, 440, 892, 907
Dewe, Bernd 163

Dewey, John 75, 91, 96, 810, 832
Dexter, Lewis Anthony 459
Diaz-Bone, Rainer 337
Dick, Andreas 811, 812
Diederich, Jürgen 354, 735
Diekmann, Andreas 309, 437, 458, 480
Diele, Heidrun 693, 704
Diemer, Tobias 366
Diesterweg, Friedrich Adolph Wilhelm 405
Dietze, Gabriele 781
Dilthey, Wilhelm 43, 62, 73, 105, 244, 398, 414, 677 f., 736
Dinkelaker, Jörg 515, 602 f., 610, 751
Dinter, Irina 763, 766
Dirks, Una 812
Disse, Ferdinand 750
Dittmar, Norbert 520 f., 605
Ditton, Hartmut 119
Dittrich, Eckhard 402, 690
Dittrich-Jacobi, Juliane 402, 690
Dlugosch, Andrea 795
Döbert, Hans 52
Doil, Hildegard 844
Domínguez, Daniel 580
Döpfner, Manfred 664
Döpp, Wiltrud 793, 812, 823, 826 ff., 872
Döring, Nicola 137, 283, 285, 294
Dörner, Olaf 576, 578
Dörpinghaus, Andreas 352
Dörr, Margret 264, 429
Downs, Roger M. 549
Dreher, Anna Ursula 654, 658, 669
Dreier, Birgit 155
Dresing, Thorsten 50, 56, 299, 503, 504, 508, 515, 518, 525
Droescher, Lili 399
Droysen, Johann Gustav 370
Du Bois-Reymond, Manuela 405, 452, 549, 561, 628, 681, 682, 691, 695, 698, 708, 717
Dudek, Peter 19, 62, 688
Dumath, Daniela 681
Duncker, Ludwig 25
Duneier, Mitchell 931
Durkheim, Emile 97, 207, 212, 427, 639, 674
Ebert, Gerhard 749, 750
Eberwein, Hans 785, 789

Ecarius, Jutta 67, 74, 147, 361, 404, 632, 676, 680 f., 688, 690, 693, 695, 698, 702, 709, 720, 723, 726
Eco, Umberto 339
Edelstein, Wolfgang 25
Ederer, Elfriede M. 310
Eemeren, Frans H. van 356
Egger, Roland 76
Eggert-Schmid Noerr, Anneliese 264
Egloff, Birte 602, 760
Ehinger, Wolfgang 795
Ehlers, Swantje 813
Ehlers, Ulf 580
Ehlich, Konrad 335, 521, 734
Ehmke-Pfeifer, Irene 732
Ehrenspeck, Yvonne 79, 84, 95, 312, 531, 579, 589 ff., 601, 622, 645, 694
Ehrich, Karin 735, 743
Eichbaum, Gerda 687
Einert, Katrin-Marleen 662
Eliade, Mircea 639
Elias, Norbert 674
Elkana, Yehuda 90
Elliott, John 808, 810, 820
Emerson, Robert M. 48, 281
Endruweit, Gerd 745
Engel, Uwe 186
Engelbrecht, Jörg 375
Engler, Steffani 122, 303, 385, 394, 560, 631
Englisch, Felicitas 258
Enns-Conolly, Esther 876
Ensel, Leo 906, 907
Epskamp, Heinrich 760, 767
Erdheim, Mario 270, 737
Erickson, Frederick 600, 603, 610, 619
Erikson, Erik H. 849
Ermer, Rudolf Georg 872
Ernst, Karin 794
Ertl, Bernhard 878
Ertle, Christoph 160, 166, 912
Erzberger, Christian 122, 146, 196
Esser, Elke 458
Estalella, Adolfo 584
Ewers, Hans-Heino 693
Fabel, Melanie 77, 735
Fabel-Lamla, Melanie 50, 66, 77
Faber, Marlene 591
Fabian, Rainer 627
Faller, Hermann 656

Faltermaier, Toni 166f.
Fatke, Reinhard 159, 164, 654
Faulstich, Peter 75, 893
Faulstich, Werner 589, 594
Faulstich-Wieland, Hannelore 304, 316
Faust-Siehl, Gabriele 787
Fegter, Susann 337
Fehlhaber, Axel 251
Feidel-Mertz, Hildegard 765
Fein, Elke 337
Feindt, Andreas 52, 803, 811 ff.
Felbinger, Günter 311
Felden, Heide von 65 f., 74, 317, 453, 530, 544, 579, 585, 601, 616, 622, 649, 760, 850, 894 f.
Feldmann, Klaus 738
Fend, Helmut 827
Fengler, Christa 194
Fengler, Thomas 194
Ferchhoff, Wilfried 169
Ferrin, Nino 321, 651
Feyerabend, Paul K. 22, 173
Fichte, Johann Gottlieb 91, 96
Fichten, Wolfgang 155, 789, 811 f.
Fichter, Tilman 684
Fielding, Jane L. 150
Fielding, Nisel G. 150
Filipp, Sigrun-Heide 566
Finch, Janet 728, 773
Fine, Gary A. 745, 754
Fingerhut, Karlheinz 264
Fischer, Aloys 789, 795
Fischer, Dietlind 161, 659, 877, 913
Fischer, Hans 301, 303, 306
Fischer, Wolfgang 93, 212, 355
Fischer, Wolfram 61, 63, 231 f., 677, 864, 866
Fischer-Elfert, Hans-Werner 690
Fischer-Kowalski, Marina 703
Fischer-Rosenthal, Wolfram 62, 64
Fischler, Helmut 564
Fischmann, Tamara 658, 663 ff., 670
Fiske, Donald 150
Fiske, John 590, 591
Fiske, Marjorie 217
Flaake, Karin 67
Flach, Werner 90
Flämig, Katja 843
Flanders, Ned 747
Fleck, Christian 193

Flecken, Margarete 691
Fleischmann, Thomas 360, 668
Flick, Uwe 25, 44, 49, 52, 101, 119 ff., 151, 154, 175, 222, 285, 309, 323, 379, 380, 383, 392, 413, 417, 437, 441, 443 ff., 458, 459, 488, 557, 609, 641, 659, 712, 725 f., 729 f., 739, 891, 932
Fliege, Hartmut 566
Flitner, Andreas 912
Flitner, Wilhelm 105
Flora, Marie-Laure 337
Florio, Susan 600, 619
Flusser, Vilém 624, 626
Fonagy, Peter 660, 662
Fontana, Andrea 437, 450, 451
Forneck, Hermann 336
Forum qualitative Sozialforschung 51
Foucault, Michel 44, 80, 95 ff., 244, 335, 338, 343 f., 694, 866
Frank, Andrea 437
Frank, Manfred 238
Frank, Norbert 945
Frankenstein, Yvonne 843
Franz, Eckhart G. 367
Franz, Julia 343
Frazer, James George 639
Freeman, Howard E. 201
Freitag, Walburga 336
Frenken, Ralph 399
Fretz, Rachel I. 48, 54, 281, 298
Freud, Sigmund 194, 273, 398, 414, 432, 656
Frevert, Sabine 844
Frey, James H. 437, 450 f.
Frey-Vor, Gerlinde 623
Fricke, Reiner 745
Friebel, Harry 77, 760
Friebertshäuser, Barbara 23, 164, 301, 305, 312, 319, 385, 387, 391, 393, 394, 404, 447, 449, 452, 454, 459, 530, 559 f., 579, 601, 622, 631, 647, 894
Friedrichs, Jürgen 449
Friese, Carrie 296
Frisch, Max 628
Fritzsche, Sylke 134
Fröbel, Friedrich 368
Fröhlich, Volker 405, 530
Fromm, Martin 175

Fromme, Johannes 623
Frommer, Jörg 656
Früh, Werner 505
Früh, Wolfgang 325
Fuchs, Marek 710
Fuchs, Martin 31, 281, 313, 393, 642
Fuchs, Werner 810
Fuchs-Heinritz, Werner 61, 63, 78, 219, 398, 419, 440, 449
Fuhs, Burkhard 165, 394, 447, 560, 623, 625, 631 f., 698, 710 f., 714
Funck, Marcus 680
Fürstenau, Peter 653
Gadamer, Hans-Georg 237 f., 245, 247, 372, 414, 416, 736
Gahleitner, Silke 928 f.
Galison, Peter 30, 94
Gallin, Peter 874
Gamm, Hans-Jochen 62, 166, 912
Garfinkel, Harold 46, 209 f., 413, 578, 600
Garlichs, Adriane 660 f., 918, 921, 923
Garz, Detlef 49, 52, 65 f., 73, 123, 164, 249, 256, 260, 402, 414, 714, 733, 848
Gebhardt, Miriam 676, 724
Gebken, Ulf 789, 797, 816
Gee, James P. 337
Geer, Blanche 184, 188, 194, 196, 316
Geertz, Clifford 46, 50, 108 ff., 114, 116, 192, 281, 301, 303, 313 f., 391, 393, 580, 639, 648, 678
Geiersbach, Paul 191
Geiling, Ute 918
Geimer, Alexander 79, 590 f., 595
Gekeler, Gerd 796
Gelis, Jacques 688
Gennep, Arnold van 639
Gerbner, George 325
Gergen, Kenneth J. 103, 848
Gergen, Mary M. 848
Gerhardt, Uta 167
Gerhold, Lars 294, 595
Gerl, Herbert 748
Gerndt, Helge 621
Gerson, Elihu M. 282
Gessler, Luzius 77
Gestrich, Andreas 691, 700
Geulen, Dieter 25, 703, 708
Giddens, Anthony 858

Giebeler, Cornelia 221, 232
Giegler, Helmut 505
Giel, Klaus 25
Giese, Gerhardt 368
Gieseke, Wiltrud 460, 750, 762
Gieser, Josef 541
Gildemeister, Regina 163, 864 f.
Gillam, Lynn 934
Gillis, John R. 687
Gillman, Maureen 937
Ginzburg, Carlo 365
Gippert, Wolfgang 675, 681
Gipser, Dietlinde 907
Girtler, Roland 48, 192, 303, 445 f., 727, 878, 888
Glaser, Barney G. 46 f., 50, 113, 151, 167, 191, 193, 199, 213, 227, 229, 281 ff., 288, 292, 302, 306, 390, 442, 477, 483, 642, 851, 881, 891 f.
Glaser, Edith 371, 681, 690, 771
Gläser, Jochen 460, 468, 477, 518
Glasersfeld, Ernst von 103, 174
Gläser-Zikuda, Michaela 324
Glasze, Georg 337
Glindemann, Oliver 662
Glinka, Hans-Jürgen 389
Gniewosz, Burkhard 725
Goblirsch, Martina 231 f., 864
Goebel, Kerstin 616
Goeppel, Gerlinde 670
Goertz, Gary 288
Goethe, Johann Wolfgang von 398, 400, 673
Goetz, Nadja Badr 874
Goetze-Emer, Brigitte 823
Goffman, Erving 46, 50, 106, 109, 116, 192, 199, 385 f., 582 f., 600, 645, 862
Gogolin, Ingrid 52
Göhlich, Michael 31, 321, 619, 640, 651
Gola, Peter 928
Gold, Andreas 666
Gombrich, Ernst H. 531
Gómez, Edgar 584
Goodwin, Charles 600
Göppel, Gerlinde 662
Görlich, Bernard 264, 277, 717, 737, 742
Görlitz, Dietmar 548
Gottschall, Arnulf 795

Personenregister

Grabeleu-Szczes, Dana 840
Grabrucker, Marianne 871
Graf, Alfred 399, 400, 403
Graf, Kerstin 308
Graf, Ulrike 836
Granovetter, Mark 296
Grathoff, Richard 210
Graumann, Carl F. 24, 27 ff., 32
Greb, Ulrike 893, 894
Greimas, Algirdas J. 344, 846
Grell, Petra 887, 893 f.
Greve, Astrid 849
Grewendorf, Günther 358
Griese, Birgit 848, 859, 863
Grimes, Ronald 639
Gripp, Helga 754
Groeben, Annemarie von der 821 ff., 826, 828, 829
Groeben, Norbert 51, 153 f., 174 f., 351, 355, 563, 565 ff., 738, 871
Grondin, Jean 236, 238, 245
Grootendorst, Rob 356, 360
Groppe, Carola 673, 675 f., 680
Gross, Peter 601
Große, Stefanie 78
Großmann, Heidrun 732
Groundwater-Smith, Susan 812
Gruber, Diana 320
Grundmann, Matthias 724, 848
Grunenberg, Heiko 50, 56, 299, 488, 503, 515, 525
Grunert, Cathleen 45, 156, 687 f., 702, 707 ff., 720
Gruschka, Andreas 53, 355, 535, 537, 621
Gstettner, Peter 811, 888 f.
Guba, Egon 330
Gudjons, Herbert 264, 788, 795
Guillemin, Marilys 934
Guldimann, Titus 881
Günther, Karl Heinz 165, 912 f.
Gunz, Josef 809
Gürge, Fritz 872
Gürtler, Leo 332
Gurwitsch, Aron 210
Güting, Damaris 304, 312
Haag, Fritz 303, 810
Habermas, Jürgen 44, 53, 91, 95 f., 153, 210, 265, 335, 564, 655, 751
Habermas, Rebekka 675

Habermas, Tilmann 401
Hackenberg, Achim 590, 593, 595, 596, 597
Häcker, Thomas 871
Häder, Michael 458
Haft, Fritjof 351
Haft, Henning 20, 741
Hagemann-White, Carol 776 ff.
Hahn, Erich 405
Haibl, Michaela 621
Hamburger, Franz 78
Hameyer, Uwe 741, 786
Hammersley, Martyn 50, 281, 303
Hampe, Michael 655
Hanke, Christine 347
Hansen, Sylvie 797, 816, 826 ff.
Hanses, Andreas 66, 221, 857 ff.
Hansmann, Wilfried 812
Hardach, Gerd 402, 689
Hardach-Pinke, Irene 402, 689
Harder, Wolfgang 787
Hardmeier, Sibylle 777
Hargreaves, David H. 735
Hark, Sabine 776
Harloff, Hans Joachim 561
Harney, Klaus 76, 758, 762 f., 860
Harring, Marius 78
Hartge, Thomas 401, 403
Harth, Dietrich 847
Hartz, Stefanie 615, 860
Hasebrink, Uwe 633
Hasselhorn, Marcus 666
Hastenteufel, Paul 161, 656, 912
Hau, Stephan 662
Haubl, Rolf 717
Haubrich, Karin 863
Haug, Frigga 873, 881
Haupert, Bernhard 163, 258, 629
Hausen, Karin 44
Hausendorf, Heiko 713
Hauser, Kornelia 881
Hauser, Sabine 885
Heath, Christian 600, 747
Hebenstreit-Müller, Sabine 49
Hegel, Georg Wilhelm Friedrich 91, 96
Hehl, Franz-Josef 161
Heidbrink, Simone 647
Heidefuss, Wolfgang 910
Heidegger, Gotthard 846
Heidegger, Martin 105, 242, 244, 414

Heiligenmann, Ursula 163
Heimann, Paul 793
Heindl, Johann Baptist 405
Heiner, Maja 792, 863
Heinritz, Charlotte 401 ff., 406
Heinze, Thomas 175, 303, 323, 735, 759, 789, 873
Heinzel, Friederike 50, 81, 264, 304, 318, 656, 687, 707 ff., 711, 714 ff., 775, 877, 918, 921
Heitmeyer, Wilhelm 63, 78
Held, Peter 872, 883
Helfferich, Cornelia 450, 724
Hellpach, Willy 400 f.
Helmer, Karl 352
Helmke, Andreas 601
Helsper, Werner 45, 49, 66, 77, 85, 119, 122 f., 150, 615, 642, 734 ff., 815, 914 f., 920, 922
Hempel, Carl Gustav 497 f.
Hempel, Marlies 20
Hengst, Heinz 693
Hennig, Claudius 795
Henningsen, Jörg 912
Henningsen, Jürgen 62, 161, 371, 399 f., 403
Hensel, Horst 872
Hentig, Hartmut von 786, 789, 812, 819 ff., 876
Hepp, Andreas 590
Herbart, Johann Friedrich 62, 89, 398
Herber, Hans-Jörg 167
Herberger, Maximilian 788
Herder, Johann Gottfried 397 f.
Hericks, Uwe 53
Hering, Sabine 20, 405, 764
Herlyn, Ulf 549
Hermann, Paula 662
Hermanns, Harry 225
Hermes, Liesel 813
Herold, Edward 330
Herrle, Matthias 515, 602 f., 610, 751
Herrmann, Ulrich 20, 24, 39, 62, 159, 168, 397, 399, 401, 404 f., 673 ff., 680, 687, 690 f., 697
Hertzler, Joyce O. 24
Herwartz-Emden, Leonie 49, 56, 134
Herzberg, Heidrun 726, 761, 859
Herzog, Walter 174, 746, 785
Heske, Henning 874

Hesse, Pawel 662
Hester, Stephen K. 735, 741
Hester, Wilhelm 753
Heuer, Bernhard 815, 922
Heumann, Jantje 662
Hewitt, Margaret 688
Heymann, Bob 937
Heyting, Frieda 99
Hickethier, Knut 589
Hildenbrand, Bruno 933
Hildeschmidt, Anne 832, 843
Hill, Paul B. 458
Hiller, Gotthilf 25, 36
Hinding, Barbara 561
Hirsch, Gertrude 77, 735
Hirschauer, Stefan 48, 106 f., 281, 298, 303 f., 313, 396, 516, 677, 737, 776
Hirseland, Andreas 348
Hitzler, Ronald 51, 210, 414, 461, 463, 609, 848
Hochscheid, Ulrike 875
Hochschild, Arlie Russell 392
Hoeppel, Rotraud 403
Hoerning, Erika M. 850
Hof, Christiane 761, 764
Hofer, Manfred 355, 362
Hoff, Walburga 66
Hoffmann, Erika 401
Hoffmann-Riem, Christa 45, 223, 933
Hoffmeyer-Zlotnik, Jürgen H. P. 175
Hofmann, Gerhard 201
Höhne, Thomas 335 f., 339 f., 344
Hölderlin, Friedrich 238
Holland-Cunz, Barbara 774
Hollingsworth, Sandra 811
Holly, Mary 876 f.
Holly, Werner 590
Holsti, Ole 325, 332
Holzäpfel, Lars 875
Holzbrecher, Alfred 622, 625
Hombach, Bodo 680, 684
Homfeldt, Hans Günther 857
Honer, Anne 155, 210, 414, 426, 459, 461
Honig, Michael-Sebastian 687 f., 712
Hönigswald, Richard 160
Honneth, Axel 786
Hoof, Dieter 690
Hoonaard, Will C. van den 927, 929
Hoops, Sabrina 457

Hoops, Wolfgang 893, 894
Hopf, Christel 175, 414, 437, 439 f., 473, 475 ff., 482, 484, 927 ff., 933
Hoppe-Graff, Siegfried 871
Hörisch, Jochen 236
Horkheimer, Max 44, 207
Horn, Klaus-Peter 687
Hörning, Karl H. 44
Hornscheidt, Antje 781
Horster, Detlef 728
Hörster, Reinhard 19, 792, 914, 923
Horstkemper, Marianne 795
Hosenfeld, Ingmar 616
Hradil, Stefan 211
Huber, Günter L. 178, 332
Huber, Ludwig 812
Huberman, Michael 488 ff., 503
Hucke, Jochen 459
Huerkamp, Claudia 681
Huf, Christina 304, 308 f., 313, 828
Hugger, Kai-Uwe 80 f.
Hughes, Everett C. 199, 316
Hülst, Dirk 264, 267, 709, 712
Humboldt, Wilhelm von 62, 398
Hummrich, Merle 67, 77, 85, 134
Hünersdorf, Bettina 50, 107, 301, 305
Hunt, David 688
Hüppauf, Bernd 643
Hürlimann, Bettina 689
Hurrelmann, Klaus 93, 708, 733, 735
Husemann, Gudrun 826, 829
Hüther, Gerald 662, 669
Hüther, Jürgen 576
Imdahl, Max 533, 537 f., 594, 622
Ingenkamp, Karlheinz 20
Irion, Thomas 515
Isabella, Simona 580
Iser, Wolfgang 590
Israel, Agathe 661
Itard, Jean-Marc Gaspard 18
Jaccard, James 196
Jacke, Charlotte 367
Jacknis, Ira 600
Jacob, Joachim 549
Jacobi, Juliane 401, 695
Jacobi-Dittrich, Juliane 690
Jacobs, Jerry 501
Jäger, Margarete 775
Jäger, Marianna 304
Jäger, Reinhold S. 36

Jäger, Siegfried 337
Jahoda, Marie 46, 120, 303, 307, 309, 311, 313, 367, 437, 888
Jakob, Gisela 220, 221, 857
James, Alison 305
Jans, Ruben 877
Jansen, Mechthild 264
Janssen, Bernd 872
Jauß, Hans Robert 238
Jefferson, Gail 210, 218
Jenkinson, Josephine 929
Jennings, Bruce 927
Jenull-Schiefer, Brigitte 328, 332
Johannson, Inge 789
Johansen, Erna M. 688
Jonker, Agnes 303
Joos, Magdalena 709
Jordan, Frank 735, 743
Jörissen, Benjamin 321, 619, 643, 647
Josselson, Ruth 927, 929
Jost, Gerhard 64
Jung, Carl G. 432
Jung, Joachim 842
Jung, Matthias 236, 245
Jung, Petra 304
Jung-Paarmann, Helga 816
Jüttemann, Gerd 167, 656
Kada, Olivia 328, 332
Kade, Jochen 66, 76, 576, 601 f., 745, 750 ff., 758 ff., 860, 914, 923
Kade, Sylvia 760
Kaemmerling, Ekkehard 531 f.
Kagerer, Hildburg 872
Kahl, Ramona 264
Kaiser, Arnim 877
Kaiser, Astrid 405, 872
Kaiser, Franz-Josef 161, 912 f.
Kaiser, Ruth 877
Kalckh, Hans J. 717
Kallmeyer, Werner 50, 223, 228, 746, 929
Kalthoff, Herbert 97, 106, 192, 304, 380 f., 516, 735
Kamlah, Walter 174, 178
Kamp, Johannes-Martin 19
Kant, Immanuel 90 f., 174, 238, 293, 673 f.
Karaca, Gamze 662

Kardorff, Ernst von 35, 44, 55, 117, 120 f., 133, 222, 231, 323, 332, 395, 413, 417, 434, 609, 616, 712, 718
Karsten, Maria Eleonora 171, 703
Kasper, Hildegard 874
Katz, Daniel 437
Kauermann-Walter, Jacqueline 458
Keck, Rudolf W. 399
Keddi, Barbara 67
Keiner, Edwin 763
Kejcz, Yvonne 748
Kelchtermans, Geert 811
Kelle, Helga 81, 101, 106, 110, 116, 132, 192, 303 ff., 387, 391 f., 708, 735, 824
Kelle, Udo 31, 146, 191, 196, 283, 288, 293 f., 390, 426, 487, 497, 738
Keller, Monika 25
Keller, Reiner 50, 337, 578
Kellermann, Ingrid 643
Kelly, Alison 929 f., 932
Kelly, George A. 174
Kelly, Kevin 26
Kemmis, Stephen 810, 888
Kemnade, Ingrid 812
Kemp, Wolfgang 846
Kendall, Patricia L. 217
Kendon, Adam 600
Keppler, Angela 579, 589 f., 592, 594, 728
Kerkhoff, Engelbert 161
Kerscher, Gottfried 592
Kerz-Rühling, Ingrid 661
Kessl, Fabian 336
Keupp, Heiner 35, 117, 395
Kiegelmann, Mechthild 332, 928 f.
Kieserling, André 599, 746
Kilb, Barbara 76
Kind, Hansgeorg 687
King, Vera 65, 67
Kingston, Denise 842
Kinz, Gabriele 697
Kirch, Edit 684
Kirchhöfer, Dieter 303, 692
Kirk, Jerome 190
Kirk, Susan 929
Kirn, Paul 367
Kirsch, Sandra 851
Kisch, Egon Erwin 192
Kittler, Friedrich A. 575

Klafki, Wolfgang 21, 95, 353, 405, 681, 697, 787 f., 793, 810
Klann-Delius, Gisela 747
Klatetzki, Thomas 859
Klaus, Eva 823, 829
Klaus, Martin 697
Klein, David 454
Klein, Joseph 788
Klein, Regina 264, 273, 714
Kleinau, Elke 368, 681, 684, 689
Kleinespel, Karin 19, 797, 826 ff.
Kleining, Gerhard 281
Klemm, Jana 337
Klieme, Eckhard 133, 601, 666
Klika, Dorle 66, 76, 83, 402, 407, 681 f., 687 ff., 699, 708, 771, 779
Klinger, Cornelia 27, 777
Klink, Job-Günter 872
Klinkhammer, Monika 29
Kluge, Norbert 821
Kluge, Susann 191, 426, 497
Klünker, Heike 244
Klusemann, Hans W. 759, 767
Klüver, Jürgen 427
Knapp, Gudrun-Axeli 27, 37, 775 ff.
Knauer, Sabine 786
Knauss, Werner 737
Knigge-Tesche, Renate 798
Knizia, Ursula 549
Knoblauch, Hubert 600 f., 737, 747
Knobloch, Brigitte 760, 767
Knoll, Joachim 764
Knorr Cetina, Karin 101 ff.
Köbl, Carlos 711
Koch, Gerd 897, 907
Koch, Katja 520
Koch, Lutz 352
Koch, Sandra 843
Koch, Stefan 950, 955
Köck, Christoph 624
Köckeis-Stangel, Eva 151
Kog, Marina 844
Kohl, Karl-Heinz 303, 314
Köhler, Gabriele 458, 463 f.
Köhler, Lotte 660, 711
Köhler, Michael 700
Köhler, Sina-Mareen 70, 81, 86
Köhler, Ulrike 812
Köhler, Ursula 689
Kohli, Martin 61, 63, 212, 677

Kohtz, Kerstin 687, 692, 694
Kokemohr, Rainer 74, 163, 336, 348, 759
Kolbe, Fritz-Ulrich 602, 915
Köller, Charlotte 343
Koller, Hans-Christoph 63, 65, 74, 163, 336 f., 759
Konau, Elisabeth 57, 71, 232, 435, 586, 598, 754, 884
Konersmann, Ralf 93
Köngeter, Stefan 81, 83, 85, 320
König, Eckard 20, 43, 174 f., 178, 281, 413 f., 443 f.
König, Gerd 90
König, Gert 23, 24, 30
König, Hans-Dieter 264, 274, 277, 714, 737
König, Helmut 368
König, Julia 662
König, Karlheinz 681
König, René 21
Könnecker, Marie-Luise 689
Koolwijk, Jürgen van 458
Kopp, Birgitta 52
Kopp, Botho von 52, 54
Kopperschmidt, Josef 351, 356 ff.
Korczak, Janusz 792
Kordes, Hagen 20
Körner, Jürgen 655
Kornmann, Reimer 792, 841
Korte, Helmut 589
Korthagen, Fred A. J. 877
Koselleck, Reinhard 24, 673, 678
Kossack, Peter 336
Kößler, Gottfried 690
Kosuch, Markus 908
Kötters, Catrin 692
Kottmann, Brigitte 831
Kowal, Sabine 504, 518, 520
Kracauer, Siegfried 594
Kraft, Susanne 877
Kraimer, Klaus 49, 50, 123, 163, 256, 260, 714, 733, 850 f., 864
Krainer, Konrad 805, 812 f.
Krambek, Jürgen 57, 71, 232, 435, 586, 598, 754, 884
Kramer, Edith 405
Krämer, Hermann 25, 36
Kramer, Rita 18

Kramer, Rolf-Torsten 66, 77, 85, 122, 134, 642, 650, 735 f., 741
Kramer, Sonia 929, 932
Krämer, Sybille 624
Krammling-Jöhrens, Doris 812
Kränzl-Nagl, Renate 709, 710
Krapp, Andreas 950
Krappmann, Lothar 132, 141, 190, 192, 303 f., 310, 708, 727, 735
Kraul, Margret 20, 77 f., 221, 735, 848
Kraus, Wolfgang 194
Krause, Frank 153
Krauss, Hannes 872
Krauth, Joachim 496
Krauth, Josef 158
Kreienbaum, Maria Anna 795
Krell, Gertraude 777
Kreppner, Kurt 548, 559
Krieg, Elsbeth 834, 835
Krippendorff, Klaus 324 f., 332
Kroath, Franz 879
Kroeger, Hans 816
Krome, Regina 681
Kromrey, Helmut 458, 727
Krotz, Friedrich 623
Krüger, Heinz-Hermann 20, 43, 45, 49, 52, 55, 61, 63, 66 f., 74, 78, 81, 122, 134, 156, 163, 220 f., 353, 399, 406, 414, 425, 441, 632, 673, 680, 687 f., 692, 695, 698, 707 ff., 712 f., 717, 734, 739, 757, 950
Krüger, Helga 318, 816
Krüger, Kersten 371
Krüger, Petra 693, 704
Kruiger, Tjark 356, 360
Krumenacker, Franz-Josef 858, 864
Krumm, Volker 160
Krummheuer, Götz 354, 602, 617, 666, 734
Kruse, Jan 524
Kruse, Lenelis 549
Kübler, Hans-Dieter 579
Kuckartz, Udo 50, 197, 294, 331, 359, 487, 496, 501, 503 f., 508, 515, 518, 524, 575
Kuczinski, Jürgen 687
Kügelgen, Wilhelm von 400
Kuhlmann, Henning 872
Kuhn, Hans-Peter 732
Kühn, Hiltraud 898

Kuhn, Thomas S. 21, 30, 90, 173
Kuhne, Christine 703
Kühnl, Bernhard 175
Küllertz, Daniela 80, 81
Kunter, Mareike 916
Kunz, Thomas 336, 339 f., 348
Kunze, Katharina 77
Kuper, Harm 739
Kürner, Angelika 800
Kurt, Ronald 414
Kusenbach, Margarethe 927, 929 ff.
Küsters, Ivonne 175, 178, 219
Küster-Schapfl, Ernst-Uwe 78, 862
Labudde, Peter 874
Lacan, Jacques 74, 238, 414
Lachmann, Rainer 405
Laevers, Ferre 844
Laewen, Hans Joachim 834 f.
Lambrou, Ursula 823
Lämmert, Eberhart 852
Lamnek, Siegfried 122, 145, 152, 175, 206, 417, 458, 473, 497, 727 ff., 823, 825, 827, 892
Lampert, Claudia 633
Lang, Hans-Joachim 372, 373
Lange, Andreas 687, 693, 700, 719, 800
Langer, Antje 304, 307, 309, 312, 336 f., 343, 385 f., 447, 454, 623
Langer, Wolfgang 119
Laplanche, Jean 432
Larcher, Dietmar 159
Larget, Mireille 699
Larsen, Peter 627
Larson, Magali S. 463
Lassahn, Rudolf 693
Lasswell, Harold D. 325
Laudel, Grit 460, 468, 477, 518
Lauterbach, Andreas 503
Lauterbach, Wolfgang 119, 693
Lautsch, Erwin 496
Lave, Jean 803, 805
Lay, Wilhelm August 18
Lazarsfeld, Paul F. 46, 56, 120, 134, 195, 318, 367, 374, 497, 888
Läzer, Katrin Luise 670
Lechler, Peter 153
Lee, Hyo-Seon 66
Lee, John 727
Legewie, Heiner 178, 303

Legutke, Michael K. 811, 813
Lehmann, Burkhard 877
Lehmann, Rainer 135, 161, 913
Leibniz, Gottfried Wilhelm 23, 27
Leithäuser, Thomas 263 f., 269, 274, 655, 907
Leitner, Harald 674
Lejeune, Philippe 371, 397
Lendle, Jochen 662
Lenssen, Margrit 258
Lenz, Ilse 775
Lenz, Karl 386
Lenzen, Dieter 20, 52, 55, 161, 589 f., 593 ff., 687, 693, 829
Lenzen, Klaus-Dieter 823
Lepa, Steffen 79, 84, 590, 595, 597
Lepperhoff, Julia 773, 777
Leppin, Elke 547, 561
Leschinsky, Achim 681, 733, 742
Letsch, Fritz 897
Leu, Hans Rudolf 687, 700, 719, 836
Leutner, Detlev 135
Leutz, Gertrud A. 897
Leuzinger-Bohleber, Marianne 264, 277, 654 ff.
Levi, Giovanni 687
Lévi-Strauss, Claude 847
Lewin, Kurt 26, 167, 206, 809, 820
Lewins, Ann 294, 501
Liben, Lynn S. 549
Lichtenstein-Rother, Ilse 788
Liebau, Eckart 535
Liebers, Katrin 834, 837
Liebow, Elliot 185
Lienert, Gustav A. 496
Lincoln, Yvonna S. 146, 150, 330, 736
Lindau-Bank, Detlev 827, 830
Lindemann, Gesa 298, 383, 396
Lindner, Rolf 302, 309
Lingkost, Angelika 134, 642, 650, 736, 741
Link, Jörg-W. 530, 546
Link, Jürgen 337
Lipowsky, Frank 874
Lippit, Ronald 206
Lippitz, Wilfried 24, 401, 549, 696, 713
Lipski, Jens 710
List, Elisabeth 44
Littig, Beate 457 f., 461

Lobenwein, Waltraud 812
Loch, Ulrike 864
Loch, Werner 65, 695
Locke, John 655
Loer, Thomas 258
Loffl-Haag, Elisabeth 689
Lofland, John 312, 446
Lofland, Lyn 315
Lohfeld, Wiebke 66
Loos, Peter 123, 133, 213, 216, 522, 728, 730, 892
Lorenz, Jens Holger 793
Lorenzen, Paul 174, 178
Lorenzer, Alfred 50, 263 f., 266, 268 f., 272, 276, 323, 414, 433, 654, 714, 716, 737
Loser, Fritz W. 789, 798, 841, 873, 883
Lotter, Maria-Sibylla 655
Lotz, Walter 795
Lübeck, Dieter 621
Lübke, Sylvia-Iris 828
Lucius-Hoene, Gabriele 726
Luckmann, Thomas 44, 104, 105, 115, 175, 284, 547, 601, 731, 745, 823, 848
Lüders, Christian 17, 20, 123, 301, 303, 313, 734, 737, 765, 785, 863
Lüders, Jenny 80, 336 f.
Lueger, Manfred 303
Luhmann, Niklas 44, 91, 96, 98, 102, 107, 427
Lumer, Christoph 356
Lutz, Helma 233
Lutz, Manuela 547, 550, 561, 691
Lynch, Kevin 549
Lyotard, Jean-François 22, 25, 74, 92, 344
Maar, Christa 621
Maasen, Sabine 542
Macha, Hildegard 723, 726
Macho, Thomas 93
Mader, Wilhelm 765
Maeder, Christoph 56, 117, 461
Mahler, Margaret 659
Mai, Manfred 590, 594
Maier Reinhard, Christiane 336
Maier, Cornelia 764
Maier-Gutheil, Cornelia 750
Maietta, Ray C. 502
Malinowski, Bronislaw 46, 302, 394

Malinowski, Stephan 680
Malorny, Christian 833
Mammes, Ingelore 734, 742
Mand, Johannes 785, 789
Mandl, Heinz 52, 178, 327
Mangold, Werner 206 ff., 893
Mann, Christine 898
Mannheim, Karl 23, 27, 75, 124, 208, 211, 213, 532, 581, 594, 675, 716
Marcelos, Carlos 195
Marcus, George E. 109
Mariak 458
Maris, Maria 681
Markard, Morus 889
Markowitsch, Hans J. 421
Marotzki, Winfried 20, 43, 45, 61, 63, 65, 73 f., 77 ff., 86, 132 f., 163, 220 f., 231, 399, 413, 425 f., 434, 441, 459, 578 f., 584, 622, 647, 735, 737, 742, 757, 759, 761, 763, 848
Marquard, Odo 236
Marsal, Eva 566, 569, 570
Marshall, Anne 928
Martens, Ekkehard 564
Martial, Ingbert Knecht von 354
Martin, Daniel D. 745, 754
Martini, Renate 52, 54
Marx, Karl 92, 212, 254
Masschelein, Jan 93
Matthes, Joachim 212
Mattig, Ruprecht 321, 619, 643, 651
Maturana, Humberto R. 103, 174
Maus, Heinz 18, 21, 138
Mayer, Christine 689
Mayer, Karl Ulrich 426
Mayerhausen, Torsten 542, 545
Mayring, Philipp 50, 145 f., 164, 179, 294, 323 ff., 331'f., 355, 358, 370 f., 443, 468, 473, 477, 487, 503, 505 f., 511, 880
McAdams, Dan P. 848 f.
McCall, Leslie 777
McGinn, Michelle K. 933 f.
McKenzie, Roderick D. 200
McNamee, Mike 927
McTaggart, Robin 811, 888
Mead, George Herbert 24, 26, 44, 47, 75, 91, 198, 252, 413, 723, 745, 765, 858
Mead, Margaret 302, 600

Meader, Christoph 318
Mehan, Hugh 600, 734
Meinefeld, Werner 47
Meister, Hans 832, 843
Melchers, Wilhelm 403
Mellor, Frank J. 735, 741
Menck, Peter 353
Menschik-Bendele, Jutta 264
Menz, Wolfgang 457, 458 ff., 465
Mergner, Gottfried 907
Merkens, Hans 19, 20, 51 f., 315, 603, 692
Merleau-Ponty, Maurice 24
Mertens, Wolfgang 655
Merton, Robert K. 96, 199, 205
Merziger, Petra 874
Messner, Alexia 874
Metzger, Wolfgang 293
Meumann, Ernst 18
Meuser, Michael 132 f., 413, 426, 434, 458 f., 462 f., 465, 468, 578, 584, 771
Mey, Günter 561, 609, 707 f., 710 ff.
Meyer, Christine 368
Meyer, Hilbert 789, 812
Meyer, Julienne 888
Meyer, Lena 603, 619
Meyer, Meinert A. 736
Meyer, Michael 324, 333
Meyer, Ulf 797
Meyer, Wolfgang 709
Meyer-Drawe, Käte 24 f., 28, 92
Meyer-Renschhausen, Elisabeth 20
Michaels, Sarah 337, 348
Michalek, Ruth 711
Michel, Burkard 579, 622
Mieg, Harald A. 458
Mierendorff, Johanna 709, 719
Mies, Maria 44, 771
Miethe, Ingrid 221, 231, 928 f., 931 ff.
Mietzner, Ulrike 312, 367, 372, 447, 531 f., 576, 601, 622, 647, 694
Mikos, Lothar 576 ff., 590 f.
Miles, Matthew B. 488 ff., 503
Miller, Marc L. 190
Miller-Kipp, Gisela 681, 697
Milne, Catherine 927, 931
Mirvis, Philip 932
Mirzoeff, Nicholas 591
Misch, Georg 62, 419
Mishna, Faye 929

Mitchell, Richard 307
Mitchell, William J. T. 533, 621
Mitterauer, Michael 681, 687
Möckel, Andreas 160, 166, 912
Modell, Arnold H. 654
Mohn, Elisabeth 49, 601
Molaro-Philippi, Iris 842
Mollenhauer, Klaus 20, 95, 238, 503, 529, 530, 532, 535, 579, 621, 693, 696, 863
Möller, Renate 576
Monshausen, Karl-Heinz 753
Montessori, Maria 18
Moravia, Sergio 18
Morell, Marie France 699
Moreno, Jakob L. 810, 897, 901
Morét, Esther 788
Morgan, David L. 205
Morgenthaler, Fritz 270, 280
Moritz, Karl Philipp 239, 398
Morley, David 590, 591, 595
Morrison, Philip 25
Morrison, Phylis 25
Moser, Heinz 786, 789, 810 f.
Moser, Ulrich 656 f.
Mruck, Katja 609
Muchow, Hans Heinrich 303, 400, 410, 549, 555, 687
Muchow, Martha 46, 303, 549, 555, 707
Mühlbach, Marcel 361
Mühlpfordt, Martin 885
Muhr, Thomas 294
Müller, Andrea 750
Müller, Angelika I. 899, 904, 907
Müller, Burkhard 25, 56, 79, 81, 83, 117, 161, 163, 166, 318, 792, 857, 914
Müller, C. Wolfgang 163
Müller, Christoph T. 564, 570 f.
Müller, Ernst 318, 829
Müller, Hans-Rüdiger 238, 422
Müller, Jutta 862
Müller, Sabine 827, 830
Müller, Werner 885
Müller-Doohm, Stefan 530, 532 f.
Müller-Petersen, Else 19, 786
Münnix, Gabriele 24
Munsch, Chantal 863
Münst, Agnes Senganata 775, 777

Mureck, Jürgen 158
Murphy, Howard 600
Mutschler, Susanne 691, 700
Nádas, Elke 874
Nadig, Maya 263, 270, 272
Näf, Matthias 458
Nagel, Ulrike 458 f., 462 f., 467, 862
Nassehi, Armin 64
Nassen, Ulrich 238
Natorp, Paul 91
Nauck, Bernhard 709
Naujok, Natascha 602, 734
Nelson, Janice 142, 144
Nentwig-Gesemann, Iris 209, 215 f., 321, 578, 584, 643, 651, 711, 724, 737, 740
Neubrand, Michael 133, 135
Neuffer, Manfred 163
Neumann, Karl 687 f., 693
Neumann, Klaus 577
Neumann, Ulfried 798
Neumann-Braun, Klaus 590, 592 f.
Neuß, Norbert 578
Neuweg, Georg Hans 915 f.
Nias, Jennifer 812
Nickisch, Reinhard M. G. 371
Nicolas, Bärbel 786, 792, 794
Nideröst, Bruno 524
Niedecken, Dietmund 264
Niemeyer, August Hermann 62, 398, 404
Niemeyer, Christian 171
Nießen, Manfred 207
Niesyto, Horst 579, 622, 645, 647
Niethammer, Lutz 678 ff., 848
Nietzsche, Friedrich Wilhelm 24, 246
Nietzschmann, Renate 874
Nitsch, Wolfgang 898, 904, 906 f.
Nitsch-Berg, Helga 898
Nittel, Dieter 52, 76, 127, 735, 749, 758, 761, 763 ff., 848
Noack, Peter 725
Noffke, Susan E. 810
Nohl, Arnd-Michael 43, 52, 57, 64, 67, 74 f., 79, 209, 215 f., 578, 584, 646, 737, 740, 761
Nohl, Herman 91, 105, 405
Nolda, Sigrid 576, 601 f., 615, 745, 749 ff.
Nölting, Maren 840

Nonhoff, Martin 347
Nonne, Friedhelm 810
Novotny, Helga 44
Nucci, Larry 727
Nückles, Matthias 875, 877, 885
Nuissl, Ekkehard 753
O'Connell, Daniel C. 504, 518, 520
O'Connor, Mary C. 337, 348
Oberg, Antoinette 877
Obliers, Rainer 570
Obolenski, Alexandra 789, 797, 816
Obst, Gabriele 816
Odierna, Simone 897
OECD 811
Oelerich, Gertrud 857, 862 f.
Oelke, Uta 903, 904
Oelkers, Jürgen 161, 353, 534 f., 544
Oerter, Rolf 18
Oester, Kathrin 308
Oevermann, Ulrich 50, 63 f., 127, 132, 164, 175, 229, 249 ff., 257 ff., 323, 331, 426, 578, 592, 609, 642, 714, 737, 747, 851, 880, 915, 920
Ohlhaver, Frank 812, 917
Olbrechts-Tyteca, Lucie 351
Olk, Thomas 63, 78, 709, 719
Opitz, Claudia 681
Oppenheim, Paul 497, 498
Ortheil, Hanns-Josef 422
Ortlepp, Wolfgang 43, 57
Ortmann, Friedrich 171
Osborn, Caroline 765
Osterwalder, Fritz 93, 353
Oswald, Hans 132, 141, 190, 192, 194, 303 f., 310, 708, 712, 727, 735
Ott, Isabella 840
Ott, Marion 336, 349
Ottersbach, Markus 67, 68
Otto, Gunter 793, 797
Otto, Hans-Uwe 78, 354
Otto, Rudolf 639
Ottomeyer, Klaus 264
Oubaid, Monika 405
Paatsch, Hans-Ulrich 753
Pack, Irene 843
Paha, Christine 401
Paisley, William 325, 332
Palentien, Christian 78, 85
Palm, Kerstin 781
Panagiotopoulou, Argyro 304, 308

Panofsky, Erwin 24, 532 f., 536, 537, 539 f., 594, 622
Parin, Paul 270
Parin-Matthey, Goldy 270, 280
Park, Robert E. 198 f., 302
Parmentier, Michael 236, 244, 247, 372, 414, 530 f., 535 ff., 687, 700, 736
Paschen, Harm 94, 352 ff., 357
Pasquale, Judith 561
Patton, Michael Q. 194
Paul, Sigrid 369
Pauli, Christine 601, 617 f.
Paulsen, Sibylle 727
Paus-Hasebrink, Ingrid 578
Pazzini, Karl-Josef 264
Peez, Georg 256, 601
Pehl, Thorsten 518
Peirce, Charles S. 75, 168, 293
Pekrun, Reinhard 135
Perelman, Chaim 351
Perels, Franziska 874
Permien, Hanna 457
Pestalozzi, Johann Heinrich 368
Peter, Hilmar 171
Petermann, Franz 161, 707
Peters, Sibylle 761
Petersen, Else 43
Petersen, Peter 19, 43, 786
Petillon, Hanns 36
Petko, Dominik 601, 603
Petrow, Olga 793
Petsch, Peter 910
Petzelt, Alfred 91
Petzold, Hilarion 809
Peukert, Rüdiger 735
Pfadenhauer, Michaela 459, 464
Pfaff, Nicolle 52, 70, 81, 86, 122, 134, 734
Pfeifer, Rolf 657 f.
Pfister, Hans-Rüdiger 878
Piaget, Jean 30, 96
Pieper, Marianne 277
Pietraß, Manuela 577, 580, 582
Pietsch, Susanne 918, 921, 923
Pikowsky, Birgit 360, 362
Pilarczyk, Ulrike 312, 367, 372, 447, 531, 532, 576, 601, 622, 647, 693 f.
Pilot, Harald J. 53
Pinchbeck, Ivy 688

Pink, Sarah 623
Piquemal, Nathalie 928
Plato, Alexander von 684, 848
Platon 846
Plaut, Fred 432, 435
Plüghan, Wolfgang 750
Podehl, Bernd 576
Poenitsch, Andreas 51
Pöggler, Otto 414
Polkinghorne, Donald E. 848 f.
Pollock, Friedrich 206, 893
Pongratz, Ludwig J. 405
Pontalis, Jean-Bertrand 432
Popitz, Heinrich 194
Popkewitz, Thomas S. 93
Popper, Sir Karl R. 44, 53, 90, 103, 138, 173, 293
Posch, Peter 154, 739, 786, 793, 807, 809, 811 f., 814, 819, 839, 842, 875, 879
Possehl, Kurt 163
Prange, Klaus 92, 353, 404, 911 f.
Prein, Gerald 122
Prengel, Annedore 31, 459, 687, 771, 779, 798, 803, 834, 837, 839
Prenzel, Manfred 119, 133, 601
Priem, Karin 66
Pring, Richard 927
Pritchard, Ivor A. 927
Probst, Gilbert 812, 813
Projektgruppe Jugendbüro 303
Prokop, Ulrike 264, 277, 737, 742
Prondczynsky, Andreas von 785
Przyborski, Aglaja 50, 54, 205, 213 f., 216, 294, 459, 578 f., 584, 646, 649
Psathas, George 600
Punch, Maurice 927, 932
Püschel, Ulrich 590, 597
Quandt, Siegfried 687
Quasthoff, Uta M. 713
Qvortrup, Jens 305
Raab, Jürgen 600, 617, 754
Rabe-Kleberg, Ursula 703
Rabenstein, Kerstin 336, 921
Rädiker, Stefan 504, 508
Radnitzky, Edwin 735, 740
Radtke, Frank-Olaf 169, 336, 339 f., 348
Ragin, Charles C. 490, 497
Rahm, Sibylle 734, 860, 875

Rahn, Sylvia 758
Raithel, Jürgen 137
Rambow, Riklef 877
Rammert, Werner 575
Rang, Brita 681
Rascher, Ingolf 751
Raub, Steffen 812, 813
Rauschenbach, Thomas 52, 55, 78, 163
Read, Rosie 584
Rebenstorf, Hilke 725
Reckwitz, Andreas 44, 132
Reese, Dagmar 697
Reh, Sabine 66, 77, 336, 341, 343, 602, 735, 812, 915, 921, 922
Reh, Werner 366
Rehbein, Jochen 521, 734
Reich, Kersten 723 f.
Reichardt, Hanns 401
Reichenbach, Hans 293
Reichertz, Jo 123, 175, 193, 293, 295 f., 414, 434, 853
Reichmayr, Johannes 264, 270, 314
Reim, Thomas 52
Reinberger, Hans-Jörg 30
Reinders, Heinz 79, 441, 450
Reinert, Gerd-Bodo 734
Reinharz, Shulamit 778
Reisch, Erich 344
Reiser, Helmut 794 ff.
Rendtorff, Barbara 30
Renftle, Susanne 687, 700
Renggli, Cornelia 542, 545
Renkl, Alexander 885
Rennie, David L. 296
Repp, Michael 315
Resch, Christine 440, 450
Reusser, Kurt 601, 617 f., 911
Rheingans-Heintze, Anke 496
Richard, Birgit 592, 625
Richardson, Stephen A. 440
Richter, Dieter 687, 693
Richter, Klaus 753
Richter, Kurt F. 898
Richter, Petra 862, 863
Richter, Rainer 336, 348
Richter, Rudolf 707
Richter, Sophia 319, 447, 454
Ricken, Norbert 95
Rico, Gabriele L. 879
Ricœur, Paul 238, 242, 414, 848 f.

Riecker, Peter 46
Riedmüller, Barbara 700
Rieger-Ladich, Markus 95
Riegraf, Birgit 779
Rieker, Peter 146, 283, 453, 473, 481 f., 485
Riemann, Carl 19
Riemann, Gerhard 52, 226, 229 f., 848, 859, 862, 928 f.
Rittelmeyer, Christian 20, 236, 244, 247, 372, 414, 530 f., 536, 538, 736
Robak, Steffi 750
Robert, Günther 864 f.
Robinson, Jane 813
Roeder, Peter Martin 95, 733
Roessler, Wilhelm 62
Roethe, Thomas 257
Rohlfs, Carsten 78, 85
Röhner, Charlotte 712
Rohrmann, Hartmut 406
Rohrmann, Timm 712
Rojahn, Bastian 841
Rolff, Hans-Günter 135, 703, 795, 827
Röll, Franz Josef 622
Rommelspacher, Birgit 771
Rorty, Richard 92
Rose, Lotte 304
Rosenbaum, Heidi 687, 693
Rosenfield, Israel 657
Rosenstiel, Lutz von 35, 117, 395
Rosenstock, Roland 623
Rosenthal, Gabriele 64, 186, 233, 420
Rossi, Peter H. 194
Rößler, Wilhelm 402, 681
Rössner, Lutz 94
Rost, Friedrich 475, 945
Rost, Jürgen 135
Roth, Gerald 657
Roth, Gerhard 658, 667, 670
Roth, Heinrich 17, 105, 160
Roth, Leo 20, 24, 309
Roth, Lutz 687, 700
Roth, Wolff-Michael 49, 928
Rothland, Martin 51
Rousseau, Jean-Jacques 62, 91, 96, 159, 397, 405, 673
Ruf, Urs 873, 874
Rüger, Bernhard 654, 662, 670
Ruhloff, Jörg 355
Rüling, Anneli 780

Rumpf, Horst 733, 872
Rupp, Horst F. 405
Ruprecht, Horst 20, 39
Rusch, Gebhard 106
Rusinek, Bernd-A. 369
Rüssmann, Helmut 798
Rutschky, Karin 401
Ruwe, Gisela 909
Ryle, Gilbert 108, 109
Ryter Krebs, Barbara 336
Sachs-Hombach, Klaus 529 f., 591
Sackmann, Reinhold 63
Sacks, Harvey 210
Sader, Manfred 901 f., 906
Sagara, Eda 694
Sager, Sven F. 523, 601, 606
Sahlins, Marshall 639
Salzmann, Christian Gotthilf 159
Samuels, Andrew 432
Sandberg, Anette 798
Sandbothe, Mike 647
Sanden-Marcus, Martina 453, 485
Sander, Alfred 832, 841, 843
Sander, Uwe 576 f., 584, 590, 592, 596
Sandring, Sabine 134
Sandstrom, Kent L. 745
Sanford, Nevitt 810
Sarges, Werner 745
Sasse, Ada 918
Sauer, Birgit 27, 37
Savigny, Eike von 358
Scardamalia, Marlene 878
Schaak, Ernst 600
Schaarschuch, Andreas 857, 862 f.
Schachtner, Christel 579, 888
Schäfer, Franz Josef 629
Schafer, Roy 848
Schäffer, Burkhard 50, 54, 67, 79, 123, 133, 213 f., 216, 312, 317, 453, 522, 530 f., 544, 575 ff., 581, 584 f., 601, 616, 622, 645 f., 649, 694, 728, 730, 761, 892, 894 f.
Schäffter, Ortfried 757 f., 763, 766
Schalk, Hans Christian 748
Schapp, Winfried 845
Scharloth, Joachim 347
Schatzman, Leonard 296
Schechner, Richard 639
Scheele, Alexandra 773, 780

Scheele, Brigitte 153 f., 563, 565 ff., 570, 738, 871
Scheerer-Neumann, Gerheid 793
Scheflen, Albert E. 600, 612
Schefold, Werner 78
Schegloff, Emanuel A. 210, 218
Schelle, Carla 66, 812
Scheller, Ingo 897 ff.
Scheller, Wolf 243
Schenk, Herrad 689
Schenk, Peter 753
Scherer, Klaus 600
Scherr, Albert 78, 169
Scheuch, Erwin K. 765
Scheuch, Ute K. 765
Scheuerl, Hans 401, 912
Schiefele, Ulrich 133, 135
Schierz, Matthias 915
Schiffler, Horst 368, 530, 535
Schilfarth, Else 402
Schiller, Friedrich 239, 673
Schimank, Uwe 64
Schinkel, Sebastian 321, 651
Schipper, Wilhelm 826
Schlee, Jörg 158, 738, 741
Schlehe, Judith 50
Schleiermacher, Friedrich 91, 96 f., 238, 241, 244, 414, 736
Schlobinski, Peter 520
Schlumbohms, Jürgen 689
Schlüter, Anne 66, 76
Schlutz, Erhard 602, 764
Schmid Noerr, Gunzelin 264, 277
Schmid, Christine 732
Schmid, Pia 371, 690, 693, 871
Schmidt, Brita 732
Schmidt, Christiane 453, 476, 480, 508
Schmidt, Hans Joachim 735, 743
Schmidt, Martin 668
Schmidt, Ralf 736
Schmidt, Siegfried J. 103, 174, 590, 593
Schmidt, Susanne 79, 87
Schmitt, Hanno 18, 19, 368, 530
Schmitt, Jean-Claude 687
Schmitt, Reinhold 601
Schmitt, Rudolf 797
Schmitz, Bernhard 874, 878, 884
Schmitz, Enno 745
Schmolling, Jan 622

Schnädelbach, Herbert 244
Schneider, Kornelia 843
Schneider, Ralf 812
Schneider, Werner 348
Schneider, Wolfgang 133
Schnell, Rainer 458
Schnelle-Schneyder, Marlene 626
Schnettler, Bernt 584, 600, 617, 754
Schnoor, Detlev 795
Scholand, Barbara 316
Scholz, Gerold 313, 712, 794
Schomerus, Rudolf 928
Schön, Bärbel 733, 872
Schön, Donald A. 804, 876
Schonebeck, Hubertus von 872
Schoneville, Holger 308
Schonig, Bruno 405
Schönknecht, Gudrun 711
Schorr, Karl-Eberhard 107
Schrader, Friedrich-Wilhelm 616
Schrader, Josef 602, 615
Schratz, Michael 734, 742, 816, 819, 875
Schreber, Daniel Gottlob Moritz 398
Schreck, Bruno 343
Schreiber, Birgit 66
Schreier, Margrit 351, 360
Schriewer, Jürgen 93
Schröder, Hans-Joachim 564
Schröder, Richard 561
Schröer, Norbert 414, 434, 463, 853
Schröer, Wolfgang 78
Schroeter, Kirsten 366
Schröter, Erhart 909
Schröter, Klaus 684
Schründer, Agi 161
Schründer-Lenzen, Agi 122
Schubert, Christiane 634
Schuchardt, Erika 760
Schulte-Fortkamp, Brigitte 904, 906
Schultheis, Franz 246
Schulz von Thun, Friedemann 795
Schulz, Gerhild 823, 829
Schulz, Marc 79, 87, 304
Schulz, Martin 529
Schulz, Theodor 531, 532, 533
Schulz, Wolfgang 793, 797
Schulze, Heidrun 864
Schulze, Theodor 20, 61 f., 65 f., 161, 163, 220, 399, 401, 403 f., 419, 420, 422 f., 425 ff., 432, 530 f., 535, 538, 540, 542, 579, 695 f., 824, 848, 912
Schumacher, Gerlinde 623
Schumann, Michael 549
Schümer, Gundel 733, 742
Schüssler, Ingeborg 750, 752
Schuster, Beate 727
Schütte, Marlene 823, 826, 829
Schütz, Alfred 44, 45, 104 f., 115, 175, 210, 413, 460 ff., 492, 547, 848, 850
Schütze, Fritz 25, 47, 50, 63 f., 66, 74, 77, 127, 164, 166, 178, 212, 219, 221, 223 ff., 304, 389, 550 f., 557 f., 678 f., 737, 746, 786, 789 f., 792, 795, 823, 851, 860 f., 864, 929
Schütze, Yvonne 703, 727, 754
Schwab, Ulrich 401, 625
Schwandt, Thomas A. 103 ff.
Schwartz, Howard 501
Schwärzel, Wiltrud 318, 816
Schwarzkopf, Ralph 354
Schweiger, Martina 843
Schweitzer, Pam 765, 769
Schwenk, Alex 662
Schweppe, Cornelia 45, 77 f., 86, 221, 231, 735, 742, 848, 859, 862
Schwonke, Rolf 878
Seale, Clive 487, 490
Seashore, Stanley E. 932
Seemann, Hanne 871
Seidel, Tina 603
Seidl, Peter 703
Seidmann, Peter 24
Seier, Andrea 347
Seiffge-Krenke, Inge 871
Seipel, Christian 46, 146, 473, 481 f.
Seitter, Wolfgang 66, 76, 758 ff., 765, 848, 860
Selting, Margret 520 f.
Seltrecht, Astrid 861
Sereny, Gitta 427
Sesink, Werner 623
Seufert, Michael 369
Seyfahrt-Stubenrauch, Michael 76, 83, 407, 681 f., 692, 699
Shahar, Shulamit 689, 697
Shaw, Linda L. 48, 54, 281, 298
Sheatsley, Paul B. 437
Sherif, Muzafer 206
Shorter, Bani 432, 435

Shorter, Edward 688
Shulman, Lee S. 785
Shultz, Jeffrey 600
Sieber, Joan E. 927
Siebert, 889
Siebert, Horst 746, 748
Sieder, Reinhard 687
Silbereisen, Rainer K. 709
Silver, Christina 294, 501
Silverman, David 487 f.
Simons, Helen 927
Small, Robin 927
Snell Dohrenwend, Barbara 454
Soeffner, Hans-Georg 210, 759, 767
Soff, Marianne 871
Sokrates 564
Sontag, Susan 624
Spanhel, Dieter 577
Sparrow, Shelagh 813
Specht, Werner 735, 740
Spiegel, Carmen 352
Spieker, Ira 690
Spiel, Christiane 878
Spies, Anke 78
Spindler, George D. 642
Spindler, Louise 642
Spittler, Gerd 192, 194
Spöhring, Walter 175, 458
Spradley, James P. 445 f.
Spranger, Eduard 368
Spranz-Fogasy, Thomas 355, 360
Sprondel, Walter M. 462 f.
Spuhler, Gregor 850
Stach, Anna 264, 280
Stadlbauer, Cornelia 296
Städtler, Klaus 123, 133, 216
Stagl, Justin 302
Stahlke, Iris 897, 904, 906 f.
Stahnke-Jungheim, Dorothea 732
Staiger, Janet 589, 596
Stamm, Margrit 52
Stanat, Petra 133
Stary, Joachim 945
Staufenberg, Adelheid 662 f., 665, 670
Stea, David 549
Steen, Jürgen 627
Stefer, Claus 504, 508
Stegmüller, Wolfgang 90, 138
Steiner, Edmund 656, 911

Steinke, Ines 44, 55, 117, 120 f., 133, 222, 231, 323, 328, 332, 395, 413, 417, 434, 480, 488, 609, 616, 712, 718, 734
Steinweg, Reiner 897, 904, 907, 908
Stelmaszyk, Bernhard 77, 734, 815, 922
Stenger, Ursula 530
Stenhouse, Lawrence 810, 820
Stephens, Dionne P. 928
Stern, Clara 62, 707
Stern, Daniel N. 645, 660
Stern, Phyllis N. 293
Stern, William 62, 707
Stettbacher, Hans 373
Steuber, Sibylle 662
Steward, Barbara 813
Stickelmann, Bernd 318, 798, 829
Stiegler, Bernd 447
Stigler, Hubert 310 f.
Sting, Stephan 321, 643, 645 f., 651
Stoetzer, Katja 447 ff., 622
Stojanov, Krassimir 74
Stone, Phillip 325, 332
Stössel, Angelika 570
Stratton, Mary 930
Straub, Jürgen 419, 848
Straus, Roger 191
Strauss, Anselm L. 46 f., 50, 113, 151, 167, 191, 193, 195, 199, 213, 223, 227, 229, 281 ff., 286 ff., 294 ff., 302, 306 f., 316, 327, 389 f., 417, 442, 464, 477, 483, 503, 510, 517 f., 615, 642, 678, 851, 881, 891 f.
Streisand, Marianne 897
Strenger, Carlo 655
Stroh, Wolfgang Martin 908
Strübing, Jörg 283, 295, 390
Struck, Bruno 825
Stübig, Frauke 789, 872, 879
Studer, Herlinde 44
Stuhr, Ulrich 164, 654, 659, 670
Stukenbrock, Anja 347
Sturm, Gabriele 775
Sturzbecher, Dietmar 725
Stüwe, Gerd 169
Sünker, Heinz 709
Sutherland, Edwin H. 192
Sutter, Tilmann 723
Sutterlüty, Ferdinand 193

Sutton, Carole D. 888
Swain, John 929
Szondi, Peter 237
Szypkowski, Beate 264
Talkenberger, Heike 372
Tambiah, Stanley 639
Tapscott, Don 581
Tarnai, Christian 473
Tashakkori, Abbas 330 f.
Teddlie, Charles 331
Tennstedt, Florian 368
Tenorth, Heinz-Elmar 17, 20, 785 f., 876
Terhart, Ewald 26, 45, 49, 52, 56, 134, 161, 166, 302, 735, 736, 788, 814, 820, 822
Tertilt, Hermann 386 f.
Tervooren, Anja 304, 321, 619, 643, 651
Teuteberg, Hans 681
Thaler, Michaela 811
Theile, Elke 848
Theis, Christiane 832, 843
Theis, Stefanie 401
Theunert, Helga 623
Thiele, Jörg 915
Thiemann, Friedrich 789, 798, 873, 883
Thiersch, Hans 20, 79, 83, 161, 163, 857 ff., 861 ff., 866
Thole, Werner 78, 81, 83, 85, 221, 304, 318, 862
Thomae, Hans 398
Thomas, William I. 46, 192, 198, 723
Thompson, Anthony S. 929
Thompson, David 929
Thompson, Kristin 589, 596
Thunemeyer, Bernd 703
Thüne-Schoenborn, Bernhard 577
Thürmer-Rohr, Christina 774
Thurn, Susanne 812, 821, 828 f.
Tickle, Les 927
Tiefel, Sandra 50, 66, 74, 77
Tietgens, Hans 745, 748
Tillmann, Klaus-Jürgen 51, 77, 133, 812, 814, 819 ff.
Tippelt, Rudolf 45, 75, 89
Tiryakian, Edward A. 498
Titscher, Stephan 324
Tonkin, Elizabeth 847
Tosch, Frank 530, 546

Toulmin, Stephen 351, 354, 733
Trapp, Ernst Christian 17, 62
Traub, Angelika 732
Tredop, Dietmar 78
Trescher, Hans-Georg 264
Treumann, Klaus 733, 742
Treutlin, Gerhard 565
Trilling, Angelika 765, 769
Tripp, David 877
Trommersdorff, Gisela 745
Trüeb, Kuno 854
Truschkat, Inga 336
Tschamler, Herbert 22
Tuider, Elisabeth 67, 68
Turisi, Robert 196, 200
Turkle, Sherry 579, 852
Turner, Victor 639
Ueding, Gerd 351
Uhl, Christiane 662
Uhl, Siegfried 353 f.
Uhle, Reinhard 414
Uhlendorff, Harald 139, 142, 145 f., 727, 732
Uhlendorff, Uwe 864
Uhlig, Kurt 397 f., 400, 403
Ullrich, Heiner 815, 922
Ulrich, Dieter 785
Underwood, Susan 877
Unger, Hella von 814
Usher, Robin 927
Valla, Victor V. 813
Valsiner, Jaan 561
Valtin, Renate 797
Vandenberghe, Roland 816
Vandenbussche, Els 835
Vansina, Jan 847
Varela, Francisco G. 103
Vaßen, Florian 898, 908
Vellusig, Robert 371
Velthaus, Gerhard 847 f.
Vetter, Eva 324, 333
Viehöver, Willy 348
Villar, Luis 195
Vinci, Leonardo da 398
Vinz, Dagmar 777
Vo, Tuyet 616
Vogd, Werner 215
Vogel, Barbara 367, 373
Vogel, Dankwart 161, 913
Vogel, Georg 570

Vogel, Judith 662
Vogel, Ludwig 401
Vogel-Köhn, Doris 538
Völkel, Brigitte 458
Völker, Hella 823, 826, 829
Vollbrecht, Ralf 577, 584, 590, 592, 596
Vollmer, Gerhard 26, 168
Vollstädt, Witlof 51
Volmer, Gerda 178, 443 f.
Volmerg, Birgit 263, 264, 269, 274, 904, 907
Volmerg, Ute 208
Völter, Bettina 221
Völzke, Reinhard 765
Vonderach, Gerd 229
Voß, Ursula 689
Vuorinen, Tuula 798
Wacquant, Loïe J. D. 23, 393
Wagener, Birgit 277
Wagner, Angelika C. 906
Wagner, Betty Jane 907
Wagner, Hans-Josef 426, 641
Wagner, Karin 66, 760
Wagner, Petra 878
Wagner, Ulrike 623
Wagner, Wolfgang 616
Wagner-Willi, Monika 50, 192, 215, 312, 321, 515, 601, 619, 623, 643, 645, 651
Wahl, Diethelm 153, 154, 566 f., 738, 741
Wahl, Viktor 687
Waldis, Monika 618
Waldung, Christina 662, 670
Walgenbach, Katharina 771
Walker, Rob 876
Wallbott, Harald 600
Wallrabenstein, Wulf 786, 793
Wallraff, Günter 192
Walluks, Dagmar 823, 829
Walser, Martin 235, 238 f., 245 f.
Walter, Wolfgang 458, 460, 464
Waltz, Christine 732
Wambach, Manfred M. 700
Wan, Choi K. 196, 200
Wangerin, Wolfgang 909
Warburg, Aby 531 ff.
Ward, Colin 549
Warzecha, Birgit 789, 794

Watzlawick, Paul 580
Weaver, Shara 330
Weber, Christine 874
Weber, Cristof 813
Weber, Martina 84, 317, 384
Weber, Max 167, 413, 739
Weber, Robert P. 325
Weber, Stefan von 496
Weber-Kellermann, Ingeborg 402, 629, 687 f., 694
Weckel, Ulrike 681, 684
Wedl, Juliette 337
Wegener, Claudia 576, 579
Wegmann, Nikolaus 95
Wegner, Claudia 578
Wehrspaun, Charlotte 787
Wehrspaun, Michael 800
Weidmann, Angelika 303
Weinert, Franz E. 94, 145
Weinert, Sabine 833
Weinrich, Harald 258
Weishaupt, Horst 137
Weiß, Manfred 52, 54, 133
Weitzman, Eben A. 502
Weizsäcker, Viktor von 860 f.
Welniak, Christina 280
Welter, Nicole 449
Welz, Rainer 26
Welzel, Manuela 601
Wengeler, Martin 352
Wenger, Etienne 803, 805
Wenglorz, Markus 871
Weniger, Erich 105
Wensierski, Hans-Jürgen von 61, 66, 78, 221, 361, 857, 863, 914
Wenzel, Harald 858
Wenzler-Cremer, Hildegard 524
Wernet, Andreas 243, 255, 259, 609, 714, 812, 880, 917
Wessely, Christian 647
West, Candace 776
West, Michael 813
Westermann, Rainer 137 f.
West-Leuer, Beate 795
Wetzel, Konstanze 796
Weymann, Ansgar 748
Whyte, William Foot 302, 310
Wiater, Werner 874
Wiegand, Wilfried 626
Wiegmann, Ulrich 353

Wierling, Dorothee 679 f., 684
Wiersing, Erhard 399, 530
Wiesemann, Jutta 304
Wiezorek, Christine 66, 134
Wigger, Lothar 352 ff., 357
Wiggershaus, Rolf 43
Wild, Bodo 124, 133, 216
Wildt, Johannes 318, 812, 816
Wilk, Liselotte 630, 710
Wilkesmann, Uwe 751
Willems, Katharina 84, 304, 314, 317
Willis, Paul E. 46, 127, 212, 735
Wilson, Thomas P. 44
Wilz, Gabriele 871
Wimmer, Michael 676
Wimmer, Reiner 24
Wimmer, Wolfgang 872
Winch, Christopher 99
Windmann, Sabine 707
Wineburg, Sam 846
Winkel, Rainer 367, 405
Winkeler, Rolf 368, 535
Winkler, Rolf 530
Winter, Felix 873, 874
Winter, Ilselore 401
Winter, Rainer 576 f., 590 f., 594
Winter, Richard 811
Winterhager-Schmid, Luise 367, 371, 871
Wirbel, Ute 785
Wirtz, Markus 329
Wischer, Beate 822, 828
Witt, Harald 46, 48
Wittel, Andreas 579
Wittgenstein, Ludwig 265, 293
Wittig, Barbara A. 727
Wittpoth, Jürgen 752
Witzel, Andreas 50, 442 f., 475, 480
Witzke, Monika 723 f., 726, 728, 730
Wohlrab-Sahr, Monika 230, 294, 459, 578 f., 933
Wohlwill, Joachim F. 548
Wojtkowiak, Annette 561
Wolf, Bernhard 36
Wolf, Christa 422
Wolf, Hartmut K. 735, 759
Wolf, Herta 624
Wolf, Stephan 626

Wolff, Angelika 662
Wolff, Lisa 662
Wolff, Stephan 35, 117, 302, 308, 393, 395, 603, 888
Wolgast, Günther 764
Wollmann, Hellmut 459
Wollny, Marietta 872, 883
Wrana, Daniel 336 f., 343, 349, 447 f.
Wrentschur, Michael 897, 904, 906 f.
Wright, Michael T. 814
Wrong, Dennis H. 93
Wudtke, Hubert 693, 696, 703
Wuggenig, Ulf 186, 447 f., 630
Wulf, Christoph 19, 20, 304, 530, 601, 639, 640, 642 f., 646, 735
Wunder, Heide 367, 373
Wundt, Wilhelm 18
Wünsche, Konrad 532, 789, 872
Wunschel, Annette 93
Würker, Achim 264, 276
Wurmser, Leon 655
Wygotski, Lew Semjonowitsch 835
Youniss, James 139, 144
Zedler, Peter 20, 43, 51, 175, 413
Zeichner, Kenneth M. 810, 812
Zeiher, Hartmut J. 555, 709
Zeiher, Helga 555, 703, 709
Zeil-Fahlbusch, Elisabeth 25, 30 f.
Zeisel, Hans 46, 56, 120, 134, 318, 888
Zelditch, Morris Jr. 309
Zepf, Siegfried 264
Zeuner, Christine 75
Zibell-Schrank, Christiane 823, 829
Ziehen, Julius 403
Ziesel, Hans 367, 374
Zimmer, Brunhild 823
Zimmerman, Don H. 776
Zimmermann, Peter 703
Zinnecker, Jürgen 66, 107, 132, 156, 303 ff., 312, 318, 387, 394, 452, 547, 549, 560 f., 631, 642, 681 f., 687, 688, 691, 693, 698, 703, 707 ff., 717, 734, 737, 789, 792 f., 798, 829
Zirfas, Jörg 321, 530, 619, 639 f., 642 f., 646, 651, 728
Znaniecki, Florian 46, 198
Zschach, Maren 70, 81, 86
Zutavern, Michael 881

Die Autorinnen und Autoren

Gabriele Abels, Dr. phil., ist Professorin für Innen- und EU-Politik am Institut für Politikwissenschaft der Universität Tübingen. Ihre Arbeitsschwerpunkte sind Europäische Integration, politische Partizipation, Technologiepolitik, Geschlechterforschung. E-Mail: gabriele.abels@uni-tuebingen.de

Waltraud Aichner, Dr. rer. soc. oec., war Projekt- und Vertragsassistentin an der Universität Innsbruck und Lehrerin an einer Bundeshandelsakademie, ist derzeit in der Privatwirtschaft tätig. Ihre Arbeitsschwerpunkte sind Lehr-Lern-Prozesse in Organisationen, Mitarbeiterführung, Organisationsentwicklung.
E-Mail: waltraud@aichner-wohnen.com

Herbert Altrichter, Dr. phil., ist Professor für Pädagogik und Pädagogische Psychologie an der Johannes Kepler Universität Linz. Seine Arbeitsschwerpunkte sind Schulentwicklung und Governance des Bildungswesens, Evaluation, qualitative Forschungsmethoden, neue Lernformen, Lehrerbildung.
E-Mail: herbert.altrichter@jku.at

Imbke Behnken, PD Dr. phil., ist Leiterin des Siegener Zentrums für Sozialisations-, Biografie- und Lebenslaufforschung (SiZe) an der Universität Siegen. Ihre Arbeitsschwerpunkte sind (Historische) Kindheits- und Jugendforschung, Biografie- und Lebensweltforschung. E-Mail: behnken@fb2.uni-siegen.de

Hedda Bennewitz, Dr. phil., ist Studienrätin i. H. mit dem Schwerpunkt Gymnasium/Gesamtschule am Institut für Erziehungswissenschaft der Universität Münster. Ihre Arbeitsschwerpunkte sind Peerkulturforschung, Lehrerbildung, Ethnographie.
E-Mail: hedda.bennewitz@uni-muenster.de

Annette Bentler, Dr. phil., ist wissenschaftliche Mitarbeiterin am Institut für Erziehungswissen-schaft der Universität Paderborn. Ihre Arbeitsschwerpunkte sind u. a. Qualitative Methoden, Übergangs- und berufliche Verbleibsforschung, Beratung und Coaching, Systemische Organisationsberatung.
E-Mail: annette.bentler@upb.de

Ralf Bohnsack, Dr. rer. soc., Dr. phil., ist Professor und Leiter des Arbeitsbereichs Qualitative Bildungsforschung an der Freien Universität Berlin. Seine Arbeitsschwerpunkte sind Rekonstruktive Sozialforschung, Praxeologische Wissenssoziologie, Dokumentarische Methode, Gesprächsanalyse, Bild- und Filminterpretation, Evaluationsforschung, Milieu-, Generations-, Jugend- und Devianzforschung.
E-Mail: bohnsack@zedat.fu-berlin.de

Jeanette Böhme, Dr. phil., ist Professorin für Schulpädagogik an der Universität Duisburg-Essen. Ihre Arbeitsschwerpunkte sind Medienkulturelle Schultheorie, raumwissenschaftliche Schul- und Bildungsforschung, rekonstruktive Methoden und Methodologie. E-Mail: jeanette.boehme@uni-due.de

Heike Boller, Dipl. Päd., ist wissenschaftliche Mitarbeiterin am Institut für Allgemeine Erziehungswissenschaft an der Johann Wolfgang Goethe-Universität Frankfurt am Main. Ihre Arbeitsschwerpunkte sind Kindheits- und Jugendforschung, qualitative Forschungsmethoden. E-Mail: h.boller@em.uni-frankfurt.de

Dorit Bosse, Dr. phil., ist Professorin für Schulpädagogik mit dem Schwerpunkt Gymnasiale Oberstufe an der Universität Kassel. Ihre Arbeitsschwerpunkte sind Unterrichtsforschung, Mediendidaktik, Lehrerbildung.
E-Mail: bosse@uni-kassel.de

Eva Brunner, Dr. rer. nat., ist Professorin für Angewandte Sozialwissenschaften an der Fachhochschule Kärnten, Studienbereich Gesundheit und Pflege. Ihre Arbeitsschwerpunkte sind Gesundheitspsychologie (riskantes Verhalten von Jugendlichen), Arbeitspsychologie (Betriebliche Gesundheitsförderung), Evaluation gesundheitsbezogener Maßnahmen, Qualitative Inhaltsanalyse.
E-Mail: e.brunner@fh-kaernten.at

Ursula Carle, Dr. päd., ist Professorin für Grundschulpädagogik an der Universität Bremen. Ihre Arbeitsschwerpunkte sind Systemische Schulentwicklungsforschung, Elementar- und Grundschulpädagogik und -didaktik.
E-Mail: ucarle@uni-bremen.de

Ulrike Deppe, Dipl. Päd., ist Promotionsstipendiatin der Hans-Böckler-Stiftung an der Martin-Luther-Universität Halle-Wittenberg. Ihre Arbeitsschwerpunkte sind sozialwissenschaftliche Kindheits- und Jugendforschung, Bildungsforschung und Forschung zu sozialer Ungleichheit sowie qualitative Forschungsmethoden.
E-Mail: ulrike.deppe@paedagogik.uni-halle.de

Wiltrud Döpp, Dr. phil., ist pensionierte Lehrerin der Laborschule Bielefeld. Ihre Arbeitsschwerpunkte sind Lehrerforschung, Biographie- und Lebenslaufforschung von Schülerinnen und Schülern und von Lehrerinnen und Lehrern.
E-Mail: wiltrud.doepp@t-online.de

Jutta Ecarius, Dr. phil., ist Professorin für Erziehungswissenschaft mit dem Schwerpunkt Pädagogik des Jugendalters an der Justus-Liebig-Universität Gießen. Ihre Arbeitsschwerpunkte sind Kindheits-, Jugend- und Familienforschung, Generationenforschung, qualitative Biographieforschung, Bildungsforschung.
E-Mail: jutta.ecarius@erziehung.uni-giessen.de

Yvonne Ehrenspeck, Dr. phil., ist Professorin für Allgemeine Pädagogik an der Carl von Ossietzky-Universität Oldenburg, Fakultät I, Institut für Pädagogik. Ihre Arbeitsschwerpunkte sind Medienrezeptionsforschung und Forschungsmethoden, Bildungstheorie, historische und empirische Bildungsforschung, Diskursanalyse, Semantik- und Systemstrukturanalyse, Wissenschaftsforschung.
E-Mail: yvonne.g.ehrenspeck@uni-oldenburg.de

Reinhard Fatke, Dr. phil., ist Professor für Pädagogik mit besonderer Berücksichtigung der Sozialpädagogik an der Universität Zürich. Seine Arbeitsschwerpunkte sind u. a. Kindheits- und Ju-gendforschung, Psychoanalytische (Sozial-)Pädagogik.
E-Mail: fatke@paed.unizh.ch

Hannelore Faulstich-Wieland, Dr. phil., ist Professorin für Erziehungswissenschaft mit Schwerpunkt Sozialisationsforschung an der Universität Hamburg, Sektion I – Allgemeine, Interkulturelle und International vergleichende Erziehungswissenschaft. Ihre Arbeitsschwerpunkte sind Fragen der Sozialisations- und Genderforschung im Bildungsbereich. E-Mail: faulstichwieland@erzwiss.uni-hamburg.de.

Dietlind Fischer, Dipl. Päd., ist wissenschaftliche Mitarbeiterin am Comenius-Institut Münster. Ihre Arbeitsschwerpunkte sind Schulentwicklung, Lehrerfortbildung, Religionsunterricht in Grundschule und Sekundarstufe I.
E-Mail: fischer@comenius.de

Barbara Friebertshäuser, Dr. phil., ist Professorin am Institut für Allgemeine Erziehungswissenschaft an der Johann Wolfgang Goethe-Universität Frankfurt am Main. Ihre Arbeitsschwerpunkte sind Jugend-, Schul- und Hochschulsozialisationsforschung, Geschlechter-, Migrations- und Bildungsforschung, qualitative Forschungsmethoden. E-Mail: b.friebertshaeuser@em.uni-frankfurt.de

Burkhard Fuhs, Dr. Dr. phil., ist Professor an der Universität Erfurt am Lehrstuhl für Lernen und Neue Medien, Schule und Kindheitsforschung; Vorsitzender des Erfurter Netcodes eV. Seine Arbeitsschwerpunkte sind Kindheitsforschung, mediatisierte Lebenswelten, Technisierung des Alltags. E-Mail: burkhard.fuhs@uni-erfurt.de

Ariane Garlichs, Dr. rer. soc., ist Professorin i. R. für Erziehungswissenschaft der Universität Kassel. Ihre Arbeitsschwerpunkte sind Kindheits- und Grundschulforschung, Reformpädagogik. E-Mail: ariane.garlichs@t-online.de

Detlef Garz, Dr. phil., ist Professor für Allgemeine Pädagogik an der Johannes Gutenberg Universität Mainz am Institut für Erziehungswissenschaft. Seine Arbeitsschwerpunkte sind (Historische) Bildungs-, Biographie- und Migrationsforschung, Rekonstruktive Methoden und deren Methodologie, Anerkennungs- und Aberkennungsprozesse in modernen Gesellschaften. E-Mail: garz@uni-mainz.de

Ute Geiling, Dr. phil., ist Professorin im Institut für Rehabilitationspädagogik und Leiterin des Arbeitsbereichs Lernbehindertenpädagogik an der Martin-Luther-Universität Halle-Wittenberg. Ihre Arbeitsschwerpunkte sind im Spannungsfeld zwischen dem allgemeinen und dem Förderschulsystem angesiedelt.
E-Mail: ute.geiling@paedagogik.uni-halle.de

Alexander Geimer M. A., ist wissenschaftlicher Mitarbeiter am Arbeitsbereich Qualitative Bildungsforschung an der Freien Universität Berlin am Fachbereich Erziehungswissenschaft und Psychologie. Seine Arbeitsschwerpunkte sind Qualitative Methoden (insbesondere Dokumentarische Methode), Medienanalyse, Medienrezeptionsanalyse, empirische Bildungsforschung. E-Mail: ageimer@zedat.fu-berlin.de

Edith Glaser, Dr. rer. soc., ist Professorin für Erziehungswissenschaft mit dem Schwerpunkt Sozialge-schichte der Erziehung und des Bildungswesens an der Universität Kassel. Ihre Arbeitsschwerpunkte sind Historische Bildungsforschung, Disziplingeschichte, Geschlechterforschung. E-Mail: eglaser@uni-kassel.de

Petra Grell, Dr. phil., ist (Junior-)Professorin für Medien und lebenslanges Lernen an der Universität Potsdam. Ihre Arbeitsschwerpunkte sind Mediendidaktik, Medienpädagogik, Adressaten- und Teilnehmerforschung, Erwachsenenbildung, Hochschuldidaktik und Lehr-Lern-Forschung. E-Mail: pgrell@uni-potsdam.de

Heiko Grunenberg, Dipl. Päd., Dipl. Soz., ist wissenschaftlicher Mitarbeiter an der Leuphana Universität Lüneburg am Institut für Umweltkommunkation. Seine Arbeitsschwerpunkte sind Methoden der Sozialforschung, sozialwissenschaftliche Umwelt- und Klimawandelforschung sowie Kommunikations- und Risikoforschung. E-Mail: grunenberg@uni-lueneburg.de

Andreas Hanses, Dr. phil., ist Professor für Sozialpädagogik an der Fakultät Erziehungswissenschaften mit den Schwerpunkten Prävention und Gesundheitsförderung an der TU Dresden. Seine Arbeitsschwerpunkte sind Gesundheits- und Rehabilitationsforschung, rekonstruktive Sozialpädagogik und Biographieforschung, Professionalisierung. E-Mail: andreas.hanses@tu-dresden.de

Charlotte Heinritz, Dr. phil., ist Professorin für empirische Sozialforschung im Fachbereich Bildungswissenschaft der Alanus-Hochschule für Kunst und Gesellschaft in Alfter bei Bonn. Ihre Arbeitsschwerpunkte sind Qualitative Forschungsmethoden, Biographieforschung, pädagogische Praxis-forschung, Kindheits- und Jugendforschung. Sie ist Mitgründerin, Redakteurin und Mit-Herausgeberin der Zeitschrift BIOS. E-Mail: charlotte.heinritz@alanus.edu

Friederike Heinzel, Dr. phil., ist Professorin für Erziehungswissenschaft mit dem Schwerpunkt Grundschulpädagogik an der Universität Kassel. Ihre Arbeitsschwerpunkte sind Kindheits- und Grundschulforschung, Generationenbeziehungen in der Grundschule, Interaktionen im Grundschulun-terricht, Geschlecht und Schule, Methoden der Kindheitsforschung, Fallarbeit und Forschendes Lernen in der Lehrerbildung, Politische Sozialisation von Frauen und Mädchen.
E-Mail: heinzel@uni-kassel.de

Werner Helsper, Dr. phil., ist Professor für Schulforschung und Allgemeine Didaktik an der Martin-Luther-Universität Halle-Wittenberg. Seine Arbeitsschwerpunkte sind Theorie der Schule und der Schulkultur, Jugend- und Schulforschung, Professionstheorie, Qualitative Forschungsmethoden.
E-Mail: werner.helsper@paedagogik.uni-halle.de

Matthias Herrle, Dipl. Päd., ist wissenschaftlicher Mitarbeiter am Institut für Sozialpädagogik und Erwachsenenbildung am Fachbereich Erziehungswissenschaften der Johann Wolfgang Goethe-Universität Frankfurt am Main. Seine Arbeitsschwerpunkte sind videobasierte Kurs- und Interaktionsforschung, Methodologien und Methoden qualitativer Sozialforschung. E-Mail: herrle@em.uni-frankfurt.de

Dirk Hülst, Dr. phil., ist apl. Professor für Soziologie an der Philipps Universität Marburg. Seine Arbeitsschwerpunkte sind: Soziologische Theorie und Methoden der Forschung, Symboltheorie. E-Mail: huelst@staff.uni-marburg.de

Merle Hummrich, Dr. phil., ist wissenschaftliche Mitarbeiterin am Institut für Schulpädagogik und Grundschuldidaktik an der Martin-Luther-Universität Halle-Wittenberg. Ihre Arbeitsschwerpunkte sind qualitative Schul- und Bildungsforschung, Migrationsforschung, Sozialisationsforschung.
E-Mail: merle.hummrich@paedagogik.uni-halle.de

Gisela Jakob, Dr. phil., ist Professorin für Soziale Arbeit an der Hochschule Darmstadt. Ihre Arbeitsschwerpunkte sind qualitativ-rekonstruktive Forschung, Rekonstruktive Soziale Arbeit, Professionalisierung sowie bürgerschaftliches Engagement und Zivilgesellschaft. E-Mail: gisela.jakob@h-da.de

Benjamin Jörissen, Dr. phil., ist wissenschaftlicher Mitarbeiter am Lehrstuhl Allgemeine Pädagogik der Otto-von-Guericke-Universität Magdeburg und z. Zt. Vertretungsprofessor für Erziehungswissenschaft/Angewandte Medienwissenschaft an der Universität der Bundeswehr München. Seine Arbeitsschwerpunkte sind u. a. Bildung und Lernen im Kontext Neuer Medien, Erziehungswissenschaftliche Ritualforschung, Theorien und Phänomenologien der Identität, Bildanthropologie.
E-Mail: benjamin@joerissen.name

Jochen Kade, Dr. phil., ist Professor für Erziehungswissenschaft mit dem Schwerpunkt Erwachsenenbildung/Weiterbildung an der Johann Wolfgang Goethe-Universität Frankfurt am Main. Seine Arbeitsschwerpunkte sind Theorie der Erwachsenenbildung, des Lebenslangen Lernens und des Erziehungssystems, Biographieforschung, videobasierte Kursforschung, Umgang mit Wissen, Pädagogik der Medien, erziehungswissenschaftliche Zeitdiagnose. E-Mail: kade@em.uni-frankfurt.de

Helga Kelle, Dr. phil., ist Professorin für Erziehungswissenschaft an der Johann Wolfgang Goethe-Universität Frankfurt am Main. Ihre Arbeitsschwerpunkte sind

Kindheits-, Geschlechter- und Schulforschung, schulische und außerschulische Bildungsprozesse, Ethnographie der Frühdiagnostik im Elementar- und Primarbereich sowie qualitative Methoden. E-Mail: h.kelle@em.uni-frankfurt.de

Regina Klein, Dr. phil., ist Professorin für Soziale Arbeit an der FH Kärnten. Ihre Arbeitschwerpunkte sind Biographie-, Sozialisations- und Kulturforschung, (interkulturelle) Sozialpädagogik der Lebensalter und academic literacy.
E-Mail: r.klein@fh-kaernten.at

Dorle Klika, Dr. phil., ist Professorin für Erziehungswissenschaft mit dem Schwerpunkt Allgemeine Pädagogik an der Universität Siegen. Ihre Arbeitsschwerpunkte sind Erziehungswissenschaftliche Biographieforschung, Historische Bildungsforschung, Gender studies. E-Mail: klika@erz-wiss.uni-siegen.de

Eckard König, Dr. phil., ist Professor für Erziehungswissenschaft an der Universität Paderborn. Seine Arbeitsschwerpunkte sind u. a. Wissenschaftstheorie, Erwachsenenbildung/Weiterbildung, Systemische Organisationsberatung, Systemisches Coaching. E-Mail: koenig@upb.de

Klaus Kraimer, Dr. phil., ist Professor für Theorie, Praxis und Empirie der Sozialen Arbeit an der Hochschule für Technik und Wirtschaft des Saarlandes (HTW). Seine Arbeitsschwerpunkte sind u. a. Sozialpädagogische Bildungsforschung, Methodenentwicklung durch fallrekonstruktive Forschung, Pädagogik der Lebensalter.
E-Mail: klaus.kraimer@htw-saarland.de

Rolf-Torsten Kramer, Dr. phil., ist wissenschaftlicher Mitarbeiter am Zentrum für Schul- und Bildungsforschung (ZSB) an der Martin-Luther-Universität Halle-Wittenberg. Seine Arbeitsschwerpunkte sind Rekonstruktionen zur Schulkultur und Schülerbiographie, schulische Selektion und Schulkarriere, pädagogische Generationsbeziehungen in Familie und Schule, Methodologie und Methoden qualitativer Sozialforschung. E-Mail: rolf.kramer@zsb.uni-halle.de

Heinz-Hermann Krüger, Dr. phil., ist Professor für Erziehungswissenschaft an der Martin-Luther-Universität Halle-Wittenberg. Seine Arbeitsschwerpunkte sind Biographie-, Bildungs- und Schulforschung, Kindheits- und Jugendforschung, Theorien und Methoden der Erziehungswissenschaft.
E-Mail: Heinzhermann.krueger@paedagogik.uni-halle.de

Udo Kuckartz, Dr. phil., ist Professor an der Philipps-Universität Marburg und leitet die Arbeitsgruppe „Methoden und Evaluation" am Fachbereich Erziehungswissenschaft. Seine Arbeitsschwerpunkte sind Methoden der Sozialforschung und Evaluation, Bildungsforschung und sozialwissenschaftliche Umweltforschung.
E-Mail: kuckartz@staff.uni-marburg.de

Antje Langer, Dr. phil., ist wissenschaftliche Mitarbeiterin am Institut für Allgemeine Erziehungswissenschaft an der Johann Wolfgang Goethe-Universität Frankfurt am Main. Ihre Arbeitsschwerpunkte sind empirische Geschlechterforschung, Körpersoziologie, Institutionenforschung, qualitative Forschungsmethoden und Diskursanalyse. E-Mail: antje.langer@em.uni-frankfurt.de

Julia Lepperhoff, Dr. phil., ist Professorin für Sozialpolitik an der Evangelischen Fachhochschule Berlin. Ihre Arbeitsschwerpunkte sind Arbeitsmarkt- und Sozialstaatsforschung, Geschlechterforschung, Gleichstellungspolitik.
E-Mail: lepperhoff@evfh-berlin.de

Marianne Leuzinger-Bohleber, Dr. phil., ist Professorin für Psychoanalytische Psychologie an der Universität Kassel und Geschäftsführende Direktorin des Sigmund-

Freud-Instituts in Frankfurt am Main. Ihre Arbeitsschwerpunkte sind Klinische und empirische Forschung in der Psychoanalyse, psychoanalytische Entwicklungspsychologie, Dialog zwischen Psychoanalyse und Neurowissenschaften.
E-Mail: leuzbohl@uni-kassel.de

Hildegard Macha, Dr. phil., ist Professorin für Pädagogik an der Universität Augsburg und Leiterin des Gender Zentrums Augsburg. Ihre Arbeitsschwerpunkte sind Gender-, Familien-, Biographie- und Weiterbildungsforschung.
E-Mail: hildegard.macha@phil.uni-augsburg.de

Winfried Marotzki, Dr. phil., ist Professor für Allgemeine Pädagogik an der Otto von Guericke Universität Magdeburg. Seine Arbeitsschwerpunkte sind Lern- und Bildungstheorie, insbesondere: Medienbildung, Anthropologie, Philosophy of Education, Wissenschaftstheorie; Qualitative Forschungsmethoden, Erziehungswissenschaftliche Biographieforschung, Audio-visuelle Kommunikation (Bild- und Filmtheorie). E-Mail: winfried@marotzki.de

Eva Marsal, Dr. päd., Dipl. Psych., ist Professorin für Philosophie an der Pädagogischen Hochschule Karlsruhe. Ihre Arbeitsschwerpunkte sind das Spiel als Kulturtechnik, Philosophie der Person, Nietzsche, Ethik und Ethikdidaktik, Philosophieren mit Kindern, Subjektive Theorien. E-Mail: eva.marsal@ph-karlsruhe.de

Philipp Mayring, Dr. phil., ist Professor für Psychologie und Leiter des Zentrums für Evaluation und Forschungsberatung ZEF der Alpen-Adria-Universität Klagenfurt. Seine Arbeitsschwerpunkte sind Methodenforschung (Inhaltsanalyse, Mixed Methodology, Evaluation), Angewandte Psychologie (Gesundheit, Wohlbefinden, Neue Medien). E-Mail: philipp.mayring@uni-klu.ac.at

Michael Meuser, Dr. phil., ist Professor für Soziologie der Geschlechterverhältnisse an der Fakultät Erziehungswissenschaft und Soziologie der Technischen Universität Dortmund. Seine Arbeitsschwerpunkte sind Soziologie der Geschlechterverhältnisse, Soziologie des Körpers, Wissenssoziologie, Politische Soziologie, Methoden qualitativer Sozialforschung. E-Mail: michael.meuser@tu-dortmund.de

Ingrid Miethe, Dr. phil., ist Professorin für Allgemeine Pädagogik an der Evangelischen Fachhochschule Darmstadt. Ihre Arbeitsschwerpunkte sind Biographieforschung, Bildungsforschung, Frauen- und Geschlechterforschung, Soziale Arbeit.
E-Mail: miethe@injamatl.de; www.ingrid-miethe.de

Ulrike Nagel, PD Dr. phil., ist wissenschaftliche Mitarbeiterin im Bereich Mikrosoziologie an der Otto-von-Guericke-Universitaet Magdeburg. Ihre Arbeitsschwerpunkte sind Professionssoziologie, Analyse sozialer Deutungsmuster, Europäische Identität und Biographieforschung, Methoden und Methodologie qualitativer Sozialforschung. E-Mail: ulrike.nagel@gse-w.unimagdeburg.de

Wolfgang Nitsch, Dr. phil., ist emeritierter Professor für Wissenschaftstheorie der Erziehungs- und Sozialwissenschaften der Carl von Ossietzky Universität Oldenburg, Fakultät I, Zentrum für Süd-Nord-Bildungskooperation. Seine Arbeitsschwerpunkte sind Wissenschaftstheorie, Erziehungs- und Sozialwissenschaften.
E-mail: wolfgang.nitsch@uni-oldenburg.de

Dieter Nittel, Dr. phil., ist Professor für Erziehungswissenschaft mit dem Schwerpunkt Erwachsenenbildung/Weiterbildung an der Johann Wolfgang Goethe-Universität Frankfurt am Main. Seine Arbeitsschwerpunkte sind Erziehungswissenschaftliche Professions- und Organisationsforschung, Qualitative Bildungsforschung, Biographie- und Interaktionsforschung, Lebenslanges Lernen unter besonderer Be-

rücksichtigung des Erwachsenenalters, Innovationsforschung.
E-Mail: nittel@em.uni-frankfurt.de

Sigrid Nolda, Dr. phil., ist Professorin für Erwachsenenbildung an der Fakultät Erziehungswissenschaft und Soziologie der Technischen Universität Dortmund. Ihre Arbeitsschwerpunkte sind Videographien von Kursen der Erwachsenenbildung, Pädagogik der Medien, Selbstdarstellungen von Institutionen der Erwachsenenbildung, Rezeptionen referenzwissenschaftlicher Theorien in der Erwachsenenbildung, Darstellungen von Erwachsenenbildung in den Medien.
E-Mail: snolda@fb12.uni-dortmund.de

Hans Oswald, Dr. phil., ist emeritierter Professor für Soziologie der Erziehung der Universität Potsdam. Seine Arbeitsschwerpunkte sind Kindheitsforschung (Peer-Beziehungen), Jugendforschung (politische Sozialisation, Liebe und Sexualität).
E-Mail: oswald@uni-potsdam.de

Argyro Panagiotopoulou, Dr. päd., ist Professorin für Grundschulpädagogik an der Universität Koblenz-Landau. Ihre Arbeitsschwerpunkte sind Umgang mit Heterogenität, Migration und Mehrsprachigkeit, Sprachliche Bildung und Literalität im Elementar- und Primarbereich, Ethnographische Schul- und Unterrichtsforschung u. a. im europäischen Vergleich. E-Mail: panagioto-poulou@t-online.de

Manuela Pietraß, Dr. phil., ist Professorin für Medienpädagogik an der PH Freiburg. Ihre Arbeitsschwerpunkte sind Medienrezeption und qualitative Medienbildungsforschung, Theorie der Me-dienbildung, Effekte und Didaktik medialer Gestaltungsformen, Grundlagen von Medienkompetenz.
E-Mail: manuela. pietrass@ph-freiburg.de

Annedore Prengel, Dr. phil., ist Professorin für Erziehungswissenschaft an der Universität Potsdam. Ihre Schwerpunkte sind Heterogenität in der Bildung, Anfangsunterricht, Menschenrechtsbildung, Fallarbeit in Aus- und Fortbildung, qualitative Forschungsmethoden in der Erziehungswissenschaft.
E-Mail: aprengel@uni-potsdam.de

Sabine Reh, Dr. phil., ist Professorin für Allgemeine und Historische Erziehungswissenschaft an der TU Berlin. Ihre Arbeitsschwerpunkte sind Schulentwicklungs- und Professionsforschung, Geschichte pädagogischer Institutionen und Professionen, Methodologie rekonstruktiver Sozialforschung. E-Mail: sabine.reh@tu-berlin.de

Sophia Richter, Dipl. Päd., ist wissenschaftliche Mitarbeiterin am Institut für Allgemeine Erziehungswissenschaft an der Johann Wolfgang Goethe-Universität Frankfurt am Main. Ihre Arbeitsschwerpunkte sind ethnographische Schulforschung, Jugend- und Geschlechterforschung, qualitative Forschungsmethoden.
E-Mail: s.richter@em.uni-frankfurt.de

Christian Rittelmeyer, Dr. phil., war bis 2003 Professor für Erziehungswissenschaft an der Universität Göttingen. Seine Arbeitsschwerpunkte sind Forschungsmethoden der Erziehungswissenschaft, Pädagogische Anthropologie, Erziehungs- und Bildungsgeschichte. E-Mail: rittelmeyer@keerl.net

Christian Ritzi, Dr. phil., ist Leiter der Bibliothek für Bildungsgeschichtliche Forschung des Deutschen Instituts für Internationale Pädagogische Forschung in Berlin. E-Mail: ritzi@bbf.dipf.de

Burkhard Schäffer, Dr. phil., ist Professor für Erziehungswissenschaft mit dem Schwerpunkt Erwachsenenbildung/Weiterbildung an der Universität der Bundeswehr München. Seine Arbeitsschwerpunkte sind milieu-, geschlechts- und generationsspezifische sowie biographische Voraussetzungen der Bildung Erwachsener, generationsspezifische Medienpraxiskulturen und Weiterbildung, Alter(n)sbilder und Weiterbildungsorientierungen, Methoden und Methodologien qualitativer Medien- und Erwachsenenbildungsforschung. E-Mail: burkhard.schaeffer@unibw.de

Ingo Scheller, Dr. phil., ist Professor i. R. am kulturwissenschaftlichen Institut (Kunst-Textil-Medien) an der Carl von Ossietzky Universität Oldenburg. Seine Arbeitsschwerpunkte sind Erfahrungsbezogener Unterricht, Ästhetisches Lernen, Szenisches Spiel und Szenische Interpretation als Lern- und Forschungsweise.
E-Mail: i.scheller@online.de

Christiane Schmidt, Dr. phil., ist freiberufliche Sozialforscherin und Lehrbeauftragte an den Universitäten Innsbruck und Hildesheim. Ihre Arbeitsschwerpunkte sind subjektbezogene Analyse der Arbeit mit digitalen Medien (aktuell: Diversity in virtuellen Teams), Hochschuldidaktik (forschendes Studieren, Erwägungsmethoden, E-Learning) und Methoden der qualitativen Sozialforschung.
E-Mail: christiane.schmidt@gmxpro.de

Agi Schründer-Lenzen, Dr. phil., ist Professorin für Allgemeine Grundschulpädagogik und -didaktik an der Universität Potsdam. Ihre Arbeitsschwerpunkte sind empirische Schul- und Unterrichtsforschung mit folgenden aktuellen inhaltlichen Schwerpunkten: Entwicklung der Sprachkompetenz bei Kindern und Jugendlichen mit Migrationshintergrund, Ganztagsschulen, Schriftspracherwerb und Umgang mit Heterogenität. E-Mail: lenzen@uni-potsdam.de

Theodor Schulze, Dr. phil., ist emeritierter Professor der Universität Bielefeld, Fakultät für Pädagogik. Seine Arbeitsschwerpunkte sind Erziehungswissenschaftliche Biographieforschung, Theorie komplexer und längerfristiger Lernprozesse, Pädagogische Ikonologie, Lehrkunst-Didaktik. E-Mail: theodor.schulze@uni-bielefeld.de

Katharina Soukup-Altrichter, Dr. phil., ist Professorin an der Pädagogischen Hochschule des Bundes in Oberösterreich, Ausbildung als Grundschullehrerin und als systemische Organisationsberaterin. Ihre Arbeitsschwerpunkte sind Schulentwicklung, Evaluation und Lehrerbildung. E-Mail: k.soukup.altrichter@eos.at

Heinz-Elmar Tenorth, Dr. phil., ist Professor für Historische Erziehungswissenschaft an der Humboldt-Universität zu Berlin. Seine Arbeitsschwerpunkte sind Theorie und Geschichte pädagogischer Wissensformen, Kanonisierungsprozesse in der Moderne, Disziplingeschichte der Erziehungswissenschaft.
E-Mail: tenorth@rz.hu-berlin.de

Sandra Tiefel, Dr. phil., ist wissenschaftliche Mitarbeiterin am Lehrstuhl für Allgemeine Pädagogik an der Otto von Guericke Universität Magdeburg. Ihre Arbeitsschwerpunkte sind Beratung als pädagogische Metakompetenz und Arbeitsfeld, Professionalität pädagogischen Handelns, Soziale Arbeit und gesellschaftliche Modernisierung, Qualitative Bildungs- und Sozialforschung (insb. Erziehungswissenschaftliche Biographieforschung und Grounded Theory). E-Mail: satiefel@gmx.de

Harald Uhlendorff, Dr. phil., ist psychologischer Psychotherapeut und apl. Professor am Institut für Erziehungswissenschaft der Universität Potsdam. Seine Arbeitsschwerpunkte sind Erziehungsstilforschung, soziale Netzwerke von Kindern, Jugendlichen und Erwachsenen, Entwicklung im mittleren und höheren Erwachsenenalter, Psychische Belastungen im Beruf, insbes. Burnout bei Lehrern.
E-Mail: uhlend@uni-potsdam.de

Heike Welte, Dr. rer. soc. oec., ist Assistenzprofessorin für Wirtschaftspädagogik an der Universität Innsbruck. Ihre Arbeitsschwerpunkte sind Gestaltung von Lehr-Lern-Prozessen, Gender und Organisationen. E-Mail: heike.welte@uibk.ac.at

Lothar Wigger, Dr. phil., ist Professor für Allgemeine Erziehungswissenschaft an der Fakultät Erziehungswissenschaft und Soziologie der Technischen Universität Dortmund. Seine Arbeitsschwerpunkte sind Bildungs- und Erziehungstheorie, Bildungs- und Biographieforschung, erziehungswissenschaftliche Wisssenschaftsforschung. E-Mail: lwigger@fb12.uni-dortmund.de

Monika Witzke, Dipl. Päd., ist wissenschaftliche Mitarbeiterin am Lehrstuhl für Pädagogik an der Universität Augsburg. Ihre Arbeitsschwerpunkte sind Familie, Moral und Konstruktivismus. E-Mail: monika.witzke@phil.uni-augsburg.de

Daniel Wrana, Dr. phil., ist Professor für Lernforschung an der Pädagogischen Hochschule der FH Nordwestschweiz. Seine Arbeitsschwerpunkte sind Forschung und Entwicklung zu Selbstlernprozessen, Gouvernementalität des Bildungssystems, diskursanalytische Methoden in der Bildungsforschung.
E-Mail: daniel.wrana@fhnw.ch

Christoph Wulf, Dr. phil., ist Professor für Allgemeine und Vergleichende Erziehungswissenschaft und Anthropologie an der Freien Universität Berlin. Seine Arbeitsschwerpunkte sind Pädagogische Anthropologie, historische Anthropologie, Ritual-, Gesten- und Emotionsforschung, Interkulturelle und ästhetische Bildung.
E-Mail: chrwulf@zedat.fu-berlin.de

Carola Zimmermann, Dr. phil., ist Forschungsreferentin der Johann Wolfgang Goethe-Universität Frankfurt am Main. E-Mail: zimmermann@pvw.uni-frankfurt.de

Jürgen Zinnecker †, Dr. phil., war Professor für Erziehungswissenschaft und Sozialpädagogik und Leiter des Siegener Zentrums für Sozialisations-, Biographie- und Lebenslaufforschung an der Universität Siegen. Seine Arbeitsschwerpunkte waren historische, ethnographische und biographische Studien zu Lebenswelten von Kindern und Jugendlichen, Kriegskinder, Surveyforschung.